Informatik aktuell

Herausgeber: W. Brauer
im Auftrag der Gesellschaft für Informatik (GI)

Springer
*Berlin
Heidelberg
New York
Barcelona
Budapest
Hongkong
London
Mailand
Paris
Santa Clara
Singapur
Tokio*

Gerhard Sagerer Stefan Posch
Franz Kummert (Hrsg.)

Mustererkennung 1995

Verstehen akustischer
und visueller Informationen

17. DAGM-Symposium
Bielefeld, 13.–15. September 1995

Herausgeber

Gerhard Sagerer
Stefan Posch
Franz Kummert
Technische Fakultät, Universität Bielefeld
Postfach 10 01 31, D-33501 Bielefeld

Die Deutsche Bibliothek - CIP-Einheitsaufnahme

Mustererkennung...;... DAGM-Symposium/Veranst.: DAGM, Deutsche Arbeitsgemeinschaft für Mustererkennung. Berlin; Heidelberg; New York; London; Paris; Tokyo; Hong Kong; Barcelona; Budapest; Springer
Beitr. teilw. dt., teilw. engl.-Teilw. im VDE Verl., Berlin Offenbach
NE: Deutsche Arbeitsgemeinschaft für Mustererkennung

17. Verstehen akustischer und visueller Informationen: Bielefeld, 13.-15. September 1995 - 1995
(Informatik aktuell)
ISBN-13: 978-3-540-60293-4

CR Subject Classification (1995): I.2, I.2.7, I.4, I.5, J.3, J.4

ISBN-13: 978-3-540-60293-4   e-ISBN-13: 978-3-642-79980-8
DOI: 10.1007/978-3-642-79980-8

Dieses Werk ist urheberrechtlich geschützt. Die dadurch begründeten Rechte, insbesondere die der Übersetzung, des Nachdrucks, des Vortrags, der Entnahme von Abbildungen und Tabellen, der Funksendung, der Mikroverfilmung oder der Vervielfältigung auf anderen Wegen und der Speicherung in Datenverarbeitungsanlagen, bleiben, auch bei nur auszugsweiser Verwertung, vorbehalten. Eine Vervielfältigung dieses Werkes oder von Teilen dieses Werkes ist auch im Einzelfall nur in den Grenzen der gesetzlichen Bestimmungen des Urheberrechtsgesetzes der Bundesrepublik Deutschland vom 9. September 1965 in der jeweils geltenden Fassung zulässig. Sie ist grundsätzlich vergütungspflichtig. Zuwiderhandlungen unterliegen den Strafbestimmungen des Urheberrechtsgesetzes.

© Springer-Verlag Berlin Heidelberg 1995

Satz: Reproduktionsfertige Vorlage vom Autor/Herausgeber

SPIN: 10513966   33/3142-543210 – Gedruckt auf säurefreiem Papier

Veranstalter

DAGM: Deutsche Arbeitsgemeinschaft für Mustererkennung

Tagungsleitung

Prof. Dr.-Ing. Gerhard Sagerer
Universität Bielefeld
Technische Fakultät

Programmkomitee

R. Albrecht, Innsbruck	E. Paulus, Braunschweig
H. Bunke, Bern	S.J. Pöppl, Lübeck
H. Burkhardt, Hamburg	B. Radig, München
W. Förstner, Bonn	G. Sagerer, Bielefeld
S. Fuchs, Dresden	B. Schleifenbaum, Wetzlar
H. Giebel, München	K. Schneider, Konstanz
G. Hartmann, Paderborn	J. Schürmann, Ulm
K.-H. Höhne, Hamburg	V. Steinbiß, Aachen
E. Hundt, München	K. Voss, Jena
W.A. Kropatsch, Wien	I. Wachsmuth, Bielefeld
C.-E. Liedtke, Hannover	F. Wahl, Braunschweig
H. Niemann, Erlangen	

Die **Deutsche Arbeitsgemeinschaft für Mustererkennung** veranstaltet seit 1978 jährlich an verschiedenen Orten ein wissenschaftliches Symposium mit dem Ziel, Aufgabenstellungen, Denkweisen und Forschungsergebnisse aus den Gebieten der Mustererkennung vorzustellen, den Erfahrungs- und Ideenaustausch zwischen den Fachleuten anzuregen und den Nachwuchs zu fördern.

Die **DAGM** wird durch folgende wissenschaftliche Trägergesellschaften gebildet:

DGaO	Deutsche Gesellschaft für angewandte Optik
GMDS	Deutsche Gesellschaft für Medizinische Informatik, Biometrie und Epidemiologie
GI	Gesellschaft für Informatik
ITG	Informationstechnische Gesellschaft
DGNM	Deutsche Gesellschaft für Nuklearmedizin
IEEE	The Institute for Electrical and Electronic Engineers, Deutsche Sektion
DGPF	Deutsche Gesellschaft für Photogrammetrie und Fernerkundung

Die DAGM ist Mitglied der *International Association for Pattern Recogition (IAPR)*

Der mit DM 5000,- dotierte

DAGM-Preis 1994

wurde

G.-Q. Wei, G. Hirzinger

DLR, Oberpfaffenhofen

für den Beitrag

Learning Shape from Shading by Neural Networks

verliehen.

Die mit DM 1000,- dotierten Anerkennungspreise wurden verliehen an:

M. Trobina, A. Leonardis, F. Ade
ETH-Zürich

Grasping Arbitrarily Shaped Objects

R. Kutka, R. Lacroix
Siemens AG, München

Bestimmung von Tangentialpunkten zur Unterstützung der Objektrekonstruktion aus Stereobildern

H. Aust, M. Oerder
Philips GmbH, Aachen

Generierung einer Datenbankanfrage aus einem gesprochenen Satz mit einer stochastischen attributierten Grammatik

A. Jusek, H. Rautenstrauch, G. A. Fink, F. Kummert, G. Sagerer,
J. Carson-Berndsen, D. Gibbon
Universität Bielefeld

Detektion unbekannter Wörter mit Hilfe phonotaktischer Modelle

C. Roßmanith, H. Handels, E. Rinast, S. J. Pöppl
Universität Lübeck

Bildanalytische Verfahren zur Charakterisierung von Hirntumoren in dreidimensionalen MR-Schichtbildfolgen

Vorwort

Nach Paderborn 1986 findet das DAGM-Symposium zum zweiten Male in Ostwestfalen statt. Es ist mir eine Freude, nach fünfjährigem Bestehen der Technischen Fakultät der Universität Bielefeld das 17. DAGM-Symposium ausrichten zu können. Dies umso mehr, da erstmalig die deutsche Mustererkennungstagung und die KI-Konferenz zusammen an einem Ort in zeitlicher Abstimmung durchgeführt werden. Die Organisatoren beider Tagungen wünschen sich, daß ein intensiver Diskurs zwischen den beiden verwandten Disziplinen einsetzen wird.

Mit dem Schwerpunktthema „Verstehen akustischer und visueller Informationen" sind mehrere Intentionen verbunden. Zum einen werden die klassischen Problemfelder der Mustererkennung, die Auswertung von Bild- und Sprachsignalen, in das Zentrum der diesjährigen Tagung gerückt. „Verstehen" ist die Aufgabenstellung, die eine Brücke zwischen Mustererkennung und künstlicher Intelligenz schlagen kann. Eine weitere enge Beziehung ergibt sich zum Sonderforschungsbereich 360 „Situierte Künstliche Kommunikatoren", der als gemeinsame Unternehmung der Technischen Fakultät und der Fakultät für Linguistik und Literaturwissenschaften 1993 an der Universität Bielefeld gegründet wurde.

Erfreulicherweise führte das Schwerpunktthema zu einer im Vergleich zu den Vorjahren stark erhöhten Anzahl von Beiträgen aus dem Bereich Sprachverarbeitung. Von den insgesamt über 110 eingereichten Beiträgen konnten 36 als Poster und 36 als Vorträge angenommen werden. Sie behandeln den gesamten Bogen aktueller Fragestellungen der Mustererkennung sowohl unter methodischen als auch unter Anwendungsschwerpunkten. Mit klassischen, neuronalen und wissensbasierten Ansätzen werden Grundlagen und Anwendungen für medizinische und industrielle Fragestellungen sowie autonomer Systeme untersucht. Traditionell werden aktuelle Forschungsarbeiten aus Industrie, Forschungsinstitutionen und Hochschulen vorgestellt und können so in einem gemeinsamen Forum diskutiert werden.

Ich danke allen Autoren für ihre Sorgfalt und ihr Verständnis für die enge Terminsetzung. Die Qualität aller eingereichten Papiere war sehr hoch, so daß dem Programmkomitee die Entscheidungen nicht leicht fielen. An der Vorbereitung des Symposiums haben besonderen Anteil die Mitherausgeber dieses Bandes Stefan Posch und Franz Kummert. Für ihre Leistungen bei der Organisation und der Behebung der mit einer soliden Tagung verbundenen alltäglichen Probleme und Problemchen möchte ich Lisabeth van Iersel ganz herzlich danken. Danken möchte ich auch allen Mitarbeitern und Hilfskräften der AG Angewandte Informatik, insbesondere Michaela Johanntokrax. Auch die Mitglieder des SFBs und das Rektorat der Universität Bielefeld waren eine große Hilfe.

Allen Teilnehmerinnen und Teilnehmern wünsche ich einen angenehmen Aufenthalt in Bielefeld und fruchtbaren, wissenschaftlichen Erfahrungsaustausch beim 17. DAGM-Symposium und der 19. KI-Jahrestagung.

Bielefeld im Juli 1995
Gerhard Sagerer

Inhaltsverzeichnis

Invarianten

H. Schulz-Mirbach
  (TU Hamburg-Harburg)
  Invariant features for gray scale images 1

K. Voss, H. Suesse
  (Friedrich-Schiller-Universität Jena)
  Momentenbasiertes affin-invariantes Fitting
  von Ellipsensegmenten 15

S. Kröner, H. Schulz-Mirbach
  (TU Hamburg-Harburg)
  Fast adaptive calculation of invariant features 23

Sprache

F. Mehler, T. Uthmann
  (Johannes Gutenberg-Universität Mainz)
  Prinzipien der Selbstorganisation
  beim Einsatz in Spracherkennungssystemen 36

C. Neukirchen, J. Rottland, G. Rigoll
  (Gerhard-Mercator-Universität-GH Duisburg)
  Ein Hybrides System zur Erkennung von sprecherunabhängiger fließender Sprache mit großen Wortschätzen 44

T. Rudolph
  (TU Dresden)
  Entwurf diskriminativer Merkmalstransformationen
  für die Spracherkennung mit naturanalogen Verfahren 52

M. Beham, G. Ruske
  (TU München)
  Adaptiver stochastischer Sprache/Pause - Detektor 60

G.A. Fink, F. Kummert, G. Sagerer
  (Universität Bielefeld)
  Robuste inkrementelle Verarbeitung gesprochener Sprache . 68

Statistische und neuronale Klassifikation

C. Goerick
  (Ruhr-Universität Bochum)
  Über nicht lernbare Probleme oder Ein Modell für die vorzeitige Sättigung bei vorwärtsgekoppelten Neuronalen Netzen . . 76

E. Littmann, H. Ritter
(Universität Ulm)
**Neural and statistical methods
for adaptive color segmentation - a comparison** 84

D. Noll, M. Werner, W. v. Seelen
(Ruhr-Universität Bochum)
Merkmalbasierte Objektverfolgung und Objektklassifikation 94

C. Politt
(Bremen)
**Vergleich des Trennebenenklassifikators
mit dem "Nächsten Nachbar"-Klassifikator** 102

N. Krüger
(Ruhr-Universität Bochum)
**Learning weights in discrimination functions using a priori
constraints** 110

Gesichter, Personen

T. Vetter, N. Troje
(Max-Planck-Institut für biologische Kybernetik)
**Separation of texture and two-dimensional shape in images
of human faces** 118

S. Gerl, P. Levi
(Universität Stuttgart)
**Gesichtsvergleich durch mehrkanaliges, selbstorganisierendes
Matchingverfahren** 126

K. Huggle, W. Eckstein
(TU München)
Extraktion von Personen in Videobildern 134

Anwendungen

T. Wittenberg, U. Eysholdt
(Friedrich-Alexander-Universität Erlangen-Nürnberg)
Estimation of vocal fold vibrations using image segmentation 145

B. Steckemetz
(Universität Köln)
Quality control of ready-made food 153

R. Watzel, K. Braun, A. Hess, H. Scheich, W. Inschratter
(TH Darmstadt)
Detection of dendritic spines in 3-dimensional images 160

U. Rost, R. Koch
(Universität Hannover)
**Rekonstruktion von Schleifpapieroberflächen
für die Qualitätskontrolle** 168

M. Jankowski, S.-W. Breckle, S. Posch, G. Sagerer, M. Veste
(Universität Bielefeld)
**Automatische Detektion von Wurzelsystemen
in Minirhizotron-Bildern** 176

Hardware

B. Lang, M. Troike
(MAZ GmbH Hamburg)
A VLSI system for linear and non-linear local image filtering 186

G. Frank, N. Bilau, G. Hartmann
(Universität-GH Paderborn)
**Hardware Accelerator zur Simulation
pulscodierter Neuronaler Netze** 194

Oberflächen

V. Müller
(MAZ GmbH Hamburg)
**Polarization-based separation of diffuse and specular surface-
reflection** 202

L. Latecki, C. Conrad, A. Gross
(Universität Hamburg)
Conditions that guarantee a digitization process preserves topology 210

D. Rumpel, K. Schlüns
(TU Berlin)
**Szenenanalyse unter Berücksichtigung
von Interreflexionen und Schatten** 218

Modellbasierte Bildverarbeitung

C.-E. Liedtke, A. Blömer
(Universität Hannover)
**Wissensrepräsentation im Konfigurationssystem
für Bildanalyseprozesse CONNY** 228

H. Kollnig, H. Damm, H.-H. Nagel, M. Haag
(Universität Karlsruhe)
**Zuordnung natürlichsprachlicher Begriffe
zu Geschehen an einer Tankstelle** 236

O. Grau
  (Universität Hannover)
  **Ein Szeneninterpretationssystem
  zur Modellierung dreidimensionaler Körper** 244

G. Socher, T. Merz, S. Posch
  (Universität Bielefeld)
  Ellipsenbasierte 3-D Rekonstruktion 252

A. Brunn, U. Weidner, W. Förstner
  (Universität Bonn)
  Model-based 2D-shape recovery 260

Bildfolgen

K. Illgner
  (RWTH Aachen)
  Hierarchical joint estimation of motion and segmentation .. 269

K. Daniilidis, M. Hansen, Ch. Krauss, G. Sommer
  (Christian-Albrechts-Universität Kiel)
  **Auf dem Weg zum künstlichen aktiven Sehen: Modellfreie
  Bewegungsverfolgung durch Kameranachführung** 277

R. Mester, M. Hötter
  (Robert Bosch GmbH Hildesheim)
  **Zuverlässigkeit und Effizienz von Verfahren
  zur Verschiebungsvektorschätzung** 285

R. Otterbach
  (Universität Siegen)
  **Robust 3-D object recognition and pose estimation using 2-D
  image sequences** 295

H. Kollnig, H. Leuck, H.-H. Nagel
  (Universität Karlsruhe)
  **Detektion und Verfolgung von Fahrzeugen in Straßenver-
  kehrsszenen: Systematische Bewertung und Steigerung der
  Systemleistung** 303

Postersession

Anwendungen

S. Kiemle, W. Eckstein
(TU München)
Detektion und Klassifikation von Eiskristallen in Cirren ... 311

T. Scheuermann, G. Pfundt, P. Eyerer, B. Jähne
(Fraunhofer Institut für Chemische Technologie (ICT) Pfinztal)
Oberflächenkonturvermessung mikroskopischer Objekte
durch Projektion statistischer Rauschmuster 319

K. Yu, B. Achermann, C. Nyffenegger, X.-Y. Jiang, H. Bunke,
E.G. Schukat-Talamazzini
(Universität Bern)
Kombination von Frontal- und Profilanalyse
menschlicher Gesichter 327

R. Sablatnig
(TU Wien)
Automatische Ablesung von Wasserzählern
zur Qualitätssicherung bei der Eichung 335

T. Wolf, B. Gutmann, H. Weber
(Universität Karlsruhe)
Ein Fuzzy geregeltes optisches Meßsystem
zur Messung von 3D-Verformungen 343

Medizinische Anwendungen

D. Paulus, T. Greiner, C. Knüvener
(Friedrich-Alexander-Universität Erlangen-Nürnberg)
Wasserscheidentransformation für Thermographiebilder ... 355

M.H. Makabe, A. Mayer, U. Engelmann, A. Schröter, H.P. Meinzer
(Deutsches Krebsforschungszentrum Heidelberg)
Befundungsunterstützung in der kontrastmittelverstärkten
MR-Mammographie mit Methoden der Bildverarbeitung .. 363

M. Schürer
(Deutsche Klinik für Diagnostik Wiesbaden)
Ein adaptives Bildbefundungssystem zur quantitativen
Bildanalyse in der digitalen bildgebenden Diagnostik 371

Th. Roß, H. Handels, H. Busche, J. Kreusch, H.H. Wolf, S.J. Pöppl
(Universität Lübeck)
Automatische Klassifikation hochaufgelöster Oberflächen-
profile von Hauttumoren mit neuronalen Netzen 379

F. Schwenker, H.A. Kestler, M. Höher, G. Palm
(Universität Ulm)
**Klassifikation hochverstärkter EKG Signale
durch RBF-Netzwerke** 387

T. Lehmann, C. Goerke, W. Schmitt, R. Repges
(RWTH Aachen)
**Rotations- und Translationsbestimmung
durch eine erweiterte Kepstrum-Technik** 395

G. Glombitza, M. Makabe, H.P. Meinzer
(Deutsches Krebsforschungszentrum Heidelberg)
**Gekrümmte Illusionskantenmodelle und ihre Anwendung in
der Bildverarbeitung** 403

Sprache, Schrift

M. Lehning
(TU Braunschweig)
**Prosodische Etikettierung und Segmentierung
deutscher Spontansprache
mit Verfahren der statistischen Mustererkennung** 411

M. Neschen
(Universität Köln)
Hierarchical binary vector quantisation classifiers for handwritten character recognition 419

T. Bayer, P. Heisterkamp, K. Mecklenburg, P. Regel-Brietzmann, I. Renz,
A. Kaltenmeier, U. Ehrlich
(DAIMLER-BENZ AG Ulm)
Natürliche Sprache - ein multimedialer Träger von Information InfoPort - ein Projekt zur Überbrückung von Medienbrüchen bei der Verarbeitung sprachlicher Information ... 428

H. Schirmer
(Technische Universität Dresden)
Ein Formularinterpreter für Blinde 440

Farbe

P. Zamperoni, V. Starovoitov
(TU Braunschweig)
How dissimilar are two grey-scale images? 448

M. Bollmann, B. Mertsching, S. Drüe
(Universität Hamburg)
**Entwicklung eines Gegenfarbenmodells
für das Neuronale-Active-Vision-System NAVIS** 456

U. Mahlmeister, B. Schmidt, G. Sommer
(Christian-Albrechts-Universität Kiel)
Preattentive colour features by steerable filters 464

T. Pomierski, H.M. Groß
(TU Ilmenau)
Verfahren zur empfindungsgemäßen Farbumstimmung 473

Tiefe, Bildfolgen

S. Lanser, C. Zierl, R. Beutlhauser
(TU München)
Multibildkalibrierung einer CCD-Kamera 481

R. Trapp, S. Drüe, B. Mertsching
(Universität-GH Paderborn)
Korrespondenz in der Stereoskopie bei räumlich
verteilten Merkmalsrepräsentationen
im Neuronalen-Active-Vision-System NAVIS 492

B. Krebs, B. Korn
(TU Braunschweig)
Plausibilistische Vorverarbeitung
von unvollständigen Tiefenbildern 500

A. Luo, H. Burkhardt
(MAZ GmbH Hamburg)
Ein helligkeitsbasiertes Stereoverfahren zur Tiefenschätzung 508

M. Sommerau, G. Mamier, A. Zell, M. Vogt, P. Levi
(Universität Stuttgart)
Fast face localization and tracking with model-based time
synchronization of a head system 516

Bildmerkmale

H.-G. Stark
(tecInno GmbH Kaiserslautern)
A remark on signal reconstructions
from wavelet transform extrema 524

V. Aurich, J. Weule
(Heinrich-Heine-Universität Düsseldorf)
Non-linear gaussian filters
performing edge preserving diffusion 538

F. Schwenker, G. Palm
(Universität Ulm)
Methoden zur Clusteranalyse und Visualisierung
hochdimensionaler Datenmengen 546

U. Köthe
(Fraunhofer-Institut für Graphische Datenverarbeitung Rostock)
Primary image segmentation 554

C. Busch, M. Schmerer
(Zentrum für Graphische Datenverarbeitung e.V. Darmstadt)
**Ein Verfahren zur Texturanalyse
basierend auf multiplen Waveletbasen** 562

G. Lambert, H. Gao, K. Hohm, J. Amelung
(TH Darmstadt)
**Linienmomente und Invarianten zur Echtzeitverarbeitung
vektorisierter Konturen** 570

Bildverstehen

G. Lohmann
(TU München)
**Modellbasierte Detektion von Objekten
mittels deformierbarer Mittelachsen** 578

U. Büker, G. Hartmann
(Universität-GH Paderborn)
**Wissensbasierte Bilderkennung
mit neuronal repräsentierten Merkmalen** 586

C. Drewniok, K. Rohr
(Universität Hamburg)
**High-precision localization of circular landmarks
in aerial images** 594

A. Maßmann, S. Posch
(Universität Bielefeld)
**Bereiche perzeptiver Aufmerksamkeit
für konturbasierte Gruppierungen** 602

E. Littmann, H. Ritter
(Universität Ulm)
Curvature estimation with a DCA neural network 610

Eingeladene Vorträge

R. Bajcsy, J. Košecká
(University of Pennsylvania)
**The problem of signal and symbol integration: A study of
cooperativ mobile autonomous agents behaviours** 618

Th. Herrmann
(Universität Mannheim)
**Charakteristische Eigenschaften
der menschlichen Wahrnehmung** 634

D. Ballard
(University of Rochester, N. Y.)
Towards a functional theory of vision 646

Farbtafeln 668

Autorenindex 669

Invariant features for gray scale images

Hanns Schulz-Mirbach

Technische Universität Hamburg-Harburg
Institut für Technische Informatik I
21071 Hamburg, Germany

Abstract. Invariant features are image characteristics which remain unchanged under the action of a transformation group. We consider in this paper image rotations and translations and present algorithms for constructing invariant features. After briefly sketching the theoretical background we develop algorithms for recognizing several objects in a single scene without the necessity to segment the image beforehand. The objects can be rotated and translated independently. Moderate occlusions are tolerable. Furthermore we show how to use these techniques for the recognition of articulated objects. The methods work directly with the gray values and do not rely on the extraction of geometric primitives like edges or corners in a preprocessing step. All algorithms have been implemented and tested both on synthetic and real image data. We present some illustrative experimental results.

1 Introduction

For most recognition tasks in digital image processing the object position in the camera plane is irrelevant. One possibility to get rid of this ambiguity is image alignment (cf. [2]), i.e. a transformation is applied to the image so that the object is in a predefined standard position. In order to determine the transformation parameters it is at least necessary to segment the object from the background. Most alignment methods rely furthermore on the extraction of geometric primitives like extrema of the boundary curvature, bitangents or inflection points. Needless to say that this is far from being trivial and can be achieved only in restricted environments.

Another possibility is to use invariant image features to eliminate the ambiguous object position. Invariants are image characteristics which remain unchanged if the objects move in the camera plane. The approach based on invariants has attracted considerable interest during the last few years (cf. the survey article [9]). However, most methods reported in the literature are based on geometric primitives and are therefore plagued by the same difficulties as already mentioned for image alignment.

It is desirable to avoid any preprocessing for extracting geometric features and to start instead directly with the gray values given by the camera. One approach in this direction is the method of algebraic moments ([5] gives a survey of moment based techniques). However, for eliminating image translations it is necessary to identify at least one matching point between images. The most common choice is the center of mass for calculating central moments. That fails if several objects are present in a scene and it is then necessary to segment the image beforehand. Therefore moments are a hybrid of alignment and invariants.

We develop in this paper algorithms for determining translation- and rotation invariant features from gray scale images. In section 2 the theoretical background is briefly sketched and it is explained how to calculate the features efficiently by evaluating first a local nonlinear function for every pixel of the image and by summing afterwards the results of the local computations. This is used in section 3 to determine the properties of the features for scenes with more than one object. It is explained how to construct features which are invariant even if the objects in the scene are rotated and translated independently. Moderate occlusions are tolerable. Furthermore we show how to use these techniques for the recognition of articulated objects. It has to be emphasized that the algorithms work directly with the gray values and do not rely on the extraction of geometric primitives like edges or corners in a preprocessing step. All algorithms have been implemented and tested both on synthetic and real image data. We present some illustrative experimental results.

2 Theoretical background

2.1 Invariant features for gray scale images

Gray scale images are denoted by uppercase boldface letters, e.g. **M** and are written in the form $\mathbf{M} = (\mathbf{M}[i,j])$, $0 \le i,j < N$. The number $\mathbf{M}[i,j]$ is called gray value at the pixel coordinate (i,j). In the following it will be convenient to use both a continuous and a discrete formulation. In the continuous case the pixel coordinates (i,j) are real numbers in the range $0 \le i,j < N$ whereas in the discrete case they are integers. There is a transformation group G with elements $g \in G$ acting on the images. For an image **M** and a group element $g \in G$ the transformed image is denoted by $g\mathbf{M}$.

In this paper the group G of rotations and translations of gray scale images will be considered. Given a gray scale image **M** and an element $g \in G$ of the group of image rotations and translations an angle $\varphi \in [0, 2\pi]$ and a translation vector $\mathbf{t} = (t_0, t_1)^T \in \mathbb{R}^2$ exists so that

$$(g\mathbf{M})[i,j] = \mathbf{M}[k,l] \text{ with}$$
$$\begin{pmatrix} k \\ l \end{pmatrix} = \begin{pmatrix} \cos\varphi & \sin\varphi \\ -\sin\varphi & \cos\varphi \end{pmatrix} \begin{pmatrix} i \\ j \end{pmatrix} - \begin{pmatrix} t_0 \\ t_1 \end{pmatrix}. \quad (1)$$

All indices are understood modulo N. These periodic boundary conditions will be used throughout the paper for all the index arithmetic. Note that due to this convention the range of the translation vector $\mathbf{t} = (t_0, t_1)^T \in \mathbb{R}^2$ can be restricted to $0 \le t_0, t_1 < N$. If we are using the discrete formulation (i.e. the pixel coordinates (i,j) are restricted to integers) an appropriate rounding or interpolation procedure must be applied since the index vector $(k,l)^T$ in equation (1) will have no integer values for many values of $\varphi, \mathbf{t}$.

An invariant feature is a complex valued function $F(\mathbf{M})$ which is invariant with respect to the action of the transformation group on the images, i.e.

$$F(g\mathbf{M}) = F(\mathbf{M}) \; \forall g \in G. \tag{2}$$

We use uppercase letters (e.g. F) for denoting invariant features and lowercase letters (e.g. f) for complex valued functions which are not necessarily invariant. The transformation law (1) states that an image transformation consists of a rotation around the rotation center followed by a translation. This rotation center is not known a priori and it does not necessarily coincide with the coordinate origin choosen in the image. However, by applying an appropriate translation it is always possible to bring the coordinate origin to the rotation center. Since we are seeking features which are invariant both to rotations and translations the position of the rotation center does not matter. This will become more clear in the examples given in the following sections.

2.2 How to construct invariant features

For a given gray scale image $\mathbf{M}$ and a complex valued function $f(\mathbf{M})$ it is possible to construct an invariant feature $F(\mathbf{M})$ by integrating $f(g\mathbf{M})$ over the transformation group G:

$$F(\mathbf{M}) = A[f](\mathbf{M}) := \int_G f(g\mathbf{M})dg. \tag{3}$$

This averaging technique for constructing invariant features is explained in detail in [6, 8] for general transformation groups. We are considering the group of image rotations and translations with cyclic boundary conditions (cf. (1)). In this case the integral over the transformation group can be written as

$$A[f](\mathbf{M}) = \frac{1}{2\pi N^2} \int_{t_0=0}^{N} \int_{t_1=0}^{N} \int_{\varphi=0}^{2\pi} f(g\mathbf{M})d\varphi dt_1 dt_0. \tag{4}$$

$A[f]$ is called the group average of f. In order to give some intuitive insight in equation (4) we discuss several examples for constructing invariant image features:

- if the function $f(\mathbf{M})$ is already invariant, i.e. $f(\mathbf{M}) = f(g\mathbf{M})$ then it is left unaltered by group averaging, i.e. $A[f](\mathbf{M}) = f(\mathbf{M})$.
- for the function $f(\mathbf{M}) = \mathbf{M}[0,0]$ the group average is

$$A[f](\mathbf{M}) = \frac{1}{N^2} \int_{t_0=0}^{N} \int_{t_1=0}^{N} \mathbf{M}[t_0, t_1]dt_1 dt_0.$$

This is nothing but the average gray value of the image.
- for the function $f(\mathbf{M}) = \mathbf{M}[0,0]\mathbf{M}[0,1]$ the group average is

$$A[f](\mathbf{M}) = \frac{1}{2\pi N^2} \int_{t_0} \int_{t_1} \int_{\varphi} \mathbf{M}[-t_0, -t_1]\mathbf{M}[\sin\varphi - t_0, \cos\varphi - t_1]d\varphi dt_1 dt_0. \tag{5}$$

- finally we consider the function $f(\mathbf{M}) = \mathbf{M}[0,0]\mathbf{M}[0,3]^2$. Here the group average is

$$A[f](\mathbf{M}) = \frac{1}{2\pi N^2}\int_{t_0}\int_{t_1}\int_\varphi \mathbf{M}[-t_0,-t_1](\mathbf{M}[3\sin\varphi-t_0, 3\cos\varphi-t_1])^2 d\varphi dt_1 dt_0. \tag{6}$$

Let us have a closer look at equation (5) in order to develop an efficient strategy for calculating the invariant features. We first consider the integral over the angle φ. This is in equation (5):

$$\int_{\varphi=0}^{2\pi} \mathbf{M}[-t_0,-t_1]\mathbf{M}[\sin\varphi - t_0, \cos\varphi - t_1]d\varphi.$$

Since $(\sin\varphi - t_0, \cos\varphi - t_1)$ describes for $0 \leq \varphi \leq 2\pi$ a circle of radius one around $(-t_0, -t_1)$ this integral can be described as follows. Consider the pixel with coordinates $(-t_0, -t_1)$ and determine all pixels which have the distance one from this coordinate. Add the corresponding gray values and multiply the result with the gray value $\mathbf{M}[-t_0, -t_1]$. The remaining integrals over t_0, t_1 in equation (5) simply mean that this process has to be repeated for every pixel and that all the results should be added.

This can be reformulated by saying that we have to evaluate first for every pixel a local function which only depends upon the gray values in a specific neighbourhood of the actual pixel. The local function is in general nonlinear. The second step is to add the results of the local computations. This two-step strategy for calculating invariant features is shown in Figure 1. This interpretation of

Gray Scale Image **M**

Evaluation of a local function for every pixel of the image **M**

Summation over the results of the local computations

Fig. 1. Calculating invariant features by evaluating a local function and summing the results of the local computations.

the group average (4) will be useful for determining the feature properties for scenes with multiple (possibly overlapping) objects and for articulated objects (cf. section 3).

In the examples discussed so far we only considered polynomials $f(M)$. It is also possible to determine invariant features by integrating other functions than polynomials over the transformation group. However, it is shown in [7, 8] that polynomials are sufficient to generate feature sets which describe the image data completely up to rotations and translations. Therefore we consider in this paper only invariant features generated by averaging polynomials over the group.

3 Invariant image features with additional goodies

The methods described in section 2 allow the calculation of image features which are invariant with respect to global image transformations, i.e. it must be possible to find a single angle φ and a translation vector t to describe the transformation according to (1). This is impossible for some applications where one can only describe the image transformation by several local transforms with different parameters. As examples we mention scenes with several objects which are transformed independently and articulated objects. Figure 2 shows on the left hand side scenes with several objects which are rotated and translated independently (note that there is also moderate object overlap) and on the right hand side an articulated object where the image transformations can only be described by locally different rotations and translations of the parts. By using

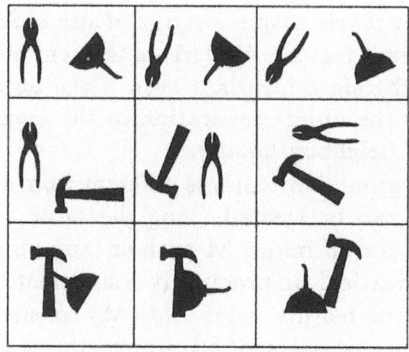
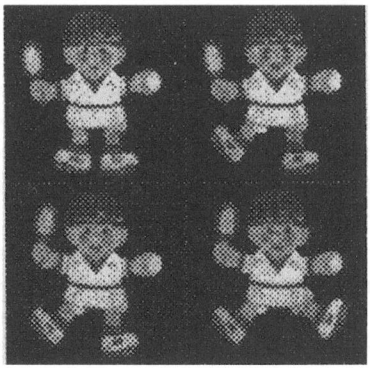

a) Several objects in a single sceneb) Articulated Object

Fig. 2. Several objects in a scene and articulated objects as examples where the image transformation cannot be described globally by a single rotation and translation.

appropriate functions it is possible to construct via the group average features for such images which are not exactly invariant but which do vary only slowly. Such features are sometimes called quasi-invariants (cf. [1]). To explain this construction we need the key-concept of the support size of the function f used for group averaging.

Given a function $f(\mathbf{M})$ the support $S(f)$ of f is defined as the complement of all pixel coordinates whose gray values do not influence the value of $f(\mathbf{M})$. E.g. for the function $f(\mathbf{M}) = 5\mathbf{M}[0,0] + \mathbf{M}[0,0]^2 \mathbf{M}[0,1]^3 - 3\mathbf{M}[1,0]$ the support is given by $S(f) = \{(0,0), (0,1), (1,0)\}$.

The support size $s(S(f))$ of the function f is defined in terms of the euclidean distances $\| \cdot \|$ of the pixels in the support of f as follows:

$$s(S(f)) := \min_{(i,j) \in S(f)} \left(\max_{(k,l) \in S(f)} \| (i-k, j-l) \| \right). \tag{7}$$

This definition is motivated by the two-step strategy developed in section 2 for calculating the group average (cf. Figure 1). The support size $s(S(f))$ is nothing else but the size of the neighbourhood which has to be considered pixelwise for performing the local computations. E.g. for $S(f) = \{(0,0), (0,1), (0,2)\}$ the support size is $s(S(f)) = 1$.

We first consider the case of scenes with several objects which can be rotated and translated independently (cf. the left hand side of Figure 2). Let us assume for the moment that the background intensity is zero and that the objects are separated. Furthermore it is assumed that the result of the local computation for a pixel equals zero if all gray values in the local neighbourhood are zero (that is always true for the polynomials considered in this paper). Under these assumptions the results of the local computations can only be different from zero for pixels belonging to an object or for pixels within a stripe of size $s(S(f))$ around the objects. The value of the invariant feature $A[f](\mathbf{M})$ is the sum of the results of the local computations and is therefore invariant even if the objects are transformed independently as long as the object separation in the scene is greater than $s(S(f))$ (the size of the local neighbourhoods).

This reasoning is no longer valid if the background intensity is different from zero. However, there is one special case which can be treated along the same lines. The background is called homogeneous if for an image $\mathbf{M}$ without any objects the results of the local computations are identical (in practice it is sufficient that the variance is low enough). In this case the feature value $A[f](\mathbf{M})$ consists of terms determined by the objects and stripes of size $s(S(f))$ around the objects and a term determined by the background. If the background is homogeneous this last term is independent from the positions of the objects and the feature is invariant even if the objects are transformed independently.

The invariance is lost if the distance of the objects in the scene is less than $s(S(f))$ or if the objects overlap. However, the deviation only depends upon the results of the local computations in the region where the overlap occurs. If this region is small (i.e. only moderate overlap) then the feature value should vary only slowly. The same reasoning applies for articulated objects (cf. the right hand side of Figure 2). In this case the feature value $A[f](\mathbf{M})$ consists of terms which are determined by the parts of the articulated object. The separate terms are not invariant if the parts move independently but the deviation is determined by the regions where the parts touch and by the support size $s(\mathcal{S}(f))$. If $s(\mathcal{S}(f))$ is small enough then the feature value should vary only slowly. Figure 3 shows how local pattern distortions influence the results of the local computations for two different support sizes. The above reasoning for scenes with several objects

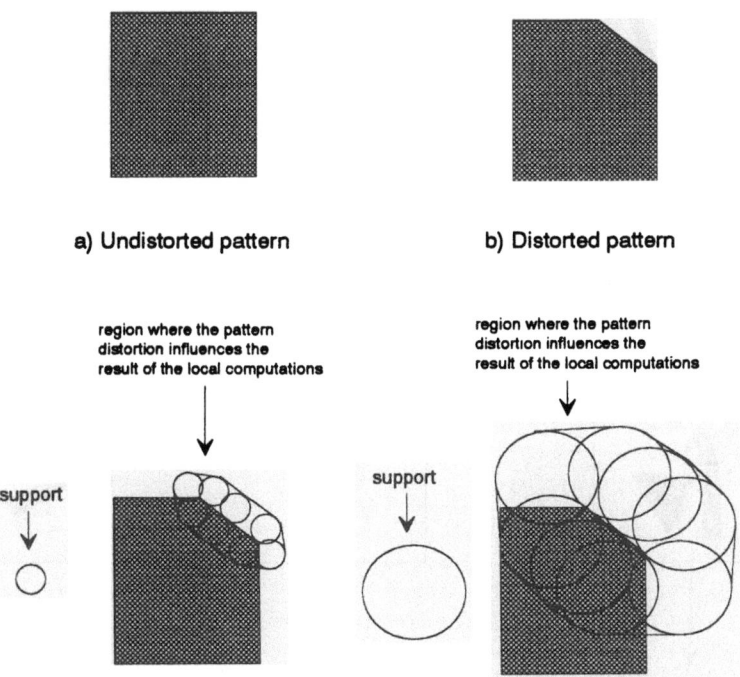

Fig. 3. Influence of lacal pattern distortions on the results of the local computations for two different support sizes.

allows an interesting extension to the recognition of such scenes without the necessity to segment the image beforehand. Let F be an invariant feature and let $\mathbf{M}_1, \mathbf{M}_2$ be gray scale images which show a single object of type 1 and 2 respectively. Furthermore let $\mathbf{M}$ be a gray scale image which shows these two objects simultaneously. We say that the feature F is additive in feature space if

$$F(\mathbf{M}) = F(\mathbf{M}_1) + F(\mathbf{M}_2). \tag{8}$$

It is obvious how to extend this definition to scenes with more than two objects. If there is moderate object overlap in M and F is continuous then $F(M) \approx F(M_1) + F(M_2)$, i.e. the deviation from the exact additivity should be small. These concepts are visualized in Figure 4. Let us assume that we have two

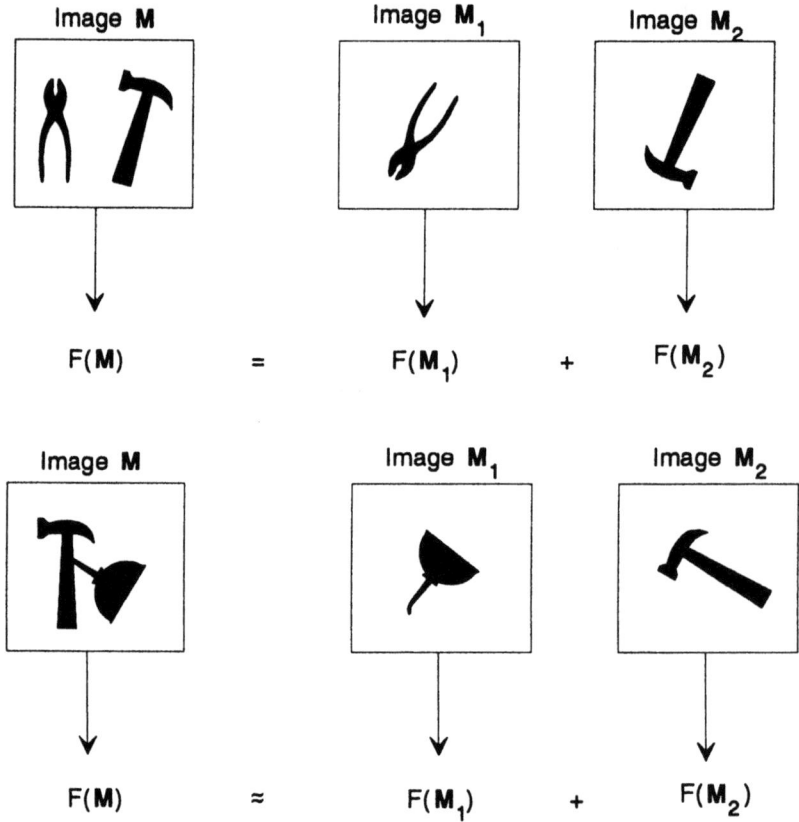

Fig. 4. Additivity and approximate additivity in feature space.

invariant features F_1, F_2 which are additive in feature space and that we have two object classes 1 and 2. Let M be a gray scale image which shows n objects of type 1 and m objects of type 2. If M_1, M_2 are gray scale images which show a single object of type 1 and 2 respectively then we have due to the additivity of the features:

$$F_1(M) = nF_1(M_1) + mF_1(M_2)$$
$$F_2(M) = nF_2(M_1) + mF_2(M_2).$$

Since $F_i(\mathbf{M}_1), F_i(\mathbf{M}_2), i = 1, 2$ can be calculated once and stored in a database we see that recognizing the scene M is equivalent to solve the following system of linear equations for x, y in the positive integers:

$$\begin{pmatrix} F_1(\mathbf{M}) \\ F_2(\mathbf{M}) \end{pmatrix} = \begin{pmatrix} F_1(\mathbf{M}_1) & F_1(\mathbf{M}_2) \\ F_2(\mathbf{M}_1) & F_2(\mathbf{M}_2) \end{pmatrix} \begin{pmatrix} x \\ y \end{pmatrix}$$

For k objects classes we need at least k invariant features which are additive in feature space. Recognizing a scene M is equivalent to solve a $k \times k$ system of linear equations in the positive integers.

For constructing invariant features which are additive in feature space we can resort to the discussion above concerning scenes with multiple objects. We first assume that the background intensity is zero and consider a feature $A[f]$ which is constructed by averaging the function f with support size $s(S(f))$ over the transformation group. Since the background intensity is zero it is not difficult to see that such a feature is additive if the separation of the objects is larger than $s(S(f))$. If there is object overlap then the distortion influences only the local computations in the regions where the object separation is less than $s(S(f))$. Therefore the deviation from the exact additivity should be small for moderate object overlap.

We next consider the case that the background is homogeneous. In this case the additivity in the form (8) will not be fulfilled. However, we can give a simple qualitative argument to account for the nonzero but homogeneous background. Since we have to separate the contributions from the objects and the contribution coming from the background we need some additional terminology. We denote by $OA(1)$ the area occupied by object 1 and by $OA(2)$ the area occupied by object 2 in an image. Let B be the area of an image. Then $B - OA(1)$ denotes for an image with only one object of type 1 the area of the background. The analogous notations for scenes with several objects are evident. Let $\mathbf{M}, \mathbf{M}_1, \mathbf{M}_2$ be three gray scale images as above (it is understood that the images have the same dimensions and the same type of background). We assume that the two objects are separated in M. Then we can write for an invariant feature $A[f]$:

$$A[f](\mathbf{M}_1) = A[f](OA(1)) + A[f](B - OA(1))$$
$$A[f](\mathbf{M}_2) = A[f](OA(2)) + A[f](B - OA(2))$$
$$A[f](\mathbf{M}) = A[f](OA(1)) + A[f](OA(2)) + A[f](B - OA(1) - OA(2))$$

This is somewhat sloppy since we have neglected the influence of the support size $s(S(f))$ in these equations. However, if $s(S(f))$ is sufficiently small this will be a good approximation. These equations suggest the following relation between the values of the feature $A[f]$ for the different scenes:

$$A[f](\mathbf{M}_1) + A[f](\mathbf{M}_2) - A[f](B) = A[f](\mathbf{M}). \qquad (9)$$

Here $A[f](B)$ denotes the value for an image without objects (only the background). The important point to note in equation (9) is that for a homogeneous background the deviation from the exact additivity property (cf. equation (8)) is completely determined by the feature value for a background image. This value can be determined once and stored in a database. Due to (9) it is therefore possible to recognize scenes with several objects without the necessity of image segmentation provided that the background is homogeneous and that the support size $s(\mathcal{S}(f))$ is sufficiently small.

4 Experimental results

The algorithms described in sections 2, 3 have been integrated in the parallel image processing system ApS (cf. [4]). Extensive experimental results are reported in [8]. We confine ourselves in this section to some selected topics in order to illustrate the properties of the gray scale features. Table 1 lists the twelve monomials which are used for constructing gray scale invariants by group averaging. These features (or a subset of them) are used in the experiments. The maximal

Feature Number	Monomial $f(M)$
1	$M[0,0]$
2	$M[0,0]^2$
3	$M[0,0]M[0,1]$
4	$M[0,0]M[0,2]$
5	$M[0,0]M[0,3]$
6	$M[0,0]^3$
7	$M[0,0]^2M[0,1]$
8	$M[0,0]^2M[0,2]$
9	$M[0,0]^2M[0,3]$
10	$M[0,0]M[0,1]M[0,2]$
11	$M[0,0]M[0,1]M[0,3]$
12	$M[0,0]M[0,2]M[0,3]$

Table 1. Monomials used for constructing gray scale features by group averaging.

support size $s(\mathcal{S}(f))$ of these monomials is 3. The local parts of the computations can be performed by using a 7×7 window around the pixels. These monomials where chosen due to their relatively small support size and since it is according to the general theory described in [8] sufficient to consider the group average of such functions for generating complete feature sets.

4.1 Invariant Object Recognition

The task in this experiment was to recognize the objects shown in Figure 5 from a single gray scale image. The objects could be arbitrarily rotated and translated. We used the features 1, 3, 7, 12 from Table 1. The images were taken by a camera and the features were directly calculated according to (4). No precessing (e.g. smoothing, segmentation) was applied. We used three different classifiers:

- the Bayes classifier under the assumption that the features are classwise normally distributed
- the weighted nearest neighbour classifier (WNN) (i.e. the euclidean distance weighted with the variance of the features)
- the nearest neighbour classifier (NN) (i.e. the simple euclidean distance).

Fig. 5. The eight objects to be recognized from gray scale images.

First ten images per object were taken to estimate the means and the covariance matrices of the feature vectors. Afterwards every object was presented twenty times (in different positions) for measuring the recognition rates of the different classifiers. Table 2 summarizes the results (the objects are numbered from 1 to 8 beginning in the upper left corner in Figure 5). The Bayes classifier solves

Object	1	2	3	4	5	6	7	8
Bayes	100	100	100	100	100	100	100	100
WNN	100	100	100	70	100	95	100	85
NN	45	100	100	55	100	75	100	90

Table 2. Recognition rates in percent for three different classifiers for the objects shown in Figure 5 based on the features 1, 3, 7, 12 from Table 1.

the problem completely whereas the nearest neighbour classifier is not suited for these features (that is not too astonishing since the polynomials have different orders). The weighted nearest neighbour classifier gives intermediate results.

4.2 Articulated objects

We considered the articulated object shown on the right hand side of Figure 2. Twenty images were taken and in every image the parts of the object were independently transformed. For every image the twelve feature from Table 1 were calculated (without any preprocessing). Table 3 shows the mean value (M), the standard deviation (SD) and the quotient of standard deviation and mean value for the test series of twenty images. One sees that the invariance of the features is very good fulfilled which confirms the qualitative arguments from section 3.

	M	SD	SD/M
1	86, 87	0, 46	0, 00532
2	10375, 77	143, 09	0, 01379
3	10337, 45	142, 22	0, 01375
4	10289, 75	140, 86	0, 01368
5	10282, 86	139, 90	0, 01360
6	1565683, 45	36715, 81	0, 02345
7	1557744, 75	36436, 05	0, 02339
8	1547004, 98	35997, 88	0, 02326
9	1541807, 88	35646, 39	0, 02311
10	1540428, 07	35757, 68	0, 02321
11	1535547, 36	35424, 75	0, 02306
12	1526804, 52	35072, 86	0, 02297

Table 3. Mean, standard deviation and quotient of standard deviation and mean for the twelve gray scale features from Table 1 and twenty images of an articulated object.

4.3 Additivity in feature space

Extensive experimental results concerning the additivity in feature space (both with real and synthetic images) are reported in [8]. We present here only one result for scenes with two overlapping objects. Figure 6 shows four test images each with two objects which overlap slightly. The background has zero intensity. For each image the twelve gray scale invariants from Table 1 were calculated and compared with the corresponding values for scenes showing only the single objects. We denote by $F(M)$ the value of the feature F for the scene with two

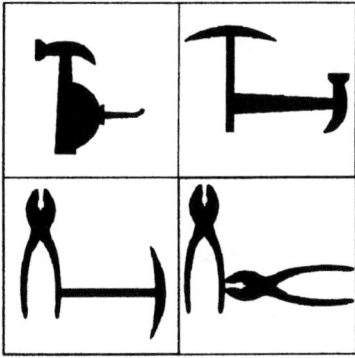

Fig. 6. Test images for testing the deviation from the exact additivity in feature space for scenes with moderate object overlap.

objects and with $F(\mathbf{M}_1), F(\mathbf{M}_2)$ the feature values for the single object scenes. We use the expression

$$\frac{\mid F(\mathbf{M}) - F(\mathbf{M}_1) - F(\mathbf{M}_2) \mid}{\mid F(\mathbf{M}_1) + F(\mathbf{M}_2) \mid} \qquad (10)$$

as a measure for the deviation from the exact additivity in feature space. Table 4 shows this measure for the four test images from Figure 6. The images are numbered from 1 to 4 beginning in the upper left corner. One can see from

	Image 1	Image 2	Image 3	Image 4
1	0,1370	0,0038	0,0046	0,0009
2	0,1335	0,0010	0,0034	0,0007
3	0,1319	0,0002	0,0028	0,0004
4	0,1293	0,0022	0,0019	0,0000
5	0,1263	0,0045	0,0009	0,0007
6	0,1318	0,0004	0,0028	0,0007
7	0,1301	0,0017	0,0022	0,0005
8	0,1275	0,0037	0,0013	0,0000
9	0,1245	0,0061	0,0003	0,0005
10	0,1262	0,0047	0,0009	0,0000
11	0,1233	0,0070	0,0001	0,0006
12	0,1213	0,0086	0,0007	0,0009

Table 4. Deviation from the exact additivity in feature space for the four test images shown in Figure 6.

Table 4 that the deviation from the additivity increases with the object overlap. The greatest deviaition occurs for image 1 which has the greatest overlap whereas the deviation is negligible for image 4.

5 Conclusion

We presented in this paper algorithms for the construction of translation and rotation invariant features for gray scale images. Apart from the mere invariance it is possible to achieve other properties like additivity in feature space which makes the features attractive for recognition applications. The invariant integral permits the construction of an invariant feature $A[f]$ for a given function f. However, for a specific application we are usually interested in features which have besides the mere invariance additional properties like robustness with respect to statistical pattern distortions, reliable separation of different classes etc. This can be reformulated by saying that the features should be optimal with respect to a given (application specific) criterion. The question is how to choose the function f so that the group average $A[f]$ is optimal. Some ideas in this direction concerning the adaptive feature calculation are developed in the companion paper [3].

References

1. T. O. Binford *Inferring surfaces from images.* Artificial Intelligence, no.17, 205-244, 1981.
2. D. P. Huttenlocher, S. Ullman *Recognizing Solid Objects by Alignment.* International Journal of Computer Vision, 5, no. 2, 255-274, 1990.
3. S. Kröner, H. Schulz-Mirbach *Fast adaptive calculation of invariant features.* Tagungsband Mustererkennung 1995 (17. DAGM Symposium), Bielefeld 1995.
4. M. Nölle, G. Schreiber, H. Schulz-Mirbach *Ips- A general purpose Parallel Image Processing System.* In W. G. Kropatsch und H. Bischof (Hrsg.), Tagungsband Mustererkennung 1994 (16. DAGM Symposium), Reihe Informatik Xpress, Nr. 5, S. 609-623, Wien 1994.
5. T. H. Reiss *Recognizing Planar Objects Using Invariant Image Features.* Lecture Notes in Computer Science, no.676, Springer 1993.
6. H. Schulz-Mirbach *Constructing invariant features by averaging techniques.* Proc. of the 12'th International Conference on Pattern Recognition, vol.II, pp.387-390, Jerusalem, Israel 1994.
7. H. Schulz-Mirbach *Algorithms for the construction of invariant features.* In W. G. Kropatsch und H. Bischof (Hrsg.), Tagungsband Mustererkennung 1994 (16. DAGM Symposium), Reihe Informatik Xpress, Nr. 5, S. 324-332, Wien 1994.
8. H. Schulz-Mirbach *Anwendung von Invarianzprinzipien zur Merkmalgewinnung in der Mustererkennung.* Dissertation, Technische Universität Hamburg-Harburg, September 1994. Zur Veröffentlichung akzeptiert als VDI Fortschrittbericht, Reihe 10, VDI Verlag 1995.
9. I. Weiss *Geometric Invariants and Object Recognition.* International Journal of Computer Vision, 10:3, 201-231, 1993.

Momentenbasiertes affin-invariantes Fitting von Ellipsensegmenten

K. Voss, H. Suesse, Friedrich-Schiller-Universität Jena
Fakultät für Mathematik und Informatik, D-07743 Jena
E-Mail: klaus.voss@rz.uni-jena.de

Zusammenfassung

In dieser Arbeit beschreiben wir einen neuen Zugang zum Problem der optimalen Anpassung von Ellipsen an Kontursegmente. Anders als allgemein aus der Literatur bekannt, wird statt einer optimalen Anpassung an die vorgegebene Punktmenge eine Anpassung an das durch das Kontursegment beschriebene Flächensegment durchgeführt. Auf Grund der numerischen Stabilität der flächenbasierten Momente und einer affin-invarianten Standardlage des Flächensegmentes liefert dieses neue Fitting die Invarianz der erhaltenen optimalen Ellipse gegenüber affinen Transformationen. Selbst wenn die Punktmenge ein allgemeines Kurvensegment beschreibt, wird eine Ellipsenanpassung erzwungen. Durch die Standardlage des Flächensegmentes ist es möglich, ein normiertes Maß anzugeben, welches eine stabile bzw. instabile Anpassung bewertet. Bezüglich des numerischen Aufwandes ist lediglich ein eindimensionales Optimierungsproblem zu lösen. Experimentelle Untersuchungen demonstrieren die Güte der vorgestellten neuen Methode.

1 Einleitung

Die präzise Bestimmung der fünf Parameter einer Ellipse (Koordinaten des Mittelpunktes, Länge der großen und kleinen Achse, Orientierung) ist von großer Bedeutung in der modellbasierten Bildverarbeitung, wobei in der Mustererkennung [Fo90, Ka92] die Erkennung von Objekten und in der 3D-Szenenanalyse und Robotvision [Vo95] die exakte Rekonstruktion von Ellipsen und Kreisen im Vordergrund steht.

Es gibt eine Vielzahl von Methoden zur Abschätzung der Ellipsenparameter anhand vorgegebener Punkte oder Kontursegmente [Ro93]. Eine große Teilmenge dieser Methoden basiert auf speziellen Optimierungsverfahren [Bo79, Jo94, Ka94, Po90, Sa82, Vo95], während andere Methoden das Problem mit Hilfe modifizierter Hough-Transformationen zu lösen versuchen [Ts78, Yu89] bzw. geometrische Symmetrien der anzupassenden Ellipse ausnutzen [Ho95]. Dabei ist das sogenannte "invariant fitting" von großer Bedeutung für die Objekterkennung [Ka92]. In [Sa92] werden formspezifische Merkmale ausgenutzt, um die fünf Ellipsenparameter abschätzen zu können, wobei die Ermittlung einer genäherten Ellipse anhand einer *geschlossenen* Kontur auf Momenten bzw. Fourier-Deskriptoren beruht.

In [Vo95] haben wir die *affine Invarianz* der zuletzt genannten beiden Verfahren aus [Sa92] gezeigt. Doch diese Methoden sind nicht anwendbar, wenn statt der gesamten Kontur nur ein Kontursegment, d.h. nur ein mehr oder weniger großer Ellipsenbogen verfügbar ist. Bezüglich eines Kontursegmentes wurde in [Bo79] eine Methode beschrieben, die invariant bezüglich Ähnlichkeitstransformationen ist, und von [Fo90] wurde erstmals eine Fittingmethode angegeben, die sogar affin-invariant ist. Allerdings ist diese Methode sehr rechenaufwendig, da ein mehrdimensionales Optimierungsproblem mit einer Determinantenrestriktion iterativ gelöst werden muß. Außerdem ist dabei nicht garantiert, daß die angepaßte Kurve zweiter Ordnung eine Ellipse ist, und es wird kein Maß angegeben, das die Güte der Anpassung bewerten kann. Der hier dargelegte neue Zugang besitzt jedoch diese Eigenschaften, wobei man lediglich ein *eindimensionales* Optimierungsproblem zu lösen braucht.

Die Bedeutung der Bewertung der Genauigkeit einer Ellipsenanpassung insbesondere für "kurze" Kontursegmente ist aus Abbildung 1 zu erkennen. Als Merkmale benutzen wir nicht die Punkte selbst, sondern die geometrischen Momente des Flächensegmentes. Die Momente wurden bisher nur in [Sa92] zur Ellipsenanpassung verwendet, wobei aber die vollständige Kontur gegeben sein muß.

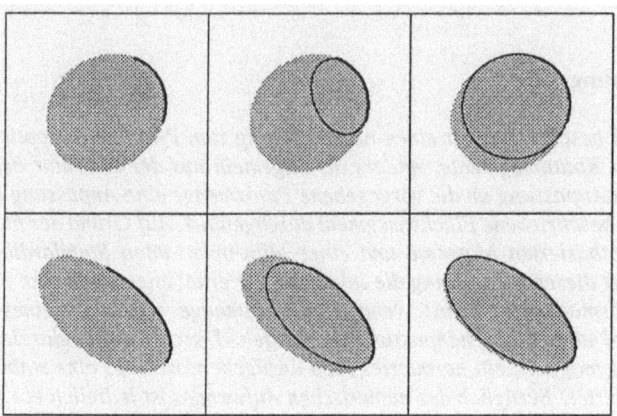

Abb. 1: Beispiele für die Anpassung elliptischer Segmente (links) mittels der Lagrange-Methode (Mitte) bzw. der Momenten-Methode (rechts)

Zum Vergleich unserer Ergebnisse wählen wir die üblicherweise eingesetzte *Lagrange-Methode*, die von Haralick "principal-axis curve fitting" genannt wird [Ha92]:

$$Q(a,b,c,d,e,f) = \sum_i \left(ax_i^2 + bx_iy_i + cy_i^2 + dx_i + ey_i + f\right)^2 \rightarrow \text{Minimum}, \quad (1)$$

$$a^2+b^2+c^2+d^2+e^2+f^2 = 1 .$$

Hier sind (x_i, y_i) die Koordinaten des *i*-ten Meßpunktes (bzw. des *i*-ten Konturpunktes), und $a, b, \ldots, f$ sind die Parameter einer allgemeinen Kurve zweiter Ordnung. Diese Methoden minimieren die sogenannte *"algebraische Distanz"*. Dabei ist wegen der vorausgesetzten Kurvengleichung $a \cdot x^2 + b \cdot x \cdot y + c \cdot y^2 + d \cdot x + e \cdot y + f = 0$ irgendeine Restriktion an die Kurvenparameter notwendig, weil man mit $a = \alpha a', b = \alpha b', \ldots$ und $\alpha \rightarrow 0$ stets die Lösung $Q=0$ erhalten würde (siehe [Vo95]).

Da das formulierte Optimierungsproblem (1) nicht die Quadratsumme der geometrischen Punktabstände zu der zu berechnenden Kurve minimiert, werden Punkte an den Enden der langen Ellipsenachse systematisch schwächer gewichtet als Punkte an den Enden der kurzen Achse ("bias"). Außerdem garantiert die Methode (1) nur, daß eine Kurve zweiter Ordnung angepaßt wird. Eine erzwungene Ellipsenanpassung kann damit nicht erreicht werden.

2 Mathematische Grundlagen und Algorithmus

Alle Ellipsen können affin in Kreise (speziell in den Einheitskreis) abgebildet werden. Da ein elliptisches Flächensegment F der Durchschnitt einer elliptischen Vollfigur E und einer Halbebene H ist, wird die affine Abbildung $T: E \rightarrow E' = K$, die E in den Vollkreis K und die Halbebene H in die Halbebene $H' = T(H)$ überführt, den Durchschnitt F in das Kreissegment $K \cap H'$ transformieren.

Deshalb kann jedes elliptische Flächensegment durch eine affine Transformation in ein Segment S des Einheitskreises abgebildet werden. Diese Einheitskreis-Segmente lassen sich in eine durch den Parameter s beschriebene einparametrige Kurvenschar einordnen ($s=1$ charakterisiert den Vollkreis, $s=0$ den Halbkreis, $s=-0.8$ ein sehr schmales Kreissegment usw., siehe Abbildung 2), so daß es nur noch erforderlich ist, solche Kreissegmente $S=K(s)$ zu untersuchen. Dabei kann jedes Kreissegment $K(s)$ als Repräsentant der Äquivalenzklasse aller derjenigen elliptischen Flächensegmente angesehen werden, die sich affin in $K(s)$ abbilden lassen.

Der wesentliche Parameter eines Einheitskreis-Segmentes ist der Parameter s. Während also ein allgemeines Ellipsen-Segment durch 7 Parameter beschrieben

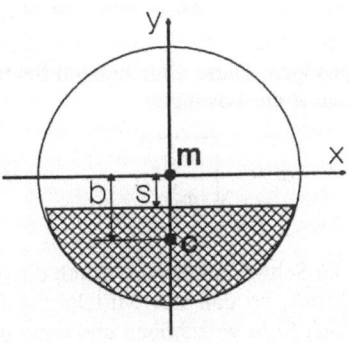

Abb. 2: Kreissegment

wird (5 Parameter für die Ellipse und 2 Parameter für den Halbraum), kann durch die affine Äquivalenz, die 6 Parameter eliminiert, eine einparametrige Objektmenge erhalten werden. Alle anderen geometrischen Größen der Kreissegmente, zum Beipiel die Flächenmomente

$$m_{p,q} = \iint\limits_{K(s)} x^p \cdot y^q \, dx \, dy \ ,$$

sind nur noch von s abhängig. Die numerische Berechnung der Momente eines Kreissegmentes ist auf analytischem Wege möglich, so daß die affin-invariante Standardlage relativ einfach ermittelt werden kann [Vo95]. Diese Standardlage wird durch die folgenden Momente $a_{p,q}$ beschrieben:

$$a_{1,0}=0, \quad a_{0,1}=0, \quad a_{2,0}=1, \quad a_{1,1}=0, \quad a_{0,2}=1, \quad a_{3,0}+a_{1,2}=0 \ . \quad (2)$$

Zuerst wird der Schwerpunkt $c=(x_c,y_c)=(0,-b)$ des Kreissegmentes aus Abbildung 2 berechnet, wobei die Distanz b stets positiv ist (für den Vollkreis gilt $c=m=(0,0)$ mit $b=0$). Anschließend verschieben wir das Kreissegment so, daß der Schwerpunkt in den Ursprung des Koordinatensystems überführt wird (Abbildung 3). Dadurch ergeben sich die zentralen Momente zu

$$m'_{p,q} = \iint\limits_{K(s)} x^p (y+b)^q \, dx \, dy = \sum_{i=0}^{q} \binom{q}{i} b^i m_{p,q-i} \ .$$

Die beiden ersten Bedingungen für die Standardlage sind damit durch die Verschiebung in Y-Richtung erfüllt:

$$m'_{1,0} = 0 \quad , \quad m'_{0,1} = 0 \ .$$

Nun müßte entsprechend der Theorie der affin-invarianten Standardtransformationen eine X-Scherung durchgeführt werden, um die Normierungsbedingung $m_{1,1}=0$ zu garantieren. Aber da wegen der Symmetrie des Problems alle Momente $m'_{k,l}$ für ungerade k verschwinden, ist diese Forderung automatisch erfüllt.

Im nächsten Schritt führen wir eine einfache anisotrope Skalierung $x' \to x'' = c \cdot x'$ und $y' \to y'' = d \cdot y'$ so durch, daß die Momente zweiten Grades den Normierungsbedingungen

$$m''_{2,0} = c^3 \cdot d \cdot m'_{2,0} = 1 \quad , \quad m''_{0,2} = c \cdot d^3 \cdot m'_{0,2} = 1$$

genügen. Diese Gleichungen liefern für die Parameter c und d die Lösungen

$$c = \sqrt[8]{\frac{m'_{0,2}}{m'^3_{2,0}}} \quad , \quad d = \sqrt[8]{\frac{m'_{2,0}}{m'^3_{0,2}}} \; .$$

Der Schwerpunkt wird durch die Skalierungen nicht geändert, so daß der Mittelpunkt m des Kreises zuerst nach $(0,b)$ verschoben und dann nach $(0,d \cdot b)$ transformiert wird. Zuletzt müßte eine Rotation um den Schwerpunkt so durchgeführt werden, daß die Bedingung $a_{3,0} + a_{1,2} = 0$ für die sich aus den $m''_{i,k}$ mit $i+k=3$ ergebenden Momenten $a_{i,k}$ erfüllt ist. Aber weil für ein Kreissegment in symmetrischer Lage alle Momente $a_{k,l}$ für ungerades k verschwinden, ist diese Forderung von vornherein garantiert.

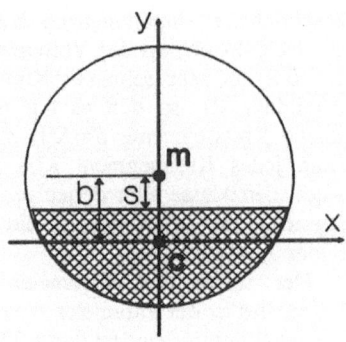

Abb. 3: Verschobenes Kreissegment

Der Durchmesser des ursprünglichen Einheitskreises wird in X-Richtung um den Faktor c gestreckt und in Y-Richtung umd den Faktor d. Deshalb erhalten wir die Gleichung

$$\frac{x''^2}{c^2} + \frac{(y'' - b \cdot d)^2}{d^2} = 1 \quad (3)$$

einer durch den Parameter s eindeutig charakterisierten Ellipse zur Beschreibung der affin-invarianten Standardfigur des originalen Kreissegmentes (siehe Abbildung 4). Nun ist es auch möglich, weitere Momente des elliptischen Standardsegmentes $S(s)$ aus Abbildung 4 als Funktion des Parameters s zu berechnen, die damit affin-invariante Momente des originalen Kreissegmentes sind (siehe Tabelle 1):

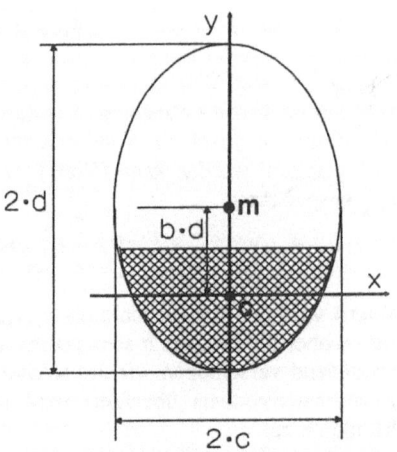

Abb. 4: Standardellipse eines Kreissegmentes

$$a_{p,q}(s) = \iint\limits_{S(s)} x''^p \cdot y''^q \, dx'' dy'' \; . \quad (4)$$

In der Abbildung 5 ist gezeigt, daß elliptische Flächensegmente (linkes Teilbild) aus verschiedenen Äquivalenzklassen relativ ähnliche Standardfiguren besitzen (dabei sind viele dieser Standardfiguren einander überlagert worden, um den Vergleich zu ermöglichen). Die den elliptischen Standardsegmenten entsprechenden Ellipsen sind im rechten Teil der Abbildung 5 eingetragen worden (für $s \to 1$ wird als Grenzfigur eine Parabel erreicht).

Die elliptischen Standardsegmente spielen nun die Rolle eines Referenzmusters für eine Matchingaufgabe, wobei die Momente $a_{i,k}$ aus (4) das Referenzmuster beschreiben. Das zu untersuchende Muster, d.h. ein vorgegebenes, näherungsweise elliptisches Flächensegment

F wird durch Verschiebung, X-Scherung, anisotrope Skalierung und Rotation in eine eindeutig bestimmte Standardlage überführt (Wang-Methode, siehe [Vo95]). Die diesen Teiltransformationen entsprechende affine Transformation sei $t_{aff}(F)$. Nach der Transformation erfüllen die Momente $b_{p,q}$ dieser Standardlage des Segmentes F die gleichen Normierungsbedingungen wie die Momente (2) des Referenzmusters: $b_{1,0}=b_{0,1}=b_{1,1}=0$, $b_{2,0}=b_{0,2}=1$ und $b_{3,0}+b_{1,2}=0$. Die weiteren (nunmehr affin-invarianten) Momente $b_{0,0}$, $b_{2,1}$, $b_{0,3}$, $b_{4,0}$ usw. sind dann charakteristische Merkmale des zu untersuchenden Flächensegmentes F.

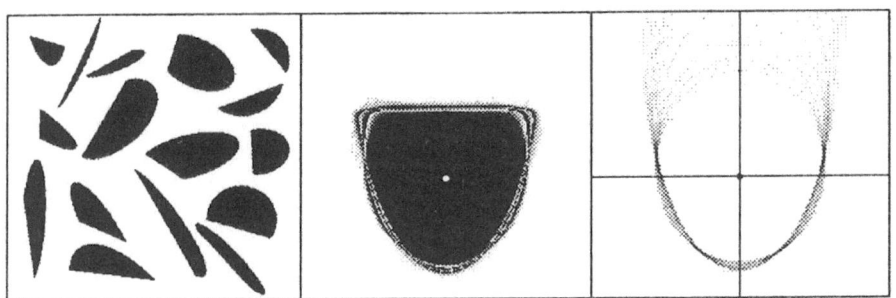

Abb. 5: Elliptische Segmente (links), Überlagerung der Standardsegmente (Mitte) und Überlagerung der entsprechenden Standardellipsen (rechts)

Tab. 1: Affin-invariante Momente eines Kreissegmentes

s	$a_{0,0}$	$a_{2,1}$	$a_{0,3}$	$a_{4,0}$	$a_{2,2}$	$a_{0,4}$
1.0	3.5449	0	0	0.5641	0.1881	0.5641
0.8	3.5353	-0.0397	0.0316	0.5505	0.2054	0.5554
0.6	3.5142	-0.0842	0.0677	0.5481	0.2208	0.5551
0.4	3.4906	-0.1208	0.0883	0.5554	0.2313	0.5596
0.2	3.4680	-0.1499	0.1093	0.5671	0.2384	0.5661
0.0	3.4474	-0.1730	0.1269	0.5801	0.2432	0.5734
-0.2	3.4291	-0.1914	0.1419	0.5930	0.2466	0.5807
-0.4	3.4128	-0.2064	0.1548	0.6051	0.2489	0.5880
-0.6	3.3984	-0.2187	0.1661	0.6162	0.2505	0.5949
-0.8	3.3856	-0.2290	0.1760	0.6261	0.2517	0.6015
-1.0	3.3748	-0.2376	0.1807	0.6350	0.2525	0.6077

Nun haben wir das momenten-basierte eindimensionale Matchingproblem

$$Z(s) = \sum_{p,q \in I} (a_{p,q}(s) - b_{p,q})^2 \rightarrow \text{Minimum} \qquad (5)$$

zu lösen, wobei I die Indexmenge der für die Optimierung verwendeten Momente ist. Das dem optimalen Parameter $\hat{s}$ entsprechende elliptische Standardsegment $S(\hat{s})$ bestimmt eine Ellipse $E(\hat{s})$, und durch die inverse Transformation $t_{inv}=(t_{aff})^{-1}$ erhalten wir mit $E_{fit}= t_{inv}(E(\hat{s}))$ die an das vorgegebene Flächensegment F optimal angepaßte Ellipse:

$$(m_{0,0}, m_{1,0}, m_{0,1}, \ldots) \xrightarrow{[Vo95]} \begin{pmatrix} (b_{0,0}, b_{2,1}, b_{0,3}, \ldots) \\ t_{aff} \end{pmatrix} \xrightarrow{(5)} \hat{s} \xrightarrow{(3)} E(\hat{s}) \xrightarrow{t_{aff}^{-1}} E_{fit}$$

3 Experimentelle Untersuchungen

Da die Momente $a_{p,q}(s)$ der elliptischen Standardsegmente $S(s)$ Funktionen eines einzigen Parameters s sind, so kann man auch funktionale Zusammenhänge zwischen zwei beliebigen Momenten betrachten, indem man den Parameter s eliminiert. Wenn wir zum Beispiel die Standardfläche $a_{0,0}=a_{0,0}(s)$ als unabhängige Variable verwenden, so sind die Ausdrücke $a_{p,q}=a_{p,q}(a_{0,0})$ Funktionen dieser neuen unabhängigen Variablen. Diese Funktionen müßten näherungsweise durch die aus Messungen erhaltenen Zahlenpaare $(b_{p,q}, b_{0,0})$ für vorgegebene ellipsenähnliche Segmente reproduziert werden können.

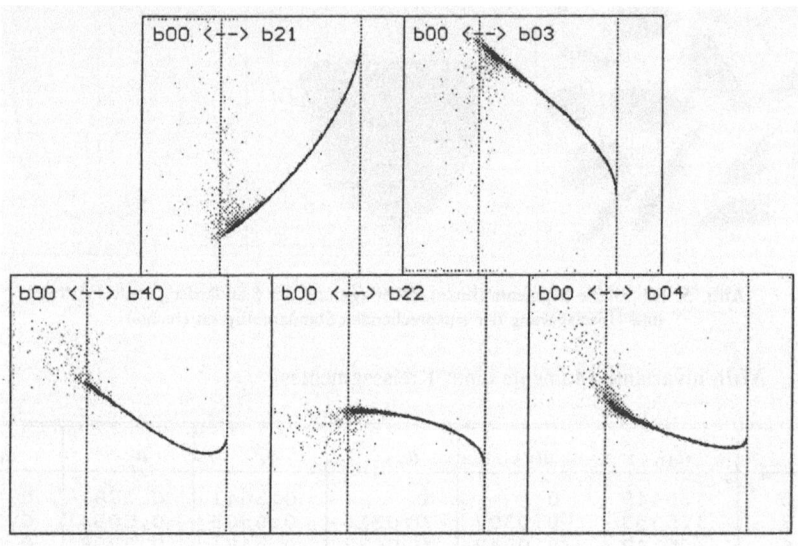

Abb.6: Experimentelle Abhängigkeiten der affin-invarianten Momente $b_{p,q}$ elliptischer Segmente

In Abbildung 6 sind für einige hundert Objekte, die ungefähr die Form von Ellipsensegmenten hatten, die Resultate eingetragen. Die den Objekten entsprechenden Ellipsen hatten lange Achsen a_e mit $30 < a_e < 250$ (angegeben in Bildpunktabständen), kurze Achsen b_e mit $30 < b_e < a_e$ und beliebige Winkellagen φ. Die Anzahl der zur Beschreibung der elliptischen Bögen verwendeten Konturpunkte betrug bei diesen Experimenten etwa $(30\pm10)\%$ des jeweiligen Ellipsenumfangs (d.h. etwa 50-200 Bildpunkte), wobei die Anfangspunkte der Bögen zufällig gewählt wurden (siehe Abbildung 1). Auf den Abzissen der Teilbilder in Abbildung 6 ist jeweils $b_{0,0}$ aufgetragen, während die Ordinaten die Werte $b_{p,q}$ angeben. Die gestrichelten senkrechten Linien in den Teilbildern begrenzen die für Ellipsensegmente zulässigen Werte von $b_{0,0}$ (siehe Tabelle 1).

Alle Experimente entsprachen diesen Vorgaben. Jeder einzelne Punkt in den Abbildungen 6,7,8 stellt das Ergebnis einer Messung bzw. einer Simulation dar (z.B. bei den Vergleichen $b_{0,0} \leftrightarrow b_{2,1}$, $a_e^{(soll)} \leftrightarrow a_e^{(ist)}$ usw.). Dabei ist der Parameter $b_{0,0}$ ein robustes affin-invariantes Maß zur Abschätzung der Güte der elliptischen Anpassung: Wenn $b_{0,0} > 3.4$ ist (d.h. der Parameter s des entsprechenden Kreissegmentes liegt oberhalb von -0.47), so stimmen die theoretischen Funktionen mit den experimentell ermittelten Funktionen recht gut überein, d.h. die angepaßte Ellipse $E^{(ist)}$ entspricht etwa der "richtigen" Ellipse $E^{(soll)}$. Doch für sehr kurze Kontursegmente (d.h. im allgemeinen mit Werten $b_{0,0} < 3.4$) treten größere Abweichungen zwischen der angepaßten Ellipse und der "richtigen" Ellipse auf (siehe Abbildung 7).

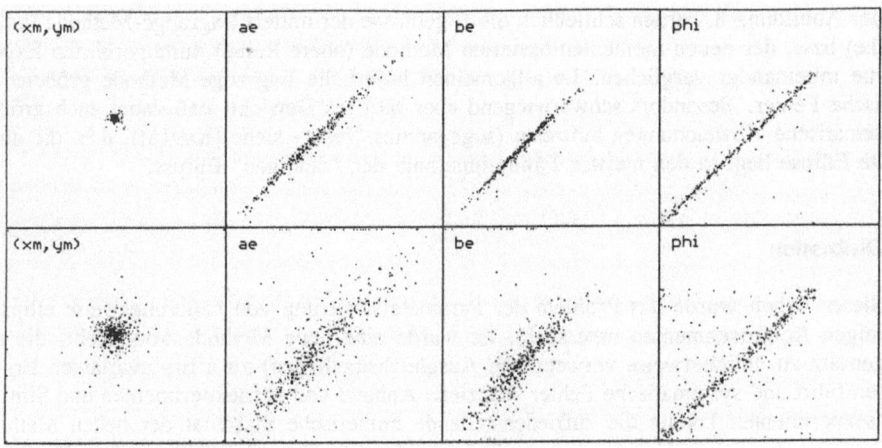

Abb. 7: Berechnete Ellipsenparameter (xm, ym), ae, be, phi im Vergleich zu den "richtigen" Parametern
(obere Reihe für $a_{0,0} > 3.4$, untere Reihe für $a_{0,0} < 3.4$)

Die berechneten Mittelpunkte (xm, ym) der angepaßten Ellipsen sollten eigentlich im Zentrum der linken Teilbilder lokalisiert sein. Aber selbst bei $b_{0,0} > 3.4$ streuen sie um den Sollpunkt. Die berechneten Werte für die lange Achse a_e, die kurze Achse b_e und den Winkel phi der langen Achse gegen die X-Achse sollten auf einer Linie liegen, die in den Teilbildern von links unten nach rechts oben verläuft (die Sollwerte für a_e usw. sind auf den Abzissen der Teilbilder aufgetragen). Die Meßergebnisse streuen um diese Linie, so daß die angepaßten Ellipsen manchmal innerhalb und manchmal außerhalb der Soll-Ellipse liegen.

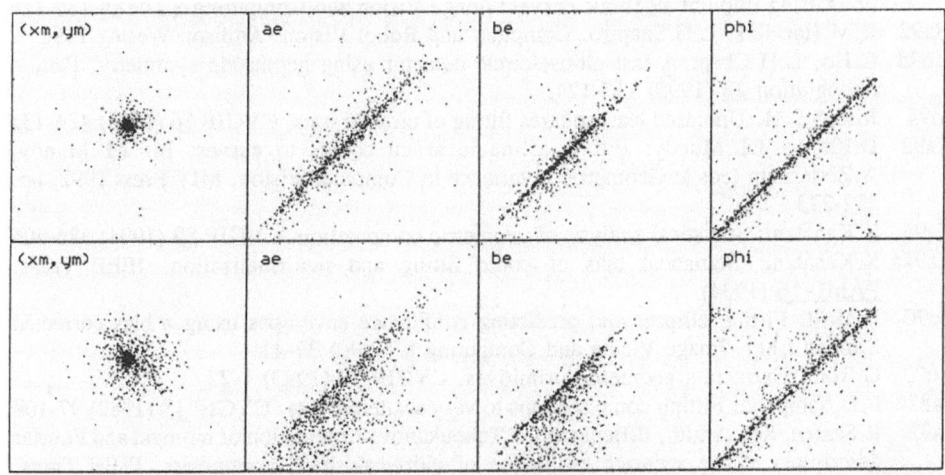

Abb. 8: Vergleich der statistischen Korrelationen
der neuen Methode (obere Reihe) und der Lagrange-Methode (untere Reihe)

Wenn wir jedoch die Ergebnisse für elliptische Segmente mit $b_{0,0} < 3.4$ betrachten (untere Reihe in Abbildung 7), so müssen wir wesentlich größere Schwankungsbreiten feststellen. Unabhängig von Größe und Form des originalen Objektes bzw. des originalen Konturstückes ist $b_{0,0}$ also ein geeignetes Maß, um die Zuverlässigkeit der angepaßten Ellipse abschätzen zu können.

In der Abbildung 8 werden schließlich die Ergebnisse der mittels Lagrange-Methode (untere Reihe) bzw. der neuen momenten-basierten Methode (obere Reihe) durchgeführten Experimente miteinander verglichen. Im allgemeinen liefert die Lagrange-Methode größere statistische Fehler. Besonders schwerwiegend aber fällt ins Gewicht, daß dabei auch größere systematische Abweichungen auftreten (sogenanntes "*bias*", siehe [Ka94a]), d.h. die angepaßte Ellipse liegt in den meisten Fällen innerhalb der "richtigen" Ellipse.

4 Diskussion

In dieser Arbeit wurde das Problem der Parameterschätzung von näherungsweise ellipsenförmigen Kontursegmenten untersucht. Es wurde eine neue Methode vorgestellt, die (im Gegensatz zu üblicherweise verwendeten Ausgleichsmethoden) zu affin-invarianten Ergebnissen führt und systematische Fehler reduziert. Anhand von Meßexperimenten und Simulationsexperimenten konnte die zufriedenstellende numerische Stabilität der neuen Methode nachgewiesen werden. Von besonderer Bedeutung ist die Tatsache, daß mit dem Parameter $b_{0,0}$ ein affin-invariantes Gütemaß für die Ellipsenanpassung geliefert wird. Und schließlich ist hervorzuheben, daß zusätzlich zur Affininvarianz der Methode die Anpassung einer Ellipse erzwungen wird, d.h. daß man im Gegensatz zur Ausgleichsmethode (1) keine Hyperbeln erhält. In der weiteren Beschäftigung mit diesem Thema soll die Anwendung der neuen Methode für Robotvision und industrielle Inspektion getestet werden.

5 Literatur

Bo79   F.L. Bookstein: Fitting conic sections to scattered data. CVGIP 9 (1979) 56-71
Fo90   D.Forsyth, J.L.Mundy, A.Zisserman, C.M.Brown: Projectively invariant representations using implicit algebraic curves. Image Vision and Computing 8 (1990) 130-126
Ha92   R.M.Haralick, L.G.Shapiro: Computer and Robot Vision. Addison-Wesley 1992
Ho95   C.Ho, L.H.Chen: A fast ellipse/circle detector using geometric symmetry. Pattern Recognition 28 (1995) 117-124
Jo94   Joseph S.H.: Unbiased least squares fitting of circular arcs. CVGIP 56 (1994) 424-432
Ka92   D.Kapur, J.L.Mundy: Fitting affine invariant conics to curves. In: J.L.Mundy, A.Zisserman (eds.): Geometric Invariance in Computer Vision. MIT Press 1992, pp. 252-273
Ka94   K.Kanatani: Statistical analysis of geometric computation. CVGIP 59 (1994) 286-306
Ka94a   K.Kanatani: Statistical bias of conic fitting and renormalization. IEEE Trans. PAMI-16 (1994)
Po90   J.Porill: Fitting ellipses and predicting confidence envelopes using a bias corrected Kalman filter. Image Vision and Computing 8 (1990) 37-41
Ro93   G.Roth: Extracting geometric primitives. CVGIP 58 (1993) 1-22
Sa82   P.D.Sampson: Fitting conic sections to very scattered data. CVGIP 18 (1982) 97-108
Sa92   R.Saafee, K.C.Smith, B.Benhabib, I.Tchoukanov: Application of moment and Fourier descriptors to the accurate estimation of elliptical shape parameters. IEEE Trans. PAMI-4 (1992) 2465-2468
Ts78   S.Tsuji, F.Matsumoto: Detection of ellipses by a modified Hough Transformation. IEEE Trans. C-27 (1978) 777-781
Vo95   K.Voss, H.Süße: Adaptive Modelle und Invarianten für zweidimensionale Bilder. Shaker Verlag, Aachen 1995
Yu89   H.K.Yune, J.Illingworth, J.Kittler: Detecting partially occluded ellipses using Hough Transform. Image Vision and Computing 7 (1989) 31-37

Fast adaptive calculation of invariant features

Sabine Kröner and Hanns Schulz-Mirbach

Technische Universität Hamburg-Harburg
Institut für Technische Informatik I
21071 Hamburg, Germany

Abstract. The paper presents algorithms for the fast adaptive calculation of invariant features. These are pattern characteristics that remain unchanged under the action of a transformation group. First it is explained how to construct such features by integrating complex valued functions over the transformation group. Motivated by this technique we devise algorithms for adaptively calculating invariant features especially suited for a given application. The basic tool is a new network structure with adaptable nodes allowing the fast calculation of an invariant feature with the computational complexity of $\mathcal{O}(N)$ (N the size of the input data). The algorithms have been implemented and tested both on real and synthetic data. By an experimental comparison with other techniques for calculating invariants we elucidate the abilities of our adaptive algorithms.

1 Introduction

Invariant features are pattern characteristics that remain unchanged under the action of a transformation group. They are useful tools for many recognition tasks. The approach based on invariants has attracted considerable interest during the last few years (cf. the survey article [8]). However, most methods reported in the literature rely on the extraction of so called interest points from the patterns in a preprocessing step. For image processing applications these are mostly geometric primitives like extrema of the boundary curvature, bitangents or inflection points. The extraction of these interest points is far from being trivial and can be achieved only in restricted environments.
In [5, 6] techniques are developed that allow the construction of invariant features directly from the sensor data without the necessity of any preprocessing. The companion paper [7] describes how to use these methods for constructing translation and rotation invariant features for grey scale images. The basic idea is to average a given complex valued function over the transformation group. However, for a specific application we are usually interested in features that have besides the mere invariance additional properties like robustness with respect to statistical pattern distortions, reliable separation of different classes etc. The question is how to choose appropriate functions so that the features constructed via the group average are especially suited for a given application.
Motivated by analogies with neural network techniques we suggest in this paper a new network structure with adaptable nodes that allows the fast calculation of

an invariant feature with the computational complexity of $\mathcal{O}(N)$ (N the size of the input data). By adapting the network appropriately it is possible to meet additional application specific demands. In section 2 we introduce our terminology and explain the theoretical background for constructing invariant features by integrals over a transformation group. In section 3 we present the new network structure and examine its invariance properties. In the following two sections 4, and 5 it is discussed how to construct the node functions of the network and how to adapt the parameters. Section 6 presents extensions of the proposed methods. Finally, we discuss in section 7 some experimental results.

2 Theoretical background

The purpose of this section is to introduce the terminology and to sketch the theoretical background of our approach. It is explained how to construct invariant features by integrating complex valued functions over a transformation group. This technique will be the basis for the new adaptive network structure developed in section 3.

2.1 Patterns, invariant features, and all that

We assume that patterns are elements of a finite dimensional complex vector space V. We call V pattern space and denote its elements usually by lowercase boldface letters, e.g. $\mathbf{m}$, and write them as column vectors,

$$\mathbf{m} = (\mathbf{m}[0], \mathbf{m}[1], \ldots, \mathbf{m}[N-1])^T.$$

If we are dealing with grey scale images as patterns we denote them by uppercase boldface letters, e.g. $\mathbf{M}$ and write them as square matrices $\mathbf{M} = (\mathbf{M}[i,j])$, $0 \leq i,j < N$ (using square images is not essential but it facilitates the notations considerably). Note that in this case the vector space dimension of V equals N^2. There is a transformation group G acting on the patterns by operators $g \in G$, i.e. for every pattern $\mathbf{m}$ and every group element $g \in G$ the transformed pattern $g\mathbf{m}$ is also an element of V.

In this paper the group G_T of cyclic translations and the group G_{RT} of rotations and translations for grey scale images will be especially important. For a pattern $\mathbf{m} = (\mathbf{m}[0], \mathbf{m}[1], \ldots, \mathbf{m}[N-1])^T$ and a cyclic translation $g \in G_T$ a $k \in \mathbb{N}$ exists so that

$$(g\mathbf{m})[i] = \mathbf{m}[(i-k) \bmod N] \quad \forall 0 \leq i < N. \tag{1}$$

Given a grey scale image $\mathbf{M}$ and an element $g \in G_{RT}$ of the group of image rotations and translations the action of g on $\mathbf{M}$ can be described by an angle $\varphi \in [0, 2\pi]$ and a translation vector $\mathbf{t} = (t_0, t_1)^T \in \mathbb{R}^2$ so that

$$(g\mathbf{M})[i,j] = \mathbf{M}[k,l] \quad \text{with}$$
$$\begin{pmatrix} k \\ l \end{pmatrix} = \begin{pmatrix} \cos\varphi & \sin\varphi \\ -\sin\varphi & \cos\varphi \end{pmatrix} \begin{pmatrix} i \\ j \end{pmatrix} - \begin{pmatrix} t_0 \\ t_1 \end{pmatrix}. \tag{2}$$

All indices in equations (1), (2) are understood modulo N. For many values of φ, t_0, t_1 the index vector $(k, l)^T$ in equation (2) will have no integer values. In these cases an appropriate rounding or interpolation procedure must be applied. An invariant feature is a complex valued function $F : V \to \mathbb{C}$ that is invariant with respect to the action of the transformation group on the patterns, i.e.

$$F(g\mathbf{m}) = F(\mathbf{m}) \quad \forall g \in G, \mathbf{m} \in V. \tag{3}$$

In the following we use uppercase letters (e.g. F) for denoting invariant features and lowercase letters (e.g. f) for complex valued functions defined on V which are not necessarily invariant.

2.2 Constructing invariant features

For a given pattern m and a complex valued function $f(\mathbf{m})$ it is possible to construct an invariant feature $F(\mathbf{m})$ by integrating $f(g\mathbf{m})$ over the transformation group G:

$$F(\mathbf{m}) = A[f](\mathbf{m}) := \int_G f(g\mathbf{m})dg. \tag{4}$$

This averaging technique for constructing invariant features is explained in detail in [5, 6] for general transformation groups. It is advantageous to calculate the group average (4) in two steps. First a local function f_l has to be evaluated for every component $\mathbf{m}[i]$, $0 \leq i < N$, of the pattern vector and afterwards one has to sum all results of the local computations. In order to illustrate this point we consider a simple example for the action of the group G_T of cyclic translations on the four-dimensional space $V = \mathbb{C}^4$ (cf. equation (1) with $N = 4$). For $f(\mathbf{m}) = \mathbf{m}[0]^2 \cdot \mathbf{m}[2]$ we get the local function $f_l(\mathbf{m}[i]) = \mathbf{m}[i]^2 \cdot \mathbf{m}[i+2]$ and the invariant feature

$$A[f](\mathbf{m}) = \mathbf{m}[0]^2 \cdot \mathbf{m}[2] + \mathbf{m}[1]^2 \cdot \mathbf{m}[3] + \mathbf{m}[2]^2 \cdot \mathbf{m}[0] + \mathbf{m}[3]^2 \cdot \mathbf{m}[1].$$

The overall summation of the results of the local computations is most efficiently done by traversing a binary tree. This strategy for calculating invariant features is summarized in Figure 1.

3 How to incorporate adaptivity

The invariant integral (4) permits the construction of an invariant feature $A[f]$ for a given function f. However, for a specific application we are usually interested in features that have besides the invariance additional properties like robustness with respect to statistical pattern distortions, reliable separation of different classes etc. This can be reformulated by saying that the features should be optimal with respect to a given (application specific) criterion. The question is how to choose the function f so that the group average $A[f]$ is optimal. The basic idea is to consider parameterized families of functions. Averaging such parameterized functions according to equation (4) over the transformation group

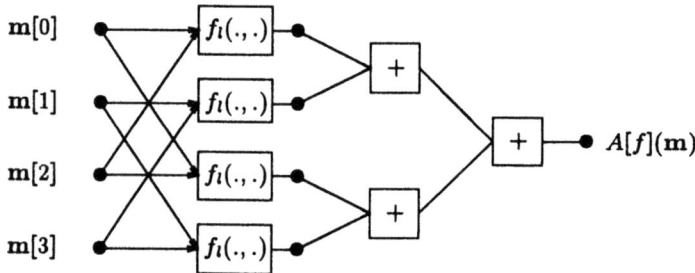

Fig. 1. Calculating invariant features by evaluating a local function f_l and summing the results of the local computations by traversing a binary tree.

yields parameterized invariant features. These parameters can be adjusted for specific applications to give optimal results.

We make in this paper no attempt to exploit this idea in its full generality for arbitrary transformation groups. Instead we focus on the groups G_T of cyclic translations and G_{RT} of rotations and translations for grey scale images. We first develop for the group G_T the structure of an adaptive network and examine its invariance properties. In section 6 the extension to the group G_{RT} is discussed.

Our approach for the group G_T can best be described by looking at Figure 1 which shows a two-step strategy for calculating invariant features. The idea is to replace the simple summation in the nodes of the binary tree by parameterized functions in such a way that the invariance with respect to translations of the input is maintained.

It is assumed from now on that the dimension of the pattern space V is $N = 2^n$ for some $n \in \mathbb{N}$. An example of the new adaptive network structure for calculating invariant features for the transformation group G_T and the pattern space $V = C^8$ is shown in Figure 2.

Our new adaptive network is a sort of a binary tree and we need some additional terminology to describe it. The network for patterns of length $N = 2^n$ consists of $n = \mathrm{ld}N$ layers. We number the layers from 0 to n where layer 0 contains the output and layer n the input of the network. Layer number i has 2^i nodes. Every node in layer $i, 0 \leq i < n$, consists of a function f_i which takes two components from layer $i + 1$ as input and computes as output a complex number. The node functions in one layer i are identical, whereas the functions from different layers can be different (e.g. $f_0 \neq f_1 \neq f_2$ in Figure 2).

The layer function f_i in node $k, 0 \leq k < 2^i$, of layer i receives its input from the nodes k and $k + 2^i$ in layer $i + 1$. The node functions $f_i, 0 \leq i < \mathrm{ld}N = n$, are assumed to be symmetric in their two arguments, i.e.

$$f_i(x, y) = f_i(y, x) \quad \forall x, y \in C. \tag{5}$$

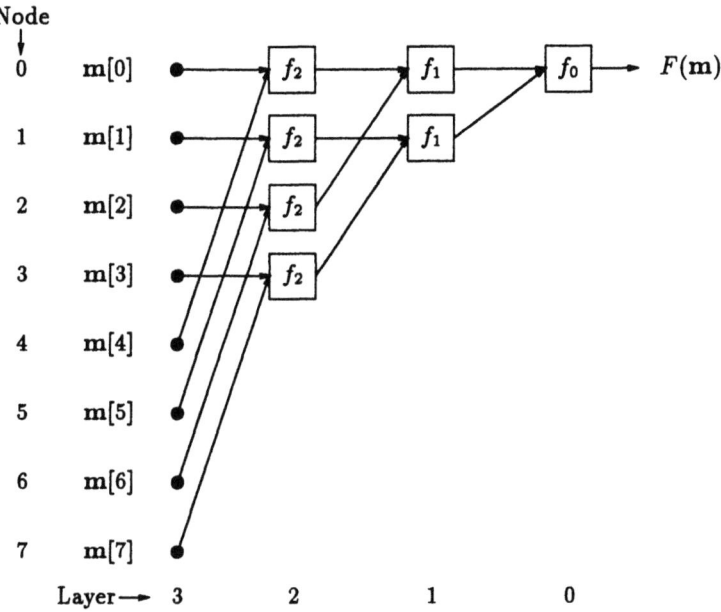

Fig. 2. Adaptive network for calculating translation invariant features for the pattern space $V = \mathbf{C}^8$.

This requirement follows from the case $N = 2$ and the desired translation invariance. We collect the outputs of the functions in layer i in the layer vector $\mathbf{m}^{(i)}$, $0 \leq i \leq n$. We have

$$\mathbf{m}^{(n)} = \mathbf{m}$$
$$\mathbf{m}^{(i)}[k] = f_i\left(\mathbf{m}^{(i+1)}[k \bmod 2^{i+1}], \mathbf{m}^{(i+1)}[(k + 2^i) \bmod 2^{i+1}]\right) \quad 0 \leq k < 2^i. \quad (6)$$

We call such a network for input patterns of length $N = 2^n$ a G_T^n network. Its structure (cf. Figure 2) resembles a subgraph of the signal flow graph of the class CT of translation invariant transforms [1]. The difference consists in the usage of different functions on each layer in the G_T^n network whereas in the signal flow graph of the class CT only two different functions are used and the dimension of the input vector is maintained through all layers of the network. The invariance properties of G_T^n networks are summarized in Theorem 1 which is proven in [3].

Theorem 1. *Let $n \in \mathbb{N}$ and a G_T^n network be given. We consider for $N = 2^n$ the pattern space $V = \mathbf{C}^N$ and the group G_T of cyclic translations acting on V. Then the output of the G_T^n network for a pattern $\mathbf{m}$ and every transformed pattern $g\mathbf{m}$, $g \in G_T$, is identical.*

4 How to construct parameterized symmetric functions

In the previous section we introduced the G_T^n networks and mentioned their invariance with respect to cyclic translations. The invariance properties are independent of the actual choice of the node functions f_i as long as they are symmetric in their input arguments (cf. equation (5)). In this section we will deal with the question how to construct parameterized symmetric functions f_i. One approach to this question is to consider a G_T^n network as a feedforward neural network architecture. Then the functions f_i describe the operations in the neural nodes; the missing parameters are the weights on the connectional links. For the selection of the weights it is important to ensure the symmetry of the node function. A possible solution is given in equation (7) (cf. [3] for a detailed justification of this form for f_i).

$$f_i = u_i \left(\frac{1}{2} \cdot [t_i(w_{i1}x_1 + w_{i2}x_2 + w_{i0}) + t_i(w_{i2}x_1 + w_{i1}x_2 + w_{i0})] \right). \quad (7)$$

Here w_{ij} are the weights on the connectional links, w_{i0} is a threshold, u_i an arbitrary function, and t_i is the transfer function. Although t_i may be any function we consider in this paper only hard limiter functions and those of sigmoid type. For a hard limiter transfer function t Figure 3 shows the corresponding node function f in a node of the network.

In terms of neural networks our network for calculating invariants with respect to cyclic translations is a 1d N-layer coupled feedforward neural architecture of G_T^n-type with N input elements and one output element.

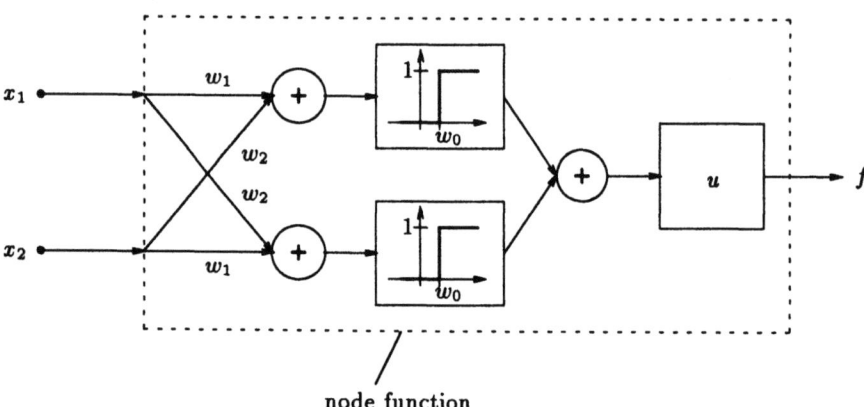

Fig. 3. Node function with hard limiter transfer function.

In comparison to common feedforward neural networks it is remarkable that the input degree of each node is only two and the node functions are equal for the nodes of each layer but different for different layers. This permits a very clear description of the network behaviour. The two components connected in one node can be interpreted as coordinates of a point in a 2D coordinate system (cf. Fig. 4). This means that the whole grey value pattern of dimension N can be shown as a set of $\frac{N}{2}$ points in 2D-space where each point has also information about which point it has to be connected with in the succeeding layer. Permutations of two elements leading to the same output of the current layer can also be represented simultaneously in the same coordinate system by reflecting that point at the main diagonal of the first quadrant. Figure 4 shows this for all possible permutations of two elements of the pattern P on the first layer of the network.

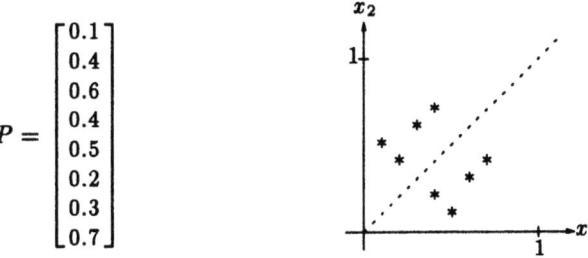

Fig. 4. Representation of pattern P on the first layer of the network.

If a decision function like a hard limiter or a sigmoid function is used for the transfer function t it can be characterized by the thresholding line dividing the 2D-space into two half-regions according to the output of the transfer function. The weight w_1 and the threshold w_0 determine the position of the line; the weight w_2 determines the assignment of output values lesser than the threshold to the corresponding half-region. Assume a hard limiter transfer function t:

$$t = \begin{cases} 1 & \text{if} \quad w_1 x_1 + w_2 x_2 + w_0 \geq 0 \\ 0 & \text{if} \quad w_1 x_1 + w_2 x_2 + w_0 < 0 \end{cases}.$$

A line g is given by $g : y = mx + s_0$ with slope m and y-axis-intersection-point s_0. With the choice $w_0 = -s_0 w_2$, $w_1 = -m w_2$ and $w_2 = -1$ the transfer function has the thresholding line g and the points of the upper half-region produce the output 1. If a function of sigmoid type is used for t like

$$t(x) = \frac{1}{1 + exp(-x)}$$

then the weight w_2 also determines the slope of the transfer function.
In the node function the transfer function is applied twice with exchanged weights w_1 and w_2. According to the representation in 2D-space the thresholding

line for the second application is a reflection of the first one at the main diagonal of the first quadrant. Averaging the results of both transfer functions means for hard limiter functions a partition into regions with the output 0, $\frac{1}{2}$ or 1 respectively. Figure 5 shows this for the weights $w_0 = 0.5$, $w_1 = -0.25$, and $w_2 = -1$ on one layer of the network.

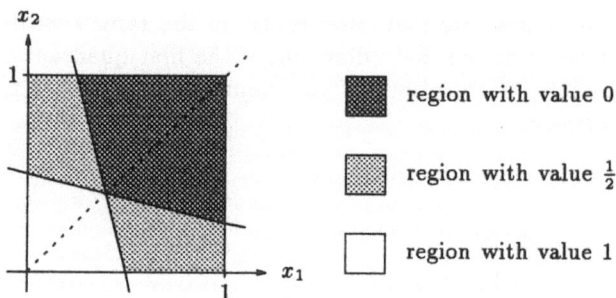

Fig. 5. Resulting regions in 2D-space after applying twice a hard limiter transfer function with exchanged weights.

The area around the intersection of both thresholding lines is sensitive with respect to disturbances in the input elements. But as long as the misclassified points are connected with a point correctly classified on the succeeding layer this error does not influence the final network output.

5 How to choose the parameters

With hard limiter functions for all functions t_i and u_i the mapping of the network can be described as $F := f_0 \circ \ldots \circ f_{\text{ld } N}$ with

$$f_{\text{ld } N} : \mathbb{R}^N \to \{0,1\}^{N/2} \tag{8}$$

$$f_j : \{0,1\}^{N/(2^{\text{ld } N-j})} \to \{0,1\}^{N/(2^{\text{ld } N-j-1})} \quad \text{for } j = \text{ld } N - 1, \ldots, 1 \tag{9}$$

$$f_0 : \{0,1\}^2 \to \{0,1\}. \tag{10}$$

Sigmoid transfer functions are smoother and therefore show better robustness with respect to distortions in the pattern. Nevertheless, according to our experience the final network output is similar to that for hard limiter functions.
Obviously with such a network only a separation of two classes is possible. So we need as many G_T^n networks as there are classes to separate: the output of each network separates one pattern class from all others. The result is a binary output vector with a one in that entry which corresponds to the recognized pattern and zero in all others.

The weights w_i have to be chosen according to this goal. In other words the positions of the thresholding functions have to be determined so that the number of misclassified patterns of both classes A and B is minimized in layer 0. So the error function E can be formulated as

$$E = \min_{\forall \text{parameters}} \left(\frac{\# \text{ incorrect patt. class A}}{\# \text{ patterns class A}} + \frac{\# \text{ incorrect patt. class B}}{\# \text{ patterns class B}} \right) \quad (11)$$

The division by the total number of patterns per class is necessary because the classes can consist of different number of patterns. Omitting the division would lead to a preference of the larger class during the minimization process.

Suited for the minimization are global heuristic optimization algorithms like threshold accepting or backpropagation algorithms if sigmoid transfer functions are used. The coupled network architecture and the input degree of two for all nodes permit the application of local optimization techniques on every layer as well. The global error function (11) has to be reformulated as an error function E_i for every layer i. For the calculation of the incorrect patterns of one class all points representing the pattern on the current layer have to be taken into account. A subsequent local minimization of E_i from layer $n-1$ up to layer 0 leads at least to a local minimum of the global error function.

The advantage of hard limiter transfer functions consists in the reduction of the local optimization problem to a search problem over a finite set of possible parameters (cf. [3] for a detailed discussion). Once the weights are trained the computational complexity to recognize unknown patterns is of order $\mathcal{O}(N)$.

6 Extensions

In the previous sections all investigations have been made for a 1D-network generating invariants with respect to cyclic shifts of the pattern elements. The same network can be used for limited 2D invariant pattern recognition. The input consists in all columns of a 2D-image written one after another as one single column. However, the resulting output is invariant only with respect to cyclic shifts of the elements of each row independent from each other, and with respect to cyclic permutations of all rows.

Better separation abilities with respect to the group of 2D cyclic translations are achieved by a structural extension of the 1D-network to a 2D-one where four input elements are connected in one node. If this connection is performed step by step as shown in Figure 6 additional invariance with respect to rotation angles of multiples of 90 degrees is gained. Such a network is called $G_{R_{90}T}^n$ network.

The extension of the cyclic shift and 90-degree-rotation invariant network to invariance with respect to angles of multiples of 1 degree is a topic of current research. The idea is to achieve first shift invariance in the possible rotated pattern positions. This is done by applying rotated versions of the 2D shift invariant network to the pattern. Second the output of these networks is used as input to a 1D G_T^n network whose cyclic shift invariance can be exploited to solve the remaining rotation invariance problem.

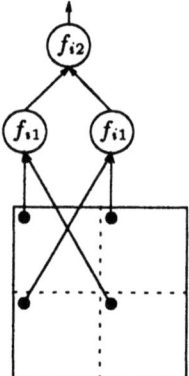

Fig. 6. Connection of four input elements on layer i in a $G^n_{R_{90}T}$ network.

7 Experimental results

We describe in this section two experiments for investigating the robustness and the recognition capabilities of the adaptively calculated features. In all the experiments we used grey scale images as input patterns. Therefore the two dimensional extensions of the G^n_T networks mentioned in section 6 were employed. We compared the adaptive approach with the usual pattern recognition paradigm based on feature extraction followed by classification. We used twelve rotation and translation invariant grey scale features which were constructed by averaging monomials of degree one, two and three over the transformation group (cf. equation (4)). These features are described in detail in the companion paper [7], and in [6]. We used three different classifiers for the nonadaptively calculated features:

- the Bayes classifier under the assumption that the features are classwise normally distributed
- the weighted nearest neighbour classifier (WNN) (i.e. the euclidean distance weighted with the variance of the features)
- the nearest neighbour classifier (NN) (i.e. the simple euclidean distance).

It has to be emphasized that in both cases (i.e. adaptive and nonadaptive feature extraction) the features were directly calculated from the grey scale images without any preprocessing (e.g. smoothing, segmentation).
In the first experiment we examined the robustness of the features with respect to statistical pattern distortions. Four grey scale images of size 64×64 pixels were used (cf. Fig. 7). One image has constant grey value, the others show rectangles of different size. All images have the same grey value sum. This condition, which appears to be somewhat artificial at first sight, ensures that the distances of the four classes in feature space are quite low (cf. [6] for the details). Therefore the images of Figure 7 are especially suited for examining the robustness with

Fig. 7. Synthetic images Q1, Q2, Q3, and Q4 of size 64^2 with equal sum of grey values.

respect to statistical pattern distortions. Noisy images were generated by adding gaussian noise with zero mean and a variance leading to a fixed signal-to-noise-ratio (SNR). The recognition is performed with four G_T^n networks with $n = 12 = \mathrm{ld}\, 64^2$ layers. The weights are determined by training the original patterns only. The parameters of the three classifiers employed for the grey scale features were estimated by using 20 images per class (including noisy images with different SNR). It is understood that these images were not used again for measuring the recognition rates. The upper part of Table 1 shows the recognition rates for the different signal-to-noise-ratios (SNR) achieved by using the adaptive G_T^n network whereas the lower part shows the recognition rates for the three different classifiers based on the invariant grey scale features.

Table 1 shows that due to the adaptivity of the G_T^n network the classification of the four patterns from Figure 7 with this technique is very robust with respect to statistical pattern distortions. Using the grey scale features together with the nearest neighbour (NN) or weighted nearest classifier (WNN) does not allow a reliable separation of the classes. However, the Bayes classifier together with the grey scale features also permits the robust separation of the classes.

In the second experiment we examined the recognition capabilities of the adaptively calculated features. The task was to distinguish the front and rear side of a wooden figure (cf. Fig. 8) where the figure can be rotated and translated in the camera plane. From each side 60 grey scale images of size 256×256 pixels were taken by a camera. The figure was shifted and rotated by angles which were multiples of 90 degree. We used a $G_{R_{90}T}^n$ network (cf. section 6) that achieves invariance with respect to these transformations. For a comparison we used the same grey scale features and classifiers as for the previous experiment.

Since the light conditions vary for the different object locations the 2D-$G_{R_{90}T}^n$ network is trained with six images, one from each location. It is understood that thereby no invariance property is trained since the invariance is already build in the network architecture.

From the 60 images available per class 20 were used to estimate the mean values and covariance matrices for the classification. The remaining 40 images per class were used for determining the recognition rates. The recognition rates for all images are shown in Table 2. The second column in Table 2 gives the recognition rates for the $G_{R_{90}T}^n$ network whereas the last three columns give the recognition

SNR		16	18	20	22	24	27	30
G_T^n net	Q1	100	100	100	100	100	100	100
	Q2	100	100	100	100	100	100	100
	Q3	100	100	100	100	100	100	100
	Q4	100	100	100	100	100	100	100
NN	Q1	100	75	75	75	100	100	100
	Q2	0	0	0	25	100	100	100
	Q3	0	0	0	0	0	0	0
	Q4	100	100	100	60	40	0	0
WNN	Q1	100	100	100	100	100	100	100
	Q2	0	0	0	25	100	100	100
	Q3	0	40	0	20	0	0	0
	Q4	100	100	100	60	0	0	0
Bayes	Q1	100	100	100	100	100	100	100
	Q2	100	100	100	100	100	100	100
	Q3	100	100	100	100	100	100	100
	Q4	100	100	100	100	100	100	100

Table 1. Recognition rates in percent for the patterns shown in Figure 7 for an adaptive G_T^n network and for invariant grey scale features and three different classifiers.

Fig. 8. Examples of front and rear view of the wooden figure used in the recognition experiment.

	$G_{R_{90}T}^n$ net	NN	WNN	Bayes
front view	98,33	100	100	100
rear view	81,6	95	97,5	100

Table 2. Recognition rates in percent for the patterns shown in Figure 8

rates for the twelve grey scale features together with the nearest-neighbour (NN), the weighted nearest neighbour (WNN), and the Bayes classifier.

It can be seen from Table 2 that the recognition rates for the rear side are lower than for the front view. The reason are locally different light conditions in the image (especially specular lights). For some misclassified patterns the area of the figure's hair is about 40 grey levels brighter than in the reference images. Others show darker pixels in the area of the dress.

These disturbances are especially fatal for the $G^n_{R_{90}T}$ network since there pixels are correlated that have a distance as large as half the image dimension (cf. Fig. 6). This means that local pattern distortions influence the entire output.

For the grey scale features local products of grey values are summed over the whole image, thereby smoothing local light differences. Therefore the recognition rates for the grey scale features are better than for the $G^n_{R_{90}T}$ network. We refer the reader to [3] for a more thorough discussion of the experimental results.

8 Conclusion

We have presented in this paper an adaptive network for calculating translation invariant features. An extension for the determination of grey scale features invariant with respect to image rotations of multiples of 90 degrees was briefly mentioned (cf. [2] for more details). The experiments have shown that the adaptive technique is advantageous for calculating features that are robust with respect to statistical pattern distortions. Further investigations will focus on the extension of this approach to other transformation groups.

References

1. H. Burkhardt *Transformationen zur lageinvarianten Merkmalgewinnung.* VDI Fortschrittbericht, Reihe 10, Nr. 7, VDI-Verlag, 1979.
2. S. Kröner *Eine neuronale Netzwerkstruktur zur adaptiven Berechnung lageinvarianter Merkmale aus 2D-Bildern.* Interner Bericht 7/94, Technische Informatik I, Technische Universität Hamburg-Harburg, 1994.
3. S. Kröner, H. Schulz-Mirbach *Fast adaptive calculation of invariant features.* Interner Bericht 1/95, Technische Informatik I, Technische Universität Hamburg-Harburg, 1995.
4. K. Meyberg *Algebra, Teil 1.* Hanser 1980.
5. H. Schulz-Mirbach *Constructing invariant features by averaging techniques.* Proc. of the 12'th Int. Conf. on Patt. Rec., vol.II, pp.387-390, Jerusalem, Israel 1994.
6. H. Schulz-Mirbach *Anwendung von Invarianzprinzipien zur Merkmalgewinnung in der Mustererkennung.* Dissertation, Technische Universität Hamburg-Harburg, September 1994. Zur Veröffentlichung akzeptiert als VDI Fortschrittbericht, Reihe 10, VDI-Verlag, 1995.
7. H. Schulz-Mirbach *Invariant features for gray scale images.* Tagungsband Mustererkennung 1995 (17. DAGM Symposium), Bielefeld 1995.
8. I. Weiss *Geometric Invariants and Object Recognition.* International Journal of Computer Vision, 10:3, 201-231, 1993.

Prinzipien der Selbstorganisation beim Einsatz in Spracherkennungssystemen

Frank Mehler   Thomas Uthmann

Johannes Gutenberg-Universität Mainz, Institut für Informatik
Staudingerweg 9, D-55099 Mainz, Germany
email: [mehler, uthmann]@informatik.mathematik.uni-mainz.de

Kurzfassung

In diesem Artikel werden neue Verfahren zur Selbstorganisation vorgestellt und analysiert, deren Grundlagen auf der von [Kohonen 89] vorgestellten Feature Map und dem Self-Organizing Discrete Manifolds-Verfahren von [Martinetz/Schulten 91] basieren.
Die praktische Verwendungsfähigkeit dieser Verfahren erweist sich beim Einsatz in Spracherkennungssystemen.

1 Einleitung

Selbstorganisierende Karten sind spezielle Modelle aus dem Forschungsgebiet der neuronalen Netze. Da automatische Spracherkennungssysteme noch nicht die Erkennungsleistung des Menschen erreichen, ist die Frage interessant, ob mit einem System, das selbstorganisierende Karten benutzt, die auch als Modell für Lernprozesse des Gehirns dienen, gute Erkennungsraten erzielt werden können. Der Vergleich mit etablierten Verfahren der Spracherkennung bietet sich als Prüfstein für die Eignung dieser Modelle in einem praxisrelevanten Problem an.

Die am häufigsten eingesetzte Methode auf dem Gebiet der selbstorganisierenden Karten, auch in Verbindung mit Spracherkennungssystemen, ist die von [Kohonen 89] entwickelte *Feature Map (KFM)*. Eine Modifikation dieser Karte stellt das von [Martinetz/Schulten 91] entwickelte Verfahren der *Self-Organizing Discrete Manifolds (SDM)* dar. Beide Verfahren bilden mit Hilfe von unüberwachten Lernalgorithmen aus Eingangsdaten selbständig Strukturen, die u.a. im Klassifikationsprozeß eingesetzt werden können.

Ausgehend von diesen Prinzipien werden in Kap. 2 zunächst Grundbestandteile der neu entwickelten Verfahren SV und SV$^+$ vorgestellt. In Kap. 3 erfolgt eine Zusammenstellung wichtiger Eigenschaften im Vergleich zur KFM-Karte. Beim Einsatz mit Sprachdaten ergibt sich mit Hilfe der Karten eine anschauliche Interpretation. In konkreten Erkennungsexperimenten (Kap. 4) wird untersucht, wie gut sich die Verfahren im praktischen Einsatz eignen. Abschließend werden Möglichkeiten vorgestellt, die Erkennungsraten weiter zu verbessern.

2 Definition selbstorganisierender Verfahren

Folgende Bestandteile bilden im weiteren die Grundlage selbstorganisierender Verfahren:

1. Eine *Eingabeschicht*, an die Eingabemuster $x \in I\!R^n$ angelegt werden.

2. Eine *Ausgabeschicht* (die sog. *Karte*), deren Elemente auch als Neuronen N_i bezeichnet werden. Jedem Neuron ist ein eindeutiger Gewichtsvektor $w_i \in I\!R^n$ zugeordnet.

3. Eine *Lernregel*, d.h. eine Abbildung, die Gewichtsvektoren w_i bei Anlegen eines Eingabevektors x verändert. Die Anwendung der Verfahren setzt eine Festlegung von Lernparametern und Initialisierung der Gewichte w_i mit Zufallszahlen voraus. Schließlich erfolgt eine festgelegte Anzahl von Lernschritten:

   (a) Zufallsauswahl eines Eingabemusters x.

   (b) Bestimmung des 1. Gewinners N_{i_1}, d.h. des Neurons, dessen Gewichtsvektor minimalen euklidischen Abstand zu x besitzt. Analog sei der 2. Gewinner N_{i_2} das Neuron mit zweitnächstem Abstand zu x.

   (c) Veränderung der Gewichtsvektoren.

Kohonen's Algorithmus benutzt in 3 (c) folgende Vorschrift:

$$w_i(t+1) := w_i(t) + \alpha \cdot \varphi \cdot (x - w_i(t)).$$

Dabei ist $\alpha = \alpha(t)$ ein Lernfaktor $\ll 1$ und $\varphi = \varphi(N_i, N_{i_1}, t)$ eine Nachbarschaftsfunktion, die Neuronen in der Nähe des Gewinnerneurons stärker gewichtet als weiter entfernte. Kohonen's Lernregel verändert den zu Neuron N_i gehörigen Gewichtsvektor w_i, indem w_i in Richtung des Eingabevektors x verschoben wird. Die fest gewählten Nachbarschaftsbeziehungen zwischen den Neuronen legen fest, welche Struktur die Karte erhalten soll; meist werden zweidimensionale Beziehungen benutzt, die die Neuronen auf einem zweidimensionalen „Gitter" anordnen.

Das wesentliche Ziel des neu entwickelten und im weiteren als *Selbstorganisierender Vektoraustausch* (kurz: *SV*)-Algorithmus bezeichneten Verfahrens ist es, eine möglichst gleichmäßige Beschreibung des gesamten Eingangsraums zu liefern. Folgende Lernregel wird verwendet: Sei $d_{x,2}$ die euklidische Distanz von Eingabevektor x zu dem 2. Gewinner und $d_{1,2}$ die Distanz von 1. zu 2. Gewinnerneuron. Der Gewichtsvektor des 1. Gewinners $w_{i_1}(t)$ wird durch x ersetzt, falls folgende *Austauschbedingung* erfüllt ist (vgl. Abb. 1):

$$d_{x,2} > d_{1,2} \Rightarrow w_{i_1}(t+1) := x.$$

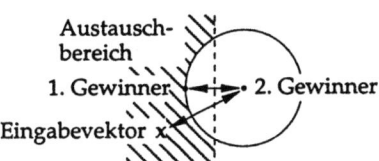

Abbildung 1: Austauschbereich im SV-Algorithmus

Die Grundidee des Algorithmus ist es, Neuronen, die nahe beieinander liegen, „auseinanderzuziehen". Allerdings ergeben sich Grenzen, die durch andere Neuronen oder die zugrundeliegende Verteilung gesetzt werden. Bildlich kann man sich vorstellen, daß sich eine endliche Anzahl von Kugeln (d.h. Neuronen), die sich gegenseitig abstoßen, im Eingangsraum gleichmäßig verteilen.

Ein hieraus weiter entwickelter Algorithmus (*Selbstorganisierende Vektorverteilung mit Verteilungsapproximation*, kurz: SV+) benutzt obige Austauschbedingung, wird jedoch um zusätzliche Prinzipien ergänzt. Folgende drei Schritte werden zur Veränderung der Gewichtsvektoren durchgeführt:

   (a) Abstandserhaltung mittels obiger Austauschbedingung.

   (b) Gewichtsvektor w_{i_1} des 1. Gewinners wird bei *jedem* Eingabevektor x ersetzt durch:

$$w_{i_1}(t+1) := w_{i_1}(t) + \alpha \cdot (x - w_{i_1}(t)).$$

(c) Falls Neuron N_i „selten" Gewinnerneuron ist, wird dessen Gewichtsvektor durch einen zufälligen Eingabevektor ersetzt. Die Festlegung des Austausches wird mittels einer Protokollierung durchgeführt, die verzeichnet, wie häufig jedes Neuron Erregungszentrum ist.

Schritt (a) sorgt dafür, daß sich die Neuronen nicht zu stark annähern. Schritt (b) stellt einen Spezialfall des KFM- und SDM-Verfahrens dar; hier wird ausschließlich das Gewinnerneuron selbst ohne Berücksichtigung weiterer Nachbarn verändert. Dennoch nähern sich die Neuronen durch diesen Schritt der tatsächlichen Häufigkeitsverteilung an. Schritt (c) erhöht die Robustheit, da so verhindert wird, daß eine mangelhafte Initialisierung oder ungünstige Entwicklung der Karte Neuronen „vergeudet". Zu Details obiger Algorithmen s. [Mehler 94].

Im Anschluß an die Positionierung der Neuronen mittels obiger Algorithmen wird im SV bzw. SV$^+$-Verfahren eine Verbindungsstruktur aufgebaut. Die Vorgehensweise wurde von [Martinetz/Schulten 91] übernommen und verbindet in jedem Lernschritt das erste und zweite Gewinnerneuron mit einer Kante. Als Resultat erhält man eine Verbindungsstruktur, die einer induzierten Delaunay-Triangulation nahekommt.

3 Vergleich wesentlicher Eigenschaften

Eine Gemeinsamkeit aller definierter Verfahren besteht darin, daß diese eine *Vektorquantisierung* durchführen (s. [Ritter et al. 90]). Die Grundidee geht davon aus, daß sich jeder Datenvektor x durch einen Referenzvektor r_i gleicher Dimension approximieren läßt. Dazu muß man eine feste Menge von Referenzvektoren so bestimmen, daß für jeden Datenvektor x ein Näherungsvektor gefunden werden kann, der die Eigenschaften des Datenvektors „ausreichend" repräsentiert. Jeder Datenvektor kann dann durch einen Referenzvektor ersetzt werden, so daß als neuer Code nur die Nummer dieses repräsentativen Vektors genügt. Somit läßt sich eine hohe Datenreduktion erreichen, die sich insbesondere bei der speicher- und rechenintensiven Aufgabe der Spracherkennung als hilfreich erweist. Neben dieser generellen Gemeinsamkeit sollen einige Unterschiede zwischen KFM, SV und SV$^+$ aufgezeigt werden.

3.1 Unterschiede in der Positionierung der Neuronen

In Abb. 2 stammen die Eingangsdaten aus zwei disjunkten Gebieten; die Komponenten der Eingabevektoren sind normalverteilt mit unterschiedlichen Varianzen. Da hierbei zunächst nur die Verteilung der Gewichtsvektoren von Interesse ist, wird auf die Verbindungsstruktur verzichtet und nur die Position der Gewichtsvektoren dargestellt.

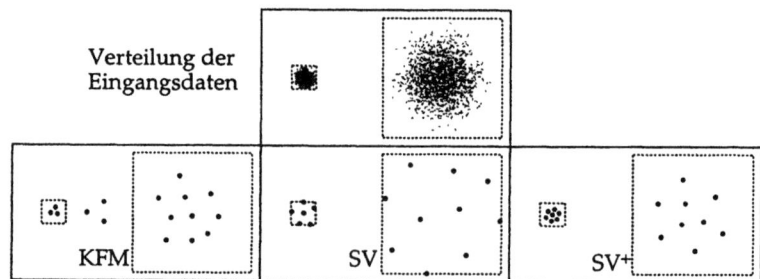

Abbildung 2: Gewichtsvektoren bei normalverteilten Eingangsdaten

Man erkennt, daß das SV-Verfahren den Bereich der möglichen Eingangsdaten besser als alle anderen Verfahren abdeckt. Auffallend ist, daß KFM Neuronen in Bereiche zieht, aus denen im vorliegenden Beispiel keine Eingangsdaten stammen. Der Grund hierfür liegt darin, daß die Kohonen-Karte durch ihre festliegende Gitterstruktur nur eingeschränkte Bewegungsfreiheit besitzt. Demgegenüber beschränken sich SV- und SV$^+$-Verfahren auf den Träger der zugrundeliegenden Wahrscheinlichkeitsverteilung, wobei das SV$^+$-Verfahren ebenso wie KFM eine Approximation der zugrundliegenden Verteilung erzielt; dies bedeutet, daß Bereiche mit häufigem Eintreten im Eingangsraum eine höhere Anzahl von Neuronen erhalten. Demgegenüber strebt das SV-Verfahren eine „*diskrete Gleichverteilung*" der Neuronen *unabhängig* von der zugrundeliegenden Verteilung an, d.h. die Neuronen werden gleichmäßig verteilt. Diese Eigenschaft wird in [Mehler 94] genauer analysiert und für den eindimensionalen Fall bewiesen. Insgesamt läßt sich mit SV- bzw. SV$^+$-Verfahren eine genauere Beschreibung der Eingangsdaten – jeweils ohne bzw. mit Verteilungsapproximation – erreichen.

3.2 Unterschiede in der Verbindungsstruktur

Vergleicht man die Lernalgorithmen von KFM und SV- bzw. SV$^+$-Verfahren, besteht ein wichtiger Unterschied in der Dimensionswahl. Während im KFM-Algorithmus Kartendimension und Nachbarschaftsfunktion festgelegt werden müssen, ist dies bei den beiden anderen Verfahren nicht notwendig. Abb. 3 veranschaulicht die Konsequenzen im Vergleich von KFM und SV$^+$-Karte bei Eingangsdaten unterschiedlicher Dimension; die Verbindungsstruktur einer SV-Karte entspricht derjenigen des SV$^+$-Verfahrens und wird hier nicht dargestellt. Die gleichverteilten Eingangsdaten stammen mit Wahrscheinlichkeit 1/3 entweder vom Rand eines Kreises, aus dem Inneren eines Kreises oder dem Inneren einer Kugel. Die Verbindungsstruktur ist durch die Kanten zwischen den Neuronen dargestellt. Diese ergeben sich bei KFM durch die a priori festgelegten Nachbarschaftsbeziehungen und beim SV$^+$-Verfahren durch das im Anschluß an die Positionierung der Neuronen von [Martinetz/Schulten 91] eingeführte Hebb-Verfahren.

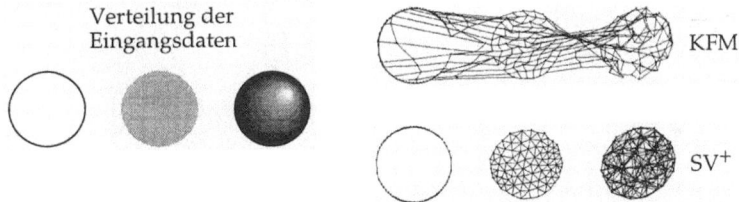

Abbildung 3: KFM und SV$^+$-Karte bei Eingangsdaten unterschiedlicher Dimension

Der KFM-Graph ist nur im mittleren Bereich von Abb. 3 topologieerhaltend. Im linken Bereich tritt die Situation auf, daß auf der Karte mittels Kanten verbundene Punkte im Eingangsraum i.a. nicht benachbart sind. Im rechten Teil „faltet" sich die zweidimensionale KFM in den dreidimensionalen Raum; im Eingangsraum benachbarte Punkte sind allerdings auf der Karte i.a. nicht durch Kanten verknüpft. Die SV$^+$-Karte kann dagegen die Struktur und Dimension der Eingangsdaten perfekt wiedergeben und die Teilbereiche voneinander trennen.

Zusätzlich ergibt sich für SV- und SV$^+$-Algorithmen gegenüber der KFM ein Vorteil in deren Geschwindigkeit, da jeweils nur das 1. Gewinnerneuron statt aller aktualisiert wird.

4 Selbstorganisierende Karten mit Sprachdaten als Eingabemuster

Im folgenden wird der Frage nachgegangen, ob sich die beschriebenen Karten auch mit Sprache als Eingabedaten eignen. Hierbei wird eine Isoliertworterkennungsaufgabe mit Zahl- („Eins" bis „Zehn", 1 000 Testwörter pro Person) bzw. Alphabetwortschatz („a" bis „z", 260 Testwörter) mit zehn Testpersonen gewählt. In allen Experimenten werden Karten mit 128 Neuronen verwendet. Die tiefpaßgefilterten Mikrophonaufnahmen werden mit 12 kHz abgetastet und 16 Bit quantisiert. Anschließend wird eine 256-Punkt-FFT durchgeführt und die resultierenden Koeffizienten zu 18 Frequenzgruppen zusammengefaßt. Als Resultat dieser Vorverarbeitung erhält man eine Darstellung des Signals als „Zeit-Frequenz-Matrix", d.h. als zeitliche Folge von Merkmalsvektoren; jeder Merkmalsvektor beschreibt die Frequenzanteile im Sprachsignal in einem kurzen Zeitabschnitt (ca. 10 ms). Weitere Vorverarbeitungsstufen dienen der Umsetzung psychoakustischer Gesetze und Normierung der Daten (s. [Mehler 94]).

Die zu den Neuronen gehörigen Gewichtsvektoren besitzen somit ebenfalls 18 Komponenten und beschreiben das Kurzzeit-Frequenzspektrum von Sprachdaten. Die Interpretation der Karten kann mit Hilfe von Signalabschnitten erfolgen, von denen eine Zuordnung bekannt ist. Zu diesem Zweck bestimmt man per Gehör Ausschnitte aus Wörtern, die eindeutig Phonemen zuzuordnen sind. Ein Phonem, das man auf diese Weise erhält, wird durch eine Folge von Merkmalsvektoren beschrieben, die den entsprechenden Signalabschnitt des Wortes umfassen. Berechnet man zu diesen Merkmalsvektoren die Gewinnerneuronen auf der Karte, lassen sich die Neuronen markieren, die für das jeweilige Phonem zuständig sind. Die Höhe der Balken in Abb. 4 zeigt, wie häufig ein Neuron auf den Reiz angesprochen hat. Im Beispiel werden acht Laute verwendet, die in jeweils drei Versionen aus dem Zahlwortschatz ausgeschnitten wurden. Die Gewichtsvektoren werden zur graphischen Darstellung mit Hilfe eines geeigneten Verfahrens ([Sammon 69]) in eine zweidimensionale Darstellung transformiert.

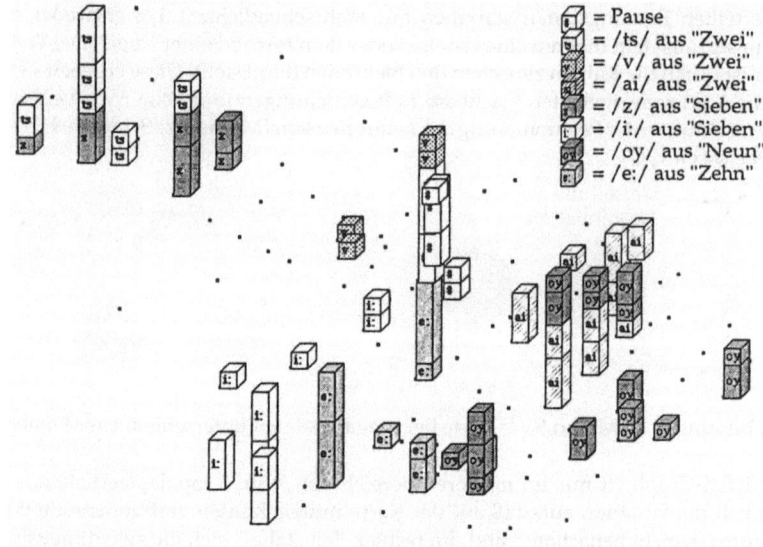

Abbildung 4: Phonemzuordnung bei SV$^+$-Karte

Da die Karten durch den Lernprozeß geordnet werden, bildet die Menge aller für ein Phonem zuständiger Neuronen meist ein zusammenhängendes Gebiet der Karte. Auffällig ist die Aufteilung in stimmhafte und stimmlose Laute auf dem linken und rechten Teil der Karte. Auf diese Weise lassen sich u.a. Ähnlichkeiten zwischen Lautklassen untersuchen. Die Gebiete sind nicht immer disjunkt, wie z.B. im Vergleich der Diphtonge /ai/ und /oy/ deutlich wird, die ähnliche Endungen besitzen. Beide Gebiete umfassen zudem einen großen Bereich der Karte, da eine relativ starke Veränderung für diese Laute charakteristisch ist.

Markiert man für ein Phonem auf der Karte die Folge der Gewinnerneuronen, erhält man nicht nur die Information über den Kartenbereich, der für ein Phonem verantwortlich ist, sondern auch die *zeitliche Entwicklung* des Phonems. Abb. 5 zeigt die Entwicklung dreier Realisierungen des Lautes /ai/ auf obiger Karte. Dabei wird die Häufigkeit, mit der ein Neuron auf Merkmalsvektoren des Musters reagiert hat, durch die Balkenhöhe markiert und die zeitliche Reihenfolge, d.h. der Weg, der auf der Karte zurückgelegt wird, durch die Balkennumerierung.

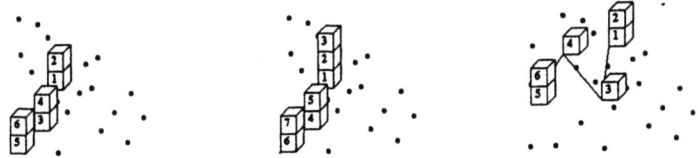

Abbildung 5: Verschiedene Realisierungen des Diphtongs /ai/

Alle drei Realisierungen besitzen eine ähnliche Entwicklung, die vom rechten oberen Kartenbereich nach links unten verläuft.

Durch die Phonemkarte läßt sich auch für ein komplettes Sprachmuster eine anschauliche Repräsentation erzeugen: Ein *Pfad* eines Musters auf einer Karte besteht aus der Folge der entsprechenden Gewinnerneuronen aller Merkmalsvektoren des Sprachmusters. Somit erhält man durch die selbstorganisierende Karte eine „Übersetzung" des Musters in eine Phonemfolge. Diese kann z.B. mittels Grammatik und Aussprachelexikon in eine schriftliche Form umgesetzt werden (s. z.B. [Kangas et al. 92]). Die im folgenden vorgenommene Art der Klassifikation ist jedoch unabhängig von der konkreten Phoneminterpretation einer Karte: Für jedes Wort des Referenzwortschatzes wird der Pfad auf der Karte bestimmt und als Referenzpfad gespeichert. Ein unbekanntes Testmuster wird dann ebenfalls als Pfad transformiert und dieser Pfad anschließend z.B. mit dem in der Spracherkennung üblichen Dynamic Time Warping-Verfahren (DTW) bzw. mittels Hidden Markov-Modellen (HMM) klassifiziert (s. etwa [Rabiner/Juang 93]). Der Prozeß der Spracherkennung besteht ausgehend vom analogen Sprachsignal bis zur Entscheidung für ein Wort des Vokabulars aus den in Abb. 6 dargestellten Schritten.

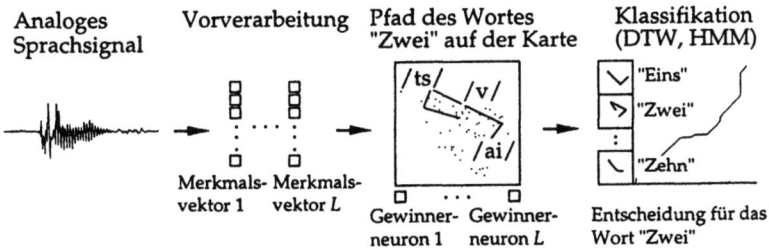

Abbildung 6: Prinzip des Spracherkennungsprozesses

Selbstorganisierende Karten lassen sich somit als *Zwischenstufe* im Spracherkennungsprozeß benutzen und transformieren das Muster in eine *symbolische* Darstellung. Die Tabelle 1 gibt einen Überblick über die Erkennungsraten, die mit den unterschiedlichen Verfahren in obiger Situation erzielt wurden; dabei dient als zusätzlicher Vergleichsmaßstab das in der Spracherkennung oft benutzte LBG-Vektorquantisierungsverfahren ([Linde et al. 80]). Als Abstandsmaß zweier Neuronen wird der euklidische Abstand der Gewichtsvektoren verwendet.

Auffallend ist, daß alle Karten mit Ausnahme des SV-Verfahrens nahe beieinanderliegen. Das bedeutet insbesondere, daß in den vorliegenden Experimenten die Methoden aus dem Gebiet der neuronalen Netze dem „klassischen" LBG-Verfahren ebenbürtig sind.

Wie obige Erkennungsraten verdeutlichen, wirkt sich jedoch die Eigenschaft der Verteilungsapproximation positiver aus als eine möglichst gleichmäßige Verteilung der Neuronen mittels SV-Verfahren. HMM erzielen im übrigen zunächst bessere Erkennungsraten als das

	Zahl, DTW	Alph., DTW	Zahl, HMM	Alph., HMM
KFM	97.9 %	80.4 %	97.8 %	85.8 %
LBG	97.5 %	79.2 %	97.9 %	85.5 %
SV	96.5 %	76.2 %	96.9 %	86.8 %
SV⁺	98.0 %	80.3 %	98.0 %	85.5 %

Tabelle 1: Klassifikationsergebnisse mit euklidischem Abstandsmaß

DTW-Verfahren, da in obigen Experimenten beim DTW-Verfahren nur ein Referenzmuster pro Klasse benutzt wurde, während HMM mit mehr Trainingsmustern zuverlässigere Schätzungen ermöglichen.

5 Ergänzende Analysen

Besonders interessant ist der Einfluß der Kartenstruktur auf die Erkennungsrate. Hierfür muß ein anderes Abstandsmaß als das obige euklidische definiert werden, da durch dieses nur die Gewichtsvektoren berücksichtigt werden. Für KFM soll als übliches Karten–Abstandsmaß der Abstand zweier Neuronen durch die Gitterstruktur induziert werden. Das bedeutet, daß zwei Neuronen der KFM, die durch eine Kante miteinander verbunden sind, den Abstand 1 erhalten usw. Analog sei für die SV⁺-Karte der Abstand zweier Neuronen definiert als die *minimale* Anzahl der Kanten, die notwendig sind, um von einem Neuron zum anderen zu gelangen. Man erhält folgende Ergebnisse:

	Zahl, DTW	Alph., DTW
KFM	95.6 %	70.1 %
SV⁺	97.6 %	77.5 %

Tabelle 2: Klassifikationsergebnisse mit Karten–Abstandsmaß

Hier läßt sich eine deutliche Überlegenheit der SV⁺-Kartenstruktur erkennen, die sich durch die exaktere Wiedergabe des inhomogenen Sprachdatenraumes mittels Delaunay-Struktur begründen läßt (vgl. auch Abschn. 3.2). Im Vergleich mit Tabelle 1 ergibt sich jedoch auch für die SV⁺-Karte eine leichte Überlegenheit des euklidischen Abstandsmaßes.

Die Erkenntnisse, die sich aus der Analyse der Karten ableiteten, gaben Anlaß zu weiteren Modifikationen. So kann z.B. die Erkennungsrate mit Hilfe von „typischen" Pfadübergängen verbessert werden. Dabei wird berücksichtigt, daß die Pfad–Repräsentation eines Wortes auf der Karte aus Übergängen von Neuron N_a zu Neuron N_b zusammengesetzt ist. Diese Übergänge aller Referenzmuster einer Klasse werden in einer *Pfadübergangsmenge* gesammelt. Wird ein neues, unbekanntes Muster untersucht, so berechnet man die Übereinstimmung mit der Pfadübergangsmenge jeder Klasse und gibt als Ergebnis die Klasse mit den meisten Übergangstreffern aus. Kombiniert man diese Vorgehensweise z.B. mit dem DTW-Klassifikator, erzielt man beim Alphabetwortschatz mit SV⁺-Karte und euklidischem Abstandsmaß deutliche Verbesserungen (s. Tabelle 3).

Ähnliche Verbesserungen erzielt man, falls man mit Hilfe der Karten diskriminative Verfahren entwickelt: Ist im Zahlwortschatz beispielsweise relativ sicher, daß eine „Zwei" oder „Drei" geäußert wurde, wird vom Menschen der Anfang beider Wörter „unter die Lupe" genommen. Übertragen auf die Pfaddarstellung eines Wortes bedeutet dies, daß man durch die geordnete Struktur der Karte ähnlich wie bei der Unterscheidung von Phonemen automatisch

jene Kartenbereiche herausfinden kann, die zur Unterscheidung zweier Wörter relevant sind
(s. [Mehler 94]).

	Zahl ohne Modifikation	Zahl mit Modifikation	Alph. ohne Modifikation	Alph. mit Modifikation
SV+ Pfadübergänge	98.0 %	98.4 %	80.3 %	84.5 %
SV+ Diskriminanz	98.0 %	98.6 %	80.3 %	84.0 %

Tabelle 3: Klassifikationsergebnisse mit modifizierten Verfahren

6 Fazit

Es wurden selbstorganisierende Verfahren vorgestellt, die sich im Vergleich zur KFM durch eine geringe Zahl von Lernparametern (Kartendimension und Nachbarschaftsfunktion fallen weg), hohe Robustheit, gute Beschreibung des Eingangsraumes und verbessertes Laufzeitverhalten auszeichnen.

Insbesondere beim Einsatz in Spracherkennungssystemen erweisen sich die Verfahren als geeignet zur Analyse des Raumes der Sprachdaten und als Zwischenstufe im Erkennungsprozeß. Mit Hilfe der symbolischen Beschreibung, die selbstorganisierende Karten liefern, lassen sich für Spracherkennungssysteme Modifikationen entwickeln, die die Erkennungsraten deutlich steigern. Die vorgestellten Ansätze können nach dem „Baukastenprinzip" auch in andere Algorithmen integriert werden und sollen somit Anregungen zur Gestaltung weiterer Selbstorganisationsprinzipien liefern.

Literatur

[Kangas et al. 92] Kangas, J./Torkkola, K./Kokkonen, M.: Using SOMS as Feature Extractors for Speech Recognition, in: Int. Conf. on ASSP, Vol. 2, 1992, S. 341–344

[Kohonen 89] Kohonen, T.: Self-Organization and Associative Memory, Berlin/Heidelberg/New York/Tokyo: Springer, 1989 (3. Auflage)

[Linde et al. 80] Linde, Y./Buzo, A./Gray, R.M.: An Algorithm for Vector Quantizer Design, in: IEEE Transactions on Communications, Vol. COM-28, Nr. 1, 1980, S. 84–95

[Martinetz/Schulten 91] Martinetz, T./Schulten, K.: A "Neural–Gas" Network Learns Topologies, in: Kohonen, T. et al. (Hrsg.): Artificial Neural Networks, Vol. I, Amsterdam: North Holland, 1991, S. 397–402

[Mehler 94] Mehler, F.: Selbstorganisierende Karten in Spracherkennungssystemen, Diss. Univ. Mainz, 1994

[Rabiner/Juang 93] Rabiner, L.R./Juang, B.-H.: Fundamentals of Speech Recognition, Englewood Cliffs: Prentice–Hall, 1993

[Ritter et al. 90] Ritter, H./Martinetz, T./Schulten, K.: Neuronale Netze, Eine Einführung in die Neuroinformatik selbstorganisierender Netzwerke, Bonn/München: Addison–Wesley, 1990

[Sammon 69] Sammon, J.W.: A Nonlinear Mapping for Data Structure Analysis, in: IEEE Transactions on Computers, Vol. C–18, Nr. 5, 1969, S. 401–409

EIN HYBRIDES SYSTEM ZUR ERKENNUNG VON SPRECHERUNABHÄNGIGER FLIESSENDER SPRACHE MIT GROSSEN WORTSCHÄTZEN

Christoph Neukirchen, Jörg Rottland, Gerhard Rigoll

Gerhard-Mercator-Universität - GH Duisburg
Fachbereich Elektrotechnik
Fachgebiet Technische Informatik
Bismarckstr. 90, 47057 Duisburg
www: http://www.fb9-ti.uni-duisburg.de/
e-mail: chn@fb9-ti.uni-duisburg.de

Zusammenfassung

In diesem Beitrag wird ein neuartiges hybrides Spracherkennungssystem für die sprecherunabhängige Erkennung von fließender englischer Sprache mit einem Vokabular von ca. 1000 Wörtern vorgestellt. Dieses hybride System kombiniert künstliche Neuronale Netze, die nach dem informationstheoretischen MMI-Kriterium trainiert werden, mit diskreten kontextabhängigen Hidden-Markov-Modellen. Das Training der Neuronalen Netze erfolgt hierbei durch einen unüberwachten auf Prinzipien der Selbstorganisation beruhenden Algorithmus. Es zeigt sich, daß man mit dem hybriden Spracherkennungssystem höhere Worterkennungsraten erzielen kann, als mit einem klassischen Vergleichssystem. Für die DARPA Resource Management Aufgabe der Perplexität 60 ergibt sich durch das neue System eine Reduzierung der Wortfehlerrate von bis zu 35% im Vergleich zu dem System mit diskreten Hidden-Markov-Modellen.

1 Einleitung

Die Forschungsergebnisse der letzten Jahre haben gezeigt, daß sich für das Problem der Erkennung von sprecherunabhängiger fließender Sprache Systeme auf Basis der Hidden-Markov-Modelle (HMM) hervorragend eignen (siehe z.B. /1/). Durch die Verwendung von kontextabhängigen HMMs lassen sich damit auch für Erkennungsaufgaben mit sehr großem Vokabular niedrige Wortfehlerraten erzielen. Diese Systeme modellieren i.a. die statistischen Eigenschaften der akustischen Merkmale entweder durch diskrete Wahrscheinlichkeitsverteilungen oder durch kontinuierliche parametrische Wahrscheinlichkeitsdichten.
Parallel zur Entwicklung der HMM-basierten Systeme haben sich Spracherkenner, die mit Neuronalen Netzen (NN) arbeiten, vor allem in kleinen, eng umgrenzten Aufgabenbereichen bewährt. Diese rein neuronalen Ansätze profitieren von den bekannten Trainingsverfahren und den guten Diskriminierungs- bzw. Erkennungseigenschaften der künstlichen neuronalen Netze bei statischen Mustern. Bei komplexeren Aufgaben und der Erkennung von großen dynamischen Musterfolgen (z.B. sprecherunabhängige fließende Sprache bei großem Vokabular) erreicht man jedoch mit solchen NN-Systemen bislang oft keine befriedigenden Ergebnisse. Aufgrund der guten Modellierung von dynamischen Mustern besitzen die HMM-basierten Spracherkenner in den großen Spracherkennungsaufgaben i.a. eine deutlich höhere Leistungsfähigkeit als die reinen NN-Systeme.

Durch die Kombination von NNs mit HMMs lassen sich hybride Spracherkennungssysteme aufbauen, die zur Zeit intensiv erforscht werden. Man versucht auf diese Weise, die verschiedenen o.g. Vorteile beider Verfahren so zu verknüpfen, daß das entsprechende hybride System jeweils den beiden einzelnen Systemen überlegen ist. Bei einer solchen Vorgehensweise läßt sich das so entstandene Spracherkennungssystem von zwei Seiten betrachten: i) Die NN-Philosophie wird erweitert durch das HMM, welches die dynamische Leistungsfähigkeit des NNs verbessert; ii) Der HMM-Ansatz wird ergänzt durch ein NN, das als zusätzlicher akustischer Prozessor die einzelnen Merkmale besser voneinander unterscheiden kann.

Es gibt grundsätzlich zwei verschiedene Möglichkeiten HMMs und NNs miteinander zu einem Spracherkennungssystem kombinieren: Ein momentan sehr populärer Ansatz ist die Verwendung der NNs als Schätzer für die Emissionswahrscheinlichkeiten der HMMs. Mit dieser Methode, in der bisher u.a. MLPs (Multi-Layer-Perceptrons) und Rekurrente Netze (vgl. /2/ und /3/) mit großem Erfolg eingesetzt wurden, versucht man die statistische Verteilung der akustischen Merkmale ohne einschränkende Annahmen (z.B. gewichtete Normalverteilungen in klassischen HMMs) zu ermitteln. Im zweiten möglichen hybriden Ansatz werden die NNs als Codebookgeneratoren bzw. als Vektorquantisierer (VQ) verwendet, die die akustischen Merkmalsvektoren auf diskrete Labelindizes abbilden (vgl. /4/). Die statistische Modellierung der Verteilung dieser VQ-Label erfolgt dann mittels klassischer HMMs mit diskreten Emissionswahrscheinlichkeiten.

In diesem Beitrag soll ein Spracherkennungssystem vorgestellt werden, welches die letztgenannte Art der hybriden Ansätze realisiert. Dieses System ist durch die Verwendung von kontextabhängigen diskreten HMMs in Kombination mit einem neuartigen NN-Paradigma (siehe /5/) in der Lage, fließend gesprochene englische Sprache mit großem Vokabular sprecherunabhängig zu erkennen. Das Training des NN, das hier als Vektorquantisierer eingesetzt wird, erfolgt nach einem Lernverfahren, welches das informationstheoretische Kriterium der *maximum mutual information* (MMI) optimiert. Ein solches vektorquantisierendes NN ist damit optimal an die zugrundeliegenden HMMs angepaßt.

2 Vektorquantisierung mit MMI-Neuronalen Netzen

2.1 Vektorquantisierer in klassischen HMM-Systemen

In vielen der heute verfügbaren echtzeitfähigen Spracherkennungssysteme werden HMMs mit diskreten Emissionswahrscheinlichkeiten zur akustischen Modellierung verwendet. Trotz der i.a. besseren Erkennungsraten von HMMs mit kontinuierlichen Emissionswahrscheinlichkeiten (z.B. gewichtete Normalverteilungen) werden die diskreten Systeme aufgrund der effektiveren Berechnung der Wahrscheinlichkeiten und den damit verbundenen Geschwindigkeitsvorteilen eingesetzt. Innerhalb eines solchen diskreten Systems werden die aus dem Sprachsignal gewonnen akustischen Merkmale durch einen VQ auf diskrete Label-Indizes abgebildet. Die entsprechende Abbildungsvorschrift wird durch i.a. mehrere VQ-Codebooks beschrieben, die aus den Trainingsdaten generiert werden. Durch die nachfolgende Verarbeitung der VQ-Label mit den diskreten HMMs werden die statistischen Verteilungen der Label-Indizes modelliert. Zur Codebookerzeugung werden i.a. unüberwachte Clusterverfahren eingesetzt (z.B. LBG- oder *k*-means-Algorithmus), welche die mehrdimensionalen Trainingsdaten aufgrund ihrer Verteilungsstruktur partitionieren. Die so gefundenen Cluster werden durch einen zentralen Prototypen repräsentiert, und die Zuordnung der Merkmalsvektoren zu einem Prototypen bzw. zu dem entsprechenden VQ-Label erfolgt nach dem Prinzip des nächsten Nachbarn. Einen Überblick über das diskrete Gesamtsystem zeigt Abb. 1.

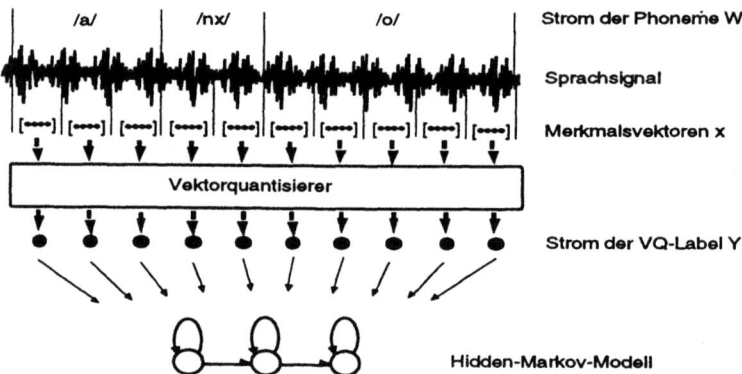

Abb. 1: Struktur des Systems mit Vektorquantisierer und diskreten HMMs

2.2 Informationstheoretische Betrachtung neuronaler Vektorquantisierer

Die Erkennungsleistungen eines solchen auf diskreten HMMs basierenden Spracherkenners lassen sich steigern, wenn man den VQ durch ein NN ersetzt und so ein hybrides System aufbaut. Ein wesentliches Problem der oben beschriebenen klassischen diskreten VQ-Systeme ist, daß die unüberwachte Codebookgenerierung unabhängig vom Training der HMMs und ohne Kenntnis der phonetischen Transkription der zu clusternden Merkmalsvektoren erfolgt. Aus diesem Grund ist davon auszugehen, daß die verwendeten HMMs und Codebooks nicht optimal aufeinander abgestimmt sind, und somit ein entsprechendes System zu nicht optimalen Erkennungsleistungen führt. Eine Verbesserung der Vektorquantisierung läßt sich erzielen, wenn man den VQ durch ein NN realisiert, dem beim Training zusätzliche Information (z.B. über die Phonem-Transkriptionen) zugeführt wird.

In diesem Zusammenhang hat sich als Kriterium zur Beurteilung der Qualität des VQ innerhalb eines Spracherkennungssystems die Betrachtung der *mutual information* $I(W,Y)$ als effektiv erwiesen (siehe z.B. /5/). Hierbei wird mit W der Strom der Phonem-Label, die den einzelnen Merkmalsvektoren zugeordnet sind, und mit Y der Strom der daraus vom VQ erzeugten Label-Indizes bezeichnet (vgl. Abb. 1).

Die *mutual information* $I(W,Y)$ zwischen dem Phonem-Strom W (mit den Phonemen w_i) und dem VQ-Strom Y (mit den Label y_k) berechnet sich zu:

$$I(W,Y) = H(W) - H(W|Y)$$
$$= -\sum_W p(w_i) \cdot \operatorname{ld} p(w_i) + \sum_W \sum_Y p(w_i, y_k) \cdot \operatorname{ld} p(w_i|y_k) \qquad (1)$$

Dieser informationstheoretische Ausdruck läßt sich interpretieren als Maß für die Information, welche sich bei Betrachtung der vom VQ erzeugten Label über die phonetische Beschreibung der Merkmalsvektoren gewinnen läßt. Ein VQ, für den man einen hohen Wert $I(W,Y)$ bestimmen kann, besitzt damit auch eine höhere Fähigkeit die phonetische Zugehörigkeit der akustischen Merkmale voneinander zu trennen, als ein VQ mit geringerer *mutual information*.

Weiterhin hat sich gezeigt, daß ein Spracherkennungssystem mit einem VQ hoher *mutual information* i.a. eine höhere Erkennungsrate erzielen kann, als das gleiche System mit einem VQ, der einen geringeren Wert von $I(W,Y)$ aufweist (vgl. /5/).

2.3 Struktur und Training des MMI-Netzes

Aufgrund dieser Erkenntnis ist es naheliegend, in einem hybriden Spracherkennungssystem den klassischen VQ durch ein NN zu ersetzen, das systematisch auf einen hohen Wert für $I(W,Y)$ optimiert ist. Somit werden die Diskriminierungseigenschaften des Systems gezielt vor den HMMs bereits auf der Ebene der akustischen Verarbeitung verbessert.
Ein hierfür besonders geeignetes NN ist das nach einem informationstheoretischen Lernverfahren trainierte MMI (*maximum mutual information*)-Netz (siehe /5/). Bei dem MMI-NN handelt es sich um einen einschichtigen Netzwerktyp mit LVQ-ähnlicher Topologie. Alle J Eingangsneuronen sind über die Gewichtungen w_{lk} mit den C Ausgangsneuronen verbunden. Als Netzeingang wird der akustische Merkmalsvektor $\bar{x}$ verwendet. Die Aktivierung f_k des k-ten Ausgangsneurons wird bestimmt durch den euklidischen Abstand der Aktivierung der Eingangsneuronen zu den entsprechenden NN-Gewichtungen:

$$f_k = \sum_l (w_{lk} - x_l)^2 \qquad (2)$$

Das Ausgangsneuron mit minimaler Aktivierung bestimmt den von NN ausgegebene VQ-Label y_k (vgl. auch Abb. 2).

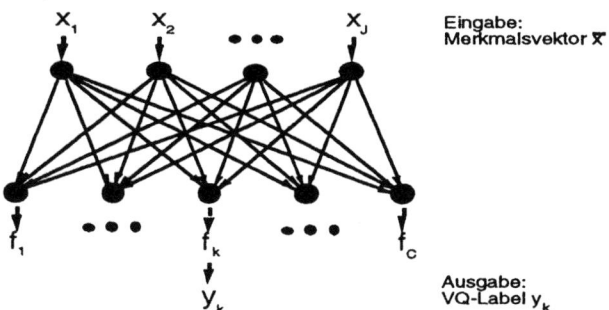

Abb. 2: Aufbau des einschichtigen MMI-Neuronalen Netzes

Ein Vorteil dieser Netztopologie ist, daß die Größe C der Ausgangsschicht und damit die Anzahl der möglichen verschiedenen VQ-Label beliebig gewählt werden kann. Auf diese Weise wird eine Beschränkung auf sehr kleine Codebookgrößen vermieden, wie sie in anderen hybriden MLP-Ansätzen auftritt, bei denen die Ausgangsschichtgröße durch die Anzahl der Phoneme beschränkt ist (vgl. z.B. /4/).

Das Training des MMI-NN erfolgt in einem iterativen Lernverfahren: Zunächst werden die NN-Gewichtungen mit festen Anfangswerten vorbesetzt. Sinnvolle Initialisierungswerte sind hierbei z.B. die Gewichtungen einer trainierten SOM (*self organizing map*) oder die Prototypen eines k-means-Algorithmus. Für das initialisierte NN wird mit den phonetisch gelabelten Trainingsdaten der Wert der *mutual information* bestimmt. Anschließend werden sukzessiv alle

Gewichtungen des MMI-NN um einen fest vorgegebenen Wert Δ variiert; nach jeder Gewichtsänderung wird erneut der Wert $I(W,Y)$ bestimmt. Wenn sich durch die Änderung eines Gewichts der Wert der *mutual information* vergrößert, so wird die Änderung beibehalten, ansonsten wird sie verworfen. Die Veränderung der Neuronengewichtungen erfolgt dabei in der Reihenfolge der Auftrittshäufigkeit der feuernden Ausgangsneuronen, d.h. die Gewichtungen des am häufigsten feuernden Ausgangsneurons werden zuerst verändert usw. Falls sich nach Wiederholung dieser Vorgehensweise der Wert von $I(W,Y)$ nicht weiter signifikant vergrößert, so wird das Trainingsverfahren mit einem kleineren festen Wert für Δ weitergeführt. Der komplette Trainingsalgorithmus für das MMI-NN wird in /5/ ausführlich beschrieben.

Dieses informationstheoretische Lernverfahren weist charakteristische Unterschiede gegenüber dem Training von NNs mit anderen Paradigmen auf: Während des iterativen Lernvorgangs werden dem MMI-Netz keine festen Werte als Ausgabe bei gleichzeitig angelegten Eingangsvektoren aufgezwungen (wie z.B. bei Back-Propagation am MLP). Stattdessen wird immer der gesamte Strom Y aller VQ-Label und Phonem-Label gleichzeitig betrachtet. Die Gewichtungen des NN ergeben sich in jedem Iterationsschritt nach Prinzipien der Selbstorganisation so, daß sich der Wert der mutual information ständig vergrößert. In diesem Sinn handelt es sich im Vergleich mit anderen NN-Paradigmen um ein unüberwachtes Trainingsverfahren, auch wenn dem System mit dem Phonem-Strom W ein Überwachungssignal zugeführt wird.

3 Akustische Modellierung mit kontextabhängigen HMMs

Zur Modellierung der statistischen Verteilungen der vom MMI-NN erzeugten VQ-Label werden in dem hybriden Spracherkennungssystem phonetische HMMs mit diskreten Emissionswahrscheinlichkeiten verwendet. Alle verwendeten HMMs haben eine reine Links-nach-Rechts-Topologie mit jeweils drei emittierenden Zuständen. Die Emissionswahrscheinlichkeit wird gebildet aus den Verbundwahrscheinlichkeiten mehrerer Codebookeinträge, die als statistisch unabhängig voneinander angenommen werden (multiple codebooks). Das Training der HMMs vollzieht sich in mehreren Stufen (siehe auch /1/ und Abb. 3):

1) Für jedes der verwendeten 47 englischen Phoneme (plus zwei Pause-Modelle) wird ein HMM gebildet. Zum Training wird durch Zusammenketten dieser Phonem-Modelle ein Satz-Modell konstruiert. Jedes dieser Satzmodelle wird mit den Trainingssätzen in jeweils 4 Iterationen des Forward-Backward-Algorithmus trainiert. Somit entstehen 49 verschiedene trainierte kontextunabhängige Phonem-HMMs.

2) Ein wesentliches Problem bei der Erkennung von fließender englischer Sprache ist die oft sehr undeutliche Aussprache von Funktionswörtern wie: are, of, in, the, usw. Weil diese wenigen Funktionswörter, wie Artikel, Pronomen und Präpositionen, relativ häufig in der kontinuierlichen Sprache auftauchen, stehen dafür viele Trainingsdaten zur Verfügung. Somit ist es möglich, für die Phoneme in diesen Funktionswörtern eigene Modelle zu bilden. Es werden deshalb zusätzlich aus den 33 häufigsten Funktionswörtern 83 separate Phonem-Modelle gebildet, die zusammen mit den kontextunabhängigen HMMs in weiteren 4 Forward-Backward-Iterationen nach obigem Verfahren trainiert werden.

3) Während die Funktionswort-abhängigen HMMs gut trainierte Modelle der Phoneme in den Funktionswörtern darstellen, bilden die restlichen HMMs oft nur schlechte Modelle der ent-

sprechenden Phoneme. Der Grund dafür ist die starke Kontextabhängigkeit in der Aussprache dieser Phoneme aufgrund von Koartikulationseffekten. Um auch diese Koartikulationen gut zu modellieren, werden aus den 49 kontextunabhängigen HMMs 2226 Triphone-Modelle konstruiert, die den linken und rechten phonetischen Kontext der Phoneme berücksichtigen. Die so gebildeten 2309 Kontext- bzw. Funktionswort-abhängigen HMMs werden erneut mit 4 Iterationen des Forward-Backward-Verfahrens trainiert.

4) Einerseits ist man durch die Verwendung von Triphone-Modellen in der Lage, viele Koartikulationseffekte gut zu modellieren, andererseits erhält man dadurch sehr viele Modelle mit insgesamt 6925 HMM-Zuständen, deren Parameter zu bestimmen sind. Da jedoch die Anzahl der verfügbaren Trainingsdaten begrenzt ist, werden viele Modelle nur mit einer unzureichenden Zahl von Daten trainiert werden können. Diese untertrainierten HMMs sind in der Erkennungsphase oft die Ursache vieler Worterkennungsfehler, da sie nicht robust genug gegenüber statistisch abweichender Testdaten sind. Um die Anzahl der Parameter in den Modellen zu reduzieren, werden deshalb durch ein Clusterverfahren verschiedene HMM-Zustände zusammengefaßt. In diesem Clusterverfahren werden die Zustände aller Allophone auf Ähnlichkeit bezüglich ihrer Verteilungsfunktionen untersucht. Alle ähnlichen HMM-Zustände werden auf einen einzelnen Zustand reduziert. Als Ähnlichkeitsmaß wird hier der euklidische Abstand der diskreten Wahrscheinlichkeitsverteilungen innerhalb der Zustände verwendet. Weiterhin werden alle HMM-Zustands-Cluster, auf die nur wenig Trainingsdaten entfallen, mit dem nächst-ähnlichen Zustands-Cluster zusammengefaßt, so daß sich insgesamt die Zustandsanzahl auf ca. 20% der Ursprungszahl verringert. Die Parameter der 2309 HMMs mit reduzierter Zustandsanzahl werden erneut mit 4 Forward-Backward-Iterationen bestimmt. Durch diese vielstufige Vorgehensweise stehen Kontext- und Funktionswort-abhängige Modelle zur Verfügung deren Parameterzahl auf die Menge an Trainingsdaten abgestimmt ist.

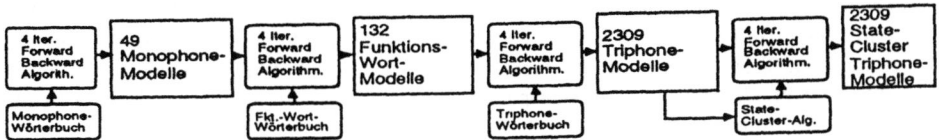

Abb. 3: Training der kontextabhängigen Hidden-Markov-Modelle

4 Experimentelle Ergebnisse

Zur Evaluierung des hybriden Systems wird die sprecherunabhängige *DARPA Resource Management* (RM) Aufgabe mit fließend gesprochener englischer Sprache und einem Vokabular von 991 Wörtern verwendet. Das Training der MMI-NNs und der HMMs erfolgt mit den von 109 verschiedenen Sprechern erzeugten 3990 Trainingssätzen. In der akustischen Vorverarbeitung werden aus dem Sprachsignal im zeitlichen Abstand von 10 ms 39-komponentige Merkmalsvektoren gewonnen. Als Merkmale werden verwendet: 12 Mel-Frequenz-Cepstrum-Koeffizienten, 12 Δ-Cepstrum-Koeffizienten, 12 $\Delta\Delta$-Cepstrum-Koeffizienten und je ein Wert für die Energie, Δ-Energie und $\Delta\Delta$-Energie. Es werden für das hybride System insgesamt vier MMI-NNs als multi-codebook-VQ trainiert: Je ein MMI-NN mit einer Eingangsschichtgröße von 12 für Cepstrum, Δ-Cepstrum, $\Delta\Delta$-Cepstrum und ein MMI-NN zusammen für die

Energie, Δ-Energie, ΔΔ-Energie mit einer Eingangsschicht der Größe 3. Die Ausgangsschichtgrößen aller vier MMI-NNs wird hier zu 300 gewählt.

Ausgehend von einem Vergleichssystem mit k-means-VQ der Codebookgröße 300 werden die vier MMI-NNs des hybriden Systems trainiert. Dabei werden für jedes MMI-NN jeweils 10 Iterationen des informationstheoretischen Lernverfahrens mit den auf Phonembasis gelabelten Trainingssätzen der RM-Datenbasis durchgeführt. Durch dieses Trainingsverfahren werden vier NNs gebildet, die als VQ für die Trainingsdaten einen höheren Wert an *mutual information* aufweisen, als die entsprechenden k-means-Codebooks (siehe Tab. 1). Damit haben alle hier verwendeten neuronalen Codebooks eine im Vergleich zu den klassischen VQs verbesserte Diskriminierungsfähigkeit bezüglich der phonetischen Transkription des Sprachsignals. Bei Betrachtung der *mutual information* der verschiedenen Codebooks kann man weiterhin erkennen, daß der VQ für die Cepstrummerkmale den höchsten Wert für $I(W,Y)$ aufweist, und damit auch den wesentlichen Anteil zur Unterscheidung der Phoneme mittels der VQ-Label liefert. Demgegenüber ist der Beitrag des ΔΔ-Cepstrum-VQ zur Diskriminierung der einelnen Phoneme relativ gering, da hier nur ein kleiner Wert für $I(W,Y)$ auftritt.

Codebook	H(W)	I(W,Y)	
		k-means - VQ	MMI-NN
Cepstrum	5,15 bit	1,92 bit	2,11 bit
Δ-Cepstrum	"	0,71 bit	0,82 bit
ΔΔ-Cepstrum	"	0,76 bit	0,82 bit
Energ., Δ-E, ΔΔ-E	"	1,19 bit	1,21 bit

Tab. 1: Entropie des Phonem-Stroms und *mutual information* des VQ und des MMI-Netzes

Zur Evaluierung der Leistungsfähigkeit des hybriden Systems werden die offiziellen DARPA-Standard-Testsätze February'89, October'89, February'91 und September'92 verwendet. Die Erkennung der Testsätze erfolgt auf Basis der trainierten 2309 Triphonemodelle mit einem Viterbi-Decoder, der die DARPA-Wortpaar-Grammatik (Perplexität: 60) und einen Beam-Search-Mechanismus verwendet.

Die erzielten Erkennungsergebnisse (siehe Tab. 2) belegen, daß der hybride Ansatz in allen vier durchgeführten Tests zum Teil deutlich geringere Wortfehlerraten erzielt als das Vergleichssystem mit klassischem VQ. Für den September'92-Test ergibt sich z.B. eine Steigerung der Accuracy um 3,1% (absolut). Es treten derartige Steigerungen in ähnlicher Größenordnung bereits auch bei Verwendung der reinen Monophone-HMMs bzw. Funktionswort-HMMs (die natürlich geringere Erkennungsraten als die Triphone-HMMs erzielen) auf, so daß zu vermuten ist, daß die absoluten Verbesserungen, die durch die MMI-NNs erzielt werden, weitgehend unabhängig von der Qualität der HMMs ist. Damit ist zu erwarten, daß sich weitere Verbesserungen im Bereich des klassischen VQ-Systems (z.B. Optimierung der Codebook-Größen ...) direkt auf das hybride System übertragen lassen. Damit könnte dieses hybride Spracherkennungssystem dann eine ähnliche Leistungsfähigkeit erreichen wie solche HMM-Systeme, die durch Einsatz von kontinuierlichen Verteilungsdichten extrem hohe Worterkennungsraten erzielen können (z.B. HTK vgl. letzte Spalte Tab 2).

Test-	Worterkennungsrate: Correct (Accuracy)		Verbesserung	kont. Wahrsch.-
sätze	Klassisches VQ-System	Hybrides MMI-NN-System	Wortfehlerrate.	dichten (HTK)
Feb'89	94,3 % (93,5 %)	94,9 % (94,3 %)	14,0 %	96,0 % (95,5%)
Oct.'89	92,7 % (91,6 %)	94,0 % (93,1 %)	21,7 %	95,4 % (94,9%)
Feb.'91	94,0 % (93,3 %)	95,1 % (94,2 %)	15,5 %	96,6 % (96,0%)
Sep.'92	90,2 % (88,2 %)	92,7 % (91,3 %)	35,6 %	93,6 % (92,6%)

Tab. 2: Vergleich der Erkennungsraten des klassischen und des hybriden Systems

Diese hier dargestellten Ergebnisse zeigen, daß man durch Verwendung eines nach informationstheoretischen Verfahren trainierten NN als VQ ein hybrides Spracherkennungssystem aufbauen kann, das einem klassischen diskreten System deutlich überlegen ist. Andererseits erfordert dieses System entscheidend weniger Rechenaufwand in der Erkennung von fließend gesprochener Sprache als ein HMM-System mit kontinuierlichen Wahrscheinlichkeitsdichten. Weiterhin hat sich die Betrachtung der *mutual information* zwischen dem Phonem-Strom und dem VQ-Label-Strom auch beim Problem der fließenden Spracherkennung mit großen Wortschätzen als wichtiges Gütekriterium der Qualität des VQ erwiesen. Es ist zu erwarten, daß man mit diesem hybriden Ansatz in Zukunft eine weitere Steigerung gegenüber den konventionellen HMM-Systemen erzielen kann, da neben den hier vorgestellten Techniken weitere Verbesserungen im Bereich des MMI-NN möglich sind (vgl. /5/) und weiterhin intensiv erforscht werden. Es ist somit zu erwarten daß mit Optimierungen sowohl im Bereich der HMMs, als auch bei den MMI-NNs wie: i) Glättung und Interpolation der Wahrscheinlichkeitsverteilungen (vgl. /1/), ii) Codebook-Optimierung, iii) Berücksichtigung der joint-MMI (siehe /5/), iv) MMI bezüglich der Triphones usw. ein schnelles Spracherkennungssystem realisieren kann, das in seiner Erkennungsleistung im Bereich der kontinuierlichen Systeme (vgl. letzte Spalte Tab. 2) liegt.

5 Literatur

/1/   K. F. Lee, H. W. Hon, R. Reddy, "An Overview of the SPHINX Speech Recognition System" in *IEEE Trans. Acoust., Speech, Signal Processing*, Vol. 38, No. 1, Jan. 1990, pp. 35-45

/2/   H. Bourlard, N.Morgan, "Neural Networks for statistical inference generalizations with applications to speech recognition" in *Proc. IEEE-IJCNN*, 1991, pp. 242-247

/3/   T. Robinson, M. Hochberg, S. Renals, "IPA: Improved Phone Modelling with Recurrent Neural Networks" in *Proc. IEEE-ICASSP* , 1994, pp. 37-40

/4/   P. Le Cerf, W. Ma, D. Van Compernolle, "Multilayer Perceptrons as Labelers for Hidden Markov Models" in *IEEE Trans. Speech Audio Processing*, Vol. 2, No. 1,   Jan. 1994, pp. 185-193

/5/   G. Rigoll, "Maximum Mutual Information Neural Networks for Hybrid Connectionist-HMM Speech Recognition" in *IEEE Trans. Speech Audio Processing*, Vol. 2, No. 1, Jan. 1994, pp. 175-184.

Entwurf diskriminativer Merkmalstransformationen für die Spracherkennung mit naturanalogen Verfahren

T. Rudolph
Technische Universität Dresden
Institut für Technische Akustik
D-01062 Dresden

Dieser Beitrag beschreibt eine neue Methode des Entwurfs linearer diskriminativer Merkmalstransformationen für die Spracherkennung. Der Erkenner wird als Einheit von Analyse- und Klassifikationssystem nach dem Kriterium des minimalen Klassifikationsfehlers (MCE) optimiert, wodurch die Merkmalsextraktion direkt auf den Klassifikator abgestimmt werden kann. Zur Optimierung der Transformationsmatrix werden Evolutionsstrategien (ES) eingesetzt. Die Anwendung des Verfahrens wird für die Vokalklassifikation und die Worterkennung diskutiert, und mit konventionellen Diskriminanzanalyseverfahren verglichen. Durch die Anwendung ES-optimierter Merkmalstransformationen konnte die Erkennungsrate von Worterkennern bei gleichzeitiger Senkung des Klassifikationsaufwandes deutlich gesteigert werden.

1 Einleitung

Der Spracherkenner als klassisches Objekterkennungssystem wird durch zwei wesentliche Komponenten bestimmt [StF.76]. Der *Analysator* überführt das zeitkontinuierliche akustische Sprachmuster in eine Folge von Merkmalsvektoren. Vom *Klassifikator* wird diese Vektorfolge als Abbild einer realen Äußerung bewertet und entschieden, welcher Klasse eines definierten Vokabulars das Sprachmuster zuzuordnen ist.

Besondere Bedeutung kommt der Wahl der *Merkmale* zu. Im Idealfall sollte der Analysator solche Merkmale produzieren, die bezüglich des konkreten Erkennungsproblems nur genau die zur Unterscheidung der Klassen beitragenden Informationen enthalten. Informationen, die nur deskriptiven Charakter besitzen und für die Unterscheidung irrelevant sind, sollten im Merkmalssatz eliminert

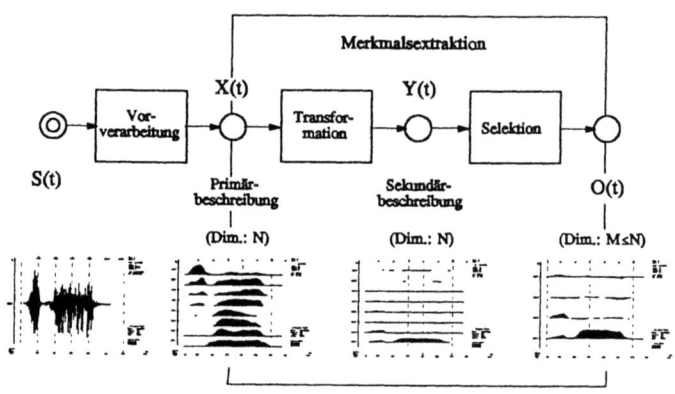

Abb. 1 Merkmalsextraktion

sein. Zunächst liefert die *Vorverarbeitung* einen meist hochdimensionalen primären Merkmalsvektor (Kurzzeitspektrum, LPC-Koeffizienten,...). Zur

Gewinnung eines bezüglich der Klassifikationsaufgabe optimalen Merkmalssatzes mit möglichst kleiner Dimension muß sich im Analysator an die Vorverarbeitung eine weitere, als *Merkmalsextraktion* bezeichnete Verarbeitungsstufe anschließen (Abb. 1). Die Merkmalsextraktion realisiert eine *Transformation* der N-dimensionalen Primärmerkmale **X** in einen Vektor sekundärer Merkmale **Y** mit der gleichen Dimension. Anschließend werden durch *Selektion* M relevante Komponenten von **Y** ausgewählt. Der M-dimensionale finale Merkmalsvektor **O**, der am Ausgang des Analysators erscheint, wird dann vom Klassifikator zur Berechnung der Unterscheidungsfunktionen benutzt. Der Prozeß von Transformation und Selektion kann auch gemeinsam durch die Abbildung F:**X**→**O** beschrieben werden.

Das entscheidende Problem beim Entwurf der Merkmalsextraktion ist es, bezüglich des Klasseninventars des Klassifikators die optimale Transformation T:**X**→**Y** genau derart zu bestimmen, daß **Y** möglichst wenige Merkmalskomponenten enthält, die aber möglichst alle zur Unterscheidung der definierten Klassen in **X** enthaltenen Informationen auf sich konzentrieren.

2 Lineare Merkmalstransformationen

Aus der Literatur sind unterschiedliche Verfahren bekannt, eine solche Transformation vorzunehmen [Rus.88]. Bei den *linearen Transformationen* handelt es sich immer um eine Abbildung der Form:

$$Y = A \cdot X \quad \text{bzw.} \quad O = B \cdot X \quad (1)$$

wobei A eine quadratische (N,N)-Matrix ist und die Merkmalstransformation formuliert. Die Matrix B beschreibt die gesamte Merkmalsextraktion. B ist eine (M,N)-Matrix und wird aus den M selektierten Zeilenvektoren der Matrix A gebildet.

Bei der Erkennung sprachlicher Äußerungen liefert die Vorverarbeitung die Primärvektoren X(t), deren Elemente $x_1(t),...x_N(t)$ mit der Zeit variieren. Betrachtet man den Zufallsvektor **X** ohne Rücksicht auf eine Klasseneinteilung, kann als einfachstes Kriterium für die Berechnung der optimalen Matrix A vorausgesetzt werden, daß die meiste diskriminative Information in den Merkmalen x_i ($1 \leq i \leq M$) mit der größten Varianz liegt. Für unkorrelierte Merkmale besteht die Merkmalsextraktion dann nur aus der Selektion dieser M Merkmale, und die Matrix A ist die Einheitsmatrix.

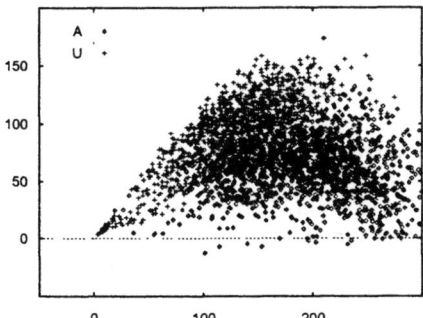
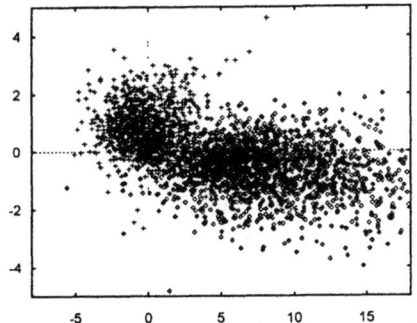

Abb. 2 Scatter-Plot A/U; HAT (1.+2. Komp.)   Abb. 3 Scatter-Plot A/U; LDA (1.+2. Komp.)

Liegen korrelierte Merkmale vor, dann liefert die *Hauptachsentransformation* (HAT) [BrS.85] oder die *Diskrete Karhunen-Loève-Transformation* [Rus.88] eine Lösung für A.
Ein Verfahren zur Berechnung von A, bei dem die Klasseneinteilung berücksichtigt wird, ist die *Lineare Diskriminanzanalyse* (LDA) [Fuk.90]. Hier wird ebenfalls die Varianz der selektierten Komponenten maximiert, allerdings unter Berücksichtigung der Klassenzugehörig-

keit der Vektoren X(t). Abb.2 und Abb.3 zeigen die Verteilung der mit HAT- und LDA-Matrix transformierten spektralen Merkmalsvektoren von den Vokalen A und U in den beiden Komponenten mit der größten Varianz.
Die genannten Verfahren zur Merkmalstransformation haben einen offensichtlichen Nachteil. Sie formulieren ein Optimalitätskriterium, das unabhängig vom Klassifikationsverfahren ist. Die Merkmalsextraktion wird als autonome Einheit optimiert. Interferenzen zwischen Merkmalsextraktion und der Modellbasis des Klassifikator werden nicht berücksichtigt.

3 Optimierung nach minimalem Klassifikationsfehler

Prinzipiell besteht der Entwurf einer geeigneten Merkmalsextraktion für den Erkenner in der Suche unter allen möglichen singulären Transformationen nach genau der Transformation F:X→O, die die *Klassenseparabilität* im Merkmalsraum mit der niedrigst möglichen Dimension vollständig erhält. Das einzige meßbare Kriterium, daß die Klassenseparabilität eindeutig ausdrückt, ist die *Fehlerrate* des Erkenners. Die Transformation muß demnach so optimiert werden, daß der Erkennungsfehler des Gesamtsystems unter Einbeziehung des Klassifikators minimal wird. Die Optimierung des Erkenners nach diesem Kriterium wird als MCE-Verfahren (Minimum Classification Error [JuK.92]) bezeichnet.
Bei der MCE-Optimierung der Merkmalsextraktion ist für jedes M mit $1 \leq M \leq N$ und jede der unendlichen in (N,M) möglichen Transformationsmatrizen B ein vollständiger Erkenner-Evaluierungszyklus (Training+Test) durchzuführen und die Fehlerrate zu ermitteln.
Zur Beschränkung des Aufwands wird eine sinnvolle Vereinfachung gemacht, wenn das Optimierungsproblem etwas umformuliert wird: Anstatt den Raum mit der kleinst möglichen Dimension zu finden, legen wir M auf einen kleinen Wert $M \ll N$ fest, und suchen nur unter den dort möglichen Transformationen. Mit $M \ll N$ Merkmalen wird der *Erkennungsaufwand* deutlich sinken. Erreichen wir annähernd die gleiche *Erkennungsrate* wie mit N Merkmalen, dann ist das Optimierungsziel erreicht. Wie groß M etwa sein muß, kann experimentell durch sukzessive Dimensionalitätsreduktion nach einer HAT abgeschätzt werden.
Auch mit dieser Beschränkung sind immer noch N·M Objektvariablen zu optimieren. Bei nur 10 zulässigen diskreten Werten je Variable, 30-dimensionalen Primärvektoren und mit M=6 wären bei vollständiger Enumeration bereits 10^{180} verschiedene Transformationsmatrizen zu bewerten. Der Wahl einer effizienten Optimierungsstrategie kommt daher bei der Realisierung der MCE-Optimierung eine entscheidende Bedeutung zu.

4 Evolutionsstrategien als Optimierungsverfahren

In den letzten Jahrzehnten wurden mit den *Evolutionären Algorithmen (EA)* robuste Verfahren für hochdimensionale Parameteroptimierungsprobleme entwickelt, die auf der algorithmischen Nachbildung der biologischen Evolution als kollektivem Lernprozeß innerhalb einer *Population* von *Individuen* beruhen [BäS.93]. Jedes Individuum repräsentiert dabei einen Punkt in dem Suchraum, der durch das zu lösende Optimierungsproblem gegeben ist. In Analogie zum natürlichen Vorbild können die *Objektvariablen* als *Gene* der Individuen betrachtet werden. Wie gut ein bestimmtes Individuum ist, wird durch seine Bewertung bezüglich einer definierten Zielvorgabe festgestellt. Je mehr sich die Qualität des Individuums der Zielvorgabe nähert, umso besser ist es an die definierte Umwelt angepaßt (*Fitneß*).
Ausgehend von beliebig initialisierten Individuen einer Startpopulation werden iterativ Rekombinations-, Mutations-, Evaluierungs- und Selektionsprozesse auf die Individuen angewendet, sodaß die mittlere Qualität der Individuen nach und nach zunimmt. Bei der *Selektion* werden Individuen höherer Fitneß bevorzugt als für die *Rekombination* vorgesehene Eltern in die

nächste Generation übernommen. Die Eltern erzeugen Nachkommen durch Mischung ihrer genetischen Information. Die *Mutation* der Gene der rekombinierten Nachkommen erzeugt genetische Innovation, die sich bei der anschließenden *Evaluierung* im Phänotyp (Qualität) positiv oder nachteilig äußern können. Weisen die Nachkommen eine bessere Qualität auf, lösen sie schlechtere Elternindividuen bei der Rekombination in der nächsten Generation ab. Der Evolutionäre Grundalgorithmus über eine Population P wird wie folgt beschrieben:

> g = 0; *initialisiere* P(0); *evaluiere* P(0); *selektiere* P(0);
> bis zum abbruch
> {
>   *rekombiniere* P(g); *mutiere* P(g); *evaluiere* P(g); *selektiere* P(g); g++;
> }

Abbruchkriterien können das Erreichen der Zielqualität, langfristige Stagnation des Evolutionsfortschritts oder das Überschreiten einer maximal zulässigen Generationszahl g sein. Unter dem Begriff Evolutionäre Algorithmen finden sich unterschiedliche Varianten, wie Genetische Algorithmen (GA) und Evolutionsstrategien (ES) [SHF.94].
Für das hier zu lösende Problem der Optimierung reellwertiger Parameter eignen sich insbesondere die ES [Rec.73][Scw.81], da sie im Gegensatz zu den GA die Gene nicht als binäre Vektoren codieren, sondern direkt reell mutieren.
Die ES selbst kann flexibel an das Optimierungsproblem angepaßt werden. Eine Population ist prinzipiell durch ihre Strukturparameter μ (Anzahl der Elternindividuen) und λ (Anzahl der Kinder) gekennzeichnet. Zwei grundlegende *Strategievarianten* werden unterschieden:

    ($\mu + \lambda$) - ES: μ Eltern erzeugen λ mutierte Nachkommen; die
                          besten μ aus allen Individuen überleben.
    (μ , λ) - ES: μ Eltern erzeugen λ mutierte Nachkommen; nur
                          die besten μ Nachkommen überleben.

Die ($\mu + \lambda$) - ES führt dazu, daß Individuen, die hinsichtlich der Qualitätsfunktion wesentlich besser bewertet wurden als die anderen, viele Generationen hindurch überleben können. Die Qualität des besten Individuums entwickelt sich monoton und kann im Verlauf der Evolution nie schlechter werden. Bei dieser ES-Variante besteht allerdings die Gefahr, das die ES zu schnell gegen ein lokales Optimum konvergiert.
Bei der (μ , λ) - ES hingegen stribt jedes Elternindividuum zwangsläufig nach einmaliger Rekombination. Die biologische Evolution wird hier naturgetreuer modelliert, denn es gibt keine potentiell unsterblichen Individuen und eine vorzeitige Konvergenz wird verhindert. Allerdings kann jetzt die Qualität des besten Individuums von Generation zu Generation stark schwanken, weil Eltern, die besser sind als alle erzeugten Nachkommen, vergessen werden können.
Um die Nachteile beider Strategievarianten auszugleichen, werden Verfahren angewendet, die sich noch näher am biologischen Vorbild orientieren. Beispiele sind die Einführung eines maximalen Lebensalters der Eltern (ω) oder des Rekombinationsfaktors ρ in die ($\mu + \lambda$) - ES. Der Rekombinationsfaktor gibt an, wieviele der μ Elternindividuen an der Rekombination jedes Nachkommen beteiligt sind. Die ES wird dann mit ($\mu/\rho + \lambda/\omega$) bezeichnet.
Eine besondere Bedeutung im Rahmen der ES besitzt die *Mutationsstrategie*. In jeder Generation muß für die Mutation die zentrale Frage beantwortet werden, um welchen Betrag jedes Gen der einzelnen Nachkommen zu verändern ist. Wie bei der biologischen Evolution sollen dabei kleinere Änderungen im Erbgut häufiger auftreten als große. Bei den ES werden die Gene $x_j^{(i)}$ eines Inidividuums i im einfachsten Fall folgendermaßen verändert:

$$x_j^{(i)'} = x_j^{(i)} + N\{0, \sigma^{(i)}\} \qquad (2)$$

wobei $N\{0, \sigma^{(i)}\}$ eine um 0 normalverteilte Zufallszahl mit der Standardabweichung $\sigma^{(i)}$ ist. Die

Strategieparameter $\sigma^{(i)}$ legen die individuelle Schwankungsbreite der Genmutation um den alten Wert der Objektvariablen $x_j^{(i)}$ fest. $\sigma^{(i)}$ kann für jedes Individuum i, aber auch als $\sigma_j^{(i)}$ für jedes einzelne Gen festgelegt werden. Üblicherweise werden die $\sigma^{(i)}$ in einer adaptiven *Schrittweitensteuerung* in Abhängigkeit vom Evolutionsfortschritt modifiziert oder - ebenso wie die Gene - selbst mutativ verändert, sodaß sich die in jeder Generation optimalen Schrittweiten über die Selektion durchsetzen. Die Schrittweiten werden mit

$$\sigma^{(i)'} = \sigma^{(i)} \cdot e^{N\{0, f_s\}} \tag{3}$$

mutiert. f_s ist ein Mutations-Schrittweitenfaktor der a-priori festgelegt wird.

Für die Anwendung der ES auf die MCE-Optimierung der Merkmalsextraktion können wir die N·M reellen Elemente der Transformationsmatrix als Gene und die Ausprägung der Fehlerrate (Zielgröße 0 %) oder der Erkennungsrate (Zielgröße 100 %) als Phäne annehmen. In [BiK.93] wird eine Methode zur Einbeziehung einer diskriminativen Merkmalsextraktion in die MCE-Optimierung eines neuronalen Erkenners mit der GPD-Methode (*Generalized Probabilistic Descent*) vorgestellt, die mit DFE (*Discriminative Feature Extraction*) bezeichnet wird. In Anlehnung an diese Terminologie soll das hier vorgestellte Verfahren als MCE-ESDF (*ES-Optimized Discriminative Feature Extraction*) bezeichnet werden.

5 Experimente mit Vokalspektren

Zur Erprobung der ES als Optimierungsverfahren für die Merkmalsextraktion wurden zunächst Experimente mit Vokalspektren durchgeführt, wobei ein Vektorklassifikator eingesetzt wurde. Da hier die Klasseneinteilung für die LDA mit der des Klassifikators übereinstimmt, läßt sich der theoretisch erreichbare minimale Erkennungsfehler experimentell relativ genau abschätzen. Die mit ESDF-Matrix erreichte Erkennungsrate kann direkt mit dem theoretisch erreichbaren Maximum (LDA+Bayes-Klassifikator) verglichen werden.

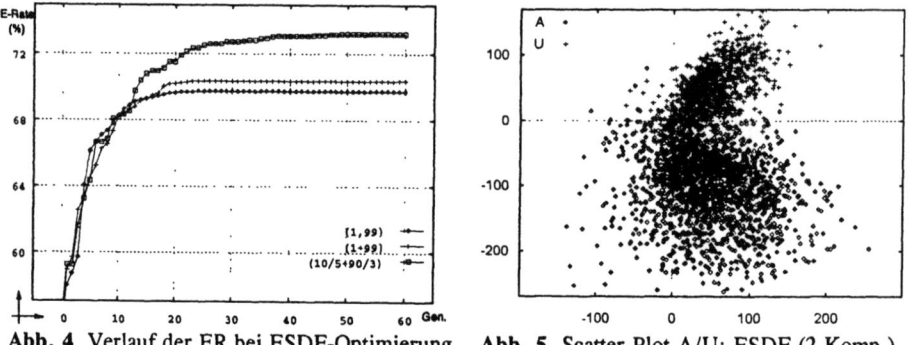

Abb. 4 Verlauf der ER bei ESDF-Optimierung   Abb. 5 Scatter-Plot A/U; ESDF (2 Komp.)

Zur Gewinnung der spektralen Primärmerkmale wurde eine Lautheitsfilterbank (LHF) nach [RuB.92] benutzt, die im Abstand von 10 ms 24-dimensionale Primärvektoren liefert. Aus 32 Sätzen des PHONDAT-Zugauskunftsmaterials [PHD.93] wurden ca. 7000 Vektoren der Vokalklassen A,E,I,O,U von 6 Sprechern (3 wbl., 3 männl.) selektiert.

Für den ideal trainierten Bayes-Klassifikator mit einer optimalen Diskriminanztransformation können bei einem L-Klassenproblem maximal L-1 Merkmale relevant sein, unabhängig von der Dimension des ursprünglichen Merkmalraums [Fuk.90]. Für das fünf-Klassenproblem der Vokalerkennung wurde daher die Dimension M der extrahierten Merkmalsvektoren O(t) zunächst auf 4, und in einem zweiten Versuch auf 2 festgelegt (96/48 Parameter für die ES-Optimierung). Als Klassifikator für den Entwurf der ESDF-Matrix wurde ein Abstandsklassifikator gewählt (Euklid), der sich gegenüber dem Bayes-Klassifikator durch einen äußerst geringen Klassifikationsaufwand auszeichnet. Im Experiment war die Frage zu beantworten, ob sich mittels ES Transformationen finden lassen, die trotz Verwendung eines primitiveren Klassifikationsverfahrens annähernd die Erkennungsleistung des Bayes-basierten Erkenners ermöglichen. Die Individuen der Startpopulation wurden mit den ersten 4 Eigenvektoren aus der HAT initialisiert. Die Entwicklung der Erkennungsrate des besten Individuums jeder Generation für die Strategie-Varianten (1,99)-, (1+99)- und (10/5+90/3)-ES zeigt Abb.4. In Abb.5 ist die Verteilung der Vektoren der Klassen A und U nach einer 2-Komponenten-ESDF dargestellt. Die Klassen lassen sich jetzt durch den Abstandsklassifikator besser

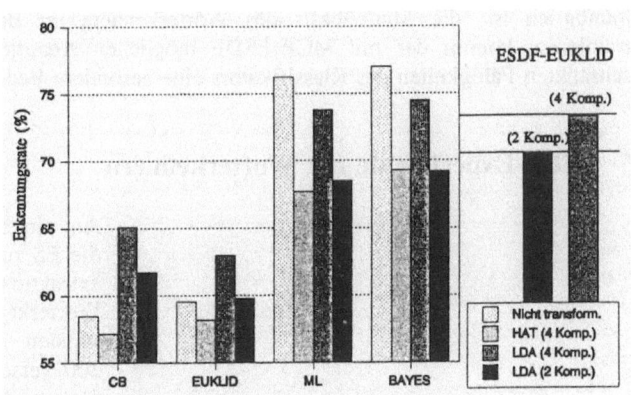

Abb. 6 Vergleich der ER, Vokalerkennung

trennen als mit den Merkmalen aus HAT und LDA (vgl. Abb.2, Abb.3). In Abb.6 werden die mit ES-Matrix erreichten Erkennungsraten den Klassifikationsergebnissen unter Verwendung der HAT und LDA gegenübergestellt (CB: City-Block, ML: Maximum-Likelihood). Die Erkennungsrate des Abstandsklassifikators mit ESDF erreicht nahezu das Ergebnis des (optimalen) Bayes-Klassifikators, trotz der stark vereinfachten Modellbasis. Bei der Optimierung auf M=2 ist die mit ESDF erreichte Erkennungsrate sogar höher als bei BAYES mit 2 LDA-Komponenten. Hinzu kommt eine gegenüber BAYES etwa 30 Mal höhere Klassifikationsgeschwindigkeit von ESDF-EUKLID.

6 Diskriminanzanalyse für Worterkenner

Im Worterkenner werden in der Regel musterorientierte Dynamic-Time-Warping-Verfahren (DTW) [SaC.78], diskrete Hidden-Markov-Modelle (DHMM) oder HMM mit kontinuierlichern Dichten (CHMM) verwendet [RaJ.93]. Worterkenner modellieren eine Vokabularklasse nicht durch nur eine Dichtefunktion wie die Vektorklassifikatoren. Vielmehr werden die Wörter mit einem gerichteten Zustandsgraphen beschrieben. Jeder Knoten des Graphen repräsentiert mehr oder weniger grob die Verteilung aller auf ihn abbildbaren Merkmalsvektoren. Durch die begrenzte Ausdehnung der Graphen bedingt muß in jedem Zustand eine große Variabilität modelliert werden. Häufig ergibt sich die Forderung, für jeden Zustand multimodale Dichtefunktionen eines definierten Grundtyps (z.B. Gauß) zu schätzen. Eine Diskriminanzanalyse mit der Klasseneinteilung nach Wortklassen ist im Worterkenner unsinnig. In der Literatur werden Ansätze vorgestellt [HGN.93], trotzdem diskriminative Merkmalstransformationen zu entwerfen, indem eine möglichst plausible Einteilung in Subklassen vorgenommen, und anschließend auf diesen Subklassen eine LDA berechnet wird. Als Subklassen können die einzelnen Zustände der Wörter oder sogar die einzelnen Dichten multimodaler Zustandsverteilungen festgelegt werden. Der Erfolg der Transformation ist von der Subklasseneinteilung abhängig. Es gibt allerdings keine Gewähr dafür, daß die Klasseneinteilung im Sinne der LDA optimal ist. Daneben arbeiten konventionelle Diskriminanzanalyseverfahren unter Annahme voll-probabilistischer Modellierung. Der Klassifikator besitzt aber meist nur grobe Modellschätzungen oder nutzt Vereinfachungen im Klassifikationsverfahren, wie diagonale oder radiale Kovarianzmatrizen bzw. einfache Abstandsmaße. Wird anstelle der LDA die MCE-ESDF auf Worterkenner angewendet, ergeben sich zusätzliche Probleme durch den zu erwartenden zeitlichen Aufwand der Optimierung. Andererseits verspricht das Verfahren aber gerade hier besondere Effekte. Da es praktisch unmöglich ist, die Modellbasis des Worterkenners im Bayes'schen Sinne optimal zu trainieren, kommt der mit MCE-ESDF möglichen Adaption der Merkmale an die beschränkten Fähigkeiten des Klassifikators eine besondere Bedeutung zu.

7 ESDF-Experimente mit Worterkennern

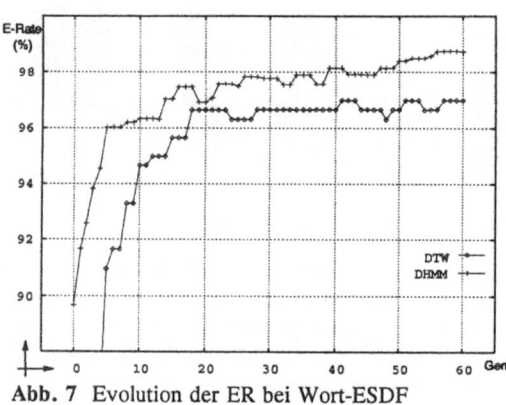

Abb. 7 Evolution der ER bei Wort-ESDF

An einem 3-Klassen-Problem wurden die ES zur Optimierung der Merkmalsextraktion im DTW- und im DHMM-Worterkenner getestet. Als Datenbasis standen Ziffernwörter (Telekom) von 200 verschiedenen Sprechern zur Verfügung. Aus diesem Wortschatz wurden die Klassen NEUN, NULL und NEIN ausgewählt. Diese drei Klassen werden untereinander häufig verwechselt, lassen sich aber insgesamt als Cluster von den anderen Klassen gut trennen.

Für alle Experimente wurde M=6 festgelegt, da sich in Vorexperimenten zeigte, daß die Erkennungsrate für diesen Wortschatz erst dann signifikant abnimmt, wenn nach einer HAT weniger als 6 Hauptkomponenten benutzt werden. Die Matrix für die Transformation von 24 LHF-Merkmalen auf 6 diskriminative Merkmale wurde mit ES optimiert. Das Training des DTW-Erkenners erfolgte bei der Evaluierung jedes einzelnen Erkennerindividuums mit nur einem Muster je Wortklasse. Bei DHMM wurden Realisierungen von 50 Sprechern benutzt. Der Test umfaßte für beide Erkenner Wortmuster von 100 verschiedenen Sprechern (Set I). Den Verlauf der Entwicklung der Erkennungsrate für ein Experiment mit einer (10/5+90/3)-ES über 60 Generationen zeigt Abb.7. In Abb.8 wird die mit ESDF erreichte Erkennungsrate mit den Ergebnissen unterschiedlicher Konkurrenzexperimente verglichen.

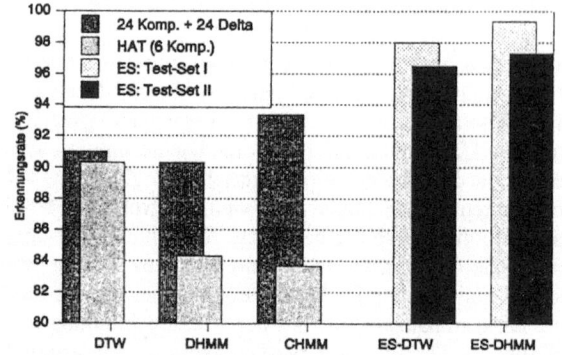

Abb. 8 Vergleich der Erkennungsraten für NEUN, NULL, NEIN

DTW, DHMM und CHMM wurden dabei mit vollständigem LHF-Merkmalssatz (inclusive 1.Ableitung) und mit den nach HAT auf M=6 transformierten LHF-Merkmalen getestet. Bereits nach weniger als 10 Generationen ($\mu=100$) konnte der Bestwert der Erkennungsraten aller konventionell trainierten Erkenner (CHMM: 93.3%) übertroffen werden. Bemerkenswert ist das vor allem für ES-DTW wegen des äußerst geringen Modellinventars. Für eine Worterkennung benötigte ES-DTW zudem nur etwa 15%

der Zeit von CHMM (M=6). Die ES konvergierten nach etwa 40...80 Generationen (DTW: 98%, DHMM: 99.3%). Beim Test eines unabhängigen, in der ES-Optimierung nicht berücksichtigten Daten-Sets (Set II, 50 Sprecher) wurden nur wenig niedrigere Erkennungsraten gemessen (DTW: 96.5%, DHMM: 97.3%).
Für die phonetisch weniger problematischen Wortklassen EINS, ZWEI und DREI wurden beim Test von DHMM mit ESDF-transformierten Merkmalen praktisch 100% Erkennungsrate (Set II: 99.5%) erreicht.

8 Zusammenfassung

Mit MCE-ESDF wurde ein Verfahren vorgestellt, mit dem diskriminative Merkmalstransformationen für nahezu beliebige Analysator-Klassifikator-Systeme entworfen werden können. Die Anwendung in der Worterkennung beschränkt sich aufgrund des hohen Zeitaufwandes vorerst sicher auf Systeme mit effizienten Erkennungsalgorithmen und auf kleinere Wortschätze. Gerade in diesem Bereich gibt es aber eine Vielzahl von Anwendungen, wo kompakte und durch hochdiskriminative Eigenschaften zuverlässige Erkenner benötigt werden. Besonders dort, wo bisher adäquate Optimierungsverfahren fehlen, kann mit ES eine erhebliche Steigerung der Erkennungsleistung erreicht werden. Es sollte offensichtlich sein, daß sich die Anwendung der MCE-Optimierung mit ES nicht auf die Merkmalstransformation beschränkt.
Besonders durch ihre hervorragende Parallelisierbarkeit werden die naturanalogen Optimierungsverfahren mit der weiteren Evolution der Rechentechnik zunehmend auch auf Erkenner mit umfangreichem Wortschatz oder auf Erkenner für fließende Sprache anwendbar sein.

Literatur

[BäS.93] Bäck,T.,Schwefel,H.-P.: *An Overview of Evolutionary Algorithms for Parameter Optimization.*- In: Evolutionary Computation 1/1993, pp.1-23.

[BiK.93] Biem,A;Katagiri,S.: *Feature Extraction Based on Minimum Classification Error/Generalized Probabilistic Descent Method.*- In: Proc. IEEE Int. Conf. on Acoustics, Speech and Signal Processing, pp. II275-II278, Minneapolis, 1993.

[BrS.85] Bronstein,I.N.;Semendjajew,K.A.: *Taschenbuch der Mathematik.*- Leipzig: BSB B.G. Teubner Verlagsgesellschaft, 1985.

[Fuk.90] Fukunaga,K.: *Introduction to Statistical Pattern Recognition.*-San Diego: Academic Press: 1990.

[HGN.93] Haeb-Umbach,R.;Geller,D.;Ney,H.: *Improvements In Connected Digit Recognition Using Linear Discriminant Analysis ans Mixture Densities.*- In: Proc. IEEE Int. Conf. on Acoustics, Speech and Signal Processing, pp. II239-II242, Minneapolis, 1993.

[JuK.92] Juang,B.-H.;Katagiri,S.: *Discriminative Learning for Minimum Error Classification.*- In: IEEE Trans. on Signal Processing, vol. SP-40, pp.3043-3054, Dec.1992.

[Phd.93] -: PHONDAT Sprachdatenkorpora auf CD-ROM, Informationsheft.- München: LMU 1993.

[RaJ.93] Rabiner,L.;Juang,B.-H.: *Fundamentals of Speech Recognition.*- Englewood Cliffs: Prentice Hall, 1993.

[Rec.73] Rechenberg,I.: *Evolutionsstrategie - Optimierung technischer Systeme nach Prinzipien der biologischen Evolution.*- Stuttgart: Frommann-Holzboog Verlag, 1973.

[RuB.92] Ruske,G.;Beham,M.: *Gehörbezogene automatische Spracherkennung.*- In: Mangold, K. (Hrsg.): Sprachliche Mensch-Maschine-Kommunikation, S. München: R. Oldenbourg Verlag, 1992.

[Rus.88] Ruske,G.: *Automatische Spracherkennung - Methoden der Klassifikation und Merkmalsextraktion.*- München: R. Oldenbourg Verlag, 1988.

[Scw.81] Schwefel,H.-P.: *Numerical Optimization of Computer Models.*- Chichester: John Wiley, 1981.

[SHF.94] Schöneburg,E.;Heinzmann,F.;Feddersen,S: *Genetische Algorithmen und Evolutionsstrategien.*- Bonn: Addison-Wesley, 1994.

[StF.76] Steinhagen,H.-E.;Fuchs,S.: *Objekterkennung.*- Berlin: Verlag Technik, 1976.

Adaptiver stochastischer Sprache/Pause-Detektor

Manfred Beham und Günther Ruske

Lehrstuhl für Mensch-Maschine-Kommunikation

Technische Universität München

Arcisstr. 21, 80290 München

1 Einführung

Bei der automatischen Spracherkennung muß eine Reihe von einzelnen Teilaufgaben gelöst werden, zu denen auch die Anzeige von Beginn und Ende der gesprochenen Äußerung gehört. Diese Aufgabe ist durchaus nichttrivial, besonders wenn eine fehlerhafte Anzeige zu einer Beschneidung der Äußerung und damit letztlich zu Erkennungsfehlern führt. Daher wird in vielen Spracherkennungssystemen angestrebt, vor Beginn der Äußerung und nach dessen Ende möglichst einen Signalbereich mit aufzunehmen, der eine Sprachpause enthält. Es wird dann versucht, während der Erkennung mit Hilfe spezieller Pausenmodelle die Pausenbereiche zu kennzeichnen und zu eliminieren. Dieses Vorgehen kann man als "indirekte" Sprache/Pause-Detektion bezeichnen. Sinnvoll einsetzen läßt sich diese Methode vor allem im sogenannten Offline-Betrieb, bei dem die Sprachdaten in Dateien gespeichert sind. Problematisch ist die indirekte Sprache/Pause-Detektion aber im Online-Betrieb, bei dem das eingehende Sprachsignal unmittelbar und schritthaltend verarbeitet werden soll. Hier wirkt sich nachteilig aus, daß die Feststellung des Sprachbeginns erst nach der Erkennung geliefert wird, so daß ein zu spät angezeigter Beginn nicht mehr korrigiert werden kann.

Demgegenüber arbeiten Verfahren zur "direkten" Sprache/Pause-Detektion ohne Einbeziehung der Spracherkennungsstufe. Bei dieser Lösung wird versucht, die Grenzen der Äußerung unmittelbar aus dem Signalverlauf zu bestimmen. In der Praxis werden hierfür aber meist nur Pegelwerte und Pegeländerungen des Signals verwendet, was zu keiner besonders sicheren Anzeige führt. Insbesondere werden Störgeräusche mit speziellem spektralen Verlauf nicht ausgeschlossen. Im vorliegenden Beitrag wird daher ein Sprache/Pause-Detektor vorgestellt, der unmittelbar nach der spektralen Vorverarbeitungsstufe eingesetzt wird, und der somit die spektrale Verteilung des Signals einbezieht. Durch eine geeignete Zeit- bzw. Längenmodellierung im Detektor lassen sich kurze Sprechpausen innerhalb von Wörtern oder Sätzen überbrücken. Ebenso lassen sich kurze Störgeräusche in Pausenabschnitten ausblenden. Da der Detektor so ausgelegt ist, daß er nur verhältnismäßig wenig Rechenzeit beansprucht, kann er im Prinzip permanent aktiv sein. In diesem Fall kann das Spracherkennungssystem ohne einen externen Start/Stop-Schalter verwendet werden, denn der Sprache/Pause-Detektor ist in der Lage, den Erkennungsvorgang selbständig zu starten und zu beenden; diese Möglichkeit der automatischen Steuerung kann sicher auch für den Einsatz im Telefonbereich bedeutsam sein.

Ein wichtiger Anwendungsbereich ist aber vor allem bei der Steuerung der Kanalkompensation gegeben, die sich inzwischen in vielen Spracherkennungssystemen bewährt hat. Bei der Kanalkompensation werden die logarithmierten Pegelwerte der einzelnen spektralen Kanäle von ihrem Mittelwert befreit, der seinerseits jeweils über ein gewisses Zeitfenster adaptiv nachgeschätzt wird. Hierbei ist es sinnvoll, die Nachschätzung nur im Bereich der Sprache vorzunehmen und nicht im Bereich von Pausen. Wird diese Unterscheidung nicht vorgenommen, so wird die Kanalkompensation sich in Pausen langsam an den Pausenpegel adaptieren, was beim Einsetzen des Sprachsignals zwangsläufig zu einem Übersteuerungseffekt führt. Bei der Einzelworterkennung kann dies eventuell noch hingenommen werden, nämlich dann, wenn diese Anfangsübersteuerung in jedem Wortmodell mit repräsentiert ist. Bei der Erkennung fließender Sprache auf der Basis von Phonem-Modellen ist dies aber wenig sinnvoll, da nun die Phoneme am Anfang der Äußerung anders repräsentiert wären als dieselben Phoneme im Innern der Äußerung. Diese Effekte lassen sich vermeiden, wenn grundsätzlich nur in Sprachabschnitten adaptiert wird. Hierfür ist es nun ebenfalls sinnvoll, die direkte Sprache/Pause-Detektion einzusetzen.

Der entwickelte Sprache/Pause-Detektor geht von einem stochastischen Prozeß für "Sprache" und "Pause" aus, der durch ein ergodisches "Hidden-Markov"-Modell (HMM) nachgebildet wird. Das HMM verwendet die Kurzzeitspektren und den Signalpegel, die von der Vorverarbeitung geliefert werden. Das ergodische HMM verwendet 2 multivariate Normalverteilungen, die die Emissionswahrscheinlichkeiten für Sprache und Pause widerspiegeln; im Prinzip könnten hier natürlich auch Mixturen aus mehreren überlagerten Normalverteilungen zum Einsatz kommen. Die Zeitmodellierung sowohl für Sprache als auch für Pause wird durch die spezielle Struktur des HMMs erreicht. Ein Bayes'scher Entscheidungsprozeß, der dem HMM übergeordnet ist, berechnet zu jedem Zeitpunkt die Rückschlußwahrscheinlichkeiten für "Sprache" und "Pause" und gibt diese Entscheidung aus. Abhängig von dieser Entscheidung werden die entsprechenden Emissionswahrscheinlichkeiten adaptiv nachgeführt (entsprechend einem "Nachtraining" der Dichtefunktionen). Auf diese Weise bleibt z.B. in langen Pausen die Verteilung für "Sprache" unverändert erhalten, während ebenso innerhalb von Sprachabschnitten die Verteilung für "Pause" nicht verändert wird. Die experimentellen Ergebnisse zeigen, daß dieses Verfahren tatsächlich sehr robust arbeitet.

Mit dieser Sprache/Pause-Anzeige läßt sich die Kanalkompensation so steuern, daß die Adaption nur im Bereich der Sprache wirksam wird, wodurch ein Absinken der Kanalmittelwerte während der Pausenabschnitte vollständig vermieden wird.

2 Grundstruktur des Spracherkennungssystems

Im folgenden soll das Spracherkennungssystem nur soweit in groben Zügen beschrieben werden, wie das für den Einsatz des Sprache/Pause-Detektors notwendig ist. Die Vorverarbeitungsstufe berechnet im Abstand von 10 ms aus dem Sprachsignal 30 cepstral geglättete Komponenten des mel-Spektrums, sowie die Nulldurchgangsrate und die Energie (Bild 1). In der anschließenden Kanalkompensation werden die logarithmierten Kanal-Pegelwerte $\log(P_k)$ der Kanäle k vom Mittelwert befreit:

$$\log(P_k)_{komp} = \log(P_k) - E\{\log(P_k)\}, \qquad k = 1 \ldots 30$$

Die laufende Mittelwertbildung pro Kanal erfolgt über ein kürzeres Zeitfenster (running average), allerdings nur im Bereich von Sprache. Nachdem die kompensierten Kanal-Pegelwerte $\log(P_k)_{komp}$ einer linearen Diskriminanzanalyse (LDA) unterworfen wurden, werden diese Merkmalsvektoren dem Spracherkenner angeboten, der mit Hilfe von silbenteil-basierten HMM-Modellen die Wort- und Satzerkennung durchführt [1]. Hierbei kann zwar die Information über Sprache/Pause abgeleitet werden (in Bild 1 gestrichelt gezeichnet), was aber zu unerwünschten Verzögerungen und Rückkopplungseffekten zwischen Erkenner und Kanalkompensation führt. Der hier vorgestellte Sprache/Pause-Detektor verwendet deshalb direkt die mel-Spektren und steuert die Kanalkompensation im Sinne einer Vorwärtsregelung.

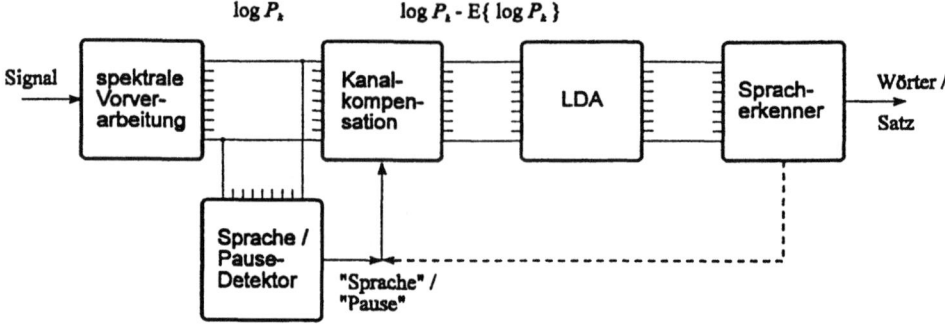

Bild 1. Grundstruktur des Spracherkennungssystems.

3 Realisierung des Sprache/Pause-Detektors

Die zeitliche Abfolge der Merkmalsvektoren $\vec{x}$ für Sprache und Pause kann mit Hilfe eines stochastischen Erzeugungsprozesses beschrieben werden. Dieser Prozeß wird durch ein HMM für Sprache und ein HMM für Hintergrundgeräusche nachgebildet [2]. Durch Verkettung dieser beiden Modelle zu einem ergodischen HMM können beliebige Abfolgen von {Pause, Sprache, Pause, ... } modelliert werden.

Das Sprach-HMM (S) und Pause-HMM (P) werden jeweils als Modell mit kontinuierlicher Verteilungsfunktion realisiert. Um den Rechenaufwand für den Detektor zu begrenzen, wird jeweils nur eine Normalverteilung mit diagonal besetzter Kovarianzmatrix für Sprache $p(\vec{x}|S)$ und eine für Pause $p(\vec{x}|P)$ verwendet und adaptiv nachgeschätzt. Es wird aber gefordert, daß in die aktuelle Entscheidung zum Zeitpunkt t mehrere Merkmalsvektoren $\vec{x}_{t-N},...,\vec{x}_{t-1},\vec{x}_t$ einbezogen werden; daher müssen die Rückschlußwahrscheinlichkeiten

$$p(\text{"Sprache"}|\vec{x}_{t-N_S},...,\vec{x}_{t-1},\vec{x}_t) \quad \text{und} \quad p(\text{"Pause"}|\vec{x}_{t-N_P},...,\vec{x}_{t-1},\vec{x}_t)$$

für Sprache und Pause berechnet werden. N_S und N_P sind jetzt die gewünschten Beobachtungszeitdauern (in Frames) für Sprache und Pause. Da der Detektor schritthaltend Signale beliebiger Länge verarbeiten soll, darf in die aktuelle Entscheidung nur eine zeitlich begrenzte Vergangenheit bis $t-N$ einfließen; die weiter als $t-N$ zurückliegenden Merkmalsvektoren $\vec{x}_t$ dürfen dagegen keinen Einfluß auf die aktuelle Entscheidung haben. Das wird durch zwei Übergangsmodelle (P') von S nach P und (S') von P nach S erreicht, die eine dem Fergusson-Modell vergleichbare Struktur haben. Damit können folgende - für die Sprache/Pause-Detektion wichtige - Eigenschaften in der zeitlichen Abarbeitung explizit modelliert werden:

- Kurze Störungen im Hintergrundgeräusch werden nicht als Sprache identifiziert.
- Sprachabschnitte im Signal müssen eine einstellbare Mindeslänge (Frameanzahl) N_S aufweisen.
- Pausen innerhalb von Sprachabschnitten, die eine maximale Länge von N_P nicht überschreiten, werden als Sprache gekennzeichnet (Überbrückung von Pausen).

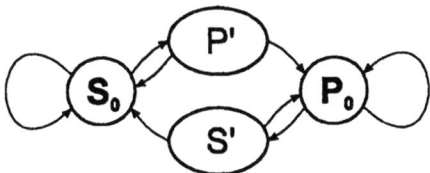

Bild 2. Grundstruktur des ergodischen Sprache/Pause-HMMs.

Bild 2 zeigt die grundlegende Modellstruktur bestehend aus der Verkettung der vier Modelle P, S, P' und S' zu einem ergodischen HMM. Die Modelle P und S bestehen jeweils nur aus einem Zustand, während die Übergangsmodelle aus mehreren Zuständen aufgebaut sind, die aber ebenfalls nur die beiden Emissionen $p(\vec{x}|S)$ und $p(\vec{x}|P)$ beinhalten.

3.1 Merkmalsvektor des Sprache/Pause-Detektors

Die 30 Komponenten des mel-Spektrums werden durch Zusammenfassen von jeweils 5 benachbarten Kanälen auf 6 reduziert, was für eine Sprache/Pause-Unterscheidung völlig ausreichend ist. Von diesen 6 spektralen Pegeln, der Energie und der Nulldurchgangsrate werden noch die zeitlichen Ableitungen (Delta-Merkmale) gebildet, was schließlich einen 16-dimensionalen Merkmalsvektor $\vec{x}_t$ ergibt.

3.2 Modellstruktur

Die Forderung nach einer Mindestverweildauer $N \cdot \Delta t$ ($\Delta t = 10$ ms) in einem Zustand des HMMs kann durch eine Aufteilung dieses Zustands in eine Abfolge von N Subzuständen, die keinen Selbstübergang haben, realisiert werden. In jedem dieser Subzustände erfolgt die gleiche Emission, d.h. alle Subzustände haben die gleiche Verteilungsfunktion. Diese Abfolge von Zuständen mit gleicher Emission ist in den Übergängen zwischen den Hauptzuständen S_0 und P_0 realisiert, siehe Bild 3. Der einmalige, erste Einsprung erfolgt in P_0 bei e. Für den Übergang von P_0 zu S_0 (das ist S') bedeutet das z.B., daß N_S-mal ein Vektor für Sprache mit $p(\vec{x}|S)$ emittiert werden muß, bevor der Hauptzustand für Sprache erreicht wird, der dann durch einen Selbstübergang mit der Übergangswahrscheinlichkeit $p_{S_0,S_0} = 1,0$ beliebig lang andauern kann. Analog dazu ist der Übergang von S_0 nach P_0 durch N_P Zustände mit der Emission $p(\vec{x}|P)$ realisiert. Durch die fehlenden Selbstübergänge in den Zwischenzuständen und der damit erzwungenen Zustandsabfolge sind diese HMMs nicht mehr von 1. Ordnung.

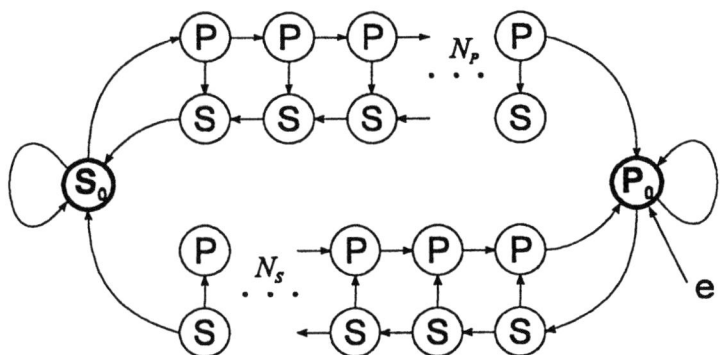

Bild 3. Vollständige Modellstruktur des realisierten Sprache/Pause-HMMs.

Zusätzlich existiert innerhalb des Übergangs jeweils noch ein Rückpfad in den entsprechenden Hauptzustand, der dafür sorgt, daß eine kurze Störung des momentan andauernden Hauptzustands nicht zu einem Wechsel zwischen den Hauptzuständen führt. Anschaulich kann man sich die Wirkung dieses Rückpfads so vorstellen, daß eine kurzzeitige Störung des jeweiligen Hauptzustands - also die Emission von n Vektoren des jeweiligen anderen Zustands - wieder kompensiert werden kann, indem die gleiche Anzahl von Vektoren passend zum jeweiligen Hauptzustand emittiert wird. Solange die Zahl der Vektoren n in der Störung kleiner ist als die geforderte Mindestanzahl N_S bzw. N_P, erfolgt kein Wechsel in der Anzeige des Detektors.

3.3 Abarbeitung und Backtracking

Zur Vereinfachung soll im folgenden nur noch der Übergang von P_0 zu S_0 (das ist S') beispielhaft betrachtet werden, da der andere Übergang dazu symmetrisch aufgebaut ist. Bild 4 zeigt einen entsprechenden Ausschnitt aus dem Trellis-Diagramm zu diesem Modell. Da alle möglichen Pfade in diesem Modell in den beiden Hauptzuständen P_0 und S_0 rekombinieren, müssen für die Berechnung der Wahrscheinlichkeiten die Pfade nur bis zum letzten Hauptzustand verfolgt werden. Ohne Berücksichtigung des Rückpfades ergibt sich zu einem Zeitpunkt t die Wahrscheinlichkeit einer Folge von N_S Vektoren im Zustand S_0 nach Viterbi zu

$$p(\vec{x}_{t-N_S},...,\vec{x}_t|S_0) = \max \begin{Bmatrix} p(\vec{x}_{t-N_S-1},...,\vec{x}_{t-1}|S_0)p(\vec{x}_t|S) , \\ p(...,\vec{x}_{t-N_S-1}|P_0)p(\vec{x}_{t-N_S}|S)...p(\vec{x}_{t-1}|S)p(\vec{x}_t|S) \end{Bmatrix}$$

In den Zwischenzuständen S_i ergibt sich analog dazu diejenige Wahrscheinlichkeit, die jeweils nur eine Folge von $n < N_S$ Vektoren berücksichtigt. Für eine Entscheidung des Detektors auf Sprache wird nun gefordert, daß zu einem Zeitpunkt t

$$p(\vec{x}_{t-N_S},...,\vec{x}_t|S_0) \rightarrow \text{Maximum}$$

wird. Das bedeutet, daß von allen in Konkurrenz laufenden Pfaden derjenige mit der gewünschten Mindestlänge N_S gegenüber allen kürzeren die größte Wahrscheinlichkeit haben muß. Falls diese Forderung nicht erfüllt ist, wird die endgültige Entscheidung auf einen späteren Zeitpunkt verschoben.

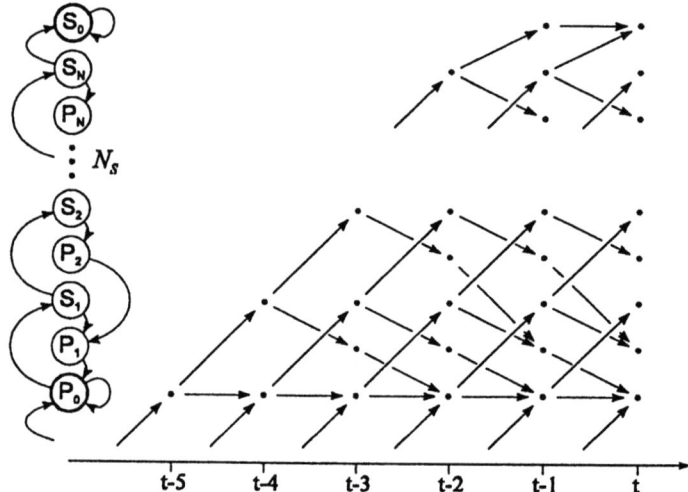

Bild 4. Ausschnitt aus dem Trellis-Diagramm für den Pause-Sprache-Übergang.

In der Viterbi-Rekursion müssen natürlich alle möglichen Pfade durch alle Zustände z_i der gezeigten Modellstruktur abgearbeitet werden. Für jeden Zeitpunkt t erfolgt dann anhand der log-Wahrscheinlichkeiten (α-Score) eine Entscheidung nach folgender Regel:

["Pause"]$_t$ falls $\max_i \{\alpha_t(z_i)\} = \alpha_t(P_0)$

["Sprache"]$_t$ falls $\max_i \{\alpha_t(z_i)\} = \alpha_t(S_0)$

["Aufgeschoben"]$_t$ sonst

Das heißt, für eine Anzeige muß das Maximum in den Hauptzuständen P_0 oder S_0 liegen. Die spezielle Modellstruktur in den Übergängen sorgt dafür, daß die Entscheidung "Aufgeschoben" nur für eine begrenzte zeitliche Dauer erfolgt, da alle möglichen Pfade nach endlicher Dauer ($N = \max(2N_S, 2N_P)$) wieder in einem Hauptzustand P_0 oder S_0 rekombinieren. Deshalb kann die Viterbi-Suche schritthaltend arbeiten und zum aktuellen Zeitpunkt t eine Entscheidung für die vergangenen N Frames fällen, ohne von einem absoluten Endzeitpunkt alle Frames im Backtracking rückzuverfolgen. Es ist sichergestellt, daß ausgehend vom letzten Hauptzustand in die Berechnung der bedingten Wahrscheinlichkeit und damit letztlich auch in die noch zu berechnende Rückschlußwahrscheinlichkeit eine bestimmte Mindestanzahl von Vektoren einbezogen worden ist.

Die endgültige Entscheidung für ["Sprache"/"Pause"]$_{t-N}$ eilt also dem aktuellen Zeitpunkt t um einen maximalen Versatz von N Frames nach. Deshalb wird ein Puffer (Bild 5) für die Vektoren $x_{t-N}, \ldots x_{t-1}, x_t$ (FIFO) benötigt. Die aufgeschobenen Entscheidungen können dann durch ein vereinfachtes Backtracking nachträglich gefällt und die entsprechenden Vektoren als Sprache oder Pause klassifiziert werden. Dazu ist es nicht notwendig, den Pfad in der Viterbi-Trellis zu speichern und anschließend rückzuverfolgen, da ausgehend von der letzten gültigen Entscheidung ("Sprache"/"Pause") immer eindeutig bekannt ist, welcher Übergang zur aktuellen gültigen Entscheidung geführt hat. Folgende Tabelle zeigt die möglichen Zuordnungen der aufgeschobenen Entscheidung ("Aufg."):

t-N-1	t-N	...	t-1	t	Zuordnung
"Pause"	"Aufg."	...	"Aufg."	"Pause"	"Aufg." → "Pause"
"Sprache"	"Aufg."	...	"Aufg."	"Pause"	"Aufg." → "Pause"
"Pause"	"Aufg."	...	"Aufg."	"Sprache"	"Aufg." → "Sprache"
"Sprache"	"Aufg."	...	"Aufg."	"Sprache"	"Aufg." → "Sprache"

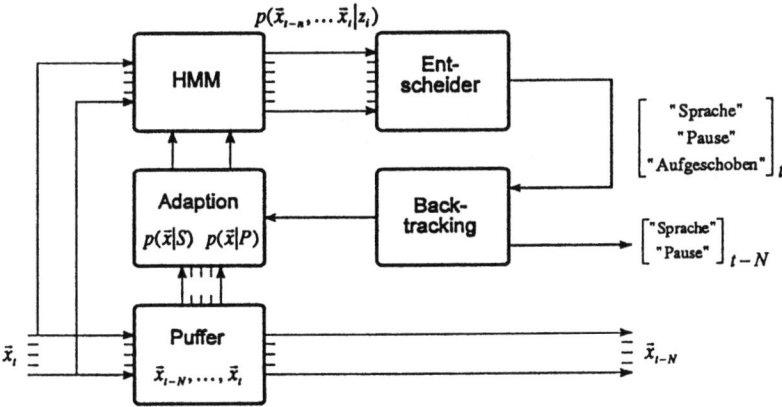

Bild 5. Aufbau des gesamten Sprache/Pause-Detektors.

Die gesamte Struktur des Sprache/Pause-Detektors ist in Bild 5 dargestellt. Für die Viterbi-Rekursion wird jeweils nur das aktuelle Muster $\vec{x}_t$ benötigt. Nach dem Backtracking steht die Klassifikation ("Sprache"/"Pause") für den Zeitpunkt t-N zur Verfügung. Das gespeicherte Muster $\vec{x}_{t-N}$ kann im Spracherkennungssystem weiter verarbeitet sowie als Ausgangspunkt für die Adaption der Verteilungen des Sprache/Pause-Detektors verwendet werden.

3.4 Adaptive Bestimmung der Verteilungen

Für den gesamten Sprache/Pause-Detektor müssen nur die beiden Verteilungen $p(\vec{x}|S)$ und $p(\vec{x}|P)$ bestimmt werden. Wie bei allen nicht-überwachten Lernverfahren kann man unter der Annahme, daß die Erkennungsrate des Detektors besser als 50 % ist, - also im Mittel häufiger richtig auf Sprache bzw. Pause entschieden wird - diese Verteilungen mit der eigenen Entscheidung des Detektors adaptiv nachschätzen. Um Rückkopplungseffekte zu vermeiden, kann man zum Adaptieren der Verteilungen nur solche Muster verwenden, die mit ausreichender Sicherheit klassifiziert wurden. Dazu ist es notwendig, die Rückschlußwahrscheinlichkeit für "Sprache"

$$p("Sprache"|\vec{x}_{t-N_S},\ldots,\vec{x}_{t-1},\vec{x}_t) = \frac{\exp(\alpha_t(S_0))}{\exp(\alpha_t(S_0))+\exp(\alpha_t(P_0))}$$

zu berechnen (analog für "Pause") und mit einem vorgegebenen Schwellwert zu vergleichen. Nur falls die Rückschlüsse diese Schwelle überschreiten, werden die entsprechenden Muster zur gleitenden Mittelwerts- und Varianzanzberechnung der Emissionsverteilungen verwendet; ansonsten bleiben die Verteilungen unverändert. Für die gleitende Adaption hat sich eine Zeitkonstante von ca. 2s bewährt.

4 Ergebnisse

Die Zuverlässigkeit des Sprache/Pause-Detektors kann am besten ermittelt werden, indem Beginn und Ende der angezeigten Sprachabschnitte mit gekennzeichneten (tatsächlichen) Grenzen verglichen werden. Der mittlere Versatz dieser Anfangs- und Endpunkte ist ein Maß für die Genauigkeit des Detektors.

Bild 6 zeigt die relativen Häufigkeiten der Abweichung von gekennzeichnetem zu detektiertem Beginn und Ende einer Sprachäußerung. Der Test wurde mit fließender Sprache (ganze Sätze) durchgeführt. Das Testmaterial beinhaltet ca. 100 Äußerungen von 100 verschiedenen Sprechern. Der Beginn und das Ende der Äußerung wurden in diesem Material automatisch mit einem Spracherkennungssystem gekennzeichnet, das ein Pausenmodell beinhaltet. Die beiden Verteilungen zeigen, daß der Detektor sehr zuverlässig arbeitet. Durch die vorgegebene Modellstruktur wird erreicht, daß Störgeräusche wirkungsvoll unterdrückt werden und im Mittel die detektierten Grenzen sehr gut mit den gekennzeichneten übereinstimmen. Der realisierte Detektor hat für das gesamte Spracherkennungssystem die gutmütige Eigenschaft, den Anfangspunkt einer Äußerung eher zu früh und den Endpunkt eher zu spät anzuzeigen. Der umgekehrte Fall tritt praktisch nicht (ca. 1%) auf. Dadurch ist sichergestellt, daß die Sprachäußerung nicht beschnitten wird.

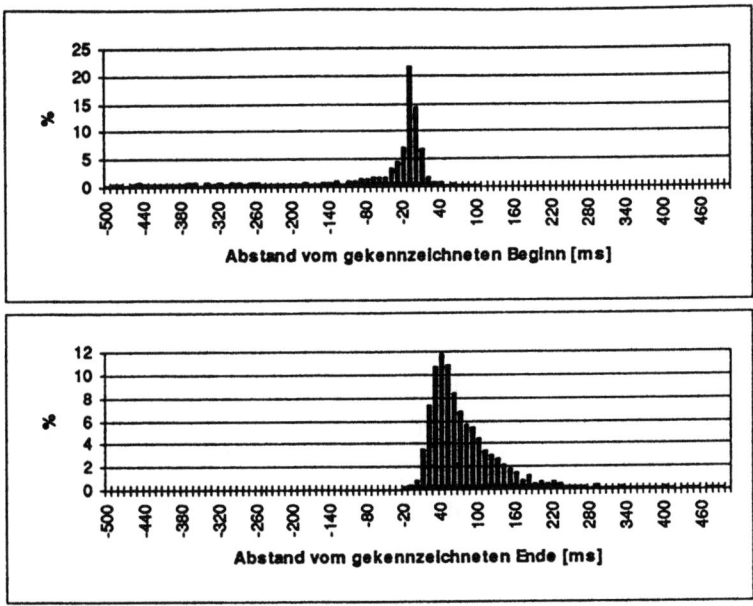

Bild 6. Relative Häufigkeit des Abstandes der Detektoranzeige vom gekennzeichneten Start- und Endpunkt.

5 Ausblick

Es konnte gezeigt werden, daß der Sprache/Pause-Detektor in der bestehenden Realisierung bereits sehr zuverlässig und robust arbeitet. Eine weitere Verbesserung wäre bei der Verwendung von multimodalen Normalverteilungen denkbar. Z.B. könnten dann verschiedene Arten von stationären Hintergrundgeräuschen in verschiedenen Moden des HMMs repräsentiert werden. Ein Problem bereitet dann allerdings die schritthaltende Adaption dieser Verteilungen, da zusätzlich noch entschieden werden müßte, welcher Mode nachgeschätzt werden soll. Außerdem wächst damit der Rechenaufwand und es ist fraglich, ob der Detektor mit aufwendigeren Verteilungen noch echtzeitfähig ist.

6 Literatur

[1] Plannerer, B., Einsele, T., Beham, M. und Ruske, G., A continuous speech recognition system integrating additional knowledge sources in a data-driven beam search algorithm. Int. Conference on Spoken Language Processing ICSLP-94, Yokohama/Japan, 18.-22. Sept. 1994, S01-5.1 - S01-5.4.

[2] Acero, A., Crespo, C., de la Torre, C. und Torrecilla, J.C, Robust HMM-Based Endpoint Detector. Eurospeech 1993, Berlin, 1551 - 1554.

[3] Rabiner, L.R., A tutorial on Hidden Markov Models and selected applications in speech recognition. Proceedings of the IEEE, Vol. 77, No. 2, 1989, 257 - 286.

Robuste inkrementelle Verarbeitung gesprochener Sprache*

Gernot A. Fink, Franz Kummert, Gerhard Sagerer

Technische Fakultät, AG Angewandte Informatik
Universität Bielefeld, Postfach 100131, 33501 Bielefeld
email: gernot@techfak.uni-bielefeld.de

Zusammenfassung. Der von uns entwickelte Ansatz zur inkrementellen Verarbeitung gesprochener Sprache basiert auf einem flexiblen daten- und erwartungsgesteuerten Analyseverfahren und erlaubt die Integration von Spracherkennung und Sprachverstehen. Diese Vorgehensweise stellt spezielle Anforderungen an die Robustheit der Analysestrategie. Nicht mit der Wissensbasis konforme Teile einer Äußerung werden mit Hilfe spezieller akustischer Modelle detektiert. Außerdem wird dynamisch aufgrund der Suchbaumentwicklung eine ineffiziente Breitensuche verhindert. Diese Strategie wird anhand einer spontansprachlichen Stichprobe evaluiert.

1 Motivation

Für die Akzeptanz von Dialog- und Übersetzungssystemen ist die effiziente Verarbeitung gesprochener Sprache eine wichtige Voraussetzung. Um dies zu erreichen, ist eine inkrementelle Analysestrategie von großer Bedeutung. Hierbei werden die Teilergebnisse einer Verarbeitungseinheit an die nachfolgende Komponente bereits weitergegeben, bevor die Verarbeitung in der Ausgangskomponente abgeschlossen ist. Dadurch ist ein paralleles Arbeiten aller Analysekomponenten möglich. Zusätzlich erlaubt diese Vorgehensweise eine stärkere Integration von Erkennungs- und Verstehenskomponente, was eine flexible daten- und erwartungsgesteuerte Interpretation einer Äußerung erlaubt.

In [2] wurde eine Architektur vorgestellt, die auf diesen Forderungen beruht. Dabei werden aus der linguistischen Wissensbasis automatisch strukturerhaltende Sprachmodelle für die Erkennungskomponente extrahiert. Durch die identische Struktur wird das Erkennungsergebnis direkt in eine linguistische Interpretation umgewandelt. Auf der Basis dieser Teilinterpretation werden wiederum komplexe Sprachmodelle aktiviert und die bestehende Interpretation wird erweitert. Um die Robustheit des Systems zu gewährleisten, müssen jedoch diejenigen Teile der Benutzeräußerung detektiert werden, die nicht den Erwartungen des

---

* Die vorliegende Arbeit wurde im Rahmen des Sonderforschungsbereichs 360 von der Deutschen Forschungsgemeinschaft (DFG) gefördert sowie im Rahmen des Verbundvorhabens Verbmobil vom Bundesministerium für Bildung, Wissenschaft, Forschung und Technologie (BMBF) unter dem Förderkennzeichen 01IV102G/7.

Sprachmodells entsprechen. Zusätzlich stehen die vollständigen Ergebnisse der Worterkennung nicht von Anfang an zur Verfügung. Dadurch ist eine zielgerichtete A*-Suche mittels einer guten Restschätzung nur bedingt möglich. Deshalb ist eine Suchstrategie erforderlich, die abhängig von der Entwicklung des gesamten Suchraums eine ausufernde Breitensuche verhindert.

Robustheit soll in diesem Zusammenhang als die Eigenschaft eines Musteranalysesystems verstanden werden, trotz fehlerhafter, gestörter oder unzureichender Eingabedaten eine akzeptable Gesamtsystemleistung zu erbringen. Die Entwicklung eines robusten inkrementellen Analysesystems erfolgte auf der Basis eines Dialogsystems für die Domäne Zugauskunft [5], das im Weiteren als Basissystem bezeichnet wird. Nach einer Darstellung der inkrementellen Analysestrategie und der zur Erreichung der Systemrobustheit implementierten Verfahren werden die von dem weiterentwickelten System erzielten Leistungen evaluiert und zu denen des Basissystems in Beziehung gesetzt.

2 Integrierte inkrementelle Verarbeitung

In dem von uns entwickelten inkrementellen Analysesystem werden geeignete Konzepte der linguistischen Wissensbasis ausgewählt. Für diese werden noch vor der eigentlichen Analyse Sprachmodelle erzeugt. Zusammen mit einem speziellen Modell für unbekannte Wörter und Konstituenten bilden diese das jeweils gültige Sprachmodell für den zu analysierenden Signalausschnitt.

Ausgehend von einem leeren initialen Analysezustand werden solange abwechselnd neue Prädiktionen für die Erkennung erzeugt und deren Ergebnisse interpretiert, bis die gesamte Äußerung analysiert ist. Die aktuelle Prädiktionsmenge wird in Abhängigkeit vom aktuellen Analysezustand und der Menge der als Sprachmodell repräsentierbaren Konzepte berechnet. In diesem Schritt können Grammatiken für Konstituentenfolgen eingebracht werden, deren Mächtigkeit über die der regulären Sprachmodelle hinausgeht.

Alle abstrakten Hypothesen, die auf diese Weise von der Spracherkennung erzeugt werden, sind strukturell äquivalent zu einer Konzeptbeschreibung der linguistischen Wissensbasis und können daher einfach auf eine linguistische Instanzstruktur abgebildet werden. Das in diesem Schritt aktivierte Wissen, das in der Regel über die Ausdrucksfähigkeit einer regulären Sprache hinausgeht, kann dazu führen, daß das Analyseergebnis als strukturell unzulässig bewertet und nicht weiter verwendet wird. Andernfalls wird die aktuelle Interpretation um die neue Instanz ergänzt und möglicherweise durch Kombination mit bereits berechneten Teilinterpretationen weiter vervollständigt. Ist noch keine Interpretation der gesamten Äußerung gefunden, wird der eben beschriebene Wechsel zwischen Prädiktion, Erkennung und Ergänzung der linguistischen Analyse ausgehend vom aktuell besten Zwischenergebnis fortgesetzt.

Bild 1 zeigt einen stark vereinfachten Auschnitt aus einem möglichen Analyselauf mit der inkrementellen Kontrollstrategie. Dabei wird angenommen, daß das Präfix *"ich möchte"* der Äußerung bereits analysiert ist und als mögliche folgende Konstituenten die Realisierung eines *Abfahrtsortes*, einer *Tagesangabe*

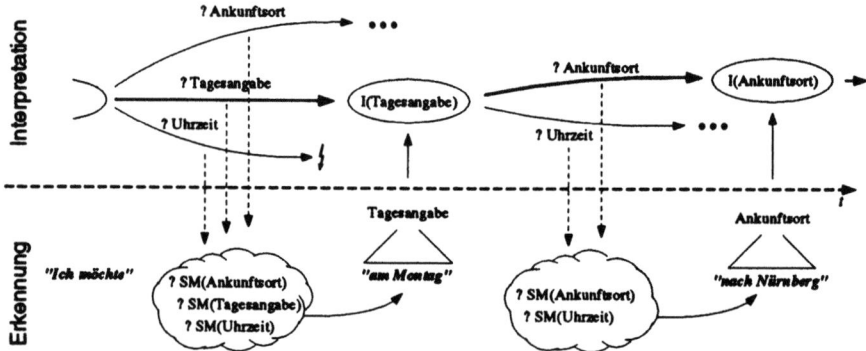

Bild 1 Vereinfachter Auschnitt eines inkrementellen Analyselaufs

oder einer *Uhrzeit* in Frage kommen. Die Konzepte der Wissensbasis, die die drei Konstituenten beschreiben, bilden die aktuelle Prädiktionsmenge.

Im aktuellen Signalausschnitt, der nach dem Ende der Worthypothese für *"möchte"* beginnt, werden mit Hilfe der zur Prädiktionsmenge gehörigen Konstituentensprachmodelle $SM(...)$ Hypothesen berechnet. Die davon bestbewertete sei die Tagesangabe *"am Montag"*, die in einen neuen Analysezustand nach der Umsetzung auf eine linguistische Instanz aufgenommen wird. Kann für eine Prädiktion keine Hypothese berechnet werden oder scheitert deren Umsetzung auf linguistische Strukturen, so wird dieser Suchpfad nicht weiterverfolgt. Nimmt man an, daß jede Konstituente maximal einmal realisiert werden darf, so erlaubt die neue Prädiktionsmenge nur noch *Ankunftsort* und *Uhrzeit* zur Fortsetzung der Interpretation *"ich möchte am Montag"*. Diese wird dann wieder in der eben beschriebenen Weise durch die Erkennungskomponente bearbeitet.

3 Robuste Verarbeitung

Grundlegende Überlegungen zur Verbesserung der Systemleistung bei gestörten Eingabedaten führten bereits zur Realisierung einer robusten Steuerung der Analyse im Basissystem [3]. Die dort erhobenen allgemeinen Forderungen gehen jedoch implizit davon aus, daß der Analyse alle berechneten Segmentierungsergebnisse bereits von Anfang an zur Verfügung stehen. Bei einem inkrementellen Verfahren ist dies jedoch *nicht* der Fall.

In einem solchen System hat jedes gefundene Teilergebnis einen gewissen Skopus, d.h. es bezieht sich nur auf den bereits erzeugten Teil der Segmentierungsergebnisse, die erst am Ende der Analyse vollständig vorliegen. Haben aktive Teilergebnisse unterschiedlichen Skopus, wie es bei dem von uns vorgeschlagenen inkrementellen Analyseverfahren auf der Grundlage des A*-Algorithmus der Fall ist, so ist eine Beschränkung der Suche auf mit großer Wahrscheinlichkeit erfolgreiche Pfade schwierig. Dies liegt vor allem daran, daß der insgesamt aufgrund der Segmentierungsdaten mögliche Suchbereich nicht von Anfang der Analyse an feststeht, da die Segmentierungsergebnisse erst im Laufe der Analyse berechnet werden. Es genügt daher *nicht*, allein eine Entartung der Suche zu verhindern. Vielmehr muß dafür gesorgt werden, daß die Konstruktion des Suchbaums gleichmäßig über die Äußerung fortschreitet und nicht während der Interpretation eines Ausschnittes zum Stocken kommt.

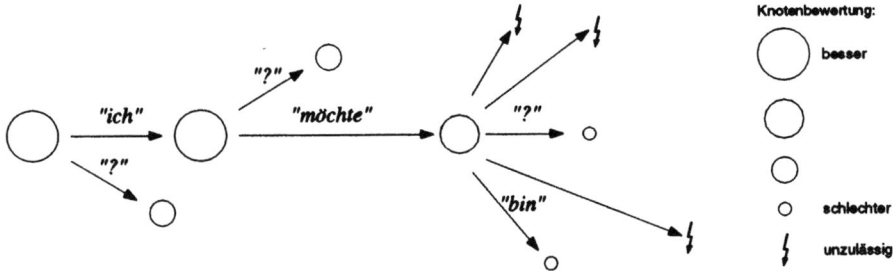

Bild 2 Anfänglicher Suchraum

Bei der Analyse der Äußerung *"ich möchte äh naja — also nach Nürnberg"* stellt der Bereich *"äh naja — also"* eine für die von links nach rechts fortschreitende Suche schwer zu nehmende Hürde dar. An dieser Stelle wird es bei einer rein bewertungsbasierten A*-Suche mit großer Wahrscheinlichkeit dazu kommen, daß sich der Suchbereich "zerfasert", also viele neue, schlecht oder unzulässig bewertete Pfade angelegt werden. In der schematischen Darstellung einer solchen Situation in Bild 2 steht *"?"* als Hypothese für "unbekannt". Dies führt dann in der Regel dazu, daß besser bewertete kürzere Interpretationen wieder zur Expansion aufgegriffen werden und sich die Suche also auf den Bereich *vor* der Problemzone konzentriert wie Bild 3 zeigt.

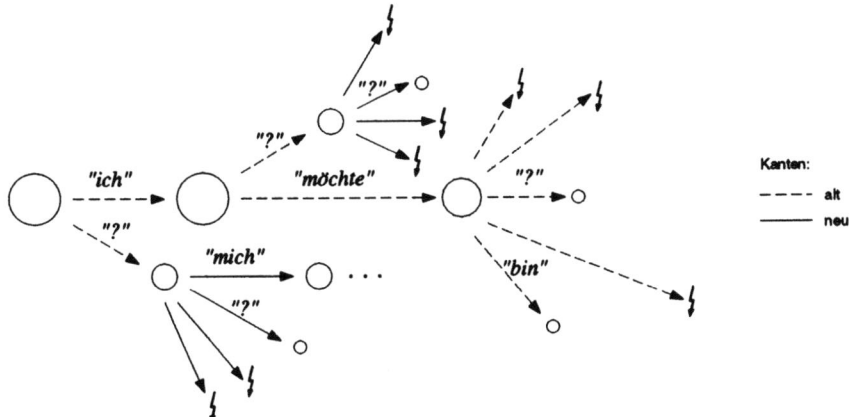

Bild 3 Entartete Suche

Für eine robuste inkrementelle Analysestrategie muß eine solche Situation überwindbar sein, da sonst die Interpretation sinnvoller Hypothesen wie z.B. *"nach Nürnberg"* nicht oder zumindest nicht in erträglicher Zeit in Angriff genommen wird.

Die zur Lösung dieses Problems entwickelte Methode besteht darin, den Such-

raum nach Suchphasen, in denen keine sinnvollen neuen Ergebnisse berechet wurden, in Abhängigkeit von der aktuell besten Interpretation zu bereinigen. Da ein solches Problem generell nicht auf der Grundlage von aus der akustischen Verarbeitung gewonnenen Bewertungen zu lösen ist, werden inhaltliche Eigenschaften der betrachteten Teilergebnisse herangezogen. Eine gültige Teilinterpretation ist wie folgt definiert:
- Es wird ein nichtleerer Signalbereich interpretiert.
- Die Teilinterpretation erlaubt eine Interpretation als Benutzerdialogschritt.
- Es steht für sie keine akustische Verifikation einer Prädiktion aus.

Da im Laufe der Analyse viele gültige Teilinterpretationen berechnet werden, muß auch ein Gütemaß für diese definiert sein. Eine gültige Teilinterpretation soll dann besser sein als eine andere, wenn ein größerer Signalbereich interpretiert wird, sie mehr instantiierte Konzepte enthält oder wenn sie eine bessere akustische Bewertung trägt.

Es ist unmittelbar klar, daß Teilergebnisse, die einen größeren Signalbereich betreffen eine zuverlässigere Grundlage für die weitere Verarbeitung darstellen als andere. In der Regel werden gefundene Teilinterpretation noch weiter bearbeitet, nachdem die letzte aus einer Prädiktion entstandene akustische Instanz integriert wurde. Daher ist es auch sinnvoll, bei gleichgroßem Interpretationsbereich eine größere Anzahl von Instanzen als höhere Qualität des Teilergebnisses anzusehen. So wird erreicht, daß in einer Folge von auf identischen Signalbereichen aufbauenden Interpretationen diejenige als beste betrachtet wird, die auch bis zu einem maximalen Grad strukturell vervollständigt wurde. In dem — relativ unwahrscheinlichen — Fall, daß interpretierter Signalbereich und Instanzanzahl gleich groß sind, entscheidet die akustische Bewertung.

Ausgehend von der aktuell besten Teilinterpretation wird der Suchraum bereinigt, wenn mindestens eine gewisse Anzahl von Knoten erzeugt wurde, die entweder Ergebnisse enthalten, die nicht den strukturellen Restriktionen der linguistischen Wissensbasis genügen, oder von denen aus Prädiktionen für die akustische Verarbeitung erzeugt wurden. Solche Suchbaumknoten sollen im weiteren als "unbrauchbar" bezeichnet werden. Die Zählung dieser Knoten wird immer dann neu begonnen, wenn eine neue, aktuell beste Teilinterpretation erzeugt wurde. Wird die vorgegebene Anzahl der unbrauchbaren Suchbaumknoten bei der Analyse überschritten, werden alle aktiven Suchbaumknoten eliminiert, deren Analyseergebnisse im Skopus der aktuell besten Teilinterpretation einen geringeren Signalbereich interpretieren.

Der Skopus einer Teilinterpretation erstreckt sich bei dem hier verwendeten Analyseverfahren vom Beginn der Äußerung bis zum Ende der letzten in die Interpretation aufgenommenen akustischen Instanz. Hypothesen für "unbekannt" werden dabei genauso behandelt wie solche für inhaltstragende Konstituenten.

Im vorangegangenen Beispiel wird durch die Wiederaufnahme der Suche in dem bereits optimal interpretierten Bereich "ich möchte" keine neue Teilinterpretation gefunden. Daher wird bald die maximal zulässige Anzahl von unbrauchbaren Knoten erreicht und der Suchraum bereinigt. Dies ist in Bild 4 dargestellt.

Im vorliegenden Beispiel bleiben nur noch die fett gezeichneten Suchbaumknoten erhalten. Davon sind nur noch die aktiv, die als Nachfolger der aktuell besten Teilinterpretation "ich möchte" erzeugt wurden.

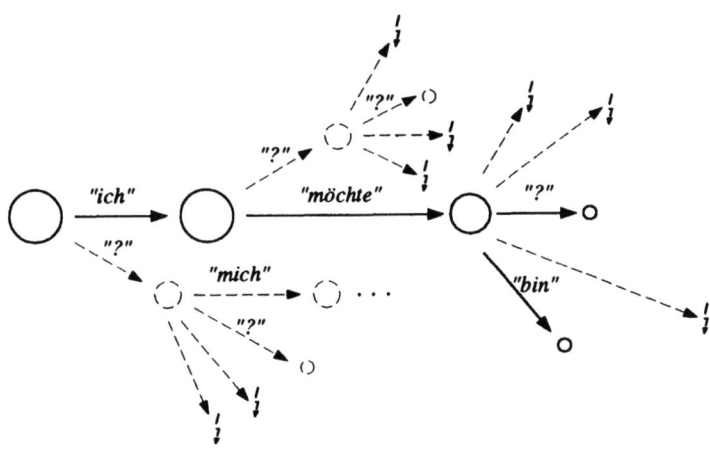

Bild 4 Beispielsuchraum nach der Bereinigung

Diese Strategie, die Suche und damit auch die Erzeugung des gesamten Suchraums zielgerichtet voranzutreiben, wird so lange verfolgt, bis das Ende der zu verarbeitenden Äußerung erreicht wird. Werden danach wieder mehr als eine bestimmte Anzahl unbrauchbarer Knoten erzeugt, ohne daß eine bessere Teilinterpretation entsteht, wird die zwischen Prädiktions- und Instantiierungsschritten abwechselnde Analyse abgebrochen. Ausgehend von der bislang besten Teilinterpretation wird so weit wie möglich eine Vervollständigung der Analyse des aktuellen Benutzerdialogschritts durchgeführt. Danach wird auf der Grundlage der möglicherweise nur partiell interpretierten Äußerung der Dialog fortgesetzt.

4 Evaluierung

Als Teststichprobe verwendeten wir 115 Erstanfragen die von naiven Benutzern im Rahmen einer Demonstration auf der Hannover-Industrie-Messe 1993 an das Basissystem gestellt worden waren. Die Schwierigkeit dieser Teststichprobe liegt einerseits in der durch Störsprecher und Umgebungslärm in der Messehalle beeinträchtigten Sprachsignalqualität. Andererseits treten viele spontansprachliche Phänomene wie Häsitationen, Wortabbrüche oder artikulatorische Geräusche auf. Ohne Verwendung eines Sprachmodells erreicht das Erkennungssystem bei einer Perplexität von 1008 daher nur eine Wortakkuratheit von 53.6%.

Als Referenzsystem kam das Basissystem in seiner aktuellen Konfiguration und Leistungsfähigkeit zum Einsatz. Dieser Stand ist in [3] aus Sicht der linguistischen Analyse dokumentiert. Der Leistungsstand des aktuell eingesetzten Erkennungssystems ist mit dem in [6] verwendeten Referenzerkennungssystem identisch.

Als Evaluierungskriterium für die Interpretationsleistung verwenden wir die sogenannte *Konstituentenakkuratheit* (CA). Sie ist ähnlich definiert wie die in [1] verwendete Konzeptakkuratheit mit dem Unterschied, daß die Aufteilung von logischen Bestandteilen einer Äußerung – den Konzepten – in unabhängige linguistische Konstituenten bei dem von uns verwendeten Gütekriterium berücksichtigt wird. Es stehen also in der Regel *mehr* Konstituenten als Konzepte innerhalb einer Äußerung zur Interpretation an. Formal ist die Konstituentenakkuratheit wie folgt definiert:

$$CA = \frac{\#\text{ korrekt interpretierter Konstit.} - \#\text{ fehlerhaft eingefügter Konstit.}}{\#\text{ Konstit. in der Äußerung}}$$

Das zu evaluierende integrierte sprachverstehende System verwendet dieselben akustischen Modelle und im wesentlichen auch dieselbe linguistische Wissensbasis. Die Verarbeitung erfolgt jedoch wie in den vorangegangenen Abschnitten beschrieben.

Die inkrementelle Arbeitsweise und die dadurch notwendig gewordene explizite Berücksichtigung unbekannter Konstituenten erschweren die Analyseaufgabe gegenüber dem Referenzsystem. Dies wird jedoch durch die Verwendung linguistischer Sprachmodelle sowie durch eine äußerst robuste Steuerung mehr als ausgeglichen, wie die in Tabelle 1 gegenübergestellten Konstituentenakkuratheiten der beiden Systeme zeigen.

	CA	CC	Sub	Del	Ins
Basissystem	48.4	50.6	10.7	38.7	2.2
inkrementelles System	55.7	58.7	27.9	13.4	3.0

Table 1. Interpretationsergebnisse auf Konstituentenebene: Konstituentenakkuratheit (CA), korrekt interpretierte Konstituenten (CC), Ersetzungen (Sub), Löschungen (Del) und Einfügungen (Ins) in Prozent.

Um die erzielten Ergebnisse besser einordnen zu können, wurde die Leistung von verschiedenen Pseudo-Analysesystemen näherungsweise abgeschätzt. Wir wollen hier deshalb von "Pseudo-Analyse" sprechen, weil die Konstituentenakkuratheit nur auf den Ergebnissen der Worterkennung ermittelt wurde unter der optimistischen Annahme, daß die linguistische Verarbeitung optimal arbeitet. Die unter dieser Voraussetzung möglicherweise erzielbaren Ergebnisse zeigt Tabelle 2.

	CA	CC	Ins	TPP
beste Wortkette	55.5	68.8	13.2	1008
beste Wortkette mit statistischem Sprachmodell	66.0	74.5	8.5	231
beste Wortkette mit Konstituentensprachmodell	65.0	75.7	10.7	139

Table 2. Pseudo-Interpretationsergebnisse auf Konstituentenebene: Konstituentenakkuratheit (CA), korrekt interpretierte Konstituenten (CC) und Einfügungen (Ins) in Prozent sowie Test-Set-Perplexität**(TPP).

Betrachtet man nur die optimale Wortkette, so ergibt sich eine geschätzte Konstituentenakkuratheit von etwa 55%. Sie liegt über der des tatsächlichen

---

** Die Test-Set-Perplexität wurde ermittelt, indem die für die Perplexitätsberechnung in endlichen Automaten [4] notwendigen Zustandswahrscheinlichkeiten anhand ihrer relativen Häufigkeit bei der Erzeugung der Teststichprobe abgeschätzt wurden.

Basissystems, was zeigt, daß die linguistische Suche diese optimale Interpretation der Erkennungsergebnisse normalerweise nicht zu leisten vermag.

Wird in der Erkennung ein statistisches Sprachmodell*** verwendet, so lassen sich ähnliche geschätzte Ergebnisse erzielen, wie man sie allein auf der Grundlage der automatisch aus der linguistischen Wissensbasis erzeugten regulären Sprachmodelle gewinnen kann. Allerdings berücksichtigt ersteres das Auftreten unbekannter Wörter nicht.

5 Zusammenfassung

Es wurde ein neuartiges Verfahren zur robusten inkrementellen Erkennung und Interpretation gesprochener Sprache entwickelt. Die Leistungsfähigkeit des Systems wurde anhand einer spontansprachlichen Stichprobe evaluiert. Die Ergebnisse zeigen, daß ein erfolgreicher Einsatz der inkrementellen Analyse unter Verwendung automatisch erzeugter Sprachmodelle sowie geeigneter Robustheitsstrategien möglich ist. Die mit linguistischen Sprachmodellen bei globaler Optimierung allein auf der optimalen Hypothesenkette zu erzielende Konstituentenakkuratheit zeigt, daß natürlich die inkrementelle Verarbeitung die Analyseaufgabe erschwert. Allerdings zeigt sie auch, was durch Weiterentwicklung des Verfahrens an Verbesserung erwartet werden kann.

Literatur

1. P. Baggia, E. Gerbino, and C. Rullent. Experiences of Spontaneous Speech Interaction with a Dialogue System. In H. Niemann, R. de Mori, and G. Harnrieder, editors, *Proceedings in Artificial Intelligence*, volume 1, pages 241–248, Sankt Augustin, 1994. infix.
2. G. A. Fink, F. Kummert, and G. Sagerer. A Close High-Level Interaction Scheme for Recognition and Interpretation of Speech. In *International Conference on Spoken Language Processing*, volume 4, pages 2183–2186, Yokohama, Japan, 1994.
3. G. A. Fink, F. Kummert, G. Sagerer, and B. Seestaedt. Robust interpretation of speech. In *Proc. European Conf. on Speech Technology*, pages 1529–1532, Berlin, 1993.
4. X.D. Huang, Y. Ariki, and M.A. Jack. *Hidden Markov Models for Speech Recognition*. Number 7 in Information Technology Series. Edinburgh University Press, Edinburgh, 1990.
5. M. Mast, F. Kummert, U. Ehrlich, G. A. Fink, T. Kuhn, H. Niemann, and G. Sagerer. A Speech Understanding and Dialog System with a Homogeneous Linguistic Knowledge Base. *IEEE Trans. on Pattern Analysis and Machine Intelligence*, 16:179–193, 1994.
6. H. Rautenstrauch, G. A. Fink, F. Kummert, and G. Sagerer. Schritthaltende Generierung von Wortgraphen. In *Fortschritte der Akustik (Proc. DAGA'94)*, pages 1261–1264, Dresden, 1994.

*** Das verwendete Sprachmodell wurde im Rahmen des BMFT-Verbundprojekts ASL-Süd von der Philips GmbH Aachen für die Domäne Zugauskunft erstellt.

Über nicht lernbare Probleme oder Ein Modell für die vorzeitige Sättigung bei vorwärtsgekoppelten Neuronalen Netzen

Christian Goerick

Institut für Neuroinformatik, Ruhr-Universität Bochum
44780 Bochum, Germany
email: goerick@neuroinformatik ruhr-uni-bochum.de

Zusammenfassung. In diesem Beitrag wird eine Klasse von nicht lernbaren Problemen untersucht. Nach der Erörterung allgemeiner Aspekte der Konstruktion von Abbildungen für solche Probleme wird eine Verbindung zu frühen Lernphasen bei neuronalen Netzen hergestellt. Mit Hilfe des vorgeschlagenen Modells wird versucht, das Phänomen der vorzeitigen Sättigung versteckter Neuronen während des Lernvorganges zu erklären. Auf dieser Basis wird die Herleitung von Gleichungen für die zeitlichen Entwicklung bestimmter Gewichte skizziert.
Stichworte: Neuronale Netze, Lerndynamik, Sättigung, nicht lernbare Probleme

1 Einführung

Die Motivation für diese Arbeit liegt in dem bisher nicht zufriedenstellend erklärten Phänomen der vorzeitigen Sättigung versteckter Neuronen. Aus der Arbeit an diesem Problem entwickelten sich allgemeinere Ergebnisse, die hier im Zusammenhang mit den Aussagen für neuronale Netze vorgestellt werden sollen.

Das Phänomen der frühzeitigen Sättigung versteckter Neuronen (Zwischenschichtneuronen) in vorwärtsgekoppelten neuronalen Netzen, die mit Hilfe der Fehlerrückführung trainiert werden, ist in der Literatur bekannt [2]. Es wurden unterschiedliche Ansätze vorgeschlagen, um dieses schwerwiegende Problem zu umgehen, da es einen konvergenten Lernvorgang verhindern kann. In [4] wird als Erklärung für diesen Vorgang eine inadäquate Initialisierung der Gewichte des Netzwerkes vorgeschlagen, wobei eine von Lee et.al. vorgeschlagene Initialisierung die Wahrscheinlichkeit für das Auftreten der Sättigung verringern soll. Damit ist aber weder der zugrunde liegende Mechanismus erklärt, noch hat ihr Ansatz in allen Fällen Erfolg. Wir wollen in diesem Beitrag zeigen, von welcher Art der auslösende Mechanismus ist, ihn modellieren und mit Hilfe des Modells Vorhersagen für die Entwicklung bestimmter Gewichte während der Phase der Sättigung machen. Neben diesen Ergebnissen werden weitere Resultate vorgestellt, die für eine große Klasse von parametrischen Abbildungen gültig sind. Dazu gehören bestimmte Klassifikatoren, Schätzer und alle Abbildungen, deren Parameter mit Hilfe des erwarteten quadratischen Fehlers und einem beliebigen Optimierungsverfahren eingestellt werden.

2 Das Modell

Bei verschiedenen Experimenten [1] konnte die Beobachtung gemacht werden, daß die Wahrscheinlichkeit für eine vorzeitige Sättigung von der Beziehung der Netzwerkparameter zu der zu lernenden Aufgabe, also der Komplexität des Lernvorganges, abhängt. Besonders bei schwierig zu lernenden Problemen (was nicht bedeutet, daß die gewählte Netzwerkarchitektur ungeeignet zur Erfüllung der gestellten Aufgabe ist) konnte Sättigung verstärkt beobachtet werden. Eine extreme Aufgabe, die von keinem deterministischen Netzwerk gelernt werden kann, ist das Lernen von *statistisch unabhängigen* Eingangs- und Zieldaten. In Termen von Zufallsvariablen wird dies ausgedrückt durch

$$f_{XY}(x,y) = f_X(x) f_Y(y), \qquad (1)$$

wobei f_{XY} die gemeinsame Verteilungsdichtefunktion der Eingangszufallsvariablen X und der Zielzufallsvariablen Y darstellt. Wir betrachten dieses Modell als einen Grenzfall wachsender Komplexität des Lernvorganges, das eine geeignete Basis für die Untersuchung des betrachteten Phänomens darstellt. Unser weiteres Vorgehen wird auf diese Annahme gestützt sein. In Abschnitt 3 werden wir die Bewegung des Netzwerkzustandes auf der „Landschaft" des erwarteten quadratischen Fehlers zwischen Ausgangs- und Zielvariablen des Netzwerkes analysieren und zeigen, daß dieses Modell eine Konvergenz in Richtung auf ein Plateau mit einem konstanten Fehler auf der Fehlerfläche impliziert. Dieses Verhalten ist qualitativ dem Verhalten von Netzwerken während der Sättigungsphase ähnlich. Es ist bekannt, daß sich Netzwerke während dieser Phase auf einem flachen Sattelpunkt der Landschaft des erwarteten Fehlers befinden [2]. Für deterministische Daten kann eine Tendenz in Richtung dieses Verhaltens durch die übliche zufällige Wahl der initialen Gewichte induziert werden, wobei eine verbesserte Initialisierung hier nicht Gegenstand der Diskussion sein soll. An diesem Punkt möchten wir betonen, daß dieses Modell nur für die initiale Phase des Trainingsvorganges gilt, während der die Sättigung auftreten kann. Für fortgesetztes Training verlieren die obigen Annahmen sofort ihr Tragfähigkeit.

Empirisch läßt es sich leicht zeigen, daß mit einer in Abschnitt 3 beschriebenen Wahl der Verteilungsdichten der Eingangs- und Zieldaten Netzwerke des beschriebenen Typs für beliebige Initialgewichte und beliebige Anzahlen Zwischenschichtneuronen in die Sättigung getrieben werden können. Die dabei beobachteten Effekte sind denen bei der Sättigung mit deterministischen Daten sehr ähnlich.

3 Allgemeine Aspekte

Im Rahmen von Zufallsvariablen wird das Problem der Konstruktion einer Abbildung g, die Eingangsdaten x auf Zieldaten y abbildet, gewöhnlich als Minimierung des erwarteten quadratischen Fehlers zwischen dem gewünschten Wert $y(x)$ und dem korrespondierenden Wert der Abbildung $g(x)$ formuliert, also

$$\min \quad E\left\{(g(x) - y)^2\right\}. \qquad (2)$$

Unter Benutzung der Annahme statistischer Unabhängigkeit der Eingangs- und Zielvariablen kann dieser Term umgeformt werden zu

$$E\left\{(g(x)-y)^2\right\} = E\left\{g(x)^2 - 2g(x)y + y^2\right\} \tag{3}$$

$$= E\left\{g(x)^2 - 2g(x)y\right\} + \sigma_Y^2 + E\left\{y\right\}^2 \tag{4}$$

$$= E\left\{(g(x) - E\{y\})^2\right\} + \sigma_Y^2, \tag{5}$$

wobei σ_Y^2 die Varianz von y, definiert durch $\sigma_Y^2 = E\left\{(y - E\{y\})^2\right\}$, darstellt. Daraus folgt, daß das Minimum für $g(x) \equiv E\{y\} \equiv \mu_Y$ erreicht wird. Das heißt, daß der Erwartungswert der Ausgangsdaten „erlernt" wird und der dann noch erhaltene Fehler der Varianz der Ausgangsdaten entspricht. Dies gilt nur unter der Annahme, daß g einen konstanten Wert für alle möglichen Werte von x annehmen kann. Dieses Ergebnis beruht allein auf der Annahme statistisch unabhängiger Daten und auf dem gewählten Fehlermaß. Es gilt für alle zugelassenen Abbildungen g und alle Minimierungsverfahren. Eine ähnliche Herleitung für vektorwertige Funktionen kann angegeben werden. Die Bedeutung dieses Ergebnisses ist im Rahmen der Mustererkennung als wünschenswert zu bezeichnen, da der Erwartungswert die erste Schätzung der Verteilungsdichtefunktion im Rahmen ihrer Momente darstellt. Weiterhin ist der Erwartungswert als *default* Verhalten für lernende Systeme eine akzeptable Möglichkeit.

4 Backpropagation

Im folgenden wird die Anwendung unseres Modells auf ein Netzwerk mit einer versteckten Schicht untersucht, das im sogenannten *on-line* Modus trainiert wird. Für einen umfassenden stochastischen Ansatz zur Modellierung des Lernvorgangs bei den beschriebenen Netzen siehe auch [3]. Unsere Netzwerkarchitektur und Nomenklatur wird in Abbildung 1 beschrieben. Die Variablen s_k, s_j, s_i bezeichnen die Aktivierungen der Eingangs-, Zwischen- und Ausgangsschichtneuronen, $w_{ij}(w_{jk})$ die Verbindungsstärke zwischen dem Zwischenschicht-j (Eingangs-k) und Ausgangsschichtneuron i (Zwischenschichtneuron j). Ein Bias kann durch Neuronen mit konstanten Aktivierungen modelliert werden. Eine übliche Wahl ist $s_0 = 0$ für alle Schichten. Die Aktivierungen berechnen sich zu

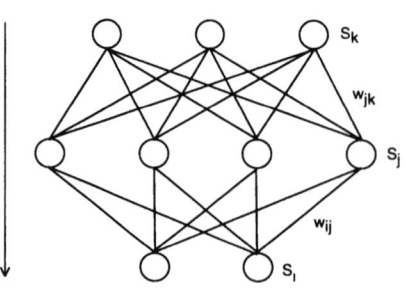

Abb. 1. Architektur

$$s_j = \varphi\left(\sum_k w_{jk} s_k\right)$$

und

$$s_i = \varphi\left(\sum_j w_{ij} s_j\right),$$

wobei $\varphi(x)$ der sigmoidalen Übertragungsfunktion $\varphi(x) = 1/(1 + e^{-x})$ entspricht.

Im folgenden werden die hochgestellten Indizierungen $^{(n)}$ und $^{(n+1)}$ Werte zu den Zeitpunkten n und $n+1$ bezeichnet. Die Gleichungen für Gewichtsänderungen pro Lernschritt lauten

$$w_{ij}^{(n+1)} = w_{ij}^{(n)} + \alpha w_{ij}^{(n)} (\varphi_j')^{(n)}, \qquad (6)$$

$$w_{jk}^{(n+1)} = w_{jk}^{(n)} + \alpha (\varphi_j')^{(n)} s_k^{(n)} \sum_i e_i^{(n)} (\varphi_i')^{(n)} w_{ij}^{(n)} \qquad (7)$$

mit dem Fehler $e_i = y_i - s_i$ und der Größe φ'

$$\varphi'(x) = \varphi(x)(1 - \varphi(x)), \qquad \varphi_j' = \varphi'\left(\sum_k w_{jk} s_k\right), \qquad \varphi_i' = \varphi'\left(\sum_j w_{ij} s_j\right).$$

Es wurden eine Anzahl von Versuchen mit der oben beschriebenen Netzwerkarchitektur und unabhängigen, identisch und gleichverteilten Eingangszufallsvariablen

$$S_k \sim f_{S_k}(s_k) = \begin{cases} 1, & 0 \leq s_k \leq 1 \\ 0, & \text{sonst} \end{cases} \qquad (8)$$

und Zielvariablen $Y_i \sim f_{Y_i} = f_{S_k}$ durchgeführt. Die Ergebnisse dieser Experimente führen zu reduzierten Formen der Gleichungen (7) und (6) und zu getrennten Betrachtungen der Gewichtsdynamiken in der Zwischen- und der Ausgangsschicht. Die folgende Herleitung von Gleichungen zur Beschreibung der Gewichtsdynamiken während des Lernvorganges ist stark komprimiert und gibt nicht alle Zwischenergebnisse wieder.

4.1 Dynamik der Zwischenschichtgewichte

Die reduzierte Form von Gleichung (7) lautet

$$W_{jk}^{(n+1)} = W_{jk}^{(n)} + \alpha \varphi_j'(W_{jk}^{(n)} S_k + b) S_k A \qquad (9)$$

für feste Werte von k und j ungleich Null. Die Zufallsvariable A modelliert den Einfluß der Gewichte w_{ij}, des Fehlers e_i und der Ableitungen der s_i. Die Konstante b ersetzt den Einfluß der nicht betrachteten Gewichte w_{jk} und der Aktivierungen s_k. Sie kann für eine nachträgliche Analyse der strukturellen Stabilität genutzt werden. Auf Grund der Annahme der Unabhängigkeit der Eingänge S_k reicht die Untersuchung des einen betrachteten Gewichtes als Näherung erster Ordnung aus. Für die Zufallsvariable A wird die Existenz der Verteilungsdichtefunktion $f_A(a)$, des Erwartungswertes $\mu_A \neq 0$ und der Varianz σ_A^2 gefordert. Diese Annahmen sind durch die sehr schnelle Relaxation der Gewichte w_{ij}, die in Abschnitt 4.2 beschrieben wird, gerechtfertigt. Ein komplexeres Modell wird derzeit untersucht, aber es konnten bis jetzt keine signifikanten qualitativen Abweichungen zu dem beschriebenen Modell festgestellt werden. Zur Analyse wird Gleichung (9) als Iterationsgleichung eines Markowprozesses erster Ordnung, d.h. $w^{(n+1)} = f(w^{(n)}, s, a)$ betrachtet, wobei im folgenden die Indizes der Gewichte weggelassen werden. Die bedingte Verteilungsdichtefunktion der Übergangswahrscheinlichkeiten zwischen zwei Zuständen ist durch

$$p(w^{(n+1)}|w^{(n)}) = \iint_{-\infty}^{\infty} \delta(w^{(n+1)} - f(w^{(n)}, s, a)) f_S(s) \, ds \, f_A(a) \, da, \quad (10)$$

gegeben, wobei in unserem Fall

$$f(w^{(n)}, s, a) = w^{(n)} + \alpha s a \varphi'(w^{(n)} s + b) \quad (11)$$

gilt. Daraus ergibt sich die Verteilungsdichtefunktion für die Zustände von $w^{(n+1)}$ zu

$$p(w^{(n+1)}) = \int_{-\infty}^{\infty} p(w^{(n+1)}|w^{(n)}) \, p(w^{(n)}) dw^{(n)} \quad (12)$$

$$= \iiint_{-\infty}^{\infty} \delta(w^{(n+1)} - f(w^{(n)}, s, a)) f_S(s) \, ds \, f_A(a) \, da \, p(w^{(n)}) dw^{(n)}. \quad (13)$$

Unser Ziel ist es, eine Gleichung für die zeitliche Entwicklung des Erwartungswertes des betrachteten Gewichtes $w^{(n)}$ zu erhalten. Dazu berechnen wir den Erwartungswert der vorherstehenden Gleichung

$$E\left\{w^{(n+1)}\right\} = \int_{-\infty}^{\infty} w^{(n+1)} p(w^{(n+1)}) \, dw^{(n+1)} \quad (14)$$

$$= \int_{-\infty}^{\infty} \left[w^{(n)} + \alpha \mu_A \left(\frac{1}{w^{(n)}} \varphi(w^{(n)} + b) - \frac{1}{w^{(n)2}} \ln \left(\frac{e^{w^{(n)}+b}+1}{e^b+1} \right) \right) \right] p(w^{(n)}) \, dw^{(n)}. \quad (15)$$

Dies kann wiederum als

$$E\left\{w^{(n+1)}\right\} - E\left\{w^{(n)}\right\} = \alpha \mu_A \int_{-\infty}^{\infty} \frac{1}{w^{(n)}} \varphi(w^{(n)} + b)$$

$$- \frac{1}{w^{(n)2}} \ln \left(\frac{e^{w^{(n)}+b}+1}{e^b+1} \right) p(w^{(n)}) \, dw^{(n)} \quad (16)$$

$$= \alpha \mu_A E\left\{h(w^{(n)})\right\} \quad (17)$$

geschrieben werden mit

$$h(y) = \frac{1}{y} \varphi(y + b) - \frac{1}{y^2} \ln \left(\frac{e^{y+b}+1}{e^b+1} \right). \quad (18)$$

In erster Näherung kann $E\left\{h(w^{(n)})\right\}$ als $h(E\left\{w^{(n)}\right\})$ ausgedrückt werden [5]. Gleichung (17) kann dann durch

$$E\left\{w^{(n+1)}\right\} - E\left\{w^{(n)}\right\} = \alpha \mu_A h(E\left\{w^{(n)}\right\}) \quad (19)$$

approximiert werden, was einer nichtlinearen Differenzengleichung für den Erwartungswert des betrachteten Gewichts $w^{(n)}$ entspricht. Das kontinuierliche Äquivalent ist gegeben durch

$$\dot{\mu}_W = \alpha \mu_A h(\mu_W), \qquad (20)$$

wobei mit μ_W der Ausdruck $E\{w(t)\}$ abgekürzt wurde. Als Lösungen für $\mu_W(t)$ ergeben sich für kleine t

$$\mu_W(t) \propto t \qquad (21)$$

und für große t

$$\mu_W(t) \propto \sqrt[3]{t}. \qquad (22)$$

Dies bedeutet, daß der Erwartungwert für die Gewichte zwischen der Eingangs- und Zwischenschicht kontinuierlich steigt, was zu der Sättigung der Zwischenschichtneuronen führt. Entsprechende Gleichungen für die Varianz der betrachteten Größen werden zur Zeit untersucht.

4.2 Dynamik der Ausgabeschichtgewichte

Für die Gewichte der Ausgabeschicht läßt sich auf ähnlichem Wege ein entsprechendes Modell aufstellen und analysieren. Als ein Teilergebnis der Analyse ergibt sich, daß die Erwartungswerte dieser Gewichte gegen einen Fixpunkt konvergieren. Nach einer anfänglich hohen Konvergenzrate sinkt die Konvergenzgeschwindigkeit auf ein fast konstantes, niedriges Niveau. Dies bedingt das für die Verteilungsdichtefunktion von A geforderte Verhalten in Gleichung (9).

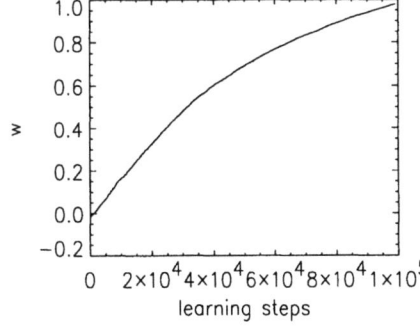
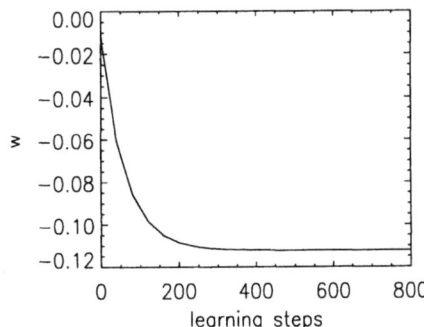

Abb. 2. Zeitliche Entwicklung von μ_W, Zwischenschicht

Abb. 3. Zeitliche Entwicklung von μ_W, Ausgabeschicht

Die Abbildungen (2) und (3) zeigen die qualitative Entwicklung der Erwartungswerte der Gewichte der Zwischen- und der Ausgabeschicht.

4.3 Vergleich zum allgemeinen Fall

Aus diesen Ergebnissen läßt sich schließen, daß das Problem des „Erlernens" des Erwartungswertes unabhängiger Daten durch ein Netz der beschriebenen Struktur dadurch gelöst wird, daß die Neuronen der Zwischenschicht in die Sättigung getrieben und die dadurch konstanten Aktivierungen statisch auf den Erwartungswert der Zieldaten abgebildet werden. Diese Lösung wird gegenüber einer zweiten Lösung, nämlich das zu Null setzen aller Gewichte der Ausgabeneuronen mit Ausnahme der mit dem Bias-Term verbundenen bevorzugt. Eine mögliche Erklärung dafür sind die unterschiedlich großen Volumina im Konfigurationsraum der Gewichte [6] für beide Lösungen, das heißt, daß es mehr Realisierungsmöglichkeiten für Lösungen der ersten Art gibt als für Lösungen der zweiten. Eine dritte Möglichkeit, die gestellte Aufgabe zu lösen, ist das zu Null setzen aller Gewichte, die mit den Eingängen verbunden sind. Die dann konstanten Aktivierungen der Zwischenschichtneuronen werden dann nach Art der zweiten Lösung auf die Erwartungwerte der Zieldaten abgebildet. Diese Lösung wurde auch nicht beobachtet. Eine mögliche Erklärung ist die schnellere Dynamik der Ausgabegewichte gegenüber den Zwischenschichtgewichten, die eine solche Lösung nicht zuläßt (siehe dazu Abbildungen 2 und 3). Weitere Typen von Lösungen sind möglich.

Bei Netzwerken mit linearen Aktivierungen tritt die Tendenz zum Wachsen der Zwischenschichtgewichte nicht auf. Anschaulich läßt sich das mit der fehlenden Möglichkeit zur Sättigung und damit einer Lösung des ersten Typs erklären.

Ein möglicher Kritikpunkt bei der Herleitung der Gleichungen (21) und (22) ist die Wahl der konkreten Verteilungsdichtefunktionen für die Eingangs- und Zieldaten. Die Annahme dieser Charakteristika orientiert sich an den üblichen Eigenschaften von zur Klassifikation benutzten Daten, die meist den für Wahrscheinlichkeiten geforderten Bedingungen genügen. Für diese Klasse von Daten ist das gewählte Modell eine geeignete Methode zur Untersuchung der Lerndynamik. Experimente haben aber gezeigt, daß andere Eingangsdatenverteilungen keine qualitativ anderen Lösungen ergeben, mit Ausnahme mittelwertfreier Daten. Bei Gewichten, die mit einem solchen Eingangsneuron verbunden sind, ist kein Anwachsen zu beobachten. Die Zwischenschichtneuronen zeigen aber immer noch eine Tendenz zur Sättigung, wobei in diesem Falle das mit dem Bias verbundene Gewicht für diesen Effekt sorgt.

Für allgemeine Verteilungen konnte die Beobachtung gemacht werden, daß der lineare Anstieg der Zwischenschichtgewichte w_{jk} für kleine t proportional zum Erwartungswert des entsprechenden Eingabeneurons s_k ist. Dies ist als weiterer Hinweis für eine Annahme der unabhängigen Entwicklung der Gewichte zu werten.

5 Zusammenfassung und Ausblick

In dieser Arbeit wurde das „Lernen" statistisch unabängiger Daten untersucht. Zuerst wurden allgemeine Aspekte dieses Modells für komplexe Lernaufgaben untersucht und anschließend eine Beziehung zur vorzeitigen Sättigung bei Zwischenschichtneuronen in vorwärtsgekoppelten neuronalen Netzen aufgezeigt. Auf dieser Grundlage wurde dann die Herleitung von Gleichungen für die Beschreibung der Gewichtsänderungen über der Zeit skizziert.

Aus den Ergebnissen kann geschlossen werden, daß für die gewählte Architektur und das gewählte Lernverfahren Probleme existieren, die nicht gelernt werden können, da sie eine zu hohe Komplexität des Lernvorganges aufweisen.

In laufenden und zukünftigen Arbeiten werden die Ergebnisse durch die Untersuchung weiterer Aspekte des Modells untermauert werden. Weiterhin soll das Modell auf andere Optimierungsmethoden angewandt und analytisch untersucht werden. Auf Grund der Ergebnisse lassen sich Algorithmen formulieren, die dem unerwünschten Verhalten der Sättigung besser entgegenwirken als eine einfache Initialisierung. Weiterhin können andere Initialisierungs- und Trainingsverfahren auf ihre Anfälligkeit für dieses Problem untersucht werden.

Die gewonnen Ergebnisse stellen einen Ausgangspunkt für die weitere Untersuchung des Lernvorganges bei neuronalen Netzen dar. Im Falle einer unvollständigen Sättigung (der nach unseren Erfahrung bei einem fast optimal für die zu lernende Aufgabe strukturierten Netz sehr häufig vorliegt) ergeben die aufgestellten Gleichungen einen Startpunkt für die weiter ablaufende Dynamik.

Der Autor möchte sich bei Werner von Seelen, Bernhard Sendhoff, Michael Brauckmann und Wolfram Erlhagen für ihre Unterstützung bedanken.

Literatur

1. Christian Goerick. Eine Strukturkennzahl zur Untersuchung der Lerndynamik von vorwärtsgekoppelten neuronalen Netzen, IRINI 94-08. Technical report, Institut für Neuroinformatik, Ruhr-Universität Bochum, 1994.
2. Simon Haykin. *Neural Networks, A Comprehensive Foundation*. MacMillan Publishing, 1994.
3. Tom M. Heskes and Bert Kappen. Learning processes in neural networks. *Physical Review A*, Vol. 44:pp. 2718–2726, 1991.
4. Youngjik Lee, Sang-Hoon Oh, and Myung Won Kim. An Analysis of Premature Saturation in Back Propagation Learning. *Neural Networks*, Vol. 6:pp.719–728, 1993.
5. Athanasios Papoulis. *Probability, Random Variables and Stochastic Processes*. McGraw-Hill International Editions, 1989.
6. Sara A. Solla. Supervised Learning, A Teoretical Framework. In *Nonlinear Modelling and Forecasting*. Addison Wesley, 1992.

Neural and Statistical Methods for Adaptive Color Segmentation - A Comparison

Enno Littmann
Neural Information Processing
Computer Science Faculty
University of Ulm, D-89069 Ulm, FRG
enno@neuro.informatik.uni-ulm.de

Helge Ritter
Neuroinformatics, Computer Science Dept.
Bielefeld University, POB 100 131
D-33501 Bielefeld, FRG
helge@techfak.uni-bielefeld.de

Abstract

For a long time pixel based segmentation methods were restricted to grayscale images due to the enormous computational costs when dealing with color. With the availability of more powerful computers it is nowadays possible to perform pixel based operations on real camera images even in the full color space. New adaptive classification tools like neural networks make it possible to develop special-purpose object detectors that can segment arbitrary objects in real images with a complex distribution in the feature space after training with one or several previously labelled image(s). The proposed adaptive segmentation method uses local color information to estimate the membership probability in the object resp. background class. The method is applied to the recognition and localization of human hands in color camera images of complex laboratory scenes. The paper focuses on the influence of the chosen color representation and a detailed comparison of the neural approach to standard statistical methods, a threshold filter, and a classifier based on normal distributions.

1 Introduction

In the last years research and development of neural networks have received growing attention. Most investigations concern function approximation and classification tasks. Major objectives are the analysis of optimal features and learning from examples. These tasks as well as the objectives are well-known from pattern recognition [8]. From statistics we already know a number of "classical" methods that also deal with the problem of feature extraction and learning, and there are also knowledge-based approaches. These three fields, however, derive their methods from different paradigms [14]. Therefore, several methods from statistics have been re-invented in the context of neural networks [15, 14]. This close similarity requires a detailed architectural and performance comparison especially between neural and statistical methods.

In a collaboration at Bielefeld University we investigated a hybrid system to combine the advantages of knowledge-based and neural methods [3, 4, 2]. The system is based on local linear maps as neural networks (sec. 2.2) and the semantic network ERNEST [13, 5]. We applied this system to a challenging and important problem in pattern recognition, the recognition of human hands in real camera images. The solution of this task forms the basis for a number of subsequent processing steps during which further geometrical features, such as hand orientation and information on finger posture, are extracted. The development of a system with these capabilities is directed towards the realization of a more flexible and powerful man-machine-interface for the control of multi-fingered anthropomorphic manipulators or virtual reality environments by human gestures.

This paper focuses on the analysis of one important step, namely the segmentation of the hand from the raw pixel images. The success of this step is vital, as the performance of the following image processing depends crucially on its result. We realize the segmentation as a local, pixel based classification of image pixels in "hand" and "background" by a neural network that was previously adapted with preclassified data. The proposed adaptive segmentation method uses local color information to estimate the membership probability in the object resp. background class. The method is applied to the recognition and localization of human hands in color camera images of complex laboratory scenes. The neural approach is compared to standard statistical methods, namely the box filter and a classifier based on normal distributions. We investigate the influence of the chosen feature space and of the training sample as well as the use of resolution pyramids. Further detailed investigations with additional data, including the performance evaluation for hands of different persons, can be found in [6, 7].

2 Classification methods and features

2.1 Color representations

So far, the RGB system is the dominating representation of color due to its importance for television and camera systems. Physiologically, this representation is similarly realized in the human retina that consists of three color-sensitive photoreceptor types with a maximum spectral sensitivity corresponding to red, green, and blue. Besides the RGB system there is a variety of other representations that can be constructed by linear or nonlinear transformations from the RGB values. A survey can be found in [18] [1].

One major disadvantage of the RGB system is the dependency of all three parameters from the light intensity. This disadvantage is avoided in other representation schemes where color and intensity are represented independently. One such system is the Yuv color space described in fig. 1. The color plane forms an equilateral triangle that can be constructed in the RGB cube by connecting its R, G, and B corner (fig. 2 (left)). The intensity Y is perpendicular to the image plane. The values u and v are the cartesian coordinates of the color value. The formulation of this system in polar coordinates is called HSI system. There we distinguish *hue*, specified by the angle, *saturation* as radial component, and *intensity* again vertical to the uv plane.

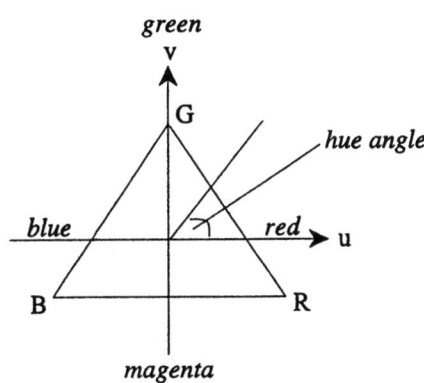

Fig. 1: *Color representation in the uv plane. The intensity axis is perpendicular to the plane.*

We prefer the Yuv system because of its continuous representation of the color components. A similar effect of intensity independence can be achieved by simply calculating *color ratios* $Q_{RG} = R/(R+G)$ and $Q_{RB} = R/(R+B)$.

---

[1]Official definitions of color spaces and their transformations are given in [1].

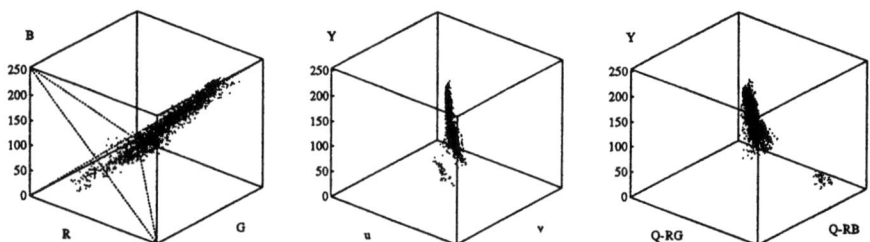

Fig. 2: Hand pixel distribution (sample image) in RGB (left), Yuv (center), and YQQ (right) space.

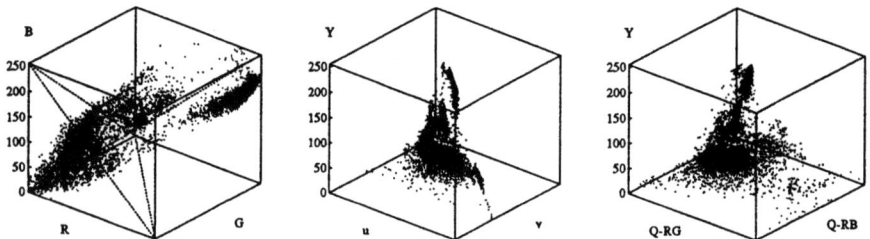

Fig. 3: Background pixel distribution (sample image) in RGB (left), Yuv (center), and YQQ (right) space.

The influence of the chosen color representation on the data distribution is shown in figs. 2–3. Fig. 2a shows the hand pixel distribution in the RGB space. The data forms a "cigar-shaped" cloud along the intensity axis. In Yuv space, this "cigar" is very slim and stretches vertically along the intensity axis, which is now perpendicular to the color plane. In YQQ space, the distribution is similar, but less slim. The influence of the representation on the classification performance will be discussed in section 4.2.

2.2 Local linear maps

The neural classifier is realized by a local linear map *(LLM)* (for details, cf. [11, 12]). The basic idea is to perform a vector quantization of the input space combined with an adaptive, locally valid, piecewise linear approximation of the output values. Without this linear interpolation term, using a weighted superposition of the output of all nodes, the network structure is equivalent to GRBF networks [10].

LLM networks consist of N units $r = 1,\ldots,N$, with an input weight vector $\mathbf{w}_r^{(in)} \in \mathbb{R}^L$, an output weight vector $\mathbf{w}_r^{(out)} \in \mathbb{R}^M$, and a $M \mathrm{x} L$-matrix $\mathbf{A}_r$ for each unit r. The input weight vectors $\mathbf{w}_r^{(in)}$ tesselate the input space into a discrete set of tesselation ("Voronoi") cells. The matrix $\mathbf{A}_r$ performs the linear interpolation within the tessellation cell of node r. The output $\mathbf{y}^{(net)}$ of a single LLM-network for an input feature vector $\mathbf{x} \in \mathbb{R}^L$ is

$$\mathbf{y}^{(net)}(\mathbf{x}) = \mathbf{y}_s(\mathbf{x}) = \mathbf{w}_s^{(out)} + \mathbf{A}_s(\mathbf{x} - \mathbf{w}_s^{(in)}). \tag{1}$$

The "winner" node s is determined by finding the Voronoi cell that contains the input vector $\mathbf{x}$, i.e., s must obey the minimality condition

$$d_s = \|\mathbf{x} - \mathbf{x}_s\| = min_r \|\mathbf{x} - \mathbf{w}_r^{(in)}\|. \tag{2}$$

For all simulations we used LLM networks consisting of 30 nodes. This heuristic choice is a result of training runs with 10–50 nodes. One training run consists of 500 000 learning steps. One step means one presentation of one pixel and its class membership. The large number of training steps is necessary because of the large size of the color space and the small number of object pixels in the images.

The training is performed with the complete network. The network nodes are adapted during a supervised training period. The input information consists of the pixel values or transformations thereof. The target information is generated by manually labeling one of the training images. The network is trained to yield a value of $+1$ for pixels belonging to a human hand, and -1 otherwise. The class membership is then determined by a threshold operation. The optimal value for this threshold depends on the costs for misclassifications in either class. Thus, the scalar output value of the LLM net can be interpreted as a function of the probability for the membership in the object resp. background class.

In order to evaluate performance and robustness of the neural filter method, we compare the results with those achieved by a threshold filter and a classifier based on normal distributions.

2.3 Box filter

A standard segmentation method is the determination of a classification threshold. If we use the RGB values of color images the color space is a three-dimensional "color cube". Thus, a threshold filter requires the choice of six thresholds to define a cluster. This "box filter" can only yield reasonable results if the distribution of the classes in the feature space is linearly independent for the different features. Therefore, we manually adapted a box filter to the hand pixel distribution using the YQQ representation. For a more detailed discussion of threshold based segmentation, cf. [8])

2.4 Normal distribution classifier

Another standard method is a classifier based on multivariate gaussian distributions that are fitted to the class distributions ("NVK" classifier). We define the costs for correct classifications for both classes to be zero and the costs for misclassifications to be one. The weighting of the misclassifications can be influenced via the classification threshold.

If we approximate the two classes by two normal distributions only, the performance is rather poor because neither the object nor the background pixels are normally distributed in color space (figs. 2–3). Therefore, we supplement the classifier by an iterative class splitting. Altogether, we allow as many classes as we use nodes (30) for the LLM network. Thus, the classifiers are of comparable complexity. If we apply the iterative adaptation to the classifier, it is similar to an incremental RBF neural network as proposed e.g. by Platt [9] and also closely related to LLM networks. Therefore we do not expect large performance differences.

2.5 Training and test images

For our investigations we used 174 images containing various views of human hands. Each of the image series A and B contains 80 images of the same hand, but from a different view. The series consist of eight scenes with different backgrounds. Within one scene, only the hand changes position and posture. In addition, we took images of six other persons with camera A. Of all persons, a calibration image was taken, showing the hand in front of a color table. We used PULNIX TMC-76 one-chip color cameras and ANDROX ICS 400 boards for digitalization.

The training was based on either the *calibration image* shown in fig. 4 (left), or on the first image of the first scene (*sample image*, fig. 4 (center)), and only with images of the first person. All images suffer from a color drift that cannot be seen in the grayscale images. Fig. 4 (right) shows an example of a different scene that was used as one of the test images.

Fig. 4: Calibration image (left), sample image (center), and test image of a different scene (right).

3 Task and evaluation

The color-based classification of hand pixels is performed to yield a segmented image containing the hand only. The further processing requires the knowledge of the hand position as well as a high classification performance for the single image pixels. Therefore, two different measures are calculated to evaluate the classification performance.

Specifity and sensitivity

One possibility to describe the performance of a classification method is to calculate the *specifity* and *sensitivity* curves. We distinguish two classes $C_j, j = 1, 2$, containing N_j patterns. A classifier Ω assigns $k_j(\Omega)$ patterns to class C_j, with $\sum_j k_j(\Omega) = \sum_j N_j = N$. The number of patterns that belong to C_i as well as to $k_j(\Omega)$ is denoted by $k_j^{(i)}(\Omega)$. Now we can define the *specifity* of the classifier Ω for class C_j as $\mathrm{Sp}(\Omega, C_1) = k_j^{(j)}(\Omega)/k_j(\Omega)$, whereas the *sensitivity* is given by $\mathrm{Se}(\Omega_i, C_j) = k_j^{(j)}(\Omega)/N_j$.

These values depend on the classification threshold (or costs). Good classifiers achieve high specifity and sensitivity values simultaneously. Therefore, we illustrate the classification performance by specifity/sensitivity plots. This allows a qualitative comparison of the different methods. For our task, both values should be approximately the same, i.e. we are interested in the performance around the intersection of the curve with the main diagonal.

Object position

Given the segmented image we calculate the object center as the mean of all pixel coordinates, weighted with their probability to belong to the hand class, if this probability is greater than their probability to belong to the background class. The accuracy of the hand center localization is not necessarily correlated to the classification performance measured by specifity and sensitivity. This aspect is investigated in section 4.1.

The further processing constrains the acceptable deviation of the calculated object center from its actual position. A distance of less than 10 pixels has no negative influence on later results, whereas a distance of more than 30 pixels allows no further processing at all. Therefore, we define a fuzzy measure for the position accuracy $D_{fuz} = D_{10}+D_{20}+D_{30}$, where D_i denotes the number of images of the test set, for which the hand center was calculated with a deviation of less than i pixels.

4 Results

4.1 Binarization threshold

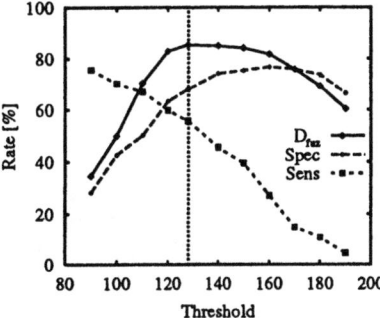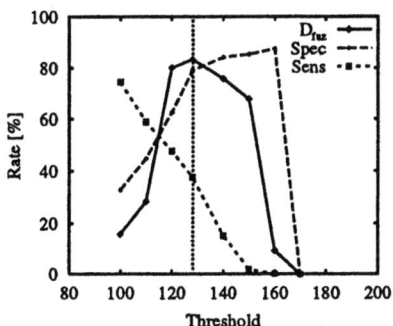

Fig. 5: Influence of the binarization threshold on the classification results. Left: LLM network. Right: NVK classifier. The classifiers were trained on the calibration image (200 × 200 Pixel) in RGB space.

All classification measures depend on the choice of the binarization threshold. This choice must be based on the training data or on theoretical considerations. An obvious choice is the point of equal probability for both classes. Fig. 5 illustrates the dependency of specifity, sensitivity, and position accuracy on the binarization threshold for classifiers trained on the calibration image with half resolution. The output values of the classifiers were scaled to gray values in the range [0, 255] with equal probability at 128. The graph shows that the position accuracy of both classifiers reaches its maximum at this value. If we choose the threshold to be at the point of equal specifity and sensitivity (i.e. at ≈ 115) the position accuracy is considerably worse. Therefore, we use the threshold of equal probability at 128 for all further binarizations.

4.2 Influence of the color representation

In fig. 6 we compare the influence of the color representation on the performance of the two classifiers. Trained on the sample image in RGB representation, both classifiers show

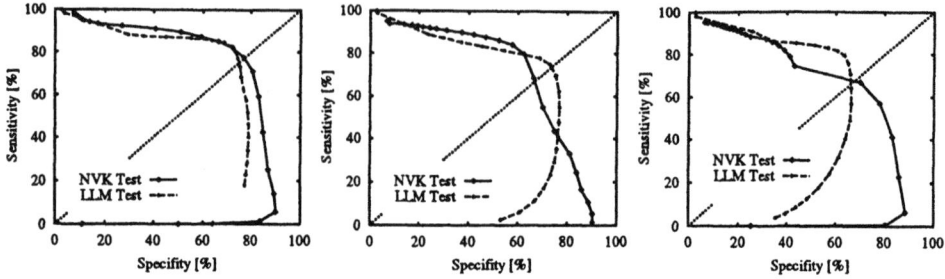

Fig. 6: Specifity/sensitivity plot for the RGB (left), YQQ (center), and Yuv (right) color space.

similar results in the specifity/sensitivity plot. For the other representations, the results are generally worse. The LLM net performs slightly better for smaller specifity values, the NVK is superior at higher specifity values.

The position accuracy was evaluated for classifiers trained either on the calibration image or on the sample image. The first three columns in fig. 7 show that the RGB representation (R) yields the best results on average. If we compare the position accuracy of the classifiers in dependence of the training image we find that the training on the sample image (S, S3) leads to considerably better results than training on the calibration image (C, C3). A similar comparison of the average LLM (L) and NVK (N) performance shows better results for the LLM network. This is due to the better performance of the LLM if trained on the calibration image. A comparison of the best classifiers (Lo and No) (which, in both cases, were the classifiers trained on the sample image in RGB representation) shows for both methods the same high accuracy, which is considerably better than the accuracy achieved by a manually adapted box filter (Box) in the YQQ space.

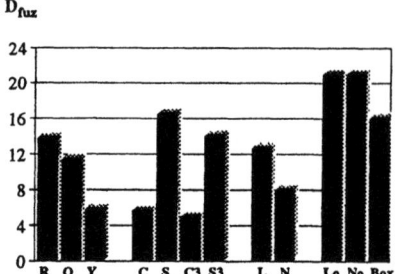

Fig. 7: Position accuracy for various color representations (R,Q,Y), training images (C and S), the adaptive classifiers (L,N), optimal classifiers (Lo,No), and a box filter in YQQ space.

4.3 Resolution and training data

Further investigations concerned the influence of the image resolution and the training data. If we adapt both classifiers to the sample image, the performance differences are negligible, independent of the resolution of the images (figs. 8-9b). Both classifiers achieve good results for the high resolution with a minor decrease for the classification of images with a resolution that is five times smaller.

The comparison of the left (a) and right (b) images in figs. 8-9 shows that the classification performance of both classifiers decreases if trained on the calibration image. However, this decrease is strikingly smaller for the LLM network than for the NVK classifier, especially at smaller pixel resolutions.

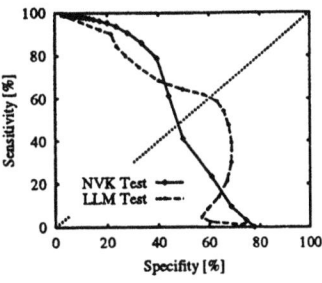 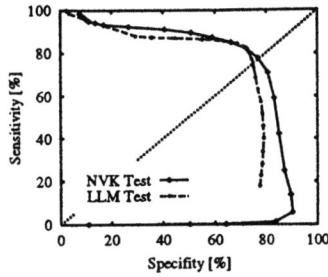

Fig. 8: *Specifity/sensitivity plot for image series A at full resolution (400 × 400 Pixel).*

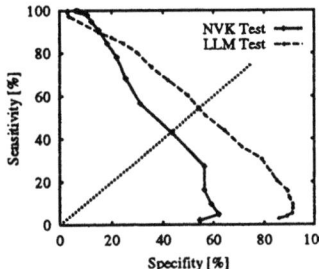 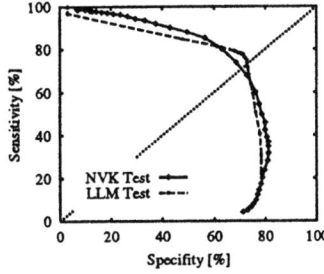

Fig. 9: *Specifity/sensitivity plot for image series A at reduced resolution (80 × 80 Pixel).*

5 Discussion

The evaluation of preprocessing steps cannot be discussed without taking subsequent processing steps into account. This problem especially concerns the choice of the binarization threshold that both specifity/sensitiviy and position accuracy depend on. In our study, we chose the point of equal probability for both classes as binarization threshold. This theoretically obvious choice leads to optimal position accuracy, whereas the balance of specifity and sensitivity is slightly moved towards higher specifity values at the expense of sensitivity.

One major objective of this investigation is the comparison of various color representations. Simple classification methods like threshold based filters achieve acceptable results only if they are applied in a representation where the data of the class to segment forms one compact cluster. If the data of this class is scattered over the whole space (which is the normal case), the adaptation of now necessarily several box filters causes enormous costs. Therefore, we have to choose a well-suited representation. This is usually a representation where color and intensity are coded independently (cf. section 2.1). Such representations have the additional advantage that they show a certain amount of *color constancy*. This feature is of increasing importance for robust image processing under varying lighting conditions.

If we apply adaptive classification methods like neural networks or classifiers based on gaussian distributions, the choice of the representation has less influence on the results. Our results show, at least for the range of our investigations, that an input feature vector based on the RGB data provided by the cameras allows for the best results. Any linear or nonlinear transformations into other color representations have negligible or even negative influence on the performance. This result confirms that adaptive methods can perform this transformation on their own, if necessary.

For the investigated resolution interval [1, 5], the influence of the image resolution on the classification performance of the neural network is rather small. This is an important advantage over the NVK classifier, as it offers the opportunity to perform a hierachical image segmentation. We can start the processing with a coarsely sampled image, in which a subframe is determined that is then processed with higher resolution. This leads to a considerable speed-up of the segmentation and even provides some reduction of high-frequency noise.

Our approach to object segmentation models two classes, object *and* background. This has the advantage that the classifier can benefit from properties of both the object and the surround. On the other hand, this bears the risk that e.g. colors that have not been present in the training data lead to unpredictable results if they appear during the test. This was the reason to use a calibration image for training. The results show that the neural net generalizes better from this training data to the test images than the standard NVK classifier. We consider this robustness as the other major advantage of the neural net approach. A further improvement can be expected if both images are used for training.

By modeling both object and background class, our approach is very different to and more expensive than methods presented by e.g. [17, 16], who model only the class of the desired object. The latter method might have the advantage that new colors will usually not disturb the classification results, but it can make only very limited use of the background information. A direct comparison is difficult, however, as they discuss the performance only on the basis of segmented images.

All other comparisons presented in this paper reveal only negligible differences between the both adaptive methods, according to our assumption in section 2.4. The actual difference between both approaches is that the LLM network models a probability-based decision surface while the normal distribution classifier models the probability densities of both classes. Thus, the direct approximation of the decision surface by the LLM seems to be more robust than the gaussian modeling of two classes by the NVK classifier that is later used to calculate a similar decision surface.

Acknowledgements

We want to thank Franz Kummert for several helpful discussions on statistical classification methods and the interpretation of the results. This work was supported by the German Ministry of Research and Technology (BMFT), Grant No. ITN9104AO. Any responsibility for the contents of this publication is with the authors.

References

[1] *Colorimetry*. Publication CIE (Commission Internationale de l'Eclairage) No. 15.2, Vienna, 1986.

[2] A. Drees, F. Kummert, E. Littmann, S. Posch, H. Ritter, and G. Sagerer. A hybrid system to detect hand orientation in stereo images. In E.S. Gelsema and L.N. Kanal, editors, *Pattern Recognition in Practice IV: Multiple Paradigms, Comparative Studies and Hybrid Systems*, pages 551–562. Elsevier Science Publishers B.V., North Holland, 1994.

[3] F. Kummert, E. Littmann, A. Meyering, S. Posch, H. Ritter, and G. Sagerer. A hybrid approach to signal interpretation using neural and semantic networks. In S. J. Pöppl and H. Handels, editors, *Mustererkennung 1993*, pages 245–252. Springer-Verlag, Berlin Heidelberg New York, 1993.

[4] F. Kummert, E. Littmann, A. Meyering, S. Posch, H. Ritter, and G. Sagerer. Recognition of 3d-hand orientation from monocular color images by neural semantic networks. *Pattern Recognition and Image Analysis*, 3(3):311–316, 1993.

[5] F. Kummert, H. Niemann, R. Prechtel, and G. Sagerer. Control and Explanation in a Signal Understanding Environment. *Signal Processing, special issue on 'Intelligent Systems for Signal and Image Understanding'*, 32:111–145, 1993.

[6] E. Littmann. *Strukturierung Neuronaler Netze zwischen Biologie und Anwendung*. DISKI. Infix Verlag, St. Augustin, FR Germany, 1995.

[7] E. Littmann and H. Ritter. Neuronale und statistische Verfahren zur adaptiven Farbsegmentierung — ein Leistungsvergleich. Technical Report TR 95/3, SFB 360, Bielefeld University, Bielefeld, FR Germany, 1995.

[8] H. Niemann. *Pattern Analysis and Understanding*. Springer-Verlag Series in Information Sciences 4. Springer-Verlag, Berlin Heidelberg New York, 2nd edition, 1990.

[9] J. Platt. A resource-allocating network for function interpolation. *Neural Computation*, 3:213–221, 1991.

[10] T. Poggio and F. Girosi. Regularization algorithms for learning that are equivalent to multilayer networks. *Science*, 247, 1990.

[11] H. Ritter. Learning with the self-organizing map. In T. Kohonen, K. Mäkisara, O. Simula, and J. Kangas, editors, *Artificial Neural Networks 1*, pages 357–364. Elsevier Science Publishers B.V., North Holland, 1991.

[12] H. Ritter, T. Martinetz, and K. Schulten. *Neural Computation and Self-Organizing Maps: An Introduction*. Addison-Wesley, New York, 1992. (English and German).

[13] G. Sagerer. *Automatisches Verstehen gesprochener Sprache*, volume 74 of *Reihe Informatik*. Bibliographisches Institut, Mannheim, 1990.

[14] G. Sagerer. Neuronal, Statistisch, Wissensbasiert: Ein Beitrag zur Paradigmendiskussion für die Mustererkennung. In S.J. Pöppl and H. Handels, editors, *Mustererkennung 1993*, pages 158–177. Springer-Verlag, Berlin Heidelberg New York, 1993.

[15] J. Schürmann and U. Kreßel. *Mustererkennung mit statistischen Methoden*. Vorlesungsskript SS 1992. Daimler-Benz AG, Forschungszentrum Ulm, Institut für Informationstechnik, 1992.

[16] R. Schuster. Adaptive modeling in color image sequences. In W.G. Kropatsch and H. Bischof, editors, *Mustererkennung 1994*, pages 161–169. Technische Universität, Wien, 1994.

[17] R. Schuster and S. Ahmad. Modellbasierte Beschreibung von Farbhistogrammen und Segmentation von Farbbildern. In S. J. Pöppl and H. Handels, editors, *Mustererkennung 1993*, pages 305–311. Springer-Verlag, Berlin Heidelberg New York, 1993.

[18] G. Wyszecki and W.S. Stiles. *Color Science — Concepts and Methods, Quantitative Data and Formulae*. Wiley, New York, 2nd edition, 1982.

Merkmalbasierte Objektverfolgung und Objektklassifikation*

Detlev Noll, Martin Werner und Werner von Seelen

Institut für Neuroinformatik,
Ruhr-Universität Bochum, 44780 Bochum
email: [detlev|wer]@neuroinformatik.ruhr-uni-bochum.de

Zusammenfassung. In diesem Artikel wird ein merkmalbasierter Ansatz zur echtzeichtfähigen Objektverfolgung und Klassifikation vorgestellt. In einem ersten Schritt werden Korrespondenzen zwischen Modell- und Bildmerkmalen optimiert. Anschließend wird ein Ähnlichkeitsvektor abgeleitet und von einem Klassifikator bewertet. Die Leistungsfähigkeit des Verfahrens wird anhand einer Anwendung aus dem Bereich der Fahrzeugverfolgung und Erkennung demonstriert.

1 Einleitung

In vielen Bereichen der Computer Vision werden Verfahren benötigt, die in der Lage sind, Objekte zu klassifizieren und über der Zeit zu verfolgen.

Im folgenden wird ein Verfahren vorgeschlagen, das auf der Basis einer merkmalbasierten Objektbeschreibung zunächst Korrespondenzen zwischen Modell- und Bildmerkmalen optimiert. Der hierzu verwendete Algorithmus minimiert eine von der Entropie abhängige Kostenfunktion unter gezielter Berücksichtigung der Freiheitsgrade des Modells und entspricht methodisch den in der Literatur als *deterministic annealing* bekannten Ansätzen [3, 4, 7, 10, 12]. Das Verfahren weist Gemeinsamkeiten mit dem von Schwarzinger et al. vorgestellten heuristisch motivierten Ansatz [8] auf, ermöglicht aber durch die Einführung einer Kostenfunktion eine genauere Evaluierung relevanter Eigenschaften des Algorithmus. Dieser wird zunächst allgemein für beliebige, lokale Merkmale formuliert, während in der anschließend beschriebenen Anwendung der Erkennung und Verfolgung von Fahrzeugrückansichten Liniensegmente genutzt werden. Die Klassifikation erfolgt auf Basis der Ähnlichkeit von Modell- und Bildsegmenten unter Berücksichtigung der Mehrdeutigkeit der Zuordnung bei realen, stark gestörten Daten.

2 Optimierung der Korrespondenzen

Der im folgenden beschriebene Algorithmus stellt eine Korrespondenz zwischen Modell- und Bildmerkmalen unter Berücksichtigung der Freiheitsgrade und eingeschränkter Deformationsfähigkeit des Modells her, indem eine Kostenfunktion

---

* Diese Arbeit wurde von der Adam Opel AG unterstützt.

unter Variation eines *annealing* Parameters iterativ minimiert wird. Die Kostenfunktion kann auf der Basis des Prinzips der Entropiemaximierung abgeleitet werden, worauf hier jedoch aus Platzgründen verzichtet wird. Dieses als *deterministic annealing* bekannte Vorgehen wurde mehrfach erfolgreich auf kombinatorische Optimierungsprobleme angewandt (z.B. *traveling salesman* Problem [3, 4], Vektorquantisierung [7], Graph-Matching [10], Merkmalmatching [12]).

Zur Gewinnung einer Korrespondenz von Modell- und Bildmerkmalen wird die Gleichung $\mathbf{y}_j(n+1) = \mathbf{y}_j(n) + \Delta \mathbf{y}_j(n)$ mit

$$\Delta \mathbf{y}_j(n) = c_1 \sum_i w_{ij} (\mathbf{x}_i - \mathbf{y}_j(n)) + c_2 (\hat{\mathbf{y}}_j(n) - \mathbf{y}_j(n)) , \qquad (1)$$

$$w_{ij} = \frac{s_{ij} \exp\left(-\frac{d_{ij}^2}{2K^2(n)}\right)}{\sum_k s_{kj} \exp\left(-\frac{d_{kj}^2}{2K^2(n)}\right)} \qquad (2)$$

und
$$d_{ij} = |\mathbf{x}_i - \mathbf{y}_j(n)| \qquad (3)$$

iterativ angewendet. Hierbei bezeichnet

$$\mathcal{X} = \left\{ \mathbf{x}_i = (x_{i,1}, x_{i,2})^T \in [0,1] \times [0,1], \; i \in \{1, \ldots, I\} \right\} \qquad (4)$$

die Menge der Bildmerkmale,

$$\mathcal{Y}(n) = \left\{ \mathbf{y}_j(n) = (y_{j,1}(n), y_{j,2}(n))^T, \; j \in \{1, \ldots, J\} \right\} \qquad (5)$$

die Menge der Modellmerkmale im Iterationsschritt n und $\hat{\mathcal{Y}} = \{\hat{\mathbf{y}}_j\}$ die Merkmale eines Referenzmodelles (s.u.). Weiterhin sei über die $I \times J$ Matrix $\mathbf{S} = [s_{ij}]$, $s_{ij} \in [0,1]$, ein geeignetes Maß für die Ähnlichkeit der Bild- und Modellmerkmale definiert. Die Konstanten c_1 und c_2 bestimmen die Schrittweite der Iteration. Ein Iterationsschritt (1) reduziert die Kostenfunktion

$$E = -\alpha K \sum_j \ln \sum_i s_{ij} \exp\left(-\frac{d_{ij}^2}{2K^2}\right) + \beta \sum_j |\hat{\mathbf{y}}_j - \mathbf{y}_j|^2 \qquad (6)$$

wegen $\Delta \mathbf{y}_j \sim -K \frac{\partial E}{\partial \mathbf{y}_j}$.

Der Parameter K in Gleichung (2) definiert die Größe des Einflußbereiches eines Bildmerkmals. Im Verlaufe des iterativen Prozesses wird er sukzessive reduziert ($K(n+1) = K(n) r_K$, $r_K < 1$). Je kleiner K wird, umso geringer muß der Abstand zweier sich signifikant beeinflussender Merkmale sein. Anders betrachtet wird eine zunächst bestehende Unschärfe in der räumlichen Zuordnung von Modell- zu Bildmerkmalen nach und nach reduziert. Der Grad der Zuordnung w_{ij} ist hierbei definiert über Gleichung (2) und wird für große K nahezu unabhängig von der Lage des Modellmerkmals im wesentlichen vom Ähnlichkeitsmaß s_{ij} bestimmt. Andererseits gilt für den Grenzfall $K \to 0$, daß nur Merkmale mit $\mathbf{x}_i = \mathbf{y}_j$ einander zugeordnet werden.

Hierbei wird implizit vorausgesetzt, daß zu jedem Modellmerkmal mindestens ein korrespondierendes Bildmerkmal existiert. Diese Forderung läßt sich bei realen und daher in der Regel gestörten Daten nicht aufrechterhalten. Die

Definition eines virtuellen Bildmerkmales $\mathbf{x}_v = \mathbf{x}_{I+1}$ mit den Eigenschaften $d_{vj} = |\mathbf{x}_v - \mathbf{y}_j| = 0$, $s_{vj} = \epsilon \ll 1$ beseitigt dieses Problem auf einfache Weise, indem das virtuelle Bildmerkmal stets zu allen Bildmerkmalen korrespondiert, wenn auch mit einer geringen Ähnlichkeit $s_{vj} = \epsilon$.

Bei genügend großem K ist die Kostenfunktion (6) konvex und weist nur ein globales Minimum auf. Bei einer Reduktion von K ergeben sich sukzessive weitere lokale Minima. Die jeweils optimale Lösung für ein gegebenes K ist das globale Minimum von E. Dieses ist in der Regel schwer zu bestimmen. Der hier vorgeschlagen Lösungsweg entspricht dem in der Literatur als *deterministic annealing* bezeichneten Ansatz, bei dem durch Anwendung der Iterationsgleichung bei zunächst großem K das globale Minimum gesucht und dieses dann bei Reduktion von K verfolgt wird. Dieses Vorgehen garantiert nicht, daß stets die optimale Lösung gefunden wird. In der Regel werden jedoch zumindest Lösungen gefunden, die dem Optimum sehr nahe kommen [3].

Wie bereits erwähnt, kann K als Kontrollparameter für die Unschärfe des Assoziationsgrades zwischen Modell- und Bildmerkmalen interpretiert werden. Diese Eigenschaft wird dazu genutzt, die bei realen Daten stets auftretenden Fehler zu berücksichtigen, indem der *annealing* Prozeß nur bis zu einem $K_{\min} > 0$ durchgeführt wird, das diesem Fehlergrad entspricht.

Der zweite Term der rechten Seite von Gleichung (1) verschiebt die Modellmerkmale in Richtung entsprechender Merkmale $\hat{\mathcal{Y}} = \{\hat{\mathbf{y}}_j\}$ eines Referenzmodelles. Dieser Term nutzt die Tatsache, daß das Modell in jedem Iterationsschritt in

$$\mathbf{y}_j(n) = \hat{\mathbf{y}}_j(n) + \tilde{\mathbf{y}}_j(n) = T_{\hat{\mathbf{a}}}(\mathbf{y}_j(0)) + \tilde{\mathbf{y}}_j(n) \qquad (7)$$

dekomponiert werden kann. Hierbei wird das Referenzmodell $\hat{\mathcal{Y}}$ durch eine Transformation $T_{\hat{\mathbf{a}}}$ des ursprünglichen Modelles $\mathcal{Y}(0)$ im Rahmen seiner Freiheitsgrade gewonnen. Die Parameter der Transformation werden über eine kleinste Quadrate Schätzung bestimmt (s.u.), wobei der verbleibende Fehler dieser Schätzung

$$\sum_j \tilde{\mathbf{y}}_j^2 = \sum_j (\hat{\mathbf{y}}_j - \mathbf{y}_j)^2 \qquad (8)$$

als Deformation des Modelles interpretiert wird. Entsprechend dieser Definition wirkt der zweite Term in Gleichung (1) der Deformation des Modelles entgegen und bewahrt daher (im Rahmen seiner Freiheitsgrade) die Struktur.

Die Steifheit des Modelles kann über den Parameter c_2 beeinflußt werden. Für $c_2 = 0$ sind alle Modellmerkmale voneinander unabhängig, wohingegen für $c_2 > 0$ eine Kopplung zwischen den einzelnen Merkmalen besteht. Insbesondere wird unter Vernachlässigung des ersten Termes die Deformation für $c_2 = 1$ innerhalb eines Iterationsschrittes vollständig beseitigt.

2.1 Bestimmung des Referenzmodelles

In diesem Abschnitt wird beispielhaft die Ermittlung des Referenzmodelles für die Freiheitsgrade Skalierung und Translation dargestellt. Die Erweiterung auf weitere Freiheitsgrade ist, insbesondere bei Beschränkung auf affine Transformationen in 2D und 3D, möglich. Das Referenzmodell

$$\hat{\mathcal{Y}} = \{\hat{\mathbf{y}}_j = T_{\hat{\mathbf{a}}}(\mathbf{y}_j(0)) = \mathbf{y}_j - \tilde{\mathbf{y}}_j\} \qquad (9)$$

ist für den hier betrachten Fall mit $T_\mathbf{a} : \mathcal{R}^2 \to \mathcal{R}^2$, $\mathbf{a} = (s, t_1, t_2)^T$,

$$T_\mathbf{a}(\mathbf{y}_j(0)) = s\mathbf{y}_j(0) + \begin{pmatrix} t_1 \\ t_2 \end{pmatrix} \tag{10}$$

so zu bestimmen, daß die Deformation $\sum_j \tilde{\mathbf{y}}_j^2$ minimal wird. Mit

$$\mathbf{M} = \begin{pmatrix} y_{1,1}(0) & \cdots & y_{J,1}(0) & y_{1,2}(0) & \cdots & y_{J,2}(0) \\ 1 & \cdots & 1 & 0 & \cdots & 0 \\ 0 & & 0 & 1 & & 1 \end{pmatrix}^T \tag{11}$$

$$\mathbf{y} = (y_{1,1}, \ldots, y_{J,1}, y_{1,2}, \ldots, y_{J,2})^T \tag{12}$$

($\hat{\mathbf{y}}, \tilde{\mathbf{y}}$ entsprechend) und $\mathbf{a} = (s, t_1, t_2)^T$ kann das Problem in der Form

$$\mathbf{M}\mathbf{a} = \mathbf{y} - \tilde{\mathbf{y}} = \hat{\mathbf{y}} \quad \text{unter der Nebenbedingung} \quad \tilde{\mathbf{y}}^T \tilde{\mathbf{y}} \stackrel{!}{=} \min \tag{13}$$

formuliert werden. Die Lösung $\hat{\mathbf{a}} = \left(\hat{s}, \hat{t}_1, \hat{t}_2\right)^T$ dieses überbestimmten Gleichungssystems ist durch

$$\hat{\mathbf{a}} = \mathbf{M}^+ \mathbf{y} \tag{14}$$

gegeben (siehe z.B. [11]), wobei $\mathbf{M}^+ = (\mathbf{M}^T \mathbf{M})^{-1} \mathbf{M}^T$ die Moore-Penrose Pseudoinverse von $\mathbf{M}$ ist. Das Referenzmodell kann daher direkt mittels

$$\hat{\mathbf{y}} = \mathbf{M} \mathbf{M}^+ \mathbf{y} \tag{15}$$

bestimmt werden.

3 Objektverfolgung und Klassifikation

Das oben beschriebene Verfahren wird u.a. zur Verfolgung von Fahrzeugen eingesetzt. Hierbei dient die gefundene Position des Objektes in einem Bild jeweils als Initialposition für den Iterationsprozeß im nächsten Bild der Sequenz. Über die Sequenz hinweg stehen somit Objektposition und -skalierung zur Verfügung und können zur Ermittlung der Dynamik des Fahrzeugs oder zur Bestimmung von Regelgrößen ausgewertet werden. So leitet sich z.B. aus der Skalierungsvariation die *time-to-collision* ab, die insbesondere für eine Abstandsregelung geeignet ist [6].

Um den Echtzeitanforderungen dieser Aufgabe zu genügen, werden als Merkmale Liniensegmente genutzt, die eine Vorverarbeitungshardware in Video-Rate bereitstellt. Aufgrund des Aperturproblems sind einige Anpassungen vorzunehmen, so daß jeweils nur die Normalenkomponenten bezüglich der Modellmerkmale in die Berechnungen Eingang finden. Insbesondere wird als Distanz- (3) und Deformationsmaß (8) der Normalenabstand gewählt und das Referenzmodell über eine mit der Normalenkomponente gewichtete kleinste Quadrate Schätzung gewonnen. Das Ähnlichkeitsmaß $s_{ij} = \cos^p \Delta\phi_{ij}$ wird auf der Basis des Winkels $\Delta\phi_{ij}$ zwischen Modell- und Bildmerkmal bestimmt, wobei p eine gerade positive Zahl ist.

Das Fahrzeug kann auf Basis der Übereinstimmung von Modell- und Bildmerkmalen an der geschätzten Objektposition und -skalierung klassifiziert werden. Die zugeordnete Klasse wird bei der Verfolgung des Objektes durch einen Hypothesentest fortwährend überprüft, um die Klassifikationssicherheit zu erhöhen. Die hierbei verwendeten Methoden werden im folgenden beschrieben.

3.1 Erzeugung des Merkmalvektors

Als Eingabevektor der Klassifikatoren und Hypothesentester dient ein Vektor **m**, der die Ähnlichkeit zwischen Bild- und Modellmerkmalen mißt. Im Gegensatz zu der in [1] verwendeten *Mahalanobis*-Distanz schlagen wir einen Algorithmus vor, der der Mehrdeutigkeit der Zuordnung zwischen einem Modell- und mehreren Bildmerkmalen Rechnung trägt.

Jede Komponente m_{c_j} des Merkmalvektors **m** zum Modell c repräsentiert die Ähnlichkeit eines Modellmerkmals $\mathbf{y}_{c_j}$ mit der Menge der Bildmerkmale $\mathcal{X}$. In diesem Abschnitt schlagen wir einen effizienten Algorithmus zur Berechnung dieser Werte vor. Aus Gründen der Klarheit und Einfachheit wird im folgenden auf den Modellindex c verzichtet.

Ist $\mathbf{p}_j$ ein Punkt des Modellmerkmals $\mathbf{y}_j$ und $\mathbf{q}_i$ ein Punkt des Bildmerkmals $\mathbf{x}_i$, dann definiert

$$\text{match}(\mathbf{p}_j, \mathbf{q}_i) = \max(\cos \Delta\phi_{ij}(1 - \kappa|\mathbf{p}_j - \mathbf{q}_i|), 0) \qquad (16)$$

ein Ähnlichkeitsmaß zwischen $\mathbf{p}_j$ und $\mathbf{q}_i$ mit $\kappa > 0$. Die Umgebung des Punktes $\mathbf{p}_j$ wird durch

$$\text{env}(\mathbf{p}_j) = \{\mathbf{q}_i|\ \text{match}(\mathbf{p}_j, \mathbf{q}_i) > 0,\ (\mathbf{p}_j - \mathbf{q}_i) \perp \mathbf{y}_j,\ i = 1, \ldots, I\} \qquad (17)$$

definiert. Sie umfaßt alle Punkte von Bildmerkmalen, die auf der Normalen zum Modellmerkmal $\mathbf{y}_j$ durch $\mathbf{p}_j$ liegen.

Die Ähnlichkeit m_j ergibt sich dann aus der Integration der maximalen Ähnlichkeitswerte der $\mathbf{q}_k \in \text{env}(\mathbf{p}_j)$ über alle $\mathbf{p}_j \in \mathbf{y}_j$. Im Falle von Liniensegmenten konstituiert $\{\mathbf{q}_k\}$ eine neue Menge von Merkmalen $\mathcal{X}_{a,j}$, die sogenannte aktive Menge.

Zur effizienten Berechnung dieser aktiven Menge des Modellmerkmals $\mathbf{y}_j$ wird eine Teilmenge $\mathcal{X}_j$ der Bildmerkmale betrachtet, deren Winkeldifferenz und deren Mittelpunktabstand zum Modellmerkmal eine Schwelle nicht überschreiten. Durch die Koordinatentransformation

$$\mathbf{x}' = \begin{pmatrix} 0 \\ \cos \Delta\phi_{ij} \end{pmatrix} - \begin{pmatrix} -\frac{1}{l_j} & 0 \\ 0 & \kappa \cos \Delta\phi_{ij} \end{pmatrix} \begin{pmatrix} \cos \alpha_j & \sin \alpha_j \\ -\sin \alpha_j & \cos \alpha_j \end{pmatrix} (\mathbf{x} - \mathbf{p}_{j0}), \qquad (18)$$

bei der l_j die Länge des Modellmerkmals $\mathbf{y}_j$, $\mathbf{p}_{j0}$ dessen Anfangspunkt und α_j den Winkel mit der Abszisse bezeichnet, wird $\mathbf{y}_j$ auf das Intervall $[0, 1]$ abgebildet (siehe Abb. 1). Zudem entspricht im transformierten Koordinatensystem der Betrag der Ordinate $q'_{i,y}$ dem Ähnlichkeitswert nach Gleichung (16). Aufgrund der linearen Transformationen bilden die $\{\mathbf{q}'_i\}$ ebenfalls eine Menge von Linienmerkmalen.

Im transformierten Koordinatensystem kann die aktive Menge $\{\mathbf{q}'_k\}$ effizient mittels des *sweep line*- Algorithmus bestimmt werden [9]. Das Ähnlichkeitsmaß ergibt sich schließlich durch $m_j = \int_0^1 \max(q'_{k,y}, 0) dx$. Die Integration kann explizit gelöst werden, da die aktive Menge $\mathcal{X}_{a,j}$ bekannt ist.

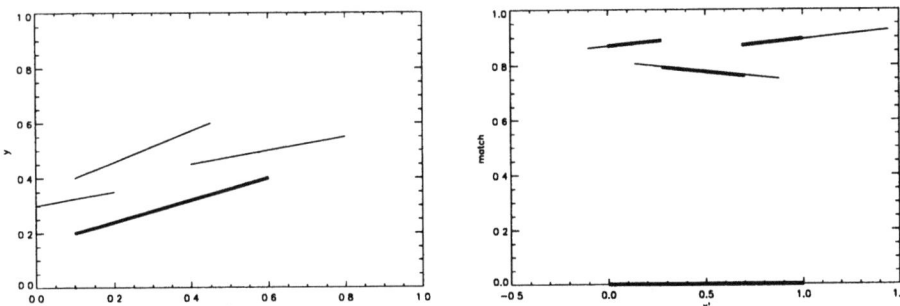

Abb. 1. Ein Modellmerkmal (fett) und einige Bildmerkmale im ursprünglichen (links) und im transformierten Koordinatensystem (rechts). Zusätzlich ist im rechten Bild die aktive Menge hervorgehoben.

3.2 Bayes Klassifikator und mehrschichtiges Perzeptron

Zur Bestimmung der Objektklasse aus dem Merkmalvektor **m** werden ein Bayesklassifikator [2] oder alternativ ein mehrschichtiges Perzeptron verwendet. Zur Realisierung eines Bayesklassifikators, der die a posteriori Wahrscheinlichkeiten $p(\omega_c|\mathbf{m})$ maximiert, wird eine Schätzung der bedingten Dichten $p(\mathbf{m}|\omega_c)$ benötigt, wobei ω_c die Objektklasse bezeichnet. Da eine Parametrisierung der Dichten im betrachteten Fall nicht möglich ist, werden unabhängige diskrete Merkmale vorausgesetzt, so daß sich die Diskriminantenfunktionen zu

$$f_c(\omega_c) = \sum_{j=1}^{d} \sum_{k=1}^{b} \delta(m_j - k) \ln(p(m_j = k|\omega_c)) + \ln(p(\omega_c)) \qquad (19)$$

mit $p(m_j = k|\omega_c) > 0$ ergeben. Hierbei bezeichnet d die Dimension von **m**, b die möglichen Werte der Ähnlichkeiten, die zu diesem Zweck quantisiert werden, und δ das Kroneckerdelta. Die $\ln(p(m_j = k|\omega_c))$ werden dabei mittels der relativen Häufigkeiten auf dem Trainingsdatensatz geschätzt.

Als Alternative zum Bayesklassifikator wird ein vorwärtsgekoppeltes zweischichtiges neuronales Netz verwendet, das mit dem konjugierten Gradientenverfahren trainiert wird.

3.3 Kombination der Klassifikatoren

Im wesentlichen können Klassifikatoren auf drei Arten zu einem Klassifikationssystem miteinander kombiniert werden. Es können alle Klassifikatoren parallel angewendet werden, ein Klassifikator wird dynamisch von einer höheren Instanz ausgewählt oder die Klassifikatoren werden hierarchisch angeordnet. Ho et al. [5] geben eine kurze Übersicht über die entsprechenden Konzepte.

In dem beschriebenen System wird aus zwei Gründen ein dynamisches Selektionssystem verwendet. Zum einen ist in den meisten Fällen nur ein Klassifikator notwendig, um zu einer sicheren Entscheidung zu gelangen. Zum anderen ist für die Bestimmung einer geeigneten Kombinationsfunktion oder für den Entwurf eines hierarchischen Konzeptes eine Aufteilung des Trainingssatzes notwendig, was eine große Menge von Beispielen voraussetzt.

Die Werte der Diskriminantenfunktionen (19) sind ein Maß für die a posteriori Wahrscheinlichkeit der einzelnen Klassen. Ist die Differenz zwischen den beiden kleinsten Diskriminantenwerten kleiner als eine festgesetzte Schwelle t, so wird zusätzlich eine Bewertung durch das Perzeptron vorgenommen.

Die so gewonnen Klassifikationsraten der einzelnen Klassifikatoren und des kombinierten Klassifikators für ein drei Klassen Problem (PKW, LKW, KEIN OBJEKT), gemittelt über zehn Versuche, sind 94,39% (Bayes), 94,71% (Perzeptron) und 95,74% (Kombination). Die Klassifikationsrate kann durch die Kombination verbessert werden, wobei der computatorische Aufwand nahezu konstant bleibt.

Abbildung 2 (oben) zeigt zwei Bilder aus einer Sequenz von insgesamt ca. fünf Minuten, innerhalb der das verfolgte Fahrzeug mehrmals einen Spurwechsel durchführt und der Abstand ebenfalls stark variiert. Dies kann den in Abb. 2 (unten) über der Zeit aufgetragenen Parametern entnommen werden. Innerhalb dieser Sequenz mußte das System einmal neu initialisiert werden (siehe Markierung), nachdem das verfolgte Fahrzeug von einem weiteren Fahrzeug vollständig verdeckt wurde und das System daraufhin dieses Fahrzeug verfolgte.

Durch die Implementierung der oben beschriebenen Algorithmen auf einem Signalprozessor (TI TMS320C40) können in Abhängigkeit von der Anzahl der Merkmale 8-12 Bilder/s bearbeitet werden.

4 Zusammenfassung

In diesem Beitrag wurde ein merkmal- und modellbasiertes System zur Objekterkennung und Verfolgung vorgestellt. Die Merkmalkorrespondenzen werden durch einen Algorithmus optimiert, der neben anderen Eigenschaften wie die Robustheit gegen fehlende Merkmale die Vorteile von *annealing* Algorithmen bei der Vermeidung lokaler Minima besitzt.

Die verwendeten Klassifikatoren zeigen hohe Klassifikationsraten bei kleinen Ausführungszeiten. Durch die Kombination der Klassifikatoren konnte die Leistungsfähigkeit weiter gesteigert werden.

Im demonstrierten Anwendungsfall werden Liniensegmente als Merkmale verwendet. Das System ist daher derzeit auf Modellklassen beschränkt, die durch diese Merkmale hinreichend genau beschrieben werden können. Eine Anpassung der Algorithmen an andere Merkmaltypen und veränderte Freiheitsgrade ist jedoch möglich. Aufgrund der Fähigkeit der lokalen Merkmalanpassung können ähnliche Objekte durch ein Modell beschrieben werden.

Literatur

1. Deriche, R., and Faugeras, O., Tracking Line Segments, *Proceedings ECCV' 90*, 0. Faugeras (Ed.), Springer Verlag, Berlin, 1990, pp. 259–268
2. Duda, R., Hart, P., Pattern Classification and Scene Analysis, Wiley, 1973
3. Durbin, R., Szeliski, R., and Yuille, A., An Analysis of the Elastic Net Approach to the Travelling Salesman Problem, *Neural Computation* 1, 1989, pp. 348–358
4. Durbin, R. and Willshaw, D., An analogue approach to the travelling salesman problem using an elastic net approach, *Nature*, vol. 326, no. 6114, 1987, pp. 689–691
5. Ho, T., Hull, J. Srihari, S., Decision Combination in Multiple Classifier Systems, *PAMI*, vol. 16, no. 1, 1994, pp. 66-75

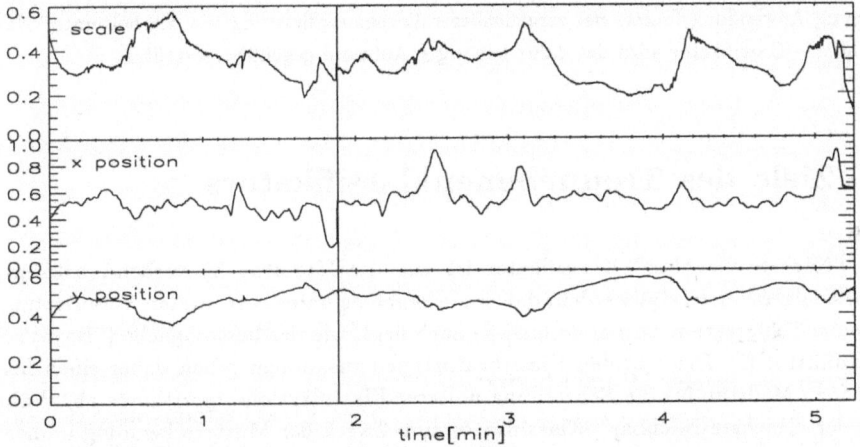

Abb. 2. Oben: Zwei Bilder einer Sequenz. Die geschätzte Objektposition wird durch das eingeblendete Modell dargestellt. Unten: Darstellung der zugehörigen Modellparameter.

6. Lee, D., A Theory of Visual Control of Braking Based on Information about Time-To-Collision, *Perception* **5**, 1976, pp. 437–459
7. Rose, K., Gurewitz, E., and Fox, G.C., Constrained Clustering as an Optimization Method, *PAMI*, vol. 15, no. 8, 1993, pp. 785–793
8. Schwarzinger, M., Noll, D., v. Seelen, W., Object recognition with deformable models using constrained elastic nets, *Mustererkennung 1992*, Fuchs, Hoffmann (Hrsg.), Springer Verlag, 1992, pp. 96–104
9. Sedgewick, R., Algorithms, Second Edition, Addison-Wesley, 1988
10. Simic, P.D., Constrained Nets for Graph Matching and Other Quadratic Assignment Problems, *Neural Computation* **3**, 1991, pp. 268–281
11. Strang, G., Linear Algebra and Its Applications, Harcourt Brace Jovanich College Publishers, Fort Worth, Third Edition, 1988
12. Yuille, A.L., Generalized Deformable Models, Statistical Physics, and Matching Problems, *Neural Computation* **2**, 1990, pp. 1–24

Vergleich des Trennebenenklassifikators mit dem "Nächsten Nachbar"–Klassifikator

C. Politt, Bremen

Kurzfassung

Der folgende Artikel stellt ein Verfahren für den Klassifikatorentwurf vor, das in der Mustererkennung Anwendung findet. Bei vergleichbarer Erkennungsleistung wie der bekannte "Nächste Nachbar"-Klassifikator wird der dafür benötigte Aufwand gegenübergestellt.

1 Ziele des Trennebenenklassifikators

Der "Nächste Nachbar"-Klassifikator ist aus der Literatur hinreichend bekannt. Es konnte allgemein gezeigt werden, daß er als Ergebnis unter bestimmten Voraussetzungen in seiner Fehlerrate maximal doppelt so hoch liegt, wie der bestmögliche ("Bayes'sche") Klassifikator [1]. Diese beiden Klassifikatortypen zusammen geben daher einen hervorragenden Maßstab für die Beurteilung weiterer Klassifikationsalgorithmen ab. Während sich der "Nächste Nachbar"-Klassifikator zum Zweck der Mustererkennung immer einsetzen läßt, kann der "Bayes'sche" Klassifikator nur dann eingesetzt werden, wenn genaue Kenntnisse über die Verteilung vorliegen. Der Aufwand zum Entwurf des "Nächsten Nachbar"-Klassifikators ist sehr gering: Es müssen nur die Muster mitsamt ihrer Klassenzugehörigkeit gespeichert werden. Durch bestimmte Algorithmen läßt sich die Anzahl dieser Muster zudem noch verringern, ohne daß sich seine Klassifikationsleitung gravierend verschlechtert. Der Aufwand in der Erkennungsphase ist beim "Nächsten Nachbar"-Klassifikator dagegen relativ hoch: Das zu klassifizierende Muster muß mit allen Referenzmustern verglichen werden. Dies ist einer der Gründe, die zur Entwicklung des Trennebenenalgrithmus führten.

Ziel des Trennebenenalgorithmus ist es, ähnlich gute Ergebnisse zu erreichen, wie dies mit dem "Nächsten Nachbar"-Verfahren möglich ist. Daß dieses bei einer ausreichenden Anzahl von kontinuierlichen Lernmustern unter bestimmten Voraussetzungen machbar ist, wurde bereits in [2] dargestellt. Wie groß der dafür erforderliche Aufwand im Vergleich zum "Nächsten Nachbar" (oder den Verfahren, die die Anzahl der Muster noch verringern) ist, wird im folgenden Artikel beschrieben.

2 Der Trennebenenalgorithmus

Die D−dimensionalen Muster spannen einen Merkmalraum auf, der ebenfalls die Dimension 'D' aufweist. Der Trennebenalgorithmus versucht, durch Hineinlegen von Ebenen der Dimension '$D-1$' in den Merkmalraum, diesen in mehrere Unterräume aufzuteilen. Durch iterative Unterteilung werden so konvexe Gebiete erzeugt, die jeweils nur noch Muster einer Klasse enthalten. Diese Gebiete werden dann bestimmten Klassen zugeordnet.

Die Trennebenen werden dabei jeweils so zwischen zwei Mustern unterschiedlicher Klassenzugehörigkeit plaziert, daß sie senkrecht auf der Verbindungslinie dieser beiden Muster stehen und von beiden Mustern denselben Abstand haben; sie bilden somit zwischen diesen beiden Mustern die Entscheidungsebene des "Nächsten Nachbar"-Klassifikators. Zum Entwurf des Klassifikators wird daher zunächst die (für alle Lernmuster) erste optimale (Kriterium dafür: siehe unten) Trennebene herausgesucht. Anschließend werden die Muster – abhängig von ihrer Lage im Merkmalraum bezüglich der Trennebene – in zwei Untermengen geteilt. Für jede dieser Untermengen wird das Verfahren durch Errichten weiterer Trennebenen fortgesetzt, bis sich nur noch Muster derselben Klasse in der Untermenge finden.

BESCHREIBUNG DES BENUTZTEN ALGORITHMUS

(Schritt 1.)
Anhand der aktuellen Lernmuster die beste aller möglichen Trennebenen zwischen zwei Mustern aussuchen

(Schritt 2.)
Alle aktuellen Lernmuster anhand der neuen Trennebene in zwei Untermengen aufteilen

(Schritt 3.)
Getrennt für jede der beiden neu erzeugten Untermengen:
 – Falls die Lernmuster unterschiedlichen Klassen angehören,
  ⇒ weiter mit (Schritt 1.)
 – Falls alle enthaltenen Lernmuster derselben Klasse angehören,
  ⇒ weiter mit (Schritt 4.)

(Schritt 4.)
Das aktuelle Cluster enthält nur noch Muster einer Klasse. Das durch alle bisher in diesem Pfad benutzten Trennebenen gebildete konvexe Gebiet wird daher dieser Klasse zugeordnet.

Als geeignetes Kriterium für die optimale Trennebene hat sich die Transinformation I herauskristallisiert. Die Transinformation wurde bereits in [3] als geeignetes Merkmal zum Zwecke der Musterklassifikation herangezogen. Sie läßt sich folgendermaßen berechnen:

$$I_{w_j G} = - \sum_i \sum_k P(w_j = i, G = C_k | j) * ld(\frac{P(w_j = i|j) * P(G = C_k|j)}{P(w_j = i, G = C_k|j)})$$

$$i \in \{-1, +1\}, \qquad k \in \{1...K\} \quad .$$

Pro Trennebene wird dabei – je nachdem auf welcher Seite sich das aktuelle Muster befindet – für jedes Muster eine '+1' bzw. '-1' ausgegeben. Die Doppelsumme wird über alle diese Ausgangswerte ($i = \pm 1$) und über alle vorkommenden Klassen K gebildet. Es läßt sich somit in jeder einzelnen Stufe j bestimmen, welche aller möglichen Trennebenen die derzeit günstigste darstellt, und zwar abhängig vom Ausgangswert für die Trennebene w_j und der Klassenzugehörigkeit G der Muster.

Der Zahlenwert für die Transinformation I ist um so größer, je "klassenreiner" die Trennebene eine Unterteilung der Lernmuster vornimmt und je besser die Teilung in zwei gleich große Untermengen gelingt. Sind die beiden folgenden Untermengen gleich groß, d.h. liegen in jeder der beiden 50% der Muster und befinden sich alle Muster derselben Klasse auch gemeinsam auf derselben Seite der Trennebene, so erreicht die Transinformation dieser Trennebene ihren Maximalwert von Eins. Aufgrund dieser Eigenschaften bildet die Transinformation ein äußerst geeignetes Maß zur Bestimmung der besten Trennebene.

Die Transinformation selbst liefert jedoch keinerlei Hinweis darauf, welchen Abstand die Trennebenen zu den anderen Lernmustern im Merkmalraum besitzen. Es wäre aber wünschenswert, auch hierüber eine Aussage zu gewinnen, da dann bei gleicher Transinformation diejenigen Trennebenen bevorzugt werden könnten, die in den Tälern der Verteilungsfunktionen verlaufen. Dieser Gesichtspunkt tritt bei einem Klassifikatorentwurf unter Verwendung von Mustern mit einem höheren Bayes'schen Risiko in den Hintergrund, da es hier nur selten Trennebenen derselben Transinformation gibt. Demzufolge wird hier allein nach dem Kriterium der maximalen Transinformation eine recht günstige Unterteilung der Muster erreicht. Liegen die Muster allerdings so im Merkmalraum, daß sie "leicht" zu trennen sind, (daß also der Fall von Trennebenen mit der maximalen Transinformation von Eins relativ häufig vorkommt,) so ist es – wie die Versuche gezeigt haben – durchaus sinnvoll, ein zweites Kriterium für die Bestimmung der Trennebenen heranzuziehen.

Falls die maximale Transinformation für mehrere Trennebenen gleich groß ist, wird nach einem Zusatzkriterium entschieden. Dieser Zustand tritt besonders dann auf, wenn der Musterraum durch die Lernmuster relativ spärlich besetzt ist und wenn die Verteilung der Muster eine so geringe Streuung besitzt, daß zahlreiche Trennebenen existieren, die eine klassenreine Aufteilung erreichen: In diesem Fall gibt es oft mehrere Trennebenen, die die maximal mögliche Transinformation von $I = 1$ erreichen.

<u>Zusätzliches Merkmal für die Trennebenenauswahl</u>
Bei jeder Trennebene wird dasjenige Muster mit dem geringsten Abstand zu dieser herausgesucht, das sich noch in der aktuellen Untermenge befindet. Sollte das Maximum

der Transinformation von mehreren Trennebenen erreicht werden, so fällt die Entscheidung zugunsten derjenigen Trennebene aus, bei der das dichtestliegende Muster noch den größten Abstand zur Trennebene aufweist.

3 Ergebnisse

Im folgenden soll zunächst die erzielte Erkennungsleistung im Vergleich mit den Ergebnissen anderer bekannter Klassifikatoren dargestellt werden. Anschließend wird der erforderliche Aufwand gegenübergestellt.

Zur Bestimmung der Klassifikatoren wurden jeweils 500 zweidimensionale normalverteilte Muster benutzt. (Fünf Klassen, 100 Muster je Klasse.) Die Werte in der Tabelle geben die Fehlerzahl an, die sich bei der Klassifikation einer fremden Teststichprobe mit 200 000 Mustern ergab. Alle Untersuchungen wurden mit unterschiedlichen Standardabweichungen der Verteilungen (von $\sigma = 5$ bis $\sigma = 10$) vorgenommen. Die mit Hilfe des softwaremäßig zur Verfügung stehenden Zufallsgenerators erzeugten Mittelwerte waren für jede der beiden Koordinatenrichtungen auf das Intervall $[-100, +100]$ beschränkt; sie betrugen im einzelnen (Zahlenwerte auf zwei Nachkommastellen gerundet):

	x_1	x_2
C_0	-55.81	18.18
C_1	-2.07	70.62
C_2	-47.76	-40.63
C_3	-30.39	32.40
C_4	-69.50	-68.80

TABELLE 1: LAGE DER MITTELWERTE

Bei der Klassifikation kontinuierlicher Muster sind nach dem Trennebenenalgorithmus folgende Ergebnisse erreicht worden:

	Standardabweichung										
	5.0	5.5	6.0	6.5	7.0	7.5	8.0	8.5	9.0	9.5	10.0
Bayes	136	355	710	1276	2009	2888	3960	5158	6505	8004	9694
Bayes*	140	350	708	1279	2013	2901	3961	5153	6521	8077	9695
NN	211	530	964	1623	2512	3788	5221	7295	10014	12490	15334
CNN	251	395	1103	1771	3076	5072	6423	8880	11505	16340	18666
RNN	251	396	1103	1771	3508	5594	6393	7947	10281	14735	16685
TEA	195	532	990	1702	2632	3628	4601	6454	8443	11354	13225

TABELLE 2: FEHLERANZAHL BEI DER KLASSIFIKATION

Pro Zeile ist die Versuchsreihe eines bestimmten Klassifikatortyps dargestellt. Variiert wurde in den Versuchen dabei jeweils die Standardabweichung der normalverteilten Muster. Um einen Vergleich mit bekannten Verfahren zu ermöglichen, sind deren Ergebnisse ebenfalls mit aufgeführt. Die erzielten Ergebnisse sind außerdem in Fig. 1 dargestellt.

- **Bayes** (Bayes'scher Klassifikator)
  In der Zeile "Bayes" sind die Ergebnisse des Bayes'schen Klassifikators angegeben, der von den genauen Verteilungsparametern ausgeht.

- **Bayes*** (Geschätzter Bayes'scher Klassifikator)
  Dies ist ein Klassifikator, der ähnlich dem Bayes'schen Klassifikator arbeitet, aber nicht von den tatsächlichen Verteilungsschwerpunkten ausgeht, sondern von den aus der Lernstichprobe geschätzten Schwerpunkten (Häufungspunkte).

- **NN** ("Nearest Neighbour"-Klassifikator)
  Der "Nearest Neighbour"- (oder Nächster Nachbar"-) Klassifikator weist dem zu erkennenden Muster die Klasse zu, die das im Musterraum am dichtesten liegende Lernmuster besitzt (euklidischer Abstand). Die Ergebnisse für den "Nächsten Nachbar"-Klassifikator sind in der Spalte "NN" angegeben.

- **CNN** ("Condensed Nearest Neighbour"-Klassifikator)
  Der CNN-Klassifikator arbeitet genauso wie der NN-Klassifikator, nur nehmen hier nicht alle Lernmuster an dem Vergleich teil, sondern nur eine reduzierte Anzahl davon. Dabei werden die Lernmuster der Reihe nach daraufhin untersucht, ob sie von den bereits übernommenen Lernmustern richtig klassifiziert werden. Sollte dies der Fall sein, so werden sie ausgeschieden, andernfalls ebenfalls in die Menge der endgültigen Lernmuster übernommen. Das Verfahren zum "Verdichten" der Lernmuster ist ausführlich in [4] dargestellt.

- **RNN** ("Reduced Nearest Neighbour"-Klassifikator)
  Ausgehend von der Menge der CNN - Lernmuster werden abermals Lernmuster ausgeschieden. Es wird der Reihe nach für jedes Lernmuster überprüft, ob alle Lernmuster auch ohne das aktuelle Muster mit Hilfe der "Nächsten Nachbar"-Regel korrekt erkannt werden. Sollte dies der Fall sein, so wird es aus der Menge der Lernmuster gelöscht; andernfalls bleibt es in der Menge enthalten. Eine genaue Beschreibung dieses Verfahrens findet sich ebenfalls in [4].

- **TEA** (Trennebenenalgorithmus)
  Es wurden alle Tests mit dem beschriebenen Zusatzkriterium durchgeführt. Ein Verzicht auf dieses Kriterium verschlechtert den TEA bei geringer Streuung der Muster geringfügig. Im Bereich stärkerer Streuung hat der zusätzliche Einsatz allerdings keine Wirkung: Da es hier praktisch keine Trennebenen mit derselben Transinformation gibt, kommt es nicht zum Einsatz.

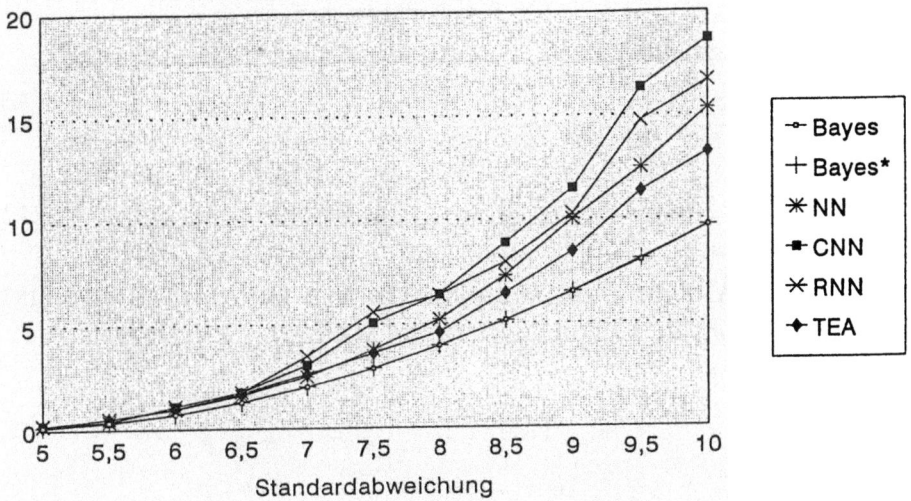

FIG. 1: ERGEBNISSE DER VERSCHIEDENEN KLASSIFIKATORTYPEN
(FEHLERZAHL IN TAUSEND)

Im folgenden wird der Aufwand der verschiedenen Klassifikatoren verglichen.

Alle Verfahren lassen sich als dreilagiges Neuronales Netz realisieren; Einzelheiten dazu finden sich u.a. in [2, 5, 6]. Aus diesem Grund wird die Anzahl von Neuronen in der Eingangsschicht eines Neuronalen Netzes als Vergleichsmaßstab für den Aufwand herangezogen, die benötigt würden, wenn der Klassifikator auf diese Weise verwirklicht würde. Die Zahl der Eingangsneuronen bestimmt sich beim Bayes'schen Klassifikator (exakt und geschätzt) sowie bei den NN-, CNN- und RNN-Klassifikatoren aus der Zahl der zu merkenden Lernmuster. Für den TEA-Klassifikator entspricht die Anzahl der insgesamt benötigten Trennebenen der Zahl der Neuronen in der Eingangsschicht des Neuronalen Netzes.

Der benötigte Aufwand für die unterschiedlichen Klassifikatoren ist aus der Tabelle 3 (und Fig. 2) zu ersehen. Die Zahl der Neuronen für den Bayes'schen Klassifikator ergibt sich trivialerweise zu '5', da es sich um fünf Klassen handelt und lediglich die Mittelpunkte (exakt bzw. geschätzt) pro Klasse gespeichert werden müssen. Für den NN-Klassifikator werden immer 500 Eingangneuronen benötigt, er ist in Fig. 2 nicht mit dargestellt. Die Neuronenzahl der übrigen Klassifikatoren (CNN, RNN und TEA) wurde nach der oben beschriebenen Weise anhand der Lernstichprobe durch Versuche ermittelt.

	Standardabweichung										
	5.0	5.5	6.0	6.5	7.0	7.5	8.0	8.5	9.0	9.5	10.0
Bayes	5	5	5	5	5	5	5	5	5	5	5
Bayes*	5	5	5	5	5	5	5	5	5	5	5
NN	500	500	500	500	500	500	500	500	500	500	500
CNN	7	7	8	9	20	35	40	47	57	66	73
RNN	5	5	7	8	11	22	21	27	38	41	45
TEA	4	4	4	5	5	6	8	11	15	22	29

TABELLE 3: ANZAHL DER NEURONEN IN DER ERSTEN SCHICHT EINES ALS KLASSIFIKATOR BENUTZTEN NEURONALEN NETZES

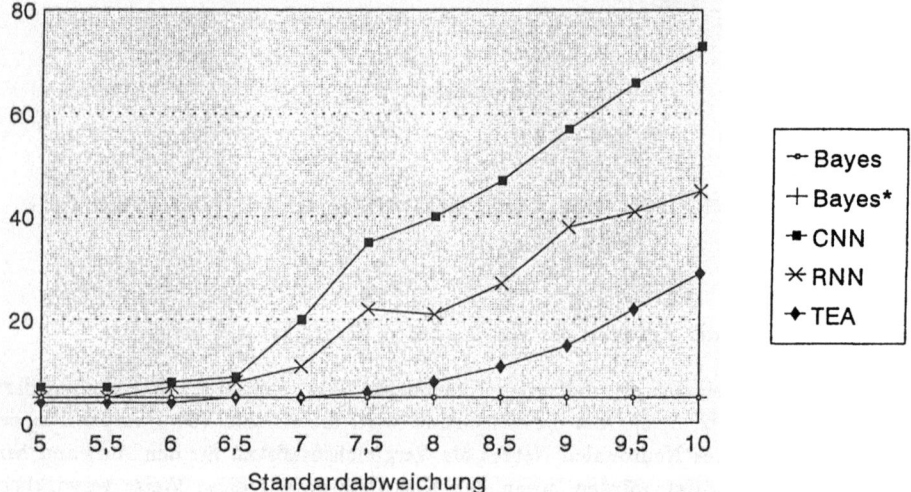

FIG. 2: AUFWAND FÜR DIE VERSCHIEDENEN KLASSIFIKATORTYPEN (ANZAHL DER EINGANGSNEURONEN)

4 Diskussion der Ergebnisse

Die Übereinstimmung der Klassifikationsergebnisse des exakten Bayes'schen Klassifikators mit denen des geschätzten Bayes'schen Klassifikators läßt den Schluß zu, daß die Lernmuster die statistischen Eigenschaften der Verteilung gut repräsentieren. Das ausgezeichnete Abschneiden dieser Klassifikatoren war erwartet worden; ohne Zweifel ist der Bayes'sche Klassifikator als erste Wahl anzusehen, sobald sich mit ausreichender Genauigkeit auf die Verteilung der Muster schließen läßt. Hier spielen diese Klassifikatoren allerdings die Rolle einer Referenz: Ein besseres Ergebnis als dieses ist grundsätzlich im Mittel nicht erreichbar.

Der Trennebenenalgorithmus schneidet beim Klassifikationsergebnis der hier untersuchten Muster merkbar besser ab als die NN-Klassifikatoren. Dies gilt ebenfalls bei einer

Abschätzung des notwendigen Aufwands. Er wurde inzwischen an zahlreichen synthetisch erzeugten normalverteilten Mustern getestet; dabei wurde sowohl die Dimension der Muster ($D = 1...9$) als auch die Zahl der Klassen ($k = 2...10$) variiert. War die Standardabweichung der Lernmuster sehr gering, (so daß sich die "Musterwolken" im Merkmalraum kaum durchdringen,) ist der TEA zwingend auf das beschriebene Zusatzkriterium angewiesen, da er ansonsten die Trennebenen recht willkürlich zwischen die "Musterwolken" in den Merkmalraum legt und so in seiner Erkennungsleistung abfällt. Bei größerer Standardabweichung ist das Zusatzkriterium nicht notwendig, da es dann i.a. keine Trennebenen gleicher Transinformation gibt, es bringt jedoch – wie bereits oben dargestellt – auch keine Nachteile mit sich.

Solange genügend Lernmuster zur Verfügung standen, konnte nahezu immer ein gleichwertiges Klassifikationsergebnis wie das beschriebene beobachtet werden; d.h. der Trennebenalgorithmus benötigte zu einem geringfügig besseren Klassifikationsergebnis als die NN-Klassifikatoren einen erheblich niedrigeren Aufwand!

Literatur

[1] T. M. Cover
Estimation by the Nearest-Neighbour Rule
IEEE Transactions on Information Theory, Vol. IT-14, January 1968, pp.50-55

[2] C. Politt
Verfahren zur Festlegung dreischichtiger rückwirkungsfreier Neuronaler Netze
Technische Universität Braunschweig, 1993

[3] J. Schürmann
Die Transinformation als Bedeutungsmaß in der Zeichenerkennung
AEÜ, 1968, S. 498-501

[4] G. W. Gates
The Reduced Nearest Neighbour Rule
IEEE Transactions on Information Theory, May 1972, pp.431-433

[5] R. P. Lippmann
An Introduction with Neural Nets
IEEE ASSP-Magazine, Vol. 4, April 1987.

[6] J. Schürmann
Neuronale Netze und klassische Methoden der Mustererkennung
FhG-Berichte, 1/1991, S. 24-34

Learning Weights in Discrimination Functions using a priori Constraints*

Norbert Krüger
Ruhr-Universität Bochum
Institut für Neuroinformatik
D–44780 Bochum, Germany
E-mail: nkrueger@neuroinformatik.ruhr-uni-bochum.de

Abstract

We introduce a learning algorithm for the weights in a very common class of discrimination functions usually called "weighted average". Different submodules are produced by some feature extraction and are weighted according to their significance for the actual discrimination task. The learning algorithm can reduce the number of free variables by simple but effective *a priori* criteria about significant features. We apply our algorithm to three different tasks all concerned with face recognition: a 40 dimensional and an 1800 dimensional problem in face discrimination, and a 42 dimensional problem in pose estimation. For the first and second task, the same weights are applied to the discrimination of all classes; for the third problem, a metric for every class is learned. For all tasks significant improvements could be achieved. In the third task the performance was increased from 80% to 90%. The idea of our algorithm is so general that it can be applied to improve a large number of existing pattern recognition systems.

1 Introduction

Many pattern recognition systems can be roughly divided into two parts, feature extraction and pattern discrimination. In feature extraction an input $\mathcal{I}$ is transformed into a vector $I_k \in \mathbb{R}^N$. In discrimination the input I has to be assigned to a specific class c. The extracted features are used to evaluate certain similarities to the different classes. Let $Sim_k(c, I)$ be a measure for the similarity of the input I to class c only regarding the k-th feature, respectively submodule. $Sim_k(c, I)$ is assumed to be high when according to the k-th submodule I is a member of class c and is assumed to be low if not. $Sim_k(c, I)$ may, for example, be the distance between a representative of class c and the input I in a specific feature as, for example, in vector quantization [Gra]. Very often the final discrimination function is similar to

$$Sim_{tot}(c, I) = \sum_{k=1}^{n} \frac{Sim_k(c, I)}{n}, \qquad (1)$$

and it is said that I belongs to class c if $Sim_{tot}(c, I)$ is maximal for c. The disadvantage of (1) is that it does not take into account whether the feature I_k is important for the

---
*Supported by grants from the German Federal Ministry for Science and Technology (413-5839-01 IN 101 B9) and from the US Army Research Lab (01/93/K–0109).

decision whether I belongs to class c or not. A better choice would be

$$Sim_{tot}(c, I) = \sum_{k=1}^{n} \beta_k^c \cdot Sim_k(c, I), \qquad (2)$$

with the restrictions $\beta_k^c > 0, \sum_k \beta_k^c = 1$ for every c. For the features k more significant for the recognition of a representative of class c we expect β_k^c to be high, otherwise to be low. In many pattern recognition tasks (e.g., [LVB, Gra]) a discrimination function of type (1) is used. Here we introduce an algorithm to extend (1) to (2) and we give a learning rule for the free parameters β_k^c.
We apply this algorithm to different tasks related to face recognition. The first two tasks are both concerned with face discrimination, but the dimension of the problems is very different. In the first task we have to determine approximately 40 parameters, in the second task we determine 1800 parameters. For the first two tasks β_k^c does not depend on the class c (i.e., $\beta_k^c = \beta_k^{c'} = \beta_k$ for all c, c'). The third task is concerned with pose estimation and the weights are chosen class dependently where c represents the different poses. We would like to stress that our algorithm is not restricted to face recognition tasks, but is able to deal with any problem which fits into the formalism defined above.

2 Problems in choosing discrimination functions

The approach of statistical decision theory is described in detail in [Ber]. Bayes' formula $P(c|I) = P(I|c)P(c)/P(I)$ gives the best discrimination function we can achieve. Unfortunally the problem arises to estimate the parameters $P(c)$ and the conditional densities $P(I|c)$ which are a N-dimensional functions for every c. Therefore *a priori* assumptions about the $P(I|c)$ usually have to be made and one has great difficulties if these assumptions are not fulfilled (see for example [Fuk, LMJ]).
It is well known that the number of free parameters is an important factor in learning algorithms because it is correlated with the number of training examples and the time needed to train the system in order to get acceptable generalization abilities. Here it is our aim to reduce the number of free parameters by using *a priori* settings. One of the advantages of our algorithm is the mixture of *a priori* knowledge and learning. The *a priori* settings are very simple and evident and are controlled by the learning which also gives the required flexibility to find a solution adapted to the problem. In general we assume that a general problem in pattern recognition is the *right mixture* of *a priori* knowledge and learning. There are two extremes: One can invent an expert system, the a priori assumptions are very problem dependent and the system may be suitable to solve very well defined tasks, e.g., the recognition of traffic signs. This system will not be able to handle, for example, the recognition of faces. The other extreme is a very general statement such as Bayes' formula, but then learning may take forever. We think that the right mixture of *a priori* knowledge and learning has to be found. That means that the *a priori* assumptions have to be very general, effective and applicable in many situations.

3 The face recognition system

As a basic visual feature we use a local image descriptor in the form of a vector $I_{s,o}(x, y)$ called "jet" [LVB, WFK]. Each component (s, o) of a jet is a Gabor wavelet of specific frequency s and orientation o, extracted from the image at a definite point (x, y). We are employing Gabor wavelets of 5 different frequencies and 8 different orientations for a total of 40 complex components. Such a jet describes the area surrounding (x, y).

We represent objects as labeled graphs (see figure 1). That means different landmarks (like the tip of the nose, the left eye etc.) form a graph labeled with jets at its nodes (respectively landmarks). To compare jets and graphs, similarity functions are defined: The normalized dot product of two jets I_k, J_k

$$Sim_{jet}(I_k, J_k) = \sum_{s,o} \frac{I_{(k,s,o)} \cdot J_{(k,s,o)}}{||I_k|| \cdot ||J_k||} \qquad (3)$$

yields their similarity. The sum over jet similarities

$$Sim_{tot}(I, J) = \sum_{k=1}^{n_{nod}} \frac{Sim_{jet}(I_k, J_k)}{n_{nod}} \qquad (4)$$

of the nodes of the graph gives the total similarity between two faces I and J; n_{nod} is the number of nodes in the graph. If the faces have different poses (see figure 1) jets describing the same landmark are compared against each other.

For pose estimation we place the graphs shown in figure 1 (right) automatically by the algorithm described in [WFK] on a given pictures. A similaririty between a node of a graph and a general representation of poses (called gfk, general face knowledge) is defined. We calculate the weighted average over these similarities for each graph representing a certain pose. The pose corresponding to the graph yielding the highest total similarity is chosen as the correct one. The pose estimation algorithm is described more precisely in [Kru, KPM].

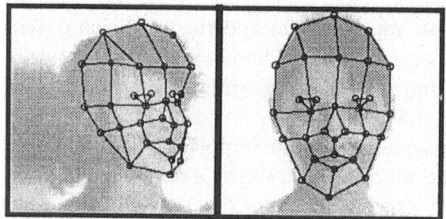
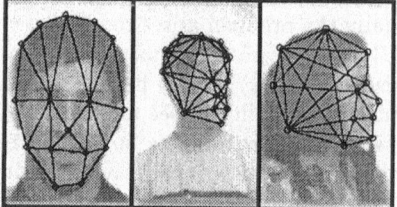

Figure 1: Fexible graphs

Left: Flexible graphs for frontal and half profile views. At every node jets are extracted. For the final decision which face in the gallery corresponds to a certain input face the jets in different poses belonging to the same landmark are compared with each other. **Right:** The graphs used for pose estimation for the different poses (frontal, half profile, profile).

4 Description of the algorithm

In this section we describe the basic idea of our algorithm on the example of learning weights for the nodes of the graphs for face discrimination. We modify (4) into

$$Sim_{tot}(I, J) = \sum_{k=1}^{n_{nod}} \beta_k \cdot Sim_{jet}(I_k, J_k) \qquad (5)$$

and we introduce an evaluation function $Q(T, \beta_1, \ldots, \beta_n)$ which measures the quality of recognition on a certain training set T depending on the weights $\beta_1, \ldots, \beta_n$. Q might be the number of correctly recognized faces or a more complicated function. It turned out that our algorithm is not very sensitive to the different choices of Q we have tried. We will therefore not describe our choices of Q in detail.

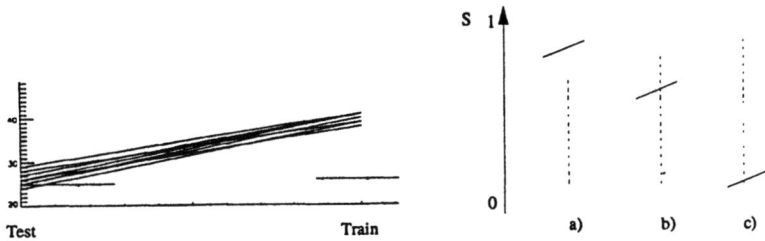

Figure 2: Generalization Examples of H_k^i

Left: Learning without *a priori* knowledge: The figure shows the number of correctly recognized pictures after learning on the test set (left) and trainings set (right). We applied the simplex algorithm directly to Q without using any dimensionality reduction. The results depend on the initial conditions in the simplex algorithm. The corresponding results in different runs are connected by lines. The horizontal lines show the number of correctly recognized persons with unweighted metric. We see a good improvement on the training set and only little or no improvement on the test set. The large number of free variables causes bad generalization properties. The actual task was the learning of weights for the nodes (as described in section 4) for the comparison of half profiles against a gallery of frontals. We had 100 pictures in test and training set. **Right:** Examples of H_k^i. The large bar represents the similarity $S(I_k^i, G_k^i)$ and the dots represent the $S(I_k^i, G_k^j)$ with $i \neq j$. The similarity of two jets ranges between 0 and 1 (for further explanation see text).

We assume that in T there are only pairs of pictures of the same person. Our system "knows" a person by extracting a labeled graph from a picture of this person. We call G^i the graph of the person stored in the system, the set of all graphs stored in the system we call a "gallery". I^i is the graph extracted from the second picture of the i-th person which is input to the system and has to be recognized.

We may apply an optimization algorithm for finding local minima of a multidimensional function to the n-dimensional function Q in order to optimize the weights β_k. Because of the large number of parameters we will have difficulties in generalization which is shown in figure 2 (left).

In this paper we use the simplex algorithm [PTV, JKP] for optimization. The simplex algorithm finds minima of a multi-dimensional function $f : I\!R^n \to I\!R$ without using any information about the derivative of the function f. Furthermore the simplex algorithm is more robust against local minima than many other optimization algorithms.

Let T_k be the part of the training set which includes only the k-th feature from all I^i and G^j. If, for example, the feature k is the jet representing the nose, T_k is the set of all nose jets in the training set. In the following we derive a function $J(T_k)$ which calculates the β_k directly from T_k:

$$\beta_k = J(T_k).$$

We call J the "parametrization function". In the following we will motivate a suitable parametrization function J.

We assume that the information needed to evaluate the discriminative power of the k-th node is contained in the set of jets of the k-th feature, i.e. in T_k. The function J should make use of *a priori* knowledge about significance. It is simply stated that for a feature f to be considered significant, the following two conditions hold:

C1 For two representatives of the same class the similarities for the feature f are in general high.

C2 For two representatives of different classes the similarities for the feature f are in general low.

In this context we can formalize and combine C1 and C2 into the following statement: A node k has large discriminative power if

C3 $Sim_{jet}(I_k^i, G_k^i) - Sim_{jet}(I_k^i, G_k^j)$ is large for many i and $j \neq i$.

Therefore we define the values

$$\Delta(i,j)_k := Sim_{jet}(I_k^i, G_k^i) - Sim_{jet}(I_k^i, G_k^j) \qquad (6)$$

and

$$H_k^i = \{\Delta(i,j)_k | j : 1, \ldots, M\}.$$

Figure 2 (right) shows examples of such sets. For every node there exist M sets $H_k^i, i : 1, \ldots, M$. These sets are connected to significant features in the following way. Figure 2 shows three sets H_k^i. The large bar represents the similarity $Sim_{jet}(I_k^i, G_k^i)$ and the dots represent a scatter plot of the $S_{jet}(I_k^i, G_k^j)$ with $j \neq i$. Figure 2a) corresponds to a node which is very suitable for discrimination of the i-th class from the other classes because $Sim_{jet}(I_k^i, G_k^i)$ is much higher than the $Sim_{jet}(I_k^i, G_k^j), j \neq i$. Fig. 2b) corresponds to a node which is not as suitable for discrimination as 2a) but is much more suitable than the node corresponding to 2c).

If we now have a large number of H_k^i for a certain feature of type 2a) and 2b), the corresponding feature is significant and the function $J(T_k)$ should give a high value. But if we have many H_k^i of type 2b) and 2c) the corresponding feature is not very significant and the function $J(T_k)$ should give a low value.

We assume $J(T_k)$ to be of the following form:

$$J(T_k) = j_3 \left[\sum_i \frac{1}{n} j_2 \left[\sum_{j \neq i} \frac{1}{n} j_1 \left[\Delta(i,j)_k \right] \right] \right], \qquad (7)$$

where $j_i : I\!R \to I\!R, i : 1, \ldots, 3$ are real monotonously increasing functions. Examples for functions J are given in section 5.

This choice of J can be motivated as follows:

- Let us call eq. (7) "simple comparison". It represents the stability in time of a feature for a certain class and the difference of this feature to another class.

- The simple comparisons are evaluated by a function j_1. j_1 must be monotonously increasing because a larger value of eq. (7) indicates a more significant feature than a low value of eq. (7). (A similiar argument also holds for j_2 and j_3.)

- The simple comparisons for one class compared with all others are averaged and evaluated by j_2, i.e., one H_k^i is evaluated. The histogram H_k^i can be regarded as a "complex" comparison in which a certain feature of one person is compared with the same feature for many other persons.

- Each judgement of a histogram H_k^i is averaged again and finally judged by a function j_3. Therefore the "complex" comparison expressed in H_k^i is evaluated many times and this information is used to determine the final β_k.

In the j_i we allow some free parameters $\alpha_1, \ldots, \alpha_N$. The problem we have is the following. We know some properties of j_1, j_2 and j_3, e.g. that they have to be monotonously increasing, but their exact shape is unknown. This uncertainty is expressed by the parameters $\alpha_1, \ldots, \alpha_N$. We substitute

$$\beta_k = J(T_k; \alpha_1, \ldots, \alpha_N)$$

and we get

$$Q(T, \alpha_1, \ldots, \alpha_N) = Q(J(T_1; \alpha_1, \ldots, \alpha_N), \ldots, J(T_n; \alpha_1, \ldots, \alpha_N)).$$

Now we apply apply the simplex algorithm to this function Q which now depends on N parameters. It is assumed that N is much smaller than n. Therefore we have a reduction of dimensionality from n to N. J represents a law which calculates the significance of a feature from the subset T_k of the training set T. The function J is the same for every node k but because it depends on T_k it gives different values for every node.

The whole method can be summarized as an "estimation of an incompletely known dependence". That is to say, some conditions like C1 and C2 are known, but there are still some unknown parameters. The cruical point is now how much *a priori* knowledge can be fixed. If we do not give enough free variables we may miss the goal. If we give too many free variables we increase the search space and we will get problems in generalization as shown in figure 2. The extension to learn a weight matrix $\beta_{(k,s,o)}$ for all jet components is straightforward and is described more precisely in [Kru]. The basic difference to the algorithm described above is the choice of the Δ-expressions. For the learning of the $\beta_{(k,s,o)}$ we use as Δ the differences if the similarities of two faces of the same person and to a different person in each jet component. For pose estimation we use as Δ the difference of the node similarities achieved on a picture of a face with correct pose and incorrect pose.

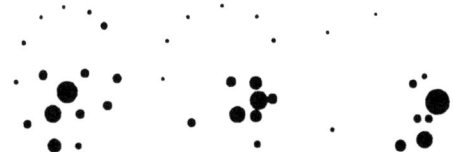

Figure 3: Learned weight matrices for pose estimation

Frontal (left), half profile (middle) and profile (right) views. The weights correspond to the nodes of the graphs shown in figure 1. The nodes corresponding to the top of the head are very insignificant for pose estimation because for all poses they represent similar features. The nodes were selected in [WFK] for face segmentation under the assumption that the pose is already known. For this task they are very useful. The tip of the nose is very significant for the recognition of the frontal and half profile poses, the lips are very significant for the discrimination of frontals and half profiles. The eyes are not very significant for our pose estimation algorithm.

5 Results

Our complete data set contains more than 1500 pictures of approximately 350 persons. The poses frontal, half profile and profile exist for most of the persons in the data set. Let $\mathcal{C}[a, b]$ be the space of continous functions from the interval $[a, b]$ to $I\!R$. We have to find functions

$$j_i \in \mathcal{C}[a_i, b_i], i : 1, \ldots, 3$$

which are suitable as parametrization functions. A very general approach is to approximate j_i with splines [DeB]. We have done this for task 1 and task 2. A spline can be defined with different numbers of free variables. We used three parameters to approximate each spline.

We also tried the following settings:

$$j_1(x) = \arctan \alpha_1 \cdot x$$

pose	train				test			
	norm.		weight.		norm.		weight.	
	co	ra	co	ra	co	ra	co	ra
fh	18	61	27	63	21	50	26	64
hf	19	50	23	58	13	50	21	61
hp	19	49	24	53	21	43	28	51
ph	23	58	26	62	24	53	30	57
hh	69	85	73	88	46	88	50	90

Table 1: Results for weight learning for the nodes in percentages.

As parametrization function we used (9). In the left column the pair of poses compared against each other is marked. f means frontal, h half profile and p profile. "ph" means profile is compared against half profile. That means profile is the pose of the faces we have stored in the gallery and half profile is the pose of the unknown pictures which are compared against the gallery. "hh" means that a half profile is compared against a half profile of opposite view of the face. The columns labeled with "norm." give the results without any weighting and the columns labeled with "weight." give the results with the learned weights. The colums labeled by "co" give the percentage of correctly recognized faces and the columns labeled by "ra" give the number of pictures for which the corresponding entry in the gallery ranked within the upper ten percent. The size of training and test sets was between 130 and 150 pairs of entries. We had no problems with local minima, the simplex algorithm always found the same minima without regard to the initial conditions. The improvements are in the range between 5% to 15%.

pose estimation	norm.	weight.
training set (100 for each pose)	79%	89%
test set (100 for each pose)	80%	91%

Table 2: Results for the algorithm applied to pose estimation.

Here we used the parametrization function in (9). The corresponding weight matrices are shown in figure 3. We remark that in this case we used a kind of graph which was created for a different task: the segmentation of a face under the assumption that the pose is already known as described in [WFK]. Just by introducing weights in the discrimination function the errors could be reduced to the half. Here no fine tuning, like adding new nodes or selecting a special kind of gfk adapted to pose estimation, is done to increase the performance. This kind of work is still in progress and we will describe it more precisely in [KPM].

$$j_2(x) = x \qquad (8)$$
$$j_3(x) = \max(x,0)^{\alpha_2}.$$

In this case the problem is reduced to two dimensions expressed by the parameters α_1, α_2. At first glance the settings in (9) look somehow arbitrary but we already got good results with these settings. The function arctan ensures that outliers in the Δ expressions (7) do not have too much influence and the function $\max(x,0)^{\alpha_2}$ is used as a scatter function for the calculation of the final weights from the "judgement" which is already done in the sums of the parametrization function. But for other problems the more general spline approach may be better. The spline approximation provides a larger search space which gives more flexibility, but the higher dimensionality leads to more difficulties in generalization and to occurences of more local minima in the evaluation function Q. Here we have a similar problem as when applying the optimization algorithm to Q directly without using any a priori knowledge or parametrization function.

Table 1 gives the results for the learning of the node weights with the parametrization function (9). Using splines as parametrization functions we get similar results. The weighting of all jet components achieves slightly better results. In [Kru] more detailed results are discussed. Table 2 gives the results for the learning of class dependent weights for the pose estimation task.

6 Conclusion

We introduced a learning algorithm for weights in discrimination functions and we applied this algorithm to very different tasks in face recognition. Nevertheless we expect our algorithm can also be applied to other discrmination tasks because we only make use of simple properties, the difference of similarities of submodules within classes compared to the similarities of submodules between different classes. We expect this algorithm might be very useful in other pattern recognition systems which make use of a discrimination function of the type (1), e.g., vector quantization methods. The transformation of the input space induced by the weighting is simple: it is a stretching or compression in each dimension of the input space. The improvement which can be achieved will depend very much on the quality of the extracted submodules or features. If there are already very significant features for many classes and a lot of other features which are insignificant, the algorithm will find the significant features and will yield a large improvement (as in the case of pose estimation). But if none of the features are suitable to recognize elements of the different classes, the transformation we can learn with our algorithm will give less improvement. Then a more complex transformation has to be performed, i.e., the feature extraction itself has to be improved. But we assume that *a priori* constraints similar to our criteria C1 and C2 can also be used to derive more efficient features.

Acknowledgement:
We like to thank Jan Vorbrüggen, Laurenz Wiskott, Thomas Maurer and Christoph von der Malsburg for very fruitful discussions. Portions of the research use the FERET database of facial images collected under the ARPA/ARL FERET program.

References

[Ber] J.O. Berger. Statistical Decision Theory; foundations, concepts and methods (2en ed). Springer, New York 1985.
[DeB] C. De Boor. A practical Guide to Splines. Springer Verlag, New York 1978.
[Fuk] K. Fukunaga. Introduction to statistical pattern recognition (2nd ed). Academic Press, Boston 1990.
[Gra] R.M. Gray. Vector Quantization. IEEE ASSP 1984, 1(2):4-29.
[JKP] S.L.S. Jacoby, J.S. Kowalik, J.T. Pizzo. Iterative Methods for Nonlinear Optimization Problems. Englewood Cliffs, NJ, Prentice-Hall 1972.
[Koh] Kohonen T. Self-Organisation and associative memory. 3r. ed., Springer Series in Information Science 8, Heidelberg 1989.
[KPM] N. Krüger, M. Pötzsch, C. v.d. Malsburg. Determination of face position and pose based on a learned representation with labeled graphs. (in preparation).
[Kru] N. Krüger. An algorithm for the Learning of Weights in Discrimination Functions. IR-INI 08–95.
[LMJ] M.S. Landy, L.T.Maloney, E.B. Johnsten, M. Young. Measurement and modeling of depth cue combinations: in defense of weak fusion. Vision Research 1995, Vol. 35, No. 35, pp:389-412.
[LVB] M. Lades, J.C. Vorbrüggen, J. Buhmann, J. Lange, C. von der Malsburg, R.P. Würtz, W. Konen. Distortion Invariant Object Recognition in the Dynamik Link Architecture. IEEE Transactions on Computers 1992, 42(3):300-311.
[MM] T. Maurer, C. von der Malsburg. Single-View Based Recognition of Faces Rotated in Depth. Proceedings of the International Workshop on Automatic Face- and Gesture recognition, Zürich 1995.
[PTV] W.H. Press, S.A. Teukolsky, W.T. Vetterling, B.P. Flannery. Numerical Recipies in C: The Art of scientific computing. Cambridge University Press 1992.
[WFK] L. Wiskott, J.-M. Fellous, N. Krüger, C. von der Malsburg. Face Recognition and Gender Determination. Proceedings of the International Workshop on Automatic Face- and Gesture recognition. Zürich 1995.

Separation of texture and two-dimensional shape in images of human faces

Thomas Vetter and Nikolaus Troje
Max-Planck-Institut für Biologische Kybernetik
Spemannstr. 38, 72076 Tübingen, Germany
Email: vetter@mpik-tueb.mpg.de   niko@mpik-tueb.mpg.de

Abstract

Human faces differ in shape and texture. This paper describes a representation of grey-level images of human faces based on an automated separation of two-dimensional shape and texture. The separation was done using the point correspondence between the different images, which was established through algorithms known from optical flow computation. A linear description of the separated texture and shape spaces allows a smooth modeling of human faces. Pictures of faces along the principal axes of a small data set of 50 faces are shown. We also show face reconstructions based on this small example set.

Keywords: Deformable models, 2D-shape matching, face recognition

1 Introduction

A natural human description of objects which belong to the same object class typically evaluates the differences between corresponding features in the different objects. This comparison can contain differences in the texture (i.e. the color or intensity) as well as in the shape of the objects. In this paper, we describe a fully automated system for separating differences in texture in images of human faces from differences in their 2D-shape.

The main scope of this paper is to develop a representation, which allows a continuous modeling of human faces. Such a modeling will allow an estimation of the complexity of texture and shape differences of human faces and will lead to an efficient description of faces which is as important for face recognition as for data transmission e.g. for teleconferencing. In image based face recognition and image representation, linear space models and especially principal component analysis have become very important [12, 13, 9]. Principal component analysis is appropriate for normally distributed data sets which form a dense, convex body (in the best case an ellipsoid) in the underlying linear space. The principal components then yield the direction of the axis of the ellipsoid and the eigenvalues of the corresponding covariance matrix provide a measure for the variances of the data in these directions. In face recognition principal component analysis is usually applied to pixel based representations. It is obvious, that the resulting topology is not at all dense. Usually, the average of two faces (corresponding to the point in the face space located just in the middle between the two faces) is not a normal looking face. Not even the average of large data sets becomes very face-like. It is clear, that this is due to the lack of a correct alignment of the faces. The average of a mouth and a nose can never become something meaningfull. A proper alignment, however, is not possible applying only linear image transformations since faces differ in the proportions of distances between eyes, nose, mouth etc. To perform nonlinear image transformations, which would align eyes, nose and mouth, it is necessary to establish correspondence between the images of two face, which is not a trivial problem.

A common approach for establishing correspondence between two images thus uses our built-in system and requires the user to hand-select corresponding feature points, like the tip of the nose or the corners of the mouth [3, 6]. In contrast to this feature based approach are methods based on the image intensities or their gradients, mainly known from the optical flow literature [2]. Such algorithms which compute for every pixel in one image the corresponding pixels in the other image, have been already employed to compute the correspondence between images of the faces [5, 7]. For our purposes we will use a gradient based optical flow algorithm which has been adapted from [4].

After solving the correspondence problem, we can represent an image as follows: We code its 2D-shape as the deformation field from a reference image which serves as origin of our space. The texture is coded as the intensity map of the image which results from mapping the face onto the reference face. Now 2D-shape and texture can be treated separately. Both spaces can be expected to be continuous: Intermediate stages between two faces are always natural looking faces again, and a linear approach seems to be justified.

2 An Implementation

Images: We used the two-dimensional images of human faces that were generated as projections from a database of three-dimensional head models. The images were generated under controlled illumination conditions and the hair of the heads was removed completely from the images. The resolution of the grey-level images was 256-by-256 pixels and 8 bit per pixel.

Preprocessing: The faces, segmented from the background, were roughly aligned by automatically adjusting them with respect to their two-dimensional center. The center was computed by evaluating separately the average of all x,y coordinates of the pixels related to the face, independent to their intensity values.

Image matching: The essential step in our approach is the computation of the correspondence between two images for every pixel location. That means we have to find for every pixel in the first image, e.g. a pixel located on the nose, the corresponding pixel location on the nose in the second image. Since we controlled for illumination, and since

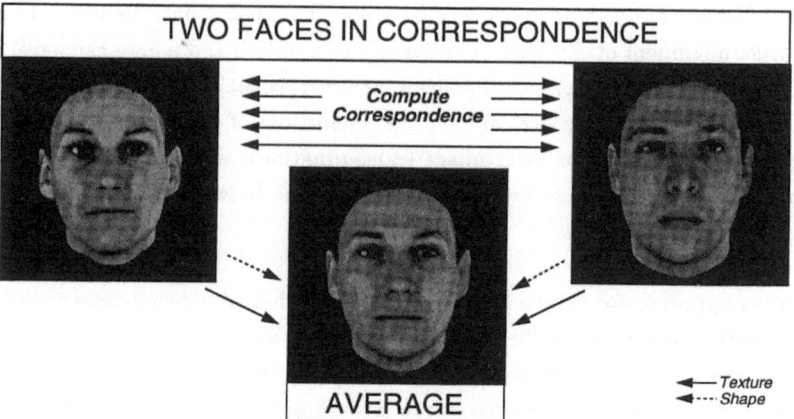

Figure 1: *As in standard image morphing, the automatically computed correspondence of two images of faces (upper row) can be used to generate the average (or any other linear combination) of the two faces (center), by taking the average of the corresponding pixel intensities and the average of the deformation between the two images.*

all faces are compared in the same orientation, a strong similarity of the images can be assumed and problems attributed to occlusions should be negligible. These conditions make an automatic mechanism for comparing the images of the different faces feasible. Such algorithms are known from optical flow computation, in which points have to be tracked from one image to the other. We used a coarse-to-fine gradient-based optical flow algorithm [1] and followed an implementation described in [4]. Begining with the lowest level of a resolution pyramid for every pixel (x,y) in the first image, the error term $E = ((\delta I_1/\delta x)\Delta x + (\delta I_1/\delta y)\Delta y - \Delta I_{1,2})^2$ was minimized for Δx and Δy. I_1 denotes the intensity of the pixel (x,y) in the first image and $\Delta I_{1,2}$ stands for the difference of the intensities in the two images. The resulting vector field $(\Delta x, \Delta y)$ was then smoothed and the procedure was iterated through all levels of the resolution pyramid. The finally resulting vector field was used as the corresponding pattern between the two images.

A representation separating texture and 2D shape: For all faces in the database we calculated the correspondence to a reference face. This computed correspondance enables a representation of a face that separates 2D shape and texture information. The 2D shape is coded as the deformation field from the reference image to the face. This deformation field is identical with the calculated correspondance pattern. The texture information is coded in terms of the texture map that results from mapping the image onto the reference image by means of the deformation field. Thus each texture had now the same dimension, which was equal to the number of pixels of the reference face. Since the correspondence was computed towards the reference face, the deformation field also had a common basis on the pixels of the reference image. However, the dimension is twice as large as in the case of the textures, since each deformation vector on a pixel has an x and a y component.

Synthesis of a new image: A new image can be generated combining any texture with any correspondence field. This is possible because both are given in the coordinates of the reference image. That means for every pixel in the reference image the pixel value and the vector, pointing to the new location are given. The new location generally does not coincide with the equally spaced grid of pixels of the destination image. A commonly used solution of this problem is known as forward warping [14]. For every new pixel, we used the nearest three points to linearly approximate the pixel intensity. As in standard image morphing [3] we are able to compute an average of two faces (fig.1) by averaging the corresponding pixel intensities and drawing them at the average location, which is at half the distance from the reference image to the other image.

Linear Analysis of Texture and Deformation: We fitted a multivariate normal distribution by performing a principal component analysis separately on the texture and the 2D shape data. The principal component can be calculated as the eigenvectors of the mean-corrected covariance matrix of the data. Figure 2 shows variations of the textures and the deformations along three of the computed principal components. To the average face we added the respective normalized principal component with weights corresponding to two, four and six standard deviations in both directions. Although this widely exceeds the range of naturally occuring faces, it gives a better understanding of the information contained in the different principal components. All textures were presented on the average shape and the deformations along the deformation principal component were shown with the average texture. Thus the center row (dashed box) shows always the same image, the average face consiting of the average texture and the average 2D-shape.

Reconstruction: Assuming the separated linear spaces of texture and deformation as complete, a basis set of faces, split up into the textures and the deformation fields, will be sufficient to reconstruct any other face. We tested this possibility of reconstructing faces on our small data set of 50 faces. In each test we selected one face and used the remaining 49 faces as basis set. Reconstruction of a face in our terms is equivalent with computing the linear projection of the new face onto the texture and deformation space spanned by the basis faces. This can be done directly on textures and deformations given by the basis faces using singular value decomposition [11]. Figure 3 shows reconstruction experiments for four different faces. In each case we computed separately the projection onto the texture space and deformation space. Then the projections were combined as described earlier to generate the reconstructed image.

3 Results

The quality of the synthesized faces, the faces along principal components and the face reconstructions, demonstrates the quality of the chosen representation. The principal

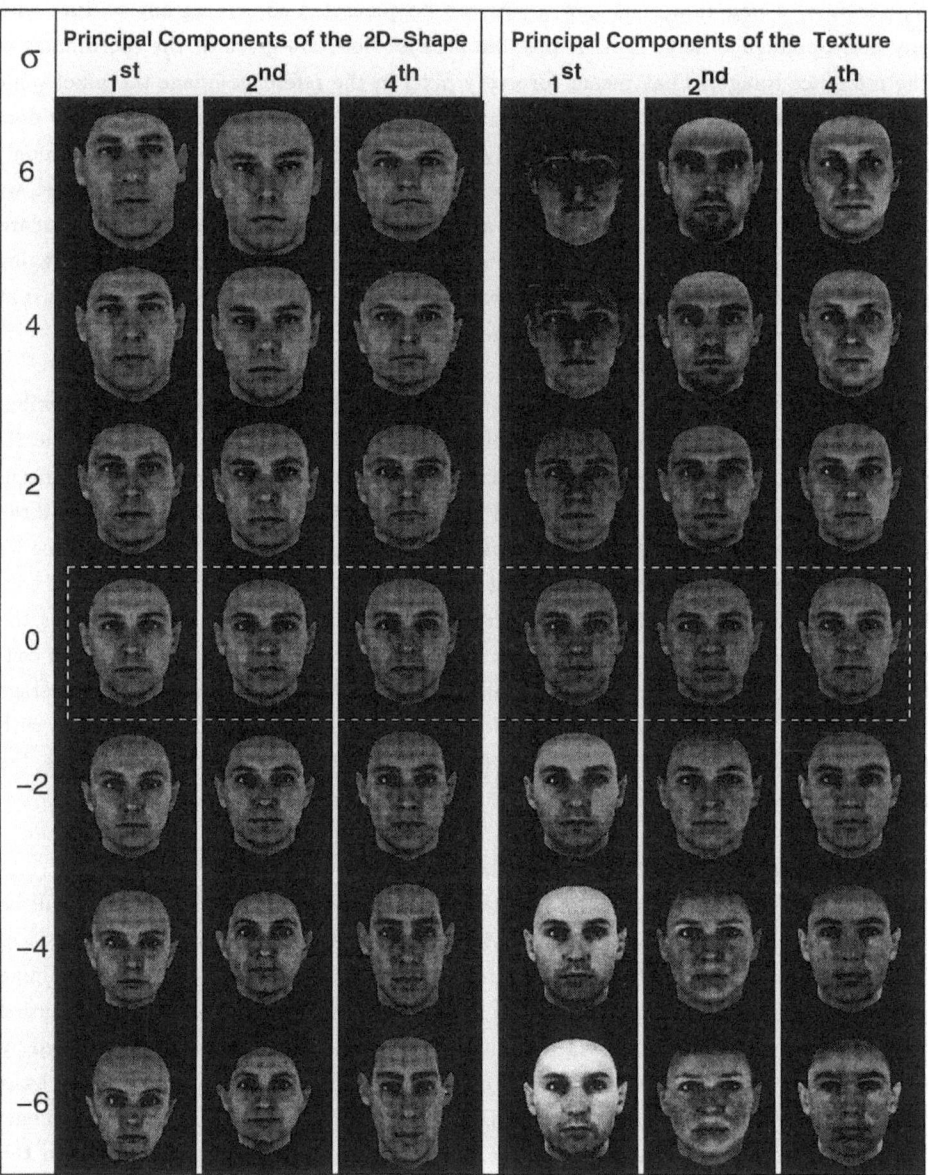

Figure 2: *Examples of a sequence of images along the first, second and fourth principal components of shape and texture are shown. The components were computed on a set of 50 faces. The average face shape and texture is shown in the center row (dashed box). The images in each column show the normalized principal component multiplied by σ and added to the average, with σ being the standard deviation of the data set along the selected principal component. To visualize the shape images we used the average texture and for generating the different textures the average shape.*

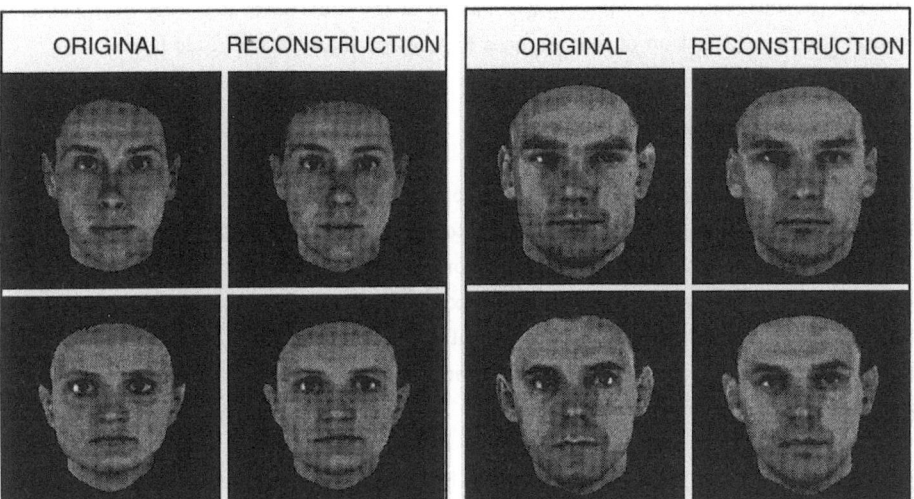

Figure 3: *The reconstruction of two female faces (left block) and of two male faces (right block) is shown. The faces were reconstructed through projecting them on the texture and shape space of 49 different images of faces in our data base.*

component analysis shows that our "face-space" is continuous over a connected parameter set. Within this set we are able to generate images which all look like a human face, only with increasing distance from the average they change smoothly to some thing different. The first few principal components clearly mark some characteristics. So the first two components of the shape differences show a size effect that goes along with a change of perceived gender, which is also visible in the sixth 'shape-component'. Starting with component four, which shows the transition from a narrow head to a wide head, any general size effect disappears and the components characterize only the internal proportions of the faces. The first principal component of the textures clearly indicates an illumination change. The light source is moving from above to below. The second texture component shows a change from bright eyebrows to dark ones and also a change in the darkness around the chin, which might be due to the beard of males. The higher components are not so clearly to characterize, they all show various changes in the brightness pattern over the face.

The reconstruction experiments demonstrate the possibility of reconstructing images of human faces using images of other faces as examples. From the 50 face which we reconstructed (using in each case the remaining 49 faces as a basis), in eleven cases the reconstruction looked very similar to the original. Approximately the same amount looked very different. The majority was similar, however, human observer judged them as different persons. This was mostly due to very small differences in the region of the eyes. Humans are very sensitive to changes in that region and often two faces are judged to belong to different persons, although the concrete nature of the differences is hardly detectable. In general the reconstruction of female faces was better than that of male faces.

4 Discussion

The presented automated method offers a tool to provide a natural representation which describes the relation of objects belonging to the same object class. On the image level these relations can be interpreted as 2D-deformations according to a reference face shape and to intensity changes in the matched texture map. The demonstrated separation of shape and texture leads to a natural representations of human faces and objects in general. The resulting "face-space" is continuous over a connected parameter range and allows a smooth modeling of images of faces.

A first step towards a linear description of that space is a principal component analysis, which was done separately for the deformation and for the texture. Our data set was not very large and conclusions are thus preliminary. However, the fact, that projections of a new face into the space spanned by the 49 remaining faces yields a fairly good reconstruction, shows that the dimensionality of the space might be not much larger. Before being able to fully interpret our analysis, it is necessary to calculate the projections of the data points on the principal components and to investigate the underlying distributions.

For further improvements we see presently tow main directions. A multi-step procedure will enlage our data set of faces where the correspondence is established. If two faces cannot be set into correspondence correctly, but if there is a third face which is already in good correspondence to both of them, the two deformation fields can be added to get the correct one. Changes in the texture according to changes of illumination form a low-dimensional linear space [8]. So in long terms, changes of illumination and also of other relevant parameters like expression, age and orientation should be included systematically into an enlarged data base. We expect that a principal component analysis will lead to low dimensional subspaces, accounting for these parameters in a way like the first principal component in Figure 2 accounts for the illumination.

A recognition system based on a space spanned by the principal components could solve the problem of being invariant to parameters like illumination or expression in a very easy way just be ignoring the corresponding subspaces. The biological relevance of our model can easily be verified by means of psychophysical experiments. Faces can systematically be varied along the defined directions in the "face space" and the robustness of subjects recognition performance to that component can be measured. These experiments are planned for the future.

References

[1] E.H. Adelson and J.R. Bergen. The extraction of spatiotemporal energy in human and machine vision. *Proc. IEEE Workshop on Visual Motion, Carlston*, pages 151–156, 1986.

[2] J.L. Barron, D.J. Fleet, and S.S. Beauchemin. Performance of optical flow techniques. *Int. Journal of Computer Vision*, pages 43–77, 1994.

[3] T. Beier and S. Neely. Feature-based image metamorphosis. In *SIGGRAPH '92 proceedings*, pages 35–42, Chicago, IL, 1992.

[4] J.R. Bergen and R. Hingorani. Hierarchical motion-based frame rate conversion. Technical report, David Sarnoff Research Center Princeton NJ 08540, 1990.

[5] D. Beymer, A. Shashua, and T. Poggio. Example-based image analysis and synthesis. A.I. Memo No. 1431, Artificial Intelligence Laboratory, Massachusetts Institute of Technology, 1993.

[6] Ian Craw and Peter Cameron. Parameterizing images for recognition and reconstruction. In *Proc. British Machine Vision Conference*, 1991.

[7] I.A. Essa and A. Pentland. A vision system for observing and extracting facial action parameters. Technical report 1301, MIT Media Laboratory Perceptual Computing Section, 1991.

[8] P.W. Hallinan. A low-dimensional representation of human faces for arbitrary lightning conditions. In *Proc. IEEE Conf. on Computer Vision and Pattern Recognition*, Seattle WA, 1994.

[9] A.J. O'Toole, H.Abdi, K.A. Deffenbacher, and D. Valentine. Low-dimensional representation of faces in in higher dimensions of the face space. *J.Opt. Soc.Am. A*, 10(3):405–411, 1993.

[10] T. Poggio and T. Vetter. Recognition and structure from one 2D model view: observations on prototypes, object classes, and symmetries. A.I. Memo No. 1347, Artificial Intelligence Laboratory, Massachusetts Institute of Technology, 1992.

[11] William H. Press. *Numerical recipes in C : the art of scientific computing*. Cambridge University Press, Cambridge, 1992.

[12] L. Sirovich and M. Kirby. Low-dimensional procedure for the characterization of human faces. *Journal of the Optical Society of America A*, 4:519–554, 1987.

[13] M. Turk and A. Pentland. Eigenfaces for recognition. *Journal of Cognitive Neuroscience*, 3:71–86, 1991.

[14] Georg Wolberg. *Image Warping*. IEEE Computer Society Press, Los Alamitos CA, 1990.

Gesichtsvergleich durch mehrkanaliges, selbstorganisierendes Matchingverfahren

Susanne Gerl und Paul Levi
Universität Stuttgart
Institut für Parallele und Verteilte Höchstleistungsrechner
Abteilung Praktische Informatik – Bildverstehen
Breitwiesenstraße 20-22, D-70565 Stuttgart, Deutschland
email: gerl@informatik.uni-stuttgart.de

Zusammenfassung

Das hier vorgestellte Matchingverfahren vereinigt Ansätze aus Graphmatching, Kohonen-Karten und Simulated Annealing und eignet sich zum Vergleich von Porträtaufnahmen und/oder Tiefendarstellungen von Gesichtern, d.h. es können ein- oder mehrkanalige Datensätze verarbeitet werden. In Analogie zum Graphmatching wird über die Eingabe- und Vergleichsdaten ein zweidimensionales Gitter gelegt, das in den Knoten die lokale Informationen für jeden Kanal in Form von Gaborkoeffizienten gespeichert. Beim Matching der Eingabedaten an die Vergleichsdaten wird ein modifiziertes Kohonenlearning verwendet, welches lediglich eine räumliche Anpassung der Gitterknoten durchführt, ohne dabei die Gaborkoeffizienten zu trainieren bzw. zu verändern. In jedem Schritt werden hierfür an verschiedenen Stellen des Gitters lokale Deformationen durchgeführt, bis keine Verbesserung des Ähnlichkeitsmaßes mehr zu erzielen ist. So wird wie beim Simulated Annealing durch jede Verzerrung der Gitterknoten ein niedrigeres Energieniveau erreicht und das Eingangsgitter paßt sich immer stärker an das Vergleichsgitter an. Das niedrigste Energieniveau, das erreicht werden kann, dient nun als Kriterium, um die Übereinstimmung zwischen den Eingabedaten und den Vergleichsdaten zu bestimmen und im Vergleich zu anderen Vergleichsdaten die Person zu erkennen. Die Kombination von Abstandsdaten und Grauwertdaten hat zu einer wesentlich besseren Erkennungsleistung geführt. Das Verfahren wurde auf dem massiv parallelen SIMD-Rechner MasPar MP-1216A mit 16384 Prozessoren implementiert und wurde dadurch erst zeitlich durchführbar (ca. 16 s).

1 Einführung

Gesichter sind hochkomplexe natürliche dreidimensionale Objekte, die, wie viele Forschungsergebnisse der letzten Jahrzehnte gezeigt haben, nur bedingt anhand von zweidimensionalen Photographien erkannt bzw. analysiert werden können [2]. Mit der Entwicklung und Verbreitung von Sensoren zur Gewinnung von Tiefeninformation eröffnen sich der Gesichtsverarbeitung neue Wege. Ein Ansatz, menschliche Gesichter anhand von zwei- oder dreidimensionalen Gesichtsaufnahmen (Grauwertdaten oder Abstandsdaten) miteinander zu vergleichen und dadurch zu erkennen, ist das mehrkanalige, selbstorganisierende Matchingverfahren, welches hier im Rahmen von Forschungsarbeiten auf dem massiv parallelen Rechner MasPar MP-1216A mit 16384 Prozessoren entwickelt wurde.

Das selbstorganisierende Matchingverfahren baut im wesentlichen auf dem Graphmatchingverfahren auf, das in der Gruppe um von der Malsburg entwickelt wurde ([10], [12]). Über die Eingabedaten und Zieldaten wird ebenfalls jeweils ein Graph aufgespannt, der in den Knoten lokale Merkmale - hier in Form von Gaborkoeffizienten - des darunterliegenden Bildbereichs speichert. Die Kanten des Graphs, der die lokalen Eigenschaften der Eingabedaten speichert, sind zusätzlich mit einem geometrischen Maß belegt, das den Abstand zu den Nachbarknoten charakterisiert. Da davon ausgegangen wird, daß die zu vergleichenden Datensätze sich ähneln, d.h. die relative Anordnung der Bildelemente gleich ist (die Nase liegt immer zwischen den Augen und dem Mund), wird beim Vergleich der beiden Datensätze eine leichte Anpassung zugelassen. Eine willkürliche Permutation der Knoten wird unterdrückt, indem eine Energiefunktion aufgestellt wird, die sowohl die Ähnlichkeit der lokalen Merkmale als auch die Verzerrung des Eingabegraphs berücksichtigt.

Die grundlegenden Unterschiede des hier vorgestellten Verfahrens zu dem Ansatz von Malsburg ([10], [12]) liegen in der Erweiterung für mehrere Eingabekanäle, in der Änderung der

Deformationsdynamik und der massiv parallelen Implementierung, die erst eine mehrkanalige Verarbeitung zeitlich ermöglicht. Hierzu mußte u.a. ein lokales Ähnlichkeitsmaß definiert werden, um mehrere Gitterknoten gleichzeitig zu verschieben.

Bevor das mehrkanalige, selbstorganisierende Matchingverfahren und die Berechnung der Gaborkoeffizienten mit Hilfe der Gabortransformation erläutert wird, wird in den folgenden Abschnitten auf die 3D-Datengewinnung, Flächenrückführung mit selbstorganisierenden Karten eingegangen, da sie die Ausgangsdaten für das Matchingverfahren liefern. Im Anschluß daran wird auf Besonderheiten der Parallelisierung der Deformationsdynamik eingegangen. Eine Vorstellung der Ergebnisse und geplante Erweiterungen beenden den Artikel.

2 Gewinnung von Tiefen- und Grauwertdaten

Die Gewinnung von Tiefendaten kombiniert mit Grauwertdaten ist auf Grund der Sensorentwicklung bereits sehr effizient, leistungsfähig und kostengünstig. Für die 3D-Vermessung von Gesichtern werden berührungslose optische Verfahren eingesetzt, die entweder nach dem Triangulations- oder dem Phasenshiftprinzip arbeiten und sich durch eine hohe Aufzeichnungsrate auszeichnen und somit das Digitalisieren komplexer Objekte in annehmbarer Zeit ermöglichen. Die hier verwendeten 3D-Gesichtsdatensätze wurden durch die zwei verschiedene Verfahren, Laserscanner[1] [8] und Lichtschnittverfahren[2] [11], gewonnen. Beide Verfahren liefern zusätzlich zu jedem Punkt Grauwertinformation.

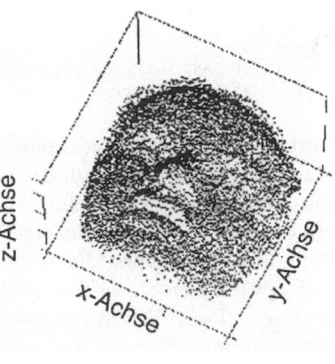

ABBILDUNG 1: Bereinigte 3D-Punktwolke, die durch einen Laserscanner aufgenommen wurde.

Beide Verfahren führen jedoch zu Fehlmessungen, sobald die zu vermessende Oberfläche zu sehr von dem Sensor abgeneigt ist. Diese Fehlmessungen werden durch ein einfaches dynamisches Schwellwertverfahren eliminiert, was zu „Löchern" in der 4D-Punktwolke (Raumkoordinaten und Grauwert) führt, wie Abb. 1 veranschaulicht.

Durch Rotation des Laserscanners um das aufzunehmende Gesicht oder durch den Einsatz von mehreren Kameras beim Lichtschnittverfahren werden die Fehlmessungen stark reduziert. Dies wirft jedoch das Problem auf, daß die Abstandsdaten nicht mehr einfach auf eine Ebene projiziert werden können und somit die Flächenrückführung erschwert wird. Daher wurde gleich von Anfang an ein selbstorganisierendes Verfahren in Form von Kohonenkarten zur Flächenrückführung eingesetzt, um das System nicht grundsätzlich auf bestimmte Aufnahmebedingungen einzuschränken [9].

3 Flächenrückführung mit selbstorganisierenden Karten

Die 4D-Sensoren erzeugen eine Punktwolke, wobei die räumliche Nachbarschaftsbeziehungen zwischen den einzelnen Punkten nicht bekannt sind. Eine einfache Projektion auf eine Ebene ist nur möglich, solange die Tiefendaten nur von einem Aufnahmepunkt gewonnen werden.

Da ein Gesicht näherungsweise eine stetige Freiformfläche im Raum ist, kann mit Hilfe selbstorganisierender Karten eine zweidimensional indizierte Abbildung des 4D-Gewichtsraums der Karte in die 4D-Punktwolke stattfinden. Dies geschieht durch wiederholte Adaptierung der Gewichtsdaten $w(x, y, z, g)$ an die Eingabedaten $\chi(x, y, z, g)$ (vgl. Abbildung 2). Für jeden

---

1. In Zusammenarbeit mit Herrn Ioannides vom Institut für Steuerungstechnik, Universität Stuttgart.
2. In Zusammenarbeit mit Herrn Stadel von der Fachhochschule Reutlingen.

Gewichtsvektor $\vec{w}_j$ wird bei der Adaption an den Eingabevektor $\vec{\chi}$, der bezüglich einer Metrik den kleinsten Abstand zu $\vec{w}_c$ hat, die räumliche Nachbarschaft h_{cj} berücksichtigt. Die Adaption ist durch folgendes Gleichungssystem beschrieben [9]:

$$\vec{w}_j(t+1) = \vec{w}_j(t) + h_{cj}(t) \cdot [\vec{\chi}(t) - \vec{w}_j(t)] \tag{1}$$

Der Nachbarschaftsparameter h_{cj} unterdrückt eine willkürliche Verteilung des Gewichtsraums, und erst ein langsames Senken des Nachbarschaftsparameters ermöglicht die feine Anpassung an die Eingabedaten. Adressiert über den topologieerhaltenden Kartenraum ist nun ein Zugriff auf jeden beliebigen Punkt im Eingaberaum möglich und es können Grauwert, Tiefeninformation und Krümmungsverhalten, durch einzelne Kanalauszüge abgefragt werden, da über den Kartenraum die Nachbarschaft der Eingabepunkte erzeugt wird.

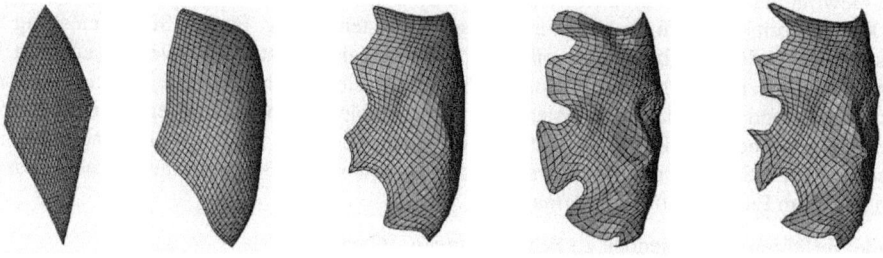

ABBILDUNG 2: Von links nach rechts wird die Anpassung der Kohonen Karte nach 100, 1500, 2000, 3000 und 10000 Schritten gezeigt.

Vorteile der Flächenrückführung mit selbstorganisierenden Karten sind, daß Löcher in der Eingabepunktwolke, die durch die Eliminierung von Fehlmessungen entstehen, interpoliert werden und eine geschlossene Freiformfläche rekonstruiert wird. Außerdem kann die Auflösung der Freiformoberfläche frei gewählt werden, wodurch nun auch Tiefendaten, die durch unterschiedliche Verfahren gewonnen wurden und daher meist eine unterschiedliche Auflösung aufweisen, auf eine gemeinsame Auflösung reduziert werden können. Ein weiter Vorteil ist, daß das Verfahren eine massiv parallele Implementierung zuläßt [1].

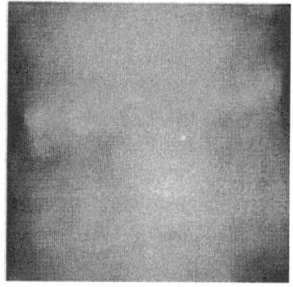

ABBILDUNG 3: Die Darstellung zeigt den Abstandskanal.

Schwierigkeiten treten jedoch bei der Wahl des Kartenraums auf. Die einfachste Referenzierung in den Gewichtsraum ist durch eine rechteckige 2D-Karte gegeben. Durch die rechteckige Form der Karte kommt es jedoch zu Verzerrungen, sobald einzelne Vektorkomponenten auf den Kartenraum projiziert werden ($IR^3 \rightarrow IR^2$), wie Abbildung 3 u. 4 für Abstandsdaten und Grauwerte verdeutlicht. Diese Verzerrungen werden abgemildert, wenn ein Kartenraum gewählt wird, der der Grundform der Eingabepunktwolke besser entspricht. So ist bei einem Gesicht z.B. eine Halbkugel sehr günstig. Die regelmäßige Verteilung von beliebig vielen Punkten auf einer Kugeloberfläche ist jedoch nur näherungsweise möglich. Daher ist eine Referenzierung der Punkte auf der Kugeloberfläche sehr kompliziert, weshalb darauf vorerst verzichtet wurde.

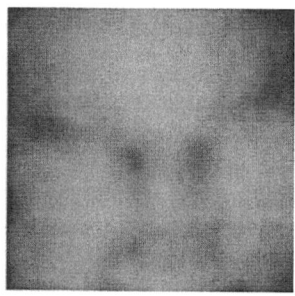

ABBILDUNG 4: Die Darstellung zeigt den Grauwertkanalkanal.

4 Das selbstorganisierende Matchingverfahren

Mit dem selbstorganisierenden Matchingverfahren wurde eine Technik entwickelt, zwei mehrkanalige Bilder zu vergleichen, indem die Bilder in kleine Bereiche unterteilt werden und für jeden Bereich unter Berücksichtigung der Nachbarschaftsbedingungen der entsprechende korrespondierende Bereich im Vergleichsbild bestimmt wird. Hierfür werden für jeden Bereich in jedem Kanal lokale, charakteristische Merkmale berechnet. Wir verwenden hier Gaborkoeffizienten, die zu einem frei wählbaren Gaborfiltersatz, der für jeden Kanal variieren kann, mit Hilfe der massiv parallelen Gabortransformation gewonnen werden. Das Ergebnis des Vergleichs in Form eines Ähnlichkeitsmaßes wird dann zur Gesichtserkennung herangezogen.

4.1 Gaborfilter zur Gewinnung lokaler Information

Jeder zweidimensionale Bildbereich I kann mit Hilfe der Gabortransformation in seine Gaborkoeffizienten zerlegt werden bzw. durch die gewichtete Summation aller K konjugiert komplexer Gaborfilter G_k^* mit den entsprechenden Gaborkoeffizienten a_k beliebig genau rekonstruiert werden.

$$I[x, y] = \sum_{k=0}^{K-1} a_k \cdot G_k^*[x, y] \quad (2)$$

Die Genauigkeit der Rekonstruktion sinkt, je weniger Gaborfilter pro Satz verwendet werden. Im idealen Fall werden genauso viele Gaborfilter wie Bildpunkte in dem Bildbereich verwendet, um eine vollständige Rekonstruktion der Bilddaten zu erhalten. Zur lokalen Beschreibung eines Bildes reichen jedoch schon wenige Gaborkoeffizienten aus ([6], [7]).

Die Gaborfunktion $G(x, y)$ ist eine Gaußglocke $g(x, y)$, die mit einer Trägerfrequenz $h(x, y)$ multipliziert wurde.

$$G(x, y) = g(x, y) \cdot h(x, y) = e^{-\pi\left(\left(\frac{x-x_0}{\sigma_x}\right)^2 + \left(\frac{y-y_0}{\sigma_y}\right)^2\right)} \cdot e^{-2\pi i (xu + yv)} \quad (3)$$

Durch Änderung der Parameter $x_0, y_0, \sigma_x, \sigma_y$, u und v werden K verschiedene Gaborfilter $G_k(x, y)$ aufgebaut, die sich in Lage, Ausdehnung oder Frequenz unterscheiden und zu einem Gaborfiltersatz zusammengefaßt werden. Der Nachteil von Gaborfunktionen ist, daß sie nicht orthogonal zueinander sind und die direkte Berechnung der Gaborkoeffizienten mit hohen Rechenaufwand verbunden ist. Daher bietet sich ein iterativer Ansatz an, indem der Fehler F zwischen Originalbildbereich und rekonstruiertem Bildbereich durch Veränderungen der Koeffizienten a_k schrittweise minimiert wird [3].

$$F = \frac{1}{2} \cdot \sum_x \sum_y \left(I[x, y] - \sum_{k=0}^{K-1} a_k \cdot G_k^*[x, y]\right)^2 \quad (4)$$

Hierfür wird die Fehlerfunktion F nach a_i abgeleitet, gleich Null gesetzt und nach a_i zum Zeitpunkt t+1 aufgelöst[1],

$$a_i^{t+1} = a_i^t + \mu_i \cdot \left(<I \cdot G_i> - \sum_{k=0}^{K-1}\left(a_i^t \cdot <G_i \cdot G_k>\right)\right) \quad (5)$$

wobei der Startpunkt für a_i^0 und die Schrittweite μ_i, die nach dem konjugierten Gradientenverfahren abgeschätzt wird, wie folgt gewählt wurden [5]:

$$a_i^0 = \frac{<I \cdot G_i>}{<G_i \cdot G_i>} \quad \text{und} \quad \mu_i = \frac{2}{\sum_{k=0}^{K-1}|<G_i \cdot G_k>|} \quad (6)$$

---

1. Zur Vereinfachung der folgenden Gleichungen ist die Schreibweise für das Skalarprodukt zweier komplexer Zahlen A und B wie folgt: $\sum_x \sum_y A \cdot B^* = <A \cdot B>$

4.2 Massiv parallele Berechnung der Gaborkoeffizienten

Wie schon aus Gleichung (5) zu erkennen ist, läßt sich die iterative Berechnung der Gaborkoeffizienten auf ein zweischichtiges neuronales Netz abbilden und somit gut massiv parallel implementieren [4]. Hierfür werden vorab die Gaborfilter und die Skalarprodukte $<G_i \cdot G_k>$ berechnet, die als Trainingsmuster T_i linear auf dem Prozessorarray verteilt werden. Die Verbindungsgewichte repräsentieren die zu lernenden Koeffizienten a_i für jeden Filterbereich. Die zu erzeugenden Ausgaben Z_i sind die Skalarprodukte der Bilddaten mit den Gaborfunktionen $<I \cdot G_i>$, die ebenfalls vorab für jeden Filterbereich parallel berechnet und für jeden Filterbereich auf dem Prozessor abgespeichert werden, auf dem auch die Koeffizienten gespeichert werden. Somit existieren zum Training K Eingabemuster T_j, für jeden der K Koeffizienten a_i eines, wie in der Abbildung 5 schematisiert dargestellt ist.

Im Unterschied zu herkömmlichen neuronalen Netzen lernt dieses Netz keine Verallgemeinerung der Trainingsmuster. Von Interesse sind nur die Verbindungsgewichte. Somit handelt es sich um eine spezielle Variante eines Feedforward-Netzes zur Lösung eines linearen Gleichungssystems. Aufgrund des konjugierten Gradientenverfahrens ist eine sehr rasche Konvergenz zu erreichen. So wird schon nach $O(\sqrt{K})$ Schritten ein gutes Ergebnis erzielt. Die Berechnung eines kompletten Gaborkoeffizientensatzes für ein 150 x 150 Pixel großes Bild unter Verwendung von zwölf 8 x 8 Filtern pro Filterbereich bei 12 Lernzyklen dauert daher nur 1.2 Sekunden.

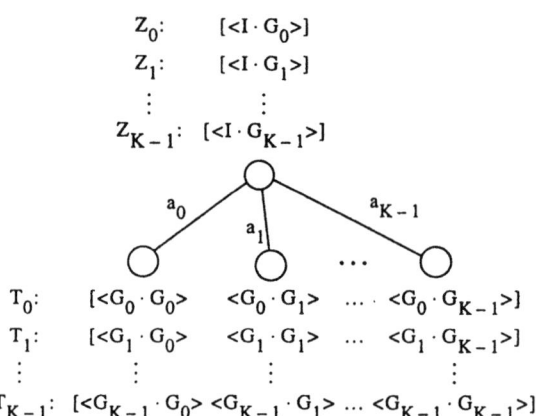

ABBILDUNG 5: Schematische Abbildung der Gabortransformation auf ein zweischichtiges neuronales Netz. Die gesuchten Gaborkoeffizienten werden durch die Verbindungsgewichte a_i repräsentiert.

4.3 Initialisierung des Matchingverfahrens

Nachdem jeder Datenkanal in identische Bereiche unterteilt und für jeden Bereich die Gaborkoeffizienten bestimmt wurden, wird für die Eingabedaten ein Graph A und für die Vergleichsdaten ein Graph B aufgebaut, die in den Knoten $u(i, j, \vec{p}, \vec{g}_0, ..., \vec{g}_{L-1})$ für jeden Kanal c die Gaborkoeffizienten $\vec{g}_c = (a_0, ..., a_{K-1})^T$ eines Bereichs speichern. Koeffizienten aus nebeneinanderliegenden Bereichen liegen auch auf benachbarten Graphknoten, die durch (i, j) referenziert werden. Der Vektor $\vec{p} = (p_x, p_y)^T$ gibt die tatsächliche Lage des Knotens an.

In der ersten Stufe wird die optimale globale Lage von Graph A auf Graph B bestimmt, indem für jede Position (komplette Verschiebung des Gittergraphs A um ganze Gitterknoten mit $\vec{t} = (t_x, t_y)^T$) ein Ähnlichkeitsmaß berechnet wird. Hierfür wird eine Fitting-Funktion aufgestellt, die die Manhatten-Distanz für jede Komponente pro Kanal $D_c(i, j)$ bestimmt. Die berechneten Distanzen werden anschließend über alle Graphknoten von A aufaddiert (D_c) und mit λ_c gewichtet über alle Kanäle zu $D_{multichannel}$ zusammengefaßt.

$$D_c(i,j) = \sum_{k=0}^{K_c-1} \left| a_k^A(i,j,c) - a_k^B\left(i^B, j^B, c\right) \right| \quad (7)$$

$$D_c = \sum_{i=0}^{N^A-1} \sum_{j=0}^{M^A-1} D_c(i,j) \quad , \quad D_{multichannel} = \sum_{c=0}^{L-1} \lambda_c \cdot D_c \quad (8)$$

i^B und j^B bestimmen sich wie folgt: $\left(i^B, j^B\right)^T = (i,j)^T + \vec{t}$

4.4 Die Deformationsdynamik

Ist die globale Position mit dem niedrigsten $D_{multichannel}$ bestimmt, werden nun die einzelnen Gitterknoten $u^A(i, j, \hat{p}, \hat{g}_1, ..., \hat{g}_L)$, ähnlich zum Simulated Annealing, um zufällig bestimmte Translationsvektoren $\hat{v}(i, j)$ verschoben, um eine noch bessere Übereinstimmung mit Gitter B zu erreichen.

$$\hat{v}(i, j) = (v_x(i, j), v_y(i, j))^T \text{ mit } 0 < |\hat{v}(i, j)| \leq 1 \qquad (9)$$

$$\hat{p}^A_{t+1}(i, j) = \hat{v}(i, j) + \vec{p}^A_t(i, j) \qquad (10)$$

Da auch Positionen zwischen den Gitterknoten zugelassen werden, muß ein interpolierter Gitterknoten $\tilde{a}_k^B(i, j, \hat{p}, c)$ berechnet und die Fitting-Funktion $D_c(i, j)$ erweitert werden.

$$\tilde{a}_k^B(i, j, \hat{p}, c) = \gamma \cdot \left(\alpha \cdot a_k^B\left(i^B, j^B, \hat{p}, c\right) + \beta \cdot a_k^B\left(i^B + 1, j^B, \hat{p}, c\right) \right)$$
$$+ \delta \cdot \left(\alpha \cdot a_k^B\left(i^B, j^B + 1, \hat{p}, c\right) + \beta \cdot a_k^B\left(i^B + 1, j^B + 1, \hat{p}, c\right) \right) \qquad (11)$$

$$D_c(i, j) = \sum_{k=0}^{K-1} \left| a_k^B(i, j, \hat{p}, c) - \tilde{a}_k^B(i, j, \hat{p}, c) \right|$$

α, β, γ und δ ergeben sich aus den Abständen zu den Knoten von Gitter B, wie in Abbildung 6 dargestellt und i^B und j^B werden wie folgt zusammengesetzt:

$$i^B = \lfloor p_x^A(i, j) + t_x + v_x(i, j) \rfloor$$
$$j^B = \lfloor p_y^A(i, j) + t_y + v_y(i, j) \rfloor \qquad (12)$$

Um eine beliebige Permutation der Gitterknoten zu vermeiden und die Komplexität des Matchings sinnvoll zu reduzieren, da wie schon erwähnt die Nase immer zwischen Augen und Mund liegt, wird ein Verzerrungsmaß berechnet und zur Fitting-Funktion entsprechend gewichtet hinzuaddiert.

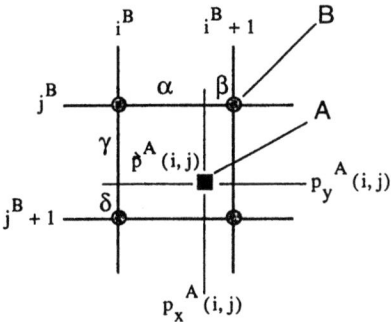

ABBILDUNG 6: Schematisierte Darstellung eines Gitterknoten aus A plaziert auf Gittergraph B.

So wird für jeden Knoten $u^A(i, j, \hat{p}, \hat{g}_1, ..., \hat{g}_L)$ eine Verzerrungswert $S(i, j)$ bestimmt, der sich aus der östlichen $S_{east}(i, j)$ und südlichen $S_{south}(i, j)$ Kantenbewertung zusammensetzt.

$$S_{east}(i, j) = \left| \|\hat{p}(i+1, j) - \hat{p}^A(i, j)\| - 1 \right| \qquad S_{south}(i, j) = \left| \|\hat{p}^A(i, j+1) - \hat{p}^A(i, j)\| - 1 \right|$$
$$(13)$$
$$S_{total} = \sum_{i=0}^{N-2} \sum_{j=0}^{M-1} S_{east}(i, j) + \sum_{i=0}^{N-1} \sum_{j=0}^{M-2} S_{south}(i, j)$$

Zum Vergleich zweier Graphen wird eine Energiefunktion E erstellt, die die Differenz der Komponenten der Vektoren an jeweils gleicher Stelle, sowie den Unterschied der Kantenlängen mit ϑ gewichtet aufaddiert.

$$E = D_{multichannel} + \vartheta \cdot S_{total} \qquad (14)$$

Führt die Verschiebung zu einer Reduktion der Energiefunktion E, so wird die Verschiebung akzeptiert, andernfalls nicht. Durch wiederholtes Verschieben der Knoten um zufällig bestimmte Verschiebungsvektoren paßt sich der Graph A an B an, d.h. die Energiefunktion sinkt. Unterschreitet der Grad der Verbesserung über längere Zeit ein Mindestmaß, wird die Deformationsdynamik abgebrochen und ein lokales Energieminimum bestimmt.

Zur Beschleunigung der Dynamik werden die Nachbarknoten $\vec{p}_n^A(i,j)$ innerhalb einer bestimmten Nachbarschaft n zum Knoten $\vec{p}^A(i,j)$ mitbewegt, der um den Vektor $\vec{v}(i,j)$ verschoben wird. Die Verschiebung der Nachbarknoten hängt hierbei von der Distanz des Nachbarknoten ab. Der Parameter η_2 gewichtet die Verschiebung zusätzlich.

$$\vec{p}_n^A(i,j) = \{\vec{p}^A(i_n,j_n) : |\vec{p}^A(i,j) - \vec{p}^A(i_n,j_n)| < n, \left(0 \leq i_n < N^A\right) \wedge \left(0 \leq j_n < M^A\right)\} \quad (15)$$

$$\vec{p}_{n,t+1}^A(i,j) = \left(1 - \eta_2 \cdot \frac{|\vec{p}^A(i,j) - \vec{p}_{n,t}^A(i,j)|}{n}\right) \cdot \vec{v}(i,j) + \vec{p}_{n,t}^A(i,j) \quad \text{mit } \eta_2 \in [0,1] \quad (16)$$

In Abbildung 7 sind alle Knoten innerhalb einer 8-Nachbarschaft quadratisch und dunkelgrau markiert. Man erkennt deutlich, daß diese Knoten anteilig zur Verschiebung des schwarzen Knotens mitverschoben wurden.

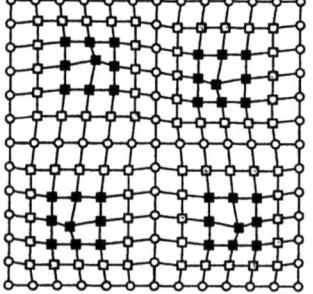

ABBILDUNG 7:
Vier Knoten (quadratisch schwarz) und ihre jeweiligen Nachbarknoten (quadratisch dunkelgrau) im Graphen werden gleichzeitig in verschiedene Richtungen verschoben. Alle Knoten, die dadurch beeinflußt werden, sind quadratisch eingezeichnet.

5 Massiv parallele Implementierung des Matchingverfahrens

Nachdem die Gaborkoeffizienten massiv parallel berechnet wurden, werden die Graphen so auf der Prozessormatrix abgelegt, daß man l Kopien vorliegen hat. Die Zahl der Kopien hängt von der Zahl der Koeffizienten pro Kanal K_c und von der Breite der Prozessormatrix nxproc ab. Außerdem müssen pro Kopie auf einem Prozessor die Positionen $\vec{p}^A(i,j)$ der Knoten abgelegt werden. So ergibt sich für l folgende Formel:

$$l = \text{nxproc} / \left(\sum_{c=0}^{L-1} K_c + 1\right) \quad (17)$$

Dies ermöglicht, daß nicht nur l globale Verschiebungen des Graphen A über alle möglichen Positionen auf dem Graphen B parallel berechnet werden, sondern auch die Fitting-Funktionen $D_{\text{multichannel}}$ für jede der l Positionen gleichzeitig bestimmt werden.

Um die Verschiebung der einzelnen Gitterknoten von A zu parallelisieren, wurde ein lokales Ähnlichkeitsmaß $E_{\text{local}}(i,j)$ eingeführt, das für jeden Gitterknoten $u^A(i,j,\vec{p},\vec{g}_1,...,\vec{g}_L)$ mit seinen Nachbarknoten $u_n^A(i_n,j_n,\vec{p},\vec{g}_1,...,\vec{g}_L)$ bestimmt wird.

$$E_{\text{local}}(i,j) = \sum_{i_n}^{n} \sum_{j_n}^{n} S(i_n,j_n) + \sum_{c=0}^{L-1} \sum_{i_n}^{n} \sum_{j_n}^{n} D_c(i_n,j_n) \quad (18)$$

Eine Verschiebung eines Knoten wird nur dann akzeptiert, wenn ein niedrigeres lokales Energieniveau erreicht und die zufälligen, parallelen Verschiebungen der Knoten innerhalb der Nachbarschaft n keine größere Verbesserung erbracht haben. So kann an l zufällig gewählten Knoten von A eine zufällig gewählte Verschiebung gleichzeitig durchgeführt und deren Verbesserungen bestimmt werden. Dies führt zu einer beschleunigten Angleichung der Gitter.

Messungen haben folgendes Zeitverhalten für 150 x 150 Pixel große zweikanalige Datensätze ergeben: a) Globales Matching 1.3 Sekunden   b) Matching pro Zyklus 1.1 Sekunden.

6 Ergebnisse und geplante Erweiterungen

Das hier vorgestellte Verfahren ist bisher an 16 4D-Gesichtsdatensätzen getestet worden. Dabei hat sich das Verfahren als numerisch stabil erwiesen. Die Ähnlichkeitsmaße zwischen Gesichter von identischen Personen haben sich deutlich von den Vergleichswerten mit Gesichtern von anderen Personen abgehoben. Weitere Experimente haben gezeigt, daß der kombinierte Einsatz von Grauwertdaten zusammen mit den Abstandsdaten zu besseren Diskriminierungsraten führt, d.h die Distanz der Vergleichswerte zwischen gleichen Personen und unterschiedlichen Personen ist größer. In Abbildung 8 ist links und rechts außen Eingabe- und Vergleichskopf nach der Flächenrückführung mit Kohonenlearning dargestellt. Dazwischen ist das unverzerrte Startgitter des Eingabekopfs und das angepaßte, verzerrte Gitter nach zehn Vergleichszyklen zu sehen, die zur Veranschaulichung mit den Abstandsdaten des Vergleichskopfs dargestellt wurden.

Die Leistung des Verfahren werden derzeit so erweitert, daß das Matchingverfahren auch grauwert- bzw. beleuchtungs- und rotationsinvariant ist. Die Implementierung einer Skalierungsinvarianz ist ebenfalls schon in Angriff genommen worden. Zusätzlich wird daran gearbeitet, daß auch kugelförmige Datensätze miteinander verglichen werden können, um die Verzerrungen im Kartenraum zu vermeiden und um vom Betrachtungswinkel unabhängig zu werden.

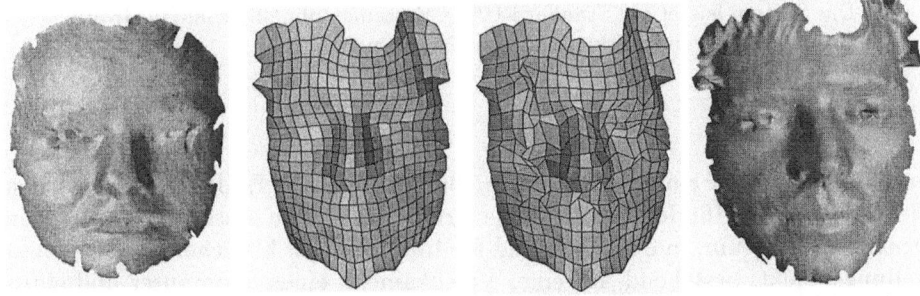

Eingabekopf   unverzerrtes Startgitter   angepaßtes Gitter   Vergleichskopf

ABBILDUNG 8: Darstellung des unverzerrten Startgitters und des angepaßten Gitters nach zehn Vergleichszyklen. Eingabe- und Vergleichskopf sind jeweils links und rechts außen dargestellt.

Literatur

[1] Harald F. Bayer: *KPack Version 3.1 Benutzerhandbuch*. Fachbericht, Universität Stuttgart, IPVR, 1993.

[2] Martin Bichsel: *Strategies of Robust Object Recognition for the Automatic Identification of Human Faces*. Dissertation, ETH Zürich, 1991.

[3] R. Neil Braithwaite, Michael P. Beddoes: *Iterative Methods for Solving the Gabor Expansion: Consideration of Convergence*. IEEE Transaction on Image Processing, 1(2): S. 243-244, 1992.

[4] Steffan Bröckel, Susanne Gerl und Paul Levi: *Massiv parallele Gabor-Transformation mit neuronalen Netzen*. Fachbericht, Universität Stuttgart, IPVR, 1994.

[5] C. Charalambous: *Conjugate gradient algorithm for efficient training of artifical neural networks*. IEE Proceedings-G (Circuits, Devices and Systems), 139(3): S. 301-310, Juni 1992.

[6] John G. Daugman: *Complete Discret 2-D Gabor Transformations by Neural Networks for Image Analysis and Compression*. IEEE Trans. on Acoustics, Speech and Signal Processing, 36(7): 1169-1179, Juli 1988.

[7] Touradj Ebrahimi, Murat Kunt: *Image compression by Gabor Expansion*. Optical Engineering, 30(7): S.383-880, Juli 1991.

[8] Marinos Ioannides: *Von der 3D-Digitalisierung über die Mustererkennung zur Fertigung*. In Mustererkennung 1993, DAGM-Symposium: S. 717-724, Springer-Verlag, 1993.

[9] Teuvo Kohonen: *Self-Organizing Maps*. Springer-Verlag, 1995.

[10] Christoph von der Malsburg, Rolf P. Würtz, Jan C. Vorbrüggen: *Bilderkennung mit dynamischen Neuronennetzen*. in: Verteilte Künstliche Intelligenz und kooperatives Arbeiten, Hrsg. W. Bauer, D. Hernandez, Seite 512-529, Springer-Verlag, München, 1991.

[11] R. Malz: *Codierte Lichtstrukturen für 3D-Meßtechnik und Inspektion*. Dissertation, Universität Stuttgart, 1992.

[12] Rolf P. Würtz: *Multilayer Dynamic Link Networks for Establishing Image Point Correspondences and Visual Object Recognition*. Dissertation, Ruhr-Universität Bochum, 1994.

Extraktion von Personen in Videobildern

K. Huggle   W. Eckstein

Technische Universität München
Institut für Informatik – Lehrstuhl Prof. Dr. B. Radig
{huggle,eckstein}@informatik.tu-muenchen.de

Zusammenfassung Die vorliegende Arbeit beschreibt ein System, daß Personen aus Videobildern extrahiert. Die Bilder einer fest installierten Kamera werden analysiert. Über eine Hintergrundschätzung mit anschliessender Differenzbildberechnung werden alle veränderten Bereiche im Bild gefunden. Aus diesen Vordergrundbereichen werden Merkmale extrahiert und anhand eines Personenmodells analysiert, das aus Kopf, Schultern, Oberkörper und Armen besteht. Die Suche nach Personen erfolgt sowohl daten-, als auch modellgetrieben.
Das System leistet auf Standard-UNIX Systemen ohne Spezial-Hardware eine schritthaltende Erkennung der Personen.

1 Einleitung

In der Arbeit wird ein System beschrieben, das in den Bildern einer Videokamera Personen auffindet. Sie stellt die Grundlage für ein Ausstellungsobjekt im Deutschen Museum, in der Abteilung für Informatik in München dar. Das Ausstellungsobjekt, bestehend aus einer Videokamera, einem Computer und einem Bildschirm, erkennt im Raum stehende oder gehende Personen und markiert sie im dargestellten Videobild auf dem Monitor.

Weitere Einsatzgebiete für ein solches System sind z.B. die Überwachung von Verkehrszenen [HOG87] [ROHR], oder Sicherungsaufgaben, wie sie bei der Überwachung von Aufzügen oder Warteschlangen anfallen können. Das Personenmodell muß dabei auf die jeweilige Aufgabe angepaßt werden.

Das System muß fähig sein, auch Personen zu finden, die über einen längeren Zeitraum vor der Kamera verweilen oder nur mit dem Oberkörper im Bild erscheinen. Für die Lösung dieser Aufgabe haben sich der Kopf und die Schultern als sichere Erkennungsmerkmale herausgestellt. Auch der Oberkörper selbst und, eingeschränkt, die Arme können für die Erkennung herangezogen werden.

Die Suche nach Personen erfolgt sowohl daten- als auch modellgetrieben. Im ersten Schritt wird aus der bisherigen Bildfolge mit Hilfe eines Kalman-Filters ein Hintergrundbild berechnet. Aus dem Differenzbild zwischen Eingabe- und Hintergrundbild wird eine Vordergrundregion berechnet, die alle sich veränderten Bildbereiche enthält. Innerhalb dieser Vordergrundregion wird nach potentiellen Köpfen gesucht. Hierzu können die Umrißlinien (Rand der Vordergrundregion) oder die Kanten innerhalb der Vordergrundregion herangezogen werden.

Ausgehend von den gefundenen Köpfen werden die Merkmale des Menschen anhand des erstellten Personenmodells gesucht. Diese Merkmale sind die Schultern, der Oberkörper und die Arme. Das Modell wird durch die Suchergebnisse

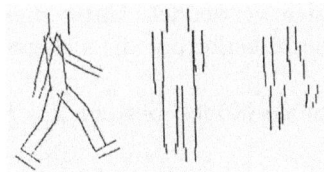

Abbildung1. Kanten des Hogg-Modells

Abbildung2. Typische Haltung einer Person

weiter verfeinert, bis das Vordergrundobjekt später als Mensch akzeptiert oder verworfen werden kann. Für eine sichere Erkennung der Personen sind einige Randbedingungen zu erfüllen:
- Die Personen dürfen sich nicht gegenseitig verdecken und müssen hinreichend groß im Bild erscheinen.
- Die Personen müssen mit gesamten Kopf und Oberkörper im Bild erscheinen.
- Die Kontur des Kopfes darf nicht durch eine Kopfbedeckung, wie z.B. einen Hut oder eine auffällige Frisur „entstellt" sein.
- Die Videokamera muß fest installiert sein, der Bildausschnitt darf sich nicht verändern und die Lichtverhältnisse dürfen sich nur langsam ändern.

Das System ist in der bisherigen Implementierung mit dem Bildverarbeitungssystem *HORUS* [ECK93] dank der Hintergrundschätzung über das Kalman-Filter auf beliebige Aufnahmesituationen übertragbar, solange die aufgeführten Randbedingungen eingehalten werden.

2 Das Modell

Ausgehend vom Modell von D. Hogg [HOG87] wird das in dieser Arbeit verwendete Personenmodell entwickelt. Hoggs Körpermodell basiert auf dreidimensionalen, geometrischen Primitiven, die aus Zylindern unterschiedlicher Länge und Durchmesser bestehen. Der Oberkörper wird z.B. durch einen Zylinder im Verhältnis *Höhe : Breite : Tiefe* von 7 : 2 : 1 repräsentiert. Ein Arm wird durch drei Zylindern aufgebaut, je einer für Oberarm, Unterarm und die Hand. Für jedes Körperteil im Hogg-Modell werden im Bild zwei parallele Kanten gesucht (siehe Abb. 1). Die Suche nach den Kanten erfolgt in geeigneten Suchräumen um die Ränder des entsprechenden Zylinders.

Im Projekt „Deutsches Museum" sind die Personen großteils nur mit dem Oberkörper im Bild zu sehen. Die Suche nach Beinen scheidet daher aus. Die Personen bleiben vor der Kamera stehen, daher sind die Arme nicht ständig in Bewegung. Erschwerend kommt noch hinzu, daß sie auch am Körper anliegen oder vor dem Körper verschränkt sein können. Einerseits werden sie dann nicht erkannt, andererseits verändern sie gleichzeitig das Aussehen des Oberkörpers.

Damit scheiden die Arme als sicheres Kriterium zur Personenerkennung aus. Abb. 2 zeigt ein typisches Bild der Aufnahmesituation. Das Hogg-Modell kann daher hier nicht unverändert angewendet werden, da es die Arme und Beine als sichere Erkennungsmerkmale bei gehenden Personen verwendet. Unter diesen Gegebenheiten sind der Kopf, die Schultern und der Oberkörper die sichersten Kriterien zur Personenerkennung.

Das in dieser Arbeit entwickelte, zweidimensionale Modell besteht aus folgenden Körperteilen:
- Der Kopf, durch eine Ellipse modelliert.
- Die Schultern, durch Geraden unterschiedlicher Winkel modelliert.
- Der Oberkörper, durch ein Rechteck modelliert.
- Die Arme, durch je ein Rechteck modelliert.

3 Erkennungsstrategie

Die ersten Schritte der Objektsuche erfolgen datengetrieben, da keine Informationen über die Position von möglichen Personen vorliegen. Der Vordergrund wird mit einem Kalman-Filter [RID95] vom Hintergrund getrennt, indem das aktuelle Eingabebild vom Hintergrundbild abgezogen wird. Alle Pixel mit einer Intensität oberhalb einer vorgegebenen Schwelle werden in die Vordergrundregion übernommen. Sie wird anschließend morphologisch bearbeitet: kleine Löcher werden mit einem *closing* geschlossen, kleine, freistehende Bereiche der Region mit einem *opening* entfernt und die entstandene Region um wenige Pixel vergrößert. Der Körperumriß liegt dann sicher innerhalb der Vordergrundregion. Anhand dieser Vordergrundregion und den Bildinformationen werden die Köpfe der Personen gesucht.

Die darauf folgenden Schritte erfolgen modellgetrieben. Anhand aller im Bild gefundenen potentiellen Köpfe werden basierend auf dem Körpermodell die Schultern, der Oberkörper und die Arme gesucht. Die gefundenen Körperteile werden dem Modell entsprechend verknüpft und interpretiert. In Abb. 3 ist der Ablauf der Personenerkennung schematisch beschrieben.

4 Kalman-Filter

Die Implementierung des Kalman-Filters erfolgte nach dem Ansatz von Karmann und v. Brandt [KAR90]. Aufgabe des Filters ist es, aus den bisherigen Eingabebildern ein Hintergrundbild zu berechnen. Objekte die sich im Vordergrund befinden sollen nur langsam, gleichzeitig aber die Bereiche im Eingabebild, die den Hintergrund darstellen, schnell in das Hintergrundbild übernommen werden.

Grauwertänderungen, durch langsame Beleuchtungsänderungen hervorgerufen, sind im allgemeinen sehr gering im Vergleich zu den Änderungen, die durch bewegte Objekte entstehen. Diese Tatsache wird vom Kalman-Filter zur Trennung sich bewegender Objekte vom Hintergrund genutzt. Anhand der vorherigen

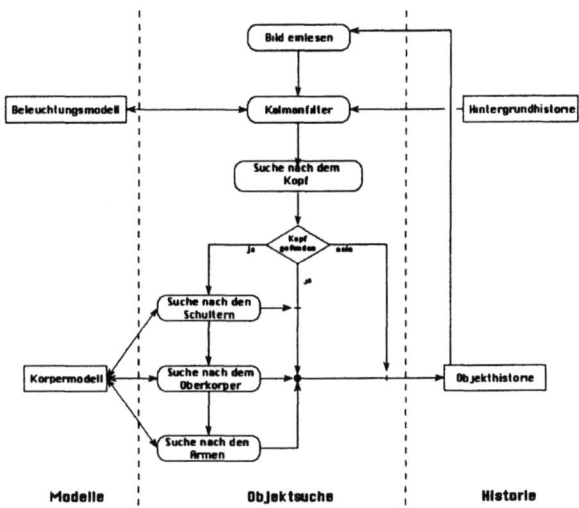

Abbildung 3. Ablauf der Personenerkennung

Meßgrößen, den Grauwerten in den Pixel bis zum Zeitpunkt t_i wird der Grauwert des Pixel im nächsten Bild vorausgeschätzt und daraus eine Vorhersage des neuen Grauwertes im Bild berechnet. Weicht diese Vorhersage nur geringfügig von dem Meßwert zum Zeitpunkt t_{i+1} ab, dann wird das Pixel als Hintergrund definiert und schnell in das Hintergrundbild aufgenommen. Liegt die Abweichung oberhalb einer vorgegebenen Schwelle wird es als Vordergrund interpretiert und nur langsam in das Hintergrundbild übernommen. Eine genaue Beschreibung des hier verwendeten Algorithmus kann bei [RID95] nachgelesen werden.

5 Suche nach den Köpfen

Eine erfolgreiche Suche nach Köpfen im Eingabebild ist entscheidend für die Personenerkennung, da anhand der Kopfposition nach weiteren Personenmerkmalen gesucht wird. Alle weiteren Suchalgorithmen werden für jeden potentiellen Kopf aufgerufen. Ein fälschlicherweise im Bild gefundener Kopf wird im Verlauf der weiteren Suche verworfen, sofern keine weiteren Personenmerkmale gefunden werden können.

Zwei Ansätze sind möglich: Die Suche anhand der Kanten innerhalb der Vordergrundregion oder die Suche anhand der Kontur der Vordergrundregion. Die Suche erfolgt jeweils datengetrieben.

5.1 Suche anhand von Bildkanten

Hebt sich der Kopf deutlich vom Hintergrund ab, kann sein Umriß durch Bildkanten gefunden werden. Selbst wenn die Vordergrundregion, z.B. durch interpretieren des Objektschattens als Vordergrund, entstellt ist, kann hier noch eine Erkennung erfolgen.

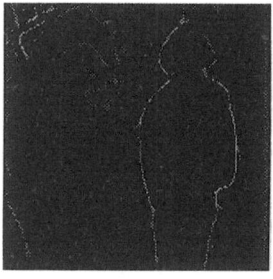  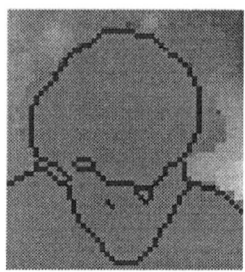

Abbildung 4. Kanten nach nonmaximumsuppression

Abbildung 5. Alle Kanten aus Bild 4 mit einer Amplitude über 20

Abbildung 6. Kanten im Kopfbereich nach Konturschluß / -bereinigung

Die Bildkanten und die Kantenrichtungen im Eingabebild werden innerhalb der Vordergrundregion mit einem Sobelfilter berechnet und mit einer *nonmaximum-suppression* verdünnt (siehe Abb. 4). Mit einer Schwellwertoperation (siehe Abb. 5) werden die stärkeren Kanten ausgewählt. Soweit möglich, werden kleine Lücken zwischen den Kanten geschlossen und kurze Kanten entfernt. Anschließend werden die Ränder der Vordergrundregion mit einer Kreismaske mit dem Radius der halben Kopfbreite erodiert. Die Mittelpunkte verschiedener Templates werden über diese Vordergrundregion verschoben und die Kanten innerhalb der Templates analysiert.

Objektsuche In allen weiteren Bearbeitungsschritten werden nur die Kanten, das Kantenrichtungsbild und die erodierte Vordergrundregion benötigt. Zwei ovale Templates T_1 und T_2 werden im weiteren verwendet (siehe Abb. 7 und 8).

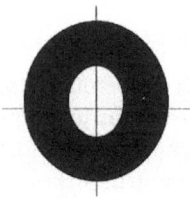 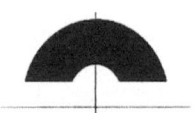

Abbildung 7. Template T_1 für die Suche nach Kanten in dem gesamten Kopfbereich

Abbildung 8. Template T_2 für die Suche nach Kanten in dem oberen Kopfbereich

Beide Templates werden mit ihrem Mittelpunkt im Bereich der erodierten Vordergrundregion über die Kantenregion geschoben. Liegt mindestens eine vorgegebene Anzahl von Kantenpunkten, abhängig von der Größe des gesuchten Kopfes, innerhalb der Templates, werden die Kanten weiter untersucht (siehe Abb. 6).

Analyse der Kanten Es werden nur diejenigen Kanten weiter untersucht, die im oberen Ellipsenbereich liegen. Folgende Kriterien müssen erfüllt sein:
- Die mittlere Kantenrichtung in T_1 muß in einem vorgegebenen Bereich liegen. Die mittlere Kantenrichtung muß bei 90 ± 5 Grad liegen. Ist dieses Kriterium nicht erfüllt, wird der Kopf verworfen. Mit diesem Kriterium können ohne großen Rechenaufwand Bereiche verworfen werden, in denen die Kanten keiner Ellipse ähneln.
- Die Entfernung der Kantenpunkte in T_2 zu den Brennpunkten der Ellipse muß in einem vorgegebenen Bereich liegen.
Aus den Entfernungen jedes Kantenpunktes zu den Brennpunkten der Ellipse wird die Varianz des Fehlers zur optimalen Ellipse berechnet. Ist die Varianz kleiner als eine vorgegebene Schwelle T wird der Kopf akzeptiert. Diese Schwelle erhöht sich, je öfter der Kopf gefunden wurde. Die dazu nötigen Informationen weren über eine Objekthistorie bereitgestellt. Die Varianz wird über die Entfernungen $\Delta f1_{z,s}$ und $\Delta f2_{z,s}$ jedes Kantenpunktes zu den Brennpunkten f_1 und f_2 berechnet: (E_z = Zeile Ellipse, E_s = Spalte Ellipse, r_1 und r_2 Hauptachsenradien der Ellipse)
- Fehler ω der Entfernung zur optimalen Ellipse

$$\omega = |2 \cdot r_1 - (\Delta f1_{z,s} + \Delta f2_{z,s})|$$

- Quadrat Σ^2 der Summe Σ aller Fehler ω

$$\Sigma_\omega^2 = \sum_{i=1}^{n} (2 \cdot r_1 - (\Delta f1_{z,s} + \Delta f2_{z,s}))^2$$

- Varianz σ des Fehlers ω

$$\sigma = \sqrt{\frac{1}{n} \cdot \left(\Sigma_\omega^2 - \frac{(\Sigma_\omega)^2}{n+1} \right)}$$

Aus der Varianz σ des Fehlers und der Anzahl der Kantenpunkte im Bereich T_1 und T_2 wird ein Gütefaktor ξ für diesen Kopf berechnet:

$$\xi = \frac{5 \cdot \sigma}{|Kantenpunkte\ in\ T_2| + 5 \cdot |Kantenpunkte\ in\ T_1|}$$

Die Maske wird über jeden Punkt in der Vordergrundregion geschoben. Daher kann ein Kopf mehrfach gefunden werden. Es wird jedoch nur der Kopf mit dem besten Gütefaktor ξ weiter betrachtet.

Überarbeiten der Objekthistorie Die Koordinaten aller Köpfe werden in eine Objekthistorie eingetragen bzw. die Daten der darin bereits enthaltenen Köpfe aktualisiert. Diese Objekthistorie nimmt für alle gefundenen Köpfe die Koordinaten des Kopfmittelpunktes, ein Gütefaktor λ_K des Kopfes K, der Zeitpunkt, zu dem der Kopf zuletzt gefunden wurde und in wievielen Bildern er bisher gefunden wurde auf. Der Gütefaktor λ_K berechnet sich aus der Anzahl der Bilder, in denen der Kopf bisher gefunden und vor wievielen Bildern der Kopf zuletzt gefunden wurde.

Wurde der Kopf K im aktuellen Bild gefunden, dann wird λ_K erhöht, ansonsten erniedrigt. Wurde er in den letzten fünf Bildern nicht gefunden, wird er aus der Historie entfernt. In den Bereichen, in denen bereits ein Kopf gefunden wurde, wird λ_K auf die Schwelle T addiert. Köpfe, die bereits über einen längeren Zeitraum gefunden wurden werden eher erkannt, selbst wenn sie kurzfristig stärker von den Vorgaben abweichen, d.h. σ oberhalb der vorgegebenen Schwelle liegt. Jeder Kopf muß mindestens in zwei aufeinanderfolgenden Bildern gefunden werden, damit er in die Historie eingetragen wird. Dadurch wird verhindert, daß falsch gefundene Köpfe sofort übernommen werden.

5.2 Suche anhand der Konturinformationen

In diesem alternativen Verfahren werden die Köpfe im Eingabebild nicht anhand der Kanteninformationen, sondern anhand der Kontur der Vordergrundregion gesucht. Dies setzt eine optimale Trennung von Vorder- und Hintergrund voraus.

Aus der Vordergrundregion wird das Skelett und die Kontur berechnet. Es wird davon ausgegangen, daß der Mittelpunkt eines Kopfes nur auf dem Skelett der Vordergrundregion liegen kann. Von allen Skelettzweigen werden die letzten $2 \cdot Radius_{Kopf}$ Pixel betrachtet, da angenommen wird, daß ein Kopf immer nur an einem oberen Ende einer Vordergrundregion liegt. Daher werden nur die Skelettzweige weiter betrachtet, die oberhalb des Schwerpunktes der Region liegen. Der Suchbereich für einen Kopf wird dadurch beträchtlich eingeschränkt. Die einzelnen Templates werden mit ihren Mittelpunkten entlang der Skelettzweige verschoben und das Template herausgesucht, in das die Kontur am besten eingepaßt werden kann. Der Ansatz setzt folgende Heuristiken ein:

- Der Kopf ist immer im oberen Bereich einer Vordergrundregion.
- Die Anzahl der Pixel im oberen Kopfbereich muß mindestens 30% des Ellipsenumfangs betragen.

5.3 Vergleich beider Ansätze

Bei den gestellten Bedingungen, eine aufrecht vor der Kamera stehende, unverdeckte Person zu erkennen, arbeiten beide Ansätze stabil.

Der erste Ansatz liefert gute Ergebnisse, auch wenn die Vordergrundregion nicht optimal berechnet wurde. Jedoch benötigt er deutlich mehr Rechenzeit als der zweite Ansatz, im Mittel fünfmal so viel. Bei einer korrekten Trennung des Vordergrundes vom Hintergrund liefert der zweite Ansatz ebenfalls gute Ergebnisse. Mit deutlich weniger Rechenzeit ist er jedoch für eine on-line Bearbeitung von Bildern besser geeignet. Es ist dann auch ohne spezieller Hardware eine schritthaltende Analyse möglich.

 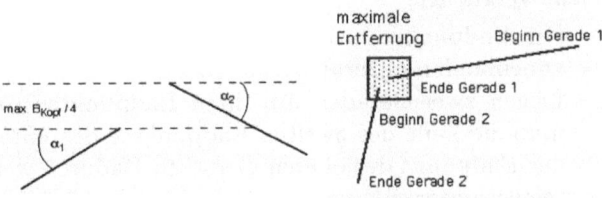

Abbildung 9. Kanten und Suchraum der Schultern

Abbildung 10. Winkelverhältnis der oberen Schulterbereiche

Abbildung 11. Verbindung zwischen den Schultergeraden

6 Suche nach den Schultern

Anhand der Position aller gefundenen Köpfe werden die Schultern gesucht. Sowohl die Schultersuche, als auch die Suche nach den Armen und dem Oberkörper erfolgen modellgetrieben. Durch die Ergebnisse wird das Körpermodell weiter verfeinert. Die entwickelten Verfahren arbeiten dabei sowohl mit Bildkanten, als auch mit den Konturdaten der Vordergrundregion.

Suchbereich Für jede Kopfhypothese werden zwei rechteckige Suchräume für die rechte und linke Schulter aufgespannt. Die Größe und Lage der Suchräume berechnet sich aus der Position und dem Radius des Kopfes. Nur die Kanten, die innerhalb der Suchräume liegen werden analysiert. Im folgenden wird nur die Suche nach der rechten Schulter exemplarisch beschrieben. In Abb. 9 sind der Kopf, die Suchräume für beide Schultern und die darin enthaltenen Kanten dargestellt.

Die Geraden innerhalb eines Suchbereiches werden in drei Winkelbereiche eingeteilt, z.B. [160...210],]210...240] und]240...280] Grad für die rechte Schulter. Eine Schulter ist aus mindestens zwei Geraden aus verschiedenen Winkelbereichen aufgebaut. Der Winkelbereich [160...210] stellt die obere Begrenzung der Schulter (Schlüsselbein) dar, die anderen Bereiche den Arm in unterschiedlichen Stellungen. Die Einteilung in drei Winkelbereiche ist ein optimaler Kompromiß bezüglich Genauigkeit und Schnelligkeit in der Analyse.

Analyse der Kanten im Schulterbereich Die Kanten innerhalb des oberen Winkelbereiches beider Schultern werden miteinander verglichen. Als Bezugsgröße wird die Größe des Kopfes B_{Kopf} verwendet. Folgende Kriterien müssen erfüllt sein, damit die Geraden als Teil einer Schulter akzeptiert werden:

- Beide Kanten müssen mindestens $B_{Kopf}/4$ lang sein.
- Die Gerade im oberen Winkelbereich der rechten Schulter und die Gerade des oberen Schulterbereiches der linken Schulter liegen etwa auf der selben Höhe. Die Zeilen der Geradenanfänge unterscheiden sich um maximal $B_{Kopf}/3$, die Winkel der Geraden zur x-Achse um maximal 10 Grad (siehe Abb. 10).

Innerhalb einer Schulter wird die Lage der Geraden unterschiedlicher Winkelbereiche verglichen:
- Die Endpunkte beider Geraden liegen höchstens $\max(4, B_{Kopf}/4)$ Punkte voneinander entfernt (siehe Abb. 11).
- Liegen zwei Geraden mit ihren Endpunkten nahe genug zusammen, dann muß die Zeile des zweiten Endpunktes der unteren Geraden größer sein als der Endpunkt der oberen Geraden. Dadurch werden Geraden die nach oben zeigen ausgeschlossen.

Anhand eines berechneten Gütefaktors kann die Qualität der Schultererkennung bestimmt werden.

7 Suche nach dem Oberkörper und den Armen

Das Modell ist durch den Kopf und die Schultern teilinstantiiert, die Person wird bereits gut durch das Modell beschrieben. Basierend auf dem teilinstantiierten Modell werden der Oberkörper und die Arme gesucht. Die Ansätze arbeiten sowohl mit Bildkanten als auch mit den Konturdaten der Vordergrundregion.

7.1 Oberkörper

Es werden zwei rechteckige Suchbereiche für die linke bzw. rechte Körperhälfte aufgespannt. Die Position und Größe der Suchbereiche ist abhängig von Kopf- und Schulterposition.

Es werden nur Geraden (Kanten oder Konturdaten) mit einer minimalen Länge innerhalb der Suchbereiche betrachtet. Dabei werden Geraden aus dem Suchbereich der rechten Körperhälfte mit den Geraden aus dem Suchbereich der linken Körperhälfte paarweise verglichen. Die Geraden müssen im Winkelbereich von [75...105] Grad zur x-Achse liegen. Dieser große Winkelbereich ist notwendig, da die Silhouette durch anliegende oder verschränkte Arme stark verändert sein kann. In folgenden Fällen wird der Oberkörper akzeptiert:
- Die Längen der Geraden betragen jeweils mindestens 50% der vorhergesagten Körperlänge, die sich aus der Kopfgröße berechnet.
- Das Geradenpaar aus den beiden Körperhälften ist zusammen mindestens so lang wie die vorhergesagte Körperlänge. Beide Geraden weisen zusätzlich eine Länge von mindestens 20% der vorhergesagten Körperlänge auf.

Der zweite Fall ist weniger streng, da hier eine Seite weniger gut erkannt werden muß. Dies erhöht die Erkennungssicherheit besonders bei kontrastarmen Bildern oder Bildern, in denen der Schatten des Objektes den Kontrast und damit die Körperkante auf einer Seite vermindert.

7.2 Arme

Es werden Suchräume aufgespannt, in denen nach (nahezu) parallelen Kantenpaaren gesucht wird. Im Gegensatz zu den Schultern und dem Oberkörper

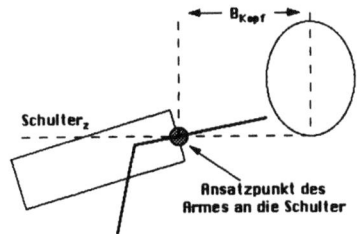
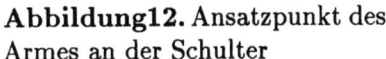
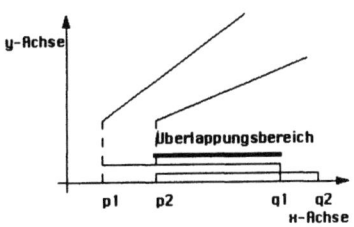

Abbildung 12. Ansatzpunkt des Armes an der Schulter

Abbildung 13. Überlappungsbereich der Geraden

können die Suchräume jedoch nicht nur von der Kopfposition abhängig gemacht werden. Es muß erst nach signifikanten Kanten gesucht werden, die Rückschlüsse auf einen möglichen Arm zulassen.

Die signifikanten Geraden, anhand derer eine Vorhersage über mögliche Arme gemacht werden kann, werden in Suchräumen um die Schultern ermittelt. Deren Position wird aus den Daten der Schultersuche und der Kopfposition und Kopfgröße berechnet. Alle Geraden im Suchraum, die folgende Kriterien erfüllen, werden für die Erzeugung der eigentlichen Suchräume der Arme herangezogen:

- Die Gerade ist mindestens so lang wie die Kopfbreite.
- Die Zeile des Geradenbeginns weicht von der Zeile der Schulter maximal um die Kopfhöhe ab.

Die Winkel γ aller Geraden, die obige Kriterien erfüllen, werden ausgewählt. Der neue Suchbereich besteht aus einem Rechteck, dessen Höhe und Breite sich aus dem Kopfdurchmesser berechnet und dessen Hauptachse den Winkel γ zur x-Achse aufweist. Der Suchbereich setzt am Schultergelenk an (siehe Abb. 12).

Die Geraden innerhalb eines Suchraumes müssen folgende Kriterien erfüllen, um als Arm akzeptiert zu werden:

- Die Länge beider Geraden im Geradenpaar entspricht mindestens der Kopfbreite.
- Die Geraden im Parallelenpaar überlappen sich zu mindestens 50% (siehe Abb. 13).

Für jeden erkannten Arm wird ein Wert für die Güte der Erkennung berechnet.

8 Verknüpfung der Ergebnisse

Bild 14 zeigt ein Beispiel für eine gut erkannte Person. Im Bild 15 werden die zwei Personen hingegen nur teilweise erkannt. Sie heben sich nur wenig vom Hintergrund ab und sind sehr klein im Bild. Daher werden die Umrisse nur ungenau erkannt. Innerhalb der Personen werden viele Kanten gefunden (siehe Abb. 16), die wiederum das Ergebnis beeinträchtigen.

Anhand der Gütezahlen aus der Erkennung von Schultern, Oberkörper und Armen kann die Güte der Erkennung der Person berechnet werden. Die Suche

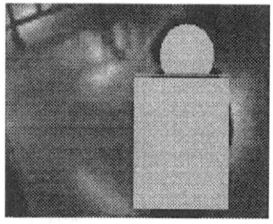  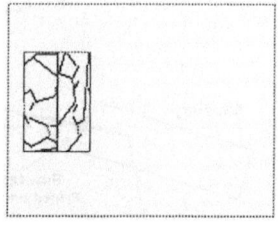

Abbildung14. Modell einer erkannten Person

Abbildung15. Modelle zweier teilweise erkannter Personen

Abbildung16. Kanten aus Bild 15

nach den Schultern, dem Oberkörper und den Armen kann sowohl mit Bildkanten, als auch mit der Kontur der Vordergrundregion erfolgen. Werden die entsprechenden Routinen zweimal aufgerufen (einmal mit Bildkanten, einmal mit der Kontur der Vordergrundregion), kann die Sicherheit der Erkennung deutlich erhöht werden. Die Ergebnisse werden dann den Aufnahmebedingungen entsprechend verknüpft. In Versuchen zeigte sich, daß bei einer guten Trennung von Vordergrund / Hintergrund die Ergebnisse aus der konturbasierten Suche mit 70%, die aus der kantenbasierten Suche mit 30% gewichtet werden sollten.

In bisheriger Implementierung mit dem Bildanalysesystem *HORUS* [ECK93] ist das System trotz Verzicht auf Spezial-Hardware schritthaltend. Die Geschwindigkeit der Bildbearbeitung ist stark von der Größe der Vordergrundregion abhängig, da alle folgenden Routinen auf dieser Vordergrundregion arbeiten. Es kann somit kein allgemeingültiger Zeitbedarf pro Bild angegeben werden. Im Mittel läßt sich jedoch feststellen, daß pro Sekunde 5 bis 8 Bilder auf einer HP Workstation, Modell 720 bearbeitet werden können.

References

[HOG87] David Hogg: „Finding a known objekt using a generate and test strategy", in: Page, Ian, Parallel Architectures and Computer Vision, Oxford Science Publication, 1987

[ROHR] K. Rohr: „Towards Model-Based Recognition of Human Movements in Image Sequences", Image Understanding, Vol. 59, S. 94-115, Academic Press, Inc.

[KAR90] Klaus Peter Karmann, Achim v. Brandt: „Moving Objekt Recognition Using an Adaptive Background Memory", Time-Varying Image Processing and Moving Objekt Recognition - edited by V. Cappelini, Vol.2,1990

[ECK93] W. Eckstein: „Benutzerfreundliche Bildanalyse mit *HORUS*: Architektur und Konzepte", 15. DAGM Symposium 1993; Mustererkennung 1993, S. 332, Springer Verlag 1993

[RID95] Ch. Ridder, O. Munkelt, H. Kirchner: „Adapting Background Estimation and Foreground Detection using Kalman-Filtering", Proceedings: International Conference on Recent Advances in Mechatronics, ICRAM 1995; Aug. 14-16, 1995; Istambul, Turkey

Estimation of Vocal Fold Vibrations Using Image Segmentation

Thomas Wittenberg   Ulrich Eysholdt

Abteilung für Phoniatrie und Pädaudiologie an der HNO-Klinik
Friedrich-Alexander-Universität Erlangen-Nürnberg
Bohlenplatz 21, 91054 Erlangen
Tel: +49-9131-85 31 46 • Fax: +49-9131-85 92 72 • email:wit@iis.fhg.de

Abstract

A new high speed system for recording, processing, and analysis of vocal fold vibrations has been developed. Results obtained with this system will be discussed from the technical as well as the medical viewpoint.
By using a digital high speed camera, the laryngeal movement can be recorded with a maximum speed of about 5600 frames per second and a sequence length of up to 8192 single frames. For examination purposes the recorded sequences can be viewed bidirectionally in different slow motion rates. An application-specific written adaptive semi automatic motion analysis software is used to calculate and plot the glottograms for selected points on each vocal cord. From the obtained data, statistical measures like speed, acceleration rates, the fundamental frequency, amplitudes and perturbation parameters can be calculated. Based on the digital films, motion plots and characteristic statistics, this approach of laryngeal examination is a practicable method which supports the possibilities of quantitative and graphical analysis of the moving vocal folds and overcomes the disadvantages of the presently common examination methods.

1   Motivation

The measurement and the examination of the vibrational movements of the human vocal folds (glottography) has been subject of many different techniques. All these methods share the common problem of recording the rapid movement of the glottis in real time, which has a fundamental frequency between 80 and 150 Hz for men and 150 to 280 Hz for women. Since both vocal cords can move independently from each other in any direction of a three-dimensional space, only the means of optical imaging are suited to record these high frequency movements of the glottis.

Today the most frequently used method for medical examinations of the larynx and the diagnosis of voice disorders is a rigid magnifying laryngoscope combined with a stroboscopic light source and video recording. By using a phase shift between the oscillating vocal cords and the flash frequency, the vocal folds seem to vibrate in slow motion. The patient's voice is recorded with a microphone and electronically filtered to obtain the pitch. This frequency is used in course to trigger the strobe light to illuminate the oscillating vocal cords and to give the viewer the impression of a slow motion vibration (Schultz-Coulon 1980).

For 'normal' or 'near normal' voices the stroboscopy produces reliable results which can be used for medical diagnostics. Nevertheless, there are limitations in the phoniatric use of this approach. First of all, stroboscopy violates Shannon's sampling theorem. Since the highest pitch of an unconstrained voice is about 200 Hz for men and 300 Hz for women, we need a system which can record with a minimum of 600 frames per second (fps). Multiplying this

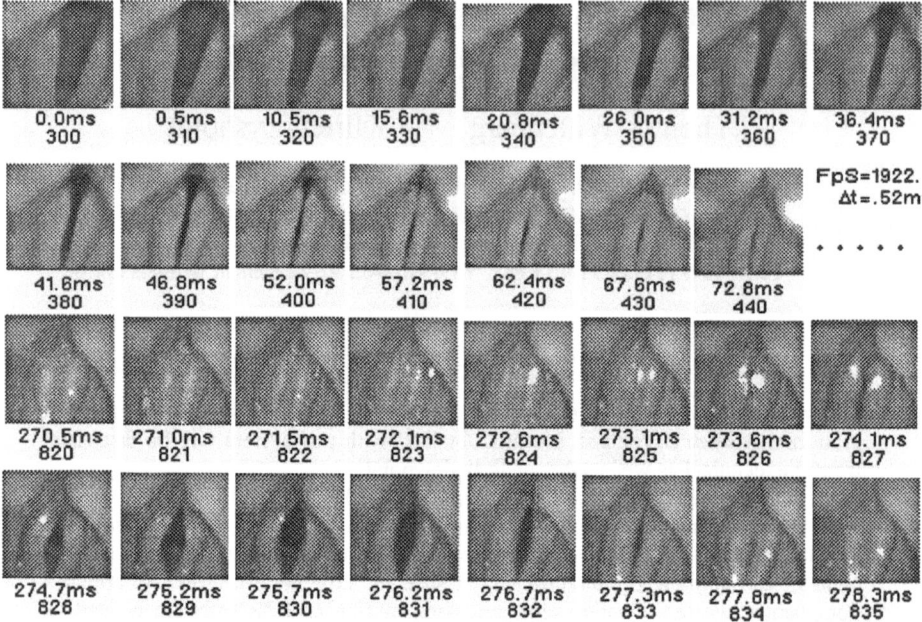

Figure 1. Vibration onset in a normal male voice (Frames 300 - 440) and one full vibration period (Frames 820-835), recorded at a speed of 1922 frames per second

number with an oversampling factor of 5 yields a minimum recording speed of 3000 fps. Secondly, stroboscopy fails in examination of voiceless or very hoarse voices, due to the lack of a minimum pitch level to find a reference frequency to refer to. And last, but not least, it is difficult or impossible to classify functional voice disorders by using stroboscopy alone. In absence of quantitative parameters the observation can only be rated in quality. Consequently, the diagnosis depends to a large extend on the experience of the examiner (Eysholdt et al 1994).

To overcome these problems, especially to obtain objective parameters of vocal fold vibrations, high speed films recordings have been used in voice research projects since 1940 (Farnsworth 1940). While these high speed films can be exposed to the laryngeal movement with a rate of up to 10 000 fps, the development of the film and the evaluation of the single frames are very time consuming. In 1979, Booth and Childers described a method using a planimeter in combination with a computer, where the single frames of the films where sequentially projected on a graphics terminal, hand measured and digitized (Booth et al 1979; Childers 1977). Still, with a digitization rate of only 400 frames per hour, this approach is very costly.

In the past three years, the prototype of a digital high speed glottography system has been designed, built, and tested in clinical use. This high speed glottography system is based on a commercially available digital high speed camera, which has been extended to be used for clinical examinations. Figure 1 shows a typical sequence of glottis frames during a phonation onset of a normal -- meaning non pathological -- male voice recorded with the high speed glottography system. The numbers below the single frames denote the frame numbers and the corresponding time with respect to the beginning of the recording. As can be seen clearly in frames 300 through 440, during the prephonatoric movement, the vocal folds are adducted until the glottis is fully closed. Frames 820 through 835 show a complete period of oscillating vocal cords during speech.

2 Recording System

The High-Speed-Glottography-System is mainly based on the High-Speed-Camera (HSC) CAMSYS, which has been developed by the Fraunhofer Institute for Integrated Circuits in Erlangen together with the department of Phoniatrics. The camera itself can be separated into two main components: the camera head and the digital memory with the systems control. The camera head includes a special CCD-Chip as well as a modified circuitry to read the data from the chip in real time. All recorded image data is directly written and stored into a 16 megabyte ring-shaped digital memory which holds the equivalent of exactly 1 second or 1024 full frame pictures. Further the HSC-System includes a standard black-and-white monitor and an interface for an IBM-compatible personal computer to store and archive the recorded imaging data. For the purpose of glottography a rigid 90°-laryngoscope together with a 300 W cold light source and a highly light-sensitive optical lens have been added to the system. Figure 2 shows a block diagram of the system.

Using the camera's full frame resolution of 128 by 128 pixels, the system can record with a maximum speed of 1025 fps. To increase the recording speed up to 500 percent, the vertical resolution can be decreased by reading only every second, fourth, or eighth row from the CCD-Chip. Table 1 shows the relationship between all possible resolutions of the camera and the corresponding recording speeds.

To satisfy the sampling theorem on the one hand and to get at least ten frames per period on the other, we have to use the higher recording speeds of the camera. But since the main movement of the vocal folds during vocalization is primarily horizontal to the camera orientation, the loss of information due to the reduction of resolution in the vertical direction may under these circumstances be neglected. Even the highest possible resolution of 128x128 pixel is not efficient enough to document or analyze organic diseases of the vocal cords by visual inspection. But it is sufficient to calculate the vibrational movements, their derivatives and the describing parameters using methods of digital image processing and automatic motion detection.

During the process of recording all frames are written sequentially in a circular digital memory array. By manual pressing of the push-button-trigger trigger on the pistol grip of the camera, the recording process can be stopped. All frames recorded one second prior to this trigger signal are stored in the memory. The camera memory of 16 Megabyte allows the storage of one second of digitized picture frames, independent of the preselected resolution. The time span of 1000 ms is long enough to record the onset of the vibration as well as the vibra-

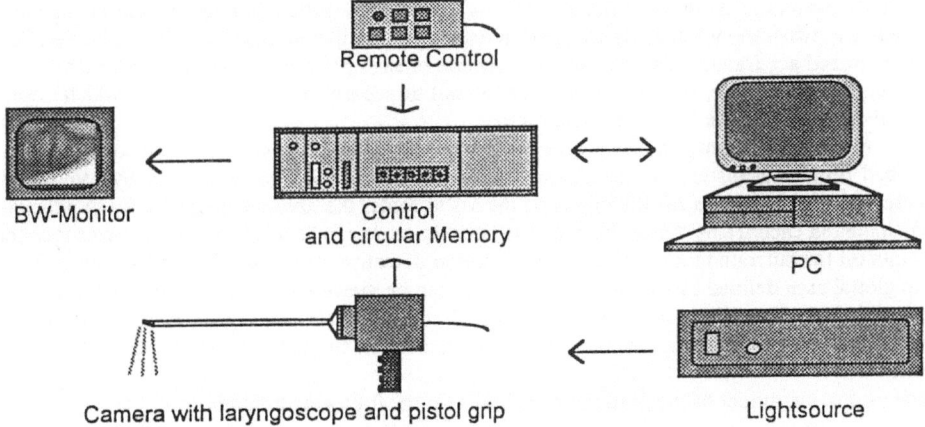

Figure 2. Schematic of the Glottography System (Moser et al 1994)

tion itself. To allow examinational recordings longer than one second, the camera memory can be extended up to 64 Megabytes which has a capacity of 4100 single frames with a full frame resolution of 128^2 pixel or the equivalent of 4 seconds (Bloss et al, 1993).

For the storage and archivation of the digitized image sequences, the camera is interfaced to a PC-type host computer. A software package controls the transfer of the image sequences between the camera memory and the computer hard disk and vice versa. Since the software supports all functionalities of the camera, it can serve as an alternative to the hand held remote control or the pistol grip. By using the software or the remote control, image sequences in the camera memory can be viewed on the B/W-control monitor. The player speed can be either one of eight different slow motion rates, ranking from 0.4 to 50 frames per second.

Horizontal Resolution [Pixel]	Vertical Resolution [Pixel]	Recording Speed [fps]
128	128	1025
128	64	1920
128	32	3415
128	16	5590

Table 1. Resolutions and the corresponding recording speeds of the high speed camera

To link the image file to the corresponding patient's medical record and the doctors diagnosis of the patients vocal cords, a database is integrated into the software package. All features extracted from the image data are placed into this database and can therefore be used at a later point for diagnostical statistics.

3 Motion Analysis

For the research in the field of voice physiology and voice disorders, the independent motion of each vocal cord as well as their interaction is essential. To calculate this movement and to extract statistical parameters, a special motion analysis software has been developed and tested on about three hundred high speed sequences (Wittenberg et al, 1995). Figures 4-6 show the result of such a motion analysis.

The standard, data-driven approaches for motion detection, like template matching and the calculation of the optical flow have failed in evaluating the laryngeal motion. The greatest problem arising with the standard methods is its undefined behavior when dealing with vocal folds during complete glottic closure, that is in a closed state. During the glottic opening phase, e.g. when the vocal folds are apart, a typical feature like an edge can always be detected and matched accurately. Also the motion direction of each point on the edges can be extracted. But in the closed state, the two vocal folds can not be separated from each other, which means that there is no definite feature to hold on to.

For these reasons, an alternative, model-driven method has been used to avoid the described problems. Instead of calculating the motion of the vocal folds directly by using template matching methods on the edges of the vocal folds, the area encircled by these edges is calculated in each frame. Once this area has been found, it can be used to find the measurement points on the surrounding vocal folds. The motion detection of vocal folds and the analysis of the glottal area defined by the surrounding edges can be viewed as a pair of inverse mathematical problems. Since the points on the vocal fold edges can also be regarded as points on the area edges, the methods of detecting these points in each single frame are congruent to each other.

The evaluation model of the glottal area is based on the following assumptions:

- In its open state, the glottal area can be modelled as one uniform, dark segment encircled by the vocal cords.

- The darkest area in each single frame is assumed to be part of the glottal frame.
- Independent of its state, open or closed, the glottis can be seen in each single frame.

Based on the above model, a motion detection algorithm has been defined, which includes the following steps for each single frame (see also Fig. 3):

- Detection of the grey scale minimum
- Definition of the segmentation threshold
- Binary Image Segmentation
- Restoration
- Definition and division of the main axis
- Calculation of search path
- Computation of Edge Points

3.1 Image Segmentation

The main part of the algorithm consists of the binary image segmentation to extract the glottal area for further analysis. For this task a region growing algorithm is used. From assumption 1, the glottal area is modelled as a uniform dark area between the two vocal folds, which also includes the grey scale minimum of each single frame. For the computation of this minimum, an energy function has been implemented. To avoid the detection of small local minima in the image, a 5x5 window is used to calculate the energy. The coordinates of the energy minimum are used as seed or starting point of the region growing algorithm (Fig. 3c). As segmentation condition for the glottal region, a simple grey scale threshold has been used in the present implementation of this algorithm. The dynamically adjusted threshold for each single frame is obtained by calculating a weighted histogram and searching it for its first local minimum (Fig 3b). The weighting factors for the histogram depend on the intensity homogeneity of the surrounding region of each pixel. A large weight is applied to pixels in a surrounding with a homogeneous intensity, while small weights are used for pixels which lie on borders of different segments. The advantages of weighted histograms are more distinct extremes than in normal histograms.

Using the grey scale value of the first local minimum from the weighted histograms for the segmentation threshold condition and the local coordinates of the minimum energy level as starting point, the region growing algorithm is applied to each single frame of the glottography sequence, yielding a binary image sequence (Fig. 3d). Since reflections of the trachea or mucous threads may produce distortions in the binary image, it has to be restored to avoid erroneous results in the successive steps. The restoration of the binary image is done with a morphological closing operation. First the image is eroded to fill the gaps in the glottal area. The resulting image is afterwards dilated to eliminate the border gained through the erosion.

3.2 Exception Handling

To avoid problems during the state of the complete glottic closure in each period, an exception handling mechanism is utilized to bypass this situation. Two different criteria are used to detect the glottis closure. First, the minimum energy value of a single frame, must be above the average minimum energy of the last n frames. Otherwise it is assumed, that the glottis might be closed, which means there is no glottal area to calculate. In this case, the minimum energy can not be used for the average. Secondly, the seed for the region growing algorithm must be within a certain region of interest. The boundaries of this region are calculated and adapted using the information of the last n single frames and describe the maximum extension of the glottal area in each direction. If the seed is located within these borders, it may be assumed, that the vocal cords are apart and the glottal area can be seen. Otherwise the seed has been detected outside the glottis, like in the shade of the false vocal folds in the area of the sinus Morgagni.

3.3 Calculation of the main axis

Through involuntary movements of both the patient and the doctor, the orientation of the glottis in general is not vertical to the horizontal image borders. The analysis software has to compensate for this motion and must be able to calculate the vocal fold vibrations independently from the placement of the glottis. For this calculation, the only a priori knowledge is the fact, that the camera can only be turned sideways in a range of 120°. In other words, the dorsal end of the glottis can always be found at the upper part of the image. The angle of the rotational displacement is calculated from a main axis through the glottal area, which is defined by the two points at the vertical extremes of the binary segment (Fig. 3e). To neutralize the variations in size of the glottal area due to the expansion and compression during one period, these two points are averaged over the previous n frames.

3.4 Search path definition and motion point detection

The horizontal points on the vocal folds are calculated with respect to the main axis, its length and orientation. First the main axis is divided into four equidistant parts, yielding three intersection points (Fig. 3f). The intersection points correspond to the clinical terms of the anterior, medium, and posterior third of the vocal folds. Using these intersections on the main axis as starting points, potential search paths from these points towards the vocal cords are defined by projecting an orthogonal line towards the borders of the image (Fig. 3g). These potential search paths are explored applying the Bresenham algorithm (Bresenham 1965). This method guarantees a straight line on the pixel raster of the image. The lines are searched until the border of the binary segment is found or the search path leaves the image (Fig. 3h). All the detected points lie on the border of the glottal area and therefore also on edges of the two vocal folds. If all of these points are strung to-

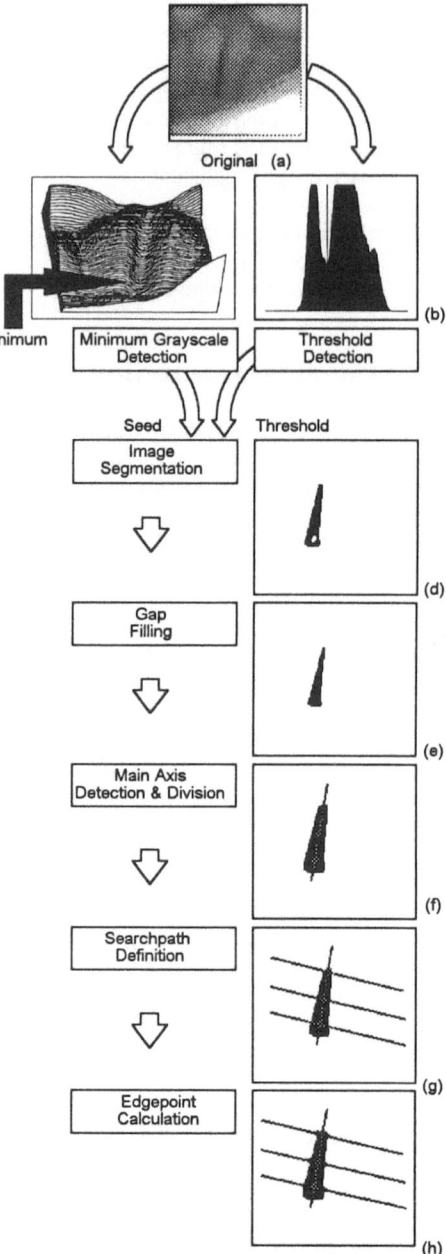

Figure 3. Algorithm for Moving Point Calculation

gether over the time axis, the lateral motion of the two vocal folds can be obtained (see Figures 4-6).

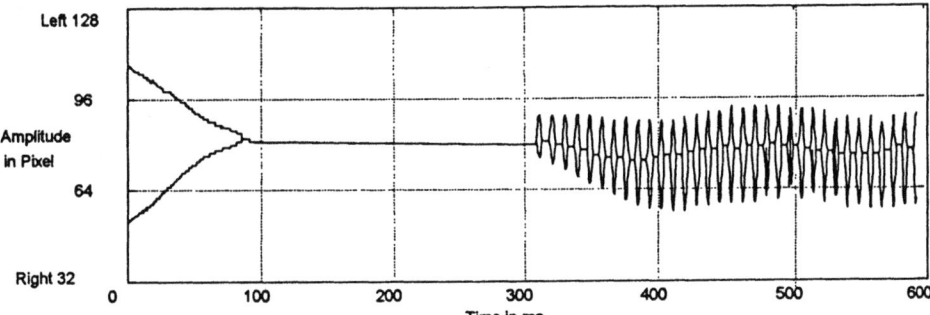

Figure 4. Glottograme of a normal voice onset

4 Results

In a clinical study, thirty healthy adults in the age between twenty and thirty have been examined to obtain a set of comparison values for normal voices. Each patient had to pronounce the vowel 'e' three times, divided into a normal, a soft, and a hard voice onset (Tigges et al 1994). All phonations have been recorded with the high speed camera system and analyzed with the motion detection program, yielding glottograms as in Figures 4-6. The voice onset can be divided into four different periods of time:

- the adduction of the vocal folds
- the prephonatoric glottis closure
- the onset of the vibration, and finally
- the steady state vibration.

During the hard voice onset (Fig. 6), the vocal cords are closed completely after the adduction phase. The prephonatoric closure of the glottis is considerable longer compared to a normal voice onset. In contrast, the vibrational onset is relatively short. For the soft voice onset (Fig.5), the prephonatoric closure remains incomplete. The vibrational onset starts, while the vocal folds are still apart. During this phase the amplitudes rise from phase to phase, until a steady state vibration is reached.

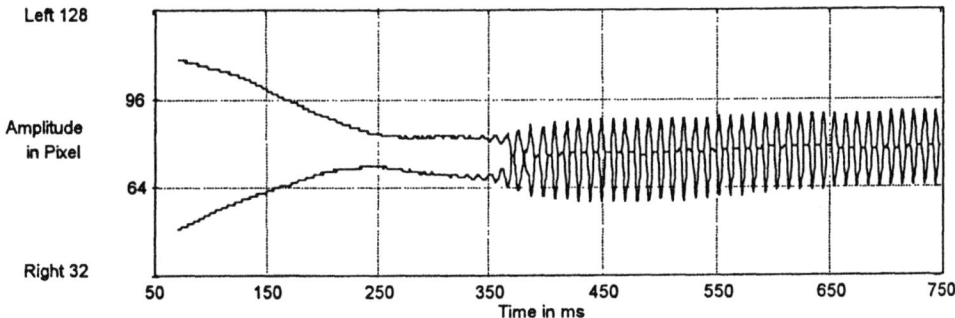

Figure 5. Glottograme of a soft voice onset

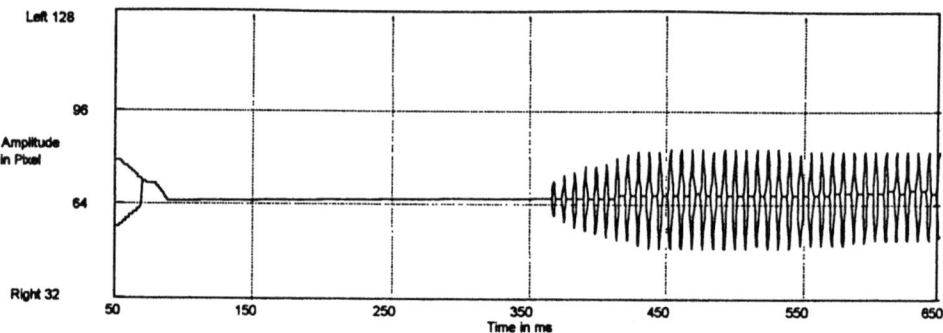

Figure 6. Glottograme of a hard voice onset

5 Conclusion and Outlook

The presented high speed glottography system enables the examination of the vocal fold vibrations during clinical routine. Through the utilization of image processing methods, time dependent characteristics can be obtained to classify different phonations of speech. Through future work it will be possible to scale the space dependent characteristics from incomparable pixel units to real units and we expected to gain additional knowledge about the vocal fold vibrations. Also full speech analysis is planned as future work.

6 References

Bloss H, Backert C, Raguse A (1993) CAMSYS, Hochgeschwindigkeitskamerasystem, IIS, Erlangen.

Booth JR, Childers DG (1979) Automated Analysis of Ultra High-Speed Laryngeal Films. IEEE Transactions on Biomedical Engineering, Vol. BME-26(4):185-192.

Bresenham,JE (1965) Algorithm for Computer Control of a Digital Plotter, IBM Systems Journal, 4(1), 24-30.

Childers DG (1977): Laryngeal Pathology Detection. Critical Reviews in Biomedical Engineering, 375-425.

Eysholdt U, Pröschel U, Tigges M (1994) Direct evaluation of high speed recordings of vocal fold vibrations. The 3rd International Symposium on Phonosurgery, Kyoto, Japan.

Farnsworth DW (1940) High speed motion pictures of the human vocal cords. Bell Lab. Rec. 18, 203-208.

Moser M, Wittenberg T, Eysholdt U (1994) Digitale Hochgeschwindigkeitsglottographie - eine neue Methode zur Untersuchung der Stimmlippenschwingungen beim Menschen. Fortschritte der Akustik-DAGA94, Tagungsband der 20. Deutschen Jahrestagung für Akustik, 14-17.3.1994, Dresden.

Schultz-Coulon HJ(1980) Die Diagnostik der gestörten Stimmfunktion. Archiv für Ohren-, Nasen- und Kehlkopfheilkunde, Springer, Berlin

Tigges M, Eysholdt U, Pröschel U (1994) Hochgeschwindigkeitsglottographie des Einschwingvorgangs bei verschiedenen Stimmeinsatzmoden. Tagungsband, Jahrestagung der Deutschen Gesellschaft für Phoniatrie und Paedaudiologie, Bad Homburg.

Wittenberg T, Moser M, Tigges M, Eysholdt, U (1995) Analyse des Stimmeinsatzes mittes digitaler Hochgeschwindigkeitsglottographie. Fortschritte der Akustik-DAGA'95, Tagungsband der 21. Deutschen Jahrestagung für Akustik, 13.-17.3.1995. Saarbrücken.

This work was supported with a grant DFG Ey15/4-1,2,3 by the Deutsche Forschungsgemeinschaft.

Quality Control of Ready-made Food

B. Steckemetz

Zentrum für Paralleles Rechnen (ZPR), Universität zu Köln
Weyertal 80, D-50931 Köln, Germany

Abstract. We present a system for a visual control of ready-made food based on image processing algorithms. Pictures are taken with a CCD camera and a frame-grabber at a rate of one per second. In the first processing level the relevant information is extracted via a recursive split-and-merge algorithm. Prototypes are applied to the obtained clusters to get probability values for each ingredient. In a final decision stage connected objects belonging to the same prototype are compared to get an optimal global classification. A teach-in-module allows an interactive generation of all parameters.

1 Introduction

Quality control via image processing is becoming an important role in the industrial production. Due to rising computing power even complex tasks can be solved with standard equipment instead of special dedicated and expensive hardware.

Our problem is located somewhere between a real-world and a laboratory environment, i.e. some parameters like the color of the background are controlled, others like the food colors can vary in a wide range. It therefore provides a good opportunity to test whether some image processing and pattern recognition techniques are suitable for a real-time and real-world understanding.

As an example a pizza salami is shown in fig. 1. The task is to compute the area occupied by salami and cheese and the number of olives independent of position, shape and actual color of the foods. Less interesting are the areas occupied by red and green paprika [1]. As a cost effective solution is required by our industrial partner, we had to find fast algorithms which run on standard PC hardware (fast Pentium with low-cost PCI frame-grabber).

The pictures provided by the CCD camera and the frame-grabber usually have a size of 700 by 500 pixel with 24 bit RGB colors, which gives about 1 MBytes of data. The menus are produced at a rate of one every one or two seconds, so that a decision must be taken in one second. Since a simple operation, for example the calculation of the color average, takes about 0.05 seconds on a Pentium 90 processor, only 30 operations on the whole dataset are feasible. This means, we have to reduce the data size by extracting the essential information

---
[1] They can not be seen in the black and white picture.

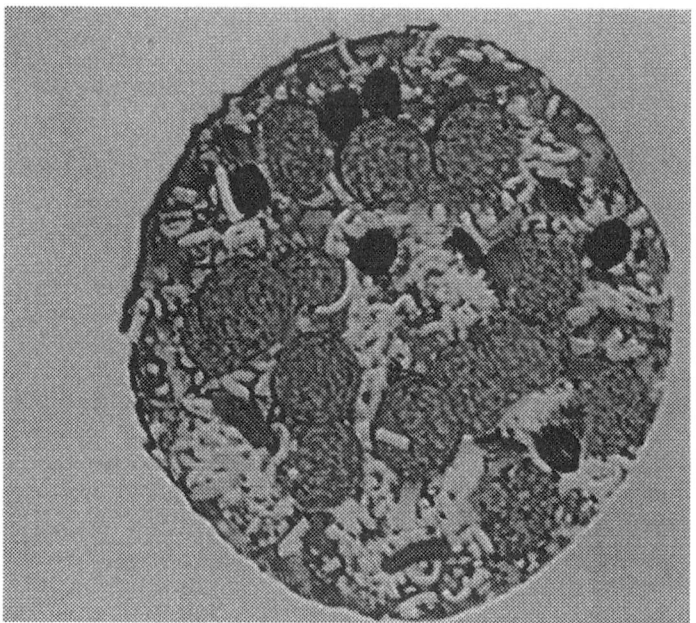

Fig. 1. Pizza salami

within the first operations. In addition to that food colors and shapes usually vary, so that the image processing algorithms have to fulfill a rather complex task.

2 Split-and-Merge

To reduce the large amount of data in an optimal way, the recursive split-and-merge method is used (see for instance [1]). The algorithm searches areas of similar color and low color variance. The corresponding bottom-to-top method and cluster growing algorithms need much more computing time since they have to deal with every pixel in the first stage. The loss of accuracy is acceptable in this task. On the other hand a simple prototype approach fails, because the size and neighbor information is not taken into account.

The split process works as follows:

Step 0 Take the whole picture as block b_0 and proceed with step 1 with $i = 0$.
Step 1 Calculate the color variance of block r_i:

$$\chi(b_i)^2 = \bar{R}_2(b_i) + \bar{G}_2(b_i) + \bar{B}_2(b_i) - \bar{R}^2(b_i) - \bar{G}^2(b_i) - \bar{B}^2(b_i),$$

where $\bar{R}(b_i) = 1/N(b_i) \sum_{p \in b_i} R(p)$ and $\bar{R}_2(b_i) = 1/N(b_i) \sum_{p \in b_i} R^2(p)$, and $\bar{G}(b_i)$, $\bar{B}(b_i)$, $\bar{G}_2(b_i)$ and $\bar{B}_2(b_i)$ corresponding. $R(p)$, $G(p)$ and $B(p)$ are the

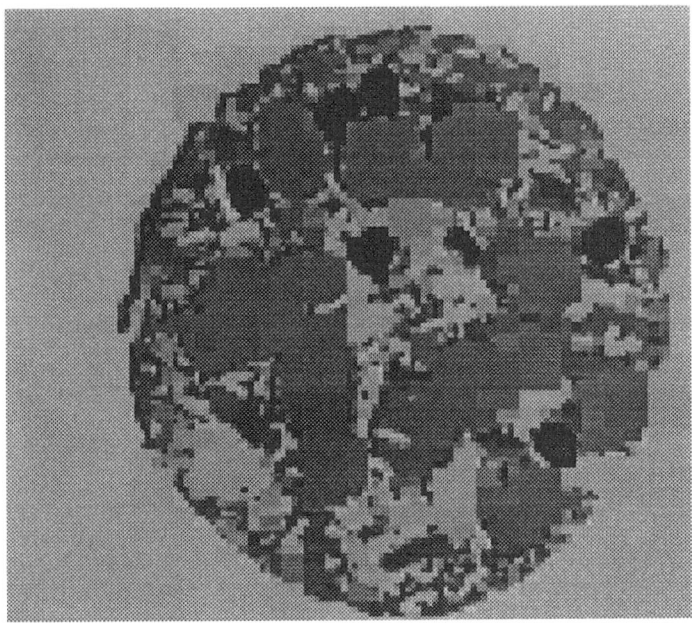

Fig. 2. Pizza salami after splitting with $\rho^2 = 3000$ and $\epsilon = 5$

red, green and blue values [2] of pixel p and $N(b_i)$ is the number of pixels in b_i.

Step 2 If $\chi(b_i) < \rho$ or width$(b_i) < \epsilon$ or height$(b_i) < \epsilon$, do not split b_i else continue with step 3. ρ is the variance threshold that controls the accuracy and ϵ is the minimal block size.

Step 3 Split r_i horizontally if width$(b_i) <$ height(b_i), else vertical, getting two new blocks b_k and b_l and continue with step 1 for both.

The result looks as shown in fig. 2 calculated with fig. 1, $\rho^2 = 3000$ and $\epsilon = 5$. Large homogeneous areas are replaced by larger blocks, inhomogeneous areas are filled up with a lot of small blocks. The large number of pixels is replaced by a relatively small number of blocks with an averaged color $\bar{f}_i$. In this example we get 3.200 blocks out of 350.000 pixels in 0.6 seconds on a Pentium 90 PC.

Some disadvantages of this algorithm are: areas with a smooth graduation are approximated by a lot of smaller blocks. This could be fixed by regarding the color gradient of the blocks, too. The second point is that textures larger than ϵ are split into many small blocks. This results in a larger amount of blocks. In the example above, the salami textures are smaller than ϵ and we do not have this problem. The next step is to connect neighboring blocks to clusters, so that more

---

[2] The RGB-color-model is used since a lot of frame grabbers provide RGB data as output and software conversion to a different color space is time consuming

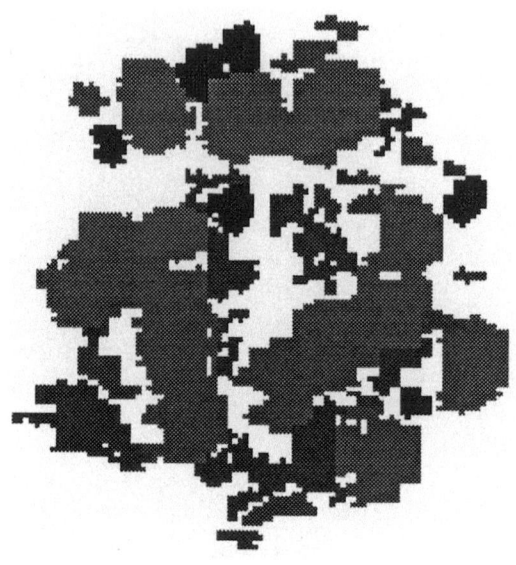

Fig. 3. Pizza salami with applied prototypes

complex shapes can be represented by one data structure. We use the following algorithm:

Step 0 Every block obtained by splitting builds a cluster.

Step 1 Take a cluster c_i and look through its list of neighbors. Add the neighbor c_j to c_i, if it has a similar color and does not raise the color variance over a given threshold ρ_c:

$$|\bar{f}_i - \bar{f}_j| < \delta$$
$$\chi(c_i + c_j) < \rho_c,$$

where δ determines the growing speed of the clusters. To achieve a monotonous growth, we have to switch to another cluster c_k after c_j was added to c_i.

This procedure usually gives a data reduction to one third. In the above example we get 1.400 clusters out of 3.200 blocks in about 0.16 seconds.

3 Prototypes

The first two levels work without any knowledge of the kind of food we are expecting. The great variety of food has to be described by appropriate data structures. The parameters are generated interactively in a graphical teach-in-module. In the above example the cheese prototype looks as follows:

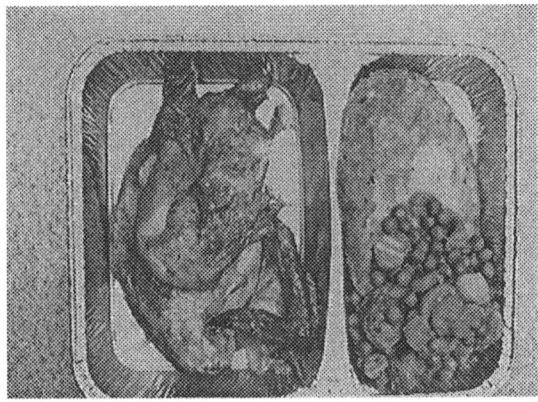

Fig. 4. Baked chicken with mashed potatoes and vegetables

cheese	RGB 197 14 208	min. cluster size	10
	radius 20	expand	no
	RGB 196 205 189	min. obj. size	100
	radius 20	max. obj. size	300
	...	min. portion	2.0
		max. portion	20.0

The set begins with a number of color spheres, which can represent cheese. The property called *minimal cluster size* is used to reduce noise in the picture.

If the program has found a cluster c which matches the colors of a prototype p and p has the property *expand*, it tries to enlarge the cluster size by looking at the neighbors. If a neighbor has a similar color but is smaller than the minimal cluster size, its size is added to the size of c. The items *min./max. object size* are explained in the next section. The final classification of the complete picture is based on the two properties *min./max. portion* that a prototype is allowed to have. In the case of the pizza salami, these prototypes are simply applied to the clusters. Here one gets 160 objects (fig. 3) out of 1.400 clusters after 0.1 seconds of cpu-time.

4 P-Objects

In the simple approach of just applying the prototypes, a problem occurs whenever the colors of two or more prototypes overlap in color space. In fig. 4 one can see a baked chicken with mashed potatoes and vegetables. Here the chicken and the potatoes overlap in the color space [3] (The mashed potatoes can probably be a chicken breast). The solution is to use key colors and to maximize the global probability.

---

[3] This can not be seen in the black and white picture

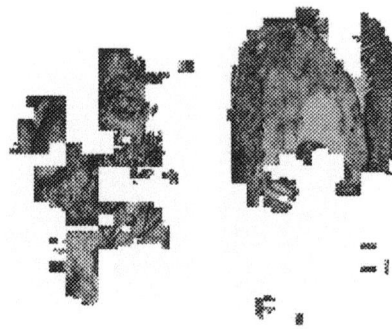

Fig. 5. Clusters which can be interpreted as mashed potatoes

We define a *p-object* as a connected area, consisting of clusters belonging to prototype p. Since one cluster can be interpreted by several prototypes, it also can belong to more than one p-object. The prototype properties "minimal and maximal object size" are used to reject objects that are too small or too large. For example fig. 5 shows all mashed-potatoes objects from fig. 4 showing the strategy to use:

- If a p_1-object is contained by a p_2-object, the interpretation for this area will be p_2. Example: left part of fig. 4 and fig. 5.
- If a p_1-object and a p_2-object occupy nearly the same area, look for the presence of key colors. Example: dark colors of the chicken.

With these criteria the chicken example can be solved as can be seen in fig. 6. 10 objects are obtained from 1.100 clusters in 0.2 seconds.

5 Teach-In-Module

All properties are generated interactively via a teach-in-module. The user has to mark and classify the different components in a few pictures. The color spheres are then calculated with a standard vector-quantization-algorithm [2]. Overlaps in color space between different prototypes are calculated as: $o(i,j) = \frac{N_o}{N_i}$, where N_o is the number of color spheres of prototype i which have no overlap with color spheres of prototype j and N_i is the number of color spheres of prototype i.

If the overlap rises above a threshold ρ_o, *key-colors* are stored, i.e. all color spheres of prototype i which do not contact color spheres of prototype j. Each key-color is weighted with the area it occupies in the marked objects of the original pictures, since vector quantization sometimes leads to misleading color prototypes.

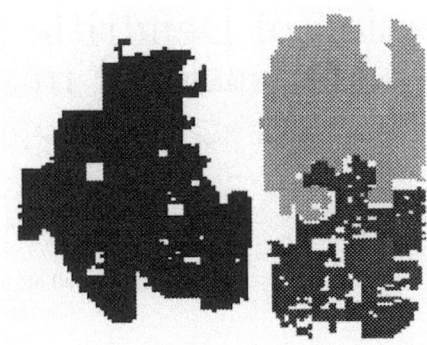

Fig. 6. Result for chicken with mashed potatoes

The prototype attributes *minimal cluster size* and *cluster expand* are calculated with a simple try-and-error algorithm. Therefore the split-and-merge module and the first stage of the classification are performed for each of the training pictures. The classification result is then compared with the classification given by the user, and the two parameters are adjusted appropriate.

The attribute minimal (maximal) portion is set 30 percent below (above) the portion the food occupies at least (most) in the training pictures.

6 Conclusion

We have presented a fast method for quality control of ready-made food. As a preprocessing we use a recursive split-and-merge algorithm, so that the relevant position, size and color information is extracted. The resulting clusters are compared with food prototypes. If the colors of some prototypes overlap, we use key colors and try to optimize the global interpretation of the picture.

Future work will be done on the training module using automatic feature selection allowing a simple and faster learning of new menus. A texture module has to be integrated to improve the performance on granulated and mixed food.

References

1. S. L. Horowitz and T. Pavlidis, Picture Segmentation by a Directed Split-and-Merge Procedure, Proceedings of the 2nd International Joint Conference on Pattern Recognition, pp. 424-433, 1974
2. A. Gersho and R. M. Gray, Vector Quantization and Signal Compression, Kluwer Academic Publishers, 1992
3. R. C. Gonzales and R. E. Woods Digital Image Procession Addison Wesley, 1993

Detection of Dendritic Spines in 3-Dimensional Images

R. Watzel [1], K. Braun [2], A. Hess [2], H. Scheich [2], W. Zuschratter [2]

[1]
Technische Hochschule Darmstadt
Fachgebiet Digitaltechnik
Merckstr. 25
64283 Darmstadt
Germany
E-mail:
row@dtro.e-technik.th-darmstadt.de

[2]
Federal Intitute for Neurobiology
P. O. Box 1860
39008 Magdeburg
Germany

1 Introduction

This paper demonstrates a method to analyse connections in biological neural networks. The signal flow from one neuron to another is established by an axon which carries the output of a neuron, a synapse which is divided into presynapse and postsynapse, and a dendrite which collects numerous signals from a large number of synapses and delivers them to the destination neuron. The postsynapse including its connection to the dendrite is denoted as a dendritic spine. Due to the observation that shape and size of dendritic spines as well as their distribution along a dendrite vary with behavioral experience and age, a relation between learning processes and the morphology of spines can be conjectured. This can be verified only by statistical analysis. Therefore, a pattern recognition system is required which automatically clusters the set of spines into classes in an unsupervised learning process and selects the features to discriminate them. Our approach is based on the idea that the skeletons of the spines including radius information will constitute all significant information. Input data is obtained from a Confocal Laser Scan Microscope (Leica TCS^{4D}) which provides a 3-dimensional greyscale image with a resolution even smaller than the wavelength of visible light. A small example showing one slice of a 3D cube is depicted in figure 7. Before observation, a neuron is filled with Lucifer Yellow (LY) which responds to laser illumination with light emission. LY also fills the dendrites and spines but does not diffuse to the presynapse. The image will be binarised by thresholding. The binary version allows a topological description [KRR92], [KR89]. We suggest that our objects have the following properties:

- There is exactly one dendrite visible in an image. (This restriction will be relaxed in future)
- The dendrite is simply connected.

- Each spine is simply connected.

- Each spine is connected to exactly one dendrite.

- A dendrite is connected to several spines.

- There is no direct connection between distinct spines.

- The image contains no cavities.

From the binary image a skeleton S is computed by a topology preserving thinning algorithm as described below. Every skeletal point will be labelled with its euclidean distance to the background component (radius). With this information it is possible to reconstruct the binary image from the skeleton. The skeleton is translated to a graph representation by assigning each junction and end point to a corresponding node, and the line segments between them to an edge. In an ideal case the graph will be acyclic and simply connected. Unfortunately, thresholding the greyscale image may lead to links which are not present in reality. In this case we assume that the link with minimal radius is the least probable in a cycle and thus should be removed. On the other hand, links present in reality may be lost by thresholding. We use an automatic algorithm that constructs links between disconnected components. This process can be be controlled interactively.

2 Topology Preserving Skeletons of Binary Images

A skeleton of an object (black) is a set of points which are the centers of circles (in 2 dimensions) or spheres (in 3 dimensions) which touch the background (white) in two or more distinct points [DH73]. This is illustrated in figure 1. If each skeletal point is assigned to the miminum distance to the background, the object can be reconstructed exactly from the skeleton by filling a circle (sphere) around each skeletal point as indicated in figure 1. Figure 1 also shows that small corners generated by noise in the greyscale image can cause spurious skeletal lines.

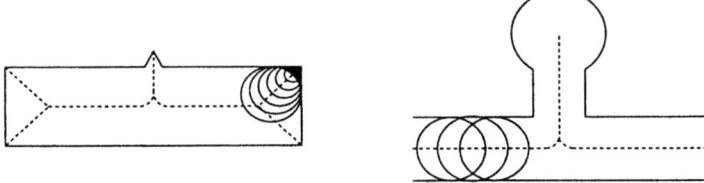

Figure 1 Examples of skeletons in 2 dimensions.

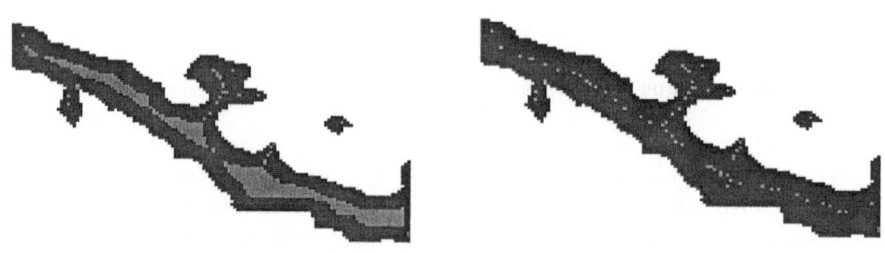

Figure 2 One slice after 24 and 36 iterations of thinning.

Let the directions in a 3D–image be denoted as N, S, W, E, T and B. If a voxel is set, but its N–neighbor is not, it is said to be N–free. The terms S–, W–, E–, T– and B–free are defined accordingly. The definition of skeleton given above is not appropriate in a raster image, but results very close to it can be obtained by thinning algorithms. The thinning algorithm used here selects the set of all N–free object points in one iteration. The deletion of each such point is decided upon in parallel, i.e. the deletion of a point does not depend on the deletion of any other point [LS91], [LLS92]. Therefore, the points to be deleted are first stored in a set without altering the image itself. Then they are deleted in lexicographic order, but deletion will be checked again based on the current state. This is repeated with the directions N, W, T, S, E and B respectively. When no change occurs in a series of six iterations, the algorithm will terminate and the result is a thin line skeleton. Figure 2 illustrates the thinning process of a dendrite after 24, and 36 iterations. Figure 3 shows a projection of the resulting skeleton. The line segments between junctions or end points have been replaced by straight lines.

3 Simple Points

Let the adjacency in a binary raster image be defined by the 6– and 26–adjacency. For the black points (object) we use the 26–adjacency relation and for white points (background) the 6–adjacency. This guarantees that object and background don't intersect [KR89], [Spe84].

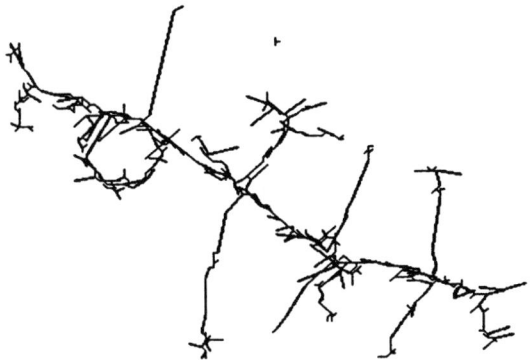

Figure 3 2D-projection of the resulting skeleton.

A point is called simple if its deletion does neither change the number of black (object) components nor the number of white components or tunnels [TF81], [SC94], [GBDK91]. The decision upon the deletion of a point is based on the examination of its local 3x3x3 neighborhood: All white points in the neighborhood form a polyhedron for which the Euler characteristic must be constant:

$$\chi = v - e + f - q \tag{1}$$

where v, e, f and q denote the number of nodes (white points), edges (adjacencies), faces and volumes, respectively. The point will be deleted if it is simple and if it is not an end point or a point of high curvature (e.g. corner or end point). Examples are given in figure 4.

4 Finding a Dendrite in a Line Graph

A graph G comprises a set of nodes $V = \{v_i\}$ and a set of edges $E = \{e_i\}$. Each edge is assigned to two nodes defining a connection between them $(e_k = (v_i, v_j))$. A graph representation of a skeleton is obtained by a recursive line following algorithm. When the algorithm reaches a junction or an end point, it generates a node. The points along the lines in between are stored in an ordered set due to the order in which they have been visited. Each edge is assigned to such a point set (line segment) as well as the two nodes

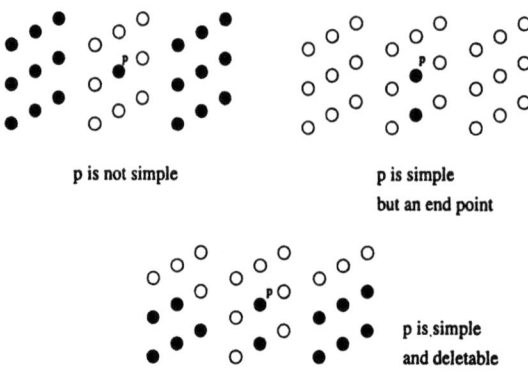

Figure 4 Examples explaining simplicity.

linked by it. Each point in a line segment will be assigned to its euclidean distance from the background (radius).

Assuming that an image shows only one dendrite which has no furcation, the dendrite will correspond to the longest path through the graph. To find the longest path, cycles (if present) must be opened. We break cycles at the point of minimum radius. We also suspend all edges the radius of which falls below a threshold. This disconnects spines from the dendrite, so that the longest path can be guaranteed not to end in a spine. Once the longest path is found, we construct spine necks suppressed by thresholding by an interactively controlled algorithm which searches the shortest links between non-dendritic components and end points in the dendrites graph. Then the dendrite is reconstructed by filling a sphere around every point in the line segments belonging to the dendrite. This filling is done by labelling the corresponding points in the binary image. A result is shown in figure 5.

5 Generation of the Spine List

A new graph will be built from the binary image with the dendrite being removed. Every skeletal point that is adjacent to at least one point of the dendrite is a base point of a potential spine. Base points are always end points and are thus nodes in the graph. Because each spine is connected to the dendrite and no connections exist between spines, each base point corresponds to one spine. Therefore, a component including a base point corresponds to a potential spine. The decision whether a potential spine will be taken as a real spine is a matter of classification. A large number of spurious lines will be included in the spine list. They can be distinguished easily from more likely spine candidates by

Figure 5 A slice of the binary image with skeletal points and the reconstructed dendrite.

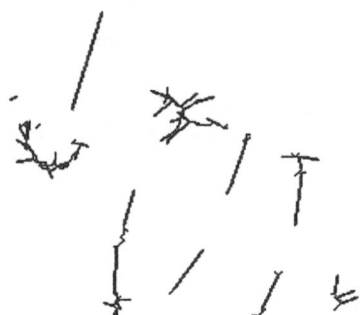

Figure 6 Skeletons of all spines of the example in 2d projection.

thresholding the maximum distance from the base point to any other point in the skeleton of the candidate. Figure 6 shows the skeletons of the spine candidates in our example.

By means of the radius information it is possible to mark all spines by placing a minimal orthogonal box around every spine in the greyscale image. In figure 7 the boxes are made visible by inverting the greyscale values inside.

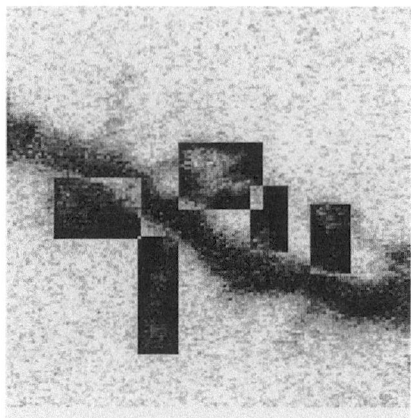

Figure 7 One slice of the original 3D-greyscale image with the spine locations inverted.

6 Conclusions

With the methods illustrated above we have solved the problem of counting spines and locating them in 3D greyscale images. Improvements in detail are possible, though. For example, the problem of optimal deconvolution (particularly the blur identification) in greyscale images is still an open field. For instance, the example shown here was computed without deconvolution showing that a group of spine heads can appear as a single one (in Fig. 7 the largest one). This and the loss of thin necks can lead to erronous results. Also, the constraint that there must be exactly one dendrite with no furcation in the image will be relaxed in future. Improvements are also possible in the automatic construction of connections that have been lost when thresholding the greyscale image.

In addition to locating the spines our system provides an adequate description of the morphology of dendrites and spines. We recommend that spine classification should be based on features extracted from the skeleton. Future work will focus on this approach.

This project is being supported by DFG under the registration number INK 15/A1.

References

[DH73]   Richard O. Duda and Peter E. Hart. *Pattern Recognition and Scene Analysis.* John Wiley and Sons, 1973.

[GBDK91] Guido Gerig, Christian Brechbuehler, Patrick Droz and Olaf Kuebler. *3-D Verduennung zur symbolischen Beschreibung von veraestelten,raeumlichen Strukturen.* Seiten 304–311. DAGM, Muenchen 1991.

[HM94] C. Tony Huang and O. Robert Mitchell. *A Euclidean Distance Transform Using Grayscale Morphology Decomposition.* IEEE Trans: PAMI, 16(4):443–448, 1994.

[JP92] Liang Ji and Jim Piper. *Fast Homotopy-Preserving Skeletons Using Mathematical Morphology.* IEEE: PAMI, 14(6):653–664, 1992.

[KR89] T.Y. Kong and A. Rosenfeld. *Digital Topology: Introduction and Survey.* Computer Vision, Graphics and Image Processing, 48:357–393, 1989.

[KRR92] T.Y. Kong, W. Roscoe and A. Rosenfeld. *Concepts of digital topology.* Topology and its Applications, 46:219–262, 1992.

[LL92] Frederic Leymarie and Martin D. Levine. *Simulating the Grassfire Transform Using an Active Contour Model.* IEEE Trans: PAMI, 14(1):56–75, 1992.

[LLS92] Louisa Lam, Seong-Whan Lee and Ching Y. Suen. *Thinning Methodologies - A Comprehensive Survey.* IEEE Trans: PAMI, 9:869–885, 1992.

[LS91] Louisa Lam and Ching Y. Suen. *A Dynamic Shape Preserving Thinning Algorithm.* Signal Processing, 22:199–208, 1991.

[SC94] P. K. Saha and B. B. Chaudhuri. *Detection of 3-D Simple Points for Topology Preserving Transformations with Application to Thinning.* IEEE Trans: PAMI, 16(10):1028–1031, 1994.

[Spe84] P. T. Speck. *Uebersetzung von Linien und Flaechenstrukturen in kombinatorisch- relationale Datenstrukturen zur automatischen Mustererkennung.* Dissertation nr. 7508, ETH Zuerich, 1984.

[TF81] Y.F. Tsao and K.S. Fu. *A Parallel Thinning Algorithm for 3D Pictures.* Computer Graphics and Image Processing, 17:315–331, 1981.

Rekonstruktion von Schleifpapieroberflächen für die Qualitätskontrolle

Ursula Rost und Reinhard Koch

Universität Hannover, Institut für Theoretische Nachrichtentechnik und
Informationsverarbeitung, Prof. Dr.-Ing. C.-E.Liedtke, Appelstr. 9a, 30167 Hannover

Zusammenfassung Ein zentrales Problem bei der industriellen Schleifpapierproduktion liegt in der Bestimmung von Oberflächenparametern, die eine objektive Qualitätskontrolle ermöglichen. Die in der Oberflächenprüfung üblicherweise eingesetzten taktilen Meßverfahren versagen hierbei aufgrund der hohen Rauhigkeit des Materials. In diesem Beitrag wird ein Verfahren vorgestellt, das durch photometrische Stereobildanalyse eine Orientierungskarte eines unter dem Mikroskop aufgenommenen Schleifpapierausschnittes bestimmt. Mittels eines Integrationsverfahrens wird daraus ein Höhenmodell des Ausschnittes berechnet, aus dem sich die gesuchten Oberflächenparameter ableiten lassen. Die mit dem Verfahren erzielten Ergebnisse zeigen, daß auf diese Weise eine objektive Klassifizierung des Schleifpapiers in verschiedene Güteklassen ermöglicht wird.

1 Einleitung

Bei der Produktion industrieller Güter gewinnt die Qualitätskontrolle als Teil des Produktionsprozesses zunehmend an Bedeutung. Ein wesentlicher Bestandteil ist hierbei die Oberflächeninspektion, bei der aus der Form und der Rauhigkeit einer Oberfläche auf die Qualität der hergestellten Güter geschlossen werden kann und die u.U. zu einer Änderung der Prozeßparameter führt.

Bei der Inspektion von Schleifpapier steht die Auswertung verschiedener Rauhheitskennwerte im Vordergrund. In den in der DIN 4768 [DIN90] genormten Rauhheitskennwerten spiegeln sich die in der Oberflächenmeßtechnik gebräuchlichen taktilen Meßverfahren wider. Bei dem weitverbreiteten Tastschnittverfahren wird die Oberfläche mechanisch mit einer Tastnadel entlang einer Geraden abgetastet. Auf diese Weise entsteht ein Profilschnitt der dreidimensionalen Oberflächengestalt der Prüfoberfläche [Kr80].

Die extreme Rauhigkeit des Schleifpapiers führt bei einer mechanischen Vermessung der Oberfläche zu Fehlern in einer Größenordnung, die eine Beurteilung der Qualität nicht mehr zulassen. Ein weiterer Nachteil des Tastschnittverfahrens liegt in dem Fehlen einer flächenhaften Vermessung des Höhenverlaufs.

Das von uns entwickelte und im folgenden vorgestellte Verfahren besitzt folgende Vorteile:

− Es arbeitet berührungslos.
− Das Ergebnis besteht in einem 3D-Modell eines Schleifpapierausschnittes.
− Die Genauigkeit der mit dem Verfahren erzielten Ergebnisse läßt eine zuverlässige Qualitätsbeurteilung zu.

2 Geometrische und Photometrische Stereobildanalyse

Ein häufig verwendeter Ansatz für die Bestimmung der 3D-Oberflächenstruktur eines Objektes besteht in der Methode des Geometrischen Stereos. Hierbei werden zwei Bilder des zu rekonstruierenden Objektes, die aus unterschiedlichen Richtungen aufgenommen wurden, zueinander in Beziehung gesetzt. Aus der relativen geometrischen Lage von Bildelementen, die mittels einer Korrespondenzanalyse in beiden Bildern lokalisiert werden können, läßt sich die Position des entsprechenden Oberflächenelementes im Raum bestimmen. Eine genauere Beschreibung des Funktionsprinzips kann beispielsweise [Ho86] entnommen werden.

Der Vorteil des Geometrischen Stereos besteht in der direkten Berechnung des 3D-Höhenmodells. Der Erfolg der Methode hängt jedoch von der Zuverlässigkeit der Korrespondenzanalyse ab. Diese beruht unter anderem auf einer ausgeprägten Textur und variierenden Reflexionseigenschaften der Objektoberfläche. Schleifpapieroberflächen besitzen dagegen eine Struktur, die sich durch einheitliche Reflexionseigenschaften auszeichnet. Versuche mit aufgenommenen Stereobildpaaren haben gezeigt, daß eine Korrespondenzanalyse nur für ausgewählte Bildpunkte erfolgreich ist. Daher wurde für die 3D-Rekonstruktion des Schleifpapiers ein Verfahren auf der Basis der Photometrischen Stereobildanalyse entwickelt, welche die einheitlichen Reflexionseigenschaften der Oberfläche ausnutzt [Ra94].

Das Prinzip des Photometrischen Stereos beruht auf Erkenntnissen über den Bildentstehungsprozeß. Neben den optischen und geometrischen Eigenschaften der Kamera sowie der Art, Position und Beleuchtungsrichtung der Lichtquellen bilden die Reflexionseigenschaften der aufgenommenen Oberfläche einen wesentlichen Einflußfaktor.

Das zu analysierende Objekt wird mit einer einzelnen Kamera, deren Position konstant ist, unter verschiedenen Beleuchtungsrichtungen aufgenommen. Mit Hilfe einer Funktion, die die Reflexionseigenschaften der Oberfläche analytisch beschreibt, kann für jeden Punkt der Bildebene die Orientierung des korrespondierenden Oberflächenelementes berechnet werden. Arbeiten auf diesem Gebiet werden u.a. in [Wo80],[HB86] und [Ki88] beschrieben.

Als Hilfsmittel für die Beschreibung des Abbildungsprozesses wird die Reflexionskarte $R(p,q)$ eingesetzt. Sie beschreibt die photometrischen Eigenschaften eines Objektes bei Beleuchtung durch eine bestimmte Lichtquelle sowie für eine bestimmte Oberfläche. $R(p,q)$ bestimmt die Bildintensität als Funktion zweier Parameter p und q, welche die Neigung der Oberfläche in x- bzw. y-Richtung repräsentieren.

Ein Beispiel für ein Reflexionsmodell ist die Lambert'sche Reflexion. Die Lambert'sche Reflexion ist die Beschreibung einer ideal diffusen Oberfläche. Das Modell geht davon aus, daß das einfallende Licht gleichmäßig in alle Richtungen verteilt wird. Der Grauwert des Bildes ist hierbei nur noch abhängig von einem konstanten Reflexionsfaktor, auch Albedofaktor genannt und dem zwischen der Beleuchtungsrichtung $\mathbf{e_s}$ und der Oberflächennormalen $\mathbf{n}$ eingeschlossenen Winkel.

$$R_{lam}(p,q) = \rho \cdot \cos \sphericalangle(\mathbf{e_s}, \mathbf{n}) = \rho \cdot \mathbf{e_s}^T \cdot \mathbf{n} \tag{1}$$

Für ein gegebenes Oberflächenmodell kann mit Hilfe einer Reflexionskarte direkt ein Grauwertbild erzeugt werden, das diese Oberfläche mit den in der Reflexionskarte festgelegten Oberflächen- und Beleuchtungsparametern darstellt. Die umgekehrte Abbildung eines Grauwertbildes auf die Orientierungskarte der dargestellten Oberfläche ist dagegen nicht eindeutig möglich. Da jeder Grauwert in einem aus einer festen Richtung aufgenommenen Bild einer Linie mit konstantem Grauwert innerhalb der Reflexionskarte, auch Isophote genannt, zugeordnet werden kann, gibt es zunächst unendlich viele Lösungen für die Orientierung des zugehörigen Oberflächenelementes. Um eine eindeutige Lösung zu erhalten, werden daher beim Photometrischen Stereo mehrere Aufnahmen unter verschiedenen Beleuchtungsrichtungen aufgenommen. Bereits durch den Schnitt zweier Reflexionskarten reduziert sich die Lösungsmenge auf maximal zwei Punkte, da je zwei Isophoten aus den Reflexionskarten höchstens zwei gemeinsame Punkte besitzen. Durch Hinzunahme einer dritten Beleuchtungsrichtung kann dann eine eindeutige Lösung bestimmt werden.

3 Verfahren

Das von uns entwickelte Verfahren zur 3D-Rekonstruktion von Schleifpapieroberflächen besteht aus zwei Teilschritten. Im ersten Schritt wird mit Hilfe der Photometrischen Stereobildanalyse eine Orientierungskarte eines aufgenommenen Schleifpapierauschnittes bestimmt. Hierbei sind aufgrund der besonderen Materialeigenschaften des Schleifpapiers einige Erweiterungen des von Woodham in [Wo80] beschriebenen Verfahrens notwendig. Um das für die Ermittlung der Rauhheitskennwerte erforderliche Höhenmodell zu erhalten, wird im zweiten Schritt ein Integrationsverfahren verwendet.

3.1 Erweiterungen des Photometrischen Stereos

Das hier verwendete Aufnahmesystem besteht aus einem Stereomikroskop, an das eine CCD-Kamera angeschlossen ist. Der aufgenommene Schleifpapierausschnitt liegt senkrecht zur Beobachtungsrichtung und weist eine Kantenlänge von annähernd 1 cm auf. Die Beleuchtung erfolgt aus einer Entfernung von 56 cm unter einem Winkel von 45° auf die Mitte der Objektoberfläche. Aufgrund dieser Entfernung kann eine parallele Beleuchtung angenommen werden.

Durch die Vorbehandlung mit Graphitspray kann für das Reflexionsverhalten der Schleifpapieroberfläche das Lambert'sche Reflexionsmodell verwendet werden. Das bedeutet, daß theoretisch gesehen drei Beleuchtungsrichtungen ausreichen, um für jeden Punkt der Bildebene eine eindeutige Zuordnung zu einem Gradientenwert vornehmen zu können. Die den Grauwerten eines Punktes zugeordneten Isophoten $I(x,y)$ schneiden sich theoretisch in einem Punkt, der die gesuchte Neigung bestimmt. In der Praxis führen aufnahmetechnisch bedingte Störungen jedoch dazu, daß dieser Neigungswert in einem Gebiet liegt, das von

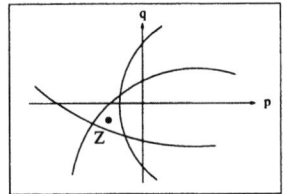 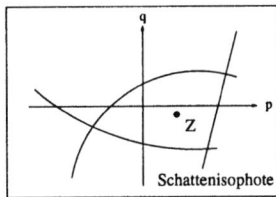

Abb. 1. Schnittgebiete von jeweils drei Isophoten mit dem sich daraus ergebenden Lösungswert. Linkes Bild: Ohne Schattenisophote wird ein nur geringfügig fehlerhafter Lösungswert berechnet. Rechtes Bild: Durch die Schattenisophote kommt es zu einer stark fehlerbehafteten Lösung.

den zugehörigen Isophoten begrenzt wird. Ist das Gebiet klein genug, läßt sich eine Lösung, die nur in relativ geringen Maße fehlerbehaftet ist, durch einen Punkt beschreiben, der von allen umgebenden Isophoten einen minimalen Abstand besitzt. In Abbildung 1 ist diese Lösung im linken Bild durch einen mit "Z" markierten Punkt gekennzeichnet. Für jede Beleuchtungsrichtung e_i kann eine Reflexionskarte $R_i(p,q)$ angegeben werden mit $R_i(p,q) = R_{lam} = \rho \cdot e_{s_i}^T \cdot n(x,y)$
Das vorliegende Minimierungsproblem kann durch folgenden Ansatz beschrieben werden:

$$\sum_{i=1}^{N}(R_i(p,q) - I_i(x,y))^2 \longrightarrow Minimum \qquad (2)$$

Hierbei bezeichnet $I_i(x,y)$ die Intensität des Punktes (x,y) im i-ten Bild und N die Anzahl der verwendeten Bilder. Aus Gleichung (2) ergibt sich durch Auflösung nach $\mathbf{n}$:

$$\mathbf{n}(x,y) = (\sum_{i=1}^{N} e_{s_i} \cdot e_{s_i}^T)^{-1} \cdot \sum_{i=1}^{N} I_i(x,y) \cdot e_{s_i} \qquad (3)$$

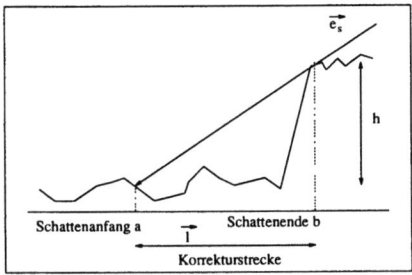

Abb. 2. Strahlenverfolgung zur Korrektur des Gradientenfeldes an Diskontinuitäten

Die Methode des Photometrischen Stereos ist in erster Linie für Oberflächen geeignet, die stetig gekrümmt sind. Abbruchkanten, wie sie an den Schleifkörnern auftreten, stellen Diskontinuitäten dar, die zu starken Schlagschatten führen. Liegt ein Punkt für ein oder mehrere Beleuchtungsrichtungen in einem Schattengebiet, kann dieser Ansatz zu fehlerhaften Ergebnissen führen. Durch die Abschattung wird in diesem Fall eine falsche Isophote ausgewählt, welche die Messung verfälscht (siehe Abbildung 1 im rechten Bild). Daher sind mehr als die theoretisch begründete Anzahl von drei Beleuchtungsrichtungen für die Auswertung erforderlich. Wir haben hier aus diesem Grund sechs Beleuchtungsrichtungen mit gleichmäßigem Abstand gewählt. Um die Verwendung von Schattenisophoten soweit wie möglich zu vermeiden, wird vor der Auswertung der Reflexionskarten eine Segmentierung der Schatten für die aus den sechs Richtungen aufgenommenen Bilder vorgenommen. Hierzu wird mit Hilfe einer Histogrammanalyse für jedes Bild ein separater Schwellwert bestimmt, der die Schattengebiete von den beleuchteten Gebieten trennt. Für die darauffolgende Berechnung der Normalenvektoren entstehen dann zwei mögliche Fälle:

Liegt ein Punkt für maximal drei Richtungen in einem Schattengebiet, kann Gleichung (3) zur Berechnung des Normalenvektors verwendet werden, wobei die Grauwerte und Reflexionskarten nur der Bilder verwendet werden, für die der Punkt nicht im Schatten liegt.

Liegt ein Punkt für mehr als drei Richtungen im Schatten, entsteht bei Verwendung von Gleichung (3) ein fehlerhafter Wert. In diesem Fall kann das durch Photometrisches Stereo berechnete Gradientenfeld innerhalb des Schattengebietes durch die Analyse des Schattens korrigiert werden. Abbildung 2 verdeutlicht diesen Sachverhalt. Da der Einfallswinkel des Lichtes a priori bekannt ist, läßt sich aus der Länge des in einem Einzelbild auftretenden Schattens der Höhenunterschied zwischen dem Punkt, an dem der Schatten beginnt und dem Punkt, an dem er endet, bestimmen. Gleichzeitig läßt sich der durch die Photometrische Stereobildanalyse gegebene Höhenunterschied durch Integration der Gradientenwerte innerhalb des Schattens entlang einer Geraden in Beleuchtungsrichtung berechnen. Die Differenz der beiden Höhenunterschiede gibt den Fehlerwert des Photometrischen Stereos an, aus dem ein additiver Korrekturfaktor für die fehlerhaften Gradientenwerte berechnet werden kann.

3.2 Integration

Das Ergebnis des Photometrischen Stereos besteht in zwei Orientierungskarten, welche die partiellen Ableitungen der Oberfläche in x- und y-Richtung darstellen. Daher kann die gesuchte Höhenkarte durch Integration des Gradientenfeldes ermittelt werden. Hierzu muß die Integrabilitätsbedingung erfüllt sein. Diese Bedingung ist jedoch aufgrund systemimmanenter Fehlerquellen, wie z.B. dem Meßrauschen, der Diskretisierung oder der Vereinfachung des Reflexionsmodells nicht erfüllt. Dies muß bei der Berechnung berücksichtigt werden.

In der Literatur wird die Integrabilität z.T. direkt in die Lösung mit einbezogen [HB86, Ho90] oder es werden Splines [Le88, Si90] oder Platten- und Membranmodelle [Te88] zur Integration verwendet. Das hier beschriebene Verfahren integriert die Orientierungskarten durch Anpassung von Oberflächenelementen quadratischer Ordnung unter Berücksichtigung eines stetigen Oberflächenverlaufes.

4 Verifikation und Ergebnisse

Es ist uns bisher kein technisches Verfahren bekannt, mit dem Schleifpapieroberflächen exakt vermessen werden können. Zudem stehen keine Referenzmodelle mit der genauen Rauhheitscharakteristik von Schleifpapier zur Verfügung, die gleichzeitig eine genau definierte Geometrie aufweisen oder die sich durch ein anderes Verfahren exakt vermessen lassen. Daher liegt ein besonderes Problem darin, zu verifizieren, inwieweit ein durch Photometrisches Stereo berechnetes Höhenmodell qualitativ und quantitativ mit der tatsächlichen Oberfläche übereinstimmt. Hierzu werden in den folgenden Abschnitten 4.1 bis 4.3 drei Ansätze vorgestellt.

4.1 Visueller Vergleich von realen und künstlichen Stereobildpaaren

Um einen qualitativen Vergleich zu ermöglichen, wurde mit Hilfe einer zweiten an das Stereomikroskop angeschlossenen Kamera ein Stereobildpaar eines Schleifpapierausschnittes aufgenommen. Aus der mit dem beschriebenen Verfahren erzeugten Höhenkarte kann ein synthetisches Stereobildpaar erzeugt und mit dem aufgenommenen verglichen werden. Der genaue visuelle Vergleich über ein Stereobetrachtungsgerät ließ nur sehr wenige qualitative Unterschiede erkennen. Da der menschliche Gesichtssinn für diese Form der Kontrolle gut geeignet ist, kann von einer qualitativ guten Übereinstimmung der berechneten Höhenkarte mit dem tatsächlichen Höhenverlauf ausgegangen werden.

4.2 Auswertung eines Objektes mit bekannter Oberflächengestalt

Die Auswertung eines 50-Pfennigstücks ergab die in Abbildung 3 gezeigte Höhenkarte (linkes Bild). Das rechts abgebildete Höhenrelief läßt deutlich die Gesichtskonturen der "pflanzenden Frau" erkennen. Auch das Kopftuch und dessen rückwärtiger Knoten sind gut sichtbar. Dieses Beispiel verdeutlicht zudem die Robustheit des Lambert'schen Reflexionsmodells, da dieses Modell trotz der metallischen Oberfläche angewendet werden kann.

4.3 Auswertung einer porigen Oberfläche mit bekannter Geometrie

Eine für Schleifpapier charakteristische Eigenschaft liegt in der Porigkeit der Oberfläche. Um eine Referenzoberfläche mit dieser Charakteristik und geometrischen Abmessungen in der gleichen Größenordnung wie die der Schleifpapieroberflächen zu erhalten, wurde ein Gipsabdruck einer Rändelschraube angefertigt. Die Oberfläche dieses Gipsabdruckes wurde zum einen durch das in Abschnitt 3 beschriebene Verfahren ausgewertet, zum anderen zu Vergleichszwecken

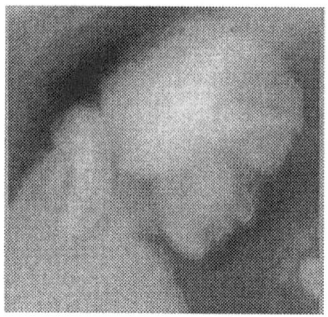 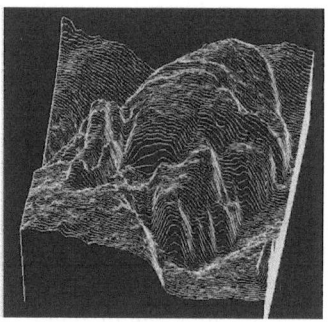

Abb. 3. Auswertung einer 50-Pfennigmünze: links Höhenmodell (je heller der Grauwert eines Punktes, desto näher ist dieser zum Betrachter), rechts Profillinien

durch ein Tastschnittverfahren. Hierzu wurden durch ein Tastschnittgerät auf einer quadratischen Fläche mit einer Kantenlänge von 1cm 200 Profilschnitte in einem Abstand vom $5\mu m$ durchgeführt. Abbildung 4 zeigt links ein Grauwertbild des Gipsabdruckes, in der Mitte die durch das Tastschnittverfahren gelieferte Höhenkarte und rechts die durch den beschriebenen Ansatz erzeugte Höhenkarte. Die qualitativ bessere Übereinstimmung mit der Originaloberfläche durch die mit unserem Verfahren erzeugte Höhenkarte zeigt die Überlegenheit des optischen Verfahrens gegenüber dem mechanischen auch bei weniger extrem rauhen Oberflächen wie sie das Schleifpapier darstellt.

 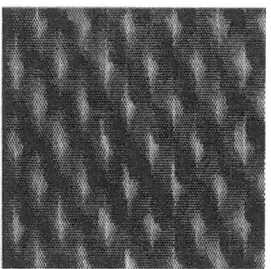 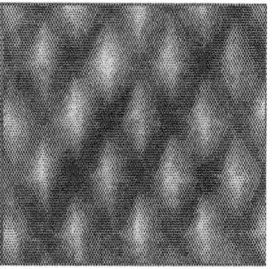

Abb. 4. Auswertung eines Rändelschraubengipsabdrucks: links - Grauwertbild, Mitte - mit Tastschnittgerät erzeugtes Höhenmodell, rechts - durch in Abschnitt 3 beschriebenes Verfahren erzeugtes Höhenmodell

Das von uns entwickelte und in diesem Artikel beschriebene Verfahren wurde auf Schleifpapier mittlerer Körnung im Bereich von Körnung 24 bis Körnung 120 angewendet. Abbildung 5 zeigt ein Beispiel für einen Schleifpapierausschnitt der Körnung 24. Im linken Bild wurde das berechnete Höhenmodell mit der zugehörigen Phototextur versehen, das rechte Bild zeigt das Oberflächennetz.

Obwohl die auf diese Weise berechneten Modelle verfahrensbedingt eine gegenüber dem Original geglättete Oberfläche aufweisen, ist der Genauigkeitsgrad

 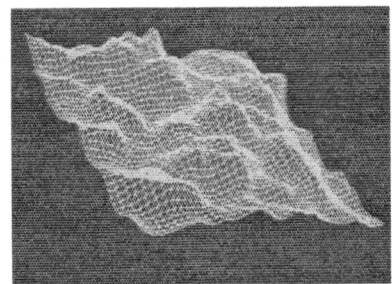

Abb. 5. 3D-Modell einer Schleifpapierprobe mit der Körnung 24, links mit Phototextur, rechts Gittermodell

der Ergebnisse ausreichend, um zuverlässige Parameter für die Qualitätskontrolle zu bestimmen. Dies konnte durch die Auswertung mehrerer Schleifpapierausschnitte gleicher Körnung, jedoch unterschiedlicher Qualität verifiziert werden [Ra94].

Literatur

[DIN90] DIN 4768: Ermittlung der Rauhheitskenngrößen R_a, R_z, R_{max} mit elektrischen Tastschnittgeräten. DIN Deutsches Institut für Normung e.V., Mai 1990.
[Ho86] B.K.P.Horn: Robot Vision, MIT Press, 1986
[Ho90] B.K.P.Horn: Height and Gradient from Shading, International Journal of Computer Vision, Vol.5, No.1, 37-75, 1990.
[HB86] B.K.P.Horn, M.J.Brooks: The Variational Approach to Shape from Shading, Computer Vision, Graphics and Image Processing, Vol. 33, No. 11, 174-208, 1986.
[Ki88] P. Kim, A. Burger: Calculation of Surface Position and Orientation Using the Photometric Stereo Method, IEEE Computer Society Conference on Computer Vision and Pattern Recognition, 1988.
[Kr80] O.Kranz: Untersuchungen des Abtastvorganges bei der Rauhheitsmessung, PTB-Bericht, Braunschweig, 1980.
[Le88] D.Lee: Algorithms for Shape from Shading and Occluding Boundaries, IEEE Computer Society Conference on Computer Vision and Pattern Recognition, 478-485, 1988.
[Ra94] D. Raproger: Quantitative Messung der 3D-Geometrie einer technischen Oberfläche durch Stereobildpaarauswertung und vergleichende Analyse mit photometrischem Stereo, Diplomarbeit am Institut für Theoretische Nachrichtentechnik und Informationsverarbeitung, Oktober 1994.
[Si90] T. Simonchy, R.Chellapa: Direct Analytical Methods for Solving Poisson Equations in Computer Vision Problems, IEEE Transactions on Pattern Analysis and Machine Intelligence, Vol.17, No.5, 435-445, Mai 1990.
[Te88] D. Terzopoulos: The Computation of Visible-Surface Representations, IEEE Transactions on Pattern Analysis and Machine Intelligence, Vol.10, No.4, 7-438, 1988.
[Wo80] R.J.Woodham: Photometric method for determining surface orientation from multiple images. Optical Engineering 19 (1980) 139–144

Automatische Detektion von Wurzelsystemen in Minirhizotron–Bildern

M. Jankowski, S.-W. Breckle*, S. Posch, G. Sagerer, M. Veste*

Technische Fakultät, Universität Bielefeld
* Fakultät für Biologie, Universität Bielefeld
Postfach 100131, D–33501 Bielefeld

1 Einleitung

An der Wurzelforschung besteht aufgrund der vielfältigen Wechselwirkungen zwischen Wurzelsystem und Boden ein großes Interesse. Für aussagekräftige Untersuchungen ist die Analyse von großen Bildmengen erforderlich. Die manuelle Auswertung ist zeitaufwendig und die Qualität der Ergebnisse hängt sehr stark von der Erfahrung der auswertenden Person ab. Dieses führt zu einer zunehmenden Automatisierung der Bildauswertung. Jedoch enthalten die Bilder komplexe und zufällig verzweigte Wurzelsysteme (s. Abb. 2). Die Detektion der Wurzelregionen ist besonders schwierig, da der Hintergrund sehr stark variiert und der Kontrast zwischen Boden und Wurzel oft sehr gering ist. Alle existierenden Verfahren zur automatischen Auswertung dieser Bilder sind regionenbasierte Ansätze, die davon ausgehen, daß die Grauwerte des Wurzelsystems sich gut von den Grauwerten des Hintergrundes trennen lassen. Diese Annahme ist aber im allgemeinen nicht erfüllt. Aus diesem Grund verfolgen wir in dieser Arbeit einen konturorientierten Ansatz. Nach der Detektion von signifikanten Wurzelbereichen, erweitern wir diese mittels heuristischer Suche zur optimalen Kontur. Die Basis des Verfahrens bildet der $A^\star$–Algorithmus. Bei der Suche wird die parallele Struktur der Wurzel ausgenutzt, d.h. die Informationen der rechten und der linken Kontur fließen gemeinsam in die Bewertung ein.

2 Der biologische Hintergrund

Das Ziel der Wurzelökologie ist die Erforschung des Einflußes von Umweltfaktoren auf die Entwicklung des Wurzelsystems. Zu diesem Zweck werden verschiedene Parameter, wie zum Beispiel die Wurzelzahl oder die Wurzeloberfläche, in Abhängikeit der Zeit bestimmt. Ein zentrales Problem ist die Unzugänglichkeit der Wurzeln im Boden. Im Laufe der Zeit wurden verschiedene Verfahren zu diesem Zweck entwickelt. Allgemein kann aber gesagt werden, daß alle Methoden mühsam und arbeitsaufwendig sind und oftmals ist die Genauigkeit der gewonnen Daten nicht sehr groß. Als Faustregel gilt, je genauer eine Methode ist, um so aufwendiger ist sie ([Böh79]). Einen Überblick über die verschiedenen Untersuchungsmethoden findet man in [Böh79]. Im folgenden wird näher auf die Minirhizotrontechnik eingegangen, denn die uns zur Verfügung stehenden Bilder wurden mit diesem Verfahren aufgenommen. Es sei aber darauf hingewiesen, daß der hier gewählte Ansatz auch auf Bilder anwendbar ist, die mit anderen Verfahren gewonnen wurden.

Die meisten Verfahren sind destruktiv, d.h. die Probenentnahmestelle wird derart zerstört, daß an dieser Stelle keine weiteren Messungen mehr vorgenommen werden können und weitere Proben stets in einem bestimmten Abstand genommen werden müssen. Mit Hilfe der Minirhizotrontechnik ist es möglich auf schnelle, einfache und vor allem nicht–destruktive Art und Weise die Entwicklung der Wurzeln, ihre Dichte und Verteilung in situ zu beobachten. Die Minirhizotrontechnik wurde zuerst 1937 von Bates angewendet. Bei dieser Technik wird eine Glasröhre in den Boden eingebracht, in die anschließend ein Beobachtungsgerät eingeführt wird. Wichtig bei dieser Technik ist der Durchmesser der Minirhizotrone, ihre Orientierung im Boden, ihr Einbringen in den Boden, die Mindestzahl und das Beobachtungsgerät. Eine heute häufig angwendete Beobachtungsmethode ist die Endoskoptechnik (s. Abb. 1). Hierbei wird ein Endoskop in Verbindung mit einer Videokamera eingesetzt.

3 Existierende Verfahren zur Bildauswertung

Zur manuellen Auswertung gibt es im wesentlichen zwei Methoden. Bei der *Line Intersect Method* [Ten75] wird von der Anzahl der Kreuzungsstellen von zufällig auf einem Gittersystem bestimmter Maschenweite verteilten Wurzeln auf die Wurzellänge geschlossen. Der zweite Ansatz basiert auf der Tatsache, daß man aus der Anzahl der sichtbaren Wurzeln auf die Wurzeldichte schließen kann (z.B. [Ste93]).

Im Laufe der letzten Jahre wurden immer mehr automatische Verfahren zur Bildauswertung entwickelt. Wichtig ist in diesem Zusammenhang die Herkunft der zu verarbeitenden Bilder. Der größte der Teil der Arbeiten auf diesem Gebiet befaßt sich mit Bildern, die unter Laborbedingungen aufgenommen wurden, d.h., daß es sich um ausgewaschene Wurzeln handelt oder daß eine spezielle Beleuchtung verwendet wurde. Bei all diesen Verfahren wird das Eingabebild zuerst binarisiert, dann skeletiert und anschließend ausgemessen. Besonders die numerischen Probleme bei der Vermessung der Mittelachse sind bei diesen Verfahren bereits gut untersucht (z.B.[Smi94]).

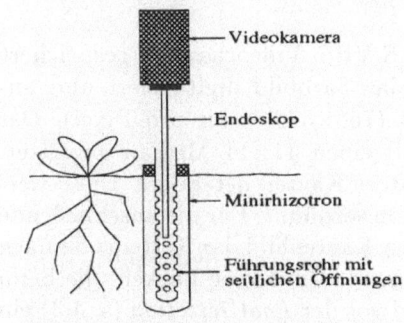

Abbildung 1. Endoskoptechnik

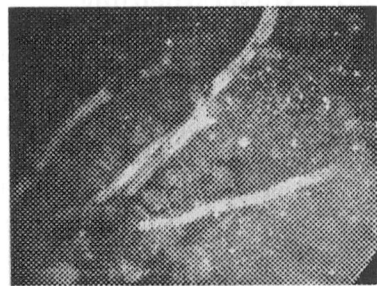

Abbildung 2. Endoskopie-Bildes

Die bisher vorgestellten Verfahren verwenden sehr einfache, zum Teil feste Schwellwerte, die aufgrund des variablen Hintergrunds zur Auswertung von Minirhizotron–Bildern nicht brauchbar sind. Zur automatischen Auswertung dieser Bilder existieren zwei regionenbasierte Arbeiten, wobei es sich bei der Arbeit von Casarin um ein interaktives System handelt ([Cas91]). An dieser Stelle soll nun kurz auf die für die Detektion entscheidenden Schritte des Verfahrens, das in [Smu87] beschrieben ist, eingegangen werden. Im wesentlichen sind dies die Schritte Binarisieren und Klassifizieren von Wurzel- und Nicht-Wurzel-Objekten. Die Binarisierung geschieht mit Hilfe eines Schwellwertes, der auf der Basis eines gefilterten Histogramms berechnet wird. Aufgrund des komplexen Hintergrundes gibt es eine Reihe zusätzlicher Objekte, z.B. Würmer oder Steine, die nach dem Binarisieren noch im Bild enthalten sind. Zur Trennung dieser Objekte von den Wurzeln führt Smucker in seiner Arbeit drei Schwellen ein: die minimale Länge, die maximale Länge und das Länge/Breite–Verhältnis.

4 Ein konturorientierter Ansatz

In diesem Abschnitt werden die Grundzüge des von uns entwickelten Verfahrens vorgestellt. Gegenüber den bisherigen Arbeiten verwenden wir einen konturorientierten Ansatz, denn die Trennung des Wurzelsystems mit Hilfe eines Histogramms führt aufgrund der Komplexität der Bilder oftmals zu unbefriedigenden Ergebnissen. Mittels heuristischer Suche bestimmen wir die optimale Kontur eines Wurzelsystems. Zu diesem Zweck müssen zuerst Startknoten detektiert werden. Dies geschieht mit Hilfe des in Abschnitt 4.2 vorgestellten Verfahrens zur Detektion von signifikanten Wurzelbereichen. Basierend auf den gefundenen *Seeds* wird in Abschnitt 4.3 ein Algorithmus zur Bestimmung der optimalen Kontur eines Wurzelsystems auf der Basis des A^*–Algorithmus vorgestellt. Gesucht wird gleichzeitig nach der linken und rechten Kontur einer Wurzel. Kommen in einem Bild mehrere Wurzeln vor, oder gibt es Verzweigungen, wird davon ausgegangen, daß man auf jedem Teil einen *Seed* findet und durch Überlagerung das Ergebnis für das gesamte Bild erhält.

4.1 Vorverarbeitung

Ausgangspunkt ist ein Bild, das auf einer S-VHS Videocassette gespeichert ist. Mittels eines Videoframegrabbers wird das Farbbild digitalisiert und anschließend in ein Grauwertbild umgewandelt (756×576, 8 bit pro Pixel). Das stark verrauschte Bild wird anschließend mit einen 11×11 Median geglättet. Als nächstes werden mit Hilfe des Sobeloperators Kanten detektiert. Diese werden dann mit einer Non–Maximum–Suppression verdünnt. Für die anschließende *SeedDetection* (s. 4.2) wird aus dem verdünnten Kantenbild der Kettencode nach einen Algorithmus von Rosin und West berechnet. Um kleine Lücken, die beim Ausdünnen enstanden sind, zu beseitigen wird vor der *RootDetection* (s. 4.3) ein Closing auf dem ausgedünnten Kantenbild durchgeführt.

4.2 SeedDetection – Detektion der Startknoten

Die Idee für dieses Verfahren lieferte die Beobachtung, daß in der Surface-Darstellung des Gradientenbetrags zumindest in einzelnen Bereichen einer Wurzel deutlich längliche Täler zu sehen sind. Das Auffinden dieser signifikanten Teilbereiche, die als Startknoten für die anschließende Suche verwendet werden, geschieht, indem geprüft wird, ob sich auf einer Seite einer Kette von Pixeln mit hohen Gradientenbeträgen ein Bereich mit niedrigen Gradientenbeträgen befindet, der wiederum durch eine Kette von Pixeln mit hohen Gradientenbeträgen begrenzt wird. Wichtige Parameter sind dabei die Mindestbreite des Tals und der Schwellwert für den Gradientenbetrag, der entscheidet ob ein Punkt als Tal oder Grenzgebirge klassifiziert wird.

Eingabeparameter des daraus entstandenen Algorithmus sind der Kettencode und das ausgedünnte Kantenbild. Zuerst werden alle Ketten die kürzer sind als χ und einen Kontrast unter ψ haben herausgefiltert. Anschließend wird jede übriggebliebene Kette auf das Vorhandensein eines *Seeds* untersucht. Sukzessive wird für jeden Punkt P_t einer Kette in einem Fenster der Breite B die Steigung der Regressionsgeraden r_t berechnet (s. Abb. 3). Anschließend wird die Lotrechte l_t zu der Regressiongeraden r_t berechnet, die durch den aktuellen Punkt P_t geht. Ausgehend von P_t wird nun auf beiden Seiten von r_t geprüft, ob die Bedingung für einen *Seed* erfüllt ist. Die Bedingung ist genau dann erfüllt, wenn der Abstand d zum nächsten Punkt P'_t, der der Lotrechten l_t benachbart ist und dessen Gradientenbetrag größer ist als η, mindestens Φ beträgt. Ist die Bedingung im Punkt P_t und im nächsten Punkt der Kette P_{t+1} erfüllt, so müssen die beiden Punkte P'_t und P'_{t+1} auch benachbart sein, d.h. ihr Abstand d' muss kleiner als κ sein. Auf die oben beschriebene Weise wird nun jeder Punkt der Kette geprüft. Dabei wird die längste Folge von Punkten auf einer Kette gespeichert. Ein *Seed* besteht somit aus zwei Ketten, der Kette $P_t, \ldots, P_{t+n}$ und der Kette $P'_t, \ldots, P'_{t+n}$. Er enthält zwei Startknoten für die anschließende Suche, das Punktepaar (P_t, P'_t) und das Paar (P_{t+n}, P'_{t+n}). Es wird also vom Anfang und vom Ende eines jeden *Seeds* aus die optimale Kontur gesucht. Gefundene *Seeds*, die keine Wurzel begrenzen, werden zunächst an die *RootDetection* übergeben und müssen in einem späteren Schritt als Nicht-Wurzel-Objekte klassifiziert werden.

4.3 RootDetection – Detektion des Wurzelsystems

Im folgenden wird nun das von uns entwickelte Verfahren zur Detektion der optimalen Kontur vorgestellt. Die Basis dieser Methode bildet der $A^\star$-Algorithmus. Daraus lassen sich folgende Teilprobleme herleiten. Erstens, wie expandiert man einen Knoten. Zweitens, wie bewertet man einen Knoten und drittens, wann hat man einen Endknoten erreicht. Als viertes Problem stellte sich die Datenstruktur von **OFFEN** und **GESCHLOSSEN** heraus. Denn deren Komplexität hat einen wesentlichen Einfluß auf die Effizenz des Verfahrens. Trotz einer zufriedenstellenden Lösung dieses Problems, zeigte es sich, daß es notwendig ist, die **OFFEN**-Liste zu prunen. Somit ergibt sich als fünftes Problem die Auswahl eines Pruningkriteriums.

Geht man von der 8er-Nachbarschaft aus, hat ein Punkt acht mögliche Nachfolger. Berücksichtigt man, daß es sich bei der Kontur einer Wurzel um eine glatte Kontur handelt, reicht es aus, bei der Konturpunktverkettung nur drei der acht möglichen Nachbarn zu betrachten. Das Auswahlkriterium bildet die Richtung aus der man zu einem Pixel kam. Man geht entweder in die gleiche Richtung weiter, 45 Grad nach links oder 45 Grad nach rechts. Da wir bei diesem Verfahren den linken und den rechten Konturpunkt gleichzeitig suchen, ergäben sich somit 9 mögliche Nachfolger pro Knoten. Berücksichtigt man Krümmungen, so stellt man fest, daß es auch möglich sein muß auf einer Seite stehen zu bleiben. Somit ergeben sich 15 zu betrachtende Nachfolger. Betrachtet man ideale Krümmungen, könnte man noch zwei dieser 15 Fälle unberücksichtigt lassen. Da aber geringe Abweichungen von der optimalen Strukturen in unserem Fall zugelassen sind, werden diese zwei Fälle mit betrachtet.

Um festzustellen, ob es sich bei einem Knoten um einen Endknoten handelt, gibt es vier verschiedene Kriterien. Erstens, ein Konturpunkt eines Knotens stößt an den Bildrand. Zweitens, beide Konturpunkte eines Knotens sind gleich, z.B. bei einer Wurzelspitze. Drittens, einer der Konturpunkte stimmt mit einem Konturpunkt eines Startknotens eines anderen *Seeds* oder einem Endknoten eines vorherigen Suchergebnisses überein. Das vierte Kriterium ist erfüllt, wenn die mittleren Gradientenkosten der letzten K Knoten einen Grenzwert ϑ überschreiten. Dieses ist zum Beispiel der Fall, wenn eine Wurzel endet, weil sie von der Glasröhre wegwächst.

Für die Bewertung eines Knotens $b(k)$ ist auf der einen Seite der Betrag des Gradienten relevant und auf der anderen Seite die parallele Struktur einer Wurzel. Bei der Beschreibung der parallelen Struktur bauen wir auf der *local symmetry* von Brady und Asada auf [Bra78]. Bei der *local symmetry* wird gefordert, daß die Winkel zwischen den Tangenten zweier Konturpunkte und deren Verbindungsgerade gleich groß sind. Eine parallele Struktur bildet einen Spezialfall dieser Symmetrie, denn hier müssen die beiden Winkel genau 90 Grad groß sein. Problematisch bei dieser Betrachtung ist die Tangente, die in unserem Fall nicht berechenbar ist, denn wir kennen nur den Verlauf der Kurve vor dem betrachteten Knoten und haben keine Information über den weiteren Verlauf. Brady und Asada verwendeten in ihrer Arbeit die Gradientenrichtung als Winkel für die Tangente. Dies ist unserem Fall nicht möglich, da die Gradientenrichtung in den komplexen Bildern ein unzuverläßiges Maß darstellt und zudem muß es möglich sein, Lücken zu überbrücken. Aus diesen Gründen verwenden wir statt der Tangenten, die Regressionsgeraden r_l und r_r, die durch die N Vorgänger des aktuellen Knotens bestimmt sind (s. Abb. 4). Die Verbindungsgerade g wird durch die Schwerpunkte S_l und S_r der N Vorgänger bestimmt und nicht durch die zwei Konturpunkte KP_t^r und KP_t^l des zu bewertenden Knotens. Denn entscheidend für die Lage einer Regressionsgeraden ist der Schwerpunkt der zugrundeliegenden Punktmenge ([Opf94]). Mit den bisherigen Überlegungen ergibt sich, daß man als Kosten für die Parallelität eines Knotens $b_{parallel}(k)$ die Summe der Winkelabweichungen der Verbindungsgerade g von den Lotrechten l_l und l_r der Regressionsgeraden r_r und r_l verwenden kann (s. Abb. 4 $b_{parallel} = |\alpha| + |\beta|$).

Zusätzlich liefert $b_{parallel}$ ein Kriterium, mit dem man entscheiden kann, ob ein Knoten nicht weiter betrachtet werden muß. Denn überschreitet die Abweichung an einer Seite eine Schwelle Θ, kann es sich um keine Wurzel handeln, da die gefundene Struktur zu sehr von der optimalen Struktur abweicht.

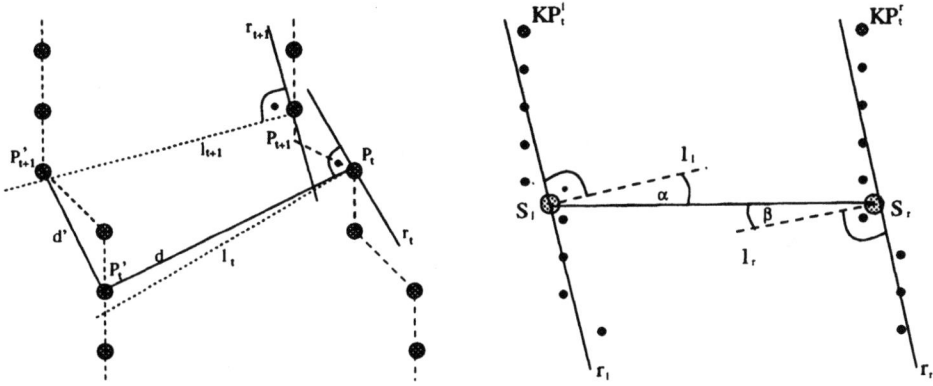

Abbildung 3. Bestimmung der Seeds   **Abbildung 4.** Parallelität

Ein weiterer Faktor für die Bewertung ist der Betrag des Gradienten. Da in diesem Fall versucht wird die Kosten zu minimieren, wird der Betrag des Gradienten vom maximalen Betrag subtrahiert. Damit die Gradientenbewertung b^r_{grad} unabhängig von den in den Bildern vorkommenden Gradientenbeträgen ist, wird die Bewertung auf das Intervall $[0,1]$ normiert. Ein Sonderfall stellt ein Gradientenbetrag von Null dar. In diesem Fall ist es notwendig, die Bewertung größer als eins zu wählen, da Lücken sonst zu billig zu überbrücken wären. Dies hätte zur Folge, daß das Gewicht bei der Suche zu sehr auf der Parallelität lege. Aus den obigen Überlegungen ergeben sich für die Bewertung eines Knotens $b(k)$ folgende Gleichungen:

$$b(k) = b(Vorgänger(k)) + b^{links}_{grad}(k) + b^{rechts}_{grad}(k) + \alpha \cdot b_{parallel}(k)$$

$$b^r_{grad}(k) = \begin{cases} \frac{|MaxGrad| - |Grad(x_r, y_r)|}{|MaxGrad|} & ; |Grad(x_r, y_r)| > 0 \\ \tau & ; |Grad(x_r, y_r)| = 0 \end{cases} ; r \in \{links, rechts\}$$

$$b_{parallel}(k) = \frac{|\alpha| + |\beta|}{2\Theta}$$

Bisher blieb die Restkostenschätzung unberücksichtigt, da die Restkosten in unserem Fall nicht abschätzbar sind, denn der Endknoten ist unbekannt. Implementiert man das Verfahren mit den bisherigen Überlegungen, stellt man fest, daß aufgrund der Monotonie der Bewertungsfunktion immer wieder Knoten in der Nähe des Startknotens expandiert werden. Um dies zu vermeiden, führten wir ein Pruningkriterium ein, mit dem wir die Anzahl der in OFFEN gespeicherten Knoten auf M beschränken. Als brauchbares Kriterium stellte sich die Anzahl der Vorgänger heraus. Überschreitet die Anzahl der Knoten in OFFEN den Wert

M, dann wird vor dem einordnen eines neuen Knotens, der Knoten aus OFFEN gelöscht, der die wenigsten Vorgänger hat. Haben mehrere Knoten die gleiche Anzahl Vorgänger, wird der Knoten mit der schlechtesten Bewertung ausgewählt. Somit werden Knoten, die lediglich aufgrund ihrer Nähe zum Startknoten gut bewertet sind, nicht weiter betrachtet.

Aus den bisherigen Überlegungen ergibt sich, daß die Komplexität der Datenstrukturen für OFFEN und GESCHLOSSEN entscheident für die Effizienz des hier vorgeschlagenen Verfahrens ist. Denn betrachtet man allein die Berechnung der Nachfolger eines Knotens, so müssen pro Expandierung 15 Nachfolger in OFFEN einsortiert werden. Dabei werden folgende Anforderungen an die entsprechenden Datenstrukturen gestellt. In GESCHLOSSEN muß man einen expandierten Knoten einsortieren. Für einen Nachfolger muß geprüft werden, ob dieser schon in GESCHLOSSEN enthalten ist, denn dann braucht dieser nicht weiter betrachtet zu werden, da die von uns gewählte Bewertungsfunktion das Monotoniekriterium erfüllt. Das Suchkriterium für GESCHLOSSEN bilden die Koordinaten der beiden Konturpunkte eines Knotens. In der OFFEN-Struktur muß man das Element mit der besten Bewertung suchen können. Zusätzlich muß man auch nach Koordinaten suchen, da geprüft werden muß, ob ein neu expandierter Knoten nicht bereits in OFFEN enthalten ist. Die Suche nach den Koordinaten stellt sich zunächst als ein 4-dimensionales Suchproblem heraus, daß sich aber durch einfaches hintereinanderhängen der einzelnen Koordinaten auf den 1-dimensionalen Fall reduzieren läßt. Als eine effiziente Datenstruktur, die diese Anforderungen erfüllt, stellte sich eine erweiterte Version der top-down Rot-Schwarz-Bäume heraus. Die Grundlage der verwendeten Struktur bilden die Algorithmen in [Sed92]. Diese wurden derart erweitert, daß es nun möglich ist mehrere Suchschlüssel zu verwalten. Die so implementierte Datenstruktur zeigt zufriedenstellende Ergebnisse und ist sowohl für OFFEN als auch für GESCHLOSSEN zu verwenden.

5 Ergebnisse

Zur Validierung des Verfahrens stand uns ein S-VHS Videoband mit 32 Bildern zur Verfügung. Das zuvor beschriebene Verfahren wurde unter Zuhilfenahme des KBV-Systems auf einer Alpha-Workstation implementiert. Die Hauptaufgabe bei der Berechnung der optimalen Ergebnisse bestand in der Einstellung der variablen Parameter (s. Tab. 1).

Die Parameter B und η der *SeedDetection* erwiesen sich als robust. Die Anzahl gefundener *Seeds* hängt im wesentlichen von χ, ψ und Φ ab. Erniedrigt man einen der Werte, werden zunehmend Nicht-Wurzel-Regionen als *Seeds* erkannt. Erhöht man einen Wert, kann es sein, daß Bereiche besonders feiner Wurzeln nicht detektiert würden. Ein kritischer Punkt war das Einstellen von κ. Zur Optimierung dieses Parameters wurde die Abstände zwischen P'_t und P'_{t+1} protokoliert und die Lage des Schwellwertes heuristisch ermittelt.

Bei der RootDetection ist es möglich einen Teil der Parameter aufgrund eines Fehlermaßes zu optimieren. Ausgangspunkt sind manuell gelabelte Ergebnisse. Die prozentuale Anzahl der unterschiedlichen Pixel in den manuellen und auto-

Parameter	Bedeutung	Modul	opt. Wert
χ	Mindestzahl an Punkten in einer Kette	SD	30
ψ	minimaler Kontrast einer Kette	SD	60
B	Fensterbreite zur Berechnung der Regressionsgeraden	SD	10
η	Schwellwert für den Betrag des Gradienten im Punkt P'_i	SD	10
Φ	Schwellwert für den Abstand zwischen P_i und P'_i	SD	12
κ	Schwellwert für den Abstand zwischen P'_i und P'_{i+1}	SD	3.5
K	Anzahl Vorgänger, aus denen die mittleren Kosten berechnet werden	RD	15
ϑ	Schwellwert für die mittleren Gradientenkosten	RD	4.78
Θ	Schwellwert für die Akzeptanz als parallele Struktur	RD	54
N	Anzahl Vorgänger, aus denen die Regressionsgerade berechnet wird	RD	5
τ	Kosten einer Lücke	RD	5
M	maximale Anzahl an Knoten in OFFEN	RD	2000
α	Gewichtsfaktor von $b_{parallel}(k)$	RD	10

Tabelle 1. Übersicht über die einzustellenden Parameter (SD: *SeedDetection*, RD: *RootDetection*)

matischen Ergebnisbildern bildet das zu optimierende Fehlermaß ϵ. Bezeichnet man die Anzahl der Pixel in X-Richtung mit $XSize$, die Anzahl der Pixel in Y-Richtung als $YSize$ und beachtet, daß das Ergebnisbild ein Binärbild ist, in dem nur die Werte 0 und 1 vorkommen, läßt ϵ sich folgendermaßen formulieren:

$$\epsilon = \frac{\sum_{x=0}^{XSize-1} \sum_{y=0}^{YSize-1} |P_{automatisch}(x,y) - P_{manuell}(x,y)|}{XSize \cdot YSize} \quad (1)$$

Die automatische Optimierung aller einzustellenden Parameter ist aufgrund der kombinatorischen Komplexität nicht möglich. Da einige Parameter robust sind, werden diese nicht automatisch eingestellt, sondern mit Hilfe des subjektiven Eindrucks des Beobachters gewählt. Zur Optimierung der Parameter wurden fünf Trainingsbilder ausgewählt, die typische Problemfälle zeigten (z.B. Lücken).

M, N und K zeigten sich als robuste Parameter. Der Parameter Θ erwies sich als robust hinsichtlich einer Erhöhung. Diese macht sich lediglich in die Laufzeit des Verfahrens bemerkbar, denn durch die Erhöhung dieser Schwelle müssen wesentlich mehr Knoten betrachtet werden. Eine Erniedrigung verlagert das Gewicht auf die Parallelität der gefundenen Struktur, die Gradientenbeträge werden weniger berücksichtigt. Dies kann soweit gehen, daß beim Unterschreiten eines Grenzwertes parallele Strukturen gefunden werden, die fast keinen Bezug zu den Gradientenbeträgen haben.

Nach den bisher eingestellten Parametern bleiben noch drei zu optimierende Parameter übrig. Ein Problem bei der Optimierung dieser Paramter ist die Abhängigkeit von ϑ von τ. Zur Lösung dieses Problems wurde auf der Basis des subjektiven Eindrucks des Beobachters eine stückweise lineare Funktion definiert, die ϑ in Abhängigkeit von τ bestimmt. Da das Optimum, das mit diesen heuristischen Schwellwerten berechnet wurde, unter Umständen durch variieren von ϑ verbessert werden kann, muß nach der Optimierung von α und τ noch versucht werden ϑ bezüglich ϵ zu optimieren.

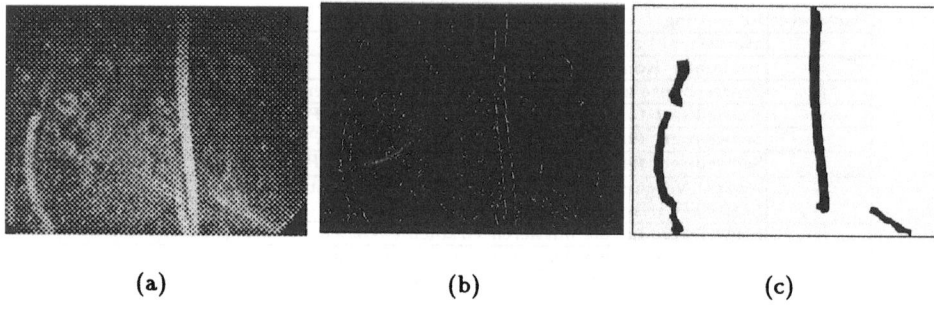

(a) (b) (c)

Abbildung 5. Endoskopie-Bild (a), ausgedünntes Gradientenbild (b), detektiertes Wurzelsystem (c)

Aufgrund der vorherigen Überlegung lassen sich die restlichen zwei Parameter automatisch optimieren, in dem man Kombinationen dieser Parameter testet und den Fehler berechnet. Zum Testen der Parameter wurden für α und τ die Werte $0, 1, 2, \ldots, 10$ eingesetzt.

Die Laufzeit der beiden Module auf einer Alpha–Workstation 3000 AXP 400 mit 64 MB RAM zeigt Tabelle 2. Die Laufzeitunterschiede bei der *SeedDetection* liegen im wesentlichen in der Anzahl und der Länge der nach dem Filtern übrig gebliebenen Ketten. Bei der *RootDetecion* hängt die Laufzeit vorallem von der Anzahl der expandierten Knoten ab (s. Tab. 3). Hierbei kommt der Effizens der Datenstruktur eine zentrale Rolle zu, denn der größte Teil der Rechenzeit (ca. 70 %) liegt in den Zugriffen auf die OFFEN- und GESCHLOSSEN-Liste. Der Wert 0 bei der minimalen Anzahl expandierter Knoten kommt daher, daß ein Startknoten eines *Seeds* direkt am Bildrand liegt und somit die Abruchbedingung erfüllt.

Modul	Mittel	Maximum	Minimum
SD	24.15	50.00	11.600
RD	450.95	854.80	63.60

Mittel	Maximum	Minimum
8057	75143	0

Tabelle 2. Laufzeit [sec]   **Tabelle 3.** Anzahl expandierter Knoten pro Bild

In 28 der 32 Bilder wird zumindest ein *Seed* auf jedem Teil einer Wurzel gefunden. Auf den übrigen vier Bildern ist auf einem Teil der Wurzeln kein signifikanter Bereich zu erkennen, da der innere Teil dieser Wurzeln sehr stark strukturiert ist und somit keine größere Region mit niedrigen Gradientenbeträgen zu detektieren ist. Die heuristische Suche auf den 28 Bildern mit korrekten Seeds ergibt einen mittleren Fehler ϵ von 4.7% Ergebnisse. Der Vergleich mit den Ergebnissen, die mit Hilfe des regionenorientierten Ansatzes nach Smucker berechnet wurden, zeigt die Vorteile des von uns entwickelten Verfahrens (s. Abb. 6).

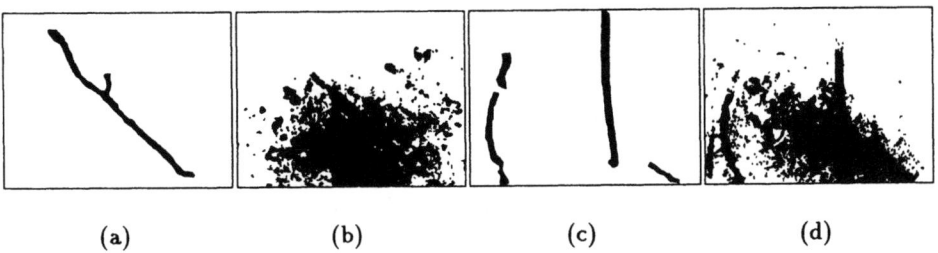

(a) (b) (c) (d)

Abbildung 6. Vergleich der beiden Ansätze. (a) und (c) sind die Ergebnisse der vorliegenden Arbeit, (b) und (d) die entsprechenden Ergebnisse des Verfahrens nach Smucker

6 Ausblick

Wir stellten einen konturorientierten Ansatz zur Detektion von Wurzelsystemen in Minirhizotron-Bildern vor. Dieser Ansatz zeigt auf den uns vorliegenden Bildern Vorteile gegenüber den bisherigen regionenbasierten Ansätzen. Der Wert dieser Arbeit für die praktische Anwendung in einem ökologischen Forschungsprojekt wird sich erst nach der Implementierung eines Klassifikators, eines Vermessungsalgorithmus und der Korrelation mit den manuell gewonnen Daten zeigen. Wir sind aber der Meinung, daß die bisherigen Ergebnisse auf einen guten praktischen Nutzen schließen lassen.

References

[Böh79] W. Böhm: *Methods of Studying Root Systems*, Springer-Verlag, 1979.
[Bra78] M. Brady, H. Asada: *Smoothed local Symmetries and Their Implementation*, International Journal of Robotics Research, Bd. 7, 1978, S. 331–355.
[Cas91] M. Casarin, S. Jacquey, A. Fouere, P. Girardin: *Digital Picture Processing Applied to the Evolution of Plant Root Dynamics*, in Development in Argricultural and Managed-Forest Ecology, Bd. 24, 1991, S. 570–575.
[Opf94] G. Opfer: *Numerische Mathematik für Anfänger*, Vieweg, 1994.
[Sed92] R. Sedgewick: *Algorithmen in C*, Addison-Wesley (Deutschland) GmbH, 1992.
[Smi94] A. L. Smit, J. F. C. M. Sprangers, P. W. Sablik, J. Groenwold: *Automated measurement of root length with a three-dimensional high-resolution scanner and image analysis*, Plant and Soil, Bd. 158, 1994, S. 145–149.
[Smu87] A. J. M. Smucker, J. Ferguson, W. P. DeBruyn, R. K. Belford, J. T. Ritchie: *Image Analysis of Video-Recorded Plant Root Systems*, in Minirhizothrons Observation Tubes: Methods and Applications for Measuring Rhizosphere Dynamics*, Nr. 50, ASA Special Publications, 1987, S. 67–80.
[Ste93] W. Steinke: *Unterirdische Biomasse: Erfassung und Beitrag zur Festigung des Deichvorlandes*, Dissertation, Westfälische Wilhelms-Universität Münster, 1993.
[Ten75] D. Tennant: *A test of a modified line intersect method of estimating root length*, J. Ecol., Bd. 63, 1975, S. 995–1001.

A VLSI system for linear and non-linear local image filtering*

Bernhard Lang and Manfred Troike
MAZ Hamburg GmbH, Harburger Schloßstraße 6-12,
21079 Hamburg, Germany
+49/40/76629-2001, email: lang@maz-hh.de
+49/40/76629-1441, email: tk@maz-hh.de

Abstract

This paper presents the GIPSi processor array which is a programmable VLSI chip designed for local linear and non-linear image filtering algorithms. A first section introduces the GIPSi approach. Then the parallel SIMD architecture is described followed by a section about implemented algorithms. Special emphasis is laid on a rank order filter algorithm which has been adapted to the SIMD architecture. It follows a section concerning the VLSI implementation of the GIPSi system and some conclusions.

1 Introduction

The GIPSi[1] architecture is designed for linear and non-linear image preprocessing algorithms. Examples are linear algorithms like low-pass filtering and edge-detection and nonlinear algorithms like erosion or median filtering. More general speaking the GIPSi system can handle mappings from a source image I_s to a result image I_r where a line sequential data representation is assumed for both, source and result images. Further a pixel $r_{x,y} \in I_r$ of the result image should only depend on a local window of the source image which surrounds the corresponding source pixel $s_{x,y} \in I_s$.

Due to the easy and regular kernels it is possible to build adequate hardware for classes of image preprocessing algorithms. Different architectures have been proposed [Ste83, Ree84, Kun88]. One approach describes a *parallel line scan architecture* which is formed by a one-dimensional SIMD array of simple processors [FH85] and related data input and output shift registers. It shows a very high flexibility because it allows the implementation of algorithms on a software basis.

2 Line scan SIMD architectures for image processing

Figure 1 shows an overview of a system using the addressed SIMD approach. The 1-D array includes 3 main execution units which work in parallel: an input shift register, an array of processors P (each with private memory M) where computing occurs, and an output shift register. A further unit described as *sequencer* supplies a common instruction stream to all processors of the system. One processor is available for each image column, thus one result line can be computed in parallel by a SIMD program. When a new line of the source image is clocked into and a previously computed result line is clocked out of the system a new result line can be computed in parallel. Thus computing can be hidden behind the incoming and outgoing data streams.

Existing Systems: Some systems have been designed using the described approach. A first system named AIS-5000 [Wil88] shows a very low integration level. Only 8 bit-serial processors without memory fit on one chip. The memory has to be supplied by further chips.

A very high integrated approach has been presented in [MKW+90] where a serial video processor (SVP) is introduced for digital TV. It consists of up to 1024 processors on one chip each equipped

---
*This work has been done in cooperation with TU Hamburg Harburg, Technische Informatik I.
[1]GIPSi: General Purpose Image Preprocessor in Silicon

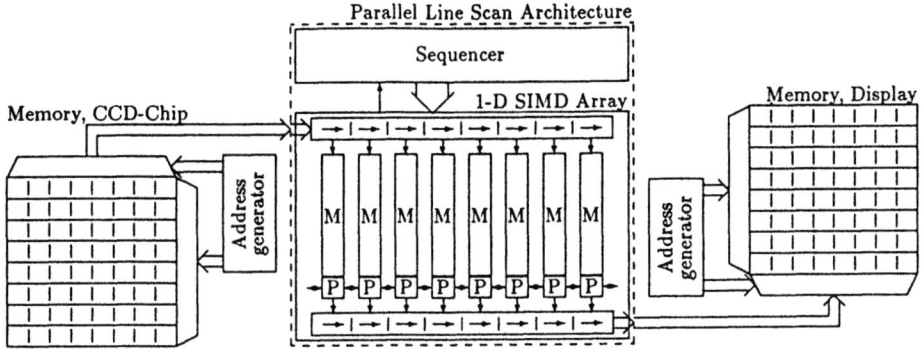

Figure 1: SIMD Processor Line for image processing tasks

with two memory banks of 128 bits. An instruction generator (sequencer) is included on chip. The chip would be suitable for image processing demands but due to its consumer market orientation it is only available in very large lots. This prevents or even limits its use as an image processing accelerator for industrial applications.

Another work [CS91] describes a video/image processor (VIP) where 512 processors each including a memory of 128 Bits are integrated on one chip. Its processing units are specially designed for image processing algorithms. However the chip forms only the core of a desired accelerator and must be extended by an instruction sequencer. Further as a research product it is not available.

A current system [YKF94] integrates 64 8-Bit processors with 32 blocks of 64 $kBit$ memory on one chip. Yet its current status is *"experimental product"* and no intention exists to produce it.

The GIPSi system: GIPSi fills the described gap. It includes a high integrated core of 512 single bit processors on a single chip. Input and output of image data is handled by a flexible protocol [Lan94a]. This protocol allows an easy adaption of surrounding hardware. Further a sequencer chip is planned which generates instruction streams by expanding a very dense program representation. Programming of GIPSi is supported by a symbolic macro assembler. Program debugging can either be done at the real hardware or using a simulator program. The simulator program allows a very transparent look into the system and eases the evaluation of new programs.

3 GIPSi programming model

The programmer can look to the GIPSi system from two different views. The first view shows a global overview, the whole processor array is regarded as one block surrounded by the supporting units. This view is important for setting up the system via a controlling host processor and for understanding the global system behavior. The second view looks to one single processor of the SIMD array and shows the local processor architecture. This view is important for writing image processing programs. A GIPSi assembler language has been developed to support programming at that level.

3.1 Global view to the GIPSi system

Globally the GIPSi system consists of a linear array of P single bit processors and some further blocks. Their arrangement is shown in Figure 2.

GIPSi Processor: One processor must be available for each column of the processed images. Thus for 512×512 images a linear array of $P = 512$ processors is required. For wider images

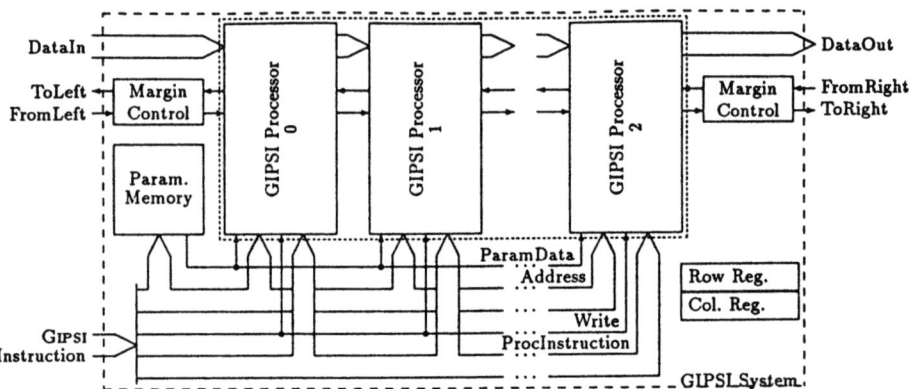

Figure 2: Programmers global view to the GIPSi system

several GIPSi chips can be combined to form one wide line. Each single processor contains some local registers, an ALU, local memory and one stage of a shift register (see section 3.2). The combined shift register stages of all processors form a global shift register used for image input and output.

Parameter Memory: The parameter memory is designated for program parameterization and is loaded by a controlling host processor. All processors in the system have read access to this memory simultaneously.

Margin Control: Each processor can communicate to its left and right neighbors for local window processing. However the left and right outermost processors only have one local neighbor on chip. The margin control units allow programmable handling of these margin connections.

Column and row registers: A column and a row register hold the size of the processed images and must be set by a controlling host processor. The values are required for controlling the input/output shift register to detect end of line and end of image conditions.

3.2 Architecture of a single GIPSi processor

Image processing algorithms will be executed by all single-bit processors of the GIPSi system simultaneously. When creating a program the programmer may think in writing it for a single processor but minded that it runs on all processors of the array. Figure 3 shows a single processor. At the top one stage of the input/output shift register SR is shown. Below the local memory and the connection to the global parameter RAM can be identified. Five registers are at the programmers disposal: two memory registers (MR0, MR1), a communication register (CR) and two result registers (RR0, RR1). The ALU is shown at the bottom.

Shift register: The shift register SR is used to move image data into and out of the GIPSi array. Shifting is done in parallel to program execution. Because input and output is done synchronously only one shift register is required. When the input/output shift of a source/result line pair is complete a transfer from SR into the local memory and vice versa is done under program control. Synchronizations between transfer instructions and the SR hardware is done automatically and needs no intervention by the programmer.

Memory: Each single processor has its local memory of 1 Bit wordsize. The current version offers 128 bits which can be read or written. Besides the local memory all processors have access to the parameter memory introduced above. Local memory and parameter memory are distinguished by different address ranges in a common address space.

Registers: Three types of registers are present. Memory registers MR0 and MR1 are loaded from memory and serve as ALU source operands. Result registers RR0 and RR1 are loaded with

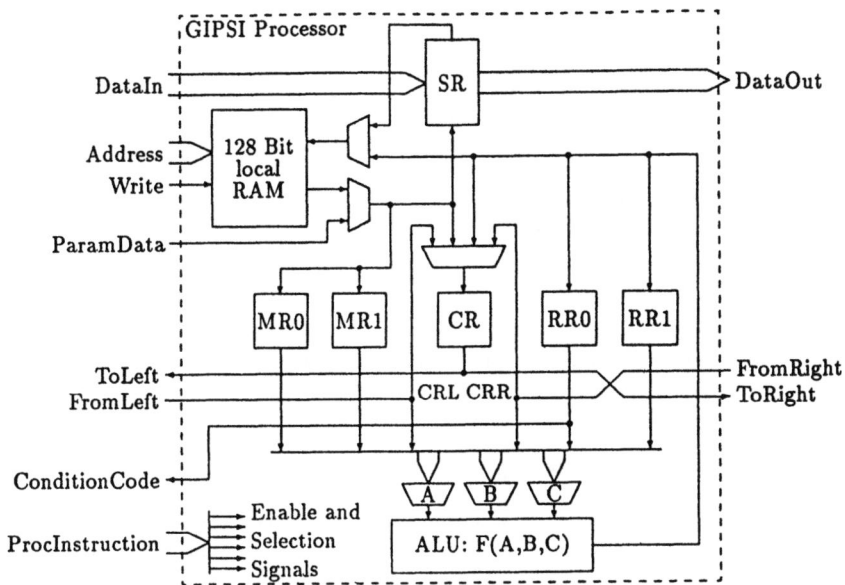

Figure 3: Programmers view to one processor of the GIPSi system

intermediate ALU results and also serve as ALU operands. A communication register CR can be loaded from memory or from the ALU or via CRL/CRR from the communication register of the left/right neighboring processor. CR further serves as source for the left or right neighboring processors ALU.

ALU: The ALU maps three source operand bits to one result bit. Any arbitrary function is allowed for that mapping as explained in [Lan94b]. Local registers (MR0, MR1, RR0, RR1) or communication registers of direct neighbors via CRL, CRR can be selected as source. The result can be written into registers RR0, RR1, CR and into the local RAM memory.

3.3 Supporting software tools

Software development is supported by symbolic assembler and a simulator/debugger. The assembler is available for PC and SUN-Workstation platforms, the simulator is available for PCs.

The assembler matches the GIPSi structure. It offers a block oriented language with local scopes for variables and constants. It allows to specify parallel actions which are executable by the processors within one cycle. Conditional instruction specification is supported which eases the creation of parameterizable programs and macros. Macro handling is done by a built-in preprocessor.

The simulator gives a close look into program execution on the GIPSi system. It works on TIFF image data and on instruction sequences generated by the assembler. Single step execution and examination of each processor makes the software development transparent.

4 Algorithm implementations

The following table shows several filters and related execution cycles to compute one result image line on the GIPSi system. The cycle count for full images can be achieved by multiplying the values by the number of image lines.

Table 1: Execution times for image processing operations using GIPSi

Algorithm:	Cycles:
Linear filter with constant coefficients (3x3)	< 1170
Linear filter with constant coefficients (5x5)	< 3135
Min/Max-operators (Erosion, Dilatation) (3x3)	180
Sobel edge detection	252
Kirsch edge detection	1173
Rank order filter (3x3)	538

Assuming a clock rate of 50 MHz up to 3200 cycles can be executed during the $64\mu s$ scan period of one video line. The implementations are based one a macro library. This library includes macros for elementary arithmetic operations, various comparisons, communication between neighboring processors, input and output operations, and more.

4.1 Bit-based rank order filtering for VLSI and SIMD systems

A rank order filter will be presented as an example how to prepare algorithms for the GIPSi system. The algorithm is suitable for SIMD and VLSI implementations. It is based on the algorithm of Gu and Swamy [GS92] which was developed for VLSI implementations.

A *rank order filter* of rank l applied to an ordered set $\mathcal{P} = \{p_0, p_1, \ldots, p_{w-1}\}$ of integer values selects one element as result r. In this section rank l is assumed as follows: a filter with rank l selects the l-biggest element. E.g. a rank $l = 1$ filter selects the biggest element (maximum filter) and a rank $l = (w-1)/2$ filter (w odd) determines the median element of a given set.

```
Rank_Order_Filter(P, l, n) ⟼ r
    Initialization Phase:
        s := ∑_{0≤k<w} p_k[n − 1];
        if (s ≥ l) then r[n − 1] := 1 else r[n − 1] := 0;
        for k = 0 to w − 1 do begin
            if (r[n − 1] ≠ p_k[n − 1]) then f[k] := 1 else f[k] := 0;
            if (f[k] = 0) then pp[k] := p_k[n − 2] else pp[k] := p_k[n − 1];
        end;
    Main Loop:
        for i = n − 2 downto 1 do begin
            s := ∑_{0≤k<w} pp[k];
            if (s ≥ l) then r[i] := 1 else r[i] := 0;
            for k = 0 to w − 1 do begin
                if (r[i] ≠ p_k[i]) then f[k] := 1 else f[k] := f[k];
                if (f[k] = 0) then pp[k] := p_k[i − 1] else pp[k] := pp[k];
            end;
        end;
    Termination Phase:
        s := ∑_{0≤k<w} pp[k];
        if (s ≥ l) then r[0] := 1 else r[0] := 0;
```

Figure 4: Radix based rank order filter algorithm using static data structures.

The algorithm compares the bits of the elements in descending order and thus belongs to the class of *radix sort* algorithms. In contrast to algorithms based on a *divide and conquer* strategy (e.g. [Knu73]) which require dynamic resources this algorithm is static and thus suited for SIMD computing.

Let $p_k[i]$ be bit i of element p_k, $0 \leq i < (n-1)$ where n denotes the wordsize of the elements then the algorithm in Figure 4 selects the value r from set $\mathcal{P}$ with rank l. While scanning the set elements p_k at decreasing bit positions the search status is kept in two vectors f and pp of size w. The bits $f[k]$ and $pp[k]$ reflect the search status of element p_k.

The vector f stores a *"found"* status. If the ordering of an element p_k with respect to the demanded rank value r has been determined then the corresponding bit $f[k]$ is set to 1, otherwise it remains 0. The vector pp holds precalculated bits of the elements for comparison steps. If $f[k] = 0$ then $pp[k]$ contains that bit of p_k which is required for the next comparison step, otherwise $pp[k]$ keeps the bit of p_k from that position where the ordering of p_k respective r had been determined.

Initialization phase: The highest bits $p_k[n-1]$ of all elements are accumulated. The achieved sum s is compared against rank l. If $s \geq l$ then at least l elements have the highest bit set to 1 and are equal or bigger than the demanded rank value r. Thus the rank value r must have its highest bit $r[n-1]$ set to 1. If $s < l$ then at least $w - l + 1$ elements have the highest bit set to 0 and thus $r[n-1]$ must be 0.
Then the *found* status is determined by comparing the result bit $r[n-1]$ against the highest bit $p_k[n-1]$ of each element. If $r[n-1] \neq p_k[n-1]$ then the ordering of p_k respective r is known and $f[k]$ is set to 1, otherwise $f[k]$ is set to 0.
For all elements p_k with $f[k] = 1$ the remaining bits $p_k[i]$, $n-2 \leq i \leq 0$ are not relevant for further comparisons. Instead bit $p_k[n-1]$ is used for further comparisons and will guarantee that each element p_k once found to be bigger or smaller than r remains bigger or smaller. Thus if $f[k] = 1$ then the precalculated element bit $pp[k]$ is set to $p_k[n-1]$, else it is set to the next bit $p_k[n-2]$.

Main loop: The main loop is executed for all inner bit positions i, $n-2 < i \leq 1$. The precalculated bits $pp[k]$ are accumulated. The achieved sum s is compared against rank l to determine the result value bit $r[i]$ as described for the initialization phase: if $(s \geq l)$ then $r[i] := 1$ else $r[i] := 0$. Then follows the update of f and pp. For each element p_k if $r[i] \neq pp[k]$ then the status $f[k]$ is set to 1 because the position of p_k respective r has just been found, otherwise $f[k]$ is kept. If $f[k]$ remains 0 during the update then $pp[k]$ is set to the next element bit $p_k[i-1]$ to prepare further comparisons, otherwise $pp[k]$ is kept because the ordering of p_k respective r is known.

Termination phase: The termination phase is equal to the first part of the main loop with $i = 0$. After evaluating $r[0]$ the requested rank value r is known and the algorithm can terminate without any further updates.

Special care has to be taken when implementing the accumulation step (e.g. $s := \sum pp[k]$). Adding single bits one after another to a sum $s = (s_{m-1}, \ldots, s_1, s_0)$ of fixed size can dramatically slow down the algorithm. A tree decomposition of the summing with reduced word length for intermediate partial sums will remarkable increase efficiency.

Figure 5 shows an example of computing the median of the set $\mathcal{C} = \{15, 6, 10, 5, 6\}$ ($l = 2$, $w = 5$). It follows directly the algorithm of Figure 4.

5 VLSI implementation

A functional hardware description of the GIPSi system has been developed using the VDHL language. The functionality has been verified using a testbench also written in VHDL. This testbench supplies real image data (TIFF images) and instruction sequences generated by the GIPSi assembler to the functional model of GIPSi.

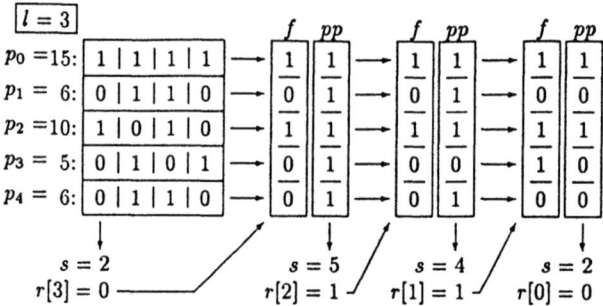

Figure 5: Example: rank order filtering, $\mathcal{P} = \{15, 6, 10, 5, 6\}$, $l = 3$ (median).

The ASIC implementation is based on a modern "concurrent design" approach. Starting with the the functional description sucessive partitioning, floorplanning and synthesizing steps lead to a first structural description of the system. This first description yields first physical parameters with high accuracy. Critical parts in the design can be detected. Based on these first parameters the structural description is iteratively refined. Regular structures in the design are elaborated by means of data path and memory compilers. For underlying cells portable libraries are used throughout the implementation which ease the change towards improved technologies.

A first GIPSi cell layout based on $0.6\mu m$ structures has been achieved. The underlying refined structural chip model has been has been tested using the data from the functional verification (TIFF images, GIPSi instruction sequences). Preliminary parameters of the $0.6\mu m$ layout are:

- 25.6×10^9 bit operations per second.
- 64 kBit on-chip SRAM.
- silicon area: ca. 120 mm^2.
- system frequency: 50 MHz.
- 144-Pin ceramic PGA package.
- 512 processors on chip
- logic complexity: 132 000 gates.
- 5 Volt processor.
- $0.6\,\mu m$ CMOS technology.

6 Conclusions

The GIPSi system has been presented which is a parallel VLSI system designed for image processing of line-scan image data. Basic low level algorithms have been implemented which show very short execution times. A complex rank order filter suitable for SIMD processing has been presented in detail.

These first implementations show that the GIPSi system architecture is flexible and can handle various different linear and non-linear image preprocessing algorithms in real time.

Further investigations will analyze other algorithms e.g. from the image compression and digital TV domain and extend the current architecture and thus the number of applicable algorithms.

References

[Ste83] Stanley R. Sternberg. Biomedical Image Processing. *Computer*, Seite 22–34, January 1983.

[Ree84] Anthony P. Reeves. SURVEY Parallel Computer Architectures for Image Processing. *Computer Vision, Graphics and Image Processing*, 25:68–88, 1984.

[Kun88] S.Y. Kung. VLSI Array Processors Prentice Hall, Englewood Cliffs, NY, 1988.

[FH85] A.L. Fisher and P.T. Highnam. Real-Time Image Processing on Scan Line Array Processors. IEEE Workshop on Computer Architecture for Pattern Analysis and Image Database Management, Miamy, FL, 1985.

[Wil88] S.S. Wilson. One Dimensional SIMD Architectures — The AIS-5000. In S. Levialdi, editor, *Multicomputer Vision*, Academic Press, 1988.

[MKW+90] H. Miyaguchi, H. Krasawa, S. Watanabe, J. Childers, P. Reinecke and M. Becker. Digital TV with Serial Video Processor. *IEEE Transactions on Consumer Electronics*, Vol. 36, No. 3, August 1990.

[CS91] K. Chen and C. Svenson. A 512-Processor Array Chip for Video/Image Processing. In H. Burkhardt, Y. Neuvo and J.C. Simon, editors, *From Pixels to Features-II, Parallelism in Image Processing*. ESPRIT BRA 3035 Workshop, Bonas, September 1990.

[YKF94] N. Yamashita, T. Kimura, Y. Fujita, Y. Aimoto, T. Manabe, S. Okazaki, K. Nakamura, and M. Yamashina. A 3.84GIPS Integrated Memory Array Processor LSI with 64 Processing Elements and 2Mb SRAM. ISSCC94, Session 15, Paper FA 15.2, 1994.

[Lan94a] B. Lang. Self Arbitrating Elements for Modelling Systolic Dataflow in Field Programmable Gate Arrays. In *Proceedings GI/ITG Workshop Anwenderprogrammierbare Schaltungen*, Karlsruhe, 1994.
Available via Internet: ftp://www.ti1.tu-harburg.de/pub/papers/la:ka.ps

[Lan94b] B. Lang. The GIPSI System. Internal Report No. 9/94, Technische Universität Hamburg-Harburg, Technische Informatik I, 1994.
Available via Internet: ftp://www.ti1.tu-harburg.de/pub/papers/la:gipsi.ps

[GS92] Q. Gu and M.N.S. Swamy. A Binary Logic Synthesis Approach to the Bit-Level Implementation of Generalized Rank-Order Filters. 1992 IEEE Intl. Symposium on Circuits and Systems. Vol. 1, San Diego, CA, May 10-13, 1992.

[Knu73] D.E. Knuth. The Art of Computer Programming, Vol. 3: Sorting and Searching. Addison Wesley, 1973.

Hardware Accelerator zur Simulation pulscodierter Neuronaler Netze

G. Frank, N. Bilau, G. Hartmann
FB 14 Elektrotechnik, Universität-GH Paderborn
33095 Paderborn
E-mail: frank@get.uni-paderborn.de

Abweichend von bereits existierenden Hardwarerealisierungen, soll ein Neuro-Accelerator vorgestellt werden, der sich durch die folgenden Eigenschaften auszeichnet: Durch den Einsatz eines einzelnen Accelerators wird es möglich sein, pulscodierte neuronale Netze mit 32k Neurone und 4 Mio Synapsen in Echtzeitnähe zu simulieren. Durch die Vernetzung mehrerer Accelerator-Boards untereinander ist desweiteren eine Simulation beliebig großer neuronaler Netze durchführbar, wobei nur dann eine Erhöhung der Simulationsdauer zu erwarten ist, wenn sich aufgrund steigender Netzaktivität die Anzahl der zu erregenden Neurone pro Accelerator-Board vergrößert[1].

1 Einleitung

Obwohl das Gehirn auf der Mikroebene schon weitgehend erforscht ist und ebenfalls globale funktionale Zusammenhänge bekannt sind, sind bislang die biologischen Hintergründe, die zur enormen Leistungsfähigkeit des Gehirns führen, ungeklärt. Um ein Beispiel zu nennen, das visuelle System des Menschen ist in der Lage, in Bruchteilen einer Sekunde Objekte unbekannter Szenarien mit bereits gelerntem Wissen zu assoziieren, ohne daß hierfür umfangreiche Trainingssequenzen notwendig sind. In technischen Systemen zur Objekterkennung sind mehrere Verarbeitungsschritte erforderlich, um in einem Vielfachen der Zeit vergleichsweise unbefriedigende Ergebnisse zu erzielen. Hierbei wird häufig durch den Einsatz künstlicher lernender Neuronaler Netze der eigentliche Klassifikationsprozeß realisiert, wobei nur in wenigen Fällen keine explizite Unterteilung in Lern- und Erkennungsphase erfolgt [1][2]. Um mit Hilfe künstlicher Neuronaler Netze Bildverarbeitung in Echtzeit zu betreiben, sind ca. eine Milliarde Verbindungen notwendig, wobei innerhalb einer Sekunden ebensoviele Verbindungen in den Berechnungsprozeß mit einbezogen werden müssen [4]. Obwohl die Performance von kommerziell verfügbaren Rechnern ständig steigt, besteht gerade bei Anwendungen mit Echtzeitanspruch der Bedarf an Spezial-Hardware, die speziell auf die Funktionalität des verwendeten Netztypes zugeschnitten ist. Trotz unterschiedlicher Neuronenmodelle, Lernstrategien, Hardwarekonzepten und nicht zuletzt Hardwaretechnologien sind allen Realisierungen die Ziele Geschwindigkeitssteigerung und Vergrößerung der simulierbaren Neuronalen Netze gemein. Mit dem nachfolgend vorgestellten Ansatz werden ebenfalls beide Ziele verfolgt, wobei im Vordergrund die Netzgröße und der Anspruch an eine biologisch motivierte Netzrealisierung steht. Dennoch ist das System so ausgelegt, daß durch Ausnutzung aller technologischen Möglichkeiten ein Betrieb in Echtzeit möglich sein wird.

Im folgenden wird zunächst das Neuronenmodell beschrieben, welches die Grundlage des Hardware-Accelerators bildet. Anschließend erfolgt die konzeptionelle Erläuterung ausgewählter Komponenten, bevor abschließend Realisierungsaspekte dargestellt werden.

---

1. Diese Arbeit wird durch das BMFT gefördert.

2 Das Modellneuron

Simulationen an der Universität Marburg haben gezeigt, daß die Verwendung des nachfolgenden Neuronenmodells als Grundlage mehrlagiger Neuronaler Netze erfolgversprechende Ergebnisse bei unterschiedlichen Aufgabenstellungen liefert [6].

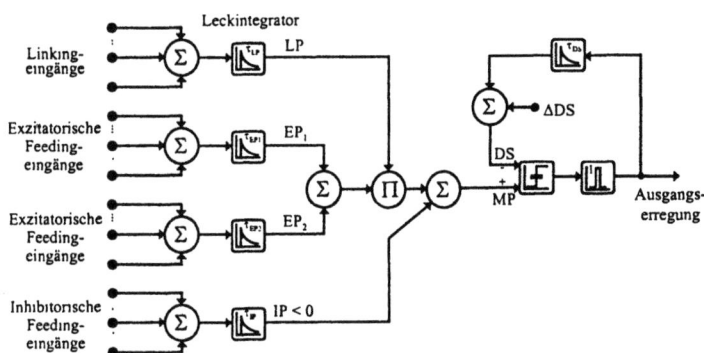

Abb. 2.1: Modell eines pulskodierten Neurons (in Anlehnung an [6])

Dieses Neuronenmodell läßt sich prinzipiell in zwei Teile untergliedern, einen Eingangsbereich und einen Aktivierungsbereich. Der Eingangsbereich ist in vier strukturell gleich aufgebaute Dendritenbäume unterteilt, die sich lediglich in ihrem Zeitverhalten unterscheiden. In einem Dendritenbaum erfolgt an dem Summationspunkt die Akkumulation der über individuell gewichtete Äste einlaufenden Eingangserregungen. Das sog. Teilpotential eines Dendritenbaumes berechnet sich aus einer zeitlichen und räumlichen Integration der Eingangserregungen, wobei dieses Teilpotential zusätzlich einem kontinuierlichem Abklingvorgang unterworfen ist. Die zeitliche Integration und das Abklingen des Teilpotentials ist im Neuronenmodell symbolisch durch Leckintegratoren dargestellt. Ohne Beschränkung der Allgemeinheit läßt sich die Berechnungsvorschrift des Teilpotentials in zwei Phasen unterteilen. In der ersten Phase - der Erregungsphase- erfolgt die Modifikation der Teilpotentiale aufgrund anliegender Eingangserregungen. In der zweiten Phase - der Abklingphase - erfolgt die Reduktion der Teilpotentiale, um so den Abklingvorgang nachzubilden.

Die Bezeichnungen Linkingpotential (LP), exzitatorische Teilpotentiale (EP_1, EP_2) und inhibitorisches Teilpotential (IP) charakterisieren das individuelle zeitliche und funktionale Verhalten der Dendritenbäume. Die modulatorisch wirkenden Linking-Eingänge finden ihren Einsatz bei der Nachbildung von Synchronisationsmechanismen im künstlichen Neuronalen Netz und weisen deshalb ein hohes dynamisches Verhalten auf. Die exzitatorischen sowie inhibitorischen Feeding-Eingänge dienen zur allgemeinen Erregung [5]. Die zuvor beschriebenen Modifiktionsphasen im Zeitschritt n lassen sich am Beispiel des Linkingpotentials eines Neurons i, welches k_{LP} Synapsen besitzt, wie folgt mathematisch formulieren.

Erregungsphase:

$$LP_i^{n'} = LP_i^{n-1} + \sum_{j=1}^{k_{LP}} w_{ij} S(j), \text{ mit } S(j) \in \{0, 1\} \tag{2.1}$$

Abklingphase:

$$LP_i^n = LP_i^{n'} \cdot R_{LP}, \text{ mit } R_{LP} \in (0, 1) \tag{2.2}$$

Hierbei zeigt die binäre Stimulationsfunktion $S(j)$ an, ob eine Erregung am Eingang j erfolgt ist, wobei diese ggf. mit dem Gewichtungsfaktor w_{ij} bewertet wird. Das Abklingverhalten wird durch den Relaxationsfaktor R_{LP} charakterisiert. Da das Linkingpotential modulatorische Wirkung auf das exzitatorische Teilpotential besitzen soll, muß in der Abklingphase die Bedingung $LP_{min} = 1$ eingehalten werden.
Durch einen Vergleich zwischen dem Membranpotential

$$MP_i = LP_i(EP_{1,i} + EP_{2,i}) - (IP_i) \tag{2.3}$$

und der Dynamischen Schwelle

$$DS_i^n = DS_{min} + \left(DS_i^{n-1} - DS_{min}\right) \cdot R_{DS} + \Delta DS \cdot A(i), \tag{2.4}$$

$$A(i) = \begin{cases} 1, & \text{für } (MP_i \geq DS_i) \\ 0, & \text{für } (MP_i < DS_i) \end{cases} \tag{2.5}$$

kann eine Aussage über den Aktivitätszustand $A(i)$ des Neurons i getroffen werden. Die Dynamische Schwelle eines überschwelligen Neurons wird um ΔDS erhöht, wodurch die Refraktärzeit eines biologischen Neurons nachgebildet wird.

3 Schaltungskonzept

Die bei der Beschreibung des Neuronenmodells eingeführte Unterteilung in Erregungs- und Abklingphase soll auch bei der Hardwarerealisierung beibehalten werden. Hieraus resultiert ein sog. Zeitschritt-Simulationsverfahren, welches innerhalb eines Zeitschrittes die nachfolgend graphisch dargestellten Phasen enthält.

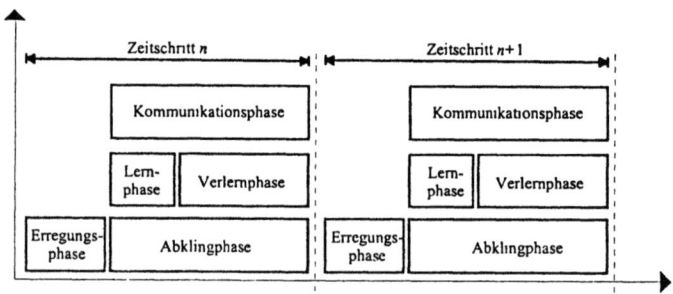

Abb. 3.1: Phasen der Zeitschritt-Simulation

Bei der hier vorgestellten Minimalkonfiguration des Accelerators werden Lern-/Verlern- und Kommunikationsphase außeracht gelassen.

Im Accelerator sind 32k Modellneurone implementiert, wobei jedem Neuron eindeutig eine Nummer zugewiesen ist. Die Kommunikation sowohl zwischen den einzelnen Neuronen als auch zum Host-Rechner erfolgt ausschließlich über diese Neuronennummer. Mit dem Auftreten einer Neuronennummer wird immer das Aussenden eines Spikes des entsprechenden Neurons assoziiert. Gemäß dem Neuronenersatzschaltbild (Abb. 2.1) verfügt jedes Neuron über ein Linkingpotential, zwei exzitatorische sowie ein inhibitorisches Teilpotential, eine Dynamische Schwelle und ergänzend eine Lernschwelle. Für diese Kenngrößen sind pro Neuron sechs Speicherzellen vorgesehen, die entweder in der Erregungsphase (2.1) selektiv oder in der Abklingphase (2.2) parallel angesprochen werden. In der Abklingphase wird für alle Neurone sequentiell die Membranpotentialberechnung durchgeführt. Ist das Membranpotential größer als die individuelle Dynamische Schwelle wird die Adresse des entsprechenden Neurons als Eingangsinformation für die darauffolgende Erregungsphase zwischengespeichert. Die Adressen der aktiven Neurone werden in der Erregungsphase zum Lokalisieren der zu erregenden Neurone inkl. der entsprechenden Verbindungsgewichte verwendet.

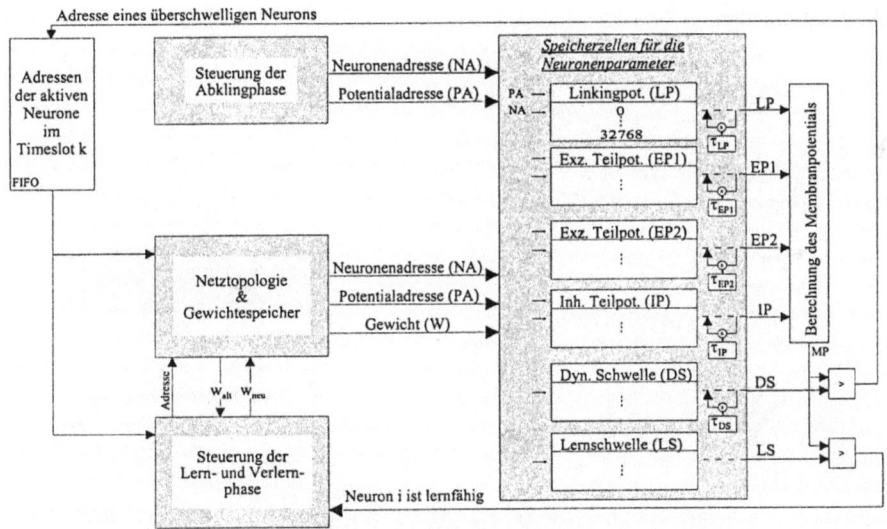

Abb. 3.2: Hardwarestruktur des Accelerators

Nebenläufig zur Berechnung der Membranpotentiale werden parallel die Teilpotentiale und die Dynamischen Schwellen der Neurone relaxiert. Zur Reduktion des Hardwareaufwandes werden hierzu Abklingtabellen verwendet, die für jede Kenngröße mehrere mögliche Abklingverläufe enthalten. Neben einem individuellen Relaxationsverhalten der einzelnen Kenngrößen können somit auch gezielt spezielle Neurone mit unterschiedlichem Abklingverhalten versehen werden. Die Information zur Auswahl eines bestimmten Abklingverlaufes ist in der Speicherzelle des zu relaxierenden Teilpotentials mit enthalten. Im Vergleich zur Verwendung von Abklingmultiplizierern kann durch den Einsatz von Abklingtabellen ein flexiblerer funktionaler Abklingverlauf realisiert werden. Abb. 3.2 soll das Prinzip des Accelerators verdeutlichen.

4 Netztopologie und Gewichtespeicher

Zum Aufbau einer flexiblen Verbindungsstruktur stehen 4Mio synaptische Gewichte zur Verfügung, die ohne Einschränkung beliebig den einzelnen Neuronen zugewiesen werden können. Zur Speicherung der Netztopologie und der Gewichte existieren unterschiedliche Möglichkeiten, wobei die Verwendung einer schwach besetzten NxN Matrix für N Neurone sicherlich die speicheraufwendigste und ineffektivste Alternative darstellt [7].
Eine bessere Speicherausnutzung kann durch den Einsatz von sender- bzw. empfängerorientierten Speicherkonzepten erreicht werden [7]. Ein senderorientiertes Speicherkonzept kann mit Hilfe zweier NxN_C Matrizen realisiert werden, wobei die erste Matrix für alle N Sende-Neurone die Adressen der maximal möglichen N_C Empfänger-Neurone enthält und die zweite Matrix die Gewichte in entsprechender Ordnung. Bei dieser Realisierung begrenzt N_C die Anzahl der axonalen Verbindungen. Im Falle einer empfängerorientierten Verbindungsstruktur wäre bei gleicher Realisierung die Anzahl des synaptischen Verbindungen pro Neuron begrenzt. Um eine vollständig flexible Aufteilung der zur Verfügung stehenden synaptischen Gewichte zu erreichen, haben wir uns deshalb für eine senderorientierte verkettete Speicherstruktur entschieden.

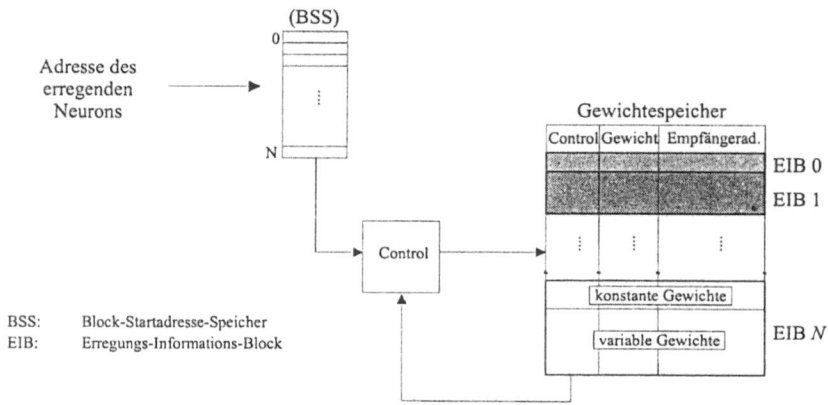

Abb. 4.1: Sender-orientierte verkettete Speicherung der Netztopologie und der Gewichte

Der Gewichtespeicher ist in einzelne Erregungsinformationsblöcke (EIB) variabler Größe unterteilt. Die Zeilenzahl eines EIBs entspricht genau der Anzahl der von Neuron i zu erregenden Neurone. In einer Zeile sind neben dem Gewicht der synaptischen Verbindung die Adresse des Empfängerneurons und zusätzlich eine Steuerinformation zur Kennzeichnung des Blockendes vorhanden. Desweiteren kann jeder EIB in modifizierbare und nichtmodifizierbare Gewichte unterteilt werden, was u.U. zu einer Beschleunigung des Lernprozesses führen kann. Die Startadressen der EIBs sind in einem $Nx1$ Speicher (BSS) abgelegt, so daß direkt mit der Nummer des erregenden Neurons die Position des Empfänger-Blockes ermittelt werden kann. Es ist durchaus möglich, neben der EIB-Startadresse ebenfalls die Länge der EIBs mit in den BSS-Speicher aufzunehmen, was zwar zu einer Verdoppelung der Wortbreite des BSS-Speichers, jedoch bezogen auf den Gesamtspeicherbedarf zu einer Speicherreduktion führen würde. Berücksichtigt man jedoch die physikalische Verfügbarkeit der Speicherbausteine, so erweist sich die in Abb. 4.1 dargestellte Realisierung als sinnvoller.

5 Steuerung der Abklingphase

Mit Abklingphase wird der Zeitraum bezeichnet, in dem zum einen die Teilpotentiale und die Dynamischen Schwellen der Neurone abklingen und zum anderen nach der temporären Berechnung des Membranpotentials eine Aussage über den Erregungszustand eines jeden Neurons getroffen wird. In einem Zeitschritt durchlaufen normalerweise alle Neurone sequentiell diesen Berechnungsvorgang - auch solche, die aufgrund ihres minimalen Membranpotentials mit Sicherheit keinen Einfluß auf den Verlauf der Simulation nehmen. Der Zeitbedarf für die Abklingphase ist somit unabhängig von der Netzaktivität konstant.

Simulationen haben gezeigt, daß im Mittel maximal fünf bis zehn Prozent der Neurone mit einer mittleren Feuerrate von 30 Spikes pro Sekunde aktiv sind. Bei vollständiger Synchronität dieser Neurone senden somit im ungünstigsten Fall maximal zehn Prozent der Neurone einen Spike (ihre Neuronenadresse) in einem Timeslot aus. Bei Anwendungen in der Bildverarbeitung wird durch Filteroperationen und Verfahren zur Merkmalsextraktion eine Reduktion der Datenmenge erzielt. Bilden nun diese vorverarbeiteten Bildinformationen die Eingangserregungen eines Neuronalen Netzes, welches zur Objekterkennung bzw. zur Objektseparation eingesetzt wird, so kann von einer spärlichen Erregung des Netzes ausgegangen werden. Diese spärliche Erregung in Verbindung mit der i.a. geringen Netzaktivität führt dazu, daß die Membranpotentiale der meisten Neurone -nach einer anfänglichen statistischen Initialisierung- einen Minimalwert annehmen. Für diese Neurone erscheint somit eine zyklische Berechnung des Membranpotentials in jedem Zeitschritt nicht sinnvoll. Eine selektive Berechnung der Membranpotentiale relevanter Neurone führt zudem zu einer erheblichen Reduktion der Simulationsdauer. Aufbauend auf den vorangegangen Überlegungen wurde eine Abklingliste eingeführt, die in jedem Zeitschritt die Adressen der Neurone enthält, deren Membranpotentiale neu berechnet und deren Kenngrößen relaxiert werden sollen. Die Berechnung des Membranpotentials und das Relaxieren der Neuronenkenngrößen wird im weiteren stillschweigend als zwangsläufig zusammengehörige Aktion betrachtet.

5.1 Abklingliste zur Beschleunigung der Abklingphase

Die Abklingliste (AL) soll zu Beginn jeder Abklingphase (vgl. Abb. 3.1) die Adressen der im aktuellen Zeitschritt abzuklingenden Neurone enthalten. In der Regel ist somit der Berechnungsaufwand in einer Abklingphase ausschließlich auf die in der AL enthaltenen Neurone begrenzt. Ausnahmefälle bilden zum einen die Startphase einer Simulation, in der aufgrund einer statistischen Initialisierung der Neuronenkenngrößen zunächst ein quasistationärer Zustand erreicht werden muß, und zum anderen ein Überlauf der AL aufgrund gestiegener Netzaktivität. In beiden Fällen werden alle Neurone in den Abklingvorgang mit einbezogen.
Es sind zwei Bedingungen zu nennen, die zur Aufnahme einer Neuronenadresse in die Abklingliste führen. Zum einen erfolgt der Eintrag in die Abklingliste immer dann, wenn das Membranpotential des Neurons einen frei wählbaren Minimalwert überschritten hat. Diese Entscheidung wird nach der Berechnung des Membranpotentials in der Abklingphase getroffen. Ist diese Bedingung nicht mehr erfüllt, so würde in keinem weiteren Zeitschritt das Neuron den Abklingprozeß durchlaufen, selbst dann nicht, wenn zwischenzeitlich wieder Teilpotentiale in der Erregungsphase erhöht worden wären. Aus diesem Grund werden zum anderen ebenfalls die Adressen der in der Erregungsphase angesprochenen Neurone in die Abklingliste aufgenommen. Hierbei ist allerdings der Mehrfacheintrag einer Neuronenadresse zu unterdrücken, da dies die wiederholte Ausführung des Abklingvorganges in einer Abklingphase zur Folge hätte.

Da die Abklingliste in der Abklingphase sowohl beschrieben als auch gelesen wird, ist es notwendig, zeitschrittbezogene Neuronenadreßblöcke geeignet zu markieren.

6 Hardware-Realisierung

Der Accelerator verfügt über eine modulare Struktur, wobei die Modularisierung sich funktional an die Phasen eines Zeitschrittes anlehnt. Durch den Austausch spezieller Module ist somit die Möglichkeit gegeben, den Accelerator z.b. an unterschiedliche Host-Systeme anzupassen bzw. verschiedene Lernverfahren zu implementieren. Die Anbindung des Accelerators an ein Host-System erfolgt über Transputer Links, wobei mit Hilfe des auf dem Initialisierungsmodul vorhandenen Transputers auf sämtliche Speicherzellen zugegriffen werden kann. Ebenso ist es in der Simulationsphase möglich, mit Hilfe des Initialisierungsmoduls die Simulation zu beobachten bzw. gezielt Parameter zu verändern. Kernstücke des Accelerators bilden das Erregungs- und das Abklingmodul. Das erstgenannte beinhaltet vor allem Netztopologie- und Gewichtespeicher und stellt somit die in der Erregungsphase benötigten Daten zur Verfügung. Die Hauptbestandteile des Erregungsmoduls bilden DRAM-Speicherzellen, die zum Aufbau der in Kapitel 4 vorgestellten Speicherstruktur verwendet werden. Aufgrund des enormen Speicherbedarfs erweist sich der Einsatz von schnelleren SRAMs nicht als sinnvoll, zumal durch die Anordnung der EIBs im Gewichtespeicher der Fast-Page Mode der DRAMs unterstützt wird. Alle Berechnungen werden in dem Abklingmodul durchgeführt, wozu sechs voneinander unabhängige Arithmetikeinheiten bereitgestellt sind. Fünf modular gleich aufgebaute Einheiten dienen zum einen zur Addition der Eingangserregungen zu den entsprechenden Teilpotentialen und zum anderen zur parallelen Relaxation der Teilpotentiale sowie der Dynamischen Schwelle. Die verbleibende Arithmetikeinheit wird zur Berechnung des Membranpotentials nach (2.3) verwendet.

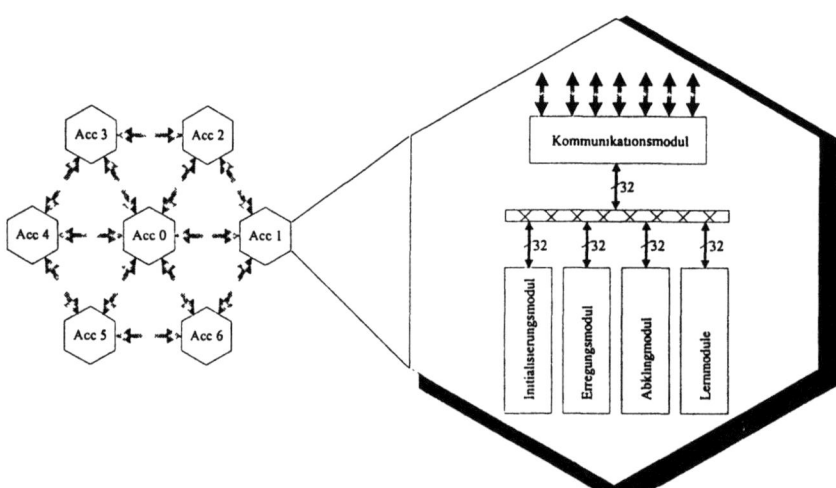

Abb. 6.1: Vernetzbarkeit und modulare Darstellung des Accelerators.

In der ersten Version des Accelerators haben wir uns dazu entschieden, alle Berechnungen mit Ausnahme der Multiplikation des Linkingpotentials in FPGAs durchzuführen, wodurch trotz der Verwendung von schnellen SRAMs zur Speicherung der Neuronenkenngrößen gewisse Geschwindigkeitseinbußen in Kauf genommen werden müssen. Um dennoch, vor allem in der Abklingphase, einen hohen Datendurchsatz zu erzielen, wurden teilweise bis zu sechzehn Pipelining-Stufen vorgesehen. Somit sind wir in der Lage, das Abklingen und die Membranpotentialberechnung innerhalb von 100ns pro Neuron durchzuführen. Der Zeitbedarf für eine Abklingphase, in der alle 32k Neurone relaxieren, beträgt 3.2 ms.

Das Kommunikationsmodul dient zur Vernetzung mehrerer Acceleratorboards. Die Kommunikation zwischen den einzelnen Acceleratorboards erfolgt wiederum ausschließlich über die Adressen aktiver Neurone. Bereits auf dem Kommunikationsmodul erfolgt eine Empfängerselektion, um so im Gegensatz zu Broadcasting-Verfahren die Übertragungswege nicht übermäßig zu belasten. Es stehen sieben bidirektionale serielle Links zur Verfügung, von denen sechs zum Aufbau einer hexagonalen Acceleratorstruktur verwendet werden und der Siebte zur Online-Speisung von Erregungsmustern bzw. zur Online-Beobachtung von Netzaktivitäten durch einen Host-Rechner.

Untersuchungen haben gezeigt, daß die Bit-Auflösungen zur Speicherung der Netzkenngrößen keinen signifikanten Einfluß auf die Leistungsmerkmale des Neuronalen Netzes besitzen, solange die Wortbreiten Mindestanforderungen genügen [7][8]. Basierend auf diesen Untersuchungen haben wir uns für eine Festpunktdarstellung eingeschieden, wobei die Auflösungen arithmetikbedingt zwischen s3.5 und s16.0 Bit^2 variieren.

7 Literatur

[1] G. Hartmann: *Learning in a Closed Loop Antagonistic Network*, ICANN-91, Vol. 1, pp. 239-244 (1991)

[2] S. Grossberg: *Adaptive pattern classification and universal recoding, II: Feedback expectations, olfaction, and illusion*, Biological Cybernetics 23, pp. 187-202 (1976)

[3] U. Ramacher, U. Rückert: *VLSI Design of Neural Networks*, Kluwer Academic Publishers, Boston (1991)

[4] U. Ramacher: *Guide Lines to VLSI Design of Neural Nets*, in [3], pp. 1-17 (1991)

[5] H. J. Reitböck, M. Stöcker, C. Hahn: *Object separation in dynamic neural networks*, Proc. IEEE ICNN 93, Vol II, pp. 638-641 (1993).

[6] M. Stöcker: *Höhere Mechanismen der visuellen Informationsverarbeitung in neuronalen Netzen*, Dissertation Universität Marburg, FB Physik (1993).

[7] U. Roth, A. Jahnke, H. Klar: *Hardware Requirements for Spike-Processing Neural Networks*, submitted to IWANN, June 7-9, Malaga, Spain (1995).

[8] A. Jahnke, U. Roth, H. Klar: *Towards Efficient Hardware for Spike-Processing Neural Networks*, submitted to WCNN, July17-23, Washington DC, USA (1995).

---

2. sign Vorkommastellen.Nachkommastellen

Polarization-Based Separation of Diffuse and Specular Surface-Reflection

Volker Müller
MAZ Mikroelektronik Anwendungszentrum Hamburg GmbH
Harburger Schloßstraße 6-12, 21079 Hamburg, email: vm@maz-hh.de

Abstract

Specular reflections on surfaces result in strong highlights in greylevel and color images and may cause standard vision algorithms to produce erroneous results. In this paper, a new method to eliminate highlights based on polarisation is introduced. The Fresnel reflectance model is used to describe the polarizing effect of specular reflection. A polarisation filter can reduce but not completly eliminate highlights. Two images taken with different orientation of a polarization filter provide the necessary information to calculate the magnitude of specular reflectance on two-dimensional dielectric surfaces. The specular reflectance is removed from the image leaving the desired diffuse reflectance. Using three images with different orientation of a polarization filter, the introduced method can also be applied to intense highlights in three-dimensional scenes. The algorithm is originally designed to remove specular reflectance from greylevel images. However it may also be applied to color images with the effect, that the assumptions made in this paper reach a higher degree of reliability.

Keywords: Polarization, highlights, image restauration, Fresnel reflectance model, physics-based vision

1. Introduction

Reflection of light from surfaces consists of diffuse reflection and specular reflection, light intensity I is a superposition of both kinds of reflectance:

$$I = I_d + I_s \qquad (1)$$

The intensity of diffuse reflectance is independend from the viewing direction of the image sensor, whereas specular reflection is concentrated in a compact lobe around the direction, where the angle of reflection equals the angle of incidence. Specular reflection causes strong highlights, which intensity may exceed the dynamics of a standard image sensors and which may severely hamper the use of vision algorithms. For example, an edge filter may detect an edge, that is not caused by geometrical or physical changes on the surface of an object, but only by the abrupt change of brightness at a highlight. Therefore removal of highlights is often a precondition for successful recognition and analysis of objects.

Several authors [3,4,7,10] use color analysis to separate diffuse and specular reflection, assuming that diffuse reflection has the color of the object and specular reflection has the color of the source of illumination. However, their approach is limited to homogeneous, non-textured surfaces. In addition, color of surface and illumination must be quite different, for example it is not possible to remove white highlights on a grey surface. In [6] an approach is introduced, that uses analysis of spatial distribution of reflectance in order to separate diffuse and specular reflectance in black and white images. That method is limited to 2D-surfaces and it requires the knowledge of reflection properties of the surface.

Based on experience without mathematical analysis, polarization is widly used in computer vision to improve the quality of images [8]. Koshikawa [5] and Wolff [11,12] used analysis of polarization for shape estimation and material classification. Nayar et. al. [9] introduced a combination of color analysis and polarisation to eliminate highlights using small areas of constant color to recover the color of diffuse reflection.

Light from illumination sources is generally unpolarized, e.g. the electromagnetic wave has a constant amplitude in each direction perpendicular to the direction of propagation. A projection to two axes parallel and perpendicular to a given direction provides two components of light, that in the case of unpolarized light have the same intensity (fig. 1a)

$$I = I_\parallel + I_\perp \qquad I_\parallel = I_\perp \quad \text{if unpolarized} \qquad (2)$$

After reflection on a surface, the specular component of light becomes partly polarized. Both the perpendicular fraction and parallel fraction of reflected light will be reduced after reflection, but the perpenducular fraction is always larger than the parallel one [1], e.g. $I_\perp > I_\parallel$ (Fig. 1b). After reflection, parallel means parallel to the specular plane, that is made up by the ray of incident light, the surface normal and the ray of specularly reflected light. According to the Fresnel reflectance model [11], the degree of polarisation depends on the Fresnel coefficients $F_\parallel (\eta,\psi)$ and $F_\perp (\eta,\psi)$, which are determined by the material-depending index of refraction η and the angle of incidence ψ:

$$I_\perp = \frac{F_\perp}{F_\perp + F_\parallel} * I_s \qquad I_\parallel = \frac{F_\parallel}{F_\perp + F_\parallel} * I_s \qquad (3)$$

After specularly reflected light has passed through a polarisation filter, light intensity depends on the orientation θ of the polarisation filter:

$$I = \frac{F_\parallel \cos^2 \theta + F_\perp \sin^2 \theta}{F_\perp + F_\parallel} * I_s \qquad (4)$$

Using a polarization sheet, that is oriented parallel to the specular plane, the perpendicular fraction of specularly reflected light is filtered out, thus considerably reducing the intensity of highlights. For many dielectrics[1] the parallel Fresnel coefficient $F_\parallel$ becomes 0, if the angle of incidence equals the Brewster-angle (around 60°) and the highlight can completly be filtered out. However, in most cases the highlight is just reduced, not eliminated. In this paper a method will be introduced, that may be used to eliminate that fraction of specular reflectance, that can not be filtered out by a polarization sheet.

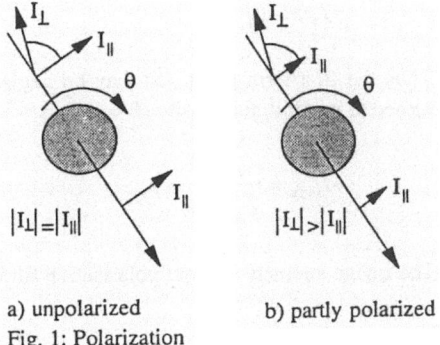

a) unpolarized   b) partly polarized

Fig. 1: Polarization

---

[1] The condition is "weak absorption", e.g. absorption coefficient $\kappa < 0.1$ [2]

2. Constraints and Assumptions

The methods introduced in this paper can successfully be applied, if the following conditions are met:

- the inspected surface must be a dielectric. In its most general form, refraction η is a complex number: $\eta = n + i\kappa$. Dielectrics have $\kappa = 0$, therefore it can be assumed, that η is a real number.
- the diffuse component of the reflection is unpolarized. This assumption is true except for areas close to an occluding contour of an object [9]. Thus total light intensity behind a polarisation filter becomes

$$I(\theta) = \frac{1}{2}I_d + \frac{F_\| \cos^2\theta + F_\perp \sin^2\theta}{F_\perp + F_\|} * I_s \qquad (5)$$

- refraction η and subsequently Fresnel coefficients $F_\|$ and $F_\perp$ should be constant on the whole surface of the inspected object. This assumption generally holds, if the object is made of just one material. In general, texture does not effect refraction. To prove this assumption, we develop a method to check the reflection properties of a surface. The plane surface is illuminated with an extended light source (fig. 2a), so that there is specular reflectance on the whole image. Two images are input: one without polarisation filter and one with a polarisation filter turned to maximum intensity. Under this condition, we can assume, that specular reflectance is much greater than diffuse reflectance:

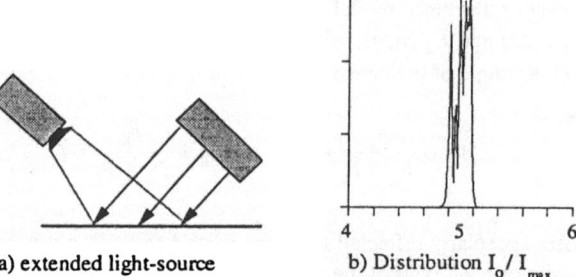

a) extended light-source   b) Distribution I_o / I_{max}

Fig. 2: Homogeneity of Fresnel-coefficients

$$I_s \gg I_d \qquad (6)$$

Thus the first term in eq. (5) may be neglected. The image intensity with polarisation filter turned to maximum intensity ($\theta = 90°$) is:

$$I_{max} = \frac{F_\perp}{F_\perp + F_\|} * I_s \qquad (7)$$

The image intensity without polarisation filter I_o is just the specular reflectance:

$$I_o = I_s \qquad (8)$$

The relation of intensities in eq. (7) and (8) provides:

$$\frac{I_{max}}{I_o} = \frac{F_\perp}{F_\perp + F_\parallel} \quad (9)$$

We can not directly measure the constancy of $F_\parallel$ and $F_\perp$, but if the relation in eq. (9) is constant on the whole image, constancy can be assumed for each variable. Fig. 2b shows a dense distribution of I_{max}/I_o, the surface has homogenious reflection properties.
- it is assumed, that it is previously known, which kind of object is inspected, and that its refraction η can be got from a reference list or be determined in separated measurements.

3. Elimination of Highlights on plane Surfaces

If plane surfaces are inspected, angle ψ between surface-normal and incident light is known. In case of dielectrics, Fresnel - coefficient $F_\parallel$ and $F_\perp$ can be calculated according to [1]:

$$F_\perp(\eta,\psi) = \frac{a^2 - 2a\cos\psi + \cos^2\psi}{a^2 + 2a\cos\psi + \cos^2\psi} \quad (10)$$

$$F_\parallel(\eta,\psi) = \frac{a^2 - 2a\sin\psi\tan\psi + \sin^2\psi\tan^2\psi}{a^2 + 2a\sin\psi\tan\psi + \sin^2\psi\tan^2\psi} F_\perp(\eta,\psi) \quad (11)$$

where

$$a = \sqrt{n^2 - \sin^2\psi}$$

$F_\parallel$ and $F_\perp$ given, there remain two unknown varibles in eq. (5): I_d and I_s. If we input two images with a different angle θ of the polarisation filter, the diffuse reflectance I_d can be calculated:

$$\frac{1}{2}I_d = \frac{I_1 s_2 - I_2 s_1}{s_2 - s_1} \quad (12)$$

where

$$s_1 = \frac{F_\parallel \cos^2\theta_1 + F_\perp \sin^2\theta_1}{F_\perp + F_\parallel} \qquad s_2 = \frac{F_\parallel \cos^2\theta_2 + F_\perp \sin^2\theta_2}{F_\perp + F_\parallel}$$

a) image with pol. filter   b) diffuse reflectance   c) partial specular reflectance

Fig.3: Removal of highlight on PVC-surface

In digitized images, light intensity is simply the grey-level of each pixel. An example, in which this method is applied to a textured PVC-surface is shown in fig. 3.

A polarization filter ($\theta_1 = 0$) can not completly eliminate specular reflectance (fig. 3a). The second image (3b) shows the remaining diffuse reflectance after computationally removing specular reflectance. Fig. 3c is the difference between image 3a and 3b. This difference is that part of specular reflectance I_s (θ_1), that has passed through the polarization filter. Total specular reflectance I_s can be derived from eq. (5) via input of two images with different orientation of the polarisation filter:

$$I_s = \frac{I_1 - I_2}{s_1 - s_2} \tag{13}$$

4. Extension to 3D-Objects

In threedimensional scenes, angle ψ between surface normal and angle of incidence is unknown. Therefore it is not possible to determine directly $F_\parallel$ and $F_\perp$. On plane surfaces, highlights may strech over large parts of the image. On the other hand, highlights in 3D-scenes are in general concentrated on few bright spots. Under this condition, we can assume like in chapter 2, that in highlights specular reflection is much larger than diffuse reflection.

Input of two images with maximum intensity in highlights (angle of polarisation filter $\theta = 90°$) and minimum intensity ($\theta = 0°$) provides:

$$\frac{I_{max}(\theta = 90°)}{I_{min}(\theta = 0°)} = \frac{F_\perp}{F_\parallel} \tag{14}$$

However, I_{max}/I_{min} can not be measured directly, since the orientation of the specular plane depends on the direction of the surface normal, i.e. the coordinate system, in which orientation θ of the polarization filter is determined, may be different at each pixel. This surface orientation is expressed by a phase angel α.

Light intensity I behind the polarization filter is a constant term I_c plus a cosine function I_v (fig. 4):

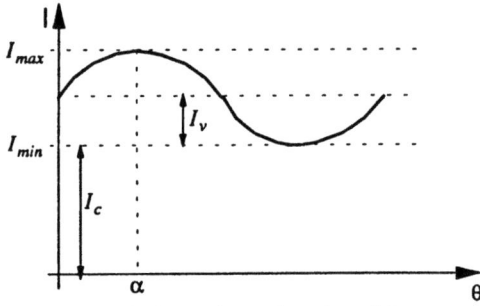

Figure 4: light intensity as function of θ

$$I = I_c + I_{v,max} \cos 2(\theta - \alpha) \tag{15}$$

Input of three images with three different orientations of the polarization filter provides three equations to obtain I_c, $I_{v,max}$ and α in eq. (15) [9], so that we can determine I_{max} and I_{min}:

$$I_{max} = I_c + I_{v,max} \qquad I_{min} = I_c - I_{v,max} \tag{16}$$

Using eq. (11), we get

$$\frac{I_{max}}{I_{min}} = \frac{F_\perp}{F_\parallel} = \frac{a^2 + 2a\sin\psi\tan\psi + \sin^2\psi\tan^2\psi}{a^2 - 2a\sin\psi\tan\psi + \sin^2\psi\tan^2\psi} \qquad (17)$$

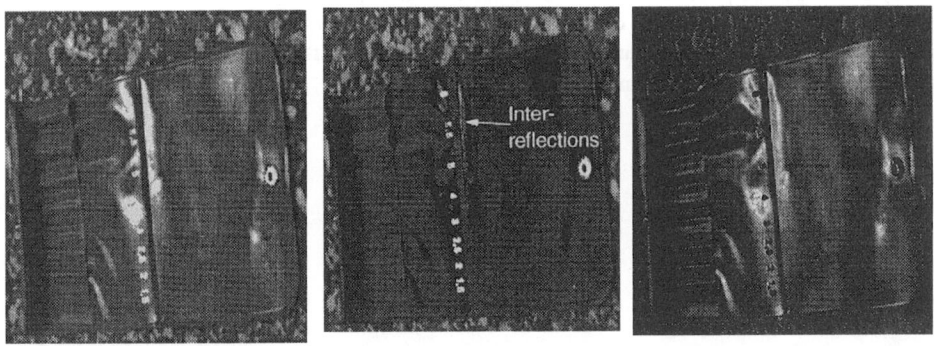

a) image with pol. filter b) diffuse reflectance c) partial specular reflectance

Fig.5: Removal of highlight on soft plastic case

Eq. (17) can be numerically solved to calculate ψ for each pixel of the image. When ψ is known, the same method as described in chapter 3 can be used to calculate the intensity of diffuse reflection and to eliminate specular reflection. Fig. 5. shows an example of an soft plastic case with several bumps and dents. The highlights are successfully removed with exception of a small area at a joint caused by heavy interreflections.

5. Removal of Specularities in Color Images

Color RGB-images contain three independent sub-images for the red, green and blue part of the visible spectrum. The brightness of each sub-image is an superposition of diffuse reflection and specular reflection, just like in an ordinary grey-level image. Therefore light intensity as described in eq. (5) becomes a vector with three elements:

$$\vec{I} = \frac{1}{2} * \vec{I}_d + \frac{F_\parallel \cos^2\theta + F_\perp \sin^2\theta}{F_\perp + F_\parallel} * \vec{I}_s \qquad \vec{I} = \begin{bmatrix} I_R \\ I_G \\ I_B \end{bmatrix} \qquad (18)$$

Since refraction η may assumed to be constant within the visible spectrum and angle of incidence ψ is constant for a given pixel, Fresnel-coefficients $F_\parallel (\eta,\psi)$ and $F_\perp (\eta,\psi)$ are constant factors in eq. (17). The advantage of using color images is, that the assumption made in chapter 4 - in highlights specular reflection is much larger than diffuse reflection - is more reliable. This advantage is most obvious, when at least one vector element of the diffuse reflection is close to zero. We use the vector element with minimum brightness

$$I_{dark} = min\{I_R, I_G, I_B\} \qquad (19)$$

to calculate $F_\parallel$ and $F_\perp$ according to the algorithm described in chapter 4. With the help of these Fresnel-coefficients, the diffuse component of each sub-image can be calculated as described in chapter 3. Fig 6. shows the blue handle of an electric heat pistol separated into the red, green and red subimage. There are heavy specular reflections in all three subimages, e.i. the color of specular reflection is white, it has the color of the light source. In the red and green subimage there is little diffuse reflection (accept of the red switch and the white numbers), hence the Fresnel-parameters $F_\parallel$ and $F_\perp$ can precisely be determined. Fig. 6b. shows the result of highlight-elimination.

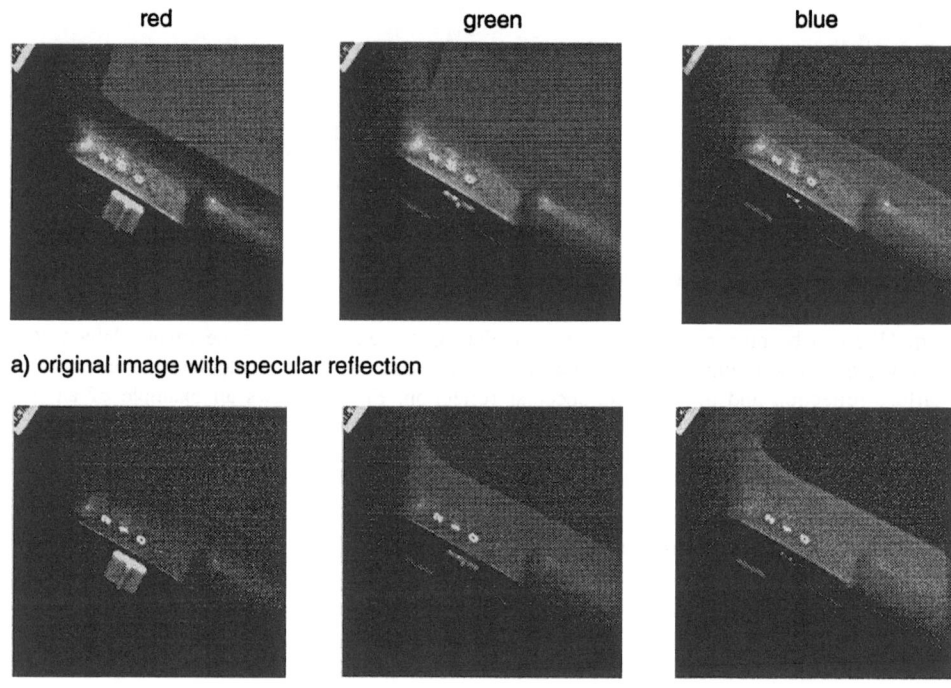

a) original image with specular reflection

b) specular reflection removed

Fig. 6. Elimination of specular reflection in color image

6. Evaluation of Results

A new method to separate specular and diffuse reflection has been introduced. The main advantages compared with other methods described in literature are:

- highlights can be removed from black and white images as well as from color images.
- a polarization filter absorbs a great part of specular reflectance. Therefore the problem of limited dynamics of image sensors is reduced.
- the algorithm can eliminate highlights on textured surfaces

The refraction of the object must be known, this is is a reasonable condition if applied to inspection of given objects (for example in quality inspection) rather than to unknown scenes.

Further research work should concentrate on combining analysis of polarisation with analysis of spatial distribution of reflection in order to gain more information from a scene and relax constraints, that had to be used in the current approach,
The method described in this paper is sensitive to variations of refraction η. Another interesting aspect for further research is, that through Maxwell's laws, we have direct access to electric properties of the inspected surface.
There remains one major obstacle for practical application: how to turn the polarisation filter? Up to now, there is no image sensor available, that allows parallel input of images that have passed through a polarisation filter with different orientations.

References

[1] M. Born, E. Wolf: Principles of Optics, Pergamon, London 1965
[2] F.R. Kessler: Physik: Optik II. Deutsches Institut für Fernstudien, Tübingen 1978
[3] G.J. Klinker, S.A. Shafer, T. Kanade: Using a color reflection model to separate highlights from object color. 1. ICCV: pp. 145-150, London 1987
[4] G.J. Klinker: A Physical Approach to Color Image Understanding. Wellesley, USA, 1993 A.K. Peters Ltd.
[5] K. Koshikawa: A polarimetric approach to shape understanding of glossy objects. 3. International Joint Conference on Artificial Intelligence, pp. 493-495, 1979
[6] V. Müller: Analysis of Optical Reflection - A new Approach to Surface Inspection, In W.G. Kropatsch, H. Bischof (Eds.): Mustererkennung 1994. DAGM-Symposium und ÖAGM-Workshop Wien. pp. 74-80, Springer, Wien 1994
[7] S.W. Lee: Understanding of Surface Reflection in Computer Vision by Color and Multiple Views, PhD thesis, University of Pennsylvania, 1991
[8] H. Li, H. Burkhardt: Prototypentwicklung von Algorithmen zur Orientierungsschätzung von Pralinen aufbauend auf Grauwertmerkmalen (I) - Prinzip und Implementierung. Interner Bericht 3/91, Technische Informatik I, TU-HH, Dezember 1991
[9] S.K. Nayar, X.S. Fang, T. Boult: Removal of Specularities Using Color and Polarization, IEEE Conference on Computer Vision and Pattern Recognition, pp. 583-590, New York 1993
[10] S. Shafer: Using Color to Separate Reflection Compenents. Color Research and Applications, Vol. 10, pp. 210-218, 1985
[11] L.B. Wolff: Spectral and polarization stereo methods using a single light source. 1. ICCV, pp. 708-715, London 1987
[12] L.B. Wolff: Polarization Methods in Computer Vision, PhD thesis, Columbia University, 1990
[13] L.B. Wolff, T.E. Boult: Constraining object features using a polarization reflectance model, IEEE Trans. on Pattern Analysis and Machine Intelligence Vol. 13 (6), pp. 635-657, 1991

Conditions that Guarantee a Digitization Process Preserves Topology

Longin Latecki[1] and Christopher Conrad[2] and Ari Gross[3]

[1] Department of Computer Science, University of Hamburg,
Vogt-Kölln-Str. 30, 22527 Hamburg, Germany
[2] Department of Applied Mathematics, University of Hamburg,
Bundesstr. 30, 20146 Hamburg, Germany
[3] Department of Computer Science, Graduate Center and Queens College,
CUNY, Flushing, New York 11367, USA

Abstract. The main task of digital image processing is to recognize properties of real objects based on their digital images. These images are obtained by some sampling device, like a CCD camera, and represented as finite sets of points that are assigned some value in a gray-level or color scale. Based on technical properties of sampling devices, these points are usually assumed to form a square grid and are modeled as finite subsets of Z^2. Therefore, the main question in digital image processing is which properties of digital images represent properties of the underlying objects and under what conditions, relating a real object and a digitization process, is this the case. In this paper we present a comprehensive answer to this question with respect to topological properties. In particular, we derive conditions relating properties of real objects to the grid size of the sampling device which guarantee that a real object and its digital image are topologically equivalent.

1 Introduction

In digital image processing, properties retrieved from the digital images are assumed to represent properties of the underlying real objects. Practical applications show that this is not always the case. Therefore, the main question which occurs is: under what conditions do certain digital properties represent actual properties of the real object? In practical applications, this question is mostly answered by visually judging the obtained digital images. In this paper, the authors introduce conditions that guarantee that a real object and its digital image are homotopy equivalent.

In order to study the homotopy equivalence of a real continuous object and its digitization, which is a finite set of points, some preliminaries are in order. It is intuitively clear that the real object in Figure 1 (left) and the digital object in Figure 1 (middle) have the "same topological structure". Based on the technical properties of sampling devices like a CCD camera, digital points representing sensor output are mostly assumed to form a square grid and are modeled as points with integer coordinates. We will identify each point with a square centered at this point in such a way that the squares form a uniform cover of the plane. Hence a digital object can be represented as a finite union of squares which form a bounded closed subset of the plane. For example, the digital set in Figure 1 (middle), a finite subset of Z^2, is identified with the union of black squares in Figure 1 (right), a subset of R^2. If we model real objects or their projections as subsets of the plane, called **continuous binary images** in computer vision, then it makes sense to speak about homotopy equivalence between real objects and their digital versions. Thus, the digitization process is modeled as a mapping from continuous 2D sets representing real objects to discrete sets represented as finite subsets of Z^2, which are identified with finite unions of squares in R^2.

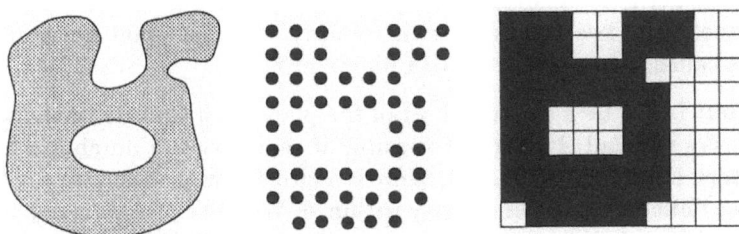

Fig. 1. Left: A real object. Middle: Its digitization represented as a finite set of points. Right: Its digitization represented as the union of black squares.

Serra [7] considered many kinds of digitizations. He showed that, for a certain class of planar sets, their digitizations preserve homotopy. However, he proved this only for digitizations in hexagonal grids, where a digitization of a set in R^2 is the set of points in Z^2 which are contained in the set. To show non-trivial problems connected with digitizations, Serra gave the following title to one of the sections: "To digitize is not as easy as it looks" ([7], p. 211).

In this paper, we consider digitizations which are more relevant to practical applications. Our definition of a digitization models a real digitization process. Consistent with real sensor output, a digitization is defined with respect to a grid of squares, where each square has diameter r. Associated with each square is a sensor, i.e., the sensor is located at the center of the square. The value of the sensor output depends on the ratio of the area of the object in the square to the total area of the square. We assume that the values assigned to the sensors are monotonic with respect to the area of the continuous object in the sensor square. For example, this assumption is valid with high probability for CCD cameras. As an output of a digitization process, we obtain a digital picture (a 2D matrix) with values of the pixels (picture elements) being the values of the corresponding sensors. The pixels in the image are segmented to form digital objects. We derive conditions relating properties of continuous objects to the sensor resolution, i.e., size of the diameter of a square in the grid. If these conditions are satisfied then the digital object obtained by this digitization (and segmentation) process is guaranteed to be homotopy equivalent to the underlying continuous object.

Our model of a digitization and segmentation process follows the model given in Pavlidis [5]. Pavlidis segments objects by applying some threshold value to a gray-level image that is the output of a digitization process. Pavlidis [5] tried to generalize Shannon's Sampling Theorem, which is well-known in one-dimensional signal processing, to two-dimensions. His theorem is not true, however, as shown in [2]. From Pavlidis' point of view, one of the main results in this paper is that we give a solution to the two-dimensional "sampling problem".

2 Digitization and Segmentation Preserving Topology

Definition: Let Q be a cover of the plane by squares with diameter r such that the intersection of two squares is either empty, a corner point or an edge. Such a cover is called a **square grid** with diameter r.

Definition: Let A be a closed subset of the plane such that its boundary bdA is compact. We will call A **par(r,-)-regular** if there exists a number $d > 2r$ such that for each boundary point of A, there is a circle C with diameter d that is tangent to the boundary and lies entirely within A. We will call A **par(r,+)-regular** if the complement of A is par(r,-)-regular. We will call A **par(r)-regular** (or **r parallel regular**) if A is par(r,-)-regular and par(r,+)-regular. A set A will be called **parallel regular** if there exists a constant r such that A is par(r)-regular. Such a set A will also be called an **object**. This definition differs from Def. 7.4 in Pavlidis [5] only by the relation of parameters. Observe that A and bdA do not have to be connected.

As a **digital image** we refer to a set of points with integer coordinates that are located at the centers of the squares of a grid Q and that are assigned some value in a gray level or color scale representing the output of a corresponding sensor. By a **digitization process** we understand a function mapping a planar set X to a digital image. By a **segmentation process** we understand a process grouping digital points to a set representing a digital object. Therefore, the output of a segmentation process can be interpreted as a binary digital picture, where each point is either black or white. We assume that digital objects are represented as sets of black points. Thus, the input of a digitization and segmentation process is a planar set X and the output is a set of black points in a binary digital picture, which will be called a **digitization** of X with diameter r and denoted $Dig(X, r)$. We will also identify the digitization of X with the union of closed black squares, i.e. the digitization of X is a closed subset of the plane. Thus, the digitization of X refers to either the digital picture or the union of closed black squares.

We will treat digitization and segmentation processes satisfying the following conditions relating a planar par(r)-regular set X to its digital image $Dig(X, r)$:

ds1 If a square q is contained in X, then q is black in $Dig(X, r)$.

ds2 If a square q is disjoint form X, then q is white in $Dig(X, r)$.

ds3 If a square q is black and $area(X \cap q) \leq area(X \cap p)$ for some square p, then square p is black.

These conditions are valid with high probability for CCD cameras. It is important to note that we do not make any assumption about how and over which regions the sensors collect their data. Thus, it is not necessary that a sensor collects its data over the square at which it is centered. It can collect its data over a smaller region or over a larger region, e.g. a ball around the sensor containing its square. In this case, the regions influencing the sensor values intersects. In the following, we define two important digitization and segmentation processes satisfying the above conditions ds1, ds2, and ds3.

Definition: Let X be any set in the plane. A square $p \in \mathcal{Q}$ is black (belongs to a digital object) iff $int(p) \cap X \neq \emptyset$, and white otherwise, where $int(p)$ denotes the interior of p. We will call such a digital image an **intersection digitization** with diameter r of set X, and denote it with $Dig_\cap(X,r)$, namely $Dig_\cap(X,r) = \bigcup \{p : int(p) \cap X \neq \emptyset\}$. $Dig_\cap(X,r)$ either denotes the digital picture or the union of closed black squares. With respect to real camera digitization and segmentation, the intersection digitization corresponds to the procedure of coloring a pixel black iff there is part of the object A in the field "seen" by the corresponding sensor. Now we consider digitizations corresponding to the procedure of coloring a pixel black iff the object X fills the whole field "seen" by the corresponding sensor. For such digitizations, a square p is black iff $p \subseteq X$ and white otherwise. We will refer to such a digital image of a set X as a **subset digitization** and denote it by $Dig_\subset(X,r)$, where $Dig_\subset(X,r) = \bigcup \{p : p \subseteq X\}$.

Definition: We will say that a digitization $Dig(X,r)$ of some set X is **topology preserving** if X and $Dig(X,r)$ are homotopy equivalent.

Intuitively, a homotopy H represents a continuous deformation of the map f to g. As a consequence of the properties of homotopy equivalence, there is a complete correspondence between connected components of X and Y and their complements if X and Y are pathwise connected. The Euler characteristic, as well as the fundamental groups of X and Y, are the same (see [4]). Therefore, we will use homotopy equivalence as a definition for topology preserving.

Before we prove our main theorems, we establish some basic properties of parallel regular sets.

Definition: Using the definition of a parallel regular set, one can define normal vectors at points on bdA. The line segment joining $a \in bdA$ and the center of the ball tangent to a of radius r which lies entirely within the complement of A, is called the **outer normal vector** at a and is denoted $n(a,r)$. The line segment joining $a \in bdA$ and the center of the ball tangent to a of radius r which lies entirely within A, is called the **inner normal vector** at a and is denoted $-n(a,r)$. Note that the tangent balls and associated normal vectors are unique by the definition of a parallel regular set. Observe that if a set A is par(r,+)-regular, then for every two distinct points $x, y \in bdA$, $n(x,r)$ and $n(y,r)$ do not intersect. If a set A is par(r,-)-regular, then for every two distinct points $x, y \in bdA$, $-n(x,r)$ and $-n(y,r)$ do not intersect.

Definition: $B(x,r)$ denotes the closed ball of radius r centered at a point x. Let A be a par(r, +)-regular set. The **parallel set** of A with distance r is given by

$Par(A, r) = \bigcup\{B(x, r) : x \in A\}$. This set is also called a dilation of A. Let A be a par(r, -)-regular set. We define $Par(A, -r) = cl(A - \bigcup\{B(x, r) : x \in bdA\})$. The boundaries of Par(A, r) and Par(A, -r) sets are often called offset curves.

Theorem 1 *Let A be a par(r,-)-regular object. Then $Par(A, -r)$ is a strong deformation retract of A.*

Proof: If $x \in (A - Par(A, -r))$, then there exists a unique normal vector $-n(a, r)$, for some $a \in bdA$, such that $x \in -n(a, r)$. We define a projection $\pi : (A - Par(A, -r)) \to bdPar(A, -r)$ by $\pi(x) =$ the end point of the vector $-n(a, r)$, where a is such that $x \in -n(a, r)$. Let H be a function defined as follows: $H : A \times [0, 1] \to A$,
$H(x, t) = x$ for every $x \in Par(A, -r)$ and $t \in [0, 1]$,
$H(x, t) = (1 - t)\pi(x) + tx$ for every $x \in (A - Par(A, -r))$ and $t \in [0, 1]$.
Note that $H(x, 1) = x$ for every $x \in A$ and that $H(x, t) = x$ for every $x \in Par(A, -r)$ and $t \in [0, 1]$. Note also that $H(x, 0) = \pi(x)$ for all $x \in (A - Par(A, -r))$. Thus, $H(x, 0) \in Par(A, -r)$ for every $x \in A$.

To prove that H is a strong deformation retraction, it remains to show that H is a continuous function. Clearly, for a fixed x, $H(x, t)$ as a function of t is continuous. If t is fixed, the continuity of $H(x, t)$ as a function of x follows from the continuity of the metric projection π, which implies that if x and y are close to each other, then the line segments $x\pi(x)$ and $y\pi(y)$ are close to each other. Therefore, H is a strong deformation retraction of A to $Par(A, -r)$. ∎

Theorem 2 *Let A be a par(r)-regular set. Then $Par(A, -r)$ is a strong deformation retract of $Dig(A, r)$ for every digital image $Dig(A, r)$ (which satisfies conditions ds1, ds2, and ds3).*

Proof: Let p be a closed square with diameter r such that $p \cap A \neq \emptyset$. Since $p \subseteq B(x, r)$ for every closed ball $B(x, r)$ such that the center $x \in p$, we obtain that $p \subseteq Par(A, r)$. Therefore $Dig_\cap(A, r) \subseteq Par(A, r)$. For every closed square p with diameter r, it similarly holds that if $p \cap Par(A, -r) \neq \emptyset$, then $p \subseteq A$. Therefore $Dig_\cap(Par(A, -r), r) \subseteq Dig_\subset(A, r)$. Since it is clear that $Par(A, -r) \subseteq Dig_\cap(Par(A, -r), r)$, we obtain $Par(A, -r) \subseteq Dig_\subset(A, r)$. Thus we obtain the following inclusions: $Par(A, -r) \subseteq Dig_\subset(A, r) \subseteq Dig_\cap(A, r) \subseteq Par(A, r)$. Since by the definition of $Dig(A, r)$ (conditions ds1, ds2, and ds3), $Dig_\subset(A, r) \subseteq Dig(A, r) \subseteq Dig_\cap(A, r)$, we obtain that
$$Par(A, -r) \subseteq Dig(A, r) \subseteq Par(A, r).$$
We construct a strong deformation retraction from $Dig(A, r)$ onto $Par(A, -r)$: D: $Dig(A, r) \times [0, 1] \to Dig(A, r)$.
If $x \in Par(A, -r)$, then $D(x, t) = x$ for every $t \in [0, 1]$.
In the following $x \in Dig(A, r) \setminus Par(A, -r)$. Let $p(x)$ be a point on $bdPar(A, -r)$ with the closest distance to x. Let $xp(x)$ be the line segment joining x with $p(x)$. Since $xp(x) \subseteq n(p(x), 2r)$ and $Par(A, -r)$ is par(2r, +)-regular, $p(x)$ is uniquely determined. Therefore, the metric projection p is a continuous function from $Dig(A, r) \setminus Par(A, -r)$ to $bdPar(A, -r)$.

For every line segment $xp(x)$, we define a modified path $mp(x, p(x)) \subset Dig(A, r)$ from x to $p(x)$. If $xp(x) \subset Dig(A, r)$, then $mp(x, p(x)) = xp(x)$.

Now we define $mp(x, p(x))$ in the case where $xp(x) \not\subset Dig(A, r)$. Then there exists a line segment $ab \subset xp(x)$ such that $ab \cap Dig(A, r) = \{a, b\}$. Let $path(a, b)$ be the shortest path from a to b contained in $bdDig(A, r)$ (and thus contained also in $Dig(A, r)$). The existence and uniqueness of such a path will be shown below. If $xa \cup bp(x)$ is contained in $Dig(A, r)$, then $xa \cup path(a, b) \cup bp(x)$ is contained in $Dig(A, r)$, and we define $mp(x, p(x)) = xa \cup path(a, b) \cup bp(x)$. If either xa or $bp(x)$ is not contained in $Dig(A, r)$, then we recursively do this construction for xa or $bp(x)$. We continue this process until the modified path $mp(x, p(x))$ is contained in $Dig(A, r)$. Then we parametrize uniformly $mp(x, p(x))$ with a continuous function $f_x : [0, 1] \to mp(x, p(x))$ such that $f_x(0) = p(x)$ and $f_x(1) = x$. If $x \in Dig(A, r) \setminus Par(A, -r)$, then we define $D(x, t) = f_x(t)$.

In order to show that D is correctly defined, it remains to show that if there exists a line segment $ab \subset xp(x)$ such that $ab \cap Dig(A, r) = \{a, b\}$, then the shortest path $path(a, b) \subset bdDig(A, r)$ exists and is uniquely determined. This is a consequence of the following fact: Let s be a white square. For every $x \in bdPar(A, -r)$, if $n(x, 2r)$ intersects two different faces of s (but not their vertices) which are contained in $bdDig(A, r)$, then these two faces share a vertex and $n(x, 2r)$ does not intersect two diagonal vertices of s. This can be proved by tedious calculations.

It is easy to observe that for a fixed x, $D(x, t)$ as a function of t is continuous. If t is fixed, the continuity of $D(x, t)$ as a function of x follows from the continuity of the metric projection p, which implies that if x and y are close to each other, then the line segments $xp(x)$ and $yp(y)$ are close to each other. This again implies that the modified paths $mp(xp(x))$ and $mp(yp(y))$ are close to each other.

Finally, we need to establish that D satisfies the other properties of a strong deformation retraction. By definition, $D(x, t) = x$ for every $x \in Par(A, -r)$ and $t \in [0, 1]$. Clearly, $D(x, 1) = x$ and $D(x, 0) \in Par(A, -r)$ for every $x \in Dig(A, r)$. Thus, D is a strong deformation retraction of $Dig(A, r)$ to $Par(A, -r)$. ∎

Now we are ready to prove our main theorems.

Theorem 3 *Let A be a par(r)-regular set. Then A and $Dig(A, r)$ are homotopy equivalent for every digital image $Dig(A, r)$ (which satisfies conditions ds1, ds2, and ds3).*

Proof: By Theorem 1, $Par(A, -r)$ is a strong deformation retract of A, and therefore A and $Par(A, -r)$ are homotopy equivalent. By Theorem 2, $Par(A, -r)$ and $Dig(A, r)$ are homotopy equivalent. Thus, A and $Dig(A, r)$ are homotopy equivalent. ∎

Theorem 4 *Let A be a C^2 subset of the plane (i.e. A is the closure of an open set whose boundary can be described as a disjoint finite union of twice continuously differentiable simple closed curves). Then there always exists a digitization resolution $r > 0$ such that every digitization $Dig(A, r)$ of A is topology preserving.*

Proof: It is a consequence of Theorem 3 and the fact that for every C^2 set there exists a constant $r > 0$ such that it is r parallel regular. ∎

There are many important object classes used in computer vision and medical imaging that are par(r)-regular for some r and for which the calculation of r is straightforward. One such class is that of planar generalized tubular surfaces, which are constructed by sweeping a planar curve around a planar axis. For objects in this class, it is shown in (Gross [1]) that the parameter curves are also lines of curvature, so that the calculation of r is straightforward.

3 Digital Patterns in Digitalizations

In this section, we show that if A is a par(r)-regular set, then some digital patterns cannot occur in its digitization $Dig(A, r)$. This is very useful for noise detection, since if these patterns occur, they must be due to noise. So, if in a practical application the resolution r of the digitization is such that the parts of the object which have to be preserved under the digitization are compatible with the square sampling grid, then our results allow for efficient noise detection.

By the following theorem, $Dig(A, r)$ is well-composed, where a digital image is **well-composed** if it does not contain the digital pattern shown in Figure 2.left and its 90° rotation (Latecki et al. [3]). Well-composed sets have very nice digital topological properties, in particular, a digital version of the Jordan Curve Theorem holds and the Euler characteristic is locally computable. These results imply that many algorithms in digital image processing can be simpler and faster.

Theorem 5 *Let A be par(r)-regular. Then the pattern shown in Figure 2.left and its 90° rotation cannot occur in every $Dig(A, r)$.*

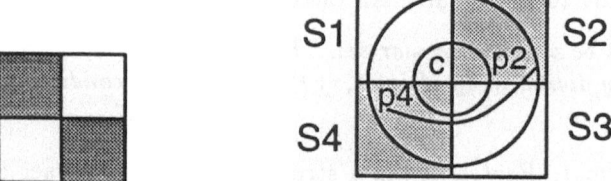

Fig. 2. Left: The critical pattern. Right: The small circle illustrates ball $B(c, e)$ and the big circle illustrates ball $B(c, t)$.

Proof: Let c be the common vertex of all four squares. We first assume that $c \notin A$. Since bdA is compact, there is an $e > 0$ such that $B(c, e) \cap A = \emptyset$, where $B(c, e)$ denotes (as always) a closed ball. Let squares S_2 and S_4 be black, and

S_1 and S_3 be white (see Figure 2 (right)). Let p_2 be a point with the shortest distance $d_2 > 0$ to c in $S_2 \cap bdA$. Let p_4 be a point with the shortest distance $d_4 > 0$ to c in $S_4 \cap bdA$.

Consider the closed ball $B(c,t)$ for $t = max\{d_2, d_4\}$. We show that p_2 and p_4 belong to two different components of $B(c,t) \cap bdA$. Assume that this is not the case. Then, for some component C of bdA, it holds that $C = arc_1(p_2, p_4) \cup arc_2(p_2, p_4)$ and $arc_1(p_2, p_4) \cap arc_2(p_2, p_4) = \{p_2, p_4\}$ and $arc_1(p_2, p_4) \subset B(c,t)$ or $arc_2(p_2, p_4) \subset B(c,t)$.

Assume $arc_1(p_2, p_4) \subset B(c,t)$ and, without loss of generality, assume that $arc_1(p_2, p_4)$ goes through S_3. Then $arc_1(p_2, p_4) \cap face(S_2, S_3) \cap (B(c,t) - B(c,e)) \neq \emptyset$ and $arc_1(p_2, p_4) \cap face(S_3, S_4) \cap (B(c,t) - B(c,e)) \neq \emptyset$, where $face$ denotes the common face of two squares (see Figure 2).

Therefore, $area(A \cap S_3) \geq area(A \cap S_2)$, since $A \cap S_3$ contains $(S_3 - B(c,t))$ together with part of A between $arc_1(p_2, p_4)$ and $bdB(c,t)$ in S_3, while $A \cap S_2 \subseteq (S_2 - B(c,t))$, since no point in $S_2 \cap A$ is closer to c than distance t.

Hence we obtain that $arc_i(p_2, p_4) \not\subset B(c,t)$ for $i = 1,2$. Therefore, $bdA \cap B(c,t)$ has at least two components, one containing p_2 and the second containing p_4. In each of these components there is a point with the shortest distance ($\leq t$) to c, call them x_2 and x_4. Then $c \in n(x_2, r) \cap n(x_4, r)$, a contradiction.

The case in which $c \in A - bdA$ follows from the above argumentation applied to the digitization of the complement of A. Assume $c \in bdA$. Let $iob(c, r)$ be the open ball of radius r that is tangent to bdA at point c and lies entirely within A and let $oob(c, r)$ be the open ball of radius r that is tangent to bdA at point c and lies entirely within the complement of A. Using these balls we can estimate the area of A in the four squares and show that this situation is impossible. ∎

References

1. A. Gross, Analyzing Generalized Tubular Surfaces, *Proceedings of SPIE's Conference on Intelligent Robots and Computer Vision*, Boston, 1994.
2. A. Gross and L. Latecki, Digitizations Preserving Topological and Differential Geometric Properties. *Computer Vision and Image Understanding*, to appear.
3. L. Latecki, U. Eckhardt, and A. Rosenfeld, Well-Composed Sets. *Computer Vision and Image Understanding*, 61:70–83, 1995.
4. G. L. Naber, *Topological methods in Euclidean spaces*, Cambridge University Press, Cambridge, 1980.
5. T. Pavlidis, *Algorithms for Graphics and Image Processing*, Springer–Verlag, Berlin, 1982.
6. A. Rosenfeld and A.C. Kak, *Digital Picture Processing*, Academic Press, New York, 1982.
7. J. Serra, *Image Analysis and Mathematical Morphology*, Academic Press, New York, 1982.

Szenenanalyse unter Berücksichtigung von Interreflexionen und Schatten

Detlev Rumpel und Karsten Schlüns
Fachgruppe Computer Vision, Fachbereich Informatik, Sekr. FR 3-11
Technische Universität Berlin, 10587 Berlin
email: teddy@cs.tu-berlin.de, karsten@cs.tu-berlin.de

Bei den üblichen schattierungsbasierten Oberflächenrekonstruktionsverfahren führen Schatten und Interreflexionen zu fehlerhaft berechneten Oberflächen. Es sind zwar einzelne Verfahren bekannt, die bei paralleler Beleuchtung die Abschattungen der direkten Beleuchtung oder die Interreflexionen und deren Abschattungen berücksichtigen können. Kein Verfahren kann jedoch beiden Szeneneigenschaften Rechnung tragen. Wir haben eine Erweiterung des "Nayarschen Verfahrens" [Nayar91][Nayar92] entwickelt, die allgemeiner ist und unter anderem dahingehend modifiziert werden kann, auch die Abschattungen der direkten Beleuchtung mit einzubeziehen. Das in [Langer93][Langer94] vorgestellte Verfahren ermöglicht es, bei diffuser Beleuchtung für nicht-konvexe Oberflächen, bei denen zwangsläufig sowohl Interreflexionen als auch Abschattungen der direkten Beleuchtung auftreten, eine Schätzung der Tiefe zu berechnen. Wir haben das Verfahren so erweitert, daß die Oberflächen genauer berechnet werden. Die diffuse Beleuchtung muß dabei nicht notwendigerweise gleichmäßig sein. Wir haben die Eindeutigkeit der Bildirradianz bei diffuser Beleuchtung untersucht und die Erweiterungen des Nayarschen und des Langerschen Verfahrens sowie das originale Langersche Verfahren auf dieselben synthetischen und realen Oberflächen angewendet und die Ergebnisse vergleichend analysiert.

1 Einleitung

Schatten und Interreflexionen wirken sich im allgemeinen nachteilig auf das Verhalten von Oberflächenrekonstruktionsverfahren aus. Andere Verfahren basieren auf der Erkennung und Auswertung dieser Szeneneigenschaften. "Shape from Shadows"-Verfahren zum Beispiel versuchen, aus den Schatten auf die Oberflächenform zu schließen. Die Interreflexionen können zum Beispiel informationsgewinnend zur Farbkonstanzbestimmung eingesetzt werden [Funt91]. In besonderem Maße wirken sich Schatten und Interreflexionen auf schattierungsbasierte Verfahren, wie Shape from Shading (SFS, z.B. [Horn75]) und Photometrisches Stereo (PMS) [Woodham80] aus, da diese die Bildirradianzwerte photometrisch interpretieren. Die traditionellen SFS und PMS-Verfahren ignorieren Schatten und Interreflexionen, so daß deren Auftreten zu Fehlern in den berechneten Oberflächen führt. Schatten können bei paralleler Beleuchtung zum Teil direkt im Bild erkannt und beachtet werden. Es existieren auch einige Ansätze, die Interreflexionen bei paralleler Beleuchtung erkennen und berücksichtigen. In [Jang91] werden nur die Interreflexionen zwischen verschiedenfarbigen Objekten erkannt. Mit dem in [Funt93] vorgestellten Verfahren können die zwischen zwei aneinandergrenzenden planaren Flächenstücken auftretenden Interreflexionen eliminiert werden. In [Nayar91][Nayar92] können die in der gesamten Szene auftretenden Interreflexionen berücksichtigt werden. Eine von uns entwickelte Erweiterung dieses Verfahrens bietet die Basis dafür, neben den Interreflexionen auch die Abschattung der direkten Beleuchtung zu berücksichtigen. Bei gleichmäßig diffuser Beleuchtung konnten bis vor kurzem nur konvexe Objekte untersucht werden. Mit dem in [Langer94] vorgestellten Verfahren ist es möglich, Näherungen für nicht-konvexe Objekte zu berechnen. Wir haben das Verfahren erweitert, so daß genauere Oberflächen berechnet werden.

2 Nayarsches Verfahren

Wird ein klassisches, Interreflexionen ignorierendes PMS auf Bilder angewendet, in denen Interreflexionen auftreten, so wird eine falsche Oberfläche berechnet, die im weiteren *Pseudooberfläche* genannt wird. Unter dem Begriff Oberfläche O verstehen wir die durch die Gesamtheit der Oberflächennormalen gegebene *Form* N und die Gesamtheit P der *Albedowerte*. Nayar [Nayar91] hat festgestellt, daß die Pseudooberfläche O_P von den Beleuchtungsrichtungen unabhängig und eindeutig ist. Jedes photometrische Verfahren, das die Albedo pixellokal bestimmt und bei dem der Abstand zur Lichtquelle keine Rolle spielt, wird daher dieselbe Pseudooberfläche berechnen.

Das Nayarsche Verfahren (NV) geht nun *ausschließlich* von der auf beliebige Weise erzeugten Pseudooberfläche O_P aus. Die zu berücksichtigenden Interreflexionen werden ähnlich zu den üblichen Radiosity-Verfahren [Cohen85][Cohen88] modelliert, wobei die Oberfläche durch kleine planare Flächenstücke i konstanter Helligkeit und Albedo δ_i approximiert wird. Die Matrizen N, P, O und F sind im weiteren wie folgt definiert:

$$N = \begin{pmatrix} n_1^T \\ .. \\ n_n^T \end{pmatrix}, P = \begin{pmatrix} \delta_1 & 0 & .. & 0 \\ 0 & & & \\ .. & & .. & .. \\ 0 & & .. & \delta_n \end{pmatrix}, O = P \cdot N, F = \begin{pmatrix} F_{11} & .. & F_{1n} \\ .. & & .. \\ F_{n1} & .. & F_{nn} \end{pmatrix}$$

F_{ij} ist der aus diesen Radiosity-Verfahren bekannte Formfaktor, der den von der Fläche i auf die Fläche j abgestrahlten Energieanteil angibt. δ_i ist die Albedo der Fläche i und n_i ihre Oberflächennormale. "Ein" ist die Einheitsmatrix.

$$O^{k+1} = (\text{Ein-} P^k \cdot F^k_{(N^K)}) \cdot O_P \quad , O^0 = O_P \tag{1}$$

Das NV besteht nun in der iterativen Anwendung von Gleichung (1), wodurch die Interreflexionen zunehmend berücksichtigt werden und die Oberflächen sich der tatsächlichen annähern. In jedem Iterationsschritt k wird aus den Normalen N^k ein konsistentes Tiefenprofil erzeugt, in dem die zugehörigen Formfaktoren F^k berechnet werden. Aus diesen und der Albedo P^k wird mit (1) die Oberfläche $O^{k+1}=P^{k+1} \cdot N^{k+1}$ berechnet. Initial wird von der Pseudooberfläche O_P ausgegangen. Die Voraussetzungen des Verfahrens sind dieselben wie im klassischen PMS. Hinzu kommt, daß die gesamte, Interreflexionen abstrahlende Oberfläche im Bild sichtbar sein muß.

3 Erweiterung des Nayarschen Verfahrens

Die von uns entwickelte Erweiterung des NV (EdNV) beinhaltet das NV als Spezialfall. Das Ziel der EdNV ist es, die Oberfläche mittels eines klassischen PMS aus Bildern zu berechnen, in denen die Interreflexionen zuvor subtrahiert wurden. Da die Interreflexionen von der unbekannten Oberfläche abhängen, können sie nicht direkt bestimmt werden. Es wird deshalb folgender iterativer Ansatz gewählt, wobei in jedem Iterationszyklus eine neue Oberfläche berechnet wird (vgl. Bild 1). $E_X=(E_{X_1},..,E_{X_n})$ mit $x \in \{P,D,I\}$ ist

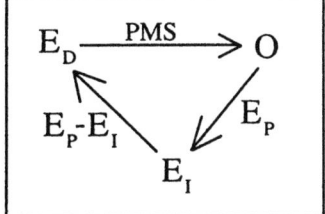

Bild 1

dabei jeweils ein Vektor von n Helligkeits"bildern", wobei n beliebig ist. Jedes Bild E_{X_i} mit i=1,..,n ist ein Vektor der Helligkeiten der Bildpixel oder z.B. der im NV verwendeten Flächenstücke. E_X ist also eine Matrix. E_P stellt die Ausgangsbilder dar. Initial wird eine Ebene für die Oberfläche angenommen.

1. Zu Beginn eines jeden Iterationsschritts k werden die in der aktuellen Oberfläche O^k auftretenden Interreflexionen $E_{I_i}^k$ für jedes Bild i berechnet. Dies geschieht unter der

Annahme, daß die aktuelle Oberfläche jeweils die tatsächliche Bildirradianz E_{P_i} besitzt. Für jedes Ausgangsbild E_{P_i} wird also der Helligkeitsanteil bestimmt, der auf den Interreflexionen beruht.
2. Die berechneten Interreflexionen E_I^k werden von den tatsächlichen Helligkeitsbildern E_P abgezogen. Wenn die Eingabeoberfläche korrekt war, müßten die sich ergebenden Differenzhelligkeiten E_D^k auf der direkten Beleuchtung beruhen.
3. Aus den so berechneten Helligkeitsbildern E_D^k wird durch Anwendung eines klassischen PMS-Verfahrens eine neue Oberfläche O^{k+1} berechnet, in der im nächsten Iterationsschritt zunächst wieder die Interreflexionen ermittelt werden.

Die von der EdNV berechneten Oberflächen konvergieren auf die tatsächliche Oberfläche. Sie werden dabei in der Regel zunehmend konkaver. Die Interreflexionen steigen daher im allgemeinen monoton. Folglich sinken die in das PMS eingehenden Helligkeiten monoton. Für einfache Oberflächen ist die Tendenz der EdNV zur Konvergenz auf die tatsächliche Oberfläche leicht plausibel zu machen. Wenn das Objekt mehr als eine Konkavität hat, können sich die Sichtbarkeiten zwischen Oberflächenpunkten jedoch während des Verfahrensablaufs verändern. Wir müssen dabei genau wie Nayar auf unsere Untersuchungen von synthetischen und realen Bildern verweisen.

Zusammenhang zwischen der EdNV und dem NV

Dieses Verfahren ist eine Verallgemeinerung des NV und beinhaltet dieses als Spezialfall. Wird die im NV benutzte Methode zur Berechnung der Interreflexionen verwendet, die auf einer Zerlegung der Oberfläche in kleine planare Flächenstücke beruht, so lassen sich die Verfahren leicht auseinander ableiten. Gleichung (2) zeigt die mit Formfaktoren arbeitende EdNV. S^{-1} ist die Rechtsinverse der $(3 \times n)$-Matrix S, die die Beleuchtungsvektoren s_i enthält: $S=(s_1, s_2,...,s_n)$. k bezeichnet wieder den Iterationszyklus. Gleichung 3 zeigt die allgemeine EdNV, in der die auf den Interreflexionen beruhenden Helligkeiten E_I^k und das PMS (Bei n=1 SFS) mit beliebigen Methoden berechnet werden können. A ∘ B bedeutet hier die Anwendung von B nach A. O ist die Nullmatrix.

$$O^{k+1} = (O_P \cdot S - P^k \cdot F^k \cdot O_P \cdot S) \cdot S^{-1} \quad , \quad O^0 = O_P \, , \, (P^0 = P_P) \quad (2)$$

$$O^{k+1} = (E_P - E_I^k) \circ PMS \quad , \quad E_I^0 = O \quad (3)$$

Vorteile der EdNV

Da beim NV Matrizenmultiplikationen ausgeführt werden, muß die Oberfläche zur Modellierung der Interreflexionen durch kleine planare Flächenstücke approximiert werden. Bei der EdNV können die Interreflexionen hingegen auf beliebige Weise bestimmt werden. Wir haben ein Rasterraycasting benutzendes Verfahren verwendet [Rumpel94]. Durch Verwendung geeigneter Verfahren zur Interreflexions- und PMS-Berechnung können prinzipiell auch nicht-Lambertsche Oberflächen [Schlüns93] analysiert werden.

Der größte Vorteil der EdNV ist, daß sie durch Verwendung eines geeigneten PMS-Verfahrens auch die Abschattungen der direkten Beleuchtung berücksichtigen kann, deren Schatten auf Grund der Interreflexionen nicht direkt in den Ausgangsbildern bestimmt werden können. In der jeweils aktuellen Oberfläche kann für jedes Pixel durch Raycasting festgestellt werden, in welchem Bild es im Schatten liegt. In diesem Zusammenhang ist es von Vorteil, daß die EdNV nicht nur von drei Bildern oder der Pseudooberfläche, sondern sowohl von mehr als auch von weniger Bildern ausgehen kann. Liegen mehr als drei Bilder vor, kann das PMS für jedes Pixel z.B. einfach drei geeignete auswählen. Durch eine leichte Veränderung des NV kann dieses auch von einer nicht eindeutigen, von einem SFS-Verfahren erzeugten Pseudooberfläche ausgehen. Schatten dürfen beim NV jedoch prinzipiell nicht auftreten.

Grundsätzliche Überlegungen lassen erwarten, daß zumindest das von drei oder mehr Bildern ausgehende Verfahren auch bei der Berücksichtigung von Schatten konvergieren wird. Da neben den Interreflexionen eine weitere unbekannte Größe in das Verfahren eingeht, müßte dies jedoch erst an Hand von praktischen Beispielen genauer untersucht werden. Hinzu kommt, daß beim gleichzeitigen Auftreten von Interreflexionen und Schatten davon ausgegangen werden muß, daß es unterschiedliche Szenen gibt, die dieselbe Bildirradianz aufweisen. Insbesondere wenn nur ein Bild zur Verfügung steht, stellt sich die Frage, wie häufig dieser Fall auftritt und welchen Einfluß er auf die Konvergenz des Verfahrens hat.

Sollen Schatten vermieden werden, müssen die Beleuchtungsrichtungen oft sehr dicht beieinander liegen, was hohe Anforderungen an die Genauigkeit ihrer Bestimmung stellt. Eine Schatten berücksichtigende EdNV verlangt weniger Aufwand bei den Bildaufnahmen.

Experimentelle Ergebnisse

In [Rumpel94] haben wir die von drei Bildern ausgehende und Schatten ignorierende EdNV mit einer Vielzahl komplexer synthetischer und realer Szenen untersucht. Diese EdNV berechnet die gleichen Bilder wie das NV. Nayar selber hatte nur einfache synthetische und eine reale Oberfläche untersucht, bei denen sich die Sichtbarkeiten zwischen den Flächenstücken während der Iteration nicht verändern konnten. Wie wir feststellen konnten, sind die Ergebnisse auch bei weitaus komplexeren Oberflächen sehr gut.

Wir haben die Szenen jeweils zweimal gerendert; einmal mit und einmal ohne Interreflexionen. Immer wenn das PMS aus den Bildern mit fehlenden Interreflexionen die korrekte Oberfläche berechnet hat, hat auch die EdNV aus dem anderen Satz Bilder eine nahezu genauso gute Oberfläche berechnet. In den Fällen, in denen die Voraussetzungen erfüllt waren, konvergierte das Verfahren immer und sehr schnell auf die tatsächliche Oberfläche. Es kann mit nahezu beliebiger Genauigkeit arbeiten. Insbesondere gingen kleine Details während des Iterationszyklus *nicht* verloren. Beim PMS und in jedem Iterationsschritt der EdNV müssen aus den Normalenkarten Tiefenkarten rekonstruiert (integriert) werden [Frankot88].

Bild 2a zeigt ein Helligkeitsbild einer matten Oberfläche. In Bild 2b ist die mit der 10. Iteration der EdNV berechnete Oberfläche dargestellt. Die in Bild 2c gezeigten Kurven sind Längsschnitte (im Helligkeitsbild von rechts nach links) durch die in der 1., 2. und 10. Iteration ermittelten Oberflächen. Wegen der geringen Albedo der Oberfläche von 0.35 konvergiert das Verfahren sehr schnell. Dennoch ergeben sich wegen der großen Tiefe größere Unterschiede zwischen der Pseudooberfläche und der endgültig berechneten, die also eine deutliche Verbesserung gegenüber der Pseudooberfläche darstellt.

Da eine falsch berechnete Normale auch zu einer fehlerhaften Albedo führt, können Fehler in der berechneten Form bei Objekten mit konstanter Albedo leicht in der Albedokarte erkannt werden. Wird die Albedo in diesen Bereichen auf die berechnete Durchschnittsalbedo gesetzt, führt dies zu einer schnelleren Konvergenz des Algorithmus.

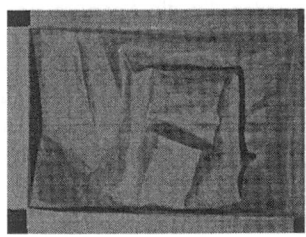 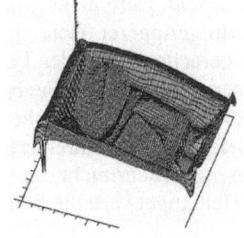 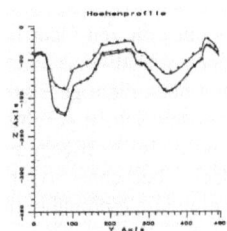

Bild 2a   Bild 2b   Bild 2c

4 Langersches Verfahren

Werden nicht-konvexe Objekte diffus beleuchtet, so treten neben Interreflexionen zwangsläufig auch Abschattungen der direkten Beleuchtung auf. Während Schatten bei paralleler Beleuchtung zum Großteil scharf begrenzt sind und gegebenenfalls direkt im Bild erkannt werden können, geht dies bei diffuser Beleuchtung nicht. Bei diffuser Beleuchtung konnten daher bis vor kurzem nur konvexe Objekte erkannt werden. Mit dem unter dem Namen "Shape from Shading on a Cloudy Day" bekanntgewordenen Verfahren [Langer94] konnten erstmals auch Näherungen für nicht-konvexe Objekte berechnet werden. Dieses Langersche Verfahren (LV) wird im weiteren kurz beschrieben. Voraussetzung des Verfahrens ist, daß die Albedo der Oberfläche konstant und bekannt ist und daß die diffuse Beleuchtung gleichmäßig ist, wie sie z.B. durch eine halbkugelförmige Lichtquelle mit unendlichem Radius erzeugt wird. Die Umgebung muß die Tiefe Null haben und die Oberfläche, die durch eine mathematische Funktion Z(X,Y) beschreibbar sein muß, muß tiefer liegen.

Der von einem Oberflächenvoxel oder einem oberhalb der Oberfläche befindlichen "Freiraumvoxel" aus sichtbare Anteil der Lichtquelle wird (engl.) Aperture A genannt. Das LV beruht auf der Feststellung, daß die Bildirradianz bei diffuser Beleuchtung in erster Linie von der Oberflächenaperture abhängt und nicht so sehr von der Oberflächennormalen bestimmt wird. Bei diffuser Beleuchtung ist die vom Himmel auf einen Oberflächenpunkt eingestrahlte Radianz größer als die von einem beliebigen Oberflächenstück eingestrahlte. Bei paralleler Beleuchtung ist dies nicht der Fall. Bei bekannter Albedo und Beleuchtung muß die Aperture deshalb auch bei unbekannter Oberflächenform zwangsläufig innerhalb gewisser, von der Bildirradianz abhängender, Grenzen liegen. Bild 3a zeigt die Aperturegrenzkurven $A_{min}(E)$ und $A_{max}(E)$, die wegen der großen Albedo von 0.85 sehr weit auseinander liegen. Auf der Ordinate ist die Bildirradianz und auf der Abszisse die Aperture abgetragen. Die Punktwolke

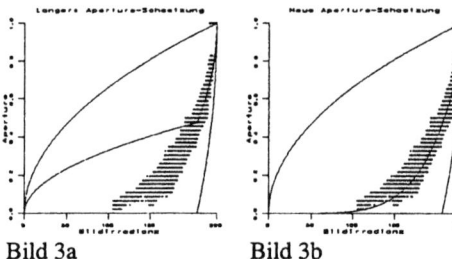

Bild 3a　　　Bild 3b

zeigt die Aperture-Bildirradianz-Paare einer typischen synthetischen Oberfläche. Obwohl die Grenzkurven theoretisch von einigen Punkten erreicht werden können, konzentrieren sich die meisten Punkte in der Regel auf einen schmalen Bereich. Das LV läuft zweistufig ab.

- In einem ersten Schritt wird die Oberflächenaperture aus der Bildirradianz geschätzt. Als Schätzung verwendet Langer den Mittelwert der Aperturegrenzkurven. Die Kurve der geschätzten Aperture ist die mittlere in Bild 3a.
- Im zweiten Schritt wird eine Oberfläche berechnet, die die geschätzte Aperture besitzt.

Bei der Berechnung der Tiefe aus der Aperture im zweiten Schritt wird davon ausgegangen, daß die Umgebung die Tiefe Null hat und die Oberfläche, die durch eine mathematische Funktion Z(X,Y) beschreibbar sein muß, tiefer liegt. Unter diesen Voraussetzungen kann die Aperture an einer Stelle (X,Y) mit zunehmender Tiefe nicht größer werden. Da die Aperture eines Voxels nur von den Oberflächenvoxeln geringerer Tiefe abhängt, wird die Oberfläche einfach in Ebenen schrittweise tiefergehend berechnet. In jeder Ebene werden die Apertures für die Pixel mit noch nicht gesetzter Tiefe berechnet. Wenn eine berechnete Aperture kleiner wird als die im ersten Schritt geschätzte, ist die Oberfläche erreicht bzw. gerade überschritten und das Voxel wird als Oberflächenvoxel gesetzt. Das Verfahren schreitet solange fort, bis die gesamte Oberfläche berechnet oder eine Grenztiefe erreicht ist. Die Aperture wird dabei durch Raycasting in gleichmäßig über eine Halbkugel verteilte Sichtrichtungen berechnet.

Analyse und Verfeinerung der Apertureschätzung

Wie unsere Untersuchungen der Apertures mehrerer Oberflächen zeigen, wird die Aperture im LV, insbesondere bei hohen Albedo, für Bildirradianzen von unter $\delta^2 E_0$ deutlich zu hoch geschätzt. E_0 ist die Helligkeit des Himmels. In Bild 3a ist dies bei der hohen Albedo von 0.85 deutlich zu erkennen. Das LV berechnet deshalb in dunkleren Bereichen deutlich zu flache Oberflächen. Wir schlagen die folgende Funktion $A_m(E)$ vor, die die Aperture wesentlich besser schätzt und zu deutlich besser berechneten Oberflächen führt.

$$f(E_r) = \frac{1}{2} \cdot \left(\sqrt{E_r} + 1 - \sqrt{\frac{1-E_r}{1-\delta}} \right) \quad E_s = c \cdot \delta + (1-c) \cdot \left(\frac{\delta}{2-\delta}\right)^2 \quad A'_m(E_r) = \begin{cases} m \cdot E_r^n & ; E_r <= E_s \\ f(E_r) & ; \text{sonst} \end{cases}$$

$$f'(E_r) = \frac{1}{4} \cdot \left(\frac{1}{\sqrt{E_r}} + \frac{1}{\sqrt{(1-E_r) \cdot (1-\delta)}} \right) \quad n = \frac{f'(E_s)}{f(E_s)} \cdot E_s \quad A_m(E) = A'_m\left(\frac{E}{\delta \cdot E_0}\right)$$

$$m = \frac{f(E_s)}{E_s^n}$$

$f(E_r)$ ist dabei die Apertureschätzung für relative Helligkeiten von größer als E_s und $f'(E_r)$ ihre Steigung. Für geringere Helligkeiten wird die Aperturekurve durch ein Polynom an die Bildirradianzachse angenähert, wobei im Punkt E_s ein stetig differenzierbarer Übergang gewährleistet ist. Der Wert E_s kann durch Wahl von $c \in [0;1]$ verändert werden, was zu einer größeren bzw. kleineren Schätzung führt. Wie die mittlere Kurve in Bild 3b zeigt, liegt diese Schätzung auch bei niedrigen Bildirradianzen in der Punktwolke der tatsächlichen Apertures. Durch eine größere Wahl des Parameters c würde die Apertureschätzung bei dieser Oberfläche noch besser ausfallen.

Eindeutigkeit der Oberfläche bei diffuser Beleuchtung

Wir haben festgestellt, daß es bei diffuser Beleuchtung in der Regel unendlich viele nicht stetig differenzierbare und sich stark voneinander unterscheidende Oberflächen mit derselben Albedo und Bildirradianz gibt! Die in den Bildern 4a und 4b schematisch gezeigten Oberflächen besitzen dieselbe Helligkeit. Wir gehen davon aus, daß es unter diesen Oberflächen, die dieselbe Bildirradianz besitzen, nur wenige gibt, deren lokale Maxima stetig differenzierbar oder flächenhaft (z.B. bei waagerecht liegenden Quadern) sind und daß sich diese nur wenig voneinander unterscheiden. Dieses muß noch genauer untersucht werden. Für ein CV-Verfahren ist es günstig, wenn man vorhersagen kann, welche der vielen möglichen korrekten Oberflä-

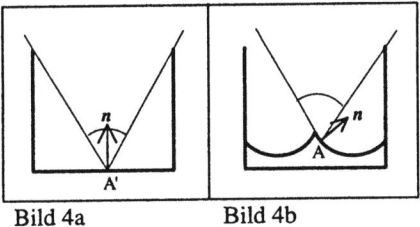

Bild 4a   Bild 4b

chen es berechnet. Dies könnte z.B. die Zusicherung sein, daß nur die zuletzt erwähnten Oberflächen berechnet werden. Das LV hat die Tendenz, diese Oberflächen zu ermitteln.

5 Erweiterung des Langerschen Verfahrens

Trotz der guten praktischen Ergebnisse des LV ist dieses Verfahren prinzipiell jedoch nur geeignet, Näherungen von Oberflächen zu berechnen. Wir leiten im weiteren die von uns entwickelte Erweiterung des LV her, die die Oberfläche genauer berechnen kann. Dazu wird das LV zunächst geringfügig verändert, so daß die EdNV auf dieses angewendet werden kann.

Statt wie im LV aus der Bildirradianz E eine Aperture A_m zu schätzen und mit den berechneten Apertures A der untersuchten Voxel zu vergleichen, kann man aus A auch die

Helligkeiten E_m der Voxel schätzen und mit der tatsächlichen Bildirradianz E vergleichen. Analog zum ursprünglichen Verfahren wird das Voxel als zur Oberfläche gehörend gesetzt, wenn die berechnete Helligkeit E_m kleiner ist als die tatsächliche E. In den Bildern 5a und b sind die Vorgehensweisen schematisch gegenübergestellt. Wenn $E_m(A)$ die Umkehrfunktion von $A_m(E)$ ist, führen beide Verfahren zu denselben Oberflächen.

Um die Interreflexionen genauer zu berücksichtigen, wird die EdNV auf dieses neue LV angewendet (vgl. Bild 5c). Zu Beginn eines jeden Iterationsschritts werden die Interreflexionen E_I in der aktuellen Oberfläche O^k berechnet und dann von der tatsächlichen Helligkeit E abgezogen. Initial kann für O^0 eine Ebene verwendet werden oder auch die vom LV berechnete Oberfläche. Auf das resultierende Helligkeitsbild E_D wird das neue LV angewendet, das aus der Aperture der untersuchten Voxel diesmal aber nur die auf der direkten Beleuchtung beruhenden Helligkeiten schätzt. Das Ergebnis ist eine neue Oberfläche O^{k+1}, die im nächsten Iterationsschritt wieder zur Interreflexionsberechnung verwendet wird.

Dieses Verfahren kann noch verbessert werden, indem die Normalen auch bei der Berechnung der direkten Beleuchtung berücksichtigt werden und die Interreflexionen für alle Voxel berechnet werden. Bei diesem Ansatz werden die *Gesamthelligkeiten* E aller untersuchter Voxel (also auch der O^{k+1}-Voxel) unter Verwendung der jeweils aktuellen Oberfläche $O^{k+1/2}$ bestimmt (Bilder 5d und 5e). Die Angabe $E(..,O^{k+1/2})$ soll deutlich machen, daß die Sichtbarkeit des Himmels in der sich innerhalb eines Iterationszyklus verändernden Oberfläche berechnet wird. Die Oberfläche wird wieder in Ebenen tiefergehend berechnet. Wenn die berechnete Helligkeit eines Voxels geringer ist als die tatsächliche, wird es genau wie bisher als zur Oberfläche und sonst als zum Freiraum gehörend gesetzt. Wenn es im letzteren Fall bisher zur Oberfläche gehörte, so wird das unter ihm liegende automatisch vorübergehend zum Oberflächenvoxel, das bei der Untersuchung der nächsten Ebene überprüft wird. Dieses Vorgehen bezeichnen wir als Erweiterung des LV (EdLV). Nach der Berechnungsart der Normalen unterscheiden wir dabei die E_{ns}dLV und die E_sdLV.

In Bild 5d ist die E_{ns}dLV dargestellt, in der die Normale n^k der eingegebenen Oberfläche O^k als Normale des jeweils untersuchten Voxels verwendet wird. Dieses Verfahren berechnet in der Regel keine stetig differenzierbaren Oberflächen. Das *ns* steht für *nicht stetig*.

In der E_sdLV wird die Normale eines untersuchten Voxels ausschließlich aus dem bis dahin berechneten Teil der Oberfläche O^{k+1} ermittelt (vgl. Bild 5e).

- Wenn kein Bildpixel aus der 8er-Nachbarschaft des untersuchten Bildpixels eine geringere Tiefe besitzt als das aktuell untersuchte Voxel, dann wird eine senkrechte Normale angenommen. Wenn das Voxel zur Oberfläche gehört, ist es nämlich entweder ein lokales Maximum oder hat tatsächlich eine sehr steile Normale.
- Anderenfalls wird die Normale aus den Tiefen der höher gelegenen Umgebungspixel ermittelt, wobei wir uns dabei nicht auf die direkt benachbarten Pixel beschränken.

Diese Variante der EdLV berechnet in der Regel Oberflächen mit stetig differenzierbaren oder flächenhaften lokalen Maxima.

Langer verlangte für sein LV, daß der Rand der untersuchten Szene die Tiefe Null hat und

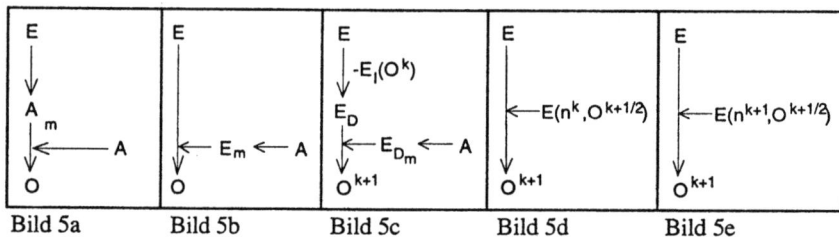

Bild 5a   Bild 5b   Bild 5c   Bild 5d   Bild 5e

kein Oberflächenteil über diesen hinausragt. Diese Voraussetzung ist nicht notwendig. Sowohl beim LV als auch bei der EdLV kann die Umgebung eine Ebene mit bekannter Tiefe und Albedo sein. Prinzipiell können so auch konvexe Objekte untersucht werden. Beide Verfahren liefern bei starken Abschattungen aber prinzipbedingt bessere Ergebnisse. Bei der EdLV können die Beleuchtung und die Albedo auch ungleichmäßig sein. Sie müssen aber bekannt sein. Das LV und die EdLV können von beliebig perspektivisch aufgenommenen Bildern ausgehen, solange die Perspektive bekannt ist. Als initiale Oberfläche für die EdLV kann z.B. die mit dem LV berechnete verwendet werden. Man kann aber auch einfach die mit einem Faktor multiplizierten Helligkeiten des Eingabebildes als initiale Tiefenwerte verwenden. Auch wenn die dabei verwendete Annahme "je dunkler, desto tiefer" bei diffuser Beleuchtung im allgemeinen nicht gilt, hat sie in lokalen Bereichen doch meist ihre Gültigkeit. Weitere Eigenschaften und ausführliche Analysen der Verfahren sind in [Rumpel94] erläutert.

6 Experimentelle Ergebnisse

Wir haben das LV und seine Erweiterungen auf eine Vielzahl teilweise sehr komplexer Szenen angewendet und die Ergebnisse vergleichend analysiert [Rumpel94]. Hier können nur einige wichtige Ergebnisse vorgestellt werden. In den Bildern 6b-e sind beispielhaft die jeweils berechneten Höhenkarten der im Bild 6a abgebildeten Polyederszene mit der Albedo 0.85 wiedergegeben.

LV: Das LV berechnet, insbesondere bei hohen Albedo, in dunklen Bereichen deutlich zu flache Oberflächen, was an der für geringe Bildirradianzen zu groß geschätzten Aperture liegt (Bild 6b). Mit der neuen Apertureschätzung A_m werden wesentlich bessere Ergebnisse erzielt (Bild 6c). Da die dunklen Bereiche in Bild 6c etwas zu tief berechnet werden, würde die Wahl eines größeren Wertes für c bei der Apertureschätzung A_m bei dieser untersuchten Szene zu einer besseren Oberfläche führen. Den besten Wert für c kann man im vorhinein aber nicht wissen. Mit der neuen Schätzung können im allgemeinen gute Oberflächennäherungen berechnet werden. Die Oberflächen müssen dabei nicht stetig differenzierbar sein und auch sehr tiefe senkrechte Schluchten bereiten keine Probleme.

EdLV: Die Bilder 6d und e zeigen die Ergebnisse nach der dritten iterativen Anwendung der $E_{ns}dLV$ und E_sdLV auf das Bild 6a. Beide EdLV-Verfahren konvergieren auf *korrekte*

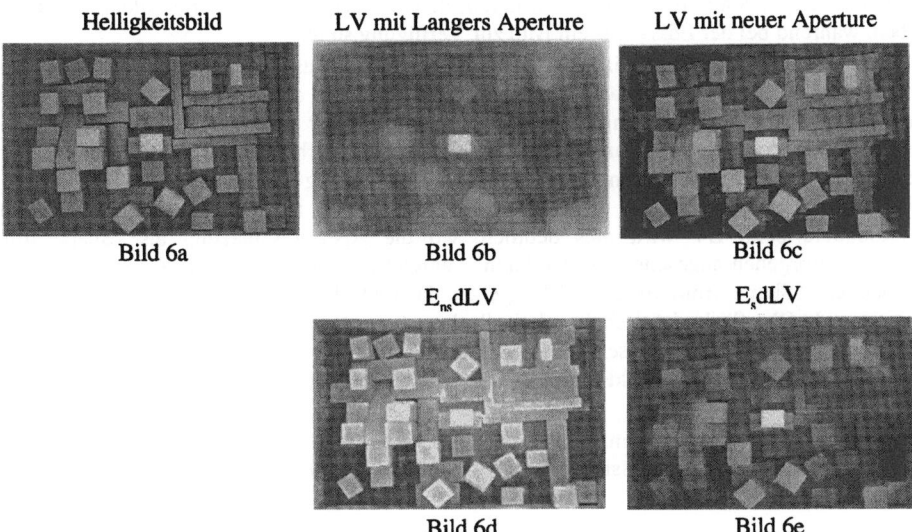

Oberflächen, was bedeutet, daß selbige die tatsächliche Bildirradianz aufweisen. Die $E_{ns}dLV$ hat die Eigenschaft, einmal aufgetretene kleine Unebenheiten während der folgenden Iterationszyklen extrem zu verstärken. In einfachen Konkavitäten können so mitunter spitze "Berge" auftreten. Die endgültigen Oberflächen sind deshalb in der Regel nicht stetig differenzierbar und weisen viele sehr "spitze" lokale Maxima auf, weshalb die Gesamttiefe der Oberfläche auch meist geringer berechnet wird. In Bild 6d sind die sich in den Iterationszyklen verstärkenden lokalen Maxima an den Polyederrändern deutlich ausgeprägt. Die tatsächlich waagerechten Polyederoberflächen werden als konkave Oberflächen berechnet. Wie in Bild 6e zu sehen ist, werden die Polyederoberseiten von der $E_s dLV$ korrekt waagerecht berechnet. Die Gesamttiefe stimmt deshalb auch besser mit der der tatsächlichen Szene überein. Die Oberfläche stellt eine deutliche Verbesserung gegenüber den mit dem LV berechneten dar (Bilder 6b und 6c). Auch wenn mit der $E_{ns}dLV$ mit den ersten Iterationszyklen meist eine Verbesserung gegenüber der mit dem LV ermittelten Oberfläche erreicht wird, kann man meist nicht genau vorhersagen, welche Maxima wie stark verstärkt werden und welche Oberfläche endgültig berechnet wird. Obwohl diese Oberflächen korrekt sind, ist das Verfahren deshalb nicht so geeignet wie die $E_s dLV$.

7 Vergleich zwischen der EdNV und der EdLV

Sowohl die EdNV als auch die EdLV konvergieren auf korrekte Oberflächen. Da es bei diffuser Beleuchtung im allgemeinen unendlich viele Oberflächen mit derselben Helligkeit gibt, ist es gut möglich, daß die EdLV bei einigen Oberflächen tatsächlich divergiert. Während die von der EdNV berechneten Oberflächen zunehmend konkaver werden, nähern sich die Oberflächen bei der EdLV alternierend von beiden Seiten der tatsächlichen an. Die EdLV konvergiert schneller als die EdNV, was unter anderem daran liegt, daß sich die Oberfläche auch während eines Iterationszyklus verändert, während die neue Oberfläche bei der EdNV ausschließlich aus der jeweils eingegebenen berechnet wird. Trotzdem ist die EdLV wesentlich langsamer, da die Helligkeiten und Interreflexionen nicht nur für die Oberflächenvoxel, sondern auch für alle Freiraumvoxel berechnet werden müssen.

Bei den von der EdNV berechneten Oberflächen nimmt die Genauigkeit vom Rand zur Bildmitte hin ab, bei der EdLV mit zunehmender Tiefe. Die EdNV berechnet deutlich bessere Oberflächen als die EdLV. Dies liegt nicht nur daran, daß bei der EdNV keine Schatten auftreten dürfen, sondern hauptsächlich daran, daß wir bei der EdNV drei Bilder verwendet haben, während bei der EdLV nur ein Bild zur Verfügung steht.

Bei paralleler Beleuchtung wird die direkte Beleuchtung eines Voxels nur von einem kleinen Teil der höher liegenden Oberfläche bestimmt, während sie bei diffuser Beleuchtung von einem wesentlich größeren Teil abhängt. Trotzdem sind die mit der EdLV erzielten Ergebnisse oft besser als die der bekannten unter paralleler Beleuchtung arbeitenden SFS-Verfahren. Dies liegt daran, daß die Abschattungen der direkten Beleuchtung die bei paralleler Beleuchtung arbeitenden Verfahren stören, während die EdLV gerade auf ihrer Auswertung beruht. Insbesondere beim LV wird dies deutlich, wo die Aperturschätzung als "Shape from Intensity"-Vorgehen angesehen werden kann, während die nachfolgende Tiefenberechnung im Grunde ein "Shape from Shadows"-Vorgehen darstellt. Eine optimale von der EdNV zu bestimmende Oberfläche ist deshalb relativ flach und weist weder Senkrechten noch Schatten auf. Für die EdLV sind tiefe senkrechte Schluchten und Schatten hingegen günstig. Sie hat weiter den Vorteil, daß das Bild mit einer beliebigen bekannten Projektion aufgenommen sein kann.

Beide Verfahren können prinzipiell auf nicht-Lambertsche Oberflächen erweitert werden. Die EdLV kann mit einem klassischen, mit paralleler Beleuchtung arbeitenden SFS-Verfahren kombiniert werden.

8 Zusammenfassung

Wir haben zwei Verfahren zur Berücksichtigung von Interreflexionen und Schatten bei paralleler und diffuser Beleuchtung untersucht und erweitert.

Das in [Nayar91] vorgestellte Verfahren (NV) wurde so erweitert, daß es neben Interreflexionen auch die Abschattungen der direkten parallelen Beleuchtung berücksichtigen kann. Weitere Vorteile dieser Erweiterung (EdNV) sind, daß die Interreflexionen auf beliebige Weise bestimmt werden können und von einer beliebigen Anzahl Bilder ausgegangen werden kann. Wir haben das Verfahren mit wesentlich komplexeren synthetischen und realen Szenen untersucht als Nayar. Es berechnete fast so gute Oberflächen wie das klassische PMS aus Bildern, in denen keine Interreflexionen auftreten.

Das in [Langer94] vorgestellte Verfahren (LV) kann Interreflexionen und Abschattungen bei diffuser Beleuchtung berücksichtigen. Durch eine Verbesserung der dabei verwendeten Apertureschätzung konnten wir deutlich bessere Ergebnisse erzielen. Wir haben weiterhin festgestellt, daß es bei diffuser Beleuchtung im allgemeinen unendlich viele, sich stark voneinander unterscheidende Oberflächen mit derselben Helligkeit gibt. Ausgehend von der Anwendung der EdNV auf das LV haben wir zwei Erweiterungen des Verfahrens (E_sdLV und E_{ns}dLV) entwickelt, die iterativ korrekte Oberflächen berechnen und nicht nur Schätzungen derselben. Die E_{ns}dLV konvergiert auf nicht stetig differenzierbare Oberflächen und die E_sdLV auf solche mit stetigen oder flächenhaften lokalen Maxima. Die Anwendung auf synthetische und reale Bilder führte zu guten Oberflächen, die wesentliche Verbesserungen gegenüber den vom LV berechneten darstellen. Die EdLV verlangt darüber hinaus weniger Voraussetzungen.

Schließlich haben wir die EdNV und die EdLV vergleichend analysiert.

Literaturverzeichnis

[Cohen85] M.F. Cohen, D.P. Greenberg, "The Hemi-Cube: A Radiosity Solution For Complex Environments", Computer Graphics (Proc. SIGGRAPH '85), Vol.19, No.3, July 1985, pp. 31-40.
[Cohen88] M.F. Cohen, S.E. Chen, J.R. Wallace, D.P. Greenberg, "A Progressive Refinement Approach to Fast Radiosity Image Generation", Computer Graphics (Proc. SIGGRAPH ' 88), Vol.22, No.4, Aug. 1988, pp. 75-84.
[Frankot88] R.T. Frankot, R. Chellappa, "A Method for Enforcing Integrability in Shape from Shading Algorithms", IEEE Trans. on PAMI, Vol.10, No.4, July 1988, pp. 439-451.
[Funt91] B.V. Funt, M.S. Drew, J. Ho, "Color Constancy from Mutual Reflection", IJCV, 6:1, 1991, pp. 5-24.
[Funt93] B.V. Funt, M.S. Drew, "Color Space Analysis of Mutual Illumination", IEEE Trans. on PAMI, Vol. 15, No.12, 1993, pp. 1319-1326.
[Horn75] B.K.P. Horn, "Obtaining Shape from Shading Information", Winston, P.H. (Ed.) The Psychology of Computer Vision, McGraw-Hill, New York, pp. 115-155.
[Jang91] Y. Jang, "Identification of Interreflection in Color Images Using a Physics-Based Reflection Model", Proc. CVPR '91, June 1991, pp. 632-637.
[Langer93] M.S. Langer, S.W. Zucker, "Diffuse Shading, Visibility Fields, and the Geometry of Ambient Light", Proc. of the 4th ICCV '93, Berlin 1993, pp. 138-147.
[Langer94] M.S. Langer, S.W. Zucker, "Shape from Shading on a Cloudy Day", J. Opt. Soc. Am. A, Vol.11, No.2, 1994, pp. 467-478.
[Nayar91] S.K. Nayar, K. Ikeuchi; T. Kanade, "Shape from Interreflections", IJCV, Vol.6, No.3, August 1991, pp. 173-195.
[Nayar92] S.K. Nayar, Y. Gong, "Colored Interreflections and Shape Recovery", Proc. Image Understanding Workshop (DARPA), 1992, pp. 333-343.
[Rumpel94] D. Rumpel, "Untersuchung zweier photometrischer Methoden zur direkten Tiefenschätzung aus Videobildern", Fachgruppe CV am Fachbereich Informatik der TU Berlin, CV-Bericht Nr. 31, 1994.
[Schlüns93] K. Schlüns, O. Wittig, "Photometric Stereo for Non-Lambertian Surfaces Using Color Information", Proc. 7th Int. Conf. on Image Analysis and Processing, Monopoli, Italy, Sept. 20-22, 1993, pp. 505-512.
[Woodham80] R.J. Woodham, "Photometric Method for Determining Surface Orientation from Multiple Images", Optical Engineering, Vol. 19, No.1, 1980, pp. 139-144.

Wissensrepräsentation im Konfigurationssystem für Bildanalyseprozesse CONNY

C.-E. Liedtke, A. Blömer

Institut für Theoretische Nachrichtentechnik und Informationsverarbeitung
Abt. "Automatische Bildinterpretation" (Prof. Dr.-Ing. C.-E. Liedtke)
Universität Hannover, Appelstraße 9A, D 30167 Hannover 1
e–mail: liedtke@tnt.uni–hannover.de

Zusammenfassung *Die Lösung von Bildinterpretationsaufgaben mit Verfahren der digitalen Bildverarbeitung erfordert die Anpassung an unterschiedliche Aufgabenstellungen bei unterschiedlichen Umfeld– und Sichtbedingungen. Hierzu ist eine geeignete Systemkonfiguration notwendig, d.h. die Auswahl einer Folge von Bildverarbeitungsoperatoren und die Einstellung der zugehörigen Parameterwerte. Aufgabe eines Forschungsvorhabens war es das Wissen eines Bildanalyseexperten so zu erfassen, zu strukturieren, zu repräsentieren und einer automatischen Verarbeitung zugänglich zu machen, daß damit die Konfigurationsaufgabe vollautomatisch durchgeführt werden kann. Der vorliegende Beitrag erläutert für das in dem Zusammenhang erstellte System CONNY die gewählten Formen der Wissensrepräsentation und verdeutlicht an einem Beispiel den Ablauf bei der Wissensnutzung.*

1 Einleitung

Bei sichtgesteuerten Automatisierungsaufgaben stellt die Segmentierung, d.h. die Extraktion von Kanten oder Regionen einen wesentlichen Verarbeitungsschritt dar. Die Qualität der Segmentierung ist abhängig von den Eigenschaften, insbesondere den Oberflächeneigenschaften der betrachteten Objekte, den Eigenschaften der verwendeten Kamera und der Beleuchtung. Es bedarf speziellen Expertenwissens Sichtsysteme durch geeignete Auswahl von Bildverarbeitungsoperatoren und Einstellungen derer Parameterwerte an diese Bedingungen anzupassen. Aufgabe des Projektes CONNY (CONfiguratoN sYstem) an der Universität Hannover war es zu ermitteln, wie das relevante Expertenwissen eines Bildverarbeitungsexperten so aufbereitet, strukturiert, repräsentiert und maschinell verarbeitet werden muß, um den Konfigurationsvorgang für derartige Sichtsysteme automatisieren zu können.

Konfigurationssysteme wurden in der Literatur auch an anderer Stelle behandelt. Vielfach wurde eine Einschränkung auf festes a–priori–Wissen vorgenommen [1],[2]. In den letzten Jahren ist, wie bei dem vorliegenden Ansatz, vermehrt die Einbeziehung einer Signalverarbeitung in die Konfiguration zu beobachten [3], [4]. Besondere Merkmale von CONNY sind u.a. die vollautomatische Adaption von Parameterwerten und die Fähigkeit neues Konfigurationswissen selbstständig zu erlernen.

2 Systemaufbau

CONNY ist in der Lage, für eine vorgegebene Bildverarbeitungsaufgabe, automatisch zu ermitteln, welche Bildverarbeitungsschritte in welcher Reihenfolge und mit welchen Parameterwerten anzuwenden sind. Dazu muß eine Aufgabenstellung spezifiziert werden und es müssen für den Anwendungsbereich typische Testbilder vorgegeben, sowie Referenzwissen angegeben werden. Die Aufgabe kann beispielsweise darin bestehen, daß für ein Werkstück die Konturen zu extrahieren sind, mit der Zusatzangabe, daß die Lagegenauigkeit wichtig ist und dem Referenzwissen, daß in dem mitgelieferten Testbild das Rauschen hoch und die Flankensteilheit der enthaltenen Konturen gering sei.

Die Struktur des wissenbasierten Konfigurationssystems CONNY ist in Abb.1 wiedergegeben. Die Spezifikation der Aufgabenstellung erfolgt über die Benutzerschnittstelle. Die Angaben des Benutzers werden dann in systemnahe Repräsentationen übersetzt und gespeichert. Nach der Spezifikation der Aufgabenstellung wird die Konfiguration begonnen, die sich in die drei Phasen "Instanzierung", "Vorauswahl" und "Adaption" gliedert.

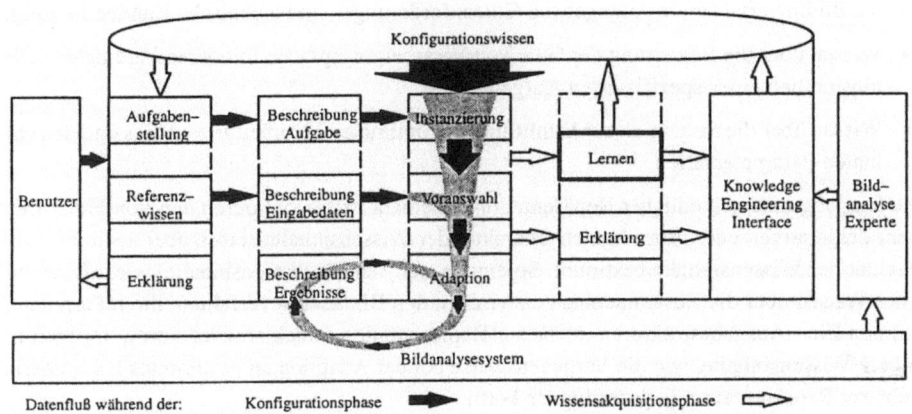

Abb. 1. Architektur des Konfigurationssystems CONNY

In der Instanzierungsphase werden vom System alle Objekte instanziert, die zur Bearbeitung des gestellten Aufgabenziels prinzipiell in Frage kommen. Damit findet schon in der Phase der Instanzierung eine erste Vorauswahl statt. Besteht die Aufgabe in einer Konturfindung, so wird hier nur der Teil des Operatorenbaums instanziert, der die Möglichkeiten zur Realisierung eines Bildanalyseprozesses zur Konturextraktion modelliert. Darüberhinaus werden alle Systemkomponenten instanziert, die mit dem Operatorenbaum und dem Wissen über die Konfiguration dieses Operatorenbaums in Beziehung stehen. In der anschließenden Phase der Vorauswahl werden Aufgabenstellungen und Referenzwissen dazu verwendet, eine Vorauswahl der in Frage kommenden Verarbeitungspfade durchzuführen und die Wertebereiche der Parameter einzuschränken. Ziel der Adaptionsphase ist es, die Parameter der Bildanalysepfade so einzustellen, daß ein möglichst gutes Bildanalyseergebnis mit dem Bildanalysepfad erzielt wird. Im Gegensatz zur Vorauswahl, die sich nur auf a–priori–Wissen stützt, werden die Modifikationsentscheidungen in der Adaptionsphase aufgrund einer Bewertung des mit den jeweiligen Parametereinstellungen erzielten Bildanalyseergebnisses getroffen. Zur Bewertung werden Regeln verwendet, die auf eine hochsprachliche Darstellung des Bewertungsergebnisses zugreifen.

Für die Akquisition des Domänenwissens, hier insbesondere den Regeln für die Vorauswahl und für die Adaption ist eine Wissensakquisitionskomponente vorgesehen.

Verschiedene Komponenten des Systems CONNY wurden bereits vorgestellt, beispielsweise die Systemarchitektur und Anwendungsbeispiele in [5] und [6], die hochsprachliche Bewertung von Zwischenresultaten [7] und die automatische Wissensakquisition [8],[9]. Im Rahmen dieses Beitrages soll die grundsätzliche Frage behandelt werden, in welcher Form welche Wissensinhalte geeignet zu repräsentieren sind und wie der Ablauf bei der Nutzung der Wissensbasis erfolgt.

3 Wissensinhalte und Wissensrepräsentation

Für die Konfiguration werden folgende Wissensinhalte benötigt:

- Wissen über die Bildverarbeitungsverfahren an sich, d.h. die algorithmische Umsetzung, Ein- und Ausgabedatenstrukturen und Parameter der elementaren und komplexen (d.h. zusammengesetzten) Bildverarbeitungsmoduln

- Wissen über die sinnvolle Zusammensetzung komplexer Bildverarbeitungsoperatoren insbesondere hinsichtlich der Eignung für bestimmte Aufgabenziele, der Eignung für bestimmtes Bildmaterial sowie vorgegebene Güteanforderungen und technische Randbedingungen

- Wissen über die Bewertung der Güte von Verarbeitungspfaden mit deren Parameterwerten hinsichtlich eines spezifizierten Aufgabenziels

- Wissen über die Strategien zur Ermittlung des optimalen Verarbeitungspfades und des optimalen Parametersatzes

Die Eignung unterschiedlicher Repäsentationsschemata ist sowohl durch den von Fall zu Fall mehr deklarativen oder prozeduralen Charakter der Wissensinhalte selbst, aber auch durch die Qualität der Wissensinhalte bestimmt. So eignen sich sichere Wissensinhalte, wie z.B. technisches Wissen über die Zusammenhänge zwischen den Bildanalyseverfahren, ihren Parametern und den Ein- Ausgabestrukturen mehr zur Repräsentation in deklarativer Form, dagegen unsichere Wissensinhalte, wie die Vorgehensweise bei der Adaption an bestimmtes Bildmaterial, mehr zur Repräsentation in prozeduraler Form.

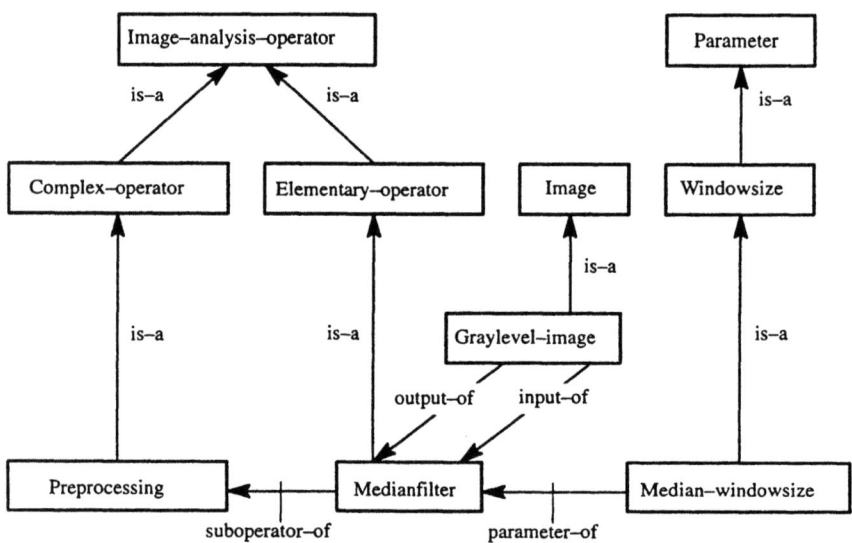

Abb. 2. Ausschnitt aus dem Semantischen Netz

Als deklarative Form zur Repräsentation von Faktenwissen wurde ein semantisches Netz gewählt, wobei die Knoten als Frames realisiert wurden. In den Frames wurde gesichertes und weitgehend statisches Wissen abgelegt. Ein Beispiel für einen Ausschnitt des Netzes ist in Abb.2 wiedergegeben, ein Beispiel für ein Frame in Abb.3. Bis auf die Elementaroperatoren und

Elementarparameter, die Bezug zu einem zugeordneten C-Programm haben (z.B. "Medianfilter"), repräsentieren die Knoten des semantischen Netzes Begrifflichkeiten, die für den Konfigurationsprozeß von Bedeutung sind (z.B. "Complex-Operator", Elementary-operator", "Preprocessing", "Windowsize") und auf die weitere Wissensinhalte z.B. in Form von Regeln Bezug nehmen können. Das Frame "Medianfenstergröße" beschreibt Wissen über die Fenstergröße eines Medianfilters im Zusammenhang mit den hier behandelten Segmentierungsaufgaben.

```
{Medianfenstergröße
  Relationen
    is-a:              Elementarparameter
    parameter-von: Medianfilter
    bekanntes-konfigurationswissen:
    Adaptionswissen-über-Medianfenstergröße-im-Kontext-Medianfilter
    Adaptionswissen-über-Medianfenstergröße-im-Kontext-Konturfindung
    Adaptionswissen-über-Medianfenstergröße-im-Kontext-Zellbildsegmentierung
  Attribute
    Wert:
    Defaultwert: (3 3)
    Sinnvolle-Werte: (3 3)(5 5)(7 7)(9 9)(11 11)(13 13)(15 15)
  Methoden
}
```
Abb. 3. Beispiel für ein Frame

Die Knoten des semantischen Netzes sind durch eine Vielzahl von Relationen verbunden, die zur expliziten Formulierung der Zusammenhänge und als Ordnungskriterien für die Auswahl der Knoten für bestimmte spezielle Aufgaben im Konfigurationsablauf dienen. Die is-a Relation dient zum Aufbau der Klassenhierarchie und wird u.a. zur Vererbung von Methoden und Parametern benötigt. Die suboperator-of Relation ist eine für dieses Anwendungsbeispiel der Konfigurierung spezielle Ausprägung der in semantischen Netzen häufig verwendeten part-of Relation zur Gestaltung einer Teilhierarchie. Weitere Relationen, wie input-of, output-of, parameter-of in Abb.2 beschreiben in expliziter Form den Zusammenhang zwischen den Frames. Relationen, wie "Adaptionswissen-über-Medianfenstergröße-im-Kontext-..." im Frame "Medianfenszergröße" in Abb.3 stellen hier als Fallunterscheidung Bezüge zu speziellen Wissensinhalten her, durch die sowohl vereinfachte Suchvorgänge, z.B. bei der automatischen Instanzierung, als auch die leichten Erweiterbarkeit bei Hinzufügen neuer Wissensinhalte bewirkt werden soll.

Prozedurale Wissensinhalte wurden repräsentiert

- als Algorithmen in einer algorithmischen Programmiersprache, hier C,
- in Form von Methoden und Dämonen als Komponenten des semantischen Netzes,
- als Instanzierungsmechanismen für Netzknoten und
- als Regeln eines regelbasierten Systems.

Regeln wurden dort eingesetzt, wo die weitere Vorgehensweise durch a priori unbekannte, und erst zur Ausführungszeit bekannte und zu interpretierende Datenbestände bestimmt wird. Hiermit ist häufig auch die Formulierung unsicheren Wissens verbunden. Beispiele sind:

- die Interpretation der Aufgabe und des Referenzwissens aus den Benutzerangaben
- die Parametermodifikation bei der Adaption in Abhängigkeit von der Bildinterpretation,
- Wissen über die Systemsteuerung in Abhängigkeit vom Konfigurationszustand.

Abb.4 zeigt ein Beispiel für eine Regel aus dem Domänenbereich der Tiefpaßfenstergrößenadaption. Sie repräsentiert die Erfahrung eines Experten, daß eine Vergrößerung der Fenstergröße im Modul "Tiefpass" zu einer Reduktion des Bildrauschens führt.

```
(Verringerung-des-Rauschens-durch-Erhoehung-der-Tiefpassfenstergroesse
    (Schema      ^Typ Ziel
                 ^Schema-Name Aenderung-des-Rauschens
                 ^Art-der-Veraenderung Reduktion)
    (Schema      ^Typ Tiefpassfenstergroesse
                 ^Name <Tiefpassfenstergroesse>)
—>
    (create-Schema Tiefpassfenstergroesse-von-Tiefpass-erhoehen
                 (instance Empfehlung-einer-Parameterwertveraenderung)
                 (Parameter <Tiefpassfenstergroesse>)
                 (Art-der-Veraenderung Erhoehung)))
```

Abb. 4. Beispiel für eine Regel in der Domäne "Tiefpaßfenstergrößenadaption"

4 Wissensnutzung am Beispiel der Feinadaption

Im folgenden sollen der Verarbeitungsablauf und die Nutzung der Wissensinhalte an einem Beispiel exemplarisch dargestellt werden. Das Beispiel in Abb.5 stellt die Abarbeitung von Regeln während der Parameteradaptionsphase dar. Der zu optimierende Bildverarbeitungspfad zur Erzeugung eines Konturbildes aus einem Grauwertbild soll der Einfachheit halber nur aus einem morphologischen Konturoperator und einer nachfolgenden Schwellwertoperation bestehen. Aufgrund einer vorangegangenen Verarbeitung des Testbildes mit dem Verarbeitungspfad und den vorher gewählten Parametereinstellungen wurde ein Konturbild erzeugt und dessen Qualität bewertet. Es wurde dabei festgestellt, daß die "Zerstückelung der Geraden" im Konturbild "stark" ist. Aufgrund dieser Bewertung kommt die in Abb.5 oben aufgeführte Regel zur Anwendung, die eine "starke" "Reduktion" des "Schwellwertes" der nachfolgenden Schwellwertoperation fordert. Hierdurch wird die Methode "Modify" mit den Parametern "Reduktion" und "stark" aufgerufen und an das Frame "Schwellwert-1" weitergeleitet. Im Frame "Schwellwert-1" ist im Slot "Modify" eine Methode eingetragen, die unter Berücksichtigung der Parameter "Reduktion" und "stark" eine entsprechende Modifikation des Wertes de Parameters "Schwellwert-1" bewirkt.

Die im Ablauf (Abb.5 oben) folgende Regel initiiert eine Verarbeitung des Testbildes mit dem Verarbeitungspfad bei geändertem Parameterwert, um in der nachfolgenden Bewertung, den Erfolg der Parametermodifikation überprüfen zu können. Die Bildverarbeitung wird durch den Methodenaufruf "Execute" eingeleitet. Der augenblickliche Verarbeitungspfad, der durch "Konturextraktion-1" repräsentiert ist, enthält unter dem Slot "Execute" selbst keine Methode zur Ausführung. Daher wird in der Klassenhierarchie entlang der is-a-Relationen überprüft, ob unter "Execute" eine Methode geerbt werden kann. Diese Methode wird bereits im Frame "Komplexer-Operator" mit dem Namen "execute-Komplexen-Operator" gefunden. Diese Methode wird nach "Konturextrakton-1" übertragen und dort ausgeführt.

Ein "Komplexer-Operator" besteht aus Teiloperatoren, die mit diesem über die Relation "suboperator-of" verbunden sind. Hierdurch wird ein Baum aufgebaut, an dessen Blättern "Elementare-Operatoren", wie z.B. der "Morphologische-Konturoperator-1" und der "Schwell-

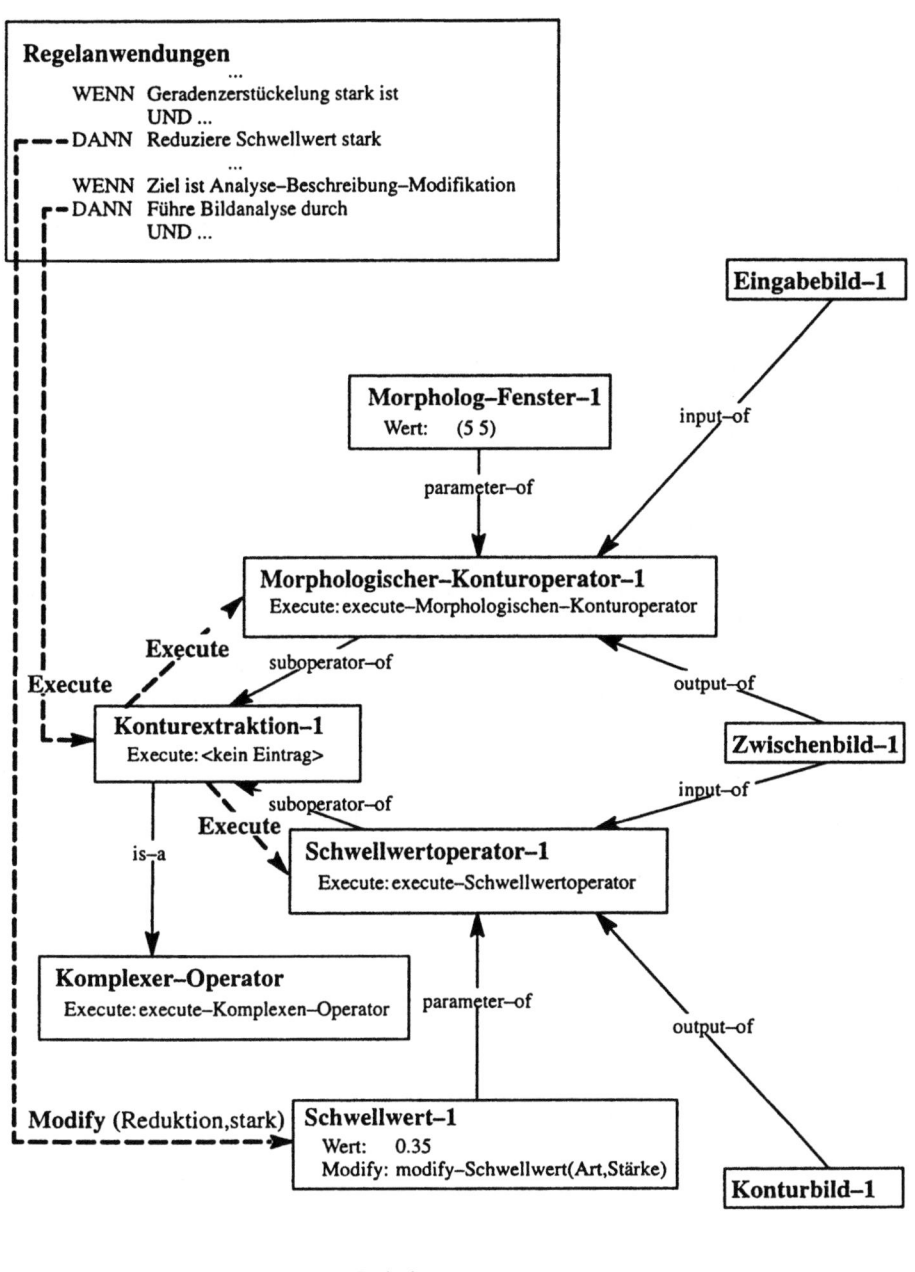

Abb. 5. Beispiel für die Wissensnutzung in der Adaptionsphase

wertoperator-1" hängen, an die C-Programme zur Bildverarbeitung gebunden sind. Die Methode "execute-Komplexen-Operator", die allgemein für alle "Komplexen Operatoren" gilt besagt, daß an alle Teiloperationen sequentiell der Methodenaufruf "Execute" weitergeleitet wird. In diesem Fall wird der Aufruf zuerst an den Elementar-Operator "Morphologischer-Kontur-Operator-1" weitergeleitet, der unter seinem Slot "Execute" eine Methode zur Bildverarbeitung in Form eines in C codierten Bildverarbeitungsalgorithmus enthält. Weitere Parameter, wie die Fenstergröße werden über die "parameter-of"-Relation vom Frame "Morpholog-Fenster-1" und die Adresse des in "Eingabebild-1" abgelegten Testbildes über die Relation "input-of" bereitgestellt. Die Adresse des resultierenden Bildes wird in dem über "output-of" adressierten Frame "Zwischenbild-1" abgelegt.

Nach Abschluß der beschriebenen Bildverarbeitung wird der Methodenaufruf "Execute" vom "Komplexen-Operator" "Konturextrakton-1" an die Elementare-Operation "Schwelloperator-1" weitergeleitet, die aufgrund der Relation "suboperator-of" ebenfalls als Teiloperation des komplexen Operators "Konturextrakton-1" erkannt wird. In dessen Slot "execute" ist ebenfalls eine Methode in Form eines in C codierten Schwellwertalgorithmus abgelegt. Der Schwellwert wird über "parameter-of" vom Frame "Schwellwert-1" und die Adresse des Eingangsbildes über die Relation "input-of" ermittelt. Das Ergebnis der Bildverarbeitung, das in diesem Fall auch das Ergebnis des Bildverarbeitungspfades darstellt, wird in dem über "output-of" bezeichneten Frames "Konturbild-1" abgelegt.

Abb.5 wurde in vielerlei Hinsicht für die Darstellung vereinfacht. So stellen z.B. alle dargestellten Frames (bis auf "Komplexer-Operator") Instanzen zugehöriger Klassenobjekte dar.

5 Ergebnisse

Das System wurde unter der Shell Knowledge Works von Harlequin in LISP auf SUN Rechnern implementiert. Das System beinhaltet derzeit ca. 920 Frames, 420 Methoden und 390 Produktionsregeln. Die eigentliche Bildverarbeitung basiert auf dem kommerziellen System Toppic.

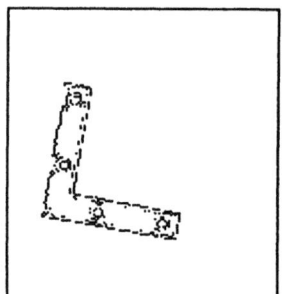 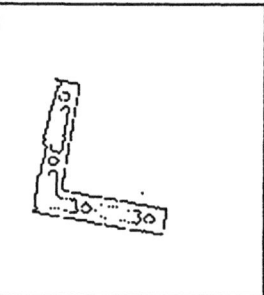 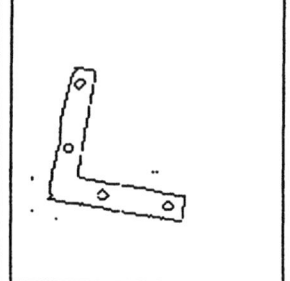

Abb. 6. Zwischenergebnisse in der Adaptionsphase

Beispiele für typische Zwischenergebnisse im Optimierungsprozeß für einen Bildverarbeitungspfad zur Konturfindung sind in Abb.6 dargestellt. Das erste Bild zeigt das Ergebnis der Konturfindung für einen Verarbeitungspfad, bei dem als Parameter die Default-Werte für die einzelnen Operatoren verwendet wurden. Die Folgebilder stellen Zwischenergebnisse des Optimierungsprozesses dar. Die Qualität des erzielten Endergebnisses ist in Abb.7 dargestellt. Abb.7a stellt das Testbild dar, dessen Konturen zu finden sind. Ein durch manuelle Parameteroptimierung von einem Experten erzieltes Ergebnis ist in Abb.7b dargestellt., Das durch eine vollautomatische Optimierung mit dem Konfigurationssystem erzielte Ergebnis ist in Abb.7c dargestellt. Das System wurde insgesamt an über 150 Bildern getestet, wobei das erzielte Ergebnis in mehr als 85% aller Fälle von einem menschlichen Experten durch manuelle Einstellungen nicht verbessert werden konnte.

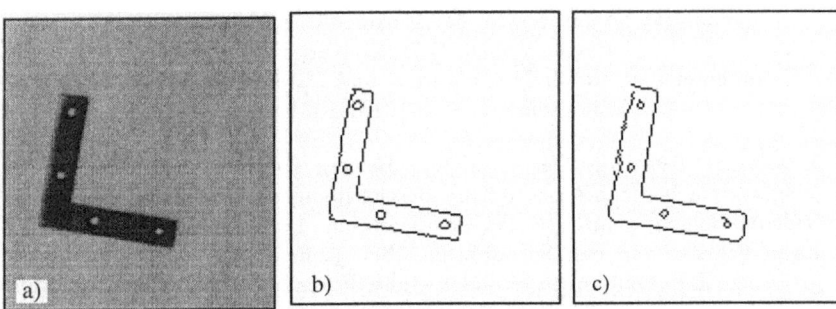

Abb. 7. Vergleich des Adaptionsergebnisses des Adaptionssystems (mittleres Bild) und eines menschlichem Bildanalyseexperten (rechtes Bild)

Literatur

1. I. Syska, *Modulare Problemlösungsarchitekturen für Konstruktionssysteme*, Dissertation, DISKI 4, Infix, 1992.
2. W. Tank, *Modellierung von Expertise über Konfigurierungsaufgaben*, Dissertation, DISKI 5, Infix, 1992.
3. T. Matsuyama, V. Hwang, SIGMA, A knowledge–based aerial image understanding system, New York, Plenum Press, (1990).
4. T. Messer, *Wissensbasierte Synthese von Bildanalyseprogrammen*, Dissertation, DISKI 22, Infix, 1992.
5. C.–E. Liedtke, A. Blömer, and Th. Gahm, "Knowledge–Based Configuration of Image Segmentation Processes", *International Journal of Imaging Systems and Technology*, John Wiley & Sons, Inc., Vol.2, pp. 285–295, 1990.
6. C.–E. Liedtke and A. Blömer, "Architecture of the Knowledge Based Configuration System for Image Analysis "CONNY"", *Proceedings of the 11th IAPR International Conference on Pattern Recognition*, The Hague, Vol. I, pp. 375 – 378, IEEE Computer Society Press, September 1992.
7. A. Blömer and C.–E. Liedtke, "Use of Natural Spoken Terms for the Evaluation of Intermediate Results of a Knowledge–Based Image Interpretation System", *Proceedings of the Third International Conference on Image Processing and its Applications*, Warwick, July 1989.
8. C–E. Liedtke, Th. Schnier, and A. Blömer, "Automated Learning of Rules Using Genetic Operators", *Proceedings of the 5th International Conference on Computer Analysis of Images and Patterns*, pp. 327–334, Budapest, Springer–Verlag, September 1993.
9. C.–E. Liedtke und A. Blömer, "Lernen von Konfigurationswissen", *Tagungsband des 16. DAGM Symposiums und 18. Workshop der ÖAGM, Mustererkennung 1994, Erkennen und Lernen*, S. 359–368, Technische Universität Wien, September 1994.

Danksagung

Diese Arbeit wurde durch die Deutsche Forschungsgemeinschaft gefördert.

Zuordnung natürlichsprachlicher Begriffe zu Geschehen an einer Tankstelle

Henner Kollnig[1], Harald Damm[1], Hans-Hellmut Nagel[1,2] und Michael Haag[1]

[1] Institut für Algorithmen und Kognitive Systeme
Fakultät für Informatik der Universität Karlsruhe (TH)
Postfach 6980, D-76128 Karlsruhe
[2] Fraunhofer-Institut für Informations- und Datenverarbeitung (IITB)
Fraunhoferstr. 1, D-76131 Karlsruhe

Zusammenfassung. Das in diesem Beitrag vorgestellte Bildauswertungssystem berechnet begriffliche Beschreibungen für automatisch aus Videobildfolgen ermittelte Trajektoriendaten. Dabei sind alle notwendigen Schritte von den Sensordaten über geometrische bis hin zu begrifflichen Beschreibungen in einem einheitlichen System implementiert. Ausgehend von den theoretischen Überlegungen in [Nagel 91] werden zulässige Aktionssequenzen beim Betanken eines Fahrzeuges weiterentwickelt und an – aus den Bilddaten ermittelte – Geschehensbeschreibungen gekoppelt. Damit stehen reichhaltigere begriffliche Beschreibungen zur Verfügung als bisher.

1 Einführung

Einen Vorschlag zur Verbindung von Bildfolgenauswertung mit natürlicher Sprache machte bereits [Nagel 77]. Begriffliche Beschreibungen liefern nicht nur eine geeignete Mensch-Maschine-Schnittstelle, sondern gestatten es auch, die vom System gelieferten Auswertungsergebnisse signalnäherer Abstraktionsebenen zu kontrollieren. Eine Zusammenfassung der relevanten Literatur zur Extraktion begrifflicher Beschreibungen aus Bildfolgen findet sich in [Nagel 88], weitere Quellen werden in [Kollnig & Nagel 93; Kollnig et al. 94; Kollnig 95] aufgeführt. Im Gegensatz zu den unscharfen Mengen [Kollnig & Nagel 93] und der temporalen Logik [Brzoska & Schäfer 95] verwenden [Huang et al. 94] oder auch [Howarth & Buxton 92; Howarth & Buxton 93] Bayessche Netze zur rechnerinternen Darstellung begrifflicher Beschreibungen. Ein Vergleich der Ergebnisse unserer Forschungsgruppe mit den Ergebnissen von [Huang et al. 94] oder auch von [Howarth & Buxton 92; Howarth & Buxton 93] ist schwierig, da sich in den Arbeiten dieser Autoren nur wenige Ergebnisse mit realen Daten finden. [Huang et al. 94] interpretieren Fahrzeugtrajektorien, die [Koller et al. 94] aus Bildfolgen berechnen, die eine feste Kamera von einer Autobahnbrücke aufgezeichnet hat. [Howarth & Buxton 92] berechnet aus interaktiv ergänzten Trajektoriendaten Fahrbahngeschehen, wohingegen [Mohnhaupt 92] auf synthetische Daten zurückgreift, ohne ein einziges Bildsignal auszuwerten Die Zuordnung sehr einfacher begrifflicher Beschreibungen zu detektierten Fahrzeugabbildern in einer einzigen Aufnahme stellen [Dance & Caelli 93] vor. Das System ANTLIMA (ANTicipation of Listeners' IMAgery) von [Schirra 94] erzeugt synthetische Bildfolgen zur Visualisierung begrifflicher Beschreibungen. Dabei werden Bildvorstellungen, die sich Hörer von mitgeteilten Geschehen machen, für bewegte Objekte

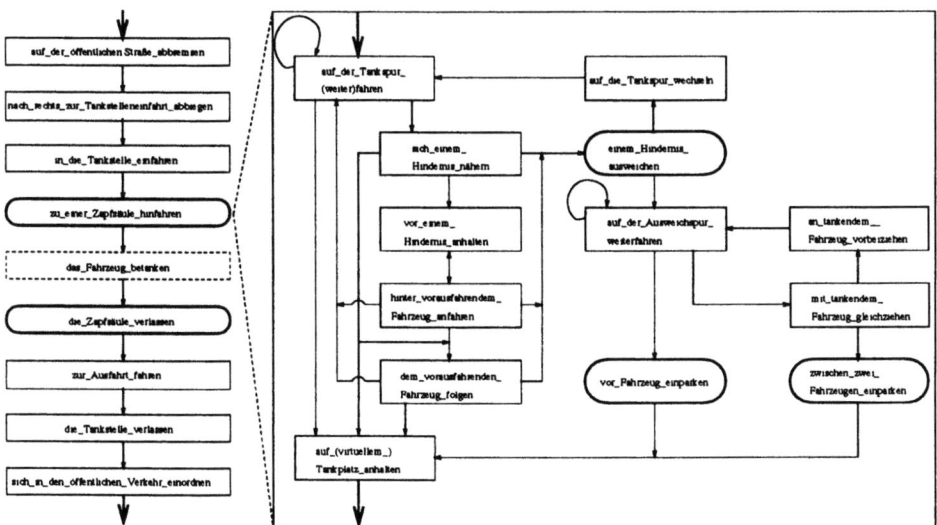

Abb. 1. Zulässige Aktionssequenzen zum Betanken eines Fahrzeuges werden durch Übergangsdiagramme dargestellt [Nagel 91]. In Abb. 11 ist dies (teilweise) implementiert.

und einen statischen Hintergrund visualisiert. In diesem System wird demnach die umgekehrte Kette vom Begriff zur Bildfolge untersucht.

[Nagel 91] stellte einen Ansatz vor, bei dem zulässige Aktionssequenzen zum Betanken eines Fahrzeuges durch eine formale Sprache dargestellt werden, siehe Abb. 1. Die Übergangsdiagramme sind wie Syntaxdiagramme zu interpretieren, d. h. beginnend beim Eingang eines Diagramms (dicker Pfeil oben) werden die Diagramme in Pfeilrichtung durchlaufen und alle Aktionen, die in Terminalknoten (Rechtecke) stehen, ausgeführt, bis man schließlich zum Ausgang des Diagrammes gelangt (dicker Pfeil unten). Die fett umrandeten Nichtterminalknoten enthalten aggregierte, aus mehreren Teilaktionen zusammengesetzte Aktionen. Solche Knoten tragen stets einen Verweis auf ein weiteres Diagramm, welches rekursiv zu durchlaufen ist. Anschließend wird die Traversierung wieder an der ursprünglichen Stelle fortgesetzt. Ausgeführt werden letztendlich nur die in Terminalknoten angetroffenen Aktionsprimitive. Die aggregierten Aktionen dienen der begrifflichen Abstraktion. Die Terminalsymbole dieser Sprache bezeichnen Geschehen, denen Beschreibungen in Form von deutschen [Kollnig & Nagel 93] sowie englischen [Kollnig et al. 94] Bewegungsverben aus Bildfolgen berechneten Trajektorienabschnitten automatisch zugeordnet werden. Der vorliegende Beitrag unterscheidet sich von [Kollnig & Nagel 93] dadurch, daß nicht die Geschehen an einer innerstädtischen Kreuzung, sondern an einer Tankstelle ausgewertet werten. Hierzu wurde die Anzahl im System repräsentierter Verben von 67 auf 95 erhöht. Außerdem wurden jetzt deutlich mehr Aufnahmen ausgewertet (4000 Halbbilder statt nur 50 Vollbilder).

Im vorliegenden Beitrag wurde der Ansatz von [Nagel 91] realisiert und implementiert. Die Aktionssequenzen mußten bei der Ankopplung von aus Bilddaten ermittelten Beschreibungen verfeinert werden. Zunächst wurde von [Damm 94]

Abb. 2. Zwei Aufnahmen der Tankstellen-Bildfolge Nr. 3. Die digitisierten Videoaufnahmen umfassen jeweils 720×576 Bildpunkte. Ein Golf fährt auf der vorderen Spur zur Zapfsäule Nr. 3.

Abb. 3. Auswertung der Bildfolge Nr. 3 aus Abb. 2: Links ist ein interpoliertes Halbbild vom Anfang der Folge mit einem überlagerten angepaßten Fahrzeugmodell dargestellt, rechts dessen Trajektorie. Dieses Fahrzeug wird automatisch detektiert und korrekt verfolgt, obwohl es teilweise durch einen Pfosten und durch Büsche verdeckt wird.

ein Drehbuch geschrieben, das die Grundlage für die Aufzeichnung eines Videofilms an einer Karlsruher Tankstelle bildete. Anschließend wurden die aufgenommenen Daten digitisiert, so daß drei längere Bildsequenzen mit insgesamt über 7000 Aufnahmen vorliegen. Abb. 2 illustriert eine Bildfolge, die den Verkehr an einer Tankstelle zeigt. In über 2000 Aufnahmen (Vollbilder) wurden Fahrzeuge nach den Verfahren von [Kollnig et al. 94; Kollnig 95] automatisch detektiert und verfolgt (siehe Abb. 3).

2 Tankstellenmodell

Mit Hilfe eines Planes für das Tankstellengrundstück erstellten wir ein Tankstellenmodell (siehe Abb. 4). Ein Fahrzeug, das von der öffentlichen Straße in das Tankstellengelände einbiegt, wird sich nach Möglichkeit auf kürzestem Weg

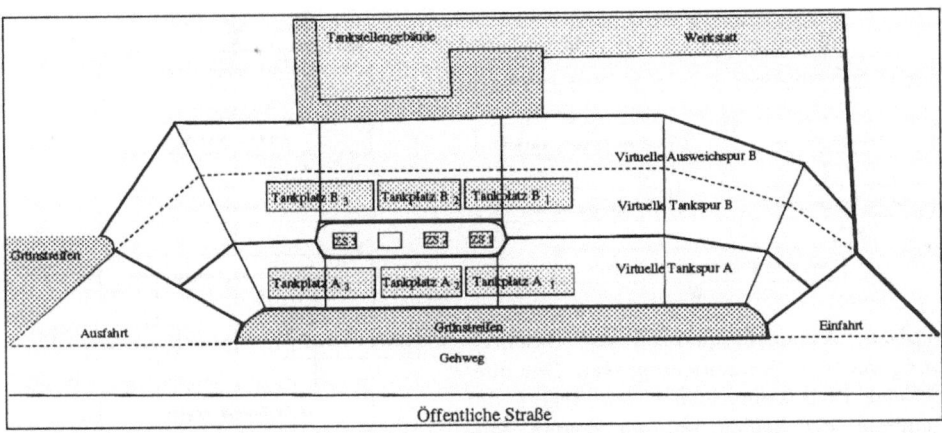

Abb. 4. Im Tankstellenmodell sind drei Zapfsäulen (bezeichnet mit ZS 1, ZS 2 und ZS 3), zwei mal drei Tankplätze (bezeichnet mit A_1, A_3, A_3, B_1, B_2 und B_3) sowie zwei virtuelle Tankspuren und eine virtuelle Ausweichspur dargestellt.

zu einer freien Zapfsäule bewegen. Es kann auf beiden Seiten der Zapfsäule betankt werden und somit alternativ auf zwei *Tankspuren* entlangfahren, bis die gewünschte Zapfsäule erreicht ist. Sollte der Weg zur Zapfsäule durch ein Hindernis (z.B. ein tankendes Fahrzeug an der ersten Zapfsäule) versperrt sein, so besteht die Möglichkeit, dieses Hindernis unter Benutzung der entsprechenden *Ausweichspur* zu umfahren und die nächste freie Zapfsäule anzusteuern. Im Gegensatz zu öffentlichen Straßen, auf denen verschiedene Spuren gewöhnlich durch Fahrbahnmarkierungen getrennt sind, werden bei einer Tankstelle Spuren nicht durch Markierungen getrennt. Deshalb sprechen wir im folgenden von *virtuellen* Spuren. Der Einfachheit halber wurde festgelegt, daß die (virtuellen) Fahrspuren nur in einer Richtung—von der Einfahrt zur Ausfahrt—befahren werden.

3 Begriffliche Beschreibungen

Um Aktionssequenzen an aus Bilddaten ermittelte Geschehensbeschreibungen koppeln zu können, werden im folgenden in Abb. 1 modellierte aggregierte Aktionen in primitivere Aktion zerlegt.

Als Hindernisse werden Fahrzeuge bezeichnet, die auf der Tankspur stehen. Wenn ein Agens also einem Hindernis ausweichen muß, befindet sich das Agens auf der Tankspur. Folglich hat das Agens als ersten Schritt auf die Ausweichspur zu wechseln. Nachdem das Agens auf die Ausweichspur gewechselt hat, zieht es mit dem Hindernis gleichauf, um schließlich am Hindernis vorbeizuziehen. Die zusammengesetzte Aktion *einem_Hindernis_ausweichen* aus Abb. 1 besteht aus den primitiven Aktionen *auf_die_Ausweichspur_wechseln*, *mit_Hindernis_gleichziehen* und *an_Hindernis_vorbeiziehen*.

Ein *Einparken vor einem stehenden Fahrzeug* kann auf zweierlei Arten erfolgen (Abb. 5): Wie im linken Zweig des Diagramms dargestellt ist, hält das Fahrzeug auf der Ausweichspur an, fährt rückwärts an und muß sich nach einem Wechsel auf die Tankspur einem tankenden Fahrzeug nähern. Im rechten Zweig des Diagramms ist das Einparken so beschrieben, daß das Fahrzeug auf die

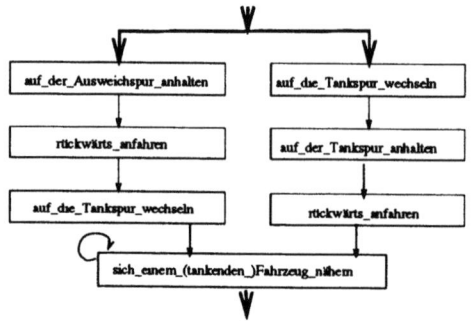
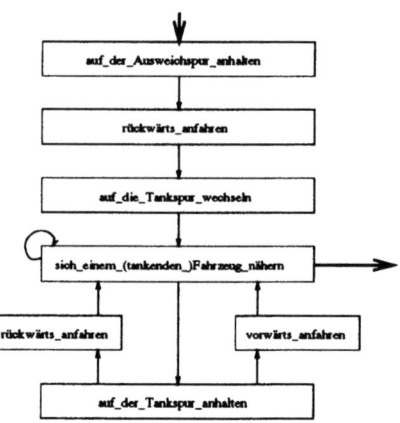

Abb. 5. Aktionensequenzen zur Beschreibung von *vor_Fahrzeug_einparken*. Der obere fette Pfeil kennzeichnet den Beginn der Sequenz, die beiden unteren deuten Verweise auf die Nachfolgeaktionen im Graph *zu_einer_Zapfsäule_hinfahren* in Abbildung 1 (rechts) an.

Abb. 6. Aktionensequenzen zur Beschreibung von *zwischen_zwei_Fahrzeugen_einparken*.

Tankspur wechselt (das tankende Fahrzeug also überholt hat), anhält, rückwärts anfährt und sich dem tankende Fahrzeug nähert.

Wenn ein Fahrzeug an einer Tankstelle *zwischen zwei stehenden Fahrzeugen einparkt*, so hält es auf der Ausweichspur, fährt rückwärts an, wechselt auf die Tankspur und nähert sich einem tankenden Fahrzeug (siehe Abb. 6). Auch ein korrigierendes Fahrmanöver, ein ein- bis mehrmaliges korrigierendes Vor- und Zurückstoßen sind in die Modellierung in Abb. 6 miteinbezogen worden.

Beim *Verlassen einer Zapfsäule* sind drei Fälle zu unterscheiden (siehe Abb. 7). Direkt vor dem Fahrzeug befindet sich kein Hindernis, so daß das Fahrzeug

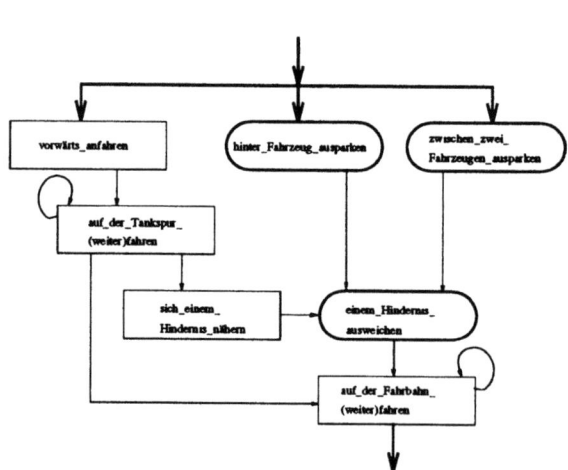
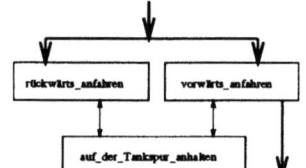
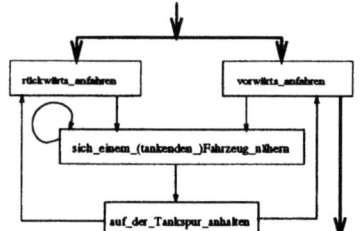

Abb. 7. Aktionensequenzen zur Beschreibung von *die_Zapfsäule_verlassen*. Auch hier sind zusammengesetzte Aktionen mit einem fetten abgerundeten Rechteck markiert.

Abb. 8. Aktionensequenzen zur Beschreibung der Aktionen *hinter_Fahrzeug_ausparken*.

Abb. 9. Aktionensequenzen zur Beschreibung der Aktionen *zwischen_zwei_Fahrzeugen_ausparken*.

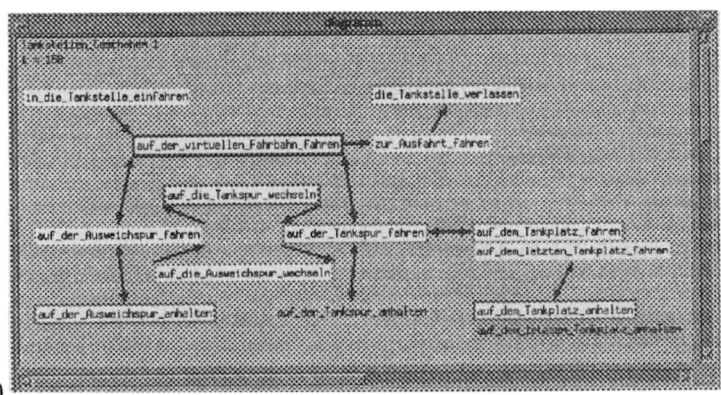

Abb. 10. (a) Darstellung (eines Teils) der Tankstellengeschehen nach [Damm 94]. Zum Zeitpunkt der letzten Aufnahme der in Abb. 2 illustrierten Teilsequenz der Bildfolge Nr. 3 wurden die Geschehen *auf_der_Tankspur_anhalten* und *auf_dem_letzten_Tankplatz_anhalten* erkannt. Jedem Geschehen ist eine Farbe zugeordnet. Für jede automatisch ermittelte Geschehensbeschreibung wird ein in der Farbe des zugehörigen Geschehens eingefärbtes Band (b) einer Aufnahme der Bildfolge überlagert sowie (c) in einen digitisierten Plan der Tankstelle projiziert, jeweils parallel zur geschätzten Fahrzeugtrajektorie (siehe Abb. 3). Die Breite jedes Bandes ist proportional zum Zusicherungsgrad, den der Auswertungsalgorithmus inkrementell für die Geschehensbeschreibung ermittelt. Mit grünen Linien ist ein Modell der Tankspuren und Tankplätze überlagert.

Abb. 11. In diesem Ausschnitt der Bildfolge Nr. 2 fährt ein Fahrzeug auf der hinteren Tankspur B und hält auf dem mittleren Tankplatz B_2 an. Dabei entsprechen die Farben der Trajektorienabschnitte den Farben der Geschehen aus Abb. 10(a).

anfährt und sich entweder auf direktem Wege oder unter Überholen eines weiter vorn (aus der Sicht des Agens) auf der Tankspur stehenden Fahrzeugs auf die Ausfahrt zubewegt. Falls sich direkt vor dem Fahrzeug ein Hindernis befindet, so muß zuerst *hinter* diesem *ausgeparkt* werden (Abb. 8). Falls das Fahrzeug zwischen zwei anderen Fahrzeugen steht, muß *zwischen* diesen beiden Hindernissen *ausgeparkt* werden (Abb. 9).

Nachdem erfolgreich ausgeparkt wurde, weicht das Fahrzeug dem sich vor ihm befindlichen Hindernis aus und bewegt sich auf der virtuellen Ausweichspur voran, siehe wieder Abb. 7. Da es hierbei unbedeutend ist, welche virtuelle Fahrspur benutzt wird, und da im hierarchischen Tankstellenmodell eine Fahrbahn aus einer oder mehreren Fahrspuren zusammengesetzt ist, bildet das Geschehen *auf_der_Fahrbahn_(weiter)fahren* den Abschluß dieser Sequenz.

Ähnlich wie das Einparken zwischen zwei Fahrzeugen setzt sich das *Ausparken* folgendermaßen zusammen (siehe Abb. 8): Das Fahrzeug fährt vorwärts oder rückwärts an, nähert sich einem tankenden Fahrzeug und hält nötigenfalls auf der Tankspur, um seine Fahrtrichtung zu ändern. Der Ausparkvorgang wird beendet, indem das Fahrzeug vorwärts anfährt. Wie beim Einparken zwischen zwei Fahrzeugen wurde auch hier ein korrigierendes Vor- und Zurückstoßen des Fahrzeugs bei der Modellierung berücksichtigt (siehe Abb. 9).

Aus Platzgründen stellen wir zur Verdeutlichung unserer experimentellen Untersuchungen hier nur zwei Beispiele vor. Abb. 10 zeigt Ergebnisse der in Abb. 2 illustrierten Bildfolge mit der Trajektorie in Abb. 3.

Das zweite Beispiel in Abb. 11 zeigt ein Fahrzeug, das auf der hinteren Fahrspur B fährt und auf dem mittleren Tankplatz B_2 hält. Die Verfolgung ist in diesem Fall schwieriger, da das Fahrzeug teilweise stark von Zapfsäulen verdeckt wurde. Daher war es notwendig, im Verfolgungsprozeß Verdeckungen zu berücksichtigen.

4 Diskussion und Ausblick

Im Gegensatz zu einer rein explorativen Vorgehensweise wurde in diesem Beitrag ein systematischer Entwurf vorgestellt, bei dem ein nicht-trivialer Diskursbereich erst modelliert, dann ein Lösungsansatz implementiert und an aus Bildfolgen berechnete Beschreibungen gekoppelt wurde. Im Gegensatz zu anderen Arbeiten werden dabei reale Videodaten ausgewertet.

Als eine weiterführende Aufgabe verbleibt, auch andere Diskursbereiche zu untersuchen, beispielsweise ein Autobahnszenario [Nagel 94].

Literatur

[Brzoska & Schäfer 95] C. Brzoska, K. Schäfer, Temporal Logic Programming Applied to Image Sequence Evaluation, in C. Beierle, L. Plümer (Eds.), *Logic Programming: Formal Methods and Practical Applications*, Elsevier Science Publishers, Amsterdam, Oxford, New York/NY, 1995, pp. 381-395.

[Damm 94] H. Damm, *Entwurf und Implementierung von Situations- und Handlungsschemata zur Beschreibung von Abläufen einer Tankstellenszene*, Diplomarbeit, Institut für Algorithmen und Kognitive Systeme, Fakultät für Informatik der Universität Karlsruhe (TH), Karlsruhe, Dezember 1994.

[Dance & Caelli 93] S. Dance, T. Caelli, On the Symbolic Interpretation of Traffic Scenes, in *Proc. Asian Conference on Computer Vision (ACCV '93)*, Osaka/Japan, November 1993, pp. 798–801.

[Howarth & Buxton 92] R. Howarth, H. Buxton, Analogical Representation of Space and Time, *Image and Vision Computing* 10:7 (1992) 467–478.

[Howarth & Buxton 93] R. Howarth, H. Buxton, Selective Attention in Dynamic Vision, in *Proc. 13th Intern. Joint Conf. on Artificial Intelligence*, Chambéry/France, Aug. 28 - Sep. 3, 1993, pp. 1579–1584.

[Huang et al. 94] T. Huang, D. Koller, J. Malik, G. Ogasawara, B. Rao, S. Russell, J. Weber, Automatic Symbolic Traffic Scene Analysis Using Belief Networks, in *Proc. of the 12th National Conference on Artificial Intelligence*, Seattle/WA, Jul. 31-Aug. 4, 1994, pp. 966–972.

[Koller et al. 94] D. Koller, J. Weber, J. Malik, Robust Multiple Car Tracking with Occlusion Reasoning, in J.-O. Eklundh (Ed.), *Proc. Third European Conference on Computer Vision (ECCV '94)*, Vol. I, Stockholm, Sweden, May 2-6, 1994, Lecture Notes in Computer Science **800**, Springer-Verlag, Berlin, Heidelberg, New York/NY and others, 1994, pp. 189–196.

[Kollnig & Nagel 93] H. Kollnig, H.-H. Nagel, Ermittlung von begrifflichen Beschreibungen von Geschehen in Straßenverkehrsszenen mit Hilfe unscharfer Mengen, *Informatik - Forschung und Entwicklung* 8:4 (1993) 186–196.

[Kollnig et al. 94] H. Kollnig, H.-H. Nagel, M. Otte, Association of Motion Verbs with Vehicle Movements Extracted from Dense Optical Flow Fields, in J.-O. Eklundh (Ed.), *Proc. Third European Conference on Computer Vision ECCV '94*, Vol. II, Stockholm, Sweden, May 2-6, 1994, Lecture Notes in Computer Science **801**, Springer-Verlag, Berlin, Heidelberg, New York/NY and others, 1994, pp. 338–347.

[Kollnig 95] H. Kollnig, *Ermittlung von Verkehrsgeschehen durch Bildfolgenauswertung*, Dissertation, Fakultät für Informatik der Universität Karlsruhe (TH), Karlsruhe, Februar 1995. Erschienen in der Reihe Dissertationen zur Künstlichen Intelligenz (DISKI) **88**, infix-Verlag, Sankt Augustin, 1995.

[Mohnhaupt 92] M. Mohnhaupt, *Prinzipien piktorieller Repräsentationssysteme*, Informatik-Fachberichte **300**, Springer-Verlag, Berlin, Heidelberg, New York/NY, London, Paris, Tokyo, 1992.

[Nagel 77] H.-H. Nagel, Analysing Sequences of TV-Frames, in *Proc. 5th Intern. Joint Conf. on Artificial Intelligence*, Cambridge/MA, August 22-25, 1977, p. 626.

[Nagel 88] H.-H. Nagel, From Image Sequences towards Conceptual Descriptions, *Image and Vision Computing* 6:2 (1988) 59–74.

[Nagel 91] H.-H. Nagel, La représentation de situations et leur reconnaissance à partir de séquences d'images — The Representation of Situations and their Recognition from Image Sequences, in 8e *Congrès Reconnaissance des Formes et Intelligence Artificielle*, Lyon–Villeurbanne, 25–29 Novembre 1991, AFCET, 1991, pp. 1221–1229.

[Nagel 94] H.-H. Nagel, A Vision of 'Vision and Language' Comprises Action: an Example from Road Traffic, *Artificial Intelligence Review*, (Special Volume on Integration of Natural Language and Vision Processing) 8:5/6 (1994) 189–214.

[Schirra 94] J.R.J. Schirra, *Bildbeschreibung als Verbindung von visuellem und sprachlichem Raum. Eine interdisziplinäre Untersuchung von Bildvorstellungen in einem Hörermodell*, Dissertation, Universität des Saarlandes, Saarbrücken, 1994. Erschienen in der Reihe Dissertationen zur Künstlichen Intelligenz (DISKI) **71**, infix-Verlag, Sankt Augustin, 1994.

Ein Szeneninterpretationssystem zur Modellierung dreidimensionaler Körper

Oliver Grau

Institut für Theoretische Nachrichtentechnik und Informationsverarbeitung.
Abteilung "Automatische Bildinterpretation", Prof. Dr.–Ing. C.–E. Liedtke
Universität Hannover, Appelstr. 9A, 30167 Hannover,
E–Mail: grau@tnt.uni–hannover.de

Zusammenfassung. Der Beitrag beschreibt das wissensbasierte 3D–Szenenanalysesystem AIDA. Die automatische Gewinnung dreidimensionaler Modelle für Computergrafik und –animation aus digitalisierten Bildern erfolgt derzeit meist datengetrieben. Fehler bei der Rückgewinnung der Tiefeninformation treten in den dabei gewonnenen Modellen vor allem dort unangenehm in Erscheinung, wo der menschliche Betrachter über Vorwissen verfügt. Das Ziel des hier vorgestellten Ansatzes ist es, die in einer expliziten Wissensbasis abgelegten Objektbeschreibungen für die Modellierung zu nutzen. Dies wird durch eine Interpretation der Szene und Aufstellung von geometrischen Constraints erreicht. Bei der Rekonstruktion der Objektoberfläche werden alle selektierten Constraints und Meßwerte in einer globalen Optimierung berücksichtigt und führen zu visuell ansprechenden Modellen.

Schlüsselwörter: Bildverarbeitung, Szenenanalyse, wissensbasiertes System, 3D–Modellierung, Bildverstehen

1 Einleitung

In der Computergrafik und –animation besteht ein wachsender Bedarf an realistisch aussehenden 3–D Modellen. Typische Anwendungsfelder sind die Film– und Werbebranche sowie Flug– und Fahrsimulationen und die Landschaftsplanung. Besonders bei der letztgenannten Anwendung kommt es oftmals auf eine wirklichkeitsgetreue Rekonstruktion bestehender, bekannter Objekte an. Eine manuelle Rekonstruktion mit CAD–Methoden ist sehr zeit– und kostenaufwendig. Eine automatisierte Modellierung dreidimensionaler Körper, insbesondere von Gebäuden, ist daher Gegenstand zahlreicher Forschungen [1, 2, 3].

Bei der Rekonstruktion der dreidimensionalen Objektgeometrie durch Bildanalyse finden in einem ersten Schritt Verfahren Anwendung, die die Tiefeninformation zurückgewinnen (Shape from X). Ein weites Anwendungsfeld und ein robustes Verhalten weist hier die Verwendung von binokularem Stereo auf. In einem datengetriebenen Ansatz [3] werden mit Hilfe einer Korrespondenzanalyse Tiefenkarten gewonnen, deren Elemente eine Punktwolke im dreidimensionalen Raum bilden. Um zu Oberflächenmodellen zu gelangen, wird die Tiefenkarte durch Dreiecksnetze approximiert. Die geometrische Feinstruktur sowie die photometrischen

---

Diese Arbeit wurde durch die Deutsche Forschungsgemeinschaft gefördert.

Oberflächeneigenschaften werden anschließend durch die Rückprojektion der Originalbilder auf das Dreiecksnetz als Fototextur gewonnen. Das entstandene Modell wird abgespeichert und mit Hilfe von Computergrafikmethoden visualisiert.

Das Problem bei der rein datengetriebenen Art der geometrischen Modellierung ist, daß die Approximation der Oberfläche durch das Dreiecksnetz relativ willkürlich ist. Durch Ungenauigkeiten und Fehler in den Tiefenkarten werden Modellierungsfehler besonders dort sichtbar, wo der menschliche Betrachter in Besitz von Vorwissen ist. Dies ist vor allem bei künstlichen Objekten wie Häusern oder ähnlichem der Fall. So wirken beispielsweise gewölbte Wände, geknickte Wand- oder Dachkanten oder nicht rechtwinklige Fenster- und Türrahmen sehr unnatürlich. Eine Erhöhung der Genauigkeit der Tiefenmessungen und Oberflächenapproximation, beispielsweise durch Integration einer Sequenz von Stereobildpaaren, ist nur begrenzt möglich.

Der vorliegende Beitrag beschreibt daher einen alternativen Ansatz. Ausgehend von den Tiefeninformationen aus der Stereokorrespondenzanalyse und Kontur- sowie weiterer Merkmale aus den Eingangsbildern wird das zu modellierende Objekt zuerst interpretiert. Mögliche Deutungen liegen hierzu als explizites generisches Modell in Form eines semantischen Netzes in einer Wissenbasis vor [5]. Während der Interpretation werden den aus den Eingangsbildern gewonnenen Merkmalen Bedeutungen zugewiesen, die die Szene als Szenengraphen beschreiben. Mit Hilfe der Szeneninterpretation können aus der Wissensbasis zusätzliche geometrische Constraints selektiert werden, die zusammen mit den berechneten Bildmerkmalen (Konturen, Regionen, Tiefenwerte) zur Rekonstruktion der dreidimensionalen Objektgeometrie genutzt werden.

Das realisierte System AIDA [5,4] dient in der hier beschriebenen Anwendung primär der Rückgewinnung der Objektoberfläche (Geometrie und Textur). Die durch die Interpretation gewonnene symbolische und strukturelle Beschreibung kann jedoch für verschiedene andere Anwendungen genutzt werden, so daß AIDA als Szenenanalysesystem charakterisiert werden kann. Zu anderen Szenenanalysesystemen [6,7,8,9] unterscheidet es sich im wesentlichen dadurch, daß es eine dreidimensionale Analyse der Objekte vornimmt. Das heißt, es ist in der Lage, mehrere Ansichten eines Objektes auszuwerten und Verdeckungen zu berücksichtigen. Die Leistungsfähigkeit des Systems wird an der Modellierung von Häusern demonstriert.

Der Abschnitt 2 beschreibt das Gesamtkonzept des realisierten wissensbasierten Szenenanalysesystems AIDA. In Abschnitt 3 wird kurz die Wissensrepräsentation und Szeneninterpretation vorgestellt. Der Abschnitt 4 behandelt die Oberflächenrekonstruktion. Erste Ergebnisse und eine Diskussion schließen den Beitrag ab.

2 Überblick über die Systemkomponenten

Die Abbildung 1 zeigt die wesentlichen funktionalen Bestandteile von AIDA. Als Eingabe stehen ungeordnete Stereobildpaare, Stereobildsequenzen oder auch Einzelbilder (bei Verzicht auf die Stereoanalyse). Vor der Aufnahme der Stereobilder wird eine Kalibrierung der Stereokameraanordnung durchgeführt. Die Bilddaten durchlaufen anschliessend die Bildverarbeitungs-Pipeline. Mit Hilfe der aus der Kamerakalibrierung gewonnenen Kameraparameter werden Radialverzerrungen der Kameras ausgeglichen und die Stereoaufnahmen auf

Orthogonalgeometrie entzerrt. Durch diese Entzerrung vereinfacht sich die Korrespondenzanalyse auf eine zeilenweise Suche. Suchkriterium ist die maximale normierte Kreuzkorrelation innerhalb eines definierten Suchausschnittes. Aufgrund der in der Kamerakalibrierung gemessenen relativen Kameraposition können die in der Korrespondenzanalyse gemessenen Disparitäten in eine absolute Szenentiefe umgerechnet werden.

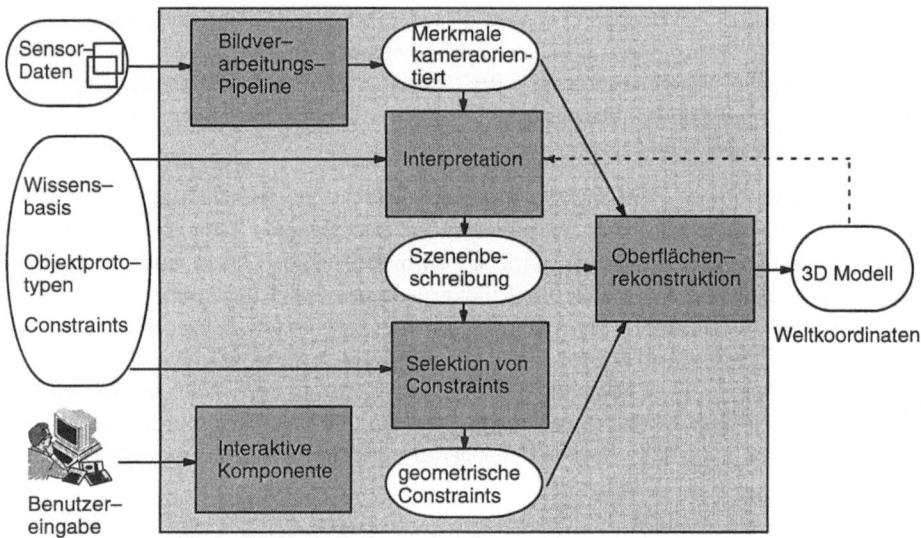

Abb. 1: Die funktionalen Komponenten von AIDA

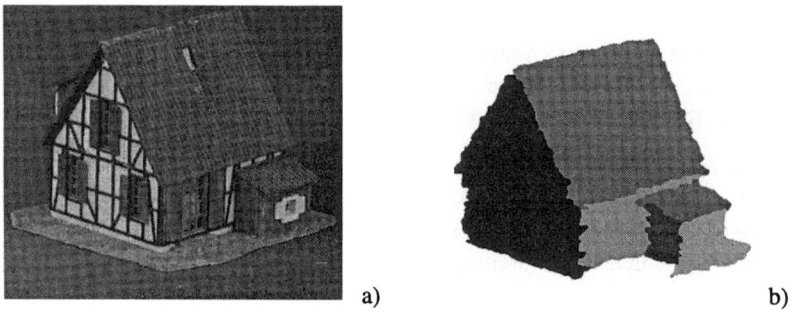

Abb. 2: a) Eingangsbild b) Segmentierungsergebnis aufgrund der Oberflächen–
orientierung (Verfahren aus [3])

Die Tiefenwerte werden in Form einer Tiefenkarte bereitgestellt und für die spätere Oberflächenrekonstruktion benötigt. Eine nachfolgende Segmentierung nutzt die Tiefeninformation, um die Objektgrenzen zu bestimmen und planare Strukturen zu detektieren [3]. Dazu faßt ein Clusteralgorithmus Bereiche in der Tiefenkarte zusammen, die die gleiche Normalenrichtung (Orientierung) aufweisen. Die Abbildung 2 zeigt die Anwendung der Segmentierung für eine Laborszene. Zusätzlich werden Konturen in den Bildern extrahiert, die

die genaue Lage der Segmentgrenzen charakterisieren.

Die Wissensbasis enthält eine generische Prototypenbeschreibung der zu modellierenden Objekte in Form eines semantischen Netzes. Die Interpretation weist den Merkmalen und Bildprimitiven, die in der Bildverarbeitungs–Pipeline extrahiert wurden, eine Bedeutung zu. Dazu wird ein Szenengraph ebenfalls in Form eines semantischen Netzes aufgebaut.

Mit der Szenenbeschreibung werden zusätzliche geometrische Constraints aus der Wissenbasis selektiert, die zusammen mit den Bildmerkmalen in der Oberflächenrekonstruktion ausgewertet werden. Das gewonnene 3D–(Teil–)Modell dient der Interpretation bei der Auswertung neuer Ansichten zur Einschränkung des Suchraums (gestrichelter Pfeil in Abb. 1). Die Benutzerschnittstelle dient der Systemüberwachung und der Wissensakquisition.

3 Die Szeneninterpretation

Das Ziel der Interpretation ist es, eine Beschreibung der Szene in Form eines semantischen Netzes aufzubauen. Die Interpretationskomponente greift dazu auf eine generische Prototypenbeschreibung in der Wissensbasis zurück. Die Abbildung 3 zeigt einen stark vereinfachten Ausschnitt einer solchen Beschreibung. Die Darstellungsform ist stark angelehnt an die Wissensrepräsentation von ERNEST [9]. Die Knoten oder Konzepte, als Rechteck dargestellt, repräsentieren eine frame–artige Beschreibung, die eine Reihe von Attributen oder Slot–Einträgen besitzen können.

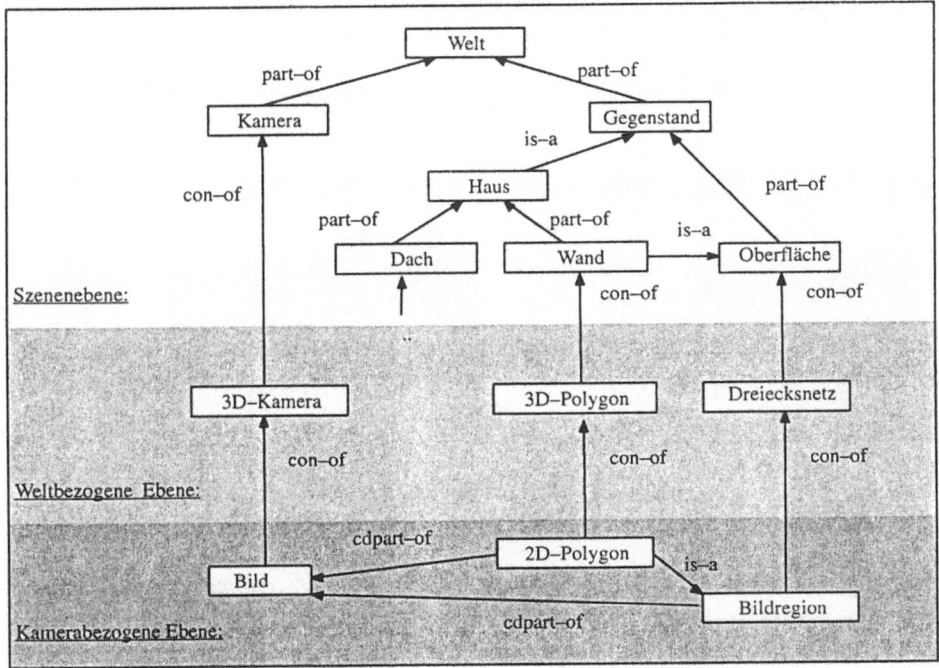

Abb. 3   Stark vereinfachter Ausschnitt aus dem semantischen Prototypen–Netz

Mit Hilfe der Kanten, auch Links genannt ist es möglich, eine kompositionelle Zerlegung der Szenen und der Objekte zu beschreiben (part–of, cdpart–of) und eine Vererbungshierarchie aufzubauen (is–a). Der Kantentyp Cdpart–of (context dependend part) ist eine spezielle Form des Part–of–Links. Mit seiner Hilfe werden Beziehungen modelliert, die nur im Kontext existieren. So kann eine Bildregion beispielsweise nur zusammen mit einem (kontext–) zugehörigem Bild existieren. Eine weitere spezielle Form des Part–of–Links ist der Concrete–of–Link. Damit werden Konzepte unterschiedlichen Konkretisierungsgrades oder Abstraktionsniveaus verbunden. Die Wissensbasis in AIDA ist derzeit in drei Abstraktionsniveaus unterteilt: die Szenenebene, die weltbezogene Ebene und die kamera– oder sensorbezogene Ebene.

Die Interpretationskomponente verwendet als Eingangsdaten die Bilder, Bildprimitive und Merkmale (in Abb. 3 nicht dargestellt) aus der Bildverarbeitungs–Pipline und baut nun Schritt für Schritt eine Beschreibung auf. Dabei werden Hypothesen erzeugt und durch Bewertungen verifiziert. Die Hypothese, ob eine Szene ein Haus zeigt, wird bestätigt, wenn die im Signal (den Bildern) gefundenen Primitive oder Merkmale zu der Prototypenbeschreibung passen. Die Auswahl und Verfolgung konkurrierender Hypothesen erfolgt mit einem modifizierten A*–Algorithmus [9]. Die Interpretation verwendet dreidimensionales Wissen (z.B. daß Wände meist senkrecht stehen und rechtwinklig verbunden sind), um den Suchraum einzuschränken, und ist in der Lage, Verdeckungen zu berücksichtigen. Eine detailliertere Beschreibung der Interpretation und Wissensrepräsentation in AIDA gibt [5].

Die Interpretation ist beendet, wenn alle Hypothesen verifiziert und damit alle offenen Deutungsmöglichkeiten abgearbeitet sind. Die Szenenbeschreibung dient dann der nachfolgenden Oberflächenrekonstruktion als strukturelle Beschreibung. Zusätzlich werden geometrische Constraints aus der Wissensbasis selektiert, so z.B. die Forderung bei Polygonen, daß alle Stützpunkte in einer Ebene liegen oder Winkelvorgaben zwischen Polygonen bei Hauswänden.

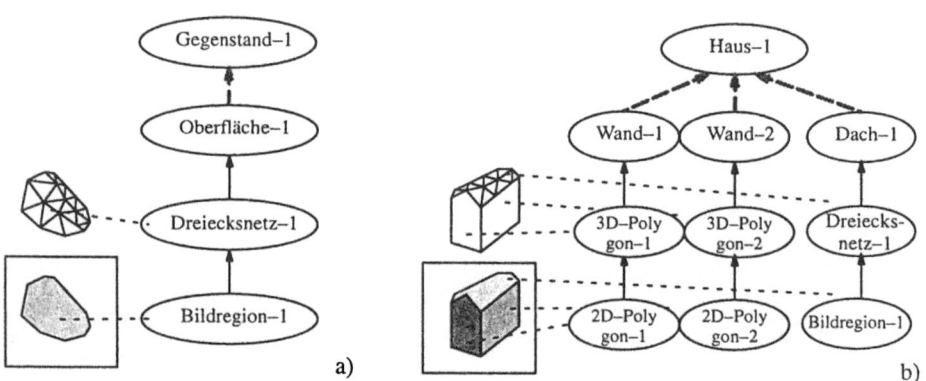

Abb. 4: Szenenbeschreibung mit semantischem Netz a) unbestimmtes Objekt b) Haus.
Kanten: ↑ part–of, ↑ concrete–of

Im allgemeinen gilt, daß umso mehr geometrische Constraints für die Oberflächenrekonstruktion aufgestellt werden können, desto spezieller die Interpretation ist. Kann einem Objekt wie in Abbildung 4a keine spezielle Bedeutung zugewiesen werden, so lassen sich keine zusätzlichen Constraints nutzen, und die Objektoberfläche wird allein aus den gewonnen Tiefenmessungen (als Dreiecksnetz) modelliert. Wird das Objekt wie in Abbildung 4b als Haus und dessen Bestandteile erkannt, so lassen sich Constraints wie die Ebenheit und Winkelbeziehung der Wände nutzen. Können Bestandteile, wie hier das Dach nicht als spezielles Flach- oder Steildach erkannt werden, so erfolgt die Modellierung allein aus den Tiefenmessungen. Am Ende der Interpretation sind alle Daten (Bilder, Primitive, Merkmale, Deutungen) Bestandteil der Szenenbeschreibung und liegen als semantisches Netz vor.

Nur kurz erwähnt werden soll der Aspekt der Vervollständigung [4]: Durch das in der Interpretation gewonnene Wissen über die zu modellierenden Objekte können auch Teile modelliert werden, die nicht durch das Signal (Bild) unterstützt werden. So können beispielsweise bei Modellierung aus einer Ansicht und dem Wissen, daß Häuser aus mindestens vier Wänden bestehen, die Rückwände eines Hauses eingesetzt werden.

4 Die Oberflächenrekonstruktion

Die Oberflächenrekonstruktion ist eine integrative Komponente. Sie fügt die Tiefenmessungen und die aus der Interpretation gewonnenen Constraints zu einem dreidimensionalen Oberflächenmodell zusammen. Dies geschieht inkrementell, das heißt es wird im ersten Schritt ein Teilmodell aus der ersten Kameraansicht gewonnen. Danach werden vormals verdeckte Objektteile durch die Daten aus hinzukommenden Ansichten erweitert, beziehungsweise bereits modellierte Objektteile durch neue Messungen verfeinert.

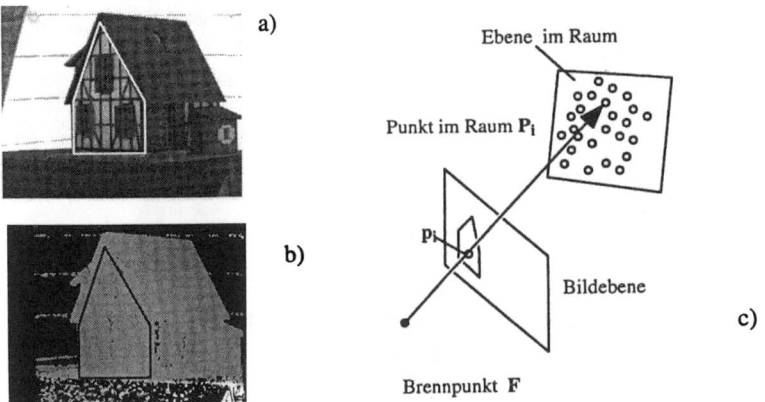

Abb. 5: Rekonstruktion eines planaren Polygons a) Eingangsbild, b) Disparitätskarte, c) Regression über alle Punkte der Bildregion

Die Oberflächenrekonstruktionskomponente von AIDA verarbeitet derzeit als Eingangsdaten Tiefenmessungen aus mehreren Ansichten und die begrenzenden Konturen von Teilflächen. Als Constraints können verarbeitet werden: Bedingung der Ebenheit (Planarität) einer Teilfläche und Winkel zwischen Teilflächen. Ebenheit wird erreicht, indem, wie in Abbildung 5 gezeigt, eine Teilfläche als (planares) Polygon modelliert wird. Zur Rekonstruktion des Polygons wird eine lineare Regression über alle Tiefenmessungen berechnet, die innerhalb der zugehörigen Bildregion liegen. Dies gleicht Ungenauigkeiten in den Einzelmessungen der Tiefenkarte aus.

Die Begrenzung der Raumpolygone ergibt sich aus den Schnittgeraden der benachbarten Ebenen. Die Rückprojektion in die Bildebene muß mit der im Originalbild extrahierten Kante übereinstimmen. Bei einer lokalen Adaption, also beispielsweise der Verschiebung zweier Eckpunkte eines Polygons, wird aber unter Umständen die Ebenheitsbedingung oder ein anderes Constraint der benachbarten Teilflächen verletzt. Daher wird die Einhaltung aller geometrischen Constraints unter Verwendung der gewonnenen Tiefenmessungen durch eine globale Ausgleichsrechnung gelöst. Dazu werden Kostenfunktionen für jedes Constraint aufgestellt und iterativ minimiert.

Eine weitere wichtige Aufgabe der Oberflächenrekonstruktions–Komponente ist die Auto–Kalibrierung neuer Kameraansichten: Die Tiefenmessungen aus der Stereokorrespondenzanalyse sind kamerabezogen. Eine Integration erfordert Umrechnung in weltbezogene Koordinaten. Dazu müssen die absoluten Kamerapositionen in Weltkoordinaten bekannt sein. Die Auto–Kalibrierung liefert die Kamerapositionen durch eine Schätzung der relativen Bewegung zwischen einem (bereits modelliertem) Teilmodell und der neuen Kameraansicht [3].

5 Ergebnisse

Die Abbildung 6 zeigt eine synthetisierte Ansicht eines modellierten Spielzeughauses in schattierter Flächendarstellung und mit aus den Originalbildern gewonnener Fototextur. Das Modell wurde aus zwei Stereobildpaaren rekonstruiert. Die Interpretation verwendet ein semantisches Netz mit 41 Knoten und 64 Kanten, das eine generische Beschreibung für ein Haus enthält. Der Kontrollalgorithmus startet die Interpretation Top–Down. Die Zuordnung der Bedeutungen zu den Bildregionen wurde manuell überwacht und arbeitet beim derzeitigen Stand der Systemimplementation nicht vollautomatisch.

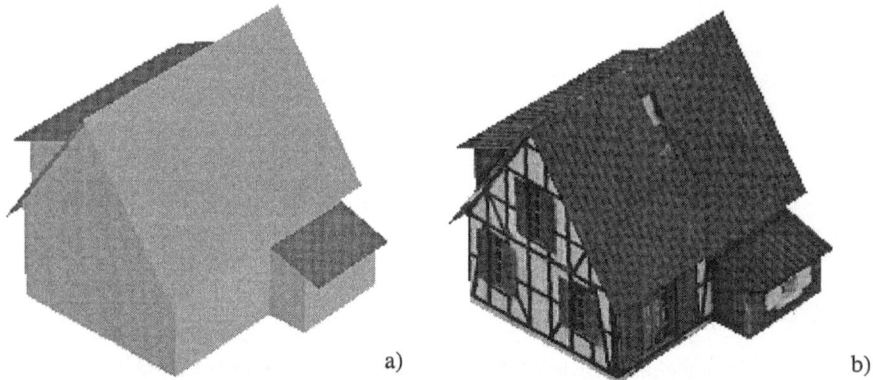

Abb. 6: Synthetisierte Ansicht des Modells in a) schattierter und b) texturierter Darstellung

Aus der gewonnenen Szenenbeschreibung extrahiert die Oberflächenrekonstruktion die benötigten Daten. Verwendet werden Konturbeschreibungen der Objektteile und die Tiefenmessungen aus der Stereokorrespondenzanalyse. Das resultierende Modell besteht aus 14 Polygonen.

6 Diskussion

Der Beitrag beschreibt das wissensbasierte 3D–Szenenanalysesystem AIDA. Das Ziel, geometrische Constraints, die für bestimmte Objekte gelten, für die Modellierung zu nutzen, wird durch eine Interpretation der Szene erreicht. Mit Hilfe der so gewonnenen Szenen- bzw. Objektbeschreibung können die für die Rekonstruktion der Objektoberfläche notwendigen Constraints aus der Wissensbasis selektiert werden. Die Qualität des resultierenden 3D-Modells hängt unmittelbar von der Güte der Interpretation ab, der somit eine zentrale Rolle in dem Gesamtkonzept zukommt.

Die Formulierung von Zusammenhängen in einem expliziten semantischen Netz ermöglicht die Einführung sehr spezieller Constraints, wie der Winkel zwischen Hauswänden. Der Einsatz des Systems für eine neue Aufgabenstellung erfordert lediglich den Austausch oder die Erweiterung des semantischen Netzes.

Die Einhaltung aller selektierten Constraints und der Meßwerte (Konturbeschreibungen und Tiefenmessungen) bei der Rekonstruktion der Objektoberfläche wird durch eine globale Optimierung erreicht. Sie führt zu einer subjektiv besseren Erscheinung der 3D-Modelle in der Visualisierung. Der Gewinn ist umso größer, je spezieller die Interpretation der Objekte ist. Dies kann insbesondere bei künstlichen Objekten wie Häusern gezeigt werden.

Die Implementierung des Systems ist nicht abgeschlossen. Wurde in der ersten Phase die Interpretation manuell unterstützt, so ist es Gegenstand laufender Arbeiten, diese weiter zu automatisieren. Ständig erweitert und verallgemeinert wird auch die Wissensbasis.

Literatur

1. Leberl, F., Gruber, M., Uray, P., Madritsch, F., "Trade-Offs in the Reconstruction and Rendering of 3-D Objects", Mustererkennung 1994, 16. DAGM Symposium und 18. Workshop der ÖAGM, Wien 1994.
2. Braun, C., Kolbe, Th., Lang, F., Schickler, Steinhage, Cremers, Förstner, W., Plumer, L., "On the Models for Photogrammetric Building Reconstruction". Eingereicht zur Veröffentlichung in Computer & Graphics, 1995.
3. Koch, R., "3-D Surface Reconstruction from Stereoscopic Image Sequences", 5th International Conference on Computer Vision ICCV'95, Cambridge MA, 20.-23. Juni 1995.
4. Grau, O., Tönjes, R., "Knowledge Based modelling of Natural Scenes". European Workshop on Combined Real and Synthetic Image Processing for Broadcast and Video Production. 23.-24. Nov. 1994 Hamburg.
5. Liedtke, C.-E., Grau, O., Growe, S., "Use of Explicit Knowledge for the Reconstruction of 3-D Object Geometry". 6th International Conference Computer Analysis of Images and Patterns CAIP'95. 6.-8. Sept. 1995 Prag.
6. McKeown, D. M. Jr., Harvey, W. A. Jr., McDermott, J., "Rule-Based Interpretation of Aerial Imagery", *IEEE Trans. on Pattern Analysis and Machine Intelligence*, Vol. PAMI-7, No. 5, pp. 570-585, Sept. 1985.
7. Matsuyama, T., Hwang, V.S.-S., "SIGMA : A Knowledge-Based Aerial Image Understanding System", *Plenum Press*, New York 1990.
8. Clément, V., Giraudon, G., Houzelle, S., Sandakly, F., "Interpretation of Remotely Sensed Images in a Context of Multisensor Fusion Using a Multispecialist Architecture", IEEE Trans. on Geoscience and Remote Sensing, Vol. 31, No. 4, July 1993.
9. Niemann, H., Sagerer, G., Schröder, S., Kummert, F., "ERNEST: A Semantic Network System for Pattern Understanding", *IEEE Trans. on Pattern Analysis and Machine Intelligence*, Vol. 12, No. 9, pp. 883-905, Sept. 1990.

Ellipsenbasierte 3-D Rekonstruktion

Gudrun Socher   Torsten Merz   Stefan Posch

Technische Fakultät, AG Angewandte Informatik
Universität Bielefeld, Postfach 100131, 33501 Bielefeld
email: gudrun@techfak.uni-bielefeld.de

Zusammenfassung. In dieser Arbeit wird ein Verfahren zur Schätzung der dreidimensionalen Lage von Kreisflächen vorgestellt. Die Ausnutzung projektiver Invarianten ermöglicht eine eindeutige Lösung für eine auf einem Stereobild abgebildete Kreisfläche bei bekannten Kameraparametern und bekanntem Radius. Aus zwei projizierten Kreisflächen mit bekanntem Radius kann neben der eindeutigen Lage auch die relative Lage der Kameras geschätzt werden, wenn die Kreisflächen komplanar sind oder ihre relative räumliche Lage bekannt ist.

Schlüsselwörter: Modellbasierte 3-D Rekonstruktion, Kamerakalibrierung, projektive Invarianten, Kreise und Ellipsen.

1 Einleitung

Diese Arbeit beschreibt ein Verfahren zur Rekonstruktion der dreidimensionalen Lage von Kreisflächen mit bekanntem Radius aus Stereobildern. Bei gegebenen Bildweiten und bekannter Lage einer Stereokamera ist die Lösung für eine projizierte Kreisfläche eindeutig. Aus zwei projizierten Kreisflächen mit bekanntem Radius können neben der eindeutigen Lage auch die externen Kameraparameter – die relative Lage der Stereokamera – geschätzt werden, wenn die Kreisflächen komplanar sind oder wenn ihre relative räumliche Lage bekannt ist.

Viele der vorgeschlagenen Rekonstruktionsverfahren schätzen die dreidimensionale Lage polyedrischer Körper. Auf der Basis von Punkt- oder Liniensegmentkorrespondenzen zwischen verschiedenen Bildern (z. B. Stereobildern vgl. [Posch 90]) oder zwischen Bild- und Modellpunkt bzw. Bild- und Modellkante (wie [Lowe 91, Goldberg 93]) wird punktweise die Tiefe oder Objektlage bestimmt. Für runde Objekte oder kreisförmige Merkmale ist ein derartiges Verfahren nicht direkt übertragbar. Aufgrund von Ungenauigkeiten in der Detektion der Bildellipsen – eine Bildellipse ist die Projektion einer Kreisfläche – sowie der Schätzung der Kameraparameter ergibt die Rückprojektion korrespondierender Bildellipsen einen Kegelschnitt, der im allgemeinen *kein* Kreis ist, selbst wenn die Bildellipsen die Projektion einer Kreisfläche sind.

[Dhome et al. 90] stellen ein lineares Verfahren zur Rekonstruktion von Kreisflächen mit bekanntem Radius vor. Eine Bildellipse ist der Schnitt des Kegels, der durch die Kreisfläche im Raum und das optische Zentrum der Kamera bestimmt ist, mit der Bildebene. Bei gegebenen Kameraparametern – der Lage der Kamera im Raum, der Bildweite sowie dem Hauptpunkt und den Skalierungsfaktoren – läßt sich aus der Bildellipse der durch Kreisfläche und optisches Zentrum gebildete Kegel bestimmen. In diesem Kegel gibt es vier mögliche Lagen einer Kreisfläche mit dem bekannten Radius des Urbilds der Bildellipse. Je zwei Lagen sind symmetrisch. Zusätzliche Information ermöglicht die eindeutige 3-D Rekonstruktion der Kreisfläche. Die Lage des Kreismittelpunktes ist eine der verwendeten Einschränkungen. Jedoch wird der Kreismittelpunkt bei zur Bildebene nicht frontoparallelen Kreisflächen perspektivisch *nicht* auf den Ellipsenmittelpunkt abgebildet. [Safaee-Rad *et al.* 92] und [Ma 93] schlagen ebenfalls einen linearen Ansatz basierend auf der Bestimmung des Kegels, der durch die Kreisfläche bestimmt ist, vor. [Ma 93] verwendet zur eindeutigen Lageschätzung den Schnitt der Kegel aus einem Stereobild.

All diese Verfahren haben den Nachteil, daß zum einen das Einbringen einer Zusatzbedingung oft nicht so einfach realisierbar ist und zum anderen, daß sie sich von modellbasierten Rekonstruktionsverfahren (z. B. [Lowe 91, Goldberg 93]) in der Vorgehensweise derart unterscheiden, daß eine einfache Verbindung mit diesen Verfahren nicht möglich ist. Für Objekte, die sowohl polyedrische wie auch kreisförmige Merkmale aufweisen, ist eine Schätzung der Lage so nicht in einem Schritt möglich.

[Gengenbach 94] schlägt ein modellbasiertes Verfahren vor, das jedoch nur für orthographische Projektionen gilt, da von der Annahme ausgegangen wird, daß der Kreismittelpunkt auf den Ellipsenmittelpunkt abgebildet wird.

Das vorgestellte Verfahren paßt iterativ die Lage einer Modellkreisfläche an die korrespondierende Bildellipse an. Die Projektion der Modellkreisfläche ist durch die Anwendung des Theorems von Chasles (siehe [Semple & Kneebone 52]), einer projektiven Invariante, sehr einfach und für perspektivische Projektion gültig. Dem Verfahren liegt das Lochkameramodell zugrunde.

2 Projektion von Kreisen

Kreise sind ebene Figuren, deren perspektivische Projektion als eine Kollineation in der projektiven Ebene $\mathbb{P}^2$ aufgefaßt werden kann. Eine Kollineation ist eine projektive, geradentreue und invertierbare Transformation $\mathcal{K} : \mathbb{P}^n \to \mathbb{P}^n$, für die das Doppelverhältnis invariant ist (siehe [Semple & Kneebone 52]).

Gegeben seien vier Punkte A, B, C und D einer projektiven Ebene, von denen keine drei Punkte kollinear sind, und ein Bündel von vier Geraden durch diese Punkte mit dem gemeinsamen Geradenschnittpunkt P. Das Doppelverhältnis k dieses Geradenbündels ist

$$k = [PA, PB; PC, PD] = \frac{\overline{A'C'}}{\overline{A'D'}} \cdot \frac{\overline{B'D'}}{\overline{B'C'}}, \qquad (1)$$

wobei A', B', C', D' die Schnittpunkte des Geradenbündels mit einer nicht durch P verlaufenden Gerade sind.

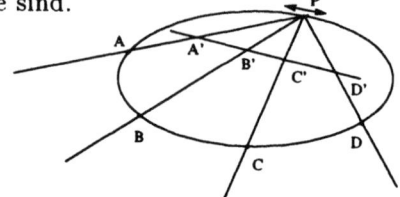

Abb. 1: Doppelverhältnis eines Geradenbündels auf einem Kegelschnitt

Bei gegebenem Doppelverhältnis k liegen alle möglichen Schnittpunkte P des gemeinsamen Bündels durch die Punkte A, B, C und D auf einem Kegelschnitt, auf dem A, B, C und D liegen (Theorem von Chasles, siehe [Semple & Kneebone 52, Mohr 93] und Abb. 1). Ein Kegelschnitt ist also eindeutig durch vier Punkte und ein Doppelverhältnis bestimmt. Die quadratische Form für Kegelschnitte lautet

$$ax^2 + 2bxy + cy^2 + 2dx + 2ey + f = 0. \tag{2}$$

Die Koeffizienten werden aus A, B, C, D und dem Doppelverhältnis k als

$$k L_{AB} L_{CD} + (1-k) L_{AC} L_{BD} = 0 \tag{3}$$

mit $L_{IJ} = (x_I - x)(y_I - y_J) - (y_I - y)(x_I - x_J), I, J \in \{A, B, C, D\}$ bestimmt (vgl. [Mohr 93]). Für die vier Punkte $(r, 0), (0, r), (-r, 0)$ und $(0, -r)$ einer Kreisfläche mit Radius r ergibt sich aus Gleichung (3): $-kr^2 x^2 + (2kr^2 - 4r^2) xy - kr^2 y^2 + kr^4 = 0$. In einer Kreisgleichung fallen die gemischtquadratischen Terme weg und für k folgt: $2kr^2 - 4r^2 = 0 \Rightarrow k = 2$. Die Projektion einer Kreisfläche läßt sich nun einfach durch die perspektivische Projektion von vier Punkten auf dem Kreisrand und ihr Doppelverhältnis bestimmen. Einsetzen in Gl. (3) liefert die quadratische Form der projizierten Kreisfläche.

Die Darstellung einer Ellipse e als Mittelpunkt[1] $\boldsymbol{m}$, Radien l_1 und l_2, und Orientierung θ ist anschaulicher als die Darstellung der quadratischen Form und ermöglicht den komponentenweisen Vergleich mit den Parametern einer detektierten Bildellipse. Aus der quadratischen Form (Gl. (2)) sind

$$\boldsymbol{m} = \frac{1}{\delta} \left(\begin{vmatrix} b & c \\ d & e \end{vmatrix}, -\begin{vmatrix} a & b \\ d & e \end{vmatrix} \right)^T \text{ und } \theta = \frac{1}{2} \arctan\left(\frac{2b}{a-c}\right) \text{ mit } \delta = \begin{vmatrix} a & b \\ b & c \end{vmatrix} \tag{4}$$

bestimmt. Sind λ_1 und λ_2 die reellen Nullstellen der quadratischen Gleichung $\lambda^2 - (a+c) \cdot \lambda + \delta = 0$, dann berechnen sich die Radien der Ellipse zu

$$l_1 = \sqrt{\left|\frac{\Delta}{\delta \cdot \lambda_1}\right|} \text{ und } l_2 = \sqrt{\left|\frac{\Delta}{\delta \cdot \lambda_2}\right|} \text{ mit } \Delta = \begin{vmatrix} a & b & d \\ b & c & e \\ d & e & f \end{vmatrix}. \tag{5}$$

---
[1] Vektoren werden fett gedruckt notiert.

3 Modellbasierte 3-D Rekonstruktion

Das Ziel der modellbasierten 3-D Rekonstruktion ist die Schätzung von Parametern, so daß projizierte Modellmerkmale in der geschätzten parametrierten Lage möglichst gut auf detektierte Bildmerkmale passen. Dies erfolgt durch Minimierung einer nicht linearen multivariaten Kostenfunktion

$$K(a) = (e_b - \mathcal{P}_{bo}(a, k_o))^T \cdot \Sigma^{-1} \cdot (e_b - \mathcal{P}_{bo}(a, k_o)), \qquad (6)$$

die die Abweichung der projizierten Modellkreisfläche k_o von der detektierten Bildellipse e_b mißt. Die Bildellipse e_b ist durch die fünf Parameter m, l_1, l_2 und θ beschrieben. Die Darstellung der Modellkreisfläche k_o gibt den Radius sowie die Lage des Mittelpunktes und der Kreisnormalen in Modellkoordinaten an. Die Funktion $\mathcal{P}_{bo}(a, k_o)$ beschreibt die Projektion der Modellkreisfläche in Abhängigkeit der Kreislageparameter a und die anschließende Berechnung der Ellipsenparameter. Σ ist eine Kovarianzmatrix, die hier als ein Maß für die Fehlertoleranz für die zulässigen Abweichungen zwischen projizierten Modellmerkmalen und detektierten, zugeordneten Bildmerkmalen angesehen wird.

Die iterative Minimierung der Kostenfunktion erfolgt mit dem Levenberg-Marquardt-Verfahren (siehe [Press et al. 88]). Dieses Verfahren ist eine Kombination aus Gradientenabstiegsverfahren und Gauß-Newton-Verfahren. Für die Minimierung ist die Bestimmung der Jacobi-Matrix $\frac{\partial \mathcal{P}_{bo}(a, k_o)}{\partial a}$ erforderlich, die unter Anwendung der verallgemeinerten Kettenregel auf die Konkatenation von Projektion und anschließender Bestimmung der Ellipsenparameter berechnet wird. Die Jacobi-Matrix wurde mit Hilfe von MAPLE[2] erstellt.

Die Anpassung der Lage einer Modellkreisfläche an eine Bildellipse liefert fünf einschränkende Terme. Die Lage einer Kreisfläche ist aufgrund der Rotationssymmetrie eindeutig durch fünf Parameter – zwei Rotationswinkel und drei Translationsparameter – beschrieben. Jedoch gibt es vier Kreisflächen mit gleichem Radius, deren Projektion in dieselbe Bildellipse resultiert (zum Beweis siehe [Ma 93] und [Dhome et al. 90, Safaee-Rad et al. 92]). Die Lage von je zwei dieser Kreisflächen ist bis auf das Vorzeichen der Kreisnormalen identisch, was aufgrund der Sichtbarkeit der projizierten Kreisfläche bestimmt werden kann.

Aus einem Stereobild ist die Lage einer Kreisfläche bei bekannten Kameraparametern eindeutig rekonstruierbar. Die Projektion $\tilde{e}_{b_l}$ der Modellkreisfläche in Modellkoordinaten o in die erste Bildebene b_l geschieht durch homogene Transformationen[3] und die Funktionen C_b – diese bestimmt m, l_1, l_2, θ aus der quadratischen Form – und C_k – diese extrahiert aus der vektoriellen Kreisflächendarstellung die vier zu projizierenden Punkte –

$$\tilde{e}_{b_l} = \mathcal{P}_{b_l o}(a, k_o) = C_b(\mathcal{T}_{b_l k_l} \cdot \mathcal{T}_{k_l o} \cdot C_k(k_o)).$$

---
[2] MAPLE V Release 3 © by Waterloo Maple Software and the University of Waterloo
[3] Eine homogene Transformation eines rechtsdrehenden Koordinatensystems j in ein rechtsdrehendes Koordinatensystem i wird hier als $\mathcal{T}_{ij}$ beschrieben.

Für die Projektion $\tilde{e}_{b_r}$ in die zweite Bildebene b_r wird die bekannte relative Lage der Kameras $T_{k_r k_l}$ ausgenutzt:

$$\tilde{e}_{b_r} = \mathcal{P}_{b_r o}(a, k_o) = C_b(T_{b_r k_r} \cdot T_{k_r k_l} \cdot T_{k_l o} \cdot C_k(k_o)).$$

Eine zweite Bildellipse derselben Modellkreisfläche liefert fünf zusätzliche Terme in der Kostenfunktion, was eine eindeutige Schätzung der dreidimensionalen Lage der Kreisfläche ermöglicht. Die Kostenfunktion lautet dann

$$K(a) = \sum_{j \in \{l,r\}} \left(e_{b_j} - \mathcal{P}_{b_j o}(a, k_o)\right)^T \cdot \Sigma^{-1} \cdot \left(e_{b_j} - \mathcal{P}_{b_j o}(a, k_o)\right). \tag{7}$$

4 Schätzung der Kameraparameter

Weitere Kreisflächen mit bekannten Radien im Raum, die nicht konzentrisch zueinander liegen, sind zusätzliche Einschränkungen für die Lageschätzung. Auf die Annahme gegebener externer Kameraparameter kann verzichtet werden, wenn mindestens zwei komplanare Kreisflächen oder Kreisflächen mit bekannten Relativpositionen auf mindestens zwei Bildern aufgenommen sind. Für eine Stereokamera resultiert dies in sechs zusätzlich zu schätzenden Kameraparametern im Vektor a. Die Lage einer zweiten komplanaren Kreisfläche, d.h. einer Kreisfläche mit gleicher Kreisnormalen, fordert die Schätzung von drei zusätzlichen Translationsparametern. [Ma 93] zeigt, daß für zwei komplanare Kreisflächen die Lösung schon aus einem Bild eindeutig ist. Die Anpassung von zwei Modellkreisflächen an je zwei Bildellipsen liefert 20 einschränkende Terme für 14 Lageparameter, d.h. aus einem Stereobild sind genügend Einschränkungen für die eindeutige Schätzung der Lage und der externen Kameraparameter vorhanden.

Die Schätzung der Lage zweier Kreisflächen mit bekannter relativer räumlicher Lage ist ebenfalls überbestimmt. [Han & Rhee 92] zeigen, daß eine Kreisfläche, ihr Mittelpunkt und ein weiterer Punkt mit bekanntem Abstand vom Kreismittelpunkt als Kalibriermuster zur Bestimmung der externen Kameraparameter für eine Kamera ausreichen. Eine zusätzliche Kreisfläche mit bekannter relativer Lage restringiert stärker als ein Punkt mit bekanntem Abstand zum Kreismittelpunkt. Die Verwendung eines Stereobildes erhöht die Robustheit der Lösung. Die Modellierung der relativen räumlichen Lage schreibt allerdings die Lage beider Kreisflächen eindeutig vor, so daß jetzt sechs Parameter die 3-D Lage der Kreisflächen bestimmen.

Sei B die Menge der Bilder einer Szene, für ein Stereobild ist $|B| = 2$. Für N Kreisflächen abgebildet in $|B|$ Bildern ist die Modellanpassung an $N \cdot |B|$ Bildellipsen als Summe der Einzelanpassungen realisiert,

$$K(a) = \sum_{i=1}^{N} \sum_{j \in B} \left(e_{b_{j_i}} - \mathcal{P}_{b_j o_i}(a, k_{o_i})\right)^T \cdot \Sigma^{-1} \cdot \left(e_{b_{j_i}} - \mathcal{P}_{b_j o_i}(a, k_{o_i})\right). \tag{8}$$

Restriktionen, wie gleiche Kreisnormalen oder die bekannte relative Lage von Kreisflächen, sind im Parametervektor a geeignet zu modellieren. Die Rekonstruktion erfolgt in zwei Schritten. Zuerst wird die Lage jedes Modells einzeln zur Ermittlung guter Startwerte für die Szenenrekonstruktion an die korrespondierende Bildellipse(n) angepaßt. Als Startwerte für die externen Kameraparameter werden übliche, beobachtete Werte verwendet. Auf eine vorherige Schätzung dieser Parameter aus den Stereokorrespondenzen wird verzichtet, da die Wahl der Startwerte dieser Parameter sich als unkritisch gezeigt hat. Im zweiten Schritt wird die Kostenfunktion (Gl. 8) für alle detektierten Bildellipsen in allen Bildern minimiert.

5 Ergebnisse

Die Güte der Lageschätzung einer einzelnen Kreisfläche ist stark von den Ergebnissen der Kamerakalibrierung abhängig. Daher ist die Qualität der Lagerekonstruktion schwer von der Qualität der Kalibrierung zu trennen. Die vorgestellten Ergebnisse verwenden die bekannte relative Lage oder die Komplanarität von Kreisflächen und setzen nur bekannte Bildweiten voraus. Diese sind mit einem Kalibrierverfahren nach [Tsai 85] geschätzt. Die externen Kameraparameter werden, wie in Abschnitt 4 beschrieben, geschätzt.

Abbildung 2a) zeigt eine Szene aus Objekten mit kreisförmigen Löchern und die Anpassung der Objektmodelle an die Bildellipsen. Für die Modellanpassung wurden aufgrund der besseren Detektierbarkeit nur die Bildellipsen der Löcher verwendet. Die dargestellte Szene wurde vor der Bildaufnahme vermessen. Bei den Objekten handelt es sich um Holzspielzeug, nicht um Präzisionswerkstücke, daher liegen Messungenauigkeiten durchaus im Bereich von ± 1mm.

Abb. 2: a) Szene aus Objekten mit kreisförmigen Löchern und die projizierten Modelle der rekonstruierten Objekte. b) Seiten- und c) Frontalansicht der rekonstruierten Szene.

In Tabelle 1a) und b) ist ein Vergleich der Rekonstruktionsergebnisse mit den vorliegenden Objektabständen d und Winkelabweichungen der Flächennormalen $\Delta \nu$ zusammengestellt. Tabelle 1a) zeigt die Ergebnisse der Szenenrekonstruktion bei Ausnutzung der bekannten relativen Lage der beiden sichtbaren Lochellipsen des Würfels. Die Abweichung der Objektabstände Δd liegt unter 6% von den gemessenen. Die Winkelabweichung $\Delta \nu$ ist weniger als 10°. Die Ergebnisse sind stark von der Genauigkeit der Bildellipsen abhängig. Eine dafür spezielle Auswahl der Bilder wurde vermieden.

a)

Objekte	$\Delta\nu[°]$	d[mm]	Δd[mm]	$\frac{\Delta d}{d}$[%]
1, 2	2.3	81.2	2.0	2.5
1, 3	8.0	82.3	1.5	1.8
1, 4	9.8	101.8	3.5	3.4
1, 5	6.3	144.0	3.8	2.6
1, 6	9.0	110.1	2.8	2.6
2, 3	7.1	51.5	2.9	5.6
2, 4	8.3	142.3	5.4	3.8
2, 5	2.3	113.2	5.3	4.7
2, 6	6.1	117.8	4.7	4.0
3, 4	3.1	100.0	2.6	2.6
3, 5	5.0	67.9	2.6	3.9
3, 6	2.9	67.4	1.8	2.6
4, 5	6.2	110.5	2.1	1.9
4, 6	2.2	50.4	1.0	1.9
5, 6	4.0	60.1	1.2	2.0

b)

Objekte	$\Delta\nu[°]$	d[mm]	Δd[mm]	$\frac{\Delta d}{d}$[%]
1, 2	2.8	81.2	3.2	4.0
1, 3	9.0	82.3	3.3	4.1
1, 4	9.0	101.8	5.6	5.5
1, 5	9.0	144.0	7.4	5.1
1, 6	9.0	110.1	5.8	5.3
2, 3	7.1	51.5	4.2	8.1
2, 4	7.1	142.3	7.3	5.1
2, 5	7.1	113.2	8.5	7.5
2, 6	7.1	117.8	7.1	6.0
3, 4	0.0	100.0	3.4	3.4
3, 5	0.0	67.9	4.5	6.6
3, 6	0.0	67.4	2.9	4.3
4, 5	0.0	110.5	3.0	2.7
4, 6	0.0	50.4	1.4	2.8
5, 6	0.0	60.1	1.6	2.7

Tabelle 1: Abweichung Δd der gemessenen Objektabstände d von den rekonstruierten und Abweichung $\Delta \nu$ zwischen gemessenen und rekonstruierten Flächennormalen in der Szene aus Abb. 2a). Objekt 1 ist der Würfel, Objekt 2 die stehende Scheibe, Objekt 3 die hintere Buchse, Objekt 4 die vordere rechte Buchse, Objekt 5 die flache linke Scheibe und Objekt 6 die hohe mittlere Scheibe.
a) Rekonstruktion unter Ausnutzung der bekannten relativen Lage der Würfelellipsen.
b) Für die Rekonstruktion wurde die Komplanarität der kleinen Scheiben und der Buchsen sowie die bekannte relative Lage der Würfelellipsen verwendet.

In einem zweiten Versuch wurde auch die Komplanarität, d.h. die gleichen Kreisflächennormalen, der vier auf der Arbeitsfläche liegenden runden Objekte modelliert. Die Rekonstruktion hat sich dadurch eher verschlechtert. Tabelle 1b) zeigt die Ergebnisse. In diesem Fall hat die Hinzunahme der Einschränkungen, die möglicherweise den verrauschten Daten nicht entsprechen, die Rekonstruktionsergebnisse nicht verbessert. Dieses ist Gegenstand weiterer Untersuchungen.

6 Zusammenfassung und Ausblick

Die perspektivische Projektion bildet Kegelschnitte auf Kegelschnitte ab. Jedoch ist nicht gewährleistet, daß die Triangulation von Bildellipsen, die die Projektion einer Kreisfläche sind, bei verrauschten Daten zu einer Kreisfläche führt. Daher unterscheiden sich Verfahren zur Schätzung der dreidimensionalen Lage von Kreisflächen von Rekonstruktionsverfahren polyedrischer Körper. Lineare Verfahren zur Kreisflächenrekonstruktion sind schlecht mit modellbasierten iterativen Rekonstruktionsverfahren verbindbar.

Das hier vorgestellte iterative Verfahren schätzt die dreidimensionale Lage von Kreisflächen durch Modellanpassung an Bildellipsen in mindestens zwei Bildern, z.B. einem Stereobild, unter Ausnutzung projektiver Invarianten. Für mindestens zwei komplanare Kreisflächen oder Kreisflächen mit bekannter relativer räumlicher Lage können so auch die externen Kameraparameter geschätzt werden. Dieses Verfahren kann leicht in ein modellbasiertes Verfahren zur Lageschätzung polyedrischer Körper integriert werden. Auch eine Erweiterung von Kreisflächen auf allgemeine Ellipsen ist einfach denkbar. Die Ergebnisse zeigen eine gute Modellanpassung. Die Verbesserung der Rekonstruktionsgenauigkeit ist Gegenstand weiterer Untersuchungen.

Danksagungen

Diese Arbeiten wurden von der Deutschen Forschungsgemeinschaft (DFG) im Rahmen des SFB 360 „Situierte Künstliche Kommunikatoren" gefördert. Anregungen von M. Tonko waren für die Entwicklung des Verfahrens sehr hilfreich.

Literatur

[Dhome et al. 90] M. Dhome, J. T. Lapreste, G. Rives, M. Richetin, Spatial Localization of Modelled Objects of Revolution in Monocular Perspective Vision. *Proc. First European Conference on Computer Vision*, 1990, pp. 475–485.
[Gengenbach 94] V. Gengenbach, *Einsatz von Rückkopplungen in der Bildauswertung bei einem Hand-Auge-System zur automatischen Demontage*. Dissertationen zur Künstlichen Intelligenz (DISKI 72). infix-Verlag, Sankt Augustin, 1994.
[Goldberg 93] R. R. Goldberg, Pose determination of parameterized object models from a monocular image. *Image and Vision Computing* 11:1, January/February 1993, pp. 49–62.
[Han & Rhee 92] Min-Hong Han, Sangyong Rhee, Camera Calibration for Three-dimensional Measurement. *Pattern Recognition* 25:2, 1992, pp. 155–164.
[Lowe 91] D. G. Lowe, Fitting Parameterized Three-Dimensional Models to Images. *IEEE Trans. Pattern Analysis and Machine Intelligence* **PAMI-13**:5, 1991, pp. 441–450.
[Ma 93] Song De Ma, Conics-Based Stereo, Motion Estimation, and Pose Determination. *International Journal of Computer Vision* 10:1, 1993, pp. 7–25.
[Mohr 93] R. Mohr, Projective Geometry and Computer Vision. C. H. Chen, L. F. Pau, P. S. P. Wang (Hrsg.): *Handbook of Pattern Recognition and Computer Vision*, Kap. 2.4, World Scientific Publishing Company, 1993, pp. 369–393.
[Posch 90] Stefan Posch, *Automatische Tiefenbestimmung aus Grauwertstereobildern*. Deutscher Universitäts Verlag, Wiesbaden, 1990.
[Press et al. 88] W. H. Press, B. P. Flannery, S. A. Teukolsky, W. T. Vetterling, *Numerical Recipes in C*. Cambridge University Press, 1988.
[Safaee-Rad et al. 92] R. Safaee-Rad, I. Tchoukanov, K. C. Smith, B. Benhabib, Constraints on quadratic-curved features under perspective projection. *Image and Vision Computing* 10:8, October 1992, pp. 532–548.
[Semple & Kneebone 52] J. G. Semple, G. T. Kneebone, *Algebraic Projective Geometry*. Oxford Science Publication, 1952.
[Tsai 85] R. Tsai, A Versatile Camera Calibration Technique for High Accuracy 3D Machine Vision Metrology using Off-the-Shelf TV Cameras and Lenses, Research Report, 1985.

Model-based 2D-Shape Recovery

Ansgar Brunn, Uwe Weidner, and Wolfgang Förstner

Institut für Photogrammetrie
Nußallee 15, 53115 Bonn
email: ansgar,weidner,wf@ipb.uni-bonn.de

Abstract: The paper presents a new approach for the reconstruction of polygons using local and global constraints. The MDL-based solution is shown to be useful for analysing range and image data of buildings.

1 Introduction

Segmentation of the boundary of 2D-shapes is a basic prerequisite for reconstruction, recognition or matching tasks. The goal of the segmentation is to replace a low level description of the shape by a more structured one exploiting knowledge about the objects' boundaries. Parametric descriptions may be just dense sequences of points, splines or Fourier descriptors, all not being specific for a certain class of objects. Structuered descriptions may be sequences of shape primitives, attributed skeletons, or – exploiting the dichotomy of boundary and region representation – overlapping sets of shape primitives.

Parametric and structural descriptions in a natural way may be associated with the type of the shape models implicitely or explicitely used. *Local* models of boundaries refer to properties like curvature of lines, average length or angle of polygons, *global* models refer to relations of non neighbouring shape primitives such as parallelity, collinearity or directly to global measures such as area or connectivity.

As there up to now seems to be no general theory of shape, techniques for shape recovery need to refer to a specific shape class. Our research interest is in building reconstruction from aerial images or range data. Therefore, we need techniques for recovering the boundary of image segments of roofs or of ground plans. In both cases the shapes show specific regularities such as parallelity and collinearity, and in case of range data also orthogonality. On the other side due to occlusions caused by interference with other objects or object parts and the great variety of real shapes even within this restricted class, we cannot use global measures for guiding the recovery process. Moreover, we should be able to deal with multiple boundaries of objects, i. e. objects with holes and groups of objects.

Whereas the number of papers dealing with the approximation of boundaries based on local models is quite large (cf. references in Fischler and Wolf 1994), and quite some algorithms exist for finding shapes represented with a fixed set of parameters (rectangles: e. g. Lin et al. 1994, snakes: Kass et al. 1988), no concept is known to the authors which is able to recover general polygons with global constraints. The work of Fua and Hanson 1987 probably is most closely

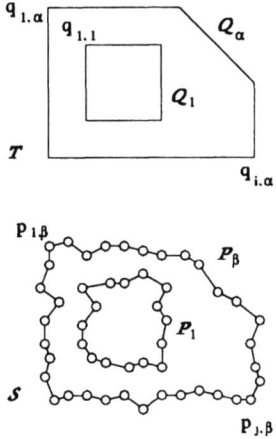
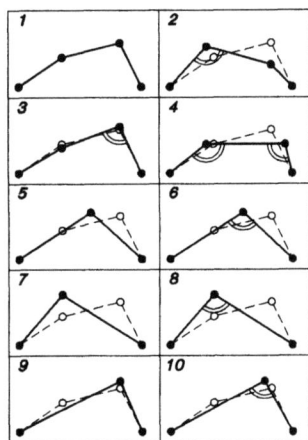

Fig. 1. True shape $\tilde{\mathcal{T}}$ and observed shape $\mathcal{S}$

Fig. 2. 10 alternatives for local configuration

related to ours in terms of generality, but refers to structured aggregates of region primitives, whereas we refer to free boundaries.

The task to be solved can be stated as follows: The *true shape* $\tilde{\mathcal{T}}$ to be recovered from the observed shape $\mathcal{S}$ consists of a set of polygons, thus $\tilde{\mathcal{T}} = \{\tilde{\mathcal{Q}}_\alpha\}$ with closed cyclical lists $\tilde{\mathcal{Q}}_\alpha = [q_{i.\alpha}]$ of length $\|\tilde{\mathcal{Q}}_\alpha\| = \tilde{n}_\alpha$ containing the points $q_{i.\alpha}(x_{i.\alpha}, y_{i.\alpha})$. Edges $f_{i_1.\alpha_1}(q_{i_1-1.\alpha_1}, q_{i_1.\alpha_1})$ and $f_{i_2.\alpha_2}(q_{i_2-1\ \alpha_2}, q_{i_2.\alpha_2})$ of the same or of different polygons $\mathcal{Q}_{\alpha_1}$ and $\mathcal{Q}_{\alpha_2}$ may show geometric relations $r(f_{i_1.\alpha_1}, f_{i_2.\alpha_2})$, especially being parallel or collinear, and in case of range data being perpendicular. The *observed shape* also consists of a set of polygons $\mathcal{S} = \{\mathcal{P}_\beta\}$ with lists $\mathcal{P}_\beta = [p_{j.\beta}]$ and $p_{j.\beta}(x_{j.\beta}, y_{j.\beta})$.

The goal is to reconstruct $\tilde{\mathcal{T}}$, thus to find an estimate $\hat{\mathcal{T}}$ for $\tilde{\mathcal{T}}$ from the given shape $\mathcal{S}$ (cf. Fig. 1), which at the same time optimally fits the data $p_{j.\beta}(x_{j.\beta}, y_{j.\beta})$, and shows local and global regularities. As the number of polygon sides $\sum_\alpha \tilde{n}_\alpha$ as well as the existence of geometric relations is unknown and the given data $\mathcal{P}_\beta$ are noisy, an approximation criterium which is able to incorporate parametric and structural knowledge is needed. We use the principle of minimal description length (MDL) (cf. Rissanen 1987, Förstner 1989) which can be related to Bayesian estimation.

The paper first describes the concept of our scheme for 2D-shape recovery (section 2), describes how we use the local and the global model (section 3), and closes with examples from image and range data analysis to demonstrate the versability of the concept.

2 Concept for 2D-Shape Recovery

The proposed concept for 2D-shape recovery is based on a local and global analysis of the given shape using MDL, which may be iteratively applied, and is meant to lead to an efficient algorithm.

2.1 The MDL–Criterion for Structure Evaluation

The description length DL of a set $\hat{\mathcal{T}} = \{\hat{\mathcal{Q}}_\alpha\}$ of polygons approximating a set $\mathcal{P}$ of given points depends on both, the fit of the model to the data and the complexity of the model. The fit is measured by the weighed sum Ω of the residuals of a ML-estimation, whereas the complexity depends on the number of unknown parameters and the number n of given data, influencing the precision of the parameters. Let the non linear or linearized model be given by

$$E(\mathbf{y}) = \mathbf{g}(\boldsymbol{\beta}), \quad D(\mathbf{y}) = \boldsymbol{\Sigma}_{yy} \qquad (1)$$

with u unknown parameters collected in $\boldsymbol{\beta}$, n observations collected in the vector $\mathbf{y}$, and their covariance matrix $\boldsymbol{\Sigma}_{yy}$. The description length is given by (cf. Rissanen 1987)

$$DL = \frac{\Omega}{2 \ln 2} + \frac{u}{2} lb\, n \qquad (2)$$

with the weighed sum of the squared residuals

$$\Omega = [\mathbf{y} - \mathbf{g}(\boldsymbol{\beta})]^T \boldsymbol{\Sigma}_{yy} [\mathbf{y} - \mathbf{g}(\boldsymbol{\beta})]$$

In case h constraints exist between the u' mutually dependent unknowns, we have $u = u' - h$ free unknown parameters. For a fixed number of u parameters the description length only depends on the fit Ω of model and data.

Equation (2) will be used to locally select hypothesis. Due to the equivalence of MDL and robust estimation (cf. section 3.2), also the selection of the global constraints is performed and evaluated based on (2).

2.2 The Strategy for Description Length Reduction

The procedure for recovering the 2D-shape consists of several steps, as a one step procedure does not seem to be feasible. The steps are the following:

1. **Preprocessing:** In the first step only local constraints, namely the noise model, is used. The given polygon set $\mathcal{S}$ is simplified by
   (a) *merging* collinear segments, if the given points $p_{j,\beta}$ refer to grid positions, only taking the rounding errors of the grid positions into account, and/or
   (b) *splitting* the resulting polygons according to classical recursive techniques (Douglas and Peucker 1973) with a narrow threshold T depending on the noise model, e. g. $T = 2\sigma_n$, where σ_n denotes the positional noise of the given points.
   We then obtain a first approximation $\hat{\mathcal{T}}^{(0)} = \{\hat{\mathcal{Q}}^{(0)}\}$ as starting point for iteration $\nu = 1$, which consists of $n_0 = \parallel \hat{\mathcal{T}}^{(0)} \parallel = \sum_\alpha \parallel \hat{\mathcal{Q}}^{(0)}_\alpha \parallel\, < m$ points. The named approaches for preprocessing are useful to reduce the number of points, even if the merging or splitting criterion is fixed in order to reduce the discretization noise only. Nevertheless, no model knowledge can be incorporated, which is possible using

2. **Local MDL–Analysis:** A local analysis of all edges identifies the best simplification of the polygons $\hat{\mathcal{T}}^{(\nu-1)}$ according to the MDL principle. The end points (p_{i-1}, p_i) of an edge may be identified to show angles of either $\pm 90°$ or $180°$, in the last case leading to the elimination of a point. The evaluation of the 10 alternatives shown in Fig. 2 is discussed below. The simplification may reduce the number of polygon points by either
   (a) a fixed maximum number k, e.g. $k =$ number of polygons in $\mathcal{S}$,
   (b) a fixed maximum percentage, especially for large $n_\alpha = \|\mathcal{Q}_\alpha\|$, or
   (c) iterating until no change occur in the local configuration.
   Evaluating the reduction one may refer either to
   (a) the original data $p_{i.\beta}$ guaranteeing no loss in information or
   (b) to the actual data $q_{i.\alpha}^{(\nu-1)}$, possibly neglecting statistical dependencies between the actual data, thereby reducing algorithmic complexity.
   The result of this step is a set $\hat{\mathcal{T}}^{(\nu)}$, $\nu = 1, \ldots$ of possibly reduced polygons with modified coordinates. This step may be iterated until no reduction in the local DL is possible any more.
3. **Global Hypothesis Generation:** The edges $f_i(q_{i-1}^{(\nu)}, q_i^{(\nu)})$ of the the resulting polygons are now checked with respect to pairwise geometric relations. Orthogonality and parallelity are checked via the angle $\alpha(f_{i_1}, f_{i_2})$ using the test statistic $T_\alpha = \alpha/\sigma_\alpha$, where σ_α is determined via error propagation. Collinearity is checked by parallelity and orthogonal distance $d(p_{i_1}, f_{i_2})$ of one point to the other edge, again using error propagation. The result is a set $\mathcal{H} = \{h_k\}$ of hypothesis, which in general will not be independent.
4. **Constraint Robust Estimation:** The set of global hypothesis is used in a robust estimation (cf. Fuchs and Förstner 1995). Robust estimation is applied for three tasks, i.e. the elimination of globally inconsistent hypothesis, the determination of optimal coordinates of the points $q_{i.\alpha}^{(\nu)}$, and the determination of $\Omega^{(\nu)}$ used for the the global description length $DL^{(\nu)}$.
5. **Selection:** The global description length $DL^{(\nu)}$ according to (2) is used to decide on the quality of the final result. In case an iteration is performed in step 2, one may stop after this estimation. Otherwise, if $DL^{(\nu)} < DL^{(\nu-1)}$ the procedure continues with step 2 for further reduction. If $DL^{(\nu)} \geq DL^{(\nu-1)}$, we may either
   (a) stop, as there is no reduction in description length to be expected or
   (b) backtrack to step 2, e.g. using the second best selection of points.

The examples given later use the following sequence:

1. Preprocessing of $\mathcal{S}$ to eliminate collinear neighbouring edges.
2. Local MDL–analysis by eliminating a maximum number of points at a time referring to the actual data within this step, which is iterated until no local reduction of the description length is possible any more.
3. Global hypothesis generation, however restricting the generation of rectangular hypothesis to neighbouring edges.
4. Robust estimation.
5. Stop.

2.3 Computational Complexity

The algorithmic complexity of the different steps is given by $O(m)$ for merging and $O(m \log m)$ for splitting for preprocessing with $m = \| S \|$, and $O(n^{(\nu)})$ with $n^{(\nu)} = \| \mathcal{T}^{(\nu)} \|$ for local MDL-analysis. If we iterate step 2 until no reduction is possible any more, the complexity is $O((r_0 n_0)^2)$ for constant maximum reduction and $O(r_0 n_0 \log(r_0 n_0))$ for a proportional reduction, where n_0 is the number of points after step 1 and $r_0 n_0$ is the number of points after the first reduction in step 2. The complexity for global hypothesis generation is $O((n^{(\nu)})^2)$, and $O((n^{(\nu)})^3)$ for the constraint estimation. If steps 2 to 4 are iterated, the complexity of these three steps is $O((r_0 n_0)^4)$ for constant maximum reduction and $O((r_0 n_0)^3 \log(r_0 n_0))$ for a proportional reduction. In the worst case we therefore obtain $O(c_1 m \log m + c_2 (q_0 n_0)^4)$, indicating, that the preprocessing (n_0) and the first MDL-based reduction (r_0) are decisive. Following this advice, we reach the lowest complexity, if step 2 is repeated until no reduction is possible any more and only once a global analysis is performed: $O(c_1 m \log m + c_2 n_0^2 + c_3 k^3)$, where k is the number of points in the final polygon set. Other strategies may be chosen.

3 Using the Shape Model

3.1 Local Constraints

First, we evaluate the hypotheses about neighbouring edges. This evaluation is based on the consideration of local configurations of four consecutive points. These configurations are set up by imposing orthogonality constraints on one or both angles at neighbouring points or by replacing them by a single point, possibly also introducing an orthogonality constraint in this point. Fig. 2 shows 10 alternatives ($a = 1, \ldots, 10$) which are used and evaluated using the description length given in (2).

The points 1 and 4 of the configurations are assumed to be fixed. Points 2 and 3 or the replaced point, dependent on the alternative, can move. The coordinates of these points are introduced as observations. Furthermore, the n_d orthogonal distances d_i of related points of the polygons S to an edge of $\mathcal{T}$ may be introduced as observations with $E(d_i) = 0$, relating the procedure to the original data. The area of the local configuration is assumed to be fixed and together with the orthogonalities introduced as weak constraints. A local adjustment yields the weighed sum of residuals Ω_a. Together with (2) the description length DL_a can be computed. Dependent on the description length, the local structure of the polygons $\mathcal{T}$ is adapted, replacing the local configurations by those alternatives which decrease the description lenght most.

3.2 Global Constraints

Global constraints establish geometric relations between any two polygon sides. Due to the transitivity of parallelity and collinearity relation, and similar relations including orthogonality relations, the found set of hypothesis will not be independent. On the other hand, sets of individually consistent hypothesis need not be jointly consitent. For both reasons, it is useful to introduce the relations as weak constraints, thus as observations, e. g. $E(\alpha - \frac{\pi}{2}) = \mathbf{g}(\boldsymbol{\beta})$ for the orthogonality constraint with a certain weight $w_i = 1/\sigma_i^2$, and apply robust estimation with a modified minimum function $\sum_i \rho(v_i)$, instead of $\sum v_i^2$ being non robust. The function ρ, which is of the form $\rho(x) = \min(\frac{x^2}{2}, \frac{k^2}{2})$, reflects two classes of hypothesis: accepted ones (x in $[-k, +k]$) and rejected ones (x outside $[-k, +k]$). The decision, whether a hypotheses is accepted using the MDL principle leads exactly to the same type of minimization function, however having the advantage that the threshold k results from the coding scheme (Förstner 1989). We used the robust estimation of our grouping technique (Fuchs and Förstner 1995).

4 Examples

The examples given in the following show results of our approach applied to range data and aerial images. Fig. 3 displays original range data[1], acquired by airborne laser scanning, and the result of a segmentation (cf. Weidner and Förstner 1994). The outlines of this segmentation are used as starting point for the vectorization. Fig. 4 shows results of the shape recovery for three building ground plans. From left to right, the polygons are displayed after preprocessing, local MDL-analysis, and global robust adjustment. For these data sets the local MDL-application leads to a reduction of points from 36 to 7, 134 to 29, and 98 to 36 resp. The hypothesis about geometric relations between edges of the polygons, which are introduced in the robust estimation, put constraints onto the edges, which results in the final polygons. These polygons are also displayed in Fig. 5 superimposed on the original range data. A qualitative evaluation shows little discrepancies, whereas the overall performance seems to be acceptable. The discrepancies are on one hand due to the suboptimal sequence as described in section 2, i.e. considering only the data in each iteration and not the originally observed polygons. On the other hand not all hypotheses passing through the robust estimation are actually correct.

Fig. 6 displays the results for range data acquired using a matching technique (Krzystek 1991), indicating the ability of our approach to deal with multiple polygons belonging to an object.

Fig. 7 shows the image data and the segmentation for the roof. The intermediate and the final polygons are again displayed from left to right. In this case, a representation of the different parts of the roof by a *network of polygons*, allowing points to belong to multiple sets $\mathcal{P}_\alpha$ would be appropriate.

5 Discussion

The results of the developed procedure applied to real data, though being convincing as a first step, show some deficiencies, which need to be analysed in

---

[1] The range data of Hannover was supplied by Dornier, Friedrichshafen.

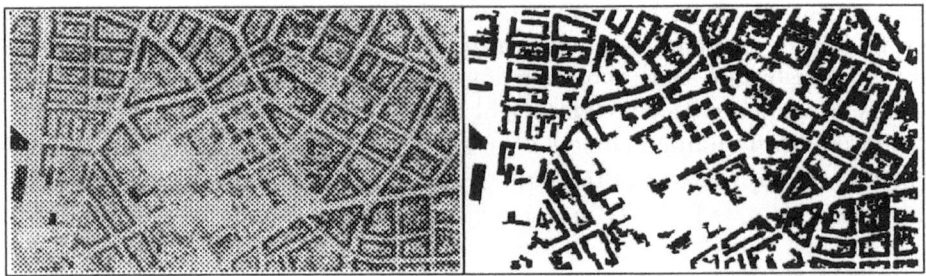

Fig. 3. Range data from airborne laser scanner and segmentation (Weidner and Förstner 1994)

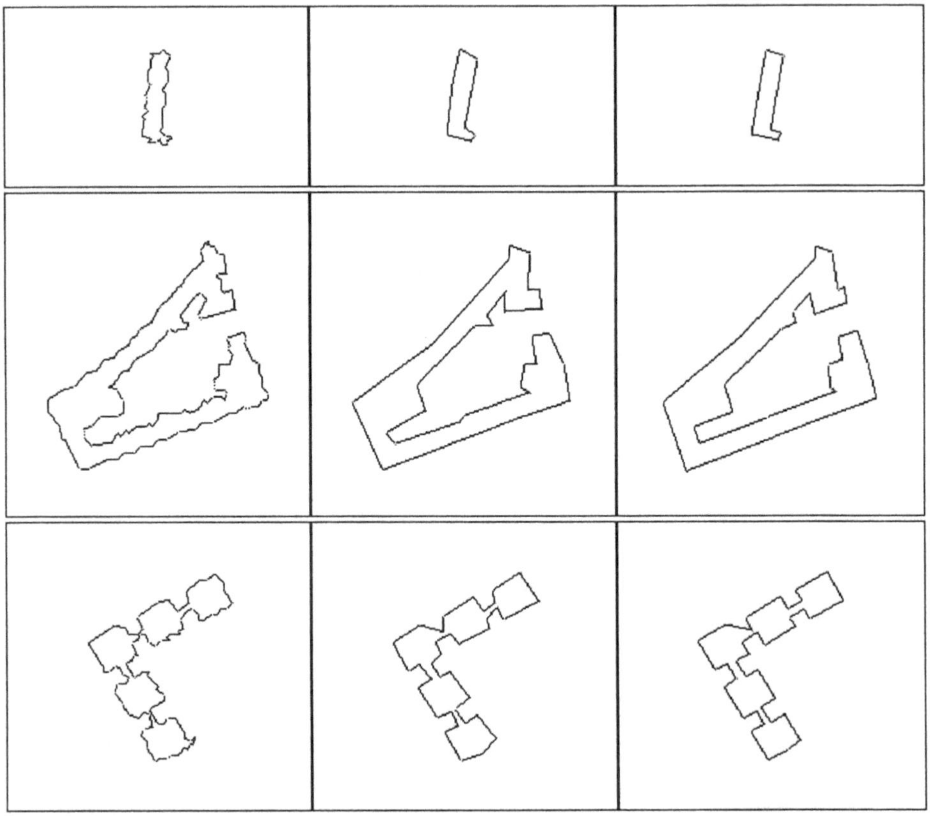

Fig. 4. Three examples for range data – left: original boundary from segmentation; middle: result of local MDL–analysis; right: recovered final shape

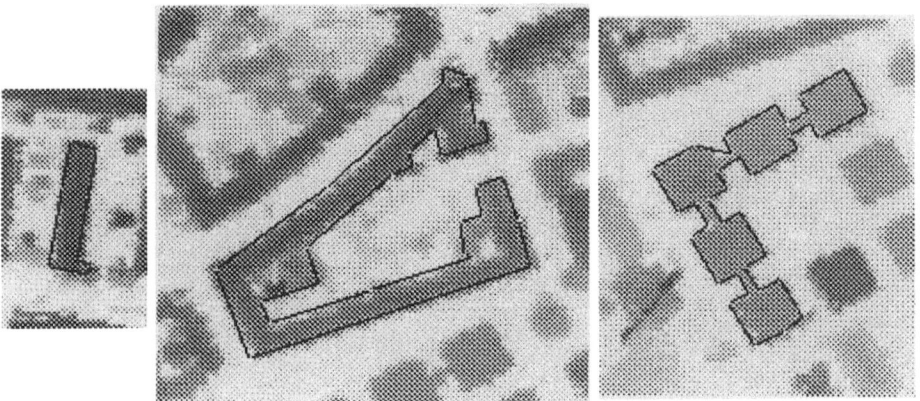

Fig. 5. Overlay of recovered final shapes on original data

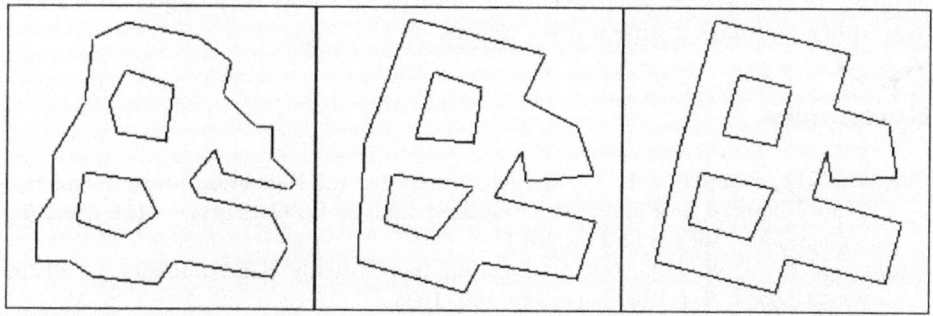

Fig. 6. Example for range data based on image matching and segmentation (cf. Fig. 4)

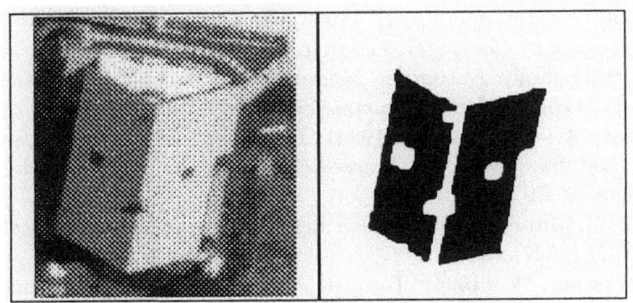

Fig. 7. Image data and blobs

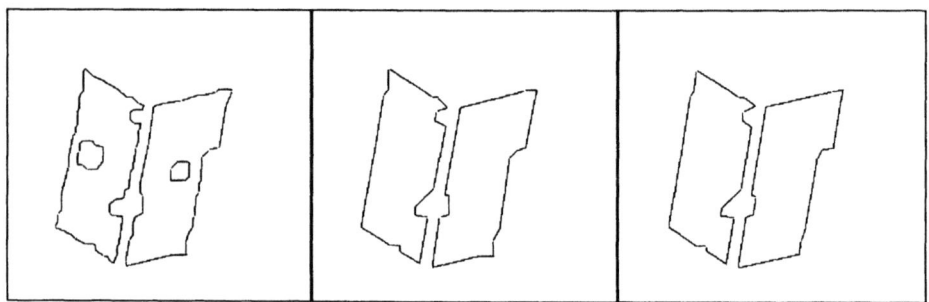

Fig. 8. Example for image data (cf. Fig. 4)

more detail, namely the high algorithmic complexity when not iterating the local MDL-analysis, the geometric deviations resulting from not referring to the original data during the iterations, and the evaluation of the hypothesis selected by the robust estimation. The approach may be generalized to more complex basic shape structures, such as circles, and to networks of polygons, necessary in simplifying image segmentation results.

References

Douglas, D.H.; Peucker, T.K. (1973): Algorithms for the Reduction of the Number of Points Required to Represent a Digitized Line or Its Caricature. *The Canadian Cartographer*, 10(2):112–122, 1973.

Fischler, M.A.; Wolf, H.C. (1994): Locating Perceptually Salient Points on Planar Curves. *IEEE T-PAMI*, 16(2):113–129, 1994.

Förstner, W. (1989): Image Analysis Techniques for Digital Photogrammetry. In: *Proceedings of 42nd Photogrammetric Week, Stuttgart*, pages 205–221, 1989.

Fua, P.; Hanson, A.J. (1987): Resegmentation Using Generic Shape Locating General Cultural Objects. *Pattern Recognition Letters*, 5:243–252, 1987.

Fuchs, C.; Förstner, W. (1995): Polymorphic Grouping for Image Segmentation. In: *Proceedings 5th International Conference on Computer Vision*, 1995.

Kass, M.; Witkin, A.; Terzopoulos, D. (1988): Snakes: Active Contour Models. *International Journal of Computer Vision*, pages 321–331, 1988.

Krzystek, P. (1991): Fully Automatic Measurement of Digital Elevation Models. In: *Proceedings of the 43rd Photogrammetric Week, Stuttgart*, pages 203–214, 1991.

Lin, C.; Huertas, A.; Nevatia, R. (1994): Detection of Buildings Using Perceptual Grouping and Shadows. In: *Proceedings Computer Vision and Pattern Recognition*, pages 62–69, 1994.

Rissanen, I. (1987): Minimum Description Length Principle. *Encyclopedia of Statistical Sciences*, 5:523–527, 1987.

Weidner, U.; Förstner, W. (1994): Towards Automatic Building Extraction from High Resolution Digital Elevation Models. *ISPRS Journal*, 1994. submitted paper.

Hierarchical Joint Estimation of Motion and Segmentation

Klaus Illgner

Institut für Elektrische Nachrichtentechnik
RWTH Aachen, 52056 Aachen, Germany
Tel: +49-241-80-7681, Fax: +49-241-8888-196
E-mail: illgner@ient.rwth-aachen.de

Abstract. Analysis of image sequences requires the estimation of motion as one feature. The most frequently used approaches for image sequence coding estimate motion in a block-oriented fashion. The disadvantage is that boundaries of moving objects within a block significantly reduce the reliability of motion estimation. Intraframe image segmentation partitions an image into regions according to a spatially homogeneous criterion. Adding motion as an additional temporal feature to intraframe image segmentation, the final regions are expected to be homogeneous also according to the underlying motion model. The motion estimate becomes more reliable in the sense of *true motion*, since object boundaries do not affect the motion estimation.
The presented approach jointly estimates motion and segmentation in a hierarchical fashion allowing for analysis of symbolic properties at different resolutions as well as for efficient image sequence coding and progressive transmission.

1 Introduction

Image sequences differ from still images in an additional aspect — motion. Estimation of motion for image analysis is mainly aimed at by the need to estimate *true motion*. In a coding context estimation of motion is determined by the need to reduce temporal redundancies, which does not necessarily require the estimation of *true motion*. However, coding can become more reliable by utilizing as detailed motion estimates as possible.

A broad spectrum of schemes for motion estimation have been developed. In the field of image sequence coding block matching is commonly used due to its simplicity and the low computational complexity. However, considering image analysis the validity of the motion estimate is limited, since the images to be coded are segmented into blocks of fixed size without consideration of the content. If parts of more than one moving object are element of a block, the resulting motion estimate is the average motion of the different parts. The performance is dependent on the size of the matched blocks. Small blocks can adapt well to local motion, but are sensitive to noise. Distortions due to boundaries of moving objects are limited, since only few pixels are affected. In contrast, large blocks are less sensitive to noise, but may average across several moving objects. Block sizes for practical applications are 8×8 and 16×16 pixel. The motion estimates for each block, termed motion vectors, are collected in the motion vector field which represents the motion for a complete frame.

Hierarchical motion estimation schemes try to increase the reliability by calculating an initial motion estimate at a coarse scale followed by refinements of the accuracy at finer scales. The hierarchical block matching approach presented in [2] combines different block sizes. The initial match uses large block sizes to limit the influence of noise as well as to detect large motion. The motion estimate is locally refined by subsequent matches with smaller block sizes. A different approach for hierarchical motion estimation is described in [8], which is based on a mean pyramid [5]. The lowest level $k = 0$ of the pyramid is the image to be coded. Each pixel at higher levels $k > 0$ is the mean of $N_b \times N_b$ pixel of level $k-1$ with $N_b = 4$. Instead of matching blocks, which is searching for the minimal average of pixel differences, only pixels are matched, minimizing the difference of intensity averages. The motion vectors estimated at higher levels k of the pyramid are assigned to all spatially corresponding pixels at the next lower level $k - 1$.

However, for image analysis these approaches lack for the estimation of *true motion*. Both approaches have in common that boundaries of moving regions are not considered, since in both cases the averages are calculated over a fixed area ($N_b \times N_b$ pixels). Moreover, in these approaches motion vectors obtained at higher levels k are assigned to all spatially corresponding pixels at the next lower level $k - 1$ and used as initial motion estimates for subsequent matching steps at these levels. The resulting motion vector field is smooth not only inside the matched blocks, but also across the boundaries of moving objects. However, since in natural scenes objects move independently of each other, discontinuities in the motion vector field at the boundaries of moving objects are expected.

A different approach combining motion estimation and segmentation is described in [7]. In contrast to other approaches [4] a dense motion vector field is estimated without restrictions to a parametrical motion model. Although the results obtained are excellent, the algorithm is extremely complex.

In the next sections a much simpler approach is presented, which is based on the pyramid construction described in [3]. The advantage of a hierarchical representation for coding is, that depending on the available bit rate different levels of resolution can be sent. For image analysis an hierarchical representation of motion and shape is useful for subsequent analysis of symbolic properties. The frames to be coded are segmented into arbitrarily shaped regions, which ideally correspond to objects of the "real" world. Segmentation and motion of the segments is estimated jointly. Motion estimation is performed on a segmentwise basis and hence is not disturbed by the influence of several moving objects. The segmentation process is controlled by the motion estimate which results in homogeneous motion within segments. The hierarchical structure of the pyramid is exploited for successive refinement of the shape of the regions as well as for refinement of the motion vector field. Since the algorithm estimates a motion vector for each pixel, a dense motion vector field is obtained. In combination with the segmentation it provides an estimate of true motion for each region.

2 Modeling of Image Sequences

Image sequences are sets of frames $\mathcal{G} = \{g_n\}$ captured by a camera at consecutive, equally spaced time intervals nT. 3D-objects of natural scenes are mapped by the camera to 2D-regions of a frame. Hence, a frame consists of a set of regions $g_n = \{r_n(j) \mid j = 1 \ldots N_r\}$, where each region is formed by a set of spatially neighbored pixels. Since motion of objects in natural scenes typically is homogeneous, the motion of the corresponding regions can be assumed to be homogeneous as well. Furthermore, motion of different objects is independent of each other. Therefore the motion of the corresponding regions can be assumed to be independent, which results in discontinuities of the motion vector field between different regions.

The pixels of a region are projections of areas of an object. Due to motion the perspective of the object varies which might result in intensity fluctuations. However, for motion estimation it is a useful assumption, that the intensities of the pixels belonging to a region do not change between subsequent frames.

Arbitrary motion of objects results in complex motion of the regions between successive frames. In general, an exact parametrical description does not exist. Good approximations can be obtained by applying a 6, 8 or even 12 parameter model [4]. However, the estimation of the parameter sets is difficult. Thus dense motion vector fields which assign a motion vector at least to each pixel are necessary to describe the motion accurately. Dense motion vector fields describe true motion of regions, which allows for an optimal image description. Furthermore, they provide the capability to increase coding efficiency in image sequence coding. However, true 3D motion of objects can not be estimated precisely, since there is no unique relation between the 2D motion of regions and the 3D motion of objects. Therefore, in the following the term true motion refers to 2D motion.

3 Outline of the Algorithm

Based on this image sequence model a motion estimation and segmentation algorithm has been developed. The approach generalizes the pyramid construction described in [3]. The scheme is initialized by building up a resolution pyramid. Based on the intensity of the pixels, links are established between the different resolution levels k and $k + 1$. In the segmentation process the links between the nodes of the lower level k and the next higher level $k + 1$ are reorganized. The criterion which controls reorganization is based on the intensity and the motion vector of each node. However, to simplify the criterion segmentation and motion estimation is performed in alternating steps. Motion estimation is performed between the pixels of the pyramid for the current and the previous frame. The homogeneity of motion within regions is considered by an additional criterion.

3.1 INTRA-frame Segmentation

The algorithm is initialized by calculating a M level resolution pyramid for the current frame g_n and the previous frame g_{n-1}. The pyramids are initialized at the lowest level $k = 0$ with the original frames. The higher levels are obtained by lowpass filtering and subsampling by a factor of 2. The lowpass filter is just the rounded mean [8]. Starting at the lowest level for each level $k \in \{0, \ldots, M-1\}$ the mean of a block of 4×4 pixels is calculated

$$m_n^{(k)}(x_k, y_k) = \frac{1}{16} \sum_{i=-1}^{2} \sum_{j=-1}^{2} g_n^{(k)}(x_k + i, y_k + j), \tag{1}$$

$$x_k \in \{0, 2, \ldots, N_x^{(k)} - 2\}, \quad y_k \in \{0, 2, \ldots, N_y^{(k)} - 2\}.$$

Since the size of each pyramid level is the half of the next lower level in each dimension $N_{x,y}^{(k+1)} = N_{x,y}^{(k)}/2$, subsampling is implicitly performed by calculating the mean only for every second pixel. At the image boundaries the summation in eq. 1 is truncated. The rounded mean is assigned to the corresponding pixel at the next higher level

$$g_n^{(k+1)}(\lfloor x_k/2 \rfloor, \lfloor y_k/2 \rfloor) = \lfloor m_n^{(k)}(x_k, y_k) + 0.5 \rfloor \tag{2}$$

Finally, each node has 4 father nodes while each father node has 16 son nodes.

In the initial segmentation process the links are reorganized in the same manner as in [3]. The quite simple but sufficient segmentation criterion is that the intensities of the pixels within regions are homogeneous. Starting from the bottom level each node is assigned to that father node, which has the most similar intensity. Since the regions are assumed to be single connected regions, crossings of links are prohibited. The assignment of links is therefore an coupled problem between 4 son nodes and 4 father nodes. The links are established such, that the sum of all four feature differences becomes minimal. After reassigning the nodes, the intensities of the father nodes are recalculated following the current links starting at the lowest level. Relinking and recalculating the intensities is iterated until the number of changed links is below a threshold. Finally, each frame has been segmented at each level into regions with a unique link between each pixel at level k to a pixel at level $k+1$. A segmentation of the original image can now be obtained by mapping the greylevel at any level $0 < k < M$ along the links down to the lowest level $k = 0$. Since each node at level $k = M - 1$ represents one segment at level $k = 0$, the number of segments is given as $N_r = \frac{1}{(M-1)^2}(N_x \times N_y)$.

3.2 Joint Estimation of Motion and Segmentation

After an initial intensity based segmentation has been obtained, motion information is added to the segmentation criterion. Motion estimation between the two pyramids starts at a higher level $k \geq 3$. Due to the lowpass property of these levels, large motion can be detected. Additionally the estimate is only

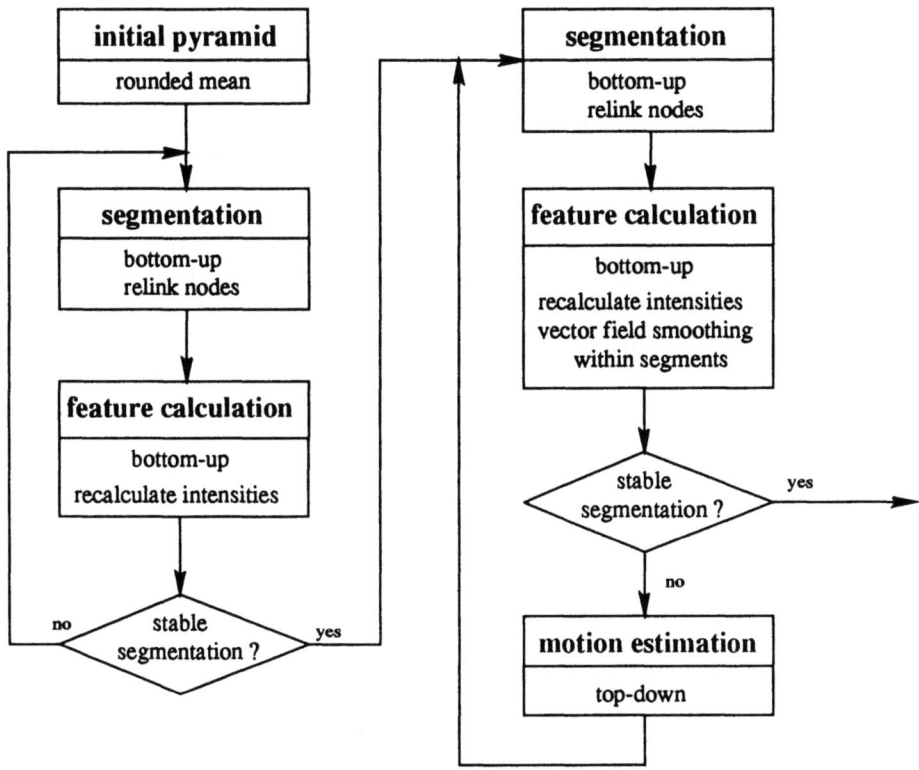

Fig. 1. Flow chart of the iteration for joint estimation of motion and segmentation.

marginally influenced by noise. At level $k = 3$ a node represents a block of 8×8 pixels or larger at the lower levels. Each pixel $g_n^{(k)}(x_k, y_k)$ is matched against several pixels at the previous pyramid $g_{n-1}^{(k)}(x_k, y_k)$ at the same level k. This type of motion estimation assumes that the intensity of pixels belonging to moving regions does not change. Hence, each region $r_{n-1}^{(k)}(j)$ at level k of frame $n-1$ should have a corresponding region $r_n^{(k)}(j)$ at frame n. As matching criterion the mean squared error

$$E_{MSE} = \left| g_n^{(k)}(x_k, y_k) - g_{n-1}^{(k)}(x_k + v_x^{(k)}, y_k + v_y^{(k)}) \right|^2 \qquad (3)$$

is used. The tested motion vectors $\mathbf{v}^{(k)}(x_k, y_k) = (v_x^{(k)}, v_y^{(k)})^T$ are:

1. the vector of the father node $\mathbf{v}^{(k+1)}(x_{k+1}, y_{k+1})$ as initial vector,
2. the eight adjacent positions of the motion vector of the father node and
3. $\mathbf{v}^{(k)}(x_k, y_k) = (i, j)^T$ with $i, j \in \{-1, 0, 1\}$.

The first two tests refine the motion estimate from the next higher level. The third test verifies, whether the node regarding motion still belongs to the same region. Although a node has been linked due to the similarity of the intensity, the node might represent an independent region concerning motion. Motion estimation is performed top down to level $k = 0$.

After calculating a motion vector for each node, the pyramid is relinked obtaining a refined segmentation. The criterion is based on a fit of the intensity as well as on the motion vector. Starting at the lowest level a son node is linked to that father node whose feature is closest to the feature of the son node. Again, only those links are considered, which do not intersect. If links are changed, the intensity as well as the motion vector assigned to the father node is the average of all linked son nodes. Since the motion within a region is expected to be homogeneous after relinking, the motion vector field of a region is smoothed [6]. The iteration continues with a new motion estimation step until a predefined number of loops has been reached or the number of changed links is below a threshold. In figure 1 a flowchart of the iteration is depicted.

4 Simulation Results and Discussion

The algorithm described has been tested with various sequences yielding promising results. As an example, the final segmentation and the estimated motion vector field between two frames of the sequence *salesman* is depicted on the left hand side in figure 3. The motion of the highest level is depicted by a subset of motion vectors. The greylevels correspond to the amplitude of the motion. The original frames #10 and #12 are depicted in figure 2. The regions of the obtained segmentation can be identified approximately with semantic objects of the scene. Thus, the estimated motion for these regions can be seen as "true motion".

The number of levels M determine the number of regions. However, it turned out, that an intensity based linking at very high levels merges segments, which move quite different. On the other hand limiting the levels results in too much regions. Further it is convenient to start motion estimation at very high levels to detect large motion. The problem was solved by splitting the segmentation process into 2 parts performing at higher levels $M_m \leq k < M$ only motion based linking.

The computational load can be reduced by calculating a mask of changed areas and performing the segmentation and motion estimation iteration only in the changed areas. A fast and efficient algorithm is described in [1]. Another advantage of this approach is the suppression of spurious vectors in the background.

The number of iterations is not critical, since the segmentation stabilizes quite fast. It turned out, that for the example 20 iterations are sufficient. The number of resolution levels is more sensitive. The results have been obtained with $M_m = 4$ and $M = 6$. The resulting number of regions in figure 3 is 24.

Although motion of irregular shaped image regions is estimated, the computational complexity of the algorithm is acceptable. The number of operations required for each iteration is mainly determined by motion estimation, feature recalculation and relinking.

operation	operations per iteration
motion estimation	$\frac{4}{3} \cdot ((N_x - 1) \times (N_y - 1)) \cdot 18$ search positions
feature calculation	$\frac{4}{3} \cdot ((N_x - 1) \times (N_y - 1))$
relinking	$\frac{4}{3} \cdot ((N_x - 1) \times (N_y - 1)) \cdot 32$ test positions

The performance of the approach in an image sequence coding context is depicted in figure 3 on the right. The difference between the original frame #12 and the motion compensated frame #10 is depicted. In this example backward motion estimation has been used. This approach predicts for each pixel of frame g_n the spatial location of that pixel in frame g_{n-1}. The displaced frame difference has been reduced significantly. However, for coding purposes the contour of the segments is too expensive to encode.

Fig. 2. Two frames of the sequence *salesman*; left: frame #10; right: frame #12.

5 Summary

An algorithm for joint estimation of motion and segmentation has been described. The estimation process is based on a resolution pyramid where links between nodes of different levels are assigned. The applied linking criterion controls the segmentation process in such a way, that the segments are characterized by homogeneous motion. The results show further, that the obtained segments can be identified with "real world" objects or parts of objects. Thus the motion estimate for each region can be seen as "true motion", especially since dense motion vector fields are obtained.

The hierarchical representation of the segments and the corresponding motion allows for an efficient progressive image coding as well as for a symbolic

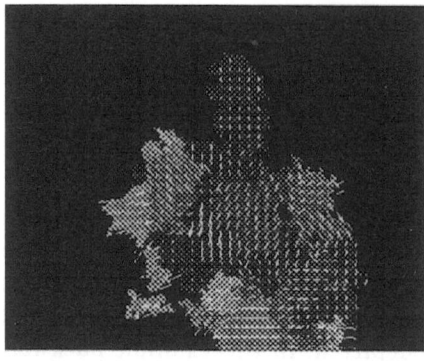 

Fig. 3. Left: estimated segmentation and motion vector field for frame #10 of the sequence *salesman*; right: corresponding motion compensated frame difference.

image description. Further it offers great potential for other applications like content based image sequence coding.

Further research will investigate a different criterion for segmentation compared to the used homogeneity criterion and the smoothing of region boundaries. Also a criterion to merge segments at higher levels to get an image content dependent number of segments needs to be incorporated.

References

1. T. Aach, A. Kaup, and R. Mester. Change detection in image sequences using gibbs random fields: A bayesian approach. In *Proceedings of the IEEE Intern. Workshop on Intelligent Signal Processing and Communication Systems ISPACS'93*, pages 56–61, Tohoku University, Sendai, Japan, October 1993.
2. M. Bierling. Displacement estimation by hierarchical blockmatching. In *Proceedings SPIE Conference on Visual Communication and Image Processing*, volume 1001, pages 942 – 951, Cambridge, USA, November 1988.
3. P.J. Burt. *Multiresolution Image Processing and Analysis*, volume 12 of *Springer Series in Information Science*, chapter The Pyramid as a Structure for Efficient Computation, pages 6–35. Springer-Verlag, 1984.
4. N. Diehl. Object-oriented motion estimation and segmentation in image sequences. *Signal Processing: Image Communication*, 3(1):23 – 56, February 1991.
5. M. Goldberg and L. Wang. Comparative performance of pyramid data structures for progressive image transmission. *IEEE Trans. Commun.*, 39(4):540–547, April 1991.
6. C. Stiller. Motion-estimation for coding of moving video at 8 kbit/s with Gibbs modeled vectorfield smoothing. In *Proceedings SPIE Conference on Visual Communication and Image Processing*, pages 468–476, October 1990.
7. C. Stiller and B. Hürtgen. Combined displacement estimation and segmentation in image sequences. In *SPIE/EUROPTO Video Communications and PACS for Medical Applications*, volume 1977, pages 276–287, Berlin, Germany, April 1994.
8. Q. Wang and R. J. Clarke. Motion estimation and compensation for image sequence coding. *Signal Processing*, 4:161–174, 1992.

Auf dem Weg zum künstlichen aktiven Sehen: Modellfreie Bewegungsverfolgung durch Kameranachführung

K. Daniilidis, M. Hansen, Ch. Krauss, G. Sommer

Institut für Informatik und Prakt. Mathematik
Christian-Albrechts Universität Kiel
Preusserstr. 1-9, 24105 Kiel, email:{kd,mha,chk,gs}@informatik.uni-kiel.de

Zusammenfassung. Diese Arbeit beschreibt die aktive Verfolgung eines bewegten Objektes von beliebiger Form mittels Blicksteuerung. Die Verfolgung erfolgt modellfrei durch die Subtraktion des von der Kamerabewegung induzierten optischen Normalflusses an den Stellen eines hohen Grauwertgradienten. Der von der Verarbeitungsverzögerung geprägte Regelkreis basiert auf der Prädiktion der Objektbewegung mittels eines stationären Kalman-Filters und wird einem Achsenregler übergeordnet. Die Verarbeitungszeit von 30ms ermöglicht eine Regelrate von 25 Hz.

1 Einführung

Das maschinelle Sehen war lange Zeit durch die Kamera als passiven Beobachter geprägt. Dabei wurde das Sehen als eine Rekonstruktionsaufgabe verstanden, d.h. man versuchte, die Abbildungstransformation Welt–Bild zu invertieren, um so möglichst viel Information über die Welt zu erhalten. Es hat sich gezeigt, daß die 3-D Rekonstruktion der Welt als Aufgabe instabil ist, enorme Datenmengen erzeugt, und nicht echtzeitfähig ist. Das Paradigma des aktiven Sehens als verhaltensbezogener Ansatz [11] der Informationsverarbeitung stellt einen hoffnungsvollen Weg zur Überwindung der Probleme des passiven maschinellen Sehens dar. Indem nur die für ein bestimmtes Systemverhalten notwendigen visuellen Informationen ermittelt werden, wird die Komplexität der visuellen Wahrnehmung reduziert und die Robustheit verbessert. Ein Kamerasystem, das im Sinne von Bajcsy [2] als ein aktiver Sensor in den Bildgewinnungsprozeß eingreift, erfordert geeignete Regelungsmechanismen, um bei der visuellen Wahrnehmung stabiles Verhalten zu zeigen. Der Leser sei bezüglich des oben beschriebenen paradigmatischen Wechsels auf die Beitragssammlungen [1, 4] verwiesen.

Gegenstand dieser Arbeit ist die monokulare Blicksteuerung als fundamentales okulomotorisches Verhalten in einer dynamischen Umgebung. Unter Blicksteuerung verstehen wir die Blickänderung und die Blickstabilisierung (Fixierung oder aktive Verfolgung). Während die Blickänderung ein komplexes Problem an sich darstellt, das in dieser Arbeit nur anhand einer vom Beobachter unabhängigen Bewegung betrachtet wird, ist die Blickstabilisierung ein wohl definiertes Problem. In biologischen Systemen erfolgt eine Blickstabilisierung einerseits im zentralen Bereich der Retina durch aufeinanderfolgende Augenfolgebewegungen und Korrektursakkaden und andererseits im gesamten Bild durch den optokinetischen Nystagmus. Das Ziel der monokularen Nachführung kann sowohl die Verfolgung von bewegten Objekten für Überwachungsaufgaben sein, als auch –und das ist für das maschinelle Sehen von Bedeutung– die Möglichkeit zu robusten Lösungen bei Navigations- oder Hand-Auge-Koordinationsaufgaben bieten. Die monokulare Kameranachführung gilt als erster Test bei Arbeiten mit einer aktiven Kameraplattform. Im Gegensatz zu Verfolgungsmethoden, die auf zeitlicher Korrelation oder besonderen Merkmalen des verfolgten Objektes basieren, liegt dieser Arbeit nur die Annahme einer Bewegung des Objektes zugrunde. Diese unabhängige Bewegung kann detektiert werden, wenn die Kamera eine reine Rotationsbewegung durchführt. In Bezug auf die Annahmen und die Methodik ist unserer Ansatz mit den Arbeiten [9, 10, 12] zu vergleichen. Dort wird der Blick auf eine unabhängige Bewegung gerichtet und das bewegte Objekt wird nur anhand dieser Bewegung verfolgt. Während der Ansatz von Murray et al. [10] in der Echtzeitleistung vergleichbar ist, wurde der Ansatz von Murray und Basu [9] nicht on-line getestet. Tölg [12] arbeitet mit einer Verarbeitungsrate von 2Hz. Auf Hinweise zu weiteren Publikationen zur Kameranachführung sei hier aus Platzgründen verzichtet.

Durch das Schließen des durch Wahrnehmung und Handlung gebildeten Regelkreises stellt die Echtzeitproblematik nicht mehr nur einen Effizienzaspekt bezüglich Anwendungen dar, sondern muß den Verarbeitungsmethoden inhärent sein. Unter diesem Aspekt zeichnet sich der hier präsentierte Ansatz dadurch aus, daß die Echtzeitbedingungen trotz Anwendung von formal begründbaren Algorithmen eingehalten werden können.

2 Geometrie und Kinematik des Kamerasystems

Die binokulare Plattform besitzt vier Freiheitsgrade beschrieben durch den Schwenkwinkel χ um den "Hals" des Systems, den Neigungswinkel ϕ und je einen Vergenzwinkel θ_l und θ_r (Abb. 1). Für die monokulare Kameranachführung

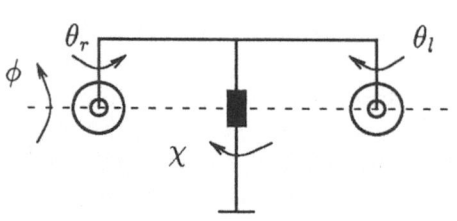

Abb. 1. Die vier mechanischen Freiheitsgrade und eine Abbildung der Kameraplattform.

benötigen wir nur die Neigung und einen der Vergenzwinkel, die wir desweiteren mit ϕ und θ bezeichnen. Der Positionsvektor eines Raumpunktes ist nicht ermittelbar. Deshalb führen wir den Begriff des Sehstrahles $(x, y, 1)$ ein, der einen Punkt (x, y) in einer Ebene $Z = 1$ beschreibt. Das Weltkoordinatensystem hat seinen Ursprung im Schnittpunkt der Neigungs- und der Vergenzachse. Ein Sehstrahl $p_w = (x_w, y_w, 1)^T$ im Weltkoordinatensystem läßt sich durch

$$\lambda p_w = R_\phi R_\theta p_c \qquad (1)$$

auf einen Sehstrahl p_c im sich bewegenden Kamerakoordinatensystem abbilden, wobei R_ϕ und R_θ Rotationen um die x- und y-Achse beschreiben. Die Abbildung stellt eine projektive Kollineation zwischen Strahlenbündeln dar. Diese zeigt die bekannte Eigenschaft, daß sich jede Rotation des Kamerakoordinatensystems, im Gegensatz zu einer Translation, unter Kenntnis des Winkels und ohne Wissen über die Tiefen der abgebildeten Punkte kompensieren läßt. Aus den drei Komponenten der Vektorgleichung (1) läßt sich der Parameter λ eliminieren, woraus man

$$x_w = \frac{x_c \cos\theta + \sin\theta}{-x_c \cos\phi \sin\theta + y_c \sin\phi + \cos\phi \cos\theta} \qquad (2)$$

$$y_w = \frac{x_c \sin\phi \sin\theta + y_c \cos\phi - \sin\phi \cos\theta}{-x_c \cos\phi \sin\theta + y_c \sin\phi + \cos\phi \cos\theta}$$

erhält. Mittels (2) läßt sich das direkte kinematische Problem beschreiben. Wird ein Sehstrahl $p_w = (x_w, y_w, 1)^T$ als Stellgröße für die optische Achse $(0,0,1)^T$ der Kamera angegeben, so erhält man die Lösung des inversen kinematischen Problems:

$$\tan\phi = -y_w \qquad \tan\theta = \frac{x_w}{\sqrt{1 + y_w^2}}. \qquad (3)$$

Aus einem gegebenen Sehstrahl p_c kann man durch die Transformation auf das Weltkoordinatensystem mittels (2) und (3) die Stellwinkel der optischen Achse in Richtung von p_c bestimmen (Sakkadenproblem). Abschließend ist die Winkelgeschwindigkeit des Kamerakoordinatensystems zu bestimmen, die zur Ermittlung des optischen Flusses benötigt wird. Sei $R(t)$ die von der Zeit abhängende Rotation eines Kamerakoordinatensystems und ω die Winkelgeschwindigkeit bezüglich des bewegten Koordinatensystems, so gilt $\dot{R}(t) = R(t)\Omega$, wobei Ω die aus der Winkelgeschwindigkeit ω resultierende antisymmetrische Matrix ist. Mit $R(t) = R_{\phi(t)} R_{\theta(t)}$ folgt

$$\omega = \begin{pmatrix} \dot\phi \cos\theta & \dot\theta & \dot\phi \sin\theta \end{pmatrix}. \qquad (4)$$

Bei der weiteren Beschreibung der Kamerageometrie gehen wir von der Annahme aus, daß das Projektionszentrum der Kamera mit dem Schnittpunkt der Neigungs- und Vergenzachse zusammenfällt und daß die optische Achse mit der Z-Achse des oben definierten Kamerakoordinatensystems identisch ist.

Die projektive Transformation des Sehstrahls p_c in Kamerakoordinaten auf den Sehstrahl $p_i = (x_i, y_i, 1)^T$ in Bildkoordinaten wird durch die affine Transformation $x_i = \alpha_x x_c + x_0$ und $y_i = \alpha_y y_c + y_0$ beschrieben, wobei α_x, α_y und (x_0, y_0) die internen Parameter der Kamera sind. Dabei hängen α_x und α_y von der Brennweite, der Pixelgröße des CCD-Sensors und der Abtastrate des A/D-Wandlers ab. Mit (x_0, y_0) wird der Schnittpunkt der optischen Achse mit der Bildebene bezeichnet. Die internen Parameter wurden sowohl durch ein klassisches Kalibrierungsverfahren [5] als auch mit einem speziell für aktive Systeme entwickelten Verfahren [8] bestimmt.

3 Verfolgung eines bewegten Objektes

Ein bewegtes Objekt wird durch die ständige Detektion der verursachten Bildbewegung verfolgt. Während man bei einer statischen Kamera ein bewegtes Objekt mit klassischen Verfahren der Änderungsdetektion ermitteln kann, ist das Problem bei einer Eigenbewegung der Kamera komplexer. In unserem Fall nutzen wir die Tatsache aus, daß sich die Winkelgeschwindigkeit der Kamera aus der Änderung der Winkelposition der Kameraplattform mit Hilfe von (4) ermitteln läßt. Daraus erhält man für den von der Kamerabewegung induzierten optischen Fluß

$$\boldsymbol{u_c} = \begin{pmatrix} x_c y_c & -(1+x_c^2) & y_c \\ (1+y_c^2) & -x_c y_c & -x_c \end{pmatrix} \boldsymbol{\omega}. \tag{5}$$

Sei $\boldsymbol{u} = (u,v)$ der gemessene optische Fluß, so ist $\boldsymbol{u} - \boldsymbol{u_c}$ der aus der Objektbewegung resultierende Fluß. Damit kann man direkt, d.h. ohne zusätzliche Annahmen über den Flußverlauf, den der Objektbewegung entsprechenden Bildbereich detektieren. Dieses Vorgehen ist wesentlich für das Einhalten der Echtzeitforderung. Wir gehen von der Annahme der Grauwerterhaltung

$$g_x u + g_y v + g_t = 0$$

aus, wobei g_x, g_y und g_t die örtlich-zeitlichen Ableitungen der Grauwertfunktion sind. Die Projektion des optischen Flusses in Richtung des Gradienten wird als Normalfluß u_n bezeichnet. Die Differenz zwischen dem von der Eigenrotation induzierten Normalfluß u_{c_n} und dem gemessenen Normalfluß u_n

$$u_{c_n} - u_n = \frac{g_x u_c + g_y v_c}{\sqrt{g_x^2 + g_y^2}} + \frac{g_t}{\sqrt{g_x^2 + g_y^2}}$$

ergibt den Normalfluß aus der Objektbewegung. Weil die Meßunsicherheit vom Betrag des örtlichen Gradienten abhängt, werden nur die Punkte einbezogen, deren Normalflußdifferenz und Gradientenbetrag über bestimmten Schwellen liegen (siehe auch [9]). Überschreitet die Menge der so detektierten Bildpunkte eine bestimmte Schwelle, so wird der Schwerpunkt als gemessene Bildposition des Objekts angenommen und dem Schätzer als Objektposition übergeben. Die drei verwendeten Schwellwerte stellen ein absolutes Minimum an Vorwissen für flußbasierte Detektionsaufgaben dar.

Besondere Sorgfalt wurde auf die örtlich-zeitliche Filterung gelegt, so daß die Frequenzcharakteristiken der Ableitungen erhalten bleiben, ohne die Echtzeitbedingungen zu verletzen. Für die örtlichen Ableitungen kamen binomiale Faltungsmasken zur Anwendung, die eine Approximation der ersten Ableitung der Gaußfunktion sind. Jede Ableitung wird in der zu ihr orthogonalen Richtung geglättet. Für die zeitliche Filterung kamen aus Gründen der Speichereffizienz und der Zeitverzögerung rekursive IIR-Filter zur Anwendung. Das benutzte zeitliche Glättungsfilter ist die diskrete Version einer abgeschnittenen Exponentialfunktion [6] mit der z-Transformation

$$H(z) = q \frac{1 + z^{-1}}{1 + r z^{-1}}, \qquad q = \frac{\tau}{\tau + 2} \qquad r = \frac{\tau - 2}{\tau + 2}.$$

Die Kaskadierung von mehreren Tiefpaßfiltern $H(z)$ betont den Tiefpaßeffekt und hat eine elegante Eigenschaft: Die Ableitung der Impulsantwort ist gleich der Differenz von zwei Filtern aufeinanderfolgender Ordnung. Damit sowohl örtliche als auch zeitliche Filter mit gleicher Verzögerung wirken, wird das zeitliche Tiefpaßfilter zweiter Ordnung auch auf die Antworten der örtlichen Ableitungen angewandt. Die zeitliche Verzögerung ist abhängig vom Modus $(1/\tau)$ und Mittelwert $(2/\tau)$ der Impulsantwort und wird entsprechend in der Prädiktionsstufe berücksichtigt.

4 Schätzung und Regelung

Es ist das Ziel der Kameranachführung, die Blickrichtung möglichst nahe an der Projektion eines bewegten Objektes zu halten. Dabei sind Stellgrößen der monokularen Kameranachführung der Neigungswinkel ϕ und der Vergenzwinkel θ. Die Meßgrößen sind die Bildposition des Objektes und die Winkelangaben der Achsenkoder. Weil sowohl die Abbildung zwischen den Winkeln (ϕ, θ) und den Weltkoordinaten (x_w, y_w) (siehe (3)) als auch die Abbildung zwischen Kamerakoordinaten und Weltkoordinaten der Projektion des Objekts (Gl. 2) eineindeutig sind, werden wir von nun an in Weltkoordinaten rechnen. Diese entsprechen den Koordinaten in der Ebene $Z = 1$ bei Ruhelage der Plattform. Wir bezeichnen mit c den Schnittpunkt der optischen Achse der Kamera mit der Ebene $Z = 1$ und mit o die Projektion des Positionsvektors zum Objekt auf diese Ebene. Es seien v und a die Geschwindigkeit und Beschleunigung des zu verfolgenden Punktes. Wir fassen diese vier zweidimensionalen Vektoren in einem Zustandsvektor

$$s = \begin{pmatrix} c^T & o^T & v^T & a^T \end{pmatrix}^T$$

zusammen. Sei $\Delta u(k)$ die von einem Bewegungsbefehl resultierende Änderung der Kameraposition zum Zeitpunkt k. Unter der Annahme, daß sich das Objekt mit gleichmäßiger Beschleunigung bewegt, führen wir die Strecke unseres diskreten Systems ein:

$$s(k+1) = \Phi s(k) + \Gamma \Delta u(k) \quad \text{mit} \quad \Phi = \begin{pmatrix} I_2 & O_2 & O_2 & O_2 \\ O_2 & I_2 & \Delta t I_2 & \Delta t^2/2 I_2 \\ O_2 & O_2 & I_2 & \Delta t I_2 \\ O_2 & O_2 & O_2 & I_2 \end{pmatrix},$$

$\Gamma = \begin{pmatrix} 1 & 1 & 0 & 0 & 0 & 0 & 0 & 0 \end{pmatrix}^T$, I_2 eine 2×2 Einheitsmatrix und O_2 eine 2×2 Nullmatrix. Nach dem Separationsprinzip [7] kann man eine optimale Regelung durch einen getrennten Entwurf von Regler und Schätzer aufbauen. Wir machen uns eine lineare Regelfunktion $\Delta u(k) = -K\hat{s}(k)$ zu nutze, wobei $\hat{s}$ die Zustandsschätzung ist. Regelungsziel ist die Minimierung der Abweichung $\|o - c\|$. Die Minimierung dieser Abweichung kann durch einen Linearen Quadratischen Regler (LQR) ohne Bedingung bezüglich des Stellvektors Δu durch Minimierung der Kostenfunktion $\sum_{k=0}^{N} s^T(k) Q s(k)$ erfolgen. Dabei ist Q eine symmetrische Matrix mit den einzigen nicht verschwindenden Elementen $Q_{11} = 1$, $Q_{12} = Q_{21} = -1$ und $Q_{22} = 1$. Aus Gründen der Zeiteffizienz wird ein konstanter Verstärkungsvektor K angewendet. Dies entspricht der Annahme eines stationären Zustandes. Der Vektor K läßt sich durch Lösung der in diesem Fall einfachen algebraischen Riccati Gleichung ermitteln und lautet $K = (1\ -1\ -\Delta t\ -\Delta t^2/2)$. Dies bedeutet, daß die Stellposition der Kamera der Prädiktion der Objektposition entspricht.

Im stationären Zustand werden wir auch die Schätzung behandeln. Eine spezielle Form des stationären optimalen Kalman-Filters ist das α-β-γ-Filter [3]:

$$\hat{s}^+(k+1) = \hat{s}^+(k) + (\alpha\ \beta/\Delta t\ \gamma/\Delta t^2)^T (m(k+1) - m^-(k+1)),$$

wobei s^+ den Zustand nach der Aktualisierung und m^- die prädizierte Messung darstellen. Die Koeffizienten α, β und γ lassen sich aus dem sogenannten Manöverindex berechnen, der das Verhältnis zwischen Prozeßrauschen und Meßrauschen darstellt. Je niedriger der Manöverindex ist, desto glatter verläuft die Zustandsschätzung. Ist der Manöverindex hoch, so haben wir großes Vertrauen in die Messung und es erfolgt keine Prädiktion während der Filterung. Ein solches Schätzungsfilter gibt uns auch die Möglichkeit, das Totzeitproblem anzugehen. Obwohl unsere Messungen und Bewegungsbefehle mit gleicher Abtastrate erfolgen, fallen die Zeitpunkte des Anfangs jeder Bewegung und der Messung nicht zusammen. Dieses Problem läßt sich dadurch lösen, daß mit Hilfe der α-β-γ-Schätzung ein beliebiges Zeitintervall im voraus prädiziert wird.

Die Simulation (Abb. 2) zeigt das Verhalten unseres Reglers bei der Verfolgung eines Objektes, deren Projektion in der Ebene $Z = 1$ sinusförmig ist. Im ersten Experiment wurde ein niedriger Manöverindex (0.1), im zweiten Experiment ein höherer Manöverindex (1.0) angenommen. Man beachte die glatte Trajektorie bei Vertrauen in die Prädiktion (links) und die gestörte Trajektorie bei Vertrauen in die Messung (rechts).

5 Systemarchitektur und Experimente

Die in den vorherigen Abschnitten beschriebene Bildverarbeitung und Regelung wurden auf einem System realisiert, das sich aus kommerziellen Hardware-Komponenten zusammensetzt (Abb. 1 rechts). Die Kameraplattform BiSight der Fa. TRC hat zusätzlich zu den im zweiten Abschnitt beschriebenen vier mechanischen auch je zwei regelbare optische Freiheitsgrade (Zoom und Fokus) für jede Kamera. Die untergelagerte Servoregelung der Achsen erfolgt auf der Steuereinheit PMAC der Fa. DeltaTau, welche auch die Winkelpositionen ausliest. Das Videosignal der zwei CCD-Kameras wird in je einem MaxVideo-200 Pipeline Rechner der Fa. Datacube digitalisiert. Im gleichen Rechner finden alle im dritten Abschnitt beschriebenen Filter- und Schwellwertoperationen statt.

Das detektierte Bewegungsgebiet wird zu einer Sun-Sparcstation 10/40 über VME-SBus geleitet, wo der Schwerpunkt des Objektes berechnet wird und die im vierten Abschnitt beschriebene Regelung erfolgt. Wir fassen zur Übersicht die Verarbeitungsschritte der Bewegungsdetektion und Regelung zusammen:

1. Die Winkel der Achsen werden vor jeder Bildaufnahme abgelesen.
2. Das eingelesene Videosignal wird digitalisiert und unterabgetastet (128x128).

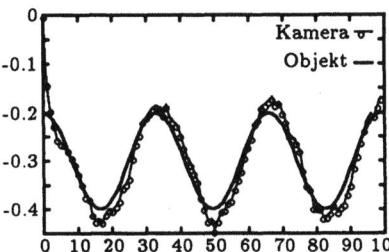 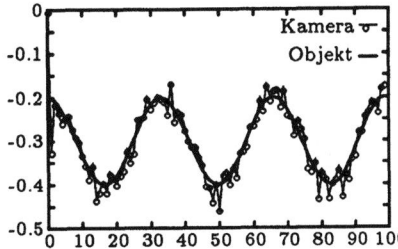

Abb. 2. Verlauf der Kamera- und der Objektposition in Weltkoordinaten für einen niedrigen (links) und einen hohen Manöverindex (rechts).

3. Die Berechnung der örtlichen Gradienten erfolgt durch Faltung mit zwei 7x7 Binomialmasken.
4. Die örtlichen Gradienten werden rekursiv zeitlich geglättet. Ebenfalls rekursiv erfolgt die Berechnung des zeitlichen Gradienten.
5. Über LUT wird der Betrag des örtlichen Gradienten berechnet und die Normalflußdifferenz gebildet. Zwei Schwellwertoperationen werden auf diese Differenz und den Gradientenbetrag angewendet. Die Ergebnisse werden mit einem logischen AND verknüpft.
6. Das resultierende Binärbild wird auf die Workstation übertragen, wo die Schwerpunktsberechnung des Objektes erfolgt.
7. Mittels der Winkelmessung wird der Schwerpunkt in das Weltkoordinatensystem transformiert.
8. Der Systemzustand wird mit dem α-β-γ-Filter aktualisiert und prädiziert.
9. Die Prädiktion wird auf Stellgrößen für die Winkel abgebildet.
10. Die Winkelstellgrößen werden zur Steuereinheit übertragen.

Die Schritte 1-10 benötigen insgesamt 30ms. Damit bleibt ein Zeitintervall von 10ms für weitere Bildverarbeitungsschritte übrig. Die Bewegung erfolgt nach einer Totzeit, die sich aus der Zeitverzögerung des rekursiven Filters (40ms) und der Verarbeitungszeit (30ms) zusammensetzt.

Ein Beispiel aus einer Verfolgung eines beliebigen Objektes wird in Abb. 3 dargestellt. Es ist zu beachten, daß bei einer ausgedehnten Projektion des unabhängig bewegten Objektes (hier die ganze Person mit ihrer Hand) sich eine sehr unregelmäßige Trajektorie des ermittelten Schwerpunktes ergibt. Dieses muß jedoch nicht als Objektbewegung, sondern eher als Meßfehler gewertet werden. Denn es ist das Ziel, das Objekt und nicht genau seinen Schwerpunkt im zentralen Gesichtsfeld zu fixieren.

In dieser Arbeit haben wir die ersten Schritte auf dem Weg zu einem künstlichen aktiven visuellen System präsentiert. Der Beitrag dieser Arbeit liegt in einer modellfreien Verfolgungsleistung, die in Echtzeit (25Hz) erbracht wird, ohne daß ad-hoc Techniken oder heuristische Methoden angewandt werden, was beginnend vom dem Sobeloperator für Gradientenberechnung über die einfache Bilddifferenz bis zur Dreipunktregelung oft bei Echtzeitanwendungen bisher notwendig war.

Danksagung: Ohne die Beiträge von Henrik Schmidt zur Programmierung

Abb. 3. Drei Aufnahmen "on the fly" während der Verfolgung einer Person mit winkender Hand. Markiert sind die Punkte, die die Schwellen bei der Bewegungsdetektion überschritten haben, sowie der Schwerpunkt der detektierten Fläche.

der Kameraplattform, von Jörg Ernst zur Kalibrierung, sowie von Gerd Diesner zur Programmierung des MaxVideo200 wäre das System nicht realisierbar gewesen. Wir bedanken uns bei Ulf Cahn von Seelen (GRASP Lab, Philadelphia) für sehr hilfreiche Diskussionen.

Literatur

1. Y. Aloimonos, editor. *Active Perception*. Lawrence Erlbaum Associates, Hillsdale, NJ, 1993.
2. R. Bajcsy. Active Perception. *Proceedings of the IEEE*, 76:996–1005, 1988.
3. Y. Bar-Shalom and T.E. Fortmann. *Tracking and Data Association*. Academic Press, New York, NY, 1988.
4. A. Blake and A. Yuille, editors. *Active Vision*. MIT Press, Cambridge, MA, 1992.
5. O. Faugeras. *Three-dimensional Computer Vision*. MIT-Press, Cambridge, MA, 1993.
6. D.J. Fleet and K. Langley. Recursive Filters for Optical Flow. *IEEE Trans. Pattern Analysis and Machine Intelligence*, 17:61–67, 1995.
7. G.F. Franklin, J.D. Powell, and M.L. Workman. *Digital Control of Dynamic Systems*. Addison-Wesley, 1992.
8. M. Li. Camera Calibration of a Head-Eye System for Active Vision. In *Proc. Third European Conference on Computer Vision*, pp. 543–554, Stockholm, Sweden, May 2-6, 1994.
9. D. Murray and A. Basu. Motion Tracking with an Active Camera. *IEEE Trans. Pattern Analysis and Machine Intelligence*, 16:449–459, 1994.
10. D.W. Murray, P.L. McLauchlan, I.D. Reid, and P.M. Sharkey. Reactions to peripheral image motion using a head/eye platform. In *Proc. Int. Conf. on Computer Vision*, pp. 403–411, Berlin, Germany, May 11-14, 1993.
11. G. Sommer. Verhaltensbasierter Entwurf technischer visueller Systeme. *Künstliche Intelligenz*, 5(3), 1995.
12. S. Tölg. *Strukturuntersuchungen zur Informationsverarbeitung in neuronaler Architektur am Beispiel der Modellierung von Augenbewegungen für aktives Sehen*. VDI-Verlag, Düsseldorf, 1992.

Zuverlässigkeit und Effizienz von Verfahren zur Verschiebungsvektorschätzung

Rudolf Mester und Michael Hötter

Robert Bosch GmbH
Forschung und Vorausentwicklung, Abt. FV/SLH, 31132 Hildesheim

1 Einführung

Die Schätzung von Verschiebungsvektoren ist sowohl für die Analyse von zeitlichen Bildsequenzen als auch für die Interpretation von Stereobildpaaren von zentraler Bedeutung. Im Vordergrund dieses Beitrags steht die Frage, wie mit vertretbarem Aufwand eine möglichst zuverlässige Bestimmung der Verschiebungsvektoren möglich ist. Dabei wird berücksichtigt, daß eine solche Messung nur in bestimmten Bildbereichen überhaupt möglich ist, und daß die resultierenden Meßwerte stets im nachhinein auf ihre Zuverlässigkeit untersucht werden sollten. Das hier vorgeschlagene grundsätzliche Verarbeitungsschema lautet wie folgt:

1. Vorauswahl von Bildbereichen, in denen Verschiebungsvektoren ermittelt werden können,
2. Berechnung der Verschiebungsvektoren in den ausgewählten Bereichen,
3. A-posteriori Bewertung der Zuverlässigkeit der ermittelten Verschiebungsvektoren.

Einen wichtigen Schwerpunkt des vorliegenden Beitrages bildet die Berechnung von Zuverlässigkeitsmaßen, die den geschätzten Verschiebungsvektoren zugeordnet werden können. Die Zuverlässigkeitsmaße, die hier vorgeschlagen werden, können in Erweiterung der Ergebnisse von *Singh* und *Allen* [SIN92] vollständig aus einem statistischen Bildmodell abgeleitet werden.

2 Probleme bei der Schätzung von Verschiebungsvektoren

Die Mehrzahl der heute eingesetzten Methoden für die Bestimmung von Verschiebungsvektoren basieren auf der Analyse kleiner lokaler Bildbereiche, entweder explizit, wie im Fall der Ansätze, die auf „Matching" oder Korrelation beruhen [JAI81], [SEC88], [ASC92], oder implizit durch die Bestimmung einer räumlich/zeitlichen Taylorreihenentwicklung des Bildsignals im betrachteten Bildbereich (differentielle Methoden, vgl. [CAF76]). Diese lokale Betrachtung ist mit einer Reihe von systematischen Problemen verbunden, die sich auf die Qualität des Ergebnisses auswirken können:

- Es hängt entscheidend von der lokalen Struktur des Bildsignals ab, ob eine eindeutige Korrespondenzbeziehung (ein „Match") ermittelt werden kann.

Die bei der Schätzung von Verschiebungsvektoren erreichbare Zuverlässigkeit ist in besonderem Maße bestimmt durch die Autokorrelationseigenschaften des betrachteten Signalausschnittes, hängt aber stets auch vom vorhandenen Beobachtungsrauschen ab.
- Bildbereiche, die eine für die Schätzung der Verschiebung hinreichende Strukturierung aufweisen, finden sich besonders häufig an der Grenze zwischen zwei verschiedenen Objekten. Ein solcher Bildbereich kann jedoch nicht durch einen einzelnen Verschiebungsvektor beschrieben werden, wenn die Bewegung der beiden Objekte voneinander verschieden ist.
- Die Bestimmung von Bewegungsvektoren in Bereichen, die von Verdeckungen betroffen sind, ist höchst problematisch. Der Versuch, dennoch auch für solche Bereiche über differentielle oder Matching-Verfahren eine Korrespondenzbeziehung herzustellen, führt in der Regel zu unzuverlässigen bzw. ungenauen Resultaten.
- Zahlreiche Verfahren für die Schätzung von Verschiebungsvektoren setzen implizit voraus, daß die beobachteten Bewegungen im wesentlichen translatorischer Natur sind, während der Rotationsanteil deutlich geringer ausgeprägt ist.

Solange es nicht möglich ist, diese prinzipiellen Probleme zu umgehen, sollte das potentielle Versagen der Verschiebungsvektorschätzung in Verfahren zur Bewegungsanalyse berücksichtigt werden.

3 Vorauswahl durch Strukturbetrachtung

Der Anteil der Bildfläche, in dem sich bei typischem Bildmaterial überhaupt Verschiebungsvektoren mit hinreichender Genauigkeit schätzen lassen, ist - pauschal gesagt - äußerst gering. Die Bestimmung von Verschiebungsvektoren in Bildbereichen, in denen keine eindeutige Messung möglich ist, stellt nicht nur die Effizienz des Verfahrens, sondern auch die Verwertbarkeit der Ergebnisse in Frage. Erzwingt man nämlich in einem solchen Fall die Bestimmung eines Resultates, so wird dieses Resultat oft fehlerhaft sein. Die Verwendung solcher fehlerhafter Meßwerte führt entweder zu einer Verfälschung nachfolgender Berechnungsergebnisse, oder bedingt weiteren Rechenaufwand, wenn mit zusätzlichen Kriterien versucht wird, solche „Ausreißer" nachträglich zu eliminieren. Die Frage, wie *vor* einer oft aufwendigen Verschiebungsvektorschätzung solche ungeeigneten Bildgebiete detektiert werden können, sollte daher besondere Beachtung finden.

Bekanntermaßen ist eine unabdingbare Voraussetzung für die Bestimmbarkeit eines Verschiebungsvektors in einem lokalen Bildbereich das Vorliegen von Bildstrukturen, deren Lage trotz einer hypothetischen Verschiebung im zweiten Bild eindeutig lokalisiert werden kann. Diese Forderung ist praktisch gleichbedeutend mit dem Vorliegen einer Autokorrelationsfunktion, die ein eindeutiges Maximum aufweist. Grauwertecken erfüllen in der Regel diese Forderung, aber auch zahlreiche andere unregelmäßige Muster kommen für eine Relokalisierung in Frage — gerade auch fein texturierte Bereiche bis hin zum weißen Rauschen haben in diesem Sinne ideale Autokorrelationseigenschaften. Die Bestimmung der lokalen Autokorrelationsfunktion ist aber weder durch direkte Berechnung sinnvoll (weil der dafür nötige Aufwand äquivalent zu einer Verschiebungsvektorschätzung ist), noch durch lokale Abschätzungen zu erreichen (weil die Autokorrelationsfunktion sich durch ihr oft unregelmäßiges und „hochfrequentes" Verhalten noch schlechter modellieren läßt als die eigentlichen Bildsignale).

Eine notwendige, wenn auch nicht hinreichende Anforderung an gut auswertbare Bildbereiche ist darin zu sehen, daß sowohl in horizontaler als auch in vertikaler Richtung signifikante Strukturierung vorhanden ist. Diese Bereiche können mit einfachen Varianzoperatoren und anschließender Schwellwertbildung leicht bestimmt werden. Eine Einschränkung auf Bildbereiche, die speziellere Struktureigenschaften haben (etwa die genannten Grauwertecken) ist rechentechnisch aufwendiger und verringert die Anzahl der betrachteten Stellen, an denen sinnvolle Messungen durchgeführt werden können. Andererseits können mit der Forderung einer minimalen Grauwertvarianz in horizontaler wie auch in vertikaler Richtung bestimmte Fälle nicht ausgesondert werden, in denen trotz dieses Kriteriums keine eindeutige Relokalisierung möglich ist, etwa weil es sich um eine diagonal verlaufende Grauwertkante oder einen Bildausschnitt mit periodischer Textur handelt. In diesen Fällen bleibt keine andere Möglichkeit, als *während* des Prozesses der Verschiebungsvektorschätzung die Eindeutigkeit des resultierenden Meßwertes zu überprüfen. Ein entsprechendes Verfahren wird in Abschnitt 5 diskutiert.

Gehen wir nun speziell auf den Fall der geraden Grauwertkanten in Bildsignalen ein: An solchen Stellen ist bekanntermaßen lediglich der Anteil des Verschiebungsvektors eindeutig bestimmbar, der senkrecht zur Kantenrichtung liegt. Auf die an diesen Stellen extrahierbare Information ganz zu verzichten, weil sie nicht vollständig bzw. nicht eindeutig ist, ist oft nicht vertretbar. In Abschnitt 5.1 wird beschrieben, wie ein solcher unterbestimmter Verschiebungsvektor (ein sogenannter *Linien-Match*) repräsentiert werden kann.

Entscheidend ist, daß die Messung einzelner Verschiebungsvektoren als ein Schätzprozeß aufgefaßt werden muß, dessen Resultate stets mit Fehlern behaftet sind. Eine bereits im Zuge der Messung erfolgte Zuordnung von Vertrauens- oder Genauigkeitsmaßen zu diesen Einzelmessungen wird im allgemeinen vorteilhaft gegenüber dem Versuch sein, Fehlmessungen (sogenannte „Ausreißer") in nachfolgenden Berechnungsschritten nachträglich zu identifizieren und zu unterdrücken.

4 Vorauswahl durch Nutzung von Vorwissen

Es ist im Hinblick auf den rechentechnischen Aufwand vorteilhaft, zunächst vorhandenes a-priori-Wissen oder Vermutungen über den lokalen Wert eines Verschiebungsvektors zu überprüfen, und nur im Fall einer festgestellten Abweichung eine Verschiebungvektorschätzung tatsächlich durchzuführen. Solches a-priori-Wissen kann aus drei Quellen stammen:

1. das Vorwissen, daß sich große Teile der aufgenommenen Szene ohnehin nicht bewegen (insbesondere bei statischer Kamera),
2. die zeitliche Kontinuität von Verschiebungsvektorfeldern, d.h. die Beobachtung, daß sich der Verlauf des wahren Verschiebungsvektorfeldes von Bild zu Bild meist nicht signifikant ändert,
3. die Interpolation eines zunächst nur an „markanten Punkten" berechneten Verschiebungsvektorfeldes auf die dazwischen liegenden Bereiche, wobei sowohl Glättungsverfahren wie auch parametrische Modelle für das Verschiebungsvektorfeld eingesetzt werden können.

Zur Überprüfung der Hypothese, daß in einem lokalen Bereich ein bestimmter Verschiebungsvektor vorliegt, eignen sich insbesondere die Verfahren, die für den Fall 1 als sogenannte *Änderungsdetektoren* entwickelt worden sind. Ob ein Vergleich zwischen *den gleichen* Bildbereichen in beiden betrachteten Bildern, oder ein Vergleich mit einem über den hypothetischen Verschiebungsvektor bewegungskompensierten Bild durchgeführt wird, ist für die Wirksamkeit dieser Verfahren nahezu belanglos. Neuere Verfahren zur Änderungsdetektion wie etwa in [AAC93] beschrieben, sind in der Lage, mit hoher Zuverlässigkeit, moderatem Rechenaufwand und bei Bedarf auch pixelgenau die Bildregionen zu extrahieren, in denen signifikante zeitliche Bildsignaländerungen vorliegen. Nur solche Bildbereiche sollten einer Verschiebungsvektorschätzung unterzogen werden; die Grenzen des bewegten Objektes, deren Kenntnis und Nutzung die genaue Bestimmung der Verschiebungsvektoren erst möglich macht, werden von der Änderungsdetektion geliefert. Bei Anwendungen, die eine statische Kamera verwenden und in denen somit unbewegter Hintergrund im Bild enthalten ist, ist eine derartige „Aufmerksamkeitssteuerung" quasi zwingend notwendig, wenn auf Effizienz Wert gelegt wird.

Liegen komplexere Verschiebungsvektorfelder vor (z.B. bei bewegter Kamera, Fall 2 und 3), kann an die Stelle der konventionellen Änderungsdetektion eine *bewegungskompensierte* Änderungsdetektion treten. Von *Hötter* und *Thoma* [HÖT88] wurde ein Verfahren beschrieben, in dem durch eine iterative Anwendung von Verschiebungsvektorschätzung und Kompatibilitätsprüfung (Änderungsdetektion) gleichzeitig ein Segmentierungsresultat und ein Verschiebungsvektorfeld ermittelt wird.

5 Statistische Zuverlässigkeitsanalyse von Matching Verfahren

Wir gehen von folgenden Annahmen aus: Betrachtet werden zwei Bilder P_1 und P_2. Unsere Aufgabe besteht darin, die Verschiebung eines Bildbereichs B_1, der im Bild P_1 liegt, zu bestimmen. Der Bildbereich B_1 wird zu einem geordneten Vektor von Grauwerten $\mathbf{b}_1 = (b_{11} \ldots b_{1N})$ zusammengefaßt, wobei N die Anzahl von Komponenten dieses Datenvektors ist. Ohne Beschränkung der Allgemeinheit wird angenommen, daß es sich bei dem Bildbereich B_1 um einen rechteckigen Block handelt. Die beiden beobachteten Bilder werden modelliert aus einem einzigen „wahren" (aber unbeobachtbaren) Bild, das verschoben und mit additivem mittelwertfreien weißen Gaußschen Rauschen[1] mit bekannter Varianz σ_c^2 überlagert wurde. Weiterhin nehmen wir an, daß die wahre Bewegung rein translatorisch und identisch für alle Punkte innerhalb von B_1 ist (d.h. B_1 liegt nicht auf der Grenze zwischen zwei Objekten mit unterschiedlichen Verschiebungsvektoren). Schließlich wird angenommen, daß der wahre Verschiebungsvektor d_W der Region B_1 ganzzahlig in seinen Komponenten und auf den Wertebereich $\{[-D\ldots+D],[-D\ldots+D]\}$ beschränkt ist.

Aufgrund der a priori unbekannten Struktur der Bilddaten kann nicht erwartet werden, daß diese Annahmen für alle möglichen Positionen des Bildfensters B_1 gültig sind. Wenn Aussagen über die Zuverlässigkeit der Verschiebungsvektorschätzung erwünscht sind, müssen demzufolge diejenigen Fälle detektiert werden, in denen die oben aufgeführten Annahmen nicht zutreffen.

Nehmen wir dazu an, daß der wahre Verschiebungsvektor $\mathbf{d}_w = (d_{wx}, d_{wy})$ ist. Dann bildet der Bildbereich B_2 im Bild P_2, der durch Verschiebung des Bildbereichs B_1 mit dem Verschiebungsvektor $\mathbf{d}_w$ entsteht, einen Bildsignalvektor $\mathbf{b}_2 = (b_{21}\ldots b_{2N})$, der im idealen, störungsfreien Fall mit dem Signalvektor $\mathbf{b}_1$ identisch wäre. Im allgemeinen werden wir jedoch eine Abweichung zwischen den Grauwertvektoren $\mathbf{b}_1$ und $\mathbf{b}_2$ beobachten. Gemäß unserem Modell sind diese Differenzen ausschließlich durch Rauschen verursacht, und man kann leicht ableiten, daß der Vektor der Grauwertdifferenzen $\mathbf{e} = \mathbf{b}_1 - \mathbf{b}_2$ eine Realisierung eines vektoriellen mittelwertfreien weißen Gaußschen Zufallsprozesses ist, wobei die Varianz σ_e^2 jeder Vektorkomponente den doppelten Wert der Kamera-Rauschvarianz σ_c^2 hat. Daher ist die Verbundverteilungsdichte des Differenzvektors $\mathbf{e}$ (und die Likelihoodfunktion) durch

$$p(\mathbf{e} \mid \mathbf{d}) = \left(1/\sqrt{2\pi\sigma_e^2}\right)^N \exp\left[-\sum_{i=1}^{N} e_i^2/2\sigma_e^2\right] \quad (1)$$

gegeben, was bis auf einen Vorfaktor der in [SIN92] heuristisch begründeten *response distribution* entspricht[2]. Offensichtlich ist derjenige Verschiebungsvektor, der $p(\mathbf{e} \mid \mathbf{d})$ maximiert (oder äquivalent dazu: derjenige Verschiebungsvektor, der die Norm des Differenzvektors $\mathbf{e}$ minimiert), ein *Maximum-Likelihood-Schätzwert* für den unbekannten Verschiebungsvektor.

Da der Differenzsignalvektor $\mathbf{e}$ die Realisierung eines Zufallsprozesses ist, kann es keine Garantie dafür geben, daß die Selektion des Maximums gleichbedeutend mit der Selektion des wahren Verschiebungsvektors ist. Die beste Übereinstimmung zwischen den Grauwertvektoren $\mathbf{b}_1$ und $\mathbf{b}_2$ mag immer noch

---

[1] Der hierfür benötigte Schätzwert für das Kamerarauschen kann aus dem bewegungskompensierten Restsignal berechnet werden, oder kann bei genauer Kenntnis des Bildaufnahmeprozesses auch von vornherein fest spezifiziert werden. Das hier verwendete Gaußsche Modell kann auch durch andere Modelle für die Verteilungsdichte des Rauschens ersetzt werden, z.B. durch eine Laplace-Verteilung.

[2] Im Gegensatz zu Singh und Allen sind wir jedoch der Meinung, daß eine Vorverarbeitung des Bildmaterials mit einem differenzierenden Operator (DoG) keinen spürbaren Vorteil erbringt, sondern nur das S/N-Verhältnis verschlechtert.

eine ziemlich schlechte Übereinstimmung sein; weiterhin ist es nicht selbstverständlich, daß das gewählte Kriterium beim zweitbesten Kandidaten signifikant schlechter ausfällt. Wir können nur davon ausgehen, daß die Maximierung von $p(\mathbf{e} \mid \mathbf{d})$ das Risiko minimiert, unzutreffenderweise einen falschen Verschiebungsvektor auszuwählen.

Eine vernünftige Alternative zur Maximumselektion besteht darin, denjenigen Verschiebungsvektor $\hat{\mathbf{d}}$ auszuwählen, der den Erwartungswert der Länge des Differenzvektors zwischen dem wahren Verschiebungsvektor $\mathbf{d}_w$ und dem ausgewählten Verschiebungsvektor minimiert. Diese *Least-Squares-Schätzung* (oder *Minimum-Variance-Schätzung*) von $\mathbf{d}$ kann wie folgt erhalten werden:

Gleichung (1) liefert für jeden angenommenen Wert von $\mathbf{d}$ ein (relatives) Wahrscheinlichkeitsmaß. Um eine „echte" *a posteriori* Wahrscheinlichkeit zu erhalten, die ein Vertrauensmaß für die einzelnen hypothetischen Verschiebungsvektoren $\mathbf{d}_i$ bei gegebenen Bilddaten P_1, P_2 bildet, normalisieren wir diese relativen Wahrscheinlichkeitsmaße[3] gemäß

$$\Pr(\mathbf{d}_i) = \frac{p(\mathbf{e} \mid \mathbf{d}_i)}{\sum_j p(\mathbf{e} \mid \mathbf{d}_j)} \quad , \tag{2}$$

wobei $\Pr(\mathbf{d}_i)$ eine abgekürzte Schreibweise für den Ausdruck $\Pr(\mathbf{d} = (d_{ix}, d_{iy}) \mid P_1, P_2)$ ist.

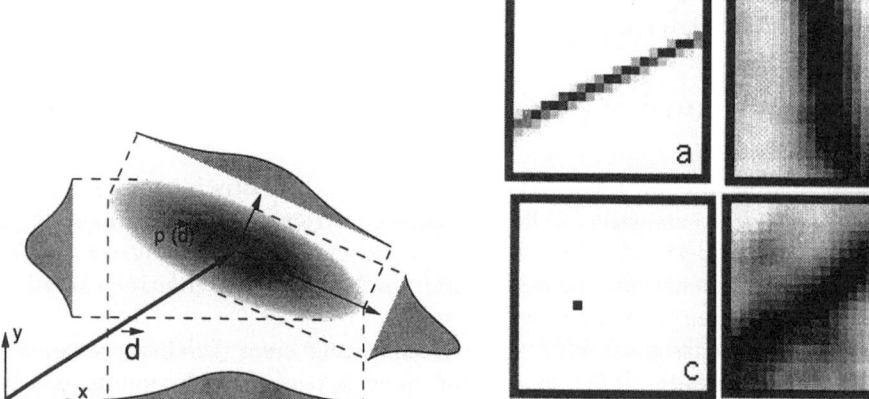

Abbildung 1. Modellhafte örtliche Wahrscheinlichkeitsdichte für einen Verschiebungsvektor d mit dem Hauptachsensystem, das sich aus der Analyse der Kovarianzmatrix ergibt.

Abbildung 2. Aus realem Bildmaterial gewonnene Beispiele von Wahrscheinlichkeitsverteilungen für Verschiebungsvektoren

---

[3] Bei einer Software-Implementierung von Gleichung (2) ist darauf zu achten, daß der Nenner des Bruchs auf der rechten Seite eine Summe von extrem kleinen Werten darstellt, wobei diese Werte selbst um viele Größenordnungen voneinander verschieden sein können.

Die Größe $\Pr(\mathbf{d} = \mathbf{d}_i \mid P_1, P_2)$ definiert ein Wahrscheinlichkeitsmaß über dem Wertebereich der legalen Verschiebungsvektoren. In Abbildung 1 ist diese örtliche Verteilung idealisiert als zweidimensionale Normalverteilung wiedergegeben[4], Abbildung 2 zeigt Beispiele für Verteilungen, die aus realen Bilddaten gewonnen wurden.

Der Least-Squares-Schätzwert $\hat{\mathbf{d}} = \left(\hat{d}_x, \hat{d}_y\right)$ ergibt sich als Erwartungswert aus der diskreten Wahrscheinlichkeitsverteilung $\Pr(\mathbf{d}) = \Pr(\mathbf{d} = (d_x, d_y))$:

$$\hat{d}_x = \sum_{d_x=-D}^{d_x=D} \sum_{d_y=-D}^{d_y=D} d_x \cdot \Pr(\mathbf{d}) \;, \qquad \hat{d}_y = \sum_{d_x=-D}^{d_x=D} \sum_{d_y=-D}^{d_y=D} d_y \cdot \Pr(\mathbf{d}) \;. \qquad (3)$$

Weiterhin können folgende Größen bestimmt werden, die die Genauigkeit des Least-Squares-Schätzwertes $\hat{\mathbf{d}}$ für den Verschiebungsvektor $\mathbf{d} = (d_x, d_y)$ betreffen:

1. der Erwartungswert der quadrierten Länge des Differenzvektors zwischen dem geschätzten und dem wahren Verschiebungsvektor

$$E(|\hat{\mathbf{d}} - \mathbf{d}_w|^2) = \sum_{d_x=-D}^{d_x=D} \sum_{d_y=-D}^{d_y=D} \left((d_x - \hat{d}_x)^2 + (d_y - \hat{d}_y)^2\right) \Pr(\mathbf{d}) \;, \qquad (4)$$

2. die Erwartungswerte der Schätzfehler in den x- und y-Komponenten des Verschiebungsvektors

$$\sigma_x^2 = \sum_{d_x=-D}^{d_x=D} \sum_{d_y=-D}^{d_y=D} (d_x - \hat{d}_x)^2 \Pr(\mathbf{d}) \;, \qquad \sigma_y^2 = \sum_{d_x=-D}^{d_x=D} \sum_{d_y=-D}^{d_y=D} (d_y - \hat{d}_y)^2 \Pr(\mathbf{d}) \;, \qquad (5)$$

3. die Kovarianz der x- und y-Komponente des Schätzfehlervektors

$$c_{xy} = \sum_{d_x=-D}^{d_x=D} \sum_{d_y=-D}^{d_y=D} (d_x - \hat{d}_x)(d_y - \hat{d}_y) \Pr(\mathbf{d}) \;, \qquad (6)$$

4. die Richtung ϕ_1 in der die Varianz des Schätzfehlervektors maximal ist, bzw. die darauf senkrecht stehende Richtung ϕ_2, in der diese Varianz minimal ist (auf die Bestimmung dieser Richtungen wird in Abschnitt 5.1 eingegangen).

Durch Vergleich des aktuellen Wertes von $|e()|$ mit einer Schwelle ist es möglich, Verschiebungsvektoren auf der Grundlage der Beobachtung zu verwerfen, daß $|e()|$ zu groß ist, um durch Rauschen erklärt zu werden (Signifikanztest). Berücksichtigt man, daß $E(|\hat{\mathbf{d}} - \mathbf{d}_w|^2)$ ebenfalls ein Zuverlässigkeitsmaß ist, so haben wir insgesamt gleich zwei quantitative Maße für die Detektion von unzuverlässigen bzw. unbestimmbaren Verschiebungsvektoren erhalten.

---

[4] Es wird in den folgenden Betrachtungen nicht davon ausgegangen, daß diese Verteilung tatsächlich normalverteilt ist.

Durch das hier definierte Zuverlässigkeitsmaß wird gleichzeitig auch die Frage nach der *Eindeutigkeit* des gemessenen Verschiebungsvektors beantwortet.

Der Einfluß der Varianz σ_e^2 des Differenzbildrauschens auf die Verteilung Pr($\mathbf{d}_i$) ist so geartet, daß sehr kleine Werte von σ_e^2 zu einer scharfen Betonung des Maximums führen, so daß der Least-Squares-Schätzwert dann praktisch mit dem Maximum-Likelihood-Schätzwert identisch ist. Sehr große Werte von σ_e^2 entsprechen hingegen dem Fall einer sehr stark verrauschten Bildsequenz und können im Extremfall zu einer so starken Nivellierung der Verteilung führen, daß der Least-Squares-Schätzwert nahezu bilddatenunabhängig zum Wert (0,0) tendiert, wobei die Unsicherheitsmaße (Varianzterme) entsprechend anwachsen — ein durchaus sinnvolles und akzeptables Verhalten für den Fall, daß die Bilddaten keine nutzbare Information mehr enthalten. Die direkte Abhängigkeit des Parameters σ_e^2 vom (meßbaren) Rauschanteil des Bildmaterials klärt somit die in [SIN92] offengebliebene Frage nach der Wahl des dort auftretenden Normalisierungsparameters k.

5.1 Eigensystem-Analyse der Kovarianzmatrix

Die Bestimmung der örtlichen Verteilung des Schätzfehlers des Verschiebungsvektors beruht auf einer Analyse der Eigenwerte und Eigenvektoren der Kovarianzmatrix C und beinhaltet eine orthonormale Transformation, die auf die intrinsische Richtung der Zufallsvektoren führt. Die empirische Kovarianzmatrix

$$C = \begin{pmatrix} c_{xx} & c_{xy} \\ c_{xy} & c_{yy} \end{pmatrix} \quad \text{mit} \quad c_{xx} = \sigma_x^2, \quad c_{yy} = \sigma_y^2$$

setzt sich aus den in den Gleichungen (5) bis (6) bestimmten Ausdrücken zusammen. Da es sich bei der Kovarianzmatrix C um das Resultat einer Schätzung handelt, gilt dies auch für alle Größen, die von C abgeleitet werden. Aus Gründen der Übersichtlichkeit verzichten wir aber im folgenden darauf, diese Werte als Schätzwerte zu kennzeichnen.

Um die beiden Eigenwerte λ_1, λ_2 zu finden, ist die Gleichung $|C - \lambda I| = 0$ zu lösen. Es ergeben sich folgende zwei Eigenwerte λ_1, λ_2:

$$\lambda_{1,2} = \frac{1}{2}(c_{xx} + c_{yy}) \pm \frac{1}{2}\sqrt{4c_{xy}^2 + (c_{xx} - c_{yy})^2} \, , \qquad (7)$$

wobei λ_1 der größere der beiden Eigenwerte ist. Die beiden Eigenvektoren $\mathbf{v}_1, \mathbf{v}_2$, die mit diesen Eigenwerten über die Beziehung

$$C\,\mathbf{v}_i = \lambda_i\,\mathbf{v}_i \qquad (8)$$

verknüpft sind, definieren ein neues orthogonales Basissystem, in dem die Komponenten des transformierten Zufallsvektors vollständig dekorreliert sind. Bezüglich dieses Basissystems entsprechen die Eigenwerte λ_1 und λ_2 den Varianzen der Komponenten des transformierten Zufallsvektors.

Wenn beide Eigenwerte (also die Unsicherheiten der Schätzung) klein sind, handelt es sich um einen exakten punktartigen Match (Fall c in Abb.2); wenn beide Eigenwerte groß sind, ist dies ein verläßliches Indiz dafür, daß kein Verschiebungsvektor bestimmt werden kann. Letzteres ist nicht nur dann der Fall, wenn der betrachtete Bildblock in einem schwach strukturierten Bildbereich ohne ausgeprägte Grauwertgradienten liegt, sondern auch dann wenn sich für mehrere Verschiebungsvektoren gute Übereinstimmungen ergeben, z.B. bei periodischen Mustern. Wenn schließlich der zweite Eigenwert bedeutend kleiner als der erste ist (Fall a in Abb.2), handelt es sich um einen linienartigen Match. Dies ist der Fall, wenn der betrachtete Bildbereich eine ausgeprägte Linie oder Grauwertkante enthält; die Endpunkte der mutmaßlichen Verschiebungsvektoren liegen dann auf einer geraden Linie.

Wir wollen nun noch kurz auf die Bestimmung des räumlichen Rotationswinkels zwischen dem ursprünglichen x, y-Koordinatensystem und dem transformierten Basissystem eingehen. Im Falle eines Linienmatches ergibt dieser Winkel (bzw. die entsprechende Geradengleichung) eine Randbedingung für den Ort des wahren Verschiebungsvektors. Mit $\mathbf{v} = (r, s)$ erhalten wir aus Gl.(8) die beiden Gleichungen

$$(c_{xx} - \lambda)r + c_{xy}s = 0, \quad c_{xy}r + (c_{yy} - \lambda)s = 0. \tag{9}$$

Beide Gleichungen spezifizieren direkt eine gerade Linie durch den Ursprung, deren Orientierung die gesuchten Winkel ϕ_1 (bei $\lambda = \lambda_1$) und ϕ_2 (bei $\lambda = \lambda_2$) ergibt:

$$\phi_1 = \arctan(s_1/r_1) = \arctan\left(\frac{\lambda_1 - c_{xx}}{c_{xy}}\right). \tag{10}$$

Abbildung 3.
Ein Bild der Größe 128 × 128 Pixel aus einer Autobahnfahrt-Sequenz

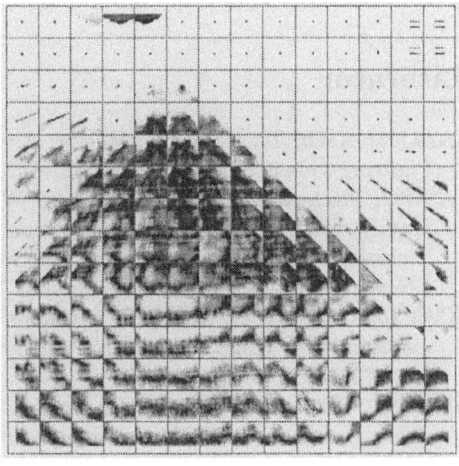

Abbildung 4. Wahrscheinlichkeitsverteilungen für die Verschiebungsvektoren, die aus nebenstehendem Bild und dem Folgebild gewonnen wurden (Blockgröße 8 × 8, Suchbereich 16 × 16).

5.2 Ein Beispiel für die Resultate der Zuverlässigkeitsanalyse

Abbildung 4 zeigt die Wahrscheinlichkeitsverteilungen, die sich bei der Anwendung des oben beschriebenen Verfahrens auf ein Bildpaar aus einer Autobahnsequenz ergaben. Die verschiedenen Match-Typen (punktartig, linienartig, unbestimmt) sind sowohl visuell als auch über ein simples Klassifikationsverfahren, das die Eigenwerte der Kovarianzmatrix C betrachtet, zu unterscheiden.

6 Zusammenfassung

Es wurde eingangs dargestellt, warum im Kontext der Schätzung von Verschiebungsvektoren die Auswahl geeigneter Orte im Bild wie auch die Nutzung von Vorwissen (oder Hypothesen) von großer Bedeutung ist.

Genauso wichtig ist es aber auch, die Zuverlässigkeit der ermittelten Verschiebungsvektoren quantitativ zu bewerten, um Meßwert-Ausreißer zu eliminieren. Es wurde gezeigt, daß eine Zuverlässigkeitsanalyse der Verschiebungsvektorschätzung auf der Grundlage eines einfachen statistischen Modells möglich ist. Diese Analyse liefert Zuverlässigkeitsmaße, die dazu eingesetzt werden können, unzuverlässige Verschiebungsvektoren zurückzuweisen. Zusätzlich können die resultierenden Varianz/Kovarianzmaße in nachfolgenden Verarbeitungsschritten dazu verwendet werden, mit den Mitteln der Fehlerfortpflanzungsrechnung eine genauere Bestimmung des globalen Verschiebungsvektorfeldes aus lokalen Einzelmessungen zu ermöglichen.

Der vorgestellte Ansatz kann gleichermaßen auf zeitliche Bildsequenzen wie auch auf Stereo-Bilddaten angewendet werden.

Literatur

[AAC93] Aach, T.; Kaup, A.; Mester, R.: Statistical model-based change detection in moving video. *Signal Processing*, vol.31, no.2, März 1993, S. 165-180.

[ASC92] Aschwanden, P.; Guggenbühl, W.: Experimental results from a comparative study on correlation-type registration algorithms. 2nd International workshop on robust computer vision, Bonn, March 1992, in: W. Förstner, St. Ruwiedel (eds.): *Robust Computer Vision*, Wichmann Verlag, Karlsruhe, 1992.

[CAF76] Cafforio, C.; Rocca, F.: Methods for measuring small displacements of television images. *IEEE Trans. Information Theory*, vol. IT-22, no. 5, September 1976, S. 573–579.

[HÖT88] Hötter, M.; Thoma, R.: Image segmentation based on object oriented mapping parameter estimation. *Signal Processing*, vol.15, no.3, Oktober 1988, S.315-334.

[JAI81] Jain, J.R.; Jain, A.K.: Displacement measurement and its application in interframe coding. *IEEE Trans. Comm.*, vol. COM-29, Dezember 1981, S. 1799–1806.

[SEC88] Secilla, J.P.; Garcia, N.; Carrascosa, J.L.: Template location in noisy pictures. *Signal Processing*, vol. 14, no. 4, Juni 1988, S. 347–361.

[SIN92] Singh, A.; Allen, P.: Image-flow computation: an estimation-theoretic framework and a unified perspective. *Computer Vision, Graphics, and Image Processing: Image Understanding* vol. 56, no. 2, September 1992, S. 152-177.

Robust 3-D object recognition and pose estimation using 2-D image sequences

R. Otterbach
University of Siegen
Department of Electrical Engineering and Computer Science
57068 Siegen, Germany

Abstract. The paper presents a system for the recognition and pose estimation of 3-D objects, which relies on the analysis of 2-D image sequences. Based on feature correspondences in subsequent images an Extended Kalman filter recursively estimates 3-D contour images of the observed objects. In order to reduce the search complexity and the noise sensitivity, the recognition process is built on robust, contour-based 2-D algorithms. These techniques apply because of the previous segmentation of the 3-D contour image into plane curves. By pairwise matching of model and image contours hypotheses for the object's pose are obtained. The verification computes globally consistent assignments of model and image features by combining similar pose hypotheses. Both the segmentation and the verification task are formulated as clustering problems and solved by means of a common algorithm in transformation space. With regard to industrial applications most importance has been attached to the modular design of the software and the experimental evaluation.

1. Introduction

3-D object recognition often relies on the analysis of dense range images as obtained by active optical 3-D sensors [1]. This is due to the amount of computation, which is generally required for the reconstruction of depth information from 2-D intensity images. However, because of the mechanical compactness and robustness of CCD cameras, there is a wide variety of applications for 3-D recognition systems using passive, camera-based 3-D sensing techniques, such as stereo vision and image sequence analysis [2]. The system described in this paper (Fig. 1) is built on a robust on-line estimation of 3-D contour images from 2-D image sequences by means of Kalman filtering [3, 4].
The recognition process consists of a two-stage approach for the generation of hypotheses, namely footprint hashing and polygon matching. Both steps are implemented in terms of contour-based 2-D algorithms, which were actually developed for use in a 2-D object recognition system [5]. As reported in another paper, this 2-D system has proved industrial qualification in various applications [6]. Clearly, the robustness of the underlying 2-D techniques is indispensable for the fault tolerance of the 3-D system. As a prerequisite for the application of these 2-D algorithms, the 3-D contour image is segmented into plane curves, which define the boundary lines of surface patches in 3-D space.
The final verification searches for a maximum set of geometrically consistent matches of model and image contours. Assuming upper bounds for the image errors the algorithm is expected to compute a single model-to-image transformation, which transforms model features to within the uncertainty regions of the corresponding features in the image [7]. A time and space efficient algorithm for the evaluation of pose space has been proposed by Breuel [8]. The localisation uncertainty of the image features is transformed into pose space so that clusters of pose hypotheses can be determined by searching for intersections of a maximum number of uncertainty regions.

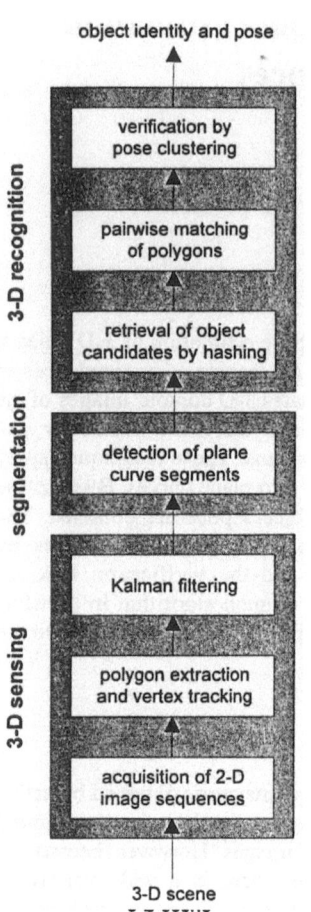

Fig. 1. System overview

In our case, the segmentation as well as the verification procedure can be formulated as clustering problems. Generalizing the algorithm suggested by Breuel thus provides efficient and robust solutions to both of these tasks. This in turn facilitates the design of a complete and practicable 3-D recognition system. As the 3-D structure of the observed objects is estimated prior to the recognition process, none of the algorithms needs to be invariant under change-of-scale or perspective projection. This is in contrast to a different group of passive vision systems, which employ single 2-D images for the recognition and pose determination of 3-D objects, see e.g. [9, 10]. The dimension of the search space scanned by those systems not only leads to a large amount of computation, but also tends to decrease the reliability of the matching results.

2. 3-D structure estimation

A CCD camera supplies the vision system with sequences of 2-D intensity images. In each of these images the 2-D object outlines are extracted and approximated by polygons. Correspondences between polygon vertices in subsequent images are established by use of a polygon tracking algorithm in the image plane. The 3-D coordinates of each of the vertices are separately measured by means of an extended stereo approach as shown in Fig. 2. Instead of inferring depth from multiple 2-D images an estimate for the spatial vertex position is recursively updated by comparing measured image coordinates with predicted image coordinates. The prediction is based on a mathematical model of the three-dimensional motion and the optical projection. The motion parameters as well as the internal camera parameters are presumed. The approach allows for an on-line processing of image sequences of arbitrary length. As the optical projection requires a non-linear mathematical description, the method has actually been implemented in terms of an Extended Kalman filter with the measurement equation being linearized by Taylor series expansion. A detailed state space description of the Kalman filter can be found in [4].

3. Segmentation by binormal clustering

Segmentation starts by computing the binormals of the measured 3-D polygons in the contour image (Fig. 3). Each of

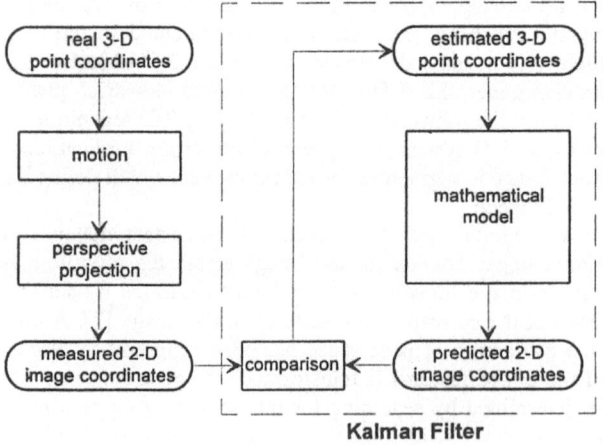

Fig. 2. 3-D structure estimation

these binormals is estimated as the vector product of two adjacent polygon segments and defines the plane associated with them. Small gaps between polygon segments are allowed with regard to noise. The coordinates of the binormals refer to the viewer-centered camera coordinate frame. Now, consider the binormals as elements of a three-dimensional transformation space $T_S \subset R^3$, whose axes are defined by the coordinates of the binormals

$$y_i = (b_{xi}, b_{yi}, b_{zi})^T \in T_S. \quad (1)$$

Each binormal is assigned a local measure of quality q_i, which takes into account the length of the two involved polygon segments as well as the enclosed angle [11]. Thus, it matches the intuitive notion, that long polygon segments with an enclosed angle near 90° define a plane surface patch more reliably than others. To estimate the uncertainty regions in transformation space we define the input vector

$$\xi_i = (x_{i-1}^T, x_i^T, x_{i+1}^T)^T, \quad (2)$$

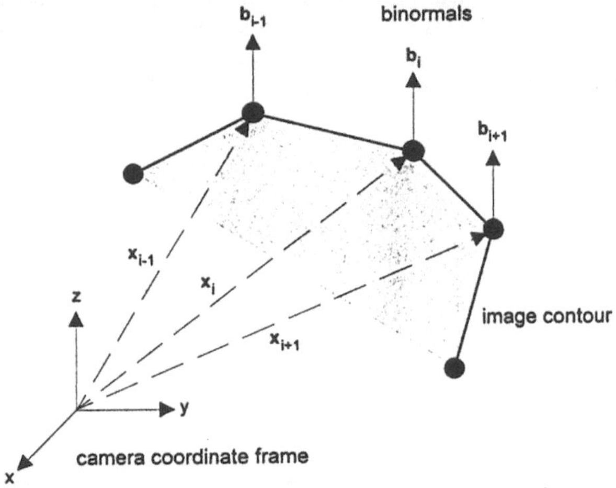

consisting of the 3-D camera coordinates of three successive polygon vertices. The associated covariance matrix comprises the measurement errors of the image coordinates. By computing the error propagation for the transform function $y_i = F(\xi_i)$ the covariance matrices of the binormals are obtained, which determine size and form of the uncertainty regions. Binormals corresponding to nearly plane polygons form clusters in transformation space (Fig. 4). The quality of a cluster is defined as the sum of the local qualities q_i of the cluster members. It is important to note that the error propagation assigns large uncertainty regions to binormals with low qualities, which are therefore combined to clusters much easier than exact, high quality elements. A list of binormal

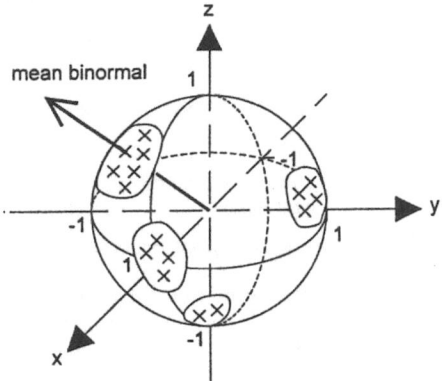

Fig. 3. Computing the binormals of a 3-D image polygon

Fig. 4. Binormal clustering

clusters is extracted from transformation space using a generalized implementation of Breuel's algorithm of adaptive subdivision [8]. The corresponding plane curve segments are reassembled from the binormals by connecting vertices, which are also linked in the original image. The normal vector of the corresponding surface patch is estimated as the mean binormal of the cluster. The uncertainty of the surface normal is computed from the covariance matrices of the binormals combined in the cluster.

4. Deriving 3-D pose hypotheses from polygon correspondences

To apply 2-D algorithms for the generation of hypotheses, each plane curve of model and image is transformed into a 2-D representation. Let a model consist of M segmented contours, each of which is described in the plane $z=0$ of a contour-specific coordinate frame $\mathcal{M}_i$, $i = 1...M$. The relation between $\mathcal{M}_i$ and the object-centered reference frame O of the model is defined by a transform matrix $T_{\mathcal{M}_i,O}$. Similarly, the image has been segmented into B plane curves, each of which is represented in a contour-specific coordinate system $\mathcal{B}_j$, $j = 1...B$. The relation between $\mathcal{B}_j$ and the camera frame C is described by a transform matrix $T_{\mathcal{B}_j,C}$.

As already mentioned, the process of hypotheses generation is divided in two steps. First, object candidates are selected on the basis of a footprint hashing scheme, which relies on the θ-s turning angle representation of 2-D contours [5, 11]. Secondly, a hypothesis for the 3-D pose of the object is established by a pairwise assignment of a model plane and an image plane (Fig. 5). A 2-D matching algorithm computes an invariant measure for the polygonal similarity, which will be denoted as q_k in the following. For details about the matching procedure and the computation of q_k, which is based on the θ-s turning function as well, the reader is referred to [5, 6, 11]. The matching algorithm implies, (a) that the matched boundary polygons are transformed into a common plane in space, (b) that the polygons are shifted in order to superpose two vertices, (c) that the polygons are rotated in order to align those polygon segments, that begin at the superposed vertices. Given a pair of superposed vertices, the 2-D coordinate transformation between

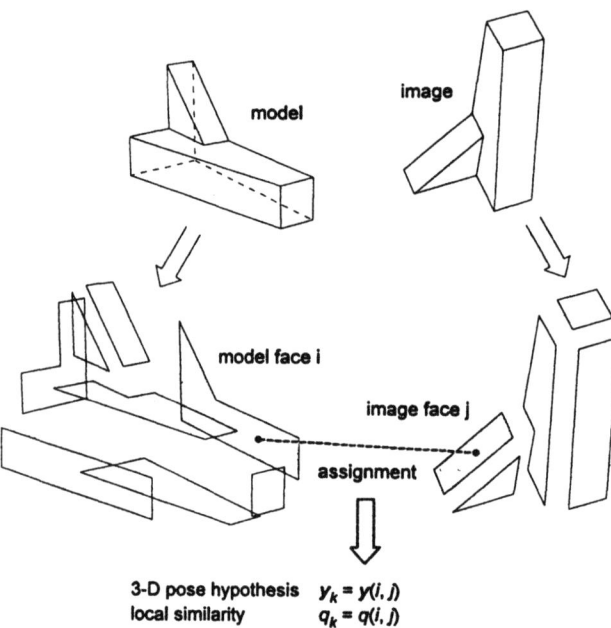

Fig. 5. Generation of pose hypotheses by polygon matching

the contour-specific coordinate frames of the matched polygons is expressed by a matrix $T_{\mathcal{M}_i,\mathcal{B}_j}$. This matrix is specified using the above constraints (a)...(c). According to the transform graph in Fig. 6 the hypothesis for the 3-D position and orientation of the object can be expressed in terms of a matrix T_{OC}:

$$T_{OC} = T_{\mathcal{B}_j,C} \cdot T_{\mathcal{M}_i,\mathcal{B}_j} \cdot T_{\mathcal{M}_i,O}^{-1}. \tag{3}$$

5. Verification by pose clustering

In order to apply the method of adaptive subdivision of transformation space, we consider each pose hypothesis to define a point y_k in a six-dimensional transformation space $T_V \subset R^6$, whose axes are given by the pose parameters:

$$y_k = (\phi, \theta, \psi, x, y, z)^T \in T_V. \tag{4}$$

The translation parameters x, y, z and the rotation angles ϕ, θ, ψ are extracted from the matrix T_{OC} using *roll*, *pitch*, and *yaw* (RPY) to specify rotation. Each pose hypothesis is weighted with the local measure q_k of polygonal similarity. Size and form of the uncertainty regions of the points in transformation space have to be determined, either empirically or by numerical computation of the error propagation. While the empirical determination may yield only suboptimal settings of the parameters, the numerical estimation requires a time-consuming on-line exploration of the non-linear transform function

$$y_k = F(T_{OC}(\xi_k)). \quad (5)$$

It relates the above defined output vector y_k to an input vector ξ_k, which comprises the measured 3-D vertex coordinates of the matched image polygon [11]. The verification algorithm finds subsets of polygonal correspondences with intersecting uncertainty regions (Fig. 7). The function *find-best-cluster* stands for the implementation of Breuel's recursive algorithm of adaptive subdivision of transformation space [8].

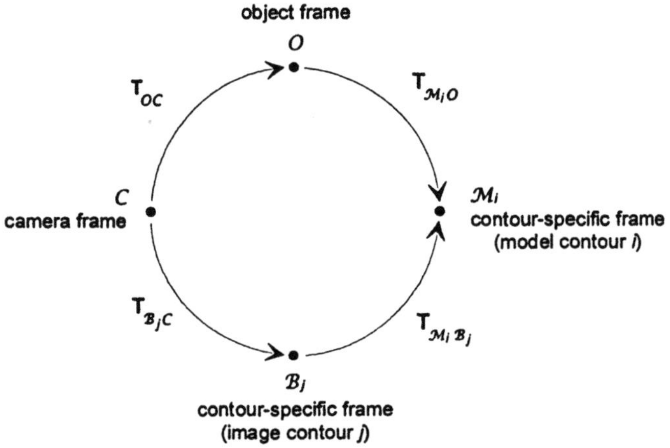

Fig. 6. *Transform graph for computing 3-D pose hypotheses*

The parameter d_{max} denotes the maximum allowed depth of recursion, while Q_{min} defines the minimum global quality required for a cluster. The cluster quality indicates the global similarity of model and image and is defined as

$$Q_g = \frac{1}{L_M}\sum_{k=1}^{R} q_k s_{Lk} \cdot \frac{1}{L_I}\sum_{k=1}^{R} s_{Lk} \quad (6)$$

with q_k denoting the above mentioned polygonal similarity. R is the number of polygon correspondences combined in the cluster. s_{Lk} designates the length of the contour interval, which has been matched in the kth polygon correspondence. The sums of all model and image polygon lengths are abbreviated as L_M and L_I, respectively. The factor s_{Lk}/L_M is introduced to weight each local similarity of two polygons in dependence on the matched part of the model. By multiplication with the sum length of all matched intervals related to the total arc length of the image we consider which part of the image is actually interpreted by the model. The polygon matches in the cluster are now tested with regard to the matched curve intervals. Multiple matches of an image polygon to different model contours and vice versa are allowed as long as they refer to different intervals of the

```
PROCEDURE  verify (list of all polygon correspondences) :
                  best-subset
BEGIN
    best-subset := empty set
    actual-list := list of all polygon correspondences
    REPEAT
        actual-subset := find-best-cluster (actual-list, d_max, Q_min)
        IF actual-subset <> empty set THEN
            interval-check (actual-subset)
            FOR all polygon correspondences in actual-subset DO
                eliminate polygon correspondence from actual-list
            END
            IF quality (actual-subset) > quality (best-subset) THEN
                best-subset := actual-subset
            END
        END
    UNTIL  (actual-subset = empty set) OR
           (quality(actual-subset) <= quality(best-subset))
    RETURN best-subset
END verify
```

Fig. 7. *Computing the best set of geometrically consistent polygon correpondences*

curve. The cluster is therefore reduced to a maximum subset of polygon matches without contradictions concerning the matched intervals of the contours. The matches of this reduced cluster are removed from transformation space. Only if the reduced cluster has a better total quality Q_g than the best one found so far, it is stored and the procedure continues. Finally, the best global match of model and image is returned together with mean values for the 3-D transform parameters, which define the position and orientation of the object in the scene.

By repeating the complete polygon matching and the subsequent verification in transformation space for each of the model candidates from our database, we obtain a list of global matches between model objects and image. In a final step, the detected models are successively assigned to the image, beginning with the model that achieved the highest global quality. Each time, the interpreted part of the image is removed. The procedure stops, if no more part of the image can be interpreted by the remaining models.

6. Experimental results

The approach has been tested in an application with a stationary CCD camera observing single 3-D workpieces on a conveyor belt. The restriction to single-object scenes is due to limitations of the current tracking algorithm used for image sequence processing. As demonstrated in 2-D applications, the recognition module itself is able to handle multi-object scenes without any problems [6]. The spatial vertex coordinates of the objects are obtained from Kalman filtering and allow for the computation of 3-D edge segments. Comparing these measurements with the true dimensions of a test object yields typical error functions as depicted in Fig. 8. k denotes the number of the image in the sequence. A short sequence of about 10 pictures reduces the error to less than ±1 mm and ±2 deg for lengths and angles, respectively. The distance between camera and workpieces was about 1.40 m in this example. The vision system was equipped with a standard CCD camera (756 x 581 sensor elements) and a standard lens with a nominal focal length of 25 mm. Most importance has been attached to the tuning of the Extended Kalman filter by means of the various covariance matrices [11].

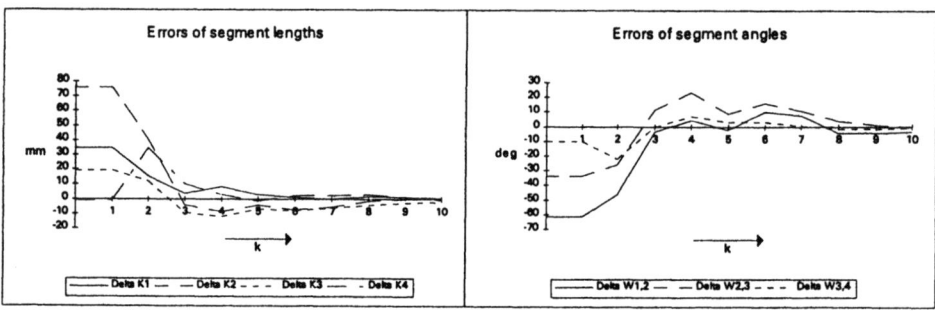

Fig. 8. Errors of the 3-D structure estimation by means of Kalman filtering

In general, because of the fast convergence of the Kalman filter, sequences of less than 20 frames allow for a reliable object identification and pose determination. Fig. 9 shows the images at the end of various test sequences. In each case, the detected model has been transformed by means of the computed pose parameters and projected into the corresponding image. As can be seen from Table 1 each of the objects is reliably identified on the basis of the global similarity Q_g defined in Eq. (6). Table 2 summarizes the estimated uncertainty of the pose parameters. The values σ_r and σ_t relate to the rotational and translational error, respectively, of the pose hypotheses and thus define the size of the uncertainty regions in transformation space during verification. We rely on the empirical determination of these values instead of a numerical estimation of the error propagation, which would substantially increase the amount of computation. The number of hypotheses combined in the best detected cluster is denoted as R. The resulting errors of the mean transform parameters ($\sigma_{\bar{r}}$ and $\sigma_{\bar{t}}$) yield the final uncertainty of the object's pose.

It is important to note that the only adjustable parameters of both the segmentation and the verification procedure are the maximum allowed depth of recursion d_{max} and the minimum required global quality of a cluster Q_{min}. The experiments have shown that both parameters can be set automatically in dependence on the input data. The value for d_{max} is chosen so that the transformation space will not be subdivided below the minimum expected uncertainty of the transform parameters. This turned out to be an acceptable choice with regard to computing time as well as the resulting clustering performance. Q_{min} is actually set to the mean local quality of the elements in transformation space. In the case of verification, Q_{min} deals more with the final decision about acceptance or rejection of a model than with control of the clustering scheme.

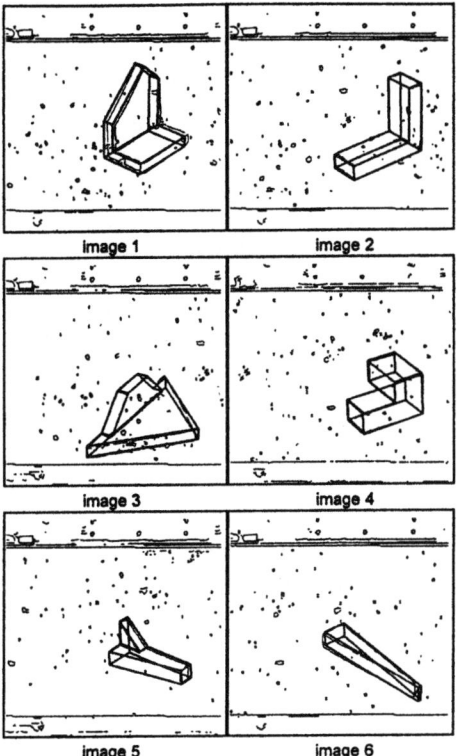

Fig. 9. Results of object recognition

image	matched with model					
	1	2	3	4	5	6
1	**0.54**	0.30	0.22	0.38	0.38	0.24
2	0.22	**0.42**	0.22	0.24	0.34	0.28
3	0.08	0.12	**0.30**	0.14	0.20	0.16
4	0.20	0.24	0.16	**0.48**	0.34	0.20
5	0.20	0.16	0.16	0.20	**0.38**	0.10
6	0.26	0.34	0.28	0.22	0.44	**0.82**

Table 1. Global measure of similarity Q_g

image	uncertainty of pose hypotheses		R	uncertainty of pose	
	σ_r [deg]	σ_t [mm]		$\sigma_{\bar{r}}$ [deg]	$\sigma_{\bar{t}}$ [mm]
1	4	3	8	1.4	1.1
2	4	3	6	1.7	1.3
3	4	5	6	1.8	2.3
4	6	5	8	2.2	1.8
5	4	3	4	2.0	1.5
6	4	3	6	1.6	1.2

Table 2. 3-D pose uncertainty

Table 3 indicates computing times for the 3-D sensing module, which refer to the processing of single 2-D images. The subsequent segmentation of a 3-D contour image typically takes less than 300 ms. The time needed for the retrieval of object candidates is less than 50 ms. The amount of computation for the polygon matching and the verification obviously depends on the number of selected model candidates. Typical values are 1.1...3.4 sec for polygon matching and 16...45 sec for verification. All of these data hold for a VMEbus system with a Motorola 68040 processor running at 25 MHz.

7. Conclusion

A method for the recognition and pose estimation of 3-D objects has been presented. A Kalman filter computes 3-D object contours from short image sequences. The attained accuracy allows for a reliable identification and pose estimation. Consequently, none of the subsequent algorithms needs to be invariant under change-of-scale or perspective projection. 2-D techniques for the retrieval of model candidates and the generation of pose hypotheses can be applied because of the preceding segmentation of the 3-D contour image into plane curves. While the recognition process does not impose any restriction concerning the form of the contours, the visibility of a sufficient number of plane faces is expected. The formulation of both the segmentation and the verification task in terms of clustering problems leads to efficient and practicable algorithms. The segmentation is achieved by searching clusters of binormals of the 3-D image polygons. The verification is based on clustering in pose space. Experimental work reveals the performance of the approach with regard to the reliability of identification and pose estimation as well as the amount of computation needed.

image acquisition, edge detection, polygon approximation	40 ms (video real time)
preprocessing	100 ms
subpixel interpolation	90 ms
feature tracking	30 ms
3-D structure estimation:	
initial guess computation	6 ms
Kalman filtering	9 ms

Table 3. Computing times for the 3-D sensing module

8. References

[1] Arman, F.; Aggarwal, J. K.: Model-Based Object Recognition in Dense Range Images - A Review. *ACM Computing Surveys* 25 (1993), pp. 5-43.

[2] Aggarwal, J. K.; Chien, C. H.: 3-D Structures From 2-D Images. In: Sanz, J. L. C. (Ed.): Advances in Machine Vision. Springer Verlag, New York (1989), pp. 64-121.

[3] Matthies, L.; Szeliski, R.; Kanade, T.: Kalman Filter-Based Algorithms for Estimating Depth from Image Sequences. In: Proc. DARPA Image Understanding Workshop, Cambridge, MA (1988), pp. 199-213.

[4] Otterbach, R.: Fast and Robust 3-D Structure Estimation from Image Sequences. *International Archives of Photogrammetry and Remote Sensing* 30 Part 5W1 (1995), pp. 220-225.

[5] Otterbach, R.; Gerdes, R.; Kammüller, R.: Fast and Robust Recognition and Localisation of 2-D Objects. In: Becker, M.; Daniel, R. W.; Loffeld, O. (Eds.): Sensors and Control for Automation, SPIE Proc. Vol. 2247 (1994), pp. 163-174.

[6] Gerdes, R.; Otterbach, R.; Kammüller, R.: Fast and Robust Recognition and Localisation of 2-D Objects. To appear in *Machine Vision and Applications* (1995).

[7] Cass, T. A.: Polynomial-Time Object Recognition in the Presence of Clutter, Occlusion, and Uncertainty. In: Sandini, G. (Ed.): Computer Vision - ECCV '92, Proc. European Conference on Computer Vision, Springer Verlag, Berlin (1992), pp. 834-842.

[8] Breuel, T. M.: Fast Recognition Using Adaptive Subdivisions of Transformation Space. In: Proc. IEEE Computer Society Conference on Computer Vision and Pattern Recognition (1992), pp. 445-451.

[9] Lowe, D. G.: Three-Dimensional Object Recognition from Single Two-Dimensional Images. *Artificial Intelligence* 31 (1987), pp. 355-395.

[10] Thompson, D. W.; Mundy, J. L.: Three-Dimensional Model Matching from an Unconstrained Viewpoint. In: Proc. IEEE International Conference on Robotics and Automation, Raleigh, NC (1987), pp. 208-220.

[11] Otterbach, R.: Robuste 3D-Objekterkennung und Lagebestimmung durch Auswertung von 2D-Bildfolgen. VDI Verlag, Düsseldorf (1995).

Detektion und Verfolgung von Fahrzeugen in Straßenverkehrsszenen: Systematische Bewertung und Steigerung der Systemleistung

Henner Kollnig[1], Holger Leuck[1] und Hans-Hellmut Nagel[1,2]

[1] Institut für Algorithmen und Kognitive Systeme
Fakultät für Informatik der Universität Karlsruhe (TH)
Postfach 6980, D-76128 Karlsruhe
[2] Fraunhofer-Institut für Informations- und Datenverarbeitung (IITB)
Fraunhoferstr. 1, D-76131 Karlsruhe

Zusammenfassung. Die Leistung eines Bildfolgenauswertungssystems wird durch Einsatz von mehr Modellwissen signifikant verbessert. Die Segmentierung eines optischen Flußfeldes unter Verwendung von Wissen über den 3D-Szenenbereich liefert genauere Hinweise auf Abbilder bewegter Fahrzeuge als Verfahren, die rein im 2D-Bildbereich arbeiten. Dadurch läßt sich die Verfolgung von Fahrzeugen besser initialisieren. Die automatische Detektion von Schwierigkeiten bei der Verfolgung von Fahrzeugen sowie eine gegebenenfalls automatisch veranlaßte Neuinitialisierung des Verfolgungsprozesses führt zu einer weiteren Leistungssteigerung des Gesamtsystems. Die Qualität der Ergebnisse rechtfertigt den Aufwand für eine quantitative Bewertung der Systemleistung auf umfangreicheren Datensätzen.

1 Einleitung

Untersuchungen über die Robustheit und Zuverlässigkeit von Systemen zur Auswertung von Straßenverkehrsszenen findet man in der Literatur selten. Publizierte Verfahren zeigen meist nur, daß etwas prinzipiell möglich ist. In den Bilddaten von [Bouthemy & François 93] finden sich beispielsweise maximal drei Fahrzeuge, bei [Irani et al. 94; Liu & Huang 93] je ein Fahrzeug. [Regensburger 93; Dubuisson & Jain 95] detektieren meist nur jeweils ein Fahrzeug pro Aufnahme, wenn auch viele Aufnahmen ausgewertet werden. Wenige Fahrzeuge pro Aufnahme findet man bei [Tan et al. 94; Wetzel & Richter 94]. Mehr Fahrzeugabbilder werten [Kilger 93; Koller et al. 94] aus, wenn auch nicht analysiert wird, welche Probleme auftreten können. Im Vergleich mit den zitierten Arbeiten ist das in unseren Bilddaten erfaßte Verkehrsgeschehen mit mehr als zwanzig Fahrzeugen pro Aufnahme deutlich komplexer.

Ausgangspunkt für die vorliegenden Untersuchungen bildet ein Bildfolgenauswertungssystem von [Koller 92; Koller et al. 93] mit den Erweiterungen von [Kollnig et al. 94; Kollnig 95; Kollnig & Nagel 95], das bewegte Fahrzeuge in Videoaufnahmen des Straßenverkehrs detektiert und verfolgt (vgl. Abb. 1): Die Segmentierung eines optischen Flußfeldes liefert Bildbereiche, die als Kandidaten für Abbilder bewegter Objekte – sog. *Objektbildkandidaten* – dienen.

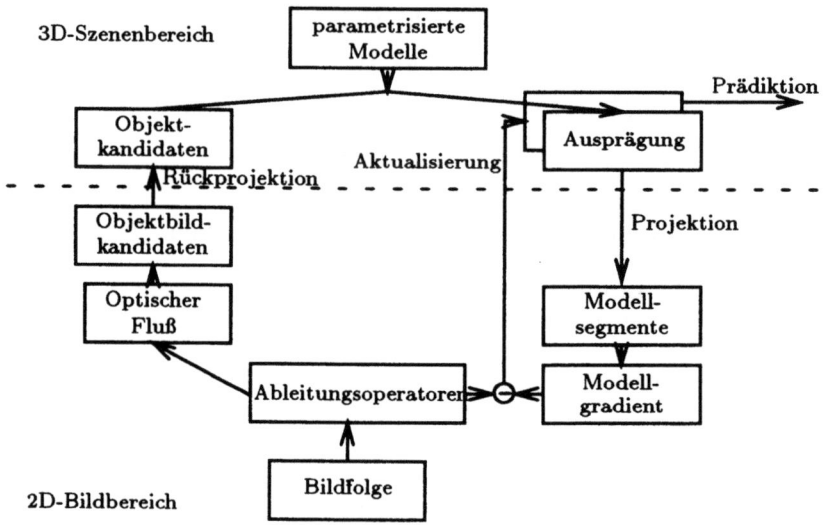

Abb. 1. Auswertungszyklus unseres modellbasierten Bildfolgenauswertungssystems; Erläuterungen hierzu finden sich im Text.

Mittels Kalibrierdaten werden die Objektbildkandidaten vom 2D-Bild- in den 3D-Szenenbereich zurückprojiziert. Man erhält dadurch *Objektkandidaten*, die initiale Schätzwerte der Lageparameter von Fahrzeugmodellen und damit deren Ausprägung ermöglichen. Die resultierende initiale Ausprägung eines Fahrzeugmodells wird unter Berücksichtigung verdeckender Flächen in die Bildebene projiziert (Szenenskizze). Durch iterative Korrektur der Lageparameter wird bei [Kollnig & Nagel 95] die Szenenskizze an die aus dem räumlich-zeitlich interpolierten Halbbild ermittelten Grauwertgradienten angepaßt, *ohne explizit Datenkantensegmente aus dem Grauwertgradienten zu berechnen*. Die so erhaltene aktualisierte Ausprägung bildet die Grundlage für eine Kalmanfilter-basierte Prädiktion des Modellzustandes in das nächste Halbbild der Folge.

Einen Literaturüberblick zur Detektion und Verfolgung von Fahrzeugen in Aufnahmen des Straßenverkehrs findet man in [Koller *et al.* 93; Kollnig *et al.* 94; Kollnig 95; Cédras & Shah 95]. Daher beschränken wir uns hier auf neuere Publikationen: Ein 3D-Polyedermodell für Fahrzeuge wie in [Koller 92] verwendet auch [von Holt 94], in dessen Arbeit allerdings keine realen Bilddaten ausgewertet werden. Die Fahrzeugverfolgung von [Wetzel & Richter 94] basiert auf einer 2D-Schablonenanpassung, bei der vorausgesetzt wird, daß das Bild eines Fahrzeuges durch ein *bildachsenparalleles* Rechteck beschrieben werden kann, wohingegen bei unserer 3D-Fahrzeugverfolgung eine allgemeinere Kameralage relativ zur Fahrbahn als bei [Wetzel & Richter 94] zulässig ist. Die rein datengetrieben arbeitende Fahrzeugdetektion von [Wetzel & Richter 94] basiert auf heuristisch gewählten Bewertungsfunktionen, in die die Extraktion und Gruppierung von Kantensegmenten eingeht, wohingegen wir in [Kollnig & Nagel 95] darauf verzichten konnten, aus der Bildfolge extrahierte Information auf wenige Kantensegmente zu beschränken.

Abb. 2. Die erste Aufnahme einer Video-Bildfolge des Verkehrsgeschehens am Nibelungenplatz in Frankfurt.

2 Detektion bewegter Fahrzeugabbilder

2.1 Probleme bei rein datengetriebener Segmentierung

Abb. 2 zeigt das komplexe Verkehrsgeschehen an einer Frankfurter Straßenkreuzung. Die Berechnung von optischen Flußvektoren zur Detektion von Abbildern bewegter Fahrzeuge ist aufwendiger als eine einfache Änderungsdetektion, dafür enthält sie aber Bewegungs- und Richtungsinformation, wodurch wir im Gegensatz zu beispielsweise den Arbeiten von [Kilger 93; Wetzel & Richter 94; Dubuisson & Jain 95] auch eine Initialisierung für die Geschwindigkeit berechnen können und sich im Gegensatz zu [Dubuisson & Jain 95] Abbilder zweier sich begegnender Fahrzeuge trennen lassen. Desweiteren liefert der optische Fluß bei bewegter Kamera Hinweise auf Objektbildkandidaten. Probleme bei der Detektion bewegter Fahrzeugabbilder treten auf, wenn zwei Fahrzeuge dicht nebeneinander mit annähernd gleicher Geschwindigkeit fahren (vgl. Abb. 3): die Fahrzeugabbilder werden mit dem rein datengetriebenen Verfahren nach [Kollnig et al. 94], das auf Arbeiten von [Sung 88; Koller 92] aufbaut, zu einem einzigen Objektbildkandidaten zusammengefaßt. Durch Verringern der Schwellwerte, die in die Ballungsanalyse eingehen, kann man ein Aufbrechen solcher Ballungen in mehrere Objektbildkandidaten erreichen. Jedoch zerfallen dann besonders bei langen Fahrzeugen, wie LKW oder Bus, die detektierten Objektbildkandidaten in viele kleine Objektbildkandidaten. Bei langen Fahrzeugen erhält man nämlich oft nur ein lückenhaftes Flußfeld, da innerhalb von Abbildern langer Fahrzeuge stellenweise die Grauwertvariation nicht ausreicht, um optische Flußvektoren zuverlässig genug schätzen zu können.

 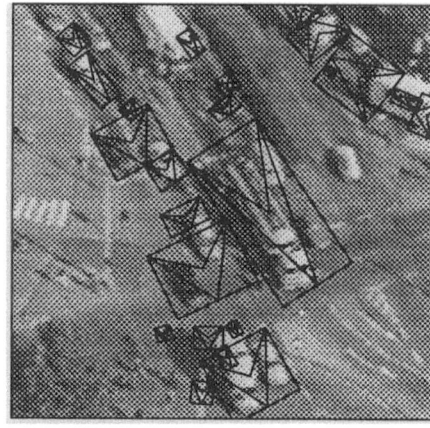

(a) (b)

Abb. 3. (a) zeigt einen Ausschnitt des oberen linken Quadranten der dritten Aufnahme der Straßenkreuzung aus Abb. 2 mit überlagerten Flußvektoren. (b) In enger Nachbarschaft in dieselbe Richtung fahrende Objekte werden bei dem rein datengetriebenen Segmentierungsverfahren aus [Kollnig *et al.* 94] zu einem einzigen Objektbildkandidaten zusammengefaßt.

2.2 Berücksichtigung von Fahrspuren

Die gerade beschriebenen Probleme beruhen nicht auf einer falschen Parameterwahl für den datengetriebenen Segmentierungsschritt, sondern vielmehr darauf, daß das in die Ballungsanalyse eingehende Wissen über die Szene nicht ausreicht. In [Kollnig 95] ist ein Verfahren beschrieben, das mit Hilfe von aus Kantensegmenten berechneten Fluchtpunkten eine erste Schätzung der Lage eines Fahrbahnmodells in der 3D-Szene liefert, die anschließend aktualisiert und zeitlich fortgeschrieben wird. Damit ist es möglich, in die Ballungsanalyse optischer Flußvektoren Wissen über die einzelnen Fahrspuren eingehen zu lassen: Flußvektoren werden nur noch dann zu einem Objektbildkandidaten zusammengefaßt, wenn die Rückprojektionen ihrer Fußpunkte auf derselben Fahrspur liegen. Darüber hinaus konnte die Detektion bewegter Fahrzeugabbilder dadurch verbessert werden, daß wir nur solche Flußvektoren in der Ballungsanalyse berücksichtigen, deren Orientierung mit der Verkehrsrichtung der jeweiligen Fahrspur kompatibel ist, wobei im Kreuzungsbereich mehrere sich überschneidende Fahrspuren zugelassen werden. Ergebnisse dieses Verfahrens zur Detektion bewegter Fahrzeugabbilder finden sich in Abb. 4(a). [Leuck 94] detektierte bei einer Auswertung von 400 Aufnahmen über 80 Prozent der Fahrzeuge automatisch.

Auch die Nutzung von Kenntnissen über die Struktur der Fahrbahnen bei der Detektion bewegter Fahrzeugabbilder ist jedoch immer noch eine Heuristik und keine perfekte Regel: ein solches Vorgehen verhindert z.B. die Berechnung eines geeigneten Objektbildkandidaten, wenn ein Fahrzeug gerade die Spur wechselt. Sofern aber dieses Fahrzeug nicht über einen längeren Zeitraum auf der Fahrspurmarkierung zwischen zwei Spuren fährt, kann das Fahrzeug – vorausgesetzt, die Bildfolge ist lang genug – entweder detektiert werden, bevor es die Spur wechselt oder nachdem der Spurwechsel abgeschlossen ist.

(a) (b)

Abb. 4. Ergebnis der modellgestützten Segmentierung eines Flußfeldes, das aus einem Ausschnitt – siehe Abb. 3(a) – der linken oberen Ecke einer Aufnahme der Frankfurter Straßenkreuzung in Abb. 2 aus dieser Bildfolge ermittelt wurde. In (b) wurden kleine Objektkandidaten eliminiert. Die Anzahl der Objektkandidaten hat sich von 43 Objektkandidaten (a) auf 15 Objektkandidaten (b) mehr als halbiert.

2.3 Berücksichtigung absoluter Längen und Breiten

Wählt man für die Segmentierungsparameter Werte, die auch weniger zuverlässige Flußvektoren in die Segmentierung des optischen Flußfeldes mit einbeziehen, so erhält man eine große Anzahl *kleiner* Objektkandidaten, deren zugehörige Flußvektoren zum Teil nur durch Störungen in den Bilddaten entstanden sind. Daher untersucht [Leuck 95] eine automatische Auswahl geeigneter Objektkandidaten, wobei Hintergrundwissen über die Größe von Fahrzeugen ausgenutzt wird: Die Länge zugelassener Straßenfahrzeugen variiert nach [RAST-E 71] zwischen 4 m und 12 m, die Breite zwischen 1,5 m und 2,5 m. Abb. 4 zeigt die ermittelten Objektkandidaten für einen Ausschnitt der linken oberen Ecke der dritten Aufnahme der Bildfolge aus Abb. 2 *ohne* und *mit* dem neuen Auswahlkriterium, das sowohl die absolute Länge und Breite eines Fahrzeugs als auch das Längen-Breiten-Seitenseitenverhältnis auf sinnvolle Werte überprüft.

3 Modellgestützte Verfolgung

Die Experimente von [Leuck 95] zeigen, daß unter den Gründen für das Scheitern einer Fahrzeugverfolgung eine zu grobe Initialisierung eine wichtige Rolle spielt. Es liegt nahe, in jedem k-ten Bild der Folge neue Initialisierungen aus optischen Flußvektoren zu berechnen. Die Verfolgung eines Fahrzeugs wird abgebrochen und neu aufgesetzt, wenn die Güte der durch Neuinitialisierung ermittelten Lageschätzung höher ist als die Güte der aktualisierten Prädiktion der Lageschätzung aus dem vorangehenden Halbbild. Zur Beurteilung der Güte einer Lageschätzung verwenden wir das Residuum einer MAP-Schätzung. Da auch die Neuinitialisierung schlecht ausfallen kann, muß sie auch die in Abschnitt 2 dargestellten Kriterien erfüllen.

Abb. 5. Ergebnisse der Verfolgung bis zum Halbbild #293. Bei den Fahrzeugen #12 und #16 hat sich die Verdeckung durch den Tanklastwagen (Fahrzeug #14) störend ausgewirkt. Auch die Prüfung auf Neuinitialisierung führte in diesem Fall zu keiner Verbesserung, da die Flußvektoren des Tanklastwagens bei der Rückprojektion auf die Nachbarfahrspur projiziert wurden und somit die Segmentbildung für die beiden halb verdeckten Fahrzeuge störten. Fahrzeug #3 hat den Bildbereich in Halbbild #293 bereits verlassen, deshalb ist das Modell nicht mehr eingeblendet.

Bei der Trainingsbildfolge aus Abb. 2 wurden im 5. Halbbild 20 Objektkandidaten ermittelt. Für drei Objektkandidaten konnte keine Verfolgung gestartet werden, da noch keine geeigneten Modelle zur Verfügung standen. Von den restlichen 17 Objektkandidaten ist die Verfolgung bei zwei Fahrzeugen (#12 und #16) gescheitert, da sie teilweise durch den auf der Nachbarspur fahrenden Tanklastwagen (#14) verdeckt sind. Damit konnten 75 Prozent der Fahrzeuge verfolgt werden (siehe Abb. 5).

Ohne die bei Untersuchungen mit der Trainingsbildfolge eingestellten Parameter zu verändern, wurde das System mit zwei weiteren Bildfolgen getestet. Zum einen wurde eine Folge von 200 Aufnahmen – das entspricht acht Sekunden – verwendet, die zu einem späteren Zeitpunkt von derselben Kreuzung aufgenommen wurde. Von insgesamt 19 Fahrzeugen konnten 13 Fahrzeuge (68 Prozent) automatisch korrekt detektiert und verfolgt werden. Zum zweiten wurde eine Folge von 250 Aufnahmen – d.h. 10 Sekunden Videofilm – untersucht, bei der die Kamera ein paar Stockwerke tiefer als während der Aufnahme der in Abb. 2 illustrierten Bildfolge stand. Von insgesamt 24 Fahrzeugen konnten 14 Fahrzeuge (58 Prozent) automatisch korrekt detektiert und verfolgt werden.

4 Diskussion und Ausblick

Bei insgesamt 100 + 200 + 250 = 550 Vollbildern und ca. 20 Fahrzeugen pro Bild liegen den folgenden Aussagen rund 20.000 Einzelverfolgungsschritte (d.h. Fahrzeug pro Halbbild) zugrunde.

Die Leistung unseres Bildauswertungssystemes wurde in dieser Arbeit durch die Zahl der in einer aufgezeichneten Bildfolge automatisch detektierten und verfolgten Fahrzeuge quantitativ bewertet. Durch Einsatz von mehr Modellwissen konnte die Detektion bewegter Fahrzeugabbilder verbessert und der Verfolgungsprozeß zuverlässiger initialisiert werden. Bei einer Abtastfrequenz von 50 Hz lassen sich so sehr genaue 3D-Fahrzeugtrajektorien automatisch aus Bildfolgen ermitteln. Für jedes Fahrzeug erhalten wir alle 20 ms einen Schätzwert für seine Lage relativ zur Fahrbahnebene mit einem Fehler von ±7 cm.

Der Beitrag der durchgeführten Untersuchungen ist insbesondere darin zu sehen, daß eine *quantitative* Bewertung der Systemleistung auf umfangreicheren Datensätzen erfolgt. Dadurch wechselt man von einer explorativen Entwicklungsphase in eine Phase, deren Schwerpunkt in der systematischen Aufspürung und Beseitigung von Schwachstellen liegt. Dabei ist es wichtig, den Unterschied zwischen einer Fehlersuche, d.h. der Beseitigung von Implementierungsfehlern ohne Änderung des Verfahrensansatzes, und der systematischen Verbesserung des Verfahrensansatzes aufgrund quantitativer Bewertungen der Systemleistung herauszuarbeiten.

Zusätzlich verbleibt als weiterführende Aufgabe, Verdeckungen von Fahrzeugen durch andere Fahrzeuge sowie durch stationäre Szenenkomponenten bei der Detektion und Verfolgung von Fahrzeugen zu berücksichtigen.

Literatur

[Bouthemy & François 93] P. Bouthemy, E. François, Motion Segmentation and Qualitative Dynamic Scene Analysis from an Image Sequence, *Intern. Journal of Computer Vision* **10** (1993) 157–182.

[Cédras & Shah 95] C. Cédras, M. Shah, Motion-Based Recognition: A Survey, *Image and Vision Computing* **13**:2 (1995) 129–155.

[Dubuisson & Jain 95] M.-P. Dubuisson, A.K. Jain, Contour Extraction of Moving Objects in Complex Outdoor Scenes, *International Journal of Computer Vision* **14**:1 (1995) 83–105.

[Irani et al. 94] M. Irani, B. Rousso, S. Peleg, Computing Occluding and Transparent Motion, *International Journal of Computer Vision* **12**:1 (1994) 5–16.

[Kilger 93] M. Kilger, Interpretationsgetriebene Parameteradaption und Verfahrenswahl in der Szenenanalyse, in S.J. Pöppl, H. Handels (Hrsg.), *Mustererkennung 1993*, 15. DAGM-Symposium, Lübeck, 27.-29. September 1993, Springer-Verlag, Berlin, Heidelberg, New York/NY u.a., 1993, pp. 725–732.

[Koller 92] D. Koller, *Detektion, Verfolgung und Klassifikation bewegter Objekte in monokularen Bildfolgen am Beispiel von Straßenverkehrsszenen*, Dissertation, Fakultät für Informatik der Universität Karlsruhe (TH), Karlsruhe, Juni 1992. Erschienen in der Reihe Dissertationen zur Künstlichen Intelligenz (DISKI) **13**, infix-Verlag, Sankt Augustin, 1992.

[Koller et al. 93] D. Koller, K. Daniilidis, H.-H. Nagel, Model-Based Object Tracking in Monocular Image Sequences of Road Traffic Scenes, *International Journal of Computer Vision* **10**:3 (1993) 257–281.

[Koller et al. 94] D. Koller, J. Weber, J. Malik, Robust Multiple Car Tracking with Occlusion Reasoning, in J.-O. Eklundh (Ed.), *Proc. Third European Conference on Computer Vision (ECCV '94)*, Vol. I, Stockholm, Sweden, May 2-6, 1994, Lecture Notes in Computer Science **800**, Springer-Verlag, Berlin, Heidelberg, New York/NY and others, 1994, pp. 189-196.

[Kollnig et al. 94] H. Kollnig, H.-H. Nagel, M. Otte, Association of Motion Verbs with Vehicle Movements Extracted from Dense Optical Flow Fields, in J.-O. Eklundh (Ed.), *Proc. Third European Conference on Computer Vision ECCV '94*, Vol. II, Stockholm, Sweden, May 2-6, 1994, Lecture Notes in Computer Science **801**, Springer-Verlag, Berlin, Heidelberg, New York/NY and others, 1994, pp. 338-347.

[Kollnig 95] H. Kollnig, *Ermittlung von Verkehrsgeschehen durch Bildfolgenauswertung*, Dissertation, Fakultät für Informatik der Universität Karlsruhe (TH), Karlsruhe, Februar 1995. Erschienen in der Reihe Dissertationen zur Künstlichen Intelligenz (DISKI) **88**, infix-Verlag, Sankt Augustin, 1995.

[Kollnig & Nagel 95] H. Kollnig, H.-H. Nagel, 3D Pose Estimation by Fitting Image Gradients Directly to Polyhedral Models, in *Proc. Fifth International Conference on Computer Vision (ICCV '95)*, Cambridge/MA, June 20-23, 1995, in press.

[Leuck 94] H. Leuck, *Segmentierung von optischen Flußfeldern unter Verwendung eines Fahrbahnmodells zur Initialisierung einer Modellanpassung*, Studienarbeit, Institut für Algorithmen und Kognitive Systeme, Fakultät für Informatik der Universität Karlsruhe (TH), Karlsruhe, Juli 1994.

[Leuck 95] H. Leuck, *Verfolgung und Klassifikation von Fahrzeugen in Bildfolgen*, Diplomarbeit, Institut für Algorithmen und Kognitive Systeme, Fakultät für Informatik der Universität Karlsruhe (TH), Karlsruhe, März 1995.

[Liu & Huang 93] Y. Liu, T.S. Huang, Vehicle-Type Motion Estimation from Multiframe Images, *IEEE Transactions on Pattern Analysis and Machine Intelligence* **PAMI-15**:8 (1993) 802-808.

[RAST-E 71] RAST-E, *Richtlinien für die Anlage von Stadtstraßen*, Teil: Erschließung. Forschungsgesellschaft für das Straßenwesen e. V., Arbeitsgruppe Planung und Verkehr—Stadtstraßen, Kirschbaum Verlag, Bonn-Bad Godesberg, 1971.

[Regensburger 93] U. Regensburger, *Zur Erkennung von Hindernissen in der Bahn eines Straßenfahrzeugs durch maschinelles Echtzeitsehen*, Dissertation, Fakultät für Luft- und Raumfahrttechnik der Universität der Bundeswehr München, Neubiberg, Dezember 1993.

[Sung 88] C.-K. Sung, Extraktion von typischen und komplexen Vorgängen aus einer Bildfolge einer Verkehrsszene, in H. Bunke, O. Kübler, P. Stucki (Hrsg.), *Mustererkennung 1988*, Zürich, Informatik-Fachberichte **180**, Springer-Verlag, Berlin, Heidelberg, New York/NY u.a., 1988, pp. 90-96.

[Tan et al. 94] T.N. Tan, G.D. Sullivan, K.D. Baker, Fast Vehicle Localization and Recognition without Line Extraction and Matching, in *Proc. British Machine Vision Conference*, York/UK, Sept. 13-16, 1994, pp. 85-94.

[von Holt 94] V. von Holt, Tracking and Classification of Overtaking Vehicles on Autobahnen, in M. de Saint Blancard, I. Masaki (Eds.), *Proc. Intelligent Vehicles '94 Symposium*, Paris/France, October 24-26, 1994, pp. 314-319.

[Wetzel & Richter 94] D. Wetzel, S. Richter, Ein interagierender Interpretationsansatz für die Verkehrsszenenanalyse, in P. Levi, Th. Bräunl (Hrsg.), *Autonome Mobile Systeme*, 10. Fachgespräch, 13.-14. Oktober 1994, Springer-Verlag, Berlin, Heidelberg, New York/NY, 1994, pp. 119-130.

Detektion und Klassifikation von Eiskristallen in Cirren

Stephan Kiemle, Wolfgang Eckstein

Technische Universität München
Institut für Informatik – Lehrstuhl Prof. Radig
kiemles@informatik.tu-muenchen.de, eckstein@informatik.tu-muenchen.de

Zusammenfassung. Die Erforschung der Morphologie von Eiskristallen in Cirrus-Bewölkung ist ein aktueller Schwerpunkt in der Erstellung globaler Klimamodelle. Zur Ermittlung der Häufigkeiten bestimmter Kristalle soll die Erkennung und Klassifikation der Formen automatisiert werden. In dieser Arbeit werden neben einem Überblick über die in Frage kommenden Bildaufnahme-, Vorverarbeitungs- und Segmentierungsverfahren Merkmale entwickelt, die insbesondere der Erkennung regelmäßiger geometrischer Objekte geeignet sind. Zur Klassifikation wird ein schnelles Verfahren vorgeschlagen, das ähnlich dem menschlichen Experten per Elimination der unplausibelsten Klasse zum Ergebnis führt.

1 Motivation

Die in einer Höhe von 4 bis 16 km liegenden Cirren haben mit einem mittleren Bedeckungsgrad von 20% der Erdoberfläche eine große Bedeutung für den Strahlungshaushalt der Erde [4]. Cirren sind besonders klimarelevant, weil sie einerseits durch die sehr tiefen Temperaturen (unter -20^0 C) kaum noch thermische Strahlung in den Weltraum abgeben, andererseits auch die in ihnen enthaltenen sehr kleinen Eiskristalle ($< 20\mu m$) durch Reflexion und Streuung den Strahlungshaushalt der Atmosphäre beeinflussen. Das Wachstum der Eiskristalle hängt von vielen Faktoren ab (lokale Temperatur- und Wasserdampfgradienten, Ventilationseffekte, Kondensationskerne), sodaß vielfältige Formen mit unterschiedlichen Strahlungseigenschaften entstehen können [7]. Erst durch Kenntnis der Häufigkeiten der Kristallformen können die Forscher den Einfluß von Cirren auf das Klima genauer bestimmen.

2 Bildaufbereitung

Unter den Methoden zur Messung von Eispartikeln in situ [1] hat sich insbesondere der Eiskristallreplikator bewährt[1]. Bei dieser Methode hinterlassen die auf einen beschichteten Film auftreffenden Kristalle Abdrücke, die anschließend lichtmikroskopisch analysiert werden können.

---

[1] Die in dieser Arbeit verwendeten Replikatorbilder stammen von Meßflügen der Deutschen Forschungsanstalt für Luft- und Raumfahrt (DLR), Oberpfaffenhofen.

Durch exakte Fokussierung und geringe Tiefenschärfe bei hoher Vergrößerung gelingt es, die Kristallabdrücke nahezu störungsfrei abzubilden. Die Abdruckränder bilden Flanken in der transparenten Filmbeschichtung und sind unter Dunkelfeldbeleuchtung besonders klar sichtbar. Im Unterschied zur Hellfeldbeleuchtung entsteht dabei das Bild nur durch gebrochene, gebeugte oder reflektierte Strahlen, sodaß sich zwischen dem Bildhintergrund und den Abdruckrändern höherer Kontrast als bei Hellfeldbildern ergibt (Abb. 1 a und b).

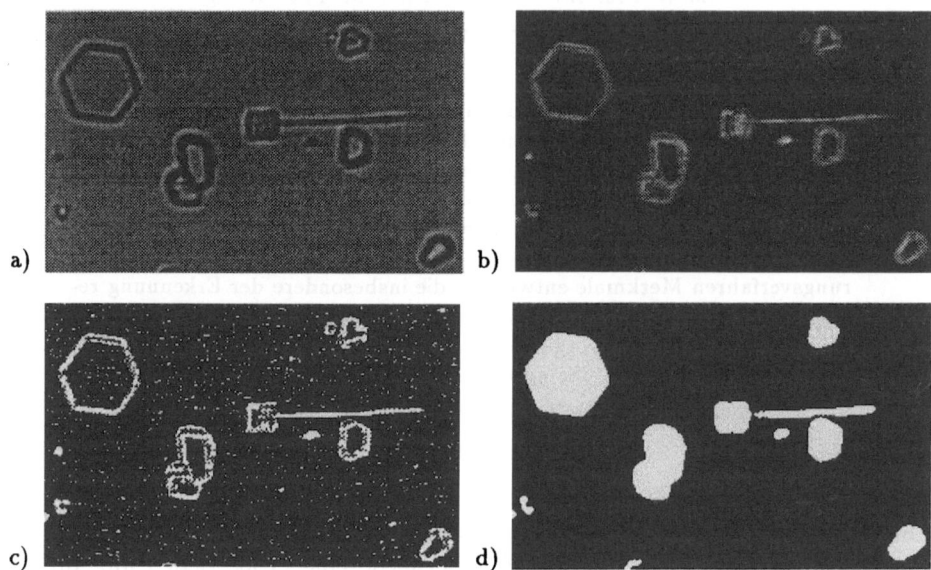

Abb. 1. Kristallreplikate unter a) Hellfeld- b) Dunkelfeldbeleuchtung, c) segmentierte und d) transformierte Regionen

Durch morphologische Transformationen [2] werden die segmentierten Flächen geschlossen, gefüllt und nach ihrer Fläche selektiert (Abb. 1 c und d) [3]. Damit sind nun Objekte gegeben, die in der Größe den gesuchten Kristallen entsprechen und deren Form, d.h. Klasse zu bestimmen ist.

3 Merkmalsextraktion

Die aus einer Region berechenbaren Formmerkmale (Anhang A.1) bilden eine erste Grundlage zur Charakterisierung der Abdrücke. Auch der Grauwertverlauf (bei Hellfeldbildern) der Regionen ist für die Klassen charakteristisch. Regelmäßig geformte Kristallplättchen (hexagonal, triagonal) erzeugen durch ihre scharfen Kanten nur einen dünnen, dunklen Abdruckrand. Bei unregelmäßigen Formen dagegen ist der mittlere Grauwert durch den dickeren Rand niedriger.

---

[2] Die Segmentierungsschritte und die Merkmalsberechnungen wurden mit dem Bildanalysesystem *HORUS* durchgeführt [3].

Der kleinste Grauwert und die Differenz zwischen dem größten und dem kleinsten Grauwertgradienten charakterisieren den Kontrast des Objektes (Abb. 2). Diese Auswahl an Merkmalen reicht noch nicht aus, die vorgegebenen Klassen sicher voneinander zu trennen. So zeigen Objekte der beiden Klassen „regelmäßig hexagonal" und „unregelmäßig hexagonal" das gleiche Grauwertverhalten, ihre Zirkularität und die anderen Formmerkmale unterscheiden sie jedoch nicht signifikant genug. Dies motiviert Merkmale, die den genauen Verlauf der Kontur charakterisieren.

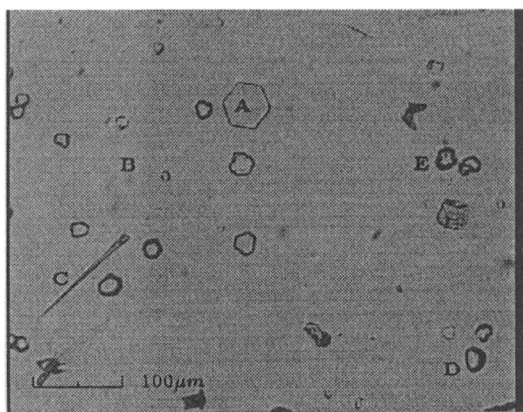

A: regelmäßig hexagonal
B: hell diffus
C: nadelförmig
D: unregelmäßig konvex
E: regelmäßig konkav

	A	B	C	D	E
Structure F.	0.05	1.18	**22.1**	0.26	1.77
Bulkiness	1.01	1.12	1.20	1.01	**1.23**
Convexity	0.98	0.75	0.80	0.97	**0.79**
Circularity	**0.88**	0.50	0.04	0.72	0.41
Meangrey	**181**	167	121	**126**	121
Mingrey	155	**159**	86	54	61
Rangegrad.	64	**29**	73	156	131

Abb. 2. Form- und Grauwertmerkmale, signifikante Werte (fett) für typische Replikate

Üblicherweise werden zur Mustererkennung Objektkonturen durch primitive geometrische Abschnitte (Strecken, Bögen) repräsentiert. Die Objekterkennung erfolgt dann, in dem diese Repräsentation Stück für Stück mit den primitiven Konturabschnitten der Objektmodelle verglichen wird [2]. Im allgemeinen führt dies zu einer Suche des am besten korrelierenden Modells in einem gewichteten Baum der möglichen Kombinationen der Konturprimitive [6]. Für die vorliegende Erkennungsaufgabe sind diese Verfahren zu mächtig und zu ineffizient. Hier soll ein Analyseverfahren des Konturverlaufs vorgeschlagen werden, das auf eine umfangreiche Modellbildung verzichtet und der Erkennung polygonaler Formen dient. Die Grundlage bildet ein Polygonapproximationsverfahren, das im Sinne der Minimierung des mittleren Abstandes der Kontur zum approximierten Polygon optimal ist. Klassische Polygonapproximationsverfahren sind hier ungeeignet, da die Polygonstützpunkte meist nicht exakt in den global dominanten Punkten der zu approximierenden Kontur liegen.

Im Gegensatz zu anderen Verfahren soll die Kontur als Ganzes betrachtet werden. Sei K die Kontur eines Objektes dargestellt als Sequenz von Punkten $p_i = (x_i, y_i)_{1 \leq i \leq n}$, wobei jeweils p_i und $p_{(i+1) \bmod n}$ benachbarte Konturpunkte sind. An welcher Stelle der geschlossenen Kontur die Punktsequenz beginnt ist gleichgültig. Das approximierte Polygon sei durch eine vollständige Partitionierung $\mathcal{P} = [A_1, A_2, ..., A_k]$ von K gegeben. Der letzte Punkt der Teilsequenz $A_j \in \mathcal{P}$ sei gleichzeitig der erste Punkt von $A_{(j+1) \bmod k}$, $1 \leq j \leq k$, sodaß die Anfangs- und Endpunkte der Teilsequenzen genau k Polygonstützpunkte definieren. Der Algorithmus läßt sich wie folgt beschreiben:

- Setze zu Beginn $\mathcal{P} = [K]$.
- Der Algorithmus terminiert wenn (i) die vorgegebene Anzahl an Stützpunkten generiert wurden oder (ii) alle Teilsequenzen weniger als drei Punkte enthalten.
- Sei $\mathcal{P} = [A_1, A_2, ..., A_s]$, $s > 0$. Für jede Teilsequenz $A_j \in \mathcal{P}$, die mindestens drei Punkte enthält, werden nun folgende Schritte durchgeführt:
  - Sei $A_j = [p_l, ..., p_r]$. Bestimme den Konturpunkt p_t, für den eine hypothetische Teilung von A_j bei t_p den mittleren Abstand der Konturpunkte zu den beiden entstehenden Polygonseiten minimieren würde, also
  $p_t : l < t < r \wedge [\forall i : l < i < r \wedge d(l,t,r) \leq d(l,i,r)]$,

  $$d(l,i,r) := \frac{1}{2}\left[\frac{1}{i-l}\sum_{\nu=l}^{i} dist(p_\nu,l,i) + \frac{1}{r-i}\sum_{\nu=i}^{r} dist(p_\nu,i,r)\right]$$

  Dabei steht $dist(p_\nu,a,b)$ für den euklidischen Abstand des Konturpunktes p_ν zur Polygonseite [3] mit den Endpunkten p_a und p_b.
  - Berechne den Betrag δ, um den sich der mittlere euklidische Abstand der Polygonapproximation zur gesamten Kontur verbessert, falls obiger Teilungsvorschlag angenommen wird.

  $$\delta(A_j) = \left[\frac{1}{r-l}\sum_{\nu=l}^{r} dist(p_\nu,l,r)\right] - d(l,t,r)$$

- Sei A_j die Teilsequenz mit der maximale Verbesserung δ. Ersetze die Teilsequenz A_j in $\mathcal{P}$ durch die bei Teilung von A_j an der Stelle p_t entstehenden zwei neuen Teilsequenzen.
- Korrigiere die beiden Nachbarstützpunkte, falls $\mathcal{P}$ mehr als zwei Teilsequenzen enthält.

Die abschließende Reequilibirierung der Approximation ist notwendig, weil die neue Stützstelle die gesamte Approximation nur durch eine lokale Veränderung verbessert hat. Sie erfolgt durch die Suche einer besseren Teilungsstelle zwischen den beiden Nachbarstützpunkten nach dem oben angegebenen Verfahren. Anwendungen dieses Algorithmus an hexagonalen Formen mit bis zu 200 Konturpunkten haben gezeigt, daß bis auf die Korrektur der direkten Nachbarstützpunkte keine weiteren Reequilibirierungen rekursiv nötig sind (Abb. 3). Die Komplexität dieses Approximationsverfahrens beträgt $O(n^2)$. Er eignet sich

---

[3] Die Polygonseite kann entweder auf der Geraden durch p_i und p_j liegen (dann liegen die Polygonstützpunkte immer exakt in Konturpunkten), oder als optimale Regressionsgerade durch die Konturpunkte $p_{\nu, i \leq \nu \leq j}$ berechnet werden (siehe Anhang A.2), sodaß die Polygonstützpunkte subpixel-genau als Schnittpunkte der Regressionsgeraden benachbarter Konturabschnitte definiert sind.

gut zur Parallelisierung, weil die besten Teilungsstellen der Teilsequenzen in nichtdeterministischer Überlappung berechnet werden können.

Die mit diesem Verfahren extrahierbaren, numerischen Merkmale sind statistische Analysen (z.B. Mittelwert und Varianz) der Abstände der Konturpunkte zum approximierten Polygon mit fester Anzahl an Stützpunkten, der Innenwinkel der Polygonseiten an den Stützpunkten und der Polygonseitenlängen (Anhang A.1). So liefert beispielsweise die Varianz der Polygonseitenlängen von approximierten Hexagonen signifikante Unterschiede bei unregelmäßig und regelmäßig hexagonalen Formen.

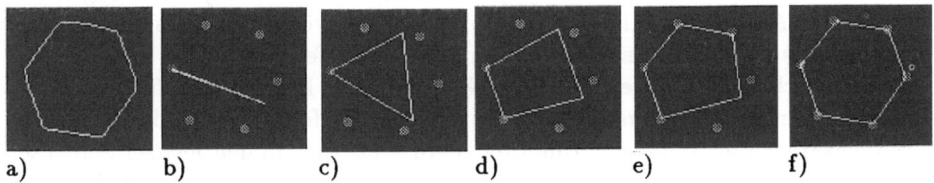

Abb. 3. a) Originalkontur b) bis f) sukzessive Approximation mit Reequilibrierung der direkten Nachbarstützpunkte

4 Klassifikation

Da die Kristalleinschläge stochastisch unabhängig voneinander und von der Position auf dem Film sind, können keine Kontextinformationen den Klassififkationsprozeß unterstützen. Auch die a-priori-Wahrscheinlichkeiten der auftretenden Klassen sind unbekannt, sodaß statistische Klassifikatoren nicht konsequent anwendbar sind. Die Klasseneinteilung ist durch die Experten gegeben, die ja Häufigkeiten für Formen mit typischen Reflexionseigenschaften messen wollen. Somit muß keine automatische Clusterfindung im Merkmalsraum vorgenommen werden, der Klassifikator kann überwacht lernen.

Trotz der Extraktion vielfältiger Merkmale zeigt eine validierte und repräsentative Stichprobe eine starke Verschneidung der Merkmalsverteilungen. Geometrische Standardverfahren (decision tree, nearest-neighbour-classifier, compound-classifier) wie auch approximierte statistische Standardverfahren haben ungenügende Trefferquoten. Der hier vorgeschlagene Klassifikator basiert auf dem schnellen geometrischen Entscheidungsbaumverfahren. Angefangen mit der Menge aller Klassen wird an jedem Knoten des Baumes ein Merkmal zur Unterscheidung von genau zwei Klassen aus der geerbten Klassenmenge untersucht. Es erfolgt daraufhin nicht eine Entscheidung *für* sondern *gegen* eine bestimmte Klasse. Auf diese Weise entstehen zwei Untermengen an Klassen, die genau eine Klasse nicht mehr enthalten und an die beiden Nachfolgerknoten vererbt werden. Dieses Erzeugungsprinzip führt zu einem Binärbaum.

Anstatt jedes Merkmal nur genau einmal zu berücksichtigen, soll in jedem Knoten genau das Merkmal untersucht werden, das in dieser Situation, also mit der gegebenen Teilmenge an Klassen die sicherste Entscheidung erlaubt. Dieses Merkmal läßt sich aus den nach einer Stichprobe gegebenen Verteilungen durch einen einfachen Alternativtest zwischen zwei Klassen vorab bestimmen. Merkmale können auf einem Entscheidungspfad durch den Baum auch mehrmals verwendet werden. Die Platz- und Zeitkomplexität kann drastisch reduziert werden, indem Knoten mit identischen Klassenmengen zusammengefaßt werden. Auf diese Weise entsteht ein zyklenfreier, gerichteter Graph, das sogenannte Inferenznetz (Abb. 4).

Wenn k Klassen unterschieden werden, so beträgt die Tiefe des Netzes $k-1$, da die Knoten in der Schicht s des Netzes jeweils $k-s$ Klassen erben (die Wurzel hat die Netztiefe 0). In der letzten Schicht liegen die k Endknoten, die die Zielklassen repräsentieren. Die Komplexität der Inferenznetzgenerierung hängt nur von der Anzahl der Klassen ab. Durch das ursprüngliche Aufspannen eines Binärbaumes und die Zusammenfassung gleicher Teilmengen ist $\min\{2^s, \binom{k}{s}\}$ eine obere Schranke für die Breite der Netzschicht s. Das Netz erhält eine Tropfenform, da etwa in den ersten zwei Dritteln der Tiefe die Breite des Binärbaumes langsamer wächst als der Binomialkoeffizient. Erst in den letzten Schichten nimmt die Breite durch den Binomialkoeffizienten schnell ab. Bei einem Netz mit 11 Klassen ergeben sich somit maximal 486 Knoten. Tatsächlich wurden jedoch für die vorliegende Klassifikationsaufgabe mit 11 Kristallformen nur 124 Knoten generiert, weil schon in geringen Tiefen des Netzes die Binärbaumstruktur durch Zusammenlegung von Knoten verlassen wird.

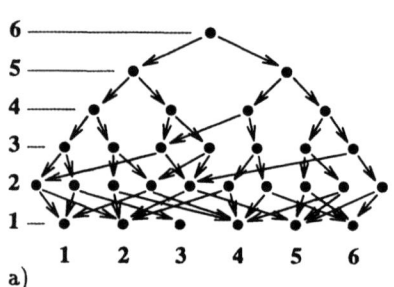 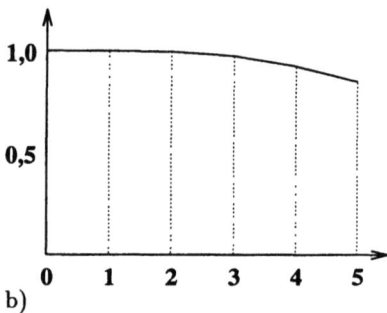

Abb. 4. a) Mögliches Inferenznetz bei 6 Klassen (links die Anzahl der geerbten Klassen), b) typischer Verlauf der Entscheidungskonfidenz auf dem Pfad vom Startknoten (Tiefe 0) bis zur Zielklasse (Tiefe 5)

Die zur Erkennung einer Klasse verwendete Teilmenge der Merkmale läßt sich leicht ermitteln, in dem man das Netz von der Zielklasse aus rückwärts bis zur Wurzel verfolgt und die in den Knoten untersuchten Merkmale notiert. Die Inferenznetzklassifikation zeigt mehrere Analogien zu Expertensystemen. Die Knoten stellen Regeln dar, die durch Anwendung anderer Regeln erreicht werden und mit einer gewissen Konfidenz Entscheidungen treffen. Die Konfidenz läßt sich aus dem Fehler des einfachen Alternativtests an dem Knoten ermitteln. Das Verfahren kann durch eine Erklärungskomponente ergänzt werden, das dem Anwender bei jeder Teilentscheidung eine Erklärung und die kumulierte Konfidenz ausgeben kann. Auf diese Weise kann die Entscheidungsfindung genau verfolgt werden und Knoten aufgespürt werden, die häufig zu Fehlentscheidungen führen.

Somit können gezielt Merkmalsverbesserungen vorgenommen werden.

Eine andere Analogie besteht zu dem maschinellen Lernverfahren ID3 [5]. Der dort erzeugte Inferenzbaum wird durch Auswahl der diskret verteilten Merkmale mit geringster Entropie aufgebaut, sodaß möglichst homogene Untermengen entstehen. Bei dem hier beschriebenen Verfahren wird diese Homogenität durch Elimination der am deutlichsten abweichenden Klassen erreicht.

Durch Multiplikation der auf dem Entscheidungspfad durch das Inferenznetz erhaltenen Konfidenzen läßt sich ein Konfidenzwert für die insgesamt erreichte Zielklasse ermitteln. Die Konfidenzen der Knoten zeigen ein Verhalten, das dem des menschlichen Experten entspricht: Das Netz „sieht" auf den ersten Blick, welche Klassen nicht zutreffen, die Entscheidung für eine konkrete Klasse ist jedoch unsicherer (vgl. Abb. 4).

Aus dieser Erfahrung ergeben sich folgende Konsequenzen: Wenn durch eine unzureichende Trainingsmenge bei der Klassifikation keine ausreichende Trefferquote erzielt wird, kann die Klassifikation vor der letzten Schicht abgebrochen werden. Oft ist es günstiger, ein Objekt einer kleinen Menge von Klassen mit großer Sicherheit zuzuordnen, als mit geringerer Sicherheit auf eine konkrete Klasse zu tippen. Eine andere Möglichkeit besteht darin, ab einer gewissen Schicht nicht mehr linear zu trennen, sondern durch Hauptachsentransformationen mögliche Korrelationen von Merkmalen zur Clustertrennung zu nutzen. Da nur noch wenige Klassen unterschieden werden müssen und nur die im Sinne der oben genannten einfachen Alternativtests „besten" Merkmale verwendet werden können, sind nichtlineare Trennfunktionen leichter anzuwenden.

Durch Aufnahme der klassifizierten Objekte in die der Netztopologie zugrunde liegende Statistik kann auch ein unüberwachter Lernprozeß erfolgen. In der Klassifikation von Eiskristallformen bewährt sich das beschriebene Verfahren durch gute Trefferquoten und die schnelle Entscheidungsfindung. Mit einer Trainingsmenge von 150 Replikaten aus 11 Klassen wurde ein Inferenznetz generiert, das, getestet an einer von der Trainingsmenge unabhängigen Stichprobe, eine Trefferquote von 82 % erreicht. Die Trefferquote erhöht sich bei Vereinfachung der Klasseneinteilung auf 7 Klassen auf über 95 %. Die Lauzeit der Klassifikation steht in keinem Verhältnis zur Vorverarbeitung und zur Merkmalsberechnung, weil die Entscheidungsfindung in 11 Vergleichen pro Objekt abläuft.

Literatur

[1] F. Albers. *In situ-Methoden zur Messung mikrophysikalischer Größen in Wolken.* Promet, Meteorologische Fortbildung, No. 1 / 2, S. 26 - 31, 1993

[2] S. Chaudhury, S. Subramanian, G. Parthasarathy. *Recognition of Partial Planar Shapes in Limited Memory Environments.* Int. Journal of Pattern Recognition and Artificial Intelligence, Vol. 4, No. 4, S. 603 - 628, 1990

[3] W. Eckstein, G. Lohmann, U. Meyer-Gruhl, R. Riemer, L. Altamirano Robles, J. Wunderwald. *Benutzerfreundliche Bildanalyse mit HORUS: Architektur und Konzepte.* Proc. 15. DAGM Symposium, Lübeck, 1993

[4] K.-N. Liou. *Influence of Cirrus Clouds on Weather and Climate Processes: A Global Perspective.* Monthly Weather Review, Vol. 114, No. 6, S. 1167 - 1199, American Meteorological Society, 1986

[5] J. R. Quinlan. *Discovering Rules by Induction from Large Collections of Examples.* in: D. Michie. *Expert Systems in the Micro-Electronic Age.* Edinburgh University Press, Edinburgh 1979
[6] J. Sklansky, W. Siedlecki. *Large Scale Feature Selection.*, in: C. H. Chen, L. F. Pau, P. S. P. Wang. *Handbook of Pattern Recognition and Computer Vision.* S. 61 - 124, World Scientific Publishing, Singapore 1993
[7] G. L. Stephens, S.C. Tsay, P. W. Stackhouse, P. J. Flatau. *The Relevance of the Microphysical and Radiative Properties of Cirrus Clouds to Climate and Climatic Feedback.* J. Atmos. Sci., 47(14), 1742-1753, 1990

A Anhang

A.1 Merkmale

Bezeichnung	Formel
Structure Factor	$\frac{4\pi\sqrt{I_b/F} - F}{F}$ mit $I_b = h - \sqrt{h^2 - M_{20}M_{02} + M_{11}^2}$, $h = \frac{M_{20}+M_{02}}{2}$, $M_{ij} = \sum_{(z,s)\in Region}(\bar{z}-z)^i(\bar{s}-s)^j$, $F = \sum_{(z,s)\in Region} 1$;
Bulkiness	$\frac{4\pi\sqrt{I_a I_b}}{F^2}$ mit $I_a = h + \sqrt{h^2 - M_{20}M_{02} + M_{11}^2}$;
Convexity	$\frac{F}{F_c}$, F_c = Fläche der konvexen Hülle der Region;
Circularity	$\frac{F}{R^2\pi}$, R = größter Abstand Kontur – Schwerpunkt;
Meangrey	mittlerer Grauwert der Region
Mingrey	kleinster Grauwert der Region
Rangegradient	Diff. zwischen dem größten und dem kleinsten Grauwertgradienten
Hexagonsidevar	Varianz der Seitenlängen des approximierten Hexagons
Hexagondist	Mittlerer Abstand der Konturpunkte zum approx. Hexagon
Hexagoncorner	Varianz der Innenwinkel des approximierten Hexagons
Trianglesidevar	Varianz der Seitenlängen des approximierten Dreiecks
Triangledist	Mittlerer Abstand der Konturpunkte zum approx. Dreieck
Trianglecorner	Varianz der Innenwinkel des approximierten Dreiecks

A.2 Optimale Regression

Die optimale Regressionsgerade in der Ebene durch n Punkte hat die Hessesche Normalform
$$(x - \bar{x}) * cos(\varphi) + (y - \bar{y}) * sin(\varphi) = 0.$$
Der Normalenvektor $\binom{cos(\varphi)}{sin(\varphi)}$ ist der normierte Eigenvektor zum kleineren Eigenwert der symmetrischen Korrelations-Matrix
$$\begin{pmatrix} d_x & d_{xy} \\ d_{xy} & d_y \end{pmatrix}$$
mit $d_x = \sum_{i=1}^n (x_i - \bar{x})^2$, $d_{xy} = \sum_{i=1}^n (x_i - \bar{x})(y_i - \bar{y})$ und $d_y = \sum_{i=1}^n (y_i - \bar{y})^2$ wobei (x_i, y_i) die Koordinaten der Konturpunkte und $\bar{x}$ und $\bar{y}$ die Mittelwerte der Koordinaten darstellen.

Oberflächenkontourvermessung mikroskopischer Objekte durch Projektion statistischer Rauschmuster

Torsten Scheuermann, Georg Pfundt, Peter Eyerer[1] und Bernd Jähne[2]

[1] Fraunhofer Institut für Chemische Technologie (ICT)
Joseph-von-Fraunhofer-Str. 7
76327 Pfinztal

[2] Interdisziplinäres Zentrum für wissenschaftliches Rechnen (IWR)
Ruprecht-Karls-Universität Heidelberg
Im Neuenheimer Feld 368
69120 Heidelberg

Zusammenfassung Es wird ein konfokales Verfahren zur Oberflächenprofilvermessung von Mikrostrukturen vorgestellt. Ein statistisches Muster wird mit Hilfe eines Auflichtmikroskopes auf eine glatte Objektoberfläche mit kantigem Profil projiziert. Es werden mehrere Schichten in Richtung der optischen Achse durch definierte Objekttischverstellung aufgenommen, und die scharfen Bildbereiche nach einer Scharfdetektion einer Höhe zugeordnet. Objektbereiche, die zwischen den erfassten Fokusebenen liegen, werden interpoliert.
Keywords: Depth from focus, profilometry, contour measurement, random pattern, optical-transfer-function

1 Einleitung

In der Lichtmikroskopie wird mit zunehmender Vergrößerung die Schärfentiefe der Abbildung kleiner. Dies kann für die 3D-Lagebestimmung [3] oder Konturvermessung von Oberflächen ausgenutzt werden.

Mit Hilfe einer Videokamera, einem Framegrabber und einem Computer mit Bildverarbeitungssoftware werden in der Mikroskopie bereits Verfahren eingesetzt, die eine Konturvermessung von Oberflächen ermöglichen.

Ein für makroskopische Objekte etabliertes Meßverfahren arbeitet mit der schrägen Projektion eines Streifenmusters, dessen verzerrte Oberflächenabbildung über das Triangulationsprinzip ausgewertet wird [2]. In der Stereobildverarbeitung kommt die Beleuchtung mit statistischen Mustern zum Einsatz [5]. Konfokale Methoden, die speziell die Verwendung herkömmlicher Lichtmikroskope mit Ganzfeldoptik erlauben, wurden von [4] vorgestellt. Dabei werden mittels Bildverarbeitung die Scharfbereiche einer Abbildung detektiert, der aktuellen Fokusebene zugeordnet und so nach Aufnahme mehrerer Ebenen durch Verschieben des Objekttisches die Kontour der Oberfläche errechnet. Allerdings müssen dabei die scharfen und unscharfen Zonen durch oberflächenbehaftete Lichtintensitätskontraste erkennbar sein.

Kunststofformen, die u.a. als Negativformen zur Herstellung keramischer Mikrostrukturen dienen, werden durch Spritzgießen aus Polmethylmethacrylat (PMMA) hergestellt [3]. Die Mikrostrukturen verfügen gewöhnlich über sehr hohe Aspektverhältnisse (Verhältnis der lateralen Ausdehnung zur Strukturhöhe) und einer extrem kantigen Kontour. Die Oberflächen der Negativformen sind sehr glatt, so daß eine Scharferkennung durch die geringe Rauhigkeit im Auflichtmikroskop nicht möglich ist. Triangulationverfahren scheiden aus, da eine schräge Beleuchtung zu Schattenwürfen führen würde, was eine vollständige Berechnung der Kontour verhindert.

Im folgenden wird ein Verfahren vorgestellt, daß durch Projektion eines statistischen Rauschmusters eine künstliche Rauhigkeit erzeugt und zusammen mit Bildverarbeitungsmethoden die Messung der Kontour glatter Oberflächen erlaubt.

2 Abbildungsoptik

2.1 Geometrisches Modell

Ein einfaches optisches System mit einer Linse als Objektiv, liefert dann eine scharfe Abbildung des Objektes, wenn die allgemeine Abbildungsgleichung

$$\frac{1}{f} = \frac{1}{w_i} - \frac{1}{w_o} \tag{1}$$

erfüllt wurde [3]. Die Variabel f steht für die Brennweite, w_i für die Bildweite und w_o für die Objektweite.

Aus der geometrischen Beschreibung einer defokussierten Punktabbildung läßt sich ein linearer Zusammenhang zwischen der objektseitigen Defokussierung Δx_o und dem Radius r der Kreisscheibe herleiten, die aus der unscharfen Abbildung des Lichtpunktes hervorgeht:

$$r = \Delta x_o \cdot \frac{A \cdot M_T}{\sqrt{1 - \left(\frac{A}{M_T}\right)^2}} \tag{2}$$

Dabei ist M_T die Transversalvergrößerung und A die numerische Apertur.

2.2 Optical-Transfer-Function (OTF)

In dem vorangehend beschriebenen geometrischen Modell wird vorausgesetzt, daß die fokussierte Abbildung eines Punktes ebenfalls einem Punkt unendlich kleiner Ausdehnung entspricht. In der Realität wird dagegen ein Punkt auch bei optimaler Fokussierung als *verwaschene* Kreisscheibe abgebildet. Dieser beugungsbedingte Effekt läßt sich durch die mathematische Formulierung

$$I_i = I_o * PSF(\Delta x_o) \tag{3}$$

---

[3] Hersteller: Forschungszentrum Karlsruhe GmbH
Institut für Mikrostrukturtechnik

darstellen. Die Verwaschungsfunktion oder *point-spread-function* (PSF) wird mit der in die Linse einfallenden Lichtenergiestromdichte I_o gefaltet. Diese Darstellung im Ortsraum kann auch in guter Näherung in den Ortsfrequenzraum übertragen werden [1]:

$$OTF(k, \Delta x_o) = 2 \cdot f_1(k) \cdot \frac{J_1[f_2(k) \cdot k_0 \cdot \Delta x_o]}{f_2(k) \cdot k_0 \cdot \Delta x_o} \quad (4)$$

worin gilt:

$$f_1(k) = 1 - 1.38 \cdot k + 0.03 \cdot k^2 + 0.344 \cdot k^3$$
$$f_2(k) = A \cdot k \cdot (1 - k)$$
$$k = \frac{\sqrt{k_x^2 + k_y^2}}{k_0}$$

J_1 ist die Bessel Funktion (Zylinderfunktion) erster Gattung und erster Ordnung. Die inkohärente Grenzfrequenz k_0 ist definiert durch:

$$k_0 = \frac{4\pi}{\lambda} \cdot A \quad (5)$$

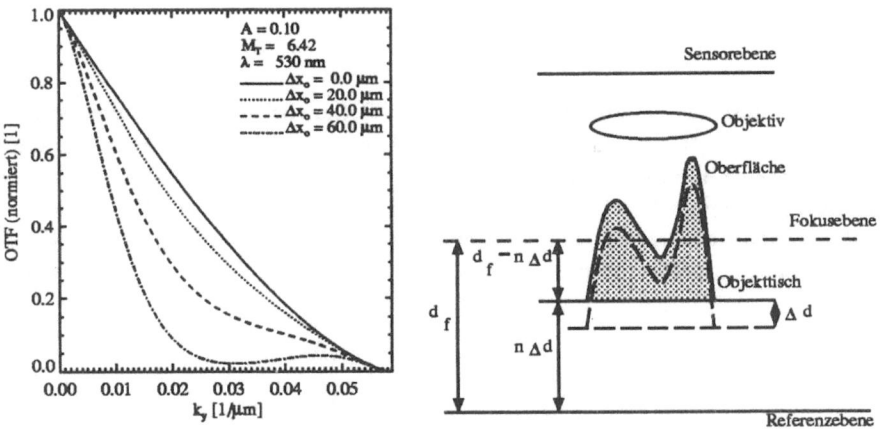

Abbildung1. Links: OTF in Abhängigkeit von der Defokussierung Δx_o des Objektes. Rechts: Kontour aus den Scharfanteilen der Bildschichten

Die Ortsfrequenzdarstellung der Verwaschungsfunktion heißt *optical-transfer-function* (OTF) und ist in Abb. 1 links als Schnittbild in Abhängigkeit von der Ortsfrequenz k_y und der Defokussierung Δx_o des Objektes dargestellt.

Die OTF kann als Tiefpaßfilter interpretiert werden. Höhere Ortsfrequenzen werden mit zunehmender Defokussierung unterdrückt abgebildet, was dazu führt, daß *feinere* Strukturen unscharf erscheinen.

2.3 Abschätzung der Genauigkeit

Mit dem Verfahren sollen Höhenunterschiede der Objektoberfläche gemessen werden. Scharfe Zonen werden von den unscharfen nur dann unterscheidbar, wenn nach der Diskretisierung mit einer Videokamera und einem Framegrabber die Wertedifferenzen benachbarter Pixel durch defokussieren variieren.

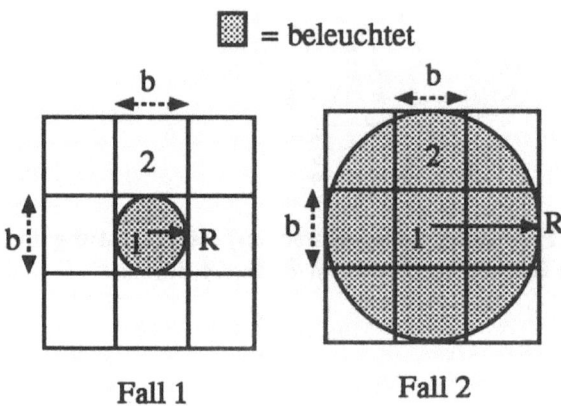

Abbildung2. Abbildung eines defokussierten Punktes auf dem CCD Sensor der Videokamera

Wird eine Videokamera mit einem CCD Sensor verwendet, dessen Sensorelemente quadratisch sind und die Kantenlänge b besitzen (Abb. 2), kann im schlimmsten Fall ein abgebildeter Punkt mit dem Radius R (Fall 1) erst ab der Größe $R + b$ (Fall 2) als unscharfer Punkt detektiert werden. Die Abschätzung läßt sich dann berechnen, wenn näherungsweise $b = r$ gesetzt wird und Gleichung 2 nach Δx_o aufgelöst wird:

$$|\Delta x_o| = b \cdot \frac{\sqrt{1 - \left(\frac{A}{M_T}\right)^2}}{A \cdot M_T} \qquad (6)$$

Die Parameter aus dem hiesigen Beispiel $b = 12\mu m$, $A = 0.1$ und $M_T = 6.42$ würden eine maximale Meßunsicherheit von $|\Delta x_o| = 18.7\mu m$ ergeben.

3 Aufbau

3.1 Mikroskop

Die Beleuchtungsoptik eines Auflichtmikroskopes ist in geringfügiger Abwandlung nach *A.Köhler* (1893) ausgelegt. Sie dient zur optimalen Ausleuchtung des Objektes. Für die strukturierte Beleuchtung wird in die Leuchtfeldblendenebene

ein Diapositiv mit einem statistischen Rauschmuster eingeschoben. Das Objektiv eines Auflichtmikroskopes dient sowohl zur Beleuchtung, als auch zur vergrößerten Abbildung des Objektes.
Der Objekttisch wird über einen Stepmotor in Richtung der optischen Achse verstellt, wodurch eine genaue und computergesteuerte Defokussierung ermöglicht wird.

3.2 Statistisches Rauschmuster

Ein 8 bit tiefes, statistisches Rauschmuster wurde auf dem Computer mit einer Randomfunktion berechnet. Es handelt sich um *weißes Rauschen*, was bedeutet, daß alle Ortsfrequenzen der Punkte zwischen

$$\frac{1}{\text{Pixelbreite}} \geq \text{Ortsfrequenz} \geq \frac{1}{\text{Musterbreite}} \tag{7}$$

mit gleicher Wahrscheinlichkeit dargestellt werden.
Mit einem Diabelichter wurde das synthetische Muster auf einen Diafilm übertragen. Das statistische Muster gewährleistet, daß keine Interferenzerscheinungen (Moiré) mit dem diskretisierten Videobild auftreten.

4 Kontourberechnung

Für die Kontourberechnung (Abb. 1 rechts) werden die scharfen Pixel i, j der Schichtbilder n der Höhe d zugeordnet. Im einfachsten Fall liegen die Schichtbilder mit Δd äquidistant auseinander. Dann läßt sich die Kontour $d_{i,j}$ mit

$$d_{i,j} = d_f - n_{i,j} \cdot \Delta d \tag{8}$$

leicht berechnen. d_f ist der Abstand zwischen Fokusebene und Referenzebene.

4.1 Detektion scharfer Bildbereiche

In der Vergangenheit kamen Filteroperatoren zum Einsatz [6, 7], die sich auch zur Kantedetektion in der Bildverarbeitung eignen. Im wesentlichen handelt es sich dabei um eine nichtlineare Modifikation des 2D-Laplacefilters, der als Hochpaßfilter bevorzugt niedrige Ortsfrequenzen unterdrückt. Er liefert sinngemäß in der analogen Beschreibung den Betrag des Gradienten 2. Grades der Lichtenergie $I(x,y)$:

$$\nabla^2_M I = \left|\frac{\partial^2 I}{\partial x^2}\right| + \left|\frac{\partial^2 I}{\partial y^2}\right| \tag{9}$$

Ein linearer 2D-Laplaceoperator kann mit einer diskreten Faltungsmatrix

$$\begin{vmatrix} -1 & -1 & -1 \\ -1 & 8 & -1 \\ -1 & -1 & -1 \end{vmatrix} \tag{10}$$

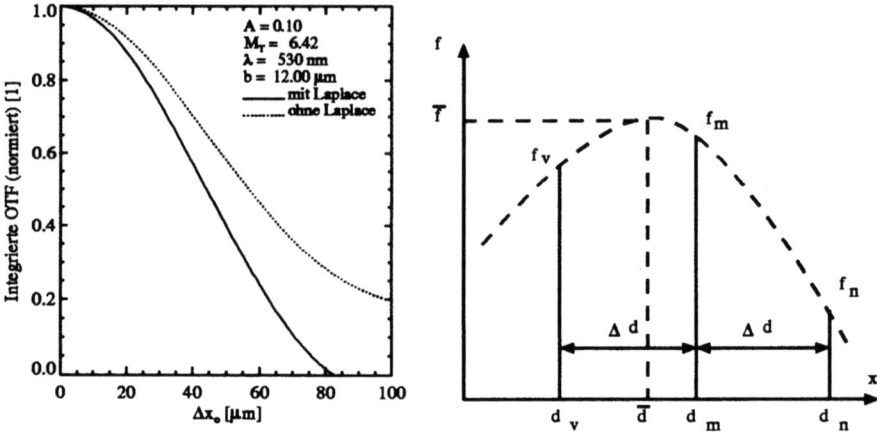

Abbildung 3. Links: Integration über alle k_y Ortsfrequenzen bei $k_z = 0$. Rechts: Quadratische Interpolation

dargestellt werden. Durch die Verwendung des modifizierten Laplaceoperators ∇^2_M werden negative Gradienten vermieden.

Zur Verdeutlichung der Hochpaßeigenschaften wurde die OTF eines Mikroskopobjektives mit der Fouriertransformierten eines 1D-Laplaceoperators mit der diskreten Faltungsmatrix

$$|-1\ 2\ -1| \qquad (11)$$

multipliziert. Der Matrixelementbreite wurde die Sensorelementbreite $b = 12\mu m$ zugrunde gelegt. Eine Integration über alle Ortsfrequenzen liefert eine Darstellung, die einen Pixelwert des gefilterten Bildes der lokalen Defokussierung Δx_o des Objektes zuordnet (Abb. 3). Man erkennt, daß sich die Qualität der Scharfkennung bzw. des *Schärfekriteriums* durch eine Peakverschmälerung erhöht. Der Einsatz eines Kontrastoperators gewährleistet somit, daß

1. die Variation der Gesamthelligkeit (z.B. durch *Auto Gain* Schaltung der Videokamera) keinen Einfluß nimmt und
2. das *Schärfekriterium* schmalbandiger wird (Abb. 3).

Für die volle Ausnutzung des Spektrums der übertragbaren Ortsfrequenzen ist ein statistisches Eingangssignal ideal, da es alle Ortsfrequenzen bis über die Grenzfrequenz der OTF hinaus enthalten kann. Der höhere Informationsgehalt läßt bei der Schärfedetektion eine höhere *Treffsicherheit* erwarten.

4.2 Interpolation

Aus Gleichung 8 folgt, daß die detektierten Höhen mit den Schichtabständen Δd quantisiert werden. Durch eine Interpolation kann dies vermieden werden. In [4] wird eine Methode vorgestellt, die die in Abb. 3 links dargestellte Kurve einer

Gaußfunktion anpaßt, welche durch drei Wertepaare beschrieben werden kann. Im folgenden wurde eine Interpolation durch Anpassung an eine Parabel (Abb. 3 rechts) verwendet. Sie kann mit drei Funktionswertepaaren beschrieben werden. Als Wertepaare werden die Kontrastfilterwerte des Maximums f_m und seiner Höhenlage d_m und die Kontrastfilterwerte der Vorgängerschicht f_v bzw. der Nachfolgerschicht f_n und ihre Höhenlagen d_v, d_n zur Interpolation herangezogen. Gesucht wird daraufhin die Lage $\bar{d}$ des Maximums $\bar{f}$. Das Gleichungssystems lautet somit

$$f_v = f_i(d_v)$$
$$f_m = f_i(d_m)$$
$$f_n = f_i(d_n) \tag{12}$$

mit der Parabelfunktion

$$f_i(x) = A \cdot x^2 + B \cdot x + C \tag{13}$$

Die Auflösung nach $\bar{d}$ erfolgt über

$$0 = \left.\frac{df_i(x)}{dx}\right|_{x=d} \tag{14}$$

Das Gleichungssystem wird analytisch gelöst und für die Interpolation implementiert.

5 Experimentelle Ergebnisse

Die Kontourvermessungen wurden an einem Auflichtmikroskop der Fa. Zeiss (Photomikroskop III Bj.85) mit dem Objektiv Epiplan 4/0.1 durchgeführt. Die Schichtbilder wurden mit der effektiven Vergrößerung $M_T = 6.42$ und einer numerischen Apertur von $A = 0.1$ auf dem Kamerasensor abgebildet. Die digitalisierten Bilder wurden abgespeichert und anschließend mit einer Sun Sparc 10 Workstation weiterverarbeitet.

5.1 Kontourvermessung einer Mikrostrukturoberfläche

Es wurde das Höhenprofil einer Mikrostruktur aus PMMA vermessen. Sie ist transparent und verfügt über eine glatte Oberfläche. Die rechteckigen Löcher sind $550\mu m$ tief.

Der Abstand der aufgenommenen Schichtbilder betrug $\Delta d = 20\mu m$. Die gemessene Topografie der Oberfläche wird in Abb. 4 dargestellt.

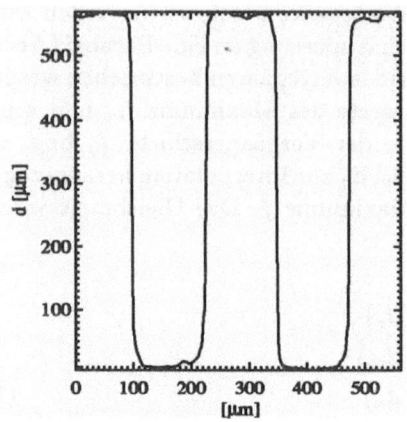 

Abbildung4. Gemessene Topografie der Mikrostrukturoberfläche. Links: Profilschnitt. Rechts: 3D-Darstellung

References

1. Erhardt, Angelika; Zinser, G.; Komitowski, D.; Bille, J.:
   Reconstructing 3-D light-microscopic images by digital image processing.
   Applied Optics, a1985 v24 n2 m1 p194-200
2. Frankowski, Gottfried:
   Messen im Mikrometerbereich - Kontaktlose Oberflächeninspektion mittels Streifen-Projektionsmikroskopie.
   Kontrolle, a1993 m9
3. Jähne, Bernd:
   Digitale Bildverarbeitung.
   Springer-Verlag, a1989
4. Nayar, Shree K.:
   Shape from focus system.
   Proceedings: Computer vision and pattern recognition, IEEE Comp. Soc. Conf. Jun 1992, a1992 p302-308
5. Nishihara, H. K.:
   Practical Real Time Imaging Stereo Matcher.
   Optical Engineering, a1984 v23 p536-545
6. Pieper, R.J.; Korpel, A.:
   Image processing for extended depth of field.
   Applied Optics, a1983 v22 n10 m5 p1449-1453
7. Sugimoto, Satoshi A.; Ichioka, Yoshiki:
   Digital composition of images with increased depth of focus considering depth information.
   Applied Optics, a 1985 v24 n14 m7 p2076-2080

Kombination von Frontal- und Profilanalyse menschlicher Gesichter

K. Yu[1], B. Achermann[1], C. Nyffenegger[1],
X.-Y. Jiang[1], H. Bunke[1], E.G. Schukat-Talamazzini[2]

[1] Institut für Informatik und angewandte Mathematik
Universität Bern
Neubrückstrasse 10, CH-3012 Bern
[2] Lehrstuhl für Informatik 5 (Mustererkennung)
Friedrich-Alexander-Universität Erlangen-Nürnberg
Martensstrasse 3, D-8520 Erlangen

Zusammenfassung In diesem Beitrag stellen wir je eine Methode für die Erkennung von Frontal- und Profilansichten menschlicher Gesichter dar. Die Profilerkennung beruht auf einem Formvergleich, während für die Frontalansichten *Hidden Markov*-Modelle (HMMs) verwendet werden. Durch eine Kombination beider Methoden kann die Erkennungsrate deutlich verbessert werden.

1 Einleitung

Das Interesse und die Forschungstätigkeiten im Bereich der Gesichtserkennung haben in den letzten Jahren massiv zugenommen. Generell werden zwei Richtungen unterschieden, nämlich Analyse von Frontalansichten und von Profilen. Erste grundlegende Arbeiten im Bereich der Profilanalyse stammen von Harmon [5], Vorgänger reichen aber bis ins 19. Jahrhundert zurück, wie Samal/Iyengar [13] ausführen. Neuere Ansätze werden von Najman/Vaillant/Pernot [11], Wu/Huang [17] und Campos/Linney/Moss [4] beschrieben. Bei der Frontalansichtsanalyse gilt die Arbeit von Kanade [9] als Ausgangswerk. In neuerer Zeit sind als wichtige Vertreter dieser Richtung vor allem Turk/Pentland [16], Yuille [20] und Brunelli/Poggio [1] zu erwähnen. Eine Einschränkung bei praktisch allen in der Literatur publizierten Verfahren stellen die teilweise stark normierten Aufnahmebedingungen (Beleuchtung, Haltung des Kopfes, Kameraposition und -abstand, Hintergrund u.a.) dar, die bei vielen praktischen Anwendungen nicht erfüllbar sind.

In der Zeichenerkennung (OCR) war in neuerer Zeit ein Trend zur Kombination von verschiedenen Klassifikatoren festzustellen. Hierbei werden parallel mehrere Klassifikatoren zur Erkennung der gleichen Zeichen eingesetzt. Die jeweiligen Resultate werden dann einem kombinierenden Klassifikator zugeführt, der das Endergebnis liefert. Man hat festgestellt, dass die Ergebnisse dieses Kombinierers im allgemeinen von deutlich besserer Qualität sind als diejenigen der einzelnen Klassifikatoren. Zur Realisierung des Kombinierers wurden verschiedenartige Ansätze verfolgt: sogenannte *voting methods*, *weighted voting methods*, statistische Verfahren und Methoden, die auf neuronalen Netzen beruhen. Weitere Details sind der entsprechenden Literatur zu entnehmen, etwa [18, 10, 6].

An unserem Institut wurde je ein Verfahren für die Analyse von Frontal- und Profilansichten von menschlichen Gesichtern entwickelt und getestet. Die Profilanalyse basiert auf einem Formvergleich des präsentierten Bildes mit Modellen, die je einer Person zugeordnet sind, während für die Frontalanalyse *Hidden-Markov*-Modelle verwendet werden. In dieser Arbeit stellen wir diese beiden Verfahren ausführlicher vor. Anschliessend wird beschrieben, wie die Ergebnisse von Frontal- und Profilbildanalyse kombiniert werden können. Schliesslich präsentieren wir die erzielten experimentellen Ergebnisse und diskutieren diese.

2 Frontalansichtsanalyse

Zur Erkennung von Frontalansichten menschlicher Gesichter verwenden wir *Hidden-Markov*-Modelle (HMMs). Ein HMM besitzt N Zustände. Die Übergangswahrscheinlichkeiten zwischen diesen Zuständen sind in der $N \times N$-Matrix $A = [a_{ij}]$ festgehalten, wobei a_{ij} die Wahrscheinlichkeit bezeichnet, dass sich das Modell im Zeitpunkt t im Zustand j befindet, wenn es im Zeitpunkt $t-1$ im Zustand i war. An jeden Zustand ist eine Emissionsfunktion gebunden, deren Ausgabewahrscheinlichkeiten in der $N \times K$-Matrix $B = [b_{jk}]$ abgelegt sind, wobei b_{jk} die Wahrscheinlichkeit bezeichnet, dass im Zustand j das k-te Zeichen des Ausgabealphabets generiert wird. Schliesslich sind im Vektor π der Dimension N noch die Initialwahrscheinlichkeiten π_i festgehalten. Ein HMM ist somit durch die Zustände und den Parametersatz $\lambda = (\pi, A, B, K)$ bestimmt, wobei K die Anzahl Zeichen des Ausgabealphabets bedeutet. Für eine detailliertere Diskussion von HMMs sei auf [12] verwiesen.

Hidden-Markov-Modelle wurden mit gutem Erfolg in der Spracherkennung [15, 12] verwendet. In der letzten Zeit wurde die Methode auch erfolgreich in anderen Gebieten eingesetzt, z.B. in der optischen Zeichenerkennung [3, 8]. Ein Ansatz zur Gesichtererkennung mit HMMs, der unserer Methode ähnlich ist, wurde in [14] beschrieben.

HMMs sind darauf ausgelegt, eindimensionale Merkmalsvektoren zu verarbeiten, wie sie in der Spracherkennung vorkommen. Bei Bildern haben wir aber zweidimensionale Informationen. Dies lässt sich jedoch auf den eindimensionalen Fall zurückführen, indem wir ein Fenster fester Grösse über das Bild schieben. Die Werte in diesem Fenster werden als eindimensionaler Vektor dargestellt und dem HMM übergeben. Beim Betrachten eines Gesichts stellt man intuitiv fest, dass es in verschiedene Regionen zerfällt wie Stirn, Augen, Nase, Mund usw. Dies gilt auch dann noch, wenn man waagrechte Streifen betrachtet, die über das ganze Bild, d.h. vom linken bis zum rechten Bildrand, verlaufen. Nach wie vor erkennt man Stirn-, Augen-, Nasen-, Mundpartie usw. Genau diese Eigenschaft versuchen wir, mit HMMs auszunützen. Ein menschliches Gesicht wird hierbei von einem linearen Links-Rechts-Modell mit 5 Zuständen dargestellt (siehe Abbildung 1). Der Zustand "1" entspricht hierbei der Stirnpartie, "2" der Augen-, "3" der Nasen-, "4" der Mund- und "5" der Kinnpartie. Als Merkmalsvektoren werden wie oben bereits erwähnt die Grauwerte innerhalb eines Fensters verwendet. Das Fenster hat in der vorliegenden Arbeit die Grösse 40×4 Pixel. Beim Verschieben des Fensters von oben nach unten wird jeweils ein Überlappungsbereich von 3 Pixeln verwendet, um einerseits ein "Zerschneiden" statistisch signifikanter Merkmale zu verhindern und um andererseits Kontextinformation mit einzubringen. In der Vorverarbeitung werden die Eingabebilder auf die Breite von 40 Pixeln normiert, und es wird eine Histogrammäqualisation [7] durchgeführt.

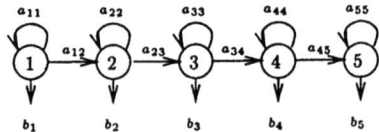

Abbildung 1. Lineares Links-Rechts-HMM mit 5 Zuständen

Für die Experimente wurde als Implementationsbasis für die HMMs ISADORA [15] verwendet. Die Analyse von Frontalbildern menschlicher Gesichter mit Hilfe von HMMs läuft im hier beschriebenen System in vier Phasen ab:

1. Der erste Schritt ist der Codebuchentwurf. Aufgrund der Trainingsbilder, mit denen in einer späteren Phase das HMM trainiert werden soll, wird ein Codebuch der Merkmalsvektoren erstellt.

2. Für sämtliche Testbilder werden nun die Merkmalsvektoren mit Hilfe des in Schritt 1 erstellten Codebuchs quantisiert.
3. Im Trainingsschritt wird für jede Person, die sich in der Testdatensammlung befindet, basierend auf dem Baum-Welch-Algorithmus die Parametrisierung von A und B des entsprechenden HMMs (pro Person 1 Modell) berechnet. Die verwendete Datensammlung enthält 5 Trainingsbilder pro Person.
4. In der Testphase werden dem HMM neue Gesichter präsentiert, die während des Codebuchentwurfs und der Trainingsphase nicht verwendet wurden. Diese durchlaufen die gleiche Vorverarbeitung, Merkmalsextraktion und Vektorquantisierung wie die Testbilder. Mit Hilfe des Viterbi-Algorithmus wird nun für jedes HMM die a-posteriori-Wahrscheinlichkeit des vorliegenden Testbildes berechnet. Als Ausgabe liefert ISADORA pro Testbild eine sortierte Liste aller berechneten Wahrscheinlichkeiten.

3 Profilanalyse

Für die Profilanalyse haben wir ein Verfahren entwickelt, das die Form der präsentierten Profile mit Modellen vergleicht. Eine erste Version des Verfahrens wurde in [19] vorgestellt. Für die vorliegende Arbeit wurden einige Verallgemeinerungen vorgenommen. Die Methode gliedert sich in die beiden Teile "Modellbildung" und "Vergleich". Für beide Phasen gehen wir davon aus, dass ein Gesicht vier Merkmalspunkte – im folgenden A, B, C und H genannt – besitzt (siehe Abbildung 2). Zudem ist die Profillinie durch die beiden Punkte M und N begrenzt. Schliesslich betrachten wir noch die Gerade L', welche so bestimmt wird, dass die Punkte zwischen B und H minimalen quadratischen Abstand zu L' haben.

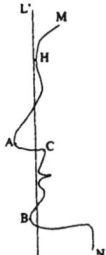

Abbildung 2. Eine graphische Darstellung des Profilmodells (siehe Text)

3.1 Modellbildung

Bei der Modellbildung werden n Aufnahmen des Profils $P_i, i = 1, ..., n$ einer bestimmten Person verwendet (siehe zum Beispiel Abbildung 4, Bild 1 - 3). Die Aufnahmen werden so gemacht, dass die obere bzw. die untere Begrenzung des Bildes ungefähr mit dem Punkt M bzw. N korrespondiert. Somit entfällt hier die Bestimmung der Endpunkte M und N der Profillinie.

1. Auf jedem Profil P_i werden nun die vier Merkmalspunkte und die Gerade L' bestimmt. Für die Extraktion wird eine Methode angewandt, die auf Regeln über die lokalen Krümmungsverhältnisse der Profillinie beruht. Für weitere Details sei auf [19] verwiesen.
2. Die Profile werden nun in eine kanonische Position gebracht, indem der Nasenpunkt A in den Nullpunkt verschoben wird. Anschliessend wird eine Rotation um den Winkel ϕ vorgenommen,

der so gewählt wird, dass die Gerade L' horizontal zu liegen kommt. Die Profile P_i lassen sich somit als Funktion $y = f_i(x)$ auffassen.

3. Für jede Person wird nun für jeden Punkt x_j mit ganzzahligem Wert auf der x-Achse der Bereich ermittelt, in dem sich die y-Werte sämtlicher Profile f_i befinden. Dies ergibt das Intervall $I_P(x_j) = [\min\{f_i(x_j)|i = 1, ..., n\}, \max\{f_i(x_j)|i = 1, ..., n\}]$. Die Folge der Intervalle $I_P(x_1), I_P(x_2), ...$ stellt das Modell M_P des Gesichtsprofils einer Person dar. In der vorliegenden Arbeit wurde die Modellbildung aufgrund von 3 Profilen vorgenommen, d.h. $i = 3$.

3.2 Vergleich der Profile

Die zu erkennenden Testprofile unterliegen weniger starken Restriktionen als die Modelle[1]. Zum Beispiel kann die Grösse des aufgenommenen Kopfes ziemlich stark variieren. Bei der Vorverarbeitung eines Testprofils wird zunächst die Umrisslinie des Kopfes bestimmt. Dann werden die Punkte M und N ermittelt. Die Konturlinie wird zunächst dargestellt als eine Folge von Winkeln, welche für diskrete Punkte auf der Kontur die Richtungsänderung der Linie festhalten. Diese Folge wird mit einer (kürzeren) Prototypfolge verglichen, welche der Profillinie zwischen den Punkten M und N entspricht. Die Grenzen des Bereichs, in dem die beiden Winkelfolgen am besten übereinstimmen, werden als M bzw. N genommen. Dieses Verfahren wurde ursprünglich für die rotations- und skalierungsinvariante Erkennung von überlappenden zweidimensionalen Objekten entwickelt [2]. Der eigentliche Profilvergleich läuft dann wie folgt ab:

1. In einem ersten Schritt werden wie bei der Modellbildung die vier Merkmalspunkte A, B, C und H extrahiert und die Gerade L' berechnet.
2. Aufgrund der Merkmalspunkte und der Geraden L' wird in Analogie zur Modellbildung die Transformation in die kanonische Position berechnet (Translation und Rotation). Hierbei werden allerdings verschiedene Varianten verfolgt, indem nicht bloss für A selber die Translation in den Nullpunkt vorgenommen wird, sondern auch für eine kleine Umgebung um A (± 2 Pixel). Auch bei der Rotation wird nebst der Drehung um ϕ zusätzlich noch um $\phi \pm 2°, \phi \pm 1°$ rotiert. Es werden somit also insgesamt 25 Variationen $T_l, l = 1, ..., 25$ eines Testprofils T dem eigentlichen Vergleichsschritt zugeführt.
3. Schliesslich ist noch eine Skalierung notwendig. Für sämtliche Modellprofile M_P werden die Distanzen $d_{P_i}(AB)$ und $d_{P_i}(AC)$ und deren Durchschnitte $\bar{d}_{AB}$ und $\bar{d}_{AC}$ berechnet. Der Skalierungsfaktor S_l für ein Testprofil T_l ergibt sich dann als

$$S_l = \frac{1}{2}(\frac{\bar{d}_{AB}}{d_{T_l}(AB)} + \frac{\bar{d}_{AC}}{d_{T_l}(AC)})$$

4. Die nun vorliegenden skalierten Testprofile werden gegen sämtliche vorhandenen Modelle getestet. Profile und Modelle werden für den gemeinsamen Bereich in den x-Werten punktweise verglichen, wobei eine Bewertung $s(T_l, M_P)$ resultiert, die wie folgt berechnet wird:

$$s(T_l, M_P) = \sum_{x_m} a(x_m) \text{ für alle } x_m \text{ aus dem gemeinsamen } x\text{-Bereich von } T_l \text{ und } M_P$$

mit

$$a(x_m) = \begin{cases} 0, & \text{für } a_1 \leq f(x_m) \leq a_2 \\ (a_1 - f(x_m))^2, & \text{für } f(x_m) < a_1 \\ (a_2 - f(x_m))^2, & \text{für } f(x_m) > a_2 \end{cases}$$

wobei a_1 die untere Grenze des Modellprofils M_P an der Stelle x_m bedeutet und a_2 die entsprechende obere Grenze. Das heisst, dass a_1 identisch mit der unteren und a_2 mit der oberen Grenze des Intervalls $I_P(x_m)$ ist. Je tiefer die Bewertung, desto besser stimmen Modell und Testprofil überein. Für alle 25 zu testenden Profile T_l wird nun die obige Bewertung ermittelt. Als endgültige Bewertung ergibt sich: $s(T, M_P) = \min\{T_l|l = 1, ..., 25\}$.

---
[1] Dies stellt eine Erweiterung gegenüber der in [19] beschriebenen Methode dar.

Im Vergleich zu anderen in der Literatur beschriebenen Verfahren zur Profilbildanalyse zeichnet sich die hier vorgestellte Methode durch grosse Flexibilität und Allgemeinheit aus. Die Methode beruht auf keinen einschränkenden Annahmen bezüglich des abgebildeten Teils eines Profils und ist zudem noch translations-, rotations- und skalierungsinvariant.

4 Kombinierender Klassifikator

Ein Ziel dieser Arbeit war zu untersuchen, ob die Kombination von Frontal- und Profilanalyse zu einer zuverlässigeren Erkennung führt. Im Gegensatz zu den Kombinierern in der Zeichenerkennung, die Resultate von Klassifikatoren kombinieren, die von identischem Input herrühren, verwenden wir für unsere beiden Klassifikatoren völlig disjunkte Information (Vollansicht und Seitenansicht eines Gesichts). Von daher ist eine Steigerung der Zuverlässigkeit und der Erkennungsrate durchaus zu erwarten. Bei der Konzeption des Kombinierers gingen wir von folgenden Überlegungen aus:

- Der Kombinierer soll auf der Rangierung der beiden vorgeschalteten Klassifikatoren basieren.
- Bei der Kombination soll nicht nur Rangordnung, sondern auch die Bewertung (a-posteriori-Wahrscheinlichkeit für jedes Modell bei HMMs sowie Ähnlichkeitsmass $s(T, M_P)$ bei der Profilanalyse) berücksichtigt werden.
- Aufgrund der Bewertungsfunktion lässt sich abschätzen, wie hoch die Diskriminierungsqualität des Resultats ist, aufgrund der das Ergebnis des jeweiligen Klassifikators für die Kombination gewichtet wird.
- Falls der Kombinierer aus den Eingabedaten kein sinnvolles Ergebnis kombinieren kann, soll er die vorgelegten Daten zurückweisen (*reject*).

Mit Blick auf diesen Forderungskatalog haben wir den Kombinierer wie folgt implementiert. Es seien $C_i, i = 1, ..., n$ die Klassen, die den Klassifikatoren für die Frontal- und die Profilanalyse zur Verfügung stehen. Sie entsprechen den Personen, die in die Datensammlung aufgenommen wurden. In unserem Falle ist $n = 30$. P bzw. F seien Profil- bzw. Frontalaufnahmen einer unbekannten Person. Beiden Klassifikatoren steht keine Rückweisung zur Verfügung. Profil- bzw. Frontalanalyse geben eine Rangliste $(r_1(P), r_2(P), ..., r_n(P))$ bzw. $(r_1(F), r_2(F), ..., r_n(F))$ aus. Die Kombination nun wird wie folgt vorgenommen:

1. Im ersten Schritt wird festgelegt, wie gross der Anteil der Rangliste je Klassifikator ist, der dem Kombinierer übergeben wird. Bei der Frontalanalyse ist dieser Wert c_F zur Zeit noch statisch auf die ersten m Ränge gesetzt, wobei $m = 12$ heuristisch ermittelt wurde. Bei der Profilanalyse wird er dynamisch ermittelt:

$$c_P = \left\lfloor \alpha \left(\frac{r_1(P)}{r_2(P)} + ... + \frac{r_1(P)}{r_m(P)} \right) - 1 \right\rfloor$$

Falls $c_P < 1$ bzw. $c_P > m$ gilt, dann wird $c_P = 1$ bzw. $c_P = m$ gesetzt. Die Idee hierbei ist, dass wir die Resultate des Profilklassifikators als zuverlässig erachten, wenn die Bewertungen für ein vorgelegtes Gesicht in relativ grosser Distanz vom ersten Rang liegen. In diesem Falle hat nämlich der Klassifikator ein gutes Diskriminationsverhalten gezeigt, und wir können uns somit bei der Kombination auf die vordersten Ränge des Profilklassifikators beschränken. Liegen dagegen die Bewertungen relativ nahe beieinander, muss ein grösserer Anteil der Rangliste in Betracht gezogen werden. Aus unserer Lernstichprobe wurde ein günstiger Parameterwert von $\alpha \approx 4$ ermittelt.

2. Von den Klassen, die durch $\{r_i(P) | i = 1, ..., c_P\}$ und $\{r_i(F) | i = 1, ..., c_F\}$ repräsentiert sind, wird nun die Schnittmenge D gebildet.
3. Ist die Menge D leer, gibt der Kombinierer ein *reject* aus.

4. Für alle Klassen C_i, die sich in D befinden, wird eine gewichtete Rangsumme ermittelt:

$$r_i(D) = w \cdot k + (1-w) \cdot l \text{ für } r_k(F), r_l(P), \text{ die sich auf die gleiche Klasse } C_i \text{ beziehen}$$

Die Gewichtsfunktion w wird berechnet als

$$w = \left(\beta \left(\frac{r_1(P)}{r_2(P)} + ... + \frac{r_1(P)}{r_m(P)}\right)\right)$$

Analog zum Schritt 1 wird auch hier das Gewicht so bestimmt, dass bei gutem Diskriminationsverhalten des Profilklassifikators dessen Gewicht hoch ist. Ist dies nicht der Fall, wird er im Gewicht zurückgestuft. Der Wert des Parameters wurde experimentell zu $\beta = 0.36$ bestimmt.
5. Der Kombinierer liefert nun als Ausgabe die Klassen aufsteigend sortiert nach ihrer gewichteten Rangsumme.

5 Ergebnisse

5.1 Testdaten

Um unsere Algorithmen zu testen, haben wir eine Sammlung von Profil- und Frontalaufnahmen von 30 Personen aufgebaut. Die Frontalaufnahmen umfassen je Person 10 Grauwertbilder, wobei 5 verschiedene Gesichtspositionen je zweimal aufgenommen wurden: Blick geradeaus, Blick nach rechts (ca. 20°), Blick nach links (ca. 20°), Blick nach oben (ca. 30°), Blick nach unten (ca. 30°). Für das Training der HMMs wurden je 5 dieser Bilder verwendet, während die anderen als Testbilder dienten. In Abbildung 3 sind als Beispiel die 10 Frontalaufnahmen einer Person aufgeführt.

Die Profilaufnahmen bestehen aus 5 Binärbildern des Profils jeder Person. Der Hintergrund wurde bei den Aufnahmen bewusst hell gehalten, damit die Profillinien sicher extrahiert werden können. Bei den Bildern, die für die Modellbildung verwendet werden, wurde zudem darauf geachtet, dass der Ausschnitt des Kopfes gewissermassen normiert ist, indem die Aufnahme so gemacht wurde, dass dort, wo die Profillinie an den oberen bzw. unteren Bildrand stösst, sich der Punkt M bzw. N befindet. Für die Testprofile hingegen gilt diese Einschränkung nicht, um die Grösseninvarianz der Methode testen zu können. In Abbildung 4 finden sich die für Modellbildung und Test verwendeten Profilbilder einer Person. Pro Person wurden je 3 Modell- und 2 Testbilder aufgenommen.

Für den Kombinierer ergeben sich somit $30 \cdot 5 \cdot 2 = 300$ Testfälle.

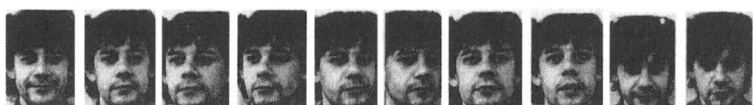

Abbildung 3. Frontalaufnahmen einer Person

Abbildung 4. Profilaufnahmen einer Person (Bild 1 - 3: Modelle, Bild 4, 5: Testbilder)

5.2 Resultate

Die an den im letzten Abschnitt beschriebenen Testdaten erzielten Ergebnisse sind in Tabelle 1 dargestellt. Alle Prozentzahlen, welche in den Spalten "Frontalbild", "Profilbild" bzw. "Kombination" angegeben sind, beziehen sich jeweils auf die gesamte Teststichprobe (150, 60 bzw. 300 Gesichter). In diesem Experiment betrug die Rückweisungsrate 1.67%. Die in der Spalte "Zuverlässigkeit" angegebenen Prozentzahlen beziehen sich auf die Testdaten ohne die zurückgewiesenen Fälle (295 Gesichter).

Die Profilerkennung schneidet deutlich schlechter als die Frontalbildanalyse ab. Dies ist darauf zurückzuführen, dass die Testbildgewinnung praktisch ohne Restriktionen (Kopfneigung, Entfernung der Kamera, Frisur usw.) durchgeführt wurde. Unter stärker normierten Bedingungen lassen sich deutlich höhere Erkennungsraten erzielen [19].

Die Erkennungsraten der Frontalbildanalyse sind für sich alleine bereits relativ hoch. Um das Leistungspotential des Kombinierers weiter zu testen, führten wir ein zweites Experiment durch, bei dem das zugrunde liegende HMM nicht mit zwei Iterationen – wie beim ersten Experiment –, sondern mit nur einem Durchlauf durch die Lernstichprobe trainiert wurde. Hierdurch ergab sich erwartungsgemäss eine Verschlechterung der Erkennungsrate; siehe Tabelle 2. Die Qualität der Ergebnisse des Kombinierers blieb jedoch praktisch identisch. Die Rückweisungsrate betrug auch beim zweiten Experiment 1.67%.

Gesuchtes Gesicht ...	Frontalbild	Profilbild	Kombination	Zuverlässigkeit
korrekt erkannt	90.00%	85.00%	97.33%	98.98%
unter den ersten 2 Rängen	96.00%	85.00%	98.33%	100.00%
unter den ersten 3 Rängen	98.00%	86.67%	98.33%	100.00%
unter den ersten 4 Rängen	98.67%	88.33%	98.33%	100.00%

Tabelle 1. Experiment 1

Gesuchtes Gesicht ...	Frontalbild	Profilbild	Kombination	Zuverlässigkeit
korrekt erkannt	86.67%	85.00%	97.67%	99.32%
unter den ersten 2 Rängen	94.00%	85.00%	98.33%	100.00%
unter den ersten 3 Rängen	97.33%	86.67%	98.33%	100.00%
unter den ersten 4 Rängen	98.67%	88.33%	98.33%	100.00%

Tabelle 2. Experiment 2

6 Schluss

Ein Ziel dieses Beitrages war es zu untersuchen, ob und in welchem Ausmass die Kombination von Frontal- und Seitenansichten menschlicher Gesichter zu einer Verbesserung der Erkennung beitragen kann. Obwohl das von uns verwendete Erkennungsverfahren auf relativ einfachen, heuristischen Kriterien beruht, belegen die obigen Resultate eine signifikante Verbesserung der Erkennungsrate aufgrund des Kombinierers. Die Qualitätsverbesserung ist insbesondere dann gross, wenn die Ergebnisse der beiden vorgeschalteten Klassifikatoren eher mässig sind (Experiment 2). Durch die Verwendung eines Rückweisungskriteriums bei der Kombination lässt sich eine hohe Zuverlässigkeitsrate erzielen.

Die Kombination der beiden Verfahren ist nicht zuletzt auch deshalb sinnvoll, weil beide Verfahren durchaus ihre Schwachpunkte haben. Während HMMs recht anfällig sind auf Verschiebungen in horizontaler Richtung und auf stärkere Neigungen (und damit Verzerrungen) des Gesichts, ist bei der Profilanalyse eher die Extraktion der Merkmalspunkte heikel. Mit der Kombination der beiden Verfahren gewinnt die Erkennung deutlich an Robustheit. Dieser Umstand ist nicht zuletzt auch darauf zurückzuführen, dass für die beiden Verfahren, wie oben bereits erwähnt, disjunkte Information verwendet wird.

Aktuell verfügen wir nur über zwei Klassifikatoren im Bereich der Gesichtserkennung. Für die Zukunft lässt sich aber vorstellen, dass weitere Klassifikatoren in diesem Anwendungsbereich in den hier beschriebenen Kombinierer integriert werden, um die Robustheit weiter zu steigern.

Unter der Voraussetzung, dass sich die Profilerkennung schneller als die HMM-basierte Methode implementieren lässt, könnte ersteres Verfahren auch als ein Vorfilter verwendet werden, um sehr unwahrscheinliche Kandidaten (schnell) zu eliminieren, so dass bei der aufwendigeren HMM-basierten Erkennung nur noch eine Untermenge der Modelle zu berücksichtigen wäre. Eine genauere Untersuchung dieser Möglichkeit der Kombination beider Verfahren ist ein Ziel unserer zukünftigen Arbeiten.

Literatur

1. R. Brunelli and T. Poggio. Face Recognition: Features versus Templates. *IEEE Transactions on Pattern Analysis and Machine Intelligence*, 15(10):1042–1052, October 1993.
2. H. Bunke and U. Bühler. Applications of Approximate String Matching to 2D Shape Recognition. *Pattern Recognition*, 26(12):1797–1812, 1993.
3. H. Bunke, M. Roth, and E.G. Schukat-Talamazzini. Off-line Cursive Handwriting Recognition Using Hidden Markov Models. To appear in *Pattern Recognition*, 1995.
4. J.C. Campos, A.D. Linney, and J.P. Moss. The Analysis of Facial Profiles Using Scale Space Techniques. *Pattern Recognition*, 26:819–824, 1993.
5. L.D. Harmon and W.F. Hunt. Automatic Recognition of Human Face Profiles. *CGIP*, 6:135–156, 1978.
6. T.K. Ho, J.J. Hull, and S.N. Srihari. Decision Combination in Multiple Classifier Systems. *IEEE Transactions on Pattern Analysis and Machine Intelligence*, 16(1):66–75, 1994.
7. A.K. Jain. *Fundamentals of Digital Image Processing*. Prentice Hall, 1989.
8. A. Kaltenmeier, T. Caesar, J.M. Gloger, and E. Mandler. Sophisticated Topology of Hidden Markov Models for Cursive Script Recognition. In *Proceedings of the 2nd ICDAR, 1993*, pages 139–142, 1993.
9. T. Kanade. *Computer Recognition of Human Faces*. Number 47 in Interdisciplinary Systems Research. Birkhäuser, 1977. PhD Thesis University Kyoto, Japan.
10. L. Lam and C.Y. Suen. A Theoretical Analysis of the Application of Majority Voting to Pattern Recognition. In *Proceedings 12th International Conference on Pattern Recognition II*, pages 418–420, 1994.
11. L. Najman, R. Vaillant, and E. Pernot. *Image Processing: Theory and Applications*, chapter From Face Sideview to Identification, pages 299–302. Elsevier Science Publishers, 1993.
12. L.R. Rabiner. A Tutorial on Hidden Markov Models and Selected Applications in Speech Recognition. *Proceedings of the IEEE*, 77(2):257–286, February 1989.
13. A. Samal and P.A. Iyengar. Automatic Recognition and Analysis of Human Faces and Facial Expressions: A Survey. *Pattern Recognition*, 25(1):65–77, 1992.
14. F. Samaria and S. Young. HMM-based Architecture for Face Identification. *Image and Vision Computing*, 12(8):537–543, October 1994.
15. E.G. Schukat-Talamazzini, H. Niemann, W. Eckert, T. Kuhn, and S. Rieck. Automatic Speech Recognition Without Phonemes. In *Proceedings European Conference on Speech Technology*, pages 129–132, 1993.
16. M.A. Turk and A.P. Pentland. Eigenfaces for Recognition. *Journal of Cognitive Neuroscience*, 3(1):71–86, 1991.
17. C.J. Wu and J.S. Huang. Human Face Profile Recognition by Computer. *Pattern Recognition*, 23(3/4):255–259, 1990.
18. L. Xu, A. Krzyzak, and C.Y. Suen. Methods of Combining Multiple Classifiers and their Application to Handwritten Numeral Recognition. *IEEE Transactions on Systems, Man, and Cybernetics*, 22(3):418–435, 1992.
19. K. Yu, X.-Y. Jiang, and H. Bunke. Face Recognition by Facial Profile Analysis. In *Proceedings International Workshop on Automatic Face and Gesture Recognition, Zürich, 1995*, 1995.
20. A.L. Yuille. Deformable Templates for Face Recognition. *Journal of Cognitive Neuroscience*, 3(1):59–70, 1991.

Automatische Ablesung von Wasserzählern zur Qualitätssicherung bei der Eichung

Robert Sablatnig

Technische Universität Wien, Österreich
Abteilung für Mustererkennung und Bildverarbeitung
Treitlstr. 3 / 183-2, A-1040 Wien, Österreich

Abstract

In diesem Beitrag wird ein System zur automatischen Eichung von Wasserzählern beschrieben. Das Hauptaugenmerk wird dabei auf die automatische Ablesung des analog angezeigten Meßwertes gelegt, wobei eine korrekte Ablesung nur dann erfolgen kann, wenn die Position der Skalen, die Winkel der einzelnen Zeiger sowie die globale Orientierung des Meßgerätes bekannt sind. Daher beinhaltet eine automatische Ablesung die Detektion der im Bild vorhandenen Elemente eines Wasserzählers wie Skalen, Zeiger und Beschriftungselemente durch Mustererkennungsalgorithmen und die anschließende Bestimmung der geometrischen Relationen zwischen den Elementen. Die Entwicklung des Systems zur automatischen Ablesung beginnt bei der Definition der Primitiva eines Instrumentes und deren geometrische Relationen, führt über die Erprobung von Detektionsalgorithmen zum Entwurf einer Auswerteabfolge, die anschließend durch industrielle Anforderung zu einem Zielsystem adaptiert wird. Erfolgreiche Labor- und Feldtests des Systems beenden den Systementwurf.

1 Einleitung

In vielen industriellen Anwendungsbereichen werden noch immer Meßinstrumente mit analoger Anzeige und Funktionsweise verwendet. Insbesonders bei der Messung von Flüssigkeitsmengen sind diese Anzeigegeräte weit verbreitet, da die Entkopplung von Flüssigkeitsbereich und Elektronikbereich im Meßgerät nicht immer einfach ist und eine 100% Ausfallssicherheit gewährleistet sein muß. Ein weiters Problem für den Einsatz von digitalen Meßgeräten ergibt sich durch die Stromversorgung für die Meßgeräte, die nicht überall gewährleistet werden kann und somit nur durch aufwendige Zusatzinstallationen durchführbar wäre.

Meßinstrumente mit analoger Anzeige müssen vor ihrem Einsatz geeicht werden. Dies geschieht durch einen Eichvorgang, der durch einen eigens geschulten Angestellten durchgeführt wird. Trotz sorgfältiger Durchführung der Eichung kann es jedoch vorkommen, daß fehlerhafte Meßinstrumente eingesetzt werden. Die Feststellung ob das Gerät während des Einsatzes einen Defekt erlitt, oder ob der Fehler bereits bei der Eichung vorhanden war, ist nicht feststellbar, da keine bildhafte Protokollierung des Eichvorganges vorgenommen wird und ein eventueller menschlicher Ablesefehler bei der Eichung nicht entdeckt werden kann. Durch die ISO 9001 Qualitätssicherungsnorm wird jedoch eine Zurückverfolgung der Fehler-ursache zwingend vorgeschrieben und somit eine bildhafte Archivierung der Meßergebnisse unumgänglich. Die bildhafte Information kann für die Automatisierung des Eichvorganges, durch automatische Ablesung des angezeigten Meßwertes mit Hilfe von Mustererkennungsalgorithmen, herangezogen werden.

Im Folgenden wird die automatische Ablesung von analogen Meßinstrumenten für die Eichung anhand von Wasserzählern exemplarisch beschrieben. Abbildung 1 zeigt einen typischen Wasserzähler, wie er von unserem Industriepartner erzeugt und geeicht wird. Darin erkennbar sind die Layoutelemente, die durch den Mustererkennungsprozeß erkannt und ausgewertet werden sollen. Als Wasserzählerprimitiva werden Rollenzählwerk, Zeiger, runde und rechteckige Skalen sowie Beschriftungselemente definiert. Es sei hier darauf hingewiesen, daß diese Primitiva allen analogen Anzeigegeräten gemeinsam sind, sodaß die Anwendung nicht auf Wasserzähler beschränkt ist.

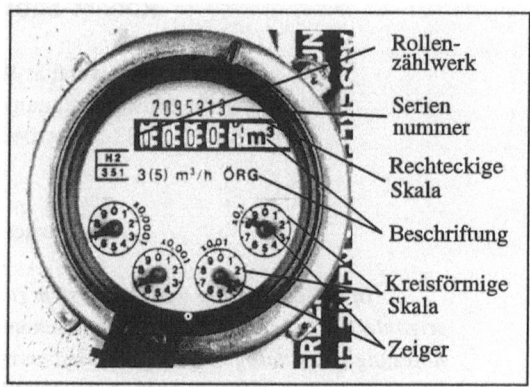

Abb. 1: Layoutelement eines Wasserzählers

Die Eichung von Wasserzählern erfolgt dadurch, daß nach bekanntem Anfangsstand der Zähler eine definierte Wassermenge durch diese Anordnung geschleust wird und danach die Anzeige der Zähler abgelesen wird. Für die automatisierte Ablesung muß die Anzeige der Zähler mit einer CCD Kamera aufgenommen, digitalisiert und mit einem PC ausgewertet werden. Dabei muß die Stellung der Zeiger auf ±18 Grad genau bestimmt werden, da die Zeiger von einer kreisförmigen zehnteiligen Skala umgeben sind.

Der erste Schritt der Eichungsautomatisierung besteht in der Lösung der automatischen Ablesung der Zeigerstände mit Hilfe der Erprobung von bereits existierenden Mustererkennungsalgorithmen (Abschnitt 2). Diese Algorithmen zur Detektion der Primitiva müssen anschließend in einem Auswertungskonzept zusammengefaßt werden, das die Randbedingungen der Auswertung wie Zeit, Genauigkeit und Verläßlichkeit berücksichtigt (Abschnitt 3). Die Kombination der Auswertungsschritte auf Grund von Zeit-, Genauigkeits- und Einsatzvorgaben muß durch Testläufe auf korrekte Funktion unter Labor- und industriellen Bedingungen geprüft werden. Die experimentellen Ergebnisse betreffend Zeit, Genauigkeit und Verläßlichkeit beweisen, daß der automatisierte Eichablauf in der industriellen Anwendung erfolgreich eingesetzt werden kann.

2 Mustererkennungsalgorithmen zur automatisierten Ablesung

Obwohl es viele verschiedene Arten und Typen von Wasserzählern gibt, hat sich kein Typ als Standardgerät durchgesetzt, jeder Hersteller produziert Meßgeräte in verschiedener Größe, Form und Anzeigenlayout. Nach einer bestimmten Verwendungsdauer müssen die Meßgeräte vom Hersteller oder vom Wasserwerk gewartet und nachgeeicht werden, sodaß die Einführung eines Standardzählers bei einer Gesamtverwendungsdauer eines Meßgerätes von ungefähr 30 Jahren nicht durchführbar und zweckmäßig ist.

Das Zielsystem soll daher für möglichst viele verschiedene Zählertypen verwendbar sein, wobei die Zählertypenerkennung vom System selbst durchgeführt werden soll. Daher wurde die Zählertypenbestimmung durch ein Top- Down Design des Auswerteprozesses realisiert. Dieser erfolgt mit Hilfe einer Beschreibungssprache, die die Charakteristika des jeweiligen Zählertyps durch Beschreibung seiner Primitiva und deren Relationen zueinander beschreibt [SAB94a]. Dadurch wird eine erweiterbare Zählertypenanpassung erreicht.

Ein Wasserzähler kann durch 3 Primitiva beschrieben werden: Zeiger, Skalen und Beschriftungen. Ein **Zeiger** hat eine symmetrische Form mit einer leicht detektierbaren Mittelachse wie Dreieck, Rechteck oder eine Kombination von beiden Formen. Die Form der **Skala** hängt von der Bewegungsrichtung des Zeigers ab. Zeiger mit einem Drehpunkt bewegen sich kreisförmig und haben daher auch eine kreisförmige Skala mit einer Beschriftung, die als Skalenelement angesehen wird. Alle übrigen Elemente eines Wasserzählers werden als **Beschriftung** bezeichnet, die Information über die Meßeinheit, den Typ und die globale Orientierung des Meßinstrumentes beinhalten kann.

Für jede Art von Primitiv müssen Mustererkennungsalgorithmen gefunden und getestet werden, die es erlauben, in einem Intensitätsbild diese Primitiva zu detektieren.

2.1 Skalendetektion

Als erster Auswertungsschritt wurde versucht, die Skalenkreise im Bild zu finden, da Skalen eine größere Fläche bedecken als Zeiger, die sich innerhalb der Skalen bewegen. Dazu wurde die Circle Hough Transformation [DAV88,ILL88,YUE90,KIE92] verwendet, die auf der Hough- Transformation [HOU62] basiert. Die Hough Transformation wurde von Duda und Hart [DUD75] sowie Ballard und Brown [BAL81] als Algorithmus zur Kreissuche erweitert, indem nicht nur Linien in den Parameterraum abgebildet werden konnten, sondern jede beliebige geometrische Form. Es wurde der in [KIE92] beschriebene Algorithmus modifiziert und der Problemstellung angepaßt, da nur Kreise mit bekanntem Radius zur Auswertung gelangen. Das Ergebnis der Houghtransformation für Kreise ist eine Menge von möglichen Kreismittelpunkten im Intensitätsbild, die auf ihre Richtigkeit überprüft werden müssen. Die Unterscheidung zwischen echten und falschen Kreisen beruht auf der Erstellung des Winkelhistogramms entlang des Kreises und nur wenn genügend Punkte auf dieser Kreislinie liegen, wird der Kreismittelpunkt als Mittelpunkt eines Skalenkreises angesehen.

2.2 Zeigerdetektion

Nach der Skalenkreisdetektion ist der Mittelpunkt des Skalenkreises und somit der Drehpunkt des Zeigers bekannt. Dadurch muß der Zeiger selbst nicht mehr detektiert werden. Nach der Bestimmung des Drehpunktes kann der Winkel des Zeigers aufgrund des Winkelhistogrammes bestimmt werden. Da es sich um dunkle Zeiger auf hellem Hintergrund handelt, gibt es immer einen Unterschied zum Hintergrund. Der mittlere Grauwert im Drehpunkt des Zeigers wird bestimmt indem ein 7 x 7 Fenster des histogrammnormalisierten Skalenausschnittes herangezogen wird. Anschließend werden ähnliche Grauwerte im Winkelhistogramm aufsummiert und dadurch die Stellung des Zeigers bestimmt. Die Vorgehensweise der Winkelhistogrammerstellung ist in Abbildung 2 illustriert, wobei links ein Zeiger mit 3 Meßkreisen und rechts die "aufgerollten" Meßkreise mit deren Grauwert gezeigt sind.

Wasserzähler haben die spezielle Eigenschaft der gekoppelten Zeiger. Das heißt, daß der Zeiger mit der geringeren Wertigkeit die Position des Zeigers mit der nächsthöheren Wertigkeit bestimmt. Die vorige Stelle gibt also an, in welchem Bereich der Zeiger in der betrachteten Stelle ungefähr stehen muß.

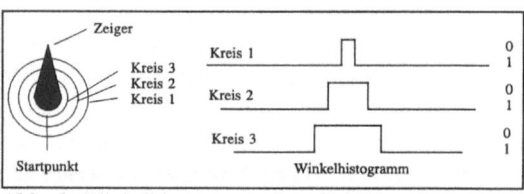

Abb. 2: Winkelhistogramm eines Zeigers

Dieser kann nur 10 verschiedene Winkel einnehmen, da der Zeiger mechanisch mit der vorigen Stelle gekoppelt ist. Steht der Zeiger der kleineren Stelle beispielsweise auf 0 wie in Abbildung 3 links, so kann der Zeiger der nächsthöheren Stelle nur auf einer der zehn Ziffern stehen (im Beispiel auf 0), steht der Zeiger der kleineren Stelle auf 5 wie in Abbildung 3 rechts, so kann der Zeiger der höheren Stelle nur in der Mitte zwischen zwei Ziffern stehen (im Beispiel zwischen 9 und 0). Jeder Zeiger trägt zu einer Dezimalstelle im Gesamtmeßwert bei. Durch die mechanische Kopplung wird zuerst der Zeiger der kleinsten Stelle mittels Winkelhistogramm ausgewertet und anschließend alle höherwertigen Stellen, indem jeweils 10 Zeigerpositionen überprüft werden. Diese Auswertungsstrategie begründet sich durch die geringe Ablesungsfehlerfortpflanzung.

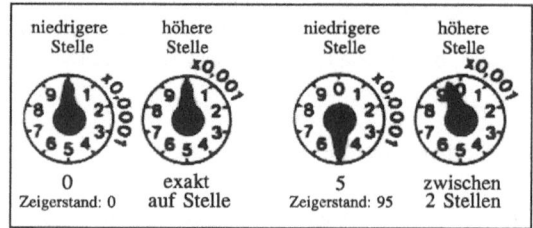

Abb. 3: Gekoppelte Zeiger

2.3 Beschriftung

Beschriftungselemente werden zur Typüberprüfung und zur Überprüfung der Orientierung herangezogen, indem Elemente auf ihre Position beziehungsweise ihre Orientierung im Bild kontrolliert werden. Dazu wird der Bildinhalt an der vermeintlichen Position mit einem Referenzbildinhalt verglichen und korreliert.

Nach dem Ausschneiden und Drehen eines Beschriftungselementes in eine normierte Lage ist, je nach Ausgangslage, das Bild des Elementes unterschiedlich groß. Korreliert werden soll nur das Zeichen selbst und nicht der Hintergrund. Dadurch ist es notwendig, jene Stellen im Bild zu finden, an denen das Zeichen beginnt, um die relevante Information extrahieren zu können. Diese Information erhält man durch Erzeugen eines Zeilen- und Spaltenhistogramms, das die aufsummierten Grauwerte in Y-Richtung respektive X- Richtung enthält (Abbildung 4).

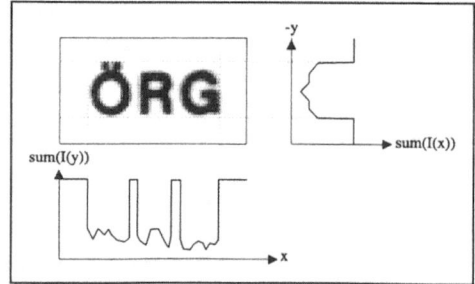

Abb. 4: Zeilen- und Spaltenhistogramm

Die Spalten- und Zeilenhistogramme werden anschließend auf Grund der Kenntnis der aktuellen Breite und Höhe normiert mit dem Referenzhistogramm des Zeichens korreliert. Das Maß der Korrelation erlaubt dann einen Beurteilung ob das angegebene Beschriftungselement im Bild vorhanden ist oder nicht.

3 Auswerteprozeß

Für die automatisierte Ablesung wird der Zähler mit einer CCD Kamera aufgenommen, digitalisiert und mit einem PC ausgewertet. Dabei muß die Stellung der Zeiger auf ±18 Grad genau bestimmt werden, da die Zeiger von einer kreisförmigen, zehnteiligen Skala umgeben sind. Die Algorithmen für die Primitivaerkennung müssen zu einem Auswerteablauf zusammengefügt werden, der die vorgegebene Aufgabe der automatischen Ablesung in der vorgegebenen Zeit bewältigt: Bildaufnahme, Skalendetektion, Validation, Meßwertbestimmung, Bildkompremierung und Abspeicherung müssen verläßlich bewältigt werden können, wobei eine Fehlerbehandlung notwendig ist.

3.1 Bildaufnahme

Die Aufnahme der Intensitätsbilder erfolgt mit Hilfe einer CCD Kamera. Die richtige, homogene Beleuchtung der Zähler stellt ein zentrales Problem der Aufnahme dar das experimentell gelöst werden konnte [SAB94b]. Die Gewährleistung der homogenen Beleuchtung erleichtert die Bildauswertung, da Schatten, Kontrastarmut sowie Spiegelungen am Abdeckungsglas des Zählers nicht auftreten können. Das aufgenommene Bild wird sofort einer Qualitätskontrolle unterzogen, indem der aufgenommene Grauwertebereich untersucht wird. Ist dieser kleiner als ein experimentell bestimmter Schwellwert, so liegt ein Aufnahmefehler vor und das System meldet einen Fehler, sodaß die Aufnahme wiederholt oder der Fehler (z.B. Beleuchtungsfehler) beseitigt werden kann.

3.2 Skalendetektion

Die Hauptaufgabe der Auswertung ist die Bestimmung der Position und der Richtung der Zeiger. Dazu müssen zuerst die runden Skalen und deren Mittelpunkte gefunden werden. Aufgrund des a priori bekannten Zählertyps und einer festgelegten Groborientierung müssen die Skalenkreise nicht auf der ganzen Fläche des Zählers gesucht werden, sondern nur in bestimmten Regionen des Bildes. Diese Groborientierung kann durch einen Kameraaufsatz garantiert werden, der sich nur in eine bestimmten Richtung auf das Zählergehäuse aufsetzen läßt. Durch die Fixierung der Orientierung sowie der a priori bekannten Sollpositionen der runden Skalen müssen nur zwei Skalen im Intensitätsbild gesucht werden, nämlich die äußerst linke und rechte Skala. Die Größe des Suchfensters ergibt sich aus dem Durchmesser der Skalen in Pixel und des Positionierungsfehler in x- und y- Richtung: $x \pm \delta x$, $y \pm \delta y$, wobei δx und δy mit 5% des Skalendurchmessers gegeben sind. Diese Orientierungsfixierung verringert den Suchraum auf ca. 10% der gesamten Zählerfläche.

Aus den Positionen der beiden detektierten Skalenmittelpunkte werden mit Hilfe der bekannten geometrischen Relationen der Primitiva die Bildpositionen der restlichen Skalen sowie jener Beschriftungselemente ermittelt, die zur Validation herangezogen werden. Dieser Analyseschritt liefert die Positionen der Skalen und Beschriftungselemente, die Drehpunkte der Zeiger sowie die Feinorientierung des Wasserzählers.

3.3 Validation und Meßwertbestimmung

Die Validation erfolgt durch Überprüfung der Position von bestimmten Layoutelementen wie z.B. Firmenlogo und Zulassung. Dabei wird das Musterbild des betreffenden Layoutelementes mit dem im Bild vorhandenen Bitmuster korreliert. Nachdem die exakte Orientierung des Wasserzählers bekannt ist, wird das entsprechende Layoutelement (dessen Position im Bild durch die Beschreibungssprache gegeben ist) gedreht, sodaß es dieselbe Orientierung hat, wie das Musterbildelement (Normallage). Anschließend erfolgt die in Abschnitt 2.3 beschriebene Korrelation der Zeilen- und Spaltenhistogramme, indem die beiden Histogramme auf die Vergleichshistogramme normiert werden.

Nach erfolgreicher Validation, die postulierten Elemente wurden somit an der Bildposition gefunden, wird die Meßwertauswertung durch die Bestimmung der Zeigerrichtungen durchgeführt. Durch die Position der Skalenkreismittelpunkte sind die Drehpunkte der Zeiger bekannt, der Winkel der Zeiger zur Vertikalachse, der den vom Zeiger angezeigten Wert angibt, muß jedoch bestimmt werden. Durch die mechanische Kopplung der Zeiger wird mit der Auswertung bei dem Zeiger, der die kleinste Stelle anzeigt, begonnen. Die Genauigkeit der Ablesung bei der kleinsten Stelle bestimmt daher die Gesamtgenauigkeit des Systems [SAB94b]. Als Ergebnis liegt der Meßwert des Instruments vor, wobei die höheren Stellen des Gesamtmeßwertes am Rollenzählwerk bei Beginn der Eichung auf 0 initialisiert sind.

3.4 Bildspeicherung

Die Bildspeicherung wird, nach erfolgreicher Bildauswertung, komprimiert vorgenommen. Die Bildkompression dient in erster Linie zur Archivierung der aufgenommenen Zählerbilder, sodaß jederzeit der Ablauf der Eichung nachvollzogen werden kann. Durch die Kompression der Bilder wird Speicherplatz gespart, dafür geht jedoch, je nach verwendetem Kompressionsverfahren, Bildinformation verloren. Um die zu speichernde Datenmenge möglichst gering zu halten, wurde das verlustbehaftete JPEG Datenkompressionsverfahren [WAL91] gewählt, da Rechenzeit und Kompressionsverhältnis bei diesem Verfahren für Wasserzählerbilder gute Ergebnisse liefern. Die Ermittlung der maximalen Kompressionsrate wurde mit Hilfe einer Testserie vorgenommen, bei der die Qualität der komprimierten Bilder stufenweise verkleinert wurde. Tabelle 1 zeigt das Ergebnis einer Testreihe die mit 20 verschiedenen Zählerbildern (Bildgröße 300 x 300 Pixel) durchgeführt wurde. Die Ablesbarkeit der Zeiger wird in Abbildung 5 durch einen Detailausschnitt des Zählers gezeigt.

Qualitäts-Rate	Bildgröße (in kB)	Prozentsatz Originalgröße	Bits/Pixel	Kompressionsrate
100 %	90	100 %	8	1:1
75 %	≈ 10	11 %	0.9	1:9
50 %	≈ 6	7 %	0.53	1:15
25 %	≈ 4.5	5 %	0.4	1:20
15 %	≈ 3.5	4 %	0.32	1:25

Tab. 1: JPEG Kompressionsraten

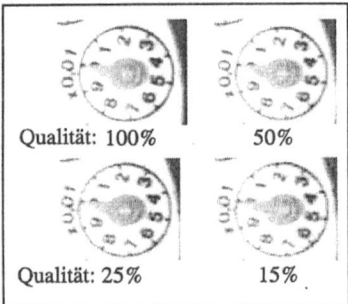

Abb. 5: Zeiger - JPEG komprimiert

Die Tests ergaben, daß die minimalste Qualitätsrate bei der ein Zeigerstand noch eindeutig erkennbar ist, bei 15% liegt, was eine Kompressionsrate von 1:25 ergibt. Bei höheren Kompressionsraten konnten, durch die dem JPEG Kompressionsverfahren eigene Blockstruktur der Bildteile, die Winkel der Zeiger nicht mehr eindeutig bestimmt werden. Durch die erzielte Kompressionrate können alle bei der Eichung von Wasserzählern aufgenommenen Bilder (bei 20 Zähler mit 5 Eichläufen) mit einem Platzbedarf von ca. 400 kB abgespeichert werden. Die komprimierte Abspeicherung erfolgt nur bei korrekter, automatischer Ablesung, im Fehlerfall wird das entsprechende Bild des Zählers unkomprimiert zur visuellen Fehlerbehandlung durch den Operator abgespeichert.

4 Ergebnisse

Der beschriebene Auswertungsprozeß wurde unter Laborbedingungen ausführlich getestet und befindet sich gerade in einer Adaptionsphase für den industriellen Einsatz der Wasserzählereichung. Für den tatsächlichen Einsatz mußten die Vorgaben der maximalen Auswertezeit von 4 Sekunden pro Zähler bei gleichzeitiger 100% Genauigkeit und 99% Verläßlichkeit mit Fehlererkennung eingehalten werden. Die Ablesegenauigkeit pro Zeiger ist durch die 10 teilige Einteilung der Skalen mit ±18° gegeben, da jedoch die Vorgaben für Genauigkeit und Verläßlichkeit hoch sind, muß mit einer höheren internen Genauigkeit gearbeitet werden um keinen Einfluß durch Ablesefehler zu erhalten. Geringere interne Genauigkeit erhöht zwar die Auswertegeschwindigkeit, reduziert jedoch die Fehlersicherheit beträchtlich. Daher wurde durch Versuche die interne Genauigkeit auf ±8° bestimmt und eine Ausgewogenheit zwischen Geschwindigkeit und Verläßlichkeit erzielt. Der Bildausschnitt beträgt 300 mal 300 Pixeln pro Wasserzähler bei einer Auswertezeit von ca. 2 Sekunden.

In einem Testlauf mit 200 Beispielen unter Laborbedingungen wurde eine Auswertegenauigkeit von 100% bei einer mittleren Auswertezeit von 2.2 Sekunden erzielt, das heißt alle 200 Auswertungen waren korrekt. Abbildung 6 zeigt das Intensitätsbild eines Wasserzählers auf der linken Seite und die detektierten Skalenpositionen und Zeigerstellungen auf der rechten Seite. Es sei hier darauf hingewiesen, daß die Zeiger mechanisch gekoppelt sind und ein Zeiger, der einen Skalenwert noch nicht überschritten hat, den vorigen Wert anzeigt. Für das in Abbildung 6 gezeigte Beispiel wurde vom Auswerteprozeß ein Meßwert von 0.9721 Einheiten in einer Gesamtrechenzeit von 3.8 Sekunden inklusive Kompression und Speicherung, berechnet.

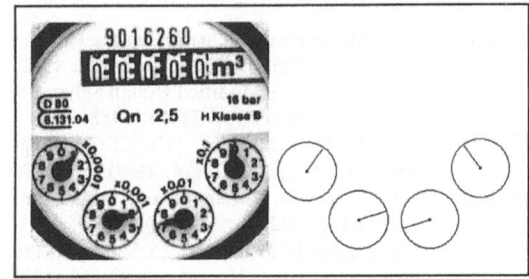

Abb. 6: Detektierte Skalen und Zeigerpositionen (zeigt 0.9721 Einheiten)

Um zu überprüfen, ob die unter Laborbedingungen erzielten Ergebnisse auch unter industriellen Bedingungen erzielt werden können, wurde der Auswerteprozeß vor Ort getestet. Auf Grund der fehlenden Beleuchtungseinrichtung beleuchtete das einfallende Umgebungslicht die Zähleroberfläche nur schwach. Diese schlechten Beleuchtungsverhältnisse hatten Einfluß auf das Gesamtfehlerverhalten der Auswertung. Bei einer Bearbeitungszeit (Aufnahme und Auswertung) von ca. 2 Sekunden und den gegebenen Beleuchtungsverhältnissen (sehr schwacher Bildkontrast) konnten 20 Bilder aus einer Serie von 200 Bildern nicht ausgewertet werden, da die Mittelpunkte der Skalenkreise nicht bestimmt werden konnten. Die Verläßlichkeit und Genauigkeit des Auswerteprozesses kann jedoch mit jeweils 100% angegeben werden, da das System jene Bilder, die nicht ausgewertet werden konnten erkannt hat und für eine visuelle Nachbearbeitung abgespeichert hat. Die berechneten Meßwerte aller übrigen Testbilder waren korrekt.

5 Zusammenfassung

In diesem Beitrag wurde ein spezielles Verfahren beschrieben, mit dem Meßgeräte mit analoger Anzeige, wie zum Beispiel Wasserzähler, automatisch geeicht werden können. Dazu wurden zuerst die Primitiva eines analogen Meßgerätes bestimmt und Verfahren erprobt, die die Form der Primitiva aus dem Intensitätsbild extrahieren können. Diese Verfahren wurden anschließend in einem Auswerteprozeß integriert, wobei auf Effizienz, Abfolge, Genauigkeit und Verläßlichkeit der Ergebnisse sowie der Auswertezeit Rücksicht genommen wurde, um den industriellen Anforderungen des Arbeitsablaufes bei der Eichung gerecht zu werden. Somit führt der Lösungsweg für eine spezielle Mustererkennungsanwendung von der Bestimmung der Primitiva einer Klasse von Objekten, über die Auswahl von passenden Mustererkennungsalgorithmen, welche die Primitiva detektieren können und einer Gruppierung der Auswerteschritte, zu einer Anpassung des Auswerteprozesses an die tatsächlichen industriellen Bedingungen. Änderungen der industriellen Anforderungen wie zum Beispiel eine Änderung der Objekteigenschaften können bewältigt werden, ohne das gesamte Auswertesystem zu ändern. Anhand einer erfolgreichen Anwendung dieses Systemdesigns für die Eichung von Wasserzählern wurde diese Vorgehensweise demonstriert.

Literatur

[BALL81] Ballard, Brown, "Generalizing the Hough transform to detect arbitrary shapes", *Pattern Recognition* Vol. 13(2), pp. 111-122, 1981.
[DAV88] E.R. Davies, "A Modified Hough Scheme for General Circle Location", *Pattern Recognition Letters*, No. 7, pp 37-43, 1988
[DUD75] R.O. Duda, P.E. Hart, "Use of the Hough transform to detect lines and curves in pictures", *Com. of ACM*, Vol. 18(9), pp. 509-517, 1975.
[HOU62] P.V.C. Hough, "Methods and means for recognizing complex patterns", U.S. Patent 3,069,654, 1962.
[ILL88] J. Illingworth, J. Kittler, "A Survey on the Hough Transform", *Computer Graphics and Image Processing*, No. 44, pp 87-116, 1988
[KIE92] P. Kierkegaard, "A Method for Detection of Circular Arcs Based on the Hough Transform", *Machine Vision and Applications*, Vol. 5, pp. 249-263, 1992.
[SAB94a] R. Sablatnig, W.G. Kropatsch, "Automatic Reading of Analog Display Instruments", Proc. of the 12th IAPR *International Conference on Pattern Recognition*, pp. 794-797, Jerusalem, Israel, October 9-13, 1994
[SAB94b] R. Sablatnig, W.G. Kropatsch, "Application Constraints in the Design of an Automatic Reading Device for Analog Display Instruments", Proc. of the 2nd *IEEE Workshop on Applications of Computer Vision*, pp. 205-212, Sarasota, FLA, December 5-7, 1994
[WAL91] G.K. Wallace, "The JPEG Still Picture Compression Standard", *Com. of ACM*, Vol.34, No.4, pp 30-44, 1991
[YUE90] H.K. Yuen, et. al., "Comparative Study of Hough Transform Methods for Circle Finding", *Image and Vision Computing*, Vol. 8(1), pp. 71-77, 1990.

Ein Fuzzy-geregeltes optisches Meßsystem zur Messung von 3D-Verformungen

Thomas Wolf, Bernd Gutmann, Herbert Weber

Universität Karlsruhe, Institut für MVM/Bereich Angewandte Mechanik
D-76128 Karlsruhe

Zusammenfassung Es wird ein optischer Meßplatz zur berührungslosen Verformungsmessung an Proben aus Polymerschaum vorgestellt. Dabei werden zwei bewährte optische Meßmethoden, ein als digitale Specklephotographie bezeichnetes Korrelationsverfahren und das Projektionsstreifenverfahren miteinander kombiniert, um das dreidimensionale Verschiebungsvektorfeld auf der Probenoberfläche zu ermitteln. Große Dehnungen führen bei der Verwendung der digitalen Specklephotographie zu Dekorrelationen, die die Anwendbarkeit des Meßverfahrens beschränken. Durch die Verarbeitung von Vorinformationen und den Einsatz von Fuzzylogik ist es gelungen, den Anwendungsbereich für beide Meßverfahren zu erweitern.

Keywords: Fuzzylogik, 3D-Verformung, Specklekorrelation.

1 Einführung

Geschäumte Polymere sind weiche Materialien, die als Polster- oder Verpackungsmaterial häufig großen Formänderungen unterzogen werden. Zur Materialcharakterisierung muß das Verformungsverhalten berührungsfrei und flächenhaft erfaßt werden. Dazu bieten sich optische Meßverfahren an. Allerdings kann jedoch nicht auf herkömmliche Meßtechnik zurückgegriffen werden. Kohärent optische Meßverfahren [1] wie Speckleinterferometrie, Holographie oder Shearographie versagen bei der Bestimmung von Verformungen größer als ca. 50 μm. Zusätzlich führen große Veränderungen der Oberflächenstruktur zu Dekorrelationen bei der Verwendung kohärentoptischer Meßverfahren. Stereoskopische Verfahren eignen sich wohl zur Konturbestimmung, jedoch erfordern diese einen hohen Auswerteaufwand im Stereokomparator. Die großporige, diffus reflektierende Oberfläche der Schaumstoffe erfordert ein für Reflexionen unanfälliges Meßverfahren, das Verformungen zwischen 50 μm und 20000 μm bei hoher Genauigkeit erfaßt.

Die Verschiebung materieller Punkte auf der Probenoberfläche, aus der die Probendeformation bestimmt werden kann, wird durch ein dreidimensionales Verschiebungsvektorfeld (3D-VVF) beschrieben. Darin wird jedem gemessenen materiellen Punkt ein individueller Verschiebungsvektor zugeordnet, der sich aus einer Out-of-plane- und zwei In-plane-Komponenten zusammensetzt. Die Idee der Autoren ist es, zwei bewährte Meßverfahren miteinander zu kombinieren, um so für die Schaumstoffoberflächen das 3D-VVF zu gewinnen. Dabei

spezielle Verfahren zur Fehlerverhinderung erfordert. Ein von den Autoren entwickelter neuer effizienter Lösungsansatz, aufbauend auf die Verwendung von Fuzzylogik bei der Moduloproblematik, ist in [2] dargestellt und soll hier nicht näher erläutert werden.

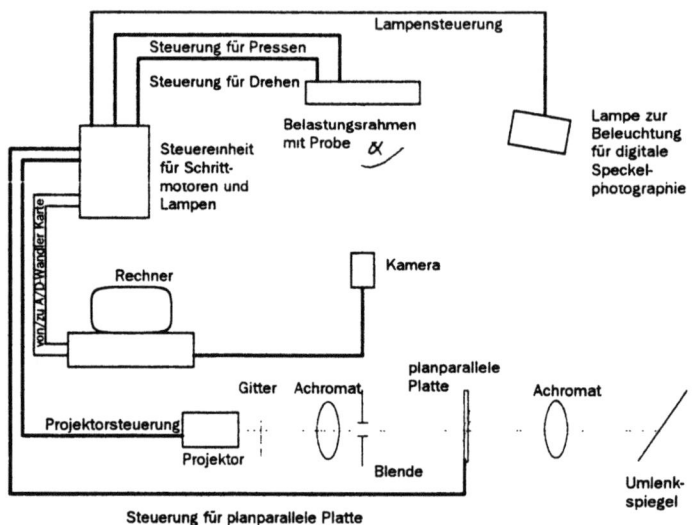

Abbildung 1. Skizze des Meßplatzes zur 3D-Verformungsanalyse

4 Die digitale Specklephotographie

Verformungen des Probenkörpers führen zu einer Verschiebung des mit der Oberfläche verbundenen Grauwertmusters. Bei der schrägen Beleuchtung einer rauhen Oberfläche mit einer Weißlichtquelle führt die Schattenbildung zu einer solchen Grauwertmarkierung der Oberfläche. Das Besprühen mit Farben oder das Aufbringen fluoreszierender Partikel auf die mit UV-Licht beleuchtete Oberfläche führt ebenfalls zu einer für die Korrelationsverfahren geeigneten Grauwertverteilung. Ein von der speziellen Größe und Art der Verformungen abhängiges Verfahren ist die Beleuchtung der rauhen Oberfläche mit kohärentem Licht, wobei die durch die Oberflächenrauhigkeit erzeugten Speckles die zur Korrelation benötigte Grauwertmarkierung darstellen. Letzteres Verfahren zur Verformungsanalyse ist auch als Specklephotographie in der experimentellen Mechanik oder modifiziert als Partikel-Image-Velocimetry in der Strömungsmechanik bekannt. Starrkörperverschiebungen führen zu einer entsprechenden Verschiebung des Specklemusters im Raum. Dehnungen führen zu einer Verzerrung der Probenstruktur und des Specklemusters, so daß bei großen Dehnungen aufgrund zu starker Dekorrelation keine Verschiebungen mehr detektiert werden können. Das Ausweichen auf nichtkohärente Specklemethoden (Weißlichtspeckles), die auf Verzerrungen unempfindlicher reagieren, ist eine Lösungsmöglichkeit. Moderne Bildverarbeitungsmethoden erlauben es, den apparativ und zeitlich auf-

werden die beiden In-plane-Komponenten mit einem als digitale Specklephotographie bezeichneten Kreuzkorrelationsverfahren gemessen, während die Out-of-plane-Komponente aus einem Konturvergleich zwischen dem verformten und dem unverformten Objekt gewonnen wird. Im folgenden werden die Prinzipien der beiden Meßverfahren und die bei der Messung an Schaumstoffen auftretenden Probleme erläutert. Als hilfreiches Werkzeug sowohl zur Fehlerreduzierung als auch zur Erweiterung des Meßbereichs der benutzten Meßmethoden werden Vorinformationen und die Fuzzylogik verwendet.

2 Beschreibung des Meßplatzes

Der Aufbau des Meßplatzes ist in Abbildung 1 gezeigt. Mit einem Projektor wird ein Linienmuster unter einem festen Triangulationswinkel α auf die zu untersuchende Oberfläche projiziert. Durch das rechnergesteuerte Kippen einer im Strahlengang angebrachten planparallelen Platte werden feste, für eine Auswertung mit Phasenshifttechnik benötigte, laterale Verschiebungen des Streifenmusters vorgenommen. Die zweite Lichtquelle beleuchtet unter einem flachen Winkel das Objekt, so daß durch Schattenbildung auf der Oberfläche das für die Korrelationsverfahren benötigte Grauwertmuster entsteht. Eine senkrecht zur Oberfläche stehende Kamera erfaßt das Grauwertmuster des Objekts im Videotakt. Gesteuert durch Schrittmotoren läßt sich sowohl die Zug/Druckbelastung des Körpers einstellen als auch der Belastungsrahmen als Ganzes drehen, um gegenüberliegende Objektseiten zu untersuchen. Die Verarbeitung und Auswertung der Meßdaten erfolgt automatisch mit einem PC (Macintosh IIci). Dazu wird das Videosignal im Videotakt mit einer Digitalisierungskarte im Computer in ein diskretes Grauwertmuster (256 Grauwerte) gewandelt. Verschiedene Algorithmen, wie das Phasenshiftverfahren und Filteroperationen sowie die durchgeführten Korrelationen, ermitteln zwischen zwei oder mehr wählbaren Objektzuständen das dreidimensionale Verschiebungsvektorfeld.

3 Das Streifenprojektionsverfahren und die Moduloproblematik

Projiziert man ein sinusförmiges äquidistantes Streifenmuster auf die Oberfläche eines Körpers und betrachtet diesen unter einem Winkel α gegenüber der Projektionsrichtung, so wird das Streifenmuster abhängig von der Oberflächenkontur verzerrt. Nach dem Triangulationsprinzip läßt sich so aus dem konturabhängigen lateralen Versatz eines Objektstreifens gegenüber einem unverzerrten Streifen auf der Referenzebene die Gesamtkontur berechnen. Somit ergibt sich aus den Phasendifferenzen zwischen jedem Objektpunkt und dem entsprechenden Bezugspunkt auf der Referenzebene die Objektkontur. Die Phasenlage jedes Bildpunktes läßt sich aus mindestens drei Aufnahmen automatisch mit dem Phasenshiftverfahren bestimmen. Allerdings kann bei diesem Verfahren die Mehrdeutigkeit des Arcustangens zu Problemen führen (Modulo-Problematik), die

wendigen Auswerteprozeß der klassischen Specklephotographie (KSP) durch den Einsatz von CCD-Videokameras weitgehend zu vereinfachen. In [3] wird gezeigt, daß sich die Vorgehensweise bei der klassischen Specklephotographie als Mustererkennungsprozeß auf einem Bildverarbeitungsrechner darstellen läßt. Der dabei verwendeten Autokorrelation des doppeltbelichteten Specklegramms, bei der die Orientierung des Verschiebungsvektors unbestimmt bleibt und der störende Hintergrund die Peakdetektion erschwert, sind jedoch andere Korrelationsverfahren, die den verformten Zustand und den unverformten Zustand eines Objektes direkt miteinander korrelieren vorzuziehen. Im folgenden werden deshalb bekannte Korrelationstechniken auf ihre Anwendbarkeit für die digitale Specklephotographie hin untersucht, die Verwendbarkeit von Vorinformationen erläutert und für hartnäckige Dekorrelationen diese Vorinformationen als Expertenwissen in einem Fuzzycontroller verwandt. Wichtigstes Beurteilungskriterium für die verwendete Korrelationstechnik ist dabei die Unempfindlichkeit gegenüber Dekorrelationseffekten. Einer Diskussion der Mustererkennungsmethoden vorangestellt sei eine Darstellung der Ursachen für die Dekorrelationen bei der Messung an Schaumstoffen und die Einbindung von Vorkenntnissen in das Meßverfahren.

5 Dekorrelationseffekte

Dekorelationseffekte bewirken eine Verschlechterung des Signal-Rausch-Verhältnisses in der Korrelationsfunktion. Dabei kann der gesuchte Korrelationspeak nicht mehr eindeutig von anderen auftretenden fehlerhaften Peaks oder vom Untergrundrauschen unterschieden werden. Die automatische Detektion falscher Korrelationspeaks wird zum Meßfehler.

Der bei den Messungen an Schaumstoffen am stärksten zur Dekorrelation beitragende Effekt ist die Änderung der Oberflächenstruktur durch Dehnung. Eine Kreuzkorrelation zwischen dem Ursprungsbild und 20% Längsdehnung führt zu einer größeren Anzahl von falsch detektierten Korrelationspeaks verglichen mit einer Kreuzkorrelation mit nur 10% Längsdehnung. Sukzessives Korrelieren zwischen direkt aufeinanderfolgenden Dehnungszuständen, die so gewählt werden, daß die Muster noch weitgehend erhalten bleiben, scheint eine Lösung des Problems zu sein. Dabei aber müssen die Verschiebungsvektoren zwischen den einzelnen Dehnungszuständen zur Gesamtverformung aufaddiert werden, was neben einem erhöhten Rechen-und Aufnahmeaufwand zusätzlich zu einer unzulässigen Fehlerakkumulation führt.

Die Berechnung eines Verschiebungsvektorfeldes erfordert eine Diskretisierung der Oberfläche in kleine Bereiche, in denen der Mustererkennungsprozeß stattfindet. Diese Bereiche dürfen sich überlappen, müssen aber mindestens doppelt so groß wie die auftretende Verschiebung sein.

Wenn Vorinformationen über die Größenordnung der Verschiebung bekannt sind, kann das Korrelationsfenster im Suchgebiet bereits um diesen Wert zum Ziel verschoben werden. Die nun durch die Korrelationsrechnung ermittelte Verschiebung gibt jetzt nur noch eine additive Komponente zur dieser Vorgabe an. Bei den durchgeführten Versuchen entspricht diese additive Komponente gerade der Abweichung der tatsächlichen Verschiebung von der als linear vorgegebenen Verschiebung.

6 Korrelationsfilter

Die erläuterten Methoden stammen ursprünglich aus der kohärenten Optik , wobei die verschiedenen Korrelationsverfahren mittels Filterung der Fouriertransformierten des zu untersuchenden Bildes realisiert werden. Im folgenden sei das Specklemuster des unverformten Schaumstoffes als *Suchmuster* (target), das Specklemuster des verformten Zustandes als *Scene* und die jeweilige Korrelationsmethode mit dem Begriff *Filter* bezeichnet.

6.1 Kreuzkorrelation (matched filtering)

Mittels der Kreuzkorrelation kann das Vorhandensein und die Position eines Suchmusters in einem Bild festgestellt werden. Ein Vergleich der Positionen zwischen target und scene ermöglicht so die Ermittlung von zweidimensionalen Verschiebungsvektoren.

Mit dem Suchmuster (target) $g(x,y)$ und dem Bild (scene) $f(x,y)$, in dem das Suchmuster und dessen Position ermittelt werden soll, kann die Korrelationsfunktion direkt über die Fouriertransformierten $F(k_x, k_y)$ und $G^*(k_x, k_y)$ der beiden Bilder berechnet werden:

$$K(u,v) = \mathcal{F}^{-1}\{\mathcal{F}[f(x,y)] * \mathcal{F}^*[g(x,y)]\} = \mathcal{F}^{-1}\{F(k_x, k_y) * G^*(k_x, k_y)\} \quad (1)$$

Befindet sich das Suchmuster im Zielgebiet und ist dort um einen Vektor (d_x, d_y) verschoben, so gilt:

$$K(u,v) = \iint\limits_{-\infty}^{+\infty} f(x - d_x, y - d_y) * g^*(x - u, y - v)\, dxdy$$

Die gesuchten Koordinaten (d_x, d_y) erhält man aus der Bestimmung des Maximums der Korrelationsfunktion $K(u,v)$.

Als phasensensitive Filter für die digitale Specklephotographie werden der phase-only-filter (POF) und der inverse Filter untersucht.

6.2 Der phase-only-filter:

Die Fouriertransformierte des targets läßt sich schreiben als

$$G(k_x, k_y) = A(k_x, k_y) * e^{i\varphi(k_x, k_y)} \quad (2)$$

Der POF ist definiert als

$$G^*_{\text{pof}}(k_x, k_y) = e^{-i\varphi(k_x,k_y)} = \frac{G^*(k_x, k_y)}{|G(k_x, k_y)|} \qquad (3)$$

und beinhaltet damit nur die Phaseninformation des gesuchten targets. Die gesuchte Korrelationsfunktion $K_{\text{pof}}(u, v)$ ist gegeben durch

$$K_{\text{pof}}(u, v) = \mathcal{F}^{-1}\left\{\frac{G^*(k_x, k_y)}{|G(k_x, k_y)|} * F(k_x, k_y)\right\} \qquad (4)$$

6.3 Der inverse Filter

Der inverse Filter ist definiert als

$$G^*_{\text{if}}(k_x, k_y) = \frac{1}{|G(k_x, k_y)|} * e^{-i\varphi(k_x,k_y)} = \frac{G^*(k_x, k_y)}{|G(k_x, k_y)|^2} \qquad (5)$$

und für die Korrelationsfunktion gilt:

$$K_{\text{if}}(u, v) = \mathcal{F}^{-1}\left\{\frac{G^*(k_x, k_y)}{|G(k_x, k_y)|^2} * F(k_x, k_y)\right\} \qquad (6)$$

Durch mögliche Nullstellen der Funktion $|G(k_x, k_y)|$ enthält dieser Filter Pole im Fourierraum, was zu starken Singularitäten in der Korrelationsfunktion führt und somit numerische Probleme bei der rechnergestützten Korrelationsanalyse mit diesem Filter erzeugt. Um diese Probleme zu umgehen wird in der Literatur [4] die Definition des Filters durch $\begin{cases} |G(k_x k_y)|^{-1} * e^{-i\varphi(k_x,k_y)} & \text{falls } |G(k_x, k_y)| > \varepsilon_T \\ \varepsilon_T^{-1} * e^{-i\varphi(k_x,k_y)} & \text{falls } |G(k_x, k_y)| < \varepsilon_T \end{cases}$ mit einem beliebigen, noch zu bestimmenden Schwellwert ε_T vorgeschlagen. Dieser Filter wird als 'amplitude compensated matched filter' (ACMF) bezeichnet. Durch Variation des Schwellwerts ε_T zwischen $\varepsilon_{\min} = \min\{|G(k_x, k_y)|\}$ und $\varepsilon_{\max} = \max\{|G(k_x, k_y)|\}$ kann dieser Filter von einem inversen Filter ACMF($\varepsilon_{\min}$) in einen phase-only-filter ACMF($\varepsilon_{\max}$) überführt werden.

Als Maß für die Mustererkennungsfähigkeit eines Filters wird die Größe des Korrelationspeaks im Vergleich zum Untergrundrauschen ('peak-to-correlation energy' PCE) gewählt.

Eine in [4] vorgeschlagene Definition ermittelt die Bewertungsgröße PCE' unabhängig vom Mittelwert der Korrelationsfunktion :

$$\text{PCE}' = \left(\sqrt{\frac{1}{M*N} * \sum_{\substack{m,n \\ m \neq m_p, n \neq n_p}} (K'(m,n))^2}\right)^{-1} * K'(m_p, n_p) \qquad (7)$$

mit

$$K'(m,n) = K(m,n) - \frac{1}{M*N} \sum_{i,j=0}^{M-1,N-1} K(i,j)$$

M, N Fensterbreite, -höhe in Pixeln
m, n x- bzw. y-Position des Korrelationswertes in Pixeln
m_p, n_p x- bzw. y-Position des Korrelationspeaks in Pixeln

Die Schwelle ε_T des ACMF wurde jeweils zu

$$\varepsilon_T = \varepsilon_{\text{avg}} = \frac{1}{M*N} * \sum_{i,j=0}^{M-1,N-1} |G(m,n)| \quad (8)$$

für jedes Korrelationsfenster neu bestimmt.

Abbildung 2 zeigt Kreuzkorrelationspeaks der verschiedenen Filter zwischen dem unverformten Zustand und 15% Längsdehnung. In Experimenten wurde festgestellt, daß die Unterscheidungsfähigkeit des ACMF mit zunehmenden Dekorrelationseffekten nur gewährleistet war, wenn galt $\varepsilon_T \rightarrow \varepsilon_{\max}$. Dabei nähert sich das Verhalten des ACMF gegen das eines POF.

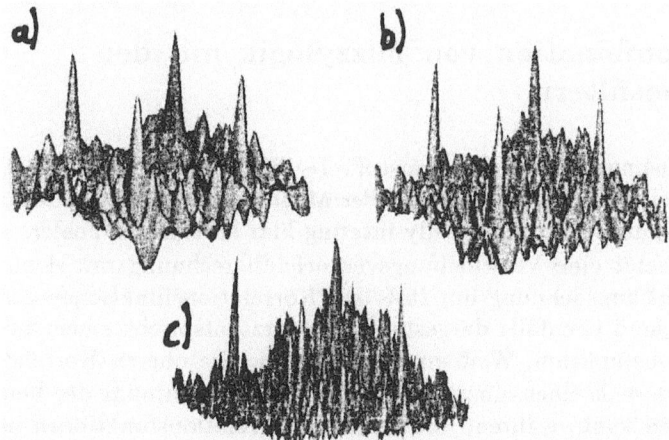

Abbildung 2. Kreuzkorrelationspeaks der verschiedenen Filter zwischen unverformtem Zustand und 15% Längsdehnung, a.) matched-filter, b.) POF, c.) ACMF($\varepsilon = \varepsilon_{avg}$)

Wie aus Abbildung 3 zu entnehmen ist, nimmt die PCE' des ACMF($\varepsilon = \varepsilon_{\text{avg}}$) mit zunehmender Längsdehnung der Schaumstoffe ab. Dies bedeutet eine Verschlechterung des Signal-Rausch-Verhältnisses im Korrelationsbild. Der POF stellt in diesem Fall den effektiveren Filter dar, weshalb auf weitere Untersuchungen des ACMF verzichtet wurde.

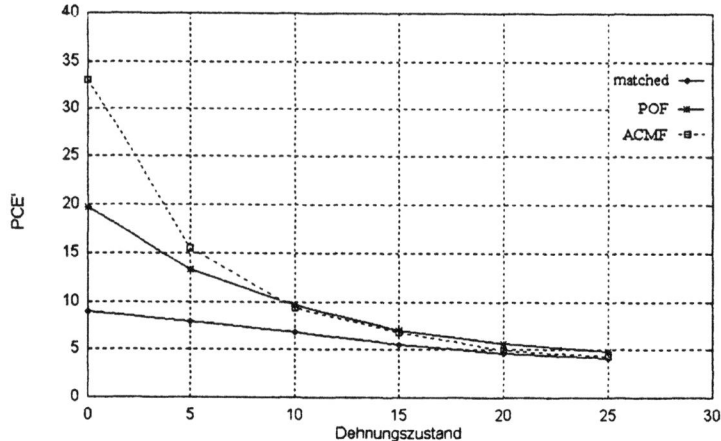

Abbildung 3. PCE' für unterschiedliche Filter in Abhängigkeit von der Längsdehnung

7 Die Kombination von Fuzzylogik mit den Korrelationsfiltern

Bei starken Dehnungen der Schaumstoffe (~ 20%) entstehen durch Dekorrelationseffekte bei durchschnittlich 4-5% der Meßpunkte bei matched-filtering und 6-7% der Meßpunkte bei phase-only-filtering klar erkennbare Fehler.

Abb. 5a) zeigt eine Verschiebungsvektorfeldberechnung mit dem matched-Filter für eine Längsdehnung um 25%. Die Korrelationsfunktionen der markierten Vektoren sind ebenfalls dargestellt. Schwarz entspricht einem hohen Wert der Korrelationsfunktion, Weiß einem niedrigen. Die oberen Korrelationsfunktionen zeigen jeweils einen einzigen Peak, der zur Bestimmung der Verschiebung benutzt werden kann, während die unteren Korrelationsfunktionen neben dem wahren Korrelationspeak falsche Peaks aufweisen, deren Maxima über dem des wahren Korrelationspeaks liegen.

Eine Problemstellung, in der der Mensch (Experte) die Gründe für sein Entscheidung an Hand physikalischer Eingangsgrößen treffen kann, dabei seine Entscheidung nicht allein aus der Berücksichtigung festgelegter Schwellwerte trifft, ist oft geeignet, mit einem auf Fuzzylogik basierenden Entscheidungssystem im Computer nachvollzogen zu werden.

Als wichtigste Eingangsgröße für eine auf Fuzzylogik basierende Korrelationsanalyse dient in jedem Fall die Höhe des Peaks im Vergleich zum Untergrund PCE' (9). Für den matched-Filter und den POF ergaben sich je nach Dehnungszustand der Schaumstoffe unterschiedliche PCE'-Werte. Um verschiedene Fuzzy-Sets für unterschiedliche Filter zu vermeiden, werden die Peakhöhen in der Korrelationsfunktion durch Skalierung an ein gemeinsames Fuzzy-Set angepaßt.

Als zweite linguistische Eingangsvariable dient der Abstand d eines Pixels von der Mitte des FFT-Fensters im Verhältnis zur Fensterbreite. Da die Verschiebungen an der Schaumstoffoberfläche nur gering von der linear interpolierten Verschiebungsvorgabe abweichen, sollten sich die tatsächlichen Korrelationspeaks in einem engen Bereich um die Mitte des Korrelationsfensters befinden. Weiter außen liegende Peaks sollten nur mit geringerer Wahrscheinlichkeit den zur tatsächlichen Verschiebung gehörenden Korrelationspeak repräsentieren.

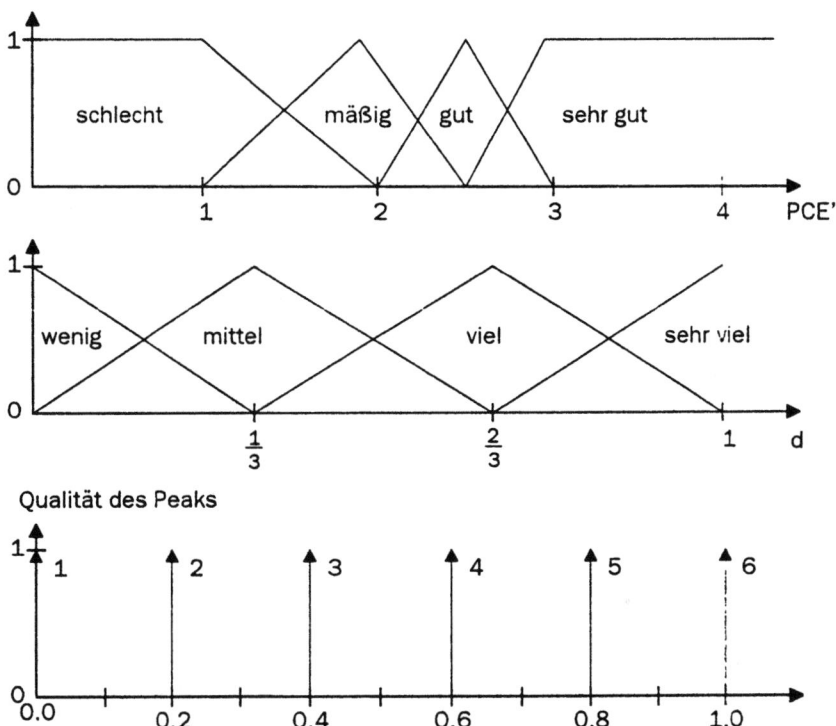

d ⋯ PCE'	schlecht	mäßig	gut	sehr gut
zu viel	1	1	2	3
viel	1	2	3	3
mittel	1	2	4	5
wenig	1	3	5	6

Abbildung 4. Fuzzy-Sets zur Korrelationsanalyse. Eingangsvariablen sind PCE' und Abstand des Pixels von der Fenstermitte im Verhältnis zur Fenstergröße. Ausgangsvariable ist die Peak-Qualität, aufgebaut aus Singletons.

Für alle Pixel (m,n) eines Fensters werden nun mit Hilfe der jeweiligen Funktionswerte $PCE'(m,n)$ und $d(m,n)$ die zugehörigen Fuzzy-Werte $F(m,n)$ berechnet. Die Verschiebung wird nun über das Maximum der Fuzzy-Werte bestimmt. Dabei treten oft Pixel mit gleichen Fuzzy-Werten auf. Um dies zu verhindern, sollte das Kennfeld so gestaltet sein, daß keine größeren Plateaus auftreten. Dies kann durch eine Erhöhung der Zahl der linguistischen Werte in der Ausgangsvariablen erreicht werden.

Im Aufbau des Fuzzy-Sets zur Korrelationsanalyse wurde als Ausgangsvariable die Qualität eines untersuchten Pixels mittels sog. Singletons in 6 Stufen eingeteilt. In der so definierten Ausgangsvariablen bedeutet 0 eine sehr geringe Wahrscheinlichkeit, daß ein Pixel ein Korrelationspeak ist, 1 dagegen eine sehr hohe Wahrscheinlichkeit. Innerhalb des so über alle Pixel eines Korrelationsfensters erzeugten Fuzzy-Feldes wird nun nach dem Maximum gesucht und diese als Korrelationspeak festgelegt.

Abbildung 4 zeigt die definierten Fuzzy-Sets und die Matrix der Produktionsregeln. Für die UND-Operation wurde die MINIMUM-Methode verwandt, die Inferenz geschah mit der MAX-MIN-Methode und die Schwerpunktsmethode wurde zur Defuzzyfizierung benutzt.

8 Vergleich der Kombination von Fuzzylogik mit den verschiedenen Filtermethoden

In der beschriebenen Verformungsmessung an Schaumstoffen wird ein Dehnungszustand von 25% mit dem unverformten Zustand korreliert. Die Deformation der Schaumstoffquader mit den Maßen 120x80x80 mm erfolgte in Richtung der langen Kante durch das flächenhafte Belasten der oberen Deckplatte, während die untere Bodenplatte festgehalten wurde. Abbildung 5a.) zeigt die Berechnung des Verschiebungsvektorfeldes mit dem matched-filter. Die Verbesserung des Korrelationsergebnisses bei der Verwendung von Fuzzylogik mit dem matched filter entnehme man Abbildung 5b.). Abbildung 6a.) zeigt das Verschiebungsvektorfeld, nun mit dem POF berechnet, und Abbildung 6b.) das Verschiebungsvektorfeld bei einer Kombination von POF und Fuzzylogik. Die Ergebnisse des ACMF konnten auch mit Fuzzylogik nicht soweit verbessert werden, daß eine Berechnung eines Verschiebungsvektorfeldes der deformierten Schaumstoffe mit diesem Filter befriedigende Ergebnisse erbracht hätten.

Aus unterschiedlichen Versuchen bei verschiedenen Dehnungszuständen kann festgestellt werden, daß die Kombination von matched-filtering mit Fuzzy Logik zur Untersuchung des In-Plane-Verschiebungsvektorfeldes bei deformierten Schaumstoffen eine erfolgversprechende Methode darstellt, den Anwendungsbereich der digitalen Specklephotographie auf Materialien mit großen Dehnungen zu erweitern, deren Messung bisher aufgrund starker Dekorrelationseffekte mit dem vorgestellten 3D-Meßverfahren nicht möglich war. Nach Ansicht der Autoren wäre eine Übertragung der hier geschilderten Untersuchungen auf die Strömungsmechanik ein lohnenswerter Ansatz. Gerade die Untersuchung turbulenter Strömungen führt zu sehr großen Dekorrelationseffekten, die wie im hier

vorgestellten Fall der Schaumstoffe durch die Eingabe von Vorinformationen und
Fuzzylogik weitestgehend entschärft werden können.

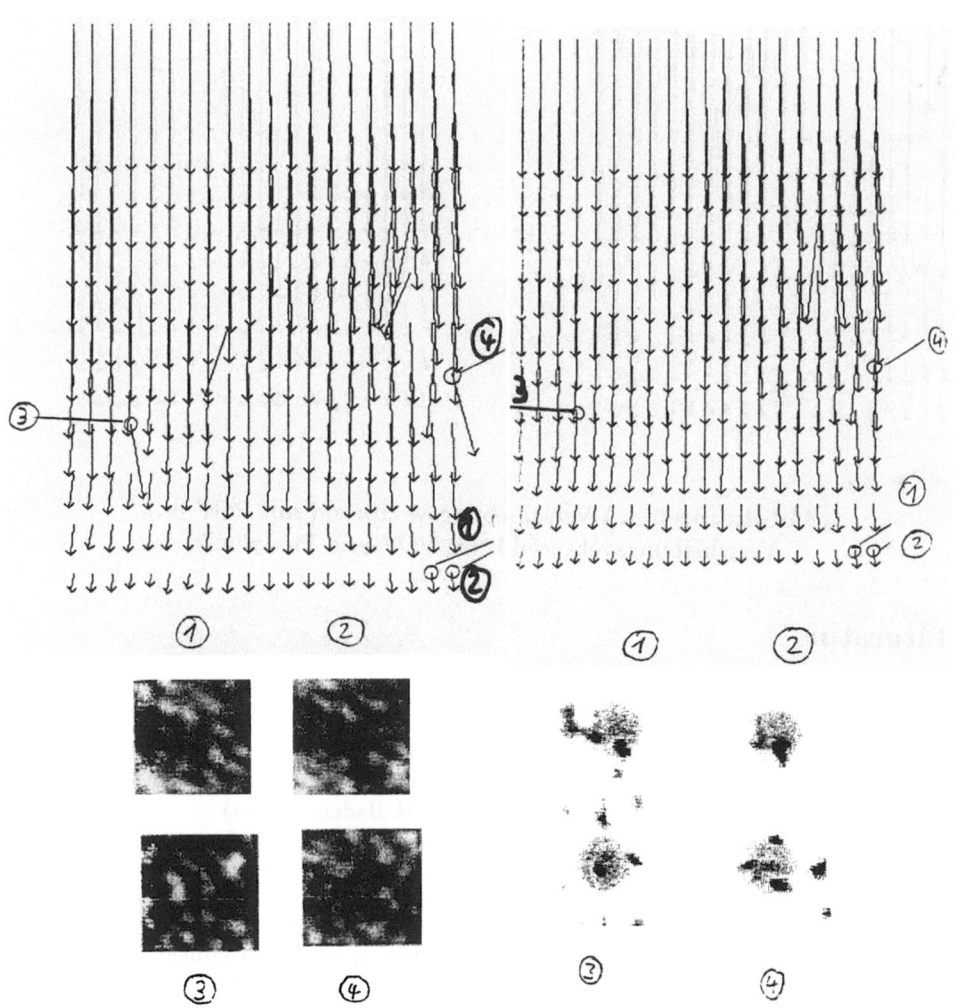

Abbildung 5. Verschiebungsvektorfeld und Korrelationspeaks a.) berechnet
mit dem matched-filter, b.) berechnet mit Fuzzylogik.

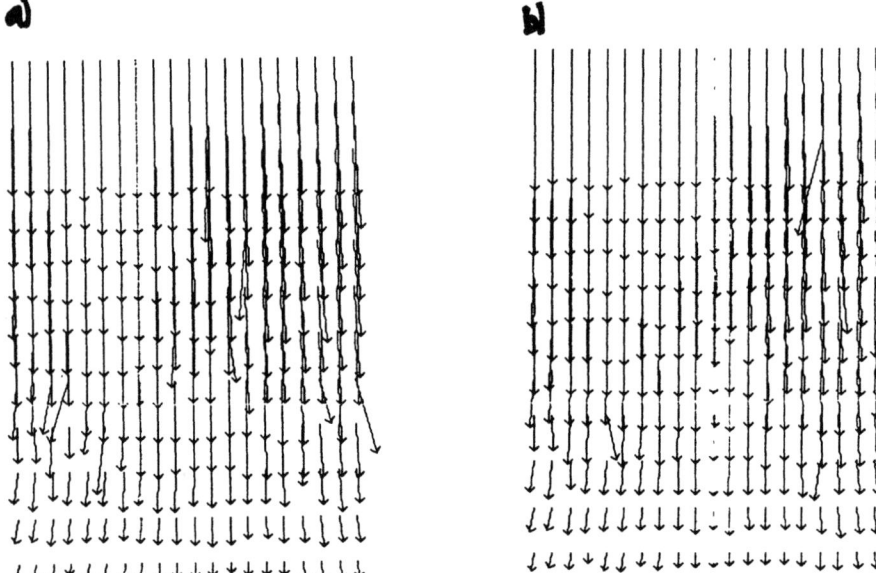

Abbildung 6. a.) Verschiebungsvektorfeld mit POF, b.) Verschiebungsvektorfeld mit POF und Fuzzylogik.

Literatur

[1] Rohrbach, C.: Handbuch für experimentelle Spannungsanalyse; VDI-Verlag, 1989; S. 372ff.

[2] Wolf, Th., Gutmann, B., Weber, H.: Projected fringe and Fuzzy Logic. A new tool for deformation analysis; 11th Danubia-Adria Symposium on Experimental Methods in Solid Mechanics; Oct. 1994 Baden(Vienna)

[3] Bilger, Ch.: Anwendung optischer Meßverfahren zur Verformungsmessung an Schaumstoffen; Diplomarbeit am Institut für MVM/ Bereich Angewandte Mechanik, Universität Karlsruhe (TH), 1994

[4] Carnicer, A., Juvells, I., Vallmitjana, S.: Design of inverse filter for pattern recognition. Analysis of the performance of an amplitude-compensated matched filter; Journal of Modern Optics, 1993, Vol. 40,3, S. 391ff.

Wasserscheidentransformation für Thermographiebilder

Dietrich Paulus[a], Torsten Greiner[b1], Christian L. Knüvener[a]
Lehrstuhl für Mustererkennung (Informatik 5)[a]
und
Institut für Physiologie und experimentelle Pathophysiologie[b]
Friedrich-Alexander-Universität Erlangen-Nürnberg
paulus@informatik.uni-erlangen.de
greiner@ipb.uni-erlangen.de

Schmerzinduzierte neurogene/vaskuläre Hautreaktionen tieferer Hautschichten lassen sich mit der Meßmethode der Thermographie erfassen. Um zeitliche und räumliche Veränderungen der Temperaturverteilung der Haut nach noxischen Reizen quantitativ beurteilen zu können, wurde zur automatischen Segmentierung die Wasserscheidentransformation durchgeführt. Damit wird die Möglichkeit gegeben, neue Erkenntnisse über die funktionelle Organisation des peripheren nozifensiven Systems unter physiologischen und pathophysiologischen Bedingungen, zu gewinnen.

Es wird eine Weiterentwicklung der Wasserscheidentransformation vorgestellt, die bei der Analyse der thermographischen Befunde der Segmentierung durch Isothermen überlegen ist. Zur Beschreibung und physiologischen Beurteilung der Entzündungsreaktion werden Regionenmerkmale verwendet.

1 Einleitung

Im Rahmen von Untersuchungen zur Physiologie der Schmerzentstehung und Schmerzverarbeitung[1] werden Experimente durchgeführt, die eine Veränderung der Hautdurchblutung und damit der Hauttemperatur bewirken. Diese Reaktion wird mit Infrarot-Kameras registriert; die resultierenden Thermogramme helfen bei der Beurteilung der Ausbreitung und des Verlaufs der zugrundeliegenden Durchblutungsänderung.

In dieser Arbeit wird ein Verfahren vorgestellt, mit dem die Abgrenzung von Bereichen erhöhter Reaktion in der Haut durch den Rechner weitgehend automatisch durchgeführt werden kann, was zu einer Objektivierung der Ergebnisse genützt werden soll. Zur Analyse der Thermogramme wird eine Segmentierung in Regionen durchgeführt. Bildfolgen werden untersucht, um den Verlauf der Entzündung quantitativ zu beschreiben.

Die Bilder dieses Beitrags sind teilweise aus [Knü95] entnommen.

2 Physiologie neurogener/vaskulärer Hautreaktionen

Wird die Haut noxischen, potentiell schädigenden Reizen ausgesetzt, so reagiert das betroffene Areal unter anderem mit Veränderungen in der vaskulären Versorgung, was zur Veränderung der Hautfarbe (Rötung, visuelles Flare) und der Hauttemperatur führt. Diese Reaktionen sind im wesentlichen auf eine Vasodilatation zurückzuführen. Diese Vasodilatation wird durch den sogenannten Axonreflex hervorgerufen, der bereits 1913 in [Bru13] beschrieben wurde.

Zur Provokation der vaskulären/neurogenen Hautreaktion wurde freiwilligen Versuchspersonen Histamin (10 μl, 0.1%) am Unterarm intrakutan appliziert. Zur Analyse der anschließenden Erwärmungsreaktion wurden Bildserien (5 Hz) mit einer 8 Bit-

---
[1] Sonderforschungsbereich „Pathobiologie der Schmerzentstehung und Schmerzverarbeitung" (SFB 353)

Infrarotkamera (THERMO-VISION 870) der Firma AGEMA aufgenommen. Zur Rauschunterdrückung wurden je 50 Bilder zu einem Thermographiebild gemittelt. Daraus resultiert eine abgespeicherte Bildfrequenz von 0.1 Hz. Über ein Interface (IR-SAVE Karte) der Firma GESOTEC sowie deren mitgelieferter Software wurde die Wärmestrahlung der aufgenommenen Szene in ein rechnerkonformes Datenformat überführt.

3 Segmentierung von Thermographiebildern

Eine Möglichkeit zur Unterscheidung zwischen entzündeten (lokale Wärmemaxima) und nicht entzündeten Hautregionen im Thermographiebild bieten einfache Temperaturschwellen. Markiert man alle Punkte einer bestimmten Schwelle innerhalb eines Bildes, erhält man die Konturen der zugehörigen Isothermen [GFH95].

Dieses Verfahren hat den Nachteil, daß die detektierten Wärmemaxima stark von der Wahl der Schwelle abhängen. Dies kann dazu führen, daß unterschiedlich hohe Maxima nicht sicher voneinander separiert werden und zu einem einzelnen Reaktionsareal zusammengefaßt werden (s.u. Bild 5). Diesen Nachteil vermeidet die Wasserscheidentransformation, die im Abs. 4 eingeführt wird. Sie wurde in [Knü95] erfolgreich für die Segmentierung von Thermogrammen eingesetzt.

Die meisten ursprünglichen Implementierungen benötigten viel Rechenzeit, da sie mehrmals das gesamte Bild im Arbeitsspeicher lesen. Daher wurden diese Algorithmen in der Bildverarbeitung selten genutzt wurden [VS91]. Ausführliche Überblicke finden sich in [VS91, Zeh92], in denen die Ansätze von Digabel und Lantuéjoul [DL78], Meyer und Beucher [Beu82, Mey89], Friedlander [Fri87] und Vincent [VS91] zusammengefaßt werden.

Seit Vincent [VS91] ist ein neuer Ansatz bekannt, mit dem eine erheblich effizientere Realisierung ermöglicht wurde. Eine medizinische Anwendung dieser verbesserten Implementierung wurde in [ZMG93] vorgestellt.

4 Die Wasserscheidentransformation

Die Wasserscheidentransformation (WST) segmentiert ein Bild mit Hilfe einer morphologischen Operation hinsichtlich ihrer lokalen Minima. Bei der Entwicklung des Segmentierungsverfahrens wurde ein geologisches Modell zugrundegelegt, bei dem die Intensitätswerte des Bildes als "Gebirge" interpretiert werden, in dem nun die Wassereinzugsgebiete von Flüssen und Seen gesucht werden. Zur Berechnung läßt man das Höhenmodell in einen See bis zu einer gewissen Tiefe (Tauchtiefe) eintauchen, so daß sich, beginnend mit den lokalen Minima, die Wasserbecken langsam füllen. Als Wasserscheiden werden die Bereiche bezeichnet, die während des Flutens von mehreren Becken aus gleichzeitig erreicht werden. Aufgrund der Diskretisierung der Bilder können Wasserscheiden auch zwischen Pixeln verlaufen.

Die Neuerung in [VS91], der sogenannte *Queue-Algorithmus*, gestattet eine erheblich effizientere Realisierung als in den vorhergehenden Implementierungen. Beginnend in den lokalen Minima, werden in jedem Iterationsschritt die Nachbarpunkte der bekannten "Ufer" untersucht. In diesem auch hier verwendeten Verfahren werden dabei die zu bearbeitenden Pixel in eine Warteschlange kopiert. Beim Abarbeiten der Warteschlange werden stets nur die „interessanten" Bildpunkte – dies sind die Nachbarpixel des aktuellen Bezugspunktes – betrachtet. So werden während eines Segmentierungsschrittes nicht alle Pixel bearbeitet, sondern ausschließlich die für diesen Arbeitsschritt relevanten. Werden hierbei keine neuen Flächen unter Wasser gesetzt, so wird die Eintauchtiefe erhöht.

Dieser Queue-Algorithmus arbeitet im Prinzip wie eine iterierte Ausführung einer bedingten Dilatation. Pixel eines Arbeitsschrittes lassen sich parallel berechnen. Diese effizente Vorgehensweise besitzt den Nachteil, daß ein Fehler bei der Berechnung eines neuen Pixelwertes zu Folgefehlern führen kann. Im Regionenbild lassen sich diese daran erkennen, daß eine Wasserscheide detektiert wird, die in eine Region hineinragt, statt sie nach außen zu begrenzen (Bild 2 Pfeil im Bild links).

Zur Zuordnung eines Bildpunktes zu einer Region oder zu einer Wasserscheide werden diejenigen seiner Nachbarpunkte betrachtet, die bereits einer Region oder Wasserscheide zugeordnet wurden. Es kann eine Vierer- oder Achternachbarschaft verwendet werden. Dies sind die Nachbarpunkte mit kleinerem, zumindest aber gleichgroßem Grauwert im Originalbild. Jeder dieser Punkte repräsentiert eine gleichwertige Wahrscheinlichkeit, daß der aktuelle Punkt ebenfalls zu dieser Region oder Wasserscheide gehört.

Nach Vincent wird der aktuelle Punkt, der druch das Fluten erreicht wird, dann zur Wasserscheide gezählt, wenn seine Nachbarpunkte zu verschiedenen Regionen gehören. Dagegen ermittelt der Wahrscheinlichkeitsalgorithmus in [Knü95] die verschiedenen Wahrscheinlichkeiten der Zuordnungen. In der betrachteten Nachbarschaft wird die Anzahl N der Punkte gezählt, die bereits ein Label haben. Jeder in der Nachbarschaft vorkommenden Region wird eine Wahrscheinlichkeit zugeordnet, die sich aus dem Quotient der Anzahl der bereits zu dieser Region gehörigen Punkte in der Nachbarschaft und N ergibt. Das aktuelle Pixel wird der Region zugeordnet, deren Wahrscheinlichkeit einen wählbaren Mindestwert von 50 % überschreitet. In Bild 1 sind die Ergebnisse des Originalverfahrens und des Wahrscheinlichkeitsalgorithmus dargestellt.

	x_1	x_2	x_3	x_4	x_5
Vincent-Algorithmus	1	w	1	w	w
51% Wahrscheinlichkeit-Algorithmus	1	w	w	1	1
67% Wahrscheinlichkeit-Algorithmus	1	w	w	1	w

Bild 1. Vergleich der Operationen; die Zahlen geben Regionenlabel an

Die Verbesserungen auf Thermogrammen sind in Bild 2 dargestellt. Die ermittelten Wasserscheidenlinien werden umso breiter, je größer die angegebene Mindestwahrscheinlichkeit ist (Bild 2, Mitte, rechts).

Die so berechneten Regionen führen zu glatten Konturen (Bild 3 Mitte), was eine weitere Verbesserung des Verfahrens darstellt.

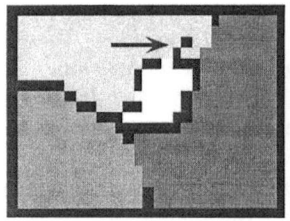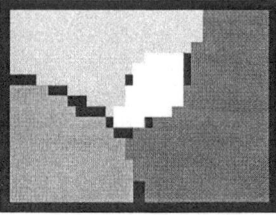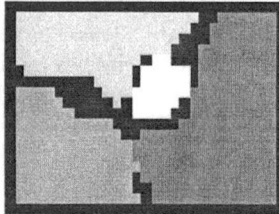

Bild 2. Ausschnitt aus einem Thermogramm. Vincent- (links), 51% Wahrscheinlichkeit- (Mitte) und 67% (rechts) Wahrscheinlichkeit-Algorithmus. Die schwarzen Punkte markieren die Wasserscheiden.

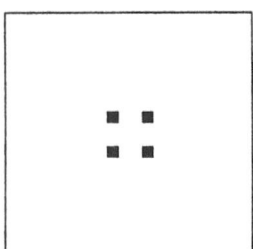

Bild 3. Testbild (links), Wahrscheinlichkeitalgorithmus (Mitte, 51 %) und Vincent (rechts). Die weißen Linien markieren die Wasserscheiden.

5 Wasserscheidentransformation auf Thermographiebildfolgen

Bei der Bearbeitung von Thermographiebildern sind die folgenden neun Abschnitte nötig:

1. Bildaufnahme
2. Rauschunterdrückung (Tiefpaßfilterung)
3. Invertierung (um lokale Wärmemaxima mit der WST zu detektieren)
4. Berechnung der maximalen Eintauchtiefe für die WST
5. Wassserscheidentransformation
6. Kontursuche
7. Visualisierung
8. Regionenanalyse und Merkmalsgewinnung
9. Darstellung der Ergebnisse (für den medizinischen Fachmann)

Zur quantitativen Beschreibung der Entzündungsreaktion werden folgende Merkmale pro segmentierter Region ermittelt: Größe (Pixelanzahl), Umfang (Pixelanzahl), Temperatur-Minimum, Temperatur-Maximum, Schwerpunkt der Regionenfläche, Temperatur-Mittelwert und Standardabweichung der Temperatur. Diese Werte sind die Grundlage für die graphische Darstellung. Für die physiologische Interpretation (Abs. 6) wird aktuell nur das Temperatur-Maximum verwendet.

Bild 4 zeigt drei segmentierte Bilder einer Bildfolge, in denen die Konturlinien nach der WST visualisiert wurden. Die Objekte sind fehlerfrei detektiert und wohlgeformte Konturen – also solche, wie sie der medizinische Betrachter erwartet – sind extrahiert worden.

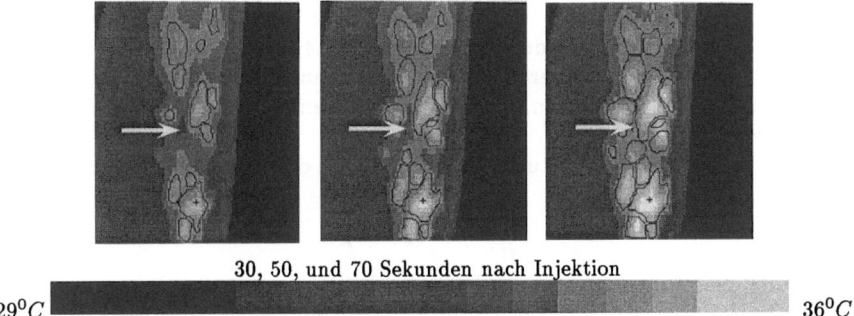

30, 50, und 70 Sekunden nach Injektion

29^0C ▬▬▬▬▬▬▬▬▬▬▬▬▬▬▬▬▬▬▬▬ 36^0C

Bild 4. Drei Segmentierungsergebnisse einer Thermographiebildfolge: Tauchtiefe: 33.07° C, WST-Algorithmus: 51% Mindestwahrscheinlichkeit (Der Pfeil markiert die Applikationsstelle, „+" markiert die im Bild 6 ausgewertete Region)

6 Physiologische Interpretation

Wendet man den modifizierten Ansatz aus Abs. 4 bei Thermographiebildern an, die zur Detektion der Wärmemaxima invertiert wurden, und vergleicht das Resultat mit dem Segmentierungsansatz aufgrund von Isothermen (Bild 5), so fällt auf, daß die Segmentierung durch einen isothermen Schwellwert das Bild nur in entzündete und nicht entzündete Gebiete aufteilt, die WST jedoch jedes Entzündungszentrum einzeln lokalisiert. Die Objektgrenzen entsprechen den vom medizinischen Beobachter erwarteten Regionen.

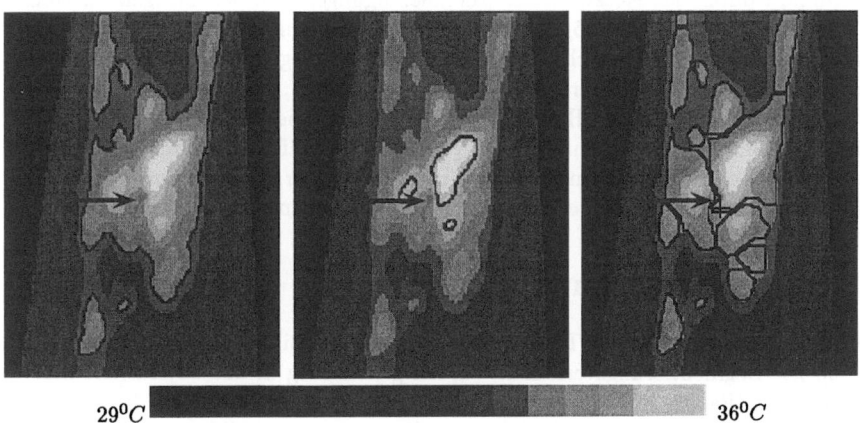

29^0C ▬▬▬▬▬▬▬▬▬▬▬▬▬▬▬▬▬▬▬▬ 36^0C

Bild 5. Isotherme (links 33.9^0C, mitte 34.6^0C) und WST (rechts Tauchtiefe 33.9^0C). Der Pfeil markiert die Injektionsstelle.

Betrachtet man Topographie und Verlauf vaskulärer/neurogener Schmerzreaktionen nach Applikation eines noxischen Reizes in Thermographiebildserien, so zeigt sich, daß sich die Entzündungsreaktion nicht konzentrisch vom Ort der Applikation ausbreitet, sondern an disjunkten zwei bis sechs Orten im Abstand von 4-20 mm beginnt [FGN*94, GFH95] (vgl. Bild 4). Die Zonen erhöhter Reaktionsbereitschaft konnten mit Hilfe der modifizierten WST (Abs. 4) eindeutig segmentiert werden (Bild 4). Stellt man den Zeitverlauf des Merkmals "lokales Maximum" verschiedener Entzündungsherde (Regionen) dar, so ergeben sich charakteristische Kurven, von denen eine exemplarisch in Bild 6 dargestellt ist (durchgezogene Linie).

Diese Kurven für die Temperatur T lassen sich durch eine einfache Differentialgleichung beschreiben,

$$\frac{dT}{dt} = -\frac{1}{\tau}(T - T_R), \qquad (1)$$

deren Lösung die Exponentialfunktion ist.

$$T = T_R + (T_0 - T_R) * e^{-t/\tau}, \qquad (2)$$

Dabei sind T_0 die Anfangstemperatur, T_R die Endtemperatur und τ eine für die Temperaturänderung sensitive Konstante. Aus den Meßwerten werden die Parameter der Funktion mit der Methode des minimalen quadratischen Fehlers ermittelt. Es zeigt sich, daß die Werte für τ in der Nähe des Injektionsorts kleiner sind, als in entfernteren Regionen. In Bild 6 ist dieses Modell mit $\tau = 33.6$ und $T_0 = 33.3°C$ als gestrichelte Linie dargestellt. Bei einer Temperatur von $35°C$ gerät der Sensor in seinen Sättigungsbereich, was die Unterschiede zu dem Modell erklärt.

Zur Analyse von experimentell erzeugten lokalen Entzündungen der Haut werden derzeit zwei bildgebende Verfahren eingesetzt. Zusätzlich zur Thermographie wird die oberflächliche Rötung mit einer CCD-Farbkamera aufgenommen. Das automatisch segmentierte visuelle Flare (Abs. 2) ermöglicht Aussagen über den Blutfluß in den Kapillaren der oberen Hautschicht [NFH95]. Von einer Kombination der beiden Verfahren werden weitere physiologische Erkenntnisse erwartet. Nach [Bru13, Lew37] ist das visuelle Flare determiniert durch das Netzwerk der Nervenendigungen und der Blutgefäße. Überlagert man das visuelle Flare [NFH95] mit dem Thermographiebild, so zeigt sich, daß genau diejenigen Entzündungsfoki innerhalb des visuellen Flares liegen, die ein geringes τ besitzen. Dies läßt auf einen deutlich erhöhten Wärmeantransport, verursacht durch eine Durchblutungszunahme in tieferen Hautschichten, schließen. Die lokalen Maxima im Thermographiebild werden wahrscheinlich durch präkapiläre Gefäße verursacht, deren Dilatation mit zur Durchblutungszunahme beiträgt. Dieser Effekt ermöglicht eine Klassifikation in von der Entzündung betroffene und unbetroffene Regionen [Gre95].

7 Implementierung

Die Implementierung der WST erfolgte unter Unix im Bildverarbeitungssystem Khoros [RY92]. Die Segmentierungsverfahren wurden gleichzeitig in das objekt-orientierte C++ System ἵππος [Pau92, PH95] integriert. Die Anwendung der WST auf das Grauwertbild in Bild 7 (links) ist in Bild 7 (rechts) dargestellt; das Grauwertbild wurde zuvor mit einem 3×3 Mittelwertfilter geglättet und wie in Abs. 5 invertiert.

Der Algorithmus zur WST benötigt für ein typisches Thermographiebild der Größe 128×128 Pixel etwa 0.05 Sekunden (Unix Workstation HP 735/99).

Für die Anwendung im medizinischen Labor wurde eine Integration in das System *Spot-Explorer* [Gre95] unter MS-DOS und Windows vorgenommen, das ebenfalls in C++ realisiert wurde.

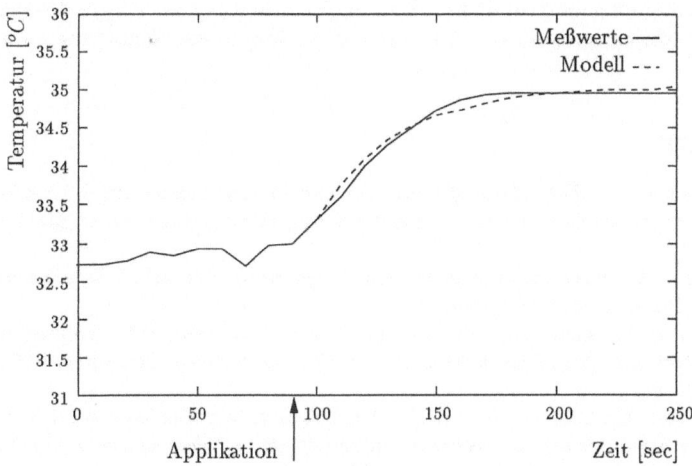

Bild 6. Entzündungsverlauf einer Region in Abhängigkeit der Zeit nach Applikation von Histamin (Meßwerte und Modell des Temperaturverlaufs)

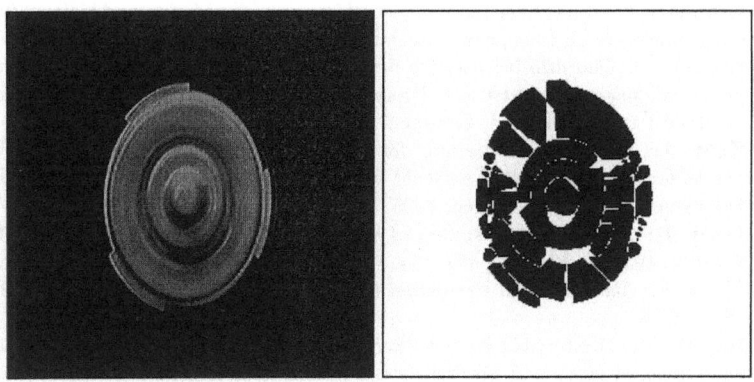

Bild 7. Grauwertbild eines industriellen Werkstücks und Anwendung der Wasserscheidentransformation (Tauchtiefe 200)

8 Zusammenfassung und Ausblick

Aufgrund der Ergebnisanalyse von ca. 500 segmentierten Bildern aus 10 Thermographiebildfolgen (beschrieben in [FGN*94]), hat sich gezeigt, daß die WST in der Lage ist, ein Thermographiebild bezüglich der Entzündungsfoki als Objekte erfolgreich zu segmentieren.

Bei der Auswertung der Ergebnisse wurde auch deutlich, daß die WST nicht nur eine geeignete Segmentierung von Thermographiebildern errechnet, sondern auch zur Analyse von Thermographiebildfolgen ein brauchbares Werkzeug der Bildverarbeitung darstellt. Durch den neuen Wahrscheinlichkeitsalgorithmus wurden die oben beschriebenen Probleme (vgl. Abs. 4) der ursprünglichen Verfahren behoben.

Weitere Arbeiten haben somit zum Ziel, die Verarbeitung der zugrundeliegenden Thermographiebildserien mitsamt der Auswertung der Merkmale vollständig zu automatisieren.

Literatur

[Beu82] Beucher, S.: *Watersheds of Funktions and Picture Segmentation*, Proceedings IEEE International Conference on Acoustic Speech Signal Processing 82, Mai 1982, S. 1928-1931.

[Bru13] Bruce, A.: *Vaso-dilatator axon-reflexs*, Quarterly Journal of Experimental Physiologiy, Bd. 6, 1913, S. 339-354.

[DL78] Digabel, H.; Lantuéjoul, C.: *Iterative Algorithms*, Proc. 2nd European Symp. Quantitative Analysis of Microstructures in Material Science, Biology and Medicine, 1978, S. 85-99.

[FGN*94] Forster, C.; Greiner, T.; Nischik, M.; Schmelz, M.; Handwerker, H. O.: *Neurogenic flare responses are heterogeneous in superficial and deep layers of human skin*, Neuroscience Letters, Bd. 185, 1994, S. 33-36.

[Fri87] Friedlander, F.: *A Sequential Algorithm for Detecting Watersheds on a Gray Level Image*, Proc. 7th Int. Cong. for Stereology, Bd. 6, Nr. 3, September 1987, S. 663-668.

[GFH95] Greiner, T.; Forster, C.; Handwerker, H.: *Quantitative analysis of time series of thermal images after noxious stimuli applied to anesthetized and non anesthetized skin*, in Ammer, K.; Ring, E. (Hrsg.): *Thermal imaging in medicine and biology*, Wien, 1995, $6^{t}h$ Congress of th European Association of Thermology.

[Gre95] Greiner, T.: *Quantitative Analyse neurogener vaskulärer Hautreaktionen in Thermographiebildfolgen (Arbeitstitel)*, Dissertation am Institut für Physiologie und experimentelle Pathophysiologie, Erlangen, 1995, In Vorbereitung.

[Knü95] Knüvener, C.: *Implementierung der Wasserscheidentransformation für Thermographiebilder*, Studienarbeit, Lehrstuhl für Mustererkennung (Informatik 5), Universität Erlangen-Nürnberg, Erlangen, 1995.

[Lew37] Lewis, T.: *The nocifensor system of nerves and its reaction*, British Medical Journal, Bd. 194, 1937, S. 431-435, 491-494.

[Mey89] Meyer, F.: *Skeletons and Perceptual Graphs*, Signal Processing, Bd. 16, 1989, S. 335-363.

[NFH95] Nischik, M.; Forster, C.; Handwerker, H.: *Analysis of vascular skin reactions using superimposed video and thermal images*, in Ammer, K.; Ring, E. (Hrsg.): *Thermal imaging in medicine and biology*, Wien, 1995, $6^{t}h$ Congress of th European Association of Thermology.

[Pau92] Paulus, D.: *Objektorientierte und wissensbasierte Bildverarbeitung*, Vieweg, Braunschweig, 1992.

[PH95] Paulus, D.; Hornegger, J.: *Pattern Recognition and Image Processing in C++*, Advanced Studies in Computer Science, Vieweg, Braunschweig, 1995.

[RY92] Rasure, J. R.; Young, M.: *Open environment for image processing and software development*, in Arps, R. B.; Pratt, W. K. (Hrsg.): *Image Processing and Interchange: Implementation and Systems*, SPIE Proceedings 1659, San Jose, CA, 1992, S. 300-310.

[VS91] Vincent, L.; Soille, P.: *Watersheds in Digital Spaces: An Efficient Algorithm Based on Immersion Simulations*, IEEE Transactions on Pattern Analysis and Machine Intelligence (PAMI), Bd. 15, Nr. 6, 1991, S. 583-598.

[Zeh92] Zehetbauer, S.: *Segmentierung und Analyse drei- und vierdimensionaler Ultraschalldatensätze*, Diplomarbeit, Technische Universität München, Institut für Informatik, 1992.

[ZMG93] Zehetbauer, S.; Meyer-Gruhl, U.: *Segmentierung and Analyse drei- und vierdimensionaler Ultraschalldatensätze*, in 15. DAGM-Symposium, Springer Verlag, Berlin Heidelberg New York, 1993, S. 118-125.

Befundungsunterstützung in der kontrastmittelverstärkten MR-Mammographie mit Methoden der Bildverarbeitung

M.H. Makabe, A. Mayer, U. Engelmann, A. Schröter, H.P. Meinzer

Deutsches Krebsforschungszentrum, Abteilung für Med. und Biol. Informatik,
Im Neuenheimer Feld 280, 69120 Heidelberg

Zusammenfassung Mit der vorgestellte Methode zur automatischen Segmentierung und dreidimensionalen Rekonstruktion verdächtiger Läsionen in der kontrastmittelverstärkten MR-Mammographie wurde ein ganzheitliches Lösungskonzept umgesetzt, das alle für die diagnostische Entscheidung relevanten Merkmale berücksichtigt. Besonders im Bereich der diffusen Kontrastmittelanreicherungen hat die automatische Aufbereitung der Daten das Potential, die Forschung weiter anzuregen.

1 Einleitung

Die kontrastmittelverstärkte MR-Mammographie (MRM) ist ein relativ junges bildgebendes Verfahren, das als differentialdiagnostische Untersuchungsmethode in Fällen eingesetzt wird, bei denen die klassischen Methoden, wie Röntgenmammographie und Sonographie, keine diagnostische Klarheit schaffen konnten [1, 3, 4]. Bei der MRM entstehen mehrere Bildvolumina, die zu verschiedenen Zeitpunkten vor bzw. nach der Gabe von Kontrastmittel aufgenommen werden. Die für die Befundung relevanten Merkmale sind das Ausmaß der Kontrastmittelanreicherung sowie die Form und die Abrenzung der Anreicherungsmuster zum umgebenden Gewebe. Der vorliegende Beitrag stellt eine Methode vor, die den Radiologen durch automatische Merkmalsextraktion und adäquate Präsentation der Merkmale im diagnostischen Entscheidungsprozeß unterstützt und den visuellen Vergleich der zahlreichen Schichtbilder bei der Befundung ablösen kann.

2 Stand der Forschung

In der klassischen Auswertung werden die Bilddaten schichtweise entlang der Zeit- und der Raumachse verglichen [2, 5]. Mit diesem Vorgehen verschafft sich der Radiologe ein Bild über die zur Befundung relevanten Merkmale Ausmaß, Geschwindigkeit, Form und Position von Kontrastmittelanreicherungen. Zur quantitativen Unterstützung des mental visuellen Vergleichs ist es dem Radiologen an einigen MR-Scannern möglich, den Verlauf der relativen Kontrastmittelanreicherung in einer von ihm definierten ROI als Graph anzeigen zu lassen. Die automatische Segmentierung verdächtiger Läsionen und die Darstellung aller relevanten Merkmale zur Unterstützung des Radiologen bei der Befundung ist den Autoren bislang nicht bekannt.

3 Material

Das hier verwendete Datenmaterial wurde mit einem Philips MR-Tomographen der Feldstärke 0.5 T erstellt. Es wurde eine Quadratur-Doppelspule verwendet, in welcher die Patientin auf dem Bauch liegend positioniert wird. Für die Aufnahme wird ein dreidimensionales Gradientenecho sowie eine Kontrastmitteldosis (Gd-DTPA) von 0,1 mmol/kg Patientengewicht eingesetzt. Es resultieren 4 Datenvolumina, die zu verschiedenen Zeitpunkten der Untersuchung (prä-, 1, 2 und 8 min postkontrast) ermittelt wurden. Die Auflösung entlang der z-Achse liegt bei 3 bis 4 mm (50 bis 60 Schichten), wohingegen die Inplane-Auflösung mit 1 bis 2 mm (256^2 Bildpunkte) deutlich höher liegt.

4 Verfahren zur Befundungsunterstützung

Aus Sicht der Bildverarbeitung unterteilt sich das Verfahren in die Schritte Segmentierung, Klassifikation und Präsentation, die im folgenden näher beschrieben werden.

4.1 Segmentierung

Da in der MRM neben der Mamma auch Teile des Thorax abgebildet werden, muß sowohl die Segmentierung der verdächtigen Gebiete als auch die Detektion der Region of Interest geleistet werden.

Stufenweise Segmentierung der ROI Die in der stufenweisen Segmentierungsstrategie verwendeten Basisoperatoren der Bildverarbeitung gehören den Gebieten Schwellwertbildung, Morphologie und Connected-Components-Analyse an. Diese wurden in geeigneter Weise kombiniert und dem verwendeten Datenmaterial entsprechend parametrisiert. Die ROI wird anhand der Leeraufnahme (präkontrast) bestimmt und gilt für alle Datenvolumina der Aufnahme. Abbildung 1 oben zeigt die Ergebnisse der ersten Stufen an einer Schicht. Im ersten Schritt (links) wird durch Schwellwertbildung eine erste Schätzung der Mammaregion erreicht:

$$f_{TH}(x,y,z) = \begin{cases} 1 & : \quad f(x,y,z) \geq TH \\ 0 & : \quad f(x,y,z) < TH \end{cases} \quad (1)$$

Im vorliegenden Datenmaterial hat sich ein Schwellwert von $TH = 200$ zur Segmentierung des Fettsignals und damit zur Ermittlung dieser Schätzung bewährt. Durch die Extraktion des größten zusammenhängenden Gebietes in der gelabelten Version der ersten Kontur werden die falsch positiv segmentierten Gebiete ausgeblendet (s.a. Abb. 1 oben/mitte):

$$f_{B1}(x,y,z) = (f_{lbl}(x,y,z) \equiv lbl_{max}) \quad (2)$$

wobei $f_{lbl}(x,y,z)$ das Ergebnis des Labelings auf $f_{TH}(x,y,z)$ darstellt und mit lblmax das Label mit der größten Fläche bezeichnet ist. Die Eliminierung eines

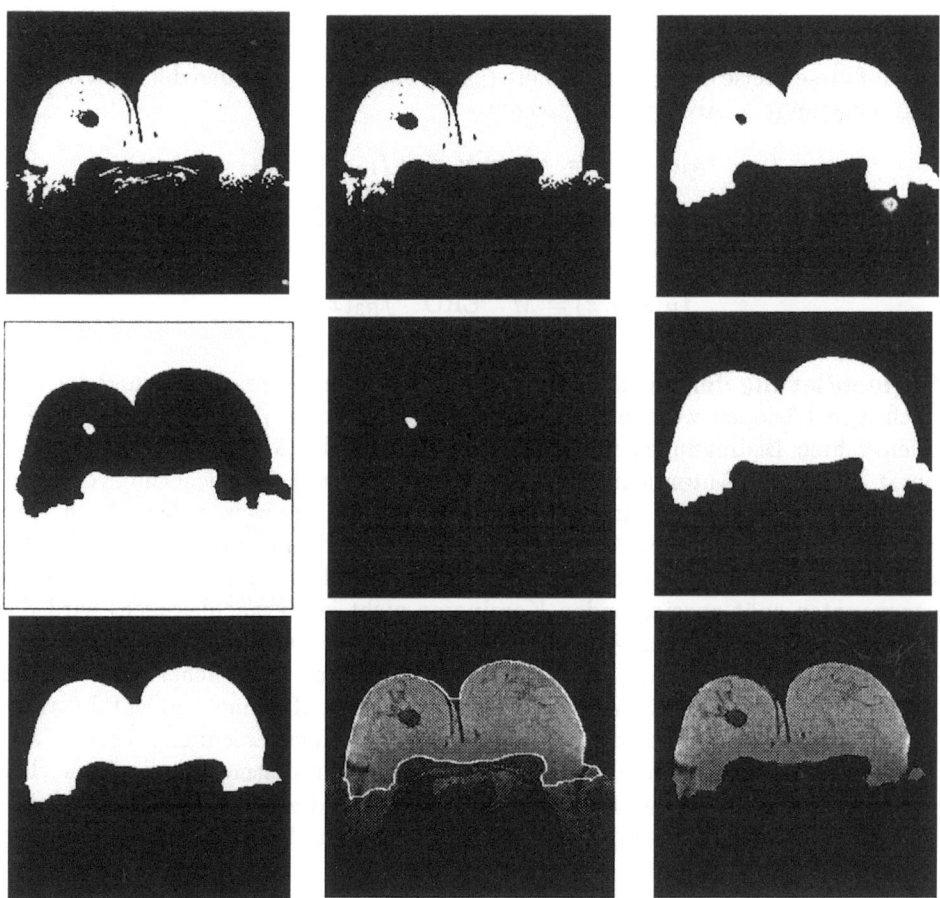

Abbildung1. Ergebnisse der stufenweisen Segmentierung der ROI: oben: Thresholding, Connected Components und Dilation; mitte: Inversion, Connected Components und Fusion; unten: Erosion und ROI im Originalbild

Teils der dort zu erkennenden, falsch negativ segmentierten Regionen, d.h. der Löcher und Lücken in der Brustregion, wird durch eine Dilation erreicht (s. Abb. 1 oben/rechts). Dabei wird eine dreidimensionale Maske M mit Kantenlange 5 und einer symmetrischen 1-Belegung verwendet:

$$f_{B2} = M \quad \text{DILA} \quad f_{b1}(x,y,z) \tag{3}$$

Die noch verbliebenen falsch negativ segmentierten Gebiete stellen kleine Inseln innerhalb der Brustregion dar, die durch Elimination des größten Gebietes im invertierten Bildmaterial (s.a. Abb. 1 mitte/links) isoliert werden können:

$$f_I(x,y,z) = \begin{cases} 1 & : \quad f_{B2}(x,y,z) \equiv 0 \\ 0 & : \quad f_{B2}(x,y,z) \equiv 1 \end{cases} \tag{4}$$

$$f_{Insel}(x,y,z) = f_I(x,y,z) \wedge (f_{I,lbl}(x,y,z) \neq lbl_{I,max}) \tag{5}$$

Die auf diese Weise erreichten Gebiete (s.a. Abb. 1 mitte) werden der Brustregion zugeschlagen (s.a. Abb. 1 mitte/rechts):

$$f_{B3}(x,y,z) = f_{B2}(x,y,z) \vee f_{Insel}(x,y,z) \tag{6}$$

und diese durch eine Erosion auf die korrekte Größe zurückgeschrumpft (s.a. Abb. 1 unten/links):

$$f_B(x,y,z) = M \quad \text{ERO} \quad f_{B3}(x,y,z) \tag{7}$$

Segmentierung der verdächtigen Läsionen Für die Segmentierung der verdächtigen Läsionen werden die in Heywang-Köbrunner [2] und Kaiser [5] veröffentlichten Bedingungen für Mammaläsionen in der MR-Mammographie benutzt. Bei beiden Autoren gilt eine relative Kontrastmittelanreicherung von mehr als 100% als Bedingung für ein Mamma-Karzinom. Sie weisen darauf hin, daß das Kontrastmittel diesen Anreicherungswert schnell, d.h. üblicherweise bereits in der ersten Aufnahme nach der Gabe von Gd-DTPA, erreicht. Um jedoch die sogenannten spät anreichernden Karzinome nicht zu vernachlässigen, wird die Kontrastmittelanreicherung für alle aufgenommenen Datenvolumina mit $t_i > 0$ berechnet. Zur Ermittlung der relativen Kontrastmittelanreicherung wird die relative Subtraktion zwischen einer Kontrastmittelaufnahme und der Leeraufnahme verwendet. Durch diese Art der Anreicherungsberechnung werden alle Gebiete, unabhängig von ihrer Intensität vor der Kontrastmittelgabe in gleicher Weise behandelt. Um das Rauschen im Hintergrund zu unterdrücken und Divisionen durch Null zu umgehen, werden Nullbildpunkte in der Leeraufnahme korrigiert.

$$f_{t_i0}(x,y,z) = \frac{f_g(x,y,z,t_i) - f_g(x,y,z,0)}{f_g(x,y,z,0) + (f_g(x,y,z,0) \equiv 0)} \quad \forall \; t_i < 0 \tag{8}$$

4.2 Klassifikation

Die berechneten relativen Kontrastmittelanreicherungen werden in drei Klassen unterteilt. Dabei gelten Gebiete mit einer relativen Anreicherung zwischen 0% und 50% als unauffällig, Gebiete mit einer relativen Kontrastmittelanreicherung zwischen 50% und 100% als mäßig stark anreichernd.

$$f_{K,t_i0} = \begin{cases} 0 & : f_{t,0}(x,y,z) \geq 0\% \wedge f_{t,0}(x,y,z) < 50\% \\ 100 & : f_{t,0}(x,y,z) \geq 50\% \wedge f_{t,0}(x,y,z) < 100\% \\ 150 & : f_{t,0}(x,y,z) > 100\% \end{cases} \tag{9}$$

Gebiete mit Werten, die mehr als 100% Kontrastmittelanreicherung aufweisen und innerhalb der Brustregion liegen, sind verdächtige bösartigen Mammaläsionen:

$$f_{v,t_i0}(x,y,z) = f_B(x,y,z) \times (F_{K,t_i0}(x,y,z) = 150) \tag{10}$$

4.3 Präsentation

Die Ergebnisse der Segmentierung und Klassifikation werden dem Radiologen auf zwei Arten präsentiert. Neben der schichtweisen Darstellung der verschiedenen Anreicherungsbänder (s.a. Gl. 9) erfolgt die dreidimensionale Rekonstruktion der verdächtigen Mammaläsionen (s.a. Gl. 10), um die visuelle Beurteilung ihrer Form und Position im Raum zu unterstützen.

Schichtweise Darstellung Abbildung 2 zeigt das Ergebnis der Segmentierung und Klassifikation am Beispiel eines Tumors. Dabei werden starke Anreicherungen von mehr als 100% weiß, mäßig starke Anreicherungen zwischen 50% und 100% braun (hier hellgrau) und die gefundene Brustregion dunkelgrau dargestellt. Die obere Reihe zeigt Ausschnitte aus der räumlichen Achse des ersten

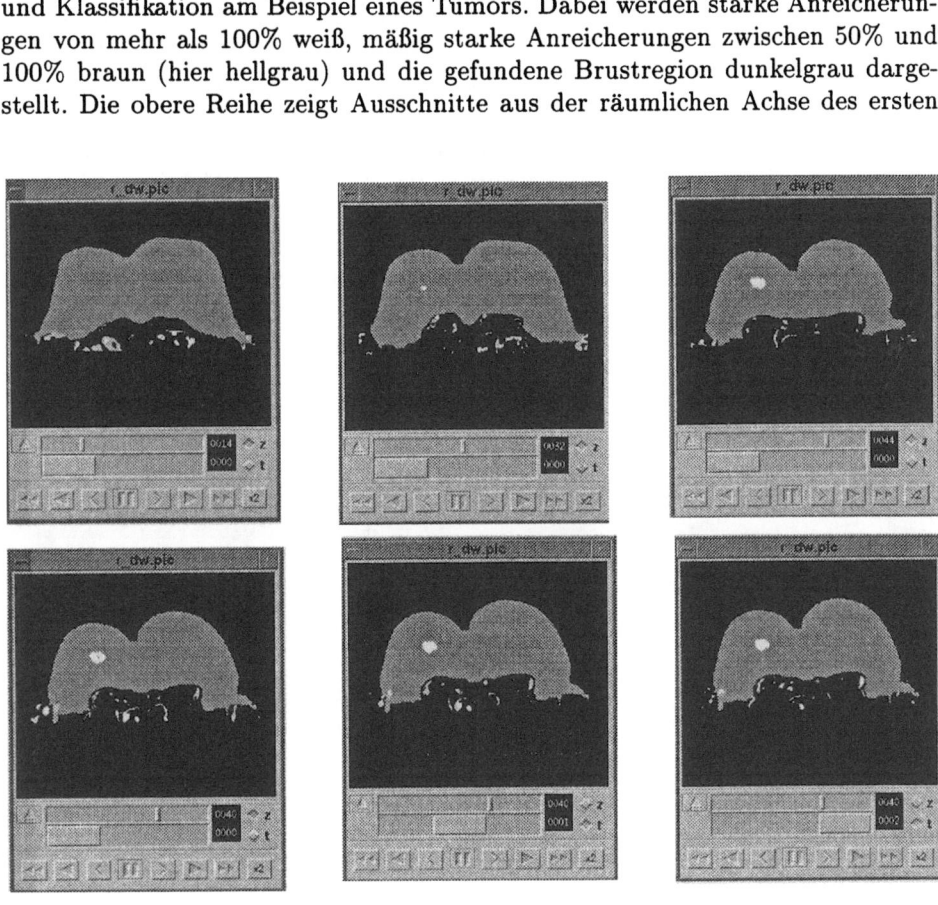

Abbildung 2. Ergebnis der Segmentierung und Klassifikation als Schichtdarstellung

Anreicherungsvolumens nach Kontrastmittelgabe: links eine Schicht unterhalb des Tumors, in der Mitte eine Schicht am Rand des Tumors und rechts eine Schicht durch das Zentrum des Tumors. In der unteren Hälfte der Abbildung wird der zeitliche Anreicherungsverlauf einer Schicht dargestellt: die Anreicherung direkt nach der Kontrastmittelgabe (links) zeigt einen Ring mit starker

Anreicherung, in dessen Mitte sich Gewebe mit mäßig starker Anreicherung befindet. Dieses braune (hier hellgraue) Gebiet reichert im Laufe der Zeit wie der Rest des Tumors stark an, sodaß in den darauffolgenden Ausschnitten (mitte und rechts) ein homogenes weißes Gebiet zu sehen ist.

3D-Visualisierung Die 3D-Rekonstruktion zeigt die im Brustgebiet vorkommenden verdächtigen Läsionen zu den verschiedenen Zeitpunkten als solide Objekte innerhalb der wolkig durchscheinenden Mamma. Diese Art der Präsentation soll die Beurteilung der Form und räumlichen Lage der Läsion erleichtern. Durch das Design eines Standardparametersatzes wird die vollautomatische Berechnung einer vordefinierten Animation mit dem Heidelberg Raytracer möglich. Eine Animationssequenz besteht aus 17 Einzelbildern, welche die seitliche Rotation der aufrecht stehenden Patientin darstellt. Die Rotation erfolgt zwischen 10° und 170° in 10° Schritten. Die Grauwert-Dichte-Interpretation des Heidelberger Raytracers macht es notwendig, daß den verdächtigen Läsionen hohe (dichte) Eingangswerte zugeordnet werden, wohingegen das unverdächtige umgebende Mammagewebe entsprechend durch geringere (durchscheinendere) Eingangswerte gekennzeichnet wird. Um die Feinstruktur des unverdächtigen Mammagewebes in der Rekonstruktion zu erhalten, erfolgt die Zuordnung zu den geringeren Eingangswerten proportional zu den in der Leeraufnahme vorliegenden Signalwerten. Abbildung 3 zeigt das Ergebnis der 3D-Visualisierung des

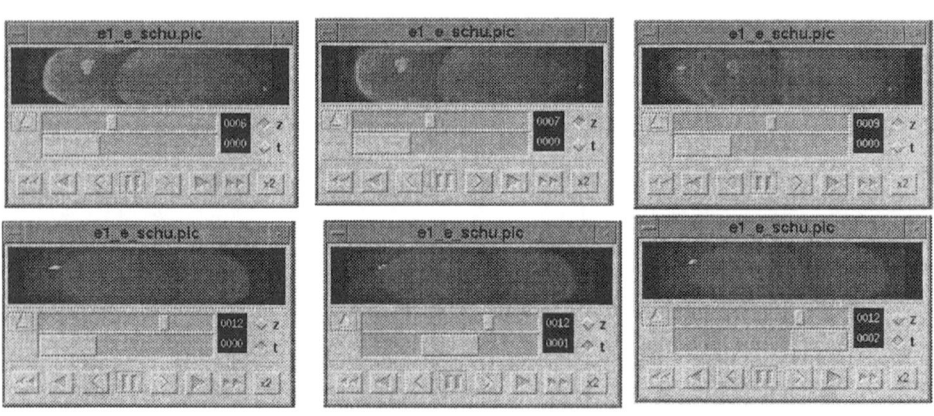

Abbildung 3. Ergebnis der dreidimensionalen Rekonstruktion verdächtiger Regionen

Tumors aus Abbildung 4. Die obere Reihe zeigt die Rotation der rekonstruierten Mamma ausschnittsweise, während in der unteren Hälfte der Abbildung der zeitliche Verlauf der Anreicherung in der dreidimensionalen Rekonstruktion zu sehen ist. Der gewählte Ausschnitt zeigt die im Achselbereich zunächst vorhandenen Kontrastmittelanreicherung (links) und die in den folgenden Zeitabschnitten erfolgte Auswaschung des Kontrastmittels (mitte, rechts).

5 Ergebnisse

Das hier vorgestellte Verfahren wurde an etwa 60 Fällen getestet und stichprobenweise anhand charakteristischer Fälle der klinischen Routine evaluiert. Eine umfassende Studie, welche die Ergebnisse des Verfahrens mit den Resultaten der Zytologie vergleicht, steht als nächster Arbeitsschritt unmittelbar bevor. Neben den bereits vorgestellten Ergebnissen am Fall eines Karzinoms (s.a. Abb. 2 und Abb. 3) soll im folgenden ein Fall mit diffuser Anreicherung vorgestellt werden. Abbildung 4 zeigt die Schichtbilddarstellung der Anreicherungsbänder. Neben kleinen Anreicherungsgebieten zeigt sich eine sternförmige Anreicherung, deren räumliche Struktur aus den Ausschnitten entlang des Volumens (obere Reihe der Abbildung) nur schwer zu erkennen ist. Abbildung 5 zeigt die dreidimensionale

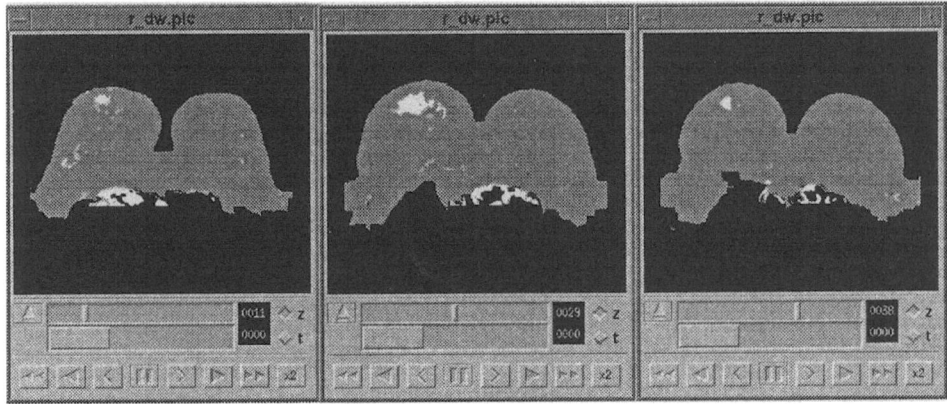

Abbildung 4. Schichtbilddarstellung einer diffusen Anreicherung

Rekonstruktion dieses Falls. In der oberen Hälfte der Abbildung ist es möglich eine schwammartige Strukur von kleinen verstreuten Anreicherungsgebieten zu unterscheiden. Die Ausschnitte aus der Zeitachse (untere Hälfte der Abbildung) zeigen die Verdichtung der schwammartigen Struktur über die Zeit. Die Beurteilung solcher diffuser Anreicherungen in der MR-Mammographie wird in der Literatur bislang vernachlässigt. In einem solchen Fall ist die klassische Vorgehensweise visueller Extraktion und mentaler, dreidimensionaler Rekonstruktion extrem anspruchsvoll. Die hier vorgestellte Aufbereitung macht es dem Radiologen möglich, diese aus den genannten Gründen bislang unbeachtete Formen zu beurteilen. Auf dem Gebiet der diffusen Anreicherungen ist es deshalb denkbar, daß durch das hier vorgestellte Verfahren der Gewinn neuer Kenntnisse möglich wird. Die vorgestellte Methode zur automatischen Segmentierung und dreidimensionalen Rekonstruktion verdächtiger Läsionen in der kontrastmittelverstärkten MR-Mammographie wurde von den Radiologen prinzipiell akzeptiert. Mit dieser Methode wurde ein ganzheitliches Lösungskonzept umgesetzt, das alle für die diagnostische Entscheidung relevanten Merkmale berücksichtigt.

Besonders im Bereich der diffusen Kontrastmittelanreicherungen hat die automatische Aufbereitung der Daten das Potential, die Forschung weiter anzuregen.

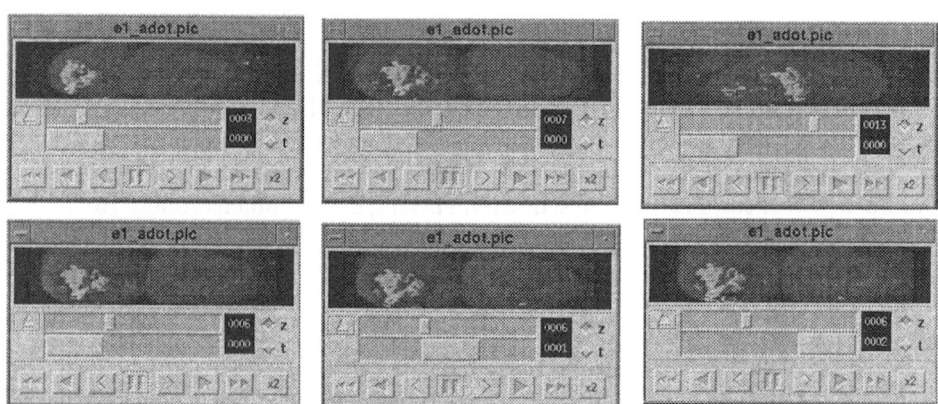

Abbildung 5. Visualisierung einer diffusen Anreicherung

6 Danksagung

Für die Mühe bei der Bereitstellung der Daten und die Bereitschaft zur ständigen Diskussion sei allen Mitarbeitern der Radiologischen Gemeinschaftspraxis der ATOS Praxisklinik GmbH gedankt. Die Bereitstellung der nicht unwesentlichen Datenmengen wurde erst durch die Übertragung per ISDN möglich, die im Rahmen des von der DeTe Berkom geförderten Projektes Medicus I installiert wurde.

Literatur

1. Heywang, S.H., Frenzl, G., Edmaier, M., Eiermann, W., Bassermann, R., Krischke, I.: Kernspintomographie in der Mammadiagnostik. Fortschr.Röntgenstr. 143, pp. 207-212, 1985.
2. Heywang-Köbrunner, S.H.: Contrast-Enhanced MRI of the Breast, Schering, 1990.
3. Kaiser, W., Zeitler, E.: Kernspintomographie der Mamma - Diagnose, Differentialdiagnose, Probleme und Lösungsmöglichkeiten: II: Diagnostik. ROFO 144/5, pp. 572-579, 1986.
4. Kaiser, W.A., Zeitler, E.; MR Imaging of the breast: fast imaging sequences with and without Gd-DTPA. Radiology 165, p.120, 1987.
5. Kaiser, W.A.: MR Mammography (MRM), Springer, Berlin Heidelberg, 1993

Ein adaptives Bildbefundungssystem zur quantitativen Bildanalyse in der digitalen bildgebenden Diagnostik

Martin Schürer
Fachbereich Medizinische Physik
Deutsche Klinik für Diagnostik
Aukammallee 33
65191 Wiesbaden

1 Einleitung

Mit der zunehmenden Zahl bildgebender Verfahren, die digitale Bilder zur Verfügung stellen, werden immer mehr Verfahren der digitalen Bildverarbeitung und quantitativen Bildanalyse benötigt, die sich unter den klinischen Randbedingungen in der bildgebenden Diagnostik anwenden lassen. Die Variabilität der im diagnostischen Prozeß gewonnenen Bilddaten stellt dabei hohe Anforderungen an die Verfahren der Technischen Erkennung und digitalen Bildverarbeitung, da der Ablauf einer medizinischen Untersuchung meist durch verschiedene methodische und patientenspezifische Faktoren vorgegeben ist und sich an der visuellen Auswertbarkeit der aufgenommenen Bilder orientiert.

Die NMR-Tomographie der Orbita bei endokriner Ophthalmopathie ist eine in der klinischen Routinediagnostik etablierte Untersuchung, die eine quantitative digitale Bildauswertung erfordert. Neben den geometrischen Befundparametern zur Quantifizierung der morphologischen Veränderungen an den Augenmuskeln tragen die quantitativ für jeden Augenmuskel bestimmten gewebespezifischen Relaxationszeiten des Kernspinsystems (T_2) diagnostische Information über den mikroskopischen Gewebezustand der Augenmuskeln. Um die Qualität der aufgrund dieser quantitativen Befundparameter gestellten Diagnosen zu sichern, sind für die NMR-Bildauswertung der diagnostischen Fragestellung angepaßte Auswerteverfahren erforderlich.

2 Digitale NMR-Bildanalyse bei endokriner Ophthalmopathie

Die endokrine Ophthalmopathie ist eine Erkrankung, die durch raumfordernde Prozesse in den Weichteilgeweben der Augenhöhle (Orbita) gekennzeichnet ist. Die genaue Kausalkette in der Entstehung der Erkrankung ist immer noch lückenhaft. Auf osmotischem oder rein mechanischem Wege tragen verschiedene Faktoren zu einer Volumenzunahme der retroorbitalen Gewebe bei. Das äußere Zeichen dafür ist der Exophthalmus, ein sichtbar hervorgetretener Augapfel.

Neben den umfänglichen augenärztlichen an den Symptomen orientierten Diagnoseverfahren sowie endokrinologischen Zusatzbefunden sind die bildgebenden Verfahren Ultraschall (US), Röntgen-Computertomographie (CT) und Kernspintomographie (NMRT) zur Darstellung und Quantifizierung der morphologischen Veränderungen hinter dem Augapfel für die Diagnostik der endokrinen Ophthalmopathie und die Beurteilung des Therapieerfolges wichtig geworden. Durch die Darstellung der Orbita in mehreren Ebenen ist ein qualitativer Überblick über die Größenverhältnisse ihrer Weichteilgewebe gegeben. Von klinischer Bedeutung sind besonders Veränderungen an den extraokulären Augenmuskeln, die zu Doppelbildern und zur Kompression des Sehnerven mit akuter Gefahr der Erblindung führen können. Die quantitative

Bestimmung der Muskeldicke differenziert zwischen verdickten Augenmuskeln und Substanzeinlagerungen in den Fettkörper als Ursache des Exophthalmus. Als Maß für die Muskelverdickung dient die Querschnittsfläche des Muskels im koronaren NMR-Schnittbild unmittelbar hinter dem Augapfel (Abb. 1D) [*Pedrosa et al.*, 1988]. Wenn pathologische Veränderungen in Geweben und Organen die lokale physikalische und biochemische Umgebung der relaxierenden Atomkerne verändern, sind die erkrankten Gewebe an ihrem untypischen Relaxationsverhalten im Kernspinexperiment erkennbar. Die verstärkte Einlagerung von Wasser im Muskelgewebe durch ein entzündliches Ödem verlängert beispielsweise die Zeitkonstante T_2 für die Spin-Spin-Relaxation, da lange Relaxationszeiten für Flüssigkeiten charakteristisch sind. Zeigt ein Augenmuskel untypisch erhöhte T_2-Werte, sind diese als Entzündungszeichen interpretierbar. Die innerhalb eines jeden geraden Augenmuskels bestimmte Zeitkonstante T_2 läßt so Rückschlüsse auf den mikroskopischen Zustand des Muskelgewebes zu.

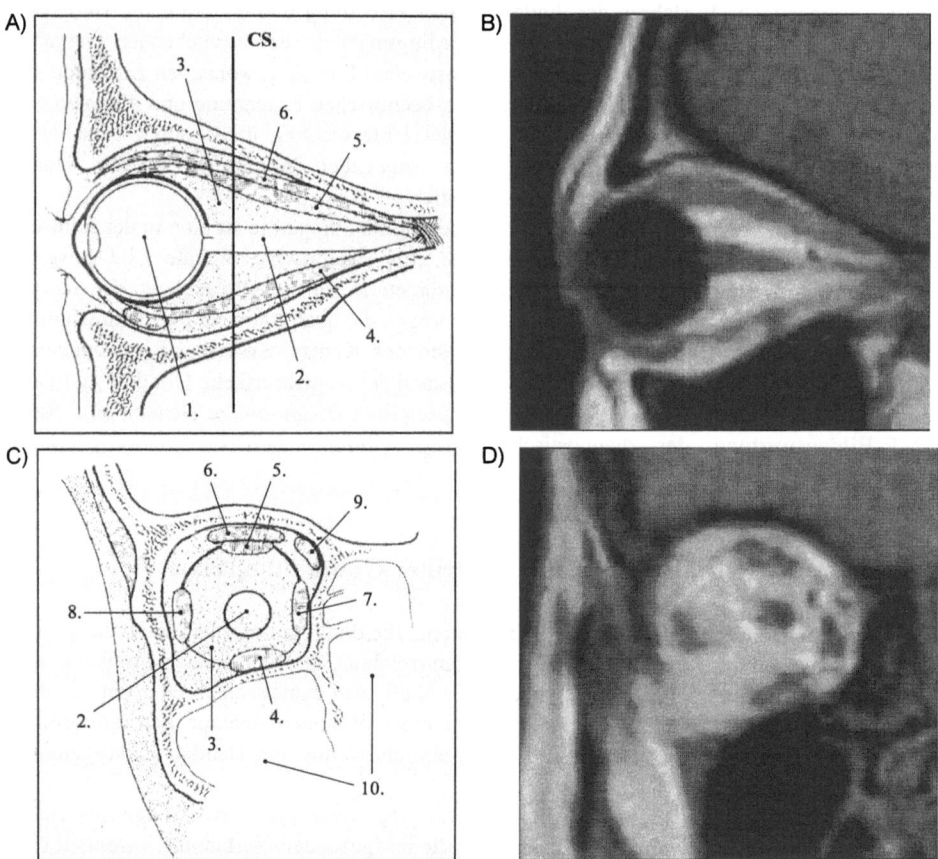

Abb. 1: A) Position der koronaren Schnittebene (CS.) hinter dem Bulbus oculi (1.) in parasagittaler Schnittführung, B) gleicher Ausschnitt wie A) im parasagittalen NMR-Schnittbild, C) koronare Schnittführung durch die rechte Orbita (2. Sehnerv, 3. retrobulbäres Fettgewebe, 4. Musculus rectus inferior, 5. Musculus rectus superior, 6. Musculus levator palpebrae superioris, 7. Musculus rectus medialis, 8. Musculus rectus lateralis, 9. Musculus obliquus superior, 10. Nasennebenhöhlen), D) gleicher Ausschnitt wie C) im koronaren NMR-Schnittbild.

3 Biomedizinisches Bildverarbeitungssystem

Die klinischen Randbedingungen definieren die Anforderungen an ein Systems zur quantitativen NMR-Bildauswertung in der bildgebenden Diagnostik:
1. vollständige Überprüfbarkeit aller technischen Verarbeitungsschritte, die Einfluß auf die Diagnose haben können, durch den Radiologen,
2. stabile Ergebnisse der digitalen Bildverarbeitungsalgorithmen auch bei großen Varianzen in Zusammensetzung und Qualität des auszuwertenden Datenmaterials,
3. Unterstützung der ärztlichen Tätigkeit und Arbeitsweise,
4. maximale Adaption des Bildverarbeitungssystems an die klinische Diagnoseaufgabe,
5. automatische Übernahme der quantitativen Diagnoseparameter in die Befunddokumentation.

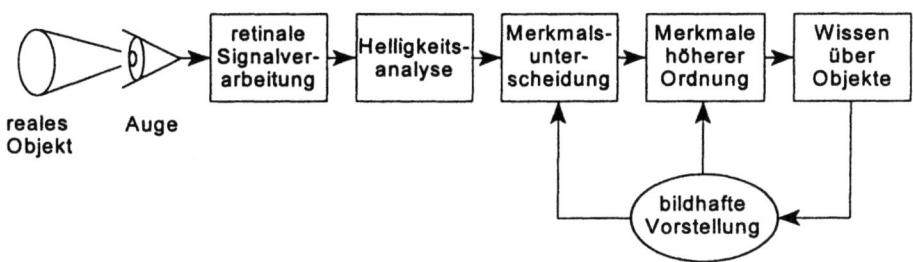

Abb. 2: Modell für den Einfluß visuellen Vorstellens auf die Wahrnehmung (nach [*Finke*, 1987]).

Eine Analogie zur visuellen Wahrnehmung (Abb. 2) zeigt, wie ein technisches Bildverarbeitungssystem (Abb. 3) erweitert werden kann, um strukturelle und funktionelle Vorteile der visuellen Informationsverarbeitung in Lebewesen für die Objekterkennung zu nutzen.
Die bildliche Objektvorstellung hängt vom Wissen über die Objekteigenschaften ab und kann auf neuronale Mechanismen in mittleren Verarbeitungsstufen des visuellen Systems einwirken [*Finke*, 1987]. Segmentierung und Objekterkennung sind in diesem Modell aktive Prozesse. Das Wissen über die Objekte erzeugt eine bildhafte Vorstellung von den gesuchten Objekten als Starthypothese für die Erkennung. Iterative Zyklen von Hypothese, Test und Hypothesenvariation können erste Ergebnisse der Merkmalsberechnung und Klassifikation für die Segmentierung in der folgenden Iteration nutzen.
Die retrospektive Analyse aller in der Ergebnisdatenbank gespeicherten, interaktiv verifizierten Untersuchungsergebnisse erzeugt eine "Vorstellung" vom mittleren Erscheinungsbild, den Erwartungswerten für die Modellparameter als Starthypothese für das zu segmentierende Objekt. Die Iterationszyklen optimieren schrittweise die lokalen Modellkonturen, bis die berechneten globalen Objektmerkmale charakteristische Werte zeigen und die Klassifikation eindeutig ist. Interaktiv setzt der Bildauswerter bei Mehrdeutigkeiten in den Bilddaten zusätzliche Randbedingungen oder korrigiert manuell das Ergebnis der Segmentierung.
Die optimale Konfiguration des Bildverarbeitungssystems für die klinische Diagnoseaufgabe schließt die Auswahl spezieller Verfahren für die Vorverarbeitung der Bilddaten ein. Die passive Trennung von Signal und Störung ist so im Vergleich zu allgemein verwendbaren

Vorverarbeitungsverfahren mit weniger Signalverlust möglich, was die anschließende Bildanalyse erleichtern und die Ergebnisse deutlich verbessern kann.

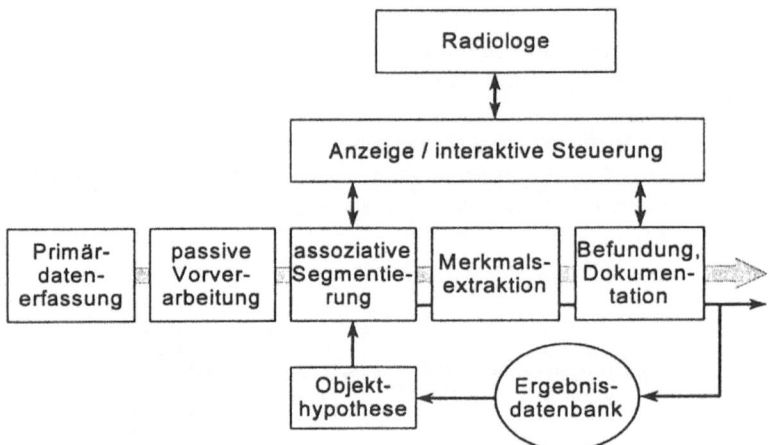

Abb. 3: Ein interaktives Bildverarbeitungssystem mit hypothesengestützter Segmentierung.

Das Prinzip der Bildsynthese aus den Parametern der Abbildungsgleichung hat bisher Anwendung zur interaktiven Computersimulation von NMR-Experimenten [*Bielke et al.*, 1984] und zur Merkmalsextraktion für die Gewebeklassifikation [*Jungke*, 1988] gefunden. Die Eigenschaften der Bildsynthese favorisieren sie aber auch als Methode zur Vorverarbeitung von Spin-Echo-Bildserien bei Anregung durch eine Carr-Purcell-Meiboom-Gill-Pulssequenz (CPMG).

$$S(t) = S(n \cdot T_0) e^{\frac{n \cdot T_0 - t}{T_2}} \qquad (1)$$

Der Modellansatz für die T_2-Relaxation (1) ist ein monoexponentieller durch die Zeitkonstante T_2 charakterisierter Abfall der Signalamplitude $S(n \cdot T_0)$. Die Meßwertfolge der Signalintensität an der Pixelposition stellt die durch additiv überlagertes thermisches Rauschen gestörten Abtastwerte des Relaxationsvorgangs im korrespondierenden Volumenelement dar. Durch Fehlerausgleich läßt sich eine Kurvenapproximation für den gewählten Modellansatz bestimmen, die mit minimalem quadratischen Fehler in die Meßwertfolge paßt. Durch Einsetzen von $t = T_E$ in die Modellfunktion ergeben sich an den gemessenen Stützstellen synthetische Intensitätswerte, die als rauschfreie Signalkomponente der Echoamplitude interpretiert werden können. Berechnet man für jedes Pixel die Intensitätswerte aus der Modellgleichung zu allen Echozeitpunkten, erhält man eine synthetische Echobildfolge, in der das den Meßwerten überlagerte thermische Rauschen wirkungsvoll unterdrückt ist. Zusätzlich hat man die Möglichkeit, künstliche Bildkontraste durch Kurvenextrapolation zu virtuellen Echozeiten $T_E \leq 0$ ms zu erzeugen, deren experimentelle Messung unmöglich ist. Der in diesen sogenannten virtuellen Bildern vorhandene Kontrast zwischen zwei Geweben kann dabei kleiner oder größer sein. Auch ist eine Kontrastauslöschung bzw. -umkehr möglich. Aus der Abbildungsgleichung lassen sich so durch Variation von T_E verschiedene Repräsentationen der gemessenen Bilddaten mit den gewünschten Eigenschaften (Rauschminderung, Kontrast zwischen den Geweben) für die Segmentierung erzeugen.

4 Modellbasierte Segmentierung durch Gradientenabstieg einer Energiefunktion

Die Stärke der Methode zur Segmentierung von Objekten mit parametrisch beschreibbaren Objektkonturen durch Gradientenabstieg einer Energiefunktion [*Yuille et al.*, 1989] in realen Bildern besteht darin, daß A-priori-Wissen für die Segmentierung sowohl in den Parametern des Objektmodells als auch in den Termen der Energiefunktion kodierbar ist. Die Erweiterung dieser Methode nutzt die Lagebeziehungen anatomischer Strukturen untereinander in einem hierarchischen Objektmodell (Abb. 4). A-priori-Wissen über Anzahl, Art und Eigenschaften der zu segmentierenden Objekte legt die Struktur des Objektmodells fest. Die Initialisierung der Parameter des Objektmodells mit Hilfe von Kontextinformation über die zur Verfügung stehenden Daten generiert eine Starthypothese für die Segmentierung durch aktive, modellbasierte Suche. Alle generell bekannten oder speziell aus der Bilddatenstruktur dekodierten Kontextinformationen, die im Objektmodell kodierbar sind, tragen a priori zur Verringerung des Abstandes zwischen Starthypothese und korrekt segmentiertem Bildinhalt bei. So liefert beispielsweise die Berechnung des Schnittpunktes zwischen jeweils drei aufgenommenen Schnittebenen (koronar, transversal und parasagittal durch jede Orbita) Positionen innerhalb der Orbitae als Startpunkte für die automatische Orbitalokalisation.

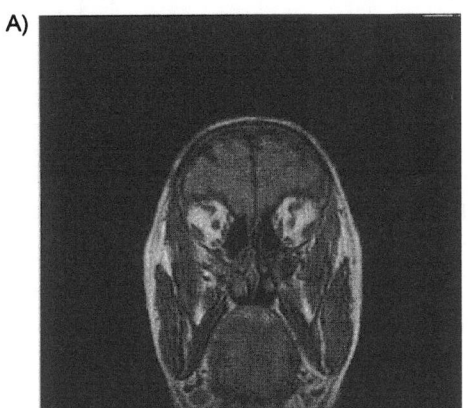
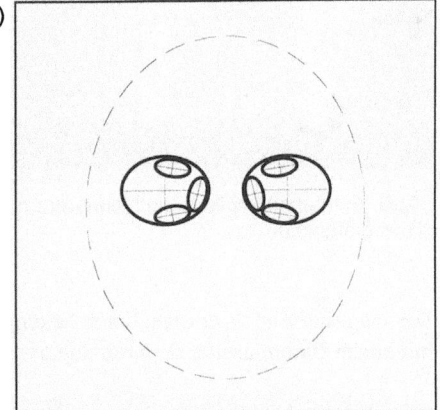

Abb. 4: A) resynthetisiertes Spin-Echo-Bild (T_E = 40 ms) in koronarer Schnittführung, B) hierarchisches Objektmodell für die Augenmuskelsegmentierung im koronaren Schnittbild.

Der Wert der Energiefunktion stellt ein Maß für die Fehlanpassung zwischen dem Objektmodell und den Bilddaten dar. Ist das globale Energieminimum gefunden, sind die zugehörigen Modellparameter eine optimale Lösung des Erkennungsproblems. Die Separierbarkeit der Energiefunktion (2) ermöglicht eine hierarchische Segmentierungsstrategie, die schrittweise global gesicherte Bildpartitionen in anatomisch relevante Strukturen verfeinert und den Einfluß lokaler Energieminima auf das Segmentierungsergebnis reduziert. Die Wichtungen der Energiefunktion

$$E = w_R E_R + w_L E_L \qquad (2)$$

separieren die Terme für die rechte (E_R) und die linke (E_L) Orbita. Ausgehend von den berechneten Startpunkten werden zunächst die Orbitae lokalisiert ($w_{J,O}$ = 1, $w_{J,Mm}$ = 0). Danach beginnt die Segmentierung der Augenmuskeln (Mm. rect. superior, medialis, inferior) relativ zur gefundenen Orbitaposition ($w_{J,O} = 0$, $w_{J,Mm} = 1$).

$$E_J = w_{J,O}E_{J,O} + w_{J,Mm}(w_{J,sup}E_{J,sup} + w_{J,med}E_{J,med} + w_{J,inf}E_{J,inf}) \quad (3)$$

Die Energieterme

$$E_{J,k} = w_{J,k,I}E_{J,k,I} + w_{J,k,K}E_{J,k,K} + w_{J,k,G}E_{J,k,G} \quad (4)$$

kodieren die Bedingungen für die optimale Übereinstimmung von Objektmodell und Bilddaten mit Hilfe geeigneter aus dem koronaren Schnittbild abgeleiteter Merkmalsrepräsentationen, einem Intensitätsbild und einem Konturmerkmalsbild (Abb. 5).

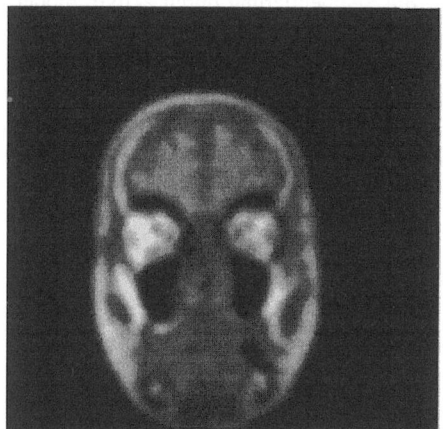 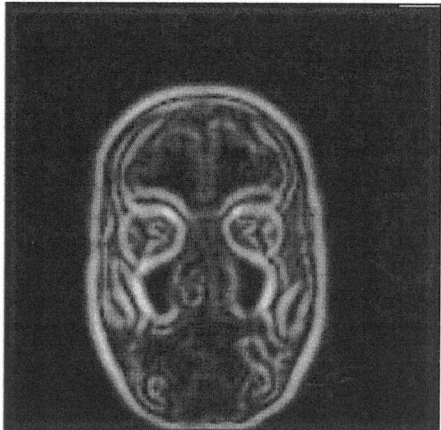

Abb. 5: Intensitätsbild Φ_I und Konturkantenbild Φ_K zur Definition der Objektmerkmale in der Energiefunktion.

Das Intensitätsbild Φ_I entsteht durch Faltung der Grauwerte in der Bildmatrix (256 × 256 Pixel) mit einem Binomialfilter der Ordnung n = 10 (Maskengröße 11 × 11).

$$\Phi_I = \Phi * {}^{10}B \quad (5)$$

Das Konturkantenbild Φ_K ist das Ergebnis einer Faltung des Intensitätsbildes Φ_I mit dem Sobel-operator S (6). Die abschließende Glättung vergrößert die Reichweite der lokalen Kantenmerkmale und vermindert lokale Merkmalssprünge für die starke Kausalität der Energieterme bei kleinen Änderungen der Ellipsenparameter innerhalb der Merkmalsrepräsentation.

$$\Phi_K = (\Phi_I * S) * {}^{10}B \quad (6)$$

Die Ellipsen des Objektmodells haben jeweils eine Innenfläche (F1), die von einer elliptischen Ringfläche (F2) umgeben ist (Abb. 6). Da sich das orbitale Fettgewebe signalreicher als die äußere Umgebung der Orbita im Spin-Echo-Bild darstellt, wird der Intensitätsterm $E_{J,k,I}$ für die Orbitalokalisation minimal, wenn die mittlere Intensität innerhalb von F1 maximal ist. Gleichzeitig sichert der Konturterm $E_{J,k,K}$, daß die mittlere Intensität der Kantenmerkmale innerhalb der Ringfläche F2 maximal wird. $E_{J,k,G}$ kodiert einzuhaltende geometrische Randbedingungen. Analog zur Orbitalokalisation ist die Muskelsegmentierung realisiert. Im Unterschied zur Orbitalokalisation ist das Vorzeichen des Intensitätsterms umgekehrt, da die Muskeln sich gegenüber ihrer Umgebung signalärmer darstellen. Die beide Merkmalsbilder sind zusätzlich mit der Kontur der (durch dynamische Programmierung) segmentierten Orbita zu maskieren und die Randbereiche außerhalb der Orbitakontur auf solche synthetischen Merkmale zu setzen, daß die Suche der Muskelellipsen nur innerhalb der Orbita erfolgt.

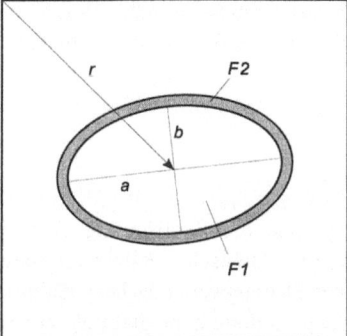

Abb. 6: Ellipsenmodell für die Berechnung der Energieterme.

5 Bildbefundung durch interaktive Verifizierung der automatisch vorbereiteten Bildauswertung

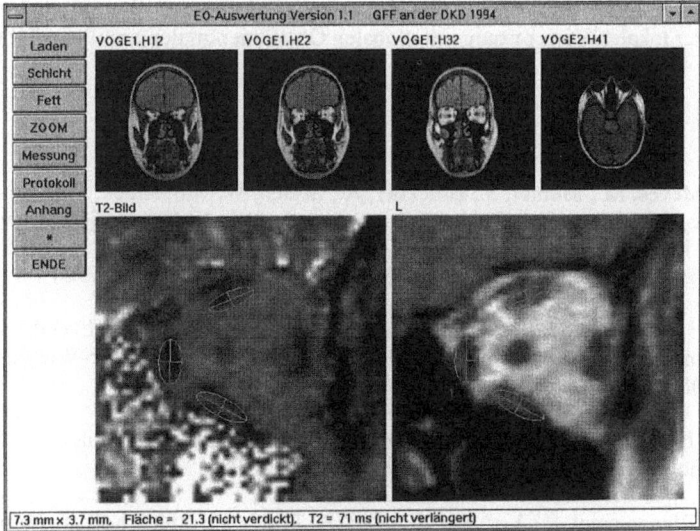

Abb. 7: Interaktive Verifizierung der automatisch generierten Auswertungsvorschläge für die linke Orbita.

Die Ergebnisse aller diagnostisch relevanten Verarbeitungsschritte des Bildanalysesystems müssen interaktiv verifizierbar und korrigierbar sein, denn nur die vollständige Kontrolle über diese Verarbeitungsschritte gewährleistet auch die ärztliche Verantwortung für die ermittelten

Befunde und die daraus abgeleiteten Diagnosen. Das NMR-Bildbefundungssystem bietet dafür die anschauliche graphische Befundung mit der Anzeige aller berechneten Diagnoseparameter (Abb. 7) sowie die Unterstützung bei der Dokumentation der Auswertung in Befundbrief und Bildanhang. Der auf Papier gedruckte Bildanhang zur Auswertung zeigt die vermessenen Ellipsenapproximationen in den Orbitaausschnitten sowohl des Spin-Echo- als auch des T_2-Parameterbildes und dokumentiert so anschaulich, wie die im Brief beschriebenen Befunde ermittelt wurden. Der zeitlich enge Bezug von der Befundung bis zum unterschriftsreifen Befundbrief verringert die Fehlermöglichkeiten und sichert die Qualität der dokumentierten Untersuchungsergebnisse.

6 Zusammenfassung

Der Beitrag stellt das Konzept und die Realisierung eines biomedizinischen NMR-Bildverarbeitungssystems vor, das in der Deutschen Klinik für Diagnostik Wiesbaden (DKD) zur Diagnose und zur Beurteilung des Therapieverlaufes bei endokriner Ophthalmopathie verwendet wird. Der Lösungsansatz, um die geforderte hohe Stabilität der Technischen Erkennung bei der Analyse klinischer Bilddaten zu erreichen, besteht in der Kombination verschiedener Verfahren der Technischen Erkennung mit Ansätzen aus der Neuroinformatik. In Analogie zu Prozessen der visuellen Wahrnehmung in Organismen unterstützt ein adaptives Objektmodell die datengetriebene Verarbeitung des Bildverarbeitungssystems. Ein datenspezifisches Vorverarbeitungsverfahren stellt für die Segmentierung unterschiedliche, der jeweiligen Erkennungsaufgabe angepaßte Repräsentationen der gemessenen Bilddaten zur Verfügung. Das modellbasierte Segmentierungsverfahren ist vielseitig in der bildgebenden Diagnostik einsetzbar. Es kommt ohne Schwellwertoperationen aus, nutzt das vorhandene A-priori-Wissen und verifiziert die Ergebnisse der lokalen Verarbeitung mit globalen Objektmerkmalen und Plausibilitätskriterien.

Literatur

Bielke, G.; Meves, M.; Meindl, S.; Brückner, A.; Seelen, W. von; Rinck, P.; Pfannenstiel, P.: A systematic approach to optimization of pulse sequences in NMR-imaging by computer simulations. Esser, P. D.; Johnston, R. E., (Eds.): Technology of Nuclear Magnetic Resonance, 109-117. New York: The Society of Nuclear Medicine, Inc. 1984

Finke, R. A.: Bildhaftes Vorstellen und visuelle Wahrnehmung. Ritter, M., (Ed.): Wahrnehmung und visuelles System, 178-185. Heidelberg: Spektrum-der-Wissenschaft-Verlagsgesellschaft 1987

Jungke, M.: Entwicklung eines Systems zur Informationsverarbeitung in der Kernspintomographie. Mainz: Dissertation Univ. Mainz 1988

Pedrosa, P.; Pfannenstiel, P.; Just, M.; Higer, H. P.; Utech, C.; Brederhoff, J.; Wulle, K. G.: Ergebnisse kernspintomographischer Untersuchungen bei endokriner Orbitopathie. Klinisches Monatsblatt der Augenheilkunde 193 (1988), 169-173

Yuille, A. L.; Cohen, D. S.; Hallinan, P. W.: Feature extraction from faces using deformable templates. Proceedings on the IEEE Computer Society Conference on Computer Vision and Pattern Recognition (1989), 104-109

Automatische Klassifikation hochaufgelöster Oberflächenprofile von Hauttumoren mit neuronalen Netzen

Th. Roß[1], H. Handels[1], H. Busche[2], J. Kreusch[2], H.H. Wolff[2], S.J. Pöppl[1]

[1]Institut für Medizinische Informatik und [2]Klinik für Dermatologie,
Medizinische Universität zu Lübeck, Ratzeburger Allee 160, 23538 Lübeck

{ross I handels}@medinf.mu-luebeck.de

Zusammenfassung

In diesem Beitrag wird ein Ansatz zur automatischen Unterscheidung nävozellulärer Nävi von malignen Melanomen vorgestellt, der auf profilometrischen Messungen der Hautoberfläche beruht. Die Analyse stützt sich auf hochaufgelöste Oberflächenprofile eines Hautareals von $4\times4mm^2$ Größe, das mit 125 Meßpunkten pro mm mit einem Laserprofilometer abgetastet wird. Jedes dieser Profile wird in 16 Teilprofile gleicher Größe zerlegt, aus denen zur Differenzierung von Melanomen und Nävi drei verschiedene Arten von Merkmalen extrahiert werden: Texturmerkmale, Fouriermerkmale und fraktale Merkmale. Anschließend wird eine Auswahl von Merkmale getroffen, wobei die Güte einer Untermenge von Merkmalen mit der Fehlerrate des Nächster-Nachbar-Klassifikators, geschätzt mit der Leaving-One-Out Methode, bestimmt wird. Mit der so ermittelten besten Teilmenge von Merkmalen werden Backpropagation-Netzwerke trainiert. Hierbei werden die Anzahl von verborgenen Schichten, die Anzahl von Neuronen pro Schicht sowie die Fehlerschwelle variiert. Die niedrigste mit einem Backpropagation-Netz erreichte Fehlerrate von 9.1% wurde mit zwei verborgenen Schichten mit 8 Neuronen in der ersten und 13 Neuronen in der zweiten Schicht erzielt, die geringste Fehlerrate mit einem Nächster-Nachbar-Klassifikator lag bei 4.5%, wobei Lern- und Teststichproben in derselben Weise wie bei den Neuronalen Netzen gewählt wurden.

1. Einleitung

Für eine erfolgreiche Therapie des malignen Melanoms, des Hautkrebses mit der höchsten Todesrate, ist die Diagnose in frühen Stadien das wichtigste Kriterium. Während weltweit die Inzidenz des malignen Melanoms zunimmt [BA85, LEE85], erreicht dessen diagnostische Genauigkeit in der Dermatologie nur etwa 75% [LEE85]. Kritisch ist hier die Differentialdiagnose malignes Melanom versus Nävuszellnävus. Sie basiert in der Klinik vorwiegend auf visuellen Merkmalen wie der bekannten ABCDE-Regel (Asymmetrie, unregelmäßige Berandung, Color=Farbe, Durchmesser, Erhabenheit, [KRE91]). In Zweifelsfällen bringt erst die anschließende histologische Untersuchung endgültige Diagnosesicherheit. Das in diesem Beitrag vorgestellte Verfahren zur automatischen Erkennung von Hauttumoren basiert auf hochaufgelösten Höhenprofilen der Hautoberfläche, die mit einem Laser-Profilometer auf folgende Weise gewonnen werden: Zunächst wird ein Silikonabdruck der zu untersuchenden Hautoberfläche hergestellt, da die Gewinnung eines Profils mit dem Laserprofilometer bei der gewählten hohen Auflösung mehrere Stunden in Anspruch nimmt und Hautbewegungen das Meßergebnis verfälschen. Außerdem eignet sich das hier eingesetzte Material (Silflo®) wegen seiner Reflektionseigenschaften besser für die optische Profilometrie als die Haut selbst. Der Abdruck wird anschließend mit einem dynamisch fokussierenden Laserprofilometer mit einer

Wellenlänge von λ = 780 nm vermessen. Die erzielte Ortsauflösung beträgt 125 Meßpunkte pro Milimeter in horizontaler und (bei einem Meßbereich von 1 mm) 100 nm in vertikaler Richtung. Die Profilabdrücke werden so ausgerichtet, daß die Hauptfaltenrichtung senkrecht zur Abtastrichtung des Lasers verläuft. Da das untersuchte Areal eine Ausdehnung von 4×4 mm² hat, ist das Ergebnis der Messung ein Array von 500×500 Höhenwerten. In Abb. 1a ist das Profil eines Nävuszellnävus dargestellt, in Abb. 1b das eines Melanoms. Die Darstellung der Profile wurde unter Verwendung eines Beleuchtungsmodells nach Lambert [FOL90] realisiert, da bei dieser Darstellung mehr Detailinformation sichtbar wird als bei den in der Profilometrie üblichen Visualisierungstechniken, wie z.B. der direkten Darstellung der Höhenwerte als Grauwerte oder der Darstellung mit Hilfe von Höhenlinien.

Abbildung 1a: Nävusprofil eines 4×4mm²   Abbildung 1b: Melanomprofil eines 4×4mm²

Im ersten Schritt der Profilanalyse werden Textur-, Fourier- und Fraktalmerkmale aus den Profilen berechnet. Zur Verbesserung der Klassifikationsleistung und Reduzierung der Komplexität wird anschließend eine Merkmalsreduktion durch Bestimmung einer möglichst guten Merkmalsteilmenge vorgenommen. Nach Bestimmung des besten Merkmalssatzes wird die Klassifikationsleistung von Backpropagation-Netzen, die sich hinsichtlich der Architektur und anderer Parameter unterscheiden, sowie von Nächster-Nachbar-Klassifikatoren verglichen.

2. Merkmalsextraktion

Aufgrund der Beobachtung, daß sowohl in Melanom- als auch in Nävusprofilen Areale mit Strukturen gesunder Haut enthalten sind (Abb. 1a, 1b), werden alle Profile in 16 Teilprofile zerlegt. Wegen der Verwendung des FFT-Algorithmus wird jedes Profil zunächst von der ursprünglichen Größe (500×500) auf die Größe 512×512 skaliert und anschließend in 16 gleichgroße Teilprofile der Größe 128×128 zerlegt. Die mit der Lambert-Schattierung realisierte Visualisierung der Feinstrukturen der Profile motivierte die im folgenden beschriebenen Schritte zur Merkmalsextraktion.

2.1. Texturanalyse

Der Idee, mit Coocurence-Matrizen Textur zu beschreiben, liegt die Annahme zu Grunde, daß sich Texturinformationen in einem Bild durch gemittelte räumliche Grauwertwechsel charakterisieren lassen [BAL82]. Bei diesem Ansatz wird zunächst eine intermediäre Matrix, die sogenannte Cooccurrence-Matrix, berechnet, um anschließend Merkmale als Funktionen dieser Matrix zu gewinnen. Für die Richtung θ und den Abstand d ist ein Matrixelement $S_{d,\theta}(i,j)$ der Cooccurrence-Matrix $S_{d,\theta}$ definiert als die Häufigkeit, mit der Grauwert g_i bezüglich Grauwert g_j so ausgerichtet ist, daß

$$f(x_1,y_1) = g_i \wedge f(x_2,y_2) = g_j \wedge (x_2,y_2) = (x_1 + d\cos\theta, y_1 + d\sin\theta). \tag{1}$$

Hierbei stellt f die Bildfunktion dar, die Matrixindizes *(i,j)* repräsentieren Indizes der Grauwerte aus einem endlichen Wertevorrat. Die Profilwerte, die hier den Grauwerten entsprechen, liegen zwischen -869µm und +381.65µm bezüglich einer Referenzlinie. Zur Berechnung der Cooccurrence-Matrix werden die Höhenwerte normalisiert auf einen Wertebereich von 0 bis 63. Es werden Häufigkeiten für 8 Winkelwerte mit $\theta_k = k\pi/4$, $k=0,...,7$ berechnet und anschließend gemäß (2) gemittelt:

$$S'(i,j,d) = \frac{1}{8}\sum_{k=0}^{7} S(i,j,d,\frac{\pi}{4}k). \tag{2}$$

S'(i,j,d) ist nicht mehr abhängig von θ und somit rotationsinvariant. Es werden 13 der in [HAR73] definierten Texturmerkmale berechnet. Aufgrund der Beobachtung, daß die Größe von Texturelementen stark variiert, (Abb. 1a und 1b), werden Cooccurrence-Matrizen für die Abstände $d=1,3,6,10,16$ berechnet, so daß insgesamt 65 Texturmerkmale für jedes Teilprofil ermittelt werden.

2.2. Fourier-Merkmale

Räumlich periodische oder richtungsabhängige Änderungen in einem zweidimensionalen Signal (hier: Höhenwerte der Profile) führen zu Peaks korrespondierender Frequenzen in der Fouriertransformierten dieses Signals [BAL82]. Dies ist die Motivation für die Extraktion fourierbasierter Merkmale aus einem Profil. Wenn $F(u,v)$ die Fouriertransformierte der (zweidimensionalen) Signalfunktion $f(x,y)$ ist, dann ist das Leistungsspektrum gegeben durch $|F(u,v)|^2$. Radiale Merkmale können beschrieben werden durch:

$$c_{r_1,r_2} = \iint_{r_1^2 \leq u^2+v^2 \leq r_2^2} |F(u,v)|^2 \, du \, dv \in \Re \tag{3}$$

wobei $[r_1,r_2]$ das untersuchte Frequenzintervall ist. Bei gleichem Abstand von r_1 und r_2 führen allmähliche Signaländerungen (Änderungen über einen großen Bildbereich) zu einem großen Wert c_{r_1,r_2} für kleine Werte von r_1 und r_2, während eine körnige Textur zu einem großen Wert c_{r_1,r_2} für hohe Werte von r_1 und r_2 führt. Im diskreten Fall werden die Integrale in Gl. (3) durch Summen ersetzt. Für das diskrete Leistungsspektrum einer zentrierten Fouriertransformierten (niedrige Frequenzanteile in der Mitte des Bildes) werden die radialen Fouriermerkmale durch Summation der Pixel innerhalb eines Ringes gewonnen, der durch die beiden zentrierten, konzentrischen Kreise mit den Radien r_1 und r_2 definiert ist. Da die Fouriertransformierte einer reellen, zweidimensionalen Funktion symmetrisch ist, genügt die Summation der Pixel innerhalb eines Halbkreises. Es werden sieben radiale Fouriermerkmale $\rho_0,...,\rho_6$ extrahiert mit $\rho_i = c_{r_i,r_{i+1}}$, $r_0 = 0$, $r_i = \frac{i}{7}X$, wobei X die Anzahl der Spalten bzw. Zeilen des quadratischen Bildes ist. Richtungsabhängige Merkmale lassen sich mit dem Leistungsspektrum eines Profils wie folgt berechnen:

$$a_{\theta_1,\theta_2} = \iint_{\theta_1 \leq \tan^{-1}\frac{u}{v} \leq \theta_2} |F(u,v)|^2 \, du \, dv \in \Re \tag{4}$$

In diesem Fall wird durch θ_1 und θ_2 ein Kreissektor im Leistungsspektrum definiert, der durch zwei im Winkel θ_1 und θ_2 durch das Zentrum verlaufende Geraden gebildet wird. Hohe Werte werden für a_{θ_1,θ_2} angenommen, wenn im Bild eine Textur mit der Orientierung $\theta_1+\pi/2$ und $\theta_2+\pi/2$ verläuft. Aufgrund der Symmetrie der Fouriertransformierten müssen nur Winkel θ_1,θ_2 im Wertebereich von $0 \leq \theta_1, \theta_2 \leq \pi$ berücksichtigt werden. Da die Profile in Hauptfaltenrichtung abgescannt werden und damit die Variabilität der Texturorientierungen reduziert ist, wurden 10 Merkmale $p_0, ..., p_9$ mit $p_i = a_{\theta_i, \theta_{i+1}}$, $\theta_i = i\pi/10$ *(i=0, ... ,9)* gemäß Gl. (4) berechnet.

2.3. Fraktale Analyse

Die lambert-schattierten Profile (Abb. 1a und 1b) zeigen, daß Tumorprofile generell einen glatteren Verlauf und weniger komplexe Strukturen aufweisen als Profile von Nävuszellnävi. Da sich fraktale Strukturen durch eine komplexe Detailstruktur charakterisieren lassen [FAL93], werden aufgrund des bei Melanomen beobachteten Detailverlusts fraktale Merkmale extrahiert. Dazu wird zunächst das Gradientenbild *G(i,j)* mittels Sobel-Operator [ROS82] berechnet:

$$G(i,j) = \begin{pmatrix} G_x(i,j) \\ G_y(i,j) \end{pmatrix} = \begin{pmatrix} (f_{i+1,j-1} + 2f_{i+1,j} + f_{i+1,j+1}) - (f_{i-1,j-1} + 2f_{i-1,j} + f_{i-1,j+1}) \\ (f_{i-1,j+1} + 2f_{i,j+1} + f_{i+1,j+1}) - (f_{i-1,j-1} + 2f_{i,j-1} + f_{i+1,j-1}) \end{pmatrix} \tag{5}$$

Das Gradientenbetragsbild |G(i,j)| wird anschließend berechnet gemäß:

$$|G(i,j)| = \sqrt{G_x(i,j)^2 + G_y(i,j)^2} \tag{6}$$

Das Binärbild B_t, in dem nur noch Kantenpunkte markiert sind, berechnet sich anhand des Schwellwertes t gemäß:

$$B_t(i,j) = \begin{cases} 1, & \text{falls } G(i,j) > t \\ 0, & \text{sonst} \end{cases} \tag{7}$$

Die Bestimmung der fraktalen Kästchendimension [FAL93] anhand von B_t wird dann wie folgt durchgeführt: Überdecke das Bild vollständig mit einem quadratischen Gitter mit Gitterabstand r. Berechne nun die Anzahl $N_g(B_t,r)$ der Quadrate, in denen Pixel mit dem Wert 1 liegen. Wenn B_t eine fraktale Struktur mit der Dimension D enthält, dann gilt [FAL93]:

$$N_g(B_t, r) \approx \frac{1}{r^D} \tag{8}$$

Zur Schätzung der fraktalen Dimension wird eine lineare Regression auf der Basis der Punkte $(\log(N_g(B_t,r_i)), \log(r_i))$ durchgeführt [RO94]. Der Korrelationskoeffizient bei neun verschiedenen Gitterabständen von 2 bis 128 lag bei allen Profilen über 0.98. Die fraktalen Merkmale sind die aus fünf verschiedenen Binärbildern B_{t_i} mit Schwellwerten $t_1=0.12g$, $t_2=0.16g$, $t_3=0.2g$, $t_4=0.24g$ und $t_5=0.28g$ berechneten fraktalen Dimensionen, wobei g der größte auftretende Gradientenwert ist.

3. Merkmalsauswahl

Obwohl bekannt ist, daß die Hinzunahme weiterer Merkmale den Klassifikationsfehler des idealen Bayes-Klassifikators (mit bekannten bedingten Dichten der Klassen) nicht vergrößert [NIE83], ist bei endlichem Stichprobenumfang oft ein Peaking-Phänomen zu beobachten: Die

Vergrößerung der Anzahl von Merkmalen führt zunächst zu einer Verbesserung der Klassifikationsrate, die dann wieder zu sinken beginnt [JAI86]. Zur Bestimmung eines optimalen Merkmalssatzes wird hier eine Merkmalsauswahl durchgeführt. Dazu muß zunächst ein Gütemaß für eine gewählte Merkmalsteilmenge und anschließend eine Strategie zur Bestimmung der bezüglich dieses Maßes besten Merkmalsteilmenge festgelegt werden.

3.1. Gütemaß für Merkmale

Es gibt verschiedene Verfahren zur Bestimmung der Güte einer Merkmalsmenge, die unabhängig vom Klassifikator den Inter- und den Intraklassenabstand messen [NIE83]. Das hier verwendete Gütemaß basiert auf der Klassifikationsrate des Nächster-Nachbar-Klassifikators mit den Merkmalen der aktuellen Merkmalsteilmenge als Referenzmenge. Wenn NN_R der Nächster-Nachbar-Klassifikator mit R als Referenzmenge und T die Testmenge ist, dann ist die Schätzung des Klassifikationsfehlers durch:

$$E_{NN}(R,T) = \frac{\text{Anzahl der Vektoren } t_i \in T, \text{ die mit } NN_R \text{ falsch klassifiziert werden}}{\text{Anzahl aller Vektoren}} \quad (9)$$

asymptotisch kleiner als der doppelte Fehler E_B des idealen Bayes-Klassifikators [NIE83] bei bekannten bedingten Dichten. Für jede Merkmalsmenge wird die Fehlerrate mit der Leaving-One-Out Methode geschätzt. Ist $P=\{p_1, p_2, ... p_k\}$ die komplette Stichprobe, P_i die Menge $P\setminus\{p_i\}$ und $E_{NN}(P_i, \{p_i\})$ die Fehlerrate gemäß Gleichung (9), dann wird durch:

$$L(P) = \frac{1}{|P|} \sum_{i=1}^{|P|} E_{NN}(P_i, \{p_i\}) \quad (10)$$

die Leaving-One-Out Fehlerrate der Menge P berechnet. $E_{NN}(P_i,\{p_i\})$ nimmt den Wert 0 an, wenn p_i korrekt klassifiziert wird, und 1 sonst. Da jedes Profil in 16 Teilprofile zerlegt wird und zu jedem Profil 16 Merkmalsvektoren berechnet werden, ist eine Modifikation der Zuordnungsregel des Nächster-Nachbar-Klassifikators erforderlich: Werden mehr als 8 Teilprofile der Klasse Melanom zugeordnet, so gilt das Profil als Melanom, werden mehr als 8 Teilprofile der Klasse Nävus zugeordnet, so gilt das Profil als Nävus. Bei Gleichheit wird der mittlere Abstand der Vektoren zu den klassennächsten Vektoren berechnet und das Profil der Klasse zugeordnet, zu der die Vektoren die geringere mittlere Distanz aufweisen.
Der beim Nächster-Nachbar-Klassifikator berechnete euklidische Abstand gewichtet Merkmale mit einer großen Streuung stärker, daher wird vor der Merkmalsauswahl noch eine Merkmalsnormierung durchgeführt [JAI88]. Wenn k der Stichprobenumfang ist und $f_{i,j}$ die j-te Komponente des i-ten Stichprobenelementes, dann wird die Verteilung der Ausprägungen in Merkmal j auf den Mittelwert 0 und die Standardabweichung 1 normiert:

$$f'_{i,j} = \frac{f_{i,j} - m_j}{s_j} \quad \text{mit} \quad m_j = \frac{1}{k}\sum_{l=1}^{k} f_{l,j}, \quad s_j^2 = \frac{1}{k}\sum_{l=1}^{k}(f_{l,j} - m_j)^2 \quad (11)$$

3.2. Strategien zur Merkmalsauswahl

Zur Bestimmung der besten Teilmenge der maximalen Größe m aus n ($m<n$) Merkmalen müssen schlechtestenfalls $S_{m,n} = \sum_{i=1}^{m} \binom{n}{i}$ Teilmengen der Größe i, $i=1,...,m$ untersucht werden. Im vorliegenden Fall werden $n=87$ Merkmale für jedes Profil extrahiert, bei einer Auswahl von z.B. maximal 10 Merkmalen müßten somit 4.5×10^{12} Teilmengen bewertet werden. Aufgrund der begrenzten Verfügbarkeit von Ressourcen wurde diese "Strategie" nur für zwei- und dreielementige Teilmengen durchgeführt. Es werden verschiedene Heuristiken zur Bestimmung einer möglichst guten (nicht notwendigerweise optimalen) Teilmenge von Merkmalen herangezogen. Die mit k_beste bezeichnete Strategie arbeitet folgendermaßen:

Sei $m_i = \{f_{i1}, f_{i2}, ... , f_{in}\}$ die Menge aller Ausprägungen von Merkmal i mit $L(m_i) \leq L(m_j)$ für $i<j$ und sei $m_i \otimes m_j$ die Menge der Merkmalsvektoren bestehend aus den Ausprägungen der Merkmale i und j gemäß: $m_i \otimes m_j = \{(f_{i1}, f_{j1}), (f_{i2}, f_{j2}), ... , (f_{in}, f_{jn})\}$ und $\otimes_{i=1}^{j} m_i = m_1 \otimes m_2 ... \otimes m_j$ die paarweise Kombination der Merkmale 1 bis j. Es werden nun Fehlerraten für die Mengen $S_j = \otimes_{i=1}^{j} m_i$ für $j=2,...,k$ berechnet, das heißt, daß die Fehlerraten zunächst für die beiden (einzeln) am besten bewerteten Merkmale 1 und 2, dann für die drei besten Merkmale 1, 2 und 3 und so weiter berechnet werden. Die nächste Strategie, *bestes_mit_allen*, läßt sich folgendermaßen beschreiben: Kombiniere zuerst Merkmal 1 mit allen anderen Merkmalen und berechne die jeweiligen Fehlerraten. Die (2-elementige) Teilmenge mit der geringsten Fehlerrate wird anschließend mit allen übrigen Merkmalen zu dreielementigen Teilmengen kombiniert, diese werden wiederum bewertet, die beste ausgewählt und so weiter.

4. Klassifikation mit neuronalen Netzen

Neuronale Netze wurden erfolgreich in zahlreichen Anwendungen [RIT92, JAI86, RAU91] zur Lösung von Problemen der Mustererkennung und Klassifikation eingesetzt. Hier werden Feed-Forward-Netze mit Error-Backpropagation als Lernalgorithmus für die Klassifikation der Profile verwendet.

4.1. Netzwerktopologie und Lernparameter

Es ist bekannt, daß das Trainieren eines komplexen neuronalen Netzes einfacher ist als das eines einfachen, da die Gewichte eines großen Netzwerkes weniger genau justiert werden müssen, um die gewünschte Klassifikationsgenauigkeit zu erzielen. Andererseits ist oft ein Peaking-Phänomen zu beobachten: Zunächst verbessert sich die Klassifikationsrate mit Hinzunahme neuer interner Knoten, dann beginnt sich die Leistung wieder zu verschlechtern [RAU91]. Die hier untersuchten Backpropagation-Netze haben 8 Neuronen in der Eingabeschicht (Größe der am besten bewerteten Merkmalsmenge) und 2 Neuronen in der Ausgabeschicht (Klassenanzahl). Die Anzahl der Hidden-Units wurde gemäß [JAI86] so gewählt, daß die Anzahl der Gewichte im Netz ungefähr ein fünftel des Umfangs der Trainingsstichprobe beträgt. Unter Einhaltung dieser Nebenbedingung wurden ein- und zweilagige Netze (bezogen auf die Anzahl der Hidden-Layer) mit verschiedenen Netztopologien trainiert: Netze mit einem Hidden-Layer mit bis zu 14 Units und Netze mit zwei Hidden-Layern mit 5×14 bis 10×5 Units. Der 10×5-Topologie liegt die Annahme zugrunde, daß die Merkmale einer Klasse im Merkmalsraum wenige, nicht zusammenhängende Bereiche bilden mit jeweils komplexen Grenzflächen. Bei der 5×15-Topologie wird dagegen davon ausgegangen, daß die Merkmale einer Klasse relativ viele, nicht zusammenhängende Bereiche mit einfachen Grenzflächen bilden, die unterschiedliche Topologien dazwischen stellen einen Kompromiß zwischen beiden Merkmalsverteilungen, die a priori nicht bekannt sind, dar [PAO89].

Bei Definition eines Basisschrittes zur Änderung der Gewichte eines Feed-Forward-Netzes in der Lernphase gemäß dem Standard Backpropagation Algorithmus (Gleichung 12 und 13):

$$\Delta w_{i,j} = \eta \delta_j o_i \text{ und } \delta_j = \begin{cases} f'(net_j)(t_j - o_j) & \text{falls unit } j \text{ output unit ist} \\ f'(net_j) \sum_k \delta_k w_{jk} & \text{falls unit } j \text{ hidden unit ist} \end{cases} \quad (12)$$

$$\text{und} \quad o_j = \frac{1}{1+e^{-(net_j + \theta_j)/\theta_0}}, \quad net_j = \sum w_{j,i} o_i \quad (13)$$

wie z.B. beschrieben in [RUM86], wurden zwei Parameter variiert: Die Lernrate η und der Anteil an falsch klassifizierten Teilprofilen. Die Zuordnung eines Merkmalsvektors p_i der Teilprofile zu einer der beiden Klassen erfolgt nach der *winner-takes-all*-Regel: Wenn o_m und

o_n die Erregungen der Ausgabeneuronen der Klassen Melanom bzw. Nävus sind, dann wird p_i als Melanom klassifiziert, wenn $o_m > o_n$ ist und umgekehrt. Ein Gesamtprofil wird per Mehrheitsentscheid einer der beiden Klassen zugeordnet: Werden n_m Teilprofile vom Netz der Klasse Melanom zugeordnet und $n_n = 16 - n_m$ der Klasse Nävus, so gilt das Profil als Melanom, wenn $n_m > n_n$ und als Nävus, wenn $n_m < n_n$ (Abb. 2) ist. Für den Fall der Gleichheit ($n_m = n_n$) werden die Erregungen der Output-Units für beide Klassen summiert und das Profil dann der Klasse mit der größten Gesamterregung zugeordnet. Es wurden Fehlerraten $\eta=0.1$, $\eta=0.2$ und $\eta=0.3$ und Fehlerschwellen von 10% bis bis 40% untersucht, wobei eine Fehlerschwelle von 10% bedeutet, daß bei 10% falsch klassifizierter Teilprofile die Trainingsphase terminiert wird. Zur Erzeugung und Analyse der Netzwerke kommt der Neuronale-Netz-Simulator SNNS [ZEL91] zum Einsatz.

4.2. Schätzung des Klassifikationsfehlers

Die Bestimmung des Klassifikationsfehlers erfolgt mit der Leaving-von-Out Methode, wobei jeweils alle 16 Teilprofile eines gesamten Profils aus der Lernstichprobe entfernt werden. Ist h die Anzahl der Profile, so werden für die gerade gewählte Topologie und Parametrisierung h verschiedene Netze mit jeweils $(h-1) \times 16$ Merkmalsvektoren trainiert. In jedem der h Durchläufe wird das Netz solange trainiert, bis die (parametrisierbare) Fehlerschwelle erreicht wird.

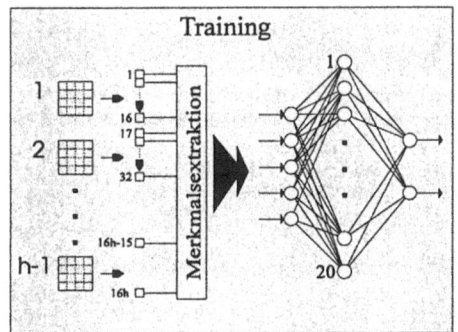
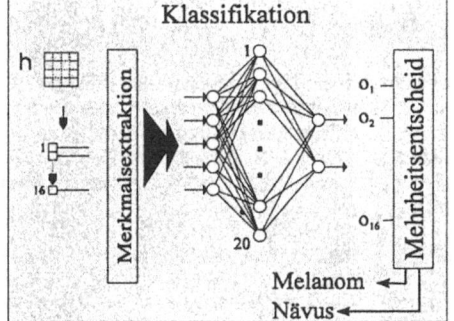

Abbildung 2: Elementarschritt der Leaving-One-Out-Fehlerschätzung: Training mit h-1 Profilen und anschließende Klassifikation des weggelassenen Profils durch Mehrheitsentscheid der Klassenzuordnung der Teilprofile

5. Resultate

Es wurden insgesamt 19 Melanomprofile und 25 Nävusprofile klassifiziert, nach der Zerlegung in Teilprofile beträgt der Stichprobenumfang demnach 704. Die niedrigste Fehlerrate aller zweielementigen Teilmengen betrug 15.9%, die aller dreielementigen 6.9%. Die Ergebnisse der Auswahlstrategie k_beste (kleinste Fehlerrate 18.2% mit einem Element) und bestes_mit_allen (kleinste Fehlerrate 4.5% bei 8 Elementen) sind in Abb. 3 dargestellt, wobei die Strategie bestes_mit_allen aufgrund des Berechnungsaufwandes bei 13 Elementen terminiert wurde. Die mit 4.5% am besten bewertete Merkmalsmenge enthält die Fourier-Merkmale p_4, p_2, p_7 sowie die Texturmerkmale *Variance (d=1)*, *Information Measure of Correlation I (d=3)*, *Information Measure of Correlation II (d=6)*, *Sum Entropy (d=10)* und *Difference Variance (d=16)*. Das beste mit einem neuronalen Netz erreichte Klassifikationsergebnis erzielte ein Netz mit zwei Hidden-Layern mit 8 Units im ersten und 13 Units im

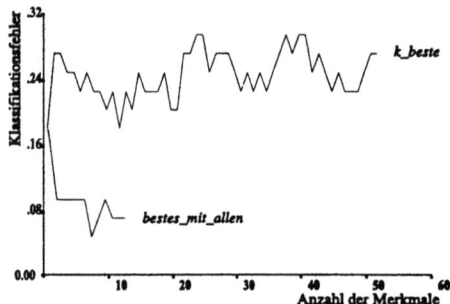

Abbildung. 3: Klassifikationsfehler für die Auswahltrategien k_beste und bestes_mit_allen

zweiten Layer. Mit einer Lernrate von $\eta=0.3$ wurde ein Klassifikationsfehler von 9.1% erreicht, wobei 17 von 18 Melanomprofilen und 22 von 25 Nävusprofilen richtig klassifiziert wurden. Die Fehlerschwelle, also der Anteil der Teilprofile, der in der Trainingsphase falsch klassifiziert werden darf, lag bei 30%. Für zwei Nävusprofile wurde aufgrund von Gleichheit in der Anzahl der Teilprofile ($n_m = n_n$) die modifizierte Zuordnungsregel verwendet, die in beiden Fällen zum richtigen Resultat führte. Die niedrigere Fehlerrate von 4.5%, die bei der Merkmalsauswahl mit dem Nächster-Nachbar-Klassifikator erzielt wurde, ließ sich mit neuronalen Netzen nicht erreichen. Verglichen mit der Diagnosesicherheit in der Dermatologie [BA85] zeigt die computergestützte Klassifikation auf der Basis von Verfahren der 2D-Merkmalsextraktion mit einer mittleren Klassifikationsfehlerrrate von 4.5% gute Ergebnisse. Das bedeutet, daß die automatische Klassifikation von Oberflächenprofilen der Haut einen Beitrag zur Unterstützung der klinischen Diagnose und insbesondere zur Reduzierung von invasiven Eingriffen zu diagnostischen Zwecken leisten kann.

Literatur:

[BA85] Balch, C.M, H.M. Shaw, S.-J. Soong, G.W. Milton, *Veränderungen der klinischen und pathologischen Merkmale des Melanoms in den letzten 30 Jahren*, in „Hautmelanome", eds. C.M. Balch, G.W. Milton, Springer, Berlin (1985).
[BAL82] Ballard, D.H., C.M. Brown, *Computer Vision*, Prentice-Hall, Englewood Cliffs (1982).
[FAL93] Falconer, K.J., *Fraktale Geometrie*, Spektrum Akademischer Verlag, Heidelberg (1993).
[FOL90] Foley, J., A. van Dam, S. Feiner, J. Hughes, *Computer Graphics: Principles and Practice*, Addison Wesley, New York (1990).
[HAR73] Haralick, R.M., K.S. Shanmugam, I. Dinstein, *Textural Features for Image Classification*, IEEE Trans. SMC 3, pp. 610-621 (1973).
[JAI86] Jain, A.K., *Advances in statistical pattern recognition*, in „Pattern recognition Theory and Applications", eds. P.A. Devijver, J. Kittler, Springer, Berlin (1986).
[JAI88] Jain, A.K, R.C. Dubes, *Algorithms for Clustering Data*, Prentice Hall, Englewood Cliffs (1988).
[KRE91] Kreusch, J., G. Rassner, *Auflichtmikroskopie pigmentierter Hauttumoren*, Thieme, Stutgart (1991).
[LEE85] Lee, J.A.H., *Die Entstehung des Melanoms*, in „Hautmelanome", eds. C.M. Balch, G.W. Milton, Springer, Berlin (1985).
[NIE83] Niemann, H., *Klassifikation von Mustern*, Springer, Berlin (1983).
[PAO89] Pao, Y.-H., *Adaptive Pattern Recognition and Neural Networks*, Addison-Wesley, New York (1989).
[RAU91] Raudys, S., A.K. Jain, *Small sample size problems in designing artificial neural networks*, in „Artificial Neural Networks and statistical Pattern Recognition", eds. I.K. Sethi, A.K. Jain, Elsevier Science Publishers, Amsterdam (1991).
[RIT92] Ritter, H., T. Martinez, K. Schulten, *Neuronale Netze*, Addison-Wesley, Bonn (1992).
[RO94] Roßmanith, C., H. Handels, E. Rinast, S.J. Pöppl: *Bildanalytische Verfahren zur Charakterisierung von Hirntumoren in dreidimensionalen MR-Schichtbildfolgen*, in „Mustererkennung 1994", eds. Kropatsch, W.G, Bischof, H., TU-Wien, Wien (1994).
[ROS82] Rosenfeld, A., A. Kak, *Digital Picture Processing*, Second Edition, Acad. Press, San Diego (1982).
[RUM86] Rumelhart, D.E., G.E. Hinton, R.J. Wiliams, *Learning Internal Representations by Error Propagation*, in „Parallel Distributed Processing", eds. D.E. Rumelhart, A G.E. Hinton, R.J. Wiliams, pp.318-362, The MIT Press, Cambridge, Massachusetts (1986).
[ZEL91] Zell, A., *The SNNS Neural Network Simulator*, in „Mustererkennung 1991", ed. B. Radig, pp.454-461, Springer, Berlin (1991).

Klassifikation hochverstärkter EKG Signale durch RBF Netzwerke

F. Schwenker[1], H.A. Kestler[1,2], M. Höher[2] und G. Palm[1]

[1] Universität Ulm, Abtl. Neuroinformatik, 89069 Ulm
[2] Universität Ulm, Innere Medizin II, 89081 Ulm

1 Einführung

Die ventrikuläre Spätpotentialanalyse im hochverstärkten EKG ist eine weitverbreitete nicht-invasive Methode, um Patienten mit einem erhöhten Risiko ventrikulärer Tachyarrhythmien zu identifizieren und um eine Risikoabschätzung nach Myokardinfarkt durchzuführen. Bei der Spätpotentialanalyse im Zeitbereich werden üblicherweise drei Parameter extrahiert. Mit diesen Werten wird, anhand von empirisch ermittelten Grenzen, eine Aussage über das Vorhandensein von Spätpotentialen, als niederamplitudigen, höherfrequenten Signalen am Ende eines Herzschlages, gemacht [8, 4].
Verschiedene vorwärtsgekoppelte neuronale Netzwerkarchitekturen können zur Musterklassifikation verwendet werden. In diesem Anwendungsbereich wird durch das neuronale Netz eine Abbildung von einem kontinuierlichen Eingaberaum $X(= \mathbb{R}^n)$ in eine endliche Menge von l Klassen $Y = \{\omega_1, \ldots, \omega_l\}$ realisiert. In der Trainingsphase des Netzes werden dessen Parameter aus einer endlichen Beispielmenge bestimmt. Beim überwachten Lernen besteht diese Beispielmenge aus Merkmalsvektoren $x^\mu \in \mathbb{R}^n$ die mit Klassenzugehörigkeiten $\omega^\mu \in Y$ versehen sind: $S := \{(x^\mu, \omega^\mu) \mid \mu = 1, \ldots, M\}$. Dagegen werden beim unüberwachten Lernen die Netzwerkparameter nur aus den Merkmalsvektoren $S := \{x^\mu \mid \mu = 1, \ldots, M\}$ adaptiert. In der Arbeitsphase wird dann zu einem Merkmalsvektor $x \in \mathbb{R}^n$ dessen Klassenzughörigkeit $\omega \in Y$ durch den Klassifikator bestimmt. Die Ansätze des überwachten und unüberwachten Lernens werden in der hier vorgestellten Arbeit zu einem Klassifikator für hochverstärkte EKG Signale – speziell für die Spätpotentialanalyse – kombiniert.

2 RBF Netze zur Klassifikation

Um einen Klassifikator in der Praxis universell und effektiv einsetzen zu können soll er mindestens den folgenden Anforderungen genügen:

1. Die Struktur des Klassifikators muß es erlauben, auch komplexe Entscheidungregionen zwischen den Klassen zu realisieren. Man wird im allgemeinen von einem Klassifikator voraussetzen, daß er ein *universeller Approximator* für stetige multivariate Funktionen ist, so daß er beliebige stetige Entscheidungsgrenzen approximieren kann.

2. Der Klassifikator sollte durch eine Menge adaptierbarer Parameter definiert sein, so daß effiziente Optimierungsverfahren eingesetzt werden können.

Viele Schemata zur Approximation multivariater Funktionen benutzen Kombinationen univariater Funktionen [1]. Diese Ansätze sind motiviert durch das Theorem von Kolmogoroff und Sprecher welches besagt: Jede stetige multivariate Funktion ist exakt darstellbar durch Superposition von Funktionen einer Variable und Summen von Funktionen [7]. Diese Aussage ist allerdings in der Praxis nicht unmittelbar von Bedeutung, da es sich um eine Existenzaussage handelt. Für die in der Praxis häufig angewendeten Approximations- bzw. Klassifikationsschemata,

- Polynome in mehreren Variablen

- Mehrschichtige neuronale Netze mit sigmoider Transferfunktion

- Radial-Basis-Funktionen (RBF) Netze mit Gaußscher Transferfunktion

ist ebenfalls die universelle Approximationseigenschaft nachgewiesen worden. Alle drei Approximationverfahren basieren auf Summen- und Produktbildung, sowie der Komposition univariater Funktionen. Festgelegt werden diese Funktionen durch einen Satz von Parametern, die durch Optimierungsverfahren adaptiert werden können. Im Unterschied zu Polynomen, kommen bei Mehrschicht- und RBF-Netzen die zu optimierenden Parameter innerhalb einer Nichtlinearität vor. Daraus ergibt sich ein lineares Optmierungsproblem bei den Polynomen und ein nichtlineares bei Mehrschicht- und RBF-Netzen. Wir konzentrieren uns im folgenden auf RBF-Netze mit Gaußscher Transferfunktion. Hier bietet sich die Möglichkeit die Parameter des Netzes teilweise getrennt zu adaptieren. Zunächst wird mit einem Strukturfindenden Verfahren z.B. Clusteranalyse oder Vektorquantisierung die Parametermenge teilweise angepaßt und anschließend durch Gradienten- oder andere effektivere Optimierungsverfahren die Gesamtheit der Parameter optimiert, dieses Verfahren wird in Kapitel 4 detailliert beschrieben.

3 Competitive Learning und RBF Lernen

Es wird ein Überblick dieser beiden Lernstrategien gegeben. Diese auf den ersten Blick so unterschiedlichen Ansätze des *Competitive Learning* und des RBF-Lernens haben jedoch gewisse Ähnlichkeiten die eine Kombination beider Verfahren nahelegen.

3.1 Überwachtes Competitive Learning

Ein competitives neuronales Netz besteht aus einer Schicht von k Neuronen. Der Ausgabewert dieser Neuronen ist binär. Ist das Neuron aktiv so ist seine Ausgabe $y_j = 1$ ansonsten $y_j = 0$. Die synaptischen Gewichtsvektoren der Neurone $c_1, \ldots, c_k \in \mathbb{R}^n$ teilen den Eingangsraum in nichtüberlappende Bereiche $C_1, \ldots, C_k \subset \mathbb{R}^n$ auf:

$$C_j = \{x \in \mathbb{R}^n \mid \|x - c_j\| = \min_{i=1\ldots,k} \|x - c_i\|\}. \tag{1}$$

Hierbei ist $\|\cdot\|$ die euklidische Norm. Diese Partitionierung des Eingangsraumes wird *Voronoi-Tesselation* genannt. Jeder Gewichtsvektor $c_j \in \mathbb{R}^n$ eines Neurons entspricht dem Prototyp für den Bereich C_j.

Die einfachste Form des competitiven bzw. Wettbewerbs-Lernens ist das unüberwachte Lernen (vgl. Abb. 1(a)). Hier werden die Distanzen $d_j = \|x^\mu - c_j\|$ zwischen den k Prototypen $c_j \in \mathbb{R}^n$ und dem gerade präsentierten Eingabemuster $x^\mu \in S \subset \mathbb{R}^n$ bestimmt. Dann wird unter den Prototypen der zu x^μ nächstgelegene Prototyp c_j^* ermittelt, d.h. es wird der "Gewinner"

$$j^* = argmin_{j=1,\ldots,k}\|x^\mu - c_j\| \tag{2}$$

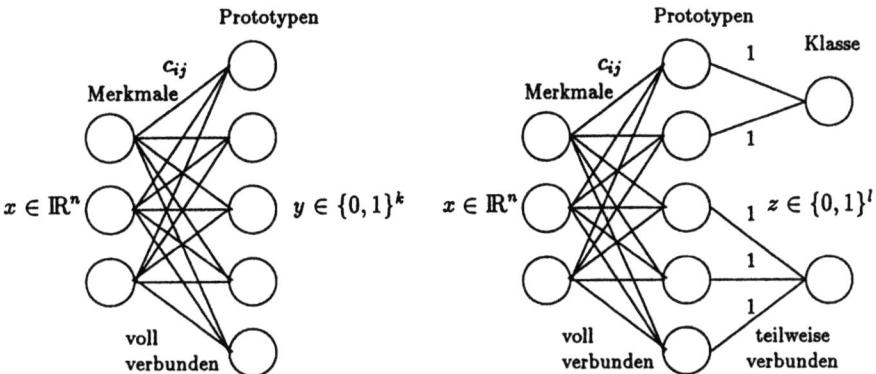

Abbildung 1: (a) Ein competitives neuronales Netz mit k Prototypen $c_j \in \mathbb{R}^n$. (b) Eine zusätzliche Schicht mit l binären Ausgabeneuronen ist hinzugefügt, jedes der Ausgabeneuronen ist Repräsentant einer Klasse. Jeder Prototyp c_j wird mit dem Ausgabeneuron seiner Klasse $\omega(c_j)$ verbunden.

festgestellt. In der Grundfrom wird nun genau der Prototyp c_{j^*} an den Datenpunkt x^μ durch die Lernregel

$$\Delta c_{j^*} = \eta(t)(x^\mu - c_{j^*}) \qquad (3)$$

adaptiert, wobei $\eta(t)$ eine positive Lernrate mit $\sum_{t=1}^{\infty} \eta(t) = \infty$ und $\sum_{t=1}^{\infty} \eta^2(t) < \infty$ ist. Steht für die Eingabedatenpunkte $x^\mu \in S$ eine Sollklassifikation ω^μ zur Verfügung, so kann diese bei der Adaptation der Prototypen mitverwendet werden. Beim überwachten competitiven Lernen ist jeder der Prototypen einer der l Klassen zugeordnet. Diese Zuordnung kann man sich als eine fest vorgegebene Verbindungsstruktur zwischen der Prototypschicht und der Ausgabeschicht, welche die Klassen repräsentiert vorstellen (vgl. Abb. 1(b)) - formal wird sie durch eine Abbildung $P : \{1,\ldots,k\} \to \{1,\ldots,l\}$ realisiert. Die Klassen $\omega^1,\ldots,\omega^l$ sind in dieser Architektur durch l binäre Vektoren $T_1,\ldots,T_l$ kodiert, wobei $T_{ii} = 1$ und $T_{ip} = 0$ sonst ist. Bei der Präsentation eines Eingabemusters x^μ wird der nächste Prototyp c_{j^*} wie in (2) ermittelt. Seine Klasse, kodiert durch den binären Ausgabevektor $z^\mu \in \{0,1\}^l$, wird mit der Klasse des Eingabemusters ω^μ verglichen. Wiederum wird genau der Prototyp c_{j^*} an x^μ adaptiert:

$$\Delta c_{ij} = \eta(t)\delta_{j^*j}(x_i^\mu - c_{ij})(2T_{P(j)}^\mu - z_{P(j)}^\mu). \qquad (4)$$

Stimmen dabei die Sollklassifkation des Datenpunktes und die Istklassifikation des Netzes nicht überein, so wird der Prototyp c_{j^*} vom präsentierten Datenpunkt wegbewegt, stimmen sie überein, so wird c_{j^*} in die Richtung von x^μ bewegt. Dies entspricht der Grundform der LVQ-Verfahren [5].

3.2 Lernen in RBF Netzen

Bei RBF-Netzen wird das Eingabemuster x^μ an die k Prototypen $c_1,\ldots,c_k$ weitergeleitet, diese können als Gewichtsvektoren von Neuronen interpretiert werden. Jedes Neuron berechnet die Distanz $d_j = \|x^\mu - c_j\|$, welche dann durch eine nichtlineare Transferfunktion $h : \mathbb{R}_+ \to \mathbb{R}_+$ - der radialen Basisfunktion - bewertet wird. Dies ergibt den Ausgabewert $y_j = h(\|x^\mu - c_j\|)$ des j-ten Neurons. Die hier verwendete Funktion ist die Gaußsche Dichtefunktion $h(s) = \exp(-s^2/\sigma^2)$, mit der positiven Varianz σ^2 (vgl. [6]). Jedes Neuron

$p \in \{1, \ldots, l\}$ der Ausgabeschicht repräsentiert eine der l Klassen. Ein jedes Ausgabeneuron erhält die Ausgabewerte y_j aller Neuronen, gewichtet diese mit Gewichten b_{jp} und summiert sie zum Ausgabewert auf (vgl. Abb. 3):

$$z_p = \sum_{j=1}^{k} b_{jp} h(\|x\mu - c_j\|). \tag{5}$$

In dieser Architektur bedeutet Lernen

- Anpassung der Prototypen $c_j \in \mathbb{R}^n$ und der $\sigma_j \in \mathbb{R}$ sowie
- Anpassung der Gewichte b_{jp} der Ausgabeschicht

Die Bewertung der Güte der Anpassung an die Lernmenge S, erfolgt meist durch eine quadratische Fehlerfunktion:

$$E(c_i, b_p) := \sum_{\mu} \|T^\mu - z^\mu\|^2 = \sum_{\mu} \sum_{p} (T_p^\mu - \sum_{j=1}^{k} b_{jp} h(\|x^\mu - c_j\|))^2, \tag{6}$$

Hieraus lassen sich Adaptationsvorschriften für die Prototypen und Gewichte herleiten, welche in ihrer einfachsten Form als inkrementelle Gradientenabstiegsregeln die folgende Form haben:

$$\Delta b_{jp} = \eta_1(t)(T_p^\mu - z_p^\mu) y_j^\mu \tag{7}$$

$$\Delta c_{ij} = \eta_2(t)(-h'(d_j^\mu))(x_i^\mu - c_{ij}) \sum_{p} (T_p^\mu - z_p^\mu) b_{jp}, \tag{8}$$

Diese beiden Lernregeln beschreiben die Änderungen die durch Präsentation eines einzelnen Datenpunktes (x^μ, T^μ) erfolgen, dabei sind $\eta_1(t)$ und $\eta_2(t)$ monoton gegen 0 fallende Lernraten.
In der Arbeitsphase wird dem Netz ein Eingabemuster $x \in \mathbb{R}^n$ präsentiert, welches eine Aktivierung der Ausgabeneuronen $z_1, \ldots, z_l$ bewirkt. Das maximal aktivierte Ausgabeneuron bestimmt die Klasse des Eingabemusters.

3.3 Vergleich der Lernstrategien

Es erfolgt ein kurzer Vergleich der bisher vorgestellten Anpassungsregeln für die Prototypen $c_j \in \mathbb{R}^n$. Diese können in einen 'prä'- und 'postsynaptischen' Anteil unterschieden werden. Bei Präsentation eines Lernbeispiels wird der Parameter c_{ij} proportional zum Produkt dieser beiden Anteile verändert:

	unüberwachtes CL	überwachtes CL	RBF
präsynaptisch	$x_i^\mu - c_{ij}$	$x_i^\mu - c_{ij}$	$x_i^\mu - c_{ij}$
postsynaptisch	1	$\delta_{j^*j}(2T_{P(j)}^\mu - z_{P(j)}^\mu)$	$-h'(d_j^\mu) \sum_p (T_p^\mu - z_p^\mu) b_{jp}$

Der präsynaptische Anteil der Regel, der das Eingabemuster enthält, ist in allen Adaptationsvorschriften identisch: $x_i^\mu - c_{ij}$. Diese Differenz wird beim überwachten Lernverfahren durch einen Faktor gewichtet, welcher zum einen aus der Ist-Soll-Abweichung besteht und zum anderen aus einer räumlichen Bewertung der zu adaptierenden Prototypen. Im Falle des competitiven Lernens ist die Bewertung δ_{j^*j}. Diese ist für den Prototypen j^* gleich 1, für alle anderen Prototypen gleich 0, d.h. nur das Gewinnerneuron wird adaptiert. Beim RBF-Lernen werden grundsätzlich alle Prototypen adaptiert, allerdings bewertet durch $-h'$. Da h typischerweise monoton fallend ist, erfolgt die Anpassung des dem Datenpunkt x^μ am nächsten liegenden Prototypen am stärksten und nimmt für die weiter entfernten Prototypen (exponentiell für den Fall der Gaußschen Dichtefunktion) ab.

4 Kombinierte Lernstrategie für RBF

Die im vorhergehenden Teil beschriebenen Lernverfahren werden zu einer zweistufigen Lernstrategie zum Training von RBF-Netzen vereinigt.

Zunächst werden mit einem adaptiven, klassenspezifischen, überwachten, competitiven Verfahren die Prototypen adaptiert. Hierzu sind zu Beginn Schranken $\Theta_{merging}$ und Θ_{new} aus dem Lerndatensatz geschätzt worden. Diese Prozedur ist stark von den Eingabedaten S abhängig, insbesondere von der Dimensionalität der Eingabevektoren, und muß interaktiv erfolgen.

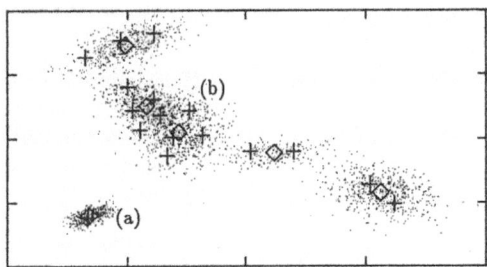

Abbildung 2: Ergebnis der adaptiven klassenspezifischen Prototypadaptation. Mit ◇ sind die Schwerpunkte der 6 künstlichen Datenpunktwolken bezeichnet, die Prototypen $c_1, \ldots, c_{17}$ sind jeweils durch ein + gekennzeichnet.

Algorithmus

1. Start with no prototypes: $k = 0$.

2. Select a $(x^\mu, \omega) \in S$.

3. Calculate the distances: $d_j = d(x^\mu, c_j)$.

4. Detect the 'winner': $j^* = argmin_j(d_j)$.

5. IF $\{d_{j^*} > \Theta_{new}$ OR $(class(c_j) \neq \omega \; \forall \; c_j$ with $d(x, c_j) < \Theta_{merging})\}$
   THEN $c_k = x$; $class(c_k) = class(x)$; $k = k + 1$.
   ELSE:

   (a) Adapt c_{j^*} by supervised competitive learning rule, see (4).

   (b) Calculate distances: $D_e = d(c_l, c_{j^*})$.

   (c) Detect closest center to c_{j^*}:
       $l^* = argmin_{l \neq j^*}(D_e)$.

   (d) IF $\{D_{j^*} < \Theta_{merging}$ AND $class(c_{l^*}) = class(c_{j^*})\}$
       THEN $merge(c_{l^*}, c_{j^*})$; $k = k - 1$.

6. GOTO (2.)

Ein Beispiel für das Verhalten des gerade beschriebenen Algorithmus gibt Abb. 2. Die Prototypen werden idealerweise an Entscheidungsgrenzen (Abb. 2(b)) dicht und in klassenhomogenen Bereichen (Abb. 2(a)) spärlich gesetzt. Nach dem Voreinstellen der Prototypen erfolgt nun der Übergang zum RBF-Netz (siehe Abb. 3).

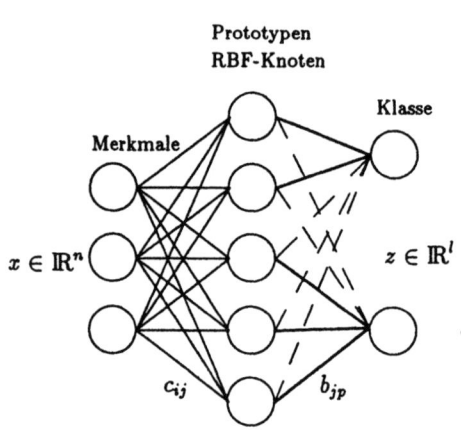

Algorithm

a) Use a network architecture as described in Abb. 1 and adapt the prototype vectors c_j according to the supervised competitive learning algorithm (4);

b) Take these c_j as prototypes for the RBF-nodes and estimate all σ_j;

c) Connect each RBF-node to its "class neuron" in the output layer with a strong weight value (= 1) as shown in Fig. 1;

d) Introduce additional connections from each RBF-node to the other output neurons and initalize these connections with small random values $(-\epsilon, \epsilon)$, $0 < \epsilon \ll 1$;

e) Train this RBF-network according to the learning rules (7) and (8).

Abbildung 3: Ein neuronales Netz beim Übergang vom competitiven zum RBF-Lernen. Die verdeckte Schicht besteht aus k Neuronen. Nach dem Übergang zum RBF-Lernen werden neben den c_{ij} auch die vorher festen Verbindungen b_{jp} trainiert.

5 Klassifikation der EKG-Daten

Signalgemittelte hochverstärkte Elektrokardiogramme (HVEKG) wurden von drei, orthogonal zueinander liegenden bipolaren Ableitungen (X, Y, Z) aufgenommen (Abb. 4). Dabei betrug die Abtastrate 2000Hz und die Auflösung des A/D-Wandlers 16 bit (Predictor I, Corasonix Inc., Oklahoma, USA). Die aufgenommen Signale wurden im Bereich 40-250Hz Bandpaß gefiltert (bidirektionales 4-Pol Butterworthfilter) und nachfolgend zu einem Betragssignal $V = \sqrt{X^2 + Y^2 + Z^2}$ zusammengefaßt. Daraus wurden folgende Merkmale extrahiert:

- Gesamtdauer des gefilterten QRS Komplexes:

$$QRSD := QRS_{offset} - QRS_{onset}$$

- RMS der letzten 40 ms des QRS Komplexes:

$$tRMS := \sqrt{\frac{1}{QRS_{offset} - A} \sum_{i=A}^{QRS_{offset}} V_i^2}$$

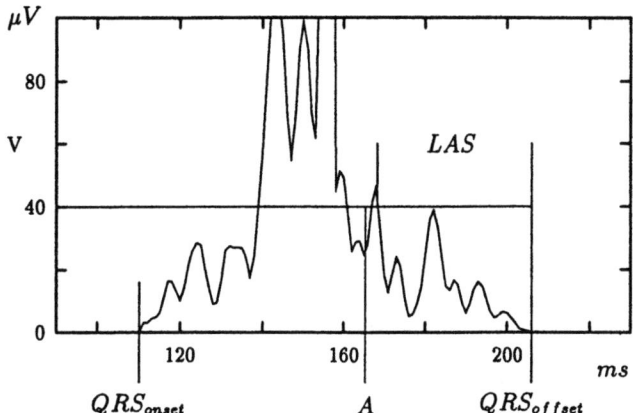

Abbildung 4: QRS-Komplex eines Patienten mit "Spätpotentialen". Der Zeitpunkt A ist durch $A := QRS_{offset} - 40ms$ definiert.

- Dauer des terminalen niederamplitudigen (unter 40 μV) Signalanteils (LAS) des QRS Komplexes (siehe Abb. 4):

$$LAS := QRS_{offset} - argmax\{i \mid V_i \geq 40\mu V\}$$

Von 137 Personen wurden signalgemittelte HVEKG's registriert. Diese teilen sich in zwei Gruppen auf:

a) 66 Patienten (Alter: 62.0±7.3 Jahre; Min: 44 , Max: 77 Jahre) mit koronarer Herzkrankheit (KHK) bei denen eine ventrikuläre Tachykardie (VT) mit einer Dauer von mehr als 30sec in der Elektrophysiologischen Untersuchung (EPU) auslösbar war. Nicht eingeschlossen waren Patienten mit Schenkelblock. Während der Untersuchung erhielt kein Patient antiarrhythmische Medikamente.

b) 71 gesunde Personen (Alter: 52.25±13.0 Jahre; Min: 23 , Max: 74 Jahre). 15 der 71 Personen waren gesunde Freiwillige ohne kardiale Symptomatik oder dokumentierte Herzkrankheit. 56 der 71 Patienten hatten weder eine Angina Pectoris, eine Synkope noch einen Myokardinfarkt, weiterhin waren im Ruhe-EKG oder Langzeit-EKG keine ventrikulären Arrhythmien zu dokumentieren. Alle hatten einen Normalbefund im EKG und normale Ejektionsfraktion. Keiner der Patienten stand unter kardialer Medikation.

Die Klassifikationsergebnisse werden folgendermaßen eingeordnet:

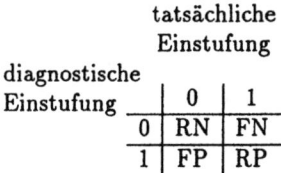

Die Klassifikationsleistung wird mit Hilfe der folgenden 5 Maße bewertet: Sensitivität (SENSI), Spezifität (SPECI), positiv prediktiver Wert (PPV), negativ prediktiver Wert (NPV) und Genauigkeit (ACC). Diese Werte sind folgendermaßen definiert: $SENSI :=$

$RP/(FN + RP)$, $SPECI := RN/(FP + RN)$, $PPV := RP/(FP + RP)$, $NPV := RN/(RN + FN)$ und $ACC := (RN + RP)/(RN + FN + FP + RP)$.

Die konventionelle Zeitbereichsanalyse [8] des signalgemittelten HVEKGs ergab für das oben angegebene Kollektiv die folgenden Resultate:

ACC	SENSI	SPECI	PPV	NPV
0.759	0.682	0.831	0.790	0.740

Eine Person wird dabei "Spätpotential positiv" eingestuft falls mindestens zwei der drei folgenden Kriterien erfüllt sind: $QRSD > 114ms$, $tRMS < 20\mu V$, $LAS > 38ms$ [2].
Für den oben beschriebenen Datensatz wurde die Klassifikationsleistung von RBF-Netzen ermittelt. Es wurden verschiedene Simulationsläufe (Variation der Schwellen Θ_{merge} und Θ_{new}, Lernraten, etc.) mit unterschiedlicher Zahl von Prototypen (k im Bereich 10-25) durchgeführt. Um eine Überanpassung der zu optimierenden Parameter zu vermeiden, wurde die Generalisierungsleistung mittels der *leaving-one-out* Methode [3] ermittelt. Eine Aufteilung in Test- und Designmenge kam wegen des sehr kleinen Datensatzes nicht in Frage. Die optimale Klassifikationsleistung wurde für $k = 20$ Prototypen erreicht, diese liegt etwa im Bereich der konventionellen Analyse nach Simson:

ACC	SENSI	SPECI	PPV	NPV
0.854	0.803	0.901	0.883	0.831

Bestimmte Patienten wurden sowohl durch die neuronalen Klassifikatoren als auch von der Simson-Methode falsch klassifiziert. Dies zeigt auch, daß mit den extrahierten Parametern keine höhere Klassifikationsleistung zu erwarten ist. Hier müssen zusätzliche Merkmale aus dem HVEKG-Signal extrahiert werden, beispielsweise durch 'Multiresolution Analysis'.

Literatur

[1] E.W. Cheney. *Multivariate Approximation Theory: Selected Topics.* Society for Industrial and Applied Mathematics (SIAM), 1986.

[2] G. Breithardt et al. Standards for analysis of ventricular late potentials using high resolution or signal-averaged electrocardiography. *European Heart Journal*, 12:473-480, 1991.

[3] K. Fukunaga. *Introduction to Statistical Pattern Recognition.* Academic press, 1990.

[4] M. Höher and V. Hombach. Ventrikuläre Spätpotentiale - Teil I Grundlagen. *Herz & Rhythmus*, 3(3):1-7, 1991.

[5] T. Kohonen. *Self-Organization and Associative Memory.* Springer, Berlin, 1989.

[6] U. Kreßel, J. Schürmann, and J. Franke. Neuronale Netze für die Musterklassifikation. In B. Radig, editor, *Mustererkennung 1991*, pages 1-18. Springer Verlag, 1991.

[7] G.G. Lorentz. *Approximation of Functions.* Chelsea Pub. Company, 1986.

[8] M.B. Simson. Use of signals in the terminal QRS complex to identify patients with ventricular tachycardia after myocardial infarction. *Circulation*, 64(2):235-242, 1981.

Rotations– und Translationsbestimmung durch eine erweiterte Kepstrum–Technik*

Thomas Lehmann[1], Carsten Goerke[1], Walter Schmitt[2] und Rudolf Repges[1]

[1] Institut für Medizinische Informatik und Biometrie
[2] Klinik für Zahn–, Mund–, Kiefer– und Plastische Gesichtschirurgie
Medizinische Fakultät der RWTH Aachen, Pauwelsstr. 30, D–52057 Aachen
www: http://www.imib.rwth-aachen.de/www/mitarb/lemmi
email: lehmann@vaire.imib.rwth-aachen.de

Zusammenfassung. Die Bildregistrierung ist ein klassisches Problem der automatisierten Bildverarbeitung und Mustererkennung. Beschränken sich die zu erkennenden Bildunterschiede auf reine Verschiebungen, so kann deren Bestimmung sehr elegant und effizient durch die Kepstrum–Filterung erfolgen. Diese Methode versagt jedoch, wenn z.B. zusätzliche Rotationen vorhanden sind.
Basierend auf konformen Polarabbildungen der Power–Spektren der zu vergleichenden Bilder, wird eine erweiterte Kepstrum–Technik vorgestellt, die sowohl Rotationen als auch Translationen erkennt. Durch die Berechnung der Spektren und Kepstren mit der diskreten Hartley–Transformation wird die Rechenzeit erheblich reduziert.
Mit einer speziellen Justiervorrichtung wurden 74 digitale Röntgenbilder mit bekannter Raumgeometrie aufgenommen und zu 684 verschiedenen Bildpaaren kombiniert. Solange der Bereich gleichen Bildinhaltes mehr als 70% der Sensorfläche beträgt, können Translationen und Rotationen zuverlässig detektiert werden.

1 Einleitung

Die automatische Ausrichtung von verschiedenen Aufnahmen des selben Objektes ist eine in der vergleichenden Bildverarbeitung häufig auftretende Problemstellung. Anwendungen finden sich nicht nur in den Bereichen der Luftbildauswertung [6], der Robotik [1] und der Stereovision [11] sondern vor allem in der medizinischen Bildverarbeitung [7, 5]. Zum pixelweisen Angleich der Bilder werden Deformationen (ohne Modell) und Transformationen verwendet, wobei sich letztere durch die Komplexität des Abbildungsmodelles unterscheiden. Neben zentralperspektivischen, affinen und Helmert'schen Abbildungen werden oft auch nur reine Translationen modelliert. Für letzteren Fall hat sich die klassische zweidimensionale Kepstrum–Technik als äußerst robust und rauschunempfindlich erwiesen [10].

---

* Diese Arbeit wurde im Rahmen des Projektes *Freihand-Subtrationsradiographie* von der Deutschen Forschungsgemeinschaft DFG gefördert (Re 427/5–1).

2 Klassische Kepstrum-Technik

Das (Power-)Kepstrum wurde ursprünglich als eindimensionale heuristische Technik entwickelt, um Echolaufzeiten in verrauschten, seismologischen Signalen zu detektieren [2] und erst später als ein Spezialfall der homomorphischen Systemtheorie erneut abgeleitet [14]. Aufgrund der Separierbarkeit der zweidimensionalen diskreten Fourier-Transformation (DFT) $\mathcal{F}\{\}$ kann diese Technik direkt in die digitale Bildverarbeitung übertragen werden.

Als Power-Kepstrum $\mathcal{C}\{f(x,y)\}$ einer Bildfunktion f im Ortsbereich (x,y) wird allgemein das Power-Spektrum des Logarithmus des Power-Spektrums dieser Funktion definiert:

$$\mathcal{C}\{f(x,y)\} = \left|\mathcal{F}\{\log|\mathcal{F}\{f(x,y)\}|^2\}\right|^2 = \left|\mathcal{F}\{\log|F(u,v)|^2\}\right|^2 \qquad (1)$$

Zur Kepstrum-Filterung werden zunächst die zwei zu vergleichenden Bilder nebeneinander in dem sog. Kepstrum-Fenster $g(x,y)$ angeordnet. Für $g(x,y)$ mit dem Verschiebungssatz der Fourier-Transformation:

$$g(x,y) = r(x,y) + t(x-D,y) = r(x,y) * \Big(\delta(x,y) + \delta\big(x-(D+x_0), y-y_0\big)\Big) \qquad (2)$$

wobei D die Dimension des Referenzbildes $r(x,y)$ und der Folgeaufnahme $t(x,y)$ ist. Die relative Verschiebung der Bildinhalte in x- und y-Richtung wird durch x_0 und y_0 beschrieben. Im logarithmierten Power-Spektrum von $g(x,y)$:

$$\log|G(u,v)|^2 = \log|R(u,v)|^2 + \cos\big(2\pi(u(x_0+D) + vy_0)\big) + \ldots \qquad (3)$$

sind kosinusförmige Wellen enthalten, deren Frequenz nur durch die relative Verschiebung $(D+x_0, y_0)$ bestimmt wird. Nach wiederholter Power-Spektrum-Bildung erhält man das Power-Kepstrum von $g(x,y)$:

$$\mathcal{C}\{g(x,y)\} = \mathcal{C}\{r(x,y)\} + A\,\delta(x,y) + B\,\delta\big(x \pm (x_0+D), y \pm y_0\big)$$
$$+ C\,\delta\big(x \pm 2(x_0+D), y \pm 2y_0\big) + \ldots \qquad (4)$$

welches aus einem Hauptmaximum im Ursprung, sowie einer Abfolge von Delta-Impulsen (Peaks) an ganzahligen Vielfachen der Verschiebungsdifferenz $(D+x_0, y_0)$ besteht. Der Abstand zwischen dem Ursprung und dem ersten Peak bestimmt damit die gesuchte Relativverschiebung. Dieses Verfahren wird durch die folgenden Schritte weiter verbessert:

- **Zero-Padding:** Durch das Auffüllen mit Nullen der Bildzeilen und -spalten von $r(x,y)$ und $t(x,y)$ bis zur nächsten Potenz von 2 können Bilder beliebiger Dimensionen mit schnellen Fourier-Algorithmen (FFT) bearbeitet werden.
- **Sobel-Filterung:** Die initiale Filterung mit dem Sobel-Operator schwächt störende Texturen und verstärkt dominante Bildstrukturen wie Ecken und Kanten [10].
- **Fensterung:** Da die DFT das reale ortsbegrenzte Eingabebild als periodisches, unendlich ausgedehntes Signal auffaßt, führen die unstetigen Nahtstellen der gegenüberliegenden Bildränder zu Verfälschungen des Spektrums.

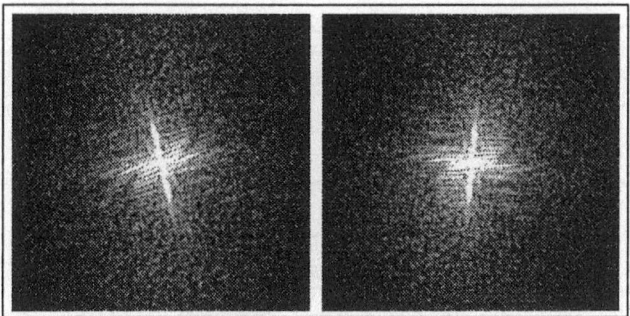

Abbildung1. Power–Spektren
Die Abbildung zeigt die logarithmierten Power–Spektren der Bilder 4a und 4b. Die Translationsinvarianz bei gleichzeitiger Rotationsvarianz der Spektren ist deutlich erkennbar.

Durch die Multiplikation mit einer Fensterfunktion werden daher die Bildränder vor der Transformation stetig zu Null gesetzt. Das Kaiser–Bessel–Fenster hat hierfür die besten Eigenschaften [8].

Obwohl sich die so ergänzte klassische Kepstrum–Technik bei der reinen Translationsbestimmung als zuverlässig, effizient und rauschunempfindlich erwiesen hat, verhindern schon geringe zusätzliche Rotationen die automatische Registrierung der Bilder.

3 Konforme Polarabbildung

Zur Erweiterung der klassischen Kepstrum–Technik auf Rotationen, werden die kartesischen Koordinaten (x, y) in der zentrierten komplexen Ebene durch Betrag und Phase dargestellt: $x + iy = z = |z| \cdot e^{i\phi}$. Ein polarabgebildetes Bild kann durch die Abbildung w aus den Koordinaten z bestimmt werden:

$$w(z) = \log |z| + i\phi \qquad (5)$$

wobei die Logarithmierung eine Streckung für kleine $|z|$ bewirkt. Drehungen des Bildinhaltes gehen durch (5) in Translationen entlang der ϕ–Achse über. Diese können dann mit der zuvor beschriebenen klassischen Kepstrum–Technik detektiert werden. Bei der diskreten Polarabbildung wird das Eingangsbild von sehr hoher Auflösung in der Bildmitte zu sehr niedriger Auflösung an den Bildrändern abgetastet. Zur Unterdrückung der dabei auftretenden Aliasing–Effekte sind Filter aus verkürzten Besselfunktionen vorgeschlagen worden [16], die hier durch eine Binomialmaske approximiert werden.

Das eigentliche Problem besteht jedoch darin, daß die Kepstrum–Technik mit Polarabbildung zur Rotationsdetektion besonders empfindlich gegenüber zusätzlichen Translationen ist. Dem gegenüber steht eine Kepstrum–Technik, die translatorische Verzerrungen nur dann detektieren kann, wenn keine Rotationen zwischen den Aufnahmen vorhanden sind. Dieses Dilemma kann durch invariante

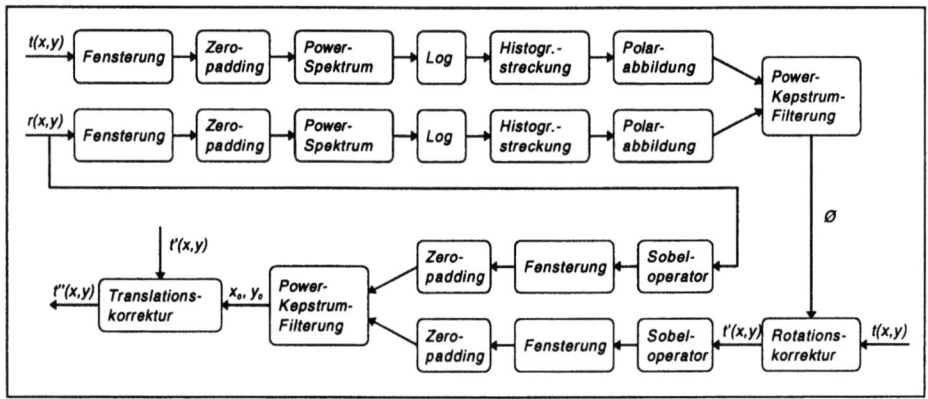

Abbildung 2. Blockschaltbild
Durch das zweistufige Kepstrum-Verfahren wird zuerst die Rotationskomponente ϕ der Relativverschiebung der Bilder $r(x, y)$ und $t(x, y)$ aufgrund ihrer polartransformierten Power-Spektren und danach der translatorische Anteil (x_0, y_0) bestimmt.

Bilddeskriptoren, wie das rotationsvariante aber zugleich translationsinvariante Power-Spektrum, gelöst werden (Abb. 1).

Die erweiterte Kepstrum-Technik ist in Abbildung 2 zusammengefaßt. Zunächst werden die Power-Spektren der durch Fensterung und Zero-Padding vorverarbeiteten Bilder berechnet. Zur Dämpfung der Gleichanteile werden die Spektren logarithmiert und an den Wertebereich angepaßt (Histogrammstreckkung). Nach der konformen Polarabbildung wird mit der klassischen Kepstrum-Technik die Drehwinkeldifferenz bestimmt. Nach der Rückdrehung des Folgebildes werden wiederum mit der klassischen Kepstrum-Technik die noch gesuchten Translationsparameter ermittelt.

4 Diskrete Hartley-Transformation

Die diskrete Hartley-Transformation (DHT) [3] kann für den, bei der Power-Spektrum- und Power-Kepstrum-Bildung vorliegenden Spezialfall reellwertiger Bilder, die DFT ersetzen. Die Redundanz der für die Transformation komplexer Daten ausgelegten DFT wird vermieden und bei gleichbleibender Genauigkeit kann eine Geschwindigkeitssteigerung bis zu 40% erreicht werden [15]. Weiterhin werden bei der DHT nur 50% des Speicherplatzes der DFT benötigt. Die DHT läßt sich ebenso wie die DFT faktorisieren, wodurch die Bildung schneller DHT-Algorithmen ermöglicht wird [4].

Die (separierte) Hartley-Transformierte $H_s(u, v)$ eines $M \times N$ Bildes $f(x, y)$ ist definiert als:

$$H_s(u, v) = \sum_{x=0}^{M-1} \sum_{y=0}^{N-1} f(x, y) \, \text{cas}(2\pi u x) \, \text{cas}(2\pi v y) \qquad (6)$$

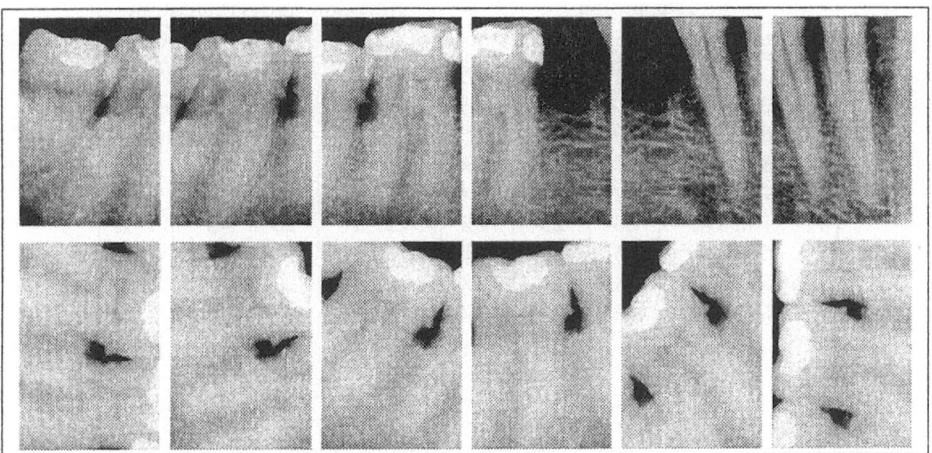

Abbildung 3. Rotations und Translationssequenz
Mit einer speziellen Justiervorrichtung mit Mikrometerschrauben wurden zwei Testsequenzen dentaler Röntgenbilder mit bekannter Raumgeometrie aufgenommen. Die obere Reihe zeigt Einzelbilder aus der Translations–, die untere aus der Rotationssequenz.

wobei die Abkürzung $\text{cas}(\theta) = \cos(\theta) + \sin(\theta)$ von *Hartley* eingeführt wurde [9]. Mit (6) gilt zur Berechnung des Power–Spektrums [17]:

$$|F(u,v)|^2 = \frac{1}{4}\bigl(H_s(-u,v) + H_s(u,-v)\bigr)^2 + \frac{1}{4}\bigl(H_s(u,v) - H_s(-u,-v)\bigr)^2 \quad (7)$$

Durch Logarithmierung und nochmalige Anwendung ist mit (7) auch die Berechnung des Power–Kepstrums nach (1) möglich.

5 Testbilder

Die erweiterte Kepstrum–Technik wurde anhand zweier dentaler Röntgenbildsequenzen (Abb. 3) systematisch untersucht und bewertet (Tab. 1). Ein mazerierter Unterkiefer mit Zähnen und Füllungen diente als in vitro Objekt.
 Zur Erzeugung der Translationssequenz mit $N_{\text{trans}} = 41$ Bildern, wurde bei konstanter Raumgeometrie von Röntgenröhre[3] und Objekt, der Bildsensor[4] mit einer aktiven Breite von 17,2mm senkrecht zur Zentralstrahlachse um 40mm äquidistant verfahren (Abb. 3 oben). Hierzu wurde eine spezielle Einstellvorrichtung mit Mikrometerschrauben benutzt. Für die Rotationssequenz mit $N_{\text{rot}} = 33$ Aufnahmen wurde das Objekt um 180° um die Zentralstrahlachse gedreht, wobei hier die Raumpositionen der Röntgenquelle und des Sensors konstant gehalten

---
[3] *ORIX 65/10*, ARDET srl, Via della Resistenza, Buccinasco, Italien.
[4] *Sens-A-Ray*, REGAM Medical Systems, Regementsvägen, Sundsvall, Schweden.

Translation					Rotation und Translation			
m	Überlappung	Paare	richtig	Quote	m	Winkel	Paare	richtig	Quote
0	100%	41	41	100%	0	0°	33	33	100%
1	94,19%	40	40	100%	1	5,45°	32	29	88%
2	88,37%	39	39	100%	2	10,90°	31	18	58%
3	82,56%	38	36	95%	3	16,35°	30	8	27%
4	76,74%	37	34	91%	4	21,80°	29	6	21%
5	70,93%	36	26	72%	5	27,25°	28	5	19%
6	65,12%	35	20	57%	6	32,70°	27	4	15%
7	59,30%	34	11	32%	7	38,15°	26	5	19%
8	53,45%	33	6	18%	8	43,60°	25	3	12%
					9	49,05°	24	2	8%
					10	54,50°	23	2	8%
					11	59,95°	22	1	4%
					12	65,40°	21	0	0%

Tabelle 1. Ergebnisse
Die Bildsequenzen aus Abb. 3 wurden mit der erweiterten Kepstrum-Technik nach Abschnitt 3 ausgerichtet. Stimmen weniger als 70% der Inhalte beider Bilder überein, unterscheiden sich die Spektren in ihrer Form und die Kepstrum-Analyse der polarabgebildeten Power-Spektren führt vermehrt zu Fehldetektionen.

wurden. Da der Rotationspunkt nicht in der Bildmitte lag, sind in dieser Sequenz sowohl Translationen als auch Rotationen enthalten (Abb. 3 unten).

Aus N Bildern einer Sequenz lassen sich $N-m$ verschiedene Bildpaare erzeugen, die jeweils einen Abstand von m Bildern innerhalb der Sequenz haben, also den gleichen Relativversatz aufweisen. Mit $0 \leq m_{trans} \leq 8$ und $0 \leq m_{rot} \leq 12$ wurden insgesamt 684 verschiedene Bildpaare ausgewertet (Tab. 1).

6 Ergebnisse

Anhand der Translationssequenz wurde die klassische Kepstrum-Technik bewertet. Alle 259 erzeugbaren Bildpaare, deren Inhalte sich mehr als 50% überlappen, konnten trotz Unterschieden in den Belichtungsverhältnissen richtig justiert werden. Dagegen wurde die Translationskomponente nur bei 2 Bildpaaren der Rotationssequenz richtig bestimmt.

Die Ergebnisse der Registrierung mit der erweiterten Kepstrum-Technik sind in Tabelle 1 zusammengestellt. Bei der Translationssequenz führt das erweiterte Verfahren bei Bildübereinstimmungen unter 70% vermehrt zu Fehldetektionen. Die Spektren solcher Bilder unterscheiden sich derart, daß mit der Kepstrum-Analyse ihrer konformen Polarabbildungen falsche Winkel detektiert werden.

Drehwinkel zwischen Bildpaaren aus der Rotationssequenz kleiner 10° wurden mit der erweiterten Kepstrum-Technik zuverlässig ermittelt. Bei Winkeln größer 15° ist das Spektrum nicht nur gedreht, sondern aufgrund der nicht über-

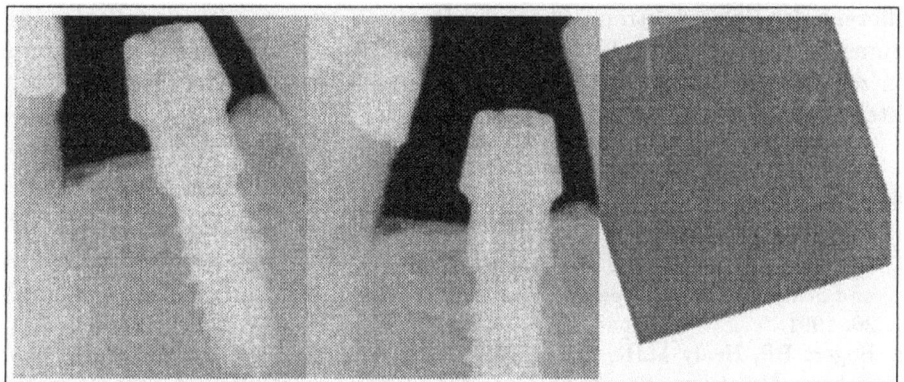

Abbildung 4. Rotations- und Translationsbestimmung
Das rechts angeordnete Subtraktionsbild 4c wurde durch Differenzbildung aus dem Referenzbild 4a und dem registrierten Folgebild berechnet. Referenz– und Folgebild 4b hatten in diesem Fall eine Auflösung von 300 × 330 Bildpunkten. Die erforderlichen Drehwinkel und Verschiebungsparameter wurden mit 18° und (34,-37) Pixeln exakt bestimmt.

lappenden Bildbereiche auch in seiner Struktur verändert, so daß vermehrt Fehler auftreten.

Die erweiterte Kepstrum–Technik wird als Vorjustierungsstufe in der digitalen Freihand–Subtraktionsradiographie [13] eingesetzt. Zu verschiedenen Zeiten digital erstellte intraorale Röntgenbilder der selben dentalen Region des selben Patienten können dann hinsichtlich der periimplantären Knochendichte densitometrisch analysiert werden. Aufgrund der speziellen Systemgeometrie (Sensor im Mund des Patienten) ist der Überlappungsbereich zu vergleichender Bilder hier deutlich größer als 70%.

7 Diskussion

Die Zuverlässigkeit der Kepstrum–Technik für Rotationen und Translationen ist stark vom Inhalt der zu vergleichenden Bilder abhängig. Mit dentalen Röntgenbildern aus der Implantologie wurden bessere Ergebnisse erzielt. Abbildung 4 zeigt zwei in vitro Aufnahmen eines TPS–Schraubenimplantates. Die dominante Struktur des Implantates prägt deutlich die Form der Spektren (Abb. 1) und ermöglicht damit eine zuverlässige Registrierung.

Obwohl die Translation in den polarabgebildeten Power–Spektren von Bildern mit weniger als 70% Überlappung subjektiv noch deutlich erkennbar ist, führt die Kepstrum–Analyse der Spektren vermehrt zu Fehlern. Weiterhin sind in polarabgebildeten Spektren nur Translationen entlang der ϕ–Achse zu erwarten. Deshalb können auch auf Korrelation basierende Verfahren effizient eingesetzt werden. Erste Untersuchungen zeigen, daß der Kreuzkorrelationskoeffizient, wie in [5] erst vor kurzem vorgeschlagen, oder die Entropie des Histogramms der

Differenz der Polarspektren [12] bei der Rotationsbestimmung anstelle des Kepstrums zu erheblichen Verbesserungen führen. Diese Varianten sowie der Einfluß von zentralperspektivischen Verzerrungskomponenten sind Gegenstand weiterer Untersuchungen.

Literatur

1. Arbter K, Burkhardt H: *Ein Fourier-Verfahren zur Bestimmung von Merkmalen und Schätzung der Lageparameter ebener Raumkurven.* Informationstechnik **33**:19–26, 1991.
2. Bogert BP, Healy MJR, Tukey JW: *The Quefrency Alanysis of Time Series for Echoes: Cepstrum, Pseudo-Autovariance, Cross-Cepstrum and Saphe Cracking.* Proc. Symposium of Time Series Analysis, John Wiley & Sons, New York, 209–242, 1963.
3. Bracewell RN: *The Discrete Hartley Transform.* JOSA **A-73(12)**:1832–1835, 1983.
4. Bracewell RN: *The Fast Hartley Transform.* Proc. IEEE, **72(8)**:1010–1018, 1984.
5. Cideciyan AV: *Registration of Ocular Fundus Images.* IEEE **EMB-14(1)**:52–58, 1995
6. Della Ventura A, Rampini A, Schettini R: *Image Registration by Recognition of Corresponding Structures.* IEEE **GRS-28(3)**:305–314, 1990.
7. Gerlot P, Bizais Y: *Image Registration: A Review and a Strategy for Medical Applications.* Proc. 10th International Conference on Information Processing in Medical Imaging, Plenum Press, New York, 81–89, 1988.
8. Harris FJ: *On the Use of Windows for Harmonic Analysis with the Discrete Fourier-Transform.* Proc. IEEE **66(1)**:51–83, 1978.
9. Hartley RVL: *A more symmetrical Fourier analysis applied to transmission problems.* Proc. IRE **30**:144–150, 1942.
10. Lee DJ, Mitra S, Krile TF: *Analysis of sequential complex images, using feature extraction and two-dimensional cepstrum techniques.* JOSA **A-6(6)**:863–870, 1989.
11. Lee DJ, Mitra S, Krile TF: *Accuracy of depth information from cepstrum-disparities of a sequence of 2-D projections.* Proc. SPIE **1192(2)**:778–788, 1989.
12. Lehmann T, Schmitt W, Repges R, Sovakar A: *Mathematical Quality Standards for the Digital Free-hand Subtraction Radiography.* Dentomaxillofac. Radiol. **23(2)**:98, 1995. (http://www.imib.rwth-aachen.de/www/mitarb/lemmi/amst_94.ps)
13. Lehmann T, Schmitt W, Repges R, Peters B, Goerke C, Caspers K, Trimborn R, Kaupp A: *Digitale Freihand-Subtraktionsradiographie. Automatische Knochendichtebestimmung in der Implantologie.* Proc. 3. Workshop Digitale Bildverarbeitung in der Medizin, Freiburg, 1995, im Druck.
(http://www.imib.rwth-aachen.de/www/mitarb/lemmi/freib_95_dfsr.ps)
14. Oppenheim AV, Schafer RW: *Digital Signal Processing.* Prentice-Hall, Inc., Englewood Cliffs, New Jersey, 1975.
15. Steckner MC, Drost DJ: *Fast Cepstrum Analysis Using the Hartley Transform.* IEEE **ASSP-37(8)**:1300–1302, 1989.
16. Wechsler H, Zimmerman GL: *2-D Invariant Object Recognition Using Distributed Associative Memory.* IEEE **PAMI-10(6)**:811–821, 1988.
17. Watson AB, Poirson A: *Separable two-dimensional discrete Hartley-transform.* JOSA **A-3(12)**:2001–2004, 1986.

Gekrümmte Illusionskantenmodelle und ihre Anwendung in der Bildverarbeitung

G. Glombitza, M. Makabe, H.P. Meinzer

Deutsches Krebsforschungszentrum, Abt. Med. und Biol. Informatik, Heidelberg

Zusammenfassung In der medizinischen Bildverarbeitung werden rein pixelbasierte Verfahren standardmäßig in der Klassifizierung von MR- und CT-Schichtbildserien eingesetzt, für die automatische Segmentierung einzelner Objekte hingegen sind allein pixelbasierte Informationen oft nicht ausreichend. Da die Information über die Form der Objekte vernachläßigt wird, entsteht ein typischer Segmentierungsfehler. In dem vorliegenden Beitrag werden pixel- und formbasierte Informationen vereinigt, um die Bildanalyseprozesse zu stabilisieren. Mit Hilfe eines Modells des Segmentierungsfehlers wird dieser lokalisiert und Operatoren für seine Korrektur konstruiert.

1 Pixelbasierte Verfahren

Pixelbasierte Verfahren in den unterschiedlichsten Ausführungen gehören zu den Standardverfahren in der Bildverarbeitung [1]. Clusteralgorithmen, Region Growing und Watershed-Verfahren fallen u.a. in diese Gruppe. In der medizinischen Bildverarbeitung werden zum Beispiel Schwellwertverfahren in der Segmentierung von Knochenstrukturen in CT-Bildern eingesetzt, bei der Analyse von MR-Schichten des Kopfes klassifizieren überwacht lernende Algorithmen die unterschiedlichen Gewebearten des Gehirns. Diese Verfahren haben gemeinsam, daß eine Klassifizierung der Bilddaten mit ihnen gut möglich ist, wenn die analysierten Bilddaten auf definierte Weise entstanden sind. Eine Segmentierung einzelner medizinischer Objekte hingegen, eine Vorraussetzung sowohl für eine dreidimensionale Rekonstruktion als auch z.B. für Volumenmessung, ist mit solchen Verfahren nicht automatisch möglich, wenn Teile des Objektrandes nur einen schwachen Kontrast aufweisen. Rein pixelbasierte Verfahren neigen dann typischerweise dazu, verschiedene Objekte miteinander zu verbinden. Dieser Segmentierungsfehler kann durch falsch klassifizierte Pixel, nicht ausreichende räumliche Auflösung bei der Bildgebung oder durch den Einsatz linearer Glättungsalgorithmen verursacht werden.

Fig. 1 zeigt ein typisches Beispiel für solch ein falsch segmentiertes Bild. Häufig werden große Teile des Objektes richtig segmentiert. Dem menschlichen Beobachter gelingt es mit Hilfe der daraus gewonnenen Forminformation, fehlende Teile der Kontur zu ergänzen und dadurch die Objekte zu trennen. In dem gezeigten Beispiel ist es daher möglich, sowohl den Oberschenkelknochen als auch den davor liegenden Fettkörper einzeln zu erkennen.

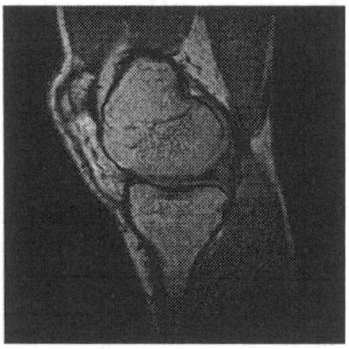 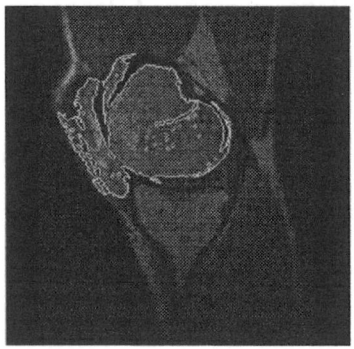

Abbildung1. Hier ist beispielhaft die Segmentierung des Femurs in einem MR-Bild des Knies gezeigt. Der rechts gezeigte Segmentierungsfehler ist typisch für pixelbasierte Methoden. Verschiedene Objekte werden an Konturbereichen mit geringem Kontrast miteinander verbunden.

Es gibt veschiedene Ansätze, Bildverarbeitungsoperatoren mit der Fähigkeit, Konturen mit schwachem Kontrast zu lokalisieren, zu entwickeln. Der am häufigsten verfolgte Ansatz ist der der aktiven Konturen [4]. Ronfard verknüpft diesen Ansatz mit pixelbasierten Informationen, um die Strategien der aktiven Konturen zu optimieren [5]. Von Brinkley wird ein Radial-Konturmodell vorgeschlagen, mit dem die zweidimensionalen Formen der zu segmentierenden Objekte festgehalten werden [2]. In diesem Beitrag werden pixel-basierte Verfahren durch ein Verfahren ergänzt, daß durch Ausnutzung lokaler Forminformation in der Lage ist, diese Konturergänzung durchzuführen. Dabei soll versucht werden, verbundene Objekte durch eine selbstinitiierende Korrektur, bei der lokale Forminformationen den pixelbasierten Ansatz ergänzen, voneinander zu trennen. Dazu sind folgende Punkte nötig:

- Modellierung und Lokalisierung des Segmentierungsfehlers
- Konstruktion eines Operators, der den Fehler behebt
- Ergänzung der pixel-basierten Information durch lokale Forminformation

2 Fuzzyklassifikation

Die lokale Forminformation soll die endgültige Segmentierung beeinflußen. Durch den Übergang zu einer Fuzzyklassifikation der Pixel ist es möglich, zusätzliche Informationen zu berücksichtigen. Fig. 2 zeigt das Ergebnis eines solchen Algorithmus, in diesem Fall einer Fuzzy-Clusteranalyse. Dieser Algorithmus ordnet jedem Pixel für jede Klasse einen Zugehörigkeitswert zwischen 0 und 1 zu. Verschiedene Möglichkeiten, diese Zugehörigkeitswerte zu berechnen, sind z.B. von Bezdek angegeben [1]. Für jede der n Klassen entsteht ein Ergebnisbild F_i, $i = 1, \ldots, n$.

Lokale Forminformation kann nun durch Manipulation der Zugehörigkeitswerte einzelner Pixel berücksichtigt werden. Nach der Lokalisierung der Segmentierungsfehler kann für die Pixel, die die verschiedenen Objekte im Bild miteinander verbinden, der Zugehörigkeitswert zu der entsprechenden Klasse verringert werden. Dadurch können die Objekte vor der endgültigen Klassifikation voneinander getrennt werden.

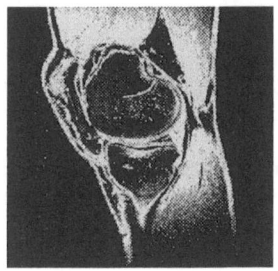 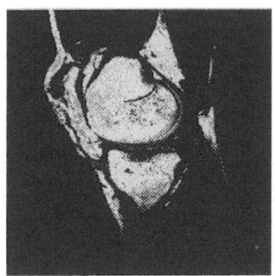 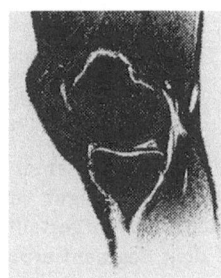

Abbildung 2. Durch eine Fuzzy-Clusteranalyse werden jedem Pixel reelle Zugehörigkeitswerte zugeordnet. Gezeigt ist hier eine Klassifizierung in 3 Klassen. Die in Abb. 1 gezeigte Fehlsegmentierung beruht auf einer Binarisierung des mittleren Bildes, in dem hauptsächlich Knochen- und Fettstrukturen zu erkennen sind.

3 Modellierung des Segmentierungsfehlers

In Abb. 3 läßt sich erkennen, daß der angesprochene Segmentierungsfehler von einem menschlichen Beobachter gerade deshalb als solcher erkannt wird, weil eine Kante im Ergebnisbild vermißt wird. Die Fähigkeit des menschlichen visuellen Systems, Kanten zu lokalisieren, die im Bild nicht abgebildet sind, wird durch Modelle für sogenannte Illusionskanten beschrieben [3]. Diese setzen den Verlauf einer unterbrochenen Kante mit einer gegebenen Reichweite geradlinig mit "gruppierenden Feldern" fort und suchen nach dem Ende einer anderen dazugehörenden Kante. Für die hier beschriebene Anwendung in medizinischen Bildern muß dieses Modell aus mehreren Gründen verändert werden.

Da die Illusionskantenmodelle als Ergänzung der pixelbasierten Verfahren, die immer geschlossene Konturen erzeugen, dienen sollen, setzen sie nicht an Kantenenden an. Die Ansatzpunkte sind vielmehr durch das unten beschriebene Modell des Segmentierungsfehlers gegeben. Auch die konstante Form der Suchfelder kann für so komplexe Objekte, wie sie in medizinischen Bildern vorkommen, nicht beibehalten werden. Zum einen sind die Konturen gekrümmt, zum anderen ist keine Vorraussage über die durch den Segmentierungsfehler entstandene Konturlücke möglich, wodurch eine flexible Reichweite der Felder notwendig wird.

Um die Ansatzpunkte der Illusionskanten lokalisieren zu können, muß der Segmentierungsfehler, der korrigiert werden soll, beschrieben werden. Es läßt sich erkennen, daß die Verbindung von zwei Objekten durch zwei Eigenschaften erkannt werden kann.

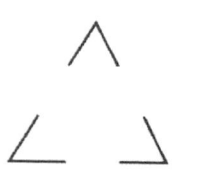 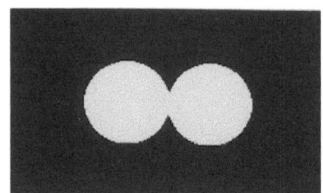 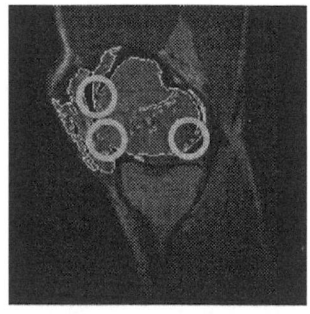

Abbildung 3. Hier sind verschiedene Beispiele für Illusionskanten dargestellt. Während in der linken Figur verschiedene Kantenstücke miteinander verbunden werden, sollen in dem hier vorgestellten Verfahren die Pixel, die die Objekte miteinander verbinden, aus dem Segmentierungsergebnis entfernt werden.

- Auf mindestens einem Teil der Kontur wird eine Stelle starker Krümmungsänderung erzeugt.
- Die Kontur läßt sich an diesen Stellen mit anderen Teilen der betrachteten Kontur fortsetzen.

Ein einfaches Modell des Segmentierungsfehlers besteht daher aus diesen beiden Merkmalen, die zur Lokalisierung eines solchen Fehlers benutzt werden können.

4 Lokalisierung des Segmentierungsfehlers im Bild

Die Illusionskanten, und damit die falsch segmentierten Teile des Objekts, müssen gefunden werden. Die erste der beiden Eigenschaften des Modells, die starke Änderung der Krümmung, wird ausgenutzt, um potentielle Ansatzpunkte einer Illusionskante zu lokalisieren. Der erste Schritt ist die Parametrisierung der Kontur und die Berechnung der Krümmung $K(t)$. Die Kontur wird in beiden Richtungen umlaufen und die Konturpunkte mit deutlicher Krümmungsänderung werden gefunden. Diesen "kritischen Punkten" wird die mittlere Krümmung $\bar{K}$ und die Varianz σ_K der Krümmung des zuvor durchlaufenen Konturbereiches zugeordnet.

$$\bar{K}(t) = \frac{1}{t-t_0} \sum_{i=t_0}^{t} K(i) \qquad \sigma_K(t) = \frac{1}{t-t_0} \sum_{i=t_0}^{t} (K^2(i) - \bar{K}^2(i)) \qquad (1)$$

Ein kritischer Punkt ist erreicht, wenn die lokale Krümmung außerhalb eines Konfidenzintervalls liegt.

$$|K(t_c) - \bar{K}(t_c)| > k\sigma_K(t_c) \qquad (2)$$

Ein solcher Punkt $\mathbf{x}_c(t_c)$ ist in Abb. 4 eingezeichnet. Eine Konfidenzlänge l gibt an, wie weit in Rückwärtsrichtung die mittlere Krümmung $\bar{K}(t_c)$ akzeptiert wird.

$$l = t_c - t_0 \qquad (3)$$

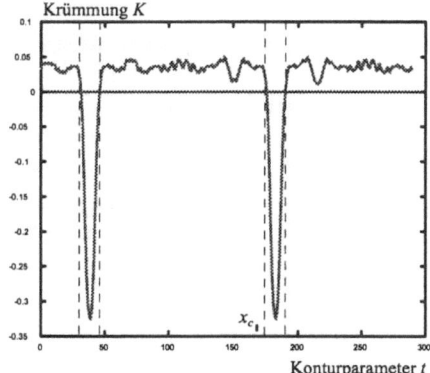

Abbildung 4. Anhand des linken Testbildes soll die Vorgehensweise erläutert werden. Der erste Schritt ist die Berechnung des rechts gezeigten Krümmungsverlaufs auf der parametrisierten Kontur. Deutlich zu erkennen sind die 4 Konturpunkte mit erhöhter Krümmung.

Mit diesen beiden Größen kann der erwartete Verlauf der Kontur über den Punkt $x_c(t_c)$ hinaus extrapoliert werden. Wegen des durch die Pixelgeometrie entstehenden Rauschens und durch natürliche Schwankungen in der Krümmung natürlicher Objekte wird diese Extrapolation in Form eines Suchfeldes durchgeführt. Das zu dem betrachteten kritischen Punkt gehörende Suchfeld ist in Abb. 5 links dargestellt. Dieses Suchfeld wird auf der gesamten Kontur berechnet. Der Verlauf auf der Kontur ist in Abb. 5 rechts gezeigt.

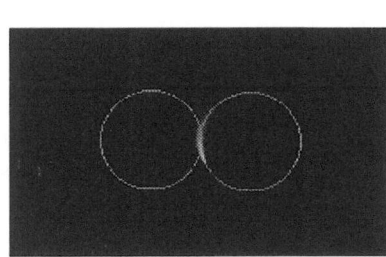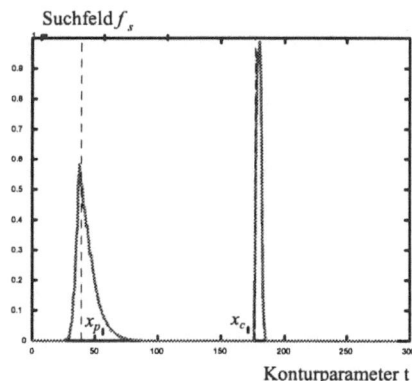

Abbildung 5. Für den in Abb. 4 gezeigten Punkt x_c ist hier das zugehörige Suchfeld gezeigt. In der rechten Graphik ist die Stärke dieses Feldes auf der Kontur gezeigt, nach rechts ist der Parameter der Kontur aufgetragen. Neben einem Maximum in der direkten Umgebung des betrachteten Punktes entstehen weitere an den Punkten der Kontur, die als zweiter Endpunkt einer Illusionskante in Frage kommen.

Durch diese Felder werden eventuell andere Teile der Kontur angeregt. Mit den Parametern dieser Konturteile werden wiederum in entgegengesetzter Richtung Antwortfelder berechnet. Um eine Illusionskante zu akzeptieren, muß wiederum der Teil der Kontur in der Nähe von x_c durch diese Antwortfelder angeregt werden. Hiermit wird die zweite Eigenschaft des Modells des Segmentierungsfehlers getestet. Das Antwortfeld des hier betrachteten potentiellen Partnerpunktes $x_c(t_p)$ ist in Abb.6 gezeigt. In diesem Fall ist diese Bedingung erfüllt, die Illusionskante wird akzeptiert und der zugehörige Segmentiewrungsfehler wird korrigiert.

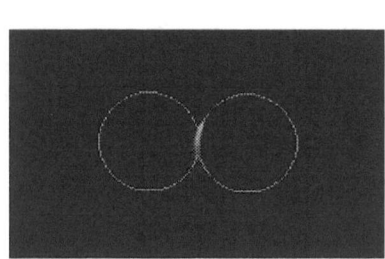
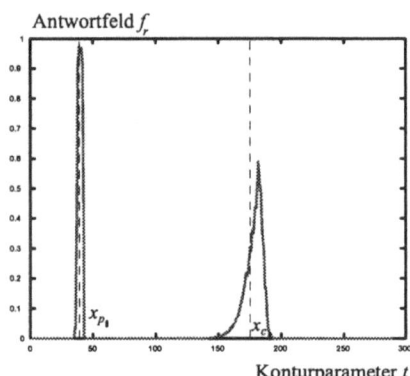

Abbildung6. Das Antwortfeld und sein Wert auf der Kontur ist hier gezeigt. In der rechten Graphik läßt sich erkennen, daß der Konturpunkt in diesem Feld wieder in einem Maximum liegt, also von dem Antwortfeld angeregt wird. In diesem Fall korrespondieren die Teile der Kontur und es handelt sich um eine Illusionskante.

5 Konstruktion der Felder und des Fuzzyoperators

Die Felder sind verzerrte Gaußglocken, deren Abmessungen von den Eigenschaften der Kontur abhängen. Nach der Berechnung der mittleren Krümmung kann der lokale Krümmungsradius ausgerechnet werden. Aus diesem ergeben sich für jeden Punkt im Bild die beiden Abstände $d_{\|}$ und $d_{\perp}$ (siehe Abb. 7). Mit diesen kann ein Feld konstruiert werden, daß in Vorwärtsrichtung entlang des Krümmungskreises schwächer wird und senkrecht dazu Unsicherheiten zuläßt. Diese soll gleichzeitig mit dem Abstand $d_{\|}$ zu dem kritischen Punkt anwachsen.

$$f(\mathbf{x}) = \underbrace{e^{-\alpha \frac{d_{\|}^2}{l^2}}}_{\text{Längsterm}} \underbrace{e^{-\beta \frac{d_{\perp}^2}{r d_{\|}}}}_{\text{Querterm}} \qquad (4)$$

Sind zwei korrespondierende Teile einer Kontur gefunden, kann mit Hilfe der Such- und Antwortfelder ein Operator gefunden werden, der das Fuzzy-Ausgabebild des pixelbasierten Verfahrens so beeinflußt, daß die verbundenen Objekte

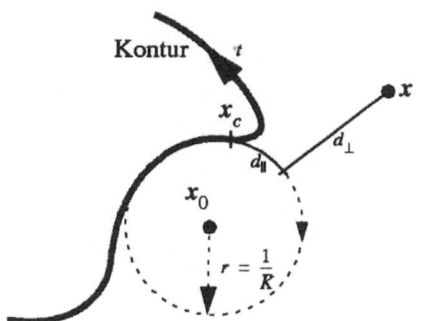

K mittlere Krümmung
l Konfidenzlänge
x_0 lokaler Krümmungsmittelpunkt
x_c kritischer Punkt
$d_\perp$ Abstand vom lokalen Krümmungskr
$d_\parallel$ Bogenlänge bis zum kritischen Punk

Abbildung 7. Die für die Konstruktion der Felder benötigten Größen.

voneinander getrennt wird. Das Produkt der beiden Feldern liegt, wie Abb. 8 zeigt, zwischen den beiden Objekten. Das Bild einer solchen Illusionskante kann

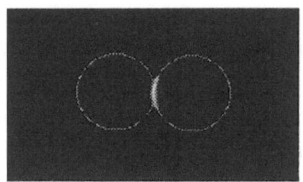

Abbildung 8. Für eine akzeptierte Illusionskante ist hier das Produkt der beiden Felder gezeigt.

daher aus dem normierten Produkt der beiden Felder gewonnen werden. Mit diesem kann das Ergebnisbild der Fuzzy-Klassifikation so beeinflußt werden, daß die Illusionskante zu einer echten Kante wird und die beiden zusammenhängenden Objekte getrennt werden. Dies geschieht einfach durch Multiplikation des Bildes mit dem normierten, invertierten Bild der Illusionskanten.

$$O(\mathbf{x}) = 1 - \frac{f_s(\mathbf{x}) f_r(\mathbf{x})}{m} \quad \text{mit} \quad m = \max_{\mathbf{x}} f_s(\mathbf{x}) f_r(\mathbf{x}) \tag{5}$$

$$F_i' = F_i O_i \tag{6}$$

6 Ergebnisse und Diskussion

Abb. 9 zeigt die Anwendung dieses Fuzzy-Operators auf das Testbild. Durch die Multiplikation mit dem Fuzzy-Operator werden die Zugehörigkeitswerte der Pixel, die die verschiedenen Objekte verbinden, heruntergesetzt und die Objekte werden dadurch voneinander getrennt. Die Objekte sind jetzt einzeln segmentierbar und der simulierte Segmentierungsfehler wurde behoben. Die Form des Objektes wurde nur an der als Illusionskante erkannten Stelle manipuliert.

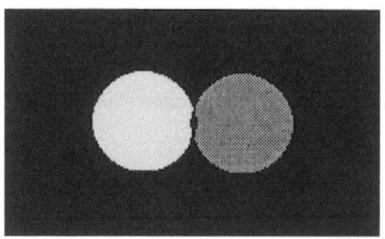
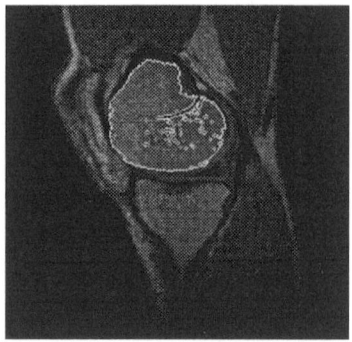

Abbildung 9. Nach der Anwendung des Fuzzyoperators sind die Illusionskanten im Bild eingefügt.

Durch die Anwendung eines entsprechenden Fuzzy-Operators auf das Klassifikationsergebnis aus Abb. 2 kann der Femur von dem vor ihm liegenden Fettkörper getrennt werden. Die übrige Form des Femurs wird aus der Pixelklassifikation, mit der Texturen der Oberfläche am besten erfaßt werden, übernommen[1]. Die vorgestellte Verwendung der Illusionskantenmodelle stellt somit eine stabilisierende Ergänzung zu klassischen Bildverarbeitungsverfahren dar. Eine interaktive Anwendung mit manueller Lokalisierung der Segmentierungsfehler und automatischer Berechnung der lokalen Formparameter ist ebenso möglich.

Literatur

1. Bezdek, J.C., Hall, L.O., Clarke, L.P.: Review of MR image segmentation techniques using pattern recognition. Medical Physics **20** (4) (1993) 1033–1048
2. Brinkley, J.F.: A Flexible, Generic Model for Anatomic Shape: Application to Interactive Two-Dimensional Medical Image Segmentation and Matching. Computer and Biomedical Research **26** (1993) 121–142
3. Heitger, F; von der Heydt, R.: A Computational Model of Neural Contour Processing: Figure Ground Segregation and Illusory Contours. Proc. Fourth International Conference on Computer Vision, Berlin (1993) 32–40
4. Kass, M., Witkin A., Terzopoulos, D.: Snakes: Active contour models. International Journal of Computer Vision **1** (1987) 321-331
5. Ronfard, R.: Region-Based Strategies for Active Contour Models. International Journal of Computer Vision **13** (2) (1994) 229-251

---

[1] Die gezeigte MR-Aufnahme wurde an der Orthopädischen Universitätsklinik in Heidelberg hergestellt.

Prosodische Etikettierung und Segmentierung deutscher Spontansprache mit Verfahren der statistischen Mustererkennung

Michael Lehning
Institut für Nachrichtentechnik, TU Braunschweig
Email: lehning@ifn.ing.tu-bs.de

1 Zusammenfassung

Es wird ein Experimentalsystem zur automatischen prosodischen Etikettierung und Segmentierung deutscher Spontansprache vorgestellt. Das System wird eingesetzt, um eine prototypische Beschreibung prosodischer Eigenschaften (Akzentuierung und Phrasierung) einer Äußerung zu generieren. Die beschriebenen Verfahren basieren auf einer datengetriebenen statistischen Analyse der Transliteration und des zugehörigen Sprachsignals.

2 Einleitung

Aus der prosodischen Analyse gesprochener Sprache können wichtige Informationen für die automatische Spracherkennung und -interpretation und die Dialogführung gewonnen werden. Es ist aber in weiten Teilen noch nicht vollständig geklärt, inwieweit die Wahrnehmung prosodischer Phänomene durch die Sprachproduktion (z.B. Grundfrequenzänderungen), Syntax und die Semantik einer Äußerung beeinflußt werden. Ein Grund für den seltenen Einsatz prosodischer Informationen in Spracherkennungssystemen liegt in dem Mangel an prosodisch annotiertem Material begründet.

Um Untersuchungsmaterial zur Erforschung dieser Vorgänge zur Verfügung zu stellen, wird am Institut für Nachrichtentechnik der TU Braunschweig im Rahmen des Projektes Verbmobil spontansprachliches Material prosodisch segmentiert und etikettiert. Da die manuelle Segmentierung und Etikettierung eine sehr zeit- und kostenaufwendige Aufgabe ist, wird die Idee verfolgt, ein semiautomatisches System zu entwickeln.

Mit diesem System wird die Etikettier- und Segmentierarbeit unterstützt, indem für jede Äußerung automatisch eine prototypische Beschreibung der Prosodie (Akzente und Phraengrenzen) generiert wird.

Für die Erzeugung der Akzent- und Phrasengrenzenhypothesen werden statistische Methoden der Sprachmodellierung und Mustererkennung eingesetzt.

Zu diesem Zweck wird auf die Transliteration der Äußerung, die die Rechtschrift und einige zusätzliche Beschreibungen von artikulatorischen und nichtartikulatorischen Geräuschen umfaßt, und auf das Sprachsignal zurückgegriffen.

Die manuelle Segmentierung und Etikettierung beschränkt sich nach dieser Vorverarbeitung auf die *Verifizierung* der Etiketten und Segmentgrenzen. Dies senkt den Aufwand an manueller Arbeit deutlich.

Die prosodische Beschreibung beinhaltet

- Wort- bzw. Silbengrenzen als Zeitpunkte im Sprachsignal
- Zuordnungen von Akzentstufen (Nebenakzent, Hauptakzent) zu den Worteinheiten und die Lokalisierung des Akzentes im Sprachsignal durch die automatische Bestimmung des Vokalzentrums der akzenttragenden Silbe
- Bestimmung von prosodischen Phrasengrenzen

3 Systemübersicht

Das Gesamtsystem gliedert sich in drei Schritte:

1. Automatische Segmentierung des Sprachsignals in phonetische Einheiten (umfaßt somit auch Wort- und Silbengrenzen) mit einem HMM-Spracherkenner (siehe Kap 4)
2. Vorhersage von Akzenten und Phrasengrenzen aus dem Text der Äußerungen durch Bewertung mit einem stochastischen Sprachmodell (siehe Kap. 5 und Kap. 6)
3. Bestimmung der Phrasengrenzen und Akzentpositionen im Sprachsignal durch die Kombination der Ergebnisse des Verarbeitungsschrittes 1 und 2 (siehe Kap. 8.2)

Das Gesamtsystem ist ein modulares System mit klar definierten Schnittstellen. Diese Konzeption wurde gewählt, um die Austauschbarkeit der verschiedene Module zu gewährleisten. Es ist somit möglich, alternative Vorgehensweisen (z.B. bei der Akzentdetektion) schnell zu erproben, indem das entsprechende Modul ausgetauscht wird. Dieses Vorgehen verkürzt die Entwicklungszeiten neuer Algorithmen erheblich, da nicht jedesmal eine vollständig neue Integration vorgenommen werden muß. Die im Vergleich zu einem integrierten Ansatz auftretenden Geschwindigkeitseinbußen bei der Analyse sind hinnehmbar, da das gesamte System vollständig im Hintergrund (Batch-Betrieb) laufen kann.

Neben dem Sprachsignal und der Transliteration werden vom System folgende Wissensquellen genutzt:

- Regelbasierte Wissensquellen
  - Aussprachelexikon zur Erzeugung der Graphem-Phonem-Korrespondenzen
  - Grammatiklexikon zur Zuordnung der Wörter zu ihren grammatikalischen Kategorien (Verben, Adverb usw.)
  - Markierung der Silbe, die bei der Realisierung der Standardbetonung den Wortakzent trägt.
- Statistische Wissensquellen
  - Hidden Markov Modelle für die Phonemeinheiten
  - Statistische Sprachmodelle

4 Lokalisierung von Wortgrenzen im Signal

Die Wortgrenzenbestimmung kann als eine vereinfachte Aufgabe der Spracherkennung aufgefaßt werden [BRUGNARA1993], da das Erkennungsergebnis (d.h. die Wortfolge) a priori bekannt ist. Der Spracherkenner muß nur noch die Wortgrenzen im Signal detektieren. Im vorliegenden System wird zu diesem Zweck ein auf semikontinuierlichen Hidden Markov Modellen basierender Spracherkenner eingesetzt. Als Erkennungseinheiten werden kontextfreie Phonemmodelle benutzt. Aus der Phonemsegmentierung wird in einem nachgeschalteten Verarbeitungsschritt die Wortgrenzen und die Position der Silbenkerne (im Aussprachelexikon markiert) bestimmt. Für eine weitere Beschreibung wird auf [LEHNING1994],[LEHNING1994a] verwiesen.

5 Hypothesengenerierung für Phrasierung und Akzentzuordnungen

Für die Hypothesengenerierung für Phrasierungen und Akzentzuordnungen wird auf ein kategoriales n-Gramm-Sprachmodell (siehe Kap. 7) zurückgegriffen. Die Kategorien repräsentieren die grammatikalischen Wortkategorien und die Satz- bzw. Phrasengrenzen und einige spontansprachliche Phänomene, wie nichtartikulatorische Geräusche.

Zu diesem Zweck wird die Transliteration der Äußerung in einem ersten Schritt in eine Folge von grammatikalischen Kategorieren konvertiert.

Aus zwei Gründen wurde ein kategoriales Sprachmodell gewählt:

- Geringer Umfang des Trainingsmaterials: Als Trainingsmaterial standen sechshundert Äußerungen zur Verfügung. Das Lexikon umfaßt aber ca. 2000 Einträge, so daß viele Worteinheiten — im Gegensatz zur zugehörigen Kategorie — nur einmal beobachtet wurden

- Da viele prosodische Phrasengrenzen mit syntaktischen Konstituentengrenzen, die sich in ihrer Struktur — aber mit anderem Wortlaut — wiederholen, ist ein Training auf syntaktischen Einheiten günstig.

Zur Ermittlung der Phrasierung und Akzentzuordnung wird eine Graphsuche (siehe Bild 1) gestartet. Die Wahrscheinlichkeit jedes Pfades durch diesen Graphen wird mit Hilfe des kategorialen Sprachmodells berechnet (siehe Kap. 7). Das kategoriale Sprachmodell basiert auf grammatikalischen Einheiten (z.B. noun, verb), die um die jeweilige Akzentkategorie erweitert wurden (vergl. Anhang).
Beispiel: noun (unbetont), noun_NA (Nebenakzent), noun_HA (Hauptakzent)
Das Sprachmodell wurde an prosodisch etikettierten Daten trainiert. Jedes Wort des Trainingsmaterials wurde dabei in die entsprechende Kategorie konvertiert und um den manuell zugewiesenen Akzent erweitert. Phrasengrenzen wurden dabei als spezielle Wortgrenzen behandelt (|).
Für eine vorgegebene Wortkette wird somit nach folgendem Schema vorgegangen:

1. Überführe die vorliegende spontansprachliche Äußerung mit den Einheiten $w_1, \ldots, w_N$ (meistens Wörter) in eine Symbolfolge $S_1, \ldots, S_N$.

2. Hinter jedem Symbol S_i kann eine Phrasengrenze PG oder eine Wortgrenze WG, die keine Phrasengrenze darstellt, folgen. Es soll jetzt die Symbolkette $Z = Z_1, \ldots, Z_L$ gefunden werden, die die höchste a priori Wahrscheinlichkeit $P(Z)$ besitzt. Die Symbolkette Z wird dabei aus der Symbolkette S unter folgenden Bedingungen abgeleitet:

- $Z_1 = S_1$
- $Z_L = Z_N$
- Wenn $Z_j = S_i$, dann ist $Z_{j+1} = PG$ oder WG
- Wenn $Z_j = PG$ oder $Z_j = WG$, dann ist $Z_{j+1} = S_{i+1}$
- Wenn $Z_j = S_i$, dann wird Z_j ein Akzentuierungattribut zugeordnet, das eines der folgenden drei Werte annimmt:
  - <>: Leerzuweisung (Wort ist unbetont)
  - NA: Wort trägt Nebenakzent
  - PA: Wort trägt Hauptakzent

Anschaulich kann man die o.g. Bedingungen so interpretieren, daß die Symbolkette Z eine mögliche Realisierung der Symbolfolge S mit eingefügten Phrasengrenzen und Akzentuierungen darstellt. Zu einer Symbolkette S mit der Länge N gibt es $2^{N-1}3^N$ verschiedene Symbolketten Z der Länge $2N-1$.

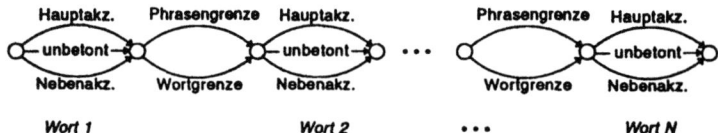

Bild 1: Darstellung der Phrasengrenzendetektion und Akzentzuordnung als Graphsuche

Es ist leicht einsichtig, daß bei längeren Symbolketten S eine vollständige Graphensuche einen enormen Suchaufwand erfordert. Deshalb wird die Suche als suboptimaler Viterbi-Beam-Search (Siehe Kap. 6) organisiert. Als Ergebnis werden die k-besten Phraseneinteilungen der Symbolkette S geliefert.

Der Einsatz eines n-Gramm-Sprachmodelles besitzt folgende Vorteile:

- Die Schätzung der Verteilungsparameter kann datengetrieben durchgeführt werden, d.h. es muß kein Regelwerk erstellt werden, in der die Abhängigkeit der Akzentuierung und der Phrasierung von der Wortstellung bzw. -folge explizit formuliert werden muß

- Aus der statistischen Schätzung kann aber ggf. ein Regelwerk abgeleitet werden, da ein m-Gramm-Modell als die Definition einer regulären Sprache interpretiert werden kann

Um die wahrscheinlichste Zuordnung zu ermitteln, ist es denkbar, alle möglichen Kombinationen von Phrasengrenzen und Akzentzuordnungen auszutesten. Dies ist aber bei längeren Wortketten praktisch nicht machbar, da bei N Wörtern $2^{N-1}3^N$ Kombinationen (s.o.) möglich sind. Aus diesem Grund wird bei der Phrasengenerierung auf Pruning-Techniken zurückgegriffen (Beam-Search), die eine suboptimale Suche darstellen.

6 Beam-Search-Technik

Beim Beam-Search handelt es sich um eine suboptimale Breitensuche in einem Graphen. Bei der Suche werden nur Verzweigungen im Graphen berücksichtigt, deren Bewertungen relativ zur besten Bewertung eine gewisse Schwelle nicht unterschreiten. Alle anderen Zweige werden verworfen (Pruning). Beim Erreichen der Blätter im Graphen werden die besten Symbolfolgen innerhalb des Graphen durch Rückverfolgung des Weges im Graphen (Backtracking) ermittelt.

6.1 Implementierung

Für die Ermittlung der Phrasengrenzen wird die Symbolfolge S von links nach rechts nach folgendem Schema abgearbeitet:

Historienliste(n = 1) mit Symbol S_1 initalisieren			
FOR $1 \leq n < N$			
	Setze $P(H_{best})$ zurück		
	FOR Für jede in der Historienliste(n) $h_1 \ldots h_K$ gespeicherte Symbolhistorie H		
		erzeuge aus der Worthistorie H sechs neue Historien	
		1. Fall: S_{n+1} trägt kein Akzent	
		$H^1 = H + S_{n+1}$ und	
		$H^2 = H + P + S_{n+1}$	
		2. Fall: S_{n+1} trägt Nebenakzent	
		$H^3 = H + S_{n+1}$ und	
		$H^4 = H + P + S_{n+1}$	
		3. Fall: S_{n+1} trägt Hauptakzent	
		$H^5 = H + S_{n+1}$ und	
		$H^6 = H + P + S_{n+1}$	
		FOR Für $i = 1, 3, 5$	
			Berechne $P(H^i) = P(H) + p(S_{n+1}|h_{K-1}h_K)$
		FOR Für $i = 2, 4, 6$	
			Berechne $P(H^i) = P(H) + p(S_{n+1}|h_K P) + p(P|h_{K-1}h_K)$
		FOR Für $i = 1, \ldots 6$	
			IF $P(H^i) > P(H_{best})$
			THEN $P(H_{best}) = P(H^i)$
			IF $P(H^i) > P(H_{best}) * \Theta$
			THEN Speichere H^i mit den a priori Wahrscheinlichkeiten in der Historienliste(n+1)
Ausgabe der wahrscheinlichsten Historie aus der Historienliste $H(N)$ mit der zugehörigen Phrasen- und Akzentzuordnung			

Bei der konventionellen Implementierung des Beam-Search wird die Beschneidung des Baumes erst nach Ermittlung der höchsten a priori Wahrscheinlichkeit durchgeführt. Dies führt aber zu deutlichen Geschwindigkeitseinbußen. Durch die adaptive Anpassung der Pruning-Schwelle werden zwar mehr Hypothesen als notwendig weiterverfolgt. Dieser erhöhte Aufwand ist aber wie in [LOWERRE1977] gezeigt vernachlässigbar.

7 Training der statistischen Sprachmodelle zur Phrasengrenzendetektion und Akzentzuordnung

Mit n-Gramm-Grammatiken bezeichnet man eine datengetriebene Methode zur Abschätzung einer Wortfolge $w = w_1 \ldots w_m$ aus einem Vokabular $W = W_1, W_2, \ldots, W_L$. Die Wahrscheinlichkeit eines Wortes w_k wird dabei abhängig von den Vorgängerwörtern $w_1, \ldots, w_{k-1}$ geschätzt ($P(w_k|w_1, \ldots w_{k-1})$). Die Wahrscheinlichkeit $P(w)$ für eine Wortfolge w ergibt sich

somit zu
$$P(w) = P(w_1) \prod_{i=2}^{m} P(w_i|w_1 \ldots w_{i-1})$$

Bei einer n-Gramm-Grammatik wird die Einschränkung vorgenommen, daß die Wahrscheinlichkeit $P(w_k|w_1 \ldots w_{k-1})$ nur aus den maximal n vorangegangenen Wörtern geschätzt wird:

$$P(w_k|w_1 \ldots w_{k-1}) \approx P(w_k|w_{k-n+1} \ldots w_{k-1})$$

Für die Akzent- und Phrasengrenzenbestimmung wurde ein Trigam ($n = 3$) trainiert.

7.1 Glättungsmethoden

Das größte Problem bei dem Training des Trigram-Modells ist die ungenügende Anzahl von Trainingsdaten für die Schätzung der Modellparameter. Dies ist leicht einsehbar, wenn man sich z.B. vergegenwärtigt, daß es bei einem Wortschatz von 1000 Wörtern eine Milliarde (1000^3) mögliche Trigrame gibt. Aus diesem Grund werden die Verteilungsparameter des Trigrams geglättet.

Die Parameter werden dabei so eingestellt, daß auch im Trainingsmaterial ungesehene Wortfolgen eine gewisse Wahrscheinlichkeit zugeordnet wird. Aus diesem Grund wird anstatt einer im Sinne der Wahrscheinlichkeitsrechnung besten Abschätzung des Trainingsmaterials (Most likelihood) ein interpoliertes Modell berechnet, indem von jedem geschätzten Wahrscheinlichkeitswert ein gewisses Wahrscheinlichkeitsmaß abgezogen wird (Discounting). Die so gewonnene "Wahrscheinlichkeitsmasse" wird auf die ungesehene Ereignisse verteilt. Für das Sprachmodell zur Akzent- und Phrasengrenzengenerierung wurde als Glättungsverfahren die nichtlineare Interpolation mit absolutem Abzugswert (Discounting Value) gewählt.

Bei diesem Verfahren wird von der absoluten Beobachtungshäufigkeit $N(k)$ (ermittelt durch Zählung) eines Trigrams k ein Betrag D (Discounting Value) abgezogen [NEY1994]. Häufig wird D zu 1.0 gesetzt, d.h. anschaulich, daß es für die Schätzung der Auftrittswahrscheinlichkeit gleichgültig ist, ob ein Trigam einmal oder nie beobachtet wurde.

Die Berechnung der Trigram-Wahrscheinlichkeiten wird dann in folgenden Schritten ausgeführt (unter der Annahme $D \leq 1$):

1. Berechne $p(w_M|w_{M-2}w_{M-1})$

$$\frac{max(0, N_{w_M,w_{M-1},w_{M-2}} - D)}{N_{w_{M-1},w_{M-2}}} + D \frac{L - W_0^3(w_{M-1}, w_{M-2})}{N_{w_{M-1},w_{M-2}}} p(w_M|w_{M-1})$$

2. Berechne $p(w_M|w_{M-1})$

$$\frac{max(0, N_{w_M,w_{M-1}} - D)}{N_{w_{M-1}}} + D \frac{L - W_0^2(w_{M-1})}{N_{w_{M-1}}} p(w_M)$$

3. Berechne $p(w_M)$

$$\frac{max(N_{w_M} - D, 0)}{N} + D \frac{L - W_0}{N} p(Zerogram)$$

4. Berechne $p(Zerogram) = \frac{1}{L}$ L: Vokabulargröße

von ca. 10 ms gefunden, wenn zuvor die automatisch gesetzten Wortgrenzen manuell verifiziert wurden.

A Beispiel zur Phrasierung und Akzentzuordnung

```
Transliteration:
  dann w"urde ich sagen da"s wir noch ein' Termin ausmachen   <breathing>

Konvertierung in grammatikalische Kategorien:
  adv verb pro verb konj pro adv det noun verb <breathing>

Ergebnis der Vorhersage:
  adv verb pro verb_PA |   konj pro adv det noun_SA verb |  <breathing>

Konvertierung der grammatikalischen Einheiten auf die Textebene:
  dann w"urde ich sagen_<PA> |   da"s wir noch ein' Termin_<PA> ausmachen |
  <breathing>
```

Literatur

[BRUGNARA1993] F. Brugnara et al.: *Automatic segmentation and labeling of speech based on Hidden Markov Models*, Speech Communication 12 (1993), 357 - 370

[DEROUAULT1986] A.M. Derouault, B. Merialdo: *Natural Language Modeling for Phoneme-to-Text Transcription*, IEEE Trans. on Pattern Analysis and Machine Intelligence, Vol. 8, pp. 742-749, Nov. 1986

[KATZ1987] S.M. Katz: *Estimation of Probalities form Sparse Data for the Language Model Component of a Speech Recognizer*, IEEE Trans. on Acoustics, Speech and Signal Processing, Vol. 35, pp. 400-401, March 1987

[KOHLER1994] K. Kohler et al.: Handbuch zur Datenaufnahme und Transliteration in TP 14 von Verbmobil — 3.0, Verbmobil Technische Dokument Nr. 11, September 1994

[LOWERRE1977] B. Lowerre: *The Harpy Speech Recognition System*, PhD thesis, Carnegie Mellon University, Computer Science Dept., 1977

[LEHNING1994] M. Lehning: *Automatische Wortsegmentierung mit Semi Continuous Hidden Markov Modellen (SCHMM)*, VERBMOBIL — Technisches Dokument Nr. 4

[LEHNING1994a] M. Lehning: *Automatische Wortsegmentierung mit semikontinuierlichen Hidden Markov Modellen*, Fortschritte der Akustik, DAGA 94, Dresden, Teil C, 1257 - 1260

[NEY1994] H. Ney et al.: *On Structuring Probalistic Dependences in Stochastic Language Modelling*, Computer, Speech and Language, Vol. 8, 1994, 1 - 38

[REYELT1994] M. Reyelt, A. Batliner: *Ein Inventar prosodischer Etiketter für Verbmobil*, Verbmobil Memo Nr. 33, 1994

Das diesem Beitrag zugrundeliegende Vorhaben wurde mit Mitteln des Bundesministeriums für Bildung und Forschung unter dem Förderkennzeichen 01IV101N0 gefördert. Die Verantwortung für den Inhalt dieser Veröffentlichung liegt beim Autor

Erläuterungen:

L : Vokabulargröße
W_0 : Anzahl der Wörter, die nie beobachtet wurden (max. M)
$W_0^2(w_M)$: Anzahl der Wortpaare w_{M-1}, w_M, die mit w_M enden und nie beobachtet wurden (max. M)
$W_0^3(w_M, w_{M-1})$: Anzahl der Wort-Dreiergruppen w_{M-2}, w_{M-1}, w_M, die mit w_{M-1}, w_M, enden und nie beobachtet wurden
$N_{w_M, w_{M-1}, w_{M-2}}$: Anzahl der gezählten Wort-Dreiergruppen, die die Wortfolge w_{M-2}, w_{M-1}, w_M enthalten
$N_{w_M, w_{M-1}}$: Anzahl der gezählten Wortpaare, die die Wortfolge w_{M-1}, w_M enthalten
N_{w_M} : Anzahl der Beobachtungen des Wortes w_M

8 Bestimmung der Signalpositionen für Akzente und Phrasengrenzen

8.1 Phrasengrenzen

Die Positionen der Phrasengrenzen im Signal werden auf das Wortende des jeweils vorangehenden Wortes gesetzt.

8.2 Bestimmung der Signalposition für Akzente

Die Akzentposition eines Wortes im Signal wird durch ein zweistufiges Vorgehen gefunden. Im ersten Schritt wird ein Viterbi-Alignment der phonetischen Wortbeschreibung auf den entsprechenden Signalabschnitt durchgeführt (siehe Kap. 4). Im zweiten Schritt wird aus dem Aussprachelexikon das Phonem ermittelt, dem die lexikalische Wortbetonung zugeordnet ist. Die Akzentposition wird dann auf das Zentrum dieses Phonems im Zeitsignal gesetzt. Die Position des Zentrums wird aus den Phonemgrenzen dieses Phonems berechnet.

9 Auswertung

Die vorhergesagten Akzente und Phrasengrenzen wurden mit manuell etikettierten Sprachmaterial verglichen. Das Vergleichsmaterial umfaßte 397 Wörter (21 Äußerungen). Die Auswertung ergab dabei die folgenden Verwechselungsmatrizen.

Akzente		
Klasse	klassifiziert als	
	nicht akz.	akzentuiert
nicht akz.	277	46
akzentuiert	18	56

Klassifikationsrate: 83.88 %

Phrasengrenzen (PG)		
Klasse	klassifiziert als	
	keine PG	PG
keine Phrasengrenzen	297	18
Phrasengrenzen	20	62

Klassifikationsrate: 90.43 %

Das Auswertungsergebnis zeigt, daß Akzente und Phrasengrenzen mit Hilfe des statistischen Sprachmodells in den meisten Fällen korrekt vorhergesagt werden können. Die Lokalisierung der Akzentpositionen im Signal wird mit einer durchschnittlichen Abweichung

Hierarchical Binary Vector Quantisation Classifiers for Handwritten Character Recognition

Martin Neschen

Zentrum für Paralleles Rechnen (ZPR), Universität zu Köln, D-50931 Köln, Germany

Abstract. We report on a hierarchical nearest-neighbor classifier algorithm which we conceived for the recognition of handwritten characters. Distances to all classes are used both as a decision criterion in the classification hierarchy and for generating class membership coefficients. These likelihood values can be easily integrated in a multi-agent cognitive environment. We introduce a new completely binary version of the k-means cluster algorithm and explain how a highly efficient implementation can be achieved using binary patterns. Performances for large character databases are presented.

Introduction

The recognition of handwritten text is a highly relevant industrial problem with a wide area of applications including the semi-automatic treatment of bank forms, cheques, and many other kinds of handwritten documents, as well as the automatic sorting of millions of letters every day. Although today standard Optical Character Recognition ("OCR") techniques are employed successfully for typewritten documents, the reliable treatment of handwritten text yet needs to be improved in order to limit the manual verification and correction to a minimal number of cases. Neural networks techniques have been shown to be quite efficient for the classification of handwritten digits like postal codes [1, 2] or credit card slips. More complex tasks, like the recognition of arbitrary alphanumeric text fields on bank forms, however, require even more sophisticated cognitive algorithms. Since a single method can hardly attain the required low classification error rates, we are interested in approaches that may contribute *complementary information* which can be merged in a *multi-agent structure* in order to detect possible ambiguities and to reduce substitution errors. Based on *vector quantization techniques*, we have developed a prototype application for the automatic character recognition on German bank transfer forms. In a future project, we will combine nearest-neighbor methods with neural networks and hidden Markov models in order to achieve a higher reliability. In this paper, we first present *nearest-neighbor techniques* which we applied directly to large sets of handwritten characters. We then introduce a completely binary and extremely fast version of the *k-means clustering* algorithm which we use for extracting binary prototypes. We present an appropriate confidence measure and use it for deriving a hierarchical version of nearest-neighbor methods, which greatly reduces computing time without increasing the classification error. Finally, we give details on the optimized implementation of the above methods on a RISC processor and discuss the actual realization of a semi-automatic treatment of handwritten documents on *"embedded systems"*.

1 Classification by direct "Nearest-Neighbor" Methods

Nearest-neighbor methods are well-known techniques for non-parametric classification of pattern vectors [3, 4]. Such "Vector quantization" techniques are also widely used for data compression [5]. They work by calculating the distances between one input pattern $\mathbf{x} \in V$ of a vector space V and a large number N of prototypes $\mathbf{y}_j \in V$ labelled by class numbers $c_j = C(\mathbf{y}_j)$. A k-Nearest-Neighbor ("kNN") classifier takes into account only the k nearest prototypes to the input pattern. Usually, the decision is determined by the majority of class values of the k neighbors. For the limiting case $N \to \infty$, kNN methods have been shown to approach the "Bayes" classifier which is optimal in the sense that it chooses the most probable class [4].

When kNN techniques are applied directly on binary input data, i.e. no features are extracted, the Hamming distance calculation involves only the accumulation of many bits and can be realized extremely efficiently. On the other hand, the number of prototypes required to obtain the optimal classification behavior may be very high. In order to evaluate the simple binary "kNN" approach (for $k = 1$) for character recognition applications, we have performed tests on patterns from the NIST standard database of handwritten characters [6]. These patterns were first sheared to their main vertical axis (after determination of the xy-correlation) and then normalized to a fixed size (i.e. with a different scale factor in x and y direction). Both operations largely improve the recognition rates because they reduce the variability and fewer prototypes are required to cover all possible writing styles.

Classes	Resolution	Reference set	Test set	Error rate
Digits 0,...,9	16 × 16	167 350	55 784	1.05%
Digits 0,...,9	20 × 24	167 350	55 784	0.66%
Capital letters A,...,Z	20 × 24	33 741	11 247	4.29%

Table 1. *Error rates for direct binary kNN obtained for the NIST database (without rejection)*

Table 1 shows the results obtained for the largest training sets and for different resolutions. The first 3/4 of the database were taken directly as reference patterns whereas the last quarter was used for testing the recognition. The results are comparable to neural network solutions [1] and new sophisticated and

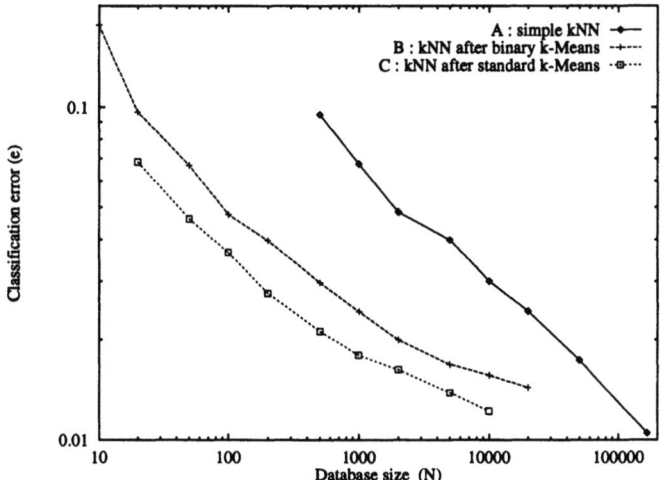

Fig. 1. *Recognition error for 16 × 16 bit patterns of handwritten digits with simple kNN (A) and after binary (B) and real (C) k-Means*

time-consuming transform methods [2] which lead to error rates as low as 0.4%. It is also very interesting to study the recognition error as a function of the size of the database shown as a log/log plot in figure 1 (curve A). A power law decay

$$d \approx CN^{-\omega}, \quad \text{with } \omega = 0.37 \tag{1}$$

seems to be a good approximation, and even lower error rates can be expected for larger training sets, because no sign of saturation for large N is evident in figure 1. For an optimized implementation of kNN on a SPARC-10, we obtained about *1 million distance calculations per second* on 20 × 24 bit-patterns. For 167000 reference patterns, this leads to about 6 classifications/second (at an error rate of 0.66%), which yet needs to be accelerated.

2 Prototype Selection by k-Means Clustering

When the prototype database, the "codebook", is directly composed of all training samples x_i, $(i = 1, ..., M)$, many regions are overrepresented. The well-known *"k-means"* or *Lloyd* algorithm [7, 8] can be used to generate a codebook with much fewer representative prototypes y_j (j=1,...,N), thus reducing both the memory requirement and computing time for recognition. This procedure works by iterating the following two steps, after an initialization with patterns randomly selected from the training set:

A. For all $x_i \in V$: assign x_i to the nearest prototype y_j, i.e. its *"Voronoi"* region $\mathcal{R}_j$

B. For all prototypes $\mathbf{y}_j$: replace $\mathbf{y}_j$ by the center of gravity of all patterns in $\mathcal{R}_j$:
$$\mathbf{y}'_j = \sum_{\{i|\mathbf{x}_i \in \mathcal{R}_j\}} \mathbf{x}_i$$

It is straightforward to prove that both steps never increase the total squared error
$$E := \sum_{j=1}^{N} \sum_{\{i|\mathbf{x}_i \in \mathcal{R}_j\}} \|\mathbf{x}_i - \mathbf{y}_j\|^2, \tag{2}$$
which will therefore converge to a local minimum. As character images can be effectively represented in a binary form and as our implementation of kNN, using an efficient calculation of the Hamming distance, needs binary vectors as prototypes, we introduce a *completely binary* and very fast version of the k-means algorithm, relying only on the *accumulation of single bits*. The proof for the convergence of E still holds for binary components $y_{jl} \in \{0, 1\}$ when the averages in step B are replaced by a majority rule, thus generating a binary prototype vector:

B'. Replace all y_{jl} by

$$y'_{jl} = \theta \left(\sum_{\{i|\mathbf{x}_i \in \mathcal{R}_j\}} x_{il} - \frac{1}{2} \sum_{\{i|\mathbf{x}_i \in \mathcal{R}_j\}} 1 \right) \tag{3}$$

It is not evident at all that this discrete version converges to a good representation since only abrupt changes (flips) of vector components are allowed. However, results for handwritten characters show that both versions give stable and reasonable coverings of the training set and yield a reduction of the codebook size by a large factor. As becomes evident in figure 1 (curves B resp. C) and table 2, about twice as many binary prototypes are needed to obtain the same error rates as for real values. This technique therefore reduces both memory and computing time requirements. Unlike back-propagation learning, due to the locality of learning only very few iteration steps are needed even for extremely large learning sets. We applied the k-means procedure to every class independently which greatly reduces the computing time. In contrast to other more expensive methods like *"Learning Vector Quantization"* (LVQ) [9], we do not aim at separating classes. In fact, this is not even desirable, since a true ambiguity needs to be resolved on a higher level as will be explained in section 3.

3 A Decision Criterion for Rejection

Even more important than a low error rate is a reliable detection of possible ambiguities. For many critical applications, like the recognition of bank forms, the substitution rate must be extremely reduced at the expense of a high rejection rate. Therefore, an optimal rejection criterion is crucial for the development of reliable systems. It can also help in a hierarchical structure by invoking more

N=	50	100	200	500	1000	2000	5000	10000
binary k-means:	6.7%	4.8%	4.0%	3.0%	2.4%	2.0%	1.7%	1.57%
standard k-means:	4.6%	3.7%	2.8%	2.1%	1.8%	1.6%	1.4%	1.22%

Table 2. *kNN error rate after learning with k-means on 167 000 digits (classes 0,...,9), size 16 × 16 pixels*

time-consuming actions in critical cases. For an effective context analysis, real-valued probabilities need to be given in order to evaluate the globally most probable result.

One might take a rejection decision by looking at the class values of the k nearest neighbors. However, in this case, the result depends too much on a local pattern distribution. Here, we introduce a different way of using Vector-Quantization techniques, which we call *"Nearest-Class Algorithm"*. We apply a separate vector quantization with a different codebook for each class, thus determining the distance of a pattern x to the best fit within each class:

$$d(\mathbf{x}, c) = \min_{\{j | C(\mathbf{y}_j) = c\}} \|\mathbf{x} - \mathbf{y}_j\| \qquad (4)$$

When considering only the lowest of all values $d_1 := \min_c d(\mathbf{x}, c)$, this technique corresponds to the simplest one-nearest-neighbor algorithm. If c' and c'' denote the nearest and the second nearest class to x, the difference

$$\Delta d := d(\mathbf{x}, c') - d(\mathbf{x}, c'') \qquad (5)$$

turns out to be a reasonable rejection criterion. By choosing an appropriate threshold value for Δd, a desired rejection rate can be obtained. Figure 2 shows the resulting substitution rates for different reject rates. For large prototype sets (for example 1000 patterns per class), a substantial reduction of the error (from 0.8% to 0.1%) can be obtained by rejecting only the most critical 5% of the patterns. In a more complex environment, when context information needs to be considered, a limitation to the most probable class value is not reasonable. Instead, a real number $p_c(\mathbf{x})$ needs to be deduced indicating the probability for each class. Assuming that p_c decreases exponentially in d (which we have observed in our results):

$$p_c(\mathbf{x}) \sim \exp\left(-\frac{d(\mathbf{x}, c')}{L}\right) \qquad (6)$$

and imposing a normalization $\sum_c p_c = 1$, the parameter L can be fitted such that the average squared error between the vector **p** and the desired classification result ($\tilde{p}_c(\mathbf{x}) = 1$, iff $c = C(\mathbf{x})$) is minimized. For digits of size 20 × 24 bits, we obtained a decay length of about $L = 5.5$. In the context analysis for handwritten text, the probabilities $p_c(\mathbf{x})$ and three-letter correlation probabilities (*"trigram* *technique"*) are combined to evaluate the globally most probable classification result using a dynamic programming approach. In a future *multi-agent system*, we will use a neural network *"voter agent"* for merging such fuzzy values from classifiers following different approaches in order to achieve better and more reliable classification results. This approach has been implemented successfully for cursive handwritten words on cheque forms [?].

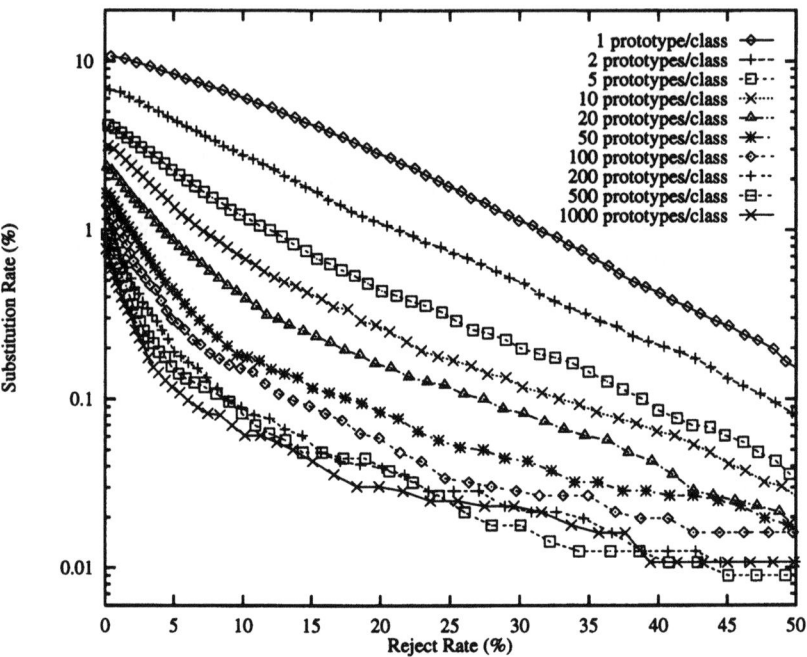

Fig. 2. *Substitution rate for 20 × 24 bit patterns of NIST digits and for prototype sets of different sizes as a function of the reject rate.*

4 Hierarchical Nearest-Class Classification

Although the use of binary clustering techniques already reduces the computing time by a large factor, a further acceleration is yet desirable both in order to achieve a higher performance in embedded systems and to allow the use of even larger reference databases, thereby further reducing the error rate. We evaluated two different approaches:

Hierarchical Vector Quantization algorithms have been proposed, which perform a search for the nearest prototype on a tree of VQ classifiers, at each stage limiting the search (and the k-means clustering during learning) to a subregion [11]. These extremely fast classifiers do *not* really find the nearest prototype so that the classification error is increased. Since we are working with high-dimensional patterns, this kind of restricted search is particularly difficult. Following this approach, we obtained an error of 0.9% for the NIST digits (at a resolution of 20 × 24 bits) at a recognition rate of *500 digits per second* [12].

We have conceived a second, even more efficient approach which we call "**Hierarchical Nearest-Class Classifier**" and which builds a decision tree upon the class distances $d_c(\mathbf{x})$. It involves a hierarchy of reference sets, all generated by binary k-means, with increasing numbers of prototypes. The search is started using the smallest prototype set and all classes. On each level, the search is restricted to those classes whose distances are within a certain range W in comparison with the nearest class (when $d(\mathbf{x}, c) \leq d(\mathbf{x}, c') + W$). The threshold W has to be chosen such that not too many errors are introduced in the first stages and that not too many classes need to be considered. The algorithm stops when only one class remains in that range. This double restriction (in number of classes and in depth) greatly reduces the computing time. The classification error is not increased by this restriction, instead it even turns out to be a little lower because many different sets of prototypes (with different random seeds) are used. Table 3 shows classification errors and the resulting speed for the NIST digits and capital letters at 20 × 24 bit resolution. Prototype sets of 10, 20, ..., 2000 patterns per class and a threshold $W = 40$ at all stages were used.

Problem	# prot/class	error for 0% rej.	5% rej.	10% rej.	time	rate
Digits 0-9	10	2.35%	0.81%	0.36%	25 s	2250/s
Digits 0-9	20	1.76%	0.50%	0.24%	29 s	1950/s
Digits 0-9	50	1.30%	0.30%	0.15%	36 s	1560/s
Digits 0-9	100	1.04%	0.23%	0.13%	42 s	1300/s
Digits 0-9	200	0.84%	0.17%	0.11%	62 s	900/s
Digits 0-9	500	0.75%	0.15%	0.10%	111 s	500/s
Digits 0-9	1000	0.59%	0.07%	0.05%	390 s	145/s
Digits 0-9	2000	**0.54%**	**0.08%**	**0.04%**	480 s	**120/s**
Capitals A-Z	500	**3.41%**	**1.7%**	**0.9%**	52 s	**210/s**

Table 3. Hierarchical nearest class classification *of NIST characters. Classification speed on a 60 MHz SPARC-10 and error rates for 0%, 5% and 10% reject are given for different maximal numbers of prototypes per class.*

5 Implementation

Built upon the hierarchical nearest class algorithm, we have realized a prototype program for the recognition of handwritten bank transfer forms, also including a robust segmentation and context analysis. We have developed optimized portable ANSI C routines for highly efficient manipulations of binary arrays.

In particular, special *"multi-bit coding techniques"* working on all positions of a binary vector in parallel are used for a very fast implementation of binary counting, which is both useful for segmentation (bits can be counted along rows *or* columns at the same rate) and for the Hamming distance evaluation. A fast normalization routine is based on a most-efficient transposition of binary arrays. Some benchmark results for a SPARC-10 are given in table 4.

It turned out that an optimized solution for a single RISC processor is often fast enough for dealing with industrial problems. A complete segmentation of a DIN-A6 form at 200 DPI resolution into 100-150 characters can be executed in about 0.2 seconds on a SPARC-10 processor. The classification of these characters including context analysis takes 1.5 seconds on the average. A hierarchy of prototype sets is used obtained by binary k-means from 60 000 training patterns, which were taken from real bank forms and classified manually. As the available data was rather limited, the largest prototype set was simply composed of *all training samples*. We intend to replace this set by a k-means representation from a learning on much larger training sets (some million patterns). This would further improve the recognition behavior without increasing the computing time.

Industrial problems demanding an even higher throughput can be realized on small multi-processor *"embedded systems"*. Only very small data sets need to be transferred for each form (a TIFF file of about 5 kByte is received and some hundred bytes of classification results are produced every 2 seconds). Therefore, an optimal way of parallelization with an almost linear speed-up consists in distributing all forms among separate processors. This *"task farming approach"* requires that copies of all prototype patterns exist on all the processor nodes, which is possible because they are binary vectors. All prototype classes for digits in table 3, for example, occupy only 2.4 MByte of memory.

Row histogram on 1000 × 800 binary image	5 ms
Column histogram on 1000 × 800 binary image	5 ms
Transposition of 1000 × 800 binary matrix	20 ms
Character normalization in x- and y-direction	0.3 ms
Character alignment to main vertical axis	1 ms
10 000 Hamming distance calculations for 20 × 24 images	10 ms

Table 4. *Execution time for some operations on a SPARC-10 processor*

Conclusion and Outlook

In this paper, we have shown that vector quantization classifiers are a very attractive alternative to more sophisticated pattern recognition algorithms like for example feed-forward neural networks. New binary clustering techniques allow a significant reduction both of memory requirement and computing time and a very fast "learning" on extremely large databases. Distances to all classes can be used to produce probability values or to reject certain cases. A hierarchical nearest-class algorithm built on these distances leads to an even faster recognition. We have realized a complete program for the recognition of handwritten forms with an optimized implementation of the binary algorithms on general-purpose computers. In an ongoing project, we integrate the nearest-neighbor and the neural network approach in order to further increase reliability.

Acknowledgements

The presented project has been realized at the "Zentrum für Paralleles Rechnen" (ZPR) at the University of Cologne in close collaboration with the "Laboratoire d'Informatique" (LIX) at the Ecole Polytechnique, Palaiseau (France).

References

1. Y. Le Cun et al., "Handwritten Zip Code Recognition with Multilayer Networks", *Proceedings of the 10th Int. Conf. on Pattern Recognition*, IEEE, Comp. Soc. Press (1990)
2. P. Simard, Y. Le Cun, J. Denker, "Efficient Pattern Recognition Using a New Transformation Distance", *Neural Information Processing Systems*, vol. 5, p. 50 (1993)
3. T. M. Cover, P. E. Hart, "Nearest neighbor pattern classification", *IEEE Trans. Info. Theory*, IT-13, p. 21 (1967)
4. R. O. Duda, P. E. Hart, "Pattern Classification and Scene Analysis", J. Wiley & Sons, New York, 1973
5. A. Gersho, R. M. Gray, "Vector Quatization and Signal Procession", *Kluwer Academic Publishers*, 1992
6. M. D. Garris, R. A. Wilkinson, *NIST Special Database 3* : Handwritten Segmented Characters, National Institute of Standard and Technology, (1992)
7. J. MacQueen, "Some methods for classification and analysis of multivariate observations", *Poc. of the Fifth Berkeley Symposium on Math. Stat. and Prob.*, vol. 1, 281 (1967)
8. S. P. Lloyd, "Least square quantization in PCM", *IEEE Trans. Inform. Theory*, vol. IT-28, no. 2, p. 129
9. T. Kohonen, "Learning Vector Quantization", *Neural Networks*, 1, suppl. 1, p. 303 (1988)
10. L. Montoliu, "Handwritten Word Recognition by a Multi-Agent System: Preliminary Results", *I.E.E. European Workshop on "Handwriting analysis and recognition"*, p 4.1, Brussels, 12-13 July 94
11. A. Gersho, Y. Shoham, "Hierarchical vector quantization of speech with dynamic codebook allocation", *Proc. of the Int. Conf. on Acoustics, Speech, and Signal Processing*, San Diego (1984)
12. M. Neschen, "Vector Quantisation Classifiers for Handwritten Character Recognition", *Proc. of the ZEUS-95 Workshop, Linkoping, Sweden, May 1995*, p. 138, IOS Press, Netherlands

Natürliche Sprache – ein multimedialer Träger von Information InfoPort – ein Projekt zur Überbrückung von Medienbrüchen bei der Verarbeitung sprachlicher Information

Thomas Bayer, Paul Heisterkamp, Klaus Mecklenburg, Peter Regel-Brietzmann, Ingrid Renz, Alfred Kaltenmeier, Ute Ehrlich

Daimler-Benz AG, Forschungszentrum Ulm, Wilhelm-Runge Str. 11, D - 89081 Ulm, Germany, E-mail: *name*@dbag.ulm.daimlerbenz.com

Zusammenfassung Es wird ein Projekt vorgestellt, das zum Ziel eine medienunabhängige Verarbeitung sprachlicher Information hat. Sprachliche Information erscheint in geschriebener oder gesprochener Form (Medien: Papier, Fax, elektonischer Text, e-mail, voice-mail, Telefon, ...). Die Einsatzgebiete sind *Retrieval, aktive Informationsvermittlung* und *Assistenz*. Bereits realisierte Anwendungen liegen in den Bereichen *Analyse von schriftlichen Anfragen (Geschäftsberichte), telefonische Auskunftssysteme* und *Datenbankzugriff (STORM)*. Die eingesetzten Techniken sind einerseits signalnahe Mustererkennungsalgorithmen zum Hypothetisieren von Wörtern aus Bildern oder dem Sprachsignal (Dokumentbildanalyse, OCR, HMM), anderseits wissensbasierte Techniken zur Interpretation der sprachlichen Information. Eine robuste Verarbeitung verlangt eine enge Verzahnung von Erkennung und Interpretation. Auch eine bruchteilhafte Erkennung muß interpretiert werden.

1 Einleitung

Informationen spielen in unserer Gesellschaft eine zentrale Rolle. Wurde früher jede Nachricht in papiergebundener Form, z.B. als Telefonnotiz oder Bericht, bearbeitet und abgelegt, werden diese Aufgaben zunehmend auf den Rechner verlagert. Die maschinelle Verarbeitung von Information ermöglicht die Automatisierung von Arbeitsvorgängen. Die Einbindung von Information, die in sprachlicher Form (geschrieben oder gesprochen) vorliegt, ist das Ziel des Projekts InfoPort. Der Name InfoPort steht dabei für ein Anwendungssystem, das als Hafen und Umschlagplatz für Informationen dient. Eingehende Information wird empfangen, unabhängig vom Medium (Papier, Bild, gesprochene Sprache, elektronischer Text) erkannt, im Kontext verstanden und entsprechend weiter verarbeitet und weitergeleitet. Abbildung 1 zeigt die Grundidee.

Ein Beispiel ist die Dokumentenarchivierung. Große Mengen von Daten können nun mit Hilfe der Datenverarbeitung archiviert werden. Das Ergebnis sind nicht direkt verknüpfbare Daten: gescannte Papierdokumente (Bilder), unstrukturierte Information (z.B. ASCII-Text) und strukturierte Information. Eine solche Kombination ist einer gemeinsamen Verarbeitung nicht direkt zugänglich. Mitteilungen über einen Anrufbeantworter können eine weitere Komponente darstellen.

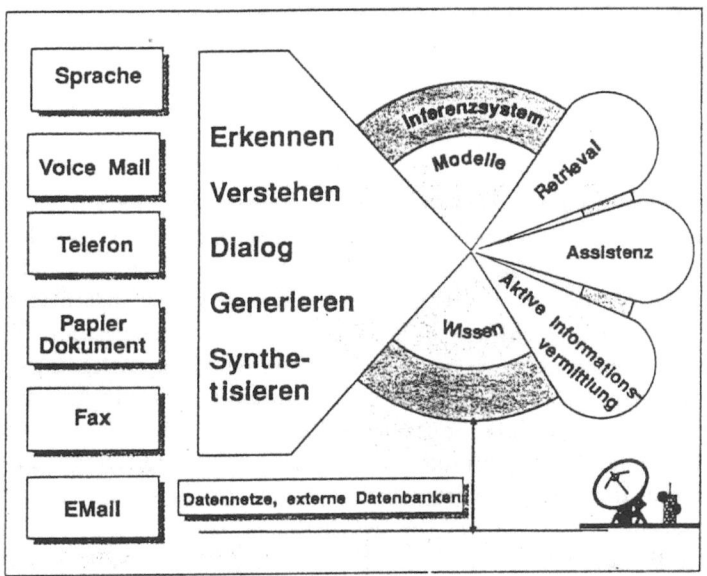

Abbildung 1. InfoPort-System: Überblick über die Funktionalität

In der Abbildung 1 sind drei Applikationskategorien unterschieden:

Retrieval: Eine Retrieval-Komponente findet Information wieder. Ein natürlichsprachlicher Zugriff ist über die InfoPort-Kanäle möglich. Dabei muß nicht immer die volle Information eines Bildes mit Textinformation extrahiert zu werden, sondern oft genügt eine Klassifikation des Dokuments zusammen mit der Extraktion bestimmter Information.

Aktive Informationsvermittlung: Eingehende Nachrichten werden an die betroffenen Stellen weitervermittelt – z.B. Briefe und Faxe an die Unternehmenszentrale oder telefonische Vermittlung innerhalb des Call-Centers einer Versicherung. Je nach Aufbereitung der Information und der Verknüpfung mit bereits vorhandenen Vorgängen, ist der Übergang zum nächsten Punkt fließend.

Assistenz: Das System unterstützt die Anwender bei ihrer täglichen Arbeit – Aufbereitung und Verknüpfung der eingehenden Information mit weitgehend autonomer Vorgangsbearbeitung.

InfoPort basiert auf der einheitlichen Behandlung des Informationsgehalts, der aus den unterschiedlichen Medien gewonnen wird. Grundlegend sind dabei Techniken der Verarbeitung von der Signalebene bis zur Ebene einzelner Zeichen, der Verknüpfung dieser Zeichen sowie der Erschließung ihrer Zusammenhänge und der daraus ableitbaren Strukturen.

2 Anwendungsszenarien

Ein großes Anwendungsfeld, bei dem eine technische Lösung zur Interpretation von Sprache und Text angestrebt wird, ist die Kommunikation zwischen Kunden und Firmen. Beispiele hierfür sind Kommunikationsvorgänge bei Versicherungen, Leasing-Firmen, Vertriebs- und Einkaufsabteilungen von größeren Geschäftseinheiten, etc. Es ist offensichtlich, daß ein System nicht die gesamte Korrespondenz in den obengenannten Szenarien übernehmen kann. Allerdings gibt es in jedem Szenario eine ganze Reihe von Kommunikationsvorgängen, die einen relativ engen Sprachwortschatz besitzen und damit in die Nähe der technischen Realisierungsmöglichkeiten kommen, und die so häufig auftreten, daß sich ein solches Interpretationssystem wirtschaftlich lohnt. Im folgenden wollen wir drei Anwendungsszenarien skizzieren, die bearbeitet wurden.

Im ersten Beispiel ist der Kommunikationsvorgang eine Anfrage, einen Geschäftsbericht der Daimler-Benz AG oder einer ihrer Töchter zuzusenden. Dieser Wunsch erfolgt entweder per Telefon oder per Brief. Das Ziel hier ist, die für diese Aufgabe wesentliche Information zu extrahieren – entweder im Dialog oder aus dem Geschäftsbrief – und den Antwortbrief aufgrund dieser Information automatisch zu generieren. Nach Analyse der Domäne lassen sich die Informationseinheiten auf vier Elemente eingrenzen: Name_der_Firma, Anzahl_der_Kopien, Sprache, Geschäftsjahre. In diesem Szenario ist die Bearbeitung der schriftlichen Kommunikation realisiert worden. Das Beispielmaterial umfaßt ca. 1000 Schreiben in deutscher Sprache. 300 davon sind bearbeitet worden, wobei 100 als Lernstichprobe dienten, 200 als Test. Die Autoren reichen vom Privatmann, über Firmen bis zu Nicht-Muttersprachlern. Die Varianz der Formulierungen ist folglich beträchtlich. Die kürzeste aller Äußerungen ist: "Bitte Geschäftsbericht."; die längste füllt eine komplette DIN-A4 Seite.

Die wesentlichen Anforderungen an das System sind die Effizienz und die Robustheit. Vor allem die linguistische Analyse soll auch bei langen Texten kurze Antwortzeiten besitzen. Beide Anforderungen sind erfüllt: Die komplette Bearbeitung bis zur Generierung des Antwortbriefs benötigt im Mittel 40 Sekunden, wobei der Großteil der Zeit (90%) zur Dokumentbildanalyse benötigt wird, die restlichen 10% zur Interpretation.

Der zweite Anwendungsbereich betrifft den Dialog in kontinuierlich gesprochener Sprache. Am weitesten entwickelt ist hier die Zugauskunft. Das Sprachdialog-System gibt über Telefon Auskünfte über Zugverbindungen der Deutschen Bahn. Die Architektur des Systems ist jedoch so ausgelegt, daß das gleiche System für die verschiedensten Anwendungen im Bereich der Informationsdialoge konfiguriert werden kann (vgl. [Peckham 1993]), und zwar sowohl zu Informationsvermittlung als auch zur Informationsannahme.

Im dritten Szenario werden nun beide Medien, Sprache und Text, vom Info-Port System bearbeitet. Die Anwendung befindet sich im Umfeld 'Verkehrsleittechnik' und ist ein Teil des STORM-Projekts (Stuttgart Transport Operation by Regional Management), das die Verkehrströme in und um Stuttgart lenkt. Ein zentraler Bestandteil des STORM Systems ist die digitale Straßenkarte, die als Basis u.a. von Routing-Algorithmen dient. Ein Problem beim Einsatz der digitalen Straßenkarte ist, daß sich das Straßennetz täglich verändert: kurzfristige und vorübergehende Änderungen bei Unfall, Baustelle, Demonstration, etc., und amtlich auf Dauer angeordnete Straßennetzänderungen. Die digitale Straßenkarte muß folglich kontinuierlich aktualisiert werden, um den Verkehrsteilnehmer nicht in die Irre zu führen.

Die Meldungen über Straßennetzänderungen erfolgen über zwei Kommunikationskanäle: kurzfristige Änderungen werden per Telefon an das InfoPort-System durchgegeben, auf Dauer gültige Netzänderungen, wie Umkehrung der Einbahnstraße, Festlegung verkehrsberuhigter Zonen, etc., werden vom Amt für öffentliche Ordnung in Stuttgart ausgesprochen und per Fax an das InfoPort-System versendet. Die zu extrahierenden Informationseinheiten differieren für beide Kommunikationskanäle etwas. Im Dialog handelt es sich im wesentlichen um Einschränkungen im Netz, wie etwa Straßensperrungen, mit der Nennung der zu sperrenden Straße und des Abschnitts, des Beginns und des Endes der Sperrung. Amtliche Netzänderungen werden auf einem Formular definiert, das den Stadtteil, die betroffenen Straßen und Abschnitte und – im Gegensatz zur gesprochenen Äußerung – Verkehrsschilder enthält, die aufgestellt oder abgebaut werden. Die Aufgabe zur Interpretation der Faxe besteht folglich aus zwei Schritten, der Dokumentbildanalyse und der Interpretation der strukturierten Formulardaten.

Die erfaßten Netzänderungen werden in formalisierter Form an den Leitrechner weitergegeben, der diese in die digitale Straßenkarte einträgt

Alle drei Szenarien zeichnen sich dadurch aus, daß sie zum einen eingeschränktes sprachliches Wissen erfordern und damit technisch realisierbare Lösungen zur Unterstützung der Kommunikationsvorgänge erlauben, und zum anderen, daß die Aufgaben wirtschaftlich relevant sind.

3 Techniken

Ein wichtiges Merkmal von InfoPort ist, daß verschiedene Techniken für die unterschiedlichen Bereiche da benutzt werden, wo dies angemessen ist, daß aber andererseits die hybride bzw. heterogene Grundstruktur der angewendeten Techniken in ein integriertes System angestrebt wird und auf den entsprechenden Abstraktionsebenen gleiche Techniken benutzt werden. Die folgenden Abschnitte geben einen Überblick über die in InfoPort verwendeten Techniken.

3.1 Worthypothesen aus Dokumenttexten (Dokumentbildanalyse)

Das Ziel der Dokumentbildanalyse im InfoPort System ist es, den bildhaften Text auf einem Dokument in einen Worthypothesengraphen zu transformieren, der die Grundlage für die nachfolgenden Interpretationsaufgaben bildet. Im folgenden werden die eingesetzten Techniken lediglich skizziert; einen detaillierten Einblick in die komplexen Abläufe geben die Artikel ([Bayer 1992], [Schürmann 1992]).

Die zur Lösung dieser Aufgabe notwendigen Schritte lassen sich generell aufteilen in: Abtastung, Trennung in Vordergrund/Hintergrund resultierend in einem Binärbild, Zusammenhangsanalyse, Layouterzeugung, d. h. Segmentierung der primitiven Bildobjekte in Zeichen, Wörter, Zeilen und Textblöcke, Zeichenklassifikation (OCR) und kontextuelle Nachverarbeitung. In jeder Erkennungsstufe sind eine Reihe von Entscheidungen zu fällen, deren Entscheidungsfunktionen häufig heuristisch parametrisiert worden sind, mit Ausnahme der Zeichenklassifikation, die mit einem Polynomklassifikator angegangen worden ist.

Ziel unserer Arbeiten ist es möglichst viele Entscheidungen auf Klassifikationsprobleme abzubilden und damit die Entscheidungen an Lernstichproben automatisch zu adaptieren. Beispiele für den Einsatz dieses Klassifikationsprinzips sind neben der Zeichenklassifikation u.a.: Pixelklassifikation zur Entscheidung, ob ein Pixel zum Vordergrund oder Hintergrund gehört. Die Merkmale zu einem Pixel werden aus der Pixelnachbarschaft ermittelt. Ein Trennstellenklassifikator entscheidet für eine Spalte in einer Muster von verbundenen Zeichenfolgen, ob es sich um eine Trennstelle handelt oder nicht. Die Merkmale werden ebenfalls aus der Nachbarschaft der Pixelspalten ermittelt (s. [Bayer & Kressel 1993]). Der Klassifikator entscheidet für einen Textbereich, ob es sich um Schrift in fester oder variabler Teilung (Proportionalschrift) handelt.

Durch den Einsatz dieser statistisch optimierten Entscheidungsfunktionen ist die Anzahl von heuristischen Einflußgrößen deutlich verringert worden, so daß die Optimierung des Gesamtsystems für spezielle Aufgabenstellungen deutlich vereinfacht worden ist. Die Erkennungsraten bei erzwungener Entscheidung liegen für einen Dokumentkorpus ganz unterschiedlicher Zusammensetzung und Schriftqualität (147.000 Zeichen) bei 97,8%.

Wie die beiden folgenden Abschnitte zeigen, sind die nachfolgenden Interpretationsschritte zu einem gewissen Grade fehlertolerant: Unvollständige Worthypothesengraphen oder fehlerhafte Satzhypothesen können somit durchaus korrekt interpretiert werden.

3.2 Modellbasierte Interpretation strukturierter Texte

Zur Interpretation einer Reihe von Textbestandteilen auf Dokumenten ist kein umfangreiches linguistisches Wissen notwendig, da die Bedeutung dieser Einheiten aus der Lage auf dem Dokument und einfacher Syntax definiert ist. Beispiele für solche *strukturierten* Textbestandteile sind Empfänger, Absender, Datum, Anrede- und Schlußformel auf Geschäftsbriefen, Einträge auf Formularfeldern, etc.

Zur Modellierung und Interpretation dieser Einheiten wird ein spezielles semantisches Netz (FRESCO - Frame Representation of Structured Documents) und ein Inferenzalgorithmus eingesetzt. Eine detaillierte Beschreibung findet man in [Bayer 1993], verwandte Ansätze in [Kreich 1993] und [Lam 1994].

Die Konzeptsprache FRESCO ist an den Repräsentationsformalismus EARNEST [Niemann 1988] angelehnt und ist speziell abgestimmt auf die Anforderungen an die Dokumentmodellierung. Unterstützt werden zwei Konzeptrelationen, die Subklassen- und die Teile-Relation; letztere beschreibt den konzeptuellen Aufbau der zu analysierenden Textbestandteile. Jede Konzeptbeschreibung besteht aus einer Menge von lokalen Eigenschaften, die zur Instantiierung des Konzepts zu erfüllen sind, und aus einer Menge von Bedingungen an die Eigenschaften seiner Teile. Neben diesen deklarativen Komponenten enthält die Sprache prozedurale Komponenten, die testen, wie gut berechnete Eigenschaften, wie Lage von Textobjekten auf einem Dokument, Zeichenerkennungsergebnisse, etc., zur Attributbeschreibung passen.

Der Inferenzmechansimus für diese Sprache ist die Instantiierung. Das vorgegebene Konzeptmodell wird zunächst top-down expandiert und anschließend mit dem Worthypothesengraphen abgeglichen. Zu jedem Konzept lassen sich in der Regel mehr als ein Element aus dem Worthypothesengraphen zuordnen. Da zu jeder Instanz ein Bewertungsmaß abgelegt ist, wie gut die berechneten Eigenschaften zu der Konzeptbeschreibung passen, wird aus diesen konkurrierenden Instanzen in einem Suchprozeß die am besten passendste ausgewählt. Als Kontrollalgorithmus für diese Suche wird ein bewertungsgesteuertes Suchverfahren eingesetzt (A*).

3.3 Endliche Automaten zur Informationsextraktion

Ziel der Informationsextraktion ist es, die textklassenspezifischen Inhalte aus dem Fließtext eines Dokumentes zu erfassen. Grundlage hierfür ist die Kenntnis der Textklasse, da diese die Art der Inhalte festlegt und das notwendige linguistische Wissen (Lexikon, Grammatik) eingrenzt.

Informationsextraktion muß die Dokumente ebenso effizient und robust wie Schlüsselwortsuche (key word spotting) verarbeiten, doch benötigt die korrekte Interpretation der Information häufig den sprachlichen Kontext (Einbettung in Negation, Verweisstrukturen mit Anaphora u. ä.). Da aber die Aufgabe nicht im vollständigen Textverstehen, sondern im korrekten Interpretieren der zu extrahierenden Information besteht, kann auf eine komplexe Verarbeitung im vollen Umfang der menschlichen Sprachkompetenz verzichtet werden und ein Einsatz von einfacheren Technologien wie Endlichen Automaten ist möglich (vgl. den erfolgreichen Einsatz von Endlichen Automaten im System Fastus - [Appelt 1993] - bei den Message Understanding Wettbewerben - [Sundheim 1992]).

Die Aufgabe der Informationsextraktion wird in drei Teilaufgaben zerlegt. Zunächst wird eine Vorverarbeitung eingesetzt, die u.a. die Fehlertoleranz der Informationsextraktion aufgrund eines entsprechenden Lexikonzugriffes erreicht und die Einteilung des Dokumentes in Sätze vornimmt. Die Verarbeitung der einzelnen Sätze erfolgt dann mittels Parsing aufgrund Sequenzen von Endlichen Automaten (Finite-State Analyzer) und einer Semantikkomponente (Semantic Interpreter), die u.a. das Inferieren von Standardannahmen übernimmt. Beim Finite State Analyzer handelt es sich um eine generelle und domänenunabhängige Komponente, die deklaratives linguistisches Wissen (Lexikon, grammatische Beschreibungen der vorkommenden sprachlichen Äußerungen) zur Verarbeitung der Dokumente benutzt. Dieses Wissen ist dabei der textklassenspezifischen Aufgabe angepaßt und umfaßt die gebräuchlichsten Konstruktionen der zu verarbeitenden Dokumente.

Für die Verarbeitung der Geschäftsbriefe, in denen Geschäftsberichte angefordert werden, wurden alle Wissensbasen manuell erstellt. Ein erster Test auf den Texten von 50 Briefen führte zu 37 korrekten Antwortschreiben, 11 Texte wurden zurückgewiesen und 2 Antwortschreiben enthielten falsch interpretierte Information.

Ziel der weiteren Arbeiten zur Informationsextraktion ist es nicht, das System zu erweitern (so daß dasselbe System unterschiedliche Textklassen verarbeitet), sondern die Portierbarkeit zu erleichtern. Dazu gehört die Trennung in domänenabhängige und -unabhängige Komponenten und eine stärkere maschinelle Unterstützung der Entwicklung der domänenabhängigen Teile.

3.4 Worthypothesen aus dem akustischen Signal

Die Worterkennung erfolgt mit Hidden-Markov-Modellen, wobei die lineare Diskriminanzanalyse zusammen mit semi-kontinuierlichen Hidden-Markov-Modelle eingesetzt werden (siehe auch [Class 1993a], [Class 1993b]): . Das Ergebnis der Analyse sind Worthypothesen, die in Form eines Hypothesengraphen zusammengesetzt sind (vgl. [Kaltenmeier 1991]).

Merkmalsextraktion: Alle 10 ms berechnet die Merkmalsextraktion 12 MEL-Cepstralkoeffizienten und die normierte logarithmierte Energie. Auch die Cepstralkoeffizienten werden mit einem zeitvariablen Hochpaßfilter, der das Langzeitspektrum möglichst konstant hält, normiert. Die Normierung reduziert den Einfluß von Lautstärkeunterschieden, Übertragungseigenschaften von Räumen, Mikrofonen und Übertragungskanälen. Die Merkmalsextraktion endet mit einer Transformation, die auf der linearen Diskriminanzanalyse (LDA) basiert. Transformiert wird ein Merkmalsvektor, der aus den Basismerkmalen (12 CEP +Energie) von 9 Zeitfenstern aufgebaut ist (Dimension: 9 * 13 = 117). Der Zielraum der Transformation hat die Dimension 32. Diese neuen Merkmale enthalten die Information der früher verwendeten Delta- und Deltadelta-Merkmale. Die Klassen zur Schätzung der LDA sind die Zustände der Hidden-Markov-Modelle für Wortuntereinheiten. Die für die LDA benötigten klassenspezifischen Kovarianzmatrizen werden mit Hilfe des Forward/Backward- Algorithmus abgeschätzt. Eine genaue Beschreibung des mehrstufigen Training befindet sich in [Class 1993a].

Das Erkennungslexikon ist als Baum aufgebaut, wobei die Knoten Wortuntereinheiten sind. Die Suche baut auf einem wortabhängigen N-best Viterbi-Algorithmus auf [Schwartz 1991]. Die benutzten Wortuntereinheiten sind kontextabhängige Laute (Triphone), wobei die Kontexte zu Oberklassen zusammengefaßt sein können (abhängig von der Stichprobe). Wir arbeiten mit 200 - 1000 Wortuntereinheiten. Zusätzlich zu den normalen Wortuntereinheiten benutzen wir Silben, Wortteile (z.B. das *und* in Zahlwörter) und ganze Wörter, bzw. Wortpaare. Besondere Modelle für unbekannte Wörter und verschiedene Geräusche kommen hinzu.

3.5 Robuster Parser

Der Parser eines Sprachdialogsystems muß in der Lage sein, mit umgangssprachlichen Phänomenen, wie z.B. Satzabbrüche, unbekannten Wörtern und Pausen, zurechtzukommen. Der Parser arbeitet aus diesem Grund mit semantischen Vorhersagen, die das Dialogmodul in Abhängigkeit von der aktuellen Dialogsituation, bzw. Reperaturstrategie festlegt. In Abhängigkeit vom Sprachsignal variiert die Analysestrategie von voller linguitischer Analyse über partielle Satzanalyse (Strukturspotting) zu Keyword Spotting. Eine unvollständige Analyse kann durch ungrammatikalische Satzkonstruktionen, Nutzung unbekannter Wörter oder durch einen extrem großen Suchraum im Hypothesennetz bei zeitlicher Begrenzung der Analysezeit verursacht werden (Anytime-Verhalten). Die Analyse beginnt mit Schlüsselwörtern, und erweitert diese sogenannten Inseln (Inselparsing) entsprechend der Grammatik zu Strukturen, die einen möglichst großes Segment des Hypothesennetzes abdecken. Solange keine Limitierung der Rechenzeit durch das Kontrollmodul erfolgt, werden möglichst vollständige Sätze aufgebaut. Da eine vollständig integrierte Suche nicht sinnvoll anwendbar ist, wird die Suche auf mehrere Phasen aufgebrochen. Der Erkenner liefert einen Worthypothesengraphen (vgl. [Kaltenmeier 1991]). In diesem Graphen werden die bewerteten Worthypothesen (Lexikoneinträge, unbekannte Wörter und Pausen) als Kanten repräsentiert Bild 2.

In den nachfolgenden Analysephasen werden durch Einsatz von Struktur- und Keywordspotting interpretierbare Äußerungsfragmente bis hin zur vollständigen Äußerungen gesucht. Diese Phasen werden durch Suchstrategien, die durch das Linguistische Wissen kontrolliert werden, gesteuert. Die Schnittstelle zwischen der linguistischen Analyse und der domänenabhängigen Interpretation erhält eine oder mehrere unterspezifizierte semantische Strukturen, die das Ergebnis des Analyseprozesses darstellen.

Detaillierte Beschreibungen des Parsers und des Mechanismus der semantischen Vorhersagen sind in [Hanrieder & Heisterkamp1994], [Mecklenburg 1995] und [Hanrieder & Görz 1995] zu finden.

3.6 Dialog, Generierung

Die Dialogführung hat drei wesentliche Aufgaben. Sie verarbeitet die Ergebnisse der linguistischen Analyse, die Semantikstrukturen, in der kontextuellen Interpretation. Sprachliche Ausdrücke bedürfen für eine sinnvolle Bedeutungszuschreibung der Einbindung in den Kontext des Dialogs und der Anwendung. Gleichzeitig wird das Wissen des Systems verändert, d.h., das Ergebnis der kontextuellen Interpretation hat Auswirkungen auf das Systemwissen um den Zustand des Dialogs und das Wissen des Benutzers. Von letzterem wird angenommen, daß sein Wissensstatus mit dem des Systems bezüglich des Dialogzustands konform ist (vgl. [Ballim & Wilks 1991]). Eine Änderung des Wissensstatus ist insofern pragmatisch relevant. [Heisterkamp 1992] und [Eckert & Niemann 1994] beschreiben die grundlegende Funktionalität der kontextuellen Interpretation genauer, gehen jedoch von einem Formalismus aus, der in InfoPort z. Zt. aus Komplexitäts- und (daraus resultierenden) Performanzgründen nicht weiterverfolgt

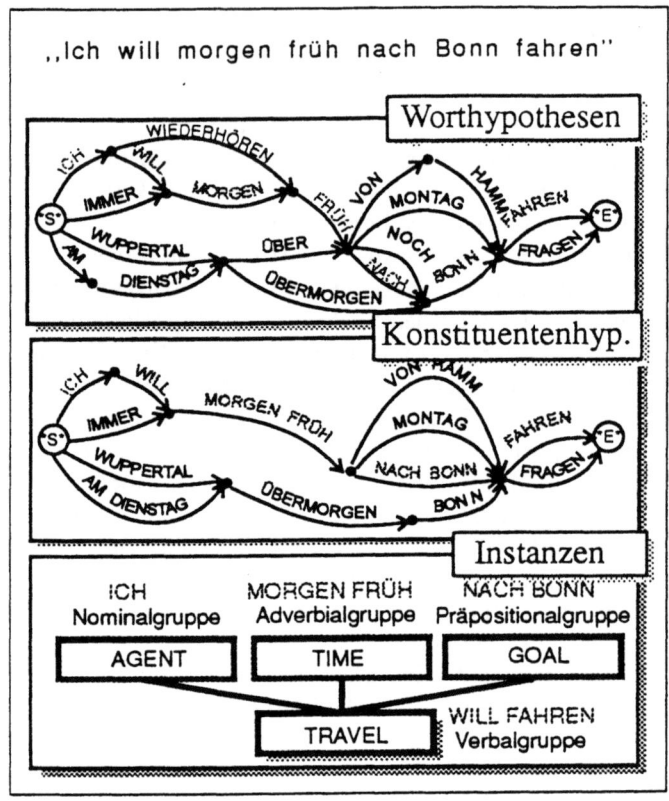

Abbildung 2. Stufen der Linguistischen Analyse

wird. Da die modulare Architektur des Dialog-Management-Systems aus autonomen interagierenden Agenten dies problemlos erlaubt, wurde unter Beibehaltung der Basisfunktionalität und der Kommunikationsprotokolle eine deutlich einfachere kontextuelle Interpretation implementiert, die ähnlich der oben beschriebenen 'Endlichen Automaten', nur eben auf der Basis von Semantikstrukturen funktioniert. Dieses Vorgehen schließt aber nicht aus, daß die komplexere Version als fall-back-System beibehalten wird.

Die anwendungsorienterte Repräsentation als Ergebnis der kontextuellen Interpretation wird weitergeleitet an die Anwendungsanbindung. Diese modelliert ein beliebiges Anwendungssystem auf einheitliche Weise, kommuniziert mit diesem, nutzt dessen Inferenzfähigkeiten oder führt von diesem nicht zu leistende Inferenzen aus. Ebenso nutzt es anwendungsrelevante Defaults aus. Durch die Anwendungsmodellierung als getrenntes Modul mit deklarativem Wissen über das Anwendungssystem ist die Dialogsteuerung sehr flexibel, sowohl was die Nutzung von Anwendungswissen angeht, als auch in Bezug auf die einfache Änderbarkeit der Anwendung als solcher. Die Dialogsteuerung ist dadurch ein Vermittler und Übersetzer zwischen zwei Kommunikationspartnern: dem Benutzer und der Anwendung.

Die pragmatische Information der Änderung des Wissensstatus des Systems und die durch die Anwendungsanbindung vermittelten Anforderungen des Anwendungssytems laufen zusammen in einem Modul, dessen Hauptaufgabe die Festlegung der Dialogfortsetzung ist. Diese Dialogsteuerung faßt die eingehenden Informationen in der pragmatischen Interpretation als Dialog-Ziele auf, die zusammen mit pragmatischen Zielen wie Höflichkeit oder Erklärungen eine Konfliktmenge bilden. Ein einzelnes oder eine Kombination dieser Ziele geht in die nächste Systemäußerung ein. Welche Ziele dabei wie kombiniert werden können, legt ein Inferenzmechnismus fest. Es gibt eine Hierarchie von Strategien, die, wenn Schwierigkeiten oder Reparatur-Notwendigkeiten im Dialoge auftauchen, zu einem freieren oder eingeschränkteren Verhalten des Systems bzw. Anforderungen an den Benutzer führen [Heisterkamp 1993]. Der Dialog ist also zielorientiert und nicht durch eine Dialoggrammatik beschrieben; vielmehr ist die Anordnung der Ziele und die Inferenzen über diese entscheidend. Da Ziele auch in Abhängigkeit von der Dialogsituation zurückgezogen werden können bevor sie in eine Äußerung eingebracht wurden, kann das System sehr natürlich auf unterschiedliche Informationen seitens des Benutzers oder des Anwendungssystems reagieren.

Die Festlegung der Dialogfortsetzung hat zur Folge, daß diese verbalisiert werden muß. Dies kann in einfachen Anwendungen durch eine endliche Mengen von Satzmustern und ihre Konkatenation geschehen. Wenn die Domäne jedoch komplexer wird, die Möglichkeit besteht, daß nicht alle Systemäußerungen im Vorhinein vollständig beschreibbar sind oder durch Interaktion mit einem Generierungssystem eine substantielle Steigerung der Natürlichkeit und Verständlichkeit der Systemäußerungen erzielt werden kann, ist der Einsatz einer Sprachgenerierung aus semantischen Beschreibungen unerläßlich. In InfoPort arbeiten wir an einer solchen 'concept-to-speech' Generierung [Poller & Heisterkamp 1995].

Ist die Dialogfortsetzung einmal bis in ihren Wortlaut festgelegt, so lassen sich daraus Erwartungen bezüglich der Reaktion des Benutzers ableiten. Diese gehen als Ansteuerung der Sprachmodelle (vgl. [Brietzmann 1994], [Andry 1992], [Niedermair 1992]) an die Worterkennung, und als semantische Vorhersagen an die linguistische Analyse (vgl. [Hanrieder & Heisterkamp1994, Mecklenburg 1995]), wobei die Dialogsteuerung auch – in Abhängigkeit von der Strategie und der Dialogsituation – den Parser in den Filter-Modus (s. o., vgl. [Hanrieder & Görz 1995]) versetzen kann.

4 Zusammenfassung

InfoPort ist ein System zur integrierten Verarbeitung von Sprache (geschrieben oder gesprochen, in unterschiedlichen Medien). Ziel ist die Interpretation gesprochener und schriftlicher Äußerungen in einer speziellen Anwendung, um daraus gezielte Handlungen ableiten zu können. In unterschiedlichen Anwendungsszenarien konnte gezeigt werden, daß diese Aufgabe gelöst werden kann und damit auch einen Beitag liefert, den Mensch im täglichen Umgang mit Information zu unterstützen. Die Arbeiten in InfoPort haben gezeigt, daß Algorithmenentwicklung auf diesen Gebieten die Herausforderung einer konkreten Aufgabe und die Benutzung realer Daten benötigt.

In diesem Projekt arbeiten wir mit dem DFKI und dem FORWISS zusammen. Unsere Ergebnisse im vom BMBF geförderten Projekts Verbmobil fließen in diese Arbeiten ein.

References

[Andry 1992] Andry, F.: Static and dynamic predictions: A method to improve speech understanding in cooperative dialogues. In: Proceedings of ICSLP-92, Banff, Alberta, Canada, 1992.
[Appelt 1993] Appelt, D., Hobbs, J., Bear, J., Israel, D., Tyson, M.: FASTUS: A Finite State Processor for Information Extraction from Real World Text, in: Proceedings of IJCAI, 1993.
[Ballim & Wilks 1991] Ballim, A.; Wilks, Y.: Artificial Believers. Hillsdale, N.J.: L. Erlbaum 1991.
[Bayer 1992] Bayer, T.A., Franke, J., Kressel, U., Mandler, E., Oberländer, M.F., Schürmann, J.: Towards the Understanding of Printed Documents, in: Baird, H.S., Bunke, H., Yamamoto, K. (eds.): Structured Document Image Analysis, Springer Verlag, New-York, 1992.
[Bayer 1993] Bayer, T.: Ein modellgestütztes Analysesystem zum Bildverstehen strukturierter Dokumente, infix-Verlag, St. Augustin, 1993.
[Bayer & Kressel 1993] Bayer, T.A., Kressel, U.: Cut Classification for Segmentation, in: Proceedings of the 2nd ICDAR, Tsukuba Science City, 1993, pp. 565-568.
[Brietzmann 1994] A. Brietzmann, F. Class, U. Ehrlich, P. Heisterkamp, A. Kaltenmeier, K, Mecklenburg, P. Regel-Brietzmann, G. Hanrieder, W. Hiltl: Robust speech understanding, in: Proceedings of ICSLP-1994, Yokohama, 1994.
[Class 1993a] F. Class, A. Kaltenmeier, P. Regel: Optimization of an HMM-based continuous Speech Recognizer, in: Proceedings of EUROSPEECH '93, Berlin 1993.
[Class 1993b] F. Class, A. Kaltenmeier, P. Regel-Brietzmann: Large Vocabulary Speech Recognition for Telephone Applications. Proc. IEEE-Workshop on Automatic Speech Recognition, Snowbird (Utah), 1993.
[Eckert & Niemann 1994] Eckert, W., Niemann, H.: Semantic analysis in a robust speech dialog system, in: Proceedings of ICSLP-1994, Yokohama, 1994.
[Hanrieder & Görz 1995] Hanrieder, G., Görz, G.: Robust Parsing of Spoken Dialogue Using Contextual Knowledge and Recognition Probabilities. in: Proceedings of the ESCA Workshop on Spoken Dialogue. Vigsoe, Denmark, 1995 (forthcoming).
[Hanrieder & Heisterkamp1994] G. Hanrieder, P. Heisterkamp: Robust analysis and interpretation in speech dialogue, in: H. Niemann, R. de Mori, G. Hanrieder (eds.): Progress and prospects of speech research and technology, Proceedings of the CRIM/FORWISS workshop, Munich 1994.
[Heisterkamp 1993] P. Heisterkamp: Ambiguity and uncertainty in spoken dialogue, in: Proceedings of EUROSPEECH '93, Berlin, 1993.
[Heisterkamp 1992] P. Heisterkamp, S. McGlashan, N. Youd: Dialogue semantics for an oral dialogue system, in: Proceedings of ICSLP-92. Banff, Alberta, Canada, 1992.

[Kaltenmeier 1991] Kaltenmeier, A.: Modellbasierte Worterkennung in Spracherkennungssystemen für großen Wortschatz. Düsseldorf: VDI.

[Kreich 1993] Kreich,J.: Robust Recognition of Documents, in : Proceedings of the 2nd International Conference on Document Analysis and Recognition, Tsukuba, 1993, pp. 444 – 447

[Lam 1994] Lam, S. W.: An Adaptive Approach to Document Classification And Understanding, in: Proceedings of the 1st Workshop on Document Analysis Systems, Kaiserslautern, 1994, pp. 231–251

[Mecklenburg 1995] Mecklenburg, K., Hanrieder, G., Heisterkamp, P.: A Robust parser for continuous spoken language using PROLOG. in: Proceedings of Natural Language Understanding and Logic Programming 1995, Lisbon, Portugal (forthcoming).

[Niedermair 1992] Niedermair, G.: Linguistic modelling in the context of oral dialogue. In: Proceedings of ICSLP-92, Banff, Alberta, Canada, 1992.

[Niemann 1988] Niemann, H., Brietzmann, A., Ehrlich, U.: A Knowledge-based Speech Understanding System, International Journal of Pattern Recognition and Artificial Intelligence, 2(2), pp. 321 - 350, 1988

[Peckham 1993] J. Peckham: A new generation of spoken dialogue systems: Results and lessons from the Sundial project in: Proceedings of EUROSPEECH '93. Berlin, 1993.

[Poller & Heisterkamp 1995] Poller, P., Heisterkamp, P.: Incremental Generation in a Speech Dialogue System. Paper submitted to DAGM '95.

[Schürmann 1992] Schürmann, J., Bartneck, N., Bayer, T., Franke. J. Mandler, E., Oberländer, M.: From Pixels to Contents, in: Proceedings of the IEEE, Vol. 80, July 1992, pp. 1101 - 1119

[Schwartz 1991] R. Schwartz, S. Austin: A Comparison of Several Approximate Algorithms for Finding Multiple (N-Best) Sentence Hypotheses, Proceedings ICASSP 91, Toronto 1991.

[Sundheim 1992] Sundheim, B.: Proceedings of 4th Message Understanding Conference, Morgan Kaufmann, 1992.

Ein Formularinterpreter für Blinde

Helmut Schirmer

Technische Universität Dresden
Fakultät Informatik
Institut für Künstliche Intelligenz
01062 Dresden

e-mail: schirmer@iki101.inf.tu-dresden.de

Zusammenfassung

Es wird ein System vorgestellt, das es Blinden ermöglicht, Formulare zu verstehen und auszufüllen. Text und Grafik werden voneinander getrennt; die Textblöcke werden über die Computer-Braille-Zeile präsentiert, während die Grafikelemente gemeinsam mit Markierungen und Verweisen für Textblöcke und Ausfüllfelder als Schwellkopie dargestellt werden. Desweiteren wird eine neue Methode für die Interpretation komplexer Bilder beschrieben und beispielhaft auf Formularbilder angewendet. Diese Methode beruht auf der hierarchischen Abstraktion der zu erkennenden Objekte und verwendet als Beschreibungsmittel Relationalstrukturen. Für die Formulierung der Modelle wurde eine Spezialsprache entwickelt. Erste Ergebnisse werden vorgestellt.

1 Einleitung

Das Ziel der Dokumentanalyse besteht darin, anhand von gescannten Papiervorlagen, den Dokumentinhalt zu erfassen und in eine strukturierte symbolische Form zu bringen, um z.B. solche Aufgaben, wie objektorientiertes Bearbeiten oder automatisches Ordnen und Ablegen nach bestimmten Kriterien, zu erfüllen. Diese Zielstellung trifft auf Formulare als Teilmenge der Dokumente ebenfalls zu. Darüberhinaus ist bei Formularen die besondere Problematik des Eintragens und Auswertens von Ausfülldaten zu verzeichnen. Gegenstand dieses Beitrages soll die Unterstützung des Ausfüllvorganges durch den Computer sein. In Zukunft wird das sogenannte elektronische Formular mit einem formularspezifischen Hilfesystem vorherrschen, so daß die Frage "wo ist was einzutragen" keine Schwierigkeit mehr darstellt. Z.Zt. herrschen jedoch Papierformulare vor, und in dieser Form ist es für Blinde völlig unmöglich, ein Formular auszufüllen. In den letzten Jahren wurden technische Mittel entwickelt, um Blinden das Verstehen von Textdokumenten zu ermöglichen. Jedoch ist es aufgrund des Auftretens von Grafikelementen und von Relationen zwischen Text und Grafik damit nicht möglich, einem Blinden den Inhalt von Formularen darzubieten. Gegenstand dieser Arbeit ist es, erstens das Layout eines Formulares in eine solche Form zu übertragen, die von Blinden verstanden wird, und zweitens den Ausfüllvorgang zu steuern. Inhaltliche Hilfen, die eine Semantikerkennung des Textes erfordern, werden nicht gegeben.
Im Abschnitt 2 wird das Basiskonzept eines Prototyps für die Formularinterpretation dargestellt. Der Abschnitt 3 beschreibt die low level - und high level - Bildanalysekomponen-

ten, die als wesentliche Teile die Trennung von Text und Grafik und die Beschreibung von Objektmodellen durch eine Fachsprache auf der Basis von Relationalstrukturen enthalten. Im 4. Abschnitt werden erste Ergebnisse vorgestellt und Bemerkungen zur Weiterführung der Arbeiten gemacht.

2 Beschreibung des Gesamtsystems

Die technischen Mittel, die für die Präsentation von Informationen für Blinde infrage kommen, beschränken sich auf die Computer-Braille-Zeile, den Blindenschrift-Drucker, den Fuser für Schwellkopien und das Sprachausgabe-Gerät. Das Grundprinzip der hier gewählten Formulardarstellung besteht darin, die Struktur des Formulares, also die Grafikelemente und die Grafik-Text-Relationen in einer Schwellkopie festzuhalten und die Texte über die Computer-Braille-Zeile oder über den Blindenschrift-Drucker auszugeben. Den Text in Blindenschrift ebenfalls auf der Schwellkopie darzustellen, würde der Platz bei weitem nicht ausreichen.

Es wurde deshalb folgendes Konzept für die Transformation eines Formulars in eine für Blinde erfaßbare Form gewählt (Abb. 1):

- Das Formular wird mit ca. 300 bis 400 dpi gescannt.

- Nach einer Vorverarbeitung werden Text und Grafik voneinander getrennt.

- Die Grafikkomponente wird in Grafikprimitive zerlegt:
  horizontale Linien, vertikale Linien, Quadrate, Kreise, gepunktete Linien.

- Potentielle Ausfüllfelder werden automatisch erkannt.

- Die Schwellkopie mit folgendem Inhalt wird erzeugt:
  Grafikkomponente, Markierungen der Ausfüllfelder mit Verweisnummern in Blindenschrift, Textblöcke als homogene Flächen mit Verweisnummern in Blindenschrift.

- Die Textblöcke werden mittels OCR in eine ASCII-Datei umgewandelt und mit obigen Verweisen versehen.

Der Ausfüllvorgang läuft dann wie folgt am Computer ab:

- Der Nutzer wählt anhand der Schwellkopie einen Ausfüllpunkt aus und "liest" den umgebenden Text über die Computer-Braille-Zeile bzw. in der gedruckten Textdatei (Blindenschrift).

- Der Nutzer gibt den Eingabetext ein. Das System überprüft die Verträglichkeit mit dem Typ und dem freien Platz des Ausfüllfeldes und füllt das gewählte Feld aus.

- Der Ausfülltext kann wahlweise in ein leeres Originalformular bzw. gemeinsam mit dem gescannten Formularbild gedruckt werden.

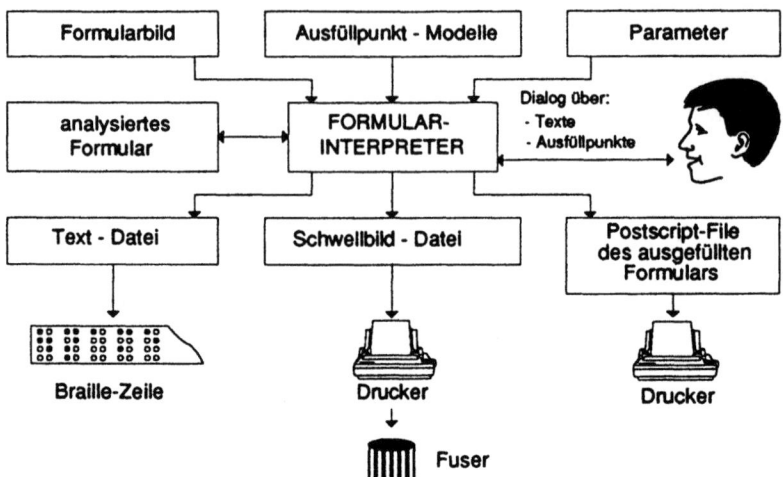

Abb. 1: Überblick über den Formularinterpreter

3 Interpretation des Formularbildes

3.1 Vorverarbeitung

Das System muß zuerst prüfen, ob das Formular richtig in den Scanner eingelegt worden ist.
Die Rücklage ist leicht daran zu erkennen, daß die Anzahl der Schwarz-Pixel unterhalb eines Schwellwertes liegt. In diesem Fall muß natürlich der Nutzer die Korrektur vornehmen. Eine Verdrehung des Formulars um 90° wird mit Hilfe der Hough-Transformation und eine Verdrehung um 180° durch eine i-Punkt-Analyse erkannt. Die Korrektur nimmt das System selbst vor.
Desweiteren werden Randstörungen beseitigt.

3.2 Erkennen von Text und Grafik-Primitiven

Ausgehend von den Zusammenhangskomponenten (Regionen) der schwarzen Gebiete wird eine Trennung von Text und Grafik vorgenommen. Während der Text zu Blöcken zusammengefaßt wird, wird die Grafik in Primitive zerlegt, so daß für die nachfolgende Interpretation folgende Mengen bereitstehen:
Textblöcke, Kreise, Quadrate, horizontale Linien, vertikale Linien, gepunktete Linien.
Die Bildanalyse wird mit Hilfe einer hierarchischen Klassifikation vorgenommen. Sie ist schematisch in Abb. 2 dargestellt.
Sogenannte Multilinien (d.h. Boxen, Tabellen usw.), die in G1 enthalten sind, werden mit Hilfe der Methode benachbarter langer bzw. benachbarter kurzer Run-Length-Codes in einfache horizontale bzw. vertikale Linien zerlegt. Kleine Kreise und Quadrate werden aus der Menge G2 mithilfe eines einfachen Pattern Matching extrahiert. Die als "Unbestimmt" klassifizierten Regionen werden als Störung betrachtet und gelöscht.

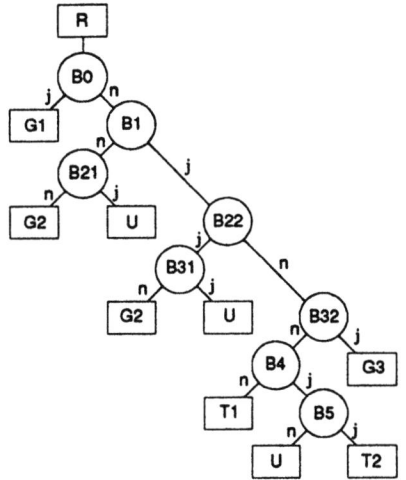

R	:	Regionen	T1	:	Text
G1	:	Horizontale bzw. vertikale Linien, Multilinien	T2	:	i-Punkt
G2	:	Potentielle kleine Kreise bzw. Quadrate	U	:	Unbestimmt (Störung)
G3	:	Punktketten			

Entscheidungsregeln:
- B0 : Seitenverhältnis des kleinsten umschreibenden Rechtecks größer als ein Schwellwert oder Fläche größer als ein Schwellwert
- B1 : Mittelpunkt des kleinsten umschreibenden Rechtecks liegt mit mindestens einem anderen Mittelpunkt auf einer waagerechten oder senkrechten Linie (Houghtransformation)
- B21 : Fläche kleiner als ein Schwellwert
- B22 : Abstand zur nächsten Region größer als ein Schwellwert
- B31 : identisch B21
- B32 : Element einer Punktkette
- B4 : identisch B21
- B5 : Abstand zu einer größeren Region kleiner als ein Schwellwert

Abb. 2: Hierarchische Klassifikation der Regionen

3.3 Modellierung hierarchischer Objekte

Die Aufgabe besteht darin, Positionen innerhalb des Formulares zu finden, an denen Eingaben durch den Formularnutzer vorgenommen werden sollen. Diese Positionen, auch Ausfüllpunkte (AP) genannt, lassen sich durch Elemente der Primitivmenge (Abschnitt 3.2) und Relationen zwischen diesen beschreiben. Diese Relationen haben i.a. eine beliebige Stelligkeit. Die Komposition der AP läßt sich durch hierarchische Abstraktion aus den Primitiven formulieren. Objekte auf verschiedenen Abstraktionsebenen können z.B. "geflickte vertikale Linien", "Ecken", "Rechteckboxen" sein.
Ein geeignetes Mittel für die Beschreibung dieser modellgesteuerten Bildinterpretation sind Relationalstrukturen.

Eine Relationalstruktur für die hierarchische Beschreibung sei gegeben durch

$$RS = (N, R)$$

mit der Trägermenge N und dem Relationentupel R:

$$N = \{X_{1,1}, \ldots, X_{1,n_1}, X_{2,1}, \ldots, X_{i,j}, \ldots, X_{m,n_m}, Z\}$$

$$R = (R_{descr,1}, R_{descr,2}, \ldots, R_{descr,m}, R_{abstr,2}, R_{abstr,3}, \ldots, R_{abstr,m})$$

Darin bedeuten

m	-	Anzahl der Abstraktionsebenen
n_i	-	Anzahl der Elemente der Ebene i
$X_{i,j}(1 \le i \le m), (1 \le j \le n_i)$	-	Symbole für die Elemente der Ebene i
Z	-	Menge der darstellbaren Zahlen
$R_{descr,i}$	-	Beschreibende Relation der Ebene i
$R_{abstr,i}$	-	Abstraktive Relation von Ebene i-1 zu i

Die Beschreibung des hierarchischen Modells ist für komplizierte Objekte eine schwierige Aufgabe. Deshalb wurde von Boersch [3] eine Sprache für die Formulierung von Relationalstrukturen im hierarchischen Interpretationsprozeß und der zugehörige Interpreter entwickelt. Dabei wird mit jeweils einem Sprachkonstrukt sowohl die abstraktive als auch die beschreibende Relation einer Ebene formuliert.

Relationen der Ebene i:

$$R_{descr,i} = \{(X_{i,1}, X_{i,2}, \ldots, X_{i,n_i}) \mid PR_{descr,i}(X_{i,1}, X_{i,2}, \ldots, X_{i,n_i})\}$$

$PR_{descr,i}$ - Beschreibendes Prädikat

$$R_{abstr,i} = \{(X_{i-1,t_{i,j,1}}, X_{i-1,t_{i,j,2}}, \ldots, X_{i-1,t_{i,j,k}}, \ldots, X_{i-1,t_{i,j,n_{ij}}}, X_{i,j}) \mid$$
$$PR_{abstr,i}(X_{i-1,t_{i,j,1}}, X_{i-1,t_{i,j,2}}, \ldots, X_{i-1,t_{i,j,k}}, \ldots, X_{i-1,t_{i,j,n_{ij}}})\}$$

$PR_{abstr,i}$ - Abstraktives Prädikat
(falls TRUE, wird das Element $X_{i,j}$ der Ebene i
aus den nij Elementen $X_{i-1,t_{i,j,k}}$ (k=1,...,nij) mit $t_{i,j,k} \le n_{i-1}$
der Ebene i-1 gebildet)

Sprachkonstrukt:

```
Relation <mengen_name>
    (Elemente :        (<rollen_name>Aus<mengen_name>)+)
    (Bedingung :       (<boolean_ausdruck>)+)
    (Eigenschaften :   (<eigenschafts_zuweisung>)+);
```

Beispiel:

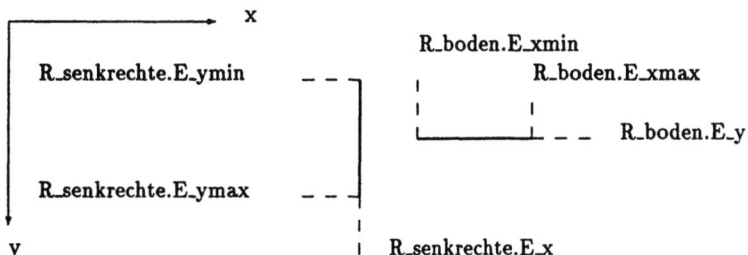

Relation M_lu_ecke
  (Elemente :   R_sekrechte Aus M_senkrechte_linie,
                   R_boden Aus M_waagerechte_linie)
  (Bedingung : |R_senkrechte.E_ymax − R_boden.E_y| <R_senkrechte.E_laenge∗0.5,
                   R_senkrechte.E_x < R_boden.E_xmax,
                   |R_senkrechte.E_x − R_boden.E_xmin| <R_senkrechte.E_laenge∗0.5)
  (Eigenschaften : E_ymin Sei R_senkrechte.E_ymin,
                      E_ymax Sei R_senkrechte.E_ymax,
                      E_x Sei R_senkrechte.E_x);

Hierbei bedeuten die Notationen **M** eine Menge, **R** eine Rolle, die ein Element in der nächst höheren Ebene spielt, und **E** eine Eigenschaft.
Diese Anweisung erzeugt die Menge aller linken unteren Ecken (Elemente der Ebene i) aus je einer horizontalen und einer vertikalen Linie (Elemente der Ebene i-1), falls das Prädikat "Bedingung" wahr ist (abstraktive Relation).
Die Eigenschaften des komponierten Objektes werden aus den Eigenschaften der beteiligten Elemente der unteren Ebene abgeleitet (beschreibende Relation).
Neben der *Relation-Anweisung* enthält die Sprache eine Reihe weiterer Anweisungen, wie z.B.

- *Ketten-Anweisung*
  Der Grund für die Einführung dieser Anweisung liegt darin, daß Relationen der Relationalstrukturen eine feste Stelligkeit haben. Es ist jedoch häufig sinnvoll, ein Element einer höheren Ebene aus einer beliebigen Anzahl von Elementen einer unteren Ebene zu bilden (z.B. "gestrichelte Linien" aus "Strichen" oder "geblocktes Ausfüllfeld" aus "⊥ − Elementen").
  Die Ketten-Anweisung erzeugt aus einer beliebigen Anzahl von Elementen einer Ursprungsmenge je ein Element einer Ketten-Menge einschließlich der Beschreibung durch Eigenschaften, falls eine Bedingung für jeweils zwei aufeinanderfolgende Elemente der Kette erfüllt ist. Für den Fall, daß mehrere Elemente die Bedingung erfüllen, kann durch eine Bewertung eine eindeutige Kette erzwungen werden.

- *Filter-Anweisung*
  Ein Element einer Ursprungsmenge 1 wird Element einer Ergebnismenge, falls es mit mindestens einem Element einer Ursprungsmenge 2 eine Bedingung erfüllt.

- *Iterations-Anweisung*
  Über alle Elemente einer Menge können iterativ Variable berechnet werden bzw. Eigenschaften der Elemente hinzugefügt bzw. verändert werden.

- *AP-Anweisung*
  Während alle bisherigen Sprachanweisungen nicht anwendungsspezifisch sind, ist die AP-Anweisung auf die Interpretation von Formularbildern zugeschnitten. Die AP-Anweisung erzeugt aus den AP-Kompositionen die Elemente der höchsten Abstraktionsebene, die Ausfüllpunkte. Die beschreibende Relation stellt die Eigenschaften des AP, wie Position und Typ (z.B. Kreuz-AP, normaler AP, geblockter AP mit Zeichenanzahl und -abstand) bereit.

4 Ergebnisse

Der Formularinterpreter wurde auf einem PC unter MS-DOS in der Sprache C++ implementiert. Der Parser des Interpreters wurde aus der sprachbeschreibenden Grammatik mit dem yacc-kompatiblen Parsergenerator bison erzeugt.
Das Konzept des Systems wurde von Mitarbeitern der Blindeninformatik akzeptiert. Erste Ergebnisse eines Prototyp-Systems liegen vor (siehe Abb. 3). Diese Ausschnitte aus einfachen Formularen wurden korrekt interpretiert und führen zu übersichtlichen Schwellkopien. Bei komplizierten Formularen kann es einerseits zu Fehlinterpretationen und andererseits zu überladenen Schwellkopien kommen. Die Verbesserung der Erkennungsrate sowie die Anpassung an neue Formulare ist durch das explizit vorliegende Wissen bezüglich der Objektmodelle leicht möglich. Hier sei bemerkt, daß das Konzept der Fachsprache für die hierarchische Abstraktion auf der Basis von Relationalstrukturen durchaus auf andere Anwendungen übertragbar ist. Die Übersichtlichkeit der Schwellkopie kann zum Teil durch eine Vergrößerung verbessert werden. Notwendig sind eine Zusammenfassung von Text zu größeren Blöcken, eine optimale Positionierung der Verweise sowie eine Vereinfachung der Layout-Struktur durch Übergang zu einer mehr symbolischen Darstellung.

5 Literatur

[1] H. Albat, I. Boersch, H. Schirmer: Prototyp eines Formularinterpreters für Blinde.
Wissenschaftliche Beiträge zur Informatik, Fak. Informatik, TU Dresden, 7(3), 1994.

[2] H. Albat: Semantik der Grafik in Formularbildern.
Diplomarbeit, TU Dresden, 1994.

[3] I. Boersch: Prototyp eines Formularinterpreters für Blinde.
Diplomarbeit, TU Dresden, 1994.

[4] S. Fuchs: Hierarchische Abstraktion von Relativen.
Wissenschaftliche Beiträge zur Informatik, Fak. Informatik, TU Dresden, 7(3), 1994.

[5] T. Ihle: Unscharfe hierarchische Abstraktion mittels Relationalstrukturen.
Diplomarbeit, TU Dresden, 1993.

[6] B. Radig: Symbolische Beschreibung von Bildfolgen I: Relationalgebilde und Morphismen.
Fachbuch Informatik, Universität Hamburg, 1982.

a) 3 Ausschnitte aus gescannten Formularen

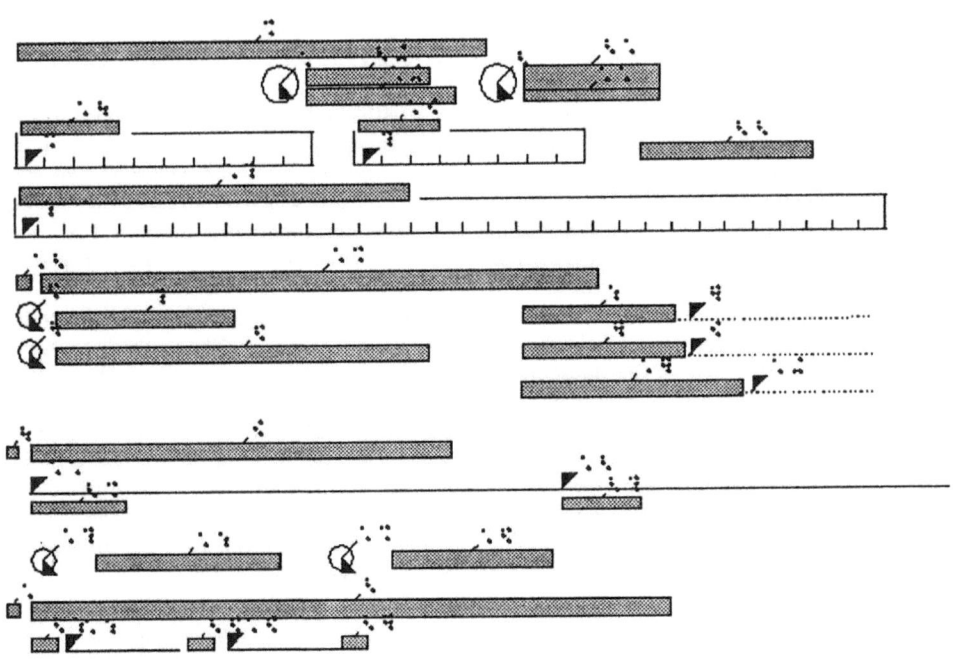

b) Schwell - Bild

Abb. 3: Beispiel einer Formularinterpretation

How dissimilar are two grey-scale images?

P. Zamperoni and V. Starovoitov*

Institut für Nachrichtentechnik, Technische Universität Braunschweig
Schleinitzstraße 23, D-38092 Braunschweig (FRG), E-mail: ZAM@IFN.ING.TU-BS.DE
* Institute of Engineering Cybernetics, Academy of Sciences, Surganov St. 6, BY-220012 Minsk

1 Background of image diversity measures

A quantitative measure of diversity $D(A, B)$ between two images, A and B, is desirable for a good number of practical applications, as for instance:

- For assessing the effectiveness of image restoration methods. Restored images B are matched with the unimpaired image A, and low values of $D(A, B)$ characterize the better methods.
- For comparing the results of two image partitions obtained by means of two segmentation methods. One of these partitions can be the ground-truth segmentation, if known.
- For comparing the results of two edge detectors yielding two different edge images. If the edge detection is performed upon a noisy image, in many cases the edges extracted from the noiseless image represent a good ground-truth edge image, which can be used as a template for assessing the performance of the edge detector. The immediate edge detector outputs are grey-scale images; thus, thresholding and cleaning operations, which would be necessary for obtaining binary edge maps, need not to be involved in the matching process.
- For measuring the amount of deformation of an image with respect to a reference one. Impairments can be originated by fluctuating performances of the imaging device, while geometrical deformations can be caused by changes of the viewing position.
- For assessing the performance of lossy image coding methods, by comparing the original with the decoded image.

Of course, best performing (in the sense of matching with the human perception) distances for all the cases listed above are likely to differ from each other; nevertheless, in many cases it is not realistic to assume that there is a unique and exactly known source of dissimilarity. This work tries to tackle the problem of a "broadband" diversity measure, which implies also the question of how different impairments eventually compensate or reinforce mutually. However, the results exposed here have a preliminary character and can not be regarded as an exhaustive answer to the diversity question at large.

Previous work on image matching concerned mainly binary images. In [6] a set-theoretical approach and a measure based on the distance transform are proposed. The methods presented in [2], [3], and [4], based on the Hausdorff distance, represent a progress as far as the meeting of some axiomatic properties, requested from a diversity measure, is concerned. The Hausdorff distance modification developed in [2] yields a measure, which is more robust to noise; a comparing study on several Hausdorff distance variants can be found in [3]. In the similarity and affine distance of [11], also grey-scale objects, described by means of reference point sets, are considered. However, the diversity measure presented there is defined within the scope of the similarity and affine transformations of one and the same object in a four- or six-dimensional parameter space. All these diversity measures, and especially those of set-theoretical nature, can not be easily extended to grey-scale images.

The aim of this work is to develop a diversity measure between arbitrary grey-scale images, and to test it in practical applications. Images are subject to no constraint; for instance, they are treated as a whole, and do not need to be decomposable into object(s) and background. Athough the diversity measures introduced here could be computed for any pair of images, only a comparison between globally very similar looking images (as e.g. before and after an impairment) is of practical usefulness. If A, B, and C represent three wholly different scenes, it would be an absurd task also for a human observer to judge e.g. whether A or B is more similar to C. Taking account of the nature of the tasks our diversity measure should cope with, D should meet certain reasonable requirements:

1. D should be normalized between 0 (identity) and 1 (extreme diversity). The value $D = 1$ should be assigned to the diversity between the most different pair of images that can occur in the grey value range $0\ldots 255$, i.e. an uniformly black and an uniformly white image.
2. D should have metrical properties, i.e:
   (i) $D(A, B) \geq 0$, and $D(A, B) = 0$ if and only if $A = B$.
   (ii) $D(A, B) = D(B, A)$
   (iii) $D(A, B) \leq D(A, C) + D(B, C)$ (triangular inequality)
   In practice, for what stated above, we shall have mostly $D(A, B) \ll 1$.
   The triangular inequality requirement is useful e.g. for similarity based queries in image databases; it ensures that, if A and C are similar, and if also B and C are similar, then A and B will not be "too dissimilar" from each other, at most $D(A, B) = D(A, C) + D(B, C)$.
3. D should be cumulatively sensitive to shape deformations, to edge shifts, to spike or to statistical noise, and to deviations of the mean grey value.
4. At least for small translations, D should vary about linearly with the spatial shift between two identical images.
5. If B is obtained from A by adding some noise, and C is a restored version of B, then it should be $D(A, B) \geq D(A, C)$.

2 A multi-stage diversity measure (from "local" to "global")

Let us consider the arbitrary grey-scale images A and B as surfaces, defined on the 2-D square grid I, with discrete coordinates (x, y), $I : 1 \leq x, y \leq N$, and the generic pixels $a = (x, y, z_a) \in A$, and $b = (x, y, z_b) \in B$, having the same position (x, y) and grey values z_a and z_b, respectively. The **Fig. 1** shows an one-dimensional cut across A and B in the neighbourhood of (x, y).

In the following we introduce a diversity measure $D(A, B)$, computed in successive steps,

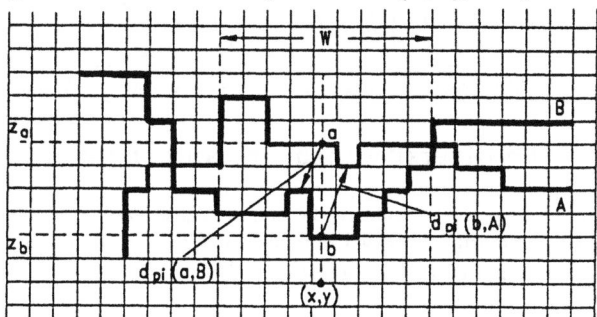

Figure 1: One-dimensional cut across the grey value function of two images, A and B, in the neighbourhood of the current point (x, y)

progressing from the local neighbourhood to the global image. Let $W_A = A \cap W$ and $W_B = B \cap W$ be the intersections of A and B with a window W, centered on the position (x, y) of the current pixels $a \in A$, and $b \in B$.

For each pixel, asymmetrical *point-to-image* distances $d_{pi}(a, B)$ and $d_{pi}(b, A)$ are computed; $d_{pi}(a, B)$ is a function of all the *point-to-point distances* $d_{pp}(a, b')$ between a and all the points $b' \in B$ (analogously for $d_{pi}(b, A)$). For reducing the computational complexity, $d_{pi}(a, B)$ is approximated by $d_{pi}(a, W_B)$; the approximation error becomes negligible if the window size is large enough (empirical value: $W \geq 21 \times 21$). Then $d_{pi}(a, B)$ and $d_{pi}(b, A)$ are combined into an *image-to-image distance* $d_{ii}(x, y)$, relative to the point (x, y). This procedure is repeated for all the grid points, and the final diversity measure $D(A, B)$ results as a function F of all the local distances $d_{ii}(x, y)$. Although F can assume several forms, as for instance the k-th ranked distance of $d_{ii}(x, y)$ ($1 \leq k \leq N^2$) investigated by [3], we considered here only the normalized (see requirement 1) Minkowski distance, whose parameter is the exponent E:

$$D(A, B) = F\{d_{ii}(x, y) : x, y = 1 \ldots N\} = \frac{1}{N^2} \left[\sum_{(x,y) \in I} (d_{ii}(x, y))^E \right]^{1/E} \quad (1)$$

The previous distance computation stages, in backward sequence, are as follows:

$$\begin{aligned} &d_{ii}(x, y) = f_{ii}\left[d_{pi}(a, B), d_{pi}(b, A)\right] \\ &d_{pi}(a, B) = f_{pi}\left[d_{pp}(a, b')\right] \quad \forall b' \in W_B \qquad d_{pi}(b, A) = f_{pi}\left[d_{pp}(b, a')\right] \quad \forall a' \in W_A \\ &d_{pp}(u, v) = f_{pp}\left(|x_u - x_v|, |y_u - y_v|, |z_u - z_v|\right) \quad \text{with } u = (x_u, y_u, z_u) \text{ and } v = (x_v, y_v, z_v) \end{aligned} \quad (2)$$

Each one of the distance measures d_{pp}, d_{pi}, and d_{ii}, to be computed at the successive stages, can be realized in several ways. The alternatives implemented within the scope of this work are summarized in the Table I below. The choice of a distance type at a given stage, as well as the choice of a value of E, have concrete implications on the properties of $D(A, B)$ and on its behaviour with typical test images. One of the aims of this work is to study these implications, some of which are reported in Section 4.

Stage	Distance type	Alternatives	
1	d_{pp} (point-to-point)	$f_{pp} =$	d_{city} (city-block distance) d_{chess} (chessboard distance) d_{eucl} (Euclidean distance)
2	d_{pi} (point-to-image) a to B (analogously: b to A)	$f_{pi} =$	average $\{d_{pp}(a, b')\}$, $b' \in W_B$ min $\{d_{pp}(a, b')\}$, $b' \in W_B$ max $\{d_{pp}(a, b')\}$, $b' \in W_B$
3	d_{ii} (image-to-image)	$f_{ii} =$	$0.5 [d_{pi}(a, B) + d_{pi}(b, A)]$ (average) min $\{d_{pi}(a, B), d_{pi}(b, A)\}$ (minimum) max $\{d_{pi}(a, B), d_{pi}(b, A)\}$ (maximum)

Table I: Alternative distance measures at the stages 1, 2 and 3

3 Variants of the diversity measure and their properties

This section is devoted to a closer look at the single stages leading to the computation of $D(A, B)$, which can be summarily expressed as follows, if f_{pi}^{aB} is the function for computing the point-to-image distance from a to B (analogously for f_{pi}^{bA}):

$$D(A, B) = \frac{1}{N^2} \left\{ \sum_{(x,y) \in I} \left[f_{ii}\left(f_{pi}^{aB}(f_{pp}), f_{pi}^{bA}(f_{pp}) \right) \right]^E \right\}^{1/E} \quad (3)$$

Stage 1

The point-to-point distance $d_{pp}(u, v)$ between pixels u and v is a function of the spatial location and grey value absolute differences $|x_u - x_v|$, $|y_u - y_v|$, and $|z_u - z_v|$. All the three considered variants of f_{pp} (see Table I) are metrics ([10]). It is also $d_{chess} \leq d_{eucl} \leq d_{city}$. With small-sized windows W, d_{chess} tends to enhance the weight of grey-value differences in comparison to spatial shifts between A and B. The Euclidean distance d_{eucl} (used in Fig. 1) reflects most closely the idea of estimating a diversity by matching A and B, considered as surfaces in a

3D-space. However, d_{eucl} is computationally more complex than d_{chess} and d_{city}, because it requires floating point calculations. Although these three measures are very similar in their performances, d_{city}, being particularly sensitive and computationally easy, has been used in most of the practical experiments reported below.

Stage 2

The point-to-image distance $d_{pi}(a, B)$ is a function f_{pi} of the distances between the current pixel $a \in A$ and all the pixels $b' \in W_B$. In pattern recognition, the distance between a point a and a set of points W_B in a given space can be defined in several ways, by specifying from which point of W_B the distance to a must be computed. If $f_{pi} = \min$, the criterion is called *single linkage*; if $f_{pi} = \max$ it is called *complete linkage*. Other criteria are the *centroid linkage*, and the *average linkage* ([1]). In our case, if $A = B$, only $f_{pi} = \min$ satisfies the condition $D(A, A) = 0$ of requirement 2-*(i)* in Section 1. Being desirable that $D(A, B)$ has metric properties, the single linkage criterion, a necessary condition for this aim, has been always used in our experiments. In Stage 2, the metricity issue has some particular aspects, which need to be examined more closely. Distances like $d_{pi}(a, B)$, being distances between a fixed point a of A, and a suitably chosen point b_m of B, are metrics, because they result from combining metrics with functions like "sum", "min", and "max" ([10]). But then we define them as distances between a point and a set of points, although they are intrinsically distances between points, i.e. between homogeneous geometrical entities. Thus, we must give an ad-hoc interpretation of the triangular inequality (property 2-*(iii)* in Section 1). Fig. 2a, where W_B and W_C are subsets of images B and C limited by a window W, illustrates the problem connected with the formulation of the triangular inequality in our case:

$$d(a, W_B) + d(a, W_C) \geq d(W_B, W_C) \tag{4}$$

We propose to define the distance $d(W_B, W_C)$ as the minimum distance between any pixel

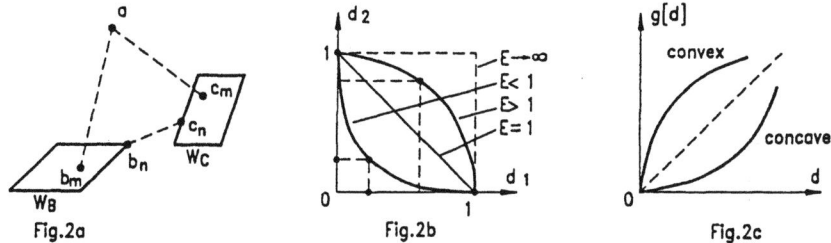

Fig.2a   Fig.2b   Fig.2c

Figure 2: (a) Illustration of the triangular inequality for the point-to-image distance.
(b) Unit balls of the Minkowski distance in two dimensions, for different exponent values.
(c) Examples of monotone functions g of the distance d (see Appendix).

$b' \in W_B$ and $c' \in W_C$. Let us denote with b_n and c_n the pixel pair corresponding to this minimum. Then, choosing again $f_{pi} = \min$, and calling b_m and c_m the pixels of W_B, resp. of W_C, with a minimum distance to a, the triangular inequality holds, since it is:

$$d(a, W_B) + d(a, W_C) = d(a, b_m) + d(a, c_m) \geq d(b_m, c_m) \geq d(b_n, c_n) = d(W_B, W_C) \tag{5}$$

Stage 3

In general, it is $d_{pi}(a, B) \neq d_{pi}(b, A)$, but the fact that all the functions f_{ii} considered are commutative with respect to their arguments d_{pi} enforces the property 2-*(ii)* of Section 1 upon the distance d_{ii}. In practice, $f_{ii} = average$ has been used in most of the experiments.

Computation of the global diversity

Up to this point, going from d_{pp} to d_{ii}, we examined sufficient conditions for preserving the metric properties on the local basis, for the generic point (x, y), by choosing opportunely the functions implementing these distances, and with a special interpretation of d_{pi} at Stage 2. Are these properties preserved also after the local-to-global passage, based on the Minkowski distance of Eq. 1, with N^2 components d_{ii} ?

In the Appendix are given sufficient metricity preservation conditions on the function F of Eq. 1. Since for $E \neq 1$, either E or $1/E$ is greater than 1, it follows from the Appendix that it is questionable that the diversity measure D is a metric if $E \neq 1$.

Apart from the metricity issue, other considerations are helpful in determining the value of E. This is illustrated by Fig. 2b, which represents a quarter of the unit balls of constant diversity $D = 1$ in two dimensions, d_1 and d_2, (instead of N^2 as in our case), for different values of E. For a given value of the cumulative distance $d_{cum} = d_1 + d_2$, there are three typical cases:

(I) $E < 1$: The diversity measure D is enhanced if all the local distances d_j ($j = 1 \ldots N^2$) are about equal; this is the case e.g. of two equal images, if one of them is shifted by a constant grey value with respect to the other. In comparison, the diversity measure is low if most of the local distances are ≈ 0, and few of them are very high; this is the case e.g. of two equal images, one of which is affected by sparse spike noise.

(II) $E = 1$: For a given value of d_{cum}, D does not depend on the distribution of the local distances d_j.

(III) $E > 1$: The tendence is opposite to that of case (I).

These estimations have been confirmed by the tests on real images reported in Section 4.

Based on these considerations and on first empirical results, the following *default distance set* has been used in most of the experiments:
- f_{pp} : $d_{city}(u, v)$ $u \in A$ $v \in B$
- $f_{pi}(a, B)$: $\min \{d_{pp}(a, b')\}$ $b' \in W_B$ (analogously for $f_{pi}(b, A)$)
- f_{ii} : $0.5 \left[d_{pi}(a, B) + d_{pi}(b, A) \right]$
- $E = 2$

Other choices of distance combinations are explicitely indicated; variants of the default set of practical interest are limited to other choices of f_{ii} and of E. Variants at the stages 1 and 2 are only of theoretical interest.

4   Experiments with natural and synthetic images

First of all, a number of experiments has shown that the proposed diversity measure meets some basic requirements, i.e.:
- $D(A, B) = D(B, A)$ for arbitrary grey-scale images A and B.
- $D(A, A) = 0$ for an arbitrary grey-scale image A.
- $D(A, B) = 1$ if A and B are constantly equal to 0 and to 255 (peak white), respectively.
- *Triangular inequality test*: for several triplets of images with small differences (see constraints of Section 1), the validity of the property 2-*(iii)* has always been observed.
- *Shift test*. The test image reproduced at the upper left of Fig. 3a[1] has been shifted by several shifts Δx, Δy for checking if the diversity between original and shifted image grows linearly with the Minkowski spatial distance $[(\Delta x)^r + (\Delta y)^r]^{1/r}$, in particular with the Euclidean distance ($r = 2$). The following result:

    $\Delta x = 5$ $\Delta y = 0$ $D = 1.0531 \; 10^{-2}$
    $\Delta x = 10$ $\Delta y = 0$ $D = 1.5978 \; 10^{-2}$
    $\Delta x = 5$ $\Delta y = -5$ $D = 1.4776 \; 10^{-2}$

    matches a value of $r \approx 1.3$. With other words, D could estimate the spatial displacement corresponding to a Minkowski distance, which is nearer to the city-block than to the Euclidean distance. However, this statement needs to be supported by further experiments.

---
[1] The test images of Figs. 3 and 4b have been supplied by the Working Group 134 of the French CNRS.

In the following it will be reported on some experiments devoted to test the diversity measure for image (i.e. for processing methods) assessment purposes. The results presented are still too sparse for recognizing systematic trends and for making definitive statements, but they are already significative.

Assessment of edge-preserving noise smoothing methods

The original images on the upper left of Figs. 3 (a) and (b) have been impaired with noise (images at the upper right), and restored with different methods, and precisely:

- Fig. 3a (from the upper left to the lower right): Original image / Original with added gaussian noise, $\sigma = 15$ / Noisy image processed with the Lee-filter of [7], 5×5 window, $\sigma = 15$ / Noisy image, processed with a 5×5 anisotropy-controlled adaptive rank-order filter of [12].
- Fig. 3b (from the upper left to the lower right): Original image / Original with added gaussian noise, $\sigma = 20$ / Noisy image processed with a directionally adaptive median filter of [12] / Noisy image processed with an alpha-trimmed-mean-filter ([9]).

The diversity degree D between original and restored images can be interpreted as a hint to the restoring performance of the corresponding smoothing method. These values should always be lower than the diversity between original and noisy image. The following values have been obtained with the default parameters indicated in Section 3 :

$D($Fig. 3a original , noisy image$) = 1.7808 \; 10^{-2}$

$D($Fig. 3a original , Lee filter [7] $) = 1.4469 \; 10^{-2}$

$D($Fig. 3a original , adaptive rank-order [12] $) = 1.3474 \; 10^{-2}$

$D($Fig. 3b original , noisy image$) = 2.4531 \; 10^{-2}$

$D($Fig. 3b original , directionally adaptive median [12] $) = 1.6159 \; 10^{-2}$

$D($Fig. 3b original , alpha-trimmed-mean [9] $) = 1.4175 \; 10^{-2}$

Modifying the default parameter set by taking $f_{ij} = \max$, we obtain similar results, consistent with the subjective quality assessment (this is not true for $f_{ij} = \min$):

$D($Fig. 3b original , noisy image$) = 4.1389 \; 10^{-2}$

$D($Fig. 3b original , directionally adaptive median [12] $) = 2.4508 \; 10^{-2}$

$D($Fig. 3b original , alpha-trimmed-mean [9] $) = 2.0926 \; 10^{-2}$

Assessment of edge detectors

The Fig. 4a shows the edges detected from the synthetic image of a polygonal object with added gaussian noise (not shown), by means of some edge detectors. The contents of this test image for edge detection methods is as follows:

- Fig. 4a (from the upper left to the lower right): Ideal edges, extracted from the original noise-free synthetic image of a polygon / Next 3 images: edges extracted from the original image with added gaussian noise, $\sigma = 30$, by means of different edge detectors, i.e.: Morphological edge detector ([8]) / Outer-alpha-trimmed-mean filter ([9]) / Edge map, Tanimoto distance between subwindows ([13]).

The image at the upper left is the ideal-edges reference image, extracted from the noise-free original. The following diversity values, obtained with the default parameter set, show a good concordance with a subjective assessment of the edge quality:

$D($Fig. 4a reference edges , morphological edge detector$) = 3.6600 \; 10^{-2}$

$D($Fig. 4a reference edges , outer-alpha-trimmed-mean$) = 5.5350 \; 10^{-2}$

$D($Fig. 4a reference edges , map of Tanimoto distance$) = 4.7105 \; 10^{-2}$

Influence of the exponent E used for determining the global diversity D

The first one of the two sets of diversities $D($ Fig. 4b original , * $)$ listed below has been obtained with the default parameter set, i.e. with $E = 2$, the second one with $E = 0.5$. In Fig. 4b the original image is displayed at the upper left. The modified images at the upper right and at the lower right are characterized by approximately the same amount of global deviation from the original, but this has been obtained in the former image by adding sparse spike noise, and in

the latter one by a constant grey value shift. In particular, it is:
- Fig. 4b (from the upper left to the lower right): Original test image / Original with added spike noise (noisy pixel rate: 1:30. impulse height = 255) / Original, with added spike noise (noisy pixel rate: 1:15. pulse height = 50) / Original image, shifted of +8 grey values.

The figures reported below confirm the hypothesis formulated under the points (I) and (III) at the end of Section 3. The image at the lower left, impaired by less sparse noise spikes with lower impulse height, has been added for comparison.

D(Fig. 4b original , sparse/high spikes noisy image) = $2.9945 \cdot 10^{-2}$ with $E = 2$

D(Fig. 4b original , dense/low spikes noisy image) = $1.2392 \cdot 10^{-2}$ with $E = 2$

D(Fig. 4b original , image with constant grey value shift) = $1.3689 \cdot 10^{-2}$ with $E = 2$

D(Fig. 4b original , sparse/high spikes noisy image) = $1.3763 \cdot 10^{-4}$ with $E = 0.5$

D(Fig. 4b original , dense/low spikes noisy image) = $1.5365 \cdot 10^{-4}$ with $E = 0.5$

D(Fig. 4b original , image with constant grey value shift) = $1.2483 \cdot 10^{-2}$ with $E = 0.5$

Appendix

If u and v are points in a space, and $d(u, v)$ is a metric, which are sufficient conditions to be met by a function $g[d]$ in order that also $g[d(u, v)]$ is a metric?

Let us first require $g[d]$ to be monotone positive, and that $g[0] = 0$. Then, if $d(u, v)$ is a metric, $d(u, u) = 0$ and $d(u, v) = d(v, u)$. It follows that $g[d(u, u)] = 0$ and $g[d(u, v)] = g[d(v, u)]$.

As for the triangular inequality, we require that

$$d(u, v) \leq d(u, w) + d(v, w) \Longrightarrow g[d(u, v)] \leq g[d(u, w)] + g[d(v, w)] \qquad (6)$$

For this purpose let us consider the following two cases:

Case 1: $d(u, v) \leq d(u, w)$ or $d(u, v) \leq d(v, w)$

Then we have $g[d(u, v)] \leq g[d(u, w)]$ or $g[d(u, v)] \leq g[d(v, w)]$, and, since $g[d]$ is nonnegative, it is also $g[d(u, v)] \leq g[d(u, w)] + g[d(v, w)]$.

Case 2: $d(u, v) \geq d(u, w)$ and $d(u, v) \geq d(v, w)$

Let us pose the additional constraint that $g[d]$ is convex (see **Fig. 2c**), i.e. that $g[d_1] + g[d_2] \geq g[d_1 + d_2]$. Then we obtain:

$$g[d(u, v)] \leq g[d(u, v) + d(v, w)] \leq g[d(u, w)] + g[d(v, w)] \qquad (7)$$

In particular, if $g[d]$ has the form $g = d^E$, the convexity requires that $E \leq 1$.

References

1. Anderberg, M.R.: *Cluster Analysis for Applications*, Academic Press, New York, 1973.
2. Baddeley, A.J.: *An error metric for binary images*. In: Förstner, W. (ed.), Robust Computer Vision, Wichmann, Karlsruhe, 1992, 59-78.
3. Dubuisson, M.P., Jain, A.K.: *A modified Hausdorff distance for object matching*, Proc. of 12th ICPR, Jerusalem, 1994, 566-568.
4. Huttenlocher, D.P., Klanderman, G.A., Rucklidge, W.J.: *Comparing images using the Hausdorff distance*, IEEE Trans., PAMI-15, Sept. 1993, 850-863.
5. Kara Falah, R., Bolon, P.: *Mesure di dissimilarité entre deux segmentations*, Proc. 14ème Colloque GRETSI, Juan-les-Pins, 1993, 763-766.
6. Klette, R., Zamperoni, P.: *Measures of correspondence between binary patterns*, Image and Vision Computing, 5, Nov. 1987, 287-295.
7. Lee, J.S.: *Digital image enhancement and noise filtering by use of local statistics*, IEEE Trans. PAMI-2, 1980, 165-168.
8. Lee, J.S., Haralick, R.M., Shapiro, L.G.: *Morphologic edge detection*, Proc. 8th ICPR, Paris, 1986, 369-373.
9. Pitas, I., Venetsanopoulos, A.N.: *Nonlinear Digital Filtering: Principles and Applications*, Kluwer, Boston, 1990.

10. Rosenfeld, A., Pfaltz, J.L.: *Distance functions on digital pictures*, Pattern Recognition, **1**, 1968, 33-61.
11. Werman, M., Weinshall D.: *Similarity and affine distance between 2D point sets*, Proc. 12th ICPR, Jerusalem, 1994, 723-725.
12. Zamperoni, P.: *Adaptive rank-order filters for image processing based on local anisotropy measures*, Digital Signal Processing, **2**, July 1992, 174-182.
13. Zamperoni, P.: *Maps of distances between vectors of rank-ordered local grey values and their application to a model-free texture segmentation*, Proc. IEEE Winter Workshop on Nonlinear Digital Signal Processing, Tampere, Jan. 1993, 2.2-7.

Figure 3: Test images for noise smoothing methods: (a) at left, and (b) at right.

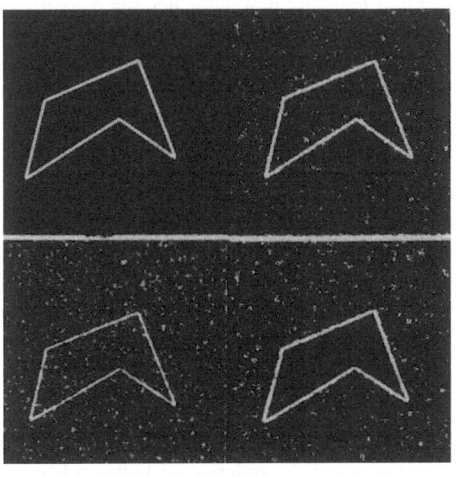

Figure 4: (a – at left) Test image for edge detection methods; (b – at right) Image used for testing the influence of the exponent E.

Entwicklung eines Gegenfarbenmodells für das Neuronale-Active-Vision-System NAVIS

Maik Bollmann, Bärbel Mertsching
Universität Hamburg, Fachbereich Informatik, AG IMA
Vogt-Kölln-Straße 30, D-22527 Hamburg

Siegbert Drüe
Universität-GH-Paderborn, Fachbereich Elektrotechnik, FG GET
Pohlweg 47-49, D-33098 Paderborn

Übersicht

Das hier vorgestellte Gegenfarbenmodell dient zur Verarbeitung von Farbinformationen in natürlichen Szenen. Es ist Bestandteil des Neuronalen-Active-Vision-Systems NAVIS. NAVIS läßt sich grob in vier funktionelle Komponenten unterteilen, die alle auf neuronalen Modellen basieren: Fovealisierung, Merkmalextraktion, Invarianzbildung und Assoziativmodul. Die Merkmalextraktion setzt sich aus der Gewinnung von Konturmerkmalen im Grauwertkanal und der Segmentierung von Flächenmerkmalen in den Gegenfarbenkanälen zusammen. In diesem Bericht erfolgt die Beschreibung des entwickelten Gegenfarbenmodells losgelöst vom Gesamtsystem. Erläutert wird die Entscheidung, die Farbinformationen mit Hilfe eines Gegenfarbenmodells aus dem Bildmaterial zu extrahieren. Die Eigenschaften des Modells bezüglich Farbkonstanz und Segmentierung farbiger Flächen zeigen dargestellte Untersuchungen.

1 Einleitung

Der Sinn eines Sehsystems, sei es biologischer oder technischer Natur, liegt in dem Erkennen von Objekten und ihren räumlichen Relationen. Farbsehen unterstützt das Sehsystem bei dieser Aufgabe. So werden deshalb häufig Farbbilder in der Bildanalyse eingesetzt, weil sie einen größeren Satz an Informationen enthalten als Grauwertbilder. Sie erleichtern die Fovealisierung, die Form- und Tiefenwahrnehmung, die Wahrnehmung von räumlicher und zeitlicher Bewegung und die Klassifizierung von Objekten. Dabei wird die Qualität eines Farbbildverarbeitungssystems in hohem Maße von der im System erreichten Farbkonstanz, d.h. von dem Grad der Beleuchtungsunabhängigkeit bei der korrekten Farbnennung, bestimmt. Die genannten Funktionen können in technischen Systemen durch beliebige Kombinationen dreier unabhängiger Farbkanäle erfüllt werden und es stellt sich zunächst die Frage, warum es sinnvoll ist, die Farbverarbeitung durch ein Gegenfarbensystem zu realisieren.

Die Bezeichnung 'Gegenfarbentheorie' ist aus der polaren Struktur der Farbwahrnehmung entstanden und basiert ursprünglich auf psychophysikalischen Untersuchungen. Hering [Hering 1878, 1880] entwickelte die erste Gegenfarbentheorie aufgrund von Farbempfindungsphänomenen, die durch die klassischen trichromatischen Farbmodelle zur Farbmischung [Young 1802, Helmholtz 1867] nicht erklärt werden konnten. So stellte er fest, daß keine grünlich-roten oder bläulich-gelben Farbtöne existieren. Hurvich und Jameson [Hurvich 1955, Jameson 1955, 1956] festigten diese Theorie aufgrund systematischer psychophysikalischer Experimente, mit denen sie eine Vielzahl bekannter Farbphänomene interpretieren konnten.

Die Gültigkeit sowohl der Trichromasie als auch der Heringschen Gegenfarbentheorie, der einen auf der Ebene der drei farbempfindlichen retinalen Rezeptortypen und der anderen auf höheren Ebenen im zentralen Nervensystem, konnte schlüssig jedoch erst durch die Neurophysiologie gezeigt werden. Es wurden verschiedene Gegenfarbenzelltypen in der Retina, dem LGN (seitlicher Kniehöcker) und dem visuellen Cortex nachgewiesen, die ihren Input von den drei Zapfensorten der Retina bekommen (siehe z.B. [Wiesel 1966, Hubel 1968, Gouras 1981]). Aus der Existenz dreier lichtempfindlicher Rezeptoren in der Retina allein kann natürlich nicht geschlossen werden, daß ein Lebewesen Farben erkennen kann, da die Zapfentypen parallel Informationen über die Anzahl der von ihnen absorbierten Photonen übertragen. Bei Menschen sind aber Beeinträchtigungen durch toxische Mittel bekannt, bei denen die Funktionsweise aller drei Zapfensysteme unbeeinflußt bleibt, wogegen die Funktion der Rot-Grün-Gegenfarbenzellen gestört ist und zu ernsten Fehlsichtigkeiten bezüglich Farbe führt [Zrenner 1981]. Die Detektion von Farbdifferenzen wird also durch die Korrelation zwischen den neuronalen Signalen, die von den Rezeptoren produziert werden, wesentlich verbessert.

Buchsbaum und Gottschalk [Buchsbaum 1983] haben gezeigt, daß ein Gegenfarbenmodell auch aus informationstheoretischer Sicht geeignet ist, da es die Farbinformationen komprimiert und die Redundanz verringert. Sie optimierten ihr Gegenfarbenmodell für die effiziente Übertragung von Farbinformationen, in dem sie die benötigte Kanalkapazität minimierten. In diesem Modell wird aber auf die Detektion und Interpretation von Farbinformationen kein Augenmerk gelegt. So existieren überhaupt nur sehr wenige Arbeiten, in denen ein Gegenfarbenmodell zur technischen Bildanalyse eingesetzt wird. Yamaba benutzt ein Gegenfarbenmodell in einem Erkennungssystem für farbige Schriftzeichen [Yamaba 1993]. Ein weiteres Gegenfarbenmodell ist das ATD-Modell von Guth [Guth 1980]. Es basiert auf psychophysikalischen Untersuchungen und bildet die achromatische und die chromatischen Antwortfunktionen, wie sie z.B. von Hurvich und Jameson bestimmt wurden, nach.

Das im folgenden vorgestellte Gegenfarbenmodell orientiert sich dagegen an neurophysiologischen Erkenntnissen und wurde stärker den Aufgaben im technischen System angepaßt. Es erweitert NAVIS [Drüe 1994] um eine Farbkomponente innerhalb der Merkmalextraktion (vgl. Abb. 1). Durch eine Bildanalyse mit hoher Farbkonstanz und robuster Segmentierung soll die tolerante Objekterkennung verbessert werden.

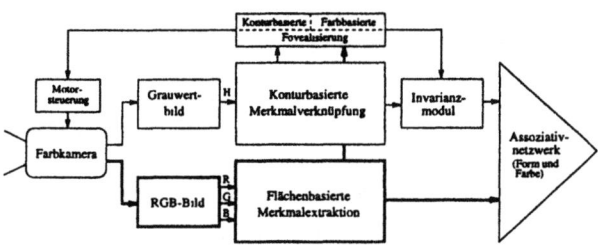

Abb. 1   Gesamtsystem NAVIS

2 Das Gegenfarbenmodell

2.1 Die Rezeptorschicht

Der Mensch nimmt farbige Objekte innerhalb seines Gesichtsfeldes mit Hilfe der Empfindlichkeit seiner retinalen Farbrezeptoren, den Zapfen, wahr. Die drei Zapfensorten, die sich durch ihr Absorptionsspektrum unterscheiden, absorbieren das von den Objekten in der Umgebung reflektierte Licht. Dieser ersten Stufe der Farbverarbeitung entspricht in unserem technischen System eine CCD-Kamera mit ihren drei Kanälen Rot, Grün und Blau.

2.2 Die Schicht der einfachen Gegenfarbenzellen

Die einfachen Gegenfarbenzellen der Retina und des seitlichen Kniehöckers bilden die zweite Stufe der Farbverarbeitung in der menschlichen Sehbahn. Diese Modellschicht besteht in unserem System ausschließlich aus den Typ-1-Zellen, die etwa 70 Prozent der farbspezifischen Zellen im LGN ausmachen. Ihre rezeptiven Felder sind charakterisiert durch ein Zentrum-Umfeld-Verhalten, das durch mathematische Operationen nachgebildet wird. Die vier in der vorliegenden Arbeit modellierten einfachen Gegenfarbenzellen besitzen ein rezeptives Feld mit exzitatorischem Zentrum und inhibitorischem Umfeld (Tab. 2.1).

Die in der ersten Spalte aufgelisteten Zellen sind Subtypen des gleichen Zelltyps. Sie erhalten ihren Input von den roten und grünen Zapfen der Retina. In unserem technischen System bekommt dieser Zelltyp entsprechend Daten aus dem roten und grünen Band des Eingangsbildes. Die Zellen der zweiten Spalte sind Subtypen eines zweiten Zelltyps. Ihr rezeptives Feld wird einerseits von den blauen Zapfen und andererseits von einer Kombination aus roten und grünen Zapfen gebildet. Dieser Zelltyp bekommt in unserem technischen System Input von dem blauen Band

Rot-Grün-Zelltypen	Blau-Gelb-Zelltypen
r^+g^-	b^+y^-
g^+r^-	y^+b^-

Tab. 2.1 Realisierte Gegenfarbenzelltypen

des RGB-Bildes und einem gelben Band, das wir entsprechend Gl. 2.1 erzeugt haben. Die Gelbwerte entsprechen also jeweils dem Minimum aus den zugehörigen Werten im R-Band und G-Band des Eingangsbildes. In der Literatur findet man häufig die arithmetische Mittelwertbildung aus R- und G-Band als Definition der Farbe Gelb. Auf die unterschiedliche Wirkungsweise beider Definitionen wird in Kapitel 3 noch eingegangen.

Das rezeptive Feld einer Gegenfarbenzelle läßt sich in ein Zentrumsystem und ein Umfeldsystem zerlegen. Setzt man für beide rezeptive Felder Rotationssymmetrie voraus, so lassen sich diese jeweils durch eine Gaußfunktion beschreiben. Für das rezeptive Feld des Zentrumsystems (Abb. 2.1a) ergibt sich dann in unserem technischen System der Funktionsverlauf gemäß Gl. 2.2. Für das rezeptive Feld des Umfeldsystems (Abb. 2.1b) gilt entsprechend mit negativem Vorzeichen und größerer Varianz Gl. 2.3. Die für diese Gauß-Masken verwendeten Parameter sind heuristisch unter Einhaltung folgender Bedingungen ermittelt worden:

$$y = \min(r,g) \qquad (\text{Gl. 2.1})$$

$$M_z(x,y) = 3{,}9953 \cdot e^{-\frac{x^2+y^2}{7{,}03}} \qquad (\text{Gl. 2.2})$$

$$M_z(x,y) = -2{,}9953 \cdot e^{-\frac{x^2+y^2}{28{,}125}} \qquad (\text{Gl. 2.3})$$

1. Der Maximalwert der Maskenfunktion darf nicht höher als 65.535 liegen, da die diskrete Gewichtsmatrix als Integer-Feld rechnerintern verarbeitet wird.
2. Das Maximum der Faltungsmaske sollte andererseits nicht zu klein sein, damit die Rundungsfehler bei der Diskretisierung möglichst gering bleiben.
3. Die Gesamtreaktion einer Gegenfarbenzelle ergibt sich aus der Addition der rezeptiven Felder ihrer Teilsysteme (Abb. 2.1c). Die Parameter der beiden angegebenen Maskenfunktionen sind derartig zu bestimmen, daß die Summe über die gesamte Maskenfunktion den Wert Null annimmt. Dadurch wird die fehlende Reaktion der Gegenfarbenzelle auf weißes Licht bei diffuser Beleuchtung berücksichtigt.

a)   b)   c)

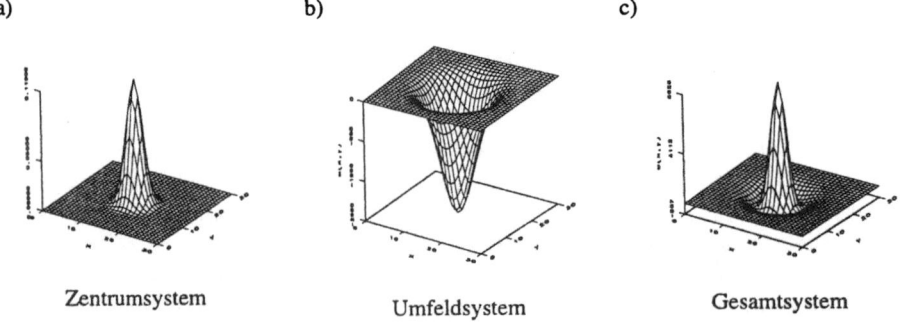

Zentrumsystem   Umfeldsystem   Gesamtsystem

Abb. 2.1 Modellierung der rezeptiven (Teil-)Felder einer Typ-1-Zelle als diskrete zweidimensionale Gewichtsmatrizen

Die beschriebenen rezeptiven Felder sind als 31*31 Pixel große zweidimensionale Faltungsmasken im technischen System realisiert. Dabei entsprechen die diskreten Werte der Faltungsmasken den synaptischen Gewichten im rezeptiven Feld des Neurons.

Die Berechnung des Netto-Inputs wird exemplarisch für die r⁺g⁻-Zelle erläutert. Jeder Intensitätswert $p_{k,l}$ des aus dem RGB-Eingangsbildes extrahierten R-Bandes, der im Bereich der Maske aus Abb. 2.1a liegt (Maskenzentrum (x,y)), wird mit dem korrespondierenden Gewichtsfaktor der Maskenfunktion

$$net_i^{(r)} = \sum_{k=0}^{30} \sum_{l=0}^{30} w_{k,l} \cdot p_{x-15+k, y-15+l} \quad \text{(Gl. 2.4)}$$

$$net_i = net_i^{(r)} + net_i^{(g)} \quad \text{(Gl. 2.5)}$$

$$G(net_i) = \frac{1}{2} \cdot [\tanh(m \cdot (net_i - net_{off})) + 1] \quad \text{(Gl. 2.6)}$$

multipliziert und anschließend zum Netto-Input des Neurons addiert (Gl. 2.4). Das gleiche Verfahren ergibt, angewendet auf das extrahierte G-Band und die Faltungsmaske aus Abb. 2.1b, aufgrund des negativen Vorzeichens der Maske, negative Ergebnisse. Addiert man die Netto-Inputs beider Ergebnisbilder pixelweise auf, erhält man die Netto-Inputs aller Neurone vom r⁺g⁻-Typ (Gl. 2.5). Die gewonnene gewichtete Summe net_i findet Eingang in die Outputfunktion $G(net_i)$ des Neurons i. In Analogie zur Neurobiologie sollte die Outputfunktion einen monoton steigenden Verlauf aufweisen. Die Outputfunktion, die in unserem Modell Verwendung findet, beschreibt Gl. 2.6. Die Reaktionen der Typ-1-Zellen mit inhibitorischem Feldzentrum und exzitatorischem Umfeld ließen sich durch einfache Vorzeichenumkehr aus den modellierten Zelltypen gewinnen. Für die Realisation der Typ-2-Zellen müßten lediglich zwei Gaußmasken, die dem Betrag nach für jedes diskrete Gewicht identisch sind, sich aber im Vorzeichen unterscheiden, verwendet werden. Auf die Realisation dieser Zelltypen wird hier aber verzichtet, um die Anzahl der Farbkanäle in NAVIS niedrig zu halten.

2.3 Die Outputfunktion

Die Outputfunktion hat in dem technischen System neben der Gewichtung des Netto-Inputs der Gegenfarbenzellen eine zweite wichtige Aufgabe, die Normierung

$$net_i|_{(worstcase)} = \pm 255 \cdot \sum_{k=0}^{30} \sum_{l=0}^{30} w_{k,l} \quad \text{(Gl. 2.7)}$$

des Faltungsergebnisses auf den Bereich -255 bis 255. Auf den Wert ±255 wird der worst-case-Fall gemappt, d.h. das maximal mögliche Faltungsergebnis, das sich mit der aktuellen Maske erzielen läßt. Der worst-case-Fall stellt sich für ein Bild mit ausschließlich Pixels der Wertigkeit 255 im ersten bzw. zweiten Band und ausschließlich Pixels der Wertigkeit 0 im jeweils anderen Band ein und berechnet sich entsprechend Gl. 2.7. In realen Szenen wird dieser worst-case-Wert jedoch nicht erreicht. Eine Gegenfarbenzelle, die mit einer linear verlaufenden Outputfunktion modelliert ist, kann demnach nicht mit einem maximalen Output auf Farben in realen Szenen reagieren. Das hier vorgeschlagene tanh-Mapping kann bei geeigneter Wahl der betreffenden Parameter auch bei geringeren Farbdifferenzen im präsentierten Bild noch sichtbare Reaktionen der Gegenfarbenzelle realisieren und insbesondere die Farbkonstanz im Bild verbessern. Weiterhin erleichtert ein derartiges Mapping die Segmentierung farbiger Flächen, in dem es durch eine Art Schwellwertverhalten sehr geringe Farbdifferenzen unterdrückt.

In der vorliegenden Arbeit sind die Parameter m und net_{off} nach folgenden drei Kriterien bestimmt worden:

1. Eine r⁺g⁻-Zelle soll auf eine optimale Rot-Grün-Kante mit maximaler Erregung bzw. Hemmung reagieren.
2. Der gleiche Zelltyp soll durch eine optimale Blau-Gelb-Kante nicht erregt werden.
3. Die hyperbolische Outputfunktion soll bessere Ergebnisse liefern als die lineare Outputfunktion bei nicht zu großen Verschmierungen an den Kanten (< 10 Pixel). D.h., die r⁺g⁻-Zelle soll auch

auf eine Rot-Grün-Kante mit der jeweiligen Wertigkeit von 100 Graustufen noch den optimalen Output liefern.

Die aufgestellten Kriterien können durch mehrere Parameterkombinationen erfüllt werden. Das erste Kriterium ist bei Einhaltung des dritten Kriteriums immer erfüllt. Die für die r^+g^--Zelle formulierten Kriterien sind auch durch die anderen Zelltypen einzuhalten. Es ergeben sich für die anderen Zelltypen keine wesentlichen Unterschiede, wie hier nicht dargestellte Untersuchungen für die b^+y^-Zelle gezeigt haben. Für die weiteren Untersuchungen sind die Parameter zu $m = 15$ und $net_{off} = 0,2$ gesetzt worden (vgl. Gl. 2.6). Die Abb. 2.2 zeigt die zugehörige normierte Outputfunktion.

Die Erfüllung der aufgestellten Kriterien durch die ausgewählte Mappingfunktion ist in der Abb. 2.3 (vgl. Anhang) dargestellt. Die obere Zeile zeigt die für die Untersuchung verwendeten synthetischen Eingangsbilder. Diesen ist in der zweiten Zeile die jeweilige Reaktion der r^+g^--Zellen gegenübergestellt.

Die einfachen Gegenfarbenzellen reagieren bei erhöhter Stimulation der Peripherie ihres rezeptiven Feldes gegenüber dem Feldzentrum hemmend. Für diesen Fall nimmt in unserem Modell die Summe des Netto-Inputs gemäß Gl. 2.5 negative Werte an, die die Outputfunktion ebenfalls geeignet abbilden muß. Daher wird die Outputfunktion getrennt auf die negativen und positiven Werte angewendet (Abbildung auf Intervall [-255; 255]). Dieses ist möglich, weil der zuvor berechnete worst-case-Fall, der die Normierung bestimmt,

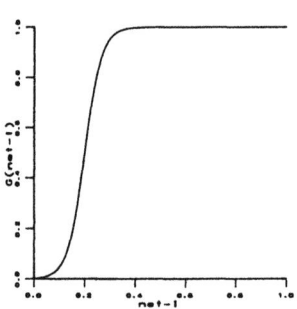

Abb. 2.2 Normierte Outputfunktion des Neuronenmodells der Typ-1-Zelle

dem Betrag nach für den positiven und den negativen Bereich gleich groß ist. Natürliche Neurone mit exzitatorischem Zentrumsystem liefern keine negativen Impulse, sondern verringern bei Hemmung ihre Feuerungsrate. In diesem Fall reagieren allerdings die Zellen mit inhibitorischem Zentrumsystem mit einer erhöhten Feuerungsrate. In unserem Modell korrespondieren also die inhibitorischen Gegenfarbenzellen mit den negativen Werten des Netto-Inputs der modellierten exzitatorischen Zellen. Die Reaktionen der Gegenfarbenzellen sind in den Abbildungen in Kapitel 3 allerdings ein weiteres Mal, nämlich auf den darstellbaren Grauwertbereich 0 bis 255, gemappt. Die fehlende Reaktion der Typ-1-Zellen auf diffuses weißes Licht ist also durch den Grauwert 127 dargestellt, wogegen die Werte 0 bzw. 255 eine optimal gehemmte bzw. erregte Zelle symbolisieren.

Die dem Netzwerk präsentierten Bilder durchlaufen die Gegenfarbenschicht, die diese nach dem oben beschriebenen Verfahren bearbeitet. Die sich einstellenden Aktivitäten der einfachen Gegenfarbenzellen werden dann im mustererkennenden Teil von NAVIS, der hier nicht dargestellt ist, weiterverarbeitet.

3 Untersuchung des Gegenfarbensystems

Die Aufnahmen für die in den ersten Untersuchungen verwendeten Eingangsbilder fanden unter Ausnutzung des natürlichen Tageslichtes statt. Künstliche Beleuchtung jeglicher Art wurde ausgeschlossen. Als exemplarisches Objekt für diese Untersuchungen diente eine Reihe farbiger Holzklötzchen, deren Oberflächenbeschaffenheit durch die Holzstruktur keinesfalls ideal ist. Weiterhin sind ihre Farben keine vollgesättigten reinen Töne. Die farbigen Klötzchen wurden zwischen 12 und 19 Uhr stündlich bei konstanter Blendenzahl der CCD-Kamera aufgenommen. Die Abb. 3.1 (vgl. Anhang) zeigt einen Zusammenschnitt der Aufnahmen zu einem einzigen Bild. Sie gibt damit einen Überblick über die variierende natürliche Beleuchtung der Objekte im betrachteten Zeitraum.

Es ist zu überprüfen, ob sich die Farbkonstanz durch die Umwandlung der Farbinformationen aus dem RGB-Raum auf retinaler Ebene in den Farbdifferenz-Raum auf höheren neuronalen Ebenen erhöht. Für diese Untersuchung sind die Gegenfarbenzelltypen mit einer linearen Outputfunktion modelliert, so daß keine nichtlinearen Verzerrungen auftreten. Die sich anschließenden Untersuchungen beziehen sich auf die 12-Uhr- und die 19-Uhr-Aufnahme der farbigen Flächen. Die Tab. 3.1 gibt die gemittelte Differenz in den drei Bändern des RGB-Eingangsbildes für die beiden Aufnahmen wieder. Um die Farbkonstanz nach der Transformation der Farbinformation von dem RGB-Raum in den Gegenfarbenraum beurteilen zu können, sind die Reaktionen der Gegenfarbenzelltypen, also der Ausgangsbilder des Gegenfarbenmodells, zu betrachten. Die Tabelle 3.2 faßt die mittlere Differenz zwischen der 12- und der 19-Uhr-Aufnahme für die Gegenfarbenkanäle zusammen.

Klotz	Rot	Grün	Blau	Gelb	Schwarz	Weiß
Kanal	R G B	R G B	R G B	R G B	R G B	R G B
mittl. Differenz	83, 29, 19	42, 94, 36	20, 46, 73	73, 77, 26	17, 24, 19	70, 69, 80

Tab. 3.1 Intensitätsabnahme in den Eingangskanälen

Klotz	Rot	Grün	Blau	Gelb	Schwarz	Weiß
Kanal	r^+g^-, g^+r^-, b^+y^-, y^+b^-	r^+g^-, g^+r^-, b^+y^-, y^+b^-	r^+g^-, g^+r^-, b^+y^-, y^+b^-	r^+g^-, g^+r^-, b^+y^-, y^+b^-	r^+g^-, g^+r^-, b^+y^-, y^+b^-	r^+g^-, g^+r^-, b^+y^-, y^+b^-
Betrag der Differenz	27, 25, 6, 6	26, 26, 3, 3	13, 13, 27, 26	1, 2, 25, 25	4, 5, 1, 0	0, 0, 8, 7

Tab. 3.2 Intensitätsabnahme in den Ausgangskanälen

Ein Vergleich der in den beiden Tabellen berechneten Farbdifferenzen macht deutlich, daß durch die Transformation in den Gegenfarbenraum bereits eine höhere Farbkonstanz erreicht wird. Der Grund hierfür liegt in der Unterdrückung der dritten Dimension des Gegenfarbenraumes. Sind die neurobiologischen Untersuchungen richtig, in denen bislang keine cortecalen Zellen beobachtet wurden, auf die sowohl Gegenfarbenzellen als auch Breitbandzellen projizieren, so entfällt die Schwarz-Weiß-Komponente des Gegenfarbenraumes zur Beurteilung der Farbkonstanz. Die Farbdifferenz in den anderen beiden Kanälen des Gegenfarbenraumes liegt deutlich unterhalb der über die drei Kanäle des RGB-Raumes gemittelten Farbdifferenz.

Die Farbkonstanz verbessert sich jedoch nicht allein durch die Transformation in einen anderen Farbraum, sondern auch durch die nichtlineare Bewertung der Ergebnisse der Gegenfarbenschicht. Die Abb. 3.2a zeigt die Reaktion der Gegenfarbenzellen auf das präsentierte Bild aus Abb. 3.1 bei Verwendung des linearen Mappings. Demgegenüber stellt Abb. 3.2b die Ergebnisse der Farbdetektion bei tangenshyperbolischer Outputfunktion dar. Es ergibt sich über weite Bereiche durch die tangenshyperbolische Outputfunktion der Gegenfarbenzellen eine höhere Aktivität im exzitatorischen und eine niedrigere Aktivität im inhibierten Zustand der künstlichen Neurone. Die Segmentierung der farbigen Flächen weist über einen weiten Beleuchtungsbereich (bis ca. 17-Uhr-Aufnahme) eine hohe Farbkonstanz auf. Durch eine weitere Schicht mit Schwellwertverhalten können dunkle Farbflächen, die keine eindeutige Segmentation mehr zulassen, abgetrennt werden.

Die Erzeugung der Farbe Gelb durch die arithmetische Mittelwertbildung über Rot und Grün kann zu Fehlinterpretationen bei der Farbbestimmung führen, wie Abb. 3.2c verdeutlicht. Die Blau-Gelb-Zellen reagieren jetzt auch auf die roten und grünen Flächen, d.h. auf Bildregionen, in denen offensichtlich kein Gelb vorhanden ist. Unser Gegenfarbenmodell ist dagegen so angelegt, daß die Grundtöne Rot, Grün, Blau und Gelb jeweils nur einen Zelltyp (die zwei zusammengehörigen

Subtypen) stimulieren. Dadurch lassen sich die Grundtöne leichter klassifizieren. Eine Segmentierung beliebiger farbiger Flächen ist jedoch nur durch die Korrelation zwischen dem Rot-Grün- und Blau-Gelb-Kanal möglich. Sollen Farbflächen nicht nur segmentiert, sondern auch ihre Farbwerte bestimmt werden, so muß zusätzlich auf den Grauwertkanal zurückgegriffen werden. Der Grauwertkanal bleibt allerdings in dieser Darstellung unberücksichtigt, da er bereits in [Drüe 1994] vorgestellt wurde. Natürlich ist das entstandene Gegenfarbenmodell aus neurobiologischer Sicht nicht exakt. So wurde z.B. nicht berücksichtigt, daß die Blau-Gelb-Gegenfarbenzelle wesentlich seltener vorkommt, ihr rezeptives Feld größer ist und sich ihr Reaktionsverlauf ein wenig von dem der Rot-Grün-Gegenfarbenzelle unterscheidet. In unserem technischen System wurde im Gegenteil versucht, den Blau-Gelb- und den Rot-Grün-Kanal möglichst gleichwertig zu erhalten.

Die Aktivitäten der Gegenfarbenneurone stellen Flächenmerkmale dar. Diese können im sich der Merkmalsextraktion anschließenden Assoziativnetzwerk zur Objekterkennung ausgewertet werden. In dem Assoziativnetzwerk wird ein Ähnlichkeitsmaß zwischen der örtlichen Verteilung der Gegenfarbenzellenaktivitäten im gelernten und präsentierten Muster berechnet. Für die hierfür benötigte Blicksteuerung, die Fovealisierung auf interessierende Bildbereiche, wird in NAVIS auch die Beurteilung von Farbkontrasten herangezogen. Durch die Auswertung von Farbinformationen unter reduziertem Einfluß der Beleuchtung verbessert sich die tolerante Objekterkennung von NAVIS wesentlich.

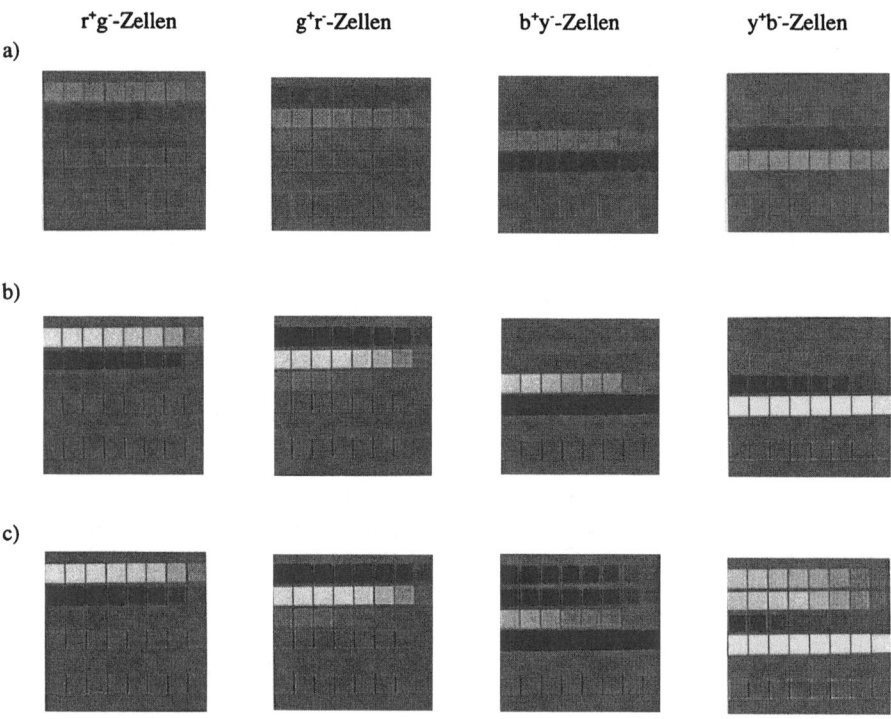

Abb. 3.2 Aktivitäten in der Gegenfarbenschicht bei a) linearem Mapping, b) hyperbolischem Mapping, c) arithmetischer Mittelwertbildung als Definition der Farbe Gelb

4 Zusammenfassung

In diesem Beitrag wird ein neuartiges Gegenfarbenmodell beschrieben, welches in Hinblick auf die Erweiterung des Neuronalen-Active-Vision-Systems NAVIS um einen Farbverarbeitungskanal entwickelt wurde. Das Gegenfarbenmodell zur Segmentierung farbiger Flächen bildet aus der Neurobiologie bekannte Farbzellen nach und setzt sich aus einer Rezeptorschicht und einer Schicht von Typ-1-Zellen des LGN zusammen. Um das Ziel einer hohen Farbkonstanz gegenüber Beleuchtungsänderungen zu erreichen, werden die Eigenschaften der künstlichen Neurone, insbesondere ihrer Outputfunktion, diskutiert. Es kann gezeigt werden, daß sich durch die Farbraumtransformation eine deutlich verbesserte Farbkonstanz gegenüber einer direkten Auswertung der Rezeptorschicht ergibt. Die Nutzung der Aktivitäten der Gegenfarbenschicht für die Objekterkennung wurde angesprochen. In weiteren Arbeiten wird derzeitig die Kopplung des Grauwert- mit dem Farbkanal für NAVIS durchgeführt. Weiterhin wird eine Modellierung von Doppelgegenfarbenzellen untersucht.

5 Literatur

[Buchsbaum 1983] Buchsbaum, G.; Gottschalk, A.: Trichromacy, opponent colours coding and optimum colour information transmission in the retina. In: Proc. Royal Society London B, Bd. 220, 1983, S. 89-113

[Drüe 1994] Drüe, S.; Hoischen, R.; Trapp, R.: Tolerante Objekterkennung durch das Neuronale Active-Vision-System NAVIS. In: Kropatsch, W. G.; Bischof, H. (Hg.): Tagungsband Mustererkennung 1994. Wien 1994, S. 253-264

[Gouras 1981] Gouras, P.: Visual System 4: Color Vision. In: Kandell, E. R.; Schwartz, J. H. (Hg.): Principles of Neural Science. New York u.a. (Elsevier/North-Holland) 1981, S. 249-257

[Guth 1980] Guth, S. L.; Massof, R. W.; Benzschawel, T.: Vector model for normal and dichromatic color vision. In: J. Opt. Soc. Am., Bd. 70, 1980, S. 197-212

[Helmholtz 1867] Helmholtz, H. L. F. von: Handbuch der Physiologischen Optik. Leipzig (Voss) 1867

[Hering 1878] Hering, E.: Zur Lehre vom Lichtsinne. Berlin 1878

[Hering 1880] Hering, E.: Zur Erklärung der Farbenblindheit aus der Theorie der Gegenfarben. In: Lotos, Jb. für Naturwiss., Bd. 1, 1880, S. 76-107

[Hubel 1968] Hubel, D. H.; Wiesel, T. N.: Receptive fields and functional architecture of monkey striate cortex. In: The Journal of Physiology, Bd. 195, 1968, S. 215-243

[Hurvich 1955] Hurvich, L. M.; Jameson, D.: Some quantitative aspects of an opponents colours theory. 2. Brightness, saturation and hue in normal and dichromatic vision. In: J. Opt. Soc. Am., Bd. 45, 1955, S. 602-616

[Jameson 1955] Jameson, D.; Hurvich, L. M.: Some quantitative aspects of an opponents colours theory. 1. Chromatic responses and spectral saturation. In: J. Opt. Soc. Am., Bd. 45, 1955, S. 546-552

[Jameson 1956] Jameson, D.; Hurvich, L. M.: Some quantitative aspects of an opponents colours theory. 3. Changes in brightness, saturation and hue with chromatic adaptation. In: J. Opt. Soc. Am., Bd. 46, 1956, S. 405-415

[Wiesel 1966] Wiesel, T. N.; Hubel, D. H.: Spatial and chromatic interactions in the lateral geniculate body of the rhesus monkey. In: Journal of Neurophysiology, Bd. 29, 1966, S. 1115-1156

[Yamaba 1993] Yamaba, K.; Miyake, Y.: Color character recognition method based on human perception. In: Optical Engineering, Bd. 32, H. 1, 1993, S. 33-40

[Young 1802] Young, T.: On the theory of light and colours. In: Philos. Trans. Royal Society London, 1802, S. 12-48

[Zrenner 1981] Zrenner, E.; Krüger, C. J.: Ethambutol mainly affects the function of red/green opponent neurons. In: Doc. Ophthal. Proc. Ser., Bd. 27, 1981, S. 13-25

Preattentive Colour Features by Steerable Filters

Udo Mahlmeister*, Bertil Schmidt, Gerald Sommer

Institut für Informatik
Christian–Albrechts–Universität zu Kiel
Preußerstrasse 1–9, D–24105 Kiel, Germany
Tel.: (0431) 56 04–33, Fax: (0431) 56 04–81
email: uhm@informatik.uni-kiel.de

Abstract. Visual search is the task of finding objects in an image which are described in a high dimensional space, spanned by preattentive features, e.g. orientation, scale, and colour. By using steerable filters this search space may be scanned continouosly, though spanned by discrete feature detectors. Based on this idea, we will show a method for detecting arbitrarily oriented bars from steerable filter responses. Detection performs rather invariant to illumination colour, exploiting the properties of the CIE–*Lab* colour space.

1 Introduction

1.1 Selective Attention in Artificial Visual Systems

Visual attention is the capability of a visual system to sequentially focus its processing resources to a selected part of the visual field. This selection process is guided by the degree of interest of image locations with respect to a current visual task. The degree of interest is defined in terms of few local feature dimensions, say scale, orientation, motion, texture and colour. These *preattentive features* are supposed to reflect the most important aspects of object surfaces and boundaries. According to the basic model of visual attention by Koch and Ullman[11], the *focus of attention (FOA)* is moved to the maximum of the *saliency map* which is a task guided combination of preattentive feature maps. The degree of interest assigned to an image structure may then be controlled by the weighting of the preattentive feature maps. This processing scheme is supposed to reduce the complexity of a visual task[15].

The spatial coordinates of an image structure may be considered as two additional feature dimensions in the preattentive feature space. Then the task of finding all structures in an image with a specific feature combination in specific spatial relations means to perform a full search in this space. Clearly, the complexity of this search explodes as the number of feature dimensions increases. Despite this, in an attention architecture the search is broken down into two stages. In the first preattentive stage a search is performed for a fixed feature combination in the whole visual field. The dimensionality of the search space is reduced to two spatial coordinates. The result of this spatially parallel process is a set of potentially interesting locations. In the second, attentive stage the suggested locations are attended and are analyzed within the orthogonal

---

* partially supported by DFG, grant So 320/1-1

complement of the spatial subspace. This way the effort of searching along the spatial dimensions is shifted to time. The information flow in this processing scheme is not strictly linear. The features registered at one FOA may influence the guess for the next FOA. Hereby its goal is to maximize the evidence for a known object[8] or, equivalently, to minimize the number of FOA necessary in order to recognize an object or situation. Also, the behaviour of the system may be influenced by long time experience. Applied to the task of face recognition, the eyes, the nose, and the mouth of a face are to be located. As recently was shown by Herpers[9], the second eye in a face image is located more easily, if its position and features are predicted by features of the first eye.

The neurological grounding of natural attention systems becomes apparent at the the inhomogeneous receptor distribution of the mammalian retina. While the periphery of the retina covers the whole visual field with rather low spatial and temporal resolution, its central part, the fovea, offers high resolution although in a rather small area. This way the preattentive task of localizing interesting points is supported mainly by the periphery. On the other hand, the feature analysis in order to recognize objects needs the high resolution of the fovea.

The second main advantage of attentional strategies happens to be important in general purpose vision architectures. Since behaviour is the interaction with objects, most vision tasks are set in an object related form, and objects are mostly described by means of surface properties. Despite this, at an early representation level objects are represented as spatio–temporal feature distributions directly derived from the 2D–sensory input. The attention mechanism serves as the glue between these two description levels. It allows object surfaces and boundaries to be described by combinations of preattentive features. The geometry of objects is inferred from the scan path, i. e. the sequence of FOA coordinates. Furthermore, if tracking is considered as a special form of attention, object motion may be derived directly from the camera movement signal of a tracking system.

The linking between high and low–level information can only be achieved, if preattentive features correspond with object surface properties. Therefore surface properties have to be extracted *invariant* with respect to some environmental conditions, e.g. perspective transformations or lighting.

1.2 Colour Constancy

Probably the most important surface property is colour. Because humans are able to roughly discriminate between spatial variations in illumination and variations in surface colour, they are able to perceive the colour of a surface rather independent from the prevailing illumination. This competence, termed as *colour constancy* enables humans to use colour as a feature to distinguish many objects in a large variety of environments.

The early stages of the Human Visual System employ a multiscale multi orientation representation of the sensory input. It is commonly agreed, that this kind of representations are also appropriate for the majority of computer vision problems [4]. We will exploit the properties of these representations for the colour invariant extraction of preattentive features. Though orientation selectivity is an essential property of these scheme, it is not used in other approaches to colour constancy. Neither Horns classical retinex–based algorithm[10, 12], nor more recent colour constant colour indexing techniques[7] use the information of orientation.

1.3 Visual Search in Continuous Feature Spaces by Steerable Filters

Visual search is the most important subtask of visual attention, since it is an inherent part of many vision problems. It is also the most employed task in psychological experiments to examine visual attention[14]. A typical test pattern in these experiments contains coloured rectangles on a homogenouos background (Fig. 2a) which are completely specified by their colour, size, and orientation. A pattern also shows a single search target, which differs from the surrounding distractors in at least one feature. The time it takes for the subject to detect the target is measured for a varying number of distractors. If the target is uniquely distinguished from all distractors by at least one feature, the search time does not depend on the number of distractors. Therefore, the task is assumed to be done in parallel. Otherwise, if the target shares some features with distractors, i.e. it is uniquely described only by a conjunction of features, the search time usually grows linearly with the number of distractors. In this case the task is thought of requiring a sequential scan of all objects, until the target is found. This procedure, described in Treisman's feature integration theory[14] may go back to architectural constraints of the human visual system, but bears no obvious computational advantages for an artificial system. Therefore we consider visual search in the concrete form as "fast conjunctive search" i.e. the task of finding all objects specified by a conjunction of at least one preattentive feature in parallel.

The attention system we use to demonstrate our procedure is based on Ahmad's VISIT[1] which was designed to simulate visual search experiments described above. Objects are localized by a maximum detection on the saliency map which is a weighted sum of the output of linear filters at several scales and orientations on three colour signals. Of coarse, a target is most easily detected, if the weights match the objects description in the feature space of scale, orientation, and colour. Referring to orientation, the weight of the filter with the desired orientation is set to one, while all other weights are set to zero. Two questions arise in this context. First, how are the weights adjusted, if the targets orientation doesn't match with one of the filters orientation? Secondly, how are the weights adjusted, if the orientation of the target is not specified by the search task? The first question is answered most naturally by the theory of *steerable filters*[5] which provides a calculus to synthesize an arbitrarily oriented filter by the linear combination of some fixed set of basis filters. This way any orientation could be searched for by the small effort of interpolating few filter responses instead of applying the matching filter to the whole image. The second problem will be solved readily, if there exists a linear combination of this basis filter set which synthesizes an isotropic filter. On this condition equal filter outputs for all orientations are guaranteed. We will use Andersson filters[2] which ideally meet both conditions.

In the next section we will provide a computational model for colour invariant preattentive feature extraction and integration based on the responses from a set of steerable filters. The assumptions underlying colour constancy are described in section 3. Finally, we will give some preliminary experimental results in section 4.

2 The Feature Integration Process

Given an input image, the following three step algorithm (Fig. 1) yields a saliency map according to the prespecified target feature combination.

Step 1: approximates the nonlinear characteristic of colour sensors by converting the sensory input from *RGB*- to *Lab*-colour space.

Step 2: provides the basis filter outputs by convolving *Lab*–images with a set of scaled and rotated Andersson filters.
Step 3: combines these these linearly outputs to synthesize a filter matching to the specified feature conjunction.

2.1 Colour Space Conversion

The triple $(r_R(x), r_G(x), r_B(x))$ denotes the tristimulus values of the input colour image as a function of the spatial coordinate vector $x = (x,y)^T$. This tristimulus is converted to the well known CIE-*Lab*-colour space by:

$$q_L = 25\,(100\,q_Y/q_{Y0})^{\frac{1}{3}} - 16 \quad \text{if} \quad \frac{1}{10} \leq q_Y/q_{Y0} \leq 1 \qquad (1)$$

$$q_a = 500\left[(100\,q_X/q_{X0})^{\frac{1}{3}} - (100\,q_Y/q_{Y0})^{\frac{1}{3}}\right]$$

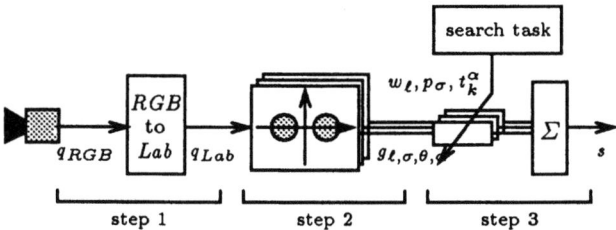

Fig. 1. Three step algorithm: colour space conversion, linear filtering and feature integration.

$$q_b = 200\left[(100\,q_Y/q_{Y0})^{\frac{1}{3}} - (100\,q_Z/q_{Z0})^{\frac{1}{3}}\right]$$

where $(q_X(x), q_Y(x), q_Z(x))$ are the nonnegative CIE-*XYZ* tristimulus values, obtained by a linear mapping from the NTSC-*RGB* values:

$$\begin{pmatrix} q_X \\ q_Y \\ q_Z \end{pmatrix} = \begin{pmatrix} 0.607 & 0.174 & 0.201 \\ 0.299 & 0.587 & 0.114 \\ 0.000 & 0.066 & 1.117 \end{pmatrix} \begin{pmatrix} q_R \\ q_G \\ q_B \end{pmatrix} \qquad (2)$$

The values (q_{X0}, q_{Y0}, q_{Z0}) denote the reference white.

2.2 Filtering and Steering Orientation

Each component of the *Lab*-colour-signal q_ℓ, $\ell \in \{L, a, b\}$ is now convolved ($*$) with a set of Andersson basis filters tuned to specific scales $\sigma_i = \sigma_b 2^i$, $i = 0, 1, 2$, orientations $\theta_k = k\pi/4$, $k = 0, \ldots, 3$ and phases $\alpha \in \{even, odd\}$:

$$\begin{pmatrix} g_{L,\sigma,\theta,\alpha} \\ g_{a,\sigma,\theta,\alpha} \\ g_{b,\sigma,\theta,\alpha} \end{pmatrix} = \begin{pmatrix} q_L \\ q_a \\ q_b \end{pmatrix} * h_{\sigma,\theta,\alpha} \qquad (3)$$

The odd and even symmetric versions $g_{\ell,\sigma,\theta,e}(x)$ and $g_{\ell,\sigma,\theta,o}(x)$ constitute a Hilbert pair. Since the Andersson filter is defined in the frequency domain, we will consider its transfer function $H_{\sigma,\theta,\alpha}(u,v)$. Rewritten in polar frequencies $(\rho, \vartheta) = (\sqrt{u^2 + v^2}, \arg(u,v))$ the Andersson transfer function becomes separable: $H_{\sigma,\theta,\alpha}(\rho, \vartheta) = R_\sigma(\rho) \cdot A_{\theta,\alpha}(\vartheta)$ Its radial component is:

$$R_\sigma(\rho) = \cos^2 \frac{\pi \ln(\sigma\rho)}{2B\ln 2} \quad \text{für} \quad 2^{-B}\sigma^{-1} \leq \rho < 2^B\sigma^{-1} \tag{4}$$

with a constant logarithmic bandwidth B. The angular component of the first order Andersson filter is defined as:

$$A_{\theta,\alpha}(\vartheta) = \begin{cases} \cos^2(\vartheta - \theta) & \text{if } \alpha = even \\ j \cos^2(\vartheta - \theta) \, \text{sgn}(\cos(\vartheta - \theta)) & \text{else} \end{cases} \tag{5}$$

The Andersson filter is steerable[2] with respect to orientation θ, since the angular component to an arbitrary orientation can be written as a linear superposition of rotated copies of itself:

$$A_{\theta,\alpha}(\vartheta) = \sum_{k=0}^{M-1} b_k^\alpha(\theta) \, A_{\theta_k,\alpha}(\vartheta) \tag{6}$$

The minimum number $M_0 \leq M$ of basis functions to steer the function $A_{\theta,\alpha}(\vartheta)$ is equal to the number of nonzero coefficients a_n of its Fourier expansion:

$$A_{\theta,\alpha}(\vartheta) = \sum_{n=-N}^{N} a_n e^{jn\vartheta} \tag{7}$$

While the even symmetric component $A_{\theta,e}(\vartheta)$ needs 3 basis functions, the odd component $A_{\theta,o}(\vartheta)$ corresponds to an infinite series and would require infinitely many basis functions. A finite series for $n = -3, \ldots, 3$ with four nonzero coefficients yields a good approximation of $A_{\theta,o}(\vartheta)$. Therefore four basis functions at orientations $\theta_k = k\pi/4$, $k = 0, \ldots, 3$ suffice to steer $A_{\theta,o}(\vartheta)$ approximately. In order to get four Hilbert pairs of basis functions, we have to supplement the even basis filter set by one additional filter. This expansion is redundant with respect to steerability but useful, if basis filter outputs are to be interpreted without steering.

The interpolation functions $b_k^\alpha(\theta)$ can be derived by applying the steerability eq. (6) to eq. (7).

Due to the properties of the $\cos^2$ function, an isotropic filter could be obtained simply by summing up basis filters for all orientations:

$$H_{\sigma,iso}(\rho, \vartheta) = \sum_{k=0}^{3} \frac{1}{2} R_\sigma(\rho) \cdot A_{\theta_k,\alpha}(\vartheta) = R_\sigma(\rho) \tag{8}$$

The same principle yields isoscale filter within the scale interval $[\sigma_0, \sigma_2]$:

$$H_{iso,\theta,\alpha}(\rho, \vartheta) = \sum_{i=0}^{3} R_{\sigma_i}(\rho) \cdot A_{\theta,\alpha}(\vartheta) = A_{\theta,\alpha}(\vartheta) \tag{9}$$

2.3 Feature Integration

Once, the fixed step of convolution with the basis filters is completed, the obtained outputs $g_{k,\sigma,\theta,\alpha}(\boldsymbol{x})$ are linearly combined to obtain the saliency map $c(\boldsymbol{x})$:

$$c(\boldsymbol{x}) = \sum_\ell \sum_k \sum_\sigma \sum_\alpha w_\ell \, p_\sigma \, t_k^\alpha \, g_{\ell,\sigma,\theta_k,\alpha}(\boldsymbol{x}) \tag{10}$$

If the weights $w_\ell, t_k^\alpha, p_\sigma$ are set according to the specified target feature combination as listed in table 1, the resulting saliency map is supposed to have its highest local maxima at target locations.

colour			
$w_\ell, \ell =$	L	a	b
red	0	1	0
green	0	-1	0
yellow	0	0	1
blue	0	0	-1
bright	1	0	0
dark	-1	0	0

orientation/phase								
t_k^α $\alpha =$	even	even	even	even	odd	odd	odd	odd
$k =$	0	1	2	3	0	1	2	3
θ/even	$b_0^e(\theta)$	$b_1^e(\theta)$	$b_2^e(\theta)$	$b_3^e(\theta)$	0	0	0	0
θ/odd	0	0	0	0	$b_0^o(\theta)$	$b_1^o(\theta)$	$b_2^o(\theta)$	$b_3^o(\theta)$
NN	1/2	1/2	1/2	1/2	0	0	0	0

scale			
$p_i, i =$	0	1	1
0	1	0	0
1	0	1	0
2	0	0	1
NN	1	1	1

Table 1. Feature weights according to a target feature specification. The b_k^α are the interpolation functions.

3 Colour Constancy

3.1 Reflection and Sensing

First, we have to recall the physical process of reflection which mainly influences the light passing the lens of the camera. A single point on a Lambertian surface with spectral reflectance distribution $S(\lambda)$ receives light from an illuminant with spectral energy distribution $E(\lambda)$. The spectral distribution $I(\lambda)$ of the light reflected by the surface is obtained as the product

$$I(\lambda) = E\lambda \cdot S(\lambda)$$

This process is referred to as *subtractive colour mixture*. After the spectral light $I(\lambda)$ has passed the lens, it hits three colour sensors with spectral sensitivities $Q_\ell(\lambda)$. The responses of the sensors, termed *tristimulus values*, are obtained by projecting the density $I(\lambda)$ to each of the sensitivity functions $Q_\ell(\lambda)$:

$$\begin{pmatrix} q_R \\ q_G \\ q_B \end{pmatrix} = \int_0^\infty I(\lambda) \begin{pmatrix} Q_R(\lambda) \\ Q_G(\lambda) \\ Q_B(\lambda) \end{pmatrix} d\lambda \qquad (11)$$

How do the values q_ℓ relate to surface reflectance? In order to answer this question, we first make the following assumptions[16, 13]:

1. The spectral reflectance distribution $S(\lambda)$ of the surface and the energy distribution $E(\lambda)$ of the illuminant is smooth and is well approximated by the weighted sum of spectral sensitivities $Q_\ell(\lambda)$:

$$E(\lambda) = \sum_{\ell \in \{R,G,B\}} e_\ell Q_\ell(\lambda); \qquad S(\lambda) = \sum_{\ell \in \{R,G,B\}} s_\ell Q_\ell(\lambda); \qquad (12)$$

2. The sensor sensitivity functions are orthogonal i.e.

$$\int_0^\infty Q_k(\lambda) Q_\ell(\lambda) d\lambda = \begin{cases} 1; & k = \ell \\ 0; & k \neq \ell \end{cases} \qquad (13)$$

Then each sensor response $q_\ell; \ell \in \{L, a, b\}$ is obtained as a product of the illuminant value e_ℓ and the reflectance value s_ℓ:

$$\begin{pmatrix} q_R \\ q_G \\ q_B \end{pmatrix} = \begin{pmatrix} e_R \cdot s_R \\ e_G \cdot s_G \\ e_B \cdot s_B \end{pmatrix} \quad (14)$$

By this, the potentially infinite dimensional illuminant and surface reflectance functions are represented jointly in a three dimensional space spanned by the sensitivity functions $Q_\ell(\lambda)$. This is a reasonable assumption for most natural surfaces and illuminants. In fact, the principle component analysis applied to a large set of natural surfaces which Maloney[13] performed, roughly yields the spectral sensitivities of retinal photoreceptors as the most important three eigenfunctions.

The second assumption mentioned above, the orthogonality of the $Q_\ell(\lambda)$, is a stronger restriction of the model.

3.2 Properties of Lab–Colour Space

Colour constancy is equivalent to get rid of the factors e_ℓ of eq. (14) which come from illumination. Now we transform the sensor responses q_ℓ to the Lab–colour space. Due to its resemblance with the logarithmic function, the cubic root function in eq. (1) approximately maps products to sums, and factors to summands. Consequently, the Lab–coordinates q_ℓ of the reflected light are obtained by:

$$\begin{pmatrix} q_L \\ q_a \\ q_b \end{pmatrix} = \begin{pmatrix} e_L \\ e_a \\ e_b \end{pmatrix} + \begin{pmatrix} s_L \\ s_a \\ s_b \end{pmatrix} \quad (15)$$

where e_j and s_j are the Lab-coordinates of e_ℓ and s_ℓ, respectively.

As in an earlier colour vision model by Frei and Baxter[6], we could have used the logarithmic characteristics, but we preferred the Lab–space because of its uniform colour distance measure. We will exploit this property for attention and coding in future work.

3.3 Linear Filtering

The *subtractive colour mixture*, we observe in the physical world has turned out to be an *additive colour mixture* in the perceptual world.

The task is now to extract the summands s_ℓ from eq. (15). If we assume that spatial variations in illumination are slower than those in reflectance[16], the problem is solved with a linear filter. Looking then at the spatial frequency domain, the low frequency components come from the slowly varying illuminant, while the high frequency components are due to changes in surface reflectance. By means of band-pass Andersson filters, described in section 2, the low frequency components are suppressed. The filter outputs only carry the reflectance component $s_\ell(x)$ of the colour signal.

4 Experimental Results

We tested our algorithm in the framework of a visual attention system, that was inspired by Ahmad's[1] VISIT. The purpose of VISIT was to simulate some psychological experiments upon human visual search. A typical test pattern in these experiments contains coloured rectangles on a homogenouos background. The rectangles are either in vertical or in horizontal orientation. A visual search task is defined uniquely by colour and orientation of the search target.

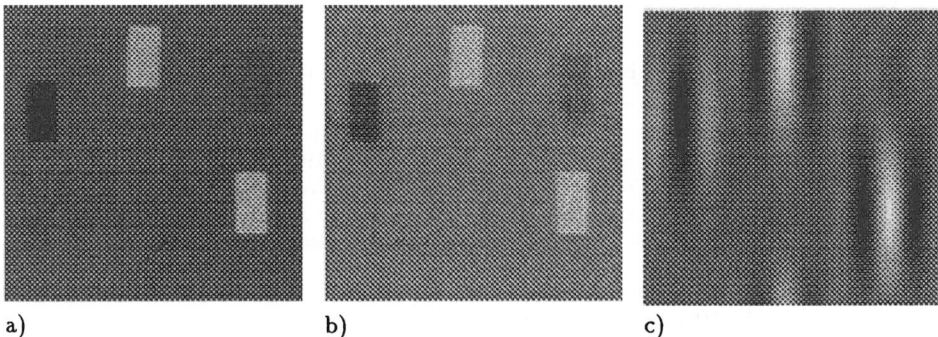

a)   b)   c)

Fig. 2. The a component p_a of a white (a) and red (b) illuminated camera sensed test image and the corresponding filter response (c). Red illumination (b) globally yields higher a-values, but almost the same filter response. No normalization was applied to the images. The responses at the borders of figures (c) are due to the cyclic effect of frequency domain filtering

The aim is to detect the target by means of the output of an oriented Andersson filter[2] on Lab-values which is matched to the orientation, scale and colour of the target. The more powerful scheme of multiscale multiorientation analysis here degrades to a template matching. Colour invariant detection is achieved, if the filter responses at the center of each object is independent of the illuminant colour. To test also the physical part of our model, we did not simulate the coloured illumination on the computer, but realized it with a colour filter in front of the spot lights.

Figure 2 shows the a component of the original image under white (2a) and red illumination (2b). In figure 2c) the filter response to the a component of the white illuminated image is depicted. We have left out the response to the red illuminated image, because it is indistinguishable from the white illumination response, when printed on paper.

5 Summary

We presented a multiorientation multiscale representation for colour image signals which is largely invariant with respect to intensity and colour of illumination.

Many computer vision problems have been done without colour information. Therefore colour processing issues are often neglected or considered as a byproduct of luminance processing. In attentive architectures however, colour processing is essential, because it is one of the most important features in preattentive vision. Since attention is mostly attracted by reflecting objects, not by illumination, preattentive features have to work colour and lightness constant. On the other hand there are many retinex-like colour constancy algorithms which involve isotropic filters and thus discard orientation. In our approach, both colour constancy and lightness constancy is achieved by the same unifying steerable filter approach while preserving the information of local orientation.

References

1. S. Ahmad. *VISIT: An Efficient Computational Model of Human Visual Attention.* Phd thesis, University of California, Berkeley, 1991.
2. M.T. Andersson. *Controllable multidimensional filters and models in low level computer vision.* PhD thesis, Linköping University, 1992.
3. R. N. Bracewell. *The Fourier transform and its applications.* McGraw Hill, 1986.
4. J. D. Daugman. Uncertainty relation for resolution in space, spatial frequency, and orientation optimized by two–dimensional visual cortical filters. *Opt. Soc. Am. A*, 2(7):1160–1169, 1985.
5. W. T. Freeman and E. H. Adelson. The design and use of steerable filters. *IEEE Trans. PAMI*, 13(9):891–906, 1991.
6. W. Frei and B. Baxter. Rate distortion coding simulation for color images. *IEEE Trans. Com.*, 25:1349–1384, 1977.
7. B. V. Funt and G. D. Finlayson. Color constant color indexing. *IEEE Trans. PAMI*, 17(5):522–529, 1995.
8. G.-J. Giefing, H. Janßen, and H. Mallot. Saccadic object recognition with an active vision system. In John Wiley & Sons, editor, *10th European Conference on Artificial Intelligence, Vienna*, pages 803–805, 1992.
9. R. Herpers, H. Kattner, H. Rodax, and G. Sommer. GAZE: An attentive processing strategy to detect and analyze the prominent facial regions. In *International workshop on face- and gesture recognition, IWAFGR95, Zurich*, June 1995.
10. B. K. P. Horn. Determining lightness from an image. *Computer Graphics and Image Processing*, pages 277–299, 1974.
11. C. Koch and S. Ullman. Shifts in selective attention: towards the underlying neural circuitry. *Human Neurobiology*, 4:219–227, 1985.
12. E. H. Land. The retinex. *Am. Scientist*, 52, 1964.
13. L. T. Maloney and B. A. Wandell. Color constancy: a method for recovering surface spectral reflectance. *Opt. Soc. Am. A*, 3:29–33, 1986.
14. A. M. Treisman and G. Gelade. A feature integration theory of attention. *Cognitive Psychology*, 12:97–136, 1980.
15. J. K. Tsotsos. Analyzing vision at the complexity level. *The Behavioral Brain Sciences*, 13:423–469, 1990.
16. B. A. Wandell. The synthesis and analysis of color images. *IEEE Trans. PAMI*, 9:2–13, 1987.
17. A. B. Watson. Efficiency of a model human image code. *Opt. Soc. Am. A*, 4(12):2401–2417, December 1987.

Verfahren zur empfindungsgemäßen Farbumstimmung*

T. Pomierski, H. M. Groß

Technische Universität Ilmenau
Fachgebiet Neuroinformatik
D-98684 Ilmenau, PSF 327
e-mail: pomi@informatik.tu-ilmenau.de

Zusammenfassung

Das Verfahren beinhaltet eine aus der Verschaltung von Zellen der Netzhaut (Zapfen, Horizontal-, Amakrin-, Bipolar- und Ganglienzellen) sowie des Corpus geniculatum laterale (CGL) des Menschen resultierende Transformation zur Überführung von RGB-Werten in einen physiologischen Farbraum.
Es realisiert in diesem bei beliebigem Bildinhalt bezüglich eines Einzelbildes eine referenzfreie, automatische und bezüglich einer Bildfolge darüber hinaus eine dynamische Farbumstimmung hinsichtlich vorgegebener Zielparameter (z.B. einen Weißabgleich).
Die Umstimmung führt nach einer Rücktransformation aller Punkte aus dem physiologischen Farbraum zu einzelnen oder zu einer Folge empfindungsgemäß farbumgestimmter RGB-Farbbilder.

1 Einleitung

Die Farbwahrnehmung des Menschen ermöglicht es, einen Gegenstand weitestgehend unabhängig vom eingestrahlten Wellenlängenspektrum im sichtbaren Bereich stets in gleicher Weise zu identifizieren.
Das visuelle System ist bestrebt, sich durch Umstimmung an die sich ändernde spektrale Zusammensetzung der Allgemeinbeleuchtung anzupassen, sich praktisch auf ein mittleres Empfindungsniveau einzustellen. Damit sind die besten Voraussetzungen zum optimalen Erkennen von Farbunterschieden gegeben.
Sind alle Wellenlängen des sichtbaren Spektrums mit gleicher Intensität vorhanden, so spricht man von einem energiegleichen Spektrum. Das direkte Sonnenlicht eines hellen Sommertages repräsentiert in etwa dieses energiegleiche Spektrum.
Beim Tageslicht gibt es jedoch beträchtliche Schwankungen der spektralen Zusammensetzung. Die Abb. 1 (links) zeigt die relative Strahlungsverteilung des Tageslichts. Diese Tageslichtkurve wurde durch einen Mittelungsprozeß aus vielen Messungen des Tageslichtspektrums zu verschiedenen Tageszeiten, Witterungen und an verschiedenen Orten gewonnen. Die angegebene Kurve definiert die Normlichtart D_{65}.
Allgemein weist das Tageslicht je nach Witterung und Tageszeit unterschiedliche Strahlungsverteilungen mit zwischen 5.000 K und 10.000 K schwankenden Farbtemperaturen auf.

---

*gefördert durch das Bundesministerium für Forschung und Technologie (BMFT), Grant No. 413-5839-01 IN 101D - NAMOS-Projekt, Grant No. 413-5839-01 M 3014C - MIRIS-Projekt

Vergleicht man die Strahlungsverteilung des mittleren Tageslichts mit den spektralen Empfindlichkeitskurven der LMS-Zapfen nach Judd [3] (Abb. 1 (rechts)), so zeigt sich eine interessante Übereinstimmung, die offensichtlich ein Ergebnis evolutionärer Anpassung darstellt.
Nur die Strahlungsverteilung des mittleren Tageslichts führt gleichzeitig zu einer vollen Ausnutzung der spektralen Empfindlichkeitskurven aller drei Zapfentypen und somit folgerichtig zu einer vollen Ausnutzung der Farbempfindungen des physiologischen Farbraumes. Nur unter diesen Beleuchtungsverhältnissen würde sich das mittlere Empfindungs-

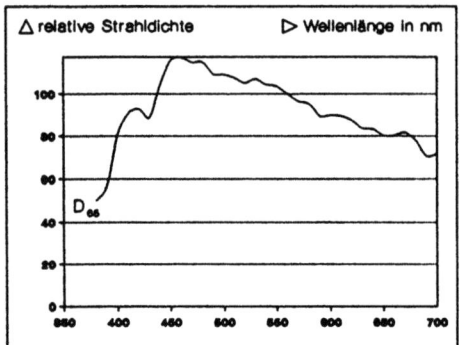
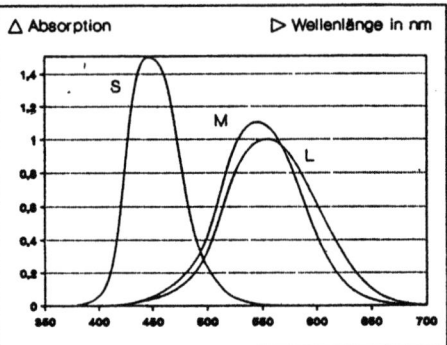

Abbildung 1: *Gegenüberstellung der Strahlungsverteilung des mittleren Tageslichts sowie der bei der Simulation verwendeten Spektralwertkurven der Zapfen (leicht modifiziert nach Judd 1945).*

niveau einstellen, das keiner Umstimmung bedarf. Alle anderen Beleuchtungsverhältnisse erfordern eine Umstimmung zur Erzielung äquivalenter Farbempfindungen bei Beobachtung ein und derselben Szene.

2 Der physiologische Farbraum

Unsere Aufarbeitung aktueller neurophysiologischer Erkenntnisse bezüglich der Verschaltung von Zellen der Netzhaut (Zapfen, Horizontal-, Amakrin-, Bipolar- und Ganglienzellen) sowie des Corpus geniculatum laterale (CGL) des Menschen zeigten, daß das visuellen System eine Überführung der Zapfensignale in einen physiologischen Farbraum realisiert, die sich in einer Lineartransformation zusammenfassen läßt [1].
Der entstehende Farbraum wird, wie bereits von Hering [2] 1905 vermutet, durch die orthogonalen Achsen Rot/Grün (RG), Blau/Yellow (BY) sowie Weiß/Schwarz (WS) aufgespannt und umfaßt alle möglichen Farbempfindungen des Menschen.
Von Interesse sind die Ausdehnung des physiologischen Farbraumes sowie die Lokalisation der möglichen Farbempfindungen.
Dazu bedarf es einer Transformation aller denkbaren LMS-Reizkonfigurationen der Zapfen in diesen physiologischen Farbraum. Jeder transformierte Reiz läßt sich auf einem Farbmonitor an der durch RG-, BY- und WS-Aktivierung bestimmten Position im Farbraum als einen die korrespondierende Farbempfindung repräsentierenden RGB-Pixel darstellen.
Für die Untersuchung wurde ein Farbmonitor mit einer Phosphorbeschichtung entsprechend der amerikanischen FCC-Norm genutzt. Die spektralen Empfindlichkeitskurven der

FCC-Phosphore sind in der **Abb. 2 (links)** dargestellt. Mit der folgenden, empirisch ermittelten Transformation lassen sich RGB-Werte nach FCC-Norm in die den Modellbetrachtungen zugrunde liegenden LMS-Aktivierungen der Zapfen (**Abb. 1 (rechts)**) überführen:

$$\begin{pmatrix} L \\ M \\ S \end{pmatrix}_{Modell} = \begin{pmatrix} 0,2915 & 0,5909 & 0,1176 \\ 0,1677 & 0,6803 & 0,1520 \\ 0,0 & 0,0549 & 0,9451 \end{pmatrix} \begin{pmatrix} R \\ G \\ B \end{pmatrix}_{FCC}$$

Die Verschaltung von Zellen innerhalb der Retina und des Corpus geniculatum laterale (CGL) führt zur Herausbildung einer RG-, BY- und WS-Aktivierung entsprechend der von uns durch Simulationen approximierten Transformation:

$$\begin{pmatrix} RG \\ BY \\ WS \end{pmatrix}_{Farbraum} = \begin{pmatrix} 72 & -84 & 12 \\ -84 & 72 & 12 \\ 110 & -66 & 19 \end{pmatrix} \begin{pmatrix} L \\ M \\ S \end{pmatrix}_{Modell}$$

Alle möglichen RG-, BY- und WS-Aktivierungen bilden den in **Abb. 3** dargestellten Farbraum. Die Geometrie des physiologischen Farbraumes zeigt, daß das visuelle System zu acht extremen Farbempfindungen fähig ist, die völlig gleichrangig und gleichberechtigt angeordnet sind und durch die Eckpunkte des Farbraumes charakterisiert werden.
Diese sind Schwarz, Violettblau, Grün, Orangerot, Cyanblau, Yellow, Magentarot sowie Weiß. Aufgrund der entstehenden Geometrie dieses Raumes läßt sich eine lineare Trans-

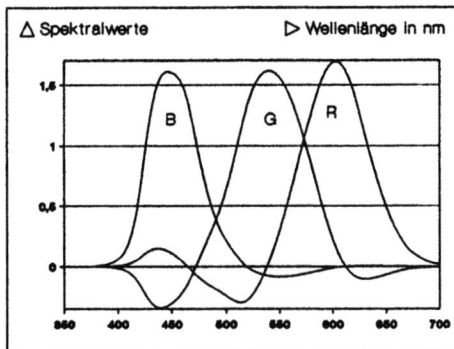 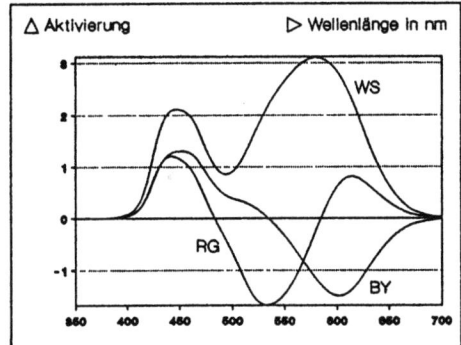

Abbildung 2: *Die auf den Spektralwertkurvenzug nach FCC-Norm angewendete direkte Transformation.*

formation finden, die eine direkte Überführung der RGB-Werte für FCC-Phosphore in eine RG-, BY- sowie WS-Aktivierung und damit eine Abbildung in den physiologischen Farbraum erlaubt:

$$\begin{pmatrix} RG \\ BY \\ WS \end{pmatrix}_{Farbraum} = \begin{pmatrix} 0,500 & -1,0 & 0,500 \\ -0,875 & 0,0 & 0,875 \\ 1,500 & 1,5 & 1,500 \end{pmatrix} \begin{pmatrix} R \\ G \\ B \end{pmatrix}_{FCC}$$

Die inverse Transformation lautet:

$$\begin{pmatrix} R \\ G \\ B \end{pmatrix}_{FCC} = \begin{pmatrix} 0,2222 & 0,5714 & 0,3333 \\ 0,2222 & 0,0000 & -0,6667 \\ 0,2222 & -0,5714 & 0,3333 \end{pmatrix} \begin{pmatrix} RG \\ BY \\ WS \end{pmatrix}_{Farbraum}$$

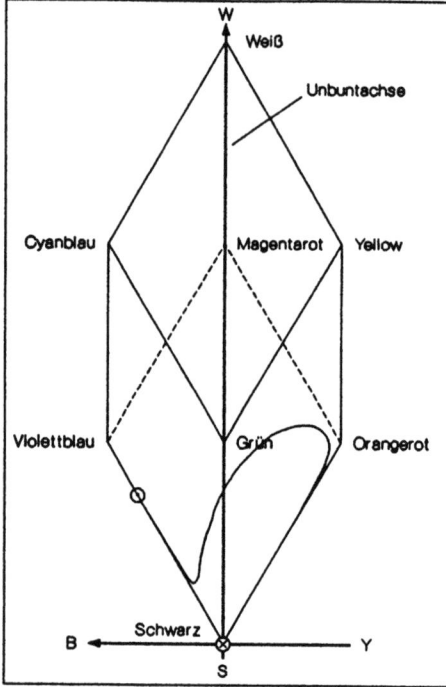

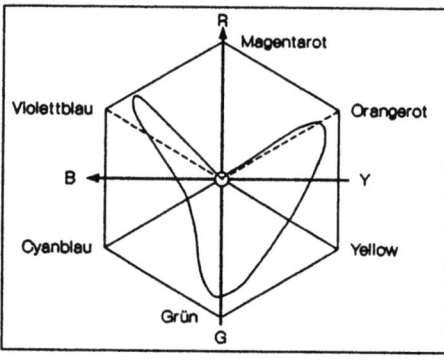

Abbildung 3: *Der durch die Transformation entstehende physiologische Farbraum als Seitenansicht und Draufsicht. Er wird durch die drei orthogonalen Achsen RG, BY und WS aufgespannt. Jeder durch ein entsprechendes Aktivierungstripel RG, BY, WS beschriebene Punkt innerhalb dieses Farbraumes entspricht einer Farbempfindung. Der Kurvenzug innerhalb des Farbraumes verdeutlicht den Aktivierungsverlauf bei Anwendung der Transformation auf den Spektralwertkurvenzug nach FCC-Norm (Abb. 2 (links)), bzw. durch Darstellung der Aktivierungstripel jeder Wellenlänge aus Abb. 2 (rechts). Der Aktivierungsverlauf wird im Koordinatenursprung geschlossen.*

Die Abb. 2 (rechts) zeigt die von uns in Simulationen berechnete, mögliche Aktivierung der Parvo-CGL-Zellen bei Reizung mit monochromatischem Licht verschiedener Wellenlängen im Bereich des sichtbaren Spektrums.

Die beiden Aktivierungskurven RG und BY besitzen beträchtliche negative Anteile. Im Gegensatz dazu hat der WS-Aktivierungsverlauf nur positive Anteile und stimmt nicht wie bei bekannten Modellen mit der den spektralen Empfindlichkeitsgrad beschreibenden Photopic Luminosity Function V_λ überein, die durch Wahrnehmungsexperimente nachgewiesen aber innerhalb anderer neuronaler Strukturen, dem sogenannten Magno-System, gebildet wird. Die negativen Anteile der beiden weiteren Aktivierungskurven besitzen den gleichen Flächeninhalt wie die positiven. Ein unbunter Farbreiz führt bei einer Strahlungsverteilung des mittleren Tageslichts zu den Aktivierungen $RG = BY = 0$.

Der durch Analyse der Verschaltung der Zellen der Retina sowie des Corpus geniculatum laterale entstandene, neurophysiologisch motivierte Farbraum befindet sich in exzellenter Übereinstimmung mit 1973 veröffentlichten Überlegungen Küppers' [4].

Aber erst durch die Berücksichtigung der experimentell nachgewiesenen neurobiologischen Verschaltungsprinzipien und der daraus abgeleiteten mathematischen Abbildungsvorschrift in den physiologischen Farbraum wird einerseits die Problematik der Farbfehlsichtigkeit interpretierbar und andererseits ein direkter Zugang zur algorithmischen Umsetzung geschaffen.

Der Aktivierungsverlauf des in den physiologischen Farbraum transformierten Spektralwertkurvenzuges nach FCC-Norm (**Abb. 2 (links)**) füllt lediglich das untere Drittel des

Raumes (Abb. 3). Dies entspricht einer gleichzeitigen Reizung des visuellen Systems mit monochromatischem Licht verschiedener Wellenlängen.
Bis auf Magentarot, das im Spektrum auch nicht enthalten ist, kommt es zu einer Aktivierung aller Farbempfindungen, wobei der Aktivierungsverlauf im Koordinatenursprung geschlossen wird.
Die bloße Abbildung monochromatischer Farbreize in den physiologischen Farbraum führt augenscheinlich nicht zu den erwarteten Farbempfindungen eines farbnormalsichtigen Beobachters. Daß es dennoch zur Herausbildung dieser Farbempfindungen kommt, läßt sich nur mit dem Prozeß einer Farbumstimmung sowie einer Dynamikanpassung erklären.

3 Die Farbumstimmung

Für die folgenden Untersuchungen liefert eine beliebige Signalquelle mit in konstantem Verhältnis gehaltener, übersteuerungsfreier Verstärkung für R-, G- und B-Signal ohne Weißabgleich und Gammakorrektur ein bezüglich der drei Farbkanäle übersteuerungsfreies RGB-Bild.
Die erste Verarbeitungsstufe besteht in der Überführung der ortsabhängigen RGB-Werte natürlicher Farbszenen in den physiologischen Farbraum.
Hierbei wird unter Beachtung der spektralen Empfindlichkeiten der Zapfen, der Verschaltung beteiligter Parvo-Zellen der Retina und des CGL eine Zerlegung in eine RG-, eine BY- sowie eine WS-Aktivierung entsprechend der vorgestellten direkten Transformation vorgenommen.
Die in den Farbraum transformierten Pixel eines einzelnen, kompletten RGB-Bildes bilden dort eine Punktwolke (Abb. 4 (links)). Die Position eines jeden Punktes der Wolke im Farbraum ist durch seine RG-, BY- und WS-Aktivierung eindeutig beschrieben. Die Punktwolke ist entsprechend der bei der Bildaufnahme vorhandenen spektralen Zusammensetzung der Allgemeinbeleuchtung aus der WS-Achse (Unbuntachse) ausgelenkt. Da die Adaptation des Auges übersteuerungsfreie Zapfsignale gewährleistet, wird die Wolke gestaucht. Die Auslenkung der Punktwolke ist bei einer von der des mittleren Tageslichts abweichenden spektralen Zusammensetzung der Allgemeinbeleuchtung für beliebige Bildinhalte charakteristisch.
Eine ausgewogene, durchschnittliche Tagesbeleuchtung (Abb. 1 (links)) führt zu einer Punktwolke, die senkrecht im Farbraum steht und diesen somit optimal ausnutzt (Abb. 4 (rechts)). Eine Punktwolke mit dieser Orientierung entspricht dem bisher nur vermuteten und nun plausibel geometrisch interpretierbaren mittleren Empfindungsniveau, das keiner Umstimmung bedarf. Alle unbunten Farbempfindungen befinden sich unter diesen Umständen auf der Unbuntachse.
Für jede ausgelenkte Punktwolke läßt sich eine ausgezeichnete Achse bestimmen, die in die WS- oder Unbuntachse überführt werden kann (Abb. 4), was, verbunden mit einer psychophysisch motivierten, koordinatenabhängigen Dynamikanpassung [6], zu einer referenzfreien, automatischen Farbumstimmung des gesamten Bildes im physiologischen Farbraum und letztlich zum angestrebten mittleren Empfindungsniveau bzw. zu einem Weißabgleich führt.
Hierbei wird bereits offensichtlich, daß sich ein farbmetrisches Meßsystem grundsätzlich nicht auf ein physikalisches zurückführen läßt. Der Prozeß der Farbumstimmung schließt jegliche Korrelation zwischen Farbreiz und Farbempfindung aus.
Die Feststellung der ausgezeichneten Achse wurde durch ein neuronales Netzwerk realisiert. Dieses bestimmt adaptiv als Lageparameter der Punktwolke den eigenwertgrößten Eigenvektor e der Autokorrelationsmatrix $C = E\{xx^T\}$ der Punkte der mittelwertfrei-

en Wolke, d.h. die Hauptachse der Punktwolke in Form eines Wichtungsvektors **w** nach folgendem Lernalgorithmus für den Gewichtsvektor [7].

$$\mathbf{w} := \mathbf{w} + \gamma\, y\, (\mathbf{x} - y\mathbf{w}) \quad \text{mit} \quad y = \mathbf{x}^T \mathbf{w} \tag{1}$$

Diese Lerngleichung läßt sich bezüglich des Wichtungsvektors **w** wie folgt in ihre Komponenten aufschlüsseln.

$$w_j(t+1) = w_j(t) + \gamma(t)\, y(t)\, \{x_j(t) - y(t)\, w_j(t)\} \quad \text{mit} \quad j = rg, by, ws \tag{2}$$

Hierbei bezeichnet $\mathbf{x} = (x_{rg}, x_{by}, x_{ws})^T$ den die Lage eines Punktes im physiologischen Farbraum beschreibenden und auf das Intervall $< -1, 1 >$ normierten Eingangsvektor, y das Ausgangssignal, w_j die Wichtung des Eingangsknotens x_j und γ die Lernrate. Die

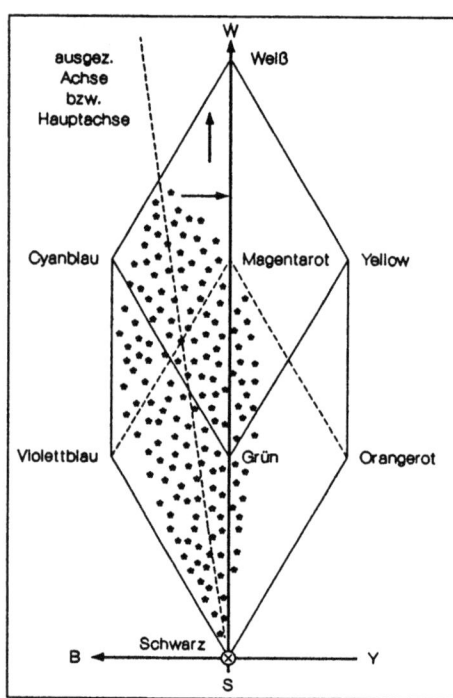
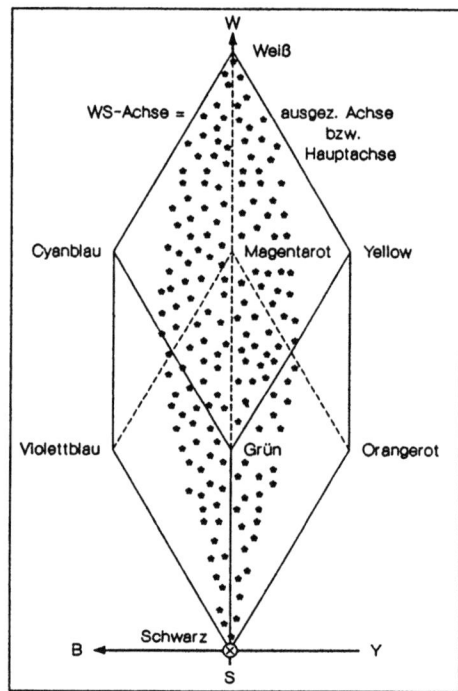

Abbildung 4: *Der durch Verschaltung von Parvo-Zellen der Retina sowie des Corpus geniculatum laterale entstehende physiologische Farbraum. Die in diesen transformierten RGB-Werte einer einzelnen natürlichen Szene bilden eine Punktwolke, die entsprechend der spektralen Zusammensetzung der Allgemeinbeleuchtung charakteristisch aus der WS- bzw. Unbuntachse ausgelenkt ist. Für jede Punktwolke läßt sich eine ausgezeichnete Achse bestimmen, die in die WS- oder Unbuntachse überführt werden kann, was, verbunden mit einer koordinatenabhängigen Reskalierung (Dynamikanpassung), zu einer referenzfreien, automatischen Farbumstimmung des gesamten Bildes im physiologischen Farbraum und letztlich zu einem Weißabgleich führt.*

Kenntnis der Hauptachse erlaubt die Optimierung der Lage eines jeden Punktes bezüglich der RG-, BY- und WS-Achse des physiologischen Farbraumes. Die inverse Transformation

ermöglicht die Rücktransformation der in ihrer Lage optimierten Punkte der Wolke in den RGB-Farbraum und somit die Erzeugung einzelner oder einer Folge farbumgestimmter RGB-Farbbilder.
Die vorgestellte, biologisch motivierte Farbumstimmung gewährleistet somit bezüglich der vier Grundfarben stabile Farbempfindungen.

4 Psychophysische Interpretation

Das entwickelte Verfahren zur Farbumstimmung erklärt in überzeugender Weise Untersuchungen Edwin Lands [5], die dieser bezüglich der Farbwahrnehmung anstellte.
Land nutzte farbige Bilder des Malers Piet Mondrian. Sie bestehen aus einer Vielzahl bunter sowie unbunter, zufällig angeordneter Rechtecke und Quadrate. Die Beleuchtung wurde ausschließlich von drei Diaprojektoren ohne eingelegte Dias bereitgestellt. Die Helligkeit eines jeden Projektors steuerte er über einzelne Regler. Die Wellenlänge wurde durch Interferenzfilter festgelegt. Liefern die drei Projektoren jeweils lang-, mittel- und kurzwelliges Licht gleicher Intensität, entspricht dies in etwa einem energiegleichen Spektrum. Da die Beleuchtung alle Wellenlängen des sichtbaren Spektrums in gleicher Intensität beinhaltete, vermutete Land, daß es hier zu keiner Farbumstimmung kommt und nahm die auftretenden Farbempfindungen als Vergleichsfarben für die folgenden Untersuchungen an. Die Strahlungsverteilung entspricht aber nicht der des mittleren Tageslichts (**Abb. 1 (links)**). Daher ist davon auszugehen, daß es bereits unter diesen experimentellen Beleuchtungsverhältnissen zu einer geringfügigen Farbumstimmung des visuellen Systems kommt.
In einem weiteren Schritt variierte Land die Intensität der drei Projektoren, sorgte aber dafür, daß die Gesamtintensität des reflektierten Lichtes konstant blieb.
Trotz der damit verbundenen Änderung der spektralen Beleuchtungszusammensetzung blieben die Farbempfindungen stabil, solange man das Bild als ganzes betrachtete.
Das ist auch völlig einsichtig, da jedes Bild im hier vorgeschlagenen physiologischen Farbraum zu einer Punktwolke führt, die entsprechend der spektralen Zusammensetzung der Allgemeinbeleuchtung aus der Unbuntachse ausgelenkt ist. Die räumlichen Relationen der einzelnen Punkte der Wolke bleiben jedoch erhalten. Auch die entsprechend der Modellvorstellung bei der Farbumstimmung stattfindende Rückführung der Punktwolke auf die Unbunt- bzw. WS-Achse sowie die gleichzeitige Reskalierung entlang dieser Achse beeinflussen sie nicht. Die Umstimmung würde damit für ein stabiles mittleres Empfindungsniveau sorgen. Die Farbempfindungen blieben folgerichtig konstant, selbst bei Variation der kurz-, mittel- oder langwelligen Beleuchtungskomponente in einem weiten Bereich.

Ein weiterer Versuch Lands unterstreicht die Rechtfertigung der im Modell realisierten Dynamikanpassung der Punktwolke bezüglich ihrer WS-Ausdehnung. Die Einstellung der Projektoren blieb unverändert (etwa energiegleiches Spektrum). Ein bei Betrachtung des Gesamtbildes als Blau empfundenes Quadrat wurde bei Ausblendung der Umgebung, somit bei isolierter Präsentation dieser Fläche, als sehr helles Grau bis Weiß empfunden.
Bei Aufhebung der Umgebungsmaskierung kam es augenblicklich zur gewohnten Blauempfindung. Dieser Prozeß ließ sich für alle bunten und unbunten Flächen des Bildes wiederholen.
Die Punktwolke innerhalb des Farbraumes geht bei der Betrachtung isolierter, einfarbiger Flächen in eine ausgelenkte Achse über. Diese Geometrie führt nach Umstimmung und Reskalierung zu ausschließlich unbunten Farbempfindungen, da dann lediglich die WS-Achse besetzt wird. Daher kommt der im Modell realisierten Dynamikanpassung eine wichtige Rolle zu.

So lassen sich auch die sehr hellen Farbempfindungen bei Betrachtung des sichtbaren Spektrums vor schwarzem Hintergrund erklären. Bei einfacher Abbildung der Zapfenaktivierungen in den physiologischen Farbraum würde es lediglich zur Aktivierung von Farbraumkoordinaten (Farbempfindungen) innerhalb des unteren Farbraumdrittels kommen (**Abb. 3**).

Somit bildet das vorgestellte Verfahren ein realistisches Modell einer empfindungsgemäßen Farbumstimmung des Menschen.
Die Vorteile des Verfahrens sehen wir zum einen in der Referenzfreiheit. Weiterhin gehen alle Bildpixel gleichberechtigt in die Bestimmung der Korrekturgröße ein. Die räumlichen Relationen der Punkte zueinander bleiben innerhalb der Wolke erhalten. Es kommt daher zu keiner Verfälschung der Farbinformation.
Die Achsen des Farbraumes sind für eine Farbumstimmung optimal dekorreliert angeordnet. Die Geometrie des physiologischen Farbraumes gewährleistet unter allen Umständen die Möglichkeit einer Bestimmung der relevanten Hauptachse. Der Farbfehler ist genau quantifizierbar.
Der Einsatz der hier vorgestellten Farbumstimmung zum automatischen, referenzfreien Weißabgleich stellt lediglich ein mögliches Anwendungsbeispiel unter anderen denkbaren dar.

Literatur

[1] De Valois, R. L., De Valois, K. K. (1993). A multi-stage color model. *Vision Res.*, **3**, 1053-1065.

[2] Hering, E. (1905). Grundzüge der Lehre vom Lichtsinn. In *Handbuch der gesamten Augenheilkunde*. ed. Saemisch, T., Leipzig: Verlag von Wilhelm Engelmann.

[3] Judd, D. B. (1945). Standard response functions for protanopic and deuteranopic vision. *J. Opt. Soc. Am.*, **35**, 199-220.

[4] Küppers, H. (1973). Color - Origin, system, uses. New York, London, Toronto, Melbourne: Van Nostrand Reinhold Ltd.

[5] Land, E. H. (1983). Recent advances in retinex theory and some implications for cortical computations: Color vision and the natural image. *Proc. Natl. Acad. Sci. USA*, **80**, 5163-5169.

[6] Land, E. H., Hubel, D. H., Livingstone, M. S., Perry, S. H. and Burns, M. S. (1983). Colour-generating interactions across the corpus callosum. *Nature*, **303**, 616-618.

[7] Oja, E. (1982). A simplified neuron model as principal component analyzer. *J. Math. Biol.*, **15**, 267-273.

Multibildkalibrierung einer CCD-Kamera*

Stefan Lanser[1], Christoph Zierl[1] und Roland Beutlhauser[2]

[1] TU München, Institut für Informatik, Orleansstr. 34, 81667 München
[2] TU München, Lehrstuhl für Nachrichtentechnik, Arcisstr. 21, 80333 München

Zusammenfassung. Eine genaue Kamerakalibrierung bildet die Grundlage für die quantitative Auswertung von Videobildern. In diesem Beitrag wird ein Verfahren zur Kamerakalibrierung vorgestellt, das auf der simultanen Auswertung einer Vielzahl von Videobildern eines 2D-Eichkörpers in unterschiedlichen Entfernungen und Lagen beruht. Dieses Verfahren kompensiert die Nachteile von Einzelbildverfahren, die einen 2D-Eichkörper verwenden, und stellt dadurch eine Alternative zum Einsatz eines 3D-Eichkörpers dar. Gerade im Umfeld autonomer, mobiler Systeme ist der Einsatz von einfach handhabbaren 2D-Eichkörpern vorteilhaft.

1 Einleitung

Für die Gewinnung von quantitativen Aussagen über die abgebildete Szene aus einem Videobild ist sowohl ein adäquates Kameramodell als auch die genaue Bestimmung der darin enthaltenen Modellparameter (*Kamerakalibrierung*) unerläßlich. Mit der zu kalibrierenden Kamera wird dazu ein *Eichkörper* mit exakt vermessenen Marken aufgenommen. Aus den Korrespondenzen zwischen den im Bild detektierten Marken und dem Modell des Eichkörpers lassen sich die Kameraparameter errechnen. Kalibriert wird dabei die Kombination aus Objektiv (mit fester Entfernungseinstellung), Kamera und Framegrabber. Grundlage für die vorliegende Arbeit ist ein Kameramodell einer Lochkamera mit radialer Verzerrung [9].

Im Teilprojekt L9 des Sonderforschungsbereiches 331 an der TU München werden u.a. Verfahren zur videogestützten Lokalisierung untersucht. Ein autonomes, mobiles System (AMS) ist damit in der Lage, seine Eigenposition in einer bekannten Umgebung bzw. seine relative Position zu einzelnen Objekten (Werkstücke, Türen etc.) zu bestimmen [7]. In diesem Kontext ist ein einfach handhabbares, robustes Verfahren zur Kamerakalibrierung notwendig, das bei Bedarf am Einsatzort des AMS mit wenig Aufwand eingesetzt werden kann.

Die Verwendung eines 3D-Eichkörpers [6, 5, 4] liefert i.a. exaktere Ergebnisse. Folgende Gründe sprechen in unserem Anwendungsbereich jedoch für einen 2D-Eichkörper: Er ist einfach und kostengünstig herzustellen, einfach zu vermessen, mechanisch robust und einfach zu transportieren. Zudem müßte ein

---

* Diese Arbeit wurde von der DFG im Rahmen des SFB 331 *Informationsverarbeitung in autonomen, mobilen Handhabungssystemen*, Teilprojekt L9, gefördert.

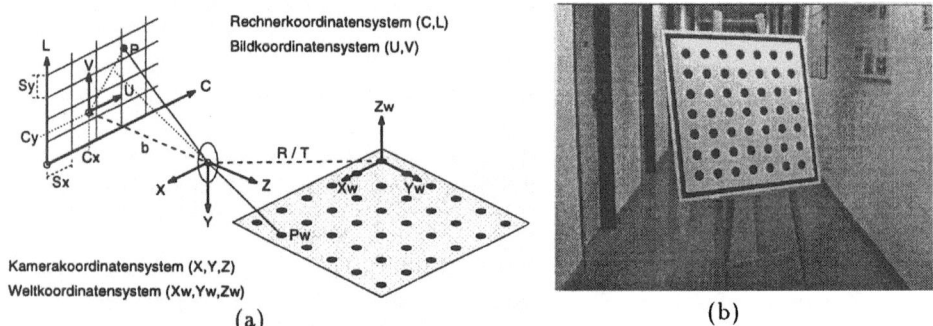

Abb. 1. (a) Perspektivische Abbildung des Weltpunktes P_w in ein Pixel P, (b) 2D-Eichkörper mit 49 kreisförmigen Marken mit Radius $r_M = 25\,mm$.

3D-Eichkörper eine beachtliche Ausdehnung besitzen, um Genauigkeitsvorteile zu liefern, da zur Lokalisierung eines AMS die Umgebung in einem Entfernungsbereich von typischerweise 1 bis 10 Metern erfaßt wird.

Die hier vorgeschlagene simultane Auswertung einer Vielzahl von Videobildern eines 2D-Eichkörpers in unterschiedlichen Entfernungen und Lagen verbindet die einfache Handhabbarkeit eines 2D-Eichkörpers mit der höheren Genauigkeit eines 3D-Eichkörpers.

Im nachfolgenden Abschnitt 2 wird das verwendete Kameramodell kurz vorgestellt. Abschnitt 3 beschreibt die Einzelbildkalibrierung, die die Grundlage für das hier vorgestellte Verfahren bildet. Die Erweiterung dieses Verfahres um die simultane Auswertung einer Vielzahl von Eichkörperaufnahmen ist Gegenstand von Abschnitt 4. Einige Experimente in Abschnitt 5 belegen die damit erzielten Verbesserungen und Abschnitt 6 faßt den Beitrag kurz zusammen.

2 Kameramodell

Das vorgestellte Kalibrierverfahren basiert auf dem Kameramodell einer Lochkamera mit radialer Verzerrung, das beispielsweise von Lenz in [9] vorgestellt wurde. Es wurde in leichten Variationen und mit unterschiedlich ausgeprägten Eichkörpern auch in [12, 1, 11] verwendet. Eine gute Übersicht zu komplexeren Kameramodellen findet sich in [13].

Das hier eingesetzte Kameramodell beschreibt die perspektivische Projektion eines 3D-Weltpunktes P_w in ein Pixel $[c, l]^T$ des Videobildes in drei Schritten (vgl. Abb. 1 (a)):

Zunächst wird der 3D-Weltpunkt P_w vermöge einer Rotation $\mathcal{R}$ und einer Translation $\mathcal{T}$ (*äußere Kameraparameter*) in einen 3D-Punkt $P_c = [x, y, z]^T$ im Kamerakoordinatensystem (KKS) überführt:

$$P_c = \mathcal{R} \cdot P_w + \mathcal{T}. \tag{1}$$

Der 3D-Punkt P_c im KKS wird nun perspektivisch in die Bildebene projiziert:

$$u = b\frac{x}{z} \quad \text{bzw.} \quad v = b\frac{y}{z} \tag{2}$$

b bezeichnet dabei die *Kammerkonstante*. Diese Gleichung idealisiert die reale Abbildung. Tatsächlich treten bei allen verfügbaren Linsen mehr oder weniger starke geometrische Verzerrungen auf. Im verwendeten Kameramodell ist nur eine radiale Verzerrung (näherungsweise beschrieben durch den *Verzerrungskoeffizienten* κ) modelliert. Der „reale" Punkt $[\tilde{u}, \tilde{v}]^T$ im Bildkoordinationsystem ergibt sich demnach zu:

$$\tilde{u} = \frac{2u}{1 + \sqrt{1 - 4\kappa(u^2 + v^2)}} \quad \text{bzw.} \quad \tilde{v} = \frac{2v}{1 + \sqrt{1 - 4\kappa(u^2 + v^2)}} \tag{3}$$

Schließlich wird der 2D-Bildpunkt $[\tilde{u}, \tilde{v}]^T$ in das Pixel $P = [c, l]^T$ des Rechnerkoordinatensystems umgerechnet:

$$c = \frac{\tilde{u}}{S_x} + C_x \quad \text{bzw.} \quad l = \frac{\tilde{v}}{S_y} + C_y \tag{4}$$

S_x und S_y sind dabei *Skalierungsfaktoren* (im wesentlichen der horizontale und vertikale Abstand benachbarter Zellen auf dem CCD-Sensor), $[C_x, C_y]^T$ ist der sogenannte *Hauptpunkt*. Die Parameter b, κ, $S_x{}^3$, S_y, C_x und C_y sind positionsunabhängig und beschreiben die eigentlichen Abbildungseigenschaften (*innere Kameraparameter*).

3 Einzelbildkalibrierung

In diesem Abschnitt wird ein Verfahren zur Kamerakalibrierung vorgestellt, das ein einzelnes Videobild eines 2D-Eichkörpers mit insgesamt N kreisförmigen, schwarzen Marken verwendet, vgl. Abb. 1 (b).

Das Verfahren beruht darauf, mit Hilfe einer Ausgleichsrechnung die Abstände zwischen den projizierten 3D-Markenmittelpunkten M_i und den aus dem Videobild extrahierten 2D-Markenmittelpunkten $\tilde{m}_i$ zu minimieren. Im Gegensatz zu [9, 10, 1], erfolgt hier eine nicht-lineare Optimierung über alle Kameraparameter, wobei in einem ersten Schritt geeignete Startwerte ermittelt werden, vgl. auch [13]. Jedes M_i wird dazu vermöge (1) – (4) abhängig von $\mathbf{x} = [\mathcal{R}, \mathcal{T}, b, \kappa, S_x, S_y, C_x, C_y]^T$ in das (Sub-)Pixel $\mathbf{m}_i$ im Videobild projiziert.

$$e(\mathbf{x}) = \sum_{i=1}^{N} \|\tilde{\mathbf{m}}_i - \mathbf{m}_i(M_i, \mathbf{x})\|^2 \longrightarrow \min \tag{5}$$

---

[3] Der Parameter S_y ist bekannt, da das Videosignal i.a. zeilensynchron abgetastet wird. Der Parameter S_x ist jedoch nur bei pixelsynchroner Abtastung bekannt. Wird bei Verwendung einer Analogkamera das Videosignal innerhalb einer Zeile im Framegrabber nicht pixelsynchron abgetastet (z.B. bei PLL-Synchronisation), muß der Parameter S_x im Zuge der Kamerakalibrierung mitgeschätzt werden [3].

Als Startwerte für b, κ, S_x, S_y, C_x und C_y werden die entsprechenden Herstellerangaben verwendet. Startwerte für $\mathcal{R}$ und $\mathcal{T}$ werden hingegen abhängig vom Bild geschätzt, siehe Abschnitt 3.2.

3.1 Extraktion der Eichkörpermarken

In einem ersten Schritt müssen die ellipsenförmigen Eichkörpermarken aus dem Videobild extrahiert werden. Die Detektion des Eichkörpers selbst ist aufgrund seiner charakteristischen Gestalt unkritisch. Es genügt i.a. die Suche nach einer hellen, zusammenhängenden Bildregion, die N dunkle Löcher enthält. Zur Extraktion der Eichkörpermarken erfolgt innerhalb des detektierten Eichkörpers zunächst eine subpixelgenaue Kontursuche [8].

Alle Kontursegmente mit einer bestimmten Mindestlänge werden in die Bildebene rücktransformiert. Ein Ellipsenausgleichsverfahren ermittelt die beiden Brennpunkte $\mathbf{f}_1$ und $\mathbf{f}_2$ sowie den Hauptradius r_a für jede der zugehörigen Ellipsen. Dabei werden diejenigen Kontursegmente verworfen, für die die Ausgleichsrechnung divergiert. Falls nicht mindestens N Ellipsen gefunden werden, wird die Kontursuche mit geänderten Parametern wiederholt. Die Projektion des arithmetischen Mittels $\hat{\mathbf{m}}$ aus $\mathbf{f}_1$ und $\mathbf{f}_2$ ins Videobild ergibt schließlich den Ellipsenmittelpunkt $\tilde{\mathbf{m}}$ in Rechnerkoordinaten, wie er in Abschnitt 3.3 und Gleichung (5) verwendet wird[4].

3.2 Startwerte für $\mathcal{R}$ und $\mathcal{T}$

Für jede der N detektierten Ellipsen in der Bildebene wird im folgenden die Position und Orientierung der zugehörigen, kreisförmigen 3D-Marke im Kamerakoordinatensystem ermittelt und daraus Startwerte für $\mathcal{R}$ und $\mathcal{T}$ gewonnen. Einen Startwert für die Position einer 3D-Marke liefert die Abschätzung

$$t_z = \frac{r_M}{r_a} \cdot b \;, \quad t_x = \frac{t_z}{b} \cdot \hat{\mathbf{m}}_x \;, \quad t_y = \frac{t_z}{b} \cdot \hat{\mathbf{m}}_y \;, \qquad (6)$$

wobei r_M den Radius der Eichkörpermarke darstellt.

Die räumliche Lage der 3D-Marke läßt sich natürlich nicht eindeutig aus der 2D-Ellipse rekonstruieren: Zum einen ist der Drehwinkel in der Markenebene für eine kreisförmige Marke unbestimmbar, zum anderen gibt es für die Markenebene zwei mögliche Lösungen. Das läßt sich aus folgender Abschätzung der beiden zugehörigen Rodriguesvektoren $[R_{1_x}, R_{1_y}, 0]^T$ und $[R_{2_x}, R_{2_y}, 0]^T$, die die

---

[4] Bei perspektivischer Projektion stimmt der 2D-Ellipsenmittelpunkt i.a. nicht exakt mit dem Abbild des 3D-Markenmittelpunktes überein [10]. Eine alternative Methode zur Bestimmung von $\tilde{\mathbf{m}}$ ist die Projektion des in Abschnitt 3.2 ermittelten Markenmittelpunktes $[t_x, t_y, t_z]^T$ vom Kamerakoordinatensystem ins Rechnerkoordinatensystem.

Rotation der 3D-Marke beschreiben, ersehen:

$$\phi_{1,2} = \pm \arccos\left(\frac{r_b}{r_a}\right) \qquad h_{1,2} = \frac{2\tan\left(\frac{\phi_{1,2}}{2}\right)}{\sqrt{d_x{}^2 + d_y{}^2}}$$

$$d_x = \frac{|f_{1x} - f_{2x}|}{2} \qquad d_y = \frac{|f_{1y} - f_{2y}|}{2}$$

$$R_{1,2_x} = h_{1,2} \cdot d_x \qquad R_{1,2_y} = h_{1,2} \cdot d_y$$

Ausgehend von diesen Startwerten werden nun vermöge einer weiteren Ausgleichsrechnung die beiden möglichen Lagen der 3D-Marke ermittelt durch

$$\sum_{i=1}^{n} \left(\sqrt{x_W(u_i, v_i)^2 + y_W(u_i, v_i)^2} - r_M\right)^2 \longrightarrow \min,$$

wobei die $[u_i, v_i]^T$ insgesamt n ausgewählte Punkte auf der ermittelten Ellipse in der Bildebene darstellen. $[x_W, y_W]^T$ stellt die Rückprojektion dieses Punktes ins Eichkörperkoordinatensystem abhängig von t_x, t_y, t_z, R_x und R_y dar.

Nun wird die Eichkörperebene mit Hilfe der ermittelten 3D-Markenmittelpunkte geschätzt, indem eine Ausgleichsebene hindurch gelegt wird. Da sich die beiden möglichen Positionen für jeden 3D-Markenmittelpunkt nur geringfügig unterscheiden, ist die Wahl unkritisch. Falls mehr als N Markenkandidaten detektiert wurden, werden an dieser Stelle die überzähligen Kandidaten mit größtem Abstand zur Eichkörperebene eliminiert. Scheitert die Ermittlung einer Ausgleichsebene, wird das gesamte Verfahren ab der Kontursuche (Abschnitt 3.1) im Videobild mit veränderten Parametern für die Kontursuche wiederholt. Mit Hilfe des Normalenvektors der Eichkörperebene ist es nun möglich, den „korrekten" Rodriguesvektor einer jeden 3D-Marke auszuwählen.

Den gesuchten Startwert für $\mathcal{T}$ erhält man schließlich durch Mittelung aller N 3D-Markenmittelpunkte. Der noch fehlende Startwert für $\mathcal{R}$ ergibt sich als diejenige Rotation, die den Normalenvektor der Bildebene ($[0, 0, 1]^T$) auf den Normalenvektor der Eichkörperebene abbildet.

3.3 Sukzessive Schätzung der Kameraparameter

Es stehen nun Startwerte sowohl für die äußeren Kameraparameter $\mathcal{R}$ und $\mathcal{T}$ (siehe Abschnitt 3.2) als auch - gemäß der Herstellerangabe - für die inneren Kameraparameter zur Verfügung. Die Ermittlung der tatsächlichen Kameraparameter erfolgt durch mehrere hintereinander geschaltete Ausgleichsrechnungen mit zunehmender Zahl von Unbekannten. Dadurch werden sukzessive die Startwerte verbessert, bevor in die letzte Ausgleichsrechnung alle zu schätzenden Kameraparameter als Unbekannte eingehen.

Das Ergebnis der letzten Schätzung ist zugleich das Endergebnis der Kamerakalibrierung. Bei der Einzelbildkalibrierung ergeben sich jedoch häufig sehr flache Minima, da die Kameraparameter nicht unkorreliert sind und sich Ungenauigkeiten in der Markendetektion negativ auswirken. Insbesondere tritt dieses Problem verstärkt auf, falls die 3D-Eichkörperebene annähernd parallel zur Bildebene verläuft. Zur Vermeidung dieses Problems und damit zur Stabilisierung der Ergebnisse wird die EBK auf die simultane Auswertung einer Vielzahl von Eichkörperaufnahmen erweitert.

4 Multibildkalibrierung

Die Erweiterung der EBK auf die simultane Auswertung von K Eichkörperaufnahmen beschränkt sich auf eine Modifikation der eigentlichen Ausgleichsrechnung, die in Abschnitt 3.3 beschrieben wurde. Erweiterungen dieser Art sind in der Photogrammetrie seit geraumer Zeit üblich. Auch in [12] und [2] wird ein solches Vorgehen angeregt.

Die Detektion der Eichkörpermarken im Videobild sowie die Schätzung von Startwerten für die (aufnahmespezifischen) äußeren Kameraparameter $\mathcal{R}_k$ und $\mathcal{T}_k, k = 1, \ldots, K$ erfolgt unabhängig voneinander für jedes der K Einzelbilder, wie in den Abschnitten 3.1 und 3.2 dargestellt. Der Unterschied zwischen EBK und MBK besteht in der Ausprägung der Jakobimatrix J, die die partiellen Ableitungen der durch die Ausgleichsrechnung zu minimierenden Fehlerfunktion $e(\mathbf{x})$ aus (5) nach den zu schätzenden Kameraparametern $\mathbf{x}$ enthält. J ist nun eine dünn besetzte Matrix mit folgender Gestalt:

$$\begin{pmatrix} \boxed{f(\mathcal{R}_1, \mathcal{T}_1)} & & & \boxed{f(\mathcal{I})} \\ & \boxed{f(\mathcal{R}_2, \mathcal{T}_2)} & & \boxed{f(\mathcal{I})} \\ & & \ddots & \vdots \\ & & \boxed{f(\mathcal{R}_K, \mathcal{T}_K)} & \boxed{f(\mathcal{I})} \end{pmatrix}$$

Dabei bezeichnet $\boxed{f(\mathcal{X})}$ einen Block in J, der nur von den Parametern $\mathcal{X}$ abhängt. $\mathcal{I}$ repräsentiert die zu schätzenden inneren Kameraparameter. Wie in Abschnitt 3.3 beschrieben, wird $\mathcal{I}$ in hintereinander geschalteten Ausgleichsrechnungen sukzessive erweitert. Jede dieser Ausgleichsrechnungen wird nach dem Newton-Verfahren durch Lösung von $J^T J x = J^T e$ durchgeführt.

5 Experimente

In diesem Abschnitt wird die Verbesserung der Kalibrierungsergebnisse bei Verwendung der Multibildkalibrierung anstelle der Einzelbildkalibrierung) an Hand einiger Experimente verdeutlicht. Abschnitt 5.1 zeigt die dadurch erzielte Stabilisierung der ermittelten Werte für die inneren Kameraparameter und Abschnitt 5.2 vergleicht die Auswirkungen von Kalibrierungsfehlern.

5.1 Vergleich zwischen Einzel- und Multibildkalibrierung

Zum Vergleich zwischen Einzel- und Multibildkalibrierung wurden Aufnahmen eines Eichkörpers in 37 unterschiedlichen Positionen aufgenommen. Als Kamera

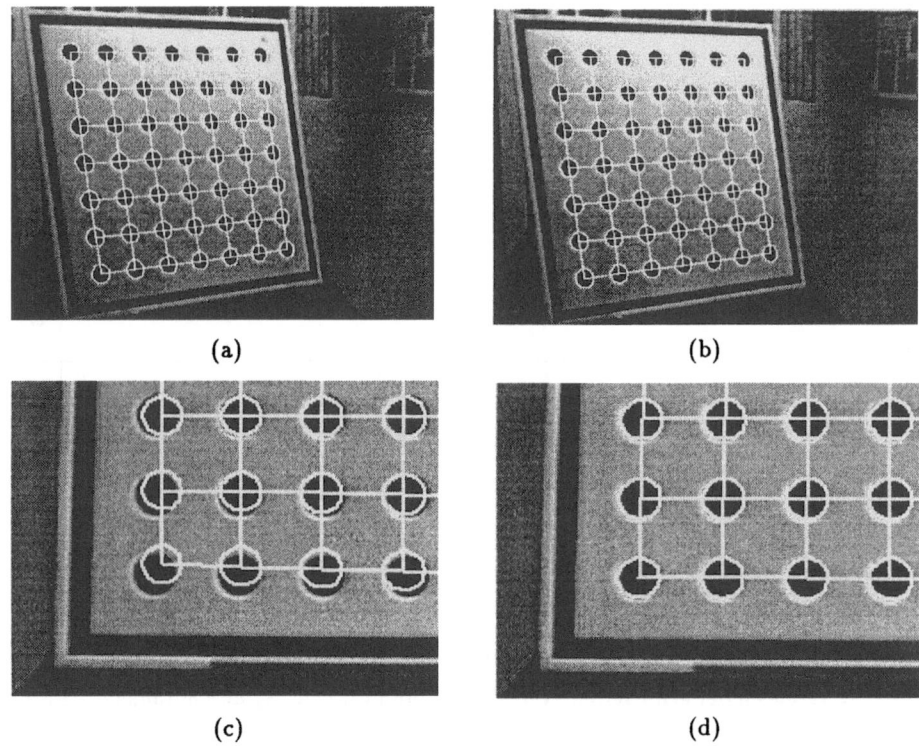

Abb. 2. Visualisierung der Kalibrierungsergebnisse durch Überblendung des projizierten Eichkörpermodells: (a) Ergebnis einer Einzelbildkalibrierung (EBK), (b) Ergebnis einer Multibildkalibrierung (MBK). (c) Ausschnittsvergrößerung des Ergebnisses der Schätzung einer Eichkörperposition in einer weiteren Aufnahme mit den ermittelten inneren Kameraparametern aus der EBK bzw. (d) aus der MBK.

stand uns eine *Sony DXC-151AP* mit 2/3-Zoll Sensor und 12.5 mm *Fujinon*-Objektiv sowie der Framegrabber Snapper-24 von *Data Cell* zur Verfügung. Die Bilder sind 8-Bit-Graustufenbilder mit einer Auflösung von 768×576 Pixel. Es ist dabei nicht notwendig, die relative Lage des Eichkörpers in den einzelnen Aufnahmen à priori zu kennen. Damit entfällt eine Vermessung des Kalibrieraufbaus. Die Kalibrierung am Einsatzort eines AMS gestaltet sich so sehr einfach.

Aus der Menge der verfügbaren Eichkörperaufnahmen wurden für die MBK zehn Bildmengen mit jeweils 15 Aufnahmen ausgewählt. Die Auswahl erfolgte im wesentlichen zufällig; es wurde lediglich darauf geachtet, daß jede Bildmenge Aufnahmen mit deutlich unterschiedlichen Eichkörperpositionen enthält. Im Anschluß daran wurden die Ergebnisse der EBK, angewandt auf jedes der 37 Bilder, und der MBK, angewandt auf jede der 10 Bildmengen, ausgewertet[5].

Abbildung 2 zeigt exemplarisch die Kalibrierungsergebnisse durch Überblen-

---

[5] Eine MBK mit 15 Bildern benötigt auf einer HP 712/60 etwa 60 Sekunden, davon ca. 50 Sekunden für die Extraktion der Eichkörpermarken.

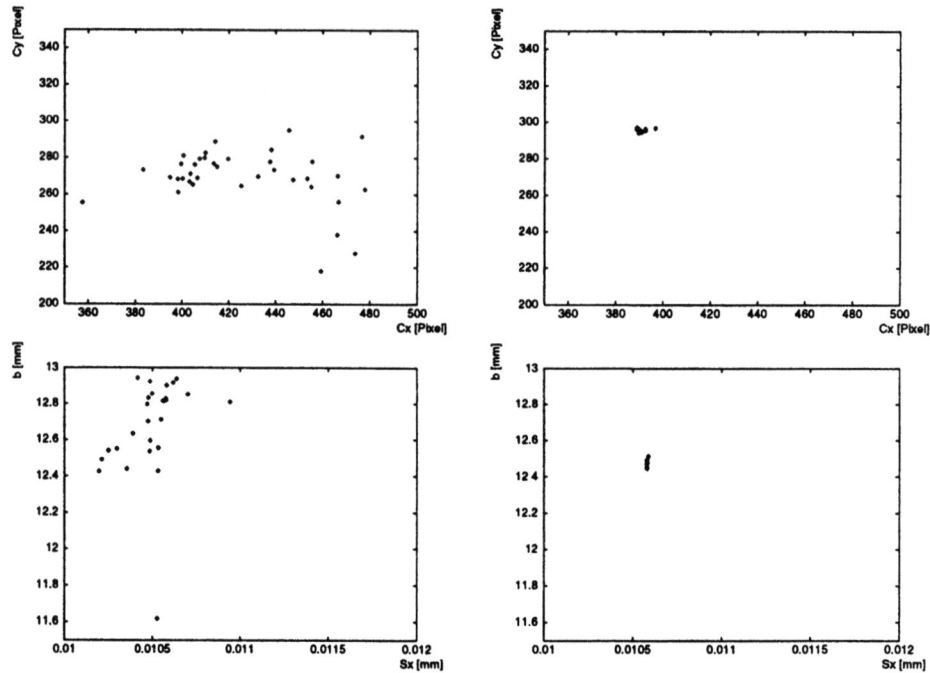

Abb. 3. Vergleich der ermittelten Werte für C_x und C_y bzw. S_x und b: Links die Ergebnisse von 37 EBK's, rechts von 10 MBK's mit je 15 Bildern aus demselben Bilderpool.

dung des mit Hilfe der ermittelten inneren und äußeren Kameraparameter projizierten Eichkörpermodells in unterschiedliche Testbilder. In Bildern, die bei der jeweiligen Kalibrierung verwendet wurden, zeigen sowohl EBK als auch MBK eine gute optische Übereinstimmung, vgl. Abb. 2 (a) und (b).

Das Problem sehr flacher Minima in der Ausgleichsrechnung zur Bestimmung der Kameraparameter zeigt sich für die EBK, sobald man die ermittelten inneren (d.h. positionsunabhängigen) Kameraparameter auf eine weitere Eichkörperaufnahme anwendet und für diese lediglich die äußeren (d.h. positionsabhängigen) Kameraparameter schätzt, vgl. Abb. 2 (c). Dabei ist zu beachten, daß ein Teil der Bild-/Modellabweichung, die sich aufgrund fehlerhafter innerer Kameraparameter ergibt, bei der Schätzung der äußeren Kameraparameter kompensiert wird. Die Verwendung unterschiedlicher Eichkörperpositionen stabilisiert bei der MBK das Ergebnis, vgl. Abb. 2 (d).

Abbildung 3 und Tabelle 1 zeigen die quantitative Verteilung der ermittelten inneren Kameraparameter. Erwartungsgemäß streuen die EBK-Werte deutlich stärker als die MBK-Werte. Aus Tabelle 1 wird insbesondere deutlich, daß das arithmetische Mittel der EBK-Werte i.a. erheblich von dem arithmetischen Mittel der MBK-Werte abweicht. Eine Mittelung der EBK-Ergebnisse ist daher nicht gleichwertig mit der simultanen Auswertung einer Vielzahl von Eichkörperaufnahmen im Zuge der MBK.

Verschiedene Maße für die Güte der Kalibrierung sind in Tabelle 2 zu-

	EBK		MBK	
	μ	σ	μ	σ
$C_x[Pix]$	425.98	29.45	391.04	2.25
$C_y[Pix]$	269.48	15.32	295.73	0.91
$S_x[mm]$	0.01047	0.0002	0.01058	0.0000
$b[mm]$	12.814	0.335	12.474	0.020
$\kappa\left[\frac{1}{mm^2}\right]$	-0.00095	0.0001	-0.00094	0.0000

Tabelle 1. Empirischer Mittelwert und Standardabweichung der ermittelten inneren Kameraparameter C_x, C_y, S_x, b und κ für 37 EBK's bzw. 10 MBK's, vgl. Abb. 3.

	2D-Fehler		3D-Fehler		NCE
	μ	σ	μ	σ	
EBK_{min}	0.0350	0.0240	0.0874	0.0595	0.0864
EBK_{max}	0.1145	0.0624	0.1885	0.1131	0.2831
MBK_{min}	0.0861	0.0688	0.1998	0.1458	0.2116
MBK_{max}	0.1024	0.0864	0.2172	0.1611	0.2518

Tabelle 2. Gütemaße für die EBK bzw. MBK mit jeweils geringstem und größtem Restfehler: 2D-Fehler in Pixel, 3D-Fehler in mm und *normalized calibration error*.

sammengestellt. Ausgewertet wurde die Abweichung zwischen projizierten 3D-Markenmittelpunkten und den korrespondierenden Bildpunkten (*2D-Fehler*), der Abstand zwischen den 3D-Markenmittelpunkten und den Sehstrahlen durch die Bildpunkte (*3D-Fehler*) und der *normalized calibration error (NCE)* nach [13]. Ein NCE-Wert ≤ 1 deutet auf eine gute Kalibrierung hin. Erwartungsgemäß steigt der Restfehler bei Verwendung der MBK (15 Bilder simultan) im Vergleich zur EBK (nur 1 Bild) an, bleibt jedoch gering.

Das hier vorgestellte Multibildkalibrierungsverfahren wurde noch mit zwei weiteren Kalibrieraufbauten getestet: Zum einen stand uns eine *Panasonic WV-CD50* Kamera mit 16 mm-Objektiv und einem 2-D Eichkörper mit $N = 36$ und $r_M = 6$ mm zur Verfügung. Zum anderen wurden auch Experimente mit der Kontron-Digitalkamera *ProgRes 3000* mit 9 mm-Objektiv und einem 2-D Eichkörper mit $N = 36$ und $r_M = 10$ mm durchgeführt. In beiden Fällen konnten die obigen Ergebnisse bestätigt werden.

5.2 Auswirkung von Kalibrierfehlern

In diesem Abschnitt wird die Auswirkung von Kalibrierfehlern im Anwendungsfall *Videobasierte Lokalisierung* präsentiert. Dabei wird der Vorteil der MBK gegenüber der EBK sichtbar. Die videobasierte Lokalisierung bestimmt die Kameraposition in der Welt an Hand von bekannten 3D-Modellinien durch Minimierung der Bild-/Modellabweichung [7]. Im Zuge einer Simulation wurden 3D-Modellinien gemäß der mittels der MBK ermittelten Kameraparameter in

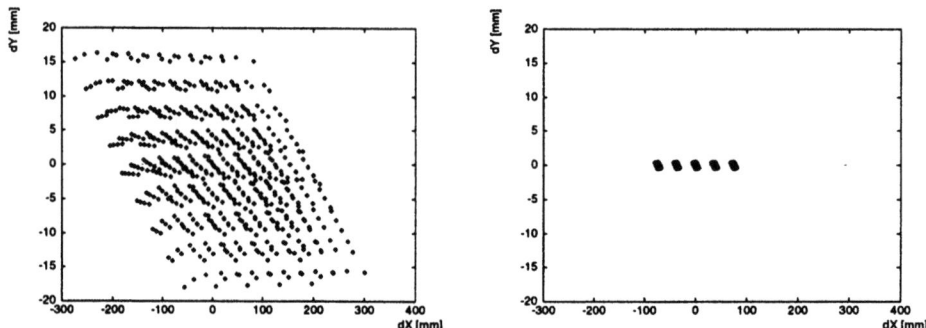

Abb. 4. Simulation der Auswirkung der Streuung von Kalibrierungsergebnissen auf die absolute Lokalisierung innerhalb einer Laborumgebung: Links die Ergebnisse der EBK, rechts diejenigen der MBK (Abszisse entspricht der Blickrichtung).

das Bild projiziert und als „Bildkanten" an die Lokalisierungskomponente übergeben. Die Lokalisierung selbst erfolgte sodann mit gestörten Kameraparametern: Die Parameter C_x, C_y, S_x und b wurden in diskreten Abständen aus den Intervallen $[C_x - \sigma_{C_x}, C_x + \sigma_{C_x}]$, $[C_y - \sigma_{C_y}, C_y + \sigma_{C_y}]$, $[S_x - \sigma_{S_x}, S_x + \sigma_{S_x}]$ und $[b - \sigma_b, b + \sigma_b]$ gewählt, wobei jeweils die entsprechenden Standardabweichungen der EBK bzw. MBK verwendet wurden (vgl. Tabelle 1).

Abbildung 4 zeigt die Fehler der ermittelten X-Y-Position in der Welt für eine simulierte absolute Lokalisierung innerhalb einer Laborumgebung (mit einem räumlichen Abstand der 3D-Modellinien zwischen 3 und 10 Metern). Die Experimente zeigen, daß bereits allein die starke Streuung in den Kameraparametern bei der EBK zu beachtlichen Fehlern bei Lokalisierungsaufgaben führt. Dabei nimmt der Fehler in Abhängigkeit von der räumlichen Distanz der 3D-Modellinformation zu. Naturgemäß zeigen sich in der Blickrichtung (X-Achse) größere Abweichungen als in der Y-Achse. Die Werte der MBK streuen dagegen deutlich weniger. Die Verwendung der MBK liefert daher robustere Ergebnisse.

6 Zusammenfassung und Ausblick

Dieser Beitrag stellt die Erweiterung eines bestehenden Verfahrens zur Kamerakalibrierung mit Hilfe eines 2D-Eichkörpers auf die simultane Auswertung einer Vielzahl von Eichkörperaufnahmen in unterschiedlichen Lagen und Entfernungen vor. Dadurch verringert sich die Gefahr sehr flacher Minima in der Ausgleichsrechnung zur Bestimmung der Kameraparameter. Die Streuung der geschätzten inneren Kameraparameter nimmt daher signifikant ab. Da die relative Lage des Eichkörpers in den verschiedenen Aufnahmen nicht à priori bekannt sein muß, ist das Verfahren auch am Einsatzort eines autonomen, mobilen Systems einfach handhabbar.

In naher Zukunft ist eine genaue quantitative Analyse der erzielbaren Genauigkeit der Kamerakalibrierung sowohl durch Simulation von gestörten Eichkörperaufnahmen als auch durch Verwendung eines exakt vermessenen Aufbaus geplant.

Literatur

1. J. Batista, J. Dias, H. Araùjo, and A. Traça de Almeida. Monoplanar Camera Calibration. In *British Machine Vision Conference*, volume 2, pages 479–488, 1993.
2. P. Beardsley, D. Murray, and A. Zisserman. Camera Calibration Using Multiple Images. In G. Sandini (ed.), *European Conference on Computer Vision*, volume 588 of *Lecture Notes in Computer Science*, pages 312-320. Springer-Verlag, 1992.
3. H. A. Beyer. Untersuchung zur geometrischen Qualität der Datenübertragung bei der Bildaufnahme mit CCD-Kameras. In B. Radig (ed.), *Mustererkennung*, Informatik-Fachberichte 290, S. 328–336. DAGM, Springer-Verlag, 1991.
4. H. A. Beyer. Accurate Calibration of CCD-Cameras. In *CVPR*, pages 96–101. IEEE Computer Society Press, 1992.
5. R. Godding. Ein photogrammetrisches Verfahren zu überprüfung und Kalibrierung digitaler Bildaufnahmesysteme. *Zeitschrift für Photogrammetrie und Fernerkundung*, Nr. 2, S. 82–90, 1993.
6. C. Heipke, M. Stephani, G. Strunz, and R. Lenz. Accuracy Potential of a Digital CCD Camera for Photogrammetric Applications. In B. Radig (ed.), *Mustererkennung*, Informatik-Fachberichte 290, pages 320–327. DAGM, Springer-Verlag, 1991.
7. S. Lanser, O. Munkelt und C. Zierl. Robuste videobasierte Identifizierung von Hindernissen und Werkstücken sowie die Bestimmung ihrer räumlichen Lage. In P. Levi (ed.), *Autonome Mobile Systeme*, S. 95–106. Springer-Verlag, 1994.
8. R. Lenz. High Accuray Feature Extraction using Chain Code in Grey-value Images. Technical Report RC 56811, IBM, 1987.
9. R. Lenz. Linsenfehlerkorrigierte Eichung von Halbleiterkameras mit Standardobjektiven für hochgenaue 3D-Messungen in Echtzeit. In *Mustererkennung*, Informatik-Fachberichte 149, S. 212–216. DAGM, Springer-Verlag, 1987.
10. R. Lenz and D. Fritsch. Techniques for Calibration of the Scale Factor and Image Center for High Accuracy 3D Machines Metrology. *JPRS*, 45:90–110, 1990.
11. Y. Nomura, M. Sagara, H. Naruse, and A. Ide. Simple Calibration Algorithm for High-Distortion-Lens Camera. *IEEE Trans. PAMI* 14(11), pages 1095–1099, 1992.
12. R. Y. Tsai. An Efficient and Accurate Camera Calibration Technique for 3D Machine Vision. In *CVPR*, pages 364–374. IEEE Computer Society Press, 1986.
13. J. Weng, P. Cohen, and M. Herniou. Camera Calibration with Distortion Models and Accuracy Evaluation. *IEEE Trans. PAMI* 14(10), pages 965–980, 1992.

Danksagung

Für Implementierungsarbeiten und die Durchführung von Experimenten möchten wir uns bei Klaus Guggemos und Thomas Lengauer bedanken.

Korrespondenz in der Stereoskopie bei räumlich verteilten Merkmalsrepräsentationen im Neuronalen-Active-Vision-System NAVIS

R. Trapp, S. Drüe, B. Mertsching*
Fachbereich Elektrotechnik, Universität-GH Paderborn
Pohlweg 47-49, 33098 Paderborn
*Fachbereich Informatik, Universität Hamburg
Vogt-Kölln-Straße 30, 22527 Hamburg

Zusammenfassung

Diese Arbeit beschreibt ein neues Verfahren zur Generierung von Disparitätsfeldern zur Bestimmung der Entfernung von Objekten, die sich im Blickfeld eines binokularen Kamerasystems befinden. Die berechnete Distanz wird u. a. für die Raumrepräsentation benötigt. Grundlage dieses Verfahrens bildet das Neuronale-Active-Vision-System NAVIS. Die Position der Objekte wird hier durch Auswertung von räumlich verteilten Merkmalsrepräsentationen, die aus Stereobildern generiert wurden, bestimmt. Diese Information wird auch genutzt, um Objekte, die sich im Vorder- oder Hintergrund einer betrachteten Szene befinden, in weiteren Blicksakkaden durch die Regelung der Vergenzmotoren zu fixieren. Das hier vorgestellte Verfahren besitzt gegenüber den aus der Literatur bekannten mehrere Unterschiede und Erweiterungen, die sich zum Teil schon aus der besonderen Merkmalsrepräsentation im NAVIS-System ergeben. Hierbei werden höhere Kantenmerkmale benutzt, die als räumlich verteilte Neuronenaktivitäten vorliegen. Weiterhin wird ein lateraler Kopplungsmechanismus vorgestellt, durch den in Form einer nichtlinearen Differentialgleichung die Kontinuität in einem mehrdimensionalen Disparitätsraum erzwungen wird.

1. Einleitung

Durch die stereoskopische Auswertung optischer Informationen ist der Mensch in der Lage trotz der dimensionsreduzierten Abbildung der Umwelt auf seine Retinae, die Tiefeninformation seiner Umgebung zu rekonstruieren. Die größte Leistung besteht dabei darin, die einzelnen optischen Signale des einen Stereokanals den Signalen im anderen Kanal zuzuordnen. Hierbei löst der Mensch das Korrespondenzproblem, das aufgrund seiner mathematischen "ill- posed" Natur bei technischen Ansätzen bewirkt, daß es im allgemeinen nicht möglich ist, die optischen Informationen der beiden Stereokanäle in einer eindeutigen Weise zuzuordnen.
Erst eine eindeutige Korrespondenzaussage ermöglicht es aufgrund der relativen Lagedifferenz, die im allgemeinen als Disparität bezeichnet wird, ein Objekt mit einem binokularen Kamerasystem durch Ausrichtung der Sehachsen zu fixieren. Ist die Disparität bekannt, so ist eine Rekonstruktion der Entfernungskoordinate möglich.
Verfahren, die zur Berechnung der Korrespondenz die Intensitätswerte der Eingangsbilder direkt verwenden, werden als gebietsbasierte Techniken bezeichnet. Die Verrechnung dieser Informationen erfolgt mittels verschiedener Korrelationsverfahren [2].
Das hier vorgestellte Verfahren ist ein merkmalsbasierter Ansatz, der auf der räumlich verteilten Merkmalsrepräsentation des NAVIS-Systems aufbaut [1]. Merkmalsbasierte Ansätze verwenden zur Berechnung der Korrespondenz bestimmte Merkmale, die aus den Intensitätswerten der Eingangsbilder abgeleitet werden. Marr und Poggio [3] stellten ein Verfahren vor, bei dem zunächst beide Eingangsbilder mit der Differenz zweier Gaußfunktionen gefaltet werden. In den Faltungsergebnissen werden anschließend die Nulldurchgänge als Merkmalspunkte selektiert und unter Berücksichtigung der lokalen Umgebung einander zugeordnet. Andere Verfahren verwenden als Merkmale Liniensegmente [4] oder höhere verknüpfte Strukturmerkmale [5], [6]. Merkmalsbasierte Ansätze sind im allgemeinen unempfindlicher bezüglich Differenzen

in den beiden Stereokanälen, die auf die unterschiedliche Perspektive zurückzuführen sind. Weiterhin ist die Anzahl der möglichen Korrespondenzpaare meist geringer als bei den gebietsbasierten Methoden. Allerdings ergeben sich bei den merkmalsbasierten Ansätzen oft nur sehr spärlich besetzte Disparitätsfelder, da nicht jedem Bildpunkt ein Merkmal und damit ein Disparitätswert zugeordnet wird.

Zwei wichtige Nebenbedingung der Stereoskopie sind die Eindeutigkeits- und die Kontinuitätsforderung [7]. Um eine eindeutige Lösung für die Korrespondenz zu erhalten, wird bei vielen Ansätzen die Kontinuität der Disparität als zusätzliche Forderung zum Matching benutzt. Durch die Minimierung einer Energiefunktion oder durch Relaxationsprozesse [8], [7] werden so eindeutige Lösungen mit sehr glatten Disparitätskarten erzielt. Da es an Objektgrenzen jedoch naturgemäß zu Diskontinuitäten der Disparität kommen kann [7], führt dies oft zu Problemen bei diesen Ansätzen.

Durch eine besondere Definition des Disparitätsraumes wird in Form eines lateralen Kopplungsmechanismus zwischen sogenannten Disparitätsneuronen in unserem Ansatz sowohl die Eindeutigkeits- als auch die Kontinuitätsforderung erfüllt, ohne das lokale Diskontinuitäten an Objektgrenzen einer besonderen Behandlung bedürfen. Hierbei nutzt dieses Verfahren die hoch redundante Merkmalsrepräsentation um einen mehrdimensionalen Disparitätsraum zu generieren, der einerseits die Simulation disparationsspezifischer Neurone mit komplexem Reizverhalten [9] und andererseits die Regelung der Vergenzbewegung eines binokularen Kamerakopfes ermöglicht [10]. Obwohl es sich hier um einen merkmalsbasierten Ansatz handelt, ergeben sich durch eine besondere Definition der Merkmale relativ dichte Disparitätskarten.

Die Simulation disparationsspezifischer Neuronen ermöglicht es, innerhalb des NAVIS-Systems eine Objekt-Umgebungstrennung vorzunehmen, die in einem nachfolgenden Assoziativnetzwerk zu einer umgebungs- und entfernungsinvarianten Erkennung führt.

2. Stereogeometrie

Die räumliche Anordnung der Kamerasysteme ist in Abbildung 2.1 gezeigt. Für jedes Kamerasystem existieren zwei Koordinatensysteme, die als Kamera- und Bildebenenkoordinatensysteme bezeichnet werden. Die Kamerakoordinatensysteme haben ihren Ursprung im Linsenzentrum der jeweiligen Kamera. Die z-Achsen der Kamerakoordinatensysteme sind gleichzeitig die optischen Achsen. Die Kameras sind jeweils um die Achsen, die senkrecht auf der Zeichenebene stehen und durch die Punkte O_l und O_r verlaufen, schwenkbar. Die Kameras werden als Lochkameras modelliert, so daß das Bild in die Bildebene, die um die jeweilige fokale Länge f vom Kamerakoordinatenursprung entfernt ist, projiziert wird. Die Achsen des Bildebenekoordinatensystems werden als x'- und y'-Achse bezeichnet und sind parallel zu den entsprechenden Kamerakoordinatenachsen.

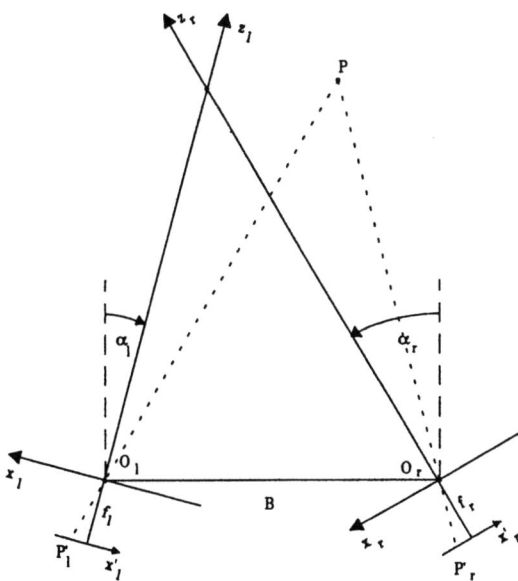

Abb. 2.1: Koordinatensysteme

Die Koordinatensysteme sind mit Hilfe der Abbildungsgeometrie ineinander überführbar. Die resultierende Gesamtabbildung ergibt sich aus der Verkettung der zwei Abbildungen Parallelverschiebung und Drehung und ist in Beziehung (1) zu sehen.

$$\begin{pmatrix} x_r \\ y_r \\ z_r \end{pmatrix} = \begin{pmatrix} \cos(\alpha_l + \alpha_r) & 0 & -\sin(\alpha_l + \alpha_r) \\ 0 & 1 & 0 \\ \sin(\alpha_l + \alpha_r) & 0 & \cos(\alpha_l + \alpha_r) \end{pmatrix} \cdot \begin{pmatrix} x_l \\ y_l \\ z_l \end{pmatrix} + \begin{pmatrix} B \cdot \cos(\alpha_r) \\ 0 \\ B \cdot \sin(\alpha_r) \end{pmatrix} \quad (1)$$

Durch die Projektion der optischen Information in die Bildebenen, kommt es zu einer dimensionsreduzierenden Abbildung:

$$x'_{l/r} = f_{l/r} \cdot \frac{x_{l/r}}{z_{l/r}}; \quad y'_{l/r} = f_{l/r} \cdot \frac{y_{l/r}}{z_{l/r}} \quad (2)$$

Dies bedeutet, daß eine eindeutige Aussage über die Tiefe allein aus der Information des Bildebenenkoordinatensystems nicht mehr möglich ist. Eine Rekonstruktion der Tiefeninformation kann jedoch bei Kenntnis der Korrespondenz durch die Information beider Koordinatensysteme erreicht werden. Hierbei wird im folgenden die Differenz der korrespondierenden x'-Koordinaten als Disparität definiert.

$$z_l = \frac{f_l B (f_r \cos(\alpha_r) - x'_r \sin(\alpha_r))}{(x'_r x'_l + f_r f_l) \sin(\alpha_l + \alpha_r) + (f_l x'_r - f_r x'_l) \cos(\alpha_l + \alpha_r)} \quad (3)$$

3. Vorverarbeitung

Das hier vorgestellte Verfahren ist eine Erweiterung des Neuronalen-Active-Vision-Systems NAVIS. Es baut daher auf Teilen der bestehenden Merkmalverknüpfung auf, die die Eingangsinformation für die Korrespondenzberechnung liefern. Abbildung 3.1 zeigt einen Teil der Signalvorverarbeitung und die Integration des Stereomoduls in das Gesamtsystem. Die Eingangssignale des Stereomoduls bilden entweder die Aktivitäten der Detektorneurone oder die Aktivitäten der Verknüpfungsneurone.

Das System besitzt, ähnlich seinem biologischen Vorbild, ein inhomogenes Auflösungsvermögen. Diese inhomogene Auflösung wird durch verschiedene Abtastraster realisiert, die es dem System ermöglichen, Objekte schnell in ihrer groben Form zu erkennen und gegebenenfalls hiervon abhängig die wichtigen Objektdetails mit weiteren Blicken genauer zu betrachten. Die Inhomogenität der Auflösung erfordert zwangsläufig eine Blicksteuerung, die es ermöglicht, die interessierenden Bildbereiche der betrachteten Objekte mit beiden Kameras zu fixieren und in den Bereich der höchsten Auflösung abzubilden. Die Bildinformation der Kamera wird über das Abtastraster einem Netzwerk zugeführt, das, entsprechend den Verhältnissen im menschlichen visuellen System, aus mehreren hierarchisch angeordneten Schichten besteht. Innerhalb dieser Schichten werden, je nach Verarbeitungsstufe, das Reizverhalten von Zentrum-Umfeld- sowie von einfachen und komplexen Zellen des visuellen Cortex höherer Lebewesen simuliert, was zu einer Extraktion bestimmter Strukturmerkmale des Eingangsbildes führt. Die räumliche Aktivitätsverteilung der Neurone kann als ortstolerante Repräsentation der Eingabemuster verstanden werden.

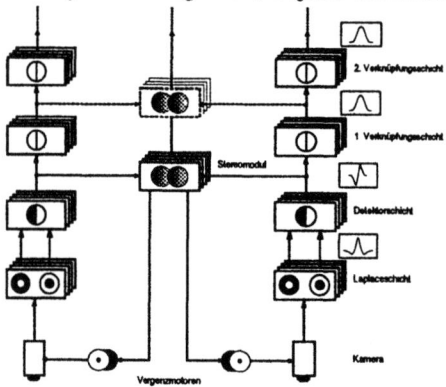

Abb. 3.1: Vorverarbeitung

Das Netzwerk besitzt für jede Auflösungsebene vier hierarchisch angeordnete Schichten. Diese werden in der Systemhierarchie als Laplaceschicht, Detektorschicht, erste und zweite Verknüpfungsschicht bezeichnet und sind für diese Arbeit von primärem Interesse.

Die erste Verarbeitung des Grauwertbildes, findet in der Laplaceschicht statt. Diese Schicht besteht aus Neuronen, ähnlich den retinalen Ganglienzellen, die rezeptive Felder mit Zentrum-

Umfeld Charakter haben. Der Netto-Input dieser Neurone errechnet sich aus der gewichteten Summe der im rezeptiven Feld befindlichen Eingangsgrauwerte und wird identisch auf deren Aktivierung abgebildet.
Die synaptischen Eingangsgewichte der Neurone werden durch Gewichtsfunktionen (Abb. 3.2a) repräsentiert, die mit dem Eingangsbild gefaltet werden. Die Gewichtsfunktionen haben spezielles Bandpaßverhalten und werden aus der Differenz zweier gewichteter Gaußfunktionen generiert.
Insgesamt werden zur Filterung vier verschiedene Gewichtsfunktionen verwendet, die sich durch die Standardabweichungen ihrer Gaußfunktionen und damit in den Radien der rezeptiven Felder unterscheiden. Die Ergebnisse werden unterschiedlich abgetastet, wodurch die abnehmende Verteilungsdichte und die zunehmende Größe der Einzugsgebiete der retinalen Ganglienzellen von der Fovea in Richtung Peripherie näherungsweise nachgebildet wird. Das Abtastraster unterteilt sich dabei in vier verschieden große Gitter mit unterschiedlicher Maschenweite.

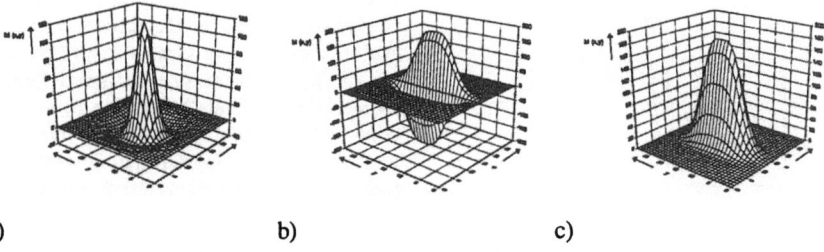

a) b) c)

Abb. 3.2: Gewichtsfunktionen der Verarbeitungsschichten

Die Neurone der Detektorschicht sind über spezielle Gewichtsfunktionen mit den Laplaceneuronen verbunden. Diese Neurone dienen in Analogie zu den einfachen Zellen des primären visuellen Cortex zur Detektion gerichteter Konturverläufe. Ihre Gewichtsfunktionen repräsentieren orientierungsspezifische rezeptive Felder (Abb. 3.2b).
Die Gewichtsfunktion wird in 12 verschiedenen Orientierungen von 0° bis 180° mit den Laplacebildern der verschiedenen Auflösungsebenen gefaltet. Die negativen Werte dieses Faltungsergebnisses repräsentieren, ähnlich wie bei der Laplacefaltung, die Reaktion der antagonistischen Detektorneurone von 180° bis 360°. Die resultierende Winkelauflösung beträgt somit 15°. Der Netto-Input wird auch bei diesen Neuronen identisch auf deren Aktivierung abgebildet.
Die Orientierungsspezifität dieser Neurone verläuft kontinuierlich, so daß auch Stimuli, die nicht exakt die Vorzugsorientierung aufweisen, Aktivitäten erzeugen. Die nebenstehende Abbildung zeigt die Reaktion eines Detektorneurons auf die verschiedenen Orientierungen eines Teststimulus (Grauwertsprung von 100 Einheiten).

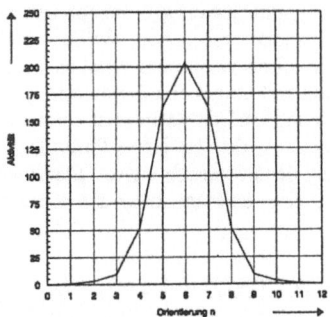

Abb. 3.3: Orientierungsselektivität

Die Neurone der ersten Verknüpfungsschicht sind orientierungsspezifisch über bestimmte Gewichtsfunktionen (Abb. 3.2c) mit den Detektorneuronen verbunden. Diese räumlichen Gewichtsverteilungen besitzen ebenfalls Vorzugsorientierungen mit einer Winkelauflösung von 15°. Dabei ist ein Verknüpfungsneuron einer bestimmten Orientierung nur mit den Detektorneuronen verbunden, welche auf die gleiche Orientierung spezialisiert sind. Die Neurone der 2. Verknüpfungsschicht sind auf die gleiche Weise mit den Neuronen der 1. Verknüpfungsschicht verbunden und besitzen eine identische Gewichtsfunktion.
Die beiden Verknüpfungsschichten haben die Aufgabe, komplexere Strukturen zu extrahieren und durch die Verbreiterung der Aktivitätsmuster eine höhere Ortstoleranz zu erzielen.

Die Faltungsoperationen der Merkmalverknüpfung werden als Multiplikation der Eingangsspektren mit den jeweiligen Übertragungsfunktionen im Fourierbildbereich durchgeführt. Die Aktivierung der Neurone dieser Verarbeitungsschichten wird durch eine nichtlineare Abbildungsvorschrift mit sigmoiden Charakter auf das Outputsignal abgebildet, wodurch nach jeder Verarbeitungsschicht eine Rücktransformation in den Ortsbereich erforderlich ist.

4. Merkmalskorrespondenz

Durch die besondere Art der Signalvorverarbeitung im NAVIS-System kommt es in den höheren Verarbeitungsschichten in Form von Neuronenaktivitäten zu einer räumlich verteilten Merkmalsrepräsentation. Die Aktivitäten der Neurone werden in Form eines dreidimensionalen Merkmalsraums $V(x,y,\delta)$ gespeichert, wobei x,y die Bildebenenkoordinaten darstellen. Die Koordinate δ repräsentiert den Winkel des rezeptiven Feldes der Detektorneurone.

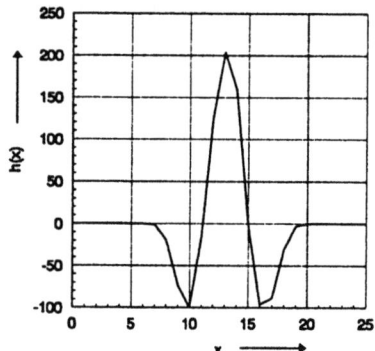

Abb. 4.1: Sprungantwort Detektorschicht

Auf Ereignisse wie Grauwertsprünge antworten die Detektorneurone mit speziellen Aktivitätsverläufen, die als Merkmale zu einer Korrespondenzberechnung verwendet werden können (Abb. 4.1). Als Merkmal F wird die eindimensionale x-Umgebung eines Punktes (x,y,δ) definiert, in der die lokale Streuung σ_F um den lokalen Mittelwert μ_F einen Schwellwert $\overline{\sigma}$ überschreitet. Die räumliche Umgebung l, die hierbei betrachtet wird, ist abhängig von der räumlichen Ausdehnung der Detektorneuronenaktivitäten in Epipolarrichtung des Kamerasystems. Diese ist wiederum abhängig von der Orientierung des jeweiligen rezeptiven Feldes, wodurch die Umgebung l eine Funktion von δ ist.

$$F_1(\chi,x,y,\delta) = \text{rect}\left(\frac{\chi - l(\delta) - x}{l(\delta)}\right) V_1(\chi,y,\delta) \quad (4)$$

$$\text{rect}(x) = \begin{cases} 1; & |x| \leq 1 \\ 0; & |x| > 1 \end{cases} \quad (5)$$

Die Merkmale werden unter Berücksichtigung der Epipolareinschränkung und der Orientierung des jeweiligen rezeptiven Feldes miteinander verglichen, wobei kleine Kamerawinkel angenommen werden, so daß die Epipolarrichtung näherungsweise gleich der x-Richtung ist. Wir definieren einen Ähnlichkeitsraum A, der für jeden Punkt (x,y,δ) und alle Verschiebungen $\tilde{x}$ ein Maß für die Übereinstimmung der Merkmale liefert. Durch eine Normierung besitzt die Funktion eine obere Schranke, die eine Aussage über die Güte der Übereinstimmung zuläßt.

$$A_{12}(x,y,\delta,\tilde{x}) = \begin{cases} \Gamma\left\{\dfrac{\frac{1}{2l(\delta)}\int F_1(\chi,x,y,\delta)F_2(\chi-\tilde{x},x-\tilde{x},y,\delta)d\chi - \mu_{F_1}\mu_{F_2} - (\mu_{F_1}-\mu_{F_2})^2}{\sigma_{F_1}\sigma_{F_2}}\right\}; & \sigma_{F_1} \wedge \sigma_{F_2} \geq \overline{\sigma} \\ 0; & \sigma_{F_1} \vee \sigma_{F_2} < \overline{\sigma} \end{cases} \quad (6)$$

Durch die Normierung ist die Funktion, die eine Modifikation der normierten Kreuzkorrelationsfunktion darstellt, darüberhinaus invariant bezüglich Kontrastdifferenzen im Grauwertbild zwischen den Stereokanälen, die sich in dieser Verarbeitungsebene in Amplitudendämpfungen äußern. Um die Trennschärfe der Funktion etwas zu erhöhen, wird im Zählerterm das Quadrat der Mittelwertdifferenzen subtrahiert.

$$\Gamma(x) = \begin{cases} x; & x \geq a(\delta) \\ 0; & x < a(\delta) \end{cases} \quad (7)$$

Die Funtion Γ ist eine lineare Schwellwertfunktion, die mögliche Korrespondenzpartner aus dem Ähnlichkeitsraum herausfiltert. Der Schwellwert a dieser Funtion ist orientierungsabhängig. Die $\tilde{x}$-Koordinate der überschwelligen Ähnlichkeitswerte entspricht der Disparität der möglichen Korrespondenzpartner.

5. Selbstorganisierender Disparitätsraum

Die Eindeutigkeitsforderung bedeutet für den Ähnlichkeitsraum A, daß nur ein Ähnlichkeitswert für jeden Punkt (x,y,δ) mit seiner $\tilde{x}$-Koordinate die Disparität bestimmen darf. Wählt man nun hierzu das absolute Ähnlichkeitsmaximum, kann es zu Fehlern kommen, da die Kontinuitätsforderung nicht berücksichtigt wird.
Aus der Forderung nach der Kontinuität der Disparität ergibt sich, daß überschwellige Ähnlichkeitswerte mit ähnlichen x,y-Koordinaten auch ähnliche $\tilde{x}$-Koordinaten aufweisen müssen. Die quasikontinuierliche Orientierungsselektivität der Detektorneurone (siehe Abb. 3.3) bewirkt, daß im allgemeinen mehrere überschwellige Ähnlichkeitswerte mit gleichen x,y- aber unterschiedlichen δ-Koordinaten existieren. Diese zusätzliche Information wird im folgenden genutzt um Fehlzuweisungen auszuschließen, indem die Kontinuität auch innerhalb einer gewissen δ-Umgebung erzwungen wird. Weiterhin gilt für den Ähnlichkeitsraum folgender Zusammenhang:

$$A_{12}(x,y,\delta,\tilde{x}) = A_{21}(x-\tilde{x},y,\delta,-\tilde{x}) \tag{8}$$

Durch Okklusionen oder sonstige Differenzen zwischen den beiden Stereokanälen kann es dazu kommen, daß bei passender Verschiebung auf der Epipolarlinie in der $\tilde{x}$-Umgebung des Punktes $(x_P, y_P, \delta_P, \tilde{x}_P)$ im A_{12}-Raum und des Punktes $(x_P-\tilde{x}_P, y_P, \delta_P, -\tilde{x}_P)$ im A_{21}-Raum Ähnlichkeitswerte überschwellig sind, die unterschiedliche Korrespondenzpartner repräsentieren. Indem die Kontinuität sowohl im A_{12}- als auch im A_{21}-Raum in gegenseitiger Abhängigkeit erzwungen wird, kann eine weitere Reduzierung der Fehlzuweisungen erreicht werden.
Um die Kontinuität der Disparität zu etablieren, werden zeitabhängige Disparitätsneurone für jeden Punkt $(x,y,\delta,\tilde{x})$ definiert, die lineares Schwellwertverhalten besitzen.

$$\underline{\lambda}(x,y,\delta,\tilde{x},t) = \begin{cases} \lambda(x,y,\delta,\tilde{x},t); & \lambda(x,y,\delta,\tilde{x},t) \geq \Theta \\ 0; & \lambda(x,y,\delta,\tilde{x},t) < \Theta \end{cases} \tag{9}$$

Als Anfangsaktivität werden diesen Neuronen die Ähnlichkeitswerte an den betreffenden Koordinaten zugewiesen.

$$\begin{aligned} \lambda_{12}(x,y,\delta,\tilde{x},t=t_0) &= A_{12}(x,y,\delta,\tilde{x}) \\ \lambda_{21}(x,y,\delta,\tilde{x},t=t_0) &= A_{21}(x,y,\delta,\tilde{x}) \end{aligned} \tag{10}$$

Jedes Neuron ist inhibitorisch über einen Kopplungsparameter η mit seinem $(x,y,\delta,\tilde{x})$-Umfeld sowohl im λ_{12}- als auch im λ_{21}-Raum gekoppelt. Das zeitliche Verhalten dieser Neurone wird durch eine nichtlineare Differentialgleichung definiert.

$$\dot{\lambda}_{12}(x,y,\delta,\tilde{x},t)\underline{\lambda}_{12}(x,y,\delta,\tilde{x},t) + \eta \iiint\limits_{x_u,y_u,\delta_u,\tilde{x}_u} \left[\underline{\lambda}_{12}(\hat{x},\hat{y},\hat{\delta},\hat{\tilde{x}},t) + \underline{\lambda}_{21}(\hat{x}-\tilde{x},\hat{y},\hat{\delta},-\hat{\tilde{x}},t)\right] d\hat{x}d\hat{y}d\hat{\delta}d\hat{\tilde{x}} = 0 \tag{11}$$

Die Berechnung der Aktivitäten λ_{21} erfolgt analog. Die Integrationsbereiche x_u, y_u sind hierbei die jeweiligen Umgebungen der betreffenden Koordinaten. Der Integrationsbereich x_u kann im Vergleich zu y_u relativ groß gewählt werden, da es aufgrund der besonderen Merkmale an Objektgrenzen im fehlerfreien Fall nicht zu Diskontinuitäten im Disparitätsverlauf in Epipolarrichtung kommen kann. Das Umfeld δ_u richtet sich nach der Orientierungsselektivität der Detektorneurone. Die $\tilde{x}_u$-Umgebung beinhaltet den kompletten Disparitätsbereich, mit Ausnahme einer kleinen Umgebung um die $\tilde{x}$-Koordinate des gerade aktuellen Disparitätsneurons, wodurch kleine Disparitätsgradienten zugelassen werden.

Wählt man den Schwellwert $\Theta > 0$, so ist $\underline{\lambda}$ mathematisch positiv definit, und das System ist für alle Anfangswerte stabil, da nur inhibitorische Kopplungen vorgesehen sind. Ist die Ruhelage des Systems mit $\lambda_R(x,y,\delta,\tilde{x},t) \equiv 0\ \forall\ x,y,\delta,\tilde{x}$ erreicht, so bestimmen die Neurone mit $\underline{\lambda}_R \neq 0$ mit ihrer $\tilde{x}$-Koordinate die Disparität für jeden Punkt (x,y,δ). Die Projektion der $\tilde{x}$-Koordinaten aller überschwelligen Disparitätsneurone in die x,y-Ebene ergibt ein zweidimensionales Disparitätsfeld. Durch die Vorgabe eines Fovealisierungspunktes [1], der sich auf eines der beiden Bildebenenkoordinatensysteme bezieht, kann so ein Objekt in Form von auflösungsabhängigen Makrosakkaden fixiert werden.

6. Disparationsspezifische Neuronenaktivitäten

Wird ein Objekt P durch das Ausrichten der Sehachsen korrekt fixiert, so werden in dem entsprechenden Gebiet der x,y-Ebene, in die das Objekt abgebildet wird, Disparitätsneurone erregt, deren $\tilde{x}$-Koordinaten etwa den Wert Null aufweisen. Projiziert man nun die Merkmale, die zu dieser Aktivität führen, auf eine höhere Neuronenschicht, so können Detektorneuronenaktivitäten ausgekoppelt werden, die Objekte repräsentieren, die nahe des Horopters im Bereich der "Panum's fusion area" [11] des Robotersystems liegen. Analog hierzu können auch je nach Vorzeichen der $\tilde{x}$-Koordinate Fern- bzw. Nahzellen [9] simuliert werden, die reagieren, wenn sich Objekte vor bzw. hinter dem gerade fixierten Objekt befinden.

Da sich das linke und das rechte Bild aufgrund der Perspektive auch im Bereich der Horopterdetektoren leicht unterscheiden kann, wird der arithmetische Mittelwert der relativ zueinander passend verschobenen rechten und linken Detektoraktivitäten in das Horopterdetektorfeld übernommen.

Die Extraktion der Horopterdetektoraktivitäten aus den Detektoraktivitäten ermöglicht eine Trennung des gerade fixierten Objektes von seiner Umgebung und ist deshalb von immenser Bedeutung für nachfolgende Verarbeitungsschichten und das Assoziativnetzwerk.

7. Ergebnisse

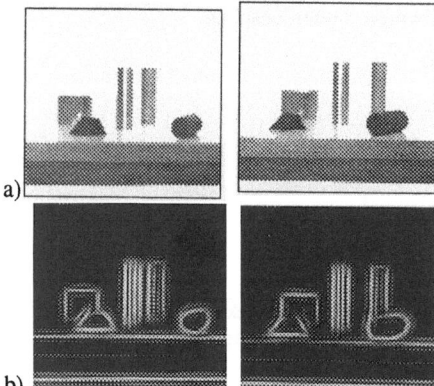

Abb. 7.1: Stereobildpaar und Neuronenaktivitäten

Das nebenstehende Beispielsstereobildpaar (Abb. 7.1a) soll die Leistungsfähigkeit des hier vorgestellten Verfahrens demonstrieren. In der Szene sind mehrere dreidimensionale Objekte, wie Säulen, Würfel usw. vorhanden, die sich in unterschiedlicher Entfernung zum Kamerasystem befinden. Die Oberflächenstruktur dieser Objekte reicht von metallisch glänzend bis mattschwarz. Die mittlere Säule ist bei dieser Szene zuvor durch die Vergenzbewegung des Kamerakopfes in Form einer Makrosakkade fixiert worden. Das Eingangssignal führt zu Aktivitäten der Detektorneurone, die im dreidimensionalen Merkmalsraum V räumlich verteilt vorliegen. Um diese Aktivitäten darstellen und sie den Objekten zuordnen zu können, sind in Abbildung 7.1b alle Aktivitäten in die x,y-Ebene projiziert und durch Grautöne entspechend ihrer Aktivität sichtbar gemacht worden. In der Abbildung 7.2 ist jeweils die $\tilde{x}$-Koordinate des gerade aktivsten Disparitätsneurons für die δ-Koordinate dargestellt, die vertikale Konturverläufe repräsentiert. Mittlere Grautöne entsprechen dabei dem gerade fixierten Objekt. Hellere Grautöne im λ_{12}-Raum repräsentieren Objekte, die sich vor, und dunklere Grautöne, die sich hinter dem fixierten Objekt befinden. Im λ_{21}-Raum ist die Farbgebung aufgrund der Vorzeichenumkehr in Beziehung (8) genau umgekehrt. Die Ergebnisse sind für mehrere Iterationsschritte n sowohl für den λ_{12}-Raum (Abb. 7.2a) als auch für den λ_{21}-Raum (Abb. 7.2b) dargestellt.

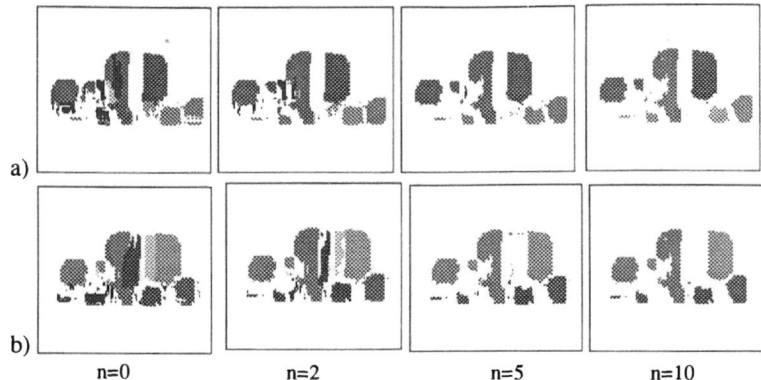

a)

b)

n=0　　　　　　n=2　　　　　　n=5　　　　　　n=10

Abb. 7.2: Selbstorganisationsprozeß des Disparitätsraumes

Trotz auftretender Okklusionen und unterschiedlicher Reflektionen kann man in diesem Beispiel sehen, daß sich durch die dynamischen Disparitätsneuronen in Beziehung (11) bereits nach wenigen Iterationsschritten kontinuierliche, eindeutige Disparitätsfelder herauskristallisieren. Die Projektion der $\bar{x}$-Koordinate aller überschwelligen Disparitätsneurone des λ_{12}- Raums in die x,y-Ebene ist in Abbildung 7.3a dargestellt. Dieses Disparitätsfeld ist Ausgangspunkt für die Berechnung der neuen Kamerawinkel (siehe Abb. 2.1), die zur Fixation eines neu fovealisierten Objektes führen. Abhängig von dem Einzugsgebiet der benutzten Auflösungsebene, kann das u.U. grob fixierte Objekt in kleineren Sakkaden, die aus Disparitätsfeldern höherer Auflösungsebenen berechnet wurden, durch Nachregelung der Vergenzwinkel genauer fixiert werden. Extrahiert man die Aktivitäten der Horopter-, Fern- und Nahzellen nach dem in Kapitel 6 vorgestellten Verfahren, so ergeben sich disparationsensitive Neuronenaktivitäten, die in den Abbildungen 7.3b-7.3d dargestellt sind. Mit diesem Verfahren ist es möglich die Neuronenaktivitäten fixierter Objekte vollständig von ihrer Umgebung zu trennen. Die Untersuchung unterschiedlicher Testmuster zeigte, daß das Verfahren auch bei stark mehrdeutigen Stereobildpaaren, wie Zufallspunktstereogrammen sinnvolle, kontinuierliche Disparitätsfelder liefert.

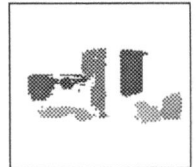
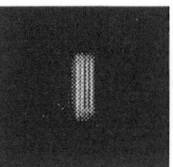
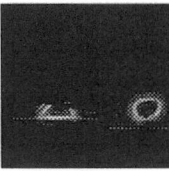
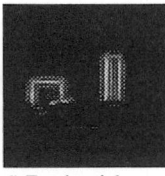

a)　　　　　b) Horopter　　c) Nahbereich　　d) Fernbereich

Abb. 7.3: Disparitätsfeld und disparationssensitive Neuronenaktivitäten

8. Literatur

[1] Drüe, S.; Hoischen, R.; Trapp, R.: Tolerante Objekterkennung durch das Neuronale Active-Vision-System NAVIS. In: Kropatsch, W. G.; Bischof, H. (Hrsg.), 16. DAGM-Symposium Mustererkennung 94, S. 253-264, Wien 1994

[2] Aschwaden, P.; Guggenbuhl, W.: Experimental Results from a Comparative Study on Correlation-Type Registration Algorithms. In: Förstner; Ruwedel (ed.): Robust Computer Vision, S. 268-289, 1992

[3] Marr, D.; Poggio, T.: A theory of human stereo vision. In: Proc. Roy. Soc. London, vol B 204, S. 301-328, 1979

[4] Medioni, G.; Nevatia, R.: Segment-based stereo matching. In: Comput. Vision, Graphics, Image Processing, vol. 31, S. 2-18, 1985

[5] Prazdny, K.: Detection of binocular disparities. In: Biol. Cybernetics, vol. 52, S. 93-99, 1985

[6] Horaud, R.; Skordas, T.: Stereo Correspondence Through Feature Grouping and Maximal Cliques. In: IEEE Transactions on Pattern Analysis and Machine Intelligence, vol. 11, S. 1168-1180, 1989

[7] Marr, D.; Poggio, T.: Cooperative Computation of Stereo Disparity. In: Science, vol 194, S. 283-287, 1976

[8] Reimann, D.; Haken, H.: Mustererkennung und Stereoskopie. In: Kropatsch, W. G.; Bischof, H. (Hrsg.), 16. DAGM-Symposium Mustererkennung 94, S. 117-125, Wien 1994

[9] Hubel, D. H.; Livingstone, M. S.: Segregation of Form, Color, and Stereopsis in Primate Area 18. In: J. Neuroscience, vol 7, S. 3378-3415, 1987

[10] Trapp, R.: Räumliche Interpretation von Stereobildern durch ein neuronales Active-Vision-System zur Regelung der Vergenzbewegung eines binokularen Kamerakopfes. Diplomarbeit, Universität-GH Paderborn, 1994

[11] Fender, D.; Julesz, B.: Extension of Panum's fusional area in binocularly stabilized vision. In: J. of the Opt. Soc. of Amer., vol. 57, S. 819-830, 1967

Plausibilistische Vorverarbeitung von unvollständigen Tiefenbildern

Björn Krebs und Bernd Korn

Institut für Robotik und Prozeßinformatik
Technische Universität Braunschweig
Hamburger Str. 267, D-38114 Braunschweig
email: {B.Krebs, B.Korn}@tu-bs.de

Zusammenfassung Die Interpretation von Sensordaten wird durch Datenverlust und Fehler behindert. Nicht normalverteilte Fehler treten dort auf, wo die physikalischen Beobachtungsbedingungen verletzt werden. Um mit diesen Schwierigkeiten fertig zu werden, stellen wir einen neuen Ansatz zur Vorverarbeitung von Tiefendaten vor. Um vollständige Oberflächeninformationen zu erhalten, wird eine Interpolation der Ausgangsdaten vorgestellt. Darüberhinaus wird diese Interpolation durch ein Plausibilitätmaß, welches von der lokalen Dichte der Sensordaten abhängt, kontrolliert.

Analyse von Tiefenbildern – perspektivische Verzerrungen – nicht-normalverteilte Fehler – Dichte von Sensordaten – Plausibilität

1 Einleitung

Die 3d Szeneninterpretation stützt sich in letzter Zeit vermehrt auf Tiefendaten, die direkt von 3d-Sensoren, oft in Form von Tiefenbildern, generiert werden. Dies ist insbesondere darauf zurückzuführen, daß Tiefenbilder eine adequate Schnittstelle zwischen Sensorsystem und 3d Szeneninterpretation darstellen.
Der erste Schritt bei der Analyse von Tiefendaten besteht gewöhnlich in der Extraktion von geometrischen Primitiven, die Kanten- und Flächeninformationen enthalten. Die meisten Flächenmodelle verwenden Oberflächen polyedrischer Körper (z. B. [4], [5]) oder von einfachen 3d Formen wie Kugeln oder Zylinder (z. B. [2]). Die Beschränkung auf fest definierte Oberflächentypen engt die Art der erkennbaren Objekte ein. Eine Erweiterung der Klasse der erkennbaren Objekte kann immer nur durch eine gleichzeitige Änderung der Bildanalysewerkzeuge erreicht werden. Um flexiblere Modellflächen einsetzen zu können, schlagen einige Autoren direkte Erkennungsverfahren mit Freiformflächen vor (z. B. [3], [7]). Die Extraktion von Oberflächen höherer Ordnung reagiert jedoch auf Störungen sehr empfindlich. Deshalb schlagen wir eine Vorverarbeitung der Sensordaten vor, die ohne a priori Wissen der Oberflächen auskommt. Somit dient die Vorverarbeitung als Schnittstelle zwischen Sensorebene und der abstrakteren Ebene der 3d Szeneninterpretation.

In unserem Ansatz besteht die Tiefendatengewinnung mit anschließender Vorverarbeitung aus 4 Schritten. Der erste Schritt besteht aus der eigentlichen Tiefendatengewinnung, gefolgt von einer sensorspezifischen Fehlerreduktion im Schritt 2 (s. Abschnitt2). Anschließend werden die perspektivisch verzerrten Tiefendaten orthogonalisiert, was eine gleichzeitige Sichtintegration erlaubt (s. Abschnitt3). In einem abschließendem Arbeitsgang werden die Tiefendaten interpoliert, um dichte Tiefeninformationen zu erhalten (s. Abschnitt 4). Die Interpolation muß dabei folgenden Kriterien genügen:

1. Die Ursprungsdaten dürfen nicht verändert werden.
2. Die geometrischen Eigenschaften der Objektoberflächen, wie z. B. die Krümmung, muß erhalten bleiben.
3. Die interpolierten Daten müssen beurteilt werden, in wieweit eine Fläche von vorhandenen Daten gestützt wird.

2 Tiefendaten-Akquisition und Fehlerreduktion

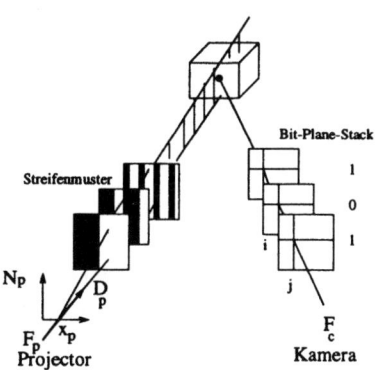

Abbildung1. Zeitliche Kodierung des Meßraumes mit Hilfe von n Streifenmustern.

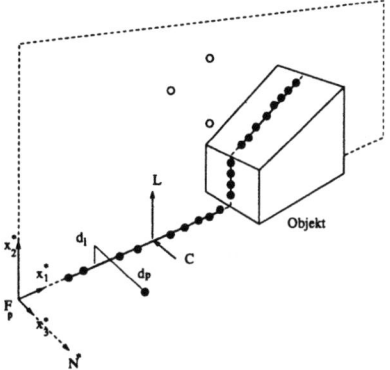

Abbildung2. Alle Punkte, die nicht im Schnitt der Beleuchtungsebene mit der Objektoberfläche liegen, werden eliminiert.

Der verwendete Tiefensensor basiert auf dem Codierten-Licht-Ansatz [9] [10], einem schnellen und robusten aktiven Triangulationsverfahren. Das System besteht aus einer Kamera, einem oder mehreren Projektoren und einer geeigneten Bildverarbeitungshardware. Ein Projektor beleuchtet die Szene mit einer Sequenz von n Streifenmustern, die eine Unterscheidung in 2^n Beleuchtungskeilen erlauben. Die 3D-Koordinaten eines beobachteten Szenenpunktes werden durch Triangulation berechnet, d. h. durch den Schnitt von Sehstrahl mit der dem Beleuchtungskeil zugeordneten Beleuchtungsebene.

In unserem experimentellen Aufbau benutzen wir eine "Tiefenauge-in-Hand-Konfiguration", bei der die Kamera in der Roboterhand und die Projektoren geeignet in der Roboterarbeitszelle montiert sind [8]. Verschiedene Sichten werden durch eine effiziente Implementierung der Rekalibrierung und der Kalibrierung auf einer speziellen Bildverarbeitungshardware[1] unterstützt.

Normalerweise trägt nur ein Teil der Sensordaten gültige Tiefeninformationen, von denen einige auch noch mit nicht normalverteilte Fehler[2] behaftet sind. Die Art des Fehlers hängt direkt mit dem verwendeten Sensor zusammen. Fehler der Optik, wie z. B. die Verzeichnungen der Kamera werden während der Kalibrierung weitgehend eliminiert. Die weiteren systematischen Fehler tauchen in einigen Szenenbereichen gehäuft auf und können nicht von vornherein berücksichtigt werden. Um diese Fehler zu eliminieren, wählt die Fehlerreduktion nur die Menge von gültigen Punkten aus, die bestimmten geometrischen Bedingungen genügen. Die 3d Koordinaten eines jeden Punktes werden durch den Schnitt der Beleuchtungsebene mit dem Sehstrahl berechnet. Sortiert man alle Punkte einer Beleuchtungsebene nach ihrer Entfernung zum Flächenursprung, so kann eine Menge von Punkten $S = \{P_0, \ldots, P_n\}$ mit n Elementen dadurch verifiziert werden, je nachdem ob diese Punkte einen Schnitt von der Beleuchtungsebene, die durch die Flächennormale N^* und den Flächenursprung F_p beschrieben wird, mit einer Objektoberfläche definieren (siehe Abb. 2). Somit muß die Punktfolge S folgenden Bedingungen genügen:

$\forall P \in S:$

$$n > \nu \qquad (1)$$
$$d_p = |x_3^*| < \theta \qquad (2)$$
$$d_l = |((x_1^* l_1 + x_2^* l_2) - (c_1 l_1 + c_2 l_2)| < \zeta \qquad (3)$$

Mit $L = (l_1, l_2)$ wird der Normalenvektor und mit $C = (c_1, c_2)$ der Schwerpunkt der Schnittgeraden in der Beleuchtungsebene durch die Punktfolge S bezeichnet. Die Koordinaten der Punkte sind bezüglich des lokalen Koordinatensystems der Beleuchtungsebene gegeben. Die Fehlerreduktion wird durch die drei Schwellwerte ν, θ und ζ kontrolliert.

3 Perspektivische Verzerrungen und Sichtintegration

Die Tiefenbilder sind perspektivisch verzerrt. Dies gilt im Prinzip für alle Sensorsysteme, da Tiefenbilder aus einer perspektivischen Projektion entstehen, siehe Abb. 3. Die meisten Applikationen nehmen jedoch lange Brennweiten mit fast parallelen Sehstrahlen an und vernachlässigen die perspektivischen Verzeichnungen (z. B. [1]). In den meisten realen Sensorsystemen ist der Meßabstand und damit die verwendete Brennweite jedoch klein. Demzufolge können die Effekte

---
[1] DATACUBE MAX-VIDEO 10
[2] besonders in der Nähe von Sprungkanten

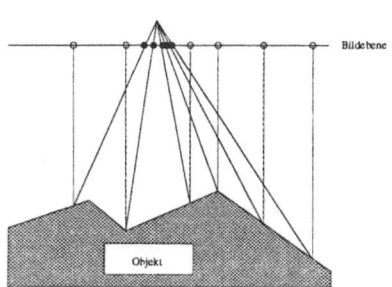
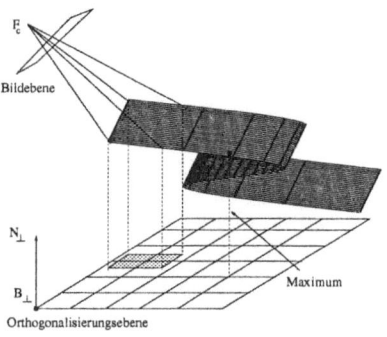

Abbildung 3. Perspektivische und orthographische Projektion.

Abbildung 4. Orthogonalisierung erhält nur die Teile einer Objektoberfläche, die bezüglich der Orthogonalisierungsebene eine Monge-Fläche bilden.

der perspektivischen Verzerrungen nicht vernachlässigt werden. Die 3d Szeneninterpretation muß also auf den 3d Koordinaten der vermessenen Punkte arbeiten oder das Abstandsmaß muß angepaßt werden. Um homogene Filteroperationen anwenden zu können, ohne Fehler aus den perspektivischen Verzerrungen zu erhalten (z. B. Gradientenfilter zur Bestimmung von Flächenneigungen), müssen die Daten in funktionale Werte abgebildet werden. Ein äquidistantes Abstandsmaß kann durch eine *Orthogonalisierung* auf eine *Orthogonalisierungsebene* erreicht werden. Orthogonalisierung beschränkt die beobachtbaren Oberflächen auf *Monge-Flächen*, deren geometrischen Eigenschaften unter orthographischer Projektion bezüglich der Orthogonalisierungsebene erhalten bleiben ([6]).

Ist eine Objektoberfläche keine Monge-Fläche bezüglich der Orthogonalisierungsebene, so ist die Orthogonalisierung nicht bijektiv. An diesen Stellen wird der *maximale Abstand* eines 3d Punktes P zur Orthogonalisierungsebene selektiert. Die Orthogonalisierungsebene wird mit dem Normalenvektor $N_\perp = (n_1, n_2, n_3)$ und dem Ursprung $B_\perp = (b_1, b_2, b_3)$ beschrieben (Abb. 4).

$$\pi_{max}(x_1, x_2, d_{max}) : d_{max} = \max | \sum_{i=0}^{2} x_i n_i - \sum_{i=0}^{2} b_i n_i | \qquad (4)$$

Der Informationsverlust bei der Orthogonalisierung von nicht-Monge-Flächen kann durch die Verwendung von mehreren orthographischen Abbildungen aufgelöst werden, d. h. Orthogonalisierung in die drei Koordinatenebenen stellt die gesamte Objektinformation zur Verfügung. Aber nicht alle Teile einer Fläche sind aus einer Sicht auch sichtbar. Die Integration von verschiedenen Sichten löst dieses Problem, indem die Informationen aus den verschiedenen Sichten auf eine Orthogonalisierungsebene projiziert werden.

4 Interpolation unvollständiger Daten

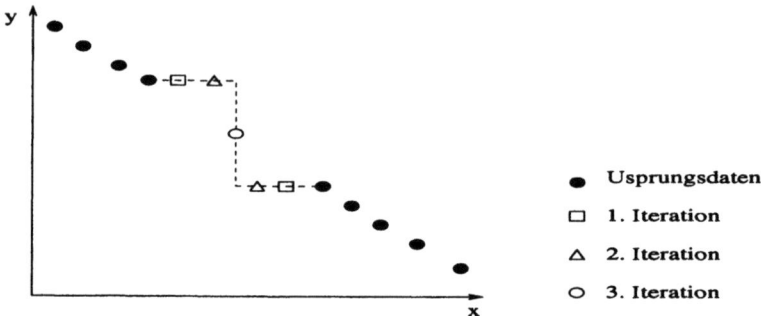

Abbildung 5. Bei der Averaging- oder Median-Filterung entstehen Artefakte.

Die Orthogonalisierung erlaubt eine Verarbeitung der Tiefendaten ähnlich den homogenen Operationen auf Grauwertbildern. So können aus der 2d Grauwertbildverarbeitung wohlbekannte Filteroperationen wie Averaging-Filter oder Median-Filter übertragen werden. Sei $I = \{(x,y) \mid 0 \leq x \leq N, 0 \leq y \leq M\}$ die Menge der orthogonalisierten Tiefendaten nach der Fehlerreduktion. Das Tiefenbild kann nun als eine Funktion über einem Feld von Pixeln aufgefaßt werden $r_0 : [0, \ldots, N] \times [0, \ldots, M] \mapsto \Re \cup \{\bot\}$ von gültigen Tiefendaten aus $\Re$ oder von unbekannter Tiefeninformation $\bot$. So wird das Tiefenbild in zwei disjunkte Mengen von Pixeln eingeteilt:

$$S_0 = \{(x,y) \in I \mid r_o(x,y) \neq \bot\} \quad (5)$$
$$\bar{S}_0 = I - S_0 \quad (6)$$

Ein *Tiefendaten-Averaging*-Filter kann mit einem $n \times n$ Fenster $k_n(x,y)$ realisiert werden (Abb. 6):

$$r_{i+1}(x,y) = \begin{cases} r_i(x,y) & : (x,y) \in S_i \\ \sum_Q \frac{r_i(\xi,\eta)}{|S_i \cap k_n(x,y)|} & : (x,y) \notin S_i \end{cases} \quad (7)$$

mit $Q = (\xi, \eta) \in (S_i \cap k_n(x,y))$
und $S_{i+1} = \{(x,y) \in I \mid r_{i+1}(x,y) \neq \bot\}$.

Dieses Filter neigt dazu, Kanten abzurunden. Um steile Kanten zu erhalten, schlagen wir einen *Tiefendaten-Median*-Filter vor:

$$r_{i+1}(x,y) = \begin{cases} r_i(x,y) & : (x,y) \in S_i \\ \text{Median}(S_i \cap k_n(x,y)) & : (x,y) \notin S_i \end{cases} \quad (8)$$

Diese Filteroperationen erfüllen das erste Kriterium aus Abschnitt 1 und die Algorithmen terminieren bereits nach wenigen Iterationen mit $S_i = I$, abhängig

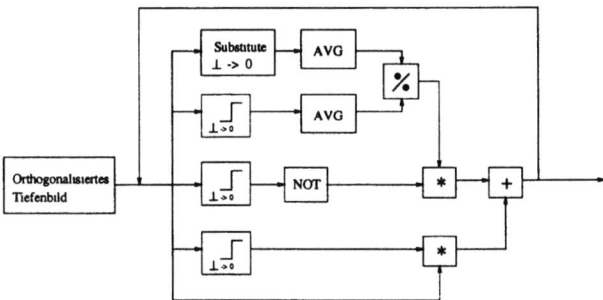

Abbildung 6. Realisierung des Tiefendaten-Averaging-Filters mit elementaren Bildverarbeitungsroutinen, wie sie z. B. von KHOROS zur Verfügung gestellt werden.

von der Kardinalität von S_0. Die Filteroperationen können aber die zweite Forderung nicht erfüllen (Abb. 5).

Deshalb erweitern wir die Filter zu einem Relaxationsverfahren und ändern die Iterationsvorschrift aus (7) ab (Abb. 7):

$$r_{i+1}(x,y) = \begin{cases} r_i(x,y) & : (x,y) \in S_0 \\ \sum_{Q_1} \frac{r_i(\xi,\eta)}{n^2} & : (x,y) \notin S_0 \end{cases} \quad (9)$$

mit $Q_1 = (\xi, \eta) \in k_n(x,y)$. Die Pixel $(x,y) \in \bar{S}_0$ müssen mit einem geeigneten Wert $r(x,y) \in \Re$ initialisiert werden und der Algorithmus hält, wenn:

$$\forall (x,y) \in I \quad |r_{i+1}(x,y) - r_i(x,y)| \leq \varepsilon \quad , \quad \varepsilon \in \Re^+ \quad (10)$$

erfüllt ist.

Das dritte Kriterium aus Abschnitt 1 erfordert einen Plausibilitätswert für die interpolierten Daten. Die Plausibilität eines interpolierten Datums $r(x,y)$ muß

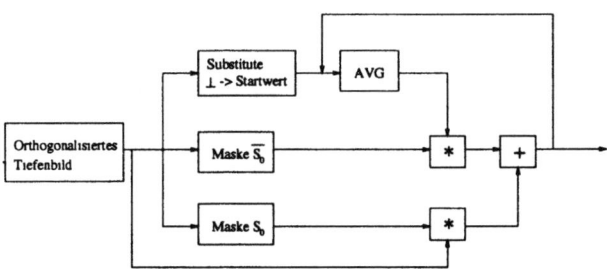

Abbildung 7. Realisierung des Relaxationsalgorithmus mit elementaren BV-Operationen. Die Masken $S_0, \bar{S}_0$ können wie in Abb. 7 mit Schwellwertoperationen generiert werden.

mit der Anzahl gültiger Tiefenwerte in der Nachbarschaft des Pixels (x,y) wachsen. Deshalb wird die Startplausibilität definiert durch:

$$pl_0(x,y) = \begin{cases} 1 &: (x,y) \in S_0 \\ 0 &: (x,y) \notin S_0 \end{cases} \qquad (11)$$

und mit der Vorschrift

$$pl_{i+1}(x,y) = \begin{cases} pl_i &: (x,y) \in S_i \\ \frac{1}{n^2-1}\sum_{Q_1} pl_i(\xi,\eta) &: (x,y) \notin S_i \end{cases} \qquad (12)$$

mit S_0, S_i, S_{i+1} analog zu (7) und mit Q_1 analog zu (9) iteriert.

5 Experimentelle Ergebnisse und Ausblick

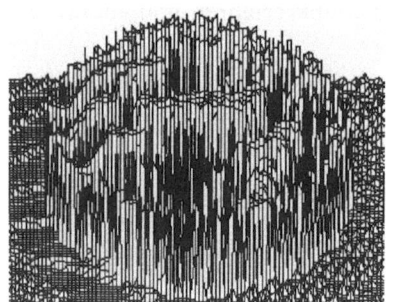 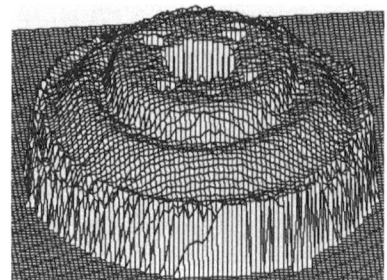

Abbildung 8. Im linken Bild sind sechs Sichten einer Keilriemenscheibe integriert. Das rechte Bild zeigt die Ergebnisse der Vorverarbeitung mit einer Plausibilität größer 0.1. Für die Darstellung wurde $r_0(x,y) = \bot$ mit $r_0(x,y) = -1$ ersetzt.

In unseren Experimenten verwenden wir 512 × 512 2Byte große Tiefenbilder. Nur Tiefenwerte in der Nähe der Kanten der Beleuchtungskeile sind fehlerfrei. Nach der Fehlerreduktion sind nur 20%- 30% aller Pixel mit gültigen Tiefenwerten belegt. Um vollständige Oberflächeninformationen bereit zu stellen, werden sechs verschiedene Sichten der Szene integriert und orthogonalisiert. Das Ergebnis der Vorverarbeitung nach der Interpolation wird in Abb. 8 dargestellt.

In diesem Beitrag haben wir ein neues Verfahren für die Vorverarbeitung von Tiefendaten vorgestellt. Die Vorverarbeitung muß Fehler eliminieren und dichte Tiefeninformationen erzeugen. Die Vorverarbeitung ist unabhängig von einem festen Oberflächenmodell. Deshalb kann die nachfolgende Objekterkennung beliebige Oberflächen- und Objektmodelle verwenden. Veränderungen der Modelle können durchgeführt werden, ohne daß die Vorverarbeitung geändert werden muß. Darüberhinaus können Informationen aus verschiedenen Sichten vor der Szeneninterpretation integriert werden, um vollständige Objektinformationen bereit zu stellen. Das vorgestellte Konzept, Fehlerreduktion mit geometrischen Bedingungen zu verknüpfen, erlaubt, gültige Tiefeninformationen von Fehlern zu trennen. In einem nachfolgenden Schritt werden die Tiefendaten durch eine Interpolation zu einer dichten Oberfläche ergänzt, wobei die geometrischen Eigenschaften der Oberflächen erhalten bleiben. Ein Maß für die Plausibilität wurde eingeführt, das dafür sorgt, daß die Ergebnisse der Interpolation bewertet werden können. Erste Ergebnisse wurden vorgestellt und die Leistungsfähigkeit der vorgeschlagenen Algorithmen konnte an realen Tiefenbildern gezeigt werden. In zukünftigen Arbeiten wird die Vorverarbeitung vollständig in unsere Objekterkennung integriert werden, um auch komplexe Oberflächenmodelle zu unterstützen. Darüberhinaus wird die Tiefendatengewinnung und die Vorverarbeitung ein System zur sensorgestützten Greifplanung ermöglichen, das an unserem Institut derzeit entwickelt wird.

References

1. P. J. Besl and R. C. Jain. Segmentation through variable-order surface fitting. *IEEE Transactions on Pattern Analysis and Machine Intelligence*, 10(2):167–192, 1988.
2. R. Bolles and M. A. Fischer. A ransac-based approach to model fitting and its application finding cylinders in range data. In *7th Int. Conf. on Art. Int.*, Vancouver, pages 637–643, 1981.
3. K. Higuchi, M. Hebert, and K. Ikeuchi. Bulding 3-d models from unregisterd range images. In *Proc. IEEE International Conference on Robotics and Automation, San Diego, California, USA*, pages 2248–2253, 1994.
4. J. M. Jolion, P. Meer, and S. Bataouche. Robust clustering with applications in computer vision. *Pattern recognition*, 13(8):791–802, 1991.
5. R. Krishnapuram and C. P. Freg. Fitting an unknown number of lines and planes to image data combatible cluster merging. *Pattern Recognition*, 25(4):385–400, 1992.
6. M. A. Penna and S. Chen. *Image Understanding in Unstructured Enviroment*, volume 2 of *Series in Automation*, chapter Sperical Analysis in Computer Vision and Image Understanding, pages 126–177. World Scientific, 1994.
7. D. A. Simon, M. Hebert, and T. Kanade. Real-time 3-d pose estimation using a high-speed range sensor. In *Proc. IEEE International Conference on Robotics and Automation, San Diego, California, USA*, volume 3, pages 2235–2240, 1994.
8. T. Stahs and F. Wahl. Fast and versatile range data acquisition in a robot work cell. In *Proc. IEEE Int. Conf. on on Intelligent Robots and Systems (IROS), Raleigh, North Carolina*, pages 1169–1174, 1992.
9. F. M. Wahl. A coded light approach for 3d vision. *IBM Research Report, RZ 1452*, 1984.
10. F. M. Wahl. A coded light approach for depth map aquisition. In G. Hartmann, editor, *8.DAGM-Symposium Paderborn*. Springer-Verlag, 1986.

Ein helligkeitsbasiertes Stereoverfahren zur Tiefenschätzung[*]

A. Luo und H. Burkhardt

Mikroelektronik Anwendungszentrum
Hamburg GmbH
Harburger Schloßstr. 6-12
21079 Hamburg
email: luo@maz-hh.de

Tech. Universität Hamburg-Harburg
Technische Informatik I
Postfach 90 10 52
21071 Hamburg
email:burkhardt@tu-harburg.d400.de

Zusammenfassung: In diesem Beitrag stellen wir ein neues helligkeitsbasiertes Stereoverfahren vor, das die Tiefen-Diskontinuität und Okklusion berücksichtigen kann. Es werden die Einflüsse linearer und nichtlinearer Kameraverzerrung auf die Tiefenschätzung diskutiert und eine einfache Methode zur Kamera-Kalibrierung eingeführt. Das in [Luo93] vorgestellte schwach-glatte MAP-Modell des Tiefenfeldes wird auch hier verwendet. Zur Verminderung des Aufwandes werden jedoch die originalen zwei gegenseitigen Matchingprozesse vermieden, wobei nur ein zentrisches Tiefenfeld anstatt zwei Tiefenfelder der Kamerasysteme optimal geschätzt wird. Weiterhin wird der Algorithmus mit einem Mehrgitterverfahren implementiert und die Leistungsfähigkeit anhand realer Beispiele gezeigt.

1 Einleitung

Stereosehen ist ein grundlegendes Verfahren zur Ermittlung der 3-D Struktur einer Szene. Zu seinen Anwendungen gehören z.B. die autonome Führung und Hinderniserkennung von Robotern und Fahrzeugen, die Qualitätsprüfung und Produktionsautomatisierung. Zur Orientierungs- und Erkennungshilfe für Blinde ist im Rahmen des BMBF-Projektes MOVIS ein zuverlässiges Stereoverfahren zu entwickeln, das einen moderaten Aufwand haben soll. Die bekannten Stereoverfahren können in drei Klassen eingeteilt werden: merkmalbasierte, korrelationsbasierte und helligkeitsbasierte Stereoverfahren. Eine Übersicht findet man in [DA89]. Unter der Voraussetzung zuverlässiger Merkmale ist das Matching bei den merkmalbasierten Methoden relativ leichter ist. Aber bei der Blinden-Hilfe ist die wahrzunehmende Umgebung vielfältig und die Arten aufgenommener Szene sind so unterschiedlich, daß die Merkmale schwer auszuwählen sind. Somit wird hierbei das helligkeitsbasierte Stereoverfahren bevorzugt, das die Merkmalextraktion vorteilhaft vermeiden und das gesamte Tiefenfeld der Szene unmittelbar ermitteln kann.

In [Luo93] und [LB95] wird ein helligkeitsbasiertes Stereoverfahren beschrieben, das zwei kooperative Matchingprozesse verwendet. Zur Reduzierung des Aufwandes für praktische Anwendungen wird hierbei ein zentrisches Tiefenfeld jedoch nur durch das einzige Matching zweier Stereobilder unmittelbar geschätzt, statt Tiefeninformationen in zwei unterschiedlichen Koordinatensystemen durch zwei Matchingprozessen zu ermitteln und zur Übereinstimmung zu bringen. Mit dem vorgestellten stückweise kontinuierlichen Modell des 3-D Feldes wird ein MAP (Maximum A-Posteriori) Algorithmus zur optimalen Tiefenschätzung entwickelt. Damit bleibt die Diskontinuität der Tiefen bei der Schätzung gut erhalten und es ist möglich die Okklusion zugleich zu detektieren. Weil zwei Matchingprozesse vermieden werden und identische Tiefenfelder zweier Kamerasysteme nicht mehr benötigt werden, wird der Matchingalgorithmus stark vereinfacht und damit auch der Rechenaufwand reduziert. Um das

---

[*] Diese Arbeit wird durch das BMBF-Projekt MOVIS gefördert.

global optimale Matching zu garantieren und Tiefen zuverlässig zu schätzen, implementieren wir den Algorithmus mit einem Mehrgitterverfahren, was den Rechenaufwand weiterhin stark reduziert.

Bei praktischen Anwendungen des Stereovisionsystems können die linearen und nichtlinearen Verzerrungen der Stereokameras die Genauigkeit der Tiefenschätzung wesentlich beeinträchtigen. Die genaue Vermessung und der Abgleich nichtlinearer Verzerrungen sind aufwendig, da diese zusätzlich vom Objektabstand abhängen. In diesem Beitrag werden die Einflüsse nichtlinearer Verzerrung auf die Tiefenschätzung qualitativ und quantitativ angegeben. Im Fall ohne Abgleich nichtlinearer Verzerrung ist ein geeignetes Kameraobjektiv aufgrund der angeforderten Genauigkeit auszuwählen. Wenn eine sehr genaue Tiefenschätzung angefordert wird, muß man einen nichtlinearen Abgleich ausführen. Weiterhin stellen wir eine einfache Kalibrierungsmethode vor, welche die linearen Parameter der Stereokameras für unsere Anwendung mit hinreichender Genauigkeit ermitteln kann.

Nach der Beschreibung des Stereokameramodells und der Kamerakalibrierung wird ein neuer Stereoalgorithmus und die Implementierung mit einem Mehrgitterverfahren vorgestellt. Zum Schluß wird die Leistungsfähigkeit der Methode diskutiert und auf mögliche weitere Verbesserungen hingewiesen.

2 Ideales Stereokamera-Modell

Um die Rektifikation der Stereobilder zu vermeiden und den Matchingprozeß zu vereinfachen, wird ein laterales Stereokamerasystem bevorzugt, wobei die optische Achse bzw. X- und Y-Achse der beiden Stereokameras zueinander parallel sind und einen Basisabstand B entlang der X-Achse bleiben. Das heißt, daß die beiden Stereokameras die relative Translation $\vec{T} = (B \ 0 \ 0)^T$ und die Rotation $\vec{0}$ haben (Abb. 1).

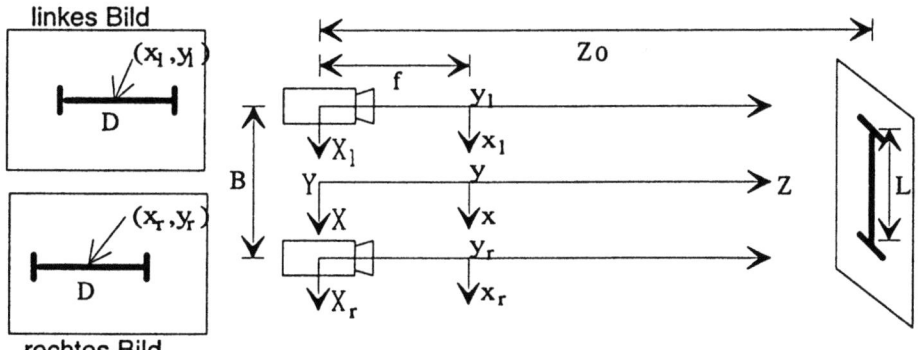

Abb. 1: Laterale Stereokameras

In diesem Abschnitt wird zuerst ein ideales perspektives Modell der Kamera angenommen. Das bedeutet, daß keine linearen und nichtlinearen Verzerrungen bei den Kameras auftreten. Dann beziehen sich die Bildkoordinaten der Kamera auf einen 3-D räumlichen Punkt mit den folgenden Gleichungen:

$$x = f\frac{X}{Z} \text{ und } y = f\frac{Y}{Z} \qquad (1)$$

Daraus ergeben sich die Disparitäten $\Delta x = x_l - x_r = f \dfrac{X_l - X_r}{Z} = \dfrac{Bf}{Z}$ und $\Delta y = y_l - y_r = 0$.

Wenn die Zuordnung zweier Punkte auf den beiden Stereobildern detektiert ist, können wir die räumliche Tiefe des Bildpunktes bestimmen:

$$Z = \frac{Bf}{x_l - x_r} = \frac{Bf}{\Delta x} \qquad (2)$$

Tatsächlich ist das perspektivische Modell für reale Kameras nicht immer geeignet. Die folgenden geome-trischen Verzerrungen in einem CCD-Kamerasystem müssen zusätzlich in Betracht gezogen werden:
- Abweichung der zentralen Position des CCD-Sensors von der optischen Achse,
- nichtlineare Verzerrung der Kamera-Objektive.

Nachfolgend werden die Einflüsse der nichtlinearen Verzerrung auf die Genauigkeit der Tiefenschätzung diskutiert. Im übernächsten Abschnitt werden weiterhin die linearen Verzerrungen abgeglichen und die Kamera-Parameter ermittelt.

3 Einflüsse der nichtlinearen Verzerrung der Stereokameras

Die nichtlineare Verzerrung der Abbildung ist je nach Kamera-Objektiv unterschiedlich. Wir beziehen uns hierbei auf Herstellerangaben oder ermitteln die Kenngrößen durch eigene Messungen. Beim Stereosehen für die Orientierungs- und Erkennungshilfe von Blinden verwenden wir hierbei ein hochauflösendes 2/3''-CCD-Stereokamerasystem mit Objektiv einer Brennweite ab 8.5 mm, wo es für den Bildausschnitt von 512*512 Pixeln einen diagonalen Blickwinkel bis zu ca. 50° gibt. Bei den Messungen wird ein rechteckiges und planares Objekt als Muster benutzt und Abb. 2 zeigt die z.B. durch ein Objektiv mit Brennweite 8.5 mm verursachte nichtlineare Verzerrung .

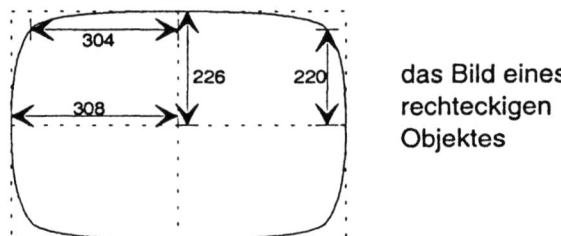

das Bild eines rechteckigen Objektes

Abb. 2: Nichtlineare Verzerrung mit einem Objektiv der Brennweite 8.5mm

Die nichtlineare Verzerrung in diesen Fällen kann mit den folgenden Gleichungen sehr gut angenähert werden [Tsai87]:

$$\begin{aligned} x_v &= x[1 - k(x^2 + y^2)] \\ y_v &= y[1 - k(x^2 + y^2)] \end{aligned} \qquad (3)$$

wobei (x, y) und (x_v, y_v) die unverzerrten idealen bzw. verzerrten Koordinaten in Pixel-Einheiten auf dem Bild sind, und das Bildzentrum in (0,0) liegt.

Zur Tiefenschätzung mit Stereoverfahren müssen die aus nichtlinearen Verzerrungen entstehenden Fehler berücksichtigt werden. Die verzerrte Disparität Δx_v weicht von der idealen Disparität Δx ab und die vertikale Verschiebung epipolarer Linien Δy_v ist beim Matching ungleich null wie im idealen Fall:

$$\frac{\Delta x - \Delta x_v}{\Delta x} = k(3x^2 + y^2) \quad (4)$$
$$\Delta y_v = k(2xy)\Delta x$$

Nach der Messung ergeben sich die Koeffizienten k für preiswerte kommerzielle Objektive (Typ 1 und Typ 2) und ein hochwertiges Objektiv (f=14mm)* in Tab. 1, deren Genauigkeit für unsere Analyse ausreicht. Die aus der nichtlinearen Verzerrung verursachten Tiefenschätzungsfehler sind ebenfalls in Tab. 1 angegeben.

Relative Genauigkeit der Tiefe: $(Z_v - Z)/Z = k(3x^2 + y^2)$	f=8.5mm: $k \approx 0.0185/256^2$	f=12mm: $k \approx 0.01/256^2$	f=16mm: $k \approx 0.005/256^2$	f=14mm: $k \approx 0.0015/256^2$
74% Bereich des gesamten Bildes: $(3x^2 + y^2) < 2*256^2$	< 3.7%	< 2%	< 1%	< 0.3%
Extreme Stellen: |x|=|y|=256 Pixel	7.4%	4%	2%	0.6%

Tab. 1: Die Fehler der Tiefenschätzung aus nichtlinearer Verzerrung

Beim hochauflösenden 2/3''-CCD-Sensor entspricht die Brennweite f in Pixel-Einheiten ca. 100*f in mm. Daraus ergibt sich die Verschiebung epipolarer Linien $\Delta y_v \approx 200 k B f_{mm} xy / Z$ für die obengenannten Objektive in Tab. 2.

Verschiebung epipolarer Linien: $\Delta y_v \approx$	f=8.5mm: $\frac{31.5B}{256*256}\frac{xy}{Z}$	f=12mm: $\frac{24B}{256*256}\frac{xy}{Z}$	f=16mm: $\frac{16B}{256*256}\frac{xy}{Z}$	f=14mm*: $\frac{4.2B}{256*256}\frac{xy}{Z}$
85% des gesamten Bildbereiches: $\|xy\| < 0.5*256^2$	$< 16\frac{B}{Z}$	$< 12\frac{B}{Z}$	$< 8\frac{B}{Z}$	$< 2.1\frac{B}{Z}$
Extreme Stellen: |x|=|y|=256 Pixel	31.5B/Z	24B/Z	16B/Z	4.2B/Z

Tab. 2: Die Verschiebung epipolarer Linien aus nichtlinearer Verzerrung

Beim Stereokamerasystem mit der Basisbreite B=6cm (ca. Abstand menschlicher Augen) ist die Verschiebung epipolarer Linien eines Objektes mit Abstand von Z>100cm fast für alle obigen Objektive überall weniger als 1 Pixel. Nur beim Objektiv einer Brennweite von 8.5mm kann ein Objekt mit Abstand Z=100cm im Extremfall 2 Pixel epipolare Verschiebung haben. Zusammenfassend kann diese epipolare Verschiebung die Matchingalgorithmen zur Tiefenschätzung wenig beeinträchtigen.

Zur qualitativen Tiefenwahrnehmung kann für die Blinden-Hilfe der Verlust aus nichtlinearer Verzerrung sogar beim Objektiv mit 8.5mm toleriert werden. Wenn man eine höhere Genauigkeit der Tiefenschätzung ohne Abgleich der Verzerrung verlangt, sind Objektive längerer Brennweite jedoch zugleich mit kleinerem Blickwinkel oder hochwertige Objektive mit geringerer nichtlinearer Verzerrung auszuwählen.

4 Kalibrierung des Kamerasystems

Hierbei werden nur lineare Eigenschaften der Stereokameras kalibriert:
- relative Schiebung der Sensoren gegenüber der optischen Achse: (δx, δy) in Pixel-Einheiten
- die Brennweite f in Pixel-Einheiten und die Basisbreite B

Für unseren Zweck wird ein handliches Kalibrierungsverfahren unter Verwendung eines einfachen Muster-Objektes vorgestellt, wobei eine horizontale Linie der Länge L mit dem Abstand Z_0 von den Kameras entfernt ist (Abb.1). Durch automatische Detektion gelingt es, die Länge D der abgebildeten Linie in Pixel-Einheiten und die Koordinaten (x_l, y_l) und (x_r, y_r) der Linienmitte auf dem linken bzw. rechten Kamera-Bild zu bestimmen. Dann gilt:

$$x_l = f\frac{X_l}{Z_0} + \delta x, \quad x_r = f\frac{X_r}{Z_0} = f\frac{X_l}{Z_0} - \frac{Bf}{Z_0} \quad \text{und} \quad D = f\frac{L}{Z_0} \quad (5)$$

Unter der Voraussetzung bekannter Basisbreite B sind die folgenden Parameter zu ermitteln:

$$\delta x = x_l - x_r - \frac{Bf}{Z_0} = x_l - x_r - \frac{BD}{L}$$
$$\delta y = y_l - y_r \quad (6)$$
$$f = \frac{Z_0 D}{L}$$

Analyse der Schätzfehler: Die Schätzung von δy kann Subpixel-Genauigkeit erreichen und f ist auch sehr genau zu ermitteln, da die Koordinaten der Linienmitte und die Linienlänge durch statistische Detektion genau ermittelt werden können. Der Messfehler der Basisbreite beeinflußt die Schätzung von δx durch einen Faktor D/L oder f/Z_0. Bei 0.1cm Fehler von B hat δx auch eine Subpixel-Genauigkeit, wenn Z_0 größer als 100cm ist.

5 Helligkeitsbasierter Stereoalgorithmus

Zur Tiefenschätzung wird ein neuer helligkeitsbasierter Algorithmus für Stereovision entwickelt, der auf einem vorhandenen Bayes'schen Modell des Tiefenfeldes beruht [Luo93] [LB95]. Die helligkeitsbasierten Verfahren können vorteilhaft das dichte Tiefenfeld des gesamten Sichtbereichs unmittelbar ermitteln und sind unabhängig von der Zuverlässigkeit der Merkmalextraktion. Die negativen Einflüsse der photometrischen Wirkung und der unterschiedlichen Empfindlichkeit der beiden Sensoren auf dieses Verfahren können durch Bildvorverarbeitung vermindert werden, was getrennt in [Luo95] diskutiert wird.

Hauptsächlich zur Vereinfachung der algorithmischen Komplexität und zur Erhöhung der Zuverlässigkeit wird in diesem neu entwickelten Algorithmus nur eine einzelne Tiefenkarte des zentrischen Koordinatensystems mittelbar in Form einer Disparität geschätzt. Das zentrische Koordinatensystem ist ein virtuelles Kamerasystem, das in der Mitte zwischen beiden Koordinatensystemen der Stereokameras liegt. Gegenüber der Schätzung zweier identischer Tiefenfelder verschiedener Systeme durch zwei Matchingprozesse wird dabei nur ein Matchingprozeß benötigt. Zur Erhaltung der folgenden Vorteile, und zwar Berücksichtigung der Tiefendiskontinuität und Detektion verdeckter Bereiche wird für das Disparitätsfeld $\Delta x = 2d(x,y)$ ein neues Modell mit Hilfe des Markov'schen Zufallsfeldes (MRF) eingeführt, wobei das Tiefenfeld $Z(x,y)$ durch dieses Disparitätsfeld mittelbar geschätzt wird:

$$d(x,y) = \frac{Bf}{2Z(x,y)} \quad \text{oder} \quad Z(x,y) = \frac{Bf}{2d(x,y)} \quad (7)$$

In diesem Beitrag wird das Disparitätsfeld (Tiefenfeld) durch eine einheitliche lokale Potentialfunktion der Gibbs'schen Verteilung modelliert, die keine Kontrollvariablen [GG84] zur Beschreibung der Diskontinuitäten enthält. Da die Medianfilterung Rauschen in relativ glatten Bereichen ähnlich wie die lineare Glättungsfilterung effektiv unterdrückt und zugleich sprungförmige Kanten gut konserviert, wird die folgende a-priori lokale Potentialfunktion für das Disparitätsfeld vorgeschlagen:

$$V_{x,y}(d) = \left(d(x,y) - d_{(med)}(x,y)\right)^2, \quad (8)$$

während das Membranmodell nur für ein global glattes Feld gilt. An sowohl Kontinuitätsstellen als auch Diskontinuitätsstellen wird die obige Potentialfunktion eines stückweise konzinuierlichen Feldes nahezu zum Verschwinden gebracht. Dabei ist $d_{(med)}(x,y)$ der lokale Medianwert von $d(x,y)$:

$$d_{(med)}(x,y) = Median_{(x',y') \in S_{x,y}} d(x',y') \qquad (9)$$

Als Messmodell werden weiterhin statistisch identische Grauwerte der zugeordneten Punkte auf den Stereobildern im angenommen. Dabei kann die Bildvorarbeitung zur Verminderung der photometrischen Wirkung und anderer Störungen benötig werden.

Damit können wir mit Hilfe der Triangulation und des oben vorgestellten Mess- und a-priori Modells eine neue a-posteriori Energiefunktion ermitteln:

$$U(d) = \sum_{x,y} \left[\lambda O_l(x+d,y) O_r(x-d,y) \big(g_l(x+d,y) - g_r(x-d,y)\big)^2 + V_{x,y}(d) \right] \qquad (10)$$

wobei $V_{x,y}(d)$ die a-priori Potentialfunktion in (8) ist, und $g_l(x,y)$ und $g_r(x,y)$ die beiden Graubilder der Stereokameras sind. $O_l(x,y)$ und $O_r(x,y)$ sind Okklusionsfelder in den beiden Kamera-Koordinatensystemen (Sie sind null, wenn der Bereich im anderen System verdeckt wird, sonst eins).

Um die optimale MAP-Schätzung des Tiefenfeldes zu ermitteln, ist diese a-posteriori Energiefunktion in (10) zu minimieren, wobei die folgende iterative Gleichung mit Hilfe der modifizierten Newton-Raphson-Methode (MNR) [BM79] oder der Euler-Lagrange'schen Gleichung verwendet wird:

$$d(x,y) = d_{(med)}(x,y) + \frac{\lambda \big(g_r(x - d_{(med)}(x,y), y) - g_l(x + d_{(med)}(x,y), y)\big) P}{1 + \lambda P^2} \qquad (11)$$

mit der Abkürzung $P = \big(g_{rx}(x - d_{(med)}(x,y), y) + g_{lx}(x + d_{(med)}(x,y), y)\big)$. Wegen der Eigenschaft der Medianfilterung erscheinen die Okklusionsfelder explizit nicht in der Gleichung (11), sie werden jedoch implizit berücksichtigt. Die Okklusionsfelder bekommen wir durch die sogenannte *OT*-Transformation (Okklusion-Abbildung) mit Hilfe einer inversen Abbildung aus dem geschätzten stückweise kontinuierlichen Tiefenfeld:

$$d(x,y) \xrightarrow{OT} O_l(x,y), O_r(x,y) \qquad (12)$$

(Okklusionen des linken bzw. rechten Bildes gegenüber dem rechten bzw. linken Bild)

6 Implementierung und Beispiele

Die oben vorgestellte Energiefunktion (10) ist nichtkonvex, da die Medianfilterung weder linear noch analytisch ist. Deshalb ist es für die iterativen Algorithmen sehr wichtig, eine globale Optimierung zu erreichen. Dazu ist das Mehrgitterverfahren gut geeignet, wobei auch die Konvergenz der Algorithmen stark beschleunigt und der Aufwand vermindert werden kann [Ros84]. Das Mehrgitterverfahren besteht aus hierarchischen Optimierungen verschiedener einzehner Skalierungen und dem daraus resultierendn Ergebnis-Transfer. Die Schätzung des Tiefenfeldes wird nacheinander von der gröbsten bis zur feinsten Auflösung durchgeführt, wobei auf den groben Ebenen die globalen Eigenschaften effektiv berücksichtigt werden. Der Optimierungsprozeß jeder Auflösung nimmt die Ergebnisse der letzten gröberen Auflösung als grobe Startschätzung durch Interpolation und optimiert sie mit der allgemeinen iterativen Formel in (11).

Dieser mit Mehrgitterverfahren implementierte Algorithmus zum Stereosehen hat die folgenden Vorteile: Das schwach kontinuierliche Tiefenfeld wird unmittelbar aus den Stereo-Graubildern berechnet, Diskontinuität und Okklusion werden dabei berücksichtigt und detektiert. Diese global optimale Tiefenschätzung besitzt eine schnelle Konvergenz und einen moderaten Rechenaufwand. Nachfolgend werden wir diesen Algorithmus auf reale Beispiele verwenden.

Hierbei wurden die Stereokameras mit Objektiven mit 8.5mm Brennweite und einer Basisbreite von 4cm verwendet. Die rechten Bilder in Abb. 3 zeigen ein mit dem Stereokamerasystem aufgenommenes Stereobildpaar, wobei ein Mensch auf dem Stuhl weit vor der Wand, Regal usw. sitzt. Die endgültige mit unserem Algorithmus ermittelte optimale Tiefenschätzung der Originalszene wird oben links in Abb. 3 dargestellt. Unten links in Abb. 3 werden die Zwischenergebnisse und die Gauß'sche Pyramide in derselben Art wiedergegeben. Abb. 4 zeigt die sich daraus ergebende Tiefen-Diskontinuität (oben links), Okklusionen des linken (unten rechts) bzw. rechten (oben rechts) Bildes und die entsprechenden Zwischenergebnisse der gröberen Auflösungen (unten rechts). Man kann sehen, daß das 3-D Tiefenfeld gut und zuverlässig geschätzt wird, die Diskontinuität und die Okklusion zufrieden detektiert werden. Im Vergleich zu bekannen Algorithmen wird jedoch der Rechenaufwand erheblich reduziert.

 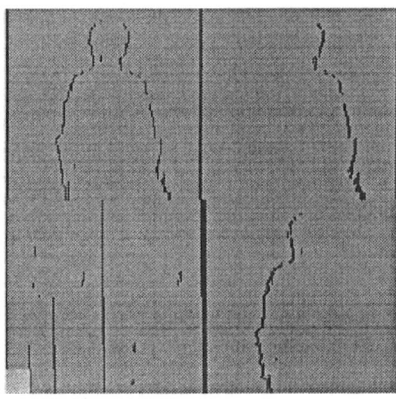

Abb. 3: die originalen Stereo-Graubilder und die daraus ermittelte Tiefenschätzung auf mehreren Auflösungen

Abb. 4: die detektierte Diskontinuität des Tiefenfeldes und die Okklusionsfelder aus der in Abb. 3 stehenden Szene

7 Schlußfolgerung

Wir haben zunächst die linearen und nichtlinearen Verzerrungen der Stereokameras und deren Einflüsse erläutert. Basierend darauf wurde eine einfache Kalibrierungsmethode mit Hilfe eines Musterobjektes für Stereokameras zur Anwendung in der Blinden-Hilfe eingeführt. Zur Tiefenschätzung wurde ein neues helligkeitsbasiertes Stereoverfahren vorgestellt und im weiteren mit einem Mehrgitterverfahren effizient implementiert. Vorteilhaft ist, daß mit einem geringen Rechenaufwand das Tiefenfeld umittelbar aus Stereobildern zuverlässig ermittelt werden kann und die Tiefenkanten unter Berücksichtigung der Okklusion-Problematik gut ermittelt werden können. Das vorgestellte Verfahren eignet sich für Szenen unterschiedlicher Art.

Ziel der weiteren Arbeiten ist es, eine robustere und handlichere Kalibrierungsmethode sowohl zum Abgleich linearer als auch nichtlinearer Verzerrungen zu entwickeln. Außerdem soll die Bildvorarbeitungsmethode zur Unterdrückung der Grauwert-Störungen zu verbessern. Um das neue Stereoverfahren bei der praktischen Anwendung für die Blinden-Hilfe einzusetzen, ist es erforderlich, die angepaßte Hardware und eine bessere Implementierung zu finden.

Literatur

[BM79] H. Burkhardt and H. Moll, A modified newton-raphson search for the model-adaptive identification of delays, 5th IFAC Symposium on Identification and System Parameter Estimation, Darmstadt, September 1979

[DA89] U. R. Dhond and J.K. Aggarwal, Structure from stereo - a review, IEEE System, Man and Cybernetics, Vol. 19, 1989, pp. 1489-1510

[GG84] S. Geman and D. Geman, Stochastic relaxation, Gibbs distribution and the Bayesian restoration of images, IEEE Pattern Anal. Mach. Intelligence, Vol.6, 1984, pp.721-741

[LB95] A. Luo and H. Burkhardt, An intensity-based cooperative bidirectional stereo matching with simultaneous detection of discontinuities and occlusions, International Journal of Computer Vision, Vol. 15, No. 3, 1995

[Luo93] A. Luo, Helligkeitsbasiertes Rechnersehen zur direkten Ermittlung räumlicher Eigenschaften, Dissertation, Technische Universität Hamburg-Harburg, Dezember 1993, Reihe Berichte aus der Elektrotechnik, Verlag Shaker, Aachen, 1994

[Luo95] A. Luo, Zwischenbericht über 3-D Tiefenschätzung durch Stereoverfahren im Rahmen des BMFT-Projektes MOVIS, Interner Bericht der Technischen Informatik I, TU Hamburg-Harburg, Januar 1995

[Ros84] A. Rosenfeld (Hrsg.), Multiresolution Image Processing and Analysis, Springer, 1984

[Tsai87] R. Y. Tsai, A versatile camera calibration technique for high accuracy 3D maschine vision metrology using off-the-shelf TV cameras and lenses, IEEE Robotics and Automation, Vol. 3, 1987, pp. 323-344

Fast Face Localization and Tracking with Model-Based Time Synchronization of a Head System

M. Sommerau, G. Mamier, A. Zell, M. Vogt and P. Levi

University of Stuttgart, Department of Computer Science
Applied Computer Science – Image Understanding
Breitwiesenstr. 20-22, 70565 Stuttgart, Germany
E-mail: {sommerau,mamier,zell,vogt,levi}@informatik.uni-stuttgart.de

Abstract. We describe the prototype of a face tracker capable of real time tracking of persons moving about freely in a room. The system consists of a stereo camera pair mounted on a computer controlled pan-tilt unit, all connected to a workstation with frame grabber. The face tracker has a color based skin detector and a simple automatically adapting 2D face model for robust and fast face localization, allowing the face tracking vision module to operate at video speed (25 frames/sec). For synchronization of image acquisition and camera movement a model of the kinematics of the head system has been developed.

1 Introduction

All static systems for automatic recognition of persons suffer from the problem of having to place the observed subject onto a designated spot in a well defined distance from the camera. Both automatic access control systems, and systems for the detection of features in human faces (e.g. lip reading) show this deficiency. A dynamic setup with automatic head localization and tracking which allows the person to move is certainly desirable and could boost the acceptance of these systems.

The special difficulties of this task are the required real time capabilities, the robust adaptation of certain search parameters, as well as the behavior of the system when several persons are seen by the camera. The system described here is capable of localizing and tracking the face of a person who is moving about freely in a room together with other persons.

The long term goal of this project at the University of Stuttgart is the development of a component of a multi-media workstation, for direct speech input of commands and texts. The speech recognition is to be based on the combination of visual lip reading and acoustic analysis. The system we describe here is the first step towards this goal, since it allows for the constant tracking of a speaker, which in turn is the basis for successful lip reading.

2 Localization of Persons

The localization of persons is based on the identification of skin color in the image. This process is followed by a heuristic selection of regions of interest

(ROIs), coupled with a dynamical adaptation of a set of relevant parameters. In a last step a single region is finally selected by an evaluation function, and is tracked over a sequence of images.

2.1 Skin Segmentation

We started with the capturing of video pictures of several people from various distances and angles. No special illumination techniques had been applied. In these pictures regions representing skin were marked manually. With the resulting pairs of input and segmented images a simple 3-5-1 feedforward neural network was trained using backpropagation. Despite of the very simple approach, the subsequent classification of test images was very accurate.

To find out which colors are characteristic for the skin tone, we took further images under a wide range of light conditions. To be illumination invariant, all images were transformed to the HSV color space [1]. The color values of skin regions were statistically analyzed, with all images of the same illumination (incandescent-, neon-, and sunlight) treated in separate groups. It showed, that for each light-source the pixels were approximately following a normal distribution in the two-dimensional HS space. The mean values of the distributions were highly dependent on the type of illumination. This can be corrected with an intermediate white balance shift which is applied in real time by the system.

The discovery of the approximate normal distribution lead to the conclusion that a neural classification should be easily possible, provided that there are enough negative examples available. A neural net should even be favorable to model the offsets from a real normal distribution (see [8]). For efficiency reasons all possible skin colors which derive from the observed distribution were marked in a two-dimensional HS table. This allows fast lookup and decision during runtime after RGB to HS(V) conversion.

2.2 Finding the Regions of Interest

For further processing the segmented pixels have to be grouped together into regions. This is done by the following efficient area searching/growing algorithm.

First the pixel values at position $[i \cdot \text{width}/(2^j), i \cdot \text{height}/(2^j)]$ with $i < 2^j$ are tested for $j = 1, 2, 3$, etc. If the value does not correspond to a skin tone the next iteration level is entered. If it does represent skin, a conventional region fill algorithm is started from that point that marks all pixels with the same color tone. Only the pixels visited are converted to HSV color space.

The granularity of the first step (minimum test pixel distance) can easily be adjusted. The marked pixels then form the first level of regions of interest (ROI) which might possibly contain faces.

Each area is described by a set of typical parameters: center of gravity, height-width ratio of circumscribing rectangle, compactness, and absolute size [2]. By selecting appropriate limits for these values most of the regions can be sorted out, since they can not contain faces. Figure 1 shows the resulting set of ROIs in a typical image.

Fig. 1. A typical image of the face recognition module. All skin areas are highlighted. Possible face locations (ROIs) are surrounded by rectangles.

From the images typical parameter values have been derived which allow for a selection of the region most likely to contain a face. For the localization of speakers, in a first step we selected the largest of the candidate regions which yielded the desired area in all cases of the typical setup of one person sitting in front of a workstation, with the camera setup positioned next to the monitor.

2.3 Tracking of Selected Persons

The practical use of real time video sequences showed that the decisions of such a simple system often yield false or undesired results. When several people are visible in the image or when the person to be tracked turns his head, the calculated ROI starts flipping between several candidate regions.

Therefore we introduced the location of the ROI as an additional constraint. Each candidate region is assigned a confidence rating. This value increases with growing proximity to the ROI of the last image. This constraint allows a constant following of the camera, even when several people are moving in the image. In a future step, the estimation of the movement of the tracked person is also to be taken into account. The stereo camera also allows a three-dimensional position estimation of the tracked person that will be included later. This will then allow a robust tracking even if the target person is temporarily obscured by others.

Since the target person is allowed to move about freely, it was necessary to keep the above parameters not fixed, but rather adapt them constantly according to the current frame. Thereby it was possible to sustain a high confidence rating for the selected region despite continuous changes.

For each ROI four parameters are determined from the current image: The height-width ratio of the circumscribing rectangle $r = h/w$, the size of the skin area measured in number of pixels s, the compactness of the area approximated by $c = s/(h \cdot w)$, and the distance d measured as pixel distance between the center of gravity of the current ROI and the winning ROI of the last frame (pixels are taken as squares).

For each of these four describing parameters of a distinct ROI a normal distribution with the corresponding deviations and means $(\sigma_r, \sigma_s, \sigma_c, \sigma_d, \bar{r}, \bar{s}, \bar{c}, \bar{d})$ is assumed. Since the movement distance d in the image and the area size s both depend on the actual distance between the tracked person and the camera system, these two parameters are assumed to be correlated with the correlation ϱ_{ds}. The ratio r and the compactness c are both supposed to be independent from size and movement. They are also independent from each other, since $s = \alpha \cdot h \cdot w$ with $\alpha = constant$ under affine transformations of a given ROI which makes c independent from h and w (see above) and therefore c independent from r.

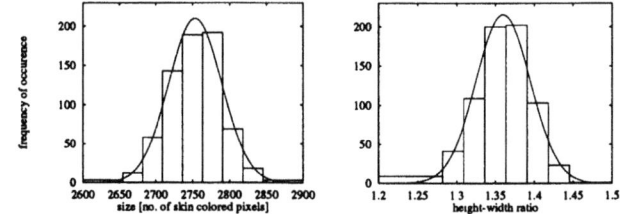
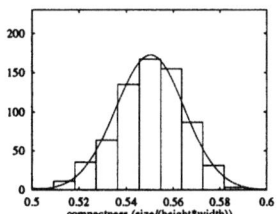

Fig. 2. Observed distributions of the parameters in the test set. Statistical momentums are: size: $\bar{s} = 2753$, $\sigma_s = 36.03$, $\chi^2 = 7.79 < \chi^2_{0.05,6} = 12.59$; ratio: $\bar{r} = 1.36$, $\sigma_r = 0.035$, $\chi^2 = 7.9 < \chi^2_{0.05,5} = 11.07$; compactness: $\bar{c} = 0.55$, $\sigma_c = 0.0146$, $\chi^2 = 10.83 < \chi^2_{0.05,8} = 15.51$

For a typical scenario (a person sitting in front of a workstation, watched by a camera next to the monitor), we proved with a χ^2 test that the assumption of normal distributions for size, height/width-ratio, and compactness can not be turned down with an error margin of 5%. Figure 2 shows the empirical values of a test set of about 700 frames (256x192 pixels) taken and processed within two minutes and the assumed normal distributions.

Based on these preconditions the probability density function of a given ROI to correspond with the winning ROI of the last observed image may be described by:

$$p(r, c, s, d) = p(r) \cdot p(c) \cdot p(s, d)$$
,

$$p(r) = \frac{1}{\sqrt{2\pi}\sigma_r} \cdot e^{-(r-\bar{r})^2/2\sigma_r^2} \qquad\qquad p(c) = \frac{1}{\sqrt{2\pi}\sigma_c} \cdot e^{-(c-\bar{c})^2/2\sigma_c^2}$$

$$p(s,d) = \frac{e^{-\frac{1}{2(1-\varrho_{ds}^2)}\left(\frac{(s-\bar{s})^2}{\sigma_s^2} - 2\varrho_{ds}\frac{(s-\bar{s})d}{\sigma_s\sigma_d} + \frac{d^2}{\sigma_d^2}\right)}}{\pi\sigma_d\sigma_s\sqrt{1-\varrho_{ds}^2}}$$

Since the distance d is always ≥ 0, only the right half of the corresponding density function is used. Therefore $p(d,s)$ was multiplied by 2 and the mean value $\bar{d}$ was set to 0 which means that no movement takes place for the most accurate ROI.

For each of the possible ROIs the density function $p(r,c,s,d)$ is computed. The ROI with biggest p ($p_w = \max_{ROI}\{p\}$) is set to be the winning ROI for the next iteration. If p_w is bigger than a given threshold S_1, the camera system is moved to focus the winning region. Otherwise no movement takes place.

If p_w is bigger than a second threshold S_2 ($0 < S_1 < S_2$), the parameters of the winning ROI are used to adapt the mean values $\bar{r}$, $\bar{c}$, and $\bar{s}$ as follows

$$\overline{r^n} = \overline{r^o} + l_r(r - \overline{r^o}); \qquad \overline{c^n} = \overline{c^o} + l_c(c - \overline{c^o}); \qquad \overline{s^n} = \overline{s^o} + l_s(s - \overline{s^o});$$

where l_x defines the learning rate between 0 and 1, $\overline{r^o}$, $\overline{c^o}$, $\overline{s^o}$ denote the old mean values, and $\overline{r^n}$, $\overline{c^n}$, $\overline{s^n}$ determine the new ones.

At the beginning of a face tracking session, the means $\bar{r}$, $\bar{c}$, $\bar{s}$, the deviations σ, and the correlation ϱ are initialized by predefined values. Alternatively the mean values may be set to the measured values of the biggest ROI inside of the first observed image of the current sequence.

3 The Stereo-Head System

The realized stereo-head system consists of a computer controlled pan tilt unit and two, externally synchronizable RGB cameras mounted on top of it. The two images taken by the cameras are fed into special hardware that interlaces them into a single image. Then the image is grabbed using a SunVideo image acquisition board on a dual processor SUN Sparcstation 20.

The stereo-image is separated in software into the corresponding two images. So using only one frame grabber for one pair of images provides synchronous stereo-image acquisition.

The stereo-head system allows the flexible direction of attention necessary for active vision. With active vision, image processing is supported by camera positioning. Just like in the biological model, two different types of following are needed. The first type is a high speed, one-step eye positioning. The second tries a smooth pursuit of the object, by adapting the speed of the eye movement to the speed of the object to be tracked [3]. Typically, the first type is used when the object to be looked at is far away from the current focus of attention, while the second is used when this focus of attention slowly moves.

4 Time Synchronization

For the control of the stereo-head the two axes are treated separately. Currently, the axes are controlled by a conventional proportional controller. As control deviation the distance between the center of the identified person and the center of the image is computed. Since only relative angle movements are calculated, the exact positioning of the cameras at the time of the snapshot has to be known. This fact proved to be a very tough problem, since both axes are driven by an RS-232 interface. Therefore they can be read out only one after another, each taking about 40 ms of time. So while the pan-tilt unit is moving, the positions of the individual axes can only be retrieved with time offsets of about 40 ms. Another point is that position retrieval takes place after image acquisition, which adds another time offset.

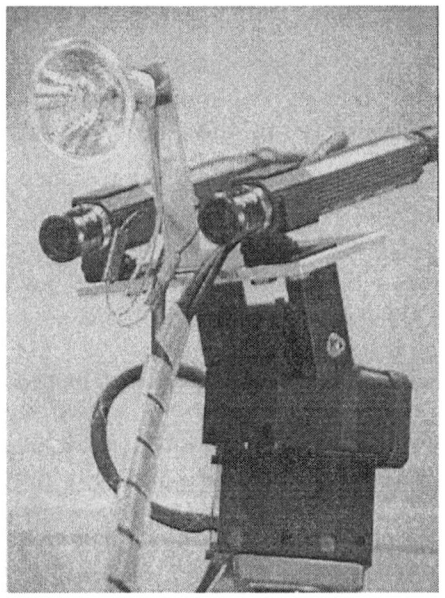

Figure 2: The hardware setup of the face tracker consisting of a stereo camera pair mounted onto the computer controlled pan-tilt unit.

The solution of this problem is possible only by modeling the movements of the stereo-head. Then the actual position of the cameras can be calculated at any point in time. Since the velocity-profile during the execution of any movement command is roughly known, the current position is computed as integral over this velocity-profile. This leads to turnaround times of about 100 ms which is fast enough for a robust tracking of persons moving casually in front of the camera. We are currently in the process of developing neural networks for this control task, which should result in still smoother head movements [4].

5 Performance

The performance of the complete system is influenced by several points:

1. The execution time t_c for the color transformation.
2. The time t_r to compute the target ROI. We achieve about 36 ms per frame (192x144 pixels) on our workstation for $t_c + t_r$.
3. The speed of the pan-tilt unit. The maximum possible speed of 300 deg./sec and the maximum acceleration of 10 $deg./sec^2$ was reduced to 200 deg./sec and 8 $deg./sec^2$ resp. in order to avoid damage to the setup.

4. The response time of the RS-232 interface. The RS-232 commands are executed in a separate thread on the second system CPU so that the image processing part is not blocked by the slow interface.

All these factors contribute to the fact that our system can reliably track a person moving at normal speed in front of a workstation by repositioning the head every 100 milliseconds on average.

6 Related Work

There is a large body of conventional or neural face recognition algorithms, e.g. [5], [6], [7], [8], [9], [10], [11], to name just a few. Papers on lipreading have found increasing attention, e.g. [12], [13], [14], [15]. Our approach to lipreading will be described in a separate paper. The literature on moving object recognition is also large. As example, the work of [16] also contains an object tracking component, based on a pyramidal optical flow computation. While more widely applicable, this approach is much slower and most likely less reliable for face tracking.

However, there exist relatively few papers detailing approaches that integrate fast (video rate) color face tracking with a moving camera. A similar approach to ours has recently been reported by Schuster [17] for visual tracking of hands based on skin color and a simple 2D hand model. Another system similar to ours is developed by the group of A. Waibel [18]. In a recent comparison our system proved to track more robustly and with smoother head motion while theirs was better integrated with their speech recognition component.

7 Outlook

The proposed approach leaves room for further development. The detection of skin color, currently realized by a static table lookup, could be done by an adaptive algorithm as in [17]. This would entail the capability to dynamically adapt to different skin color types as well as changing illumination conditions.

A further enhancement of the evaluation of the ROIs is also feasible: By a three dimensional modeling of the observed head, the shape of the segmented skin region could be predicted and better validated. This would be eased a lot by calculating the current viewing angle of the tracked person.

It is planned to integrate a simple but fast neural network based face recognition module into this system to improve the robustness of tracking a single person moving in a group of other persons.

Acknowledgments

This work was supported by the State of Baden-Württemberg with the research program 'Neural Computer Science: Highly Parallel Systems for Complex Connectionist Applications' (Grant No. II-7532.24-11-17/17).

References

1. J. Foley, A. Van Dam, S. Feiner, J. Hughes, Computer graphics : Principles and Practice, Addison-Wesley, 1990.
2. R. Gonzalez, R. Woods, Digital Image Processing, Addison-Wessley, 1992.
3. A. Blake, A. Yuille, Active Vision, MIT Press, 1992.
4. K. Narendra, S. Mukhopadhyay, Adaptive Control of Nonlinear Multivariable Systems Using Neural Networks, Neural Networks, Vol. 7(5), pp. 737-752, 1994
5. Turk, M.A.; Pentland, A.P.: Face Recognition Using Eigenfaces, IEEE Computer Society Conference on Computer Vision and Pattern Recognition, C VPR-91, 1991
6. Bichsel, Martin: Strategies of Robust Object Recognition for the Automatic Identification of Human Faces, Dissertation Nr. 9467, ETH Zürich, 1991
7. Würtz, R.: Multilayer Dynamic Link Networks for Establishing Image Point Correspondences and Visual Object Recognition, Dissertation, Ruhr-Univ. Bochum, 1994
8. Brunelli, R.; Poggio, T.: Face Recognition: Features versus Templates, IEEE Transactions on Pattern Analysis and Machine Intelligence, Vol. 15, No. 10, 1993
9. Beymer, David J.: Face Recognition Under Varying Pose, MIT, A.I. Memo No. 1461, 1993
10. Schyns, Philippe G.; Bülthoff, Heinrich H.: Conditions for Viewpoint Dependent Face Recognition, MIT, A.I. Memo No. 1432, 1993
11. Denzler, J; Bess, R; Honegger, J; Niemann, H; Paulus, D: Learning, Tracking and recognition of 3D Objects, IROS'94, Munich, 1994
12. Bregler, C.; Konig, Y.: "Eigenlips" for Robust Speech Recognition, Proc. Int. Conf. on Acoustics, Speech, and Signal Processing (IEEE-ICASSP), 1994
13. Stork, D.G.; Wolff, G.J.; Levine, E.: Neural network lipreading system for improved speech recognition, International Joint Conference on Neural Networks, 1992.
14. Prasad, K.V.; Stork, D.G.; Wolff, G.J.: Preprocessing video images for neural learning of lipreading, Ricoh Calif. Res. Center, tech report No. TR93-26, 1993
15. Wolff, G.J.; Prasad, K.V.; Stork, D.G.; Hennecke, M.: Lipreading by neural networks: Visual preprocessing, learning and sensory integration, Neural Inf. Process. Systems, Vol. 6, J. Cowan, G. Tesauro, J. Alspector (eds.), MIT Press, 1994
16. W. von Seelen, S. Bohrer, C. Engels, W. Gillner, H. Janssen, H. Neven, G. Schöner, W. Theimer, B. Völpel, Visual Information Processing in Neural Architecture, in W.G. Kropatsch, H. Bischof, Mustererkennung 1994, Informatik Xpress 5, 1994.
17. R. Schuster, Adaptive Modeling in Color Images, in W.G. Kropatsch, H. Bischof, Mustererkennung 1994, Informatik Xpress 5, 1994, pp. 161-169.
18. Duchnowski, P.; Meier, U.; Waibel, A.: See Me, Hear Me: Integrating Automatic Speech Recognition and Lip-Reading, International Conference on Spoken Language Processing, ICSLP, 1994

A remark on signal reconstructions from wavelet transform extrema

Hans-Georg Stark

tecInno GmbH and TECMATH GmbH
Sauerwiesen 2
D-67661 Kaiserslautern
Germany

Abstract. We derive general results on signal reconstructions from discretely sampled wavelet transforms. Besides illuminating the relation of (bi)orthogonal vs. continuous wavelet transforms, we apply them to signal recovery from wavelet transform extrema. We give numerical examples and compare the results with those of Mallat's reconstruction algorithm.

1 Introduction

How complete is multiscale information? This question stimulated many research activities in the signal analysis community over the last two decades. The original conjecture of Marr [1] stated, that images could be reconstructed from "multiscale sketches". These sketches were obtained by recording the zero crossings of the second derivative of the image, smoothed with Gaussians of increasing width.

These considerations were essentially derived in a continuous framework and the correctness of the conjecture was proved in [2]. In [2] also reconstruction algorithms for the practically important discrete case are given.

Taking convolutions of the original image with Gaussians of increasing width corresponds to isotropic diffusion acting on the image data as initial value. Recently generalizations to anisotropic diffusion [3], [4], [5], [6] have been investigated, since "semantically important" edges are preserved with this technique. Nevertheless the question of completeness of suitably defined multiscale sketches has not yet been – as to the author's knowledge – addressed in this context.

The need for data compression, enforced by reading and writing digital (audio-)visual data to or from storage media and by communicating them through networks [7] has again stimulated the interest in multiscale sketches: If one can store only the above mentioned zero crossings in a very clever way, and if the original signal can be recovered reliably and with high quality from these zero crossings, then efficient compression algorithms can be constructed [8] [9] [10].

To this end let us consider a generalization of Marr's original approach. Recording zero crossings of second derivatives of convolutions with Gaussians corresponds to recording local extrema of first derivatives of these convolutions.

Observing, that differentiation and convolution commute and generalizing Gaussians to smooth functions with nonzero average we are lead to the following approach: Consider local extrema of the signal, convolved with the derivative of a smooth function with nonzero average. Repeat this procedure with suitably scaled versions of this same smooth function for increasing scale factor. Given these extrema, depending on position and scale, can the original signal be reconstructed from them?

Convolving signals with scaled versions of derivatives of smooth functions (i.e. functions with zero average, called *wavelets* from now on) has found wide spread applications over the last years and is known as *wavelet analysis* [11], [12], [13], [14]. Conventional wavelet decomposition and reconstruction algorithms – be it a discretized version of the continuous transform or be it "discretized from the scratch" using (bi-)orthogonal wavelets – share the same property: They use an a priori sampling in signal-scale space, not depending on the analyzed signal. But for recording local extrema of the wavelet transform one has to make sure, that the extrema are detected, therefore in [8], [9] the finest possible grid, being different from the conventional dyadic grid of orthonormal wavelets [13] has been chosen for extrema detection. Moreover, recovering the signal from wavelet transform extrema cannot be achieved simply by a suitable modification of conventional wavelet reconstruction algorithms. In [9] an iterative reconstruction algorithm is developed, which is briefly reviewed in section 3. It is the purpose of the present paper, to exploit the potential of the extrema representation by an alternative reconstruction algorithm and by giving numerical examples. Still some problems, like stabilization and acceleration of the algorithm have to be considered – the present implementation is much too slow for practical purposes, so this paper should be understood as a feasibility study. Nevertheless we can reach error signals, which are orders of magnitudes smaller, than similar results with Mallat's iteration, thus illustrating the richness of the information coded in wavelet transform extrema.

We sketch now the contents of the paper.

In section 2 we prove a theorem on signal reconstructions from arbitrary discretely sampled wavelet coefficients. This theorem in particular specifies the (continuous) wavelet transforms of these reconstructions using a result of Grossmann et al [15]. Applying the theorem and a generalization of it to (bi) orthogonal wavelet decompositions and reconstructions the relation of continuous vs. (bi)orthogonal wavelet transforms can be clarified.

Applying the results of section 2 to signal recovery from wavelet transform extrema, we are lead to a simple reconstruction algorithm, described in section 3. Section 3 also contains a discussion of Mallat's reconstruction algorithm [9] and relates it to the previously developed algorithm.

Numerical examples, showing reconstruction results with both algorithms, are given in section 4. We would like to emphasize again, that the computational costs of the present implementation of the algorithm studied in this paper are still prohibitive for real world applications. The main purpose of the examples is, to illustrate the completeness of the information, coded in wavelet transform **extrema**.

Throughout this paper we shall only consider one dimensional signals. In the remaining part of the introduction we shall fix the notation for continuous wavelet transforms and give a simple analytical example for motivating the approach of this paper.

Any square integrable function $\psi \in L^2(\Re)$ s.t.

$$c_\psi \equiv 2\pi \int \frac{|\hat{\psi}|^2}{|k|} dk < \infty \qquad (1)$$

will be called a wavelet. In (1) $\hat{\psi}$ denotes the Fourier transform of ψ. We shall only consider sufficiently regular wavelets, where eq. 1 is fulfilled with

$$\int \psi(x) dx = 0. \qquad (2)$$

Define the shifted and scaled wavelets ($a \neq 0$)

$$\psi_{(a,b)} := \frac{1}{\sqrt{a}} \psi\left(\frac{(x-b)}{a}\right). \qquad (3)$$

Let $f \in L^2(\Re)$ be the given signal and $\bar{\psi}$ denote the complex conjugate of ψ. Then the scalar product

$$S(a,b) := (\psi_{(a,b)}, f) = \int \bar{\psi}_{(a,b)}(x) f(x) dx \qquad (4)$$

is the wavelet transform of the signal f with respect to the wavelet ψ. The reconstruction formula [15] reads

$$f(x) = \frac{1}{c_\psi} \int S(a,b) \psi_{(a,b)}(x) \frac{db\, da}{a^2}. \qquad (5)$$

We take a discretization $a = 2^j$ ($j = 0, 1, 2, \ldots$) and consider the functions

$$S_j(b) := S(2^j, b). \qquad (6)$$

Let b_i^j ($i = 1, \ldots, n_j$) denote the points, where the function $b \to |S_j(b)|$ has a local maximum. Following the approach in [8], [9] an algorithm for reconstructing the signal from wavelet transform extrema has to start from the set $\left\{(b_i^j, S_j(b_i^j))\right\}$ (note that the notion "wavelet extrema" is slightly incorrect in this context, nevertheless we shall keep it for convenience). Thus instead of storing the full wavelet transform $S(a, b)$, one only has to record the positions, where local extrema occurred, together with the corresponding values of the wavelet transform.

Let us illustrate this with a simple example: Consider a step edge

$$f(x) = \begin{cases} 1 & x \geq 0 \\ 0 & x < 0 \end{cases} \qquad (7)$$

and take the wavelet

$$\psi(x) = \begin{cases} -1 & -1/2 \leq x < 0 \\ 1 & 0 \leq x < 1/2 \\ 0 & \text{else} \end{cases}, \qquad (8)$$

centered at the origin. It is a shifted version of the well known Haar wavelet. The reader may verify, that

$$S_j(b) = S\left(2^j, b\right) = (\psi_{(2^j, b)}, f) = \begin{cases} 2^{-j/2}(2^{j-1} + b) & -2^{j-1} \leq b \leq 0 \\ 2^{-j/2}(2^{j-1} - b) & 0 < b \leq 2^{j-1} \\ 0 & \text{else} \end{cases}.$$

Thus the functions $b \to |S_j(b)|$ $(j = 0, 1, 2, \ldots)$ have only one local maximum. It is located at $b = 0$ (the position of the step) and the corresponding value of the wavelet transform is $S(2^j, 0) = 2^{j/2-1}$. So we record the set $\{(0, 2^{j/2-1})\}_{j=0}^{\infty}$.

Now consider $\mathcal{M} = \overline{span\left\{\psi_{(2^j, 0)}\right\}_{j=0}^{\infty}}$ (the bar denotes the closure). Since we recorded $S(2^j, 0) = (\psi_{(2^j, 0)}, f)$, i.e. the scalar products of f with the spanning vectors, we can compute the projection $f_{\mathcal{M}}$ of f onto $\mathcal{M}$.

For simplicity put $\psi_j \equiv \psi_{(2^j, 0)}$ and denote with $\tilde{\psi}_j$ the orthogonal complement of ψ_j with respect to $\mathcal{M}^{j-1} = \overline{span\{\psi_l\}_{l=0}^{j-1}}$, normalized to 1 (i.e. $\|\tilde{\psi}_j\| = 1$). Since also $\|\psi_0\| = 1$, we have to compute

$$f_{\mathcal{M}} = (\psi_0, f)\psi_0 + (\tilde{\psi}_1, f)\tilde{\psi}_1 + \cdots$$

Now in our case

$$\tilde{\psi}_j = \sqrt{2}\psi_j - \psi_{j-1}$$

(c.f. also fig. 1) and therefore

$$(\tilde{\psi}_j, f) = \sqrt{2}(\psi_j, f) - (\psi_{j-1}, f) = \sqrt{2}S(2^j, 0) - S(2^{j-1}, 0) = 2^{\frac{j-3}{2}}.$$

Thus we obtain with $\psi_0(x) \equiv \psi(x)$

$$f_{\mathcal{M}} = 2^{-1}\psi(x) + 2^{\frac{1-3}{2}}\left\{\psi\left(\frac{x}{2}\right) - \psi(x)\right\} + \cdots$$

$$= 2^{-1}\left\{\psi(x) + \psi\left(\frac{x}{2}\right) - \psi(x)\right\} + \cdots$$

$$= \begin{cases} +\frac{1}{2} & x \geq 0 \\ -\frac{1}{2} & x < 0 \end{cases}.$$

The procedure is illustrated in fig. 1. The dashed parts denote the contributions, added to the above sum, when proceeding from $\mathcal{M}^{j-1}$ to $\mathcal{M}^j$. Thus the reconstructed signal $f_{\mathcal{M}}$ again is a step edge of height 1, but with respect to the original signal f it is shifted vertically by -1/2. Since the average (the "dc-value") of the original signal is just 1/2, this means that the dc-value of the original signal has to be added to the reconstruction in order to recover the signal.

This is consistent with the fact, that computing the wavelet transforms $S(2^j, k)$ corresponds to *band*pass filtering [12]. Therefore remaining dc- or low pass filtered parts of the original signal always must be taken into account, when reconstructing the signal from wavelet transforms (see also below).

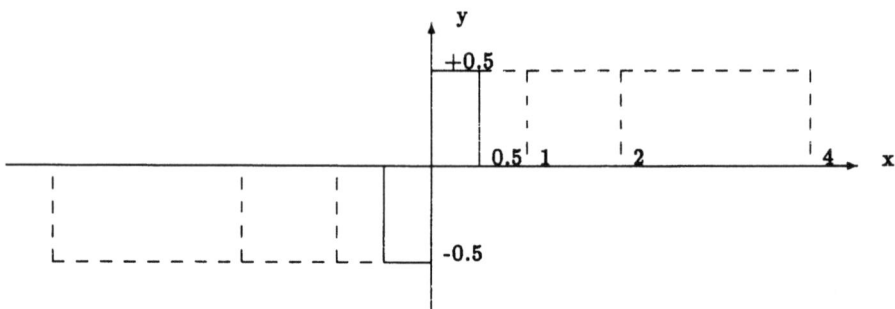

Fig. 1. Reconstruction of a step edge

2 Interpolation and Reconstruction

In this section we derive general results on continuous wavelet transforms interpolating discretely sampled values and their reconstructions (5). We discuss also the implications for the relation of continuous vs. (bi-)orthogonal wavelet decompositions.

Let ψ be a given wavelet. We start from a set of finitely many discretely sampled wavelet transform values

$$S = \{(a_i, b_i), \zeta_i)\}_{i=1}^n \qquad (9)$$

and search for interpolating wavelet transforms. I.e. we search for functions $\Phi(a,b)$, which can be written as $\Phi(a,b) = (\psi_{(a,b)}, \tilde{f})$ for some $\tilde{f} \in L^2(\Re)$ and fulfill

$$\Phi(a_i, b_i) = \zeta_i \; \forall i. \qquad (10)$$

Obviously $\tilde{f}$ is obtained by inserting Φ in the reconstruction formula (5). It is a signal, whose wavelet transform has the values ζ_i for the arguments (a_i, b_i).

Let

$$\mathcal{M} = \overline{span\,\{\psi_{(a_i,b_i)}\}_{i=1}^n} \qquad (11)$$

with $P_\mathcal{M}$ denoting the projection onto $\mathcal{M}$ and

$$\mathcal{I} = \{f \in L^2(\Re) | (\psi_{(a_i,b_i)}, f) = \zeta_i; i = 1, \ldots, n\}. \qquad (12)$$

Then we have

Lemma 1. *The intersection of $\mathcal{I}$ with $\mathcal{M}$ consists of exactly one nonzero element $f_\mathcal{M}$:*

$$\mathcal{I} \cap \mathcal{M} = \{f_\mathcal{M}\}. \qquad (13)$$

$f_\mathcal{M}$ *can be computed uniquely from the coefficients* $(\psi_{(a_i,b_i)}, f_\mathcal{M}) = \zeta_i$.

Proof: For any $f, g \in \mathcal{I}$ we have $P_\mathcal{M} f = P_\mathcal{M} g = f_\mathcal{M}$, since

$$(\psi_{(a_i,b_i)}, f) = (\psi_{(a_i,b_i)}, g) = \zeta_i$$

fixes uniquely their projection onto $\mathcal{M}$.
□

With $\mathcal{M}^\perp$ denoting the orthogonal complement of $\mathcal{M}$ with respect to $L^2(\Re)$, Lemma 1 may be rephrased as

$$\mathcal{I} = f_\mathcal{M} + \mathcal{M}^\perp. \tag{14}$$

With

$$M_{ij} := (\psi_{(a_i,b_i)}, \psi_{(a_j,b_j)}) \tag{15}$$

and

$$\Phi_j(a,b) = (\psi_{(a,b)}, \psi_{(a_j,b_j)}) \tag{16}$$

consider

$$\Phi(a,b) = -\frac{1}{\det M} \begin{vmatrix} 0 & \Phi_1(a,b) & \ldots & \Phi_n(a,b) \\ \zeta_1 & M_{11} & \ldots & M_{1n} \\ \vdots & \vdots & & \vdots \\ \zeta_n & M_{n1} & \ldots & M_{nn} \end{vmatrix}, \tag{17}$$

which was introduced in [15].

Theorem 2. 1. *$\Phi(a,b)$ interpolates the set S [15]:*

$$\Phi(a_i, b_i) = \zeta_i \qquad i = 1, \ldots, n. \tag{18}$$

2. *$\Phi(a,b)$ is the wavelet transform of $f_\mathcal{M}$:*

$$\Phi(a,b) = (\psi_{(a,b)}, f_\mathcal{M}). \tag{19}$$

Proof: Statement 1 can be easily verified by observing that $\Phi_j(a_i, b_i) = M_{ij}$ and expanding (17) with respect to the first column.
Statement 2: Expanding (17) with respect to the first row one obtains with suitable scalars c_i:

$$\Phi(a,b) = (\psi_{(a,b)}, \psi_{(a_1,b_1)})c_1 + \ldots + (\psi_{(a,b)}, \psi_{(a_n,b_n)})c_n$$
$$= (\psi_{(a,b)}, \sum_{i=1}^{n} c_i \psi_{(a_i,b_i)}).$$

Thus $\sum_{i=1}^{n} c_i \psi_{(a_i,b_i)} \in \mathcal{M}$ belongs to $\mathcal{I}$, defined in (12) and applying Lemma 1 one obtains the desired result.
□

Remarks:

1. Given the sampled set S (see (9)) and utilizing theorem 2, eq. (19), $f_\mathcal{M}$ in principle could be recovered by computing $\Phi(a,b)$ from S and inserting it in the reconstruction formula (5). But since the inner products ζ_i of $f_\mathcal{M}$ with the spanning vectors of $\mathcal{M}$ are known (see lemma 1), there exists a much simpler algorithm for recovering $f_\mathcal{M}$ from S (see next section).
2. The wavelet transform $S(a,b)$ is a function, square integrable with respect to the measure $d\mu(a,b) = \frac{dadb}{a^2}$ [15]. The range $\mathcal{R}$ of the map

$$f(x) \in L^2(\Re) \quad \to \quad \frac{1}{\sqrt{c_\psi}} S(a,b) \in L^2\left(\Re^2, \frac{dadb}{a^2}\right)$$

is a subspace of $L^2\left(\Re^2, \frac{dadb}{a^2}\right)$, isomorphic to $L^2(\Re)$ [15]. For simplicity in the following we use the same symbol denoting the L^2-norms in $L^2(\Re)$ and in $L^2\left(\Re^2, \frac{dadb}{a^2}\right)$. Obviously (see (14)) for any $f \in \mathcal{I}$ (i.e. for any f, whose wavelet transform interpolates S) we have

$$\|f\| \geq \|f_\mathcal{M}\|. \tag{20}$$

Then we conclude from the above mentioned isomorphism and from eq. (19), that for all interpolating wavelet transforms, i.e. for all $G \in \mathcal{R}$ with $G(a_i, b_i) = \zeta_i$

$$\|G\| \geq \|\Phi\|. \tag{21}$$

This result is also quoted in [15].
3. Assume that $(\psi_{(a_i,b_i)}, \psi_{(a_k,b_k)}) = \delta_{ik}$ for $i,k = 1, \ldots, n$. Then

$$f_\mathcal{M} = \sum_{i=1}^n \zeta_i \psi_{(a_i,b_i)} = \sum_{i=1}^n (\psi_{(a_i,b_i)}, f_\mathcal{M}) \psi_{(a_i,b_i)}.$$

This is the usual reconstruction formula for orthonormal wavelet expansions [13]. Thus with (17) and (19) orthogonal wavelet decompositions and reconstructions are correlated with the corresponding continuous transforms as follows:
   - Take a discrete sampling S of the continuous wavelet transform $(\psi_{(a,b)}, f)$, where $\zeta_i = (\psi_{(a_i,b_i)}, f)$ and $\{(a_i,b_i)\}_{i=1}^n$ such that $(\psi_{(a_i,b_i)}, \psi_{(a_j,b_j)}) = \delta_{ij}$.
   - Compute the continuous wavelet transform Φ interpolating S.
   - Insert Φ in the continuous reconstruction formula (5) to obtain the usual discrete reconstruction.

Before proceeding to reconstructions from wavelet transform extrema we briefly consider a generalization of theorem 2, which leads to an embedding of the biorthogonal formalism [16] in a continuous framework, analogously to remark 3 above.

Let the "analyzing wavelet" ψ and the "reconstructing wavelet" ϕ be given such that

$$c_{\psi\phi} \equiv 2\pi \int \frac{\hat{\psi}(k)\bar{\hat{\phi}}(k)}{|k|} \, dk < \infty \tag{22}$$

(we remark that (22) is fulfilled, if both ψ and ϕ are wavelets, i.e. satisfy the admissibility condition (1)).

With the transform
$$S_\psi(a,b) = (\psi_{(a,b)}, f) \tag{23}$$
the signal may be reconstructed via
$$f(x) = \frac{1}{c_{\psi\phi}} \int S_\psi(a,b)\phi_{(a,b)}(x) \frac{db\,da}{a^2}, \tag{24}$$
thus generalizing the conventional wavelet formula (5) (see [14]).

Assume again that a sampling $S = \{(a_i, b_i), \zeta_i)\}_{i=1}^n$ of (23) is given (for convenience we use the same symbols as before) and let in analogy to (11)
$$\mathcal{M}_\psi = \overline{span\,\{\psi_{(a_i,b_i)}\}_{i=1}^n} \tag{25}$$
and
$$\mathcal{M}_\phi = \overline{span\,\{\phi_{(a_i,b_i)}\}_{i=1}^n}. \tag{26}$$
Again we are looking for interpolating transforms of the form (23).

Analogously to (15)-(17) define
$$M_{ij}^{\psi\phi} := (\psi_{(a_i,b_i)}, \phi_{(a_j,b_j)}), \tag{27}$$
$$\Phi_j^{\psi\phi}(a,b) = (\psi_{(a,b)}, \phi_{(a_j,b_j)}), \tag{28}$$
and
$$\Phi^{\psi\phi}(a,b) = -\frac{1}{\det M^{\psi\phi}} \begin{vmatrix} 0 & \Phi_1^{\psi\phi}(a,b) & \dots & \Phi_n^{\psi\phi}(a,b) \\ \zeta_1 & M_{11}^{\psi\phi} & \dots & M_{1n}^{\psi\phi} \\ \vdots & \vdots & & \vdots \\ \zeta_n & M_{n1}^{\psi\phi} & \dots & M_{nn}^{\psi\phi} \end{vmatrix}. \tag{29}$$

Theorem 3. *1. $\Phi^{\psi\phi}(a,b)$ interpolates S:*
$$\Phi^{\psi\phi}(a_i, b_i) = \zeta_i \qquad i = 1, \ldots, n. \tag{30}$$

2.
$$\Phi^{\psi\phi}(a,b) = (\psi_{(a,b)}, f_{\mathcal{M}_\phi}) \tag{31}$$
for some $f_{\mathcal{M}_\phi} \in \mathcal{M}_\phi$. Thus the reconstruction (24) leads to an element of $\mathcal{M}_\phi$.

3. Let the sampling S be such that $M_{ik}^{\psi\phi} = \delta_{ik}$ for $i, k = 1, \ldots, n$. Then
$$\Phi^{\psi\phi}(a,b) = (\psi_{(a,b)}, \sum_{i=1}^n \zeta_i \phi_{(a_i,b_i)}), \tag{32}$$
thus the reconstruction formula (24) leads to
$$f_{\mathcal{M}_\phi}(x) = \sum_{i=1}^n \zeta_i \phi_{(a_i,b_i)}(x). \tag{33}$$

4. Let ψ satisfy the admissibility criterion (1). Then $\Phi^{\psi\phi}$ belongs to $\mathcal{R}$ (for the notation see remark 2 above) and

$$||\Phi^{\psi\phi}|| \geq ||\Phi|| \qquad (34)$$

with $\Phi \equiv \Phi^{\psi\psi}$ defined in (17).

Proof: Statements 1 and 2 are shown completely analogously to the corresponding statements of theorem 2.
Statement 3 may be easily shown by expanding $\Phi^{\psi\phi}(a,b)$ with respect to the first column and the subdeterminants of the i-th term with respect to the i-th column.
For admissible ψ we have $\Phi^{\psi\phi} \in \mathcal{R}$ and statement 4 then follows from the minimum norm property (21).
□

Remarks:

1. With $\mathcal{M}$ replaced by $\mathcal{M}_\psi$ and $\mathcal{I}$ appropriately defined, lemma 1 also holds in this case.
2. Recall that $\zeta_i = (\psi_{a_i,b_i}, f)$ and that biorthogonal wavelets fulfil $M_{ik}^{\psi\phi} = \delta_{ik}$ for $i, k = 1, \ldots, n$. Then (33) is exactly the reconstruction formula for the biorthogonal case.
Thus the continuous formalism developed above relates biorthogonal wavelet expansions to the continuous transforms (23) and (24) just as remark 3 above relates orthogonal wavelet expansions to the continuous wavelet transform.

3 Reconstruction algorithms

In this section we present reconstruction algorithms resulting from the previous discussion. We also briefly review Mallat's method [8], [9] and relate it to these algorithms.

Consider the general case with an "analyzing wavelet" ψ and a "reconstructing wavelet" ϕ fulfilling (22) and let a sampling $\mathcal{S} = \{(a_i, b_i), \zeta_i)\}_{i=1}^n$ of the transform (23) be given (see section 2 above).

Then the reconstructed signal $f_{\mathcal{M}_\phi}$ (see theorem 3) may be computed without the need for an explicit evaluation of $\Phi^{\psi\phi}(a,b)$ (as defined in (29)) and the reconstruction integral (24).

Recall that eq. (31) is shown by expanding (29) with respect to the first line:

$$(-\det M^{\psi\phi})\Phi^{\psi\phi}(a,b) = \sum_{i=1}^n c_i \Phi_i^{\psi\phi}(a,b)$$
$$= \sum_{i=1}^n c_i (\psi_{(a,b)}, \phi_{(a_i,b_i)}) \qquad (35)$$
$$= (\psi_{(a,b)}, \sum_{i=1}^n c_i \phi_{(a_i,b_i)})$$

with

$$c_i = (-1)^i \begin{vmatrix} \zeta_1 & M_{11}^{\psi\phi} & \cdots & M_{1,i-1}^{\psi\phi} & M_{1,i+1}^{\psi\phi} & \cdots & M_{1n}^{\psi\phi} \\ \vdots & \vdots & & \vdots & \vdots & & \vdots \\ \zeta_n & M_{n1}^{\psi\phi} & \cdots & M_{n,i-1}^{\psi\phi} & M_{n,i+1}^{\psi\phi} & \cdots & M_{nn}^{\psi\phi} \end{vmatrix}. \quad (36)$$

Therefore the reconstructed signal $f_{\mathcal{M}_\phi}$ (cf. (31)) reads:

$$f_{\mathcal{M}_\phi} = -\frac{1}{\det M^{\psi\phi}} \sum_{i=1}^n c_i \phi_{(a_i,b_i)}. \quad (37)$$

Thus, given the sampling $\mathcal{S}$, the signal in principle may be recovered by evaluating $\det M^{\psi\phi}$ (with elements given in (27)) and the determinants $c_i (i=1,\ldots,n)$ from (36).

Clearly this procedure is computationally quite expensive and for the wavelet case $\psi \equiv \phi, \mathcal{M}_\psi \equiv \mathcal{M}_\phi \equiv \mathcal{M}$, described in section 1 and the first part of section 2, a simpler algorithm can be given without having to compute all the determinants introduced above. In the rest of the paper we shall consider this case only.

Since for wavelets ψ fulfilling (1) the reconstruction $f_{\mathcal{M}}$ is the projection of the original signal onto $\mathcal{M}$ (which is defined in (11)) and since the inner products $(\psi_{(a_i,b_i)}, f_{\mathcal{M}}) = \zeta_i$ of $f_{\mathcal{M}}$ with the spanning vectors of $\mathcal{M}$ are known (recall theorem 2, remark 1), $f_{\mathcal{M}}$ may be recovered from $\mathcal{S}$ by a suitable application of the Gram-Schmidt orthogonalization procedure.

Given a Hilbert space $\mathcal{H}$ and a set of spanning vectors, the Gram-Schmidt procedure is a well known algorithm for constructing an orthonormal basis system of $\mathcal{H}$, whose description we omit here (for details refer to [17]). It may readily be adapted to the computation of a vector from $\mathcal{H}$, whose inner products with the originally given spanning vectors are known. Applying this procedure to our case leads to an algorithm for recovering $f_{\mathcal{M}}$ from $\mathcal{S}$ abbreviated with $A1$ from now on. We remark as an aside, that $A1$, applied to the step edge example of the introduction, results exactly in the reconstruction computed there analytically.

In the rest of this section we shall briefly review the algorithm in [8], [9]. This algorithm has the focus on signal reconstruction from wavelet transform extrema, therefore we consider the functions S_j defined in (6) and the sampling $\mathcal{S}$ results from detecting local extrema. Thus the sampling $\mathcal{S}$ discussed so far from now on will be identified with the set $\left\{(b_i^j, S_j(b_i^j))\right\}$, described in the introduction (following eq. (6)).

Considering the discretization $a = 2^j (j = 0, 1, 2, \ldots)$ and the resulting function sequence $\{S_j\}_{j=0,1,2,\ldots}$ (see introduction), the wavelet transform (4) is a map from the signal space $L^2(\Re)$ to a suitable subspace V of the space $\mathcal{K}$ of function sequences with finite energy [9]. Sequences $F \equiv \{F_j\}_{j=0,1,2,\ldots}$, which interpolate $\mathcal{S}$ form a convex subset $\Gamma \subset \mathcal{K}$ and fulfil

$$F_j(b_i^j) = S_j(b_i^j). \quad (38)$$

The basic idea in [9] is, to find an interpolating wavelet transform, i.e. an element $S^{rec} \equiv \{S_j\}_{j=0,1,2,...}$ of $\Gamma \cap V$, minimizing the $|\cdot|$-norm, defined in (39): Let $G \equiv \{G_j\}_{j=0,1,2,...}$ be a suitable element of $\mathcal{K}$, s.t. $|G|^2$ from below is finite. Then

$$|G|^2 := \sum_j \left(\|G_j\|^2 + 2^{2j} \left\| \frac{dG_j}{dx} \right\|^2 \right), \tag{39}$$

where $\|\cdot\|$ denotes the usual L^2-norm.

In [9] projections P_V and P_Γ with respect to $|\cdot|$ onto V and Γ are given and for obtaining S^{rec} an iterative procedure is proposed, which is illustrated in fig. 2. Starting from the zero sequence 0, S^{rec} is obtained in the limit by alternately

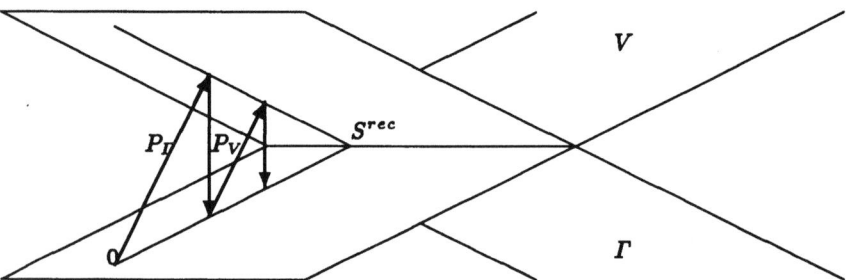

Fig. 2. Mallat's iterative reconstruction scheme

applying P_Γ and P_V. Convergence properties of the sequence are described in [9] and rely on results on projections onto convex sets developed in [18]. The signal f^{rec} may be recovered from S^{rec} using a suitable reconstruction formula [9]. This algorithm will be abbreviated with *A2* from now on.

Comments:

1. Since S^{rec} should minimize (39), it is expected to be smooth (due to the second term in (39)) and its absolute value should be small between the sampling points $(b_i^j, S_j(b_i^j))$ (due to the first term in (39)). On the other hand, the minimum norm property (21) implies, that the wavelet transform of $f_\mathcal{M}$ (the signal, recovered from S with *A1*), will minimize the first term in (39) only. $f_\mathcal{M}$ will be the reconstructed signal with minimal L^2-norm (see also (14)).

2. *A2* works fast and stable (see [9] and next section), but the properties of its convergence point have to be clarified: S^{rec} will minimize (39), if the iterative procedure of fig. 2 leads to a projection of the zero sequence (the starting point of the algorithm) onto $\Gamma \cap V$ with respect to the $|\cdot|$-norm. This will be guaranteed, if both V and Γ are linear varieties [18]. But this is true only for V. Therefore the iteration will converge definitely just to a stable point of $P_V P_\Gamma$ in $\Gamma \cap V$. The originally intended minimization of (39) is not a priori guaranteed.

3. Summarizing, in order to judge the completeness of the wavelet extrema representation, it may be useful, to study also elements of $\Gamma \cap V$, different from S^{rec}. The wavelet transform (17) of the $A1$-reconstruction $f_\mathcal{M}$ is a possible candidate, therefore in the next section we shall present and discuss reconstruction results from both algorithms.

4 Reconstruction experiments and conclusion

Reconstruction experiments with both algorithms are shown in fig. 3.

The left part shows the original signal f. After computing its wavelet transform with the wavelet (8), the wavelet extrema were detected and recorded, resulting in a sampling S given by the set $\left\{(b_i^j, S_j(b_i^j))\right\}$ of extrema locations and corresponding wavelet transform values (refer to introduction, following eq. (6)).

This sampling is the input to the reconstruction algorithms described above. The reconstruction results are displayed in the right part of fig. 3. It shows from below the error signals of the $A1$-reconstruction $f_\mathcal{M}$ and the $A2$-reconstruction f^{rec} after 15 and 25 iterations, respectively (the error signals are the difference signals of the original with the respective reconstructions, one iteration consists in an application of $P_V P_\Gamma$). The offset in the $f_\mathcal{M}$-error signal comes from the dc-value of the original signal (see introduction). The $f_\mathcal{M}$-error signal

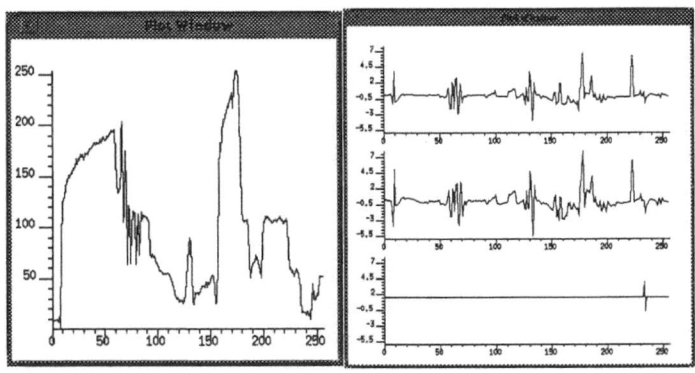

Fig. 3. Original signal (left) and reconstruction results (right)

is much smaller than the corresponding error signals of the $A2$-reconstructions f^{rec}. The results did not change noticeably after more iterations. Thus the $A1$-reconstruction $f_\mathcal{M}$ indicates, that in this example the information, coded in the extrema sampling S is essentially complete. The original signal f considered here comes from a line of a natural image and has some noise on it. We were able to verify the quality of the $A1$-reconstruction $f_\mathcal{M}$ with another moderately noisy signal, a sinus contaminated with small white noise. Also in this case the

$f_\mathcal{M}$-error signal was orders of magnitude smaller than the corresponding error of the $A2$-reconstruction f^{rec} and indicated the completeness of wavelet extrema.

Unfortunately $A1$ still encounters serious problems and must be stabilized, when the signal is (near)analytical (like a pure sinus signal). Moreover, the computational complexity of $A1$ still is too large for practical purposes as compared with $A2$. Future work will deal with these problems.

Nevertheless the results should motivate a thorough investigation of $\Gamma \cap V$ (see above): As indicated in section 3, remark 3, $A1$ can be interpreted as a reconstruction associated with an element of $\Gamma \cap V$, different from S^{rec} and obtained with a non iterative procedure; it can be computed analytically (cf. (17)). Thus the algorithms and examples discussed here show, that there is a high potential in wavelet extrema and a better understanding of $\Gamma \cap V$ and corresponding reconstruction schemes is desirable in order to fully exploit this potential.

Acknowledgements: Wavelet decomposition, extrema detection and Mallat-iteration were performed with the package xwave1, written by E. Bacry, W.L. Hwang, S. Mallat and S. Zhong, all at New York University. I am grateful to J. Piiräinen for implementing the reconstruction scheme developed in this paper. The work was stimulated by a cooperation with the University at Potsdam in the framework of the project "Efficient wavelet algorithms in image processing", supported by the BMFT. Useful discussions with P. Maaßare gratefully acknowledged. The work was partially supported by "Forschungsverbund Medientechnologie Südwest".

References

1. D. Marr, *Vision, a computational investigation into the human representation and processing of visual information*, Freeman, San Francisco, 1982
2. R. Hummel, R. Moniot, *Reconstructions from zero crossings in scale space*, IEEE Trans. Acoustic Speech Signal Process. **37** (1989) 2111-2130
3. J. Malik, P.Perona, *Scale-space and edge-detection*, IEEE Trans. Patt. Anal. Machine Intell. vol. PAMI **12** (1990) 629-639
4. L. Alvarez, P.L. Lions, J.-M. Morel, *Image selective smoothing and edge detection by nonlinear diffusion II*, SIAM J. Numer. Anal. **29** (1992) 845-866
5. J. Weickert, *Anisotropic diffusion filters for image processing based quality control*, in *Proceedings of the 7th European Conference on Mathematics in Industry* (A. Fasano, M. Primicerio eds.), Teubner, Stuttgart, 1994, pp. 355-362
6. N. Nordström, *Biased anisotropic diffusion – a unified regularization and diffusion approach to edge detection*, Image and Vis. Comp. **8** (1990) 318-327
7. R. Steinmetz, *Multimedia-Technologie*, Springer, Berlin, 1993
8. S. Mallat, S. Zhong, *Wavelet transform maxima and multiscale edges*, in *Wavelets and their applications* (G. Beylkin, R.R. Coifman, I. Daubechies, S.G. Mallat, Y. Meyer, L.A. Raphael, M.B. Ruskai eds.), Jones and Bartlett Publishers, Boston, 1991, pp. 67-104
9. S. Mallat, S. Zhong, *Characterization of signals from multiscale edges*, IEEE Trans. Patt. Anal. Machine Intell. vol. PAMI **14** (1992) 710-732

10. A. Enis Çetin, R. Ansari, *Signal recovery from wavelet transform maxima*, IEEE Trans. Signal Processing **42** (1994) 194-196
11. Y. Meyer, *Wavelets, algorithms & applications*, SIAM, Philadelphia, 1993
12. C.K. Chui, *Wavelet analysis and its applications I: An introduction to wavelets*, Academic Press, New York, 1992
13. I. Daubechies, *Ten lectures on wavelets*, CBMS-NSF regional conference series in applied mathematics, SIAM, Philadelphia, 1992
14. A.K. Louis, P. Maaß, A. Rieder, *Wavelets*, Teubner, Stuttgart, 1994
15. A. Grossmann, J. Morlet, T. Paul, *Transforms associated to square integrable group representations. I. General results*, J. Math. Phys. **26** (1985) 2473-2479
16. A. Cohen, *Biorthogonal wavelets*, in *Wavelet analysis and its applications II: Wavelets: A tutorial in theory and applications* (C.K. Chui ed.), Academic Press, New York, 1992, pp. 123-152
17. M. Reed, B. Simon, *Methods of modern mathematical physics I: Functional analysis*, Academic Press, New York, 1980
18. D.C. Youla, H. Webb, *Image restoration by the method of convex projections: part 1 - theory*, IEEE Trans. Med. Imag. vol. MI-1 (1982) 81-94

Non-Linear Gaussian Filters Performing Edge Preserving Diffusion

Volker Aurich and Jörg Weule

aurich@cs.uni-duesseldorf.de weule@cs.uni-duesseldorf.de
Abteilung für Informatik, Mathematisches Institut
Heinrich-Heine-Universität Düsseldorf, Universitätsstrasse 1, D-40225 Düsseldorf

Abstract: This paper presents a new diffusion method for edge preserving smoothing of images. In contrast to other methods it is not based on an anisotropic modification of the heat conductance equation, rather on a modification of the way the solution of the heat conductance equation is obtained by convolving the initial data with a Gaussian kernel. Hence the method uses simple non-linear modifications of Gaussian filters, thus avoiding iteration steps and convergence problems. A chain of three to five filters with suitable parameters provides excellent smoothing of fine image details without destroying the coarser structures. The size and contrast of the eliminated details can be selected. The choice of the parameters is not critical and the edges are not displaced when changing the scale. The filter stages can be implemented efficiently on almost any parallel hardware architecture.

Keywords: low-level processing, edge preserving smoothing, anisotropic diffusion, robust filters.

1 Introduction

Frequently images contain fine structured details which are not important for further processing, at least if their contrast is below some treshold. Procedures which eliminate these fine structures without destroying the coarser ones are called edge preserving smoothing. Often the problem is considered as a reconstruction problem by modelling the image f as a sum $f_1 + f_2$ of a coarse structured signal f_1 and a fine structured signal f_2. But there is no precise mathematical meaning of coarse and fine structured; rather the notions are defined implicitly by the various smoothing procedures. A definition via the frequency domain is not adequate because a coarse structured image can contain sharp edges and hence high as well as low frequencies. Therefore edge preserving smoothing cannot be performed by linear filtering. The most important nonlinear methods which have been developed are based on numerical approximation of f by predefined coarse signals [BZ87], anisotropic diffusion [ALM92, PM90, Whi93, WP93] or robust filtering [Fle92, NM79, WVL81, Lee83, SMCM91, SVR80]. Methods of robust statistics naturally occur if the fine structured signal f_2 is modelled as realization of a family of random variables Z_p indexed by the pixels, because in real images neither the exact distribution of each Z_p nor the correlation between the Z_p is known.

We present a chain of non-linear filters which combines the aspects of anisotropic diffusion and robust filtering. It possesses the advantages of both, but avoids most of their drawbacks.

2 The non-linear Gaussian filter

A linear Gaussian filter calculates the convolution product $Gf = g \star f$ of the signal f with a Gaussian function g. Since the image signals are only defined on a bounded discrete set $\mathcal{P}$ of pixels, boundary effects have to be taken into account. For our purposes it is convenient to define the linear Gaussian filter by using the following position-dependent renormalization of the weights.

$$G_{\sigma_x} f(p) = \frac{1}{N_p} \sum_{q \in \mathcal{P}} g_{\sigma_x}(\|q - p\|) f(q)$$

$$= f(p) + \frac{1}{N_p} \sum_{q \in \mathcal{P}} g_{\sigma_x}(\|q - p\|) \cdot (f(q) - f(p))$$

with $\quad g_{\sigma_x}(t) = \exp(\frac{-t^2}{2\sigma_x^2}) \quad$ and $\quad N_p = \sum_{q \in \mathcal{P}} g_{\sigma_x}(\|q - p\|).$

In order to preserve edges the influence of $f(q)$ should decrease if $|f(q) - f(p)|$ increases. This can be achieved by multiplying $g_{\sigma_x}(\|q - p\|)$ by an additional weight $\psi(f(q) - f(p))$. Because the noise distribution in images is very often bell-shaped we chose $\psi = g_{\sigma_z}$. Thus the non-linear Gaussian filter is defined by

$$G_{\sigma_x, \sigma_z}(p) = f(p) + \frac{1}{N_p} \sum_{q \in \mathcal{P}} g_{\sigma_x}(\|q - p\|) g_{\sigma_z}(f(q) - f(p)) \cdot (f(q) - f(p))$$

with $\quad N_p = \sum_{q \in \mathcal{P}} g_{\sigma_x}(\|q - p\|) g_{\sigma_z}(f(q) - f(p)).$

Notice that now the renormalization factor N_p depends not only on the location p, but also on the input data f. Similar operators are used as estimators in robust statistics.

The non-linear Gaussian filters are resistant i.e. the mean value they calculate is insensitive to outliers. If the fine structured signal f_2 is modelled as realization of random variables like in the introduction, they can be shown to be robust estimators [Weu94].

Since the Gaussian kernel is the fundamental solution of the heat conductance equation, the nonlinear Gaussian filter can also be considered to calculate the result of some kind of anisotropic diffusion.

In order to increase the noise reduction, a parameter η is added to the non-linear Gaussian filter:

$$G_{\sigma_x, \sigma_z, \eta}(p) = f(p) + \eta \cdot \frac{1}{N_p} \sum_{q \in \mathcal{P}} g_{\sigma_x}(\|q - p\|) g_{\sigma_z}(f(q) - f(p)) \cdot (f(q) - f(p))$$

Theoretical considerations in [Weu94] imply that the parameter η should be in the range $[1, 1.5]$. To illustrate the effect of η, two filters with $\eta = 1$ and $\eta = 1.3$ were applied to Gaussian noise. The diagrams in figure 1 show the distributions of the input and output noise of these filters. The filter with $\eta = 1.3$ produces a narrower noise distribution.

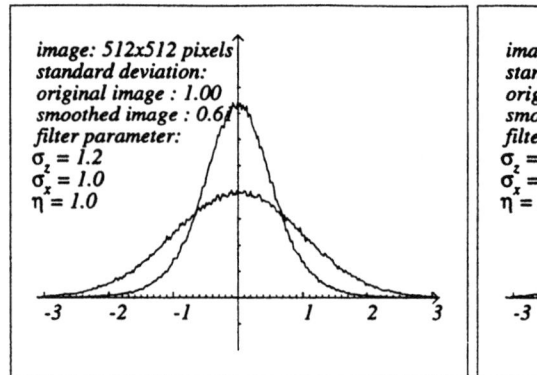 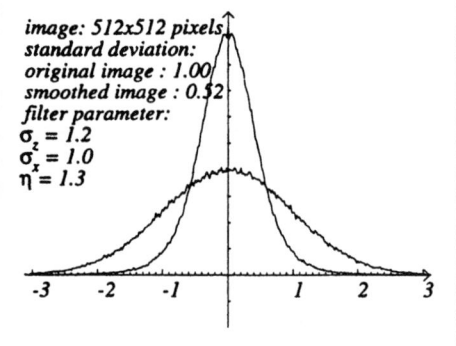

Figure 1: Effect of the parameter η while smoothing Gaussian noise.

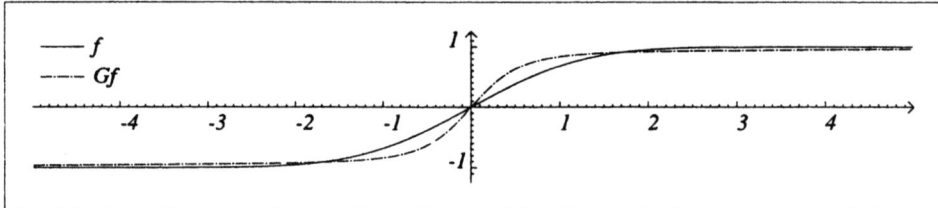

Figure 2: Sharpening of a blurred edge.

3 Sharpening of blurred edges

When the filter is applied to a step edge or ramp edge the shape of the output signal depends strongly on the filter parameters. If σ_z is larger than the maximal grey value the non-linear Gaussian filter tends to work like the linear Gaussian filter, hence edges will be smoothed. If σ_z is small and σ_x is large, the filter can sharpen ramp edges as illustrated in figure 2. The ramp edge in this figure is modelled as a 1-d function $f: \mathbb{R} \to \mathbb{R}$ to which continuous 1-d version of the filter is applied:

$$f(s) := 2 \cdot \frac{1}{\sqrt{2\pi}\sigma} \int_{-\infty}^{x} exp\left(\frac{-s^2}{2}\right) ds - 1$$

$$G_{\sigma_x \sigma_z} f(s) := f(s) + \frac{1}{N_s} \int_{-\infty}^{\infty} g_{\sigma_x}(s-t) \cdot g_{\sigma_z}(f(t) - f(s)) \cdot (f(t) - f(s))\ dt$$

$$\text{with} \qquad N_s = \int_{-\infty}^{\infty} g_{\sigma_x}(s-t) \cdot g_{\sigma_z}(f(t) - f(s))\ dt$$

Figure 3 shows the difference of the derivatives $[Gf]'(0) - f'(0)$ for $\sigma_z = 0.5$ as a function of σ_x. Notice that the ramp edge f can be thought of as a step edge blurred by a linear Gaussian filter with $\sigma_x = 1$. The parameter σ_x of the applied non-linear Gaussian filter should be chosen larger than 1 to sharpen the ramp edge f.

4 The filter chain

In general the smoothing effect of a single filter is not satisfactory. Therefore several filter steps with different parameters are used. The first filter step serves mainly for reducing

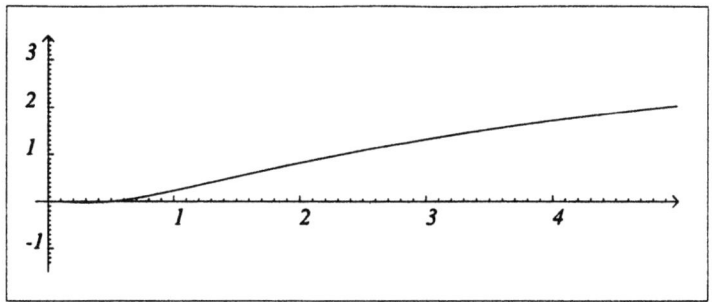

$[G_{\sigma_z,\sigma_z} f]'(0) - f'(0)$ for $\sigma_z = 0.5$ as a function of σ_x.

Figure 3: sharpening of a blurred step edge

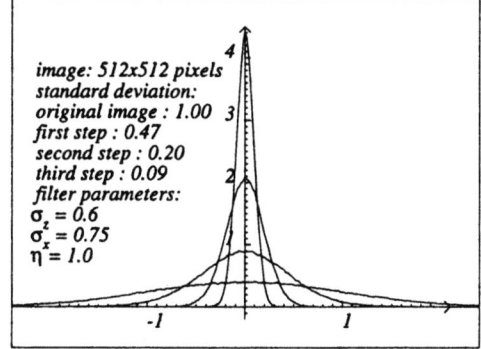

Figure 4: Distribution of noise between filter steps.

the contrast of the fine details. The following steps continue this reduction, but sharpen at the same time the edges of the coarser structures which may have been blurred by the first filter step. The parameter σ_x of the first step should be as small as possible in order to avoid unnecessary blurring of coarser structures, but at least so large as the size of the fine structures. The parameter σ_z of the first step determines approximately the maximal contrast fine details may have in order to be finally eliminated. To make the following filter steps sharpen the edges of the coarser structures as described in the previous section, σ_x has to be increased and σ_z has to be decreased. Extensive experiments showed that almost always the best results are achieved if σ_x is doubled and σ_z is halved before performing the next filter step. A theoretical proof is more or less impossible because the output of a non-linear Gaussian filter consists of random variables which are in general highly dependent in a rather complicated way. But the choice of octave steps can be made plausible by empirically estimating the distributions of the filter outputs when the filter chain is fed by Gaussian noise [WEU94]. The following diagram shows the noise distributions of the output signals of three filter stages. The initial parameters i.e. the parameters of the first filter step are indicated.

When filtering real images typical values for the initial σ_x are 0.5 to 2 times the pixel distance. Usually between three and five filter steps suffice to obtain images which consist of patches with slowly varying grey values. Further filter steps change the image only slightly or not at all because their parameters σ_z drop finally below the quantization step of the grey values.

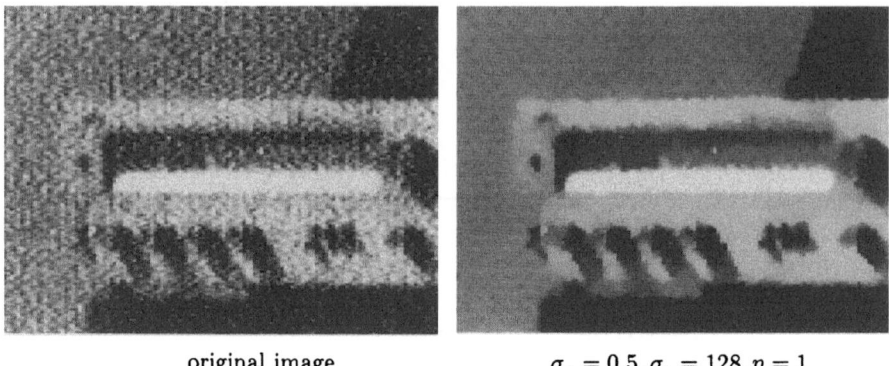

original image $\sigma_x = 0.5, \sigma_z = 128, \eta = 1$

Figure 5: Smoothing a radio by a filter chain with five steps.

The Gaussian filter chain can be considered as an anisotropic diffusion process which is stopped at certain times and restarted with new parameters.

5 Modified Filter Step

Whereas a filter chain does not displace edges it may happen that the values of the filter chain output f_o in the regions between the edges differ slightly from the corresponding local averages of the original image f. This can be avoided by appending a modified filter step which calculates for each pixel p the value

$$\frac{1}{N_p} \sum_{q \in \mathcal{P}} g_{\sigma_x}(\|q - p\|) g_{\sigma_z}(f_o(q) - f_o(p)) \cdot (f(q) - f(p))$$

with $\qquad N_p = \sum_{q \in \mathcal{P}} g_{\sigma_x}(\|q - p\|) g_{\sigma_z}(f_o(q) - f_o(p)).$

This operator smoothes f while respecting the edges present in f_o.

6 Experimental results

In figure 5 a very noisy picture is smoothed by a filter chain with five stages and initial parameters $\sigma_x = 0.5$ and $\sigma_z = 128$.

Figure 6 shows the intensity profile of line 112 in the original lena, 512×512 pixels, image and in the output of a filter chain with 3 stages and initial parameters $\sigma_x = 4$ and $\sigma_z = 36$. Notice that small details are preserved if their contrast is high enough and that the edges are not displaced. If a modified filter stage is appended the original height of the two lobes at the left side is quite exactly reconstructed.

The non-linear Gaussian filters can be efficiently implemented on modern RISC workstations. Moreover there are obvious ways to split up each filter step into several parts which can be executed simultaneously. Hence parallel hardware can be employed. J.Wienbeck implemented the filter on a PowerXplorer of Parsitek, a parallel machine with 8 PowerPC-processors connected by transputers. The image is downloaded from the host, each processor calculates the result of the first filter step within a stripe of the image and sends the result to the neighbours, then the next step is executed. After all filter steps have been performed, the image is uploaded to the host. The overhead caused by the communication between the processors is not very high; N processors need almost only one Nth of the time one processor needs.

The execution times depend heavily on the image size and on σ_x, but not on σ_z. They can be strongly reduced if the summation is not carried out over all pixels $q \in \mathcal{P}$, but only over the pixels in a small neighbourhood of p. We choose a square with center p and side length $2\alpha\sigma_x$; the factor α is gradually lowered from 3.0 in the first filter step to 1.0 in the last step. This reduction of α does not cause significant changes in the filtered image. The following table shows the execution times for a few filter chains with three stages on a Sun SparcStation 20/50 and on a PowerXplorer with 8 processors. The radio image, 128×128 pixels, in figure 5 was filtered by the PowerXplorer in 2.5 seconds (5 filter steps).

	image size 512 × 512		image size 256 × 256	
initial σ_x	Sparc 20/50	Xplorer	Sparc 20/50	Xplorer
0.5	11 s	8 s	3 s	2.3 s
1.0	24 s	10 s	6 s	2.5 s
2.0	65 s	15 s	16 s	4 s
4.0	205 s	32 s	52 s	8 s
8.0	817 s	100 s	184 s	24 s

7 Conclusion

The described chain of non-linear Gaussian filters is an edge preserving smoothing method which can even sharpen edges. It avoids large number of iterations and convergence problems. Edges are not displaced when the scale is changed. Only two filter parameters with an intuitive meaning have to be chosen; the choice is not critical. The filters can easily and efficiently be implemented on parallel hardware.

The method is not restricted to two-dimensional image data. It can also be applied to signals $f : \mathbb{R}^n \to \mathbb{R}^m$, especially to color images and to volume data.

References

[ALM92]   Luis Alvarez, Pierre-Louis Lions, and Jean-Michel Morel. Image selective smoothing and edge detection by nonlinear diffusion. ii. *SIAM J. Numer. Anal.*, 29(3):845–866, 1992.

[BZ87]   Andrew Blake and Andrew Zisserman. *Visual Reconstruction.* MIT Press, Cambridge (Massachusette), London (England), 1987.

[Fle92]   Margaret M. Fleck. Plus ca change, ...*. In *Proc. Second European Conference on Computer Vision*, pages 151–159, 1992.

[Lee83]   Jong-Sen Lee. Digital image smoothing and the sigma filter. *Computer Vision, Graphics and Image Processing*, 24:255–269, 1983.

[NM79]   Makoto Nagao and Takashi Matsuyama. Edge preserving smoothing. *Computer Graphics and Image Processing*, 9:394–407, 1979.

[PM90]   Pietro Perona and Jitendra Malik. Scale-space and edge detection using anisotropic diffusion. *IEEE Trans. on Pattern Analysis and Machine Intelligence*, 12(7):629–639, 1990.

[SMCM91] Phillipe Saint-Marc, Jer-Sen Chen, and Gerard Medioni. Adaptive smoothing: A general tool for early vision. *IEEE Trans. on Pattern Analysis and Machine Intelligence*, 13(6):514–529, 1991.

[SVR80] Ann Scher, Flavo R. Davis Velasco, and Aziel Rosenfeld. some new image smoothing techniques. *IEEE Transactions on Systes, Man and Cybernetics*, 10(3):153–158, 1980.

[Weu94] Jörg Weule. *Iteration nichtlinearer Gauß-Filter in der Bildverarbeitung*. Dissertation (Thesis), Heinrich-Heine-Universität Düsseldorf, 1994.

[Whi93] Ross. T. Whitaker. Geometry-limited diffusion in the characterization of geometric patches in images. *Computer Vision, Graphics and Image Processing*, 57(1):111–120, 1993.

[WP93] Ross. T. Whitaker and Stephan M. Piter. A multi-scale approach to nonuniform diffusion. *Computer Vision, Graphics and Image Processing*, 57(1):99–110, 1993.

[WVL81] David C. C. Wang, Anthony H. Vagnucci, and C. C. Li. Gradient inverse weighted smoothing scheme and the evaluation of its performance. *Computer Graphics and Image Processing*, 15:167–181, 1981.

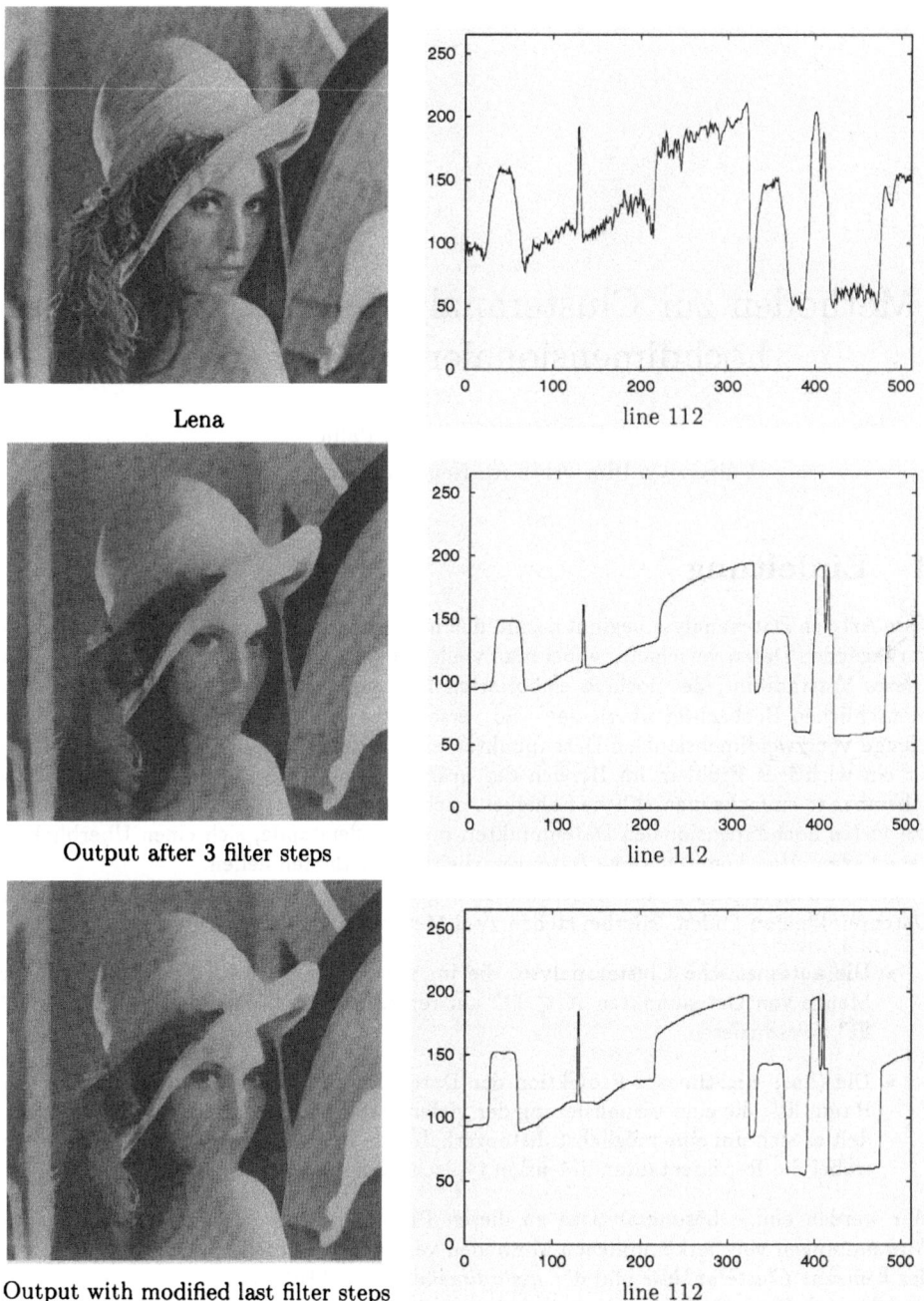

Figure 6:

Methoden zur Clusteranalyse und Visualisierung hochdimensionaler Datenmengen

F. Schwenker und G. Palm
Universität Ulm, Abtl. für Neuroinformatik, 89069 Ulm

1 Einleitung

Jede Art von Datenanalyse beginnt damit, daß man sich zunächst einen Überblick über die vorliegenden Daten verschafft, wobei man vielleicht schon im Ansatz Strukturen erkennt. Dieses Vorstadium jedes noch so elaborierten Datenanalyseverfahrens bleibt meist dem menschlichen Beobachter überlassen. So verschafft uns beispielsweise bei einer großen Menge von zweidimensionalen Datenpunkten ein optisches Display einen Überblick. Es ist ein wichtiges Problem im Bereich der *prärationalen maschinellen Intelligenz*, diese scheinbar so einfache menschliche Fähigkeit nachzubilden. Allerdings ist auch der Mensch bei vielen hochdimensionalen Datenpunkten meist außerstande, sich einen Überblick zu verschaffen. Hier könnten kluge Datenverarbeitungsmethoden helfen.
Es geht also im folgenden darum, Strukturen in großen Mengen von i.a. hochdimensionalen Datenpunkten zu finden. Hierbei stehen zwei Methoden im Vordergrund:

- Die automatische Clusteranalyse, die im wesentlichen darauf abzielt, eine große Menge von Datenpunkten $X \subset \mathbb{R}^n$ auf repräsentative Clusterzentren $c^1, \ldots, c^k \in \mathbb{R}^n$ zu reduzieren.

- Die (i.a.) nichtlineare Projektion der Datenpunkte in einen niedrigdimensionalen Raum $\mathbb{R}^r$, die eine Visualisierung der vielen Datenpunkte ermöglicht. Hierbei handelt es sich um eine möglichst distanzerhaltende Abbildung der Datenpunktmenge, wobei die Repräsentantendimension typischerweise $r = 2$ oder $r = 3$ ist.

Wir werden einige Lösungsansätze zu diesen Problemen entwickeln, die allerdings als Abwandlungen von herkömmlichen Methoden verstanden werden können, und zwar von der *k–means Clusteranalyse* und der *multidimensionalen Skalierung*.
Im nächsten Kapitel stellen wir diese beiden bekannten Analyseverfahren k-means Clusteranalyse und multidimendionale Skalierung vor. Wir zeigen im dritten Kapitel, wie diese beiden Methoden zu einem Datenanalyseverfahren kombiniert werden können und demonstrieren schließlich diese Methode an einem Beispieldatensatz von Grauwertbildern handgeschriebener Ziffern.

2 Beschreibung der Methoden

Im folgenden sei $X = \{x^1, \ldots, x^M\} \subset \mathbb{R}^n$ eine Datenmenge mit M Punkten. Als Abstandsmaß benutzen wir die euklidische Distanz $d(x,y) = \sqrt{\sum_i (x_i - y_i)^2}$ in $\mathbb{R}^n$ und $\mathbb{R}^r$. Wir gehen im folgenden davon aus, daß sowohl die Zahl der Datenpunkte M, als auch die Dimension des Eingaberaumes n groß sind (in der nachfolgend beschriebenen Anwendung ist beispielsweise $n = 256$ und $M = 10000$).

2.1 k–means Clusteranalyse

Das Auffinden repräsentativer Prototypen $c^1, \ldots, c^k$ aus einer großen Menge von Datenpunkten $x^1, \ldots, x^M$ ist in vielen Problemstellungen von Bedeutung (etwa bei der Wahl von geeigneten Stützstellen in Approximationsaufgaben oder bei der Konstruktion von Codebüchern bei der Vektorquantisierung). Das k-means Verfahren ist neben den sogenannten *hierarchischen Clusteranalyseverfahren*, wie z.B. dem *single linkage* oder *complete linkage* Verfahren, das wohl gebräuchlichste Verfahren der automatischen Clusteranalyse [4, 3, 9, 1].
Hier wird eine fest vorgegebene Anzahl von k Clusterzentren $c^1, \ldots, c^k$ so über die Datenpunkte bewegt, daß sie sich jeweils in die Schwerpunkte von dichteren Datenwolken setzen. Eines der Hauptprobleme dieses Verfahrens ist die feste Vorgabe der Zentrenzahl. Wenn k nicht mit der Anzahl der in den Daten tatsächlich vorhandenen Clustern übereinstimmt, sind die Ergebnisse u.U. nur schwer interpretierbar.
In der Initialisierungsphase des k-means Verfahrens müssen ferner die Anfangspositionen der Clusterzentren festgelegt werden. Dazu werden häufig aus der Datenmenge X einfach k Punkte zufällig ausgewählt. Eine andere Möglichkeit besteht darin, zunächst eine hierarchische Clusteranalyse der gesamten Datenmenge X durchzuführen, die X in k Untermengen $C^1, \ldots, C^k$ partitioniert und die Anfangspositionen der Zentren durch

$$c^j = \frac{1}{|C^j|} \sum_{x \in C^j} x. \qquad (1)$$

zu bestimmen. Hierbei ist $|C^j|$ die Zahl der Datenpunkte die in C^j liegen. In jedem Fall muß die Zentrenzahl k festgelegt werden. Die Grundidee des k-means Verfahren ist sehr einfach. Ein Datenpunkt $x \in X$ wird dem Zentrum c^j zugeordnet, welches ihm am nächsten ist, d.h. der Datenpunkt x gehört zum Cluster C^j wenn gilt

$$d(x, c^j) = \min_l d(x, c^l). \qquad (2)$$

Definiert man für die Clusterzentren $c^1, \ldots, c^k$ ein Fehlerfunktional durch

$$H(c^1, \ldots, c^k) := \sum_j \sum_{x \in C^j} d^2(x, c^j), \qquad (3)$$

so ist H genau dann minimal, wenn die Zentren c^j jeweils im Schwerpunkt ihrer Datenpunktwolke C_j liegen, wenn also gilt:

$$c^j = \frac{1}{|C^j|} \sum_{x \in C^j} x. \qquad (4)$$

Dies wird sichergestellt, wenn man das dem Datenpunkt x nächste Zentrum c^j nach der Iterationsvorschrift

$$\Delta c^j = \frac{1}{|C^j|+1}(x - c^j) \qquad (5)$$

verschiebt. In der Literatur werden grundsätzlich zwei verschiedene Varianten unterschieden:

a) Das *batch k–means* Verfahren. Hier werden die Einzeländerungen der Clusterzentren zunächst zwischengespeichert und die Verschiebung der Zentren erst nach Präsentation der gesamten Datenmenge durchgeführt.

b) Das *adaptive k–means* Verfahren, in dem bei der Präsentation eines einzelnen Datenpunktes $x \in X$ das nächstliegende Zentrum sofort nach der obigen Vorschrift adaptiert wird.

Durch das batch k–means Verfahren wird das oben definierte Fehlerfunktional $H(c^1, \ldots, c^k)$ durch Gradientenabstieg minimiert. Das adaptive k-means Verfahren ist eng verwandt mit den Lernverfahren künstlicher neuronaler Netze (vgl. [2]), speziell mit competitiven Netzwerken wie beispielsweise der Kohonenkarte [5]. Die einfachste Adaptationsvorschrift für competitive neuronale Netze hat die Form

$$\Delta c^j = \eta_t (x - c^j) \qquad (6)$$

wobei t die Anzahl der Datenpunktpräsentationen zählt und $\eta_t > 0$ eine langsam fallende Folge mit $\eta_t \to 0$ ist (vgl. dazu (5)). Hier ist wiederum c^j das nächste Clusterzentrum zum Datenpunkt x.

2.2 Multidimensionale Skalierung

Die multidimensionale Skalierung ist ein Verfahren zur Abbildung einer Distanzmatrix $D_n = (d(x^i, x^j))$ von M Datenpunkten des $\mathbb{R}^n$ auf M Repräsentationspunkte $y^i \in \mathbb{R}^r$, so daß die Abweichung der beiden Distanzmatrizen $D_r = (d(y^i, y^j))$ und D_n möglichst gering ist [4, 8, 7] Die Abweichung zwischen D_n und D_r kann durch Fehlerfunktionale der Form

$$S(y^1, \ldots, y^M) = \alpha \sum_{i=1}^{M} \sum_{j=1}^{M} \left(\Phi[d^2(x^i, x^j)] - \Phi[d^2(y^i, y^j)] \right)^2 \qquad (7)$$

gemessen werden. Diese Funktionale heißen auch *Stressfunktionale*. Hierbei ist α eine positive Skalierungskonstante, etwa $\alpha = 1/\sum_i \Phi[d^2(x^i, x^j)]$, und $\Phi : \mathbb{R} \to \mathbb{R}$ eine (differenzierbare) monoton wachsende Funktion, beispielsweise $\Phi(x) = x$ oder $\Phi(x) = \log(x + 1)$. Zur Optimierung des Stressfunktionals $S(y^1, \ldots, y^M)$ stehen alle Standardoptimierungsverfahren zur Verfügung. Benutzt man beispielsweise ein einfaches Gradientenverfahren zur Anpassung der Repräsentationspunkte $y^1, \ldots, y^M$, so erhält man die folgende Iterationsvorschrift:

$$\Delta y^j = \eta_t \cdot \alpha \sum_{i \neq j}^{M} \Phi'[d^2(y^i, y^j)] \left(\Phi[d^2(x^i, x^j)] - \Phi[d^2(y^i, y^j)] \right) \left(y^i - y^j \right). \qquad (8)$$

Die Zahl der zu optimierenden Bedingungen ist zum einen direkt durch die Zahl der Datenpunkte M bestimmt. Anderseits sind die Abstandsrelationen der Datenpunkte im $\mathbb{R}^n$, bei hoher Eingabedimension n i.a. so komplex, daß die vielen Datenpunkte nicht distanzerhaltend nach $\mathbb{R}^2$ oder $\mathbb{R}^3$ abgebildet werden können.

3 Clusteranalyse mit niedrigdimensionalen Repräsentationszentren

Das Ziel dieser Methode ist es, sowohl eine Clusterung im hochdimensionalen Raum aufzufinden, als auch eine niedrigdimensionale (2D oder 3D) Darstellung zu erhalten. Hierzu werden einerseits die Clusterzentren im $\mathbb{R}^n$ nach der Iterationsvorschrift (5) oder (6) adaptiert und anderseits für jedes Clusterzentrum c^j ein niedrigdimensionales Repräsentationszentrum $p^j \in \mathbb{R}^r$ mitbewegt. Die Repräsentanten p^j werden dabei so angepaßt, daß ihre Abstände $d(p^i, p^j)$ denen der Zentrumsabstände $d(c^i, c^j)$ möglichst nahe kommen. Da die Repräsentationszentren parallel zu den Clusterzentren mitbewegt werden, ist es möglich den Clusterungsprozeß 'online' zu beobachten. Zur Bewertung der nichtlinearen Projektion $r : \mathbb{R}^n \to \mathbb{R}^r$ vergleicht man die Distanzmatrix der Zentren mit der Distanzmatrix ihrer Repräsentanten durch das Stressfunktional

$$S(p^1, \ldots, p^k) = \alpha \sum_{i=1}^{k} \sum_{j=1}^{k} \left(\Phi[d^2(c^i, c^j)] - \Phi[d^2(p^i, p^j)] \right)^2. \tag{9}$$

Wie bereits im Kaptiel 2 erwähnt, liegen die Hauptschwierigkeiten des k-means Clustering darin, die Anzahl der Clusterzentren festzulegen und für diese Anfangspositionen zu bestimmen. Um dieses Problem wenigstens teilweise zu vermeiden, sind für das k-means Verfahren Heuristiken vorgeschlagen worden, die das Einsetzen neuer Clusterzentren und das Zusammenführen und Aufteilen bereits vorhandener Zentren erlauben [3, 10].
Bei der Betrachtung eines einzelnen Datenpunktes wird dabei entschieden, ob der Punkt einem bereits vorhandenen Cluster zugeschlagen wird, oder ob der Datenpunkt selbst ein neues Clusterzentrum definiert. Ein neues Clusterzentrum wird immer dann eröffnet, wenn die Distanz zu den anderen Clusterzentren eine gewisse Schwelle θ_{new} überschreitet. Kommen sich zwei Clusterzentren im Verlauf des Clusterprozesses näher als eine Schwelle θ_{merge}, so werden die beiden Zentren vereinigt. Der Algorithmus hat die folgende Struktur:

```
Bestimme die Schranken θ_new und θ_merge
Setze k = 0 (Start ohne Prototypen)
    Wähle Datenpunkt:  x ∈ X
    Bestimme die Distanzen:  d_j = d(x, c^j), j = 0, ..., k
    Bestimme den Gewinner:  j* = argmin_j d_j
    if (d_j* > Θ_new) or k = 0
        c^k := x und bestimme p^k nach (10)
        k := k + 1
    else
        Adaptiere c^j* nach (5) und p^j* nach (10)
        Bestimme die Distanzen:  D_l = d(c^l, c^j*), l = 0, ..., k
        Bestimme nächstes Zentrum:  l* := argmin_{l≠j*} D_l
        if (D_l* ≤ Θ_merge)
            merge(c_l*, c_j*),  k := k - 1
    Goto: Wähle Datenpunkt
```

Wird ein neues Zentrum c^j eingesetzt, so wird ein zugehöriges Repräsentationszentrum $p^j := r(c^j)$ bestimmt. Hierzu wird die Anfangsposition des Repräsentanten p^j aus der Position des Repräsentanten des nächsten Nachbarzentrums von $c^j \in \mathbb{R}^n$ sowie der Distanz von c^j zu diesem ermittelt. Die weitere Anpassung des Repräsentationszentrums p^j

geschieht dann durch folgende Iterationsvorschrift:

$$\Delta p^j = \eta_t \cdot \alpha \sum_{i \neq j}^{k} \Phi'[d^2(p^i, p^j)] \Big(\Phi[d^2(c^i, c^j)] - \Phi[d^2(p^i, p^j)]\Big) \Big(p^i - p^j\Big). \quad (10)$$

Nachdem sich die Clusterung nicht mehr verändert, d.h. die Zahl der Zentren und die Zuordnung der Datenpunkte zu den Clusterzentren über eine Epoche unverändert bleibt, kann die Iteration für die Repräsentanten p^j weitergeführt werden, bis die Positionsänderungen $\max_j \|\Delta p^j\|$ eine Fehlerschranke nicht mehr überschreiten.

4 Anwendungsbeispiel

Wir wollen nun das im vorherigen Kapitel beschriebene Clusteranalyseverfahren mit Repräsentationszentren an einem Beispieldatensatz zeigen.

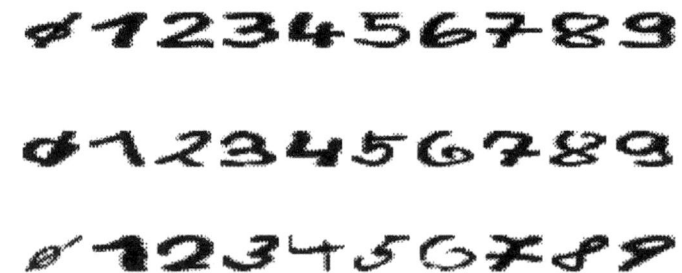

Abbildung 1: Verschiedene Varianten der handgeschriebenen Ziffern.

Der Datensatz umfaßt insgesamt $M = 10000$ Muster. Es handelt sich hierbei um Grauwertbilder handgeschriebener Ziffern. Für jede der zehn Ziffern sind 1000 verschiedene Einzelmuster im Datensatz vorhanden. Es kommen 256 verschiedene Graustufen in den Bildern vor. Die Graustufenbilder sind vorverarbeitet, speziell wurden Normierungen der Strichdicken, Lage und Orientierung durchgeführt. Eine genaue Beschreibung des Datensatzes findet man bei Kreßel in [6]. In Abb. 1 sind jeweils 3 Beispiele für jede der 10 Ziffern dargestellt. Die abgebildeten Beispiele zeigen typische Exemplare aus der Datenbasis.

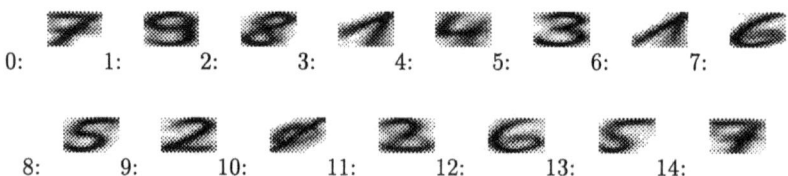

Abbildung 2: Ergebnis einer Clusteranalyse nach 10-maliger Präsentation des Datensatzes. Die 15 Clusterzentren sind (mit ihrer Zentrumsnummer) als Graustufenbilder dargestellt worden.

Der Datensatz mit dem Algorithmus aus Kapitel 3 clusteranalysiert. Die Abb. 2 zeigt ein typisches Resultat einer solchen Clusteranalyse. Es wurden 15 Clusterzentren $c^0, \ldots, c^{14} \in$

$\mathbb{R}^{256}$ bestimmt. Die Zahl der Zentren braucht zwar im Algorithmus nicht explizit vorgegeben zu werden, sie wird allerdings, insbesondere für hochdimensionalen Eingaberäumen, durch die gewählten Schranken θ_{new} und θ_{merge} erheblich beinflußt.

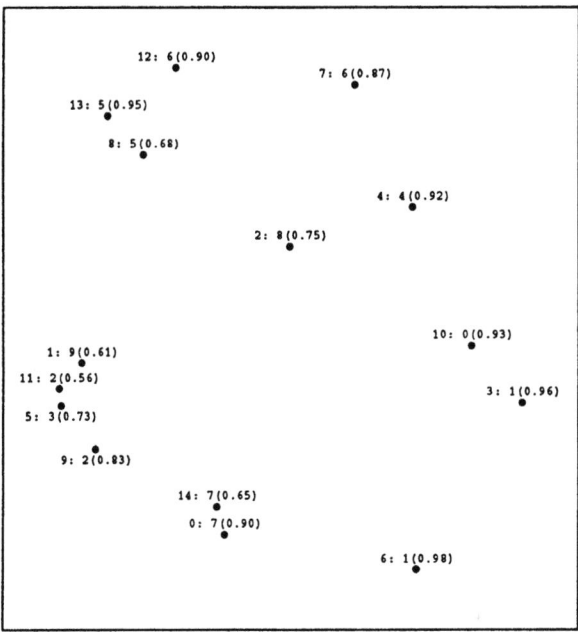

Abbildung 3: Die distanzerhaltende 2D-Projektion der 15 Clusterzentren.

Wie wir im Kapitel 3 beschrieben haben, wurden simultan zur Clusteranalyse die Repräsentaten $p^0, \ldots, p^{14} \in \mathbb{R}^2$ der Clusterzentren bestimmt. Das Resultat der distanzerhaltenden Projektion ist in den Abb. 3 und Abb. 4 dargestellt. In der Abb. 3 sind die Positionen der Repräsentionszentren $p^0, \ldots, p^{14} \in \mathbb{R}^2$ gezeigt, welche nach 10-maliger Präsentation aller 10000 Datenpunkte erreicht wurden. Jedes Repräsentationszentrum ist mit der Zentrumsnummer, der Ziffer, welche im Cluster am häufigsten vertreten ist, sowie mit dem zugehörigen Prozentsatz bezeichnet. So bedeutet (0: 7(0.90)) (vgl. Abb. 3), daß das Zentrum mit der Nummer 0 die Ziffer 7 zu 90% enthält.
Die Güte der nichtlinearen distanzerhaltenden Abbildung kann für diese Anwendung qualitativ durch Inspektion der Clusterzentren beurteilt werden. So sind beispielsweise die Zentren mit den Nummern 1,5 und 11 in der Projektion benachbart, dieses erkennt man auch bei den Clusterzentren (vgl. Abb. 2). Diese drei Zentren sind noch mit Muster verschiedener Ziffern durchmischt, welches den Hinweis geben könnte, daß die Zentrenbildung dem Datensatz nicht angepaßt ist.

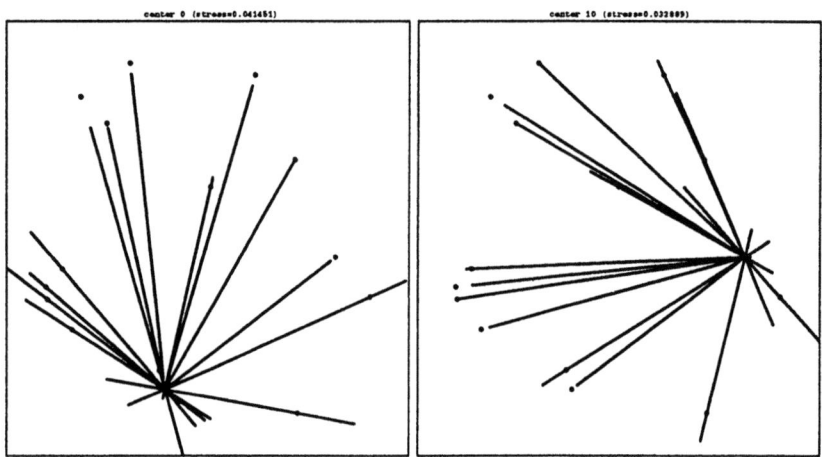

Abbildung 4: Stress der beiden Clusterzentren 0 (links) und 10 (rechts).

Die Abb. 4 zeigt eine Möglichkeit, die Distanzbedingungen, die durch das Stressfunktional

$$S(p^1,\ldots,p^k) = \alpha \sum_{i=1}^{k} \sum_{j=1}^{k} \left(\Phi[d^2(c^i, c^j)] - \Phi[d^2(p^i, p^j)] \right)^2 \tag{11}$$

gegeben sind zu visualisieren. Hier sind wiederum die Repräsentanten der 15 Clusterzentren gezeigt (vgl. Abb. 3), außerdem sind die Distanzen zwischen den Zentren eingetragen. Die Distanz $d(c^i, c^j)$ von zwei Clusterzentren c^i und c^j ist durch eine zentrierte Gerade der Länge $d(c^i, c^j)$ zwischen den zugehörigen Repräsentantenzentren $p^i, p^j \in \mathbb{R}^2$ dargestellt. Der Wert des Stressfunktionals kann somit direkt abgelesen werden — endet die Gerade in p^i und p^j, so ist die Distanz genau repräsentiert. Der Stress zwischen den beiden Distanzen $d(c^i, c^j)$ und $d(p^i, p^j)$ zeigt sich durch Geraden, welche p^i und p^j nicht erreichen bzw. über sie hinausgehen.

Das vorgestellte Verfahren der niedrigdimensionalen Repräsentantenzentren ist eine Methode, mit der sich der Benutzer einen ersten Überblick über mögliche Strukturen in der vorliegenden Datenmenge verschaffen kann. Dieses Verfahren wird man insbesondere in der Anfangsphase einer Datenanalyse interaktiv einsetzen. Es ist nicht nur im Zusammenhang mit Clusteranalyseverfahren einsetzbar, sondern kann mit Klassifikationsverfahren kombiniert werden, die auf dem Prinzip der Repräsentantenbildung beruhen, beispielsweise mit iterativen Vektorquantisierungsverfahren oder radialen Basisfunktionen.

Literatur

[1] J. Bacher. *Clusteranalyse*. R. Oldenbourg Verlag, München Wien, 1994.

[2] C. Darken and J. Moody. Fast adaptive k-means clustering: Some empirical results. In *Proceedings International Joint Conference on Neural Networks*, 1990.

[3] R. Duda and P. Hart. *Pattern Classification and Scene Analysis*. John Wiley & Sons, New York, 1973.

[4] K. Fukunaga. *Introduction to Statistical Pattern Recognition*. Academic Press, New York and London, 1972.

[5] T. Kohonen. The self-organizing map. *Proc. IEEE*, 78(9):1464–1480, 1990.

[6] U. Kreßel. The Impact of the Learning-Set Size in Handwritten-Digit Recognition. In T. Kohonen, editor, *Artificial Neural Networks*. ICANN-91, North-Holland, 1991.

[7] R. Schnell. *Graphisch gestützte Datenanalyse*. R. Oldenbourg Verlag, München Wien, 1994.

[8] D.W. Scott. *Multivariate Density Estimation*. John Wiley & Sons, New York, 1992.

[9] H. Späth. *Cluster-Formation und -Analyse*. R. Oldenbourg Verlag, München Wien, 1983.

[10] C.W. Therrien. *Decision Estimation and Classification*. John Wiley & Sons, New York, 1989.

Primary Image Segmentation

Ullrich Köthe

Fraunhofer-Institut für Graphische Datenverarbeitung
D-18059 Rostock, Joachim-Jungius-Str. 9, Email: koethe@egd.igd.fhg.de

Abstract: This paper introduces the notion of *primary image segmentation* which serves as a well defined link between low- and high-level image analysis. A general algorithmic framework based on priority queues is proposed that allows for the integration of a variety of different segmentation algorithms. A seeded region growing approach, along with a number of improved seed selection methods and foveation of critical areas, is chosen to realize this framework. Experimental evaluation shows very good performance of these algorithms on a relatively large number of outdoor photographs without the need to adjust parameters.

1. Introduction

The segmentation of images has always been a key problem in computer vision. Up to the early 80ies bottom-up techniques like edge detection and split-and-merge algorithms were the primary focus of research. However, by that time people realized that „perfect" segmentation would not be possible without incorporation of higher level knowledge. Thus the focus shifted towards model based techniques like snakes [1] and methods based on geometric models [2]. These techniques generally give very satisfying segmentation results. However, on a number of reasons which have been underemphasized in the past, the bottom-up techniques are still necessary as a natural complement of the top-down approaches:

- If the model base consists of a great number of different models, say 10 000, we need effective strategies to choose, among all models in the database, those models which have a great chance of being a correct description of the image content. If we lack a-priori scene knowledge this can only be done by bottom-up analysis of the image itself.
- Many model based techniques are based on iterative improvement of an initial model configuration. Appropriate low-level information is needed to find an initial estimate of the model that ensures convergence.
- Often one and the same image may be analyzed using several different models depending on the task to be fulfilled. This is typically the case with content based retrieval in image databases. A primary segmentation could be stored as a common starting point for all those tasks.

These examples show that the full power of top-down methods can only be exploited if they are built upon a well defined bottom-up analysis. Therefore we introduce the notion of *primary image segmentation* which is meant to serve as a link between bottom-up and top-down approaches of segmentation. The goal of primary segmentation is therefore similar to the goal of Marr's *primal scetch* [3]. However, our approach will be based on regions, since regions, as 2 dimensional entities, provide a much richer image description than edges.

The work described here is based on the work of Lanser [4] and Adams and Bischof [5]. Lanser [4] describes a technique that combines edge oriented and region oriented algorithms to improve segmentation results. Adams and Bischof [5] introduce a new region growing algorithm that overcomes severe limitations of older approaches. This article will extend those ideas by putting them in a general framework which allows for the combination of a variety of segmentation algorithms, resulting in great potential to optimize all aspects of the segmentation process.

2. Definition of primary image segmentation

Primary image segmentation is defined as an optimal segmentation obtained in a pure bottom-up fashion that provides the information necessary to initialize and constrain high-level segmentation methods. Although the details of primary segmentation methods will depend on the application domain, we require that they do not depend on a priori knowledge about the objects present in a particular scene or image specific parameter adjustments. These claims become realistic because we do not seek for a perfect segmentation result but rather for the best possible support for more intelligent methods to be applied afterwards.

Unfortunately up to now there is no theory which defines the quality of a segmentation. Therefore we have to rely on some heuristic constraints which the primary segmentation should meet:

- The segmentation should provide regions that are homogenous with respect to one or more properties, i.e. the variation of measurements within the regions should be considerably less than the variation at borders.
- The position of the borders should coincide with local maxima, ridges and saddle points of the local gradient of the measurements.
- Areas that perceptually form only one region should not be splitted into several parts. In particular this applies to smooth shading and texture.
- Small details, if clearly distinguished by their shape or contrast, should not be merged with their neighboring regions.

Fig. 1:
Wrongly connected regions resulting from inversion of an edge image obtained using Chen and Castans algorithm [8].
The regions shown form only 4 connected components which is obviously semantically incorrect. However, detection of the missed boundaries during postprocessing is very difficult.
(For the original see upper left of fig. 5)

3. Algorithmic Framework for Primary Segmentation

As was already mentioned primary segmentation should be a region based segmentation. The simplest idea to obtain this would be the complement of a standard edge detection (see [4]). Unfortunately edge detection algorithms tend to miss important edges if their contrast is poor which results in an undersegmentation (see fig. 1). Even an extended algorithm that tries to close edge fragments starting from terminating points as proposed in [4] will not reliably find all region boundaries.

In our opinion variants of region growing have the greatest potential to meet all requirements outlined in section 2. Here the segmentation process is split into two stages: at first an initial incomplete segmentation forming seed regions is performed. A subsequent region growing stage assigns the yet unlabeled pixels to one of the regions until the segmentation is complete. This leads to a four-step framework for primary segmentation (fig. 2): preprocessing, seed selection, region growing and optional postprocessing to improve the regions. To emphasize the role of primary segmentation as a link between low-level and high-level processing the figure also includes the high-level part which builds upon primary segmentation.

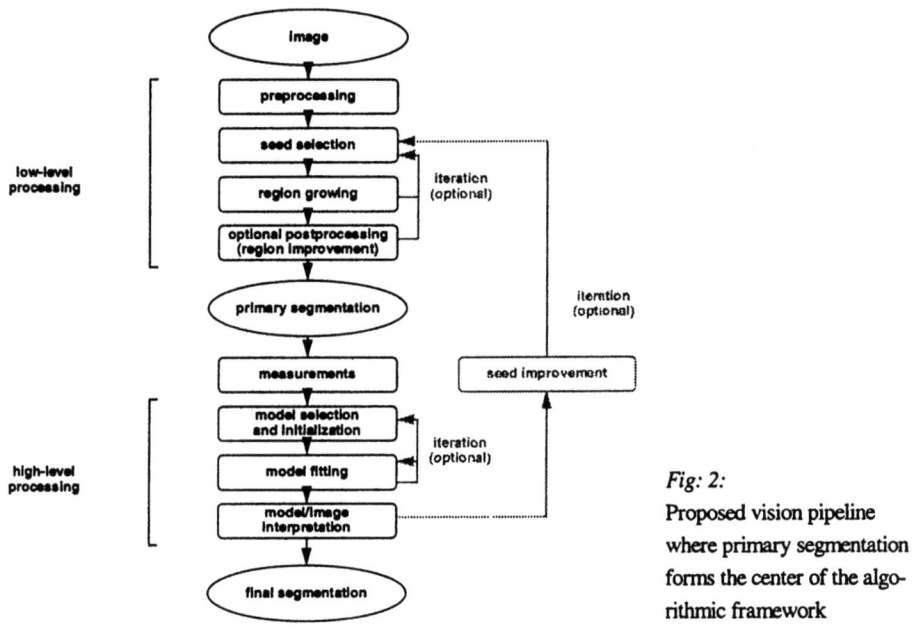

Fig: 2:
Proposed vision pipeline where primary segmentation forms the center of the algorithmic framework

In its simplest form this scheme may be regarded as a *vision pipeline* which starts at an image and ends at a final interpreted segmentation. However, for most images *iteration* would be necessary to obtain satisfying results.

4. Specifying the Algorithms

Seeded Region Growing

Region growing algorithms start from an initial, incomplete segmentation and try to aggregate the yet unlabelled pixels to one of the given regions. The initial regions are usually called *seed regions* or *seeds*. The decision whether a pixel should join a region or not is based on some fitness function which reflects the similarity between the region and the candidate pixel. As proposed in [5], the order in which the pixel are processed is determined by a global priority queue which sorts all candidate pixels by their fitness values. This approach elegantly mixes local (fitness) and global (pixel order) information. The algorithm proceeds as follows:

1. Find initial set of candidate pixels, calculate their fitness and put them into the priority queue.
2. While(Queue is not empty.)
    2a) Get candidate pixel with best fitness from queue.
    2b) If (Candidate has more then one neighboring regions.) then
        Mark pixel as border region.
    else
        Mark pixel with label of its neighboring region.
        Identify new candidates among the neighbors of the pixel just processed,
        calculate their fitness and put them into the queue.

Candidate pixels are those pixels which are neighbors (4- or 8-connectivity) of exactly one labeled region. When regions meet in the curse of growing, a one pixel wide border is left (step 2b). Possible fitness functions include:

- The fitness is equal to the local gradient. Then regions always meet at local gradient maxima. This is exactly the behavior of the well known *watershed algorithm* [6], which thus can be viewed as a special case of seeded region growing.
- In [5], Adams and Bischof use the magnitude of the difference between the graylevel of the pixel and the mean graylevel of the region. Slightly worse edge localization is paid off by better resistance of the segmentation against noise.
- Generalizations to color images include the maximum of the gradient among all color bands or any of distance measures between the pixel's color and the mean color of the region (e.g. Euclidean distance in RGB- or CIE-Lab-space, angular color distance).
- Complex fitness functions can be defined using linear combinations of simpler functions.

For very thin regions of about 3 pixel width we encounter aliasing problems which are solved by *foveation* [9]: the resolution of those critical areas is increased by a factor of 2 in either direction. Fig. 7 shows a significant improvement of segmentation accuracy obtained this way.

The most critical part of the algorithm turns out to be the selection of the seeds. As the growing does not change the number of regions a region lost during seed selection can not be recovered later. The same holds for regions that have mistakenly been splitted into more than one seed. Although some postprocessing may be performed to repair these errors, special care must be taken when the seeds are selected.

Seed selection

Seed selection may be viewed as an incomplete segmentation procedure where pixels are only assigned to regions if this decision can be made with high confidence. However, even so we do not expect one single seed selection method to be good enough on all occasions. (If we had such a multi-purpose seed finder we could probably use it to segment the image directly.) Therefore we propose a procedure which *combines* raw seeds from a number of different sources. The decision which source to choose in a particular area of the image will be based on a comparison of the confidence measures and on the constraint that different seeds may not be connected (and thus merged into a big region) by a seed from another source. Again we choose a priority queue to decide which region should be processed next. The algorithm may be summarized as follows:

1. For each seed finding method:
   Find candidate regions, calculate confidence and put them into the priority queue.
2. While (Queue is not empty.)
   2a) Get next region from queue.
   2b) If (Candidate region will not connect distinct regions that are already in the final seed set.) then
       Put region into the final seed set.

We use three classes of basic seed selection methods: region based, edge based and topological:

1. Since we want the regions to be homogenous we can specify an absolute threshold on the image gradients. We estimate it using a result from Pratt [7] who points out that in many images the histogram of the gradient magnitude approximately shows an exponential (Laplacian) distribution many images except for a peak at low gradients - see fig. 3. This peak corresponds to homogenous regions in the image and we can choose the gradient at the transition point between the peek and the Laplacian line as a threshold for homogeneity.

    Seeds resulting from thresholding of gradient magnitudes are usually reliable if they are relatively large. A typical example for seeds chosen this way is shown on the left in figure 4.

2. Although edge detectors tend to miss important borders (as was discussed above, fig. 1), we may still use them to identify seed regions where we are confident that no border was missed. Experiments show that seeds obtained this way are typically very good if they are relatively small and have high contrast at their borders. Thus those seeds ideally complement the seeds resulting from 1. Typical results are shown on the right in figure 4.

3. According to the original watershed algorithm [6] we can also choose local minima (valleys) of the gradient magnitude as seeds. Although these valleys in general are noisy and result in oversegmentation we may use them in areas were no other seeds have been found.

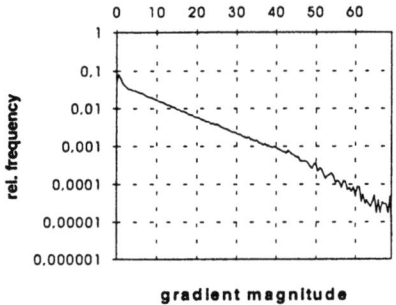

Fig. 3:
Logarithmic plot of a typical histogram of gradient magnitudes showing a Laplacian distribution except for a peak at low gradients due to homogeneous regions. (The noise at high gradients results from sampling effects for low histogram counts.)
The transition between the peak and the Laplacian line usually lies between 3 and 4 (for images with 256 graylevels).

Preprocessing and postprocessing

The issues of pre- and postprocessing shall be discussed only briefly. As we require small detail to be preserved we can not use a simple smoothing algorithm during preprocessing since all detail would be smoothed away. Instead we have chosen an adaptive smoothing algorithm according to [10] which keeps high-contrast detail while removing noise and low-contrast structures.

A conventional split-and-merge procedure can be used for postprocessing to identify regions, that have mistakenly been splitted or merged during seed selection, and to correct this errors.

Fig. 4: Reliable seeds obtained from different sources (left: homogenous regions, right: small regions in inverted edge image, original: see upper left of fig. 5)

5. Experimental evaluation

The experiments to verify the proposed framework concentrate on the following questions:
1. Does it perform well on different images without the need to adjust parameters ?
2. Are regions wrongly connected or split ?
3. Is significant detail preserved ?
4. How accurate are the edges located ?

The algorithms have been evaluated on about 40 different outdoor photographs with resolutions between 300 and 800 pixels in each direction. Given identical parameter settings during the tests, the segmentation quality was comparable on all images, as is illustrated on three examples in fig. 5.

Small detail is preserved very well. On the examples this can be seen especially in the half timbered structures and in the branches of the trees in the lower image. This results from careful seed selection and from our use of foveation. Fig. 7 illustrates that the original resolution is clearly not sufficient to correctly locate the borders between regions.

A few areas in the images suffer from oversegmentation, e.g. the roofs of the buildings and the mast of the ship. This is due to two different effects. Firstly, large, medium textured regions may be not quite homogeneous enough to result in one single seed. The same holds for large variations in shading. Secondly, long narrow structures may not be recognized as single regions by the seed finding algorithms. Hence, improvement of those algorithms is still needed.

In the image of the ship one recognizes that the chimney is merged with a part of the sea, since the contrast between these regions is very low. This could be improved using color as an additional cue because the chimney is originally black, whereas the sea is dark blue. However, such undersegmentation occurs much less frequently then the oversegmentation as discussed above.

Fig. 6 illustrates the accuracy of edge localization. The estimated region borders are overlaid over the original image. Visual inspection shows a very good match between these borders and the image. For a more objective analysis we compared these borders with the edges obtained by Chen and Castans edge detector [8] which has been proven to optimally localize step edges. Most borders coincide with the optimal edges or lie within 1 pixel distance. The medium distance between the borders and the optimal edges is 0.6, indicating that about half of the border pixels match exactly with an optimal edge, whereas most of the rest lie at a distance of just 1 pixel.

Fig. 5: Examples for primary segmentation using the proposed framework. (Left: Original image, Right: resulting segmentation) All images were processed with identical parameter settings. (Number of resulting regions from top to bottom: 2804, 385, 3874 respectively)
(middle image: from [4], available as http://wwwradig.informatik.tu-muenchen.de/horus/horus1.html)

Fig. 6:
Accuracy of edge localization: Region borders overlaid over the original image
(Detail from fig. 5 top)

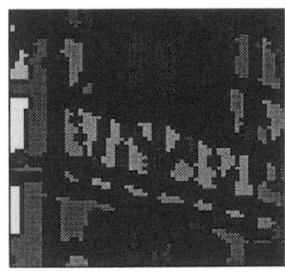 

Fig. 7:
Comparison of segmentation results using original resolution (left) and foveation (right)
(Detail from fig. 5 top right)

6. Conclusions

In this paper a generalized framework for primary segmentation has been proposed and implemented. The strength of this framework lies in the possibility to smoothly integrate a variety of segmentation algorithms. Experiments have shown very promising results with respect to preservation of detail and robustness on various different images. Seed selection and foveation have been identified as key issues for further improvement of the algorithms.

Another direction of research lies in the implementation of the high-level, model based part of our framework. Above all we have to identify attributes that should be measured on a primarily segmented image to guide the high-level algorithms. These may include border attributes like straightness, position and direction, photometric and geometric attributes of the regions, invariants and texture. These attributes have to be organized in a way that they can index a large model database and initialize appropriate models.

The possibilities of feedback and iteration between the different stages of the framework constitute a third very interesting field of further investigation. We believe that higher level feedback could especially be useful during seed selection.

7. Literature

[1] M. Kass, A. Witkin, D. Terzopoulos: „Snakes: Active Contour Models", Proc. 1st Intl. Conf. on Computer Vision 1987, pp. 259-269
[2] A. R. Pope: „Model-Based Object Recognition: A Survey of Recent Research", Univ. of British Columbia, Dept. of Computer Science, Techn. Report CS-TR 94-04
[3] D. Marr: „Vision", Freeman, 1982
[4] S. Lanser: „Kantenorientierte Farbsegmentation im CIE-Lab Raum", in: Mustererkennung '93, 15. DAGM Symposium, Springer 1993
[5] R. Adams, L. Bischof: „Seeded Region Growing", PAMI 16(6), pp. 641-647, 1994
[6] S. Beucher: „Segmentation Tools in Mathematical Morphology", in: C.H. Chen, L.F. Pau, P.S.P. Wang: „Handbook of Pattern Recognition and Computer Vision", World Scientific Pub., 1994
[7] W.K. Pratt: „Digital Image Processing", John Wiley & Sons, 1991
[8] J. Shen, S. Castan: „An Optimal Linear Operator for Step Edge Detection", CVGIP: Graphical Models and Image Processing, vol. 54, no. 2, pp. 112-133, 1992
[9] P. Burt: „Smart Sensing in Machine Vision", in: H. Freeman: Machine Vision, Academic Press 1988
[10] P. Perona, J. Malik: „Scale Space and Edge Detection using Anisotropic Diffusion", PAMI, vol. 12, p. 629, 1990

Ein Verfahren zur Texturanalyse basierend auf multiplen Waveletbasen

Christoph Busch, Martin Schmerer

Zentrum für Graphische Datenverarbeitung e.V.
Wilhelminenstraße 7, D–64283 Darmstadt
E–mail: busch@igd.fhg.de

Zusammenfassung

Der Beitrag stellt ein Verfahren zur Texturanalyse vor, das auf der Wavelettransformation (WT) basiert. Die WT, deren prägnanteste Eigenschaft ihre gute Lokalisation im Orts– *und* im Frequenzbereich ist, stellt in Form einer Merkmalextraktion den entscheidenden ersten Schritt innerhalb der Texturanalyse dar. Im Unterschied zu klassischen Verfahren der Texturanalyse werden die Ausgangsbilder dabei einer globalen WT, d.h. einer Anwendung auf das gesamte Bild, unterzogen. Ziel der Arbeit ist eine generalisierende Klassifikation von Brodatztexturen. Dieses Ziel wird durch das vorgeschlagene Verfahren erreicht, indem die Klassifikationsresultate, die durch Anwendung unterschiedlicher Basiswavelets erzielt werden, miteinander verknüpft und abschließend einer morphologischen Nachbearbeitung unterzogen werden.

1 Einleitung

Die Texturanalyse als klassisches Aufgabengebiet der Mustererkennung hat seit langem einen hohen Stellenwert innerhalb der Bildverarbeitung und Bilderkennung erreicht. Grundlegende Arbeiten im Gebiet der Texturanalyse von Julesz [11] und Haralick [10] waren geprägt durch ein statistisches Verständnis der Textur. Demzufolge wurden zur Texturerkennung Verfahren eingesetzt, die signifikante Merkmale aus der Statistik (1. bzw. 2. Ordnung) ableiteten. Mit der Entwicklung der Wavelettheorie wurde ein mathematisches Fundament für eine *Multiresolution Analysis* von Bilddaten gelegt [13], [16], die in der Folge durch eine Reihe von Arbeiten auf die Problematik der Texturanalyse angewandt wurde [5], [8], [14]. Dabei haben sich die besonderen Eigenschaften der Wavelettransformation, wie etwa der Erhalt des Lokalitätsbezugs im Frequenzraum, als sehr vorteilhaft erwiesen.

Als Quasi–Standard für die Beurteilung eines Texturanalyseverfahrens hat sich der Brodatz–Texturdatensatz [2] etabliert. In der Literatur finden sich jedoch die unterschiedlichsten Ansätze zur *Klassifikation* von derartigen Texturmustern, die bei genauerer Betrachtung der Verfahren nur schwer vergleichbar sind.

Zur Klärung dieser Problematik und zur Einordnung dieser Arbeit seien die folgenden Instanzen der Texturanalyse unterschieden:

I: *Musterklassifikation* löst die Zuordnungsproblematik eines kompletten Texturbildes oder Bildfensters. Derartige Ansätze trennen die gegebenenen Muster (Bildfenster) in einen Satz von vordefinierten Klassen und erreichen dabei Erkennungsraten von nahezu 100% [5].

II: *Bildsegmentierung* erkennt im bearbeiteten Bild die darin enthaltenen verschiedenartigen Texturen. Sie umfaßt somit neben der Erkennung einer Textur auch die Detektion einer Texturkante. Es kommt hierbei lediglich auf die Abgrenzung von Bereichen unterschiedlicher Textur an, nicht jedoch auf deren Bedeutung [14]. Dies wird erst in der nächsten Instanz durch eine *Bildklassifikation* gelöst.

III: *Bildklassifikation* weist den abgegrenzten Bereichen eine vordefinierte Klasse zu [7]. Das zugrundeliegende Wissen ist dabei meist in Form von Trainingsgebieten definiert und wird im eingesetzten Klassifikator gespeichert.

IV: *Generalisierende Klassifikation* wird durch eine vollständige Texturanalyse realisiert. Dies bedeutet, daß das zu klassifizierende Bildmaterial nicht zum Training des Klassifikators verwendet wurde. In diesem Sinne wurde bei einer *generalisierenden Klassifikation* das zu klassifizierende Bild gegenüber dem Trainingsbild nicht nur hinsichtlich der Anordnung der Texturen im Bild verändert, sondern auch im Verlauf der Texturkanten.

Für *Bildklassifikation* und *generalisierende Klassifikation* bestehen zwei Forderungen: Zum einen muß die Texturkante sauber erkannt werden, um eine sichere Trennung der Texturbereiche zu ermöglichen. Zum anderen muß der Bereich eindeutig und korrekt einer vordefinierten Klasse zugeordnet werden. Erst wenn beide Forderungen erfüllt sind, ist das Verfahren zur Verarbeitung natürlicher Szenen wie etwa Satellitenbilder oder medizinischer Aufnahmen geeignet. Die besondere Problematik liegt dabei in der Detektion der Texturkante, da ein zur Auswertung eines Pixels definiertes Texturfenster dort verschiedenartige Texturen überdeckt.

Diese Arbeit behandelt die Texturanalyseproblematik im Sinne einer *generalisierenden Klassifikation*. Zur Merkmalextraktion wird dabei die Wavelettransformation verwendet. Die so gewonnene Klassifikation stellt jedoch nur die erste Stufe des Gesamtsystems dar. In einer zweiten Stufe werden die Ergebnisse von multiplen Waveletbasen miteinander verknüpft. Auf Grund der unterschiedlichen Eigenschaften der Basiswavelets werden jeweils unterschiedliche Charakteristika des zu verarbeitenden Signals erfaßt. Durch abschließendes Postprocessing auf den verknüpften Bildern werden die Texturbereiche in einer dritten Stufe bereinigt bzw. aufgefüllt.

Kapitel 2 erläutert die zur Merkmalextraktion eingesetzte Wavelettransformation und begründet die Auswahl der verschiedenen Basisfunktionen. Die vollständige dreistufige Texturanalysepipeline wird in Kapitel 3 vorgestellt. In Kapitel 4 werden die bei der Anwendung einer generalisierenden Klassifikation von Brodatztexturen erzielten Ergebnisse dargelegt und abschließend in Kapitel 5 bewertet.

2   Wavelettransformation

Die *diskrete WT* in ihrer dyadischen Form ist eine Abbildung $WT: L^2(\Re) \mapsto L^2(\Re^2)$ mit

$$WT_f^d(j,n) = \frac{1}{\sqrt{2^j}} \int_{-\infty}^{\infty} \psi_{j,n}(t) f(t)\, dt \qquad (2.1)$$

Dabei stellt ψ das *orthogonale Wavelet* (*basis wavelet*) dar, da (im dyadischen Fall)

$$(\frac{1}{\sqrt{(2^j)}} \psi_{2^j}(t - 2^{-j}n))_{n \in \mathbb{Z}} \qquad (\psi_{2^j}(t) = 2^j \psi(2^j t) \quad (\forall j \in \mathbb{Z})) \qquad (2.2)$$

eine Orthonormalbasis von O_{2^j} erzeugt (j bezeichnet den Dilatationsparameter, n den Translationsparameter). Dabei gilt (im Falle eines 1D–Signals)

$$V_{2^{j+1}} = V_{2^j} \oplus O_{2^j} \qquad (2.3)$$

wobei $(V_{2^j})_{j \in \mathbb{Z}}$ die *Multiresolution Approximation* von $L^2(\Re)$ ist. Die Menge

$$(\frac{1}{\sqrt{2^j}} \cdot \phi_{2^j}(t - 2^{-j}n))_{n \in \mathbb{Z}} \qquad (\phi_{2^j}(t) = 2^j \phi(2^j t) \quad (\forall j \in \mathbb{Z})) \qquad (2.4)$$

mit der *Skalierungsfunktion* ϕ spannt dabei den Unterraum V_{2^j} auf. Wenn A_{2^j} den Approximationsoperator von f und $D_{2^j} f$ das Detailsignal bezeichnet, so ergibt sich in

$$(A_{2^{-J}} f, (D_{2^j} f)_{-J \leq j \leq -1}) \qquad (2.5)$$

(1D–Signal) die *orthogonale Waveletrepräsentation* von f (*Waveletkoeffizienten*). Diese ist interpretierbar als eine Dekomposition des Signals in unabhängige Frequenzkanäle, welche eine – je nach Auflösung 2^j – gute Lokalisation von Ort bzw. Frequenz ermöglicht. Die Orts-Frequenzauflösung ist dabei nur durch die *Heisenberg'sche Unschärferelation* in Form von $\Delta f \cdot \Delta t \leq \frac{1}{4\pi}$ limitiert. Zudem sind die Waveletbasen durch Dilatation und Translation eines einzigen Basiswavelets konstruierbar. Die Waveletkoeffizienten sind somit nur von der Wahl des Basiswavelets abhängig. Für ausführlichere Darlegungen (Zusammenhang zwischen WT und Multiresolution Approximation, Erweiterung auf 2D–Signale) sei auf [1], [6] bzw. [13] verwiesen.

2.1. Berechnung der Waveletkoeffizienten

Die effiziente Berechnung der Koeffizienten der orthogonalen Waveletrepräsentation gelingt mittels des Mallat–Algorithmus [13]. Dabei wird ein 2D–Signal sukzessive in drei Hochpaßsignale (Detailsignale) und eine Approximation mit halbierter Auflösung zerlegt. Abbildung 2.1 veranschaulicht das Berechnungsschema. H (Hochpaßfilter) und L (Tiefpaßfilter) bezeichnen ein QMF–Filterpaar, mit welchem die WT implementiert werden kann. Die Eigenschaften des Basis–Wavelet sind dann durch die Wahl des QMF–Filterpaares bestimmt.

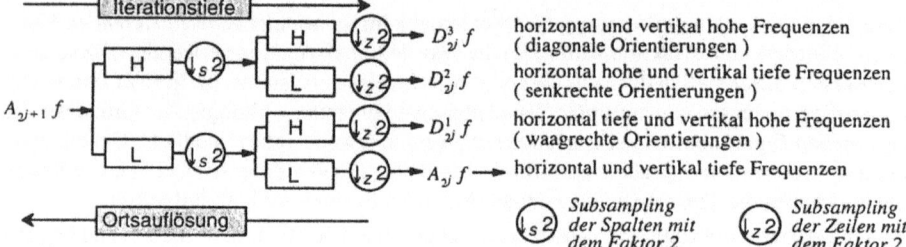

Abb. 2.1: Signalzerlegung während eines Iterationsschrittes bei einem 2D–Signal

Die anwendungsbezogenen Aspekte der Berechnung sind z.B. in [13] bzw. [16] nachzulesen.

2.2. Eigenschaften verschiedener Wavelets

Die in Abschnitt 4 benutzten Wavelets (Battle–Lemarie–, Coiflet–, Daubechies–, Haar– und Shannon–Wavelet) sind der Gruppe der orthogonalen Wavelets zuzuordnen, was gleichbedeutend mit einer nicht–redundanten Zerlegung des Signals ist. Diese Gruppe der Wavelets ist mit Ausnahme des Haar–Wavelets nicht symmetrisch. Weitere Eigenschaften sind die *Trägerlänge* (support) und die *Regularität* (Glattheit) eines Wavelets. Regularität ist formal als das maximale r von

$$|\hat{\phi}(\omega)| \leq \frac{c}{(1 + |\omega|)^{r+1}} \qquad \hat{\phi}(\omega) \text{ ist die Fouriertransformierte von } \phi \qquad (2.6)$$

definiert. Eine hohe Regularität eines Wavelets bedeutet, daß sowohl im Orts– als auch im Frequenzbereich eine gute Lokalisation ermöglicht ist. Abbildung 2.2 zeigt beispielhaft das Haar–

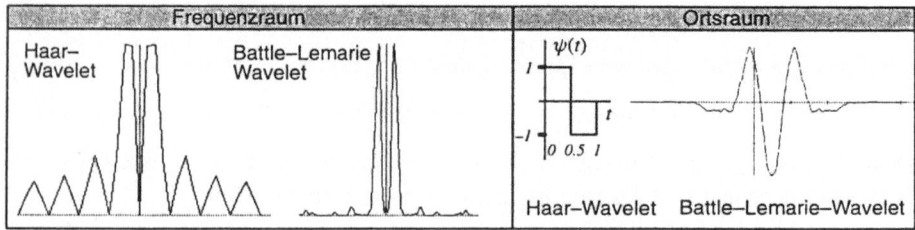

Abb. 2.2: Haar– und Battle–Lemarie–Wavelet im Orts– und Frequenzraum

Wavelet (sehr gute Lokalisation im Ortsraum, schwache Lokalisation im Frequenzraum) sowie das Battle–Lemarie–Wavelet (gute Lokalisation im Orts– *und* im Frequenzraum, *intermediate representation*).

3 Die dreistufige Texturanalyse

Die Merkmalextraktion ermittelt als zentrales Modul in der Texturanalysepipeline (siehe Abbildung 3.1) die signifikanten Merkmale eines Eingangsbildes. Im konkreten Fall führt dieses Modul unter Verwendung eines ausgewählten Basiswavelets eine Dekomposition des Eingangsbildes durch. Die Vorgehensweise der Zerlegung sowie die verwendeten Basisfunktionen sind im folgenden Kapitel beschrieben. Durch bilineare Interpolation zwischen den lokalisierten Koeffizienten im Frequenzraum kann somit für jede Pixelposition (xy) des Eingangsbildes E ein Merkmalvektor gewonnen werden, der das Eingangssignal beschreibt. Dies ist ausführlich in [8] erläutert. Eine nachgeschaltete Normierung bewirkt die Skalierung des Merkmalraumes, damit eine korrekte Abstandsberechnung durch Gleichgewichtung der einzelnen Komponenten der Merkmalvektoren erzielt wird. In [14] wurde in diesem Zusammenhang eine frequenzabhängige Wichtung der Komponenten während der Trainingsphase vorgeschlagen. Die berechneten Merkmalvektoren bilden den Datensatz für das Training eines Klassifikators, wobei konkret die selbstorganisierende Kohonen–Feature–Map [12] eingesetzt wurde. Der Einsatz einer 3D–Kohonen–Feature–Map in Verbindung mit einer nachgeschalteten Vektorquantifizierung (LVQ) wurde bereits in [9] und [4] ausführlich beschrieben. Die Zuweisung der Klasseninformation erfolgt dabei durch Auswertung der Klasseninformation aus den Trainingsgebieten (Abbildung 3.1a).

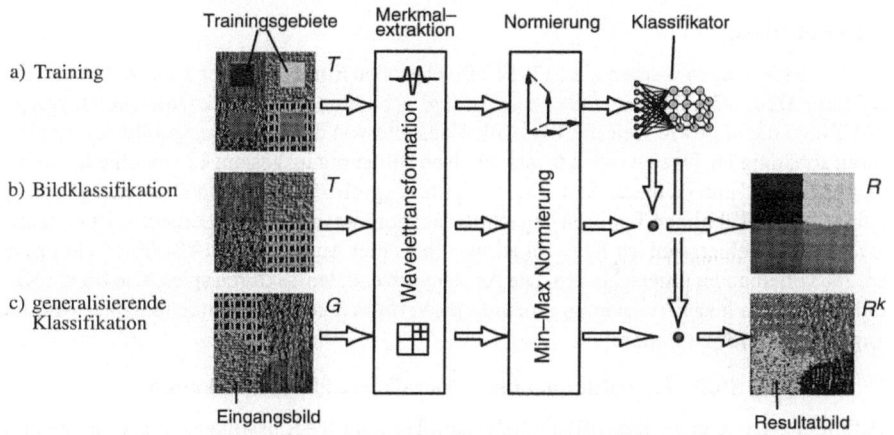

Abb. 3.1: Erste Stufe der Texturanalysepipeline

Die *Bildklassifikation* des Trainingsbildes T (siehe Abb. 3.1b) verwendet den auf den Trainingsdatensatz angepaßten Klassifikator zur Klassifikation des gesamten Bildes. Die Merkmalvektoren werden dabei aus der gleichen Zerlegungspyramide abgeleitet, die auch zum Training verwendet wurde. Die Abbildung 3.1c zeigt eine *generalisierende Klassifikation*, wobei die WT des Eingangsbildes G die Zerlegungspyramide für die Berechnung der Merkmalvektoren bereitstellt. Die unveränderte Kohonen–Map der Trainingsphase a) analysiert die Merkmalvektoren und liefert ein Resultatbild R. Dieses Resultat beruht auf den besonderen Eigenschaften des verwendeten Basiswavelets B^k.

Sollen nun die Eigenschaften multipler Basiswavelets oder, allgemeiner formuliert, K unterschiedlicher Merkmalextraktionsverfahren miteinander verknüpft werden, liegt eine Kombination der berechneten Merkmale im Merkmalvektor nahe. Ein derartiges Vorgehen in Verbindung mit anschließender Haupt–Komponenten–Transformation zur Dekorrelation der Merkmale hat sich jedoch in Voruntersuchungen nicht bewährt. Weitaus vielversprechender ist es, den Output von multiplen Klassifikatoren miteinander zu verknüpfen. Die zum Eingangsbild G berechneten Resultatbilder R^k (mit k=1,...,K) stellen dabei nur ein Zwischenresultat in der Texturanalysepipeline dar. In der zweiten Stufe wird aus diesen nach einer Verknüpfungsregel das Verknüpfungsresultat V berechnet.

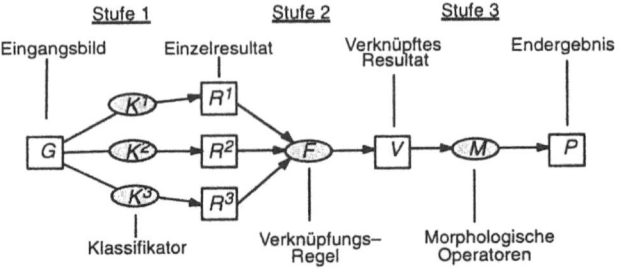

Abb. 3.2: Dreistufige Texturanalysepipeline

Die Ergebnisse im nächsten Kapitel werden zeigen, daß eine Verknüpfung verschiedener Einzelresultate gegebenfalls zu einem Ausdünnen der geschlossenen Texturbereiche führt. Dieser Umstand wird durch ein abschließendes Postprocessing in einer dritten Stufe kompensiert. Dazu wurde ein morphologisches Postprocessing eingesetzt, das klassensensitiv die Regionenbereinigung eines Klassifikationsresultates durchführt [3].

4 Ergebnisse

Für die Untersuchungen wurden die 512x512 Pixel großen Eingangsbilder T und G mit den Brodatztexturen D20, D24, D68 und D84 generiert (vgl. Abbildung 4.1). Erste Untersuchungen gingen der Frage nach, in wie weit die Klassifikationsgüte von den im Eingangsbild verwendeten Texturen abhängig ist. Dazu wurden 6 verschiedene Bilder mit insgesamt 12 verschiedenen Brodatztexturen mit unterschiedlichen Eigenschaften (grobe/feine/regelmäßige/unregelmäßige Strukturen; visuell ähnliche Texturen benachbart angeordnet) erstellt. Als Ergebnis ist festzuhalten, daß sich die Fehlerraten der Klassifikationen (bei einer Ausnahme mit 4% Abweichung) nur um ca. *1%* voneinander unterscheiden. Die Art der verwendeten Texturen spielt also für die Klassifikation mit dem hier verwendeten dreistufigen Verfahren keine wesentliche Rolle. Ähnliche Aussagen sind in [5] zu finden.

4.1. Erste Stufe: Klassifikation und generalisierende Klassifikation

Die Abbildung 4.1 zeigt die Klassifikation des zum Training des Klassifikators verwendeten Eingangsbildes T sowie eine generalisierende Klassifikation des Eingangsbildes G, die mit dem Battle-Lemarie-Wavelet erzielt wurden. Die einzelnen Resultate korrespondieren zu unterschiedlichen Iterationstiefen der Waveletdekomposition des Eingangsbildes.

Bei der Beurteilung der in Abbildung 4.1 gezeigten Einzelresultate muß man feststellen, daß zwar die Detektion der Texturkante zwischen den jeweiligen Texturbereichen gelungen ist, die Zuordnung eines einzelnen Pixels innerhalb des Texturbereichs zur richtigen Texturklasse nur mit einer Wahrscheinlichkeit von 70% möglich ist. Dieser visuelle Eindruck einer "verrauschten" Klassifikation wird durch die quantitative Auswertung in Abbildung 4.2 belegt. Solange die Zuordnungswahrscheinlichkeit jedoch deutlich über 50% liegt, ist eine sichere Zuordnung des gesamten Texturbereiches zur richtigen Klasse möglich, wie die Kapitel 4.2. und 4.3. zeigen werden. In Übereinstimmung mit [5] ist ersichtlich, daß die signifikanten Informationen der WT in den mittleren Frequenzkanälen liegen, d.h. insbesondere die Koeffizienten aus den mittleren Iterationstiefen 3 und 4 beschreiben die eigentlichen Textureigenschaften.

4.2. Zweite Stufe: Verknüpfung klassifizierter Ergebnisbilder

In der zweiten Stufe der Textuanalysepipeline aus Abbildung 3.2 werden die Informationen verschiedener Einzelresultate in einem Verknüpfungsbild zusammengetragen. In dieser Arbeit wur-

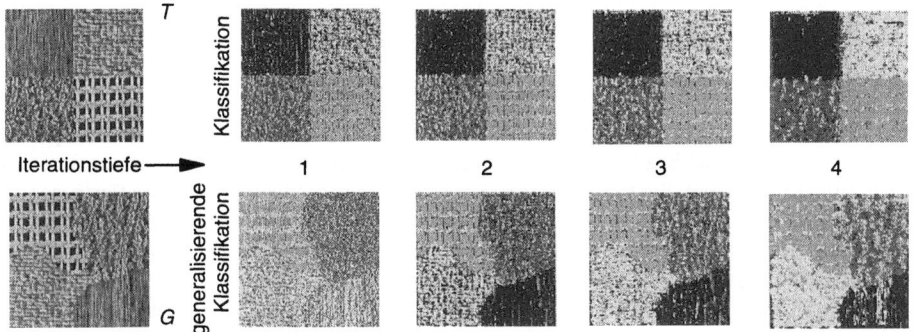

Abb. 4.1: Klassifikation und generalisierende Klassifikation bei unterschiedlichen Iterationstiefen der WT

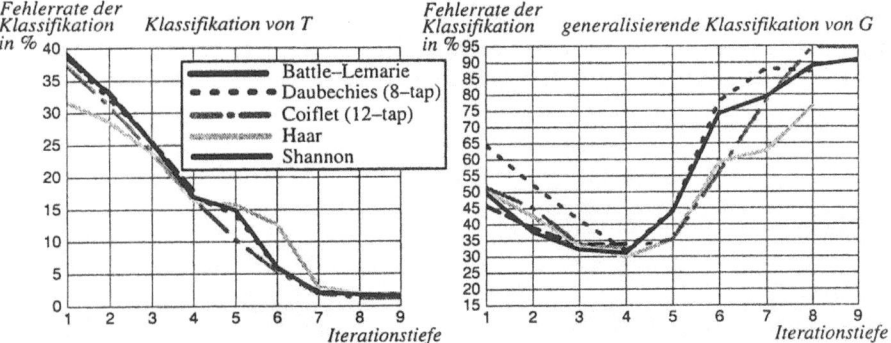

Abb. 4.2: Fehlerraten der Klassifikation in Abhängigkeit von der Iterationstiefe

den dazu multiple Waveletbasen verwendet. Grundsätzlich ist die Verknüpfung von mehreren Basiswavelets aus den unterschiedlichen Iterationstiefen 2, 3 oder 4 sinnvoll, sofern diese Basiswavelets unterschiedliche Eigenschaften aufweisen (vgl. Kapitel 2.2.). Für die hier gezeigten Ergebnisse wurde das Haar–Wavelet, sowie das Battle–Lemarie–Wavelet ausgewählt. Mit diesen wurde die WT berechnet und nach der in Kapitel 3 dargestellten Vorgehensweise Einzelresultate ermittelt.

Für die Berechnung eines Verknüpfungsbildes V wird eine Verknüpfungsregel der Einzelergebnisse R^k aufgestellt:

$$v_\mathfrak{n} = \begin{cases} class(r_\mathfrak{n}^1) & \text{if } class(r_\mathfrak{n}^1) = ... = class(r_\mathfrak{n}^L) \\ undefined & else \end{cases} \quad (4.1)$$

Dabei ist $v_\mathfrak{n}$ ein Pixel des Verknüpfungsbildes V. Semantisch kann diese Regel folgendermaßen formuliert werden:
Setze im Verknüpfungsbild ein Pixel genau dann, wenn sich bei der Klassenzuordnung dieses Pixels in den Resultaten R^k alle K Klassifikatoren einig waren. Andernfalls markiere das Pixel als undefiniert.

Die Abbildung 4.3 zeigt ein verknüpftes Ergebnisbild V. Korrekt klassifizierte Pixel erhalten dadurch einen hohen Sicherheitsgrad. Durch die relativ strenge Verknüpfungsregel bleiben etliche Pixel im undefinierten Klassenzustand. Vakante Pixelpositionen sind schwarz visualisiert. Alternativ zur Regel in Formel 4.1 ist auch ein Maximumentscheid zwischen den einfließenden Klassen oder die Einbindung eines Fuzzy-Entscheids möglich, der beispielsweise unterschiedliche Klassifikationsgüten der K Klassifikationsverfahren berücksichtigt.

4.3. Dritte Stufe: Morphologische Nachbearbeitung

In einer dritten Stufe der Texturanalyse wird das verknüpfte Ergebnisbild mittels morphologischer Operationen nachbearbeitet. Hierzu wurden die in [3] definierten Operationen für farbkodierte Bilder verwendet. Sie sind insbesondere in der Lage ein klassensensitives Postprocessing auf Klassifikationsresultaten zu ermöglichen. Im einzelnen wurden folgende Operationen angewandt. Erstens ein relatives Opening, gefolgt von einer bedingten Dilatation zum Entfernen kleiner unzusammenhängender Bereiche. Zweitens ein Closing zur Glättung des Bildes. Drittens ein Opening gefolgt, von einer bedingten Dilatation zum Herausfiltern der Hauptbereiche, d.h. der Texturbereiche. Viertens ein Closing mit anschließenden Dilatationen zum Auffüllen undefinierter Teilgebiete. Fünftens eine Verschneidung mit dem Eingangsbild für das Postprocessing (Ergebnisbild V). Sechstens ein Closing und anschließende Dilatation zum Auffüllen aller undefinierten Bereiche. Abschließend wird durch eine Glättungsoperation die Texturbereichskante bereinigt. Das so erzielte Endergebnisbild P ist in Abbildung 4.3 zu sehen. Festzuhalten ist, daß die Fehlerrate der Generalisierung mittels der beschriebenen Nachbearbeitung auf bis zu 1.5 % reduziert werden kann. Verbleibende Fehlklassifikationen sind im Bereich der Texturkante lokalisiert.

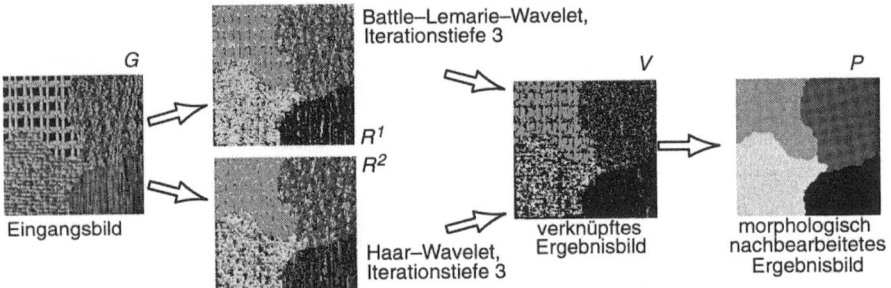

Abb. 4.3: Beispiel einer dreistufigen Texturanalyse

Anzumerken ist noch, daß die gewählten morphologischen Operationen allgemeiner Natur sind, d.h. daß sie nicht für jedes Eingangsbild neu festgelegt werden müssen. Das Verfahren ist damit sowohl von der Art der Texturen als auch vom Verlauf der Texturgrenzen unabhängig.

5 Bewertung und Ausblick

Die in diesem Beitrag vorgestellte Methode stellt einen vielversprechenden Ansatz für die Texturanalyse dar. Für die Bildklassifikation ergeben sich sehr gute Ergebnisse. Es hat sich gezeigt, daß die Art der Texturen eine eher geringe Rolle für die Fehlerrate spielt. Die generalisierende Klassifikation von 4-Textur Brodatzbildern in Verbindung mit der zweiten und dritten Stufe der vorgestellten Texturanalysepipeline liefert Ergebnisse, die die Texturen nahezu optimal detektieren. Der vorgestellte Ansatz erfüllt damit die gestellten Forderungen hinsichtlich der sicheren Zuordnung von Texturbereichen **und** sauberer Detektion der Texturkanten. Der Entwurf einer dreistufigen Texturanalysepipline hat sich insofern im Hinblick auf eine Qualitätssteigerung der Klassifikation bewährt. Für den praktischen Einsatz im Bereich der Bildanalyse ergeben sich jedoch Einschränkungen. Zum einen wächst durch k-malige Berechnung der Einzelergebnisse der Berechnungsaufwand, zum anderen sind die bei dieser Untersuchung verwendeten Texturmuster sowohl hinsichtlich ihrer Größe als auch in der Anzahl der zu trennenden Muster mit den Anforderungen der Praxis nicht vergleichbar.

Weitere Anstrengungen sollten die Erhöhung der Anzahl der Texturen eines Bildes im Blickpunkt haben. Um Aussagen über die unterschiedliche Leistungsfähigkeit verschiedener Wavelets machen zu können, sollten Bilder mit Texturen unterschiedlicher Größe untersucht werden.

6 Danksagung

Diese Arbeit wurde ermöglicht durch die Unterstützung der Deutschen Telekom im Rahmen des Forschungsprojektes KAMEDIN. Ein besonderer Dank gilt Prof. Markus Groß für die Anregungen zu dieser Arbeit sowie Lars Lippert und Rolf Koch für die Implementierung der Wavelettransformation bzw. der Kohonen–Feature–Map.

7 Literatur

[1] A. Akansu, R.A. Haddad, "Multiresolution Signal Decomposition", Academic Press Inc., Boston San– Diego New York, 1992

[2] P. Brodatz, "Textures–A Photographic Album for Artists and Designers", Dover, New York, 1966

[3] C. Busch, M. Eberle, "Morphological Operations for Color–Coded Images", Computer Graphics Forum, Tagungsband der EUROGRPAHICS'95, erscheint 1995

[4] C. Busch, M. Groß: "Interactive Neural Network Texture Analysis and Visualization for Surface Reconstruction in Medical Imaging". Computer Graphics forum, Vol.12, No.3, pp.C49–C60, 1993

[5] T. Chang, C.C.J. Kuo: "Texture Analysis and Classification with Tree–Structured Wavelet Transform", IEEE Transactions on Image Processing, Vol. 2, pp. 429–441, 1993

[6] C. K. Chui: "An Introduction to Wavelets", Academic Press Inc., Boston San–Diego New York, 1992

[7] K. Etemad, R. Chellappa: "Separability based Tree Structured Local Basis Selection for Texture Classification". IEEE–ICIP, pp.441–445, 1994

[8] M. Groß, R. Koch, L. Lippert, A. Dreger: "Multiscale Image Texture Analysis in Wavelet Spaces". IEEE–ICIP, pp.412–416, 1994

[9] M. Groß, F. Seibert: "Visualization of Multidimensional Image Data Sets Using a Neural Network". The Visual Computer 10, pp.145–159, Springer Verlag, 1993

[10] R.M. Haralick: "Statistical and Structural Approaches to Texture". Proceedings of the IEEE, Vol.67, No.5, pp. 786–804, 1979

[11] B. Julesz:"Textons, the Elements of Texture Perception and their Interactions". Nature, Vol. 290, pp. 91–97, 1981

[12] T. Kohonen: " The Self–Organizing Map". Proceedings of the IEEE, Vol.78, No.9, pp.1464–1480, 1990

[13] S.G. Mallat: "A Theorie for Multiresolution Signal Decomposition: The Wavelet Representation", IEEE Transactions on Pattern Analysis and Machine Intelligence, Vol. 11, pp 674–693, 1989

[14] P. Palisson, N. Zegadi, F. Peyrin, R. Unterreiner: "Unsupervised Multiresolution Texture Segmentation using Wavelet Decomposition". IEEE–ICIP, pp.625–629, 1994

[15] M. Schmerer: "Untersuchungen zur Eignung der Wavelettransformation für die Texturanalyse", Diplomarbeit an der TH–Darmstadt, FB 20, 1994

[16] M. Vetterli: "Wavelets and Filter Banks: Theory and Design", IEEE Transactions on Signal Processing, Vol.40, pp. 2207–2231, 1992

[17] M. Werman, S. Peleg: "Min–max operators in texture analysis". IEEE Transactions on Pattern Analysis and Machine Intelligence, Vol. PAMI–7 No. 4, 1985

Linienmomente und Invarianten zur Echtzeitverarbeitung vektorisierter Konturen

Georg Lambert[1], Hua Gao[2], Karlheinz Hohm[1], Jörg Amelung[3]

[1] Technische Hochschule Darmstadt, Fachgebiet Regelsystemtheorie und Robotik, Landgraf-Georg-Str.4, 64283 Darmstadt
[2] Technische Hochschule Darmstadt, Fachgebiet Produktionstechnik und Spanende Werkzeugmaschinen, Petersenstr. 30, 64287 Darmstadt
[3] ISRA Systemtechnik GmbH, Industriestraße 14, 64297 Darmstadt

Zusammenfassung Obwohl die Rechenleistung in den letzten Jahren dramatisch zugenommen hat, sind die erforderlichen Geschwindigkeiten bei Anwendungen der Bildverarbeitung teilweise nicht oder nur durch Speziallösungen realisierbar. Vor diesem Hintergrund wird ein neuer Ansatz zur schnellen Berechnung von Linienmomenten aus der Polygonapproximation von Grauwertkanten vorgestellt. Dabei werden Objekte als Menge von Konturbruchstücken definiert, die anders als bei der Berechnung geometrischer Flächenmomente weder einen geschlossenen Rand noch eine Fläche besitzen müssen. Zur Berechnung der Linienmomente werden ein direkter und ein iterativer Algorithmus angegeben. Durch die Analogie zu den Flächenmomenten können alle bekannten Ansätze zur Berechnung rotatorischer Invarianten übernommen werden. Ansätze zur Erzielung von Skalierungsinvarianz werden angegeben. Diskriminanz und Rechengeschwindigkeit werden an Beispielen der Fehlererkennung in strukturierten Texturen aufgezeigt.

1 Einleitung

Da Anwendungen der Bildverarbeitung durch die großen Datenmengen und teilweise komplexen Algorithmen äußerst rechenintensiv sind, sind auch auf lange Sicht Speziallösungen und recheneffiziente Algorithmen erforderlich. In der vorliegenden Arbeit wird ein Ansatz zur echtzeitfähigen Verarbeitung von Bilddaten verfolgt, der den Einsatz von Spezialhardware mit der Kopplung effizienter Algorithmen vorsieht. Es wird davon ausgegangen, daß die Grauwertkanten einer Szene durch einen Spezialprozessor als Polygonzüge approximiert vorliegen. Im Rahmen der Arbeiten wurde dabei der Hardware–Vektorisierer *VectEx*[4] eingesetzt. Die Funktionsweise des *VectEx*–Prozessors ist in [Herre 90] beschrieben. Unter der Voraussetzung, daß die relevante Information eines Grauwertbildes in den Grauwertübergängen repräsentiert ist, ermöglicht die Darstellung des Bildes über seine Grauwertkanten eine drastische Datenreduktion bei nur geringem Informationsverlust.

2 Konturobjekte

Das Ergebnis einer Konturvektorisierung sind Konturbruchstücke der Grauwertkanten einer realen Szene. Durch Rauschen und Unzulänglichkeiten im Kanten-

---

[4] Herstellung und Vertrieb durch ELTEC Elektronik GmbH, D-55071 Mainz

extraktionsprozeß zerfallen ursprünglich zusammenhängende Objekte in zahlreiche Konturfragmente, wie in Abb.1a ersichtlich ist. Um Objekte extrahieren zu können, müssen logisch zusammengehörige Konturfragmente erkannt werden. Dies kann durch regelbasierte Verfahren (siehe z.B. [Amelung et al. 94]) oder eine statistische Analyse mit anschließender Segmentierung erfolgen.

Seien C_j^* die Konturfragmente eines Objekts B (vergl. Abb.1b), dann ist das Konturobjekt C des Objekts B definiert als die Vereinigung aller Konturfragmente:

$$C = \bigcup_j C_j^*. \tag{1}$$

Wenn die Konturfragmente als Polygonzüge vorliegen, kann die gesamte Kontur über einzelne Geradenstücke c_{ji} dargestellt werden:

$$C_j^* = \bigcup_i c_{ji} \quad , \quad C = \bigcup_j \bigcup_i c_{ji}. \tag{2}$$

Das Konturobjekt C eines realen Objekets B ist demnach definiert als die Menge aller Geradenstücke, die logisch zu diesem Objekt gehören, es besitzt weder einen geschlossenen Rand noch eine Fläche.

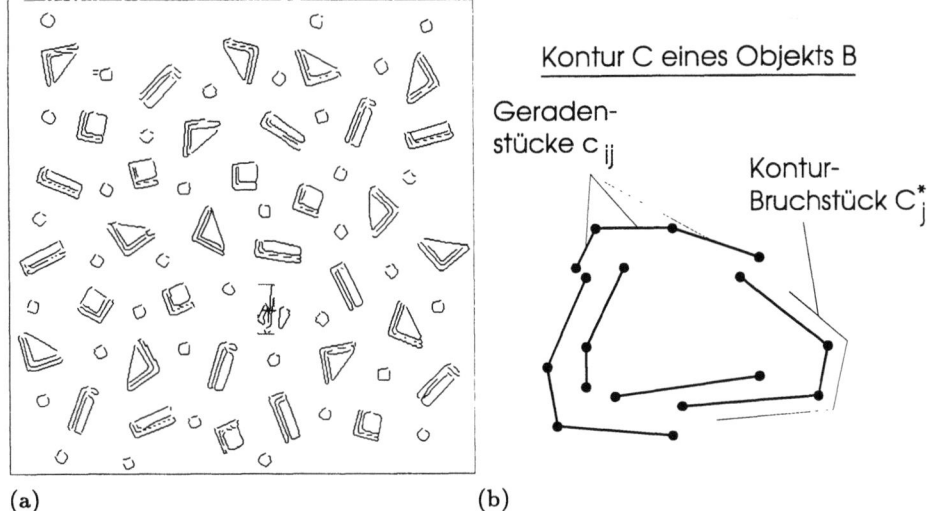

(a)   (b)

Abbildung1. (a)Vektorisierte Grauwertszene mit 2915 Vektoren in 563 Konturbruchstücken und 72 Texeln. Der erkannte Fehler ist mit punktiertem Rahmen markiert. (b) Definition eines Konturobjekts (Texel)

3 Linienmomente von Konturobjekten

Nach der Definition der KO wird nun auf die Berechnung ihrer Linienmomente eingegangen. In der Gleichung für geometrische Flächenmomente $m_{pq}^{(2)} = \int_{-\infty}^{+\infty} \int_{-\infty}^{+\infty} x^p y^q f(x,y) \, dx \, dy$ kann $f(x,y)$ als Grauwert an der Stelle (x,y) eines Pixelbildes angesehen werden. Ist der Definitionsbereich $D(B)$ der Bildkoordinaten eines Objekts B bekannt, so ist das Objekt nach dem Eindeutigkeits–Theorem (siehe z.B.[Hu 62]) eindeutig durch die Momente

$$m_{pq}^{(2)} = \int\int_{(x,y) \in D(B)} x^p y^q f(x,y) \, dA \qquad p,q = [0,1,\ldots,\infty] \tag{3}$$

bestimmt. Anstelle des Flächenintegrals kann nun bei Linienstrukturen das folgende Kurvenintegral berechnet werden:

$$m_{pq}^{(1)} = \int_C x(\mathbf{s})^p y(\mathbf{s})^q f(\mathbf{s})\, d\mathbf{s}. \tag{4}$$

$m_{pq}^{(1)}$ ist das Linienmoment der Ordnung $(p+q)$ der Kontur C. Die Größe $f(\mathbf{s})$ wird lineare Dichte genannt und $d\mathbf{s}$ ist das differentielle Bogenelement der Kontur. Besitzt die Kontur eine einheitliche Liniendichte, kann $f(\mathbf{s}) = 1$ gesetzt werden. Gl.(4) kann in karthesischen Koordinaten wie folgt ausgedrückt werden:

$$m_{pq}^{(1)} = \int_C x^p y(x)^q \sqrt{1 + y'(x)^2}\, dx = \int_C x(y)^p y^q \sqrt{1 + x'(y)^2}\, dy. \tag{5}$$

4 Berechnung der Linienmomente

Die im folgenden gegebenen Gleichungen zur Berechnung der LM lehnen sich stark an die Berechnungsvorschriften in [Jiang, Bunke 91] an. Es muß allerdings betont werden, daß Jiang und Bunke Flächenmomente durch die Integration entlang des geschlossenen Objektrandes über den Satz von Green berechnen. Dieser Ansatz unterscheidet sich deutlich von dem hiesigen, was sich in der Verschiedenheit der Gleichungen niederschlägt. Die Berechnung der Flächenmomente setzt, wie erwähnt, die Existenz des geschlossenen Randes voraus und ist damit nicht so flexibel einsetzbar, wie der hier vorgestellte Ansatz über Linienmomente. Trotzdem kann eine Ähnlichkeit zu den Ergebnissen in [Jiang, Bunke 91] festgestellt werden, was auf die ähnlich gute Diskriminanz bei der Beschreibung von Objekten durch die hier vorgestellten Linienmomente im Vergleich zu Flächenmomenten schließen läßt.

Im Fall der durch Gl.(2) gegebenen Konturobjekte mit den Polygoneckpunkten (x_i, y_i), $i = 1, 2, \ldots, n+1$ kann jedes Geradenstück wie folgt parametrisiert werden:

$$c_i: \quad y = a_i x + y_i - a_i x_i, \quad x_i \leq x \leq x_{i+1}, \quad i = 1, 2, \ldots, n \tag{6}$$

Hierbei ist $a_i = (y_{i+1} - y_i)/(x_{i+1} - x_i)$ die Steigung des Geradenstücks i (der Index j wird im folgenden weggelassen). Zur Berechnung der LM werden nun die Beiträge D_i der Geradenstücke c_i zu den Momenten betrachtet. Es gilt

$$m_{pq}^{(1)} = \sum_{i=1}^n D_i, \qquad D_i = \int_{c_i} x^p y^q \sqrt{1 + a_i^2}\, dx. \tag{7}$$

Wird Gl.(6) in Gl.(7) eingesetzt, ergibt sich

$$D_i = \int_{x_i}^{x_{i+1}} x^p (a_i x + y_i - a_i x_i)^q \sqrt{1 + a_i^2}\, dx$$

$$= \sqrt{1 + a_i^2} \cdot \sum_{k=0}^q \left\{ \binom{q}{k} a_i^k (y_i - a_i x_i)^{q-k} \cdot \frac{x_{i+1}^{p+k+1} - x_i^{p+k+1}}{p+k+1} \right\}. \tag{8}$$

Für vertikale Geradenstücke c_i wird die alternative Parametrisierung

$$c_i: \quad x = x_i, \quad y_i \leq y \leq y_{i+1}, \quad i = 1, 2, \ldots, n \tag{9}$$

angesetzt. Für die D_i ergibt sich nun

$$D_i = \int_{y_i}^{y_{i+1}} x^p y^q \sqrt{1+x'(y)^2}\, dy = \int_{y_i}^{y_{i+1}} x_i^p y^q\, dy = x_i^p \cdot \frac{y_{i+1}^{q+1} - y_i^{q+1}}{q+1} . \quad (10)$$

Die Linienmomente der Ordnung p, q können aus den Gln.(8) bzw. (10) und der Summation nach Gl.(7) direkt berechnet werden.
Nachfolgend wird ein rekursiver Algorithmus beschrieben, bei dem Momente höherer Ordnung aus denen niederer Ordnung hergeleitet werden können. Wie in Abschnitt 6 gezeigt wird, läßt sich dadurch eine signifikante Erniedrigung der Rechenzeit erreichen. In Anlehnung an Gl.(8) definieren wir

$$A_i(p,q) = \int_{x_i}^{x_{i+1}} x^p (a_i x + y_i - a_i x_i)^q\, dx , \qquad D_i = \sqrt{1+a_i^2} \cdot A_i(p,q) . \quad (11)$$

Für $q \geq 1$ ergibt sich dann

$$A_i(p,q) = \int_{x_i}^{x_{i+1}} x^p (a_i x + y_i - a_i x_i)^{q-1}(a_i x + y_i - a_i x_i)\, dx$$

$$= a_i \int_{x_i}^{x_{i+1}} x^{p+1} (a_i x + y_i - a_i x_i)^{q-1}\, dx \;+$$

$$(y_i - a_i x_i) \int_{x_i}^{x_{i+1}} x^p (a_i x + y_i - a_i x_i)^{q-1}\, dx$$

$$= a_i A_i(p+1, q-1) + (y_i - a_i x_i) A_i(p, q-1) . \quad (12)$$

Um die Rekursion zu starten, ergibt sich mit $q = 0$

$$A_i(p,0) = \int_{x_i}^{x_{i+1}} x^p\, dx = \frac{x_{i+1}^{p+1} - x_i^{p+1}}{p+1} . \quad (13)$$

Die in [Jiang, Bunke 91] gegebene grafische Darstellung der rekursiven Abhängigkeiten sowie der ausformulierte Algorithmus zur rekursiven Berechnung der geometrischen Flächenmomente ist bei Beachtung der Analogien zu obigen Gleichungen für die LM anwendbar.
Für vertikale Geradenstücke c_i oder große Steigungen ist aus numerischen Gründen anstelle der Parametrisierung von Gl.9 folgende sinnvoll:

$$c_i : \quad x = b_i y + x_i - b_i y_i , \quad y_i \leq y \leq y_{i+1} , \quad i = 1, 2, \ldots, n \quad (14)$$

mit $b_i = (x_{i+1} - x_i)/(y_{i+1} - y_i)$. Anstelle von Gln.(12), (13) und (11) ergibt sich jetzt

$$B_i(p,q) = b_i B_i(p-1, q+1) + (x_i - b_i y_i) B_i(p-1, q) \quad (15)$$

$$B_i(0,q) = \int_{y_i}^{y_{i+1}} y^q\, dy = \frac{y_{i+1}^{q+1} - y_i^{q+1}}{q+1} \quad (16)$$

$$D_i = \sqrt{1+b_i^2} \cdot B_i(p,q) . \quad (17)$$

5 Invarianten der Linienmomente

Es soll nun geklärt werden, wie aus den LM translations-, skalierungs- und rotationsinvariante Merkmale für die Konturobjekte berechnet werden können.

Translationsinvarianz wird bekannterweise durch Berechnung der zentralen Momente

$$\mu_{pq}^{(1)} = \int_C (x(\mathbf{s}) - \overline{x})^p (y(\mathbf{s}) - \overline{y})^q f(\mathbf{s}) \, d\mathbf{s} \tag{18}$$

mit $\overline{x} = m_{10}^{(1)}/m_{00}^{(1)}$, $\overline{y} = m_{01}^{(1)}/m_{00}^{(1)}$ erzielt.

Da die Dimension der Linienmomente $m_{pq}^{(1)}$ stets um eins kleiner ist, als die der Flächenmomente gleicher Ordnung $m_{pq}^{(2)}$, können die Normierungen und Ansätze zur Skalierungsinvarianz nicht von den Flächenmomenten übernommen werden. Um skalierungsinvariante LM zu erhalten, kann die folgende Normierung auf die Konturlänge l_C bei $f(\mathbf{s}) = 1$ durchgeführt werden:

$$\eta_{pq}^{(1)} = \int_C \left(\frac{x(\mathbf{s})-\overline{x}}{l_C}\right)^p \left(\frac{y(\mathbf{s})-\overline{y}}{l_C}\right)^q \frac{d\mathbf{s}}{l_C}$$

$$= \frac{\int_C (x(\mathbf{s})-\overline{x})^p (y(\mathbf{s})-\overline{y})^q \, d\mathbf{s}}{l_C^{p+q+1}} = \frac{\mu_{pq}^{(1)}}{(\mu_{00}^{(1)})^\gamma}. \tag{19}$$

Hier ist $\gamma = p+q+1$, abweichend von den in [Hu 62] hergeleiteten Ergebnissen für Flächenmomente. Die letzte Beziehung ist auch in [Sardana et al. 94] hergeleitet. Eine andere Möglichkeit, Skalierungsinvarianz zu erhalten, ist eine Normierung auf die rotationsinvariante Größe $I_p = \mu_{20}^{(1)} + \mu_{02}^{(1)}$. I_p wird in der Mechanik als polares Trägheitsmoment bezeichnet. Durch eine Ordnungsbetrachtung (für die LM ist $Ord\{I_p\} = 3$) läßt sich folgende Normierung plausibel machen:

$$\zeta_{pq}^{(1)} = \int_C \left(\frac{(x(\mathbf{s})-\overline{x})^3}{I_p}\right)^{\frac{p}{3}} \left(\frac{(y(\mathbf{s})-\overline{y})^3}{I_p}\right)^{\frac{q}{3}} \frac{d\mathbf{s}}{I_p^{\frac{1}{3}}}$$

$$= \frac{\int_C (x(\mathbf{s})-\overline{x})^p (y(\mathbf{s})-\overline{y})^q \, d\mathbf{s}}{I_p^{\frac{p+q+1}{3}}} = \frac{\mu_{pq}^{(1)}}{(\mu_{20}^{(1)} + \mu_{02}^{(1)})^\gamma} \tag{20}$$

mit $\gamma = (p + q + 1)/3$.

Mit den so erhaltenen translations- und skalierungsinvarianten Momenten können nun rotationsinvariante Größen durch Kombination der Momente berechnet werden. Hierzu sind aus der Literatur zahlreiche Ansätze bekannt. Genannt werden sollen Ansätze über die Theorie der algebraischen Invarianten, die von Hu ([Hu 62]) erstmals für Aufgaben der Mustererkennung eingesetzt wurden.

Ebenso haben sich Invarianten auf der Basis von Zernicke Momenten und Legendre Momenten als Merkmale bewährt (siehe z.B. [Belkasim et al. 91] und [Teh, Chin 88]). Diesen Ansätzen liegt die Idee zugrunde, das Bild oder Muster $f(x, y)$ durch lineare Superposition orthogonaler Basispolynome (Zernicke bzw. Legendre Polynome) zu approximieren. Die Faktoren der Basispolynome stellen die jeweiligen Momente dar. Als weitere Ansätze sind die Formulierung komplexer Momente in [Abu-Mostafa, Psaltis 84] und [Abu-Mostafa, Psaltis 85] sowie davon abgeleiteter Invarianten zu nennen.

Den genannten Momenten ist gemeinsam, daß sie aus den geometrischen Momenten nach Gl.(3) berechnet werden können ([Belkasim et al. 91], [Teh, Chin 88]). Die Berechnungsvorschriften können für die LM direkt übernommen werden,

wenn man obige Momententypen (Zernicke, Legendre und komplexe Momente)
als Kurvenintegral, analog zu Gl.(4), entlang der Kontur C von Konturobjekten
formuliert. Zur Bildung rotatorischer Invarianten aus den genannten Momententypen gelten ebenfalls die in der Literatur gegebenen Beziehungen. Lediglich die
teilweise angegebenen Normierungen auf gleiche Größenordnung der Invarianten
können nicht direkt übernommen werden.

6 Ergebnisse

Der direkte und der iterative Algorithmus sowie 3 Invariantensätze wurden im-
plementiert und auf die Konturdaten einer strukturierten Textur angewendet.
Es handelt sich hierbei um eine PVC-Folie, deren vektorisiertes Kantenbild in
Abb.1a dargestellt ist.

Als Momenteninvarianten wurden die bekannten 7 Invarianten nach Hu (HUI,
[Hu 62]), 5 Invarianten nach He et al. (HEI, [He et al. 88]) und 32 Invarianten
basierend auf Zernicke Momenten (ZMI), die in [Belkasim et al. 91] erläutert
sind, implementiert. Die HUI basieren auf den LM bis 3. Ordnung, die HEI bis
10. Ordnung und die ZMI bis 7. Ordnung.

Da die von der Echtzeit Hardware *VectEx* berechneten Konturvektoren als indizierte Liste vorliegen, müssen in einem ersten Schritt logische Konturobjekte,
die hier den Texturelementen (Texeln) entsprechen, extrahiert werden. Dies wird
durch ein in [Amelung et al. 94] erläutertes, regelbasiertes Verfahren ausgeführt.
Im Anschluß daran können für jedes Texturelement die LM berechnet werden. Je
nach gewählten Invarianten wird ein Texel durch einen 7 dimensionalen (HMI),
bzw. 5 (HEI) oder 32 dimensionalen (ZMI) Merkmalsvektor repräsentiert. Es soll
angemerkt werden, daß die ZMI nicht genau den in [Belkasim et al. 91] vorgeschlagenen normierten ZMI entsprechen, da sich im Fall der LM die Normierung
als nicht sinnvoll erwiesen hat.

Das in Abb.1 dargestellte Kantenbild besteht aus 2915 Vektoren (Geradenstücke)
in 563 Konturbruchstücken und 72 Texeln. Die 4 verschiedenen Texelarten bilden 4 Klassen, wobei die Merkmale fehlerfreier Texel aus einer Stichprobe mit
252 Texturelementen berechnet wurden. Die Diskriminanz der Merkmale und die
Separierbarkeit der Klassen wurden mit einer in [König et al. 94] beschriebenen
Methode untersucht. Hierbei wird ein Qualitätsmaß $q_o \in [0,1]$ aus den Distanzen
eines Merkmalsvektors zu seinen k nächsten Nachbarn unter Berücksichtigung
der Zugehörigkeit zur eigenen bzw. zur fremden Klasse berechnet. Als Maß zur
Separierbarkeit der Klassen wird die Komplexität der Klassentrennlinien durch
die Zahl $q_s \in [0,1]$ ausgedrückt. Anzustreben sind Maße q_o, q_s nahe 1. Da meist
nicht alle Komponenten der Merkmalsvektoren zur Erzielung der bestmöglichen
Diskriminanz erforderlich sind, wurde ein in [König 95] beschriebenes Verfahren
der globalen Merkmalsselektion auf der Basis des Gütemaßes q_o angewendet. Die
Abbn.2 und 3 zeigen die Verteilungen der selektierten Merkmale, die durch eine
Abbildung auf 2 Dimensionen durch den VISOR–Algorithmus ([König et al. 94])
ermittelt wurden. Der Klassenindex 1 steht dabei für die kleinen Quadrate aus
Abb.1a, der Index 2 für die Dreiecke, der Index 3 für die Rechtecke und der
Index 4 für die großen Quadrate.

Wie aus den Abbildungen ersichtlich ist, genügen jeweils zwei Invarianten der
HUI und der ZMI, um optimale Diskriminanz zu erzielen. Die HEI können die

Klassen 2, 3 und 4 nicht gut unterscheiden. Als Ergebnis kann festgehalten werden, daß die HUI und ZMI die verrauschten Texel der Abb.1a sehr gut trennen können. Die HEI haben sich als weniger diskriminant erwiesen.

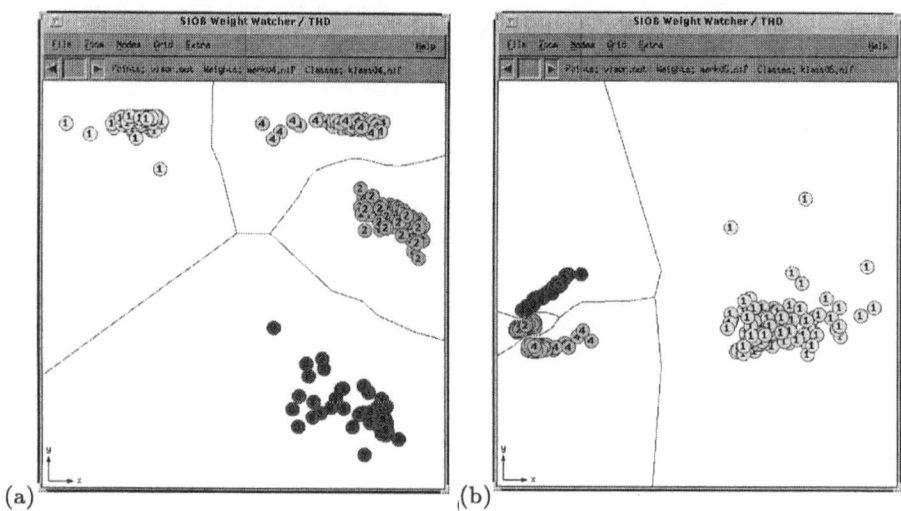

Abbildung2. (a) Merkmalsverteilung ZMI, 2 aus 32 Merkmalen selektiert, $q_o = 1.0$, $q_s = 1.0$. (b) Merkmalsverteilung HUI, 2 aus 7 Merkmalen selektiert, $q_o = 1.0$, $q_s = 1.0$.

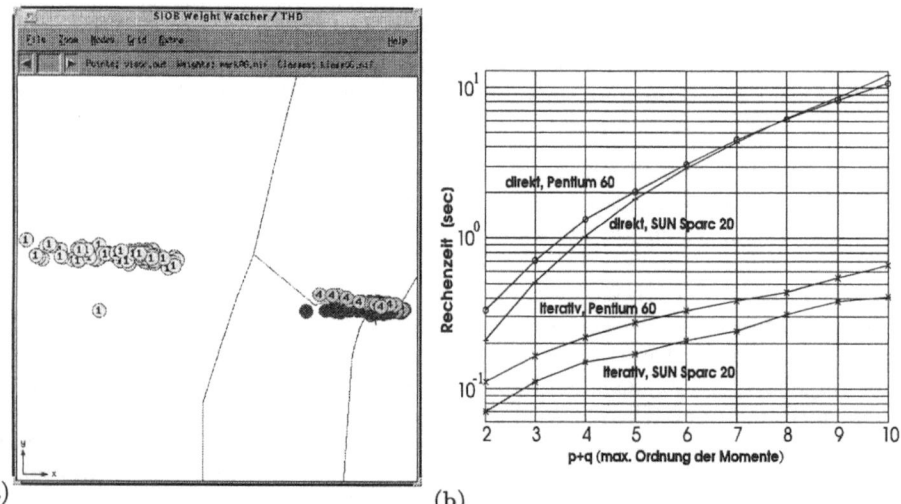

Abbildung3. (a) Merkmalsverteilung HEI, 3 aus 5 Merkmalen selektiert, $q_o = 0.964$, $q_s = 0.908$. (b) Zeiten zur Berechnung aller Linienmomente bis zur Ordnung $p + q$ der 72 Texel aus Abb.1a für den iterativen und den direkten Algorithmus.

In Abb.1a ist ein defektes Texel durch ein Kreuz im Schwerpunkt und ein umgebendes Rechteck gekennzeichnet. Hier wurde eine Hintergrundklassifikation auf der Basis des Mahalanobis–Abstands durchgeführt. Es wurden die LM bis 7. Ordnung und alle 32 ZMI berechnet. Die Gesamtdauer zur Berechnung der LM, der ZMI und der Klassifikation betrug 0.49sec (Pentium Prozessor, 60 MHz). In

Abb.3b sind die Rechenzeiten auf einem Pentium Prozessor (60 MHz) und einer SUN Sparc 20 (50 MHz) zur Berechnung aller Linienmomente bis zur Ordnung $p+q$ der 72 Texel aus Abb. 1a angegeben. Der iterative Algorithmus ist demnach ca. 30 mal schneller als der direkte Algorithmus zur Berechnung der LM.

Die Arbeit wurde von der ISRA Systemtechnik GmbH, Darmstadt, im Rahmen des BMBF Projekts TEXAUGE gefördert.
Die Autoren bedanken sich bei Herrn Dipl.-Ing. A. König für die Möglichkeit, die im Rahmen seiner Dissertation entwickelte Software einzusetzen.

References

[Amelung et al. 94]   Jörg Amelung, Georg Lambert und Jörg Pfister: Ein vektorbasiertes Verfahren zur schnellen Fehlererkennung in strukturierten Texturen; Proc.16. DAGM Symp. Mustererkennung, Wien, 1994, pp. 666–675.
[Belkasim et al. 91]   S.O. Belkasim, M. Shridhar and M. Ahmadi: Pattern Recognition With Moment Invariants: A Comparative Study And New Results; Pattern Recognition, Vol. 24, No. 12, 1991, pp. 1117-1138.
[Herre 90]   E.Herre und R.Massen: Symbolische konturorientierte Bildverarbeitung durch Echtzeit-Polygon-Approximation; Technisches Messen TM Vol.57 Nr.10, 1990, pp. 384-388.
[He et al. 88]   Zhan He, Ying Zhou, Zhen-pei Cheng: Generalized Invariant Moment Theory and Image Recognition; Image Processing II, SPIE Vol. 1027, 1988, pp. 198-203.
[Hu 62]   Ming-Kuei Hu: Visual Pattern Recognition by Moment Invariants; IRE Trans. on Information Theorie, Vol. 8, 1962, pp. 179-187.
[Jiang, Bunke 91]   X. Y. Jiang, H. Bunke: Ein konturbasierter Ansatz zur Berechnung von Momenten; Proc.13. DAGM Symp. Mustererkennung, München, 1991, pp. 143-150.
[König et al. 94]   Andreas König, Olaf Bulmahn, Manfred Glesner: Systematic Methods for Multivariate Data Visualisation and Numerical Assessment of Class Separability and Overlap in Automated Visual Industrial Quality Control; Proc. 5th British Machine Vision Conf. 1994, Vol. 1, York 1994, pp. 195-204.
[König 95]   Andreas König: Neuronale Strukturen zur sichtgestützten Oberflächeninspektion von Objekten in industrieller Umgebung; Dissertation, Einreichung 01.95, Technische Hochschule Darmstadt, Fachbereich 19.
[Abu-Mostafa, Psaltis 84]   Yaser S. Abu-Mostafa and Demetri Psaltis: Recognitive Aspects of Moment Invariants; IEEE Transactions on Pattern Analysis and Machine Intelligence, Vol. PAMI-6, No.6, 1984, pp. 698-706.
[Abu-Mostafa, Psaltis 85]   Yaser S. Abu-Mostafa and Demetri Psaltis: Image Normalisation by Complex Moments; IEEE Transactions on Pattern Analysis and Machine Intelligence, Vol. PAMI-7, No.1, 1985, pp. 46-55.
[Sardana et al. 94]   H. K. Sardana, M. F. Daemi and M.K. Ibrahim: Global description of edge patterns using moments; Pattern Recognition, Vol. 27, No. 1, 1994, pp. 109-118.
[Teh, Chin 88]   Cho-Huak Teh, Roland T. Chin: On Image Analysis by the Methods of Moments; Trans. on Pattern Analysis and Machine Intelligence, Vol. 10, No. 4, 1988, pp. 496-513.

Modellbasierte Detektion von Objekten mittels deformierbarer Mittelachsen

Gabriele Lohmann

Institut für Informatik, TU München, Orleansstraße 34, 81667 München

Abstract. In diesem Beitrag wird ein neues Verfahren zur modellbasierten Segmentation von Objekten dargestellt. Als Anwendungsbereich ist vor allem an die Erkennung von Strukturen in MR-Tomographiebildern des menschlichen Gehirns gedacht. Das Verfahren besteht aus zwei Schritten: in einem ersten Schritt wird in einer starren affin linearen Transformation eine grobe Überlagerung des Modellobjektes mit dem zu erkennenden Datenobjekt erreicht. Im zweiten Schritt wird das Modell deformiert, um es an die jeweilige Anatomie und Aufnahmesituation des neuen Datensatzes anzupassen.

1 Einleitung

In diesem Beitrag wird ein neues Verfahren zur modellbasierten Segmentation von Objekten dargestellt. Als Anwendungsbereich ist vor allem an die Erkennung von Strukturen (insbesondere der Basalganglien und der Ventrikel) in MR-Tomographiebildern des menschlichen Gehirns gedacht. Das Verfahren besteht aus zwei Schritten: in einem ersten Schritt wird in einer starren affin linearen Transformation eine grobe Überlagerung des Modellobjektes mit dem zu erkennenden Datenobjekt erreicht. Im zweiten Schritt wird das Modell deformiert, um es an die jeweilige Anatomie und Aufnahmesituation des neuen Datensatzes anzupassen.

Deformierbare Modelle wurden von einer Reihe von Autoren beschrieben. Insbesondere seit der Entwicklung des snake-Modells [9] hat es eine Vielzahl von Entwicklungen in diesem Bereich gegeben, z.B. [3],[10],[6], [7].

Eine Beschränkung der Deformationsmöglichkeiten ist in jedem Fall erforderlich, und wird auch in den gängigen Deformationsmodellen angestrebt. Im snake-Modell beispielsweise [9] kann die Variabilität durch einen Steifigkeitsparameter vermindert werden. Cootes et al. [7] verwenden statistische Modelle, um die Variabilität zu modellieren. In anderen Fällen wird die Variablität durch die Vorgabe eines parametrischen Modells beschränkt (wie z.B. in [10]).

Die Grundidee des hier dargestellten Verfahrens ist es, das Skelett des Modells zu deformieren, bis es zu den aktuellen Daten passt. Dabei werden nur Deformationen erlaubt, die den Verzweigungsgrad des Skeletts unverändert lassen. Diese Vorgehensweise hat zum Beispiel gegenüber dem snake-Modell den Vorteil, daß ein Kollabieren einzelner Skelettzweige oder Ausstülpungen aus Löchern in der Kontur unmöglich sind. Es wird damit eine größere Robustheit auch bei schlechter Kantendetektion erreicht. Eine weiterer Grund für die Wahl dieses

Deformationsmodells war die klinische Relevanz der hier verwendeten Deformationsparameter.

2 Modellerzeugung

Die Generierung eines Objekt-Modells geschieht in folgenden Schritten, die im folgenden näher erläutert werden.

1. Der Nutzer bezeichnet das gewünschte Objekt durch "Anclicken" mit der Mouse in einem Modelldatensatz (zum Beispiel einer Hand-segmentierten Szene oder einem Hirn-Atlas).
2. Die Kontur des gewählten Modell-Objektes wird extrahiert.
3. Es wird die Mittelachsen-Transformation und die entsprechende inverse Transformation des gewählten Modell-Objektes berechnet.
4. Die Mittelachsen-Transformiertion des Modell-Objektes wird in Form einer Baumstruktur gespeichert, die zur späteren Deformation geeignet ist.

Die Methode, die hier zur Mittelachsen-Transformation benutzt wurde, orientiert sich an dem in [1],[2] dargestellten Verfahren. Dieses Verfahren beruht im wesentlichen auf der Extraktion von lokalen Maxima des distanz-transformierten Kantenbildes. Die euklidische Distanz-Transformation [8],[5] wird hier von den im Schritt 2 extrahierten Modellkanten berechnet. Die Maxima der Distanztransformation ergeben im allgemeinen noch kein zusammenhängendes Skelett. Deshalb findet im Anschluß an die Extraktion der Maxima ein Zusammenfügen und Glätten statt.

Punkte auf der Mittelachse sind Mittelpunkte maximaler Kreise, die die Kontur in genau zwei Punkten berühren. Diese Punkte werden auch *Projektionspunkte* genannt (siehe Abb. 1). Die inverse Mittelachsen-Transformation liefert zu jedem Punkt der Mittelachse diese beiden Projektionspunkte.

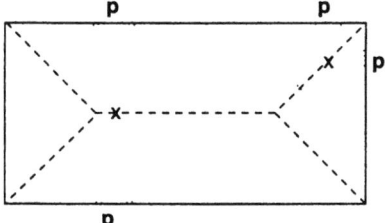

Abb. 1: Projektionspunkte der Mittelachse

Gegeben ist also eine Liste von Punkten auf der Mittelachse zusammen mit ihren jeweiligen beiden Projektionspunkten. Diese Liste wird nun in Form einer Baumstruktur gespeichert, um sie einer späteren Deformation zugänglich zu machen. Die Wurzel des Baumes ist derjenige Punkt auf der Mittelachse, der dem Schwerpunkt der Mittelachse am nächsten liegt. Die Nachfolge-Knoten des Baumes sind die jeweiligen Nachbarn eines Knotens, wobei sich der Baum entsprechend verzweigt, wenn mehrere Nachbarknoten vorhanden sind, die noch nicht in die Baumstruktur aufgenommen wurden. Die Blätter des Baumes sind die Endpunkte der Skelett-Äste. Alle Objekte, die topologisch äquivalent zur Sphäre sind, können in eine solche Baumstruktur abgebildet werden.

Der Grund für die Wahl dieser Datenstruktur ist, daß in der anschliessenden Deformationsphase die Krümmung in jedem Punkt des Skeletts variiert werden kann. Sobald jedoch die Krümmung in einem Punkt verändert wird, muß ein Teil des Skeletts ebenfalls bewegt werden. Der bewegliche Teil des Skeletts ist derjenige Teilbaum, der unterhalb desjenigen Punktes liegt, dessen Krümmung verändert wurde. Diese Überlegung wird später noch genauer erläutert.

3 Berechnung der Lagebeziehung

Das im vorigen Schritt generierte Modell wird im nächsten Schritt nun auf einen aktuellen Datensatz übertragen. Dazu wird zunächst eine starre affin lineare Transformation ausgeführt, in der Rotations- und Translationsparameter des Modells gegenüber dem aktuellen Datensatz berechnet werden.

Hierzu wird das ICP point set matching nach Besl/McKay [4] eingesetzt. Dieses Verfahren benötigt als Eingabe zwei Punktmengen und liefert als Ausgabe die Rotationsmatrix und den Translationsvektor, wodurch die Lagebeziehung der beiden Punktmengen beschrieben wird. Glücklicherweise müssen die beiden Punktmengen nicht unbedingt dieselbe Anzahl von Elementen haben. Ebensowenig ist es erforderlich, die Korrespondenz der Punkte beider Mengen zu kennen.

In unserem Fall sind die Eingabe-Punktmengen zum einen die Konturpunkte des Modell-Objekts und zum anderen alle Kantenpunkte, die mit einer Kantendetektion aus den aktuellen Daten extrahiert wurden. Im allgemeinen gibt es also wesentlich mehr Datenpunkte als Modellpunkte. Die Anzahl der Datenpunkte kann natürlich reduziert werden, wenn man bestimmte Annahmen über die Lage des Objektes in den Daten macht. Typischerweise wurden in den Experimenten ca. 200 Modellpunkte und ca. 2000 Datenpunkte verwendet.

Das ICP-Verfahren ist – wie alle nicht-linearen Optimierungs-Verfahren – anfällig bzgl. lokaler Minima. Um dieses Risiko zu vermindern, werden hier zwei Strategien verfolgt. Zum einen wird die Menge der Modell-Punkte erweitert, in dem Konturpunkte benachbarter Modellregionen hinzugefügt werden. Zum Beispiel bietet es sich an, die Kontur eines benachbarten Ventrikels ebenfalls zu modellieren. Dadurch ergeben sich zusätzliche Constraints, die zum Ausschluß falscher lokaler Minima beitragen.

Die zweite Strategie besteht darin, systematisch mehrere Startpunkte für die ICP-Iteration zu verwenden, und einige wenige Iterationen in jedem Startpunkt auszuführen. Derjenige Startpunkt, der nach einer fest vorgegebenen Zahl von Iterationen das beste Residuum liefert, wird nun für die restlichen Iterationen weiterverwendet.

Das ICP-Verfahren liefert also die Parameter der Lagebeziehung zwischen Modell und Datenobjekt. Man beachte, daß hier eine *lokale* Registrierung erreicht wird, die sich im wesentlichen auf das gewünschte Objekt beschränkt. Eine solche lokale Registrierung ist im allgemeinen genauer als eine *globale* Registrierung der gesamten Datensätze.

4 Deformation des Modells

Die im letzten Abschnitt beschriebene Registrierung liefert eine starre lineare Transformation, die das Modell auf den Datensatz abbildet. Die Abbildung berücksichtigt nun noch nicht die individuellen Unterschiede zwischen Modell und Datensatz. Diese Unterschiede kommen zum einen durch anatomisch bedingte Eigenheiten der untersuchten Patienten zustande. Zum anderen sind sie aber auch durch die Art der Datengewinnung bedingt, die verschiedene geometrische Verzerrungen hervorrufen können.

Um das Modell auf den aktuellen Datensatz anzupassen, muß es entsprechend deformiert werden. Folgende Deformationen werden hierbei zugelassen:

1. Änderung der Krümmung in jedem Punkt der Mittelachse.
2. Vergrösserung oder Verkleinerung des Radius in jedem Punkt der Mittelachse.
3. Verkürzung oder Verlängerung eines Zweiges des Skeletts.

Diese Deformationsparameter wurden zum einen gewählt, weil sie für die vorliegende Anwendungsdomäne ausreichen. Zum anderen aber auch, weil sie klinisch relevante Informationen liefern. Bestimmte Krankheitsbilder sind nämlich gerade dadurch charakterisiert, daß einer oder mehrere der obigen Parameter besonders stark vom Normalfall abweichen.

Im folgenden werden die einzelnen Variationsparameter beschrieben.

4.1 Deformationsparameter

Wie zuvor beschrieben liegt das Objektmodell in einer Baumstruktur vor, wobei jeder Knoten die Pixelposition eines Mittelachsen-Punktes und dessen zwei Projektionspunkte enthält, sowie Zeiger auf die Nachfolge-Knoten.

Die Deformation ist ein Optimierungsprozess, der eine Zielfunktion optimiert. Die Zielfunktion liefert für jeden Knoten des Baumes einen Wert, der angibt, wie gut dieser Knoten zu den aktuellen Daten passt, d.h. wie genau die vermuteten Positionen des Mittelachsenpunktes und seiner beiden Projektionspunkte mit den tatsächlichen Positionen übereinstimmen.

Dieser Wert wird aus der Distanz-Transformation des Kantenbildes des aktuellen Datensatzes gewonnen. Der Wert ist hoch, wenn die beiden Projektionspunkte niedrige Grauwerte und der Mittelachsen-Punkt einen hohen Grauwert im distanztransformierten Bild haben. Genauer: seien p_1 und p_2 die Grauwerte der beiden Projektionspunkte im distanz-transformierten Bild, und sei a der Grauwert des Mittelachsenpunktes im distanz-transformierten Bild. Dann ist der Wert der Zielfunktion in diesem Knoten definiert als $2a - p_1 - p_2$. Der Wert der Zielfunktion eines ganzen Teilbaumes ist die Summe über die Werte seiner Knoten.

Eine Änderung der Krümmung in einem Knotenpunkt wird hier aufgefasst als eine Änderung des Winkels zwischen diesem Punkt und dem nachfolgenden Teilbaum, wobei alle Knoten des nachfolgenden Teilbaums um diesen Winkel rotiert werden (siehe Abb. 2).

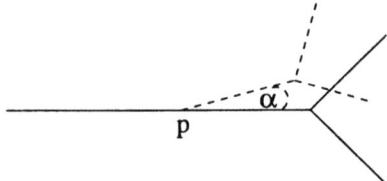

Abb. 2: Krümmungsänderung im Punkt p um den Winkel α

Der Knoten, in dem die Krümmungsänderung stattfindet, wirkt also wie ein Gelenk, das rotiert wird, bis die Zielfunktion einen optimalen Wert erreicht. Der Baum wird rekursiv durchlaufen, wobei in jedem Knoten ein optimaler Rotationswinkel gesucht wird. Gleichzeitig wird in diesem Knoten auch der Radius, d.h. der Abstand zwischen der Mittelachse und der Kontur, angepasst. Die Berechnung der Krümmungsdeformation kann damit rekursiv wie folgt formuliert werden:

```
Prozedur deformiere(Knoten)
{
    für alle Nachfolgeknoten k von Knoten: {
        für alle Winkel α in [-20 Grad, +20 Grad]:
            teste-rotationswinkel (k,α)
        führe Rotation mit dem besten Rotationswinkel aus
        passe Radius an
        deformiere(k)
    }
}
```

4.2 Variation der Zweiglänge

Zunächst werden Zweige, die über das Ende des Objektes hinausragen, verkürzt. Dazu wird jeder Endknoten des Baumes überprüft. Wenn der Grauwert einer der beiden Projektionspunkte im distanz-transformierten Bild größer ist als der Grauwert des zugehörigen Mittelachsenpunktes, wird angenommen, daß der Knoten ausserhalb des Objektes liegt und daher aus dem Baum entfernt. Ebenso werden Knoten entfernt, deren Mittelachsenpunkt unmittelbar auf einer Kante liegen. Der Prozess der Verkürzung der Zweige wird rekursiv fortgesetzt, bis keine weiteren Knoten mehr entfernt werden können.

Die Verlängerung von Zweigen geschieht durch Extrapolation der Mittelachse. Die Endknoten des Baumes werden rekursiv extrapoliert, wobei weitere Verzweigungen nicht zugelassen werden. Ausgehend von einem Endknoten wird ein Nachfolgeknoten gesucht, der in der entgegengesetzten Richtung des Vorgängerknotens liegt, und dessen Wert im distanztransformiertem Bild maximal ist. Der neue Punkt wird als Knoten in den Baum aufgenommen, wenn sein Distanzwert oberhalb einer Schwelle liegt. Damit wird gewährleistet, daß kleinere Lücken in der Kontur des Objektes geschlossen werden. Der Prozess der Verlängerung wird rekursiv fortgesetzt, bis keine weitere Verlängerung möglich ist.

Das gesamte Verfahren besteht damit aus folgenden drei rekursiven Aufrufen, wobei der Parameter *Wurzel* den Wurzelknoten des Baumes bezeichnet:

```
Prozedur Modellanpassung
{
    deformiere(Wurzel)
    verkürze(Wurzel)
    verlängere(Wurzel)
}
```

5 Experimente

Die Experimente bezogen sich auf Magnetresonanz-Bilder des menschlichen Gehirns. Speziell wurde die Detektion der Ventrikel und der Basalganglien angestrebt. Als Modell-Datensatz wurde ein von einem Neurologen hand-segmentierter Datensatz verwendet (siehe Abb. 3). In den Experimenten wurde ein Objekt aus der Modell-Szene selektiert, und anschliessend einem anderen Datensatz überlagert und dann diesem Datensatz nach dem oben beschriebenen Verfahren angepasst. Die Abbildungen 4 und 5 zeigen beispielhaft ein solches Experiment, bei dem der Caudatus Nucleus detektiert wurde. Die Baumstruktur dieses Objektes besteht aus 20 Knoten. Die Rechenzeit ist vernachlässigbar.

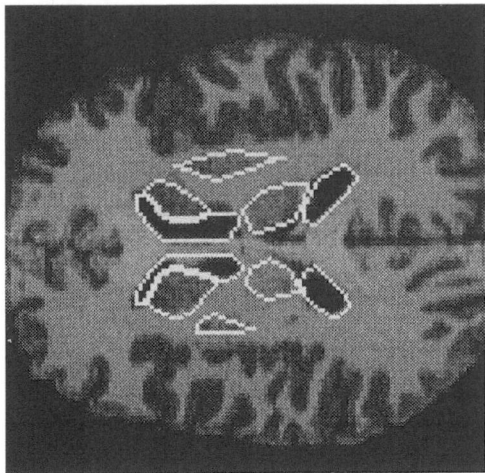

Abb. 3: Hand-segmentierte Modell-Szene

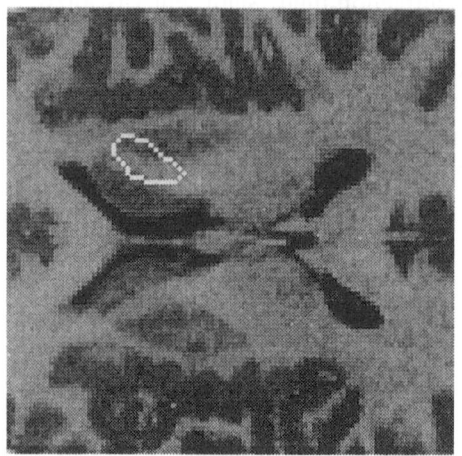
Abb. 4a: Modell-Überlagerung

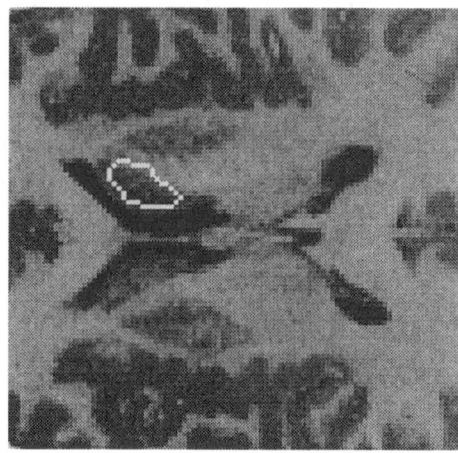
Abb. 4b: nach starrer Transformation

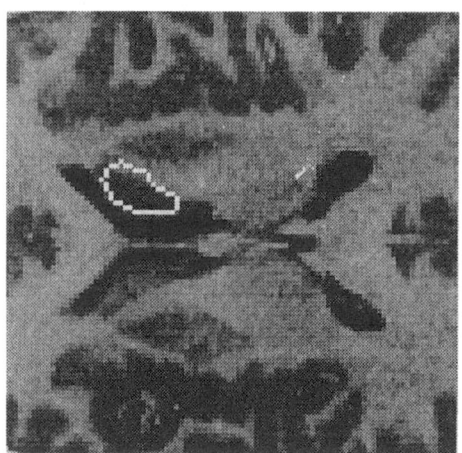
Abb. 5a: nach Deformation

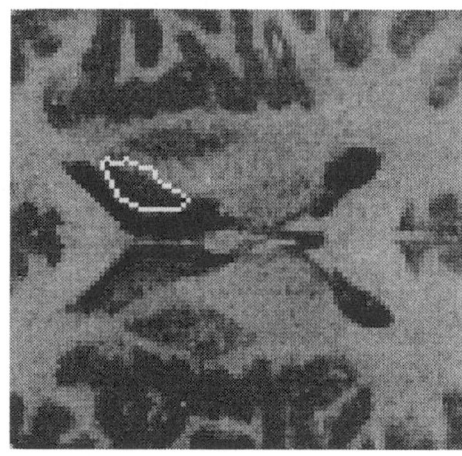
Abb. 5b: nach Zweigverlängerung

6 Zusammenfassung und Ausblick

In diesem Beitrag wurde ein neues Verfahren zur modellbasierten Segmentation vorgestellt, das aus zwei Schritten besteht: einer starren affin linearen Transformation und einer anschliessenden Deformation des Skeletts. Erste Tests verliefen erfolgversprechend.

Die nächste Weiterentwicklung wird vor allem die Erweiterung des jetzigen zweidimensionalen Ansatzes auf dreidimensionale Datensätze sein. Es ist zu erwarten, daß dadurch eine größere Robustheit des Verfahrens erreicht werden kann, da dann Restriktionen zwischen den Schichten eines Volumendatensatzes ausgenutzt werden können.

References

1. Carlo Arcelli, Gabriella Sanniti di Baja. Ridge points in euclidean distance maps. *Pattern Recognition Letters*, 13:237–243, 1992.
2. Carlo Arcelli, Gabriella Sanniti di Baja. Euclidean skeleton via centre-of-maximal-disc extraction. *Image and Vision Computing*, 11(3):163–173, April 1993.
3. R. Bajcsy, S. Kovacic. Multiresolution elastic matching. *Computer Vision, Graphics, and Image Processing*, 46:1–21, 1989.
4. Paul J. Besl, Neil. D. McKay. A method for registration of 3-D shapes. *IEEE Transactions on Pattern Analysis and Machine Intelligence*, 14(2):239–256, Feb. 1992.
5. G. Borgefors. Distance transforms in arbitrary dimensions. *Computer Vision, Graphics, and Image Processing*, 27:321–345, 1984.
6. L. D. Cohen and I. Cohen. Deformable models for 3D medical images using finite elements and baloons. In *Proc. of IEEE Computer Society Conference on Computer Vision and Pattern Recognition*, pages 592–598, 1992.
7. T.F. Cootes, A. Hil, C.J. Taylor, J. Haslam. Use of active shape models for locating structures in medical images. *Image and Vision Computing*, 12(6):355–365, July/August 1994.
8. P.E. Danielsson. Euclidean distance mapping. *Computer Vision, Graphics, and Image Processing*, 14:227–248, 1980.
9. M. Kass, A. Witkin, and D. Terzopoulos. Snakes: Active contour models. *International Journal of Computer Vision*, 1(4):321–331, 1987.
10. D. Terzopoulos and D. Metaxas. Dynamic 3d models with local and global deformations: Deformable superquadrics. *IEEE Transactions on Pattern Analysis and Machine Intelligence*, 13(7):703–714, July 1991.

Wissensbasierte Bilderkennung mit neuronal repräsentierten Merkmalen

Ulrich Büker, Georg Hartmann
Universität-Gesamthochschule Paderborn
Fachbereich Elektrotechnik, 33095 Paderborn
e-mail:bueker@get.uni-paderborn.de

Zusammenfassung

Diese Arbeit beschreibt ein hybrides Bilderkennungssystem, in welchem wissensbasierte und neuronale Verfahren der Objekterkennung miteinander gekoppelt werden. Durch die verwendete Wissensbeschreibungssprache und den dazugehörigen Inferenzmechanismus werden die systemspezifischen Vorteile dieser zwei Paradigmen des Arbeitsgebietes der Mustererkennung effizient unterstützt. Das System vereint die Fähigkeit neuronaler Netzwerke, Objekte ganzheitlich mit einer großen Robustheit zu erkennen, sowie die Eigenschaft wissensbasierter Ansätze, teilweise verdeckte Objekte anhand charakteristischer Details zu analysieren. Es wird dabei ein sehr hoher Integrationsgrad erreicht und eine Leistungsfähigkeit erzielt, die diejenige der Einzelkomponenten wesentlich übersteigt.

1 Einleitung

Das Forschungsgebiet der automatisierten Bilderkennung wird im wesentlichen von drei Paradigmen geprägt. Dies sind erstens statistische Verfahren, zweitens neuronale Netzwerke und drittens wissensbasierte Systeme. Jede dieser Verfahrensklassen zeigt unter gewissen Voraussetzungen ihre spezifischen Vor- und Nachteile. So zeichnen sich neuronale Netze durch ihre hohe Robustheit gegenüber Bildstörungen aus, ihre Lernfähigkeit sowie ihre Leistung, auch komplexe Objekte ganzheitlich zu erkennen. Demgegenüber erweisen sich wissensbasierte Ansätze als vorteilhaft, wenn komplexe Szenen analysiert werden müssen oder wenn durch Verdeckungen lediglich Teilstrukturen des zu untersuchenden Objektes sichtbar sind. Eine Kopplung dieser Verfahren zur Verbesserung der erzielten Systemleistungen wurde von Sagerer bereits auf der DAGM 1993 gefordert [9]. Erste Ansätze hierzu wurden daher auch während der DAGM 1993 und 1994 aus der Arbeitsgruppe Sagerer präsentiert [5], [8]. Im ersten der vorgestellten Systeme erfolgt über ein semantisches Netz gesteuert eine holistische Erkennung der betrachteten Objekte mit Hilfe geeigneter neuronaler Netzwerke, während im zweiten System ein dekompositorischer Ansatz gewählt wurde, und auf einer untersten Beschreibungsebene einfache Formprimitive durch neuronale Netze erkannt werden, bevor dann diese wissensbasiert zu komplexeren Objekten zusammengesetzt werden. Eine größere Integrationsdichte der zwei Paradigmen wird hierbei auch von den Autoren als eine Weiterführung der Arbeiten gewünscht.

Um die Vorteile eines wissensbasierten Systems mit den Vorteilen neuronaler Netze - auf der einen Seite teilbasierte Erkennung im Fall von Verdeckungen, auf der anderen Seite eine ganzheitliche Erkennung der Objekte - effizient zu verbinden, ist es notwendig ein Gesamtsystem zu schaffen, in dem beide Vorgehensweisen zum Tragen kommen. Ein solcher Ansatz wird in diesem Beitrag näher beschrieben. Die Basis des entstandenen Systems bilden zum einen das Paderborner Netzwerkbasierte Erkennungssystem (PANTER) und zum anderen die neuronalen Verarbeitungsmechanismen eines Sensorisch geführten Roboters (SENROB). Beide Systeme wurden bereits auf vergangenen DAGM-Symposien ausgiebig vorgestellt, so daß in diesem Beitrag zum besseren Verständnis nur die wesentlichen Prinzipien dargelegt werden sollen, bevor dann detailliert das neu entstandene, gekoppelte System erläutert wird.

2 Das PANTER-System

Das von Mertsching entwickelte Paderborner netzwerkbasierte Bilderkennungssystem PANTER erlaubt mit Hilfe semantischer Netzwerke die Modellierung von Szenen oder einzelnen Objekten auf verschiedenen Abstraktionsniveaus [6]. Ausgehend von einem Startknoten erfolgt eine Aufspaltung des zu modellierenden Objektes in immer feinere Teilstrukturen, bis letztlich auf der untersten Beschreibungsebene direkt aus den Bilddaten zu extrahierende symbolische Merkmale von Bildstrukturen modelliert werden. Ein geeigneter Kontrollalgorithmus übernimmt dann die automatische Bearbeitung des Netzwerkes, in der den einzelnen Knoten des semantischen Netzes Bildstrukturen zugewiesen werden.

In Anlehnung an die Formalismen von Brachman [1] wird im PANTER-System bei den Knoten zwischen Konzepten und Instanzen als intensionale und extensionale Knoten unterschieden. Dabei werden bei der Modellierung jedoch nur Konzepte beschrieben. Instanzen werden bei der Auswertung des Modelles, d.h. bei der automatischen Zuordnung von Bildstrukturen zu den Konzepten, erzeugt. Als Standard-Relationen zwischen den Konzepten der Beschreibung stehen Teil/Teil-von-Relationen sowie Spezialisierungs/Generali-

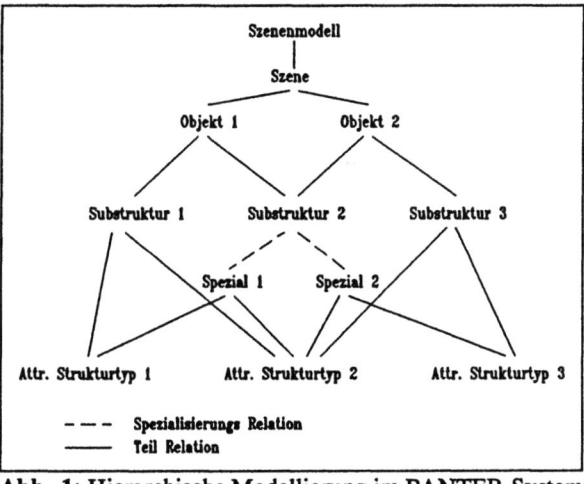

Abb. 1: Hierarchische Modellierung im PANTER-System

sierungs-Relationen zur Verfügung. Erstere erzeugen die bereits erwähnten Hierarchieebenen im Netz, während letztere spezielle Ausprägungen eines Konzeptes beschreiben. Weitere Relationen zwischen Konzepten des semantischen Netzwerkes können in der Modellierung frei definiert werden. Abbildung 1 zeigt den Aufbau einer solchen hierarchischen Modellierung. Neben den Standardrelationen wird ein Konzept noch durch Attribute näher beschrieben, zu deren Auswertung auch prozedurale Elemente herangezogen werden.

Während der Auswertungsphase führt der Inferenzmechanismus des Kontrollalgorithmus eine

TOP-DOWN-Expansion des Netzwerkes durch. Es wird dabei ausgehend vom Startkonzept der höchsten Modellierungsebene in Form einer Tiefensuche über die Standardrelationen in die Konzepte der niedrigeren Hierarchieebene abgestiegen. Auf der untersten Ebene erfolgt mit Hilfe von prozeduralen Elementen, die an die Attribute eines Konzeptes angeknüpft sind, ein Zugriff auf die Bilddaten und die Extraktion invarianter symbolischer Merkmale. Mertsching verwendet hierzu die Bildtransformation "Hierarchischer Strukturcode" und einen Satz von Operationen, der hierauf aufsetzt. Sobald alle Attribute entsprechend der Modellierung erfolgreich berechnet werden konnten, erfolgt eine Instanziierung des Konzeptes und ein Aufstieg in der Netzhierarchie. Wenn alle Teilkonzepte erfolgreich instanziiert werden konnten, so erfolgt auch auf höheren Ebenen eine Attributberechnung. In diesen Attributen sind üblicherweise topologische Beziehungen zwischen den Teilinstanzen modelliert. Diese Vorgehensweise führt zu einer BOTTOM-UP-Instanziierung im Netzwerk. Nähere Einzelheiten zur Wissensbeschreibungssprache und dem verwendeten Inferenzmechanismus finden sich in [6].

3 Neuronale Merkmalsrepräsentation im SENROB-System

Trotz des erfolgreichen Einsatzes des PANTER-Systems in einigen Anwendungsgebieten wie z.B. der Verkehrsszenenanalyse [3] ergeben sich immer wieder Probleme, die in einem Netz modellierten symbolischen Merkmale korrekt aus den Bilddaten zu extrahieren. Bildrauschen, wechselnde Beleuchtungsbedingungen und reflektierende Objektoberflächen erschweren eine robuste Detektion der gesuchten Bildstrukturen. In einer wissensbasierten Modellierung ist es jedoch nur sehr schwierig, wenn nicht gar unmöglich, alle Fehlermöglichkeiten der unteren Bildverarbeitungsebenen zu kompensieren.

Künstliche neuronale Netzwerke zeigen hierbei ein wesentlich robusteres Verhalten und sind gleichzeitig lernfähig, was das Einbinden neuer Objekte in den Erkennungsprozeß wesentlich vereinfacht. Im Rahmen der Arbeiten an einem sensorisch geführten Roboter (SENROB) wurden daher an die Biologie angelehnte Verfahren entwickelt. Die hierbei entstandenen künstlichen neuronalen Netzwerke zeichnen sich dadurch aus, daß sie aufsetzend auf einer modifizierten logarithmisch-polaren Retina mit Hilfe gesteuerter Abbildungen eine invariante Repräsentation der Objekte erzeugen, die von einem Assoziativspeicher ohne aufwendige Trainingssequenzen mit einem Schritt gelernt werden können. Der Assoziativspeicher kommt dabei ohne explizites Umschalten zwischen Lernphase und Wiedererkennen aus.

Im folgenden soll die neuronal motivierte Objektrepräsentation kurz vorgestellt werden. Eine detaillierte Beschreibung der im SENROB-System verwendeten Mechanismen findet sich in [4],[7]. Für die verwendete neuronale Repräsentation erfolgt zunächst eine Transformation des Grauwertbildes mit Hilfe einer Schicht von On-Center- und Off-Center-Neuronen. In einer weiteren Verarbeitungsschicht werden hieraus Kanteninformationen extrahiert, die mit ihren orientierten rezeptiven Feldern recht gut den simplen Neuronen des visuellen Cortex in biologischen Systemen entsprechen. Über eine Schicht komplexer Neurone, wie sie ebenfalls im visuellen Cortex gefunden werden können, entstehen dann in der nächsten Schicht sogenannte Kanten- oder Orientierungswolken, die durch zusätzliche Eckenwolken ergänzt werden. Diese stellen eine Verallgemeinerung des ursprünglichen Konturverlaufes dar und erlauben dem verwendeten Assoziativspeicher, ohne aufwendige Lernphasen auszukommen. Die Abbildungen 2-5 zeigen am Beispiel eines einfachen Objektes das Ergebnis dieser drei Verarbeitungsschichten.

 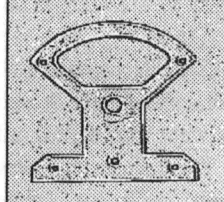 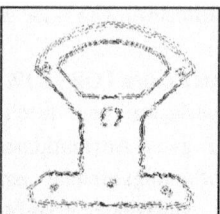 

Abb. 2: Grauwertbild   Abb. 3: On-, Off-Center-Neurone   Abb. 4: Orientierte Kantenelemente   Abb. 5: Orientierungswolken

4 Integration neuronaler Mechanismen in ein wissensbasiertes System

Um die volle Leistungsfähigkeit beider Systemparadigmen zur Wirkung kommen zu lassen, ist es notwendig, sowohl eine ganzheitliche als auch eine auf Teilstrukturen basierende Objekterkennung zu ermöglichen. Die zuvor vorgestellte wissensbasierte Modellierung von Objekten im PANTER-System ermöglicht prinzipiell die Einbindung neuronaler Verarbeitungsstrategien über die prozedurale Anbindung von Auswertungsmethoden in den Attributdefinitionen. Auf diese Weise ist sehr einfach eine erste Kopplung zu erzielen, indem z.B. Objekte ganzheitlich modelliert werden. Dazu werden in den Attributbeschreibungen mit Hilfe der Methoden des SENROB-Systems oder anderer neuronaler Bilderkennungssysteme, die Objekte als Ganzes untersucht. Alternativ dazu ist auch ein vollständig dekompositorischer Ansatz möglich, in dem Objekte über Teil/Teil-von-Relationen in kleinere Substrukturen zerlegt werden und diese dann mit Hilfe der neuronalen Verarbeitungsmechanismen robuster als bislang erkannt werden können. Wünschenswert ist jedoch ein Gesamtsystem, in dem sowohl die ganzheitliche als auch die dekompositorische Erkennung unterstützt wird. Aus diesem Grunde wurden sowohl an der Wissensbeschreibungssprache als auch am Kontrollalgorithmus des PANTER-Systems verschiedene Erweiterungen vorgenommen.

4.1 Erweiterungen an Wissensbeschreibungssprache und Kontrollalgorithmus

Ziel der Erweiterungen war es, im Gesamtsystem zunächst eine ganzheitliche Erkennung der zu untersuchenden Objekte anzustoßen und erst nach einem Fehlschlagen eine auf den Teilstrukturen aufsetzende Erkennung durchzuführen. Wie zuvor erwähnt erfolgt bei der Instanziierung auf Objektebene mit Hilfe der entsprechenden Konzeptattribute eine topologische Überprüfung der instanziierten Teilstrukturen. Andererseits sollen aber auch auf dieser Ebene bereits direkt die neuronalen Verarbeitungsschritte genutzt werden können. Aus diesem Grunde wurde eine Erweiterung der epistemologischen Ebene des semantischen Netzwerkes durchgeführt, d.h. der Ebene der Strukturierungs-Primitiva und ihrer Semantik [2]. Hierzu wurde für die Konzepte eines Netzes eine zusätzliche Attributklasse definiert. Diese Attribute, im folgenden als Pre-Attribute bezeichnet, unterscheiden sich in ihrem Aufbau in keiner Weise von den bereits existierenden Attributen und auch ihre automatische Bearbeitung ist im wesentlichen äquivalent. Eine Auswertung dieser Attributklasse erfolgt jedoch bereits vor dem Versuch, Teilstrukturen zu instanziieren. Somit kann in der Klasse der

Pre-Attribute eine ganzheitliche Erkennung von modellierten Strukturen erfolgen. Eine weitere Expansion des Netzes und Instanziierung von Konzepten auf niedrigeren Modellierungsebenen wird lediglich dann notwendig, wenn diese ganzheitliche Erkennung fehlschlägt - sei es aufgrund starker Bildstörungen oder wegen Verdeckungen des Objektes.

Das ursprüngliche Verfahren einer TOP-DOWN-Expansion und BOTTOM-UP-Instanziierung der Netze wird somit verlassen und durch eine flexiblere Struktur ersetzt. Durch den äquivalenten Aufbau der zwei Attributklassen steht für diesen integrativen Ansatz eine homogene Wissensbeschreibungssprache zur Verfügung, die sowohl die Verarbeitung neuronal repräsentierter Merkmale erlaubt, als auch die Einbeziehung symbolischer Verarbeitungsmethoden zuläßt und auf allen Hierarchieebenen der Modellierung Erkennungsversuche ermöglicht. Neben den Hierarchiebeziehungen zwischen Konzepten und ihren Attributen kann zusätzlich auch die Bewertung einer Konzeptinstanz modelliert werden. Diese ist speziell für die Erkennung teilverdeckter Strukturen wichtig, da das Nichtvorhandensein verschiedener Objektmerkmale nur eine unsichere Erkennung ermöglicht. Mit Hilfe eines Zielslots kann darüberhinaus eine Analyse der Teilstrukturen auch dann erzwungen werden, wenn eine Objekterkennung bereits ganzheitlich erfolgen konnte. Die hierbei gewonnenen Detailinformationen sind vor allem für eine genaue Positionsbestimmung im Rahmen von Montagezwecken von Interesse.

Im wesentlichen besteht somit die Wissensbeschreibung aus einer Menge von Konzeptbeschreibungen, von denen jede einzelne geteilt ist in eine Beschreibung der Hierarchiebeziehungen zu anderen Konzepten, die Beschreibung der (Pre-)Attribute, die Modellierung der Bewertung und das Zielslot (Abb. 6). Eine Attributbeschreibung besteht u.a. aus folgenden Einträgen:

```
Konzeptbeschreibung
   Standard-Relationen
   Pre-Attributbeschreibungen
   Attributbeschreibungen
   Bewertungsslots
   Zielslot
Ende
```

Abb. 6: Konzeptbeschreibung

1. die Festlegung der prozeduralen Methode zur Berechnung des Attributwertes, 2. die zu verwendenden Operanden und eventuell weiterer Parameter sowie 3. dem gültigen Wertebereich der Berechnung. Die beiden wichtigsten Regeln zur Instanziierung eines Konzeptes, welche die Berechnung der (Pre-) Attribute und eine eventuell notwendige Instanziierung von Teilstrukturen implizit beinhalten, sind in Abb. 7 beschrieben.

```
Regel 1
   IF    Pre-Attribute erfolgreich berechnet AND
         Zielslot erfüllt
   THEN  instanziiere Konzept

Regel 2
   IF    ( Pre-Attribute nicht berechenbar OR Zielslot nicht erfüllt ) AND
         einige Teilstrukturen instanziiert AND
         Attribute erfolgreich berechnet
   THEN  instanziiere Konzept
```

Abb. 7: Zwei Regeln zur Instanziierung eines Konzeptes

Das Nichtvorhandensein einzelner Instanzen der Teilkonzepte führt im Instanziierungsprozeß nicht sofort zum Abbruch, hat aber das Fehlschlagen der Berechnung der auf ihnen aufbauenden Konzeptattribute und somit unter Umständen eine verringerte Bewertung zur Folge.

4.2 Objektmodellierung mit Hilfe komplexer Teilstrukturen

Die Fähigkeit neuronaler Netzwerke zur ganzheitlichen Erkennung sollte nicht nur auf Objektebene genutzt werden, sondern kann vielmehr auch zur Erkennung von Teilstrukturen sehr gut verwendet werden. Während in "klassischen" wissensbasierten Erkennungssystemen auf kleinsten Detailinformationen wie z.B. gebogenen oder gerade Kantenelementen, einfachen ellipsenförmigen Strukturen, Parallelogrammen usw. aufgesetzt wird und diese dann wissensbasiert zu komplexeren Objekten zusammengefügt werden, erlauben die neuronalen Methoden auch die Auswertung auf Basis größerer Strukturen. In einem aktiven Roboter-System bieten sich hierfür auf der Basis geeigneter Fovealisierungsstrategien durchgeführte Detailblicke der betrachteten Szene an. Solche mit wesentlich mehr Information ausgestatteten Teilstrukturen erlauben eine einfachere Modellierung der Objekte und erhöhen die Zuverlässigkeit der Hypothesengenerierung im Instanziierungsprozeß. Einfache Bildstrukturen wie z.B. kreisförmige Kantenstrukturen können Bestandteil vieler Objekte sein, treten häufig in den Bildern auf und sind daher entsprechend oft Kandidat für Konzeptinstanzen. Bei der Zusammenfügung von Teilstrukturen zu komplexeren Objekten müssen nun aus der vorhandenen Menge von Instanzen der Teilkonzepte zusammengehörende ausgesucht und miteinander verknüpft werden. Der hierbei unter Umständen entstehende hohe Suchaufwand stellt eines der zentralen Probleme der wissensbasierten Bilderkennung dar. Dieser wird aber durch die Auswertung komplexer Teilstrukturen deutlich reduziert, da aufgrund des höheren Informationsgehaltes eine wesentlich kleinere Anzahl Instanzen gebildet wird.

4.3 Erkennung am Beispiel einer Robotikanwendung

Am Beispiel der Erkennung einer Seitenplatte des Cranfield-Satzes, einem Roboter-Montagesatz, sollen die zuvor beschriebenen Verfahren verdeutlicht werden (Abb. 8). Aufgrund der Verdeckungen in der Szene kann eine Erkennung der Seitenplatte nicht ganzheitlich erfolgen. Aus diesem Grunde wird für die Auswertung der Szene eine tiefergehende Expansion des Netzwerkes in die modellierten Teilstrukturen der Seitenplatte durchgeführt. Für die Erkennung dieser Teilstrukturen werden mit Hilfe des Roboters gezielt Detailaufnahmen durchgeführt. Hierzu sind Fovealisierungsstrategien notwendig, die - der Domäne angepaßt - ebenfalls im Netzwerk beschrieben sind. Im Fall der Seitenplatte bieten sich die deutlich erkennbaren Bohrungen an. Es erfolgt eine Segmentierung des Bildes und die Schwerpunkte dunkler Strukturen werden als Fovealisierungspunkte für die Detailblicke herangezogen. Gesteuert durch explizites Domänenwissen aus der Modellbeschreibung kann die hierbei erzeugte Menge von Kandidaten eingeschränkt werden, indem über alle drei Raumkoordinaten Suchbereiche definiert werden. Der Roboter wird bezüglich dieser Punkte positioniert, so daß ein Detailbild aufgenommen und verarbeitet werden kann. Ebenfalls modellgesteuert erfolgt dabei zur Auswertung der Teilstrukturen der Seitenplatte eine Blickfeldverengung mit modellierbarer Größe, da die Kamera aus technischen Gründen nicht beliebig nahe an die Objekte gefahren werden kann. Die Wahl dieser Blickfeldgröße bestimmt letztlich den Informationsgehalt des weiter auszuwertenden Bildes. Ein kleines Blickfeld führt dabei zu einer Auswertung sehr kleiner Bildstrukturen mit recht wenig Informationsgehalt - im Extremfall zur Auswertung der kreisförmigen Bohrung allein - , ein großes Blickfeld integriert zusätzliche Strukturen aus der Peripherie des Fovealisierungspunktes, beinhaltet damit mehr Information und erleichtert die Zuordnung von Bildstruktur zu Modellbeschreibung. Bei der Wahl eines zu großen Blickfeldes entsteht jedoch wiederum das Problem, daß durch Verdeckungen eine Erkennung der Teilstrukturen nicht möglich ist. Einen solchen Grenzfall zeigt z.B. der Detailblick in Abb. 8d, in dem sich bereits ein weiteres Objekt im Blickfeld befindet. Die Wahl einer geeigneten Größe ist daher ein im wesentlichen von der betrachteten Domäne abhängiger Kompromiß zwischen Robustheit und Laufzeit des Erkennungsvorganges. Da der Aufbau der Wissensbeschreibungssprache und des Inferenzmechanismus Erkennungsversuche auf allen Modellierungsebenen zuläßt, kann das Problem verdeckter Teilstrukturen durch weitere Beschreibungsebenen im semantischen Netz gelöst werden. Auf dieser werden innerhalb des bereits eingeschränkten Detailblickes feinere Strukturen gesucht und dann wissensbasiert zu komplexeren Teilstrukturen zusammengesetzt, d.h. die vorgeschlagene Lösung zur Erkennung teilweise verdeckter Objekte wird auf alle Modellierungsebenen übertragen. In Abhängigkeit von der Komplexität des gesuchten Objektes läßt sich die Anzahl dieser Ebenen frei wählen.

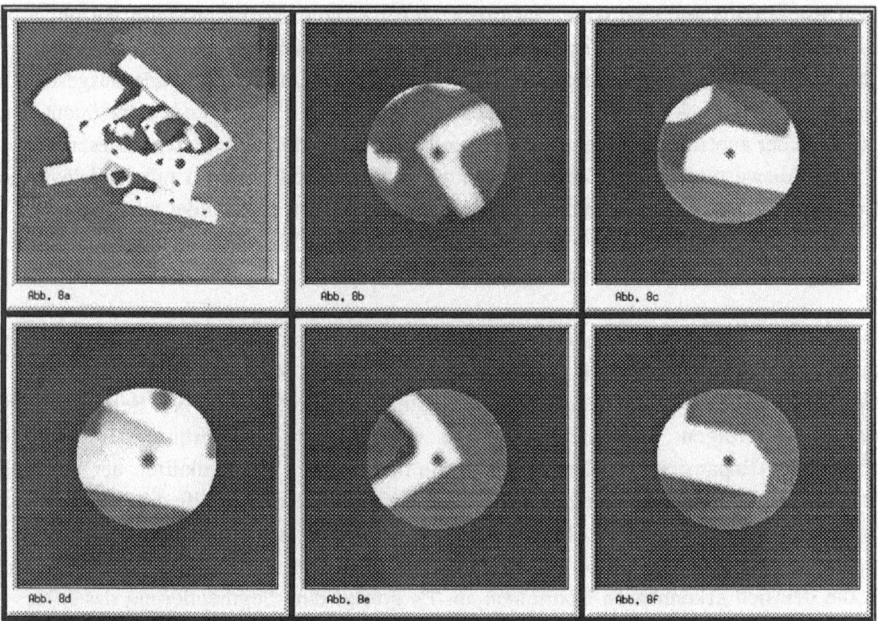

Abb. 8: Verdeckte Seitenplatte und einige erkannte Teilstrukturen

5 Zusammenfassung und Ausblick

In diesem Beitrag wird ein hybrides Bilderkennungssystem vorgestellt, in dem wissensbasierte Verfahren und neuronale Methoden gekoppelt werden. Aufbauend auf einem herkömmlichen wissensbasierten System konnte dabei durch Modifikation von Wissensbeschreibungssprache und Inferenzmechanismus ein Integrationsgrad erreicht werden, der effizient die systemspezifischen Vorteile der zwei Paradigmen vereint. So erlaubt das System sowohl die ganzheitliche als auch dekompositorische Modellierung von Objekten, führt mit Hilfe neuronaler Verarbeitungsmechanismen eine Erkennung flexibel auf verschiedenen Modellebenen aus und entscheidet dabei zur Laufzeit über den notwendigen Grad an Dekomposition. Die hierbei gewählte enge Verzahnung von wissensbasierter Modellierung und neuronaler Verarbeitungsmechanismen ermöglicht ein Erkennungssystem, dessen Leistungsfähigkeit weit über die der einzelnen Systemkomponenten hinaus geht. das beschriebene System wird zur Zeit erfolgreich in einem aktiven Robot Vision System eingesetzt, wobei die Verfahren zur Robotersteuerung in die Objektmodelle integriert sind und eine aktive Blicksteuerung erlauben. Weiterführende Arbeiten werden sich mit der Integration verbesserter Fovealisierungsstrategien beschäftigen, da das bislang genutzte Verfahren speziell auf die untersuchte Domäne zugeschnitten ist. Bereits ansatzweise betrachtet und sehr vielversprechend erscheint hierzu die Ausnutzung von Farbe, lokaler Symmetrien und der in der neuronalen Merkmalsrepräsentation vorhandenen Eckeninformation.

Literatur
[1] Brachman, R.J.: What's in a Concept: Structural Foundations for Semantic Networks. Cambridge u.a. (Bolt Beranek & Newman), 1977
[2] Brachman, R.J.: On the Epistemological Status of Semantic Networks. In: Findler, N.V. (Hrsg): Associative Networks: Representation and Use of Knowledge by Computers. New York (Academic Press), 1979, S.3-50
[3] Büker, U.; Austermeier, H.; Hartmann, G.; Mertsching, B.: Verkehrsszenenanalyse in hierarchisch codierten Bildern. In: Pöppl, S.J.; Handels, H. (Hrsg.): Mustererkennung 1993. Berlin u.a. (Springer), 1993, S.694-701
[4] Hartmann, G.; Drüe, S.; Kräuter, K.O.; Seidenberg, E.; Wiemers, H.: Ein distanz- und orientierungsinvariantes lernfähiges Erkennungssystem für Robotikanwendungen. In: Pöppl, S.J.; Handels, H. (Hrsg.): Mustererkennung 1993. Berlin u.a. (Springer), 1993, S.375-382
[5] Kummert, F. u.a.: A Hybrid Approach to Signal Interpretation Using Neural and Semantic Networks. In: Pöppl, S.J.; Handels, H. (Hrsg.): Mustererkennung 1993, Berlin (Springer), 1993, S.245-252
[6] Mertsching, B.: Lernfähiges wissensbasiertes Bilderkennungssystem auf der Grundlage des Hierarchischen Strukturcodes. Fortschrittberichte VDI 10, Nr.191, Düsseldorf (VDI-Verlag), 1991
[7] Mertsching, B.; Drüe, S.; Hartmann, G.: A Robot-Vision System: Learning and Recognizing Arbitrarily Located Objects from Different Camera Positions. In: Tanik, M.M.; Rossak, W.; Cooke, D.E. (Hrsg.): Software Systems in Engineering, PD-Vol. 59, 1994, S.121-130
[8] Moratz, R.; Posch, S.; Sagerer, G.: Controlling Multiple Neural Nets with Semantic Networks. In: Kropatsch, W.G.; Bishof, H: Mustererkennung 1994, Technische Universität Wien, 1994, S.288-295
[9] Sagerer, G.: Neuronal, Statistisch, Wissensbasiert: Ein Beitrag zur Paradigmendiskussion für die Mustererkennung. In: Pöppl, S.J.; Handels, H. (Hrsg.): Mustererkennung 1993. Berlin u.a. (Springer), 1993, S.158-177

High-Precision Localization of Circular Landmarks in Aerial Images

Christian Drewniok and Karl Rohr

Fachbereich Informatik, Universität Hamburg
Vogt-Kölln-Straße 30, 22527 Hamburg

Abstract. The reliability and accuracy of point-based image registration strongly depends on the selection of suitable landmarks and on the precision of localizing theses landmarks in images. In this contribution, we consider the problem of landmark extraction for the purpose of aerial image registration. We suggest to use a specific type of circular landmarks and introduce a model-based approach for localizing these features with high subpixel precision. The approach has been tested on synthetic as well as on real image data.

1 Introduction

Accurate registration of aerial images is essential to any kind of their photogrammetric exploitation. Knowing the exact positions of control points on the ground and in the image enables to reconstruct the imaging geometry. Often, ground control points are premarked to aid in their detection and localization in the image (artificial landmarks). If the photo mission has not been prepared this way, selecting suitable points in large-scale photographs (e.g. 1:5000) is difficult: features like road-intersections in general cannot be used, since they do not bear a unique location in highly resolved images; corners of buildings are usually not visible due to occlusion; roof structures are displaced due to elevation and must be excluded when heights are unknown.

In this contribution, we suggest that manhole covers placed in the middle of streets are well suited features which can serve as landmarks for registration of urban scenes. The advantages are threefold: a great number of manhole covers can be found in urban environments; they are well distributed and located at the ground plane; geographic data is available; and, as will be shown below, they can be automatically detected and localized with high precision in aerial images.

Our work is based on a parametric model which explicitly decribes the systematic intensity variations of depicted manhole covers. By fitting this model directly to the image intensities the landmarks can be localized to high subpixel precision. Also, it is possible to verify the fitted model, either on the basis of the estimated parameters or by exploiting the approximation error. Moreover, the detection of the landmarks can greatly be supported by a prototype model which in our case is determined using a simple learning scheme.

Previous work on the extraction of circular landmarks has been concentrated on indirect approaches, e.g. fitting circles to grey-value edges. Other approaches do not exploit an explicit model (e.g. [2]). Fitting approaches comparable to ours have been developed for extracting low-level image features, namely edges [3] and corners [4]. However, the intensity models of these approaches only describe parts of a depicted object, while our model represents the systematic intensity variations of the entire object.

2 Analytic description of circular landmarks

We frequently find a specific type of manhole covers which consists of a bright disk surrounded by a dark concentric ring (see Fig. 1, left). Since aerial images normally are recorded parallel to the ground plane, images of these objects are circular. The idealized image intensities of a cross-section through a manhole cover of the considered type form a symmetric step function. Also considering that the intensities are blurred because of the band-limiting effect of the camera gives a rounded shape as sketched in Fig. 1. This profile can approximately be described by 3 shape characteristics: h_{max}, h_{min}, and r_{min}, where h_{max} and h_{min} are the relative values of the function's maximum and minimum with respect to the background-level h_0; r_{min} denotes the distance of the minimum from the center position.

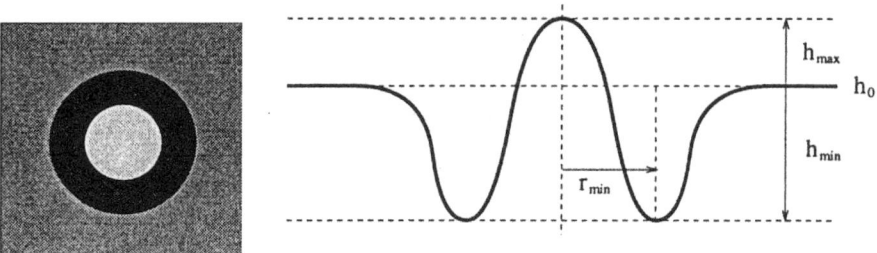

Figure 1: Ideal appearance of a manhole cover (left) and blurred cross-section intensities (right).

Figure 1 (right) suggests to use an analytic model whose general shape corresponds to the second derivative of the 2D Gaussian. However, the shape of this function is controlled by only two parameters (amplitude and variance), while we need three parameters for describing the shape of the landmark. We therefore represent the model by an adapted version of the difference of two Gaussians, which, on the one hand, well approximates the second derivative of a Gaussian, and, on the other hand, has three shape parameters, namely a_1, a_2, and σ:

$$M(r) = a_0 + (a_1 + a_2 \cdot r^2) \cdot \exp\left(-\frac{r^2}{2\sigma^2}\right). \tag{1}$$

While simply $h_0 = a_0$ and $h_{max} = a_1$, the following relationships hold for h_{min} and r_{min}:

$$h_{min} = 2\sigma^2 a_2 \cdot \exp\left(-\frac{2\sigma^2 a_2 - a_1}{2\sigma^2 a_2}\right) \qquad r_{min} = \sqrt{2\sigma^2 - \frac{a_1}{a_2}}. \tag{2}$$

Assuming $h_{min} < 0$ and $h_{min} < h_{max}$, (which is a weak restriction in our application) we can show that these equations can efficiently be solved for a_2 and σ [1]. Hence, we are able to specify initial values of the model parameters from an estimate of the landmark characteristics.

3 A computational approach to landmark extraction

A general scheme for landmark extraction is sketched in Fig. 2. Its central component is a parameter optimization procedure which adapts the analytic model function to the intensities of a given landmark candidate. The output of this procedure is twofold: a set of adapted parameters and the approximation error. Both can be used in a subsequent verification step to check whether the adapted model describes a valid landmark instance. The model fitting procedure has to be supplied with appropriate values for the initial parameter settings and the size of the observation window. As we will see, it is useful to determine the initial parameter values from a number of representative landmark examples. Positions of landmark candidates can be specified interactively or can automatically be detected using a template matching approach.

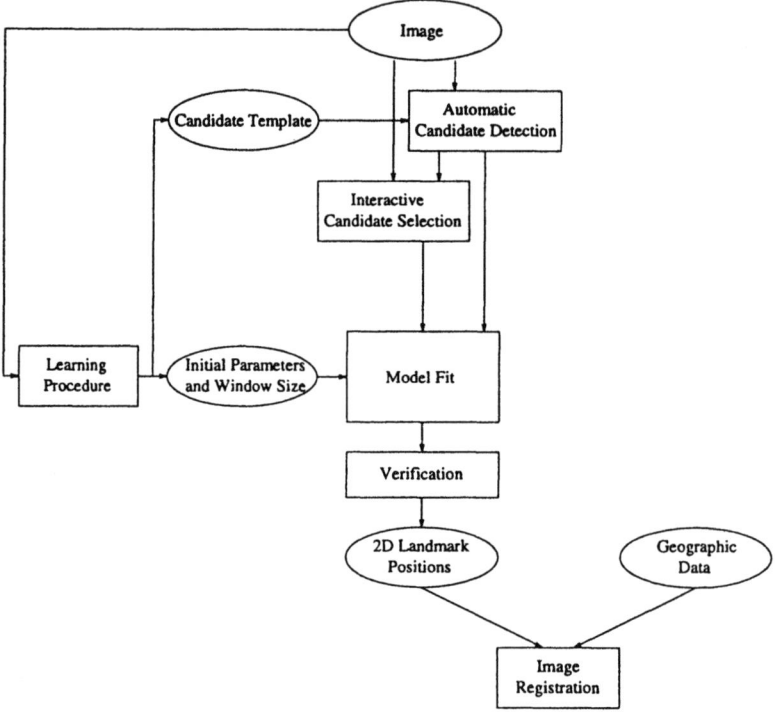

Figure 2: A general scheme for landmark extraction.

3.1 The fitting procedure

We minimize the squared error between the image intensities and the parametrized model. This results in the best-fit parameters, telling us shape, size, and subpixel location of the landmark. As we are dealing with a non-linear model, we use the iterative Levenberg-Marquardt method for minimizing the error function. The error is measured within a square window which is centered around the initial location estimate of the landmark. The width of the window is adjusted to the initial estimates of the model parameters in such a way that the absolute value of M (relative to h_0) falls below a certain fraction ($\frac{1}{100}$) of its largest value outside the window.

3.2 Learning initial parameters from examples

In order to obtain fast convergence and robust results, good initial parameter values are important. The initial landmark location is given by the position of the candidate, while initial values for the other model parameters are obtained from estimates of the landmark characteristics h_0, h_{max}, h_{min}, and r_{min}. The landmark characteristics itself are estimated on the basis of simple image measurements within a small subwindow around the landmark. The estimated landmark characteristics are transformed into values for the model parameters (using the relationships presented above) which are used to initialize the minimization procedure.

Although one could try to obtain initial parameters from image measurements for all given landmark candidates, we suggest not to do so. Since the landmarks are imaged with low resolution, we cannot expect simple image processing techniques to robustly estimate the landmark characteristics of each—possibly distorted—instance. We therefore prefer to apply this technique only to some well-structured, representative examples. This is done in a learning phase which precedes the actual landmark extraction process (cf. Fig. 2). The set of parameters resulting from taking the mean parameter vector of the learning examples is then used in the subsequent extraction phase for initialization of the minimization procedure.

3.3 Automatic candidate detection

For an efficient algorithm it is important to exclude false candidates as far as possible. This can be achieved by applying a number of selection criteria before the model fit is done. First, we can define the set of possible landmark positions by the set of local intensity maxima: each landmark will have a local intensity maximum within its bright center region and, thus, near its real center position. The second selection mechanism is based on template matching and proofed to be very effective. By using the learned landmark characteristics we can generate a prototype landmark template. This template can be used to filter the image and to reduce the set of candidates to those maximum positions which give high response in the filter output. To further reduce the number of candidates we finally exploit the initial fitting error. Each landmark candidate is tested against the initial landmark model (resulting from the learned parameters) without adapting any parameters. A candidate's initial fitting error has to be less than a certain threshold. Then, the model fitting procedure is applied to the candidates which passed all the three tests.

3.4 Final verification

The results obtained by minimization are submitted to a final verification applying five criteria:

1. The fitting error has to be less than a certain threshold.
2. h_0 has to lie within the intensity range.
3. h_{min} as well as $h_{min} - h_{max}$ have to be negative. Their absolute values have to lie within the intensity range and have to be higher than a specified minimum contrast.
4. r_{min} has to lie within $\pm 2.5\,\sigma_{r_{min}}$ around the mean of r_{min} observed for the learning examples.
5. The position may deviate from the inital candidate position by at most one pixel.

4 Experimental results

We fully implemented the landmark extraction scheme described above. In our experiments, we first investigated the localization precision obtained by applying our model fitting approach to simulated landmark images which have been generated with known parameters. The landmark size was assumed to be 80 cm; we further assumed typical acquisition parameters (see below) leading to a pixel resolution of 15 cm on the ground, i.e., a landmark is typically represented by 6 by 6 pixels (unblurred). Using our simulation technique we are able to statistically evaluate the localization precision with respect to variations in image blur, sampling effects, noise, perspective projection, and some regular shape distortions. In a large number of random experiments we found that the localization error is well below a hundredth of a pixel (less than 1 mm on the ground) for noise-free images and less than a tenth of a pixel (about 1 cm on the ground) for images having a realistic amount of noise.

In the following we describe experimental results which demonstrate the overall performance of our landmark extraction scheme. These experiments are done on real aerial images typical for photogrammetric applications. We used (vertical) photographs with an image scale of about 1:5000. The photographs have been scanned at a resolution of 30 μm, so that one pixel approximately corresponds to a ground area of 15 by 15 cm. The results were obtained for the 600 by 600 pixel subscene shown in Fig. 3. Ten manhole covers are visible (see Fig. 3). One of these does not agree with our model (landmark 'a'): its homogeneous background is darker than the landmark's ring, which cannot be represented by our model function.

Results on the test scene

The scene covers 360000 pixels and yields 41294 local maxima using a 3 by 3 neighborhood. The subsequent extraction results depend on the choice of the learning examples. All the nine landmarks have been tested on their suitability for the learning scheme. The scheme worked very well except for landmark 6 which required several trials to select a suitable subimage around the landmark. To illustrate the landmark extraction process we present in Fig. 5 the results obtained during the sequence of extraction steps when applied to a subpart of the test scene. For landmark 7 Fig. 4 shows the original intensity structure in comparison to the fitted model.

The results obtained by the extraction scheme for the complete test scene are summarized in Table 1. We find for each tested set of learning examples the number of candidates resulting from template matching (TM), the number of candidates remaining after exploiting the initial fitting error (IE), the number of hits, false negatives, and false positives, and the result of the final verification for each individual landmark. Obviously, there are two landmarks (1 and 6) which are very unstable to detect. The other seven landmarks are successfully detected independent from the choice of the learning set. However, for learning sets having a low standard deviation of r_{min} some of the landmarks failed during verification due to the r_{min}-criterion which is not surprising. In order to extract a wider range of differently sized landmarks the learning set has to represent this desired variability. By choosing a representative set of learning examples (e.g., 5, 7, 9) we are able to extract 8 of the 9 landmarks with only a few false positives. The majority of false candidates is refused by the final verification procedure (Sect. 3.4). In most cases (90%) more than two verification criteria became effective. This indicates robustness of the verification procedure and lessens the need for critical tuning the thresholds.

We have also analyzed the variance of the adapted position with respect to the learning set (see Table 2). We can see that the landmark position (x_0, y_0) estimated by the model fit is very stable (presuming that the learning set allows for the detection of a given landmark). The standard deviation of the x- and y-coordinates measured over all learning sets is well below a tenth of a pixel—in most cases it is better than a hundredth of a pixel. Another important aspect is the question of how landmark localization depends on the initial position estimate. Therefore, we compared the model fitting results for the stable landmarks while varying the initial position in a 3 by 3 pixel neighborhood around the actual candidate position (using landmarks 5, 7, and 9 as learning set). Only two landmarks result in detection failures for specific offsets. The standard deviation of the adapted locations is again well below a tenth of a pixel.

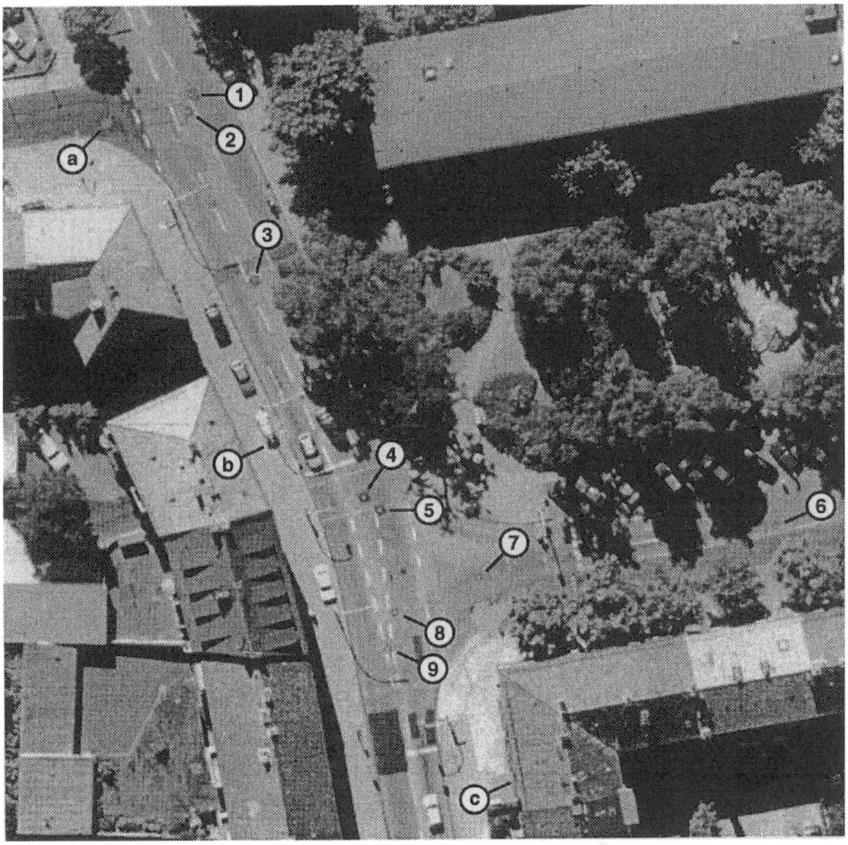

Figure 3: Scene used in the experiments. Ten landmarks are visible (markings 1...9 and 'a').

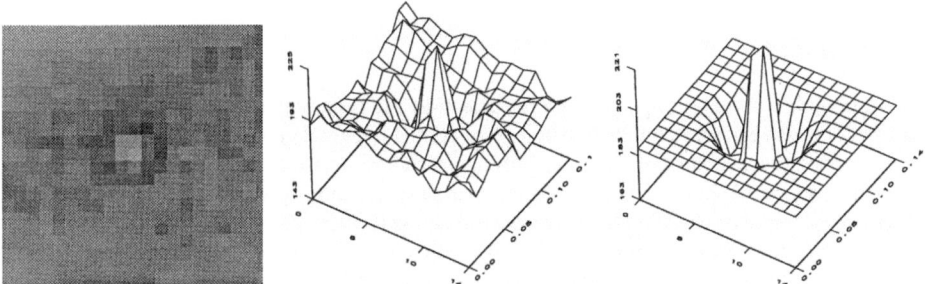

Figure 4: Intensities of landmark 7 (left, center) and of the fitted model function (right).

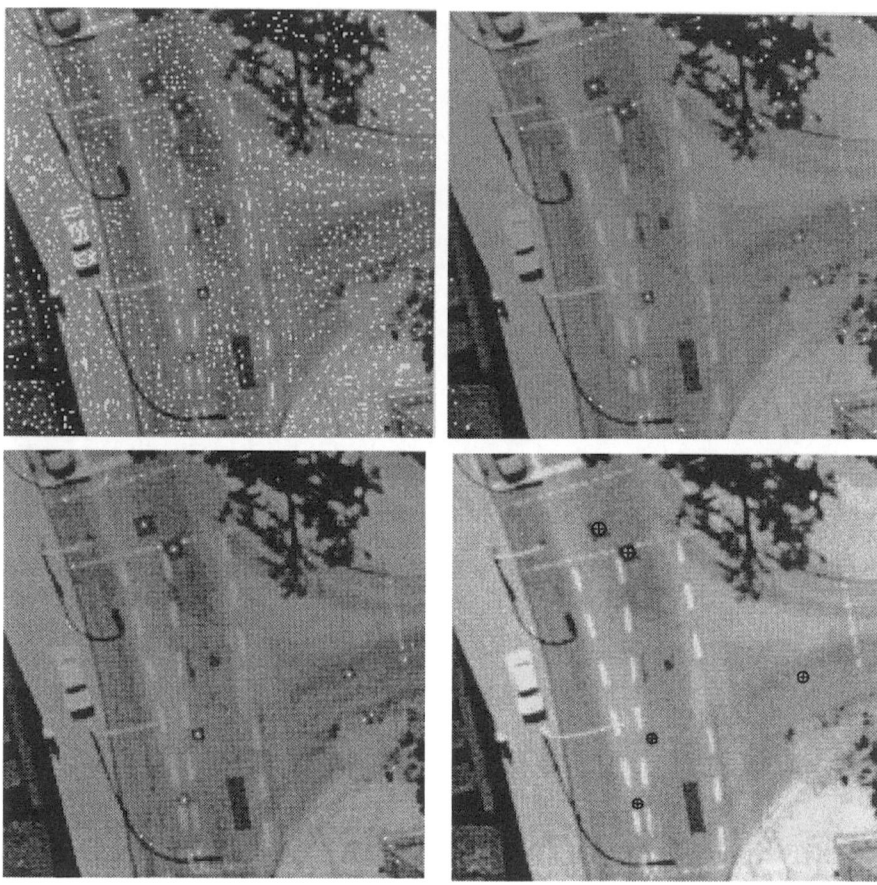

Figure 5: Results on a 170 by 170 pixels subimage using landmarks 5, 7, and 9 for learning: 2202 local maxima (top, left); 75 candidates remaining after template matching (top, right); 30 candidates with low initial error (bottom, left); 5 accepted landmarks (bottom, right).

5 Summary

We introduced a model fitting approach for detection and high-precision localization of circular landmarks which can serve for the registration of aerial images. By combining an effective candidate detection mechanism with our model fitting procedure we are able to robustly detect most of the landmarks visible in a complex scene automatically, yielding only few false responses. Both, the prototype template used for candidate detection as well as the initial model parameters used for the least-squares fit are determined from a few landmark examples by applying a simple learning scheme. Our approach has been shown to be efficient and robust. The localization precision was found to be well below a tenth of a pixel irrespective of typical variations in image blur, sampling, noise, or perspective distortions.

Table 1: Results of the landmark extraction scheme applied to the test image. 'TM' stands for template matching; 'IE' stands for initial error exploitation; + denotes success, - denotes failure, and r denotes failure only due to deviation of r_{min}.

| landmark | # candidates | | # hits | # false | # false | verification results |
examples	after TM	after IE		neg.	pos.	1 2 3 4 5 6 7 8 9
4,5	1227	78	4	5	2	− + + + + − r r r
4,7	1296	98	8	1	1	− + + + + + + + +
4,8	1083	50	7	2	0	− + + + + − + + +
4,9	1332	74	8	1	1	− + + + + + + + +
5,7	1826	201	6	3	2	− + + r + r + + +
5,8	1596	128	8	1	2	− + + + + + + + +
5,9	1827	154	8	1	3	− + + + + + + + +
7,8	1817	164	5	4	1	+ r + r r − + + +
7,9	2183	209	4	5	2	+ r r r r − + + +
8,9	1864	139	2	7	0	r r r r r − r + +
5,7,9	1548	108	8	1	2	+ + + + + − + + +
4,5,7,8,9	1651	141	8	1	3	− + + + + + + + +

Table 2: Mean parameters of three of the stable landmarks when varying the set of learning examples (all pairs out of landmarks 4, 5, 7, 8, 9, plus combination 5, 7, 9, and the complete set).

landmark		h_0	h_{max}	h_{min}	r_{min}	error	x_0	y_0
5	μ	194.62	20.80	-68.77	2.52	19.11	268.295	362.787
	σ	3.81	5.78	3.67	0.03	0.04	0.012	0.001
7	μ	186.55	50.44	-23.47	2.15	5.78	337.577	411.579
	σ	0.25	0.48	0.28	0.00	0.06	0.001	0.002
9	μ	213.70	42.39	-32.26	1.92	12.23	272.832	462.215
	σ	0.50	0.87	0.54	0.01	0.26	0.001	0.004

Acknowledgments

This work is part of the LUKAS-project carried out at the AI-Laboratory, Computer Science Department, University of Hamburg, in cooperation with the Ingenieurbüro Basedow and Tornow GmbH, Hamburg. Aerial data have been kindly provided by the Vermessungsamt Hamburg. We thank Rainer Sprengel for constructive suggestions and Carsten Schröder for support in Lisp programming.

References

[1] C. Drewniok. *Einsatz parametrischer Modelle in der Luftbildauswertung*. Dissertation, Fachbereich Informatik, Universität Hamburg, 1995. In Vorbereitung.

[2] W. Förstner and E. Gülch. A Fast Operator for Detection and Precise Location of Distinct Points, Corners and Circular Features. In *Proceedings of the Intercommission Conference on Fast Processing of Photogrammetric Data*, Interlaken, 1987, pages 281–305.

[3] V.S. Nalwa and T.O. Binford. On Detecting Edges. *IEEE PAMI* 8 (6), 699–714, 1986.

[4] K. Rohr. Recognizing Corners by Fitting Parametric Models. *Int. J. Comp. Vision* 9 (3), 213–230, 1992.

Bereiche perzeptiver Aufmerksamkeit für konturbasierte Gruppierungen

Anke Maßmann, Stefan Posch

TechnischeFakultät, AG Angewandte Informatik
Universität Bielefeld, Postfach 100131, 33501 Bielefeld

Zusammenfassung Eine räumliche Präzisierung gestaltpsychologischer Gesetze im Sinn der maschinellen Bildverarbeitung ist Thema dieser Arbeit. Kontursegmente werden auf die "gruppierende" Wirkung in ihrer Nachbarschaft untersucht. Eine statistisch basierte Auswertung gewinnt Daten über die Suchbereiche einzelner Segmente.

1 Einleitung

Verschiedenste Strukturen prägen die Wahrnehmung unserer alltäglichen Umgebung. Jenseits von einer (Wieder-) Erkennung vertrauter Gegenstände haben Menschen die Fähigkeit, im Gesehenen Strukturen zu erkennen. Wie bei Witkin und Tenenbaum in [1] ausgeführt, geschieht dies ohne eine konkrete Vorstellung über den Bildinhalt. Der Grad in dem solche Strukturen auch in einem späteren, semantischen Kontext erhalten bleiben, ist erstaunlich. Witkin und Tenenbaum nennen sie "primitive structures". Gesetze zur Beschreibung der Mechanismen solcher Organisation wurden schon Anfang unserers Jahrhunderts durch die Gestaltpsychologie formuliert (siehe dazu auch: [2], [3], [4], [5]). Eine kurze Übersicht dieser Gesetzmäßigkeiten ist in Tabelle 1 gezeigt.
Bei Szenen mit regulären Strukturen kann von einem zugrundeliegendem kausalen Zusammenhang ausgegangen werden ([1]). Ein kausaler Zusammenhang wird durch ein Objekt erzeugt. Dieser Fakt ist auch als "principle of non-accidentalness" bekannt. Eine effizientere Verarbeitung der anfallenden Daten ist mit Hilfe solcher Strukturierungsprozesse denkbar. Gleichzeitig stehen verbessere Eingaben für höhere Verarbeitungsebenen zur Verfügung.
Bereits Witkin und Tenenbaum merken in [1] jedoch für diesen Zusammenhang an, daß die gestaltpsychologischen Gesetze nur schwer im Sinne einer maschinellen Bildverarbeitung präzisierbar und quantifizierbar sind.
Die genaue Definition wann etwas "nah" und wann etwas nicht mehr "nah" ist, hängt sicherlich vom Abstand zwischen den gruppierten Primitiven, aber auch von deren Größe ab. Verschiedene Geraden (s.a. Abbildung 1) mit gleich großen Lücken zeigen dieses Dilemma deutlich. Die Gesetze von "Nähe", "guter Kurve" und "Ähnlichkeit" sind in unterschiedlichem Maß wirksam. Wann beispielsweise ein Geradenzug noch als kolinear empfunden wird, ist nur schwer präzisierbar.

---
[1] Diese Arbeit ist durch die DFG im Rahmen des SFB 360 gefördert.

1.	Gesetz der Nähe	•• •• •• •• •• •• ••
2.	Gesetz der Ähnlichkeit	•• ○○ •• ○○ •• ○○ •• ○○ ••
3.	Gesetz der Geschlossenheit	⊂⊃ ⊂⊃ ⊂⊃ ⊂⊃ ⊂⊃ ⊂⊃
4.	Gesetz der guten Kurve	⨉ ⨉
5.	Gesetz der Symmetrie	([{ }])
6.	Figur-Hintergrund-Trennung	♠ ♣
7.	Gesetz der Verbundenheit	⊘-⊘ ⊘-⊘ ⊘-⊘ ⊘-⊘
8.	Gesetz der gemeinsamen Region	○ ○ ○ ● ● ●

Tabelle1. Eine Übersicht der Gestaltgesetze. Von 1.-6. die wichtigsten "klassischen" Gesetze, unter 7.,8. zwei von Rock & Palmer neu formulierte Zusammenhänge

Lowe nutzte in seiner Arbeit [6] das "principle of non-accidentalness", indem er eine mögliche Gruppierung von Kontursegmenten von Länge und Häufigkeit der vorhandenen Segmente in einer Nachbarschaft abhängig machte. Er definiert eine Signifikanz **S**, welche die Wahrscheinlichkeit für eine bestimmte Gruppierung bewertet. Im Fall der Gruppierung nach der **Nähe** soll die erwartete Anzahl von Endpunkten **N** in einem Umkreis **r** um den Endpunkt umgekehrt proportional zur Signifikanz **S** sein. In diese Metrik gehen die Länge und die Kreisfläche zwischen den einander zugewandten Endpunkten ein. Die Signifikanz einer **kolinearen** Gruppierung wird in einem Bereich bestimmt, der durch den Abstand der Endpunkte, die senkrechte Distanz zwischen ihnen und die Länge der betrachteten Segmente gegeben ist. Für beide Gruppierungen gilt, je mehr Endpunkte in der beobachteten Nachbarschaft vorhanden sind, desto unwahrscheinlicher ist eine Gruppierung der betrachteten Segmente.

Auf diesen Ansatz stützen sich auch Sakar und Boyer [7] in ihrer Arbeit. Mohan [8] macht eine Gruppierung unter verschiedenen Kontursegmenten von einer "bending energy" abhängig. In diese fließen Aussagen über die Winkelbeziehung unter den Segmenten mit ein. Eine Gruppierung naher Elemente wird bevorzugt. Abhängig von der wachsenden Größe bereits gruppierter Segmente können auch größere Lücken geschlossen werden. Houraud & Veillon [9] werten für die Detektion von Kreuzugen alle Segmente in einer definierten Umgebung nach dem Winkel aus. Für Kolinearität wird in dieser Umgebung entsprechend dem Winkel nach einem "Überlapp" unter den Segmenten gesucht. Dolan & Riseman [10] bringen ein sehr wesentliches Anliegen in ihrer Definition von Nachbarschaften, bzw. Suchbereichen zum Ausdruck. Sie befürworten eine "semi-lokale" Vorgehensweise. Eine sinnvolle Integration von mehr als rein lokalem Wissen, ohne aber die gesamte Komplexität globaler Information zu nutzen. Sie definieren dazu ein "perceptual window", dessen Größe ein "perceptual radius" bestimmt.

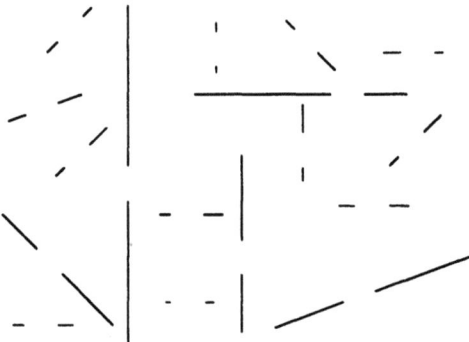

Abbildung1. Verschiedene Geradenzüge mit einer gleich großen Lücke werden als verbunden, bzw. nicht verbunden empfunden

Dieser Radius erhöht sich mit jeder (Gruppierungs-) Iteration.

2 Ein konturbasierter Gruppierungsansatz

Der hier verfolgte Gruppierungsansatz stützt sich auf ein konturbasiertes Verfahren. Ein Sobel-Operator detektiert Intensitätsunterschiede. Nach einer sich anschließenden Verdünnung bereitet eine Approximation nach [11] [12] die Kanten für die Gruppierung vor. Die Approximation liefert Geraden und und elliptische Bögen. Ungünstige Lichtverhältnisse sowie Okklusionen der in der Szene enthaltenen Objekte führen zu Fragmentierungen, die durch den Gruppierungsprozess zu reparieren sind.

Die Gruppierungen nach Kolinearität, Kurvilinearität und Nähe von Kontursegmenten bilden die unterste Ebene eines größeren Gruppierungssystems (s.a. Tabelle 2). Dieses Gruppierungssystem wird weitere, hierarchisch angeordneten Verarbeitungsstufen besitzen, welche die Kontursegmente auf Parallelitäten, Symmetrien und geschlossene Strukturen untersuchen.

Gruppierung	Gestaltgesetz
Geschlossenheit	Gute Kurve / Nähe / Geschlossenheit
Geschlossenheit durch Parallelität, Symmetrie	Ähnlichkeit / Geschlossenheit
Symmetrie	gute Kurve / Ähnlichkeit
Parallelität	gute Kurve / Ähnlichkeit
Kolinearität	Nähe / gute Kurve
Kurvilineartät	Nähe / gute Kurve / Geschlossenheit
Nähe	Nähe

Tabelle2. Gruppierungshierarchie in einem konturbasierten Ansatz

Die Gruppierung der einzelnen Kontursegmente beginnt mit ihrer Sortierung in einer Liste. Beginnend bei den jeweils längsten Segmenten wird nach möglichen

Gruppierungen gesucht. Lange Segmente gestatten eine Aussage über bildebestimmende Strukturen und werden daher bevorzugt. Kleine Segmente können Texturen oder Schattenlinien repräsentieren, aber auch gesuchten Strukturen angehören. Es ist daher nicht sinnvoll, sie unterhalb einer bestimmten Größe zu vernachlässigen. Die gefundenen Gruppierungen bilden die Knoten eines "Gruppierungs-Netzes". Dieses Netz liefert eine Bewertung der Gruppierungs-Hypothesen. Der Vorgang von Gruppierung und Bewertung wird in allen auf Tabelle 2 erkennbaren Ebenen durchgeführt. Eine starre Anwendung des Hierarchie-Prinzips ist dabei nicht angestrebt: z.B. soll eine kolineare Gruppe eine Gruppierung nach Geschlossenheit direkt unterstützen können, da eine geschlossene Struktur nicht zwangsläufig auch symmetrisch sein muß. Sind alle Gruppierungs-Ebenen durchlaufen wird es relativ große Strukturen geben, die die im Bild befindlichen Objekte widerspiegeln.

3 Bereiche perzeptiver Aufmerksamkeit

Der vorgestellte Gruppierungsansatz organisiert den Gruppierungsverlauf mit einer Liste, die alle Kontursegmente der Länge nach enthält. Die Abarbeitung einer solchen Liste vereinfacht sich, wenn Gruppierungs-Suchbereiche für jedes Segment bekannt sind. Entsprechend der Vorgabe (kolinear, kurvilinear, nah) kann eine Suche nach gruppierbaren Segmenten auf diesen Bereich in der Umgebung der Endpunkte eingeschränkt werden. Wir haben sie Bereiche perzeptiver Aufmerksamkeit genannt, um die aktive Rolle des betrachteten Segments in seiner Nachbarschaft zu betonen. Viele Gruppierungsansätze beruhen auf solchen Suchbereichen. Größe und Form der Aufmerksamkeitsbereiche ist jedoch in allen Ansätzen das Ergebnis von Plausibilitätsüberlegungen. Eine statistisch basierte Untersuchung wurde nicht durchgeführt. Dies bildete unseren Ausgangspunkt, die Suchbereiche anhand von Bildern einer Stichprobe festzulegen. Geeignete Kontursegment-Gruppen werden entsprechend den drei Gruppierungsbedingungen nach Kolinearität, Kurvilinearität und Nähe manuell ausgewählt. Die Auswertung der räumlichen Lage der Endpunkte gruppierter Segmente liefert Aussagen über Größe, Form und Verteilung von Bereichen perzeptiver Aufmerksamkeit. Eine Untersuchung in Abhängigkeit von Orientierung, Länge und Winkelbeziehungen ist sinnvoll. Randbedingungen, wie die Art der in der in Szene dargestellten Objekte oder der Genauigkeit von Kanten-Operator und Konturapproximation beeinflussen die Aufmerksamkeitsbereiche. Eine Adaptierung an vorgegebene Bildinhalte und Verfahrenstechniken ist damit denkbar und sinnvoll. Die Herangehensweise bei der manuellen Gruppierung zum Zweck einer Stichprobe war in unserem Fall nicht wahrnehmungspsychologisch motiviert: "Was würden Versuchspersonen gruppieren", sondern eher ingenieurmäßig zu verstehen: "Welche Ausgaben soll unser System liefern ?" Mengen von Kontursegmenten wurden manuell gruppiert und einer Auswertung übergeben, deren Herzstück eine geeignete Normierung dieser Segmente aufeinander darstellt. Herzstück deshalb, weil nach der Gewinnung der Aussagen über die Gruppierungsbereiche diese wieder umgekehrt auf die einzelnen Segmente, entsprechend **ihrer Länge und Orientierung, angewendet werden.**

4 Normierungsansätze

Eine Auswertung größerer Stichproben von Kontursegment-Gruppierungen verlangt eine geeignete Norm dieser Segmente. Eine solche Normierung muß sich entsprechend den unterschiedlichen Gruppierungstypen verhalten. Die manuell gruppierten Kontursegmente werden bezüglich jedem darin enthaltenem Element ausgewertet. Endsegmente erfahren dabei eine einmalige Untersuchung, im Gegensatz zu Mittelsegmenten, die bezüglich beider Nachbarn zu betrachten sind (s.a. Abbildung 2).
Kolinearität: Das jeweils betrachtete Kontursegment liefert den Wert für die Längennormierung. Die für das Segment ermittelte Skalierung wird entsprechend auf die Lücke angewendet. Die Orientierung des betrachteten Segments wird in die Betrachtung mit einbezogen. Für die Auswertung wird jedes Segment in eine senkrechte Normlage rotiert. Der benachbarte Endpunkt wird entsprechend mitgedreht, sodaß die vorhandenen Winkelbeziehungen erhalten bleiben. Wie Abbildung 2 entnehmbar ist, können gruppierte Nachbarsegmente sich zu beiden Seiten des betrachteten Segments anschließen. Eine Unterscheidung dieser Aufmerksamkeitsbereiche erschien uns nicht sinnvoll, deshalb wurden alle Ergebnisse einheitlich auf einen Bereich abgebildet. In der Visualisierung ist die normierte relative Lage von Endpunkten gruppierter Segmente mit ihrer Häufigkeit für die Stichprobe dargestellt (s.a. Abbildung 3).
Kurvilineartät: Eine Berücksichtigung von Länge und Orientierung erfolgt analog zu den Geradensegmenten. Darüberhinaus ist bei sich schließenden Ellipsen eine Bevorzugung der Annahme "Ellipse" sinnvoll. Deshalb erfolgt hier die Normierung auf das Produkt von Länge und Winkel, mit der Unterscheidung in zwei Fälle:

- Von $0...\pi$: (Länge des Segmentes) * (eingeschlossenem Winkel).
- Von π bis 2π : (Länge des Segmentes) * (offener Winkel zur Ellipse).

Der Aufmerksamkeitsbereich wird bis π als wachsend angenommen. Ab π verkleinert er sich mit der zunehmenden Schließung von Kreis, bzw. Ellipse. In der ersten Hälfte gehen Länge und Winkel wachsend ein, damit ist der Anstieg proportional stärker als der Abfall in der zweiten Hälfte. Hier ist die Länge des Segments nach wie vor wachsend und nur der Winkel der sich schließenden Lücke wirkt dämpfend. Dies ist sinnvoll, da trotz der Tendenz zur Geschlossenheit, eine gewisse Wahrscheinlichkeit für eine andere kurvilineare Bahn bestehen bleibt.
Die Lage der Segmente zueinander wird analog zu den Geraden-Segmenten untersucht. Eine Tangente durch den betrachteten Endpunkt legt die Orientierung fest. Die dann folgende Prozedur entspricht der bereits bei der Geraden-Normierung beschriebenen. Die Ausgabe der Endpunkte der Verbindungsstücke erfolgt hier im Ergebnisbild um einen fiktiven Mittelpunkt (s.a. Abbildung 2).
Nähe: Da hier die Orientierung der Segmente zueinander keine Bedeutung hat, kann eine Normierung der Segmente einfach aufgrund ihrer Länge erfolgen. Die

Endpunkte der Verbindungssegmente werden im Ergebnisbild analog zur kurvilinearen Auswertung in der Umgebung eines fiktiven Mittelpunkts angeordnet (s.a. Abbildung 2).

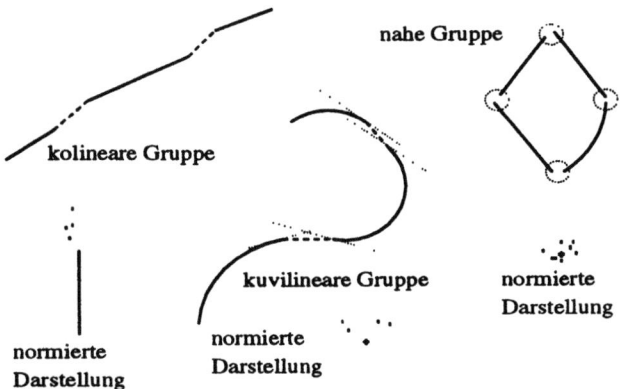

Abbildung2. Gruppierungen nach Kolinearität, Kuvilinearität und Nähe, mit ihren normierten Darstellungen

5 Realisierung

Eine Umsetzung des hier beschriebenen Ansatzes erfolgt im Rahmen des SFB 360 "Situierte Künstliche Kommunikatoren" - ein Konstruktionsszenario mit "Baufix"-Elementen. Klare geometrische Formen, z.B. von Leisten, Rautenmuttern und Schraubwürfeln bestimmen den Bildinhalt. Durch die Verschraubungen des Konstruktionsprozesses und den daraus resultierenden Überdeckungen entsteht eine hohe Szenenkomplexität (s.a Abbildung 3, erste und zweite Zeile).
Die Ergebnisse der Auswertung von 40 Kontur-Tokensets sind in Abbildung 3, dritte und vierte Zeile dargestellt. Für **kolineare** Gruppierungen sind nur geringe Winkelabweichungen erkennbar. Der Bereich hat eine gestreckte, leicht keulenförmige Ausdehnung. **Kurvilineare** Gruppierungen sind in allen Richtungen relativ gleichwahrscheinlich. Der Bereich hat eine kreisförmige, weit in die Nachbarschaft reichende, Form. Gruppierungen aufgrund von **Nähe** sind, wie erwartet, nur in einem nahen Umfald erfolgt. Auch hier gibt es eine gleichmäßige kreisförmige Anordnung. Die Lage der Häufungspunkte für die verschiedenen Gruppierungen ist sehr interessant. Ist für die kurvilineare Gruppierung in etwa eine Gleichverteilung erkennbar, gibt es bei Kolinearität und Nähe ausgeprägte Maxima die in Abbildung 3 ganz unten gut erkennbar sind. Die so gewonnen Verteilungen der Lage der Endpunkte bildet die Ausgangsbasis für die Realisierung von Bereichen perzeptiver Aufmerksamkeit für den konturbasierten Gruppierungsansatz. Wie gezeigt, kann eine Anpassung von Bereichen perzeptiver Aufmerksamkeit an vorgegebene Bildinhalte erfolgen, und das System anhand von Stichproben trainiert werden.

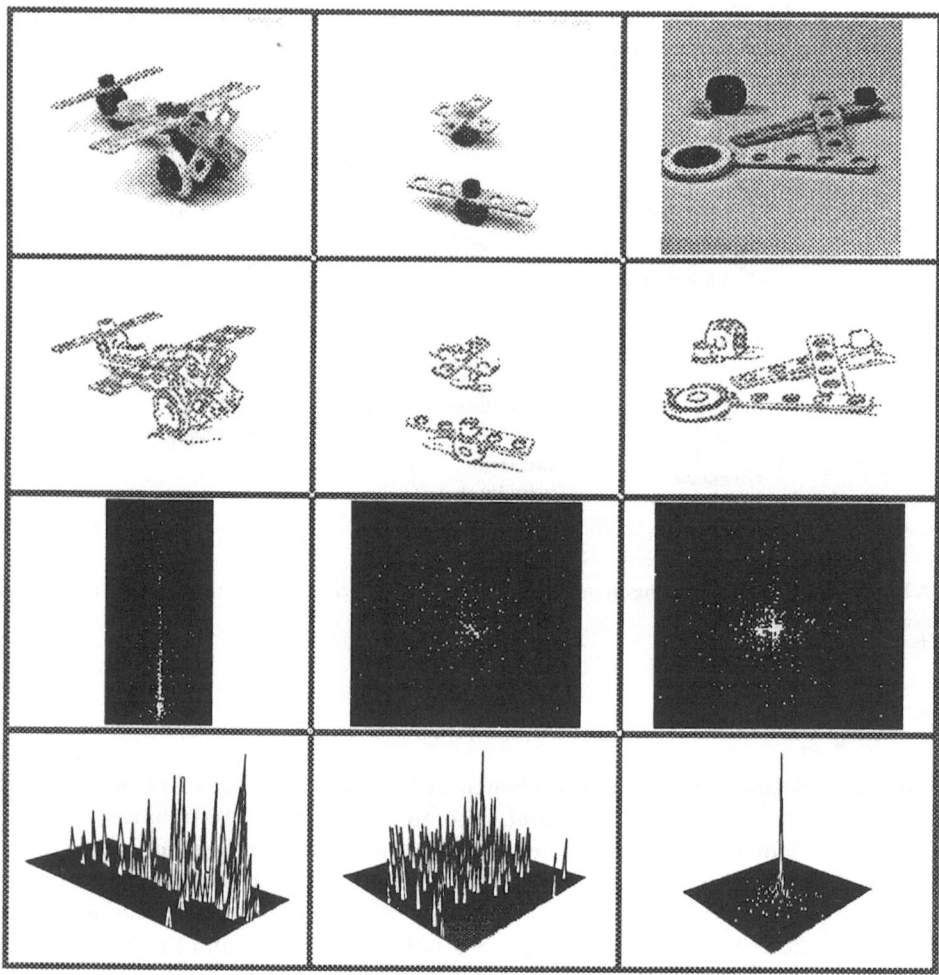

Abbildung 3. Die oberste Zeile zeigt beispielhaft drei der verwendeten Eingabebilder. In der nächsten Zeile sind die daraus erzeugten Kontursegmente erkennbar. Zeile drei und vier zeigen in unterschiedlicher Darstellung die Ergebnisse für eine Stichprobe von 40 Tokensets. Links Gruppierung nach Kolineartät, in der Mitte nach Kurvilinearität und rechts nach Nähe. Es wurden unterschiedliche Maßstäbe für die Visualisierung gewählt.

6 Zusammenfassung

Ein Verfahren zur Ermittlung von Aufmerksamkeitsbereichen für die Gruppierung von Kontursegmenten wurde vorgestellt. Anstelle einer groben Schätzung ist es das Ziel der Arbeit, diese Bereiche perzeptiver Aufmerksamkeit aus den Bildern selbst zu extrahieren. Geeignete Stichproben wurden untersucht, um eine Aussage über Ausdehnung und Form solcher Bereiche zu erhalten Länge und Orientierung der Segmente fanden dabei ebenso Berücksichtigung, wie die spezifischen Eigenschaften der einzelnen Gruppierungen nach Kolinearität, Kurvilinearität und Nähe. Manuell gruppierte Kontursegmente waren der Ausgangspunkt zur Ermittlung der Aufmerksamkeitsbereiche. Für jeden Gruppierungstyp wurde die räumliche Verteilung der Segmentendpunkte ausgewertet und anschließend visualisiert. Eine geeignete Normierung ermöglicht einen Vergleich der einzelnen Segmente. Randbedingungen, wie Bildinhalte, Genauigkeit von Kantenoperator und Approximation gehen in das Ergebnis ein. Dies ermöglicht es, Gruppierungsverfahren für spezielle Bildinhalte zu trainieren. Eine Erweiterung dieser Strategie auf kompliziertere Gruppierungen, wie Parallelität Symmetrie und Geschlossenheit, ist denkbar.

References

1. Jay M. Tenenbaum Andrew P. Witkin. On the role of structure in vision. In Azriel Rosenfeld Jacob Beck, Barbara Hope, editor, *Human and Machine Vision*. Academic Press, 1983.
2. Wolfgang Köhler. *Die Aufgabe der Gestaltpsychologie*. de Gruyter, 1971.
3. David Katz. *Gestaltpsychologie*. Schwabe, 1969.
4. Wolfgang Metzger. *Gestalt-Psychologie*. Kramer, 1986.
5. Irvin Rock, Stephen Palmer. Das Vermächtnis der Gestaltpsychologie. *Spektrum der Wissenschaft*, 1991.
6. David G. Lowe. Three-dimensional object recognition from single two-dimensional images. *Artificial Intelligence*, 1987.
7. Sudeep Sakar, Kim L. Boyer. An efficient computational structure for perceptual organization. *IEEE Transaction on System, Man, and Cybernetic*, 1990.
8. Rakesh Mohan. *Perceptual Organization for Computer Vision*. PhD thesis, University of Southern California, 1989.
9. Radu Houraud, Françoise Veillon. Finding geometric and relational structures in an image. In *ECCV*, 1991.
10. JohnDolan, Edward Riseman. Computing curvilinear structure by token-based grouping. In *CVPR*, 1992.
11. Aleš Leonardis. *Image Analysis Using Parametric Models*. PhD thesis, University of Ljubljana, 1993.
12. Gabriel Taubin. Estimation of planar curves, surfaces, and nonplanar space curves defined by implicit equations with application to edge and range image segmentation. *IEEE Transactions on Pattern Analysis and Machine Intelligence*, 1991.

Curvature Estimation with a DCA neural network

Enno Littmann
Neural Information Processing
Computer Science Faculty
University of Ulm, D-89069 Ulm, FRG
enno@neuro.informatik.uni-ulm.de

Helge Ritter
Neuroinformatics, Computer Science
Bielefeld University, POB 100 131
D-33501 Bielefeld, FRG
helge@techfak.uni-bielefeld.de

Abstract. Curvature has been identified as an important feature to reconstruct properties like object shape or relative depth from two-dimensional gray scale images [6, 9]. This coincides with the assumption that curvature is processed by a separate channel in human early vision, just like contours or contrast [23, 2, 3]. The process of early vision is assumed to be divided into *vision modules* [15] that are evaluated independently in almost completely separate pathways [21, 5, 10]. This motivates to study how artificial neural networks can be used to mimic the operation of some of these putative modules. In this contribution we investigate to what extent curvature information can be extracted from an image, only on the basis of the gray scale pixel information. The paper shows that a neural network based on local linear maps LLM can be trained to estimate the local amount and orientation of curvature from only a small patch of grayscale pixel images. The accuracy of this estimation depends on the complexity of the surfaces. Using a recently developed approach of *cascaded LLM-networks* (DCA), we demonstrate that the performance that can be obtained with a standard LLM-net can be considerably improved.

1 Introduction

Our striking ability to apparently reconstruct the three-dimensional information of a scene even from monocular images, such as photographs, has been the focus of much of vision research in the past. One view that has developed from this research is that we make use of a number of different depth cues the evaluation of which can be attributed to a number of separate *vision modules*.

The view that early vision can be subdivided into a number of separate *vision modules* is based on investigations of human and computer vision in the seventies [15] . It assumes that different vision qualities like contours, contrast, shading, texture, or motion are evaluated independently in almost completely separate pathways [21, 5, 10]. Curvature is supposed to be processed by such a separate channel in early vision, too [23, 2, 3].

Methods to reconstruct a three-dimensional scene from single features are known as *shape-from-X* methods [6, 8, 1, 9]. Usually, they lead to so-called *ill-posed problems* since the mapping of a three-dimensional image onto a gray scale (contour, texture, ...) image has no unique inversion. A well-known approach to deal with this problem is called *regularization*. It removes the non-uniqueness by imposing a sufficient set of additional constraints, such as smoothness or other "regularity conditions" on the solution. This technique is discussed in [22], especially for vision modules in [18].

A promising alternative to regularization is to provide more constraints by the *integration* of several different vision modules. For instance, it has been demonstrated that the integration of shading and contour information can lead to rather reliable reconstruction results [7]. Further work comes from [16]. The following experiments are part of a larger research effort towards the realization of such an integrated system on the basis of a set of interacting neural modules.

We consider the problem of the extraction of *curvature information* from a gray scale image. If we know the values for amount and orientation of the local curvature at any point of the image we can reconstruct the surface from a set of local patches of known shape. The paper shows that a neural network can be trained to estimate the local amount and orientation of curvature from a small region within a gray scale pixel image. We use local linear maps as neural network architecture [19, 20]. The accuracy of this estimation depends on the complexity of the surfaces. Furthermore, we demonstrate that the performance can be considerably improved by application of a network cascade based on the DCA approach [13, 14].

2 Method

2.1 Image data

For our investigations we construct artificial surfaces from two parabolic functions in x- and y-direction (figure 1a). The maximum curvature is randomly varied in the range $[0, 1]$. The minimum curvature is randomly varied in the range $[0.1, 0.9]$ of the maximum curvature. For saddle surfaces the sign of the minimum curvature is flipped. To model the shading of the surface Lambertian reflexion properties are assumed. There is one parallel light source with 63 degrees inclination to the xy-plane. For data generation, the position of the light source was randomly varied by $\pm$ 10 degrees of inclination and azimuth angle to introduce a moderate amount of lighting variability.

The curvature estimation is based on a feature vector that consists of 25 intensity values on a 5×5 grid measured vertically from above. Figure 1b shows an image of a typical feature vector obtained for such an artificial parabolic surface.

The feature vector forms the input for a DCA-LLM network. The learning task for the network is the estimation of the amount and the orientation of the curvature maximum and minimum from these data. So far, these experiments have been carried out for the center points of the parabolic bodies only. Figure 1c shows the shape of a surface that was reconstructed by running the surface render algorithm with the curvature values estimated by the network

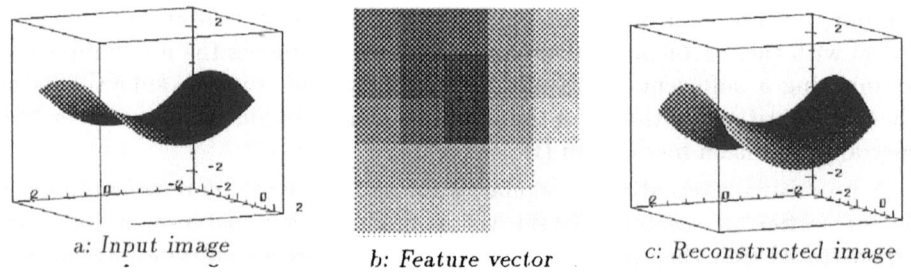

a: Input image   b: Feature vector   c: Reconstructed image

Fig. 1. Shaded parabolic surfaces. *Left:* Input surface. *Center:* Feature vector. *Right:* Reconstruction of the input surface from the estimated values for the amount and the direction of the local surface curvature.

2.2 Local linear maps

The neural network is realized by a local linear map *(LLM)* (for details, cf. [19, 20]). The basic idea of this architecture is to perform a vector quantization of the input space combined with an adaptive, locally valid, piecewise linear approximation of the output values. Without this linear interpolation term, using a weighted superposition of the output of all nodes, the network structure is equivalent to GRBF networks [17].

LLM networks consist of N units $r = 1, \ldots, N$, with an input weight vector $\mathbf{w}_r^{(in)} \in \mathbb{R}^L$, an output weight vector $\mathbf{w}_r^{(out)} \in \mathbb{R}^M$, and a $M{\times}L$-matrix $\mathbf{A}_r$ for each unit r. The input weight vectors $\mathbf{w}_r^{(in)}$ tesselate the input space into a discrete set of tesselation ("Voronoi") cells. The matrix $\mathbf{A}_r$ performs the linear interpolation within the tessellation cell of node r. The output $\mathbf{y}^{(net)}$ of a single LLM-network for an input feature vector $\mathbf{x} \in \mathbb{R}^L$ is

$$\mathbf{y}^{(net)}(\mathbf{x}) = \mathbf{y}_s(\mathbf{x}) = \mathbf{w}_s^{(out)} + \mathbf{A}_s(\mathbf{x} - \mathbf{w}_s^{(in)}). \tag{1}$$

The "winner" node s is determined by finding the Voronoi cell that contains the input vector $\mathbf{x}$, i.e., s must obey the minimality condition

$$d_s = \|\mathbf{x} - \mathbf{x}_s\| = min_r \|\mathbf{x} - \mathbf{w}_r^{(in)}\|. \tag{2}$$

For all simulations we used LLM networks consisting of 10 nodes. One training run consists of 1000 learning steps. One step means one presentation of a feature vector associated with the desired output values for curvature maximum, minimum, and orientation.

2.3 Direct cascade architecture DCA

The direct cascade architecture DCA is an algorithm to incrementally construct a cascade of nonlinear modules of arbitrary type. It is closely related to the cascade-correlation approach [4]. The basic idea is to adapt a single neural network to a given task as far as possible. After stagnation of this learning process, no further changes are made and the network is integrated into the input vector as an additional feature. Now, another network (maybe of another architecture) is trained to solve the same task on the basis of the *extended* input. Again, this network can be integrated to extend the input vector further. The iteration of this procedure leads to a cascade of networks.

The details and advantages of this approach are discussed in [13, 14]. In particular, the DCA architecture can be applied to *any arbitrary nonlinear* module. It is especially suited (and has already been tested) for pure feed-forward approaches like simple perceptrons [12] and vector quantization or LLM networks. Another special feature is the availability of an output signal *at any level* of the network cascade, with an approximation accuracy increasing with the network level.

3 Results

The estimation precision for maximum, minimum, and orientation of the curvature is listed in tables 1-3. An extra column shows the relative improvement achieved by the cascade process. The results were achieved for images with fixed and slightly variable light source position.

If only images of one surface type have to be learned (e.g. only concave surfaces) and if the light source position is kept fixed, the approximation of the curvature *maximum* is very precise. With one LLM net we achieve an NRMSE of 4.5 %, and the cascading leads to a further reduction in the error of more than 50 % with an NRMSE of $\approx 2\,\%$. The estimation of the curvature *minimum* leads to significantly worse results than for the maximum. This is due to fact that the variation of the minimum curvature can lead to values close to zero. Thus, small deviations lead to large errors.

These effects are observed for image classes consisting of one surface type only (concave, convex, or saddle). If the data set contains examples of all curvature types the ambiguity of positive and negative curvature predominates and leads to an error that is almost one order of magnitude larger. Nevertheless, if we reconstruct the surface using the curvature values estimated by a network cascade trained on images of all curvature types, the differences between input image and reconstructed surface are still surprisingly small. The reconstruction examples shown in figure 2 are average cases. Large errors come from data with very small curvature values where sometimes the wrong sign is estimated.

The accuracy of the *orientation* estimation depends on the difference between the amount of maximum and minimum curvature. This is obviously larger for saddle surfaces, so that the error is smaller for this curvature type. The orientation estimation is less sensitive to the composition of the data set, as the orientation is less affected by the convex-concave ambiguity.

The variation of the light source position is equivalent to some systematic noise in the input signal. For the *amount* of curvature this leads to an only moderate increase of the approximation error. The influence on the *orientation* estimation is significantly larger, however. This is due to the fact that a variation of the light source position has effects identical to a modification of the surface orientation.

The improvement of the estimations achieved by the DCA algorithm after cascading 5 layers of LLM networks reaches from 16.5 % up to 58.5 %. These considerable improvements justify the application of the more complex architecture. Usually, the improvement is larger if the estimation is already fairly accurate. This observation confirms our results for other tasks in [13].

Curvature maximum				
	Fixed light source		Variable light source	
	NRMSE	Cascade effect	NRMSE	Cascade effect
Concave / Convex	0.022	51.1 %	0.048	50.5 %
Saddle	0.035	35.2 %	0.055	21.4 %
Variable	0.369	16.5 %	0.365	17.2 %

Table 1. Cascade performance of LLM networks for the estimation of the **curvature maximum** on training and test set. Normalized error after 5 cascade steps and cascade effect (in %).

Curvature minimum				
	Fixed light source		Variable light source	
	NRMSE	Cascade effect	NRMSE	Cascade effect
Concave / Convex	0.049	37.2 %	0.058	49.6 %
Saddle	0.097	32.1 %	0.089	25.8 %
Variable	0.344	19.8 %	0.381	17.4 %

Table 2. Cascade performance of LLM networks for the estimation of the **curvature minimum** on training and test set. Normalized error after 5 cascade steps and cascade effect (in %).

Curvature orientation						
	Fixed light source			Variable light source		
	NRMSE	Absolute	Cascade	NRMSE	Absolute	Cascade
Concave / Convex	0.136	6.98°	38.2 %	0.235	12.31°	27.2 %
Saddle	0.056	1.60°	58.5 %	0.084	4.43°	30.0 %
Variable	0.212	10.91°	35.2 %	0.282	14.70°	21.4 %

Table 3. Cascade performance of LLM networks for the estimation of the **curvature orientation** on training and test set. Normalized error after 5 cascade steps, absolute angle, and cascade effect (in %).

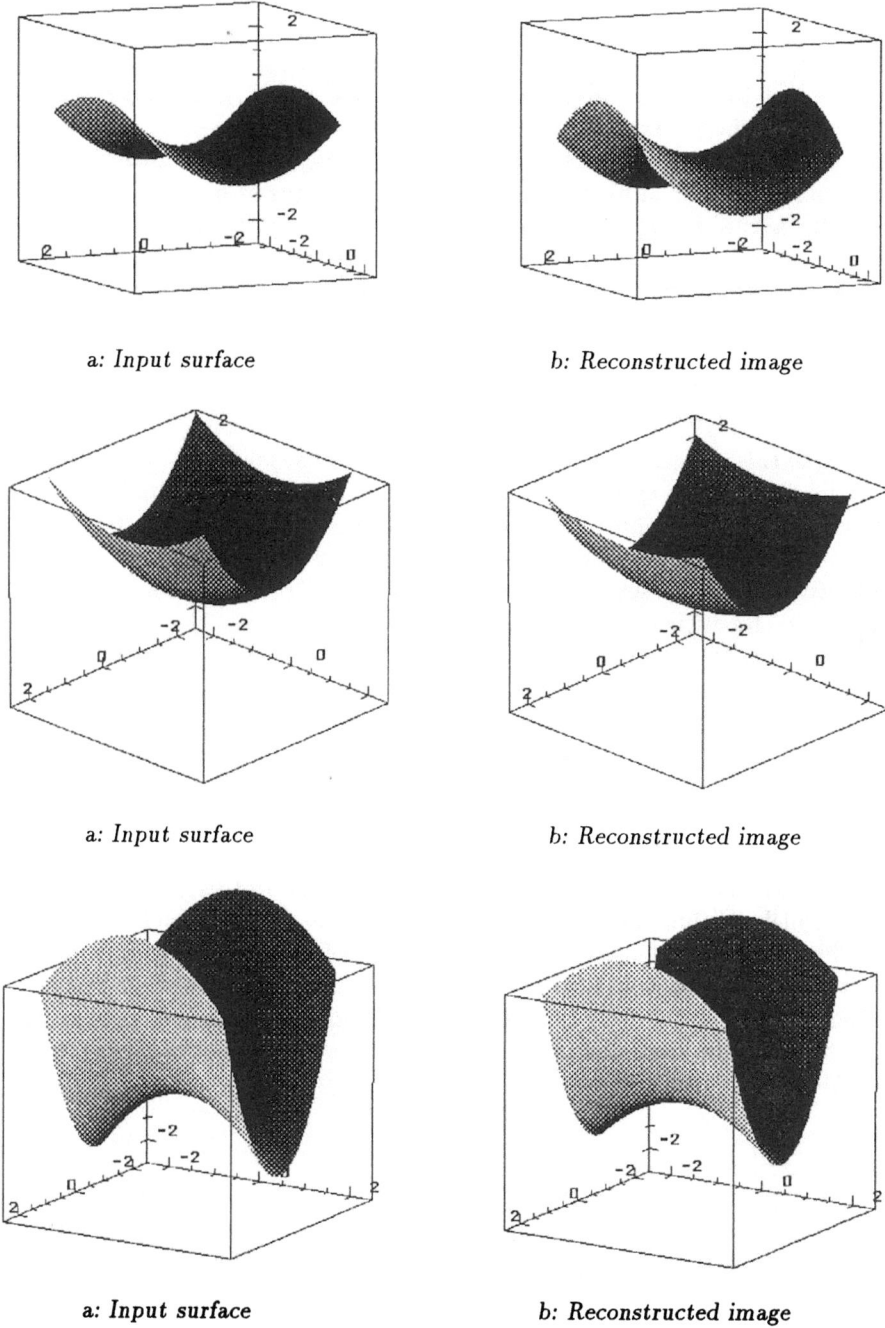

Fig. 2. Shaded parabolic surfaces. *Left:* Input surface. *Right:* Reconstruction of the input surface from the estimated values for the amount and the direction of the local surface curvature.

4 Discussion

Another approach to estimate curvature information from gray scale images was considered by Lehky and Sejnowski in [11]. They use a multilayer perceptron trained by the backpropagation algorithm to extract the amount and the direction of the curvature from images of elliptic-parabolic bodies. Their input consisted of a pair of 61-dimensional hexagonal grids of neurons with a preprocessing layer that computes the two-dimensional Laplacian of the input image, using one grid with *on-center-*, the other with *off-center* characteristics. The network output was a distributed representation: six nodes per curvature value coded different orientations in 30° steps. Their activity displays the amount of the curvature. This work shows that the task can be solved well for concave-concave and convex-convex surfaces except for the concave-convex ambiguity that cannot be resolved without any further information.

Both this and the present work demonstrate that local curvature information can be successfully extracted with adaptive neural networks. Unlike more traditional approaches, which are usually based on an analysis of the physics of the light reflection process, these networks can learn the necessary transformation adaptively, using a set of training images. While this may not be required in situations for which a mathematical analysis is still feasable, such ability is of considerable value when one has to deal with surface materials for which no good reflectance models are available, or when one considers the issue of integrating multiple cues. The promise of such an approach is already reflected to some extent in the experiments that demonstrated a considerable increase in estimation accuracy *when only the curvature type* of the surface was known as additional information.

Significant further gains are to be expected from the integration with additional cues that could be obtained from a number of other networks operating in parallel. Within the DCA-approach, the results of these networks could be used mutually at the higher cascading levels, yielding a very natural approach to feature integration without suffering from the increased complexity that ensues when a proper scheme for the integration of multiple features is to be developed on the basis of a mathematical analysis. The trade-offs of such an approach will be the subject of further study.

Acknowledgements

This work was supported by the German Ministry of Research and Technology (BMFT), Grant No. ITN9104AO. Any responsibility for the contents of this publication is with the authors.

References

1. J. Aloimonos and D. Shulman. *Integration of Visual Modules — An Extension of the Marr Paradigm.* Academic Press, San Diego London, 1989.

2. A. Dobbins, S.W. Zucker, and M.S. Cynader. Endstopped neurons in the visual cortex as a substrate for calculating curvature. *Nature*, 329:438–441, 1987.
3. A. Dobbins, S.W. Zucker, and M.S. Cynader. Endstopping and curvature. *Nature*, 29:1371–1387, 1989.
4. S. E. Fahlman and C. Lebiere. The cascade-correlation learning architecture. In D. S. Touretzky, editor, *Advances in Neural Information Processing Systems 2*, pages 524–532. Morgan Kaufman Publishers, San Mateo, CA, 1990.
5. J.J. Gibson. *The Perception of the Visual World*. Houghton-Mifflin, Boston, MA, 1950.
6. B.K.P. Horn. Obtaining shape from shading information. In P. H. Winston, editor, *The Psychology of Computer Vision*. McGraw-Hill, New York, 1975.
7. B.K.P. Horn. *Robot Vision*. McGraw-Hill, New York, 1986.
8. K. Ikeuchi and B.K.P. Horn. Numerical shape from shading and occluding boundaries. *Artificial Intelligence*, 17:141–184, 1981.
9. J.J. Koenderink. *Solid shape*. MIT Press, Cambridge, MA, 1989.
10. E.H. Land and J.J. McCann. Lightness and retinex theory. *J. Opt. Soc. Am.*, 61:1–11, 1971.
11. S.R. Lehky and T.J. Sejnowski. Network model of shape-from-shading: neural function arises from both receptive and projective fields. *Nature*, 333:452–454, 1988.
12. E. Littmann and H. Ritter. Cascade network architectures. In *Proceedings of the International Joint Conference on Neural Networks*, volume II, pages 398–404, Baltimore, MD, 1992.
13. E. Littmann and H. Ritter. Analysis and applications of the direct cascade architecture. Technical Report TR 94-2, Department of Computer Science, Bielefeld University, Bielefeld, FR Germany, 1994.
14. E. Littmann and H. Ritter. Learning and generalization in cascade network architectures. Accepted for publication in *Neural Computation*, 1995.
15. D. Marr. *Vision*. W.H. Freeman, San Francisco, CA, 1982.
16. T. Poggio. MIT progress in understanding images. In *Proc. Image Understanding Workshop*. 1988.
17. T. Poggio and F. Girosi. Regularization algorithms for learning that are equivalent to multilayer networks. *Science*, 247, 1990.
18. T. Poggio and C. Koch. Ill-posed problems: from computational theory to analog networks. *Proc. Royal Soc. London Biol*, 1985.
19. H. Ritter. Learning with the self-organizing map. In T. Kohonen, K. Mäkisara, O. Simula, and J. Kangas, editors, *Artificial Neural Networks 1*, pages 357–364. Elsevier Science Publishers B.V., North Holland, 1991.
20. H. Ritter, T. Martinetz, and K. Schulten. *Neural Computation and Self-Organizing Maps: An Introduction*. Addison-Wesley, New York, 1992. (English and German).
21. K.A. Stevens. The visual interpretation of surface contours. *Artificial Intelligence*, 17:47–75, 1981.
22. A.N. Tikhonov and V.Y. Arsenin. *Solution of Ill-posed Problems*. Winston, Washington, D.C., 1977.
23. A. Treisman and S. Gormican. Feature analysis in early vision: Evidence from search asymmetries. *Psychological Review*, 95:15–48, 1987.

The Problem of Signal and Symbol Integration: A Study of Cooperative Mobile Autonomous Agent Behaviors

Ruzena Bajcsy and Jana Košecká

GRASP Laboratory
Department of Computer and Information Science
University of Pennsylvania
3401 Walnut Street, 301C
Philadelphia, PA 19104

Abstract. This paper explores and reasons about the interplay between symbolic and continuous representations. We first provide some historical perspective on the signal and symbol integration as viewed by the Artificial Intelligence (AI), Robotics and Computer Vision communities. The domain of autonomous robotic agents residing in the dynamically changing environments anchors well different aspects of this integration and allows us to look at the problem in its entirety. Models of reasoning, sensing and control actions of such agents determine three different dimensions for discretization of the agent-world behavioral state space. The design and modeling of robotic agents, where these three aspects have to be closely tied together, provide a good experimental platform for addressing the signal-to-symbol-to-signal transformation problem. We present some experimental results from the domain of cooperating mobile agents involved in tasks of navigation and manipulation.

1 Introduction

To motivate the main topic of this paper, we begin with the assumption that agents live, behave and carry out certain tasks in a physical and dynamically changing environment. The issue we want to reason about here is one of representation and modeling of autonomous agents. We wish to argue that one needs a mixture or hybrid representation of signals and symbols. The question that remains, however, is what constitutes the *right* mixture.

Signal and symbol integration and transformation is an old but difficult problem. It comes about because the world surrounding us is a mixture of continuous space time functions with discontinuities. Recognition of these discontinuities in the world leads to representations of different states of the world, which in turn place demands on the agents behavioral strategies. Similarly, agent's (biological or artificial) closed loop interactions with the world/environment can be modeled as a continuous process, where as switching between different behaviors is naturally discrete. Furthermore, the tasks that are either externally given to the agents or internally self-imposed prespecify and, hence, discretize an otherwise continuous behavior. Thus, we have three sources for discretization of the agent-world behavioral space:

1. Natural space-time discontinuities of the world.
2. The model of agent-world dynamics during execution of a given task.
3. The task.

Different subdisciplines dealing with the design and modeling of intelligent autonomous systems have addressed the problem described above differently. In the past, most Computer Vision focused on *signal-to-symbol* transformation, often called "pixels-to-predicates" as summarized in [Pen86]. The approach was to partition the signal into something "meaningful," in the geometric and photometric sense. Thus edges, lines, corners, regions of different shapes, and eventually three-dimensional objects and their shapes were recovered. Symbols served mainly as a data reduction mechanism.

From the early days of Artificial Intelligence, the importance of symbolic representations was continually emphasized by the founders of AI [Min63, McC68, NSS63] and their disciples. Unfortunately, the following was missing from this line of research:

1. Explicit acknowledgment that the transformation from signal to symbols results in the loss of information.
2. Self-correction and updating mechanisms of the obtained symbolic information.
3. Explicit models of the dynamic interaction between the agent and its world.

Concurrent with efforts at *signal-to-symbol* transformation, a *symbol-to-signal* endeavor was progressing in the Computer Vision community in the context of so-called top-down, knowledge-driven analysis of visual scenes [Win70]. The symbol/label represented the object of inquiry. This representation implied specific "procedures" that should be applied to the data in order to extract the expected features determined by a particular domain of visual scenes. *A priori* known symbolic information guided the selection of lower level matching methods. Detected symbolic primitives were then further used for reasoning about the spatial relationships among them in order to infer some higher level symbolic information. The commitment to the use of such *a priori* information eliminated the possibility to go back to the signal for resegmentation, or relabeling, depending on the higher-level reasoning triggered by some contradictions or inconsistencies.

Another instance where *symbol-to-signal* transformation occurs is related to the task-specific aspects of an agent. Various task specification languages were proposed, where, in the case of robotic applications, the symbolic representation of actions and goals was typically translated into continuous sensorimotor processes. These in turn specified particular control strategies for the available actuators and data acquisition and processing strategies for sensors [LP82, Lyo93, Bro93]. The aspects of programming and specifying the agents' tasks were extensively investigated in more general task domains in AI, but the symbols rarely carried the information needed for detailed motion planning of the robot [Nil92, Fir92, Sch92, Kae90, Ark87].

In the mid 80's another development in the *signal-to-symbol-to-signal* debate was originated by Brooks [Bro86, Bro92] who, motivated by insect behaviors, challenged the prevalent view in AI of the necessity of symbolic representation as a precondition for "intelligent" behavior. He and his followers argued for the behavioral approach as a basis for constructing more complex autonomous "intelligent" behaviors. This brings again to the forefront the following questions:

Do intelligent systems need symbols? If so, what are they? How many symbols do they need? Are symbols innate or learned? Are they just ad hoc definitions or can they be derived in some systematic way, depending in task, context and environment?

In this paper, we shall outline our recent ideas and understanding of this problem of *signal-to-symbol-to-signal* transformation in the context of the design and control of autonomous intelligent agents involved in cooperation. We shall begin with the definition of what we mean by *symbol* and what it implies for the design of autonomous systems. We shall then present the currently available mathematical models, which can guide the selection of symbols and finally provide some examples from the domain of cooperative mobile agents engaged in navigation and manipulation.

2 Problem Definition

2.1 What is a symbol?

Since a symbol will be some abstraction of a signal, let us, just for the purpose of setting the notation, refresh the standard notation used in the theory of dynamical systems (without committing ourselves to any particular system at this time). The state equations of a general continuous time-invariant dynamic system can be written as follows:

$$\dot{\mathbf{x}}(t) = f(\mathbf{x}(t), \mathbf{u}(t)), \quad \mathbf{x}(t_0) = \mathbf{x}_0 \qquad (1)$$
$$\dot{\mathbf{z}}(t) = g(\mathbf{x}(t), \mathbf{u}(t)) \qquad (2)$$

where the first set of equations corresponds to a set of state equations, with initial conditions specified, $\mathbf{x}(t)$ is the time-varying state vector, and $\mathbf{u}(t)$ is the input control vector. The second set of equations corresponds to a set of output or measurement equations where $\mathbf{z}(t)$ is an output or measurement vector. Linear time-invariant systems with the following form are most frequently encountered and analyzed:

$$\dot{\mathbf{x}}(t) = A\mathbf{x}(t) + B\mathbf{u}(t) \qquad (3)$$
$$\dot{\mathbf{z}}(t) = C\mathbf{x}(t) \qquad (4)$$

where A, B, C are real constant matrices. Also commonly encountered are affine nonlinear systems characterized as:

$$\dot{\mathbf{x}}(t) = f(\mathbf{x}(t)) + g(\mathbf{u}(t)) \tag{5}$$
$$\dot{\mathbf{z}}(t) = h(\mathbf{x}(t)) \tag{6}$$

In the case of autonomous agents one is interested not only in modeling their behavior but also controlling them in order to achieve desired objectives. From this perspective [Bro88] one can divide control actions into two categories, namely *open-loop* control:

$$\dot{\mathbf{x}}(t) = f(\mathbf{x}(t)) + g(\mathbf{u}(t))$$

where control vector $\mathbf{u}$ is constant over some period of time ignoring the measurements $\mathbf{z}$ and *closed-loop* control:

$$\dot{\mathbf{x}}(t) = f(\mathbf{x}(t)) + g(\mathbf{u}(t) + k(h(\mathbf{x}(t))))$$

where the control becomes a function k of the observed measurements in the current state of the system. The application of different control laws would then correspond to the achievement of different objectives of the system, which in turn would be related to the task.

Our definition of a symbol has two different flavors. The first is a *descriptive* one, where a symbol represents a particular measurement vector $\mathbf{z}$. The second is a *procedural* one, denoting a set of strategies for extracting the measurements h, open-loop control strategies g or feedback control laws k to be applied. Within this setting the measurement vector, measurement function, and both open-loop and closed-loop control laws are dependent on the task, while the function f is related to the current model of the system. This may also change, however, in case the task constrains the number of degrees of freedom available. The measurement strategies together with the control strategies form the behaviors. The data/measurements come from either the environment via the perceptual apparatus of the agent or from its memory. The control and measurement strategies are encoded in terms of commands-symbols which invoke particular perception and action processes.

2.2 Why do we need symbols?

The need for symbols is partially motivated by the definition of the symbol in the previous section, where a *symbol* provides an abstraction of the workings of the low-level data acquisition and control strategies. The additional need and benefit of introducing a symbol is the "meaningful" task-related reduction and categorization of the sensory data, which can be further used for:

1. Abstraction and generalization.
2. Communication.
3. Memory-storage.
4. Reasoning.

The signal-to-symbol problem. We view this transformation as finding an equivalence class. In other words, it is a mapping of signal values into a sets of symbols. This implies data reduction (which is desirable) but also loss of information (which is undesirable). Hence, the question is a matter of determining the optimal granularity, or the number of descriptors/symbols, necessary for maximum data reduction and minimum loss of information.

The symbol-to-signal problem. As indicated above there are two cases: when the symbol is a command to invoke a behavior and when the symbol represents a measurement (parameter) vector, which can be supplied to a particular strategy. The transformation of symbol to signal is encoded in the semantics of the symbol, which is intimately related to the signal-to-symbol transformation capabilities of an agent.

2.3 How many symbols?

Given the need for symbols, the next question is "How many symbols are needed?" We approach this problem less philosophically from the point of view of robotics and autonomous systems. Our agents are characterized by the number of degrees of freedom (represented by the generalized coordinates) they possess given their sensory, mobility and manipulation capabilities. They live and interact with a physical environment obeying the laws of Newton's mechanics. The geometric and physical characteristics (i.e., both kinematic and dynamic models) of an agent are modeled only once. However, depending on the tasks and the types of constraints provided by the environment they are subject to change. This process of imposing constraints on the dynamics of the agent-environment interaction generates the first discretization of the behavioral space which otherwise can be considered a continuous space of general motion of the agent-environment system. This results in employing different degrees of freedom for the given task/strategy. For example the constraints imposed by the task and the environment in case of manipulation depend on the geometric properties of the objects being manipulated, therefore changing the number of degrees of freedom of the system (e.g., inserting a pin through two planes sliding with respect to each other reduces the number of degrees of freedom). Even more so for certain manipulation tasks, where the number of kinematic linkages can change (e.g., inserting a pin into a hole creates a new linkage with one rotational and one translational degree of freedom).

We postulate that for robotic agents the dynamic models of all their degrees of freedom are *a priori* given with a procedural capability to impose constraints based on either sensory information during interaction with the environment or coming from the task. Hence, symbols depend on the task.

2.4 Symbols and the task

We will elaborate on these issues in greater detail, centering our discussion about selection of symbols around different tasks. We shall consider two different categories of tasks, navigation and manipulation and provide a more detailed description of signal-symbol-signal transformation process in section 4.

Navigation tasks Navigation tasks involve perception of free space, places, objects, other agents and their spatial relationships. The task of navigation typically consists of two stages, first finding a path to the desired location and then finding a control law which would follow the path. If the potential field based approach [Kha86] to navigation is used, the stage of finding a path and following it can be merged into one stage and the desired control law computed as a gradient of a given potential function. Hence the task of the agent can be described by two discrete symbols, one representing the particular potential function representing the environment and the other representing the desired destination. This assertion holds in the case of static environments, where the global information about the environment is, *a priori*, available. In the case when the global information is not available and the robotic agent has to rely on local sensing capabilities, we consider the potential function with some generic form which is conveniently parameterized by the sensed local properties of the environment. Some ideas along these lines have been proposed by [Kod95].

This again brings up the question of how many symbols are sufficient. The answer entirely depends on the complexity of the environment in which the agent resides. There are two different types of information which need to be extracted from the environment for successful navigation: goals or landmarks to be detected and obstacles to be avoided. Goals and landmarks play a dual role. In the case of perfect position information, the goals can be simply specified in some global coordinate system. However, in order to achieve reliable position information, landmarks (or other *a priori* known features) are often used for localization. If the task is given externally to the agent or is self-imposed, the granularity of the prescribed path and thereby the richness of the symbolic vocabulary depends on the complexity of the environment.

Manipulation tasks Manipulation tasks, as in navigation, involve perception of free space, places, objects, other agents and their spatial relationship. However, the details about the space, place and objects obtained from perception need to be much finer than for navigation tasks. For example, for a grasping task, the size of the object and identification of graspable places is important. While during the task of manipulating an object one can divide the behavioral space into three steps (approach or move to the object, grasp, and manipulate), this division clearly does not imply only three symbols for control. The reason is that the approach and grasping very much depend on the specific manipulation subtask, which in turn depends on the geometric properties of the object. For example, the approach and grasp will be different if the manipulation task is only to lift the object and transport it to another place than if the task is to mate the object with another object [Lev95]. In other words, the ultimate purpose or function of the task and the complexity of the environment dictates the number of different control and sensing strategies, i.e., symbols. Finally, it should be self-evident that the interplay between non-contact observations and contact perception during the execution of these tasks is much tighter than during navigation.

2.5 Distributed tasks

For general tasks the level and the type of symbolic information needed becomes more explicit when the tasks involve cooperation and coexistence of multiple agents. Both navigation and manipulation tasks may be simple instances of such tasks. For example when the agents have to march together while keeping in certain formation or have to grasp and carry a large object, while navigating in cluttered environments. In order to accomplish these cooperative tasks the agents need to share common goals and have the capabilities of either sensing the necessary information or communicating to each other beliefs about the state of the task/environment. Within this general setting one can trivially state that cooperation implies communication. Communication between two agents can, more specifically, take place through:

1. The environment.
2. Contact sensors (being in touch).
3. Non-contact observations (e.g. visual, ultrasound, infrared sensing).
4. A communication channel.

In the first three modes of cooperation, the agents do not need additional symbols since they are already part of their individual control and sensing strategies. In the fourth case however an additional symbol expressing an action of communication (sending and receiving a message) needs to be established. Distributed cooperative tasks bring out various interesting issues regarding tradeoffs between communication (in the sense of establishing a communication channel) and sensing. A more formal treatment of this subject can be found in [DJR93, BS95].

3 Mathematical Models

The choice of descriptive symbols determining the state of the system and the model of the interaction with the environment is determined by the physical characteristics of the system/agent. Modeling of these aspect has been studied extensively in the theory of dynamic systems and control theory. In the following paragraph we will give a brief overview of such modeling principles.

We assume that our agents can be modeled as multiple degree of freedom (DOF) mechanistic systems that interact with the physical world that obeys Newton's law of physics. We also assume that our agents are equipped with contact force sensors, position sensors and non-contact vision and ultrasound sensors.

3.1 Dynamic model of the agent

Under these assumptions, we follow the Lagrangian formulation of dynamics [BH95, Cra89] for multiple degree of freedom systems. The formulation of equations of motions is built around the basic principle of virtual work, which states that the work done by all forces is equal to zero:

$$\frac{d}{dt}\left(\frac{\partial L}{\partial \dot{q}_i}\right) - \frac{\partial L}{\partial q_i} = F_i \quad (7)$$

where F_i is an external force corresponding to the generalized coordinate q_i. Lagrangian $L(q, \dot{q})$ in the previous formulation is:

$$L(q, \dot{q}) = T(q, \dot{q}) - U(q) \quad (8)$$

where $T(q, \dot{q})$ is the overall kinetic energy of the system and $U(q)$ is potential energy, both expressed in generalized coordinates system $(q_0, q_1, ..., q_n)$, where n is the number of degrees of freedom of the system. The dynamic equations are then:

$$F(q) = M(q)\ddot{q} + C(q, \dot{q}) + G(q) \quad (9)$$

where $M(q)$ is inertia matrix, $C(q, \dot{q})$ is the matrix of Coriolis and centrifugal effects, vector $G(q)$ denotes gravity terms and F is the generalized force vector. These equations determine what work the agent must exert in order to carry out a motion under the conditions determined by the inertia of the agent body, Coriolis forces and gravitational forces. In case some external constraints imposed by interaction with the world/environment and/or by the task are present, they are captured by the Lagrangian coefficients λ weighted by the matrix $A(q)$. The equations then become:

$$M(q)\ddot{q} + C(q, \dot{q}) + G(q) = F(q) + A^T(q)\lambda. \quad (10)$$

Similarly, the constraints of various types of interaction can be incorporated into this equation. In the case of a more complicated system, such as mobile manipulators, first the dynamic equation for the manipulators and mobile platform are established individually and then the mutual effects of manipulator and mobile platform are added as extra terms into the equations (e.g., inertia terms caused by platform rotation are added as additional forces to the dynamic equation of the manipulator) [Yam94].

The Lagrangian framework provides a powerful modeling tool for mechanical systems where the geometric and physical properties of the system are well understood and easily describable. However, difficulties arise once again when it comes to modeling the constraints provided by the environment, especially when they have to be extracted by sensors. These issues have been extensively studied in the area of manipulation, where the geometric and physical properties of objects to be manipulated provide additional constraints [Mas82, LP82]. The models as described so far do not explicitly use the information extracted from sensory data, in a different form other than the information of a current state of the system q, which is assumed to be available at each instant of time. An example of a different type of modeling, where the sensed information about the dynamically changing environment is directly part of dynamic equations is outlined in the following paragraph.

3.2 Dynamic model of perception-action cycle

The idea of incorporating the model of the environment into the dynamic model of the agent is very appealing and has been extensively addressed by several neuroscientists looking at problems related to motor control [Sch91]. The general ideas regarding models of action-perception patterns come from a series of experiments for control of posture in the presence and absence of visual stimuli, time-to-contact and various tracking, grasping and catching behaviors.

In his extensive studies of dynamic action-perception patterns [Sch91], Schöner looked at the problem of control of posture, and demonstrated that the visual information stabilizes posture in the visual world. Schöner proposed a model of coupled oscillators, where the agent's intrinsic dynamics is modeled by second order linear system with an eigenfrequency ω_0 and the visual appearance of the environment is modeled by a environment function $e(x,t)$. The behavior of the postural control system can be described in simplest mathematical form as:

$$\ddot{x} + \alpha \dot{x} + (\omega_0)^2 - \sqrt{Q}\xi_t = -c_{env}e(x,t) \qquad (11)$$

where ξ_t is Gaussian white noise, Q is the strength of the noise and $e(x,t)$ represents the expansion rate of the target in retinal coordinates. For sinusoidally moving surround $e(x,t)$ the solution to the postural response is a harmonic with the same frequency as the visual motion. The system can be studied by transforming Equation (11) into polar coordinates and looking at the relative phase of the two components. These two systems are naturally coupled and the system can be described in terms of relative phase Φ dynamics by the following equation:

$$\dot{\Phi} = A + B\sin(\Phi) + \sqrt{Q}\xi \qquad (12)$$

where A and B are constants representing, relating the eigenfrequency ω_0, driving frequency of the stimulus ω_d. For more details see [DSGG94]. As shown, this equation is nonlinear and the coefficients A and B are measures of how much the two oscillators are phase locked, corresponding to how much the agent's behavior is in harmony with the visual stimulus that reflects the environment. It should be obvious that the nature of Equation (12) will be different depending on the environmental function $e(x,t)$, which can again give rise to the variety of symbols. In the previous example, the function $e(x,t)$ was a periodic function expressed in the coordinate system of the observer. Not only is there more information contained in the optical flow [Koe86] which could be subjected to similar analysis, but one can also employ different sensing modalities for investigating stability properties of action-perception couplings.

In a slightly different setting, formal modeling of action-perception systems has been extensively studied in the visual servoing literature, see [Has93] for an overview.

4 Task Description Language

Various mathematical models outlined in the previous section provided us with some insights into the problem of what a symbol is an abstraction of. We recognized two inherently different categories of symbols: one representing the state vector of the mechanical system or the environment and the other one representing the procedural aspect of the interaction of the agent with the environment. This determines the set of symbols which are necessary for a given physical agent, residing in particular environment, engaged in particular tasks.

A set of signals/symbols defines all the capabilities of the agent. These comprise a set of elementary control strategies for available actuators and a set of perceptual strategies. Determining the set of elementary control strategies is determined by the agents "physique," while the set of perceptual strategies is more task dependent. While carrying out the tasks, there is typically a large number of processes/strategies activated in parallel, interacting with each other and the environment. It is very important to be able to understand and characterize these interactions in a general fashion in order to develop modular and easily extendable systems which can be employed for a variety of tasks.

In order to facilitate the symbol to signal transformation, as well as propose some design guidelines for characterizing robot behaviors, which depend on the task, we propose a language for specifying tasks, where tasks are characterized as networks of processes. This representation was originally proposed in [Lyo93]. However, instead of adopting the semantics of basic schemas in terms of port automata, we propose to model the elementary strategies in terms of Finite State Machines (FSM's). This representation is very intuitive and straightforward, providing a clear abstraction for a variety of already existing control and perceptual strategies. Moreover, the representation is further amenable to formal analysis. We are able to synthesize a discrete event controller, which serves as monitor and run-time scheduler for the task. For details of this procedure see [Koš95].

For modeling purposes each elementary strategy or computation is represented as a process[1] and has a FSM model associated with it. The transitions between the states of the FSM model are modeled by events, clearly capturing initiation, termination, interruption or change of global variables (settings) of the elementary strategy. The global variables (or more specifically predicates on them) play a general role in our framework, expressing the goals the robot should achieve, maintain or prevent from happening. The set of final states of elementary strategies is partitioned into a set of successful and unsuccessful final states. Communication between two processes running in parallel is modeled via shared events. If the two processes share an event then a communication link between them is established.

Elementary processes are combined together by a set of composition operators. The operators (common to almost any process model) capture the temporal and structural dependencies between the processes. As we mentioned earlier,

---

[1] The word *process* and *strategy* will be used interchangeably.

since the types of behaviors which need to be invoked depend on the task to be accomplished, we adopt the notion of the task representation as a network of processes. Processes can be composed in a sequential fashion ($R\ ;\ S$), where S starts after R terminates, in a concurrent fashion ($R\ \|\ S$), where R and S run in parallel, in a conditional fashion ($R < v >\ :\ S(v)$), where S starts after R terminates successfully computing v, which is then used to initialize process S, and in a disabling fashion ($R\ \sharp\ S$), which is similar to parallel composition except that if one of the processes terminates the other process is terminated as well. Two additional composition operators expressing repetitive behavior are synchronous recurrent composition ($R\ :;\ S$), defined recursively as $R\ :;\ S = R : (S\ ;\ (R\ :;\ S))$, and asynchronous recurrent composition ($R < v >\ ::\ S$), defined recursively as $R\ :;\ S = R : (S\ \|\ (R\ ::\ S))$.

We shall demonstrate some of these ideas in the tasks of both individual agent navigation and cooperative multiple agent navigation in the presence of obstacles.

4.1 Applications and results

The task of navigation for one or two mobile bases requires a basic control strategy for achieving a goal in an environment cluttered with obstacles, sensing capabilities for obstacle detection, communication capabilities between the two robots, and a strategy for achieving an arbitrary heading. For the time being we assume that the desired goal location is given in a global coordinate system relative to the starting point of the robot and that the reading from the position encoders corresponds to a correct position of the robot in the world coordinate system. The navigational capabilities are implemented using potential field based control, where the control law for reaching a desired location is derived as a gradient of a given potential function with minimum at the goal configuration. This formulation follows nicely from Lagrangian formulation (equation (9)) where control of the mechanical system is based on the selection of the force F as a command vector. This is the basic idea behind the potential field methods for task planning and control pioneered by [Kha86]. In order to achieve the desired control objective in a given environment the force has to capture the aspects of the environment necessary for achieving the control objective. One way to look at this problem is from the point of view of optimization [Kod92], where one represents the environment in terms of some cost function which attains a value at each point in the configuration space and has a global minimum at the desired target location. The vector field of this cost function then corresponds to the force field in which the mechanical system resides. Applying at each point the particular force vector then leads the system to the desired location. For the task of navigation in the examples presented here we will not use the full dynamical model of the mobile base, but assume a simple kinematic model of a omnidirectional mobile robot. The configuration of the base is denoted by $X = (x, y)$ and the goal location $X_g = (x_g, y_g)$ is represented by an attractive potential field:

$$U_a(X) = \frac{k_p}{2}(X_g - X)^2$$

where k_p is a constant gain factor. In order to achieve the desired goal we need to exert a force, which is proportional to the negative gradient of the given potential function $F = -\nabla(U_a(X))$. The encountered obstacles are represented by a hyperbolic repulsive potential function:

$$U_r(X) = \begin{cases} \frac{k_r}{\gamma}(\frac{1}{\eta(X)} - \frac{1}{\eta_0})^\gamma & \text{if } \eta(X) \leq \eta_0 \\ 0, & \text{otherwise} \end{cases}$$

where coefficient $\gamma > 2$, η is a distance function to the obstacle, η_0 is the obstacle's influence range and k_γ is a constant gain factor. Instead of using the traditional gradient field we adopt the vortex field [MO91] of the above function representing the field rotating around the obstacle:

$$F_v(X) = \pm \begin{bmatrix} \frac{\partial U_r(X)}{\partial y} \\ -\frac{\partial U_r(X)}{\partial x} \end{bmatrix}.$$

The desired velocity $\dot{X}_d = (\dot{x}_d, \dot{y}_d)$ at each instance of time is derived from the artificial potential field holonomic path planner as:

$$\dot{X}_d = -\nabla(U_a(X) + U_r(X)) \tag{13}$$

or alternatively using the vortex field method as:

$$\dot{X}_d = -\nabla U_a(X) + F_v(X). \tag{14}$$

This basic control strategy is parameterized by the environment, where the desired goal location determines the shape of potential function U_a and the obstacles detected along the way are captured by the function U_r. Parameters of these functions are provided by perceptual processes. This control strategy will later be referred to by the symbol GoTo. Once initiated, the control law is applied until the desired location is reached. The strategy can fail in a number of predictable ways, such as when the goal is in the location of the obstacle or some mechanical failure of the robot occurs.

The sensing strategy for detecting obstacles in our system is based on inverse perspective mapping [MBLB91]. The obstacles are approximated by an ellipse and the correspondences between the obstacles are established in consecutive frames [Koš95]. This perceptual routine provides the necessary parameters for the GoTo strategy, by updating the potential function U_r. We refer to this perceptual strategy, in the next example, by the symbol Detect.

The control strategy for two mobile robots marching in formation, denoted March, is similar to the GoTo strategy, with an additional parameter of the distance between the two robots and a rule for generating the commands to the individual bases. The elementary strategy for reaching the desired heading is denoted by GoToHeading.

In this example the task is for two mobile bases A and B to go individually to a predetermined location while avoiding obstacles, wait for each other, align, and then go to another predetermined location, marching in a side-by-side formation, while avoiding obstacles. This task can be expressed in a task specification language in the following manner:

$$((GoTo_A(Goal_1) \natural Detect_A) \natural (GoTo_B(Goal_2) \natural Detect_B)) :$$
$$(Align_A(Heading) \natural Align_B(Heading)) :$$
$$((March_A(Goal_3) \natural Detect_A) \natural (March_B(Goal_3) \natural Detect_B))$$

Disabling composition is used because the overall task requires cooperation so in the case one of the basic strategies fails the others terminate as well. If two strategies are invoked in a parallel or disabling manner and they share certain events, a communication link between them is established. This not only allows the **Detect** strategy to update the parameters of the **GoTo** strategy, but also allows the two agents to share the information about the obstacles between them while they are marching in side-by-side formation (see Figure 1).

Fig. 1. The agents are first told to individually go to a predetermined location while avoiding obstacles and wait for each other (left). They then march together in a side-by-side formation toward a desired goal (right). Notice that while they are marching together they "agree" to avoid the obstacle from the same side in spite of the fact that it would be more advantageous for one of the agents to navigate to the left of the obstacle. The sensitivity region around the obstacle, which triggers the avoidance maneuver is proportional to the distance between the agents.

Another example demonstrates a more global navigation task, where the agent is told to go to a desired location via route specified in terms of places which need to be visited along the way. Navigation between two consecutive places is achieved by visual servoing on that particular place. The vision component of the strategy denoted by symbol **Track** provides the desired heading direction to the potential field navigation function **GoTo**. In order to initialize the tracking routine, the target is first localized via perceptual recognition strategy **Look**. The overall task of passing through the door, heading towards down the hallway and the heading towards another door (see Figure 2, can be specified as follows:

$$((Look(Door_1); Track(Door_1))\ \sharp\ (GoTo_A()); $$
$$((Look(Passage_1); Track(Passage_1))\ \sharp\ (GoTo_A()); $$
$$((Look(Door_2); Track(Door_2))\ \sharp\ (GoTo_A()); $$

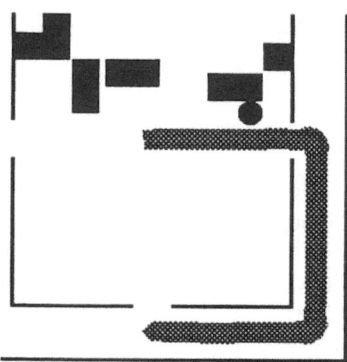

Fig. 2. The task of the agent is to go through the doorway on the right, down the corridor and continue to the doorway on the left. Navigation between consecutive places done by visual servoing on the particular features which characterize the place.

The examples outlined above demonstrate that, for navigational tasks, an agent uses a set of elementary control and perceptual strategies. These strategies together with their parameters constitute a set of necessary symbols. The strategies can then be composed based on the task to be accomplished and parameterized based on the environment. The task specification language formalizes this composition and guarantees run-time scheduling and monitoring of the task.

5 Conclusion

Symbols do not come for granted, but their meaning is deeply embedded in modeling the low-level interactions of the agent with the environment. A thorough understanding of these aspects provides us with insights into the low-level workings of the system, understand failures and guarantee success, all in the presence of uncertain and noisy information. For elementary tasks, which can be achieved by a unique composition of perceptual and control strategies, agents can be modeled and described purely in terms of differential equations. However, the need for symbols is inevitable if one wants to build and model agents involved in a variety of tasks and environments. Symbols not only provide nice abstractions for low-level strategies, but also allow us to move one level up the modeling hierarchy and observe the properties of the systems and their interactions between each other and their environment at a more macroscopic level. Symbolic representation mediates reasoning about the sequential and repetitive nature of various tasks and allows specification of interactions and communications between multiple agents in distributed systems. The need for symbols is not the only message we are trying to deliver here. Studying systems which sense and interact with real-world environments and engage in a variety of tasks provides an excellent platform for understanding the fine line between the task-related aspects of modeling and the innate elementary sensory and motion capabilities of the agents.

References

[Ark87] R. C. Arkin. Motor schema based navigation for a mobile robot. In *IEEE Proc. Intl. Conf. on Robotics and Automation*, 1987.

[BH95] A. E. Bryson and Y. C. Ho. *Applied Optimal Control*. Hemisphere Publishing Coorporation, 1995.

[Bro86] R. A. Brooks. A robust layered control system for a mobile robot. *IEEE Journal of Robotics and Automation*, 2(1):14 – 23, March 1986.

[Bro88] R. W. Brockett. On the control of movement. In *IEEE Proceedings on Robotics and Automation*, pages 534–540, 1988.

[Bro92] R. A. Brooks. A robot that walks; emergent behaviors from a carefully evolved network. *A.I. Memo 1091*, February 1992.

[Bro93] R. W. Brockett. Hybrid models for motion control systems. In *Perspectives in Control*, pages 29–54. Birkhauser, 1993.

[BS95] R. I. Brafman and Y. Shoham. Knowledge considerations in robotics and distribution of robotics tasks. In *to appear in Proceedings IJCAI*, 1995.

[Cra89] John J. Craig. *Introduction to Robotics: Mechanics and control*. Addison-Wesley, 1989.

[DJR93] B. Donald, J. Jennings, and D. Rus. Experimental information invariants for cooperating autonomous mobile robots. In *Workshop on Dynamically Intercating Robots, IJCAI*, 1993.

[DSGG94] T. M. Dijkstra, G. Schöner, M. A. Giese, and C. M. Gielen. Frequency dependence of the action-perception cycle for postural control in a moving visual environment: relative phase dynamics. *Biological Cybernetics*, (71):489–501, 1994.

[Fir92] J. R. Firby. Building symbolic primitives with continuous control routines. In *Proceedings of the First International Conference on Artificial Intelligence Planning Systems*, pages 62 – 69, 1992.

[Has93] K. Hashimoto. *Visual Servoing*. World Scientific, 1993.

[Kae90] L. P. Kaelbling. An architecture for intelligent reactive systems. In A. Tate J. Allen, J. Hendler, editor, *Readings in Planning*, pages 713–729. Morgan Kaufman Publishers, 1990.

[Kha86] O. Khatib. Real-time obstacle avoidance for manipulators and mobile robots. *International Journal of Robotics Research*, 5(1):90–98, 1986.

[Kod92] D. Koditschek. Robot planning and control via potential functions. *Robotics Review*, 1992.
[Kod95] D. Koditschek. The geometry of a robot programming language. In *First Workshop on Algorithmic Foundations of Robotics*, 1995.
[Koe86] Jan J. Koenderink. Optic flow. *Vision Research*, 26(1):161–179, 1986.
[Koš95] J. Košecká. Supervisory control of autonomous mobile agents. Technical report, GRASP Laboratory, Departments of Computer Science, University of Pennsylvania, 1995.
[Lev95] E. Levison. Object specific reasoning. Technical report, Dissertation Proposal, Department of Computer Science, University of Pennsylvania, 1995.
[LP82] T. Lozano-Perez. Task planning. In M. Brady, J. H. Hollerbach, T. L. Johnson, T. Lozano-Perez, and M. T. Mason, editors, *Robot Motion: Planning and Control*, pages 463–489. MIT Press, 1982.
[Lyo93] D. M. Lyons. Representing and analyzing action plans as networks of concurrent processes. *IEEE Transactions on Robotics and Automation*, 1993.
[Mas82] M. Mason. Compliance and force control for computer controlled manipulators. In M. Brady, J. H. Hollerbach, T. L. Johnson, T. Lozano-Perez, and M. T. Mason, editors, *Robot Motion: Planning and Control*. MIT Press, 1982.
[MBLB91] H.A. Mallot, H.H. Bulthoff, J.J. Little, and S. Bohrer. Inverse perspective mapping simplifies optical flow computation and obstacle detection. *Biological Cybernetics*, 64:177–185, 1991.
[McC68] J. McCarthy. Semantic information processing. In M. Minsky, editor, *Programs with Common Sense*, pages 403–410. MIT press, 1968.
[Min63] M. Minsky. Steps toward artificial intelligence. In E. feigenbaum and J. Feldman, editors, *Computers and Thought*, pages 406–450. McGraw-Hill Book Company, New York, 1963.
[MO91] C. De Medio and G. Oriolo. Robot obstacle avoidance using vortex fields. In S. Stifter and J.Lenarcic, editors, *Advances in Robot Kinematics*, 1991.
[Nil92] N. J. Nilsson. Toward agent programs with circuit semantics. Technical report, Department of Computer Science, Stanford University, 1992.
[NSS63] A. Newell, J. Shaw, and H. Simon. Empirical explorations of the logic theory machine. In E. feigenbaum and J. Feldman, editors, *Computers and Thought*, pages 406–450. McGraw-Hill Book Company, New York, 1963.
[Pen86] A. Pentland. *From Pixels To Predicates*. Ablex Publishing Company, Norwood, NJ, 1986.
[Sch91] G. Schöner. Dynamic theory of action-perception patterns: the moving room paradigm. *Biological cybernetics*, (64), 1991.
[Sch92] M. J. Schoppers. How to interface high level planner with low level continuous control. In *Proceedings of the First International Conference on Artificial Intelligence Planning Systems*, 1992.
[Win70] P. H. Winston. *Learning Structural Descriptions from examples*. PhD thesis, MIT, 1970.
[Yam94] Y. Yamamoto. *Control and Coordination of Locomotion and Manipulation of a Wheeled Mobile Manipulator*. PhD thesis, University of Pennsylvania, Grasp Laboratory, 1994.

Theo Herrmann, Mannheim

Charakteristische Eigenschaften der menschlichen Wahrnehmung

1. Zur Evolution der Wahrnehmung

Das Wahrnehmungssystem des Menschen teilt mit künstlichen Systemen der Informationsaufnahme, Informationsverarbeitung und Informationsnutzung die Eigenschaften, die allen informationsverarbeitenden Systemen zukommen (Posner, 1989). Was aber das visuelle System des Menschen und generell die menschliche Wahrnehmung von künstlichen Systemen unterscheidet, ist die Tatsache, daß sie ein Ergebnis der Evolution ist: Die menschliche Wahrnehmung kann nur dann hinreichend verstanden werden, wenn man berücksichtigt, daß sie im Zuge eines langfristigen evolutionären Anpassungsprozesses entstanden ist. Der materielle Träger des menschlichen Wahrnehmungssystems ist das Gehirn; die Augen können als Hirnteile aufgefaßt werden. Die materiellen Eigenschaften des Gehirns sind die wesentlichen Maßgaben, unter denen das Wahrnehmungssystem arbeitet.

Wichtige Eigenschaften, aber nicht alle teilt das menschliche Wahrnehmungssystem mit demjenigen aller Primaten. Zu den Primaten gehören die Halbaffen, die Affen und der Mensch. Etwa 70 Millionen Jahre vor unserer Zeit gab es bei bestimmten damals lebenden Tieren sich langsam ändernde Umweltbedingungen, unter denen der Selektionsdruck im Laufe der Zeit genau die Eigenschaften hervorgebracht hat, die noch heute für das menschliche Wahrnehmungssystem kennzeichnend sind (Klix, 1993). Zu dieser Zeit lebten in den subtropischen Wäldern Afrikas Insektenfresser auf Bäumen. Sie waren unseren heutigen Eichhörnchen nicht unähnlich. Ihr Überleben war davon abhängig, daß sie Meister im Springen und Anklammern waren. Im Laufe der Zeit bildeten sich an ihren Vorderpfoten die Krallen so um, daß Nägel mit Tastpolstern entstanden, wie sie für die Primaten kennzeichnend sind. Was die visuelle Wahrnehmung betrifft, so waren für diese Insektenfresser die Sehkraft und vor allem die Tiefensehschärfe von höchster Wichtigkeit. Der Geruchssinn verlor hingegen seine zuvor dominierende Bedeutung. Aus den Insektiforen entwickelten sich Lemuren und Makis und dann die Neuwelt- und Altweltaffen, und diese lassen sich für die Zeit vor 35 Millionen Jahren aufweisen. Aus den baumlebenden Insektenfressern waren nun Tiere geworden, die nicht nur auf Bäumen, sondern auch am Boden lebten. Ihre Vorderextremitäten waren nach wie vor zum Klettern und Hangeln, aber auch bereits zum Laufen und zum Fangen geeignet. Es waren Greifhände entstanden, und diese bewegten sich und tasteten vor den Augen. Im gleichen Zuge der Entwicklung und wohl in Wechselwirkung mit der Umformung der Vorderextremitäten wanderten die Augenpaare nämlich nach vorn. So entstand schon bei den Halbaffen ein stark überlapptes, binokulares Sehfeld. Hierdurch war eine notwendige Voraussetzung für präzises Tiefensehen, besonders im Aktionsraum der Vorderextremitäten, gegeben. Entscheidend für die weitere evolutionäre Entwicklung des Wahrnehmens ist indes die sensomotorische Koordination: Die Bewegungen der Vorderextremitäten standen jetzt unter der Kontrolle der Augen; das Tiefensehen und die Greifbewegungen erlaubten neue Verhaltensleistungen, die viel flexibler waren als die Fertigkeiten ihrer baumlebenden Vorgänger vor 70 Millionen Jahren. Diese Flexibilisierung des Handelns durch das Zusammenspiel von Auge und Hand erforderte einen entsprechenden Ausbau des Gehirns. Die Tiefenwahrnehmung bzw. das räumliche Sehen wird von einem Kontrollzentrum in der Hinterhauptgegend des Gehirns gesteuert. Dieses Kontrollzentrum arbeitet eng mit den motorischen Zentren des Mittelhirns und Teilen der motorischen Hirnrinde zusammen, um die genannte sensomotorische Koordination zu realisieren. Diese Koordination läßt es zu, daß das Lebewesen Gegenstände greifen, betasten und manipulieren kann. Dadurch erhält es qualitativ neue Informationen über Umwelteigenschaften. Diese Eigenschaften kann das Lebewesen unmittelbar bei seinem Verhalten berücksichtigen. Die Ausbildung des visuellen Systems führt hier also dazu, daß Informationen der Umwelt nicht mehr nur visuell oder akustisch, sondern eben durch aktive Tastvorgänge erschlossen werden können. (Vgl. zum Vorhergehenden Klix, 1993, S. 36 f.)

Diese neue Qualität des Hantieren- und Betastenkönnens von Dingen wird von namhaften Evolutionstheoretikern für den evolutionären Fortschritt bis hin zum Menschen für wichtiger gehalten als der aufrechte Gang (Stephan, 1977). Dieser hat indes zur erwachenden Fähigkeit des Erschließens von Umweltinformationen durch Tasten und Manipulieren insofern beigetragen, als die Zweibeinigkeit die vorderen Extremitäten für die genannten Leistungen freistellte. Der aufrechte Gang war insbesondere durch tiefgreifende Klimaänderungen erzwungen worden. Die Lebensfristung in den Bäumen war weitgehend nicht mehr möglich, das neue Leben in der Savanne erforderte das Sichaufrichten zum Zwecke der Orientierung, des aufrechten Tragens und Haltens von Früchten, usf. Die dabei stattfindenden Bewegungen der vorderen Extremitäten erfolgten aber nun im Gesichtsfeld; das Tier sah nunmehr die eigenen Arm- und Handbewegungen. Bei besonders exakten Bewegungen übernahmen jetzt die Augen die genaue Steuerung der Hände. Dies bewirkte eine Handlungspräzision bei der Nahrungsbeschaffung, aber auch bei der Verteidigung und beim Angriff, die einen nicht zu unterschätzenden Überlebens- und Fortpflanzungsvorteil darstellte. Das verfeinerte visuelle System der nun in der Savanne lebenden Tiere kann in seiner evolutionären Bedeutung nicht überschätzt werden. Wir teilen heute noch mit den damaligen Tieren, mit denen wir evolutionär verbunden sind, wichtige Parameter des Wahrnehmumgssystems, so wie dieses für das Überleben in der Savanne notwendig war. Dazu gehört unter anderem das außerordentlich genaue Tiefensehen im Manipulationsbereich der vorderen Extremitäten.

Das visuelle System des Menschen ist nach allem nicht schlechthin für "physikalische Reize" ausgelegt; es ist nicht dafür bestimmt, schlechthin Frequenzen und Amplituden elektromagnetischer Schwingungen bzw. die Beschaffenheit von Punkten im geometrischen Raum zu verarbeiten, sondern es ist von vornherein auf eine Umwelt eingestellt, wie sie nur auf der Erdoberfläche existiert. Diesen Gesichtspunkt hat besonders James J. Gibson (1982) in den Vordergrund seiner bekannten ökologischen Wahrnehmungstheorie gestellt. Danach kann man die menschliche Wahrnehmung am ehesten begreifen, wenn man sie als Aufnahme von Information aus der natürlichen Umwelt betrachtet. Die Umwelt des Menschen besteht einerseits aus - in variablem Ausmaß - festen Substanzen und deren Oberflächen und zum anderen aus einem durchlässigen Medium, der Luft, welches dem Menschen die Fortbewegung erlaubt. Die Fortbewegung fördert ersichtlich die Aufnahme von Information über die festen Substanzen und ihre Oberflächen. Oberflächen haben charakteristische Texturen und charakteristische Reflexionsmerkmale sowie eine charakteristische Flächenanordnung. Substanzen unterscheiden sich nach ihrer Festigkeit. Von zentraler Bedeutung für die Wahrnehmung ist der Untergrund, also die beständige Fläche, auf der wir leben. Dieser Untergrund ist das unterstützende Terrain, das sich bis zum Horizont erstreckt, das normalerweise aber durch Substanzen verstellt und selbst uneben ist. Substanzen verdecken einander. Dies alles und mehr, nicht aber die im engen Sinne physikalischen Parameter (Wellenlängen usf.) werden, Gibson zufolge, vom visuellen System des Menschen aufgenommen bzw. verarbeitet. (Der Begriff des visuellen Systems weicht bei Gibson (1982, S. 333) vom üblichen Wortgebrauch ab. Wir können diesen Unterschied hier nicht diskutieren.)

Gibson hat auf der Grundlage dieser Auffassungen eine Fülle von Einzelanalysen und Beobachtungen zur Funktion der menschlichen Wahrnehmung vorgelegt. Sehr bekannt geworden ist der zuvor nicht hinreichend beachtete Einfluß der Oberflächentextur als Träger visueller Information. Oberflächen sind fast nie homogen und glatt. Texturen sagen etwas über die Erstreckung von Oberflächen im Raum und über relative Entfernungen aus. Das zeigt die Texturperspektive, für die Abbildung 1 ein Beispiel gibt: In den oberen Teilen der Abbildung ist die Textur feinkörniger als in den unteren Teilen. Wir sehen (!) die oberen Teile als weiter entfernt. Diese Leistung des Wahrnehmungssystems ist das Ergebnis der evolutionären Anpassung von Lebewesen an die ökologische Beschaffenheit der Erdoberfläche, auf der wir leben.

Abb. 1: Texturgradient

2. Zur Plastizität neuronaler Verschaltungen

Kinder können sehr frühzeitig (zum Beispiel nach Infektionen) ihre Sehfähigkeit einbüßen, wenn der optische Teil des Auges ausfällt, der neuronale Teil aber nicht betroffen ist. Durch späteren chirurgischen Eingriff ist es manchmal möglich, die optischen Verhältnisse im Auge nahezu völlig wiederherzustellen (Singer, 1990). Geschieht diese Operation jedoch erst nach Erreichen des Schulalters, so kehrt keine normale Sehfähigkeit zurück. Dies, soweit der optische Apparat des Kindes seit der Geburt bzw. den ersten Lebenswochen bereits desaktiviert gewesen war. Trotz völliger Wiederherstellung von Hornhaut und Linse können solche Kinder nur mühsam einfache Muster erkennen lernen und sich grob orientieren. Die sensomotorische Koordination bleibt durchgreifend gestört, die Sehschärfe und die Mustererkennung sind stark defizitär. Dieselben Ergebnisse wurden gewonnen, wenn man durch entsprechende Experimente mit jungen Tieren, zum Beispiel Katzen, die optischen Voraussetzungen des Sehens während bestimmter kritischer Phasen zeitweilig außer Funktion setzte. Bei den nichtmenschlichen Primaten läßt sich eine normale Sehfähigkeit nicht mehr gewinnen, wenn sie etwa ein Jahr lang von der Geburt ab keine Gelegenheit erhalten, optische Reize aufzunehmen. Singer und andere haben diesen Tatbestand eingehend untersucht (vgl. auch bereits Hubel & Wiesel, 1962).

Bei den Primaten und anderen höheren Säugetieren ist die neuronale Verschaltung zwischen den Augen und den Nervenzellen in der Sehrinde zum Geburtszeitpunkt im wesentlichen bereits genetisch festgelegt. Diese Festlegung ist aber relativ ungenau. Erst durch die Sehtätigkeit während des frühesten Lebensabschnitts werden bestimmte Verbindungen zwischen Nervenzellen ausgewählt und konsolidiert, andere Verschaltungen werden abgekoppelt. Letzteres kann dazu führen, daß Nervenzellen völlig verschwinden. Die Funktionsfähigkeit des visuellen Systems beim Menschen ist also das Ergebnis der Wechselwirkung von genetischen Vorgaben und ontogenetisch frühen Informationsverarbeitungsvorgängen, die auf diese Weise den Charakter von Lernvorgängen erhalten.

Im adäquat funktionierenden Wahrnehmungssystem höherer Säugetiere und auch des Menschen enthält die Sehrinde auch Nervenzellen, die wie folgt spezialisiert sind: Die Nervenzellen reagieren bevorzugt auf längliche Konturen, wobei sich Zellen unterscheiden lassen, die auf vertikale Konturen ansprechen, nicht aber auf horizontale Konturen. Bei anderen Zellen ist das umgekehrt. Daneben tritt eine entsprechende Selektivität für Bewegungsrichtungen der betreffenden Konturen auf. In Gruppen von Sehrindenneuronen sind alle diese Spezialisierungen auf unterschiedliche Richtungen und Orientierungen normalerweise etwa gleich häufig vertreten. Die Spezialisierung von Neuronen in der Sehrinde in Bezug auf Konturen unterschiedlicher Richtung zeigt übrigens wiederum, daß das menschliche Gehirn bzw. das Wahrnehmungssystem auf die Verhältnisse in der realen Umwelt und nicht in einem abstrakten physikalischen Raum ausgelegt ist.

Die genannten Sehrindenneuronen werden aufgrund der Zweiäugigkeit des Menschen jeweils von einander entsprechenden (korrespondierenden) Netzhautbereichen der beiden Augen aktiviert. Ein solches Neuron kann also von jedem Auge aus oder von beiden erregt werden, wenn die vorgeordneten Netzhautfelder (= rezeptiven Felder) selbst aktiviert sind. Die rezeptiven Felder, die von beiden Augen oder von einem aus jeweils ein bestimmtes Sehrindenneuron erregen, sind im ausgereiften visuellen System sehr klein. Beim Menschen sind sie im Bereich der Stelle des schärfsten Sehens etwa so klein wie das Bild, das ein Stecknadelkopf aus einem Meter Entfernung auf die Netzhaut wirft (Singer, 1990, S. 52). Mit dieser geringen Ausdehnung der rezeptiven Felder entsteht das für präzise Sehleistungen hinreichend feine Auflösungsvermögen der Netzhaut. Die geringe Ausdehnung der rezeptiven Felder und ihre Zuordnung zu einzelnen Sehrindenneuronen erfordert jedoch eine enorme Präzision der (mehrstufigen) neuronalen Verschaltung von Netzhaut und Sehrinde. Von dieser exakten Verarbeitung korrespondierender Netzhautinformationen beider Augen ist vor allem das Tiefensehen abhängig. Beim beidäugigen Sehen verschmelzen die beiden gesehenen Bilder zu einem, wenn die rezeptiven Felder in jedem Auge auf identische Bildpunkte ausgerichtet sind. Für Objekte, die vor oder hinter der Fixationsebene liegen, gilt diese Beziehung jedoch nicht. Sie werden auf nichtkorrespondierenden Netzhautbereichen abgebildet und entsprechend an verschiedene Zellen der Hirnrinde weitergeleitet. Daraus errechnet das System einen Raum- oder Tiefeneindruck. Dies alles ist aber nur möglich, wenn die Verschaltung von Netzhaut und Sehrinde, wie betont, außerordentlich präzise ist.

Es stellt sich nun die Frage, warum die Natur nicht wie in anderen Fällen die erforderliche Präzision dadurch erreicht, daß sie die entsprechende Verschaltung genetisch vorgibt. Die zuvor beschriebene Plastizität der Hirnentwicklung ist zweifellos riskant. Wie Singer (1990) annimmt, ist die Natur jedoch zur Plastizität verurteilt, weil das visuelle System des Menschen in einen sich entwickelnden Leib eingebaut ist. Der endgültige Abstand der beiden Augen und die Lage der Augäpfel in den Augenhöhlen sind nicht genetisch vollständig präformiert. Beides wird auch von nichtgenetischen Faktoren beeinflußt. Deshalb kann die endgültige Verschaltung korrespondierender Netzhautstellen mit jeweils einer Nervenzelle in der Sehrinde erst während der Ontogenese des Lebewesens endgültig fixiert werden. - Auch diese Eigenarten der menschlichen Wahrnehmung sind ein Resultat der Evolution.

Es sei noch erwähnt, daß Fehlstellungen der Augen während der ersten Lebensjahre dazu führen, daß die Kinder nie mehr lernen können, mit beiden Augen strikt gleichzeitig zu sehen; ihre Fähigkeit zum Tiefensehen bleibt stark reduziert. Das Schielen muß also schon während der ersten Lebensjahre entweder chirurgisch oder durch intensive Sehschulung zumindest reduziert werden.

3. Serielle und parallele Teilprozesse

Wenn die neuronale Erregung einer Netzhautstelle (über Zwischenstationen) die Erregung einer Nervenzelle in der Sehrinde veranlaßt, so handelt es sich zweifellos um einen seriellen Prozeß mit einem klar bestimmbaren Vorher und Nachher. Betrachtet man jedoch das komplexe Gesamtgeschehen des Wahrnehmens von Gegenständen, Ereignissen, Szenen usf., so stellt sich die generelle Frage, ob Wahrnehmungsprozesse als ganze seriellen oder parallelen Charakter haben und wieweit serielle Wahrnehmungsprozesse eher von der peripheren Informationsaufnahme hin zu höheren, nachgeordneten Prozessen der Objektidentifikation oder dergleichen (also "bottom up") oder aber, ausgehend von kognitiven Erwartungen, von der Mobilisierung von Speicherinhalten usf., hin zur periphären Reizverarbeitung (also "top down") verlaufen. Die nicht nur in der Psychologie bekanntgewordene Wahrnehmungstheorie von David Marr (Marr, 1982; Marr & Hildreth, 1980) ist eine dezidierte Bottom-up-Theorie. In verschiedenen Verarbeitungsschritten wird eine Reizkonstellation, beginnend bei elementaren Reizmerkmalen von der Art der Helligkeitssprünge zwischen rezeptiven Feldern, bis hin zu elaborierten 3D-Abbildungen des wahrzunehmenden Gegenstands und zu seiner kognitiven Identifikation verarbeitet. Marrs Theorie ist im Zusammenhang mit Problemen der Bildverarbeitung auf dem Computer relevant geworden. Marr selbst hat seine Theorie mit Hilfe eines Computermodells demonstriert (Marr & Hildreth, 1980). Top-down-Theorien der Wahrnehmung haben sich in unterschiedlichen historischen Zusammenhängen gebildet: Für einige Zeit gewann innerhalb der Psychologie der sog. "New Look der Wahrnehmungspsychologie" von Jerome Bruner (Bruner, 1951) einige Bedeutung. Bruners Grundidee bestand darin, daß das Wahrnehmen die Prüfung von Hypothesen sei. Der Mensch hat zunächst Erwartungen über seine Umwelt und sucht dann im Wege der Wahrnehmung gezielt nach Hinweisen darauf, ob die jeweilige Hypothese stimmt oder nicht. Dies ist eindeutig ein Top-down-Vorgang. Auch die Template-Theorien der Mustererkennung haben starke Top-down-Anteile (vgl. Neisser, 1976; Uhr, 1966). Die bekannte Gestalttheorie des Wahrnehmens (vgl. Pomerantz & Kubovy, 1981) wird häufig fälschlich den Top-down-Theorien zugerechnet. Dies deshalb, weil es zum gestalttheoretischen Credo gehört, daß die wahrgenommene Gesamtgestalt bestimmt, was ihre Details bedeuten und welche figuralen Eigenschaften sie haben (Zimmer, 1995).

Man kann die derzeit dominierende Auffassung über Prozeßmodalitäten der menschlichen Wahrnehmung etwa wie folgt zusammenfassen: Teilprozesse der primären Inputverarbeitung, wie sie weiter oben im Zusammenhang mit dem beidäugigen Sehen beschrieben wurden, sind zweifelsfrei seriell und afferent (bottom up). Der Prozeßverlauf beginnt im Auge und endet (partiell) in der Sehrinde. Seriellen Charakter hat wohl auch die Aufeinanderfolge der Verarbeitung von Wo- und Was-Information: Sehr schnell erfolgt die Verarbeitung von Information auf peripheren Netzhautstellen, von denen aus die Reize, die den Organismus seitlich treffen, weitergemeldet werden. Diese Informationsverarbeitung ist an alte Hirnteile gebunden und außerordentlich robust. Sehr schnell zu bemerken, daß seitlich "irgend etwas ist", hat ersichtlich einen großen evolutionären Wert. Diese Meldung führt aber selbst noch nicht zur Objekt- bzw. Ereignisidentifikation, hat aber die schnelle Auslösung eines Bewegungsprogramms zur Folge, dessen Resultat die Fixation des Objekts im Bereich der Fovea centralis ist. Erst jetzt beginnt ein zweiter Prozeß, der günstigenfalls zur Objektidentifikation führt. Die Sachlage, daß man auf diese Weise zunächst erfährt, daß an einer bestimmten Stelle etwas ist, und erst dann, was es ist, ist ersichtlich ein serieller Vorgang (vgl. Humphreys & Bruce, 1991; S. 106 ff.).

Was aber nun die Erkennung von Objekten, Ereignissen, Szenen usf. betrifft, die beidäugig fixiert werden, so wird heute in zunehmendem Maße ein zeitlich paralleles Zusammenspiel mehrerer Teilprozesse diskutiert (vgl. u.a. Zimmer, 1995). Hier ist die visuelle Reizverarbeitung nicht hierarchisch; Teilprozesse interagieren vielmehr simultan wie Kräfte in einem Feld. Die Interaktion kann kooperativ, aber auch kompetitiv sein. Diese theoretischen Vorstellungen haben besonders im Bereich des "Computer Vision" Platz gegriffen. Ein beliebtes Demonstrationsobjekt ist der sog. Necker-Würfel. Der Necker-Würfel kann bei konstanter Reizkonstellation zur Ausbildung von zwei verschiedenen Wahrnehmungsergebnissen führen; es handelt sich um ein sogenanntes Kipp-Bild bzw. um eine "Umschlagfigur" (vgl. Abbildung 3, oben).. Die Figur kann so gesehen werden, daß der in der Mitte liegende Eckpunkt D des Würfels einmal vorn und dann wieder hinten gelegen ist. (Vgl. Perkins, 1968; 1973; Zimmer, 1989.)

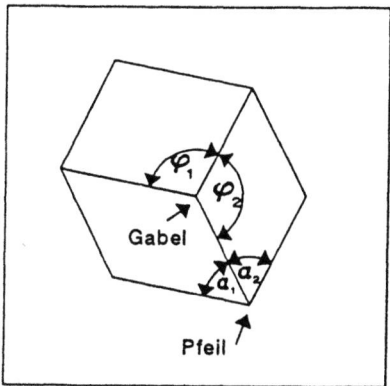

Abb. 2: Gabel und Pfeil (s. Text)

Man kann den Necker-Würfel als eine Menge von "Gabeln" und "Pfeilen" auffassen. Je ein Beispiel für eine Gabel ("fork") und für einen Pfeil ("arrow") sind in Abbildung 2 eingezeichnet. Die pfeil- und gabelförmigen Eckkonstellationen des Necker-Würfels können nun zwei verschiedene Orientierungen haben, sie können konkav oder konvex sein. Nimmt man diese Eckpunkte als Grundeinheiten für den Necker-Würfel und versieht man sie im Sinne konnektionistischer Netzwerkvorstellungen (vgl. McClelland & Rumelhart ,1986) mit exzitatorischen und inhibitorischen Verbindungen sowie mit einer Autoinhibition, die der Sättigung Rechnung trägt, dann erhält man das Modell in Abbildung 3 (Zimmer, 1989). Die beiden Wahrnehmungsalternativen ergeben sich aus dem Aktivationszustand der Units "Gabel D konkav" und "Gabel F konkav". Aufgrund der Autoinhibition kommt es zum 'Kippen' des Necker-Würfels. Die drei Prozesse der Exzitation, der Inhibition und der Autoinhibition sind kompetitiv; sie sind nicht hierarchisch geordnet. Sie laufen nicht seriell ab. Keine Prozeßinstanz dominiert die anderen. Es gibt keine zentrale Entscheidungsinstanz. Nach dieser Vorstellung kommt die Gegenstandswahrnehmung durch den Wettstreit unterschiedlicher Teilprozesse zustande. (Zu solchen Wettbewerbsprozessen, bei deren Modellierung man Anleihen bei der Evolutionstheorie macht, vgl. u.a. Rechenberg, 1990; Reeke & Edelman, 1984.)

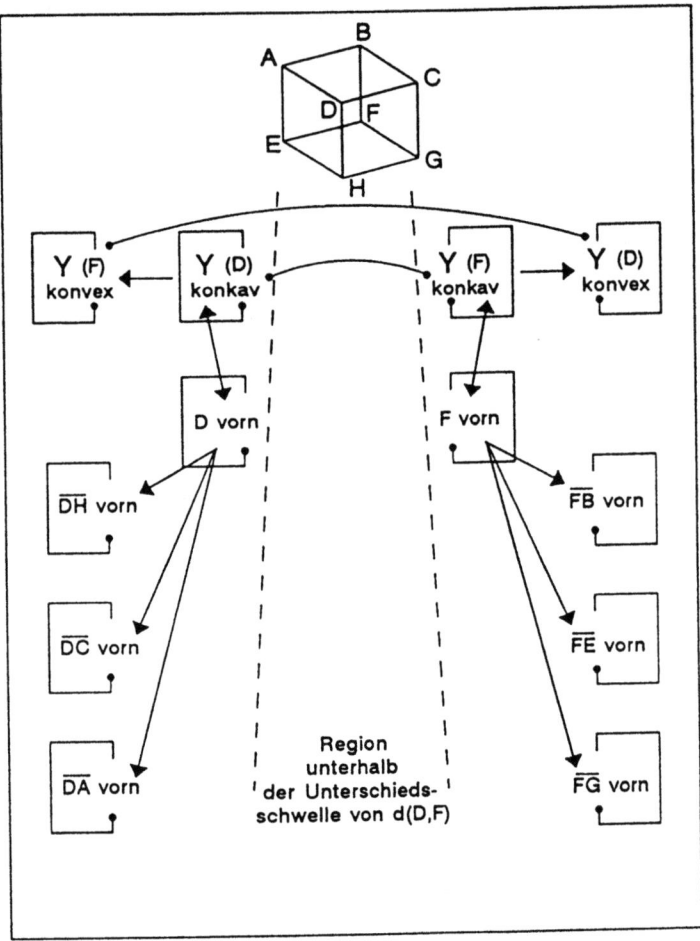

Abb. 3: Necker-Würfel: Aktivation, Hemmung, Selbstinhibition (s. Text)

Im Falle des Necker-Würfels kann nicht gesagt werden, daß die drei Teilprozesse (Exzitation, Inhibition und Autoinhibition) von unterschiedlicher Komplexität seien. Die derzeitige Theorieentwicklung geht nun dahin, die Parallelität von Teilprozessen der Wahrnehmung auch dann zu behaupten, wenn diese eindeutig unterschiedlich komplex sind. Man darf annehmen, daß die

Wahrnehmung der Helligkeit einer Oberfläche relativ basal und einfach ist. Das gleiche gilt auch noch für die Information, daß eine Erstreckung waagerecht oder senkrecht ist. Man spricht hier üblicherweise von Low-level-Features. Daß etwas ein Kreis ist, daß eine Teilstruktur eine andere verdeckt usf., sind demgegenüber komplexere Bildeigenschaften, deren Wahrnehmung, wie man annimmt, durch komplexere Teilprozesse zustande kommt. Es spricht nun einiges dafür, daß Low-level-Features und komplexe Eigenschaften (verschiedenen Grades) parallel und nicht nacheinander verarbeitet werden. Vor allem setzen sich komplexe Eigenschaften nicht strikt und durchgängig aus elementareren Eigenschaften zusammen. Entsprechende Kompositionalitätsannahmen werden in letzter Zeit zunehmend abgelehnt. Der Tatbestand sei kurz an Abbildung 4 verdeutlicht.

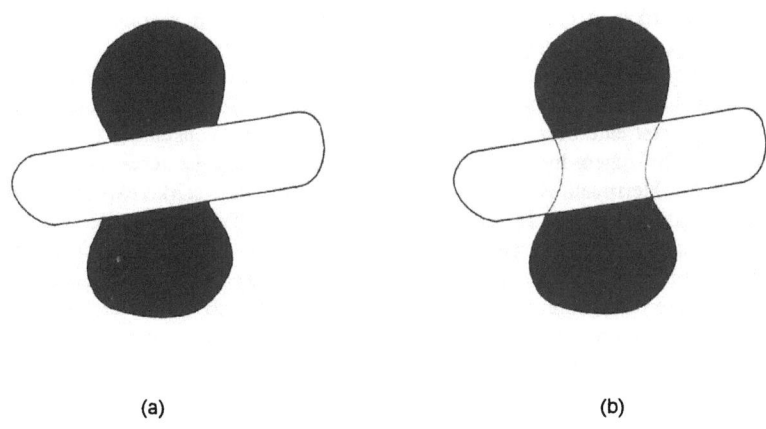

(a) (b)

Abb. 4: Wechselwirkung elementarer und komplexer Figurmerkmale (s. Text)

Die Abbildung zeigt zwei Figuren. Figur (a) ist ein homogenes helles Band, das eine schwarze kolbenartige Fläche teilweise verdeckt. Der weiße Streifen ist hier die Figur; die schwarze Fläche ist der Hintergrund. Vergleicht man mit der Figur (a) die Figur (b), so unterscheidet sich (b) von (a) zunächst durch zwei elementare Merkmale: Es sind zwei gekrümmte Linien hinzugefügt worden. Mit dieser Änderung auf dem Low-level geht zugleich eine signifikante Änderung komplexer Art einher: Die Figur-Grund-Konstellation hat sich durchgreifend geändert. Der weiße Streifen verdeckt nun nicht mehr eine kolbenartige schwarze Fläche. Stattdessen sieht man eine schwarzweißschwarz gestreifte Kolbenfigur. Diese Figur verdeckt entweder ein streifenartiges Gebilde, oder die Kolbenfigur hat rechts und links zwei 'Auswüchse'. Mit dieser strukturellen Änderung auf komplexem Niveau geht wiederum eine sehr elementare Merkmalsänderung einher: Während das horizontale Band in Bild (a) in völlig homogener Weise weiß aussieht, findet man jetzt in Bild (b) bei gleicher Reizbeschaffenheit eine zentrale Zone, die weiß ist, und zwei periphere Zonen, die deutlich dunkler aussehen als die zentrale Zone. Die geänderten Figur-Grund-Eigenschaften interagiert hier offensichtlich mit elementaren Helligkeitseffekten. (Vgl. Kanizsa, 1975; Spillman, 1975.) - Das Beispiel verdeutlicht das interaktive Zusammenspiel elementarer Prozesse, deren Resultat elementare Merkmale (gekrümmte Linien,

Helligkeit von Oberflächen) sind, mit komplexen Prozessen, durch die komplexe Merkmale (Figur-Grund-Konstellation).entstehen.

4. Zur Objektidentifikation

Die Wahrnehmungspsychologie unterstellt selbstverständlich nicht, daß die Bedeutungsidentifikation bei Gegenständen, Ereignissen, Szenen usf. eine notwendige Voraussetzung für die Wahrnehmung überhaupt sei. Man kann nämlich sinnfreie bzw. bedeutungsfreie, unerwartete Reizkonstellationen ebenso gut als figurale Etwasse wahrnehmen wie Gegenstände, die man erkennt. Wenn man indes Gegenstände, Ereignisse, Szenen usf. kognitiv identifizieren will, so muß man sie mit gespeicherten Konzepten, Propositionen, Schemata usf. konfrontieren und sie ihnen zuordnen. Ist also Wahrnehmung zwar nicht davon abhängig, daß man das Wahrgenommene kennt und kognitiv einordnen kann, so bleibt doch die Frage bestehen, ob Prozesse, die speziell zur Identifikation eines Gegenstands, zu seinem Wiedererkennen o.dgl. führen, erst beginnen können, nachdem der Gegenstand als figurales Wahrnehmungsobjekt im Raum bereits vollständig perzipiert worden ist. Muß man also eine Strichzeichnung erst als solche vollständig erkannt haben, bevor man sie zum Beispiel als Abbildung des Kölner Doms identifiziert? Muß man erst eine bestimmte Graphemserie als solche vollständig wahrgenommen haben, bevor man die zugeordnete Wortbedeutung entdeckt? Daß letzteres nicht so ist, ist lange bekannt (vgl. u.a. Herrmann & Grabowski, 1994). Es gibt heute starke experimentelle Anhaltspunkte dafür, daß die mit der Bedeutungsfindung befaßten Teilprozesse der Gesamtwahrnehmung schon relativ früh einsetzen und zumindest zum Teil zeitlich parallel mit den übrigen Teilprozessen auftreten. Es wäre ja auch wenig funktional, wenn bei der alltäglichen Wahrnehmung der vertrauten Umgebung, über die man bereits vieles weiß, immer erst alle i.e.S. perzeptiven Teilprozesse zu ihrem Ende gekommen sein müßten, bevor die eigentliche Gegenstands-, Ereignis- oder Szenenkognition beginnen kann. Es wäre sicherlich kein Beitrag zur evolutionären Anpassung, wenn der Mensch immer so wahrnähme, als sehe er den fraglichen Gegenstand zum ersten Mal.

Zu dieser Sachlage verdanken wir ausgezeichnete Untersuchungen Biederman und Mitarbeitern (vgl. Biederman, Glass & Stacy, 1973; Biederman, Mezzanotte & Rabinowitz, 1982).

In einer Untersuchung von Biederman, Mezzanotte und Rabinowitz (1982) hatten Versuchspersonen die folgende Aufgabe zu lösen: Zunächst lasen sie den Namen eines Gegenstands (z.B. "Sofa"). Dann sahen sie auf einem Bildschirm für 150 msec eine Szene und sollten hinterher angeben, ob das Objekt, dessen Namen sie gelesen hatten, an einer gekennzeichneten Stelle der Szene vorhanden gewesen war oder nicht. Gemessen wurde u.a. die Reaktionszeit bis zur Antwort "ja" vs. "nein". Die Versuchspersonen waren insgesamt in der Lage, diese Aufgabe bei einer Inspektion der Szene in einem Zeitraum von nur 150 msec zu bewältigen. Die Objekte in der Szene, deren Lokalisation bzw. Vorhandensein beurteilt werden sollten, unterschieden sich wie folgt: Entweder handelte es sich um an einem normalen Ort befindliche Gegenstände von normaler Form und normaler Bedeutung, oder die Gegenstände verletzten figurale oder aber semantische Erfordernisse. Die Verletzung figuraler Gesetzmäßigkeiten bestand zum Beispiel darin, daß eine Hintergrundlinie durch die Figur hindurchgezeichnet war, eine semantische Verletzung bestand beispielsweise darin, daß das Objekt nicht in die Szene hineingehört oder sich an einem unmöglichen Ort befindet. Abbildung 5 zeigt eine Bildvorlage, bei der eine semantische Verletzung vorliegt: Der Feuerlöscher, der figural völlig in Ordnung ist, befindet sich an einem szenenspezifisch unmöglichen Ort. Die Reaktionszeit der Versuchspersonen verlängerte sich generell, wenn irgendwelche Anomalien der Zielgegenstände vorhanden waren. Vielbeachtet ist der Befund, daß trotz der kurzen Inspektionszeit der Szene die Verletzung der semantischen Relationen zu einer ebenso starken Reaktionszeitverlängerung führt wie die Verletzung der figuralen ('physikalischen') Relationen. Es konnte gesichert werden, daß die Versuchspersonen unter den Anomalitätsbedingungen für die jeweilige Szene zwar ebenfalls ein "frame" bzw. Schema generiert hatten, daß aber dieses "frame" mit der Perzeption des anomalen Objekts interferierte. Enthält eine Bildvorlage nämlich ein anomales Objekt, so ist die Objekt- und Ortsidentifikation anderer normaler Objekte derselben Vorlage nicht gestört. Die interne Szenenrepräsentation als solche arbeitet also normal. - Die Autoren argumentieren, daß ihre Untersuchungen linearen Bottom-up-Modellen des visuellen Wahrnehmens widersprechen. Nach sehr kurzer Inspektion einer Szene laufen nämlich zeitgleich sowohl Teilprozesse zur Entdeckung figuraler Merkmale und Relationen als auch Teilprozesse semantisch-kognitiver Art ab.

Abb. 5: Szene mit semantischer Anomalie (nach Biederman et al., 1982)

Es erscheint für biologische Systeme vorteilhaft, wenn Prozesse der Bedeutungserkennung nicht erst beginnen, nachdem die figuralen bzw. "physikalischen" Merkmale von Gegenständen aufgefunden bzw. konstruiert worden sind. Einerseits erhöht dies die Chance, relativ schnell und ohne eigene Fortbewegung Objekte zu erkennen, die nur teilweise sichtbar (partiell verdeckt) sind. Andererseits verkürzt paralleles Operieren die Zeit bis zur Zielerreichung und gibt den Systemoperationen mehr Robustheit gegenüber Störungen. Die Robustheit gegenüber Störungen zeigt die menschliche Wahrnehmung insbesondere, wenn es sich um die Rezeption gesprochener oder geschriebener Sprache handelt. Unabhängig von der Bedeutungsidentifikation können einzelne Buchstaben besser identifiziert werden, wenn sie nicht einzeln wahrgenommen werden, sondern Teile von Wörtern sind; dieser Wortüberlegenheitseffekt (Reicher, 1969) läßt sich auch nachweisen, wenn das fragliche Wort für den Rezipienten keine Bedeutung hat. Phonem- oder Graphemverbindungen, die keine Bedeutung haben, lassen sich schneller wahrnehmen, wenn die Phonem- bzw. Graphemabfolge in der jeweiligen Sprache vorkommt bzw.

möglich ist. Graphemverbindungen mit arbiträrer Graphemfolge werden physiologisch anders verarbeitet als solche mit in einer Sprache möglichen Graphemfolge (Posner & Raichle, 1994). Zu den gesichertsten Befunden der Psychologie überhaupt gehört der Tatbestand, daß Wörter, deren Bedeutung dem Rezipienten bekannt ist, schneller und sicherer wahrgenommen werden als bedeutungsfreie Wörter (Herrmann, 1994). Im gegenwärtigen Zusammhang ist es auch wichtig, daß Wörter als ganze identifiziert werden können, wenn noch nicht alle zugehörigen Laute oder Buchstaben identifiziert werden konnten (vgl. McClelland & Rumelhart, 1981). Der letzte Befund, aber auch die übrigen verweisen auf den interaktiv-distributiven Prozeßstil der Sprachwahrnehmung.

Insgesamt macht das evolutionär entstandene menschliche Wahrnehmungssystem den Eindruck einer hybriden Kombination von parallel-distributiver und hierarchisch-serieller Informationsverarbeitung. (Wir hatten zuvor auf eindeutig serielle Teilprozesse hingewiesen.) Bei jeder Analyse und Modellierung der menschlichen Wahrnehmung sollte generell beachtet werden, daß das perzeptive System des Menschen ein Kind der Evolution der höheren Säugetiere und Primaten ist. Die das Überleben und die Fortpflanzung sichernde Anpassung an die Umgebungsbedingungen der damaligen Zeit bestimmt bis zum heutigen Tage mit, was wir wo in welcher Weise wie schnell sehen.

Literatur

Biederman, I., Glass, A.L. & Stacy, E.W. Jr. (1973). Scanning for objects in real-world scenes. *Journal of Experimental Psychology, 97,* 22-27..
Biederman, I., Mezzanotte, R.J. & Rabinowitz, J.C. (1982). Scene Perception: Detecting and judging objects undergoing relational violations. *Cognitive Psychology, 14,* 143-177.
Bruner, J. (1951). Personality dynamics and the process of perceiving. In R.R. Blake & G.V. Ramsey (Eds.), *Perception. An approach to personality* (pp. 121-155). New York: McGraw-Hill.
Gibson, J.J. (1982). *Wahrnehmung und Umwelt. Der ökologische Ansatz in der visuellen Wahrnehmung.* München: Urban & Schwarzenberg.
Herrmann, Th. (1994). *Allgemeine Sprachpsychologie: Grundlagen und Probleme* (2. Aufl.). Weinheim: Beltz, Psychologie-Verlags-Union.
Herrmann, Th. & Grabowski, J. (1994). *Sprechen - Psychologie der Sprachproduktion.* Heidelberg: Spektrum Akademischer Verlag.
Hubel, D.H. & Wiesel, T.N. (1962). Receptive fields, binocular interaction and functional architecture in the cat's visual cortex. *Journal of Physiology, 160,* 106-154.
Humphreys, G.W. & Bruce, V. (1991). *Visual cognition.* Hove, UK: Erlbaum.
Kanizsa, G. (1975). Some new demonstrations of the role of structural factors in brightness contrast. In S. Ertel, L. Kemmler & M. Stadler (Hrsg.), *Gestalttheorie in der modernen Psychologie* (S. 219-226). Darmstadt: Steinkopf.
Klix, F. (1993). *Erwachendes Denken.* Heidelberg: Spektrum Akademischer Verlag.
Marr, D. (1982). *Vision: A computational investigation into the human representation and processing of visual information.* San Francisco: Freeman.
Marr, D. & Hildreth, E. (1980). Theory of edge detection. *Proceedings of the Royal Society of London* (Series B), *207,* 187-217.
McClelland, J. L. & Rumelhart, D. E. (1981). An interactive activation model of context effects in letter perception. Part 1: An account of basic findings. *Psychological Review, 88,* 375-407.

McClelland, J. L., Rumelhart, D. E. & The PDP Research Group (1986). *Parallel distributed processing. Explorations in the microstructure of cognition* (Vol. 2: Psychological and biological Models). Cambridge: MIT Press.

Neisser, U. (1976). *Cognition and reality. Principles and implications of cognitive psychology*. San Francisco: Freeman.

Perkins, D.N. (1968). Cubic corners. Quarterly Progress Report 89, M.I.T. Research Laboratory of Electronics, pp. 207-214. (Reprinted in Harvard Project Zero Technical Report no. 5, 1971).

Perkins, D.N. (1973). Compensating for distortion in viewing pictures obliquely. *Perception and Psychophysics, 14*, 13-18.

Pomerantz, J.R. & Kubovy, M. (1981). Perceptual organization: An overview. In M. Kubovy & J.R. Pomerantz (Eds.), *Perceptual organization*. Hillsdale, N.J.: Erlbaum.

Posner, M.I. (Ed.). (1989). *Foundations of cognitive science*. Cambridge: MIT Press.

Posner, M.I. & Raichle, M.E. (1994). *Images of mind*. New York: Scientific American Library.

Reicher, G.M. (1969). Perceptual recognition as a function of the material. *Journal of Experimental Psychology, 81*, 275-280.

Rechenberg, I. (1990^2). Evolutionsstrategie - Optimierung nach Prinzipien der biologischen Evolution. In J. Albertz (Hrsg.), *Evolution und Evolutionsstrategien in Biologie, Technik und Gesellschaft*. Schriftenreihe der Freien Akademie, Bd. 9. Hofheim: Hofheimer Druck- und Verlagsanstalt.

Reeke, G.N. jr. & Edelman, G.M. (1984). Selective networks and recognition automata. *Annals of the New York Academy of Sciences, 426*, 189.

Singer, W. (1990). Hirnentwicklung und Umwelt. In *Gehirn und Kognition* (Spektrum der Wissenschaft: Verständliche Forschung) (S. 50-65). Heidelberg: Spektrum der Wissenschaft.

Spillmann, L. (1975). Perceptual modification of the Ehrenstein illusion. In S. Ertel, L. Kemmler & M. Stadler (Hrsg.), *Gestalttheorie in der modernen Psychologie* (S. 210-219). Darmstadt: Steinkopf.

Stephan, B. (1977). *Die Evolution der Sozialstrukturen*. Berlin: Deutscher Verlag der Wissenschaften.

Uhr, L. (1966). *Pattern recognition*. New York: Wiley.

Zimmer, A.C. (1989). Gestaltpsychologische Texte - Lektüre für eine aktuelle Psychologie. *Gestalt Theory, 2*, 96-121.

Zimmer, A.C. (1995). Höhere Stufen der Wahrnehmung. In G. Kebeck (Hrsg.), *Gestalttheorie als Forschungsperspektive*. Münster: LIT-Verlag.

A Computational Model of Human Vision Based on Visual Routines

Dana H. Ballard and Rajesh Rao
Computer Science Department
University of Rochester
Rochester, NY, USA 14627

Abstract

We argue that human vision has natural timescales, and that models of human vision at these different timescales are qualitatively different. In particular, at the timescale of a few seconds, human vision can be modeled in terms of two primitive functional routines. A "what" routine determines object identity from a segmented input and a "where" routine determines the retinal location of a desired object. More complicated functions can be composed from these two. In particular, a complicated visuo-motor task such as copying can be described in terms of these two routines. The primary subroutine needed is one that computes the relationship of the parts of an object with respect to an object-centered frame.

1 Introduction

Since Hubel and Wiesel's groundbreaking experiments in monkey cortex in the 1960s, models of human vision have featured the signal representation in visual cortex [Marr, 1982]. These theories have been directed towards the immediate processing in visual gestalts that occurs in 50-100 millliseconds after the stimulus onset. The experimental study of such perceptions in humans has featured tightly controlled visual stimuli that are presented while fixating a blank screen. These experiments have been enormously helpful in characterizing basic signal processing of the visual pathway but have, by design, ignored the larger issues that arise when the visual system is engaged in the ongoing processing of visual stimuli.

The main exception to this trend has been Ullman's visual routines. Ullman posited that certain visual problems could not be solved by a purely parallel approach to vision and that there had to be a sequential component that used specific variables, or markers, that could be bound to image components [Ullman, 1987]. This work has been continued with Pylyshyn's "FINSTs" [Pylyshyn, 1993]. Ullman's argument for visual routines was that they should come "after" the processing of early vision, say, as intermediate vision. In this sense, "after" would mean higher in the cortical hierarchy; in other words, after the parsing of early vision was over. But we think it is more useful to see visual routines as happening at a very different timescale. Just as it is wrong to ask whether "minutes" come after "seconds," it is the wrong kind of conceptualization to see viual routines as coming after early vision. Rather, visual routines work at a longer timescale to compose successive products of early vision to the ongoing task. Table 1 shows these relations.

Our goal is to sketch an outline of a model of visual routines. This model has three basic aspects: representation, architecture, and control.

- Representation. The fundamental fact of human saccadic eye movements, which occur every 300 milliseconds on average, means that it is unlikely that extensive visual representations can be maintained between fixations. Thus in our model the representations that are computed are assumed to be computed within a single fixation.

Abstraction Level	Time Scale	Primitive	Example
Cognitive	2-3 sec	Unit Task	Copying a pattern
Embodiment	*0.3 sec*	*Physical Act*	*What and Where routines*
Attentive	50 ms	Deliberate Act	Parsing a stimulus: "Early vision"
Neural	10 ms	Neural Circuit	
Neural	2 ms	Neuron Spike	

Table 1: The organization of human computation into temporal bands (after Newell [Newell, 1990] but with some timescales adjusted to account for experimental observations).

- Architecture. Marr [Marr, 1982] characterized vision as computing "what" is "where." But again, eye movements make this problem intractible for many different objects during a single fixation. For this reason we advocate limiting computation to two kinds of routines, one that fixes the location of an object and computes its properties, and another that fixes the identity of an object and computes its spatial relationships.

- Control. Complex visual routines can be assembled by composing the two "what" and "where" routines.

Most of the model has been implemented using an active vision system comprised of the University of Rochester binocular head with two movable color CCD cameras that provide input to a *Datacube MaxVideo^{TM} MV200* pipeline image-processing system. A single servo motor controls the tilt of the two-camera platform while two separate motors control each camera's pan angle, thereby providing independent vergence control. The use of a binocular head allows for strategies such as zero disparity filtering for figure-ground segmentation and occluder detection. The *MV200* is comprised of a single integrated circuit board capable of a wide range of frame-rate image analysis capabilities. Of particular interest to our work here is its ability to perform convolutions at frame-rate (30/*sec*).

In order to make the model very concrete, a specific task is used in modeling. The task is that of copying a pattern of colored blocks. This task was originally chosen for study in human subjects to reflect the basic sensory and motor operations involved in a wide range of human performance. An important feature of the task is that subjects have the freedom to choose their own task parameters. The task involves a series of steps that require coordination of eye and hand movements and memory, but the subjects organize the steps to compose the behavior as in any natural behavior. An advantage of this simple task is that the underlying cognitive operations are quite clearly defined by the implicit physical constraints of the task.

A snapshot of the copying task is shown in Figure 1. A display of colored blocks was divided up into three areas, the *model, source,* and *workspace.* The model area contains the block configuration to be copied; the source contains the blocks to be used; and the workspace is the area where the copy is assembled. Note that the colored blocks are random and difficult to group into larger shapes so they have to be handled individually. This allows the separation of perceptual and motor components of the task.

A striking feature of task performance is that subjects behaved in a very similar, stereotypical way, characterized by frequent eye movements to the model pattern. Observations of individual eye movements suggest that information is acquired incrementally during the task and even modest demands on visual memory are avoided. For example, if the subject memorized and copied four sub-patterns of two blocks, which is well within visual memory limitations, one would expect a total of four looks into the model area. Instead, subjects sometimes made as many as 18 fixations in the model area in the course of copying the pattern, and did not appear to memorize more than the immediately relevant information from the model. Indeed, they

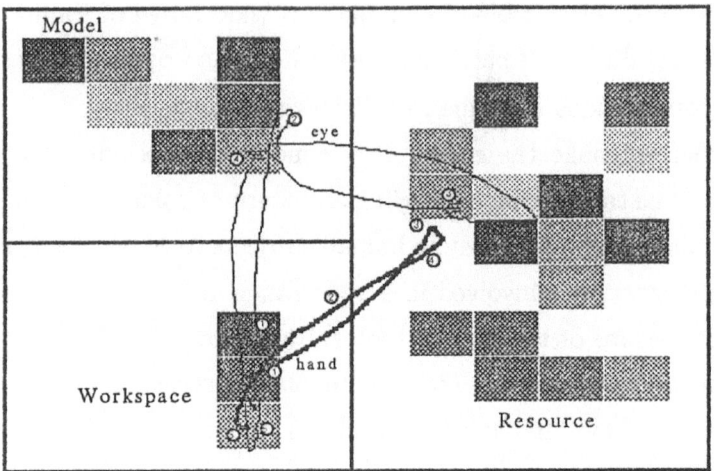

Figure 1: Copying a Single Block within the Task. The eye position trace is shown by the cross and the dotted line. The cursor trace is shown by the arrow and dark line.

commonly made more than one fixation in the model area while copying a single block. Thus subjects choose to serialize the task by adding many more eye fixations than might be expected. These fixations allow subjects to postpone the gathering of task-relevant information until just before it was required.

Figure 1 shows an example of the eye and hand (mouse) movements involved in moving a single block by one of the subjects. Following placement of the second block, the eye moves up to the model area, while at the same time the hand moves toward the blocks in the resource. During the fixation in the model area the subject presumably is acquiring the color of the next block. Following a visual search operation a saccade is then programmed and the eye moves to the resource at the location of block three (black) and is used to guide the hand for a pickup action. The eye then *goes back* to the model while the cursor is moved to the workspace for putting down the block. This second fixation in the model area is presumably for the purpose of acquiring positional information for block placement. The eye then moves to the drop-off location to facilitate the release of the block.

2 Representation: Iconic Basis Functions

The basic task in designing a representation that reflects the abilities observed in the blocks task is that of minimalism. The resultant representation must be practical to compute within a single fixation. At the same time it must have sufficient structure to be unambiguous so as to be useful in visual routines.

The model's image representation is based on basis functions obtained from training a two-layer feedforward network on a set of arbitrary color images of natural scenes containing both natural and man-made objects (Figure 2 (a)). The network uses a "soft" form of the competitive Hebbian learning rule [Yair et al., 1992, Nowlan, 1990] that has been noted to generate approximations to *principal surfaces* of data distributions [Mulier and Cherkassky, 1995, Ritter et al., 1992]; these surfaces are nonlinear generalizations of the linear technique of *principal components* and usually result in much smaller reconstruction errors.

To obtain the filters, the learning rule is applied to RGB pixel triplets from 20 color images. The weight vectors of the "retinal" network converged to two achromatic and numerous color-opponent channels, as shown in Figure 2 (b). These channels resemble the transformations induced by the retinal ganglion cells in the primate visual system. Once the weighting coefficients for the different channels are determined, the learning rule can be applied to image patches *along each channel* separately. Figure 2 (c) shows the weight vectors obtained for one of the achromatic channels.[1] It can be seen that the vectors closely approximate various oriented Gaussian derivative filters of different orders; these derivatives have been shown to

---

[1] The results for the color-opponent channels are similar, though the higher order derivatives become extremely rare.

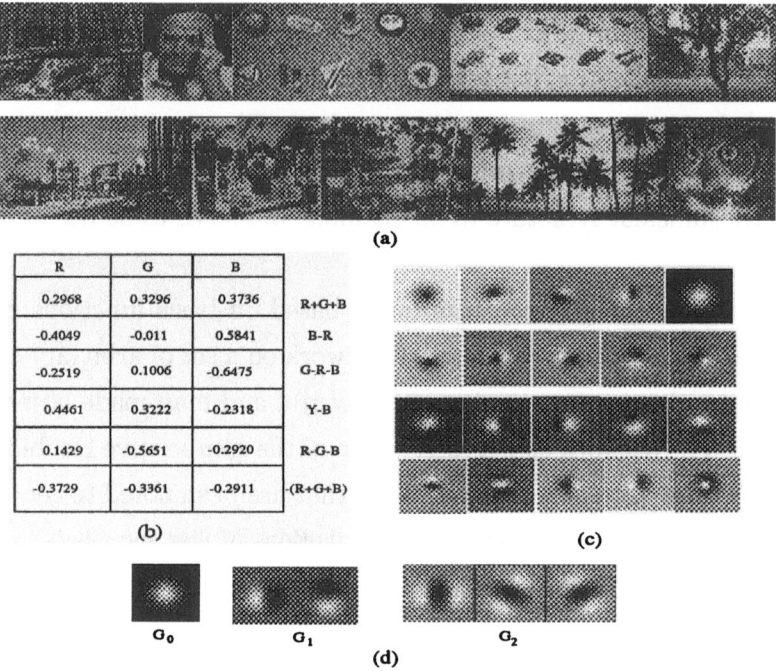

Figure 2: Spatiochromatic Basis Functions. (a) 10 of the 20 images used for training the competitive learning algorithm that generates approximations of principal surfaces. (b) Achromatic and color-opponent channels derived after training. (c) The oriented basis filters derived from training on 32 × 32 Gaussian windowed image patches from one of the achromatic channels in (b). The basis functions contain a large variety of Gaussian derivative-like edge/bar detectors in addition to some Gaussian "blob" detectors. (d) The six oriented filters used in our experiments for the (R+G+B) channel which contains most of the signal energy. For the (R-B) and (B-Y) channels, only the first three of these filters were used.

provide the best fit to primate cortical receptive field profiles among the different functions suggested in the literature [Young, 1985].[2]

The current implementation of our model uses a subset of the above non-orthogonal basis functions as approximated by a zeroth order Gaussian G_0

---

[2]Unlike the results obtained from principal components analysis (PCA) [?], these filters are *not* orthogonal and span a large range of orientations, properties that are shared by cortical cells. In addition, mixed derivatives, which are generated by PCA [?], are conspicuously absent in Figure 2 (c) as in the primate visual cortex [Young, 1985].

and nine of its oriented derivatives as follows [Freeman and Adelson, 1991]:

$$G_n^{\theta_n}, n = 1, 2, 3, \theta_n = 0, \ldots, m\pi/(n+1), m = 1, \ldots, n \qquad (1)$$

where n denotes the order of the filter and θ_n refers to the preferred orientation of the filter (Figure 2 (d)). The response of an image patch I centered at (x_0, y_0) to a particular basis filter $G_i^{\theta_j}$ can be obtained by convolving the image patch with the filter:

$$r_{i,j}(x_0, y_0) = \iint G_i^{\theta_j}(x_0 - x, y_0 - y) I(x, y) dx\, dy \qquad (2)$$

The iconic representation for the local image patch centered at (x_0, y_0) is formed by combining into a high-dimensional vector the responses from the ten basis filters at different scales:

$$\mathbf{r}_s(x_0, y_0) = [r_{i,j,s}(x_0, y_0)] \qquad (3)$$

where $i = 0, 1, 2, 3$ denotes the order of the filter, $j = 1, \ldots, i+1$ denotes the different filters per order, and $s = s_{min}, \ldots, s_{max}$ denotes the different scales as given by the levels of a Gaussian image pyramid.

The use of multiple scales is crucial to the visual search model (see Section ??). In particular, the larger the number of scales, the greater the perspicuity of the representation, as depicted in Figure 3. The high-dimensionality of the vectors makes them remarkably robust to noise due to the *orthogonality* inherent in high-dimensional spaces: given any vector, most of the other vectors in the space tend to be relatively uncorrelated with the given vector [Rao and Ballard, 1995a].[3]

---

[3]The iconic representations can also be made invariant to rotations in the image plane (for a fixed scale) without additional convolutions by exploiting the property of *steerability* [Freeman and Adelson, 1991] to rotate the filter responses to a canonical orientation [Rao and Ballard, 1995a]. Rotations about an image plane axis are ameliorated in two ways. First, the reliance on a large number of responses renders the multiscale index

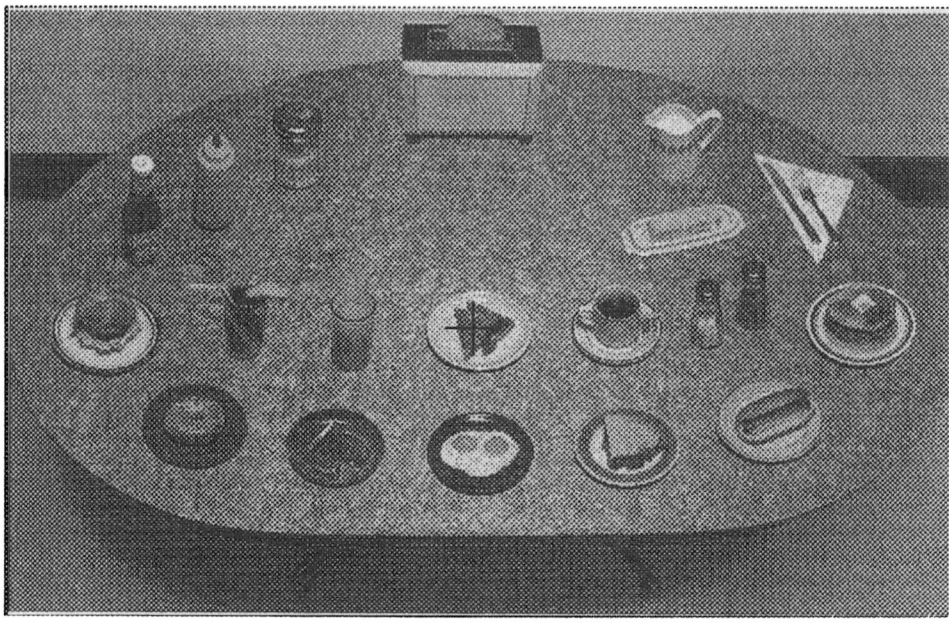

(a)

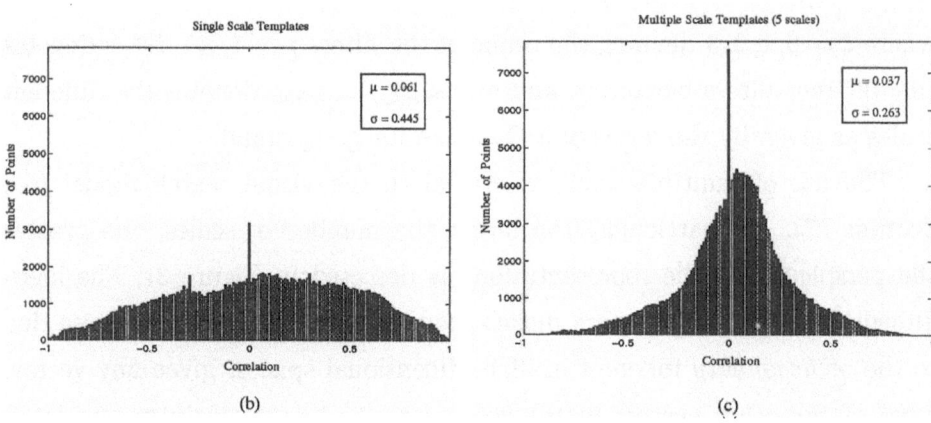

(b)   (c)

Figure 3: A Comparison between Single Scale and Multiple Scale Iconic Templates. (a) A dining table image and a selected point (indicated by a '+') on a model object on the table. The distribution of distances (in terms of correlations) between the response vector for the selected model point and all other points in the scene is shown below for single scale response vectors (b) and multiple scale vectors (c). Using responses from multiple scales (five in this case) results in greater perspicuity and a sharper peak near the indifference distance of 0.0; only one point (the model point) had a correlation greater than 0.94 in the multiple scale case (c) whereas 936 candidate points fell in this category in the single scale case (b).

3 Architecture: Location and Identification Routines

Our proposed general active vision architecture is partially inspired by the biological dichotomy observed in the primate visual cortex, although the architecture combines the two pathways in different ways rather than keeping them separate. This architecture uses two visual routines, one for identifying the visual image near the fovea, and another for locating a stored prototype on the retina. The underlying idea is that visual behaviors can be described by composing these two routines with different parameters.

The reduction of the recognition problem to the complementary problems of location and identification decreases the complexity of the problem enormously. In the location task, only one model is present, and in the identification task, only one location is present. This allows both of these problems to be solved by simple visual task-directed programs that operate directly on the optic array in image coordinates. Such routines require only retinotopically indexed visual representations that can be computed quickly and are only relatively insensitive to variations in the viewing direction.

The central representation of our active vision system is the high high-dimensional feature vector described in the previous section. The normalized multiscale filter response vectors (or "zip-codes" [Ballard and Wixson, 1993]) serve as signatures of the photometric distributions surrounding various points within an object. This vector is stored in two separate memories, as shown in Figure 4. One memory is indexed by image coordinates, as depicted by the rectangle on the left-hand side of the figure. The other

---

robust to changes in the responses of a few individual filters caused by the geometric effect of change in viewing position. More importantly, the filter responses are dominated by a cosine envelope, so that there is a useful range of rotations for which the responses will be effectively invariant. Drastic rotations are handled by storing feature vectors from different views, as described in [Rao and Ballard, 1995a]. The multiscale representation also allows interpolation strategies for scale invariance [Rao and Ballard, 1995a].

memory is indexed by object coordinates, as depicted by the rectangle on the right-hand side of the figure. Object localization matches a localized set of model features with image features at all possible retinal locations. The result is the image coordinates of the best match. Object identification matches a foveal set of image features with all possible model features. The result is the model coordinates of the best match.

In order to compare the response vector $\mathbf{r}^i$ from an image point and the response vector $\mathbf{r}^m$ from a model object, a similarity metric is required. We chose to use the metric of normalized dot-product (or correlation) of two vectors:

$$d_{im} = \frac{\mathbf{r}^i \cdot \mathbf{r}^m}{||\mathbf{r}^i||\ ||\mathbf{r}^m||} \qquad (4)$$

primarily because the dot-product operation can be efficiently implemented using convolutions on video-rate image processors such as the Datacube MV200. In addition, the normalization by vector length helps to make the matching process resilient to global contrast changes caused by varying lighting conditions.

In the general case, more than one model object can share the same iconic index. Let $M(\mathbf{r}^m)$ denote the set of models (represented by their labels) that have $\mathbf{r}^m$ as part of their set of response vectors.

3.1 Object Identification

The identification algorithm proceeds as follows:

1. First obtain, for each chosen response vector $\mathbf{r}^i$ on the image of the object to be identified, the model response vectors $\mathbf{r}^m$ such that $d_{im} \geq T$ (assuming correlation is used as the distance metric), where T is a prechosen threshold.

2. For each model M_i, initialize the "evidence" array $E(M_i)$ to 0.

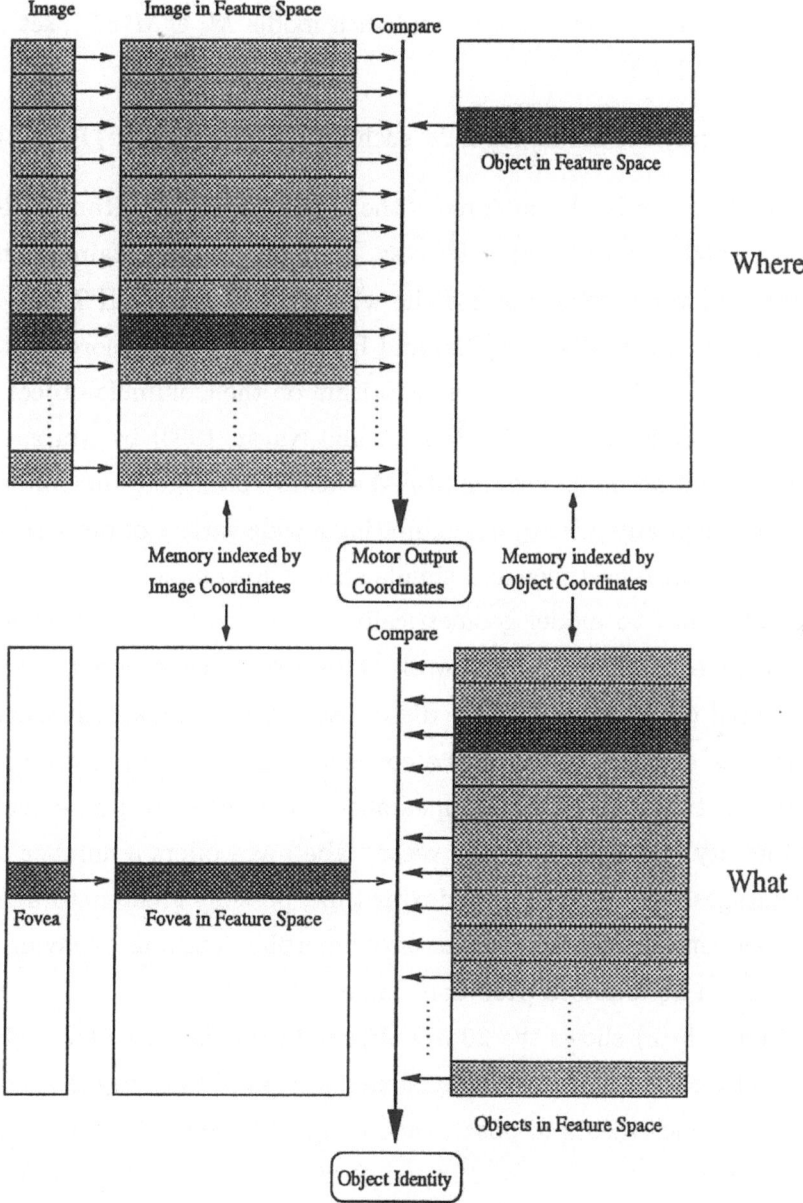

Figure 4: The proposed active vision architecture uses two primary visual routines and a common iconic representation. (Upper) To locate an object, its features are matched against retinal features at similar locations. The result is the location of the object in retinal coordinates. This may be augmented by a depth term obtained from binocular vergence. (Lower) To identify an object, the features near the fovea are matched against a data base of iconic models, also encoded in terms of features. The result is decision as to the object's identity.

3. For each $\mathbf{r}^m$ from step 1 and each model $M_i \in M(\mathbf{r}^m)$, set $E(M_i) := E(M_i) + 1$.

4. Output the model label M such that $E(M) = max\ \{E(M_i)\}$.

In other words, the outcome of the identification algorithm is determined by a straightforward voting process, with the model obtaining the largest number of votes being deemed the winner. The threshold T can be determined experimentally (see [Rao and Ballard, 1995c] for more details).

We tested the identification algorithm on the Columbia object database that was originally used in [Murase and Nayar, 1993] by Murase and Nayar and that accompanies the SLAM software package from Columbia. The database contains $3D$ objects exhibiting a wide variety of properties ranging from uniform reflectance and simple shapes to complex textural properties that are hard to model geometrically. The identification algorithm itself was realized within the framework of an associative model of visual memory based on Kanerva's sparse distributed memory model [Kanerva, 1988]. This form of memory provides a convenient platform for learning the association between an object's appearance (in terms of response vectors) and its identity (given by a binary vector label) and offers a number of specific advantages such as constant indexing time, possibly greater storage capacity over sequential memory, and anthropomorphic learning behavior. Further details can be found in [Rao and Ballard, 1995c].

Figure 5 (a) shows the 20 $3D$ objects in the database for a given pose. The database contains 72 presegmented images of each object (imaged at 5° rotational increments in pose), each image 8-bit quantized and normalized for brightness at a size of 128 × 128 pixels. During the training phase, 36 canonical views of each object at 10° increments in pose were used to extract response vectors for storage in memory; twelve of these are shown in Figure 5 (b). For testing the indexing scheme, we randomly selected images of objects corresponding to poses that lie exactly in between the training poses; the testing set size was thus 720 images, the same as the training set size (Figure 5 (d)). The recognition results are summarized in Figure 5 (e). Even when only one point at the object centroid was used per object, 70% of the test cases were successfully recognized. Addition of more points per object increased the recognition rate until 100% accuracy was achieved when 25 points were used to describe each object.

3.2 Object Localization

The localization routine crucially depends on the fact that only a single model object is being matched to an image at any instant. Let us denote this model as

$$M = \{\mathbf{r}^m, m = 1, \ldots, m_{max}\} \quad (5)$$

The backprojection algorithm in its most general form proceeds as follows :

1. Assuming that the distance metric being used is correlation, for each response vector $\mathbf{r}^m$ representing some model point m, create a backprojected distance image I_m defined by

$$I_m(x,y) = min\ [\beta d_{im}, I_{max}] \quad (6)$$

where d_{im} is computed between the model vector $\mathbf{r}^m$ and the image vector $\mathbf{r}^i$ for the point (x,y), I_{max} is the maximum possible image intensity value, and β is a suitably chosen scaling constant (this makes the best matching point the brightest spot in the image).

2. Find the best match point (x_{b_m}, y_{b_m}) in the image for each m using the relation

$$(x_{b_m}, y_{b_m}) = arg\ max\ \{I_m(x,y)\} \quad (7)$$

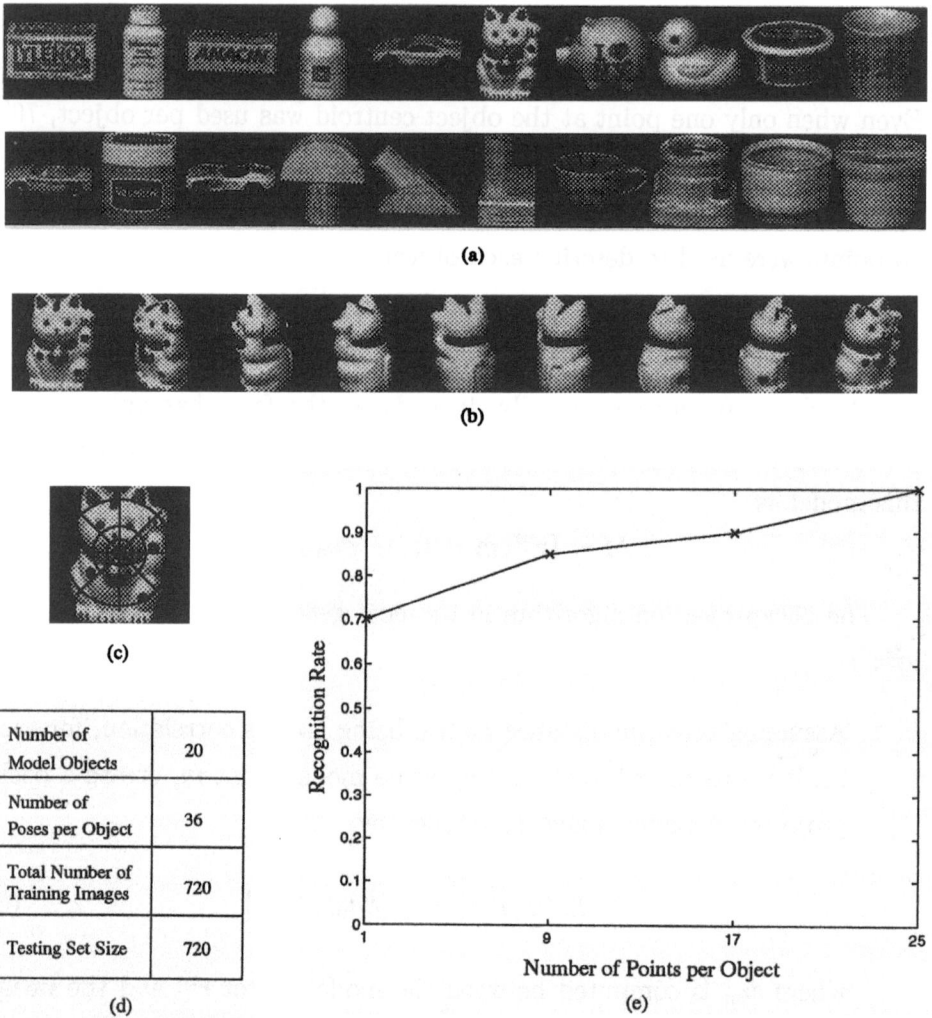

Figure 5: Identification Results. (a) The 20 objects used in the experiment. (b) For each object, 36 images were used at 10° rotational increments in pose to represent the entire pose space. Nine of these images for a particular model object are shown in the figure. (c) For a given object in a particular pose, response vectors were selected for the points of intersections of radial lines with concentric circles of exponentially increasing radii centered on the object centroid. (d) The experimental parameters. Random images were selected for testing the indexing method from the 720 images in the testing set. (e) Recognition rate (fraction of test images correctly recognized) plotted as a function of number of points used per object for identification. All test cases were successfully recognized when 25 points were used.

3. Construct a binary "salience" image $S(x,y)$ where

$$S(x,y) = \begin{cases} 1 & \text{if } (x,y) \in \{(x_{b_m}, y_{b_m})\}, m = 1, \ldots, m_{max} \\ 0 & \text{otherwise} \end{cases} \quad (8)$$

4. Output the location of the object in the current image as (x_b, y_b) where

$$(x_b, y_b) = arg\ max\ \{S(x,y) * B(x,y)\} \quad (9)$$

and B is an appropriate blurring or local averaging function whose size is usually known in active vision environments.

For the sake of convenience and clarity in understanding the performance of the algorithms, we present our results in terms of the distance image rather than the results after applying the blurring operation.

We briefly describe here the implementation of the localization algorithm. A similar strategy can be applied for the identification algorithm as well, as described in [Rao and Ballard, 1995c]. Given a live input image (of size 512×480) from the camera, the $MV200$ executes nine convolutions using nine different 8×8 discrete Gaussian derivative kernels on a low-pass filtered five-level pyramid of the image to obtain the response vectors for all points in the current image; these vectors are stored in a "memory surface" S. During the training phase, filter responses are extracted for each of the sparse number of points located within the segmented object.

During the localization phase, an input response vector is loaded into the 8×8 convolution kernel and convolved with the memory surface S containing the response vectors for each point of the input image; the closest vectors can be selected by simply thresholding the results of the convolution at individual thresholds to obtain candidate match points. For the experiments, the point whose response vector achieved the highest correlation with the model vector was chosen as the location of the model point in the input

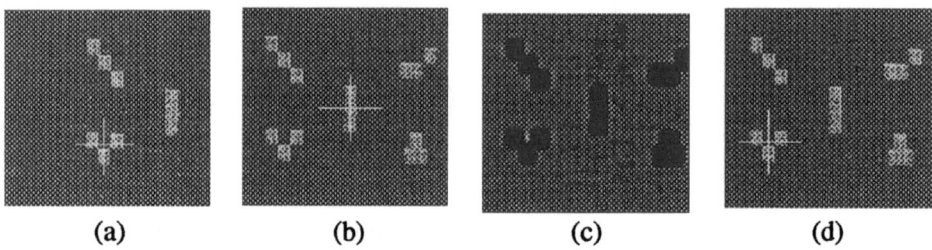

(a) (b) (c) (d)

Figure 6: Using the Backprojection Algorithm for Gaze Targeting. (a) Initial gaze point. (b) New gaze point. (c) To get back to the original point, the "distance image" is computed: the brightest spot represents the point whose response vector is closest to that of the original gaze point. (d) Location of best match is marked and an oculomotor command (obtained, for instance, using a learned motor map [Rao and Ballard, 1995b]) can be executed to foveate that point.

image. The final step involves a foveation or centering of the selected point; the motor commands for achieving this foveation were learnt autonomously by the system by using a motor map and a variant of Kohonen's learning rule. The reader is referred to [Rao and Ballard, 1995b] for more details. A summary of the current implementation of the localization algorithm is given in Figure ??. The diagram for the identification algorithm is similar and can be found in [Rao and Ballard, 1995c].

Figure 6 illustrates the use of the backprojection algorithm in a naive targeting experiment using a standard uniform-resolution sensor. Assume that the visual task at hand is to replicate patterns of square blocks located on one part of a large board on another part of the board. Suppose gaze is first fixed on an initial target point (marked by a '+' in Figure 6 (a)) and its response vector memorized. When gaze has been shifted to a different point, as shown in (b), there occurs the problem of moving gaze back to the previously foveated point. This problem can be tackled by using the backprojection algorithm discussed above to obtain a best match point (shown in (c) as the brightest point in the distance image). Gaze can then be transferred to the retinal position marked by '+' (as shown in (d)) by issuing an appropriate oculomotor command using, for instance, a learned motor map

4 Control Structure

Figure 6 illustrates the use of the visual routines in a naive visual/motor task involving replication of patterns of square blocks located on one part of a large board onto another part of the board. Suppose gaze is first fixed on an initial target pattern (marked by a '+' in Figure 6 (a)) and its feature vector memorized (this involves an implicit "what" operation). When gaze has been shifted to a different point, as shown in (b), there occurs the problem of moving gaze back to the previously foveated point. But this is simply the "where" problem, which can be tackled using the location algorithm discussed above to obtain a best match point (shown in (c) as the brightest point in the distance image). Gaze can then be transferred to the retinal position marked by '+' (as shown in (d)) by issuing an appropriate oculomotor command using, for instance, a learned motor map [Rao and Ballard, 1995b].

With the use of the two central visual routines broadly characterized, we turn to the details of the control structur that accomplishes specific sub-tasks. The goal is to characterize these sub-tasks in the abstract and then illustrate generic routines that are composed of what-where primitives that can solve them. In this generic characterization, a central problem can be seen as that of changing relationships among objects. This central problem rests on determining the *pose* of an object, where pose charaterizes the transformation that describes the relationship between an object-centered reference frame and the current view frame. For humans the current view frame is determined by the fixation point. However, it is easy to demonstrate the usefulness of a third frame. In reading, the position of letters with respect to the retina is unimportant compared to their position in the encompassing word. In driving, the position of the car with respect to the fixation point is unimportant compared to its position with respect to the edge of the road. In both of these examples the crucial information is con-

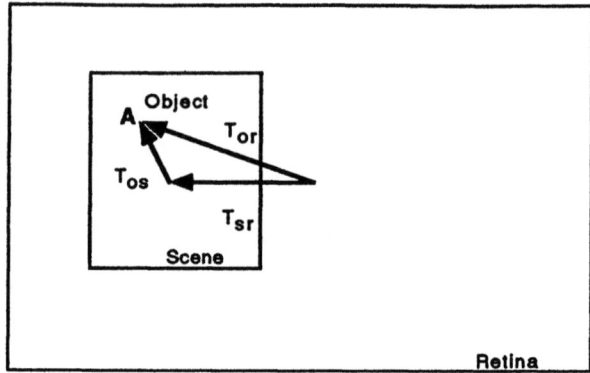

Figure 7: To represent the geometric relations of visual features, three transformations are fundamental. The first describes how a particular depiction of the world or scene is related to the retinal coordinate system of the current fixation (T_{sr}). The second describes how objects can be related to the scene (T_{os}). The third, which is the composition of the other two, describes how objects are transformed with respect to the retina (T_{or}).

tained in the transformation between an object-centered frame and a *scene* frame [Hinton, 1981]. Figure 7 shows these relationships for the image of the letter "A" depicted on a television display.

Now let us sketch the use of these maps in the course of block copying subtasks. Assume that the starting state has locations in the model and at the point of the copy, and that one block has been copied.

- Getting the color of the next block. The code for the model allows the fixation point to be centered on that block. Next a nearby block is selected for copying and its color noted.

- Getting the block of that color. Using the color allows the location of blocks in the resource area to be computed. These locations are weighted by a saliency function that spans these blocks and breaks ties. This allows fixation to be transferred to the center of a resource block. This can now be picked up.

- Finding the relationship of the block to be copied. This is the most involved operation and uses all three transformations. First the location of the model is selected. Next gaze is transferred to that point. Then the offset of the block of the held color is computed and saved. Next the location of the copy point is computed and that offset added in. This becomes the target for the next fixation. Consequently the block can be placed at that fixation point.

5 Conclusion

The goal of computer vision models is to accomplish visual tasks. This is an engineering goal and the resultant programs that attempt to fulfill these missions need not and most often do not copy the architectural features of human vision. Conversely models of human vision often attempt to model the detailed structure observed in the human visual system and get bogged down long before explaining the natural visual behaviors. This paper has attempted to bridge this gap by proposing a specific model that both respects the main architectural features of human vision and gets tasks done.

References

[Ballard and Wixson, 1993] Ballard, D. H. and Wixson, L. E. (1993). Object recognition using steerable filters at multiple scales. In *Proceedings of the IEEE Workshop on Qualitative Vision*.

[Freeman and Adelson, 1991] Freeman, W. T. and Adelson, E. H. (1991). The design and use of steerable filters. *IEEE PAMI*, 13(9):891-906.

[Hinton, 1981] Hinton, G. F. (1981). Shape recognition in parallel systems. In *International Joint Conference on Artificial Intelligence*, pages 1088-1096.

[Kanerva, 1988] Kanerva, P. (1988). *Sparse Distributed Memory.* Cambridge, MA: Bradford Books.

[Marr, 1982] Marr, D. (1982). *Vision: A Computational Investigation into the Human Representation and Processing of Visual Information.* San Francisco: W.H. Freeman and Company.

[Mulier and Cherkassky, 1995] Mulier, F. and Cherkassky, V. (1995). Self-organization as an iterative kernel smoothing process. To appear in Neural Computation.

[Murase and Nayar, 1993] Murase, H. and Nayar, S. (1993). Learning and recognition of 3-d objects from brightness images. *Working Notes, AAAI Fall Symp. Series (Machine Learning in Computer Vision: What, Why, and How?)*, pages 25–29.

[Newell, 1990] Newell, A. (1990). *Unified Theories of Cognition.* Cambrdige, MA: Harvard University Press.

[Nowlan, 1990] Nowlan, S. J. (1990). Maximum likelihood competitive learning. In *Advances in Neural Information Processing Systems 2*, pages 574–582. Morgan Kaufmann.

[Pylyshyn, 1993] Pylyshyn, Z. (1993). Some primitive mechanisms underlying spatial attention. Technical Report RuCCS TR-8, Rutgers University.

[Rao and Ballard, 1995a] Rao, R. P. and Ballard, D. H. (1995a). An active vision architecture based on iconic representations. To appear in AI Journal Special Issue on Vision.

[Rao and Ballard, 1995b] Rao, R. P. and Ballard, D. H. (1995b). Learning saccadic eye movements using multiscale spatial filters. In Tesauro, G., Touretzky, D., and Leen, T., editors, *Advances in Neural Information Processing Systems 7.* Cambridge, MA: MIT Press.

[Rao and Ballard, 1995c] Rao, R. P. and Ballard, D. H. (1995c). Object indexing using an iconic sparse distributed memory. Technical Report 559, Department of Computer Science, University of Rochester.

[Ritter et al., 1992] Ritter, H., Martinetz, T., and Schulten, K. (1992). *Neural Computation and Self-Organizing Maps: An Introduction.* Reading, MA: Addison-Wesley.

[Ullman, 1987] Ullman, S. (1987). Visual routines. In *Readings in Computer Vision: Issues, Problems, Principles, and Paradigms*, pages 298–328. Los Altos, CA: Morgan Kaufmann Publishers, Inc.

[Yair et al., 1992] Yair, E., Zeger, K., and Gersho, A. (1992). Competitive learning and soft competition for vector quantizer design. *IEEE Trans. Signal Processing*, 40(2):294–309.

[Young, 1985] Young, R. (1985). The Gaussian derivative theory of spatial vision: Analysis of cortical cell receptive field line-weighting profiles. *General Motors Research Publication GMR-4920*.

Anhang

Stimuli:

Optimale Rot-Grün-Kante   Optimale Blau-Gelb-Kante   Rot-Grün-Kante mit 100 Graustufen   Rot-Grün-Kante mit 100 Graustufen

Reaktionen:

1. Kriterium   2. Kriterium   3. Kriterium   lineares Mapping

Abb. 2.3 Kriterien zur Ermittlung der Outputfunktion

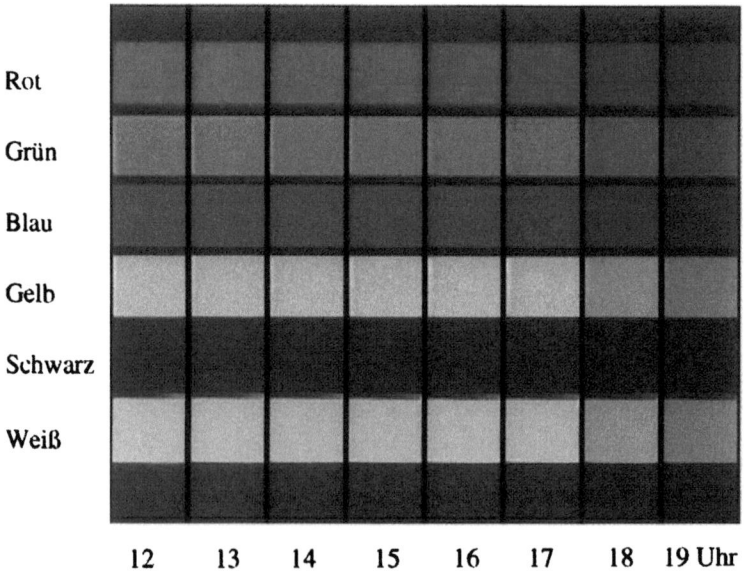

Rot

Grün

Blau

Gelb

Schwarz

Weiß

12   13   14   15   16   17   18   19 Uhr

Abb. 3.1 Zusammenschnitt der Aufnahmen einer farbigen Klötzchenreihe bei verschiedener Tageshelligkeit

Autorenindex

Achermann, B.	327	Groß, H.M.	473
Amelung, J.	570	Gutmann, B.	343
Aurich, V.	538		
		Haag, M.	236
Bajcsy, R.	618	Handels, H.	379
Ballard, D.	646	Hansen, M.	277
Bayer, T.	428	Hartmann, G.	194, 586
Beham, M.	60	Heisterkamp, P.	428
Beutlhauser, R.	481	Herrmann, Th.	634
Bilau, N.	194	Hess, A.	160
Blömer, A.	228	Höher, M.	387
Bollmann, M.	456	Hötter, M.	285
Braun, K.	160	Hohm, K.	570
Breckle, S.-W.	176	Huggle, K.	134
Brunn, A.	260		
Büker, U.	586	Illgner, K.	269
Bunke, H.	327	Inschratter, W.	160
Burkhardt, H.	508		
Busch, C.	562	Jähne, B.	319
Busche, H.	379	Jankowski, M.	176
		Jiang, X.-Y.	327
Conrad, C.	210		
		Kaltenmeier, A.	428
Damm, H.	236	Kestler, H.A.	387
Daniilidis, K.	277	Kiemle, S.	311
Drewniok, C.	594	Knüvener, C.	355
Drüe, S.	456, 492	Košecká, J.	618
		Koch, R.	168
Eckstein, W.	134, 311	Köthe, U.	554
Ehrlich, U.	428	Kollnig, H.	236, 303
Engelmann, U.	363	Korn, B.	500
Eyerer, P.	319	Krauss, Ch.	277
Eysholdt, U.	145	Krebs, B.	500
		Kreusch, J.	379
Fink, G.A.	68	Kröner, S.	23
Förstner, W.	260	Krüger, N.	110
Frank, G.	194	Kummert, F.	68
Gao, H.	570	Lambert, G.	570
Gerl, S.	126	Lang, B.	186
Glombitza, G.	403	Lanser, S.	481
Goerick, C.	76	Latecki, L.	210
Goerke, C.	395	Lehmann, T.	395
Grau, O.	244	Lehning, M.	411
Greiner, T.	355	Leuck, H.	303
Gross, A.	210	Levi, P.	126, 516

Liedtke, C.-E.	228
Littmann, E.	84, 610
Lohmann, G.	578
Luo, A.	508
Mahlmeister, U.	464
Makabe, M.	403
Makabe, M.H.	363
Mamier, G.	516
Maßmann, A.	602
Mayer, A.	363
Mecklenburg, K.	428
Mehler, F.	36
Meinzer, H.P.	363, 403
Mertsching, B.	456, 492
Merz, T.	252
Mester, R.	285
Müller, V.	202
Nagel, H.-H.	236, 303
Neschen, M.	419
Neukirchen, C.	44
Noll, D.	94
Nyffenegger, C.	327
Otterbach, R.	295
Palm, G.	387, 546
Paulus, D.	355
Pfundt, G.	319
Pöppl, S.J.	379
Politt, C.	102
Pomierski, T.	473
Posch, S.	176, 252, 602
Regel-Brietzmann, P.	428
Renz, I.	428
Repges, R.	395
Rigoll, G.	44
Ritter, H.	84, 610
Rohr, K.	594
Roß, Th.	379
Rost, U.	168
Rottland, J.	44
Rudolph, T.	52
Rumpel, D.	218
Ruske, G.	60
Sablatnig, R.	335

Sagerer, G.	68, 176
Scheich, H.	160
Scheuermann, T.	319
Schirmer, H.	440
Schlüns, K.	218
Schmerer, M.	562
Schmidt, B.	464
Schmitt, W.	395
Schröter, A.	363
Schürer, M.	371
Schukat-Talamazzini, E.G.	327
Schulz-Mirbach, H.	1, 23
Schwenker, F.	387, 546
v. Seelen, W.	94
Socher, G.	252
Sommer, G.	277, 464
Sommerau, M.	516
Stark, H.-G.	524
Starovoitov, V.	448
Steckemetz, B.	153
Suesse, H.	15
Trapp, R.	492
Troike, M.	186
Troje, N.	118
Uthmann, T.	36
Veste, M.	176
Vetter, T.	118
Vogt, M.	516
Voss, K.	15
Watzel, R.	160
Weber, H.	343
Weidner, U.	260
Werner, M.	94
Weule, J.	538
Wittenberg, T.	145
Wolf, H.H.	379
Wolf, T.	343
Yu, K.	327
Zamperoni, P.	448
Zell, A.	516
Zierl, C.	481

MIX
Papier aus verantwortungsvollen Quellen
Paper from responsible sources
FSC® C105338

If you have any concerns about our products,
you can contact us on
ProductSafety@springernature.com

In case Publisher is established outside the EU,
the EU authorized representative is:
**Springer Nature Customer Service Center GmbH
Europaplatz 3, 69115 Heidelberg, Germany**

Printed by Libri Plureos GmbH
in Hamburg, Germany